Karl Simrock

Handbuch der deutschen Mythologie mit Einschluß der nordischen

Karl Simrock

Handbuch der deutschen Mythologie mit Einschluß der nordischen

ISBN/EAN: 9783742808059

Hergestellt in Europa, USA, Kanada, Australien, Japan

Cover: Foto ©Thomas Meinert / pixelio.de

Manufactured and distributed by brebook publishing software
(www.brebook.com)

Karl Simrock

Handbuch der deutschen Mythologie mit Einschluß der nordischen

Handbuch

der

Deutschen Mythologie

mit Einschluß der nordischen.

Von

Karl Simrock.

Was ist wahr, so läßt man sagen und so
es behaupten.

Vierte vermehrte Auflage.

Bonn
bei Adolf Marcus.
1874.

Karl Müllenhoff

gewidmet.

———

Mit Erforschung unserer Alterthümer ist es nicht schon gethan: sie wollen Trauerthümer werden; das Erbe unserer Väter will zum Nutzen der Enkel verwandt sein, die verfunkenen endlich erlösten Schätze unserer Vorzeit dürfen wir keiner zweiten Verwünschung anheimfallen lassen: wir müssen sie ummünzen aber doch vom Rost befreit den Neuern in Umlauf setzen. Den vaterländischen Göttern genügt es nicht, wenn ihre Bildsäulen in Musen aufgestellt werden, sie wollen in unsern Herzen ihre Auferstehung feiern. (Aus der Einleitung zur Edda.)

Mit dem Hervorziehen unserer alten Poesie ist es nicht gethan. Aus dem Schutt der Jahrhunderte in den Staub der Bibliotheken, das ist ein Schritt aus einer Vergessenheit in die andere. Dem Ziele führt er nicht merklich näher. Dieses Ziel ist das Herz der Nation. Wenn da einst unsere alte Dichtung ihre Städte wiederfindet, dann ist Dornröschen aus dem Zauberschlaf erwacht, dann schlägt der dürre Baum auf dem Walserfelde wieder aus, dann hängt der alte Kaiser seinen Schild an den grünen Ast, dann wird die Schlacht geschlagen, die auch die letzte unserer verlornen Provinzen an Deutschland zurückbringt. (Aus der Vorrede zum Beowulf.)

Wie die Weltesche aus dem Brunnen der Urd, der ältesten Norne, begossen wird, damit ihre Zeiten nicht darren und faulen, so muß das Vallisleben aus dem Borne der Vergangenheit erfrischt werden, aus dem Strome der Ueberlieferung, der aus der Vorzeit herfließt. Die Geschichte muß dem Voll, wenn auch nur in Gestalt der Sage, gegenwärtig bleiben, wenn es nicht vor der Zeit altern soll. E. 40 u.

Vor Allem gilt das von unserer Mythologie; denn auch die Götterlehre, der alle Gottesdienst ist Poesie, die älteste und erhabenste Poesie der Völker, und wie die früheste Quelle der unsern, die Edda, Urgroßmutter bedeutet, die Urgroßmutter aller deutschen Sage und Dichtung, ja ist in der deutschen Mythologie eine Poesie niedergelegt, die in allen deutschen Herzen anklingt, weil sie das lautere Gold unsres eigenen Sinnes ist, unser bestes und ältestes Erbe, das wir nicht verwahrlosen sollen. Darum mußte der von Grimm gehäufte Schatz mythologischen Wissens gemehrt, durch Deutung geistig verwerthet und auf den offenen Markt der Nation gebracht werden. Die Nation hat sich nicht unerkenntlich erwiesen, da nicht lange nach Erscheinen der zweiten Auflage dieses Werkes schon eine dritte und jetzt eine vierte verlangt werden durfte.

Inhalt.

Einleitung.

I. Die Geschicke der Welt und der Götter.

Entstehung und Ausbau der Welt.

Die mythischen Welten, Himmel und Himmelsburgen.

Die goldene Zeit und die Unschuld der Götter.

II. Die einzelnen Götter.

Allgemeines.

Asen.

Wuotan (Odhin).

Donar (Thôr).

Jo (Tyr), Heru, Saznöt, Heimdall.

Abkürzungen.

ahd. = althochdeutsch.
Alpenb. = Alpenburg, vgl. §. 4.
A. M. = Anderer Meinung.
Amm. M. = Ammianus Marcellinus.
Beitr = Beiträge zur deutschen Mythologie.
Birl. = Birlinger, vgl. §. 4.
Birl. Schw. = Birlinger, Aus Schwaben, vgl. §. 4.
BM. = Bechsteins Märchen.
D. = Dämisaga, womit die Capitel der jüngern Edda citiert sind, vgl. S. 7.
DMS. = Wolfs deutsche Märchen und Sagen.
DS. = Deutsche Sagen.
FAS. = Fornaldar Sögur, vgl. S. 7.
GDS. = Grimms Geschichte der deutschen Sprache.
Germ. = Germania, Zeitschrift für deutsches Alterthum.
GGA. = Göttinger gelehrte Anzeigen.
Gödche, Schl. S. = Schlesische Sagen.
Gr. = Grimm.
Grimn. = Grimnismal, ein Lied der Edda.
Grohm. = Grohmann, vgl. §. 4.
Helgakw. = Helgakwiða, ein Eddalied.
Herwararsf. = Herwararsaga.
Hrafnag. = Hrafnagaldr, ein Eddalied.
Hpts. Zschr. oder Zschr. = Haupts Zeitschrift für deutsches Alterthum.
KM. und KHM. = Grimms Kinder- und Hausmärchen.
Kuhns Zeitschrift = Zeitschrift für vergleichende Sprachforschung.
Leopr. = Leoprechting, vgl. §. 4.
M. (ohne Zahl) = Mein
M. (mit einer Zahl) = Grimms deutsche Mythologie.
MM. = Meiers Märchen aus Schwaben.
MS. = Kuhns Märkische Sagen.
NS. = Tettau Norddeutsche Sagen u. s. w.
NSS. = Müller und Schambach Niedersächsische Sagen.
Ostpr. S. = Temme, Ostpreußische Sagen, vgl §. 4.
Oegisdr. = Oegisdrecka, ein Lied der Edda.
P. = Panzer, Beiträge zur deutschen Mythologie.
RA. = Grimm, Rechtsalterthümer.
Rochh. = Rochholz, vgl. §. 4.
S. = Seite, oder nach anderer Abkürzung = Sage.
Sig. Kw. = Sigurdar Kwiða, ein Lied der Edda.
Sigrdr. = Sigrdrifumal, ein Eddalied.
Skaldsk. = Skaldskaparmal.
Wafthr. = Wafthrudnismal, ein Eddalied.
Wsl. = Wöluspa, das erste Lied der Edda.
WS. und Westf. S. = Kuhns Westfälische Sagen.
Zeitschr. f. d. Ph. = Zeitschrift für deutsche Philologie.

Einleitung.

1. Aufgabe der Mythologie.

Soll die Mythologie mehr sein als Aufzählung der Götter und Helden, mehr als Darstellung ihrer Thaten und Schicksale, soll sich das Bewußtsein des Volks in der vorhistorischen Zeit in ihr spiegeln, so darf sie sich nicht begnügen, die Mythen vorzulegen, sie muß sie auch deuten, den Logos des Mythos erschließen. Oft freilich bringen wir zum Verständniß eines Mythus nicht vor, weil uns der Sinn noch verschloßen ist: dann gilt es, die Augen erst beßer zu schärfen und zu üben; oder weil uns nur unvollständige Kunde von ihm beiwohnt: dann müßen wir uns begnügen, die vorhandenen Nachrichten zusammen zu stellen. So lange man einen Mythus noch nicht vollständig kennen gelernt hat, wagt man zu viel, sich auf seine Deutung einzulaßen. ‚Ueber halb aufgedeckte Daten philosophische oder astronomische Deutungen zu ergießen, ist eine Verirrung, die dem Studium der nordischen und griechischen Mythologie Eintrag gethan hat.‘ Grimm Myth. S. 10. Letztes Ziel der Mythenforschung bleibt freilich das Verständniß der Mythen; aber erst muß der Mythus vollständig ermittelt sein ehe seine Deutung gelingen kann, und auch dann wird es oft noch der Vergleichung fremder Mythologieen bedürfen um über die unsrige ins Klare zu kommen. Erst die vergleichende Mythologie kann einst die Aufgabe lösen, die als höchstes Ziel der Forschung bei jeder einzelnen vorschweben muß.

2. Mythus.

Mythus ist die älteste Form, in welcher der heidnische Volksgeist die Welt und die göttlichen Dinge erkannte. Die Wahrheit erschien ihm in der vorgeschichtlichen Zeit und erscheint dem Ungebildeten noch heutzutage nicht in abstracten Begriffen, wie jetzt dem geschulten, gebildeten Geiste: sie verkörperte sich ihm in ein Bild, ein Sinn- und Gedankenbild, seine Anschauungen kleideten sich in Erzählungen von den Thaten und Erlebnissen der Götter, und diese Bilder, diese Erzählungen nennen wir Mythus. Der Mythus enthält also Wahrheit in der Form der Schönheit: der Mythus ist Poesie, die älteste und erhabenste Poesie der Völker. Er ist

Simrock, Mythologie.   1

Wahrheit und Dichtung zugleich, Wahrheit dem Inhalte, Dichtung der Form nach. Die in der Form der Schönheit angeschaute Wahrheit ist eben Dichtung, nicht Wirklichkeit: Wahrheit und Wirklichkeit werden nur zu oft verwechselt. Wirklich ist der Mythus nicht, gleichwohl ist er wahr. So lange die Mythen noch Gegenstand des Glaubens blieben, durfte man nicht sagen, daß diese Gedankenbilder nicht wirklich seien, daß die Dichtung Antheil an ihnen habe: sie wollten unmittelbar geglaubt, für wahr und für wirklich zugleich gehalten werden. Es gab also damals nur Mythen, noch keine Mythologie, denn die Deutung der Mythen, die höchste Aufgabe der Mythologie, war untersagt. Jetzt aber sind die My-then nicht mehr Gegenstand des Glaubens und sollen es auch nicht wieder werden; wir sollen nicht mehr an Odin oder Wuotan, nicht mehr an Thôr oder Donar, an Freyja oder Frouwa glauben; aber darum sind es nicht lauter Irrthümer, was unsere Vorfahren von diesen Göttern träum-ten: es liegt Wahrheit hinter dem Scheine; aber nur durch die Deutung der Mythen kann man zu dieser Wahrheit gelangen. War diese Deutung damals untersagt, als sie noch Gegenstand des Glaubens waren, als jene Götter noch verehrt wurden, als ihnen noch Opfer fielen, noch Altäre rauchten, so ist sie jetzt erlaubt wie Pflicht des Forschers, und dem christ-lichen Gotte, der ein Gott der Wahrheit u n d der Wirklichkeit ist, kann damit nur gedient sein, wenn die Unwirklichkeit der alten Götter nachge-wiesen wird, denn die zu Grunde liegende Wahrheit verwirft das Christen-thum nicht, ja es pflegt sie als der Uroffenbarung angehörig für sich in Anspruch zu nehmen.

Wenn die Mythen für den Glauben jetzt Alles verloren haben, so haben sie für das Wißen gewonnen; es giebt erst jetzt eine Mythologie, eine Wißenschaft der Mythen. Sie lehrt uns erkennen, daß den religiösen Anschauungen der Völker geistige Wahrheit zu Grunde lag, der Irrthum aber darin bestand, daß die täuschenden Bilder, in welche die Dichtung jene Wahrheiten kleidete, für wirklich angesehen wurden. Die Uroffenba-rung war verdunkelt oder gar verloren, den Gedankenbildern der Dichtung lag oft die volle Wahrheit nicht zu Grunde: um so weniger konnten sie genügen und mit dem Scheine der Wirklichkeit lange bestechen. In der That ergiebt die Geschichte des deutschen Heidenthums, wie es die Geschichte des antiken gleichfalls ergiebt, daß die heidnische Form des religiösen Bewußt-seins sich ausgelebt hatte, als das Christenthum in die Welt trat, oder doch als es den nordischen Völkern verkündigt wurde, mithin der Glaube an den einigen Gott, der ohnedieß allen heidnischen Religionssystemen zu Grunde lag, schon im Gemüthe der Völker vorbereitet war. Auf dem Wege innerer Entwickelung war der heidnische Glaube dahin gelangt, den einigen Gott zu ahnen: ihn erkennen zu lehren, bedurfte es äußerer Mittheilung.

Welcher Art von Mythendeutung ich anhänge, will ich noch angeben.
Vor Allem nicht der historischen, welche die Götter zu Menschen macht,
obgleich diese die älteste ist. Ihr hingen Saxo und Snorri an: da
wurden die Götter zu Königen des Nordens, zu Zauberern oder zu großen
Heermännern und Eroberern, die Asen und Wanen zu feindlichen Völ-
lerschaften und den Fluß Ifing, der die Grenze bildet zwischen Göttern
und Riesen, suchte man auf der Landkarte. Als Zauberer begreift
auch Konrad von Würzburg (im trojanischen Krieg V. 859 ff.) die
griechischen Götter:

> Waz gote wæren bi der zit?
> si wâren liute als ir nu sit,
> wan daz ir kraftecliche gewalt
> was michel unde mancevalt
> von kintern und von steinen.

Schon die Heldensage, die selbst einen Theil der Mythologie bildet,
kann als eine Historisierung der Göttersage angesehen werden.

Eine andere Art der Deutung, die physische oder eigentlich astronomische, vertritt Finn Magnusen: er macht die Götter zu Sternbildern,
Monaten und Kalendertagen. Gänzlich läßt sich indeß der physischen
Deutung ihr Recht nicht absprechen: ohne Zweifel enthalten die Mythen
Naturbetrachtung, ja von Naturbetrachtung geht der Mythus aus; weil
aber Natur und Geist verwandt, ja wesentlich eins sind, so bleibt der
Mythus bei seiner ersten, natürlichen Bedeutung nicht stehen, sondern rückt
alsbald auf das geistige und sittliche Gebiet hinüber. Wir müssen daher
bei den Göttern erst nach ihrer natürlichen Grundlage fragen und von
ihr ausgehend ihre geistigen und sittlichen Beziehungen als spätere Er-
weiterungen zu ermitteln suchen. Die größte Carricatur der physischen
Mythenauslegung ist die chemische, welche Trautvetter vertritt: da werden
die drei höchsten Götter zu Schwefel, Quecksilber und Salzen, oder in der
physischen im engsten Sinne, zu den Gesetzen der Schwere, Bewegung
und Affinität: Thor ist die Electricität, sein Kraftgürtel der electrische
Condensator, seine Handschuhe der Leiter; Freyja und Sif sind Kohlen-
stoff und Sauerstoff. Vgl. Köppen Einl. 203.

Eine besonnene Auffassung wird nicht Alles über einen Leisten schlagen: sie wird anerkennen, daß dem Odin das Element der Luft zu Grunde
liegt, während seinem Sohne Hermödr keine Naturerscheinung entspricht,
da er vielmehr aus einer sittlichen Eigenschaft, einem Beinamen Odins,
zu einer selbständigen mythischen Figur erwachsen ist. Die Götter haben
das Menschengeschlecht erschaffen, sagt der Mythus; im Grunde verhält
es sich umgekehrt: die Menschen haben sich die Götter geschaffen —
nach ihrem Bilde. Und da der Mensch der äußern Natur angehört wie

der innern, da er aus Leiblichem und Geistigem besteht, sein Leben sich
in Wechselbeziehungen zwischen Natur und Geist bewegt, so müssen es auch
seine Götter. Die Einheit von Geist und Natur macht uns das Studium
der Mythologie recht anschaulich, denn Uebergänge aus dem einen in
das andere überraschen uns da Schritt für Schritt.

Ich will noch näher anzugeben versuchen, welchen Entwickelungsgang
die Mythen zu nehmen pflegen, indem sie von dem natürlichen Gebiet auf
das sittliche hinüber rücken. Ursprünglich bezogen sich die Mythen auf das
Naturleben im Kreislauf der Tages oder Jahres. Aber Tagesmythen
erweitern sich zu Jahresmythen, weil der Sommer der Tag, der Winter
die Nacht des Jahres ist. So sind auch noch Sommer- und Winter-
mythen erweiternder Umbildungen fähig; der erste Schritt, der hier zu
geschehen pflegt, ist ihre Uebertragung auf Leben und Tod, denn der
Winter ist der Tod der Natur, der Sommer weckt Pflanzen und Thiere
zu erneutem Leben. Mit dieser zweiten Erweiterung ist schon ein Riesen-
schritt geschehen: Tod und Leben sind die großen Probleme, womit sich
alle Mythologieen zu beschäftigen pflegen. Aber dabei bleiben sie nicht
stehen; am Wenigsten thut das die unsere. Mit diesem Leben ist es nicht
zu Ende, der Tod ist kein Tod auf ewig: wie auf den Winter, den Tod
der Natur, ein neuer Frühling folgt, ein neues Leben, so ist auch vom
Tode noch Erlösung zu hoffen, die Hölle läßt ihre Beute wieder fahren,
die Pforten der Unterwelt können gesprengt werden, und gerade dieß ist
der Inhalt vieler deutschen Mythen, Märchen und Sagen. Die Bedingungen, an welche diese Erlösung geknüpft ist, rücken den Mythus von
selbst auf das geistige Gebiet, sie empfangen nun eine sittliche Bedeutung,
während sie ursprünglich nur eine natürliche hatten. Aber auch diese
Erweiterung ist noch nicht die letzte, deren sich die Mythen fähig zeigen:
nicht bloß die Schicksale der einzelnen Menschen sind von Geburt und Tod
begrenzt, auch die Welt wird geboren: wir nennen das Schöpfung; andererseits verfällt sie dem Tode: das ist was wir Weltuntergang zu
nennen pflegen. Die Schöpfungsgeschichte ist ein Gegenstand aller
Mythologieen; der deutschen Mythologie ist es eigenthümlich, daß sie auch
den Untergang der Welt ins Auge faßt, ja ihn zum Hauptgegenstand
ihrer Anschauungen erhebt. Hier erfahren nun die Mythen ihre letzte und
mächtigste Erweiterung: ursprünglich nur auf den Wechsel von Tag und
Nacht, Sommer und Winter, also den Kreislauf des Tages, des Jahres
bezüglich, werden sie nun auf das große Weltenjahr ausgedehnt: denn
auch mit dem Untergang der Welt ist es nicht zu Ende, es folgt ihr
Erneuerung, ihre Wiedergeburt, die Erde taucht aus der allgemeinen Fluth
wieder auf und grünt, die Aecker tragen unbesäet und verjüngte, entsühnte
Götter werden ein geistigeres Menschengeschlecht beherrschen, das irdische

Bedürfnisse nicht kennt, denn Morgenthau ist all sein Mal. Hier ist die
sittliche Umbildung am Stärksten hervorgehoben, denn die allgemeine
Unsittlichkeit war es, welche den Untergang der Welt herbeigeführt hatte;
aber jetzt hat der Weltbrand mit der Sünde das Uebel aus der Welt
getilgt und die selige Unschuld der Götter und Menschen kehrt zurück um
nicht wieder zu verschwinden. Es ist eine vierfache Mythenverschiebung,
die hier nachgewiesen ist, für die Mythologie so wichtig als die Lautverschiebung für die Sprache. Auch die griechische Mythologie kennt diese
Verschiebungen; die indischen Mythen stehen meist noch auf den untern
Stufen und was dort noch Welt war ist in der deutschen Mythologie
schon zur Unterwelt geworden.

3. Nordische und deutsche Mythologie.

Eine deutsche Mythologie, die nach dem eigentlichen Sinne des
Worts auf Darstellung und Deutung der Mythen ausgeht, darf sich auf
die jetzigen engen Grenzen Deutschlands nicht beschränken, sie muß das
Wort in dem weitern Sinne nehmen, in welchem es alle germanischen
Völker begreift. Tacitus befaßt unter Germanien noch Skandinavien mit,
und ingävonische Völker lebten zu beiden Seiten der Ostsee in näherer
Gemeinschaft als niederdeutsche mit hochdeutschen Stämmen; erst die frühere
Einführung des Christenthums in Deutschland, während Skandinavien noch
heidnisch blieb, löste unser Volk von dem nordischen: das heidnische Erbe
ist beiden gemein. Wir sind aber oft in dem Falle, das Nordische in
den Vordergrund stellen zu müssen, wenn sich in Deutschland vor dem
Christenthume nur Nachklänge geborgen haben. Vor Jacob Grimms deutscher Mythologie, die das Wort deutsch in einem engern Sinne nahm, durfte
noch Köppen sagen, es gebe keine deutsche Mythologie, sondern nur eine
nordische. Von den deutschen Göttern sind uns meist nur die Namen
überliefert; ihr Leben und ihre Schicksale, also auch ihre Mythen, bleiben
uns verborgen, und oft könnte kaum ihre Bedeutung aus deutschen Quellen
allein erkannt werden. Jacob Grimm ist der Schöpfer einer im engern
Sinne deutschen Mythologie geworden; er hat sie aber aus zerbröckelten
Trümmern aufbauen müssen, nach Grund und Aufriß der skandinavischen.
Indem er es unternahm, Alles was man vom deutschen Heidenthume
noch wissen kann, zu sammeln und darzustellen mit Ausschließung des
vollständigen Systems der nordischen Mythologie, sah er sich gleichwohl
genöthigt, das Nordische zur Erklärung des Einheimischen herbeizuziehen.
Das Ergebniß seiner mühevollen Forschung und eines seltenen Tiefblicks
war, daß beide Culte wie beide Glaubenssysteme im Wesentlichen übereinstimmen, im Einzelnen auseinandergehen, und dieß hat sich durch die
bald darauf erfolgte Auffindung der s. g. Merseburger Zauberlieder auf

das Glänzendste bestätigt, indem hier in deutscher Sprache Götter genannt
sind, die wir bis dahin für ausschließlich nordische hielten. Die wesentliche Identität der deutschen und nordischen Götter wird aber durch
zweierlei eingeschränkt. So wie die Sprache dialektische Verschiedenheiten
zeigt, so weichen nothwendig auch die mythischen Anschauungen bei den
verschiedenen Stämmen im Einzelnen ab. Dann aber war das Heidenthum im Norden, wo das Christenthum so viel später eindrang, auch
schon so viel mehr ausgebildet als bei uns, ja es hatte sich, wie oben
angedeutet wurde, schon überlebt. ‚Unsere Denkmäler,‘ sagt J. Grimm,
‚sind ärmlicher aber älter, die nordischen jünger und reicher.‘ Dieß
letzte Wort scheint wenigstens der Gegensatz zu verlangen; gedruckt steht
reiner, was mir nur insofern die Wahrheit zu treffen scheint als wir
für die deutsche Mythologie auch aus heutigen Quellen schöpfen müssen,
die allerdings oft nur trübe fließen. Die frühe Einführung des Christenthums zwang unsere Götter, sich unter den verschiedensten Gestalten zu
bergen, die heidnische Lehre die mannigfaltigsten Verbindungen einzugehen,
und es bedarf jetzt Glück und Scharfsinn, sie wieder zu erkennen und
Christliches und Heidnisches in Legenden, Märchen und Sagen, Gebräuchen und Aberglauben zu sondern und zu scheiden.

  Indem wir uns oft und in dem ersten Theile ‚von den Geschichten
der Welt und der Götter‘ fast immer genöthigt sehen, von dem nordischen
als dem vollständiger entwickelten und erhaltenen Systeme auszugehen und
dann erst nachzuholen was sich im deutschen Glauben Entsprechendes oder
Abweichendes findet, ist unser Verfahren das Umgekehrte von dem, welches
J. Grimm befolgte. Er hat, wie er sich ausdrückt, die nordische Mythologie nur zum Einschlag, nicht zum Zettel seines Gewebes genommen.
Das umgekehrte Verfahren, welches das Nordische zum Zettel nimmt,
das Deutsche im engern Sinn als Einschlag benutzt, muß der befolgen,
welcher sich zur Aufstellung einer gemeinsamen deutschen Mythologie der nordischen Ueberlieferungen so gut als der im engern Deutschland fließenden bedienen will. Wenn Grimm hoffte, daß endlich der
Zeitpunct erscheinen werde, wo der Wall zwischen deutscher und nordischer Mythologie zu durchstechen sei und beide zusammenrinnen können in
ein größeres Ganze, so ist für uns dieser Zeitpunct schon erschienen: wir
haben den Wall durchstochen und den Guß einer allgemeinen deutschen
Mythologie unternommen. Jetzt wo dieser vollbracht ist, darf ich es
wohl aussprechen, daß weder die deutsche Mythologie der nordischen, noch
die nordische der deutschen entrathen kann, indem sie sich gegenseitig fördern und erläutern, da keine über ihre eigenen Gestalten volles Licht zu
verbreiten weiß ohne die andere. Die nordische, deren Göttern ein län-
geres Dasein beschieden war, täuscht zwar mit dem Schein einer gewissen

Selbständigkeit; aber nicht nur sind unsere Denkmäler alter, sie sind auch echter, und selbst was wir aus heutigen Quellen, aus dem Munde des Volks, aus der in Märchen und Sagen, in Sitten und Gebräuchen noch fortlebenden Ueberlieferung schöpfen, deutet auf einen ältern und bessern Zustand der Mythen, die sich seit der Einführung des Christenthums nicht weiter entwickelt haben, damals aber sich von ihrer ursprünglichen Gestalt noch nicht so weit entfernt hatten als in dem später bekehrten Norden, wo sie in jüngerer und bewußterer Zeit, als sich das Heldenthum fast schon ausgelebt hatte, der Willkür der Skalden, zu christlicher Aufzeichner anheimgefallen waren.

1. Quellen der Mythologie.

Die Quellen der Mythologie ausführlich zu besprechen, gebricht hier der Raum, und nur der Raumersparung wegen gebe ich hier diejenigen Werke an, auf welche ich mich am häufigsten beziehe, damit ich nicht immer genöthigt bin, ihren Titel vollständiger anzuführen. Unter den nordischen stehen billig die beiden Edden voran, welche ich gewöhnlich nach meiner Uebersetzung citiere: ‚Die Edda, die ältere und jüngere, nebst den mythischen Erzählungen der Skalda.' Stuttgart und Tübingen, 5te Auflage, 1874. In den Erläuterungen ist über die Bestandtheile beider Sammlungen Auskunft gegeben. Die ‚Skalda' begreift sie nur insofern als sie mythologische Erzählungen enthält: diese sind den Capiteln der beiden ersten Abschnitte Gylfaginning und Bragaroedur angereiht, und zwar so, daß die Zahlen dieser Capitel, welche Dämisagen heißen und daher D. citiert werden, bei jenen aus der Skalda ausgehobenen Erzählungen weiter fortgeführt werden. Zum Nachschlagen des Originals bedient man sich für die ältere am Besten der 1860 zu Leipzig erschienenen Ausgabe von Theodor Möbius (Edda Saemundar hins fróda); doch stimmt meine Uebersetzung in den Strophenzahlen mehr mit der Ausgabe von Herman Lüning (Zürich 1859), welche sich auch durch Glossar und Grammatik u. s. w. empfiehlt; für die jüngere, mit Einschluß der Skalda, der Ausgabe Reykjavík 1848, álgefin af Sveinbirni Egilssyni; doch wird es gut sein, die den Dämisagen heißenden Capiteln fehlenden Zahlen beizuschreiben, entweder, wenigstens für Gylfaginning und Bragaroedur, aus meiner Uebersetzung, oder aus der mit lateinischem Text begleiteten neuen Kopenhagener Ausgabe, deren Gebrauch ich ohnedieß empfehle und sie deshalb näher bezeichne: der erste Theil, der die wichtigsten Stücke enthält, erschien 1848 unter dem Titel Edda Snorra Sturlusonar, Hafniae 1848; aber auch der zweite 1852 herausgekommene Theil wird zuweilen angezogen werden. Nächst den Edden sind die Fornaldar Sögur Nordrlanda útgefnar af C. C. Rafn, Kaupmannahöfn 1829—30, III Bde.,

die ergiebigste nordische Quelle; lieber entsprechen als dänische Ueber=
setzung nicht ganz die gleichfalls von Rafn herausgegebenen Nordiste Fer=
lids Sagaer, Kjöbenhavn 1829—30, III Bde. Nach diesen sind es die
auch lateinisch so wie dänisch in zwölf Bänden herausgegebenen Forn=
manns Sögur, so wie die Islendingasögur, von welchen am Häufigsten
Gebrauch gemacht wird. Für die Island betreffenden Sagen kann man
sich auch der von Karl Lachmann (Berlin 1816) aus der dänischen Hand=
schrift übersetzten ‚Sagenbibliothek des Skandinavischen Alterthums von
P. E. Müller‘ bedienen. Für die Heimskringla Snorri Sturlusons, des
nordischen Herodot, ist Mohnikes Uebersetzung Stralsund 1837 zu ge=
brauchen, und für die gleichsam als Quelle dienenden ersten acht Bücher
des Saxo Grammaticus die Ausgabe von P. E. Müller, Havniae 1839.

Nächst diesen Quellen der nordischen Mythologie berufe ich mich für
die deutsche am Häufigsten auf folgende Werke:

Jacobi a Voragine Legenda Aurea, recensuit Dr. Th. Graesse.
Dresdae et Lipsiae 1846.

Gesta Romanorum herausgegeben von Adalbert Keller. Erster Bd.
Text. Stuttg. u. Tübing. 1842.

Gesta Romanorum von Dr. K. G. Th. Gräsße. Dresden u. Leip=
zig 1842. Zwei Bde.

Caesarii Heisterbacensis Monachi Dialogus Miraculorum ed.
Strange. Coloniae 1851. Vgl. darüber A. Kaufmanns Schrift 1862.

Die ergiebigste Quelle versprechen die im Volke noch lebenden Ueber=
lieferungen zu werden, welchen man seit den ‚deutschen Sagen‘ (Göll. 1816
2. Aufl. Berl. 1865 2 Bde.) und den ‚Kinder= und Hausmärchen‘ der Brü=
der Grimm, die auch hier den Weg gewiesen und die reichste Ernte vor=
weg genommen haben, eifrig nachforscht. Die letztere Sammlung, die uns
fast die Stelle einer deutschen Edda vertritt, hat Wilhelm Grimm in der
6. Ausgabe (Göttingen 1850) mit einer Uebersicht der neuesten Märchen=
literatur eröffnet, die auch außerdeutsche, ja außereuropäische Sammlungen
vergleicht und Einstimmungen wie Abweichungen innerhalb sowohl als
außerhalb des indogermanischen Volksstamms erwägt. Wie überraschende
Blicke uns hier auch eröffnet werden, so gewährt doch die ins Einzelne
durchgeführte Vergleichung, wie sie seit 1856 die Umarbeitung und Er=
gänzung des seit 1822 nicht mehr aufgelegten dritten Bandes der Kinder=
und Hausmärchen bietet, noch reichere und wichtigere Aufschlüße. Nächst
ihnen verdanken wir besonders Adalbert Kuhn, Karl Müllenhoff und
J. W. Wolf, welchen sich Bernhard Baader und Friedrich Panzer an=
reihen, den Erschluß der reichhaltigsten Quellen. Auf Kuhns ‚Märkische
Sagen‘ (Berlin 1843) folgten Leipzig 1848 die ‚Norddeutschen Sagen,
Märchen und Gebräuche‘ von Adalbert Kuhn und Wilhelm Schwartz;

1859 die ‚Westfälischen Sagen, Gebräuche und Märchen‘ von Adalbert
Kuhn. Karl Müllenhoffs ‚Sagen, Märchen und Lieder der Herzogthümer
Schleswig, Holstein und Lauenburg‘ erschienen Kiel 1845. Von J. W.
Wolfs vielfachen Arbeiten auf diesem Gebiete nenne ich nur die ‚Deutschen Märchen und Sagen‘ (Leipzig 1845), die ‚Niederländischen Sagen‘
(Leipzig 1843), die ‚Deutschen Hausmärchen‘ (Göttingen und Leipzig
1852) und die ‚Hessischen Sagen‘ (Leipzig 1853). Bernhard Baaders
‚Volkssagen aus dem Lande Baden‘ (Karlsruhe 1851) waren zum Theil
schon in den Jahrgängen 1835—39 von Mones Anzeiger für Kunde
der deutschen Vorzeit veröffentlicht. Auf einen engern Mythenkreis beschränkte sich Friedrich Panzer im ersten Bande seiner ‚Bayerischen Sagen und Bräuche‘ (München 1848); der zweite hob diese Beschränkung
wieder auf. Zu ihnen stellen sich: Karl Freiherr von Leoprechting mit
dem reichhaltigen Büchlein ‚Aus dem Lechrain‘ (München 1855) und
Fr. Schönwerths ‚Sitten und Sagen aus der Oberpfalz.‘ Drei Bde.
Augsburg 1857.

Nächst diesen dem Sagenforscher unentbehrlichen Werken nenne ich
noch: W. Börner ‚Volkssagen aus dem Orlagau‘ (Altenburg 1838);
Reusch ‚Sagen des Preußischen Samlandes‘ (Königsberg 1838, zweite
Auflage Königsberg 1863); J. F. L. Woeste ‚Volksüberlieferungen aus
der Grafschaft Mark‘ (Iserlohn 1848); Harrys ‚Volkssagen aus Niedersachsen‘ (Celle 1840); J. F. Vonbun ‚Volkssagen aus Vorarlberg‘ (Wien
1847), so wie dessen ‚Sagen Vorarlbergs‘ (Innsbruck 1858) und ‚Beiträge zur deutschen Mythologie‘ (Chur 1862); Emil Sommer ‚Sagen,
Märchen und Gebräuche aus Sachsen und Thüringen‘ (Halle 1846);
L. Bechstein ‚Thüringischer Sagenschatz‘ (Hildburghausen 1835—38), und
dessen ‚Fränkische‘ (Würzburg 1842) und ‚Oesterreichische (Leipzig 1848)
Volkssagen‘; Adalbert von Herrlein ‚Sagen des Spessarts‘ (Aschaffen-
burg 1851); Zingerle ‚Tirols Volksdichtungen und Gebräuche‘ (Innsbruck
1851), ‚Kinder- und Hausmärchen aus Süddeutschland‘ (Regensburg 1855),
‚Sitten, Bräuche und Meinungen des Tiroler Volks‘ (1857) und ‚Sagen,
Märchen und Gebräuche aus Tirol‘ (Innsbruck 1859). Dazu kommen
noch ‚Mythen und Sagen Tirols‘ von J. N. v. Alpenburg (Zürich 1857)
und Theodor Vernaletens ‚Alpensagen‘ (Wien 1858), dessen ‚Mythen und
Bräuche des Volks in Oesterreich‘ (Wien 1859); Rochholz ‚Schweizer-
sagen aus dem Aargau‘ 1856—57; dessen ‚Naturmythen‘ (Leipzig 1862),
‚Deutscher Brauch und Sage‘ (Berlin 1867). Unter den neuern sind noch
zu nennen: L. Curtze ‚Volksüberlieferungen aus dem Fürstenthum Waldeck‘
(Arolsen 1860); J. H. Schmitz ‚Sitten und Bräuche des Eifler Volkes‘
(Trier 1856); Joseph Haltrich ‚Deutsche Volksmärchen aus Siebenbürgen‘
(Berlin 1856); Ernst Meier ‚Sagen, Sitten und Gebräuche aus Schwa-

ben' (Stuttgart 1852); Friedrich Müllers 'Siebenbürgische Sagen' (Cron-
stadt 1857); Dr. Anton Birlinger 'Volksthümliches aus Schwaben'
2 Bde. (Freiburg 1861—62); dessen 'Aus Schwaben' Bd. 1 (Wiesbaden 1874); Heinrich Pröhle 'Kinder- und Volksmärchen' (Leipzig 1853),
dessen 'Oberharzsagen' (Leipzig 1854), 'Unterharzsagen' (Aschersleben 1856),
'Märchen für die Jugend' (Halle 1854); Ernst Deecke 'Lübische Geschichten und Sagen' (Lübeck 1852); August Stöber 'Sagen des Elsaßes' (St.
Gallen 1852); endlich J. V. Grohmann 'Sagenbuch aus Böhmen und
Mähren' (Prag 1863), Karl Haupt 'Sagenbuch der Lausitz' (1862),
Witzschels 'Sagen aus Thüringen' (1866) und A. Lütolf 'Schweizerische
Bräuche und Legenden' (Luzern 1865). Meine eigenen 'Deutschen Mär-
chen' (Stuttgart 1864) ruhen, was der Titel nicht besagt, fast nur auf
mündlicher Ueberlieferung.

Der Bezug der Märchen, Sagen und Legenden auf die Mythologie
ist der, daß in christlicher Zeit aus heidnischen Mythen harmlose Märchen
geworden sind, wie sie sich auch wohl in örtlichen oder geschichtlichen
Sagen localisiert und historisiert, gelegentlich selbst in Legenden christiani-
siert haben, weil sie nur in solcher Gestalt ihr Dasein zu fristen wußten.
Durch Ausmerzung oder Abschwächung des Wunderbaren sank der Mythus bis zur Novelle herab sinken: dieser letzten Verkleidung war ich in
den Quellen des Shakespeare (zweite Aufl. Bonn 1872 2 Bde.)
und dem Novellenschatz der Italiener nachzuspüren beflißen.

Nach W. Scherers geistvoller Schrift 'Jacob Grimm' Berlin 1865
S. 61 und 149 fiele alle Brauchbarkeit der Märchen für die Mythologie dadurch hinweg, daß die ältesten Märchen, die wir besitzen, nicht
älter bei uns wären als das zehnte Jahrhundert. Wenn dieß das Urtheil
der neuern Forschung ist, so muß ich es schelten. Ich berufe mich auf
eine Reihe deutscher Märchen, die mit nordischen und wieder mit griechischen mythischen Erzählungen stimmen und schon in der Odyssee anklingen. Sie beruhen auf Vorstellungen, die uns mit den alten Völkern
gemein sind: wie sollten sie denn erst im zehnten Jahrhundert eingewandert sein? Daß keine frühern Zeugnisse für sie vorliegen, beweist nicht,
daß sie nicht schon vorhanden waren. Die meisten griechischen Mythen
wie die von Perseus, von Bellerophon, von Prokne u. s. w., was sind
sie anders als Märchen, und wenn solche Märchen der Griechen so früh
bekannt waren, warum wären sie es Uns nicht gewesen? Was neuere
Forschungen in Benfeys Orient u. s. w. als in Deutschland so spät
eingewandert nachgewiesen haben, sind nicht sowohl Märchen als schwank-
hafte, anekdotenartige Geschichten, wie die vom Schneekind, die keinen mythischen Character haben, welcher dagegen den eigentlichen Märchen
durchaus beiwohnt: sie sind wie jenes von Amor und Psyche vom My-

thut nur dadurch verschieden, daß sie auf den Cultus, meist auch auf die Cultusgötter keinen Bezug haben und freiwaltende Phantasie den mythischen Gedanken verdunkelt, wenn auch keineswegs getilgt hat. Aber selbst jene schwankhaften Geschichten können, wenn sie alt sind, für mythische Anschauungen Zeugniß ablegen und in diesem Sinne dürfen wir auch aus der Erzählung vom Schneekinde Gewinn ziehen.

In einem Buche über deutsche Mythologie wird man einen Artikel über den Aberglauben vermissen. Zwar sind fast in jedem A. abergläubische Meinungen des Volks angeführt, der Aberglaube selbst aber muß hier zur Sprache kommen. Zunächst bin ich mit Grimm Myth. 1059 einverstanden, daß nicht der gesamte Inhalt des heidnischen Glaubens darunter zu verstehen sei, der doch dem Christgläubigen als ein Wahn, ein falscher Glaube erscheinen muß, sondern die Beibehaltung einzelner Gebräuche und Meinungen. Wenn er dann das Wort für Uebersetzung des lateinischen superstitio nimmt und als Ueberglaube deutet, so kann er dafür anführen, daß sich auch in andern deutschen Dialekten Nachbildungen jenes superstitio finden, wie das niederdeutsche bîglôvo, das isl. hiâtrú; ja das niederländische overgelôf, das dänische overtrú könnten im Teutschen den Uebergang von Ueberglaube in Aberglaube begünstigt haben; zugleich mochte es aber auch als Wiederglaube verstanden werden: der Abergläubige glaubt wieder was er in der Taufe zu glauben abgeschworen hat. Darum heißt der Aberglaube auch Unglaube und schwacher Glaube, vgl. Fromm zu Fred 8139. Gerade nur solcher Wiederglaube ist für die Mythologie fruchtbar. Auch für den Aberglauben hat man neuerdings Sammlungen angelegt; die reichhaltigste findet sich im Anhange zur 1sten Ausgabe der Grimmschen Mythologie; Vieles haben Wolf und Panzer I, 256 ff. II, 256 ff. nachgetragen, Einzelnes auch Zingerle in Sitten, Bräuche und Meinungen, und Birlinger Volksthümliches I, 468 ff.; dessen Aus Schwaben I, S. 374 ff. und Alemannia I, 194—199 ff. Als Ergänzung dieser Sammlungen ist der ,Medicinische Volksglaube und Volksaberglaube aus Schwaben' von Dr. W. R. Buck, Ravensburg 1865 zu betrachten. Hier sieht man deutlich, daß alle obrigkeitlichen Belehrungen und Verbote nichts gegen den Aberglauben ausgerichtet haben. Die Schuld lag aber zum Theil an ihnen selbst. Unsere neuern Sammlungen wollen die Gebildeten nur mit dem Aberglauben bekannt machen, weil er auf den ältern Götterglauben, von dem er ein Ueberbleibsel ist, Rückschlüße verstattet; die ältern warnen davor und verbieten ihn; dabei sind sie selber nicht frei davon. So heißt es P. II, 263: ,Merck: trefflig wurczen vnd edel gstain mag man an (ohne) Sündt wohl nuczen vnd prauchen'; bei dem Verbote Amulete u. s. w. zu tragen findet sich mehrfach der Vorbehalt : ,außer was von katholischer Kirche gut geheißen wird'; nach S. 289 soll wider diejenigen, die mit dem Teufel ein Verbündniß gemacht, ,mit der Feuerstraff und Ein- ziehung seiner haab und guetter verfahren werden'; dieselbe Strafe wird denen durch Griffe mit glühenden Zangen geschärft, die an Menschen und Vieh und Früchten durch Zauberei Schaden gethan haben. So heißt in einem fürstl. durchl. herzoglich bayerischen Landgebott wider den Aberglau- ben, Zauberei, Hexerei und andere straflidje teufels Künste vom J. 1611. (Ein Büchlein unter dem Titel: ,Aberglaub, das ist, kürtzlicher Bericht Von Verbottenen Segen, Artzneien, Künsten, vermeintem Gottesdienst, und andern spottlichen Beredungen, darin viel Christen, wissentlich oder unwissentlich, wider das erst und ander gebott Gottes, schwerlich und ver- damlich sündigen. Von newen ubersehen und gemehrt durch Herrn Job. Lorichium, h. Schrifft Doct. und Professor. Getruckt zu Freyburg im Preißgaw, durch Martin Bödler, Cum licentia Superiorum Anno M.D.XCIII', theilt den Aberglauben in Gattungen und setzt ihm im Ganzen mit vernünftigern Gründen zu; aber auch dieser einsichtsvolle Mann glaubt zuletzt doch an Hexen und Zauberer. Vgl. Zingerle S. 467 ff., wo ein Theil dieses Büchleins nach einer Bozner Handschrift mitgetheilt ist. Eine vortreffliche Sammlung, die sich aber auf den Aber- glauben nicht beschränkt, führt den Titel: ,Aus der volksmäßigen Ueber- lieferung der Heimat, von P. Amand Baumgarten', scheint aber nicht im Buchhandel. Das Neueste ist J. Hallrichs treffliche, 1871 in 2. Aufl. erschie- nene Schrift ,über Macht und Herrschaft des Aberglaubens'. Hier finde ich aber folgende Sätze als Aberglauben aufgeführt, die ganz richtig sind:

1. ,Bei zunehmendem Mond muß man das setzen was aus der Erde herauswächst; bei abnehmendem was in die Erde hineinwächst.'

2. ,Wenn Wölfe und Füchse in einem Orte bis mitten auf den Platz kommen, dann ist die Theurung nicht fern.'

Bekannt ist Ad. Wuttkes Monographie ,Der deutsche Volksaberglaube der Gegenwart' 2te Aufl. Berlin 1860.

5. Plan der Abhandlung.

Bei der Anordnung gehen wir davon aus, daß unsere Mythologie, in der nordischen Auffassung, die uns als Wegweiserin dient, am Deut- lichsten einen innern Fortschritt zeigt, wodurch sie sich von andern, der griechischen namentlich, unterscheidet. Man kann von einem deutschen Götterepos sprechen, das sich neben Helden- und Thierepos als selbstän- dige, höchste Gattung hinstellt. Gleich jenem ist es in einer Reihe volks- mäßiger Lieder behandelt worden, harrt aber noch des überarbeitenden bewußten Dichters, der es zu einer einzigen, großen Epopoie zu gestalten müßte. In das Heldenepos greifen die Götter nur gelegentlich ein, in das deutsche sparsam, sehr viel reichlicher in das griechische; dennoch ist ihr eigenes Leben nicht der Gegenstand der Darstellung, dieß bleibt dem Götterepos vorbehalten, das sich nur bei uns entfaltet hat. Alles ist hier Kampf, Drang und Bewegung: es ist episches, ja dramatisches Leben darin. Die griechischen Götter leben in ewiger Heiterkeit, der Kampf mit Giganten und Titanen liegt hinter ihnen, sie wissen ihr Dasein geborgen und unbedroht. Von dem Untergange der Welt findet sich keine Mythe, da doch die Ahnung desselben nahe genug lag, denn „Alles was entsteht, ist werth daß es zu Grunde geht". Die deutschen Götter dagegen sind nicht unsterblich, das Schicksal schwebt drohend über ihnen, sie fühlen, daß sie untergehen werden, und mit ihnen die Welt, die sie geschaffen haben; sie suchen aber diesen Untergang so lange als möglich hinauszuschieben: sie sind in beständigem Kampfe gegen die unheimlichen Gewalten begriffen, die einmal die Oberhand gewinnen, die Götter verschlingen und die Welt in Flammen verzehren werden. Freilich sollen sie, soll die Welt mit ihnen in Flammen gereinigt wiedergeboren werden; aber wie das ganze Leben der Germanen ein Kampf ist, so auch das Leben ihrer Götter. Sie beruhigen sich nicht bei der Verheißung der Wiedergeburt, sie bieten alles auf, die zerstörenden Kräfte zu bewältigen, aus dem Kampf mit ihnen als Sieger hervorzugehen. Sie siegen aber nur, indem sie fallen und in Flammen geläutert sich verjüngen, während jenen verderblichen Mächten keine Erneuung bestimmt ist.

Unsere Mythologie umfaßt Vergangenheit, Gegenwart und Zukunft; sie weiß von einer Zeit, wo die Welt erst entsteht, wo die Götter noch in seliger Unschuld spielen; wir sehen wie sie diese Unschuld einbüßen und sündig werden, wie die Ahnung des Verderbens sie erst leise, dann stärker ergreift, am Stärksten bei Iduns Niedersinken von der Weltesche: sie rüsten sich, ihm entgegen zu wirken, nachdem sie in Baldurs Tod den ersten, schmerzlichen Verlust erlitten haben, der viel größern vorbedeutet; aber ein unseliges Verhängniß vereitelt ihre Vorkehrungen und sprengt die Fesseln ihrer Feinde: schon haben sich die Vorzeichen des Weltuntergangs eingestellt, der Tag der Entscheidung bricht an, das Giallarhorn ertönt, der Kampf entbrennt, die Götter erliegen, die Sonne fällt vom Himmel, Surtur schleudert Feuer über die Welt; aber noch folgt die Erneuerung der Welt, die Verjüngung der Götter. Aus diesem innern Fortschritt, dieser Fortbewegung der Mythen zu dem Einen großen Ziel ergiebt sich uns die Anordnung ganz von selbst: wir halten uns an den Verlauf der Begebenheiten, die Scenen reihen sich in ihrer natürlichen Folge wie in einem Drama: es ist das große Weltdrama, das sich in seine Aufzüge und Auftritte zerlegt und dessen allmählicher Entwickelung wir nur zu folgen brauchen.

Es giebt indeffen Mythen, die auf den großen Weltkampf keinen Bezug haben, da sie nur das Wesen der einzelnen Götter zu veranschaulichen dienen. Diese sparen wir für einen zweiten Theil auf, in welchem wir, nachdem das Ganze des Weltdramas sich abgespielt hat, die Geschichte der Welt und der Götter sich entschieden haben, die einzelnen Göttergestalten ins Auge faßen. Ein dritter Theil hat das Verhältniß der Menschen zu dem Weltdrama sowohl als zu den Göttern darzustellen.

Die Geschicke der Welt und der Götter.

Entstehung und Ausbau der Welt.

A. Ursprung der Dinge.

Von einer Schöpfung zu sprechen enthalten wir uns, da bei der eddischen Erzählung von der Entstehung der Welt, welcher wir hier folgen wollen, ein Schöpfer sich verbirgt; daß er vorhanden war, sagt ausdrücklich nur die verdächtige D. 8; doch scheint der Name Gaut, hochdeutsch Gôz, den wir an der Spitze deutscher Geschlechtsreihen finden, darzuthun, daß es an dem Begriff eines Gottes, der die Welt aus sich ergoßen habe, nicht fehlte. Das Wort Schöpfung vermeiden wir auch weil es schon einen Urstoff voraussetzt, aus dem geschöpft wird. Einen solchen nimmt unsere Mythologie so wenig an als das Christenthum. Außer jenem verborgenen Gotte, der einstweilen noch zweifelhaft bleibe, nehmen andere Götter an dem Ursprung der Welt offenbar Antheil; aber nicht an der ersten Entstehung der Welt, mit der sie selber erst entstanden sind, nur an ihrem Ausbau.

Unsere Erzählung geht von einer Zeit aus, da noch nichts war als ein öder unerfüllter Raum, Ginnungagap genannt, wörtlich Gaffen der Gähnungen. So heißt es in der Wöluspa nach D. 4:

> Einst war das Alter, da Alles nicht war,
> Nicht Sand noch See noch salzige Wellen,
> Nicht Erde fand sich noch Ueberhimmel,
> Gähnender Abgrund und Gras nirgend.

Damit stimmt zum Theil wörtlich die noch aus der heidnischen Zeit herrührende erste Strophe des Wessobrunner Gebetes:

> Das erfuhr ich unter Menschen als der Wunder meistes,
> Daß Erde nicht war noch Ueberhimmel,
> Noch Baum noch Berg war bis dahin, noch Sonne nicht schien,
> Noch der Mond nicht leuchtete, noch die mächtige See.

Die ungeheure Kluft dieses Abgrundes mußte erst erfüllt werden ehe die Welt entstehen konnte. Das geschah auf folgende Weise. Schon manches Jahrhundert vor Entstehung der Erde hatte sich am nördlichen Ende

Ginnungagap? Niflheim gebildel: da war es dunkel und kalt; am südlichen Ende aber Muspelheim, die Flammenwelt, die war heiß und licht. In Niflheim war ein Brunnen, Hvergelmir, der rauschende Kessel, mit Namen. Aus ihm ergoßen sich zwölf Ströme, Eliwagar (die fremden Wogen) genannt, und erfüllten die Leere Ginnungagaps. Als das Wasser dieser urweltlichen Ströme so weit von seinem Ursprunge kam, daß die in ihnen enthaltene Wärme sich verflüchtigte, ward es in Eis verwandelt. Und da dieß Eis stille stand und Ruhte, da fiel der Dunst darüber, der von der Wärme kam, und gefror zu Eis und so schob sich eine Eislage über die andere bis in Ginnungagap. Die Seite von Ginnungagap, welche nach Norden gerichtet ist, füllte sich mit einem schweren Haufen Eis und Schnee, und darin herrschte Sturm und Ungewitter; aber der südliche Theil von Ginnungagap ward milde von den Feuerfunken, die aus Muspelheim herüberflogen. So wie die Kälte von Niflheim kam und alles Ungestüm, so war die Seite, die nach Muspelheim sah, warm und licht, und Ginnungagap dort so lau wie windlose Luft, und als die Glut dem Reif begegnete, also daß er schmolz, da erhielten die Tropfen Leben und es entstand ein Menschengebild, das Ymir genannt ward; aber die Grimthursen (Frostriesen) nennen ihn Oergelmir.

Ymir (von ymja stridere, rauschen, tosen, wie Oergelmir, der rauschende Lehm) ist der gährende Urstoff, die Gesamtheit der noch ungeschiedenen Elemente und Naturkräfte, die in ihrer Unordnung durcheinander rauschen und fluten, also dasselbe, was der Grieche sich unter Chaos dachte, nur personificiert. Das Wort Chaos aber entspricht mehr unserm Ginnungagap.

Aus dieser Erzählung ergiebt sich:

1. Der Grundstoff, aus dem die Welt gebildet wurde, kam aus dem Brunnen Hvergelmir, der in Niflheim stand, der nördlichen Nebelwelt. Er ist mithin die Urquelle alles Seins, denn aus ihm erfüllte sich die unendliche Leere des Weltraums Ginnungagap. Wie wir so Hvergelmir und Niflheim als die Urquelle alles Seins erkennen, so werden wir späterhin (§. 19) erfahren, daß dahin auch alles Sein zurückkehrt.

2. Da es zwölf Ströme sind, welche sich aus Hvergelmir ergießen, so lernen wir das Wasser als den Grundstoff erkennen, aus dem Himmel und Erde gebildet sind. Es war aber nicht von jeher vorhanden.

3. Dieses Wasser ergoß sich in der Form des Eises in den Abgrund Ginnungagap und durch die Zusammenwirkung von Hitze und Kälte entstand hier das erste Leben, der urweltliche Riese Ymir. Entweder also ‚durch die Kraft dessen, der die Hitze sandte‘, wie es D. 5.

heißt, erhielten die Tropfen Leben, oder die gemäßigte Wärme, welche
die Gegeneinanderwirkung von Hitze und Kälte hervorbrachte, ließ das
erste Leben entstehen. Vgl. Wafthrudnism. 32.

7. Entstehung der Riesen. Tuisco.

Von Ymir wird nun erzählt, daß er in Schlaf fiel und zu schwitzen
begann: da wuchs ihm unter dem linken Arm Mann und Weib und
sein einer Fuß zeugte einen Sohn mit dem andern.

> Unter des Reifriesen Arm wuchs, rühmt die Sage,
> Dem Thursen Sohn und Tochter.
> Fuß mit Fuß gewann dem furchtbaren Riesen
> Sechsgehäupteten Sohn. Wafthrudnism. 33.

Daraus entsprang das Geschlecht der Hrimthursen, Reif- oder Frostriesen; der alte Hrimthurs heißt Ymir. Er war aber böse, wie alle
von seinem Geschlecht; für einen Gott wird er nicht gehalten, die Menschen
verehren ihn nicht, weil er ihnen keine Wohlthaten erzeigt. Diese Auskunft giebt wenigstens die jüngere Edda D. 5. Gleichwohl dürfen wir
sagen, er war allerdings schon ein Gott: die älteste Götterdynastie sind
die Riesen. Die spätern Götter, die im Volksglauben an ihre Stelle
getreten sind, haben unter den Riesen Vorbilder. Wie die Götter viele
Namen haben, so erscheint dieser Stammvater der Riesen auch unter den
Namen Oergelmir §. 6, Brimir (der Brandende) Wöl. 9, Aeri §. 14,
Forniotr §. 121, wozu nach Weinhold Riesen 11 noch Thriwaldi,
Thrigeitir und Alwaldi kommen.

Ymir der Riese war zwiegeschlechtig, Mann und Weib zugleich.
Darum erinnert er an Tuisco oder Tuisto, den erdgeborenen Gott,
welchen die alten Germanen nach der Meldung des Tacitus Germ. c. 2.
als den ersten Gründer ihres Volkes besangen. Denn wie auch der Name
zu lauten habe (unser heutiges Zwist und zwischen sind beide vom
Zahlworte abgeleitet), so liegt der Begriff des Zwiefachen, Zwiegeschlech-
tigen darin, und dieser kann weder hier noch dort entbehrt werden, da
sie beide vaterlos und ohne ihres Gleichen sind und doch von ihnen Geschlechter ausgehen. Dieser Tuisto zeugte aus sich selbst einen Sohn
Mannus; ihm werden wieder drei Söhne zugeschrieben, von welchen drei
deutsche Völkerstämme, Istäwonen, Ingäwonen und Herminonen, ihren
Ursprung herleiten. Von Istio oder Iscio wißen wir nichts, Inguio
(Ing) erscheint fast nur in dem ags. Runenlied 22, wonach er zuerst
unter den Ostdänen war, dann aber ostwärts über die Flut ging;
der Wagen rollte nach. Vgl. Zeitschr. II, 193 und §. 100. Ueber

Irmino vgl. §. 86. 89. Ihre Namen werden nicht eigentliche Götter-namen, sondern nur Beinamen von Göttern sein, denn nicht nach den Namen der Götter, nur nach ihren Beinamen werden Völker und Geschlechter benannt. Myth. 328. Müllenhoff Schmidts Zeitschrift VIII, 232.

Mannus scheint ein allgemeiner Name, der das denkende Wesen bezeichnet, von Mannus ist mennisco, der Mensch, abgeleitet. Wir sehen ihn in mythischen Sagen der Völker noch viermal wiederkehren: Manes der erste König der Lyder, Menes der Egypter, Minos der Kreter, Manuh der Inder.

8. Entstehung der Götter.

Mit der Entstehung der Götter verhielt es sich so: Neben dem Riesen Ymir war auch eine Kuh entstanden, Audhumbla, die schatzleuchte (saftreiche) genannt. Aus ihrem Euter rannen vier Milchströme: davon ernährte sich Ymir. Diese Kuh beleckte die Eisblöcke, die salzig waren: da kamen am Abend des ersten Tages Menschenhaare hervor, den andern Tag eines Mannes Haupt, den dritten Tag ward es ein ganzer Mann, der hieß Buri. Er war schön von Angesicht, groß und stark, und gewann einen Sohn, der Bör hieß. Der vermählte sich mit Bestla oder Belsta, der Tochter des Riesen Bölthorn; da gewannen sie drei Söhne: der eine hieß Odin (Wodhin), der andere Wili, der dritte We. Das sind die Götter, welche Himmel und Erde beherrschen. D. G.

Buri und Bör sind durch ihre Namen, die auf goth. baira, tragen, gebären weisen, wenn nicht als Erstgeborene, doch als Stammväter bezeichnet: ich möchte jenen als den Gebärenden, diesen als den Geborenen fassen. Auch darin läßt sich Buri dem Tuisto vergleichen, daß er aus dem Stein hervorgeht wie jener aus der Erde, und daß seine Gemahlin ungenannt bleibt: pflanzte er sein Geschlecht auf dieselbe Weise fort wie Tuisto und Ymir? Dann vergliche sich sein Sohn Bör dem Mannus und seine Enkel Odin, Wili, We des Mannus Söhnen Inguio, Istio und Irmino, den Stammvätern dreier deutschen Stämme. Myth. 328.

Die Götter sind nach dieser Darstellung andern, d. h. geistigern Ur-sprungs als die Riesen; sie haben aber ihr Geschlecht nicht rein erhalten, da sie wenigstens mütterhalb von den Riesen stammen. Wir würden das jetzt so ausdrücken: sie sind nicht aus dem Geist allein geboren, die Materie hat Antheil an ihnen. Vgl. Uhland 18.

Die Kuh Audhumbla stellt wohl, jedenfalls dem Riesen gegenüber, das ernährende Prinzip dar: sie symbolisiert die ernährende Kraft der Erde und so vergleicht sie sich der Gaia Hesiods, der Altmutter. Viel-leicht sind selbst die Wörter Gaia und Kuh urverwandt, da G nach der Lautverschiebung zu K wird. Kühe werden bei germanischen Völkern als

heilige Thiere verehrt: ein ſchwediſcher König Eiſtein Beli verehrte die
Kuh Sibilja, die er ſelbſt in die Schlacht mitnahm; auch Oegvaldr führte
eine Kuh überall mit ſich und trank ihre Milch; die Einwohner von Hwi-
tabo zollten Kühen göttliche Verehrung; noch zu Olaf Tryggwaſons Zeit
opferte Haerkr einem Rinde. Kühe waren vor den Wagen der Nerthus,
der Erdgöttin (Tac. G. 40) geſpannt, und die Heiligkeit des Ochſenge-
ſpanns, die ſich bei den merowingiſchen Königen zeigt, klingt noch in
heutigen deutſchen Sagen nach. Der Name der Rinda, der winterlichen
Erde, läßt ſich zu Rind armentum halten, und wenn Zeus als Stier
mit der Europa buhlte, die wenigſtens den Namen eines Erdtheils trägt,
ſo ward die Erde vielleicht ſelbſt als Kuh gedacht.

Von der Kuh Audhumbla ſind indeß die Götter nicht geboren, nur
aus den ſalzigen Eisblöcken hervorgeleckt. Den Göttern gegenüber bedeutet
ſie alſo die Wärme, die das Eis verzehrt, das züngelnde Feuer, das von
Muspelheim herüberſprüht. Als Kuh finden wir das Feuer noch öfter
dargeſtellt; §. 37. 53. Auch das Salz iſt belebend und ernährend: es
dient überall zum Bilde geiſtiger Kraft und Nahrung, und germaniſche
Völker, Katten und Hermunduren, ſowie ſpäter Burgunden und Alleman-
nen, ſtritten um die heiligen Salzquellen. Tac. G. 20. Ann. XIII, 67.
Plin. h. n. XXXI, 89. Amm. M. 28, 5. In ihm müſte die männliche
Zeugungskraft angedeutet ſein.

Hier gewinnen wir aber eine Beſtätigung der eddiſchen Darſtellung.
Jene Salzſteine waren durch die Gegeneinanderwirkung von Froſt und
Hitze, aus Eis und Feuer, entſtanden; und Aehnliches meldet Tacitus
als den Glauben der Germanen von der noch fortwährenden Erzeugung
des Salzes, als ſei es ex contrariis inter se elementis, igne atque
aquis, indulgentia numinis (durch Allvaters Zulaßung?) concretum.
Vgl. Uhland VII, 479.

Die Götter erſcheinen ſo gleich in einer Trilogie: Odin, Wili, We,
welcher wir ſchon eine andere: Inguio, Iſtio, Irmino verglichen haben.
Dieſe Trilogie verſchwindet aber bald um einer andern Platz zu machen.
Wie Odin auf den Geiſt, ſo ſcheint Wili auf Munſch und Willen zu
deuten, We den Begriff der Heiligkeit, Heiligung zu enthalten. Die geiſtige
Bedeutung dieſer Trilogie läßt an ihrem Alter zweifeln; doch ſichert ihr
die an dem erſten Gliede weggefallene Alliteration ſchon ein beträchtliches.
Vgl. §. 61.

9. Sintflut.

Börs Söhne tödteten nach D. 7 den Rieſen Ymir: als er fiel, da
lief ſo viel Blut aus ſeinen Wunden, daß ſie darin das ganze Geſchlecht
der Reifrieſen ertränkten bis auf den Einen, der mit den Seinen davon

kam: den nennen die Riesen Bergelmir. Er bestieg mit seinem Weib ein Boot (lûdr) und von ihm stammt das neue Hrimthursengeschlecht.

In dem Blute des Riesen Ymir, worin die Reifriesen bis auf ein Paar ertranken, haben wir die Sinflut, die allgemeine Flut, und in dem Boote die Arche. Die eddische Sinflut tritt aber ein vor Erschaffung des Menschengeschlechts: nicht ein frommer Rest desselben wird in dem Boote geborgen, sondern Bergelmir, Thrûdhgelmirs Sohn (Wafthrudnismal 28. 29), Ymirs Enkel, also ein Riese, ein Feind der Götter und Menschen. Auch in der griechischen Mythe sind es Titanen, welche der Sinflut in einem Kasten entgehen und dann erst die Menschen erschaffen. Ist nun auch der eddische Bericht im Vergleich mit dem biblischen roh und unausgebildet, so stimmt er doch darin mit ihm, und nicht mit dem griechischen, daß die Menschen, wie wir sehen werden, von den Göttern, nicht von den Riesen erschaffen werden. Entlehnung hat indeß wohl nicht Statt gehabt: es würden sonst die epischen Züge von der ausfliegenden Taube, dem Landen auf dem Berge (Ararat) u. s. w. nicht mangeln. Oder klingt letzterer in dem Namen des im Boot geretteten Bergelmir nach? Darin aber trifft die eddische Ueberlieferung mit der griechischen und indischen zusammen, daß die Sinflut der Erschaffung des Menschengeschlechts vorausgeht. Bei den Indern schafft Manus auf Brahmas Geheiß alle Geschöpfe, als die Flut sich schon verlaufen hat. Manus hatte den Brahma in Gestalt eines Fisches gerettet; zum Dank dafür wird ihm das Herannahen der allgemeinen Flut und das Mittel der Rettung im Schiffe verkündet. Gr. Dt. 544. Der Fisch, in dessen Gestalt Brahma erscheint, erinnert an den Butt in deutschen Märchen, der den armen Fischer aus dem geringsten Stande zu immer höhern Würden erhebt bis er zur Strafe des Uebermuths, zu dem ihn die ehrgeizige Frau verleitet, wieder in den Pißpott zurückkehrt, weil er Gott selbst zu werden begehrt hatte. Auch hier klingt ein Mythus von der Schöpfung nach, der mit der biblischen Ueberlieferung in manchen Zügen stimmt und selbst die verschiedenen Stände andeutet.

Das dunkle Wort lûdr für Boot zu nehmen, sind wir sowohl durch den Zusammenhang als durch die Mythenvergleichung berechtigt. Es kann indeß auch Wiege bedeuten; freilich auch ein Boot wiegt sich auf den Wellen, und selbst ihre Gestalt ist von der eines Kahns nicht wesentlich verschieden. Dazu kommt, daß in deutschen Volkssagen von großen Ueberschwemmungen, die vielleicht Nachklänge älterer Sinflutsagen enthalten, eine Wiege es ist, worin die Rettung des einzig Verschontbleibenden, von dem dann eine neue Bevölkerung ausgeht, vollbracht wird. In der Sage von dem Sunkenthal oder Suggenthal (Baaders badische Volkssagen 72) ist erst die Wolke, aus welcher das Verderben über den gottvergessenen

Ort hereinbricht, so groß wie ein Hut, dann so groß wie eine Wanne, zuletzt wie ein Scheuerthor, bis sie sich als kohlschwarzes Gewitter über dem ganzen Thale zusammenzieht. Als es sich in einem Wolkenbruche entladen und das Suolenthal überschwemmt hat, schwimmt ein Knäblein in seiner Wiege mitten in der Flut und bei ihm befindet sich eine Kaze. So oft die Wiege auf eine Seite sich neigt, springt die Kaze auf die entgegengesetzte und bringt so die Wiege wieder ins Gleichgewicht. Endlich blieb sie im D o l d oder Wipfel einer hohen Eiche hängen. Als die Flut sich verlaufen hatte, holte man sie herunter und fand Kind und Kaze lebend und unverfehrt. Da man des Knäbleins Eltern nicht kannte, so nannte man es D o l d, ein Name, den seine Abkömmlinge noch heute fortführen.

10. Bildung der Welt.

Die Götter nahmen den getödteten Ymir, warfen ihn mitten in Ginnungagap und schufen aus ihm die Welt: aus seinem Blute Meer und Wasser, aus seinem Fleische die Erde, aus seinen Knochen die Berge, aus seinen Zähnen, Kinnbacken und zerbrochenem Gebeln die Felsen und Klippen. Aus seinem Schädel bildeten sie den Himmel und erhoben ihn über die Erde mit vier Eden oder Hörnern, und unter jedes Horn sezten sie einen Zwerg, die heißen: Austri, Westri, Nordri, Sudri. Des Riesen Hirn warfen sie in die Luft und bildeten die Wolken daraus; dann nahmen sie die Feuerfunken, die von Muspelheim ausgeworfen umherflogen, und sezten sie an den Himmel, oben sowohl als unten, um Himmel und Erde zu erhellen. Sie gaben auch allen Lichtern ihre Stelle, einigen am Himmel, andern lose unter dem Himmel, und sezten einem jeden seinen bestimmten Gang fest, wonach Tage und Jahre berechnet werden. Das Meer ward kreisrund um die Erde gelegt, längs den Seeküsten den Riesengeschlechtern Wohnpläze angewiesen, nach innen rund um die Erde eine Burg wider die Anfälle der Riesen gebaut, und zu dieser den Menschen zum Wohnsiz angewiesene Burg, welche Midgard, oder hochdeutsch Mittilagart hieß, die Augenbrauen des Riesen verwendet.
D. 8. So heißt es in Grimnismal 40:

Aus Ymirs Fleisch ward die Erde geschaffen,
Aus dem Schweiße der See;
Aus dem Gebein die Berge, die Bäume aus dem Haar,
Aus der Hirnschale der Himmel.

Aus den Augenbrauen schufen gütge Äsen
Midgard den Menschensöhnen;
Aber aus seinem Hirn sind alle hartgemuthen
Wolken erschaffen worden.

Wir sehen hier aus dem Mikrokosmos des Riesenleibes den Makrokosmos der Welt hervorgehen. Die deutsche Sage kehrt dieß um, sie
läßt aus dem Makrokosmos den Mikrokosmos entstehen, aus den Theilen
der Welt die Theile des menschlichen Leibes bilden. In einem Gedichte
des eilften Jahrhunderts (M. altd. Lesebuch 1859, S. 41) heißt es,
Gott habe den Menschen aus acht Theilen erschaffen: von dem Leimen
habe er ihm das Fleisch gegeben, den Schweiß von dem Thau, die
Knochen von den Steinen, die Adern von den Wurzen, von dem Grase
das Haar, das Blut von dem Meere und den Muth von den Wolken;
die Augen aber ihm von der Sonne gebildet. Solcher Berichte von den acht
Theilen finden sich im germanischen Abendlande fünf, im Einzelnen abweichend, im Grundgedanken der Herleitung des Kleinen aus dem Großen
zusammentreffend; als den sechsten können wir den betrachten, welcher den
menschlichen Leib aus den vier Elementen erschaffen läßt. Indische und
cochinchinesische Ueberlieferungen stimmen bald mit der deutschen Vorstellung,
bald mit der ebbischen; letztere wird, wie sie die einfachste und kindlichste
ist, auch die älteste sein. Vgl. Grimm Myth. 534. 1218 und XXIX.
Ueber die acht Theile vgl. Müllenhoff Denkm. I. Aufl. S. 342 ff.

Seltsam klingt die Angabe, daß von den Augenbrauen Midgard,
hochd. Mittilagart, erschaffen und den Menschen zum Wohnsitz angewiesen
sei; die bewohnte Erde war also von Wald bedeckt, da wohl auch hier
aus dem Haar die Bäume erschaffen wurden. Wenn aber gesagt wird,
das Meer ward kreisrund um die Erde gelegt und längs den Seeküsten
den Riesen Wohnungen angewiesen, so ist darüber §. 120 eine Vermuthung ausgesprochen.

„Dem Heiden ist die Erde aus dem Fleische eines göttlichen Urwesens
erschaffen, der Leib Gottes. Er aß sogar die aufgegriffenen Erdbrosamen,
wenn ihm durch Kampf oder Mord schnelles Sterben drohte; daher der
Ausdruck: die Erde küssen, ins Grab beißen, mordre la poussière.
Wackernagel in Hpts. Ztschr. VI, 288 hat aus der altdeutschen, italienischen
und französischen Poesie entsprechende Beispiele hierfür gesammelt." Koch-
holz II, XLVIII. Vgl. Panzer II, 114. 294. Man wird auch daran
erinnert, wie Brutus nach dem Orakelspruche seine Mutter küßte.

11. Gestirne.

Von den Gestirnen wißen wir schon, daß sie von Muspelheim aus-
geworfene Feuerfunken waren, welche die Götter an den Himmel setzten
und jedem seinen Gang vorschrieben (vgl. Völ. 5. 6), denn

Die Sonne wußte nicht wo sie Sitz hätte,
Der Mond wußte nicht was er Macht hätte,
Die Sterne wußten nicht wo sie Stätte hätten.

Von Sonne und Mond, den wichtigsten unter den Gestirnen, giebt es aber noch einen andern Mythus. Die jüngere Edda (D. 11) erzählt: Ein Mann hieß Mundilföri (Achsenschwinger), der hatte zwei Kinder; sie waren hold und schön: da nannte er den Sohn Mond (Máni) und die Tochter Sonne (Sól), und vermählte sie einem Manne, Glenr (Glanz) genannt. Aber die Götter, die solcher Stolz erzürnte, nahmen die Geschwister und setzten sie an den Himmel und ließen Sonne die Hengste führen, die den Sonnenwagen zogen, welchen die Götter aus Muspelheims Feuerfunken geschaffen hatten. Die Hengste hießen Arwakr (Frühwach) und Alswidr (Allgeschwind), und unter ihren Bug setzten die Götter zwei Blasbälge, um sie abzukühlen, und in einigen Liedern heißen sie Eisenkühle.

> Arwakr und Alswidr sollen immerdar
> Sacht die Sonne führen.
> Unter ihren Bugen bargen milde Mächte,
> Die Asen, Eisenkühle.. Grimnism. 37.

Mâni leitet den Gang des Mondes und herrscht über Neulicht und Vollicht. Vor die Sonne aber ward ein Schild gesetzt (Swalin der kühle): denn Meer und Berge würden verbrennen, wenn er herabfiele.

> Swalin heißt der Schild, der vor der Sonne steht,
> Der glänzenden Gottheit.
> Brandung und Berge würden verbrennen,
> Sänk er von seiner Stelle.

Dem kriegerischen Sinne unserer Vorfahren galt aber die Sonne selbst für einen Schild. Bei Notker heißt es: wanda selbiu diu sunha einemo skilte gelîch ist, und nach Opitz sagt: der schöne Himmelsschild.

Sol wird D. 38 unter den Asinnen aufgeführt; in den Merseburger Heilsprüchen heißt sie Sunna und hat eine Schwester Sindgund; welches Gestirn damit gemeint sei, ist ungewiß. Da die Sonne Völusp. 6 des Mondes Gesellin (sinni mâna) heißt, so würde man an den Mond denken, wenn nicht neben Sindgund auch Volla genannt würde, die auf den Vollmond gedeutet werden kann.

In dem Namen Achsenschwinger ist das Sonne und Mond Gemeinsame ausgedrückt: sie bewegen sich beide um ihre Achse. Was aber weiter gemeldet wird, muß auf Mißverstand beruhen, denn wie sollten Menschen zur Strafe des Stolzes zu Göttern erhoben sein? Da es jedoch einmal geschrieben steht, so haben wir nachzuweisen, was daran Wahres sein kann. Nach einer weitverbreiteten Vorstellung waren Sonne und Mond Seelenaufenthalte; man fürchtete, zur Strafe in den Mond oder in die Sonne versetzt zu werden: in den Mond, weil es da kalt sei, in die

Sonne, weil es da heiß sei. Trümmer solcher Vorstellungen begegnen noch hier und da. So hatte ein armer Mann am Sonntag Holz gelesen; zur Strafe ließ ihm der liebe Gott die Wahl, ob er in der Sonne verbrennen oder im Mond erfrieren wolle. Er wählte das letztere. Gr. Myth. 681. In dem s. g. Brückenspiel (M. Kinderbuch 201 ff.) wird der Letzte gefangen und hat nun zu wählen, ob er in den Mond oder in die Sonne (Himmel oder Hölle) will. Vgl. Ztschr. f. d. Myth. IV, 301. 385. Das führt zu dem Mythus vom

12. Mann im Mond.

Mani nahm nach D. 11. zwei Kinder von der Erde, Bil und Hiúki, da sie von dem Brunnen Byrgr kamen und den Eimer auf den Achseln trugen: der heißt Sægr und die Eimerstange Simul. Widfinnr heißt ihr Vater; diese Kinder gehen vor dem Monde her (eigentlich wohl in dem Monde), wie man noch von der Erde aus sehen kann. Zu dieser Erzählung gaben die Flecken oder schattigen Vertiefungen im Lichte des Vollmonds Veranlaßung. Nach deutschen Volkssagen soll es ein Holzdieb sein, der am Sonntag unter der Kirche Waldfrevel verübt habe und zur Strafe in den Mond verwünscht sei. Da sieht man ihn die Art auf dem Rücken, das Reisholzbündel bald in der Hand, bald gleichfalls auf dem Rücken. Bei Shakespeare (Sturm II, 2) begleitet ihn ein Hund. Vgl. Kuhn M. S. 27. 107. 140. Neben der Achtung für das Eigenthum wird die Heilighaltung des Sonntags eingeschärft, eine Verdoppelung des sittlichen Motivs, deren es nicht bedarf, während dies selbst nicht entbehrt werden kann, wie auch allein in dem eddischen Märchen, das von einer eigenthümlichen Auffassung der Gestalt jener Flecken auszugehen scheint, der sittliche Bezug vermißt wird, denn nicht ein ‚kinderstehlender Mondsmann‘, die gestohlenen Kinder selbst sind in den Mond versetzt. Es fehlt also die Strafe, die bei Sol und Mani §. 11 zu viel scheint. Oder soll man den Grund, warum die Kinder in den Mond gesetzt wurden, hinzudenken? etwa weil sie in seinem heiligen Schein, worin man nach Baaders bab. S. 45. 417 auch nicht spinnen soll, die Arbeit des Wasserholens verrichteten. Die altmärkische Sage bei Temme 49, ‚die Spinnerin im Monde‘, wo ein Mädchen von seiner Mutter verwünscht wird, im Monde zu sitzen und zu spinnen, scheint entstellt, da jener Fluch sie nicht wegen Spinnens, sondern Tanzens im Mondschein trifft. Wichtig wird aber nun die Meldung bei Kuhn (Märk. Sagen 26), wonach man in der Altmark an eine Frau im Monde glaubt, die habe einst ‚am Sonntag‘ gesponnen und sitze nun deshalb mit der Spindel dort oben. Setzt man statt ‚am Sonntag‘ ‚im Mondschein‘, so wird sich die heidnische Gestalt der Erzählung ergeben. So wird der Mann mit dem Reisholzbündel ursprünglich wohl auch nicht am Sonntage Holz gehauen haben; that er es im Mondschein, so mußte die Heimlichkeit freilich den Verdacht des Diebstahls erwecken und so die Verdoppelung des Motivs herbeiführen.

Als Nachklänge des eddischen Berichts, wie Grimm Myth. 680 will, indem sich die Wasserstange in den Artstiel, der getragene Eimer in den Dornbusch gewandelt habe, sind die deutschen von dem Diebe schwer zu fassen, mit Ausnahme des norddeutschen bei Kuhn 349, wo ein Kohldieb fürchtet, der Mond, welcher eben schien, möchte ihn verrathen: da nahm er einen Eimer voll Wasser um den Mond auszugießen; aber es half nicht, und so sieht man ihn denn noch heute mit seinem Eimer im Monde stehen. Hier ist auch der Mondschein wieder im Spiele, in dessen aller Heiligkeit der Schlüßel des Räthsels liegt. In W. Müllers N. S. S. u. Märchen 81. 84. 87. 245. 246. kommt es vor, daß die Erlösung suchende Jungfrau ein Tragholz auf der Schulter hat, woran ein Eimer hängt. Auch sie ist zur Strafe verwünscht, man erfährt aber nicht, worin ihre Schuld bestand.

Was oben vermuthet ward, haben seitdem aufgefundene Volkssagen bestätigt. Meier Nr. 257. 258. „Man hält es für eine große Sünde, im Mondscheine zu spinnen und zu stricken, als ob man am Tage nicht genug bekommen könne." Vgl. Panzer II, 299, Temme Märk. S. 43. Schon in dem Worte ‚Feierabend‘ wird die Heiligkeit des Abends, des Mondscheins ausgesprochen. Bekannte Bildwerke, wie jene Wiener ‚Spinnerin am Kreuz‘, findet man damit in Verbindung gebracht. Panzer II. 556. Nach westfälischen Sagen (Kuhn 47. 89) ist es besonders verpönt, Sonnabends nach Sonnenuntergang zu spinnen: das enthält ein Vergehen gegen die Heiligkeit der Sonne und des Mondes zugleich. Aber auch Donnerstags Abends soll man nicht spinnen, Nr. 48, noch weniger Sonnabends bis in die Nacht. Rochh. Glaube II, 57, Mythen 233, Schönwerth I, 418, II, 62. Eine Reihe deutscher und ital. Märchen läßt den Mond Spinnräder schenken. War einst die Mondgöttin, etwa Freyja, spinnend gedacht? Vgl. §. 117 unten.

Das Volk sieht die Sterne für die Köpfe silberner Nägel an, die das Himmelsgewölbe zusammenhalten, oder für Löcher am Boden der Himmelsbode, durch die der innere Glanz hervorstrahle, die Sternschnuppen für Dochtputzen, die von den Engeln an den Himmelslichtern abgezwickt werden. Birlinger II, 190. Eine andere Vorstellung setzt der Glaube voraus, daß man nicht mit den Fingern nach den Sternen deuten solle, weil sie Augen der Engel seien.

Gestirndienst wird unten §. 132 geläugnet: Sonne und Mond waren zu göttlichen Wesen erhoben. Ein Einfluß der Gestirne auf die Geschicke der Menschen, wie ihn Freidank

> Swem die sternen werdent gram,
> dem wirt der māne liht ze alam

vorauszusetzen scheint, und die obige Zeile

> der Mond wußte nicht was er Nacht hätte

bestätigt, tritt doch nach §. 60 erst später hervor; vgl. jedoch Tschischwit Nachklänge germ. Myth. S. 14. Mythische Vorstellungen knüpfen sich aber noch an andere Gestirne. Es wird gelegentlich erwähnt werden, bei welcher Gelegenheit gewisse Gestirne an den Himmel gesetzt wurden. So wurden nach §. 31 Thiassis Augen an den Himmel geworfen, so nach §. 81 das Sternbild Örwandils Zehe geschaffen. Wie der Sonne und dem Monde ein Wagen zugeschrieben wird, so den Sternen ein Stuhl, darauf zu sitzen (sterrono girusti). Die drei Sterne im Gürtel des Orion sind bald ein Rocken der spinnenden Göttin, die wir schon im Monde vermuthet haben, bald ein Stab des Gottes, bald ein Pflug, ein Rechen: der ländlichen Phantasie eines Hirtenvolks erschienen sie als drei Mahder; aber Jäger sahen sie für einen Haufen Eber (ebardring) an; der große Bär wird als Wodans Teichsel, Karlswagen (§. 63. 74) bezeichnet; für das Siebengestirn ist das Bild einer Gluckhenne mit ihren Küchlein geläufig. In den Märchen, wo Sonne, Mond und Sterne Geschenke verleihen z. B. Spinnräder, geben die Sterne eine Nuß, aus der die Henne mit ihren Küchlein hervorkommt; im Märchen vom Aschenbrödel sind sie nur auf das Kleid gestickt. Nicht nur Spinnräder schenken Sonne und Mond in den Märchen, auch schon fertig gesponnene Kleider: Aschenbrödel erhielt ein Sonnenkleid, Mondkleid und Sternenkleid. Auch das Gestirn sehen wir als Spinnrocken aufgefaßt, und so mochten auch die Sterne weben und spinnen. Ehe man aber das Gestirn die Geschicke spinnen ließ, haben sie wohl die Witterung gesponnen. In einem Hebelschen Gedichte strickt die Sonne das Gewölk. Schwarb, Sonne 235. Die Teilung auf die Geschicke der Menschen enthält eine spätere Fortschiebung des Mythus. Es giebt aber auch eine Erzählung von dem Sternbild des Siebengestirns, die einen Nachklang eines Mythus verräth. Christus ging an einem Bäckerladen vorüber, wo frisches Brot duftete. Er sandte einen seiner Jünger hin, ein Brot zu erbitten. Der Bäcker schlug es ab; doch von ferne stand die Bäckersfrau mit ihren sechs Töchtern und gab das Brot heimlich: dafür sind sie als Siebengestirn an den Himmel versetzt; der Bäcker aber ist zum Kuckuck geworden. Darum ruft man ihm nun zu: Kudud, Bäckenknecht u. s. w.

Zugleich ist damit auf das fahle, gleichsam mehlbestaubte Gefieder des Vogels angespielt. Sein Bezug auf das Siebengestirn ist aber noch darin begründet, daß er nur von Tiburtii bis Johannis seinen Ruf erschallen läßt und nur um diese Zeit das Siebengestirn am Himmel sichtbar ift. Vgl. Gr. Myth. 639 und unten §. 132, wo von dem Gertrudsvogel (Schwarzspecht) Aehnliches gemeldet wird.

13. Mond- und Sonnenfinsternisse.

Sonne und Mond werden nach D. 12 von zwei Wölfen verfolgt. Der Verfolger der Sonne heißt Stöll: sie fürchtet, daß er sie greifen möchte und kann sich nicht anders vor ihm fristen als indem sie ihren Gang beschleunigt:

> Stöll heißt der Wolf, der der scheinenden Gottheit
> Folgt in die schützende Flut.

Der andre heißt Hati, Hrodwitnirs Sohn, der läuft vor der Sonne her,

> Hati der andre, Hrodwitnirs Sohn,
> Eilt der Himmelsbraut voraus. Grimnism. 89.

und will den Mond packen, was auch geschehen wird, nämlich am jüngsten Tage. Ueber die Herkunft dieser Wölfe erfahren wir, daß ein Riesenweib östlich von Midgard in dem Walde fißt, der Jarnwidhr (Eisenholz) heißt. In diesem Walde wohnen die Zauberweiber, die man Jarnwidiur nennt. Jenes alte Riesenweib gebiert viele Kinder, alle in Wolfsgestalt, und von ihr stammen diese Wölfe. Es wird gesagt, der Mächtigste dieses Geschlechts werde der werden, welcher Managarm (Mondhund) heißt. Dieser wird mit dem Fleische aller Menschen, die da sterben (?) gesättigt; er verschlingt den Mond und überspritzt den Himmel und die Luft mit seinem Blute: davon verfinstert sich der Sonne Schein und die Winde brausen und sausen hin und her. Die Stelle, woraus die jüngere Edda dieß entnimmt, steht Wöluspa 32. 33:

> Erstlich saß die Alte im Eisengebüsch
> Und fütterte dort Fenrirs Geschlecht.
> Von ihnen allen wird eins zuletzt
> Des Mondes Mörder übermenschlicher Gestalt.
>
> Ihn mäßtet das Mark gefallter Männer,
> Der Seligen Saal besudelt das Blut.
> Der Sonne Schein dunkelt in kommenden Sommern,
> Alle Wetter wüthen: wißt ihr was das bedeutet?

Wir hoffen aber diese Stelle unten befriedigender zu deuten. Daß Managarm, der Verschlinger des Mondes, schlimmer sein soll als Stöll, der Würger der Sonne, erklärt sich aus einem Mißverständnisse. Nach Wöl. 57 wird die Sonne erst schwarz, als nach dem letzten Weltkampf die Sterne vom Himmel fallen und die Erde ins Meer sinkt. Hieraus entsprang der Irrthum, als wenn sie von Stöll nicht verschlungen würde. Daß aber auch sie der Wolf würgt, ist außer D. 51 Wasthr. 47 gesagt;

aber eben daselbst 46 wird dieser Wolf Fenrir genannt, dessen Name doch hier nur nach der kühnen Weise der nordischen Dichtersprache für Stöß steht, wie auch beide Wölfe Wölusp. 32 Fenrirs Geschlecht heißen, schon weil Fenrir gleichfalls ein Wolf ist, der wie jene zerstören und verschlingen soll. Odin, der von Fenrir verschlungen wird, galt als Himmels- und Gestirngott, und so ist Fenrir in jenen Wölfen, die Sonne und Mond verschlingen werden, nur verdoppelt. Zu erinnern ist noch, daß Managarm (Mondhund), welcher mit Hati eins ist, nicht mit dem Höllen- hunde Garm verwechselt werden darf.

Die vergleichende Mythologie lehrt, daß die Mond- und Sonnen- finsternisse zu dem Mythus von den beiden Wölfen Veranlaßung gaben. Die Vorstellung, als ob diese Finsternisse daraus entständen, daß ein Un- geheuer das himmlische Gestirn in seinen Rachen gefaßt habe, um es zu verschlingen, ist bei vielen Völkern verbreitet: sie suchten es durch lauten Zuruf zu schrecken, daß es seine Beute fahren laße, ja sie schlugen auf Trommeln und Keßel und andere lärmende Instrumente. Myth. 668 ff.

14. Tag und Nacht.

Wie Sonne und Mond, so sind auch Tag und Nacht zu göttlichen Wesen erhoben. Weil aber nach der germanischen Vorstellung die Nacht dem Tage voranging (nox docere diem videtur, Tac. Germ. 11), so ist die Nacht (Nótt) als die Mutter des Tages (Tags) gedacht. Die Nacht selbst ist nach D. 10 die Tochter eines Riesen Neri, Nörwi oder Narfi, unter deßen Namen auch ein Sohn Lokis erscheint. So ist sie vielleicht eine Verwandte der Hel, der Todesgöttin, die Lokis Tochter heißt. Wegen dieser Abstammung von dem Riesen ist die Nacht schwarz und dunkel wie ihr Geschlecht. Sie war dreimal vermählt: zuerst einem Manne mit Namen Naglfari: der beiden Sohn war Ubr oder Aubr. Darnach ward sie Einem Namens Annar (Anar, Onar) ver- mählt: beider Tochter hieß Jördh, die Erde. Ihr letzter Gemahl war Dellingr, der vom Asengeschlechte war. Ihr Sohn Tag (Tag) war schön und licht nach seiner väterlichen Herkunft. D. 10.

Da in Dellingr, assimiliert aus Deglingr, der Begriff des Tages schon liegt, so bedeutet er wohl das Morgenroth oder den Tagesanbruch, wie in der Hervarars. vor Dellings Thüre „vor Tag" bedeutet; also das letzte Drittel der Nacht; in Annar und Naglfari hätten wir demnach die beiden ersten Drittel zu suchen. Ein Anar kommt unter den Zwergen vor (Wölusp. 12); an seinem Namen hat sich Grimm (Zeitschr. III, 144) vergebens abgemüht; hieß er Annar, so bezeichnet er den Andern, die andere Hälfte der Nacht. Seine Tochter ist die Erde, das dunkelste der Elemente. Da nun die vorausgehende D. 9 die Jörd eine Tochter Odins

nannte, so muß Odin, der auch Tweggi (der Zweite) heißt, unter diesem
Annar, dem Andern, verborgen sein. Am Schwierigsten ist Naglfari zu
deuten: denselben Namen trägt auch das Todtenschiff D. 51, und wir
sehen hier wieder die Verwandtschaft der Nacht mit Hel, der Todesgöttin,
hervortreten. Der Einbruch der Nacht vergleicht sich dem Einbruch des
Weltuntergangs, den das Schiff vermittelt, das die weltzerstörenden Gewalten heranführt. Die Erweiterung überspringt die nächsten Stufen,
Winter und Tod, und gelangt gleich zu der letzten, dem Tode der Welt.
Udr, wie der Sohn der Nacht in dieser ihrer ersten Ehe heißen soll, ist
nach Grimnism. 46 ein Beiname Odins.

Von Döllingr, dessen Name noch in Teutschland in vielfachen Wand-
lungen fortlebt, hat sich in einem Volkslied (Wunderhorn I, 38) ein verdunkelter Mythus erhalten. Ein Türke erscheint vor dem Hoflager des
Kaisers und fordert dessen Helden zum Zweikampf. Niemand will es
wagen, sich mit ihm zu messen, schon zürnt der Kaiser über die Feigheit
seiner Helden, da springt der Döllinger hervor:

> Wohl um, wohl um, ich muß hervor
> An den leidigen Mann,
> Der so trefflich fechten kann.

Aber zuerst erliegt der Döllinger dem Türken; erst bei dem zweiten
Ritt sticht er den Türken ab, dessen Seele dann der Teufel entführt.
Dieß Volkslied wird als ein historisches angesehen, weil es sich an des
Kaisers Hoflager zu Regensburg knüpft; es ist aber ein mythisches, das
den Kampf zwischen Tag und Nacht zum Inhalt hat. Der Gott des
jungen Tages ist zu einem Frühlingsgott erweitert, wie wir schon wissen,
daß Tagesmythen der Erweiterung zu Sommermythen fähig sind. Auch
der Winter wird als Türke gedacht §. 145 unten:

> Mit dem Türken wollen wir streiten,
> Den Säbel an der Seiten.

15. Verhältniß zu Sonne und Mond.

Da nahm Allvater, heißt es nun weiter, die Nacht und ihren Sohn
Tag und gab ihnen zwei Rosse und zwei Wagen und setzte sie an den
Himmel, daß sie damit alle zweimal zwölf Stunden um die Erde fahren
sollten. Die Nacht fährt voran mit dem Rosse, das Hrimfart (reif-
mähnig) heißt, und jeden Morgen bethaut es die Erde mit dem Schaum
seines Gebißes. Das Roß, womit der Tag fährt, heißt Skinfart
(lichtmähnig) und Luft und Erde erleuchtet seine Mähne. Vgl. Walthrud-
nism. 12. 14:

> Skinfaxi heißt er, der den schimmernden Tag zieht
> Ueber der Menschen Menge:

Für der Güter bestes gilt es den Völkern;
Stäts glänzt die Mähne der Mähre.

Grimfari heißt es, daß die Nacht herzieht
Dem wallenden Wesen.
Mehlthau fällt ihm am Morgen vom Gebiß,
Und füllt mit Thau die Thäler.

Da sonach Tag und Nacht ihre eigenen Pferde haben und bei dem
Rosse des Tages die Beziehung auf das Licht im Namen ausgedrückt ist,
so scheint es, man dachte sich Nacht und Tag von Sonne und Mond
unabhängig. Freilich der Mond bringt nicht die Nacht, er erleuchtet sie
nur; aber den Tag lösen wir jetzt von der Sonne nicht ab, wie es unsere Vorfahren thaten. Es fällt schon auf, wenn im Wartburgkriege, wo
es sich um den Preis zweier Fürsten handelt, von welchen der eine der
Sonne verglichen worden ist, der andere noch höher gestellt werden soll,
indem man ihn dem Tage vergleicht. Vgl. Panzer 175, 1—6, Wackern.
Nib. Handschr. S. 34. Grimm bemerkt Myth. 699: ‚Wahrscheinlich ließ
man den Wagen des Tags dem der Sonne vorausgehen, hinter der Nacht
her den Mond folgen. Nicht bedeutungslos mag der Wechsel des Geschlechts sein, dem männlichen Tag zur Seite steht die weibliche Sonne,
der weiblichen Nacht der männliche Mond.‘ Wären etwa Tag (Dag)
und Sonne (Sól), so wie andererseits Nacht (Nótt) und Mond (Máni)
als Liebespaare betrachtet worden? Für ein solches Verhältniß zwischen
Tag und Sonne spricht, daß in Fornaldbus. (II, 7) Swanhild mit dem
Beinamen Gullfiödr (Goldfeder) die Tochter Dags, des Sohnes Del-
lingers, ist; ihre Mutter aber war Sól, die Tochter Mundilföris. Sie
wird dem Asfr, genannt Finnalfr, vermählt und gebiert ihm Swan den
Rothen. Wilh. Müller (Altdeutsche Religion S. 160) führt dazu den
niedersächsischen Kinderreim an:

Regen, gä weg mit diner langen Nüse:
Sunne kum wedder mit diner guldenen Feder.

In der Heldensage ist Swanhild eine Tochter Sigurds, und ausdrücklich wird sie in „Gudruns Aufreizung“ dem Sonnenstral verglichen.
Der Schwan in ihrem Namen ist ein passendes Bild für das Licht.
Ihre Augen waren so glänzend, daß die Pferde, welchen sie vorgeworfen
ward, sie nicht zerstampfen wollten. Man mußte erst eine Decke über sie
spreiten, damit sie ihr Amt verrichteten. Ihr blutiger Tod unter den
Hufen der Pferde, wie ähnlich dem der historischen Brunhild, ist doch
wohl mythisch und auf die Abendröthe zu beziehen. Daß sie Sigurds
Tochter sein soll, erklärt sich daraus, daß dieser selbst in vielen Theilen
seines Mythus an Baldurs Stelle tritt, der ags. Bäldäg heißt, also zuerst
wohl den lichten Gott des Tages bedeutete. Ein Anderes ist es, wenn

fich der Jahresgott, den wir in Fiölfwinnsmal als Mengladas Bräutigam
kennen lernen, Swipdag. Beschleuniger des Tages nennt, denn er bezeichnet fich damit als den Frühling, der die Tage wieder zeitiger anbrechen
läßt. Swanhildens Beiname Goldfeder erinnert daran, daß auch der
Tag in dem schönen Gleichnisse Wolframs als ein Vogel gedacht wird,
der seine Klauen in die Wolken schlägt. So setzen wir §. 19 die Sonne
als Adler gefaßt.

   Dem Anbruch des Tages und der Nacht, der auf- und niedergehen-
den Sonne wird ein Schauern der Natur, eine Erschütterung, ja ein
Schall und Gelöse zugeschrieben, vielleicht weil fich Licht und Schall, Farbe
und Ton entsprechen und zwischen beiden ein tiefer Zusammenhang waltet,
Tac. Germ. c. 45. Grimm Myth. 684. 703. 707. Noch Goethe weiß
davon, ob aus deutschen Quellen?

   Tönend wird für Geistesohren
   Schon der neue Tag geboren.
   Felsenthore knarren rasselnd,
   Phöbus Räder rollen prasselnd:
   Welch Getöse bringt das Licht!
   Es trommetet, es posaunet,
   Auge blinzt und Ohr erstaunet,
   Unerhörtes hört fich nicht.

16. Sommer und Winter. Wind und Regenbogen.

   Bei den bisherigen kosmogonischen Anordnungen waren die Götter
wenigstens als Bildner und Ordner betheiligt, wenn fie auch wie bei
Sonne und Mond, Tag und Nacht, nicht als eigentliche Schöpfer auf-
traten. Dagegen bei Sommer und Winter und bei dem Winde
verschwindet jede Spur einer Mitwirkung der Götter; bei dem Regenbogen tritt fie wieder hervor. Vom Sommer erfahren wir D. 19, daß
sein Vater Swasudhr heiße; der sei so wonnig, daß nach seinem Namen Alles süß (svaslígt) heiße was milde sei. Aber der Vater des
Winters heiße bald Windlóni (Windbringer), bald Windsvalr
(Windkühl), und dieß Geschlecht sei grimmig und kaltherzig und der
Winter arte ihm nach. So sagt Wasthrudnism. 27:

   Windsvalr heißt des Winters Vater
   Und Swasudr des Sommers;
   So ziehn fie selbander durch alle Zeiten
   Bis die Götter vergehen.

   Woher der Wind komme, erklärt D. 18 wie folgt: Am nördlichen
Ende des Himmels fitzt ein Riese, der Hræsvelgr (Leichenschlinger)
heißt. Er hat Adlergestalt, und wenn er zu fliegen versucht, so entsteht
der Wind unter seinen Fittichen. Davon heißt es so:

Hräswelg heißt, der an Himmels Ende sitzt,
In Adlersleib ein Jotun.
Mit seinem Fittichen facht er den Wind
Ueber alle Völker. Walthrudn. 37.

Aber den Regenbogen oder die Brücke Bifröst (wörtlich die bebende Rast, oder Wegstrecke), die Himmel und Erde verbindet und auch Asenbrücke heißt, haben die Götter geschaffen. Sie hat drei Farben und ist sehr stark und mit mehr Kunst und Verstand gemacht als andere Werke. Aber so stark sie auch ist, so wird sie doch zerbrechen, wenn Muspels Söhne kommen darüber zu reiten, und müssen ihre Pferde dann über große Ströme schwimmen. Bifröst ist eine gute Brücke, aber kein Ding der Welt mag bestehen bleiben, wenn Muspels Söhne geritten kommen. D. 13. Jeden Tag reiten die Asen über Bifröst zu ihrer Gerichtsstätte bei Urds Brunnen. Das Rothe, das man im Regenbogen sieht, ist brennendes Feuer. Die Hrimthursen und Bergriesen würden den Himmel ersteigen, wenn ein Jeder über Bifröst gehen könnte, der da wollte. D. 15. Da aber Muspels Söhne die Flammen bedeuten, welche das Feuer auf der Brücke Bifröst nicht zu scheuen haben, so ist ihr in Heimdall noch ein besonderer Wächter bestellt. D. 27. Im neuern Volksglauben heißt der Regenbogen Himmelring; auf ihm steigen die Todten zum Himmel empor, die Engel zur Erde hernieder. Da wo er die Erde berührt, lassen sie ein goldenes Schüsselchen fallen, das auch einer Blume den Namen giebt. Nach anderm Glauben liegt da ein Schatz. Birl. 1, 197. Maurer Isl. Sagen 185.

Was von Winter und Sommer berichtet wird, ist als bloße Personification von Begriffen und Eigenschaften aus dem Kreiße echter lebendiger Mythen zu verweisen. Wir finden aber hier nur zwei Jahreszeiten genannt, da doch Tac. Germ. 26 den Teutschen deren schon drei zugestand, wie wir auch drei ungebotene Dinge finden. Für mythische Bezüge genügen aber jene zwei, auf deren Unterscheidung sich das Alterthum beschränkte, und die auch späterhin im höhern Norden allein hervortreten. Vgl. Gr. Myth. 715. 718. Winter und Sommer denkt man im Kampf mit einander begriffen und dieser Kampf ward jährlich in einem dramatischen Spiele vorgestellt. Noch jetzt ist diese Sommerverkündigung durch Gesänge der Jugend üblich und unsere s. g. Minnesinger, die mit Winter und Sommer anzuheben pflegen, setzen sie voraus. In mittlern Gegenden tritt an die Stelle des Winters der Tod:

Nun treiben wir den Tod aus,
Den alten Weibern in das Haus.

vielleicht weil im Winter die Natur schlummert und ausgestorben scheint.

Anderwärts wird der einziehende Sommer unter Anführung des Maigrafen eingeholt. Grimm Myth. Cap. XXIV. Vgl. S. 145.

Wie der Winter als ein grimmiger, kaltherziger Riese erscheint, so
auch der Wind. Er wird aber zugleich als ein Adler gedacht, und sein
Name Leichenschlinger (Hräswelgr) zeigt, daß dabei die Vorstellung eines
aasgierigen Raubvogels waltete. Vgl. Schwarz: Die Sirenen und der
nord. Hräswelgr. Schon die Alten stellten sich den Wind als Adler
vor, wie die Verwandtschaft von Aquila und Aquilo bezeugt. Ueberhaupt lieben sich die Riesen, deren wir manche als Sturmwind zu fassen
haben werden, in Adler zu wandeln, während die Götter Falkengestalt
annehmen oder Falkenschwingen gebrauchen. Dem Falkengefieder Freyjas
steht das Adlergewand der verfolgenden Sturmriesen gegenüber. In
Kriemhilds Traum sieht sie ihrem Geliebten als Falken, seine Feinde als
raubgierige Adler. Nur Odin, dessen Natur das Element der Luft zu
Grunde liegt, entfliegt I). 59 gleichfalls in Adlergestalt; in der Hervararf. Fornald. Sög. I, 487 jedoch als Falke, und Kriemhilds Traum
läßt vermuthen, daß die deutsche Gestalt des in D. 58 erzählten Mythus
Wodan gleichfalls als Falke entfliegen ließ. Vgl. meine Vorrede zu den
Nibelungen. Ein Adler hängt nach Grimnism. 10 vor Odins Halle:

> Leicht erkennen können   Die zu Odin kommen
> Den Saal, wenn sie ihn sehen.
> Ein Wolf hängt   vor dem westlichen Thor,
> Ueber ihm dräut ein Aar.

Grimm hat an verschiedenen Orten den Adler im Gipfel des Palastes
Karls des Großen verglichen. Myth. 600. 1086. G. D. S. 763. Aus
Odins Eigenschaft als Kriegs- und Siegsgott erklärt sich der Adler nicht
genügend: man wird darauf zurückgehen müßen, daß er nach §. 7 im
Volksglauben an die Stelle eines Sturmriesen getreten ist.

Auch als Hunde werden die Winde gedacht. Die Vorstellung muß
alt sein, da wir die Hunde wirklich Winde genannt finden. Die Winde
werden auch als Hunde gefüttert mit den Worten:

> Sieh da, Wind,
> Noch ein Mus für dein Kind.

Davon scheint noch Eulenspiegel zu wißen. Ein Bauer schüttete
Mehlsäcke vor den Hunden aus, welche den wilden Jäger begleiteten.
Sie fielen begierig darüber her und fraßen alles auf. Unwillig warf
er auch die Säcke hin; aber am Morgen fand er sie wieder mit Mehl
gefüllt. Das ist der Segen, den das gespendete Opfer bringt. Als
Schwein (Eber) wird namentlich der Wirbelwind gedacht, und wenn er
den Staub kräuselt, rufen ihm die Kinder spottend zu: Saurodel, Sau-
pagel! Panz. II, 209. 389. In der That gleicht der Schwanz dieses
Thiers dem vom Wind gekräuselten Staub.

Simrock, Mythologie.   3

17. Schöpfung der Menschen.

Als Börs Söhne, heißt es D. 9, am Seestrande gingen, fanden sie zwei Bäume. Sie nahmen sie und schufen Menschen daraus. Der erste gab Geist und Leben, der andere Verstand und Bewegung, der dritte Antlitz, Sprache, Gehör und Gesicht. Den Mann nannten sie Ask (Esche) und die Frau Embla, und von ihnen kommt das Menschengeschlecht, welchem Midgard zur Wohnung verliehen ward. Die ältere Edda (Wöluspa 17. 18) läßt die Menschen nicht von den drei Söhnen Börs, sondern von einer andern noch öfter vorkommenden Trilogie der Götter: Odin, Hoenir und Lodhur (Loptr, Loki?) erschaffen:

> Gingen da drei   aus dieser Versammlung,
> Mächtige, milde   Asen zumal,
> Fanden am Ufer   unmächtig
> Ask und Embla   und ohne Bestimmung.
>
> Besaßen nicht Seele,   hatten nicht Sinn,
> Nicht Blut noch Geberde   noch blühende Farbe.
> Seele gab Odin,   Hönir sinnige Rede,
> Blut gab Lodur   und blühende Farbe.

Dieser letztere Bericht, nach welchem Blut, Geberde und blühende Farbe von dem dritten Gotte verliehen wurden, scheint in dem ersten, in Bezug auf die von den einzelnen Göttern verliehenen Gaben, entstellt.

Embla soll Ulme oder Erle bedeuten; Grimm (Myth. 537) leitet aber ihren Namen von ambl (labor assiduus): so wäre sie nicht von dem Baume, sondern von der Geschäftigkeit des Weibes benannt.

Die Schöpfung des Menschen aus Bäumen klingt auch sonst nach. Das bekannte Handwerksburschenlied läßt in Sachsen die schönen Mädchen auf den Bäumen wachsen, und noch Aventinus leitet den Namen Germani von germinare her, wie Hute (Leute) von lintan erescere richtig hergeleitet werden. Tacitus sagt Germ. c. 39, da er von dem heiligen Hain der Semnonen spricht: eoque omnis superstitio respicit tanquam inde initia gentis; die Semnonen glaubten also wohl, ihr Volk habe seinen Ursprung in diesem Walde genommen. Wenn nach dem Froschmäuseler Askanes mit seinen Sachsen aus dem Harzfelsen im Wald bei einem Springbrunnen hervorgewachsen sein soll, so deutet der Name Askanes wieder auf Ask; der übrige Theil der Meldung aber häuft drei Ursprünge: 1. aus dem Harzfelsen, 2. im Wald, 3. bei einem Springbrunnen. Auf die Entstehung aus dem Harzfelsen weist sogar der Name Sachsen selber zurück, denn Sachs (saxum) bedeutet Stein und die Schwerter heißen Sachs, weil die ersten Waffen Steinwaffen waren. Auch Buri entstand aus Salzsteinen. Auf die Entstehung im Wald, aus Bäumen, weisen schon die Namen Ask und Askanes; aus Brunnen aber läßt man noch heute die Kinder holen und Ymir, der Urriese, entstand aus dem Waßer. Der Brunnen der Holla, aus dem die Kinder kommen, wird unten mit dem der Urdh verglichen werden, der bei der Esche Yggdrasil steht, und so darf auch an den Kinderstamm erinnert werden, der in der Halle König Wölsungs (Wölfungal. Cap. 2) stand und deßen Decke trug, wie jene Esche das Himmelsgewölbe. Die Esche bedeutet hier den Baum überhaupt, wie wir noch das Residuum alles Holzes Asche nennen. Noch ein siebenbürgisches Märchen (Haltrich 31) versteht wie die Edda öfter unter dem Baum einen Menschen.

18. Schöpfung der Zwerge.

Der Erschaffung der Menschen mag als Anhang und Uebergang zum nächsten Abschnitt die Schöpfung der Zwerge folgen, welche Wöluspa 7—16 aber früher geschehen läßt. Sie setzt sie, wie das auch D. 14 thut, in Verbindung mit dem Fall, der verlorenen Unschuld der Götter, von welcher sie hier abgelöst wird. Die Wöluspa läßt die Götter Rath pflegen,

Wer schaffen sollte der Zwerge Geschlecht
Aus des Seetiefen Blut und schwarzem Gebein.

Und ohne diese Frage erst zu entscheiden, schaffen die Götter drei Scharen von Zwergen, deren Verzeichniß ein andermal zu betrachten sein wird. Vgl. M. Edda S. 4.

Die jüngere Edda setzt hinzu, die Zwerge seien zuerst als Maden in Ymirs Fleisch entstanden, aber nun hätten ihnen die Götter Menschenwitz und Gestalt gegeben. Sie blieben aber in der Erde und im Gestein wohnen.

Der sogenannte Anhang des Heldenbuchs erzählt, zuerst seien die Zwerge geschaffen worden zum Bau des wüsten Landes und Gebirges, erst dann die Riesen zur Bekämpfung der wilden Thiere, und zuletzt die Helden, um den Zwergen gegen die untreuen Riesen beizustehen.

Die mythischen Welten, Himmel und Himmels-burgen.

19. Die Weltesche.

Bisher sahen wir, wie die wirkliche Welt nach dem Glauben unserer Väter entstand und gebildet ward, und welchen Antheil die Götter an ihrem Bau und Ausbau nahmen. Außerdem wißen aber unsere Quellen auch von Gebäuden, ja ganzen Welten rein mythischer Natur. Diese sollen, mit Ausnahme derjenigen, welche erst nach der Erneuerung der Welt in Betracht kommen, hier besprochen werden.

Das ganze Weltgebäude wird vorgestellt unter dem Bilde der Esche Yggdrasil. Odin selbst stellt sich in „Havamal‘ als eine Frucht des Weltbaums dar, und da Yggr (Schauer) ein Beiname Odins ist, drasil aber Träger zu bedeuten scheint, wie es sonst auch von Pferden vorkommt, so mag sich hieraus der Name erklären. Diese Esche, heißt es D. 15, ist der größte und beste von allen Bäumen: seine Zweige breiten sich über die ganze Welt und reichen hinauf bis über den Himmel. Drei Wurzeln halten den Baum aufrecht, die sich weit ausdehnen: die eine zu den Asen; die andere zu den Hrimthursen, wo vormals Ginnungagap war; die dritte steht über Niflheim, und unter dieser Wurzel ist Hvergelmir und Nidhöggr nagt von unten auf an ihr. Allein die Meldung, daß die erste Wurzel zu den Asen reiche, muß auf einem Irrthum beruhen, denn da die Zweige des Weltbaums hinaufreichen sollen über den Himmel, so kann nicht auch eine seiner Wurzeln zu den Asen gehen. Um den Baum aus seiner schiefen Lage zu bringen, vergleiche man Grimnism. 31, wo es heißt:

Drei Wurzeln strecken sich   nach dreien Seiten
Unter der Esche Yggdrasil.
Hel wohnt unter einer,   Hrimthursen unter der andern,
Über unter der dritten Menschen.

Jene Wurzel reicht also nicht zu den Asen, sondern zu den Menschen, und nun kann der Baum seine Zweige über die ganze Welt breiten und über den Himmel wölben. Sein über Walhall reichender Wipfel wird aber D. 39 durch Mißverständniß als ein selbständiger Baum aufgefaßt, mit Namen Lärad (Stille spendend). An seinen Zweigen weidet die Ziege Heidrún, von deren Euter so viel Milch fließt, daß sie täglich ein Gefäß füllt, aus dem die Einherier, die in Odins Halle aufgenommenen, im (Einzel-) Kampf gefallenen Helden und Könige, vollauf zu trinken haben; ferner der Hirsch Eikthyrnir, von dessen Gehörn so viel Tropfen fallen, daß sie nach Hvergelmir fließen und die Ströme der Unterwelt bilden. Von beiden spricht auch Grimnism. 25. 26:

Heidrun heißt die Ziege vor Herrvaters Saal,
Die an Lärads Laube zehrt.
Die Schale soll sie füllen mit schäumendem Meth;
Der Milch ermangelt sie nie.

Eikthyrnir heißt der Hirsch vor Herrvaters Saal,
Der an Lärads Laube zehrt.
Von seinem Horngeweih tropft es nach Hwergelmir:
Davon stammen alle Ströme.

Dem Namen jener Ziege entspricht der altfränkische Eigenname
Chaiderûna. Müllenhoff (Zur Runenlehre 46) lehrt, daß durch die mit
rûn zusammengesetzten Namen den Personen oder Wesen, die sie trugen,
die Kraft beigelegt wird, die der Rune als Zauberzeichen innewohnt.
,So bietet sich der für den Zusammenhang höchst passende Sinn dar,
daß die Ziege deswegen den Namen Heidrun führt, weil sie durch den
Meth den Einheriern ihre Heil, d. i. ihre Art und ihr eigenthümliches
Wesen erhielt und nährte.'

Außer diesem Hirsch, der an dem Wipfel Lärad zehrt, laufen noch
vier andere Hirsche umher an den Zweigen der Esche und beißen die
Knospen ab: sie heißen Dâin, Dwalin, Dunneyr und Durathrôr,
Namen die auf den Begriff der Vergänglichkeit deuten. Dann werden auch
die Wurzeln Yggdrasils von Würmern benagt; von Nidhöggr (dem heftig
nagenden) hörten wir schon, daß er an der Wurzel nage, die über Niflheim stehe. Ferner heißt es V. 16: ,Ein Adler sitzt in den Zweigen
der Esche, der viele Dinge weiß, und zwischen seinen Augen sitzt ein
Habicht, Webrfölnir genannt. Ein Eichhörnchen, das Ratalöslr
(eigentlich wohl Ratatwiele, Zweigbohrer) heißt, springt auf und nieder
an der Esche und trägt Zankworte hin und her zwischen dem Adler und
Nidhöggr.' So heißt es Grimnism. 32—35:

Ratalöslr heißt das Eichhorn, das auf und ab rennt
An der Esche Yggdrasil.
Des Adlers Worte vernimmt es oben
Und bringt sie Nidhöggern nieder.

Der Hirsche sind vier, die mit krummem Halse
An der Esche Knoschützen weiden:
Dain und Dwalin,
Dunneyr und Durathror.

Mehr Würmer liegen unter der Esche Wurzeln
Als Einer meint der unklugen Affen:
Goin und Moin, Grafwitnirs Söhne,
Grâbakr und Grafwölludr;
Ofnir und Swafnir sollen ewig
Von der Wurzeln Zweigen zehren.

Die Esche Yggdrasil duldet Unbill
Mehr als Menschen wißen.
Der Hirsch weidet oben, hohl wird die Seite,
Unten nagt Nidhöggr.

Wißen wir auch nicht alle diese Bilder zu deuten, so sehen wir doch den Weltbaum von den Hirschen, von der Ziege, von Schlangen angenagt und dabei fault seine Seite. Alles das sind Andeutungen der Vergänglichkeit, des unvermeidlichen Unterganges der Welt. Um diesen aber noch so weit als möglich hinauszuschieben, pflegen die Nornen, welche an Urds Brunnen wohnen, täglich Waßer aus dem Brunnen zu nehmen und es zugleich mit dem Tünger, der um den Brunnen liegt, auf die Esche zu sprengen, damit ihre Zweige nicht dorren oder faulen. ‚Dieß Waßer ist so heilig, daß Alles was in den Brunnen kommt, so weiß wird wie die Haut, die inwendig in der Eierschale liegt.' So wird gesagt:

Begoßen wird die Esche, die Yggdrasil heißt,
Der geweihte Baum, mit weißem Nebel.
Davon kommt der Thau, der in die Thäler fällt;
Immergrün steht er über Urds Brunnen.

‚Den Thau, der von ihr auf die Erde fällt, nennt man Honigthau; davon ernähren sich die Bienen.' D. 16. In deutschen Märchen, wo dieser Brunnen häufig vorkommt, soll das Waßer des Lebens aus ihm geholt werden. Seiner Heiligkeit wegen läßt man ihn hüten, daß nichts Unreines hineinfalle. Ein reiner Jüngling, dem dieses Wächteramt übertragen ist, taucht seinen Finger hinein, der sogleich golden wird; ein andermal läßt er sein langes Haar hineinfallen: auch das wandelt sich in lauteres Gold. Es ist derselbe Brunnen, deßen Waßer Iwein auf den Stein schüttet, worauf sich Ungewitter erhebt. Statt des Lebenswaßers sollen in andern Märchen goldene Aepfel von dem Baume geholt werden, der über dem Brunnen steht. Diese Aepfel, welche dieselbe verjüngende und heilende Kraft haben wie das Waßer aus dem Brunnen, kommen auch in der Edda vor: vergeßen ist aber, daß es die Früchte des Weltbaums sind, was freilich auch zu deßen Auffaßung als Esche, die mit dem Honigthau zusammenhängt, nicht stimmen würde.

Nehmen wir hinzu, daß die Ziege Heidrun, die an den Zweigen Lärads weidet, die Einherier aus ihrem Euter mit Milch versorgt, und von dem Geweih Eikthyrnirs die Ströme der Unterwelt niederrinnen, so gesellen sich zu den Bildern von der Vergänglichkeit der Welt andere, welche die Esche als den allnährenden Weltbaum (vidh aldrnara) bezeichnen, wie er Wöluspa 51 heißt. Er erscheint aber nicht bloß als ein Baum der Welt im heutigen räumlichen Sinne des Worts, er ist auch ein Baum der Zeit: Raum und Zeit gehören zusammen; erst so bilden

fie die Welt, die eine räumliche und zeitliche Seite hat. Als Baum der
Zeit ist Yggdrasil ein Bild des Lebens der Welt, wie es sich in der Zeit
darstellt. Deutlicher wird uns dieß durch die Erwägung der drei Brunnen, welche bei den Wurzeln Yggdrasils liegen:

1. Der erste Brunnen, mit dessen Wasser die Esche besprengt wird,
damit sie nicht faule, s. o., ist sehr heilig, und nach Allem was wir von
der Kraft seines Wassers wissen, kann sie sowohl verjüngen als verschö-
nen. Er liegt bei der Wurzel der Esche, die zu den Menschen reicht
nach Grimnism. 31; reichte sie zum Himmel oder läge gar der Brunnen
selber im Himmel, wie beides D. 15 meldet, so brauchten die Götter, die
ihre Gerichtsstätte an demselben haben, nicht täglich über Bifröst dahin
zu reiten. Dieser Brunnen heißt Urds Brunnen, nach der ältesten der
drei Nornen, welche Urd, Werdandi und Skuld (Vergangenheit, Gegenwart und Zukunft) heißen, und entweder in diesem Brunnen oder in dem
Saal, welcher bei demselben steht, ihren Aufenthalt haben. Vgl. Kuhn
westf. S. 138ᵇ. Letzteres nimmt D. 15 an; aber in der Stelle der
Völuspa, worauf sie sich gründet, ist die Lesart zweifelhaft. Nachdem
Urds Brunnen genannt worden, heißt es:

> 20. Davon kommen Frauen, vielwißende,
>   Drei aus dem Saal (See) dort bei dem Stamm:
>   Urd heißt die eine, die andre Werdandi x.

2. Der andere Brunnen ist Mimirs Quelle, worin Weisheit und
Verstand verborgen sind. Der Eigner des Brunnens ist Mimir und ist
voller Weisheit, weil er täglich von dem Brunnen aus dem Giallarhorn
trinkt. Einst kam Odin dahin und verlangte einen Trunk aus dem Brunnen, erhielt ihn aber nicht eher bis er sein Auge zum Pfande setzte. Vgl.
Völ. 22. Dieser Brunnen ist bei der Wurzel, welche zu den Hrimthursen geht, also zu den Riesen; Mimir ist selbst ein Riese. Wie die Riesen das älteste Geschlecht sind, so befinden sie sich auch im Besitz uran-
fänglicher Weisheit; die Seherin in der Völuspa beruft sich auf sie als
Erzieher und Lehrer und Odin geht mit Wafthrudnir über die urweltlichen Dinge zu streiten. Wegen dieser Quelle Mimirs heißt die Weltesche
in dem eddischen ‚Fiölswinnsmal‘ auch Mimameidr, d. i. Mimirs Baum.

3. Bei der dritten Wurzel, welche über Niflheim steht, wird gleichfalls ein Brunnen zu suchen sein; es wird sogar ausdrücklich gesagt, daß
unter ihr Hvergelmir sei, der rauschende Kessel, den wir schon als einen
Brunnen kennen. Nach Grimnismal 31 wohnt unter ihr Hel, die personificierte Unterwelt, und aus der Unterwelt sahen wir ja durch den
Brunnen Hvergelmir die urweltlichen Ströme hervorquellen.

Welche Bedeutung haben nun diese drei Brunnen in ihrer Beziehung
zur Weltesche? Das Wasser des ersten Brunnens verjüngt, er ist ein

Jungbrunnen wie jener im Wolfdietrich, in welchem sich die rauhe Els badet und als schöne Sigeminne emporsteigt. Sein Wasser hat also dieselbe Kraft, die auch den Aepfeln Iduns beiwohnt, sowie dem Begeisterungstrank der Asen, der Odhrärir heißt. Darum wird in Odins Rabenzauber (Str. 2) Odhrärir mit diesem Brunnen der Urd verwechselt, ja Idun selbst mit Urd; vgl. auch Odins Runengesang 141. Welchen Sinn kann nun die verjüngende Kraft des Brunnens haben, an dem oder in dem die Nornen wohnen? Da er nach der ältesten Norne, der Norne der Vergangenheit, benannt ist, so werden wir ermahnt, und wie sehr bedürfen wir Teutschen dieser Mahnung! das Volksleben müsse aus dem Brunnen der Vergangenheit erfrischt werden, aus dem Strome der Ueberlieferung, der aus der Vorzeit herfließt. Die Geschichte muß dem Volk, wenn auch nur in der Gestalt der Sage, gegenwärtig bleiben, es darf sein geschichtliches Bewußtsein nicht verlieren, wenn es nicht vor der Zeit altern soll. Auf den ersten Blick scheint dieser Teutung entgegen zu stehen, daß auch der a n d e r e Brunnen, die Quelle Mimirs, einer gleichen Teutung fähig ist, ja der Name Mimir sie zu fordern scheint. Gleichwohl ist diese Auslegung haltbar, und mit dem Sinne, welchen Mimirs Brunnen hat, sehr wohl verträglich. Die Quelle der Urd liegt bei der Wurzel, die zu den Menschen reicht: sie bedeutet die Geschichte der Menschen, des Menschengeschlechts, von welcher allein die Menschen eine Erinnerung bewahren können. Mimirs Quelle, und die Weisheit, die darin verborgen ist, liegt über die Menschengeschichte hinaus, sie ist älter als die Erschaffung des Menschen: es sind die uranfänglichen Dinge, die urweltlichen, welche die Entstehung der Welt betreffen: dieß ist mehr Natur- als Menschengeschichte. Nur die Geschichte des Menschen und des Menschengeschlechts hat Vergangenheit, Gegenwart und Zukunft; was vor der Bildung und Schöpfung der Welt liegt, kennt diesen d r e i f a c h e n S c h r i t t d e r Z e i t nicht, es liegt aller Zeit vorauf und verliert sich wenigstens für den Blick jugendlicher Völker im endlosen Meer der Ewigkeit. Nur die urgebornen Riesen, welchen Mimir angehört, haben davon Kunde, und selbst Odin, der grübelnde Ase, muß sein Auge zu Pfande setzen, um einen Trunk dieser Weisheit zu erlangen, womit zugleich ausgesprochen ist, daß sie sich der Forschung nicht gänzlich entzieht, da der Gott des Geistes, der weiseste der Asen, sie erwirbt. Auf eine noch entferntere Periode, auf den ersten Ursprung alles Seins, deutet der d r i t t e Brunnen unter der Wurzel, die zu Hel reicht; von ihr wissen selbst die Riesen nicht, denn auch sie waren noch unentstanden. Es ist der Brunnen Hwergelmir, dem einst der Urstoff entquoll, zu dem aber auch alles Sein zurückströmt, denn von dem Geweih des Hirsches Eikthyrnir träuft das Wasser, aus welchem die Welt sich bildete, wieder hinab nach Hwergelmir.

Wie die Unterwelt (Niflhel) die Quelle des Seins war, so ist sie auch ein Abgrund. Die Kinder werden aus dem Brunnen geholt; aber die Todten sehen wir gleichfalls dahin zurückgenommen. Die älteste Wurzel des Weltbaums steht über diesem Brunnen; aber von unten auf nagt auch Nidhöggr an ihr.

Nach Grimnismal 32 denkt man sich den Adler auf dem Wipfel der Welteiche, weil es heißt, Ratatöskr vernehme seine Worte oben und trage sie Nidhöggern nieder. Aber auch von dem Hirsch (Eikthyrnir wird gesagt, daß er auf dem Baume Lärad weide. Da nun Lärad mit Ygg-drasil als dessen Wipfel zusammenfällt, so sind Hirsch und Adler wohl nur verschiedene Bilder für denselben Gegenstand: beide bedeuten die Sonne; der Habicht in dem Augenwinkel des Adlers wird dann die Wolke sein.

Ursprünglich mag die Welteiche nichts anderes gewesen sein als der Baum, unter welchem die Götter Rath und Gericht hielten, wie nach deutscher Sitte Bäume die Gerichtsstätte zu bezeichnen pflegten, N. A. 794, und noch hier und da die Dorfgemeinde bei der Linde zusammenkommt. Auch die Nornen, welche die Schicksale berathen, bedürften eines Versammlungsplatzes, an welchem sie ihre Urtheile sauben. Dieser Thingbaum der Götter ist aber vortrefflich benutzt worden um das Leben in seiner Vergänglichkeit und die Zeit in ihren drei Stufen zu symbolisieren: an ihm ist uns ein Bild geliefert, das an speculativer Tiefe seines Gleichen nicht hat.

Daß die Mythe von der Welteiche in Teutschland bekannt war, beweist die Uebertragung vieler Züge auf den Kreuzesbaum. (Gr. Myth. 757. 8. In einzelnen Zügen stimmt auch ein morgenländisches Gleichniß, das schon frühe in Teutschland verbreitet wurde. Ein Mann, der in Gefahr ist in einen tiefen Brunnen zu stürzen, hält sich oben noch mit der Hand an dem Zweige eines Strauches fest; unten stützt er die Füße auf ein schmales Rasenstück. In dieser angstvollen Stellung sieht er zwei Mäuse, eine weiße und eine schwarze (Tag und Nacht), die Wurzel des Strauches benagen, an dem er sich festhält; das Rasenstück aber, seine Stütze, wird von vier Wurmhäuptern untergraben. Dazu sperrt in der Tiefe ein Drache den Schlund auf, ihn zu verschlingen, während oben ein Elephant den Rüssel nach ihm reckt. Gleichwohl fängt er mit begierigem Munde den Honigseim auf, der aus einem Zweige der Staude trieft. Gr. Myth. 758. Barlaam und Josaphat ed. Köple 116—20. Der menschliche Leichtsinn, der bei aller Unzuverlässigkeit der irdischen Dinge doch nach flüchtigem Genuße hascht, ist in diesem Gleichnisse veranschaulicht; das eddische Bild will keine sittliche Lehre einschärfen, schildert aber doch die Bedrängniß der Götter, denn obgleich der Baum noch grünt und das Wasser des Urda-Brunnens ihn täglich verjüngt, müssen sie doch fürchten, der Tag werde kommen, da seine Triebkraft verlage. Noch stärker wird ihre Noth in 'Odins Rabenzauber' dargestellt, welches Gedicht davon ausgeht, daß dieser Tag heranzunahen scheine.

Entfernter ist die Aehnlichkeit mit dem Riesenschiffe Mannigfual in einer nordfriesischen Serlage bei Müllenhoff S. 234. Es ist so groß, daß der Commandant immer zu Pferde auf dem Verdeck herumreist, um seine Befehle zu ertheilen. Die Matrosen, die jung in die Takelage hinaufklettern, kommen bejahrt, mit grauem Bart und Haar wieder herunter; unterdes fristen sie ihr Leben dadurch, daß sie fleißig in die Blöde des Taumerls, die Wirthsstuben enthalten, einkehren. Einmal steuerte das Ungeheuer aus dem atlantischen Meere in den britischen Kanal, konnte jedoch zwischen Dover und Calais des schmalen Fahrwassers wegen nicht durchkommen. Da hatte der Capitain den glücklichen Einfall, die ganze Backbordseite, die gegen die Ufer von Dover stieß, mit weißer Seife bestreichen zu lassen. Da drängte sich der Mannigfual glücklich hindurch und gelangte in die Nordsee. Die Felsen bei Dover behielten aber bis auf den heutigen Tag von der Masse der abgescheuerten Seife und dem abgeflogenen Schaum ihre weiße, seifenartige Farbe. Einst war das Riesenschiff, Gott weiß wie, in die Ostsee hineingerathen. Die Schiffsmannschaft fand aber bald das Wasser zu seicht. Um wieder flott zu werden, mußte der Ballast samt den Schlacken der Kabuse in die See geworfen werden. Aus dem Ballast entstand nun die Insel Bornholm und aus dem Unrath der Kabuse die nahe dabei liegende kleine Christiansö.

Im Renner dient ein Gleichniß vom Birnbaum als Rahmen des Ganzen. Der Dichter fand ihn auf einer Haide neben einem Brunnen stehen; der Baum blühte und trug Früchte. Einen Theil der Früchte wehte der Wind vor der Zeit herab, andere wurden abgebrochen ehe sie reif waren; aber auch die reifen fielen theils in den Brunnen, theils in eine Lache oder zwischen Dornen; einige zwar auf das Gras, aber Schnee und Regen verderbten sie: die wenigsten kamen zu Gute. Das erinnert allerdings an das biblische Gleichniß vom Sämann; aber Hugo von Trimberg hat offenbar aus deutsch heidnischen Erinnerungen geschöpft. Vgl. den Birnbaum auf dem Walserfeld.

Wenn die unten zu besprechende Irminsäule, von Eginhard als die allgemeine Säule richtig erklärt worden ist, so könnte sie wie der jährlich gepflanzte Maibaum als ein Bild des Weltbaums gelten. Sollte auch der berüchtigte Freiheitsbaum hier seinen Ursprung haben? Nach Bolten (Dithm. Geschichte 269) stand in Dithmarsen ein dürrer Baum, der immer grün geblieben war so lange die Freiheit der Dithmarsen währte, und auch wieder ergrünen sollte, wenn eine darauf nistende Elster fünf weiße Rüchlein ausbrütte, was die Wiederherstellung der Dithmarsischen Freiheit bedeute. Vgl. Konr. Schwenk' Myth. d. Germ. 83. Eine Um-kehrung wäre dann jene von Geßler gepflanzte Stange mit dem Hute, dem Tell den Ehrengruß versagte.

Nach Kuhn „Herabkunst" 20 verdankt der Mythus von der Well-esche seine Entstehung der Wolkenbildung, welche der Norddeutsche noch heute einen Wetterbaum nennt. Vgl. dessen Zeitschr. I, 468. Fr. Müller S. Nr. 57. Schuster deutsche Mythen 162. Holtrich 17.

20. Neun Welten.

Mehrfach ist in unsern Quellen von neun Welten die Rede. Vol. 2 scheint sie als Aeste des Weltenbaums zu betrachten:

> ‚Neun Welten kenn ich,   neun Aeste weiß ich
> Im starken Stamm   im Staub der Erde.'

Wasthrudnir, der allwißende Jötun, rühmt sich Str. 43, alle neun ‚Heime' bis hinab zu Niflhel durchwandert zu haben und es scheint ein Mißverständniß dieser Stelle, wenn es D. 34 heißt, Odin habe die Hel nach Niflheim hinab geworfen und ihr Gewalt über neun Welten ver-liehen, wenn nicht zu lesen ist: über die neunte Welt. Wie Wasthrudnir rühmt sich auch Alwis der Zwerg (Str. 9) alle neun Heime durchmessen zu haben und von allen Wesen Bescheid zu wißen. Nirgendwo, nicht einmal in Skaldskaparmal, wo man es doch erwarten sollte, werden diese neun Welten aufgezählt; die neun Himmel Kap. 75 (vgl. Cap. 56) sind etwas Anderes, und auch die zwölf himmlischen Hallen, welche Grimnis-mal 4—17 (eigentlich sind es 13) aufzählt, dürfen als in Asgard oder Asenheim, der Götterwelt belegen, nicht damit verwechselt werden. Zwei dieser neun Welten haben wir bereits kennen gelernt, Muspelheim und Niflheim, jene Enden Ginnungagaps, die schon vor der Schöpfung vor-handen waren: sie bilden die Pole des mythischen Weltalls und sind ältern Ursprungs als die Asen. Von Niflheim, als der nördlichen Nebelwelt, die kalt und dunkel zugleich ist, wie Muspelheim heiß und licht, ist aber Niflhel noch verschieden; sie liegt unter Niflheim und ist mit ihm durch den Brunnen Hwergelmir verbunden, aus welchem die ur-weltlichen Ströme hervorbrachen, die Ginnungagap erfüllen. Niflheim und Niflhel können unter dem Namen Helheim zusammen gefaßt werden. Um zu dem Gjöllflusse zu gelangen, welcher Niflhel oder das Todtenreich bespült, muß man neun Nächte durch tiefe dunkle Thäler reiten, D. 49. Diese tiefen dunkeln Thäler scheinen von den Schwarzalfen bewohnt, und hier werden wir die dritte Welt, Swartalfaheim, zu suchen haben. Vielleicht hat man sich diese drei Welten, Swartalfaheim, Niflheim und

Nifthel unter der Erde zu denken. Drei andere Welten werden dagegen auf der Erde zu suchen sein: 1. Jötunheim (die Riesenwelt, auch Utgard genannt), 2. Midgard oder Mannheim (die Menschenwelt) und 3. Wanaheim, das Reich der Wanen. Von diesen liegt Midgard wie schon ihr Name sagt, in der Mitte aller neun Welten. Nach D. 8 ist die Erde kreisrund und rings umher liegt das tiefe Weltmeer, also daß die Erde, nach dem Ausdruck des Lucidarius, ,in dem Wendelmeer schwebt wie der Dotter im Ei'. Längs den Seeküsten haben die Riesengeschlechter Wohnplätze; nach innen aber ward Midgard als eine Burg wider die Anfälle der Riesen gebaut. Aber auch die Welt der Wanen, welche Götter benachbarnder Völker sind, dürfen wir auf der Erde suchen. Im Weltmeer selbst könnte man eine siebente Welt zu finden meinen, Oegis- heim, da Oegir der Meergott mit seiner Gattin Ran die Tiefe des Meeres bewohnt. Aber Oegisheim ist als eine eigene Welt nicht bezeugt, nur in dem halb christlichen Sólarlióð 30. 83 kommt der Name vor; er bezeichnet aber hier das im Meer schwimmende Midgard, die Menschenwelt. Es bleiben uns also noch drei Welten übrig und diese müssen über der Erde liegen; die erste ist schon genannt: Asenheim oder As- gard, welche von Riesenheim nach Wafthr. 16 durch den Strom Ifing geschieden ist. Die andere, Ljósálfaheim, die Welt der Lichtalfen, suche ich in der Sonne: ,da haust das Volk,' sagt D. 17, ,das man Lichtalfen nennt; aber die Schwarzalfen wohnen in der Erde und sind jenen ungleich von Angesicht und noch viel ungleicher in ihren Verrichtungen. Die Lichtalfen sind schöner als die Sonne von Angesicht; aber die Schwarzalfen schwärzer als Pech.' Freilich spricht diese Stelle von Alfheim und meint eine der in Asgard gelegenen Himmelsburgen (§. 21), welche Grimnismal aufzählt. Von diesem Alfheim heißt es dort Str. 5:

> Alfheim gaben dem Freyr die Götter im Anfang
> Der Zeiten als Zahngebinde.

Es mag dieß eine dem Dichter eigenthümliche Anschauung sein, obgleich diese Zeilen auch, wenn wir die Aufzählung der Himmelsburgen nicht erst, wie Finn Magnusen will, mit Ydalir Str. 5 beginnen lassen, hier eingeschoben sein können, da dieß Alfheim schon die dritte Götterhalle wäre, während das Lied doch erst das folgende Walaskialf als die dritte bezeichnet. Wollen wir nicht annehmen, der Dichter des herrlichen ,Grimnismal' habe nicht drei zählen können, so muß eine der vor Walaskialf genannten Himmelsburgen mit der sie betreffenden Stelle nicht hierher gehören. Ihrúdheim und Ydalir als Thórs und Ullers Säle sind nicht wohl zu entbehren; für Freyr aber bedurfte es keiner besondern Himmelsburg, da er in Noatun (Str. 16) bei seinem Vater Niördhr wohnen kann. Wir brauchen darum die Meldung, daß Niflheim dem Freyr zum Zahngebinde gegeben sei, nicht zu bezweifeln: auf Liosalfaheim, die Licht-alfenwelt bezogen, giebt sie guten Sinn. Freyr, dem Sonnengott, ward Lichtalfenheim, die Sonne, zum Zahngebinde gegeben. Mir entgeht nicht, daß D. 17 den Palast Gimil, wo in der verjüngten Welt die rechtschaf-fenen und guten Menschen aller Zeitalter wohnen sollen, jetzt von den Lichtalfen bewohnt nennt; aber Völ. 63, die Quelle dieser Meldung über Gimils Bestimmung in der erneuten Welt, weiß von seinen gegenwärtigen Bewohnern nichts. Nehmen wir nun zu Liosalfaheim, als der achten Welt, noch Muspelheim, den südlichen Pol des Weltalls, als die letzte Welt hinzu, so ordnen sie sich uns in folgender Weise:

1. über der Erde: Muspelheim, Liosalfaheim, Aseuheim oder Asgard.
2. auf der Erde: Jötunheim, Midgard (oder Mannheim) und Wanaheim.
3. unter der Erde: Swartalfaheim, Niflheim und Niflhel.

Nach einer deutschen Sage hätten Gott und der Teufel ihre Reiche einmal für immer von einander abscheiden wollen durch eine große Mauer, die letzterer in einer Nacht vor dem ersten Hahnenschrei erbauen sollte. Weil aber der Hahn zu früh krähte, blieb die Mauer unvollendet. Ge-meint ist der römische Pfahlgraben, der auch Teufelsmauer heißt. Auch am Harz kommt diese Sage vor und wieder am Dauerwirke, dem anmaß-lichen Grenzwall zwischen Sachsen und Dänen. Eine Mauer schließt in andern Sagen das Land des ewigen Lebens von der Menschenwelt ab.

21. Zwölf Himmelsburgen.

Die zwölf Himmelsburgen, welche Grimnismal nennt, scheint sich der Dichter als in Asgard gelegen vorzustellen und eben da denkt sich D. 14 die zwölf Stühle der richtenden und rathenden Götter. Ur-sprünglich hatte es aber wohl eine andere Bewandtniß wenigstens mit einigen derselben: so mochte Noatun, die Wohnung des Warengottes Niördr, in Wanenheim, Thrymheim, des Riesen Thiassi Wohnung, in Riesenheim gelegen haben. Als aber Niördr als Geisel zu den Asen kam, und Skadhi, Thiassis Tochter, die den Tod ihres Vaters zu rächen kam, damit begütigt wurde, daß sie sich einen Gemahl unter den Asen wählen durfte, scheint man auch ihre Wohnsitze dahin verlegt zu haben. Tilgen wir das an der dritten Stelle genannte, aber nicht mit gezählte Niflheim, das wir schon unter die Wellen verwiesen haben, so sind die genannten Himmelsburgen oder Göttersäle folgende:

1. Thrudheim wird zuerst als Thörs Wohnung genannt. Nach D. 21 heißt dagegen sein Reich Thrudwang und sein Palast Bil-skirnir. Von ihm sagt auch Grimn. 24:

> Fünfhundert Slockwerke und viermal zehn
> Weiß ich in Bilskirnirs Bau.
> Von allen Häusern, die Dächer haben,
> Glaub ich meines Sohnes das größte.

2. Ydalir, wo Uller den Saal sich erbaut hat. Vgl. D. 31.

3. Als die dritte Halle wird Balastialf genannt, welche der
Als in aller Zeit sich erwählt habe. Man würde dieß auf auf Wali (D. 30),
den Rächer Balders, beziehen, wenn nicht die jüngere Edda D. 17 ihn
für Odins Saal erklärte, vielleicht durch den verwandten Namen Hlidskialf verführt, welcher Odins Hochsitz bezeichnet, von dem aus er alle
Welten übersieht und aller Menschen Thun gewahrt, und alle Dinge weiß,
die da geschehen. Aus D. 9 lernen wir aber Hlidskialf nur als den
höchsten Punct in Asgard kennen.

4. Von Söllwabed (Sinkbach, Sturzbach, Wasserfall) und der
Göttin Saga, die ihn bewohnt, wißen wir nur aus Grimn. 7:

> Söllwabed heißt die vierte; kühle Flut
> Ueberströmt sie immer.
> Odin und Saga trinken Tag für Tag
> Da selig aus goldenen Schalen.

5. Ueber Gladsheim, die fünfte Halle, lesen wir:

> Gladsheim heißt die fünfte, wo golden schimmert
> Walhalls weite Halle
> Da ließ sich Odin alle Tage
> Vom Schwert erschlagene Männer.
>
> Leicht erkennen können Die zu Odin kommen,
> Den Saal, wenn sie ihn sehen:
> Aus Schäften ist das Dach gefügt und mit Schilden bedeckt,
> Mit Brünnen (Panzern) die Bänke bestreut.
>
> Leicht erkennen können Die zu Odin kommen
> Den Saal, wenn sie ihn sehen:
> Ein Wolf hängt vor dem westlichen Thor,
> Ueber ihm bräut ein Aar.

Hier ist also Gladsheim, als dessen Theil Walhall gefaßt wird, nur
eine der zwölf Himmelsburgen oder Götterwohnungen, während nach
D. 14 Gladsheim der Hof ist, worin die Stühle der zwölf richtenden und
rathenden Götter nebst dem Hochsitz für Allvater standen, und neben
welchem nur noch Wingolf als die Wohnung der Göttinnen genannt wird.
Freilich scheinen diese zwölf Stühle wieder verschieden von den in Grimnism.
genannten Himmelsburgen, von welchen drei Göttinnen zugeeignet sind,
die doch den Richterstuhl nicht besitzen, also auch nicht zu den zwölf
richtenden und rathenden Göttern gehören können. Von Walhall wird
Grimn. 23 ferner gesagt:

Fünfhundert Thüren und viermal zehn
Wähn ich in Walhall.
Achthundert Einherier gehn aus je Einer,
Wenn es dem Wolf zu wehren gilt.

Von denselben Einheriern, den im Kampf gefallenen Helden, heißt es Walthrudn. 41:

Die Einherier alle in Odins Saal
Streiten Tag für Tag.
Sie kiesen den Wal und reiten vom Kampf heim
Mit Asen Ael zu trinken.
Und Sährimnir soll liegen sie friedlich beisammen.

Ael aber Meth gewährt ihnen die Ziege Heidrun, von der schon die Rede war, Fleisch aber der Eber Sährimnir, der täglich gesotten wird und am Abend wieder heil ist. Andhrimnir heißt der Koch und der Kessel Eldhrimnir nach Grimn. 18:

Andhrimnir läßt in Eldhrimnir
Sährimnir sieden,
Das beste Fleisch; doch erfahren Wenige,
Was die Einherier essen.

Mitten in Walhall steht nach D. 39 der Baum Lärad, den wir schon als den Wipfel von Yggdrasil erkannt haben. Aehnlich ist es, wenn nach Völsungasage Cap. 2 König Wals, der für einen Urenkel Odins galt, sich einen stattlichen Saal bauen ließ, in dessen Mitte eine Eiche stand, deren Zweige weit über das Dach des Saales reichten, während die Wurzeln tief unter den Saal gingen. Diesen Baum nannten sie Kinderstamm, was uns schon an den Glauben erinnert hat, daß die Kinder aus den Bäumen kamen. Nach Grimnism. 25. 26 steht aber jener Baum Lärad vor Heervaters Saal, und dann verglich er sich dem unbekannten, immergrünen Baum, der nach Adam von Bremen IV. 26. Schol. 134 vor dem Tempel zu Upsala in Schweden unweit der Quelle stand, bei welcher Menschenopfer zu fallen pflegten.

Noch ist des Hains Glasir zu gedenken, der aus Klopstocks Oden (als Glasor) bekannter ist als aus der Edda. Die Meldung über ihn steht Skaldsk. c. 84: In Asgard vor dem Thor Walhalla steht ein Hain Glasir genannt, dessen Blätter aus rothem Golde bestehen, wie diese Zeilen bezeugen:

Glasir steht mit goldnem Laub
Vor Sigtyrs Saal.

Es ist das schönste Holz unter Menschen und Göttern.'

G. Von Thrymheim war S. 45 schon die Rede; die bezügliche Stelle lautet:

Thrymheim heißt die sechste, wo Thiassi hauste,
Jener nächtlige Jote.
Nun bewohnt Skadi, die schöne Götterbraut,
Des Vaters alte Beste.

Die sechs folgenden Götterhallen zählen wir nur auf mit Angabe
der Gottheit, welcher sie gehören:
7. Breidablik: Baldur. 8. Himinbiörg: Heimdall. 9. Folkwang: Freyja. 10. Glitnir: Forseti. 11. Noatun: Niördr. 12.
Landwidi: Widar.

So heißt es Grimnismal 12—17:

Die siebente ist Breidablik: da hat Baldur sich
Die Halle erhöht
In jener Gegend, wo ich der Greuel
Die wenigsten lauschen weiß.

Himinbiörg ist die achte, wo Heimdall soll
Der Weihestall walten.
Da trinkt der Wächter der Götter in wonnigem Hause
Selig den süßen Meth.

Folkwang ist die neunte: da hat Freyja Gewalt
Die Sitze zu ordnen im Saal.
Der Walstatt Hälfte hat sie täglich zu wählen;
Odin hat die andre Hälfte.

Glitnir ist die zehnte: auf goldnen Säulen ruht
Des Saales Silberdach.
Da thront Forseti den langen Tag
Und schlichtet allen Streit.

Noatun ist die eilfte: da hat Niördr
Sich den Saal erbaut.
Ohne Mein und Makel der Männerfürst
Waltet hohen Hauses.

Mit Gesträuch begrünt sich und hohem Gras
Widars Landwidi.
Da steigt der Sohn vom Sattel der Mähre
Den Vater zu rächen bereit.

Da diese zwölf Himmelsburgen oder Götterwohnungen weder die
Stühle der zwölf richtenden und rathenden Götter sind, noch überhaupt
den höchsten Gottheiten angehören, indem Tyr fehlt, und wenn die Aufzählung erst mit Str. 5 begann, auch Thor fehlen würde, dessen Saal
Bilskirnir erst Str. 24 gelegentlich erwähnt, unter jenen zwölfen aber
nicht mitgezählt wird, wie auch Frigg und ihr Pallast Fensal, den wir aus
D. 35 kennen, vergessen ist, so möchte Finn Magnusens Ansicht, daß diese
zwölf Gottheiten Monatsgötter seien, und ihre Himmelsburgen, die er

Sonnenhäuser nennt, die zwölf Zeichen des Thierkreises bedeuten, einer neuen Prüfung zu unterwerfen sein. Folgendes könnte zunächst für seine Ansicht zu sprechen scheinen:

1. Das Jahr beginnt mit dem Winter, wie der Tag mit der Nacht: der erste der zwölf Monatsgötter, in dessen Sonnenhaus Ybalir die Sonne am 22. November tritt, wäre also der winterliche Uller, der zweite aber Freyr, der Sonnengott, dessen Geburt in die Wintersonnenwende fiele, wie wirklich Freyrs Fest zur Julzeit begangen ward und die Nordländer das Jahr mit Ullers Monat, wie wir das Kirchenjahr mit dem Advent, begannen. Vgl. §. 145. Mit der obigen Ansicht, wonach Freyr und Alfheim hier ausfallen müßten, ist dieß freilich nicht zu vereinigen.

2. Der siebente Monatsgott wäre hienach Baldur, dessen Sonnenhaus Breidablick die Sonne am 21. Juni, also zur Sommersonnenwende, wieder verließe, was zu dem Mythus von Baldur stimmen würde, wenn wir ihn als Lichtgott auffaßen und unter seinem Tode die Neige des Lichtes verstehen.

22. Drei Himmel.

Die neun Himmel, welche Skaldskaparmal Cap. 75 aufzählt, halte ich nach Vergleichung von Cap. 56 nur für dichterische Bezeichnungen, welchen mythischer Gehalt abgeht. Nur zwei derselben, Andlángr und Widbláin, welche nach D. 17 über Asgard belegen sind, dürften im Volksglauben begründet sein, welcher hienach drei Himmel angenommen hätte. Auch der Glasberg (§. 52. 66), welcher in deutschen Märchen vorkommt, scheint als ein Aufenthalt der Seelen zu faßen. (Gr. Mythl. 781. 798. Sommer 90. Manuhardt GM. 330 ff.

Die goldene Zeit und die Unschuld der Götter.

23. Goldalter.

Von einer verlorenen goldenen Zeit ist in der Edda mit nahem Bezug auf die Unschuld der Götter die Rede. Als nämlich die Götter Sonne und Mond ihren Sitz angewiesen, den Sternen ihren Lauf bestimmt, der Nacht und dem Neumond Namen gegeben und die Zeiten geordnet hatten, Vßl. 0, versammelten sie sich auf dem Idafelde

Haus und Heiligthum hoch sich zu wölben.
Sie bauten Essen und schmiedeten Erz,
Schufen Zangen und schön Geräth.

8. Sie warfen im Hofe heiter mit Würfeln
   Und darben goldener Dinge noch nicht
   Bis drei der Thursen- töchter kamen,
   Reich an Macht, aus Riesenheim.

Unmittelbar hierauf folgt nun die schon erwähnte Schöpfung der
Zwerge. Man vergleiche nun den entsprechenden Bericht in D. 14.
Nachdem auf dem Idafelde Gladsheim und Wingolf erbaut waren,
ersteres mit den zwölf Stühlen der richtenden und rathenden Götter, legten
die Götter Schmiedeöfen an und machten sich dazu Hammer, Zange und
Amboß, und hernach damit alles andere Werkgeräthe. Demnächst ver-
arbeiteten sie Erz, Gestein und Holz, und eine so große Menge des Erzes,
das Gold genannt wird, daß sie alles Hausgeräthe von Gold hatten.
Und diese Zeit heißt das Goldalter: es verschwand aber bei der Ankunft
gewisser Frauen, die aus Jötunheim kamen. Darnach setzten sich die
Götter auf ihre Hochsitze und hielten Rath und Gericht — wer schaffen
sollte der Zwerge Geschlecht u. s. w.

Daß die Götter als Schmiede, als Goldschmiede namentlich, aufgefaßt worden, davon findet sich auch in Teutschland eine Spur in dem von
Ettmüller herausgegebenen St. Oswaldes Leben, wo dieser einen Hirsch
von zwölf Goldschmieden mit Gold bedecken läßt, mit dessen Hülfe er auch
die schöne Pamige (Jungfrau Spange) entführt. Es fällt aber schwer,
der jüngern Edda zu glauben, daß die goldene Zeit von dem goldenen
Hausgeräthe der Götter den Namen habe; eher könnte es darnach genannt sein, daß die Götter im Hofe heiter mit Würfeln spielten, die Gier
des Goldes aber noch nicht kannten. Diese Würfel waren golden, denn
es sind wohl dieselben, von welchen es hernach bei der Wiedergeburt der
Welt und der Götter Str. 60 heißt: -

Da werden sich wieder die wundersamen
Goldenen Scheiben im Grase finden,
Die in Urzeiten die Asen hatten &c.

Vielleicht waren es diese goldenen Scheiben oder Würfel, welche
D. 14 unter dem goldenen Hausgeräthe der Götter versteht; aber nicht von
ihm, sondern von dem unschuldigen Spiel der Götter mit denselben, bei
dem sie noch von keiner Goldgier wußten, möchten wir das Goldalter
benannt glauben, denn die goldene Zeit verschwand, wie man treffend gesagt
hat, als das Gold erfunden ward. Es ist daher nicht bedeutungslos,
daß nach beiden Berichten nun die Schöpfung der Zwerge folgt, denn sie
sind es, welche das Gold aus der Erde schürfen, und als die Götter die
Zwerge schufen, da kannten sie schon die Gier des Goldes und die goldene Zeit war vorüber. Auch das hat guten Grund, daß die goldene
Zeit mit der Ankunft der drei Thursentöchter aus Riesenheim zu Ende

geht, denn es sind die Nornen, die Zeitgöttinnen: die Zeit kann erst nach dem Goldalter beginnen, dieß liegt aller Zeit voraus: dem Glücklichen schlägt keine Stunde.

24. Gullweig, Heid.

Daß durch das Gold das Böse in die Welt gekommen sei, also die Unschuld verloren ging, sagt auch eine andere Stelle der Wöluspa, freilich eine sehr bestrittene:

25. Da wurde Mord in der Welt zuerst,
Da sie mit Gabeln die Goldfrau (Gullweig) stießen,
In des Hohen Halle die helle brannten.
Dreimal verbrannt ist sie dreimal geboren.
Oft, unselten, doch immer noch lebt sie.

26. Heid hieß man sie, wohin sie kam,
Wohlredende Wala zähmte sie Wölfe.
Sühnkunst kannte sie, Seelenheil raubte sie,
Uebler Leute Liebling allzeit.

27. Da gingen die Berather zu den Richterstühlen,
Hochheilge Götter hielten Rath,
Ob nur die Asen sollen Unehre büßen,
Oder alle Götter Sühnopfer empfahn.

Als das von den Zwergen aus der Erde geschürfte Gold gebrannt und in der hohen Halle geschmolzen ward, da kam zuerst das Böse in die Welt und die Unschuld des Herzens war geraubt. In Gullweig heißt die erste Silbe Gold, die zweite bald Stoff, bald ein Getränk von berauschender Kraft: gemeint scheint die Goldstufe ehe sie geschmolzen, von Schlacken gereinigt ist; spälerhin führt sie den Namen Heid, welches sonst Art und Eigenschaft bedeutet, hier aber in dem Sinne von Werth, Vermögen, Geld und Gut genommen ist. Sowohl Gullweig als Heid sehen wir aber personificiert und es wird so ausgedrückt als würde der Mord an Gullweig selber verübt, als man sie mit Gabeln stieß und brannte. Daß dieß aber nur poetischer Ausdruck, und der hier gemeinte Mord die Sünde ist, welche durch das Gold in die Welt kommt, geht daraus hervor, daß sie dreimal gebrannt und dreimal wiedergeboren wird, wobei auch die Zahl drei keine genaue sein soll, da hinzugesetzt wird: ‚oft, unselten, doch lebt sie noch.' Durch das Schmelzen wird das Gold nur von Schlacken gereinigt, nicht aufgezehrt. Wenn sie darauf unter dem Namen Heid als Zauberin umher zieht, die den Sinn der Menschen bethört, denn das thut das Gold (auri sacra fames), so legt ihr der Dichter auch die Attribute der Zauberinnen bei, die Sühkunst, d. h. den aus dem Macbeth bekannten Hexenkessel. Da so die Heid die

Erd- und Urzauberin ist, so führen ihren Namen in spätern Sagen
zauberkundige Riesentöchter, weise Frauen und Wahrsagerinnen. Müllenhoff
Zur Runenlehre 47. Freilich hat man unter Gullweig oder Heid, weil
sie sich ‚Wala‘ nennt, ‚Weißagerin‘, was alle Zauberinnen zu sein pflegen,
die Seherin selber verstehen wollen, welcher das Lied von der Wöluspa
in den Mund gelegt ist. Auch Müllenhoff a. a. O. stimmt dieser
Deutung bei, obgleich er die Meinung des Mythus, daß durch das Gold
das Böse in die Welt gekommen sei, ausdrücklich anerkennt. Für seine
Ansicht beruft er sich auf Wöl. 23:

> Ihr gab Herrvater   Halsband und Ringe,
> Goldene Sprüche   und spähenden Sinn,

wo ihm aber die Worte spiöll spaklig ok späganda sagen, daß die
Seherin von Odin mit klugem Geldwort (spiöll) und der Kunst die
Gestalt zu wechseln, begabt worden sei. Dieß zugestanden scheint mir
doch die Seherin in den Strophen von Gullweig und Heid nicht von sich
selber zu sprechen. Würde sie sich den Liebling übler Leute nennen, und
das Gold für so verderblich ansehen, daß sie von ihm den Ursprung des
Bösen herleite — da kam zuerst der Mord in die Welt —, wenn sie
selber Gullweig und Heid wäre?

Unsere im Ganzen mit Müllenhoffs Ansicht stimmende Deutung
scheint auch die folgende Strophe zu bestätigen: denn da setzen sich die
Götter auf ihre Richterstühle und halten Rath, ob nur die Asen den
Verrath bestrafen oder alle Götter Sühnopfer empfangen sollen. Ehe
das Böse in der Welt war, konnte eine solche Frage keinen Sinn haben;
jetzt da die Unschuld verloren, der Mord in die Welt gekommen ist,
entstand die Frage, welcher Götterclasse Sühnopfer zu bringen seien.

Die Worte: ‚da wurde Mord in der Welt zuerst‘, kehren aber in
der folgenden Str. der Wöl. zurück:

> 28. Gebrochen war   der Asen Burgwall,
> Schlachtkundige Wanen   kämpften das Feld.
> Odin schleuderte   über das Volk den Speer:
> Da wurde Mord   in der Welt zuerst.

Also auch der erste Götterkrieg entstand durch das Gold, und zwar
muß jener Wanenkrieg gemeint sein, welcher nach D. 23. 57 durch den
Friedensschluß beendigt wurde, der den Niörd mit seinen Kindern
Freyr und Freyja als Geisel zu den Asen brachte. Daß durch das Gold
die goldene Zeit verloren ging, ist in dem Mythus vom Frodisfrieden,
von welchem §. 100 gehandelt wird, noch einmal ausgedrückt, und in der
Heldensage kehrt derselbe Grundgedanke bei dem Niflungenhort zurück,
welcher dem Zwerg Andvari bis auf den letzten Goldring abgenommen
wurde, der den Schatz zu mehren und so den Verlust zu ersetzen die

Kraft gehabt hätte. Da legte der Zwerg den Fluch auf das Gold, der allen seinen spätern Besitzern den Untergang brachte.

In der Reihe der Ereignisse, welche die Geschicke der Welt und der Götter betreffen, sollte nun jener Wanenkrieg folgen; da wir aber seine Veranlassung nicht genauer kennen und nichts weiter von ihm wissen als etwa noch die Art und Weise wie der Frieden geschlossen ward und die Bedingungen unter welchen er zu Stande kam, was besser an einer andern Stelle (§. 59) abgehandelt wird, so kann hier seine Erwähnung genügen. Nur mag ich die Vermuthung nicht ganz unterdrücken, daß vielleicht auch hierin ein Anfang des einreißenden Verderbens angedeutet ist, denn diese Götter des Gemüths und der sinnlichen Begierden, die in der wiedergeborenen, von Flammen gereinigten Welt keine Stelle finden, könnten als der Gemeinschaft der Asen, die der Friedensschluß ihnen erwarb, unwürdig gedacht sein.

25. Mythus von Swadilfari.

Der Friede zwischen Asen und Wanen ist zwar zu Stande gekommen und dieser Gegensatz ausgeglichen; aber ein anderer Gegensatz liegt tiefer, der zwischen Göttern und Riesen, zwischen guten und bösen Mächten: unter diesen wird immer Krieg sein, er kann durch keinen Friedensschluß beigelegt werden. Dieser Kampf müßte sich aber zu Gunsten der Götter entscheiden, wenn diese nicht selber sündig geworden wären, nicht auch sie schon die Habgier befleckt hätte. Doch auch unter ihnen scheint nun das Böse noch weiter um sich zu greifen, da nach den folgenden Strophen die Götter selbst ihrer Eide und Schwüre nicht mehr achten:

> 29. Da gingen die Berather	zu den Richterstühlen,
> Hochheilige Götter	hielten Rath.
> Wer mit Frevel hätte	die Luft erfüllt,
> Oder den Riesen	Odurs Braut gegeben?
>
> 30. Von Zorn bezwungen	zögerte Thor nicht,
> Er säumt selten	wo er Solches vernimmt:
> Da schwanden die Eide,	Wort und Schwüre,
> Alle festen Verträge	längst trefflich erdacht.

Das hier mit räthselhaften Worten berührte Ereigniß wird D. 42 ausführlich erzählt: Als die Götter Midgard erschaffen und Walhall gebaut hatten, kam ein Baumeister (smidhr) und erbot sich, eine Burg zu erbauen in drei Halbjahren, die den Göttern zum Schutz und Schirm wäre wider Bergriesen und Hrimthursen, wenn sie gleich über Midgard eindrängen. Aber er bedingte sich das zum Lohn, daß er Freyja haben sollte und dazu Sonne und Mond. Da traten die Asen zusammen und gingen den Kauf ein mit dem Baumeister, daß er haben sollte was er

ausspräche, wenn er in Einem Winter die Burg fertig brächte; wenn aber
am ersten Sommertag noch irgend ein Ding an der Burg unvollendet
wäre, so sollte er des Lohnes entrathen; auch dürfe er von Niemanden
bei dem Werke Hülfe empfangen. Als sie ihm diese Bedingung sagten,
verlangte er von ihnen, daß sie ihm erlauben sollten, sich der Hülfe seines
Pferdes Swadilfari zu bedienen; und Loki rieth dazu, daß ihm dieses
zugestanden wurde. Da griff er am ersten Wintertag dazu, die Burg zu
bauen und führte in der Nacht die Steine mit dem Pferde herbei. Die
Asen dauchte es groß Wunder wie gewaltige Felsen das Pferd herbeizog,
und noch halbmal so viel Arbeit verrichtete das Pferd als der Baumeister.
Der Kauf war aber mit vielen Zeugen und starken Eiden bekräftigt worden, denn ohne solchen Frieden hätten sich die Jötune bei den Asen nicht
sicher geglaubt, wenn Thor heimkäme, der damals nach Osten gezogen
war, Unholde zu schlagen. Als der Winter zu Ende ging, ward der
Bau der Burg sehr beschleunigt, und schon war sie so hoch und stark,
daß ihr kein Angriff mehr schaden mochte. Und als noch drei Tage blieben bis zum Sommer, war es schon bis zum Burgthor gekommen. Da
setzten sich die Götter auf ihre Richterstühle und hielten Rath, und Einer
fragte den Andern, wer dazu gerathen hätte, Freyja nach Jötunheim zu
vergeben und Lust und Himmel so zu verderben, daß Sonne und Mond
hinweggenommen und den Jötunen gegeben werden sollten. Da kamen
sie Alle überein, daß der dazu gerathen haben werde, der zu allem Bösen
rathe: Loki, Laufeyjas Sohn, und sagten, er sollte eines üblen Todes
sein, wenn er nicht Rath fände den Baumeister um seinen Lohn zu bringen. Und als sie dem Loki zusetzten, ward er bange vor ihnen und
schwur Eide, er wollte es so einrichten, daß der Baumeister um seinen
Lohn käme, was es ihm auch kosten möchte. Und denselben Abend, als
der Baumeister nach Steinen ausfuhr mit seinem Rosse Swadilfari, da
lief eine Stute aus dem Walde dem Rosse entgegen und wieherte ihm
zu. Und als der Hengst merkte, was Rosses das war, da ward er wild,
zerriß die Stricke und lief der Mähre nach, und die Mähre voran zum
Walde und der Baumeister dem Hengste nach, ihn zu fangen. Und diese
Rosse liefen die ganze Nacht umher, und ward diese Nacht das Werk
versäumt und am Tage darauf ward dann nicht gearbeitet wie sonst geschehen war. Und als der Meister sah, daß das Werk nicht zu Ende
kommen möge, da gerieth er in Riesenzorn. Die Asen aber, die nun für
gewiß erkannten, daß es ein Bergriese war, der zu ihnen gekommen, ach-
teten ihrer Eide nicht mehr und riefen zu Thor, und im Augenblick kam
er und hob auch gleich seinen Hammer Miölnir und bezahlte mit ihm
den Baulohn, nicht mit Sonne und Mond; vielmehr verwehrte er ihm
das Bauen auch in Jötunheim, denn mit dem ersten Streich zerschmetterte

er ihm den Hirnschädel in kleine Stücke und sandte ihn hinab gen Niflhel.
Loki selbst war als Stute dem Swadilfari begegnet und einige Zeit nachher
gebar er ein Füllen, das war grau und hatte acht Füße, und ist dieß
Odins Roß Sleipnir, der Pferde bestes bei Menschen und Göttern.

Vergleichen wir diese Stellen, so genügen sie beide nicht völlig.
Jene wird durch diese ergänzt aber nicht ganz befriedigend erläutert. Der
Ergänzung bedurfte die Darstellung in Völ. 29. 30; daß sie am Anfang lückenhaft ist, gewahrt man auf den ersten Blick, und die vorher-
gehende Str. 28 hilft dem nicht ab, da sie vom Wanenkriege spricht,
durch dessen Beilegung erst Freyja zu den Asen kam, um deren Besitz es
sich hier zwischen Asen und Riesen handelt. Was uns dunkel bleibt,
ist, worin die Schuld der Götter bestehen soll, die in beiden Stellen eid-
brüchig heißen. Eine Schuld müssen sie wohl auf sich geladen haben,
beide Berichte stimmen darin überein; auch wäre sonst ihr Untergang im
letzten Weltkampf nicht erforderlich, eine Läuterung und Reinigung durch
den Weltbrand würden sie nicht zu bedürfen scheinen. Worin aber diese
Schuld bestehe, erfahren wir nicht; wie die jüngere Edda den Hergang
berichtet, scheint die Götter keine Schuld zu treffen, obgleich es auch in
ihr heißt, sie hätten ihrer Eide nicht mehr geachtet und den Thor herbei-
gerufen, der den Baulohn mit dem Hammer bezahlte. Als sie dieß thaten,
war es aber schon klar, daß der Baumeister innerhalb der verabredeten
Frist den Bau nicht mehr zu Stande bringen konnte, mithin waren ihm
die Götter zu keiner Gegenleistung verpflichtet. Oder soll schon in der
List, deren sich Loki bediente, um dem Baumeister die Vollendung des Baus
zur verabredeten Zeit unmöglich zu machen, ein Unrecht der Götter liegen?
Wie es sich damit verhalte, die Absicht, die Götter als schuldig darzustellen, ist in beiden Darstellungen deutlich, am deutlichsten freilich in der
Völuspa, die vielleicht eine andere Fassung der Erzählung im Sinne hatte.

26. Nachklänge in den Sagen.

Betrachten wir den Mythus für sich, von seinem Zusammenhang mit
dem Ganzen des Götterepos abgesehen, so bewahren vielfältige Nachklänge
desselben in nordischen und deutschen Sagen noch einzelne Züge, die sein
Verständniß vorbereiten. Statt des Riesen erscheint in ihnen bald ein
Troll, ein Schrat, ein Zwerg, bald wie in der Kölner Domsage der
Teufel, wie denn das Volk auch colossale Bauten des Alterthums, welche
die Griechen den Cyclopen, unsere Väter Riesen oder Hünen zuschrieben,
auf den Teufel zu beziehen pflegt. M. 500. Unserm Baumeister nennt
die Edda einen Schmied, weil dieß Wort in der alten Sprache einen
Künstler überhaupt bedeutet. Das Schmieden selbst, einst bei dem Ausbau der Welt das Geschäft der Götter, ist sonst den Zwergen überlassen;

Ausnahmen, welche M. 514 anführt, begegnen in der Heldensage. Gewöhnlich soll nun in den Sagen der Bau in einer Nacht, wie in dem
Mythus in Einem Halbjahr, vollbracht werden, sonst ist die verpfändete
Seele des Bauern frei. Diese ist also an die Stelle von Sonne, Mond
und Freyja getreten. Auch hier vereitelt eine List des Baumeisters Anschlag, denn da mit dem ersten Hahnenschrei der neue Tag anbrechen soll
(vgl. schon §. 20 Schluß) und der Hahnenkrat im Vertrage ausdrücklich
als Ziel benannt ist, so wird dieser am Morgen, da das Werk fast zu
Ende geführt ist, von der Bäurin nachgeahmt, worauf sogleich alle Hahnen
in der Nachbarschaft erkrähen und die Wette für den Baumeister verloren
ist. Ein andermal soll der Teufel die Seele dessen haben, der zuerst
über die Brücke geht, welche er zu bauen versprochen hat: es wird aber
ein Hahn oder ein Bock zuerst hinüber getrieben; so auf der Brücke zu
Frankfurt a. M., wo noch der Hahn zum Wahrzeichen steht; in Achen
aber war es eine Kirche, von deren Bau es sich handelte, und der Teufel
wird mit einem Wolfe abgefunden, dessen Haupt jetzt gleichfalls zum Wahrzeichen dienen muß. Bei Kirchenbauten begegnet der Zug, daß der ge-
prellte böse Geist, der erst spät die Bestimmung des Gebäudes erkennt,
das er wohl für ein Wirthshaus hielt, den letzten noch fehlenden Stein
nach dem Bau schleudert, um ihn zu zertrümmern; er erreicht aber sein
Ziel nicht und liegt nun auch wie in Trier zum Wahrzeichen bei der
Kirche. Nicht selten findet sich auch die Nebenverabredung, daß die dem
Unhold verpfändete Seele frei sein solle, wenn der Name des Baumei-
sters errathen werde; dieser pflegt dann sehr seltsam zu lauten, z. B.
Kumpelstilzchen KM. 55, Holzrührlein Harrys I, 18, Zirlisi Kuhn N.
S. 299, Gragöheli Lütolf 475 u. s. w. In der Edda ist dieser Name
vergessen; wir erfahren ihn aber aus der norwegischen Sage vom König
Olaf, M. 616, in abweichenden oder gleichbedeutenden Formen, wie die
Sage selbst verschieden erzählt wird. Auch hier war es eine Kirche, welche
der Riese (Troll) dem Könige bauen sollte, so groß zwar, daß sieben
Priester auf einmal darin predigen könnten ohne einander zu stören; zum
Lohn hatte er sich Sonne und Mond oder den heil. Olaf selbst ausbe-
dungen. Als nur Dach und Spitze noch fehlen, wandelt Olaf über den
bedenklichen Handel bekümmert durch Berg und Thal; auf einmal hört
er in einem Berg ein Kind weinen, und eine Riesenfrau stillt es mit den
Worten: Zischt, zischt! morgen kommt dein Vater Wind und Wetter
und bringt Sonne und Mond oder den heiligen Olaf selbst! Erfreut
über diese Entdeckung kehrt Olaf heim und findet die Spitze eben aufgesetzt. Da ruft Olaf: Vind och Veder! du har satt spiran snedert
Wind und Wetter, du hast die Spitze schief gesetzt, oder nach der abweichenden Erzählung, wo der Riese Blåster (Pläser) hieß, soll Olaf ge-

rufen haben: Bläster, statt spiræ väster! Blaster, sehe die Spihe nach
Westen u. s. w. Jene den Namen des Riesen betreffende Nebenverabredung
war hier nicht getroffen, dennoch (denn mit des bösen Geistes Namen,
sagt Grimm, vernichtet man seine Macht: er ist wie ein Nachtwandler,
der herabstürzt, wenn man ihn mit seinem Namen anruft) fiel der Riese
mit erschrecklichem Krach von dem Kamm der Kirche herab und zerbrach
in viele Stücke. Diese norwegische Sage steht der eddischen noch näher,
zeigt aber schon den Uebergang zu den deutschen. Odins achtfüßiges
Roß kennt noch die Tiroler Sage, Alpenburg 54, Vernaleken 83 und
die siebenbürgischen Haltrichschen Volksmärchen, Berlin 1856. 49. 101.
Es hat an jeder Seite zwei Paar Beine wie es der gottländische Runenstein abbildet: Annaler 1855 Taf. VI. Sonst wird es nur als hell-
glänzender Schimmel beschrieben. Müllenhoff N. 136. 138. Kuhn W.
S. Nr. 32. Uebrigens sind nicht alle deutsche B a u f a g e n, in welchen der
Teufel auftritt, auf unsern Mythus zurück zu führen. Sollte ein Bau
Festigkeit haben, so mußte vorher den Göttern geopfert werden; hieraus
sind gleichfalls Sagen entsprungen wie z. B. jene vom Münster zu Straß-
burg, die man aus A. v. Arnims Gedichte kennt. Rheinsagen 6. Aufl.
S. 364.

27. Deutung.

In des Baumeisters Namen W i n d und W e t t e r, Bläter, die
er in der späteren Erzählung noch führt, ist uns über sein Wesen Aufschluß gegeben. Er ist der Winter selbst, von dem wir schon wissen, daß
sein Vater Windsvalr, Windsühl hieß und den Riesen angehört. Sein
Pferd Swadilfari (Eisführer) wird den Nordwind bedeuten, wie sein anderer Name Bläster ihn selbst als den Bläter bezeichnet. Insofern der
Bau den Reif- oder Winterriesen als ein Bollwerk entgegengethürmt werden soll, bedeutet er nicht die Wolkenburg wie Schwartz, Ursprung der
Mythologie 16 annimmt, sondern die winterliche Schnee- und Eisdecke,
unter welcher die Erde und die ihr anvertraute Hoffnung des Landmanns
vor dem Winterfroste geborgen ist. Wenn aber dieser Bau vollendet und
durch das Burgthor auf immer abgeschloßen würde, und nun noch Sonne
und Mond und die schöne Freyja, die warme Jahreszeit, hinweggegeben
werden müsten, so wäre, was hier als Schutz und Schirm gedacht war,
das Verderben der Welt und der Götter: Nacht und Winter herschten
dann ewig auf der erstarrten finstern Erde. Loki, der auch in andern
Mythen als Feind der Götter erscheint, hat zu solch einem Vertrage gerathen; aber von den Göttern, die endlich zur Einsicht seiner Verderblich-
keit gekommen sind, bedroht, muß er selbst dazu helfen, daß er nicht erfüllt werde. Er ersinnt nun eine neue List, und verwandelt sich in eine

Stute, jenem Hengst entsprechend. Da wir den Hengst als Nordwind
begriffen haben, so muß die Stute gleichfalls als ein Wind, und zwar
als ein südlicher, aufgefaßt werden. Indem nun die beiden Pferde sich
nachlaufend im Walde hin- und herrennen, stellen sie den Wechsel und
Wandel der Winde beim Anbruch des Frühjahrs dar. An dem Riesen-
zorne, der den Baumeister ergreift, als er sieht, daß seine Arbeit vergeblich ist, erkennen nun die Götter erst klar, daß der Werkmeister, der ihnen
gegen die Riesen eine Burg erbauen sollte, selbst Einer ihrer Feinde, der
Riesen ist. Da rufen sie zu Thôr, der bisher abwesend war, denn als
sommerlicher Gott der Gewitter konnte er bei dem Bau, der im Winter
vorgenommen ward, nicht zugegen sein; jetzt aber, da nur noch wenige
Tage bis zum Sommer übrig sind, ist Thôr in der Nähe und bezahlt
mit seinem Hammer, dem Blitzstral, den Baulohn: das erste Gewitter
sprengt das Wintereis. Vgl. Uhland, Mythus des Thôr, S. 105 ff.

So weit dürfen wir den Mythus in Gedanken auffassen; mehr ins
Einzelne zu gehen, scheint mir nicht räthlich. Odins windschnelles Roß
von zwei Winden erzeugen laßen, ist eine ansprechende Dichtung, auch
wenn man bei seinen acht Füßen nicht an die acht Hauptwinde der Wind-
rose denkt; die Verdoppelung der Zahl dient wohl nur, die Schnelligkeit
des Roßes zu steigern. Was seine graue Farbe betrifft, so hat man
auch sie von seiner Abstammung hergeleitet, indem man den südlichen
Glutwind schwarz sein ließ wie der Rauch, den Nordwind aber weiß
wie der Schnee, den er daherjagt. Aber die graue Farbe steht hier vielleicht nur für die weiße, zumal in der deutschen Ueberlieferung Odin als
,Schimmelreiter‘ zu erscheinen pflegt. Indem aber der sturmschnaubende
Winterriese als Bläser und zugleich als Baumeister aufgeführt wird,
erinnern wir uns der Harfe Amphions, deren Klang das siebenthorige
Theben erbaute, was nach Schwartz a. a. O. gleicher Deutung unterliegt.

Weitere Einbußen der Götter.

28. Thrymskwiba. Deutung.

Mit dem Ablauf der goldenen Zeit und dem Verlust der Unschuld
fällt wohl die Zeugung jener Ungethüme zusammen, von deren Fesselung
erst im nächsten Abschnitt die Rede sein kann; hier soll erst noch von andern Einbußen der Götter gehandelt werden, von welchen sich aber ergeben

wird, daß sie späterer Zudichtung angehören, wenigstens auf die Geschicke der Welt und der Götter ursprünglich keinen Bezug haben, wie das auch schon von dem eben betrachteten Mythus von Swasilfari gilt, welchen wohl erst die Wöluspa auf das große Weltenjahr bezog, da seine Erwägung ergeben hat, daß er von dem gewöhnlichen Sonnenjahr handelt.

Noch ein andermal versuchten die Riesen sich in den Besitz Freyjas zu setzen. Doch mochte es ihnen auch hier nicht sowohl darum zu thun sein, sie für sich selber zu erwerben als vielmehr sie den Göttern und somit der Welt zu entziehen. In der Thrymskwida freilich, welche diesen Versuch darstellt, konnte diese neidische Absicht der Riesen nicht hervortreten: in diesem schönsten Gedichte der poetischen Edda ist der nackte Gedanke dichterisch überkleidet, er hat Fleisch und Blut bekommen, Riesen und Götter sind vermenschlicht, und so scheint es dem Riesen zu seinem vollen Glück nur an dem Besitz der schönen Göttin zu fehlen:

24. Anhob da Thrym, der Thursenfürst:
,Auf steht, ihr Riesen, bestreut die Bänke,
Und bringet Freyja zur Braut mir daher,
Die Tochter Njörds aus Noatun.

25. Heimlehten mit goldnen Hörnern die Kühe,
Jabenschwarze Rinder dem Riesen zur Lust.
Viel schau ich der Schätze, des Schmuckes viel;
Fehlte nur Freyja zur Frau mir noch.'

Der Donnergott vermißte nämlich einst beim Erwachen seinen Hammer, das Symbol des Blitzes, und klagte es dem Loki. Sie bitten die Freyja um ihr Federgewand, mit dem Loki zur Riesenwelt fliegt. Thrym, der Riesenfürst, sitzt da auf dem Hügel, schmückt seine Hunde mit goldnem Halsband und strählt den Rossen die Mähnen zurecht. Auf Lokis Frage bekennt er, Thörs Hammer entwandt und acht Rasten tief unter der Erde verborgen zu haben:

,Und wieder erwerben fürwahr soll ihn Keiner,
Er brächte denn Freyja zur Braut mir daher.'

Mit diesem Bescheid kehrt Loki zu Thör zurück. Zwar wäre der Donnergott nach der Darstellung des Dichters nicht abgeneigt, in Freyjas Hingabe zu willigen; aber schon die Zumuthung erregt den heftigsten Unwillen der Göttin:

13. Wild ward Freyja, sie fauchte vor Wuth,
Die ganze Halle der Götter erbebte;
Der schimmernde Halsschmuck schoß ihr zur Erde:
,Mich mannstoll meinen möchtest du wohl,
Zögen wir beide gen Riesenheim.'

Da halten die Götter Rath, und Heimdall, der weise war den Wanen gleich', ersinnt diesmal die List, welche Loki nur ausführen hilft. Thor soll als Freuja verkleidet dem Riesen ungeführt werden und Loki als seine Magd ihn begleiten. Thor fürchtet zwar von den Asen weibisch gescholten zu werden, wenn er sich das bräutliche Linnen anlegte; als aber Loki erinnert, die Riesen würden bald Asgard bewohnen, wenn er seinen Hammer nicht heimholte, willigt er in den Anschlag.

> 21. Das bräutliche Linnen legten dem Thor sie an,
>   Ihn schmückte das schöne, schimmernde Halsband.
>   Auch ließ er ertlingen Gellirr der Schlüssel
>   Und weiblich Gewand umwallte sein Knie.
>   Es blinkte die Brust ihm von blitzenden Steinen
>   Und hoch umhüllte der Schleier sein Haupt.

> 22. Da sprach Loki, Laufeyjas Sohn:
>   ,Nun muß ich mit dir als deine Magd;
>   Wir beide wir reisen gen Riesenheim.'

Es folgen die zuerst ausgehobenen Zeilen, wo der Riese sich seines Reichthums freut und kein Glück preist, das der Besitz Freujas nun vollenden soll. Darauf wird das Hochzeitsmal aufgetragen und das Ael gereicht; die Braut ißt einen Ochsen und acht Lachse, dazu alles süße Geschlked, das den Frauen bestimmt war, und trinkt dazu drei Kufen Meth. Der Bräutigam verwundert sich; aber der als Magd verkleidete Loki steht ihm Rede: die Braut habe aus Sehnsucht nach Riesenheim acht Nächte lang nichts genoßen. Erfreut lüstet der Riese der Braut, sie zu küßen, das Linnen; aber erschreckt fährt er zurück, denn furchtbar flammen ihr die Augen, ihr Blick brennt wie Glut. Loki weiß ihm auch das günstig auszulegen: vor Sehnsucht nach Riesenheim hat die Braut acht Nächte lang des Schlafs entbehrt, darum glühen ihr so die Augen. Beruhigt befiehlt Thrym den Miölnir herbeizuholen, die Braut nach nordischer Sitte mit dem Hammer zu weihen. Da ergreift diesen Thor, erschlägt den Riesen und zerschmettert sein ganzes Geschlecht:

> 34. Er schlug auch die alte Schwester des Jotun,
>   Die sich das Brautgeschenl zu erbitten gewagt:
>   Ihr schollen Schläge an der Schillinge Statt,
>   Und Hammerhiebe erhielt sie für Ringe.
>   So zu seinem Hammer kam Odins Sohn.

Der mythische Gehalt dieser Erzählung ist kaum ein anderer, als den schon die vorige hatte: Thrym, deßen Name von thruma (tonitru) abgeleitet wird, ist ursprünglich mit Thor identisch und ein älterer Naturgott, in deßen Händen vor den Asen der Donner gewesen war. M. 165. Jetzt als Winterriese tobt er in Sturm und Unwetter, ja er hat Thors

Hammer, auf welchen er ein altes Recht ansprechen mochte, in seinen Besitz gebracht. Auch die Winterstürme führen zuweilen Gewitter herbei; doch scheint darauf nicht angespielt, da der Riese den Hammer nicht benutzt, sondern acht Rasten tief unter der Erde, d. h. während der acht Wintermonate, in welchen die Gewitter zu schweigen pflegen, verborgen hält. Diese acht Wintermonate, die auch in den acht Nächten nachklingen, in welchen Freyja sich vergeblich des Tranks und der Speise sowie des Schlafes enthielt, sind endlich vorüber, der erwachte Thör fordert seinen Hammer zurück und obgleich der Wintergott noch einen letzten Versuch macht, die Sonne in seine Gewalt zu bekommen, und der Welt die schöne Witterung vorzuenthalten, naht ihm doch, vom warmen Winde (Loki) begleitet, weiß verhüllt, die Gewitterwolke und macht den rasenden Winterstürmen ein Ende. Vgl. Uhland, Mythus des Thör 95 f. Das Uebrige ist Einkleidung, eine diesmal um so schönere, je freier sich der Dichter bewegen konnte. Noch heute klingt dieß Lied in drei nordischen Mundarten nach und auch in Deutschland hat neuerdings kein anderes so allgemeine Anerkennung gefunden. Es ganz mitzutheilen haben wir Bedenken getragen, weil sein mythischer Gehalt ungewöhnlich gering ist, wie selbst Uhland S. 104 einräumt, daß es hier nicht nöthig sei, die Allegorie bis ins Einzelne nachzuweisen und zu unterscheiden was der Idee, was der Einkleidung und der unabhängigem Darstellung der menschlichen Verhältnisse, z. B. der Hochzeitsgebräuche, angehört. Gleichwohl deutet er die Schwester des Riesen, welche das Brautgeschenk erbittet, auf die Armut, die Nothdurft des Winters, welcher Thör ein Ende macht. Ueber den Gebrauch der Hochzeitsgeschenke vgl. M. Edda S. 432. Für Thörs Wesen mag noch Manches aus dem Liede zu gewinnen sein; hier haben wir es nur wegen des zweiten Versuchs der Riesen, sich der Freyja zu bemächtigen, zur Sprache gebracht.

29. Freyr und Gerda.

Hatte bisher die Götter im Kampf mit dem Riesen, welche den Untergang der Welt herbeizuführen trachteten, kein Verlust betroffen, so erleiden sie in dem jetzt zu betrachtenden Mythus eine Einbuße, welche sie bei dem letzten Weltkampfe schwer empfinden sollen. Nach D. 87 setzte sich Freyr auf Hlidskialf, den Hochsitz Odins und sah von ihm hinab auf alle Welten. Da sah er nach Norden blickend in einem Gehege ein großes und schönes Haus; zu diesem Hause ging ein Mädchen, und als sie die Hände erhob, um die Thür zu öffnen, da leuchteten von ihren Armen Luft und Waßer und alle Wellen strahlten von ihr wieder. Und so rächte sich seine Vermessenheit an ihm, sich an diese heilige Stätte zu setzen, daß er harmvoll hinwegging. Und als er heimkam, sprach er nicht und Niemand wagte,

das Wort an ihn zu richten. Da ließ Niörđr den Skirnir, Freyrs
Diener, zu sich rufen und bat ihn, zu Freyr zu gehen und zu fragen
warum er so zornig sei, daß er mit Niemand reden wolle. Skirnir sagte,
er wolle gehen, aber ungern, denn er versehe sich übler Antwort von
ihm. Und als er zu Freyr kam, fragte er warum er so finster sei und
mit Niemand rede. Da antwortete Freyr und sagte, er habe ein schönes
Weib gesehen, und um ihretwegen sei er so harmvoll, daß er nicht länger leben möge, wenn er sie nicht haben sollte. ‚Und nun sollst du fahren
und für mich um sie bitten, und sie mit dir heimführen, ob ihr Vater
wolle oder nicht, und will ich dir das wohl lohnen.‘ Da antwortete
Skirnir und sagte, er wolle die Botschaft werben, wenn ihm Freyr sein
Schwert gebe. Das war ein so gutes Schwert, daß es von selbst focht.
Und Freyr ließ es ihm daran nicht mangeln und gab ihm das Schwert.
Da fuhr Skirnir und warb um das Mädchen für ihn und erhielt die
Verheißung, nach neun Nächten wolle sie an den Ort kommen, der Barri
heiße und mit Freyr Hochzeit halten. Und als Skirnir dem Freyr sagte,
was er ausgerichtet habe, da sang er so:

> Lang ist eine Nacht,   länger sind zwei,
> Wie mag ich dreie dauern?
> Oft däucht ein Monat mich   minder lang
> Als eine halbe Nacht des Harrens.

Diese Erzählung ist ein dürftiger Auszug von Skirnisför, einem
der schönsten Eddalieder; wir müßen die übergangenen Züge nachholen, um
uns zu überzeugen ob sie mythischen Gehalt haben oder bloß dichterische
Ausschmückung sind. Nicht nur sein Schwert ‚das von selbst sich schwingt
gegen der Reifriesen Brut‘ leiht Freyr dem Skirnir, auch sein Roß, das
ihn durch Wafurlogi führen soll, die flackernde Flamme, die Gerđas Saal
umschließt, wie er auch von einem Zaun umgeben ist, den wüthende
Hunde bewachen. Eilf goldene Aepfel, dazu den Ring Draupnir, von
dem jede neunte Nacht acht ebenschwere träufeln, bietet Skirnir der
Gerđa, wenn sie Freyrs Liebe erwiedere. Als dieß nicht fruchtet, droht
er ihr mit dem Schwerte, und als auch das nicht verfängt, mit der
Zauberruthe, ja er greift wirklich zu Flüchen und Beschwörungen, die
auch den erwarteten Erfolg haben. In diesen Beschwörungen liegt große
poetische Kraft; wir lernen auch Manches daraus für die Runenkunde
(vgl. v. Lilientron und Müllenhoff Zur Runenlehre S. 22. 56) und die
Mythologie überhaupt, weniger für unsern Mythus. Mannes Gemeinschaft, Mannes Gesellschaft wird ihr gebannt und verboten, die Folgen
der Ehelosigkeit, der Fluch des unvermählten Alters, alle Qualen und
Martern, die als geistige oder leibliche Strafen unnatürlicher Absonde-
rung zu erdenken sind, Ohnmacht, Unmuth und Ungeduld, werden der

spröden Maid vorgehalten bis sie endlich in Skirnirs Antrag willigt
und verspricht, nach neun Nächten mit dem männlichen Sohn des Niördr
in dem Haine Barri, dem Wald stiller Wege, zusammen zu treffen.

30. Deutung. Verhältniß zu Ragnarök.

Die bisherigen Deutungen dieses Mythus fassen die Erzählung entweder nur im Großen und Ganzen auf ohne sich an ihre eigenthümliche
Gestaltung zu kehren, oder halten sich an einen einzelnen Zug, der, allerdings zu bezeichnend um für bloßen dichterischen Schmuck zu gelten, doch
der Schlüßel des Räthsels nicht sein kann. Jenes ist der Fall, wenn
Freyr nur als der Liebesgott gefaßt wird und das Gedicht nur als ein
Liebeslied, was sie beide freilich auch sind, obgleich daraus für die Deutung
des Mythus wenig oder nichts zu gewinnen ist. Zu sehr im Allgemeinen
bleibt auch die Deutung befangen, wenn nach Peterßen Nordisk Mythologie
344 Gerda wie Thôrs Tochter Thrudr das Saatkorn sein soll, denn
damit erklärt sich der Schein nicht, der von ihren weißen Händen in Luft
und Waßer und in allen Welten wiederstralt. Freyr erblickte sie, als
er nach Norden sah, und dieß veranlaßte Jian Magnusen, der auf diesen
Uebergang allein Gewicht legte, an den Nordschein zu denken. Allerdings
würde Freyr bei seinen Bezügen auf die Sonne mit Gerda, wenn sie
das Nordlicht bedeutete, passend vermählt scheinen, indem beide an dem
Lichte ein Gemeinschaftliches hätten. Aber einer solchen Verbindung
widerstreitet die Ordnung der Natur, da Sonne und Nordschein nicht
zugleich am Himmel sichtbar werden. Hindernisse müßen der Verbindung
Freyrs und Gerdas allerdings entgegen stehen, da Str. 7 sagt:

> Von Asen und Alfen will es nicht Einer,
> Daß wir beisammen seien.

aber bei einer solchen Deutung würden sie unübersteiglich sein. Ich
bleibe daher bei meiner schon in M. Edda gegebenen Erklärung,
welche ich hier näher ausführe. Für Freyrs Beziehung auf die Sonne
giebt es in unsern Quellen kein ausdrückliches Zeugniß und wenn er
Regen und Sonnenschein verleiht, so ist er damit noch nicht als Sonnengott bezeichnet. Indeß läßt sein Sinnbild, der goldborstige Eber, kaum
eine andere Deutung zu, und sein Verhältniß zu den Lichtalfen, welches
sich daraus ergiebt, daß er Alfheim besitzt (§. 20), scheint sie zu bestätigen. Wir laßen ihn aber, ohne sein Verhältniß zur Sonne aus den
Augen zu verlieren, zunächst nur als Gott der Fruchtbarkeit, als welchen
er sich hier auch durch die eilf Aepfel Str. 19 und den Ring Draupnir,
von dem jede neunte Nacht acht eben so schwere tränfeln, Str. 21 vgl.
D. 49. 61, zu erkennen giebt. Vgl. §. 34.

Was Gerda anlangt, so erscheint sie zuerst nur als Riesentochter. Ihr

Bater ist Gymir (vgl. Str. 22. 24. D. 37), ein Name, den nach Oegis-
dreka auch der Meergott Oegir führt. Ihr Bruder Belt (der Brüllende)
tann auf den Sturmwind gedeutet werden. Wenn ihn Freyr erlegt, wie
das D. 37 weiterhin erzählt wird (vgl. Stirn. 16. Wölufp. 54), so paßt
dieß auf den milden Gott der Fruchtbarkeit und Wärme, bei deffen
Nahen die Winterstürme sich legen. Er erschlug ihn aber mit einem
Hirschhorn, denn als Sonnengott hat er den Sonnenhirsch zum Symbol,
und das zadige Geweih des Hirsches bedeutet den Blitz, woraus wir
sehen, daß selbst Freyr als Gewittergott angefaßt werden kann.

In der Berwandtschaft Gerdas, durch welche sie den angebändigten
Naturträsten angehört, die zu bekämpfen die Götter, und ihr späterer
Niederschlag, die Helden, berufen sind, liegt das Hinderniß ihrer Berbindung mit Freyr. Solcher Abkunft widerspricht ihre Schönheit nicht;
doch wird sie nur gezwungen im Kreise ihrer Berwandten zurückgehalten.
Dieser Zwang ist Str. 9. 18 in der flackernden Flamme ausgedrückt,
die ihren Saal umschließt, so wie weiterhin in dem Zaun, der von
wüthenden Hunden bewacht wird. Jene Wabernlohe begegnet auch sonst:
in der Sigurdssage kommt sie zweimal vor, und hier entspricht ihr in
dem deutschen Märchen von Dornröschen (KM. 50) die Dornhecke; auch
Mengladas Burg in Fiölswinsmal 2. 5 ist von ihr umschloffen und in
Hyndluliodh 45 droht Freyja die Hyndla mit Flammen zu umweben.
Durch Grimms Abhandlung über das Berbrennen der Leichen ist uns
jetzt ihre Bedeutung erschlossen: es ist die Glut des Scheiterhaufens,
und da dieser mit Dornen unterflochten ward, wozu es gewisse heilige
Stauden gab, so begreift sich zugleich, warum die Wabernlohe durch eine
undurchdringliche Dornhecke vertreten werden kann. Reiten durch Wafurlogi
bedeutet im Mythus nichts anderes als die Schrecken des Todes besiegen
und in die Unterwelt hinabsteigen. Das ist die höchste Aufgabe, welche
Göttern und Helden gestellt zu werden pflegt. Dieß und die Str. 12
und 27 laßen keinen Zweifel, daß es die Unterwelt ist, in die Gerda
gebannt ward, wodurch ihr Mythus mit dem von Idun, wie er in
Hrafnagaldr ausgeführt ist, in Beziehung tritt, zumal an diese schon die
goldenen Aepfel erinnern. Gerda erscheint hienach als die im Winter
unter Schnee und Eis besangene Erde (vgl. merigarto, neerikortl), die
wir aus D. 10 als eine Riesentochter kennen, obgleich sie nach D. A
Odins Tochter wäre. Im Winter in der Gewalt dämonischer Kräste
zurückgehalten, wird sie von der rückkehrenden Sonnenglut befreit.
Freyrs Diener Stirnir (von at skirna clarescere), der Heiterer, erhält
den Auftrag, sie aus jenem Bann zu erlösen und dem belebenden Einfluß des Lichts und der Sonnenwärme zurückzugeben. Ihre Berbindung
mit Freyr geschieht dann in dem Haine Barri, d. i. dem grünenden

(l. en Myth. s. h. v.), also im Frühjahr, wenn Freyr längst die brüllenden Sturmwinde bezwungen hat, die vorher auch als wüthende Hunde
dargestellt waren. Es kommt unserer Erklärung zu Statten, daß Gerda
nach Stalbstlap. 19 Frigge Nebenbuhlerin sein soll. Als Erdgöttin mag
sie in einem verlorenen Mythus wie Jörd und Rinda dem Odin vermählt gewesen sein, an dessen Stelle hier Freyr trat, der in demselben
Mythus auch Hlidskialf, Odins himmlischen Sitz, einnimmt.

    Was bedeutet es aber, wenn Freyr, um in Gerdas Besitz zu ge-
langen, sein Schwert hingiebt, das er beim letzten Kampfe vermissen wird?
Hier werden wir doch genöthigt, Freyr als den Sonnengott zu fassen,
und sein Schwert als den Sonnenstral: er giebt es her, um in Gerdas
Besitz zu gelangen, d. h. die Sonnenglut senkt sich in die Erde, um Gerdas
Erlösung aus der Haft der Frostriesen zu bewirken, die sie unter
Eis und Schnee zurückhalten, und von wüthenden Hunden, schnaubenden
Nordstürmen, bewachen lassen. Gymir, ihr Vater, ist also wohl wie
dem Namen so auch dem Wesen nach mit dem frostigen Hymir ver-
wandt, den wir aus Hymiskwida als das winterliche Meer kennen
lernen. Unsere Quellen nennen aber (Oegisdr. Einl.) den Gymir mit
Oegir deutlich, was auch insofern richtig ist als Oegir mit Niördr
verglichen noch als der schreckliche Meergott gedacht ist, während ihn
Oegisdrecka im Gegensatz gegen Hymir wenigstens für die Zeit der
Leinernte, wo das Meer beruhigt ist, schon als den freundlichen, gastlichen auffaßt.

    Aus dieser Deutung des Schwertes auf den Sonnenstral geht zugleich
hervor, daß unser Mythus mit dem von dem letzten Kampfe ursprünglich
in keiner Verbindung stand. Freyr giebt sein Schwert alljährlich her,
er erschlägt alljährlich den Beli, den Riesen der Frühlingsstürme, alljährlich feiert er seine Vermählung mit Gerda im grünenden Haine.
Der Mythus bezieht sich also auf unser gewöhnliches Jahr, nicht auf das
große Weltenjahr, auf das auch Skirnisför noch nicht hindeutete, das erst
die jüngere Edda D. 37 in Bezug bringt, wie denn der Mythus von der
Götterdämmerung nur allmählich und ziemlich spät die Oberherrschaft über
alle andern erlangt zu haben scheint; selbst den Mythus von Balder, der
ihm jetzt so innig verbunden ist, mußte er sich erst unterwerfen. Der
Dichter von Skirnisför dachte noch nicht daran, daß Freyr sich durch die
Hingabe des Schwertes für den letzten Weltkampf untüchtig mache. Nicht
an die Riesen wird das Schwert hingegeben, sondern an Skirnir, der
Freyrs Diener ist und bleibt (D. 34) und es seinem Herrn zurückbringen
konnte, da er es ja nicht etwa, um den Besitz Gerdas zu erlangen, an
die Riesen hinzugeben hatte. Der Verlust des Schwertes ist demnach
wohl aus Oegisdr. 42 in die Sage gekommen, wo Loki mit Bezug auf

Skirnisför eine Hohnrede gegen Freyr schleudert, die nicht tiefer begründet
ist als andere, die ihm hier in den Mund gelegt werden:

> Mit Gold erkaufst du Gymirs Tochter
> Und gabst dem Gymir dein Schwert.
> Wenn aber Muspels Söhne durch Myrkwide reiten,
> Womit willst du siegen, Unsel'ger?

In Skirnisför finden sich sogar Spuren, daß erst eine Ueberarbeitung
dieses Liedes den Skirnir als Freyrs Diener auftreten ließ. In seiner
ursprünglichen Gestalt war es wohl Freyr selbst, der unter dem Namen
Skirnir, der ihn selber bezeichnet (Lex Myth. 706 b), die Fahrt unternahm. Nach Skr. 16 ahnt Gerda, daß ihres Bruders Mörder gekommen
sei: dieß war aber nach dem Obigen Freyr selbst. Daß Skirnir gesendet
wird, weil Freyr zur Strafe des übertretenen Verbots von Liebe erkrankt
ist und die Fahrt nicht selber vollbringen kann, ist nicht mehr der reine
(in Fiölswinnsmal hierin besser erhaltene) Mythus, sondern schon der
Anfang einer märchenhaften Gestaltung, der wir in deutschen Märchen oft
genug wiederbegegnen. Am nächsten steht das von dem getreuen Johannes (KM. 6), wo dem Königssohn von dem Vater verstattet war,
in alle Gemächer und Säle des Schloßes zu treten; aber Eine Kammer
sollte er vermeiden. Er übertritt das Verbot, öffnet die Thüre und
erblickt ein Bild, das so schön war, daß er sogleich ohnmächtig zu Boden
stürzt. Sein getreuer Diener muß ihm nun die Königstochter vom goldenen Dache, welche jenes Bild vorstellte, verschaffen. Zugleich sehen wir
hier aus unserm Mythus die ‚Freundschaftssage‘ entspringen, welcher
jenes Märchen wesentlich angehört, denn auch die Dienstmannstreue wird
unter dem Begriff der Freundschaft gefaßt. Eine große Rolle spielt das
Schwert in der Freundschaftssage. Der Freund legt es entblößt zwischen
sich und die Gemahlin des Freundes, der er beiliegen muß, und bewährt
ihm so die Treue; ich erinnere nur an Sigurd und Gunnar. Es gab
wohl eine andere märchenhafte Fassung unseres Mythus, in welcher noch
Skirnir das Schwert Freyrs, seines Herrn, in gleicher Weise benutzte,
indem er für ihn das Hochzeitbette bestieg, nachdem er durch Wafurlogi
geritten war. Sie findet sich eben in unserer Heldensage wieder, die
demnach gleichfalls hier ihren Ursprung nahm, denn Sigurd ist zwar, als
er das erstemal durch Wafurlogi reitet, dem Freyr zu vergleichen, wie er
in der von uns vermutheten ursprünglichen Gestalt des Mythus erschien,
denn hier will er die Geliebte für sich selber erwerben; das zweitemal
aber, da er für Gunnar durch die Waberlohe reitet und dann das Schwert
zwischen sich und die Braut des Freundes legt, gleicht er dem
Skirnir. Aus der Verbindung beider Gestalten des Mythus, jener ursprünglichen, wo Freyr selber durch Wafurlogi ritt, und der, welche wir jetzt

in Skirnisför und der jüngern Edda finden, ist demnach unsere Heldensage von Siegfried und den Nibelungen erwachsen, nach deren Schlüssel
so lange gesucht ward. Die Ansicht, daß es in den nordischen Liedern
Verwirrung sei, wenn sie das Feuer nach dem ersten Ritt nicht erlöschen
lassen nehme ich also jetzt bei besserer Einsicht zurück. Daß noch ein
anderes Eddalied, Fiölswinsmal, den gleichen mythischen Inhalt hat, ist
bei diesem in M. Edda näher ausgeführt. Beide haben noch spät fort-
gelebt in dem dänischen Svendalliede, das Lüning 23 mittheilt. Da
es noch über ein drittes Eddalied (Gröugaldr) Aufschluß giebt, so gebe
ich seinen Inhalt an. Jung Swendal wollte Ball spielen: da flog ihm
der Ball in den Jungfrauensaal. Um ihn wieder zu holen, ging er
hinein, kam aber nicht wieder heraus ohne große Sorge im Herzen.
,Höre, Jung Swendal', wird ihm zugerufen, ,wirf deinen Ball nicht auf
mich: wirf ihn auf die stolze Jungfrau, die du lieber hast. Du sollst
nicht mehr schlafen noch Ruhe finden bis du die schöne Jungfrau erlöst
hast, die so lange Trübsal erduldete.' Da hüllte sich Jung Swendal in
den Pelz und ging in die Stube vor die raschen Hofmannen, welchen
er seinen Vorsatz kund that, zum Berge zu gehen und seine Mutter zu
erwecken. Als er nun in den Berg hinein sah, spaltete sich Mauer und
Marmorstein, und die dunkele Erde fiel nieder. Eine Stimme fragt, wer
es sei, der die Müde wecke? ,Kann ich nicht mit Frieden unter der
dunkeln Erde liegen?' Da nennt Jung Swendal seinen Namen und sagt,
er sei gekommen, seine Mutter um Rath zu fragen. Seine Schwester und
seine Stiefmutter hätten ihn in Sehnsucht gebracht: ,Sie sagten, ich solle
nicht schlafen noch Ruhe finden bis ich die stolze Jungfrau erlöst hätte,
die so lange Zwang erduldet habe.' Da giebt ihm die Mutter den guten
H e n g s t, der niemals müde wird, und das gute S c h w e r t, das stäts den
Sieg gewinnen soll. Da band Jung Swendal das Schwert zur Seite,
gab dem Hengst die Sporen und ritt über das breite Meer und durch
die grünen Wälder bis er zu dem Schloß kam, in dem seine Braut
schlummern sollte. Da fragt er den Hüter, ob eine Jungfrau auf dem
Schlosse sei; er wolle ihn zu einem Herrn machen, wenn er König werde.
Da erhält er die Antwort: die Planken seien von hartem Stein und die
Pforte von Stahl; inwendig aber hüte ein Löwe und ein wilder Bär die
achtzehnjährige Jungfrau, zu der Niemand hinein dürfe als der Junge
Swendal. Da gab Jung Swendal seinem Roß die Sporen und setzte
mitten hinein in den Burghof. Der Löwe und der wilde Bär fielen dem
Herrn zu Füßen und die Linde mit ihren vergoldeten Blättern neigte sich
vor ihm zur Erde. Die stolze Jungfrau, die seine Sporen klingen gehört hat, schöpft schon Hoffnung auf Erlösung; Jung Swendal tritt zu
ihr hinein und wird als ihr erwarteter Bräutigam empfangen u. s. w.

Entfernter ist die Verwandtschaft mit Held Bonweb (Grimm, altdän. Heldenl. 57), der sich aber näher an Fiölswinsmal schließt. Der Ritt durch die Flammen ist im Märchen vom Dornröschen ein Ritt durch Dornen; in der Sage vom Fräulein Kunigunde von Künaß, die man aus Rüdern lenkt, ein Ritt über den schmalen Rand der Burgmauer. Der Abgrund unter der Burg Künaß heißt die Hölle, womit wieder auf die Unterwelt gedeutet ist. Dieselbe Sage haftet auch am Schloß Goldbrunn im Altmühlthal (Panzer 174) und dem Aebrich bei Lorch am Rhein. Nur einem Ritter auf einem Schimmel gelang es, den schmalen Rand der Felsenmauer zu umreiten. Der Schimmel ist Odins Roß Sleipnir, oder Freys Sonnenroß, Siegfrieds Roß Grani. Nach Panzer 178 scheinen auch die Sagen hieher zu gehören, wo nicht eine schmale Mauer umritten werden soll, die Braut zu gewinnen, sondern eine steile Höhe auf einem Schimmel erritten wird. So in der Sage von Wolfstein im bairischen Walde (Panzer a. a. O.), wo aber der Braut nicht gedacht wird, während sie bei dem Ritt auf den Aebrich bei Lorch im Rheingau nicht fehlt. Vielleicht galt vom Hofturm zu Lauingen in Schwaben dieselbe Sage, denn hier ist ein großes galoppierendes Roß angemalt von 15 Schuh Länge: man mußte eine Leiter anlegen, es zu besteigen; auch soll es zwei Herzen gehabt haben, wie Odins Roß die doppelte Zahl der Füße hatte.

31. Idun und Thiassi. Deutung.

Wir haben zwei so verschiedene Darstellungen von Iduns Schicksalen, daß sie für abweichende Mythen gelten können: die jüngere ist ditzmal in einem Eddalied enthalten, dem von Odins Rabenzauber (Hrafnagaldr Odhins), während die ältere sich in D. 56 findet. Nach dieser waren drei Asen ausgezogen: Odin, Loki und Hönir. Sie fuhren über Berge und öde Marken, wo es um ihre Kost übel bestellt war. Als sie aber in ein Thal hinab kamen, sahen sie eine Heerde Ochsen: sie nahmen der Ochsen einen und wollten ihn sieden. Und als sie glaubten, er wäre gesotten und den Sud aufdeckten, war er noch ungesotten. Und als sie ihn nach einiger Zeit zum andermal aufdeckten und ihn noch ungesotten fanden, sprachen sie unter sich, woher das kommen möge? Da hörten sie oben in der Eiche über sich sprechen, daß der, welcher dort sitze, es verursache, daß der Sud nicht zum Sieden komme. Und als sie hinschauten, saß da ein Adler, der war nicht klein. Da sprach der Adler: Wollt ihr mir meine Sättigung geben von dem Ochsen, so soll der Sud sieden. Das bewilligten sie: da ließ er sich vom Baume nieder, setzte sich zum Sude und nahm sogleich die zwei Lenden des Ochsen vorweg nebst beiden Bugen. Da ward Loki zornig, ergriff eine große Stange und stieß sie mit aller Macht dem Adler in den Leib. Der Adler ward scheu von dem Stoße und flog empor: da haftete die Stange in des Adlers Rumpf; aber Loki's Hände an dem andern Ende. Vgl. AM. 64: Wolfgans (Rieban). Der Adler flog so nah am Boden, daß Loki mit den Füßen Gestein, Wurzeln und Bäume streifte; die Arme aber, meinte er, würden ihm aus den Achseln reißen. Er schrie und bat den Adler flehentlich um Frieden; der aber sagte, Loki solle nimmer loskommen, er schwöre ihm denn, Idun mit ihren Aepfeln aus Asgard zu bringen. Loki versprach das: da ward er los und kam zurück zu seinen Gefährten. Zur verabredeten Zeit aber lockte Loki Idun aus Asgard in einen Wald, indem er vorgab, er habe da Aepfel gefunden, die sie Kleinode dünken würden; auch rieth er ihr, ihre eigenen Aepfel mitzunehmen, um sie mit jenen vergleichen zu können. Da kam der Riese Thiassi in Adlershaut dahin und nahm Idun und flog mit ihr gen Thrymheim, wo sein Heimwesen war. Die Asen aber befanden sich übel bei Idun's Verschwinden, sie wurden schnell grauhaarig und alt. Da hielten sie Versammlung und fragte Einer den Andern, was man zuletzt von Idun wiße. Da war das Letzte, das man von ihr gesehen hatte, daß sie mit Loki aus Asgard gegangen war. Da ward Loki ergriffen und zur Versammlung geführt, auch mit Tod und Peinigung bedroht. Da erschrak er und versprach, er wolle nach Idun in Jötunheim suchen, wenn Freyja ihm ihr Falkengewand leihen wolle. Als er das erhielt, flog er nordwärts gen Jötunheim und kam eines Tages zu des Riesen Thiassi Behausung. Er war eben auf den See gerudert und Idun allein daheim. Da wandelte Loki sie in Nußgestalt, hielt sie in seinen Klauen und flog was er konnte. Als aber Thiassi heimkam und Idun vermißte, nahm er sein Adlerhemde und flog Loki nach mit Adlersschnelle. Als aber die Asen den Falken mit der Nuß fliegen sahen und den Adler hinter ihm drein, da gingen sie hinaus unter Asgard und nahmen eine Bürde Hobelspäne mit. Und als der Falke in die Burg flog und sich hinter der Burgmauer niederließ, warfen die Asen alsbald Feuer in die Späne. Der Adler vermochte sich nicht inne zu halten, als er den Falken aus dem Gesichte verlor: also schlug ihm das Feuer ins Gefieder, daß er nicht weiter fliegen konnte. Da waren die Asen bei der Hand und tödteten den Riesen Thiassi innerhalb des Gatters. Seine Augen warfen sie nachmals Skadi, seiner Tochter, zur Ueberbuße an den Himmel und bildeten zwei Sterne daraus.

Der Riese Thiassi, der Adlersgestalt annimmt, erinnert uns an Hräsvelgr (§. 16), der ein Riese wie er in Adlerskleid an des Himmels Ende sitzt und den Wind über alle Völker facht. Sturmwinde werden als Riesen gedacht, weil unter deren Bilde alle zerstörenden Naturkräfte vorgestellt werden; zugleich sind ihnen Adlerschwingen verliehen, die

Schnelligkeit des Sturmwindes zu bezeichnen. Aus Grimnismal 11
(f. o. A. 21) wißen wir, daß Thiaffi in Thrymheim wohnte, deßen
Name an Thrym erinnert, den Riefen der Thrymskwiða, der ein älterer
Naturgott dem Thôr den Hammer stahl, und felbst nach dem Donner
(thruma = tonitru) genannt ist. Thrymheim bedeutet alfo wohl das
sturmtosende Waldgebirge, aus dem alle rauhen, scharfen Winde zu
kommen pflegen: seinem Gebiete haben sich die Götter genaht, als sie
über Berge und öde Marken fuhren, wo es um ihre Rost schlecht bestellt
war, womit die Unfruchtbarkeit des Waldgebirges bezeichnet ist. Thiaffis
Name hat noch keine sichere Erklärung gefunden; über sein Wesen kann
nach dem Obigen kein Zweifel sein: er ist ein Sturmriese und zwar wie
wir sehen werden, ein Riese der Herbststürme, wie Beli, Gerdas Bruder,
sich auf die Stürme der Frühlingsnachtgleichen bezog. Als Sturmwind
verhindert er auch, daß der Sud zu Stande kommt, indem er das
Kochfeuer verweht. Wie jener Baumeister Sonne und Mond und die
schöne Freyja bedingte, wie Thrym als Löfegeld für Thôrs Hammer den
Besitz derselben Göttin begehrte, so möchte Thiaffi den Göttern Jdun
entziehen, ja er erhält sie wirklich für Lokis Befreiung, und Loki muß
sie ihm erst wieder entführen. Wer ist nun Jdun? Aus D. 26 lernen
wir sie als Bragis Gattin kennen, des Gottes der Dichtkunst, des Skalden
Odins; aber das führt uns nicht weiter. Mehr sagen uns ihre Aepfel
und das Altwerden der Götter bei ihrem Verschwinden, und daß sie in
Gestalt einer Nuß, nach andrer Lesart: (Lox Myth. 199) einer Schwalbe,
von Loki zurückgebracht wird. Den Stamm ihres Namens bildet die Partikel
ið; die Schlußfilbe ist nur bei weiblichen Namen gebräuchliche Ableitung;
jene untrennbare, noch in dem mittelhochd. iteniuwo fortdauernde Partikel
aber bedeutet wieder, wiederum: besonders wird ið gern mit Grünen verbunden (Wöl. 68 jördh or ægi iðhjagrœna) und vielleicht erklärt uns dieß
den Namen des Jdafeldes, wo sich in der verjüngten Welt die goldnen
Scheiben wiederfinden, das Spielzeug der Götter in ihrer Unschuld: es
ist von der wiederergrünten Erde oder von der wiedererworbenen goldenen
Zeit benannt, und wenn es schon früher (Wölusp. 7) so hieß, so ist dieß
eine Vorwegnahme. So drückt Jduns Name den Begriff der Wiederkehr,
der Erneuung, der Verjüngung aus, und wenn wir bei ihrem Verschwinden
die Afen grauhaarig und alt werden sehen, so möchte man in ihr wie in
jenem Mädchen aus der Fremde den Frühling, die verjüngende Kraft des
Lenzes oder gar der Jugend selbst vermuthen: beides fällt in höherm Sinne
zusammen; doch denkt man hier lieber an den Frühling, da ihre goldnen
Aepfel, als eine Frucht des Jahrs, eher auf dieses als auf das ganze
Menschenleben deuten. Sie ist hienach nicht der Frühling selbst, doch
die verjüngte Natur im Schmucke des Frühlings, oder wie es Uhland 120

ausdrückt, das frische Sommergrün in Gras und Laub. Dieß entfärbt sich
aber im Spätjahr, wenn Iduns Aepfel reif sind, durch den rauhen Hauch
der Herbst- und Winterwinde, ja es verschwindet, das Laub fällt von den
Bäumen. In unserm Mythus sehen wir dieß durch die Entführung
Iduns ausgedrückt. Der Herbststurm, als Sturmriese Thiassi eingeführt,
hat Idun geraubt; der Wiese ist der Farbenschmelz, dem Walde der
Schmuck der Blätter benommen, die Welt erscheint gealtert und entstellt,
von den Göttern ist Glanz und Jugendfrische gewichen, sie sind ergraut
und eingeschrumpft. Die Welt hat ihr heiteres Antlitz gewandelt; der
Schnee, der die Erde bedeckt, ist durch das greise Haar der gealterten
Götter bezeichnet. Nach D. 26 sollen es Iduns Aepfel sein, welche den
Göttern die Jugend zurückgeben: eigentlich ist es die Göttin selbst, zu
deren Symbol jene Aepfel geworden sind; ursprünglich mögen sie nur
das Wahrzeichen der Herbstzeit gewesen sein, in welche der Raub Iduns
fällt. Uhland 122. Sie zurück zu führen wird Loki beaustragt, den wir
schon einmal als Südwind gefunden haben; doch entleiht er, um als Lenz-
wind zu erscheinen, wie in Thrymskwida, das Falkengesieder Freyjas, der
Göttin der schönen Jahreszeit, und nur in des Riesen Abwesenheit gelingt
es ihm, sich Iduns zu bemächtigen. Die Befreiung Iduns fällt also in
das neue Jahr; im Herbste vorher war Loki der Uebermacht des Sturmriesen erlegen. Die Zurückführung Iduns geschieht nun in Gestalt einer
Nuß oder einer Schwalbe. Die Nuß läßt sich deuten als den Samen-
kern, aus dem die erstorbene Pflanzenwelt alljährlich wieder aufgrünt;
auch die Schwalbe sagt ein Gleiches, sie bedeutet die Wiederkehr des
Frühlings, obgleich nach unserm Sprichwort eine Schwalbe noch keinen
Sommer macht. Der Mythus ließe sich vielleicht noch weiter ins Einzelne verfolgen, wie es Uhland, dem wir bisher gefolgt sind, a. a. O.
versucht; es genügte hier, seinen innersten Sinn darzulegen.

32. Idun Iwaldis Tochter. Deutung.

Dieser erste Mythus zeigt keinen nähern Bezug auf den Weltuntergang, er ist in das Drama der Weltgeschichte nicht verflochten, wir sehen
nur den Wechsel der Jahreszeiten dargestellt. Wohl aber läßt sich eine
solche Hindeutung in dem zweiten Mythus erkennen, welchen ‚Odins Rabenzauber' enthält. Er ist nur eine Umbildung des Vorhergehenden, bei der
die Absicht nicht verkannt werden kann, auch den Mythus von Idun dem
seit der Wöluspa herrschend gewordenen Grundgedanken von dem bevorstehenden Weltuntergang zu unterwerfen. Doch ist es schwer, von diesem
Gedicht Rechenschaft zu geben, es gilt für das dunkelste und räthselhaf-
teste der ganzen Edda: Erik Halson, ein gelehrter Isländer des 17. Jahrhunderts, beschäftigte sich zehn Jahre lang damit ohne es verstehen zu

lernen. Die größte Schwierigkeit liegt in der mythologisch gelehrten Sprache dieses verhältnißmäßig sehr jungen Liedes, das der Verfaßer der prosaischen Edda noch nicht kannte. So jung es aber auch ist, so urtheilt doch Uhland 138, es herrsche darin noch durchaus das innere Verständniß der mythischen Symbolik und so lohnt es sich wohl, in seinen Sinn zu bringen. Der Schlüßel zu jenem räthselhaften, fast skaldisch gelehrten Ausdruck scheint nun in der Wahrnehmung gefunden, daß die nordische Dichtersprache Ein Verwandtes für das Andere zu setzen liebt, z. B. wenn für den Brunnen Urds, aus dem die Esche Yggdrasil begoßen wird, damit ihre Selten nicht faulen, der verjüngende Göttertrank Odrärir genannt wird; oder wenn für Urdr, die Hüterin dieses Tranks, Jdun eintritt, die Hüterin der Aepfel, der verjüngenden Götterspeise u. f. w. Mit diesem Schlüßel, der wenigstens die schwersten Riegel hebt, und mit Umstellung einiger Strophen, welchen der gebührende Platz wieder zugewiesen werden mußte (doch dürfte Str. 21 nach 23 zu stellen sein), hab ich Ueberseßung und Erläuterung versucht; auch kamen mir Uhlands Andeutungen über den leitenden Grundgedanken wie ein ariadnischer Faden zu Gute, obgleich ich im Einzelnen von ihm abweiche. So halt ich das Gedicht nicht für ein Bruchstück, wofür es sich dem ersten Blicke giebt und allgemein gehalten wird, vielmehr für eine von einem Andern viel später hinzugedichtete Einleitung zu der gleich folgenden Wegtamskwiða, wie es seine zweite Ueberschrift Forspialslioð selbst als eine solche bezeichnet. Der Verfaßer wollte also nicht mehr dichten und so haben wir keinen Verlust zu beklagen. Nach diesen Vorbemerkungen versuche ich es noch einmal, seinen Inhalt anzugeben und zu deuten, wobei ich meine frühern Erläuterungen theils abkürze, theils weiter ausführe.

Nach einer Aufzählung der verschiedenen Wesen des nordischen Glaubens, die nach ihrem Verhalten gegen die Schicksale der Welt kurz aber treffend bezeichnet werden, sehen wir die Götter, von widrigen Vorzeichen erschreckt, wegen Odrärirs in Besorgniß gerathen, welcher der Hut Urds anvertraut war. Mit Odrärir, wie der Unsterblichkeitstrank der Asen heißt, ist aber hier Urds Brunnen gemeint, welchem gleichfalls verjüngende Kraft beiwohnt. Und wie Trank und Brunnen einander vertreten, so auch Urd und Jdun: ihr Wesen fällt zusammen und es ist gleichgültig, ob wir Urd oder Jdun als die Heldin des Liedes betrachten. Diese heilige Quelle der Verjüngung hat also ihre Kraft schon verloren oder die Asen besorgen, daß dieß Ereigniß eintreten, das Wachsthum des Weltbaums stocken werde. Darum war Hugin, Odins Rabe, ausgesandt, darüber den Ausspruch zwei weiser Zwerge zu vernehmen. Deren Ausspruch gleicht nur schweren dunkeln Träumen, ja sie scheinen selber nur Träume, aber unheilverkündende, widerwärtige. Da der Rabe seinem Namen gemäß

nur auf den göttlichen Gedanken zu deuten ist, so kann die Meinung sein,
die Götter hätten durch das Nachdenken über das stockende Wachsthum
der Wellesche nichts erreicht als von beunruhigenden Träumen gequält zu
werden, wie die folgende Weglamskwida von Baldurs Träumen ausgeht.
Nachdem noch eine Reihe von Erscheinungen erwähnt ist, die gleichfalls
auf die nachlassende Triebkraft der Natur deuten, wird Idun zuerst unter
diesem Namen eingeführt und zugleich die jüngste von Iwaldis Töchtern
genannt, jenes Zwerges, dessen Söhne wir aus D. 61 als kunstreiche
Schmiede kennen, die auch das goldene Haar der Sif geschmiedet haben.
Hier ist nun Idun nicht von Thiassi, dem Sturmriesen entführt wie in
dem vorigen Mythus; es hat sie aber ein anderes Unheil betroffen: sie
ist von der Wellesche herabgesunken und weilt nun im Thale, unter des
Laubbaums Stamm gebannt; und schwer trägt sie dieß Niedersinken: so
lange an heitere Wohnung gewöhnt, kann es ihr bei der Tochter oder
Verwandten Nörwis nicht behagen. Nörwis Tochter ist die Nacht (s. A. 14),
seine Verwandte wäre Hel, die Todesgöttin, und bei ihr in der Unterwelt scheint sie sich nach einer der folgenden Strophen zu befinden, wie
wir das auch von Gerda gesehen haben, die schon durch jene eilf Aepfel
an sie erinnerte. Beim Herabsinken von der Esche ist sie wie in der
vorigen Mythe als der grüne Blätterschmuck, und zwar als das Laub des
jüngsten Jahres gefaßt, die jüngste von Iwaldis Kindern, des innen-
wollenden, denn die Zwerge wohnen in der Erde: alles Gras und Laub,
alles Grün, das die Erde schmückt, wird von ihnen gewirkt und gebildet,
es ist wunderbares Erzeugniß der geheimnißvoll wirkenden Erdkräfte. Bei
Sifs Haar, dem goldenen Getreide, wie bei der grünen Blätterwelt darf
daher an diese Zwerge erinnert werden, und unser Lied thut dieß, indem
es Idun von Iwaldi erzeugt sein läßt. Auch in dem, was nun von dem
Wolfsfell gemeldet wird, das ihr die Götter zur Bekleidung verliehen
hätten, können wir sie noch als den abgefallenen Blätterschmuck denken,
welcher nun unter dem Winterschnee verhüllt liegt. Wenn sie aber
bei der Nacht oder gar in der Unterwelt weilen soll, so ist sie wohl mehr
die Triebkraft der Natur, die jenen Schmuck hervorgebracht als dieser
selbst; diese Kraft hat sich nun in die Wurzel zurückgezogen, der Weltbaum ist entblättert, der Winter eingetreten und ungewiß bleibt ob je der
Frühling wiederkehre. Da sendet Odin Heimdall, den Wächter der Himmelsbrücke, über welche die Riesen einbrechen könnten, im Geleite Lokis und
Bragis, die Göttin zu fragen, was sie von den Weltgeschicken wisse und
ob das ihr Widerfahrene der Welt und den Göttern Unheil bedeute.
Aber die Sendung hat keinen Erfolg, Idun weint und schweigt: wie
schlaftrunken erscheint sie den Boten, die unverrichteter Dinge heimkehren;
nur Bragi, der sonst als ihr Gatte dargestellt ist, bleibt als ihr Wächter

zurück, der verstummte Gesang, erklärte es Uhland, bei der hingewelkten
Sommergrüne. Es wird nun die Zurückkunft jener beiden Boten und
das Gastmal der Asen beschrieben, bei welchem sie von der Erfolglosigkeit
ihrer Werbung Bericht erstatten. Da vertröstet sie Odin auf den andern
Morgen und fordert auf, die Nacht nicht ungenützt verstreichen zu lassen,
sondern auf neuen Rath zu sinnen. Schon kommt der Mond einherge-
zogen, Odin und Frigg heben das Gastmal auf und entlassen die Versammlung. Die Nacht bricht ein, mit der dornigen Ruthe schlägt Nörwi
die Völker und senkt sie in Schlaf; auch die Götter fühlen sich von Mü-
digkeit ergriffen und selbst Heimdall, ihr Wächter, der weniger Schlaf
bedarf als ein Vogel, wankt vor Schlummerlust. Dieser dichterischen
Schilderung der Nacht folgt dann eine eben so schöne Beschreibung des
anbrechenden Tages, vor welchem sich Ängien und Thursen und die Geschlechter der Zwerge und Schwarzalfen, ihrer lichtscheuen Natur gemäß,
flüchten und die Schlummerstätte suchen; die Götter aber erheben sich
beim Sonnenaufgang. Hiemit endigt das Lied, dessen Name, „Odins
Rabeugesang', vielleicht von der dritten Strophe hergenommen, worin
Hugin, Odins ausgesandter Rabe, erwähnt ward, nicht unpassend für ein
Lied gewählt ist, das unheilvolle Vorzeichen zusammengestellt, welches wie
der Raben Krächzen den unvermeidlichen Untergang der Welt bedeutet.
Der Eintritt der Winterzeit ist als ein Gleichniß des Todes, ja als ein
Vorspiel des nahenden Weltunterganges aufgefaßt. Schon darum könnte
es ein Vorspielslied heißen; aber es ist zugleich ein Vorspiel zu dem
folgenden, der Wegtamskwiba, die sich auf das Genaueste anschließt. Die
Nacht ist vorüber, welche zu neuen Entschlüßen benützt werden sollte, der
Tag angebrochen, auf welchen Odin verwiesen hatte. Schon sahen wir die
Götter bei Sonnenaufgang sich erheben, da beginnt die Wegtamskwiba
damit, daß sich die Asen versammeln, um darüber Rath zu pflegen, warum
den Baldur böse Träume schreckten? Man könnte sagen, hier schließe sich
das neu hinzugedichtete Lied, Odins Rabenzauber, dem folgenden ältern
nicht genau an, da jenes erwarten ließ, es solle über Idnns Niedersinken,
nicht über Baldurs Träume, Rath gepflogen werden. Aber Idnns Niedersinken ist nur eines der beunruhigenden Zeichen, deren dort gedacht
war, und Strophe 3 erwähnte nach der obigen Deutung auch die beunruhigenden Träume der Götter. An der Berathung über Baldurs Träume
nimmt Odin keinen thätigen Antheil, er hat, da die Befragung Idnns
vergeblich geblieben war, die Nacht zu neuen Entschlüßen benützt und während die Andern noch zu Rathe sitzen, steht er auf, schwingt den Sattel
auf Sleipnirs Rücken und reitet nach Niflheim nieder, die Wola zu befragen, die Seherin, die er in der Unterwelt aus ihrem Grabe weckt,
nachdem er sie durch Beschwörungen gezwungen hat, ihm Rede zu stehen.

Was er hier erfährt, davon muß an einer andern Stelle die Rede sein: hier galt es nur, den Zusammenhang unserer beider Lieder nachzuweisen.

Wie im Eingang des Gedichtes Jdun mit Urd, der ältesten Norne verwechselt scheint, so sehen wir sie Str. 8 Ranna (b. Randa) genannt und Str. 13 Jörun, wenn dieser uns dunkle Name nicht aus Jdun verlesen ist. Was Jdun mit Ranna gemein hat und dem Dichter erlaubte, beide Namen zu vertauschen, kann uns erst R. 34 bei dem Mythus von Baldur deutlich werden. Zu verwundern ist, daß der Dichter nicht auch Gerdas Namen gebraucht hat, an die wir bei Jduns Schicksalen mehrfach erinnert worden sind. Wenn aber unser Dichter sich nicht gestattet, Jdun und Gerda zusammen zu bringen, so wird doch unten bei Bragi wahrscheinlich werden, daß es Mythengestalten gegeben habe, in welchen dieser Göttinnen Wesen zusammenrann.

33. Baldurs Tod.

Erschreckt von Baldurs Träumen, die seinem Leben Gefahr drohten, pflogen die Asen Rath und beschlossen, ihm Sicherheit vor allen Gefahren anzuwirken. Da nahm Frigg Eide von Feuer und Wasser, Eisen und allen Erzen, Steinen und Erden, von Bäumen, Krankheiten und Giften, dazu von allen vierfüßigen Thieren, Vögeln und Würmern, daß sie Baldurs schonen wollten. Als das geschehen war, kurzweilten die Asen mit Baldur: er stellte sich mitten in einen Kreiß, wo dann einige nach ihm schossen, andere nach ihm hieben und noch andere mit Steinen warfen. Und was sie auch thaten, es schadete ihm nicht: das dauchte sie alle ein großer Vortheil. Als aber Loki das sah, gefiel es ihm übel, daß den Baldur nichts verletzen sollte. Da ging er zu Frigg nach Fensal in Gestalt eines alten Weibes. Frigg fragte die Frau, ob sie wüßte was die Asen in ihrer Versammlung vornähmen. Die Frau antwortete, sie schößen alle nach Baldur, ihm aber schadete nichts. Da sprach Frigg: Weder Waffen noch Bäume mögen Baldur schaden: ich habe von allen Eide genommen. Da fragte das Weib: Haben alle Dinge Eide geschworen, Baldur zu schonen? Frigg antwortete: Oestlich von Walhall wächst eine Staude, Mistiltein genannt; die schien mir zu jung, sie in Eid zu nehmen. Darauf ging die Frau fort: Loki nahm den Mistiltein, riß ihn aus und ging zur Versammlung. Hödur stand zu äußerst im Kreiße der Männer, denn er war blind. Da sprach Loki zu ihm: Warum schießest du nicht nach Baldur? Er antwortete: Weil ich nicht sehe wo Baldur steht; zum Andern hab ich auch keine Waffe. Da sprach Loki: Thu doch wie andere Männer und biete Baldurn Ehre wie Alle thun. Ich will dich dahin weisen wo er steht: so schieße nach ihm mit diesem Reis. Hödur nahm den Mistelzweig und schoß auf Baldur nach Lokis Anweisung.

Der Schuß flog und durchbohrte ihn, daß er todt zur Erde fiel, und das war das gröste Unglück, das Menschen und Götter betraf. Als Baldur gefallen war, standen die Asen alle wie sprachlos und gedachten nicht einmal ihn aufzuheben. Einer sah den Andern an; ihr Aller Gedanke war wider den gerichtet, der diese That vollbracht hätte; aber sie durften es nicht rächen, es war an einer heiligen Freistätte. Als aber die Götter die Sprache wieder erlangten, da war das Erste, daß sie so heftig zu weinen anfingen, daß Keiner mit Worten dem Andern seinen Harm sagen mochte. Und Odin nahm sich den Schaden um so mehr zu Herzen, als Niemand so gut wußte als er, zu wie großem Verluste und Verfall den Asen Baldurs Ende gereichte. Als nun die Asen sich erholt hatten, da fragte Frigg, wer unter den Asen ihre Gunst und Huld gewinnen und den Helweg reiten wolle, um zu versuchen, ob er da Baldurn fände, und der Hel Lösegeld zu bieten, daß sie Baldurn heimkehren ließe gen Asgard. Und er hieß Hermôdhr der schnelle, Odins Sohn, der diese Fahrt unternahm. Da ward Sleipnir, Odins Hengst, genommen und vorgeführt, Hermodur bestieg ihn und flob davon.

Da nahmen die Asen Baldurs Leiche und brachten sie zur See. Hringhorn hieß Baldurs Schiff, es war aller Schiffe gröstes. Das wollten die Götter vom Strande stoßen und Baldurs Leiche darauf verbrennen; aber das Schiff ging nicht von der Stelle. Da ward gen Jötunheim nach dem Riesenweibe gesendet, die Hyrrockin hieß, und als sie kam, ritt sie einen Wolf, der mit einer Schlange gezäumt war. Als sie vom Rosse gesprungen war, rief Odin vier Berserker herbei, es zu halten; aber sie vermochten es nicht anders als indem sie es niederwarfen. Da trat Hyrrockin an das Vordertheil des Schiffes und stieß es im ersten Ansatzen vor, daß Feuer aus den Walzen fuhr und alle Lande zitterten. Da ward Thôr zornig und griff nach dem Hammer und würde ihr das Haupt zerschmettert haben, wenn ihr nicht alle Götter Frieden erbeten hätten. Da ward Baldurs Leiche hinaus auf das Schiff getragen, und als sein Weib, Neps Tochter Nanna, das sah, da zersprang sie vor Jammer und starb. Da ward sie auf den Scheiterhaufen gebracht und Feuer darunter gezündet, und Thôr trat hinzu und weihte den Scheiterhaufen mit Miölnir, und vor seinen Füßen lief der Zwerg, der Lit hieß, und Thôr stieß mit dem Fuße nach ihm und warf ihn ins Feuer, daß er verbrannte. Und diesem Leichenbrande wohnten vielerlei Gäste bei: zuerst ist Odin zu nennen, und mit ihm fuhr Frigg und die Walküren und Odins Raben, und Freyr fuhr im Wagen und hatte den Eber vorgespannt, der Gullinbursti hieß. Heimdall ritt den Hengst Gulltop (Goldzopf) genannt und Freyr fuhr mit ihren Katzen. Auch kam eine große Menge Hrimthursen und Bergriesen. Odin legte den Ring, der Draupnir hieß, auf den Scheiterhaufen, der seitdem die Eigenschaft gewann, daß jede neunte Nacht acht gleich schöne Goldringe von ihm tropsten. Baldurs Hengst war mit allem Geschirr zum Scheiterhaufen geführt.

Hermodur ritt unterdes neun Nächte durch tiefe dunkle Thäler, so daß er nichts sah, bis er zum Giöllflusse kam und über die Giöllbrücke ritt, die mit glänzendem Golde belegt ist. Mödgudr heißt die Jungfrau, welche die Brücke bewacht: die fragte ihn nach Namen und Geschlecht und sagte, gestern seien fünf Haufen todter Männer über die Brücke geritten ,und nicht donnert sie jetzt minder unter dir allein und nicht hast du die Farbe todter Männer: warum reitest du den Helweg?' Er antwortete: Ich soll zu Hel reiten, Baldur zn suchen. Hast du vielleicht Baldur auf dem Helwege gesehen?' Da sagte sie: Baldur sei über die Giöllbrücke geritten; aber nördlich geht der Weg hinab zu Hel'. Da ritt Hermodur dahin, bis er an das Helgitter kam: da sprang er vom Pferde und gürtete ihm fester, flieg wieder auf und gab ihm die Sporen: da setzte der Hengst so mächtig über das Gitter, daß er es nirgend berührte. Da ritt Hermodur auf die Halle zu, flieg vom Pferde und trat in die Halle. Da sah er seinen Bruder Baldur auf dem Ehrenplatze sitzen. Hermodur blieb dort die Nacht über. Aber am Morgen verlangte Hermodur von Hel, daß Baldur mit ihm reiten sollte und sagte, welche Trauer um ihn bei den Asen sei. Aber Hel sagte, das solle sich nun erproben, ob Baldur so allgemein geliebt werde als man sage. ,Und wenn alle Dinge in der Welt, lebendige sowohl als todte, ihn beweinen, so soll er zurück zu den Asen fahren; aber bei Hel bleiben, wenn Eins widerspricht und nicht weinen will.' Da stand Hermodur auf und Baldur geleitete ihn aus der Halle und nahm den Ring Draupnir und sandte ihn Odin zum Andenken, und Nanna sandte der Frigg einen Ueberwurf und noch andre Gaben, und der Fulla einen Goldring. Da ritt Hermodur seines Weges und kam nach Asgard und sagte alle Zeitungen, die er da gehört und gesehen hatte. Darnach sandten die Asen in alle Welt und geboten Baldurn aus Hels Gewalt zu weinen. Alle thaten das, Menschen und Thiere, Erde, Steine, Bäume und alle Erze; wie du schon gesehen haben wirst, daß diese Dinge weinen, wenn sie aus dem Frost in die Wärme kommen. Als die Gesandten heimfuhren und ihr Gewerbe wohl vollbracht hatten, fanden sie in der Höhle ein Riesenweib sitzen, das Thöd genannt war. Die baten sie auch, Baldurn aus Hels Gewalt zu weinen. Sie antwortete:

Thöd muß weinen mit trocknen Augen
Ueber Balduers Ende.
Nicht im Leben noch im Tod hatt ich Nutzen von ihm:
Behalte Hel was sie hat.

Man meint, daß dieß Loki gewesen sei, der den Asen so viel Leid zugefügt hatte. D. 49.

So ausführlich diese Erzählung ist, so fehlt doch darin die an Hödur, dem Mörder Baldurs, durch Wali genommene Rache, so wie die Worte, welche Odin seinem Sohne Baldur ins Ohr geraunt haben soll, als er auf dem Scheiterhaufen lag. Von den letzteren wißen wir aus Wafthrudnismal, wo Odin mit dem allwißenden Jötun über die urweltlichen Dinge streitet. Die letzte Frage, welche der Riese nicht lösen kann und sich darum gefangen giebt, d. h. der Willkür des Siegers unterwirft, lautete:

> Was sagte Odin ins Ohr dem Sohn,
> Als er die Scheitern bestieg?

An ihr erkennt der Riese zugleich, daß es Odin ist, mit welchem er in Räthselreden gestritten hat, denn Niemand anders, sagt er, als er könne wißen was er dem Sohn ins Ohr geraunt habe. Das Gedicht meldet uns nun nicht, was dem todten Baldur von Odin ins Ohr geraunt ward; wir müßen es, wenn wir §. 50 zu der Wiedergeburt der Götter gelangen, aus dem Zusammenhang der gestellten Fragen errathen.

Was Walis Rache an Hödur betrifft, so ist davon in der Wegtamskwiba die Rede, deren Zusammenhang mit Odins Rabenzauber wir schon besprochen haben. Dieß Gedicht ist eine Nachahmung von Wafthrudnismal. Wie dort Gangradr nennt sich hier Odin Wegtam: beide Namen bezeichnen Odin als den Wanderer; und wie dort Wafthrudnir den Gott an der Frage erkennt, die Niemand anders als Odin beantworten kann, so erkennt ihn hier die aus dem Grab erweckte Seherin an der Frage nach einer Begebenheit, die seinen Blick in die ferne Zukunft verrathen mußte:

> Wie heißt das Weib, die nicht weißen will
> Und himmelan wendet des Hauptes Schleier?

worauf die Wala antwortet:

> Du bist nicht Wegtam, wie erst ich wähnte,
> Odin bist du, der Allerschaffer.

und Odin entgegnet:

> Du bist keine Wala, kein wißendes Weib,
> Vielmehr bist du dreier Thursen Mutter.

Allerdings liegt ein Widerspruch darin, daß Odin sich über Baldurs Tod von der todten Wala, der Mutter dreier Thursen, Gewißheit zu verschaffen sucht, während ihm Thöks Weigerung, den Baldur aus Hels Reich zu weinen, eine so viel spätere Begebenheit (denn auf diese zielte wohl Odins Frage), nicht verborgen ist; aber eben daran verräth sich der Nachahmer. Gleichwohl dürfen wir an den Nachrichten, durch welche die Wegtamskwiba unsere Kenntniß von dem Mythus des Baldur ergänzt, um

so weniger Zweifel hegen als sie sich in andern Quellen (Hyndlul. 29)
bestätigen. Mag das Lied dem Verfasser der jüngern Edda, der von
Wali D. 80. 53 aus andern Quellen (Wasthrudn. 51) wissen konn, unbekannt geblieben sein; wir hätten ohne sie in der ältern Edda kein Baldurs Tod betreffendes Gedicht. Der Verdacht aber darf nicht aufkommen
als wenn dieser Mythus selbst erst so jungen Ursprungs wäre. Was Wöl.
36—38 von Wali meldet, wird zwar, zumal es sich nicht in allen Handschriften findet, aus Weglamskwida nachgetragen sein; was sie über Baldurs Tod enthält, trifft das Herz seines Mythus und ist über allen Verdacht der Einschwärzung erhaben:

　36. Ich sah dem Baldur, dem blühenden Gotte,
　　　Odins Sohne, Unheil drohen.
　　　Gewachsen war hoch über die Wiesen
　　　Der zarte, zierliche Zweig der Mistel.

　37. Von der Mistel kam, so dauchte mich,
　　　Häßlicher Harm, da Hödur schoß ꝛc.

Nur das könnte zweifelhaft sein, ob sie es nicht war, welche den
Mythus von Baldurs Tod zuerst in Beziehung zu den allgemeinen Geschicken der Welt und der Götter brachte.

Auf die Frage, wer an Hödur, dem Mörder Baldurs, Rache üben
werde, giebt nun die Seherin der Weglamskwida die Auskunft:

　11. Rindur im Westen gewinnt den Sohn,
　　　Der einnächtig, Odins Erbe, zum Kampf geht.
　　　Er wäscht die Hand nicht, das Haar nicht kämmt er,
　　　Bis er Baldurs Mörder zum Holzstoß brachte.

und die erwähnte Stelle des Hyndluliedes lautet:

　28. Eilfe wurden der Äsen gezählt,
　　　Als Baldur beschritt die tödtlichen Schelle.
　　　Wali bewährte sich werth ihn zu rächen,
　　　Da er den Mörder des Bruders bemeisterte.

Auch Saxo Grammaticus weiß davon, daß Odin mit der Rinda
einen Sohn zeugte, der Baldurs Tod zu rächen bestimmt war; das Nähere hierüber unten bei Wali.

84. Deutung.

In Baldur pflegt man das Licht in seiner Herrschaft zu finden, die
zu Mittsommer ihre Höhe erreicht hat; sein Tod ist also die Neige des
Lichts in der Sommersonnenwende, wo die Tage am längsten sind, nun
aber wieder kürzen, das Licht mithin sich zu neigen beginnt. Sein Mörder
Hödur ist demzufolge der lichtlose, der blinde (Noljar sinnl, der Geselle
der Hel, Skaldsk. 19), weil er das Dunkel des Winters bedeutet, dessen

Herschaft sich nun vorbereitet und zur Julzeit vollendet, wo nach dem
kürzesten Tage die Sonne wieder geboren wird. Auch Höður ist ein Sohn
Odins, wofür wir freilich, da in Wegtamskv. 16 die Lesarten schwanken,
in der Edda selbst kein entscheidendes Zeugniß besitzen. Aber in Skaldskap. 13 heißt er Odins Sohn und auch Skaldskap. 75 (S. 554) wird er
unter Odins Söhnen aufgeführt. Vgl. Edda Lafaiae II. (1852) S. 812.
473. 524. 556. (616) 636. Endlich berufe ich mich auf Völ. 61, wo
aus der Vergleichung mit der folgenden Str., die von den Söhnen beider
Brüder (Odins und Hœnirs) spricht, darauf geschloßen werden darf, daß
auch Höður Odins Sohn ist. Bei Saxo (III.) allerdings erscheint nur
Balderus nicht Hotherus als Odins Sohn. Vgl. A. 35. Jedenfalls ist
er auch nach der Edda ein Ase, kein Riese, weil er das unschädliche
Dunkel ist, das der Herschaft des Lichts nach der Ordnung der Natur
folgen muß, denn der Wechsel der Jahreszeiten ist ein wohlthätiger, der
selbst in der verjüngten Welt nicht entbehrt werden kann, wo Balbur und
Höður in des Siegsgotts Himmel friedlich beisammen wohnen sollen
(Völ. 61), denn dann, wenn alles Böse schwindet, wird Baldur aus Hels
Hause erlöst sein. Höður ist auch nach der sittlichen Seite hin an seines
Bruders Mord unschuldig: ein Anderer hat seine Hand gelenkt, und in
der erneuten Welt, wo nur auf die Gesinnung gesehen wird, wo ganz
allein die Herzensunschuld in Betracht kommt, steht seiner Aufnahme in
Gimli, wo alle Werthen und Würdigen wohnen sollen, nichts entgegen.
Aber ganz anders in dieser Welt: da ist die Blutrache Pflicht und eine
so allgemeine, daß sie keine Ausnahme erleidet: das vergoßne Blut schreit
um Rache und kann nur durch Blut gesühnt werden. Sie duldet auch
keinen Aufschub, sie gönnt keine Frist, sie läßt nicht Zeit die Hände zu
waschen, die Haare zu kämmen, und steht ihrer Erfüllung noch Unmöglich-
keit entgegen, so läßt man nach der Sitte germanischer Rachegelübde
Haar und Bart und die Nägel an den Fingern wachsen, ja wäscht und
kämmt sich nicht bis der dringendsten, unaufschieblichsten Pflicht genügt ist.
Darum muß Wali an Höður sofort Rache üben, ob er gleich unschuldig
ist; auch kommt dem zur Rache Berufenen seine Jugend nicht zu Gute:
kaum geboren, nur eine Nacht alt, gedenkt Wali des ungesühnten Bluts
und schreitet zum heiligen Werk der Rache. Deutlicher noch als die hier
benuste Wegtamskvida spricht dieß die Völuspa 37. 38 aus:

> Baldurs Bruder war kaum geboren,
> Der Odins Erben einnächtig fällte.
> Die Hände nicht wusch er, das Haar nicht kämmt er
> Bis er zum Holzstoß trug Baldurs Tödter.

Ueber jene Rachegelübbe vgl. Tacitus Hist. 4, 61. Germ. 31.
Paulus Diac. 317. Grimm G. T. S. 571. RA. III, 188. P. E.
Müller über Snorris Quellen S. 15. Panzer II, 398.

Zu Balburs Deutung auf das allerfreuende Licht, das kein Weſen entbehren kann, es ſei denn ein unheimliches, ſtimmt D. 22: ‚Von ihm iſt nur Gutes zu ſagen, er iſt der Beſte und wird von Allen gelobt. Er iſt ſo ſchön von Antlitz und ſo glänzend, daß ein Schein von ihm ausgeht. Ein Kraut iſt ſo licht, daß es mit Balburs Augenbrauen verglichen wird, es iſt das lichteſte aller Kräuter (vgl. Myth. 203): davon magſt du auf die Schönheit ſeines Haares ſowohl als ſeines Leibes ſchließen. Er iſt der weiſeſte, beredteſte und milbeſte von allen Aſen. Er hat die Eigenſchaft, daß Niemand ſeine Urtheile ſchelten kann. Er bewohnt im Himmel die Stätte, die Breidablid (Weitglanz) heißt. Da wird nichts Unreines gedulbet.‘

Doch es iſt noch nicht Balburs ganzes Weſen, das wir erklären ſollen, wir haben es hier nur mit ſeinem Tode zu thun. Dieſen, die Abnahme des Lichts, führt Loki herbei, indem er die Miſtel in des blinden Höburs Hand legt. Balburs Unverletzbarkeit durch Wurf und Schlag erklärt ſich aus der unkörperlichen Natur des Lichtes: ‚Die einzige Waffe, die an ihm haftet, iſt ein Symbol des düſtern Winters. Die Miſtel, die im Winter wächſt und reift, die darum auch nicht des Lichtes zu ihrem Gebeihen zu bedürfen ſcheint, iſt allein nicht für Balbur in Pflicht genommen.‘ Uhland 146. Ich trage Bedenken, bei der Deutung des Mythus ſo ſehr ins Einzelne zu gehen; man wird es ſchon gut erſunden und gerechtfertigt nennen dürfen, wenn bei dem Eibe, der allen Dingen abgenommen werden ſollte, die Miſtel, die als Schmarotzerpflanze kein ſelbſtändiges Leben zu haben ſchien, überſehen ward. Einfacher freilich faßt es D. 49: die Staude ſchien zu jung, ſie in Eid zu nehmen. Zu unbedeutend mag die Meinung ſein; aber das ſcheinbar Unbedeutendſte kann in der Hand des Böſen die Unſchuld morden. Dann wäre auch die Bemerkung unnöthig, daß die Miſtel, bei uns nur eine ſchwache Staube, auf Inſeln im Mälarſee bis zu drei Ellen Länge aufwächſt. Aber noch eine andere Deutung verdient Erwähnung: ihrer Heiligkeit nicht ſowohl als ihrer Unnatürlichkeit verdankte die Miſtel dieſe Wahl. Die ganze Natur liebte Balbur, es muſte ein ſeltſam Unnatürliches ſein, von göttlicher oder dämoniſcher Einwirkung herflammend, nicht aus Samen gezogen, nicht in der Erde wurzelnd, das den guten Gott verletze. Schwenck Myth. 139. Jedenfalls verräth ſich hier ein alter Zug unſerer Dichtung, das Seltene und Seltſame der Natur abzulauſchen und in das Gewand des Räthſels zu hüllen. Die Staude für heilig zu achten, die ſolche Wahl traf, haben wir freilich aus unſerm Mythus allein keinen Grund. Gleichwohl war ihr Heiligkeit nach Myth. 1156 deutſchen und keltiſchen Völkern gemein. Die Druiden, ſagt uns Plinius XVI, 44, kannten nichts Heiligeres als die Miſtel und die Eiche, darauf ſie wuchs. Ohne der

Eiche Laub oder das der Staude, die vom Himmel auf sie niedergefallen
und den Baum erkoren zu haben schien, begingen sie keine heilige Handlung. Ja nach dem griechischen Namen des Baums scheinen sie erst Druiden
genannt. Weißgekleidet stieg der Druide auf den Baum, mit goldener
Sichel schnitt er den Zweig und fing ihn auf in weißem Mantel. Dann
erst ward das bereit gehaltene Opfer dargebracht: zwei weiße Stiere,
deren Hörner noch kein Joch ertragen haben. Und selten ist ein solcher
Zweig zu finden, und geholt werden darf er nur im sechsten Mond nach
dem dreißigsten Jahr des Jahrhunderts, wo er ausgewachsen ist und
seine Allheilkraft erlangt hat. Denn wenn man den Thieren von ihm
zu trinken giebt, werden sie fruchtbar; auch schützt er wider jedes Gift.
So übernatürliche Kraft maß man der Staude zu, die immergrün auf
der entblätterten heiligen Eiche fortwuchs und gleich dem Epheu, an das
sich auch mancherlei Aberglaube hängte, ihre Früchte im Winter zeitigt.
Den Glauben an ihre Heiligkeit bestärkte noch, daß sie nur auf Bäumen
wächst und auch hier sich nicht säen läßt, denn zu voller Reife gedeiht
ihr Samen nur im Magen der Vögel, die ihn dahin tragen, wo er
aufgeht: es ist dann keine Menschenhand im Spiel und die göttliche
Fügung offenbar. Hier zeigt sich zugleich, daß dieser Mythus von dem
Mistelzweig b e u t s c h e n U r s p r u n g s ist. Der Beweis liegt in dem Worte
M i s t e l selbst, das von M i s t abzuleiten ist; es ist mithin ein deutsches
Wort, das den Nordländern nur aus Deutschland gekommen sein kann,
denn i h r Wort „M i s t“ bedeutet Nebel.

Bekannt ist die in Wales noch fortlebende Sitte, die Mistel am
Weihnachtsabend über den Thüren aufzustecken und die nach Leibeserben
verlangenden Frauen darunterhin zu führen. In Deutschland hängt
man sie in Silber gefaßt Kindern um den Hals, und wo sie, was selten
ist, auf Haseln wächst, ist sicher ein Schatz verborgen. M. 1158.

Der Antheil Thörs an dem Mythus scheint zunächst von keiner
tiefern Bedeutung: seine Erscheinung war schon darum nöthig, weil der
Scheiterhausen nach nordischer Sitte mit seinem Hammer eingeweiht werden mußte. Aber er bedroht auch damit die Riesin Hyrrockin, welche das
Schiff, auf dem der Scheiterhausen errichtet war, in die See stoßen soll.
Indem er dem Uebermuth dieser Riesin wehrt, erscheint Thör ganz in
seinem bekannten Wesen als Bekämpfer der Riesen, aller verderblichen,
maßlosen Naturgewalten. Die in dieser Riesin symbolisirte Naturerscheinung ist nach Uhland der versengende Sonnenbrand, der nach der Sommersonnenwende einzutreten pflegt, und der Name Hyrrockin, die Feuer-
berauchte, spricht dieser Deutung das Wort. Das Schiff Hringhorn kann
nun die Sonne selbst sein, oder die Bahn des Lichts, das, indem der
Sonnenlauf seinen Höhepunkt erreicht hat, eine Weile stille zu halten

scheint, nun aber nach dem gewaltigen Stoß, mit dem die Riesin es vor-
treibt, die Wende nimmt und abwärts lenkt. ‚So fährt nun Hringhorni,
flammend in Sonnenglut, dahin; aber es trägt nur noch die Leiche seines
Gottes.‘ Da bricht auch der Gattin Baldurs, Neps Tochter Nanna,
das Herz; man mußte sie auf den Scheiterhaufen tragen und mit ihm
verbrennen. Uhland deutet sie auf die Blüthe, die aus der Knospe
hervorgeht, und darum Neps (für knoppr, Knopf) Tochter heißt. ‚Mit
der Abnahme des Lichts geht auch das reichste, duftendste Blumenleben
zu Ende; als Baldurs Leiche zum Scheiterhaufen getragen wird, zerspringt
Nannas Herz vor Jammer. Die Liebe Baldurs und Nannas, des Lichtes und
der Blüthe, bildet ein Seitenstück zu der Liebe Bragis und Iduns, des
Gesanges und der Sommergrüne, und die Aehnlichkeit dieser Mythen ist
aufklärend für beide.‘ Schon oben §. 32 ist darauf hingewiesen, daß sich
Idun mit Nanna berührt und sogar einmal Nanna genannt wird. Aber
Uhland weiß auch den Zwerg Lit zu deuten, der dem Thor vor die Füße
läuft und den er im Unmuth über Baldurs Tod und Nannas, ihnen in
das Feuer nachstößt. Es ist die Farbe (litr), der reiche frische Schmelz
des Frühsommers, der mit hinab muß, wenn Baldur und Nanna zu
Asche werden.

Daß die Staude zu jung schien, sie in Eid und Pflicht zu nehmen,
konnte uns nicht ganz genügen; erschreckt aber müßte die tiefe Prosa,
die in der natürlichen Erklärung des Wunders liegt, daß selbst die Steine
über Baldurs Tod weinten: ‚wie du schon gesehen haben wirst,‘ sagt die
D., ‚daß alle diese Dinge weinen, wenn sie aus dem Frost in die Wärme
kommen.‘ Doch soll hiemit wohl nur die äußere Möglichkeit veranschaulicht werden; sonst ließe sich entgegnen, durch Baldurs Tod seien die
Dinge im Gegentheil aus der Wärme in die Kälte gekommen. Die ganze
Natur klagte um Baldurs Tod, weil sie des Lichtes bedürftig ist, und
seinem Leichenbegängniß wohnten vielerlei Gäste bei, selbst Hrimthursen
und Bergriesen, sonst ein lichtscheues Geschlecht und dem Steinreich verwandt: also scheinen auch sie des allbelebenden Lichts nicht ganz entrathen
zu können. Da möchte ein Stein sich erbarmen, sagen wir, wenn ein
tiefes Weh uns ergreift, noch heute, und denken nicht mehr an den
Ursprung der Redensart. Aber wie es etwas Unnatürliches sein mußte,
das Baldurn verletzen konnte, so wird Thök, die ihn nicht aus Heß
Gewalt weinen wollte, auf das natürliche Gebiet nicht beschränkt werden
dürfen: sie ist auf das sittliche übertragen als der Eigennutz, die kalte,
herzlose Selbstsucht, die aller Wohlthaten unerachtet, welche die ganze Welt
von dem Heimgegangenen genossen hat, sich in Unempfindlichkeit verstockt,
weil nicht gerade sie, das Riesenweib in der Höhle, Vortheil von ihm
genossen zu haben sich erinnert, denn in ihren Schlupfwinkel drang das

Licht des Tages nicht. Ihr Name ist uns aber nur entstellt überliefert: er solle Töd heißen, das vom Licht unerhellte Dunkel. Die ganze Welt klagte um Balburs Tod, nur die Eigensucht ward durch seine Verdienste nicht überwunden. Wenn die jüngere Edda hinzufügt, man glaube Loki sei diese Riesin gewesen, so ist der Egoismus als das böse Princip gefaßt, dessen Rolle sonst Loki unter den Göttern übernommen hat.

Der Ring Draupnir, den Odin auf den Scheiterhaufen legte und den ihm Baldur aus Hels Hause zum Andenken zurücksandte, gewann seitdem die schon in seinem Namen angedeutete Eigenschaft, daß jede neunte Nacht acht gleiche Goldringe von ihm tropften. Nach D. 61 besaß er sie aber von Anfang an, da ihn die Zwerge bildeten. Wir haben ihn früher im Besitz Freyrs und seines Dieners Skirnir gefunden, nebst jenen eilf Aepfeln, die uns an die Iduns erinnerten: beide bedeuteten uns dort, daß Freyr der Gott der Fruchtbarkeit und Vermehrung sei. Daß diese Aepfel so wie jener Ring mehrfach wiederkehren, ist bei der Verwandtschaft der Götter, die auch im Gedanken sich berühren, nicht zu verwundern. Wenn Baldur das Licht ist, ohne welches alles Wachsthum stockt, wenn Idun als eine Jahresgöttin sich auf die Triebkraft der im Frühling erneuten Natur bezieht, so können diese Attribute so gut bei Baldur und Idun an ihrer Stelle sein als bei Freyr. Man pflegt aber den Ring auf die Phasen des Monds zu beziehen und jene Aepfel auf eilf Monatssonnen. Dieß mag gezwungen scheinen; doch läßt sich bei diesem Ring der Gedanke an einen wiederkehrenden Zeitabschnitt kaum zurückdrängen: gewiß ist die Woche gemeint, die vielleicht auch bei den Germanen einst wie bei den Römern 9 Tage zählte; bei der Verehrung der h. Walpurgis ist die 9tägige Woche noch jetzt im Gebrauch. Grohmann 44. Neun Walpurgisnächte auch bei Vernaleken Alp. 109. Eine Hindeutung auf die Woche finde ich in Skirnisför 39:

Nach neun Nächten will Niörds Sohne da
Gerda Freude gönnen.

Neun Nächte brauchte auch Hermodur zur Hel zu reiten und neun Nächte hing Odin nach Havam. 139 an der Weltesche. Daß Weinen aus der Unterwelt erlösen soll erinnert an die Thränenfläschchen in römischen Gräbern, an Joza, die in der einrahmenden Erzählung des Pentamerone einen Eimer voll weinen soll, ihren geliebten Königssohn wiederzubeleben, endlich an Adonis, der von den Menschen wie von den Göttern, die aus allen Gegenden zusammen kamen, beweint wurde, Liebrecht Zschr. der morgenl. Gesellschaft XVII, 397. Auch das neugriechische Märchen (Hahn 1, 214) weiß, daß Thränen wiedererwecken, ja es läßt (H. 1, 208) Versteinerte, wie sonst durch Blut, durch Thränen ins Leben rufen.

Auch Nanna, Balders Gemahlin, sendet Andenken aus Hels Reich herauf: der Frigg einen Schleier oder Ueberwurf, der Fulla einen Goldring. Den Schleier faßt Uhland als das Abzeichen der Hausfrau, das der Frigg gebührt wie der Fulla, ihrer Dienerin und Vertrauten, der vollgewachsenen Jungfrau mit den wallenden Haaren (V. 35), der Verlobungsring. In beiden aber, Schleier und Goldring, erkennt er Blumen des Spätherbstes. Petersen greift diesen Gedanken auf, erlaubt aber den Schleier in einen blumengestickten Wiesenteppich zu wandeln, der sich der Göttin vor die Füße spreitet, wenn sie zur Erde niedersteigt. So dürfte man auch Draupnir, das Symbol der Fruchtbarkeit, als den Segen des Herbstes mit seiner neunfältigen Vermehrung verstehen.

Wenn Skirnir in Skirnisför davon spricht, daß der Ring Draupnir mit Odins jungem Erben auf dem Holzstoß gelegen habe, so muß die Begebenheit, von der da die Rede ist, darum nicht später als Balders Tod fallen, so wenig als etwa die Rabenschlacht darum vor Dietrichs Kampf mit Ecke und seinen Brüdern zu legen ist, weil im Eckeliede auf sie angespielt wird. Weder das Götterepos noch die Heldendichtung ist das Werk eines Einzelnen; aber leicht erschien jedem Dichter der Stoff des Liedes, das er aus dem Ganzen herausgriff, als der Mittelpunkt, dem sich alles Andere fügen mußte.

Bei Freyr und Gerda, wie bei Idhuns Niedersinken, ja schon bei Swalbilfari haben wir bemerkt, daß diese Mythen sich ursprünglich auf jährlich wiederkehrende Ereignisse bezogen, bei ihrer Einflechtung in die Geschicke der Welt und der Götter aber auf das große Weltenjahr gedeutet wurden, das mit Surturs Lohe zu Ende geht, und dem dann in der verjüngten Welt ein neues folgen wird. Dieselbe Bemerkung wiederholt sich hier: Baldur der Lichtgott stirbt alljährlich und geht zu Hel; aber im nächsten Halbjahr kehrt er zu den Asen zurück, und das ist das Ursprüngliche, daß er im Kreislauf des Jahrs einmal herscht und die Welt erfreut, dann aber stirbt und von allen Wesen beklagt wird. Dabei ist es aber nicht geblieben: die Ausbildung, welche der Mythus im nordischen Glauben empfing, faßte den Kreislauf des irdischen Jahrs nicht ins Auge, sondern das große Weltenjahr: Baldur geht zu Hel und kehrt nicht zurück in dieser Welt, erst in der erneuten ist ihm Heimkehr verheißen; nicht der nächste Frühling bringt ihn wieder, erst die Wiedergeburt der Welt. Baldurs Tod ist so der Mittelpunkt geworden für das große Drama von den Geschicken der Welt und der Götter, er ist mit der Götterdämmerung und Lokis Bestrafung untrennbar verbunden. Der Winter, welchen Baldurs Tod herbeiführt, ist kein gewöhnlicher, es ist der Fimbulwinter, dem kein Sommer folgt, sondern der Untergang der Welt. Hieraus ergiebt sich aber zugleich, daß unser Mythus bei

seinem ursprünglichen Sinn nicht stehen geblieben ist seit er in das Ganze
der Weltgeschicke verflochten ward; der Hauptgedanke, welcher die ganze
Götterlehre beherrscht, der von Untergang und Erneuerung der Welt, hat
auch ihn sich unterworfen und dienstbar gemacht. Baldur ist jetzt nicht
mehr das Licht allein, das heilige, reine; er ist zugleich die Heiligkeit,
die Reinheit, die Unschuld der Götter, er ist vom natürlichen auf
das sittliche Gebiet hinübergezogen. Was an den Göttern noch rein und
gut war, ist in ihm zu persönlicher Erscheinung gekommen. Darum war
er aber nun auch zu gut für diese Welt: er konnte unter diesen sündigen
Göttern nicht lange leben. Wie in der Genesis auf den Fall durch den
Genuß der verbotenen Frucht, auf den Verlust des Paradieses der Brudermord Kains an Abel folgt, so ist es auch hier nicht genug, daß die
goldene Zeit verloren ging: Loki der Versucher bringt den Brudermord
unter die Götter selbst, und der Brudermord bezeichnet dem Germanen
den Gipfel des sittlichen Verderbens; die Wöluspa läßt den Bruch der
Sippe, die Fehde zwischen Geschwisterten, der Wolfszeit, da die Welt
zerstürzt, unmittelbar vorausgehen.

35. Balderus und Hotherus.

Bei Saxo Gramm. sehen wir Baldur und Höður von Göttern zu
Helden herabgesunken, die sich hartnäckig unter wechselnden Erfolgen bekriegen; doch ist bei Balderus noch halbwege die göttliche Abstammung
gewahrt. Hotherus liebt die Nanna, die Tochter Gewars, eines norwegischen Königs, seines Pflegevaters. Da er durch Gesang alle Herzen
zu Trauer oder Freude, zu Haß oder Liebe zu stimmen weiß, so gewinnt
er auch Nannas Gunst. Es geschah aber, daß Othins Sohn Balder Nanna
im Bade sah, und von ihrer Schönheit ergriffen sich in Sehnsucht verzehrt. Hieraus entspinnt sich der Krieg, der dem Hother wenig Erfolg
verheißt, da Balders heiliger Leib dem Eisen undurchdringlich ist, wie
ihm gewisse Waldfrauen verrathen, in welchen wir Disen oder Walküren
erkennen. Gleichwohl weiß ihm Gewar ein Schwert, das ihn tödten kann;
es muß aber einem Waldgeist, Namens Mimring, abgewonnen werden,
so wie auch ein Armring, dessen Wunderkraft die Schätze mehrt. Als
Hother sich dieses Schwert verschafft hat, besiegt er den Balder in einer
Seeschlacht, obgleich Othin, Thoro und andere Götter ihm beistehen. Dieser
Thoro führt, wie Thôr den Hammer, eine Keule, welche Hother unschädlich
macht, indem er ihr die Handhabe abschlägt. Nach dieser Schlacht, von
der noch ein Hafen spricht, der Baldurs Namen führt, vermählt sich
Hother mit Nanna. In einer spätern Schlacht schlägt Balder seinem
durstigen Heer zur Labung einen Quell aus dem Boden und auch dieser

Brunnen bewahrt noch seinen Namen. Dieser siegreichen Schlacht folgt
noch eine zweite; aber auch damit ist der Kampf noch nicht zu Balders
Vortheil entschieden. Holther birgt sich in einen tiefen, einsamen Wald,
wo er in einer Höhle dieselben Waldfrauen trifft, die ihn schon einmal
berathen und beschenkt haben. Sie verheißen ihm Sieg, wenn er den
Genuß einer wunderbaren Speise, die von andern weisen Frauen zu Balders Stärkung bereitet wird, sich selber verschafft. Er beginnt nun den
Krieg auf Neue; die Nacht trennt die Heere. Gegen die dritte Nachtwache
umherirrend, gewahrt Holther vor Balders Lager die Jungfrauen, die sein
Wundermal bereiten. Durch Gesang und Citherspiel gewinnt er ihre
Gunst, die aus dem Geifer breiter Schlangen bereitete Speise und einen
siegverleihenden Gürtel. Auf der Heimkehr begegnet er dem Balder und
verwundet ihn mit dem Schwerte Mimrings. Zwar läßt er sich am
folgenden Tage noch in einer Sänfte in die Schlacht tragen, um nicht
im düstern Zelte zu sterben; aber in der Nacht erscheint ihm die Todesgöttin und am dritten Tage stirbt er an seiner Wunde. Er wird im
Hügel beigesetzt; der Leichenbrand auf dem Schiffe ist auf den Sachsen-
könig Gelder übertragen. Daß Odin, um für seinen Sohn Rache zu
erlangen, nun mit der Rinda einen andern Sohn erzeugt, der den Holther
erschlägt, ist schon erwähnt worden.

Die Grundzüge des Mythus sind in dieser Erzählung unschwer wieder zu erkennen. Für die Umbildung der Göttersage in Heldensage ist
sie höchst lehrreich; daß der liederkundige Holther in der Hilden- und Gu-
drunsage erst zu Heorrenda, dann zu Horand, in der deutschen Siegfried-
sage zu dem einäugigen Hagen wird, haben schon Andere bemerkt. Wie
Hagen den Siegfried mit dem Sper durchbohrt, so Holther den Balder
mit dem an die Stelle des Mistelzweigs tretenden Zauberschwert. Aber
viel schlagender wird die Aehnlichkeit, wenn wir die eddische Erzählung
§. 33 a. vergleichen, wo Loki von Frigg zu erfahren sucht, wie Baldur
getödtet werden könne. In der besten Meinung plaudert Frigg aus, was
zu Balders Verderben führt: genau so gelingt es Hagen von Kriemhild
auszuforschen, wo Siegfried verwundbar sei. Andere heften sich daran,
daß Hagen einäugig ist, nicht blind wie Höðhr: darum vergleichen sie
ihn dem einäugigen Odin. Ich will aber selbst anführen, was sich für
diese Vergleichung noch aufbringen läßt. Hagen heißt Dorn (paliarus)
und Odin sticht die Brynhild mit dem Schlafdorn. Odin läßt sich allerdings in einigen Mythen als Todesgott fassen, und wir wissen, daß Winter
und Tod entsprechende Mythenstusen sind. Höðr als Wintergott fällt so
gewissermaßen mit Odin als Todesgott zusammen, und so mögen sie sich
auch in Höðhr berühren, und gleichfalls darin, daß Höður (altn. Hadu)
schon dem Namen nach Kriegsgott ist wie Odin.

Das Zauberschwert, in das sich der Mistelzweig bei Saro gewandelt hat, scheint in der Gestalt der Hildrusage, welche D. 65 enthält, zu dem Zwergenschwerte Tainsleif geworden, das Blut kosten muß ehe es in seine Scheide zurückkehrt. Der von Zwergen geschmiedeten Schwerter, die zugleich mit einem Schatz von Helden gewonnen werden, giebt es aber noch viel, in der Dietrichssage wie in der von Siegfried: in dieser stimmt zugleich der Name des Schmiedes Mime, von dem Siegfried in der Wiltinasage sein Schwert gewinnt, und von dem ein anderes, in der Heldensage berühmtes, Wittichs Schwert Mimung, den Namen hat. Mimring scheint zwischen dem Riesen Mimir, von dem Mimirs Quell benannt ist, und jenem Schmied Mime in der Mitte zu stehen, wie er auch als Waldmann (silvarum satyrus) zwischen Riesen und Zwergen schwankt. Daß er das Schwert geschmiedet habe, wird von Mimring nicht ausdrücklich berichtet, doch ergiebt es die Vergleichung mit dem Schmiede Mime, und Riesen sowohl wie Zwerge sahen wir schon als Schmiede. In Mimrings schatzmehrendem Armring erkennt man leicht den Ring Draupnir, zugleich aber auch jenen Ring Andvaranaut, der nach dem andern Sigurdsliede und D. 62 das Niflungengold mehrte und im Nibelungenliede durch die Wünschelruthe vertreten wird, die bei dem Schatz lag, der seine Unerschöpflichkeit bedingte. Indem Mimring aus Mimir gebildet ist und sein Wunderring mit Draupnir zusammenfällt, sehen wir uns gezwungen, aus Mimirs Erwägung vorwegzunehmen, daß sein Haupt nach Sigrdrifumâl 13. 14 gleichfalls ein Schatzträuster (Heiddraupnir) war. Thôrs Hammer hat sich in eine Keule verwandelt; daß ihr die Handhabe abgeschlagen wird, ist derselbe Zug, der sich in D. 61 wiederfindet, wo der Stiel des Hammers schon in der Schmiede der Zwerge, die dieses Kleinod nebst andern schaffen, zu kurz geräth. Bei Baldurs Quelle fehlt der Hufschlag, sonst fände sich hier der Ursprung einer später auf Karl d. Gr. übertragenen und noch oft (Wolf Beitr. 133) wiederkehrenden Sage. Vgl. auch KM. 107 und Ch. Petersen Hufeisen und Roßtrappen. 1865. Auf andere Uebereinstimmungen der Erzählung mit Baldurs Mythe hat Uhland hingewiesen. Daß Baldur die Nanna im Bade sieht, deutet er darauf, daß die bethaute Blüthe, die sich eben dem Lichte erschließt, am reizendsten ist, und wenn der von Baldur in die Flucht geschlagene Hother sich in abgelegener Wildniß verbirgt, so bezieht er dieß auf den Sieg des sommerlichen Lichtes, vor dem der dunkle Hother nur noch im tiefsten Waldesschatten eine Zuflucht findet. Wenn Baldur, nachdem er Nanna gesehen hat, sich in Liebe verzehrt, so erinnert er an Freyr, der auf Hlidskialf Gerda gesehen hatte. Aber bei diesem war das Siechthum die Strafe seiner Vermessenheit; so ist hier auch Baldurs Unschuld befleckt, als er Nanna im

Tode sah, denn ihre Reize, die ihn Nachts umgaukeln, rauben ihm den Schlaf. Hier sehen wir also den Fall der Götter, der in Baldurs Tode offenbar wird, sich an Baldur selbst begeben.

36. Baldur als Kriegs- und Friedensgott.

Saxos Erzählung giebt aber auch einer andern als der oben vorgetragenen Deutung des Baldurmythus eine starke Stütze. Es mußte allerdings auffallen, daß alle in demselben vorkommenden Namen zu der ethischen Milde des Gottes wenig stimmen, wie gleich sein eigener nicht, da unser balb in der alten Sprache wie das gol. balths audax (die beide mit dem Namen des Gottes verwandt sein können, Gr. Myth. S. 202), Kühnheit und Schnelligkeit ausdrückt, wie auch Nannas Name von ginandan, sich erkühnen, abzuleiten wäre. Nimmt man hinzu, daß Hödur auf hadu, Kampf, hinweist, mit dem in der Heldensage berühmte Eigennamen zusammengesetzt sind; daß Hermödr, der seinen Bruder aus der Unterwelt zurückfordern soll, Heermuth (altth. herimuot), Kriegsmuth bedeutet; daß vielleicht Baldurs nachgeborner Bruder und Rächer Wali auf den Kampfplatz, die Walstatt zu beziehen ist, endlich angefl. Stammlosein dem Baldur einen uns sonst unbekannten Sohn Brond oder Braud beilegen, welcher Name das Schwert bezeichnen kann und in der Zusammensetzung mit hadu- und hilde- wirklich bedeutet, so waltet schon in allen diesen Namen der Begriff des Kampfs und der Schlacht, was zu Saxos Darstellung, wo Balder und Holther sich unablässig bekriegen, auffallend stimmt. Doch kann dagegen geltend gemacht werden, daß das gol. balths audax von dem altth. Namen Paltar, welcher dem nordischen Baldr entspräche, abliegt, und in dem angelsächs. Namen des Gottes, welcher Bäldäg lautet, eine Zusammensetzung mit -däg erscheint, welches den Tag bedeutet, während sich für bäl- aus der Vergleichung mit slawischen und litauischen Wurzeln der Sinn von weiß und licht ergiebt. Bäldäg würde demnach den lichten, glänzenden Gott des Tages bezeichnen. Vgl. §. 14. Ebenso bedeutet brond, brand altn. brandr, zunächst nur stralendes Licht, Fackel, brennende Scheite, und Schwert scheint erst eine abgeleitete Bedeutung, wie auch die Sonnenstralen als Pfeile aufgefaßt werden, da noch im Mittelhochd. stral, und im Italienischen strale den Pfeil bezeichnen; haben wir doch auch Freyrs Schwert als den Sonnenstral begriffen. Nannas Name bezeichnet sie mit Grund als die kühne, insofern sie sich entschließt oder erschließt, was gleichbedeutend ist; so heißt auch Ottwandil, der mit dem Pfeil arbeitende, gleichfalls hin fräkni, der Kühne, obgleich er nichts weniger als ein Kampfgott ist, sondern bei dem Mythos von Thôr auf den Samenkeim gedeutet werden wird. Der Name Hermödr rechtfertigt sich schon aus dem ihm ertheilten Auftrag, die Todtenwelt

als ein Lebender zu besuchen und über das Höllengitter hinweg zu sprengen. In ähnlicher Weise ließe sich vielleicht auch der aus Höður's Namen
hergenommene Einwurf beseitigen; jedenfalls muß er nicht schon seiner
Blindheit wegen ein Kriegsgott sein, weil das Kriegsglück blind sei oder
der Krieg blind wüthe. Bei der Richtung des germanischen Lebens auf
Kampf und Schlacht mag der friedliche Mythus schon früh eine solche
Wendung bekommen haben, ja der Anlaß hiezu lag schon in seinem ursprünglichen, von uns dargelegten Sinne. Balder und Höður, Licht und
Finsterniß, sind in den Gegensatz gestellt, es ist der Streit zwischen Sommer und Winter, deren Kampf alljährlich sich erneuert und daher auch
jeden Frühling in weitverbreiteten und vielgestaltigen Volksfesten (Myth.
715—749) dramatisch dargestellt wurde, woran uns in noch fortlebenden
Gebräuchen und in Jahresliedern der Kinder, die hier und da noch immer gesungen werden, Nachklänge erhalten bleiben. Kampfgötter mögen
es also immerhin sein, die uns in dem Mythus von Balder und Höður
namentlich nach Saxo's Fassung entgegentreten; aber der erste Anlaß sie
so zu fassen lag in dem Gegensatz von Licht und Finsterniß, Sommer
und Winter, deren zweimal alljährlich erneuerter Kampf die Einbildungskraft unseres Volkes vielfach beschäftigt hat.

Zum Schluß will ich noch Weinhold's Deutung (Zeitschr. f. d. Alt. VII,
50) anführen, der auf Saxo gestützt, in Balder zwar einen milden Friedensgott sieht, aber einen germanischen Gott des Friedens, der nur durch den
Kampf zum Frieden bringe. Nach ihm war Balder die Verkörperung
der Versöhnung, die durch den Asenbund unter den germanischen Göttern
geschlossen, aber nur durch den Kampf möglich geworden war. Dieser
Friede kann nicht ewig währen: nur die Oberfläche des Wassers ist beruhigt, in der Tiefe gährt und brandet es und bereitet sich zum Sturm.
‚Die Götter ahnen den Untergang der Ruhe, Balders Tod liegt ihnen
wie ein drückender Traum auf der Seele, denn das Schwächste und Kleinste
(der Mistelzweig) kann diesen Frieden morden. Loki erhält nun den völli-
gen Abschluß seines dämonischen Wesens, er wird der Gott der vergel-
lenden Abrechnung. Er regt den blinden Höður, den Krieg, auf: der
Friedensgott fällt. Zwar erschlägt Wali, der Gott der Walstatt, auch
den Höður; in der blutigen Niederlage endet der Krieg; aber einmal
verletzt und gebrochen ist Balder unwiederbringlich verloren. Nanna, die
edle Kühnheit, ist der blinden Raferei erlegen, Hermodr will vergebens
den Frieden zurückführen, die Riesin Thöck, die Vergeltung, hindert es.
Der heilige große Friede kann nur in einer neuen Welt wieder aufleben,
darum schließt sich an seinen Tod der Untergang der Welt und der Götter, und die sühnende Flamme durchglüht die befleckte Erde.‘

In dieser Deutung, der wir Geist und Scharfsinn nicht absprechen, nimmt es nicht, wenn Höthur, der Krieg, in den Himmel der verjüngten wiedergeborenen Welt aufgenommen wird, wo doch ewiger Friede walten soll. Auch befriedigt Walis Auffassung wenig, wenn er den Krieg in einer blutigen Niederlage zu Ende bringen soll ohne doch den Frieden zurückführen zu können; eher könnte er nach der Niederlage heißen, weil er sie zu rächen hat. Wenn endlich Thöd die Vergeltung sein soll, also der Trieb zur Rache, welcher es hindert, daß Balbur, der Friede, zurückgeführt werde, so hat das zwar am meisten Schein, ist aber weder damit vereinbar, daß der Krieg (Höbr) bereits durch Wali erschlagen und zu Ende gebracht sein soll, noch damit, daß alle übrigen Wesen Balburs Tod beweinen, also die Bedingung erfüllen, an die seine Heimkehr geknüpft ist. Jedenfalls leidet diese Deutung an einem innern Widerspruch: wenn Höbr der Krieg ist, den die Blutrache (Thöd) nie zu Ende kommen läßt, so kann er nicht von Wali erschlagen werden; oder wenn Wali den Krieg in einer blutigen Niederlage beendigte, so kann der Rückkehr des Friedens nichts mehr im Wege stehen: die Unterscheidung zwischen einem großen, heiligen Frieden und einem andern, den der Mythus nicht daneben stellt, brauchen wir uns nicht gefallen zu lassen.

Die vorstehende Betrachtung der weitern Einbußen der Götter nach dem Verluste der Unschuld hat ergeben, daß die hier in das große Weltdrama verwebten Mythen demselben ursprünglich fremd waren, indem sie sich ihrer wahren Bedeutung nach nicht auf die allgemeinen Weltgeschicke bezogen, sondern das gewöhnliche Jahr betrafen, von dem sie erst auf das große Weltensatz übertragen wurden. Balburs Tod sehen wir aber schon in der Wöluspa in diesem allgemeinen Sinn aufgefaßt und den Mythus von Swabillari zu gleichem Zweck verwendet; vielleicht hat sie dadurch Veranlassung gegeben, auch die Mythen von Freys Hingabe des Schwerts und von Ibuns Blätterfall mit den Weltgeschicken und dem letzten Kampf in Verbindung zu bringen.

Außer diesen Einbußen der Götter ließen sich noch andere zur Sprache bringen, z. B. wenn Odin das Auge, Tyr den Arm verliert. Aber theils sind die hierauf bezüglichen Erzählungen nur erfunden um des Einen Einäugigkeit, des Andern Einarmigkeit zu erklären, theils werden sie in unsern Quellen nicht näher auf die Geschicke der Welt und der Götter bezogen, und wenn Tyrs Verlust des Arms in einem unten zu erläuternden Mythus vorkommt, der sich allerdings auf den Kampf der Götter gegen die Riesen bezieht, so bleibt er doch für die letzte Entscheidung gleichgültig, bei welcher dem Tyr, wie wir sehen werden, nicht einmal eine Rolle zugetheilt ist. Scheinen könnte es zwar, als ob Wöl. 22 durch die schauerliche Frage: „Wißt ihr was das bedeutet?" auch Odins an Mimir verpfändetes Auge auf die letzte Entscheidung beziehen wollte; genauer betrachtet

ist aber nur sein Methtrinken aus dieser Quelle auf sie bezogen, wobei es
zweifelhaft bleibt, ob darin eine Gefahr für die Götter gefunden wird,
daß Allvater sich in die Vergangenheit versenkt statt den Blick in die Zukunft zu richten und den Anforderungen des Augenblicks zu genügen, oder,
und dafür entscheiden wir uns, ob hier wie Str. 47 in den Worten:

<blockquote>Odin murmelt mit Mimirs Haupt</blockquote>

auf die Aufschlüße hingedeutet wird, welche die Vergangenheit mittelbar
über die Zukunft geben kann. Auf jene haben wir §. 19 Mimirs Brunnen gedeutet, und damit beide Stellen der Wöluspa (Str. 22 und 47)
dem nicht entgegenzustehen scheinen, wollen wir noch einmal an die Worte
unseres Dichters erinnern:

<blockquote>Denn Alles was entsteht,
Ist werth, daß es zu Grunde geht.</blockquote>

Die Vorkehrungen der Götter.

37. Loki in der Trilogie der Götter.

Schon mit dem Verluste der Unschuld hätte die Götter die Ahnung
des Unterganges ergreifen sollen; aber erst nach Baldurs Tod, welchen sie
nicht hatten verhindern können, fanden sie es nöthig, dem hereinbrechenden
Verderben entgegen zu wirken. Zuerst suchen sie den Loki, von dem bisher alles Uebel ausgegangen war, unschädlich zu machen, dann aber durch
Feßelung des Wolfes Fenrir den Untergang abzuwehren. Leider vergeßen
sie dabei, die als Fenrirs Geschlecht bezeichneten Wölfe §. 13, die sich
von Fleisch und Blut der im Brudermord Erschlagenen nähren und des
Himmels Lichtern nachstellen, gleichfalls in Fesseln zu schlagen, durch welche
Versäumniß später sowohl Loki als Fenrir befreit werden und der Tag
des Unterganges hereinbricht.

Auf Baldurs Tod läßt die jüngere Edda D. 50 Lokis Bestrafung
folgen, während er nach Oegisdrecka erst noch die übrigen Götter bei dem
Gastmal Oegirs verhöhnt, wonach denn das über ihn verhängte Gericht
als eine Strafe für diesen Frevel, die Beschimpfung der Asen, erscheint.
Loki hatte aber mehr an den Göttern verschuldet als Baldurs Tod und
jedenfalls mehr als jene Verlästerung bei Oegirs Gastmal und darum
sind wir nicht verpflichtet, der einen oder der andern Weise zu folgen.
Wir müßen Lokis Verhältniße zu den Göttern im Ganzen betrachten,
namentlich auch seine Verwandtschaft mit der Todesgöttin Hel, mit der

Midgardsſchlange und dem Fenrirswolf, erſt dann werden wir die über
ihn verhängte Strafe begreifen.

Die jüngere Edda geht, als ſie auf ihn zu ſprechen kommt (D. 33),
ſehr übel mit ihm um und nennt ihn nicht bloß den Verläſterer der Götter, was auf jenes Lied von Oegirs Gaſtmal zu deuten ſcheint, ſondern
auch den Anſtifter alles Betrugs und eine Schande der Götter und Menſchen. Wenn er das war, und allerdings giebt es Mythen, die ihn in
dieſem Lichte erſcheinen taßen, ſo fragt es ſich, wie iſt er unter die Götter
Asgards gekommen und warum duldeten ſie ihn in ihrer Mitte?

In den bisher betrachteten Mythen erſchien Loki zum Theil in einem
mildern Lichte. Schon mehrmals fanden wir ihn mit Odin und Hönir
auf der Wanderſchaft begriffen. So bei der Erſchaffung der Menſchen,
wo Er es war, der dem Menſchen Blut und blühende Farbe verlieh.
Dieſelbe wandernde Trias trafen wir zum andernmal bei dem erſten
Mythus von Idun und wir werden ihr noch öfter wieder begegnen. Wie
die vergleichende Mythologie lehrt, ſind es aber immer die Hauptgötter, die
bei ſolchen Wanderungen der Götter, die ſpäter auf Chriſtus und ſeine
Apoſtel übertragen wurden, zu den Menſchen herabſteigen. Die Erſchaffung
des Menſchengeſchlechts legte D. 9 den Söhnen Börs, alſo der Brüder-
dreiheit Odin, Wili und We bei: dieß läßt vermuthen, daß auch Odin,
Hönir und Loki als Brüder gedacht waren. Die Betrachtung einiger an-
dern Brüderdreiheiten wird dem zur Beſtätigung dienen. Nach D. 33 hat
Loki zwei Brüder, Bileiſtr und Helblindi. Vgl. Wöl. 51. Hyndlul. 37,
wo Loki als Bileiſtrs Bruder gekennzeichnet wird. Nun heißt aber auch
Odin Bileiſtr und ſo wird er unter Lokis Bruder Bileiſtr verſtanden und
Helblindi auf Hönir zu beziehen ſein. Es findet ſich aber auch bei den
Rieſen eine ſolche Brüderdreiheit. Die Söhne Fornjots des Alten heißen
Kari (Hlör), Oegir und Logi, die Elementargötter der Luft, des Waßers
und des Feuers; ſie kehren hernach in der Heldenſage als Faſolt, Ecke
und Ebenröt wieder. Kari heißt der Rauſchende und Bileiſtr (Bylleiſtr)
wird mit Weinhold, a. a. O. VII, 6, als der Sturmlöſer zu verſtehen
ſein, ſo daß beiden die Herrſchaft über den Wind gebührt, wie Oegir oder
Helblindi dem Meere, Logi oder Loki dem Feuer gebietet. Die Rieſen
kennen wir als das älteſte Göttergeſchlecht, das dem ſpätern vielfach zu
Grunde liegt. Wie dem Loki unter den Göttern jener Rieſe Logi-Ebenröt
entſpricht, ſo jener Luftrieſe Kari dem Odin, Oegir dem Hönir: mit andern Worten, die Götter der Trias waren urſprünglich Elementargötter,
dem Weſen jedes der drei liegt eins der Elemente, Luft, Waßer und
Feuer zu Grunde und von dieſer ihrer elementaren Natur iſt erſt ihre
geiſtige Bedeutung ausgegangen. Wir dürfen demnach die griechiſche Trias
Zeus Poſeidon Hephaiſtos daneben ſtellen. So ergiebt ſich das Schema:

Luft	Waßer	Feuer
Rari	Oegir	Logi
Fasolt	Ecke	Ebenrot
Bileist	Helblindi	Loki
Odin	Hönir	Loki
Zeus	Poseidon	Hephaistos

Zugleich zeigt sich die Trias Odin Wili We, weil sie mehr eine geistige Bedeutung zu haben scheint, wenn wirklich Wili auf Wunsch Willen (Verlangen) zu beziehen ist, als eine spätere. Hönir wird in der jüngern Edda als Pfeilkönig bezeichnet: da der Pfeil das Verlangen ausdrücken kann, so scheinen doch beide Trilogieen verwandt.

Daß Loki in der ältern Göttersage Odins Bruder war, klingt noch in der Oegisdrecka nach, wo Loki Str. 9 sich rühmen darf, in der Urzeit das Blut mit Odin gemischt zu haben, bekanntlich die Weise, wie das Freundschaftsbündniß feierlich eingegangen ward, denn die s. g. Blut- brüderschaft ist eine Nachbildung der natürlichen Verwandtschaft.

Seit dem Frieden mit den Wanen verschwindet Hönir, der zweite Bruder, aus Asgard: er war den Wanen als Geisel hingegeben worden, welche dafür den Niörde stellten, gleichfalls einen Gott, der das Element des Wassers zur Grundlage hat. Loki, der dritte Bruder, blieb unter den Asen; aber seit die Götter sündig geworden waren, sehen wir ihn immer mehr in ein ungünstiges Licht gestellt, er erscheint nur noch als Odins Feind, nicht mehr als sein Bruder. Neben Loki besteht aber Logi, das Elementarfeuer, noch fort, mit welchem Loki sogar einmal einen Wettkampf eingeht. Ja neben Loki zeigt sich bei derselben Gelegenheit noch Utgardaloki, Saxos Ulgarthilocus, ein außerweltlicher Loki, der sich zu jenem etwa wie Hades zu Hephästos verhält.

Das Räthsel, wie Loki, die Schande der Götter und Menschen, unter den Asen bis dahin geduldet worden war, hat uns nun die Geschichte der Mythenbildung gelöst. Seinem Wesen lag eine elementare Macht zu Grunde, das Feuer, und wie dieses Element einerseits wohlthätig wirkt, andererseits aber auch zerstörend, so zeigt sich uns dieß auch in der dop- pelten Natur Lokis. Als Gott des Feuers muß er unter die Asen gekommen sein; aber außer der Thrymskvida ist uns kaum ein Mythus erhalten, worin seine wohlthätige Natur allein zu Tage träte; vielmehr scheint es der Dichtung darum zu thun, die Doppelsinnigkeit sei- nes Wesens aufzudecken. Selbst in D. 61, wo er doch alle Kleinode (Attribute) der Götter, Thórs Hammer, Freys Schiff u. s. w. durch die ihm naheverwandten Zwerge schmieden läßt, ist er den Göttern so herrliche Geschenke zu bieten durch einen Diebstahl bewogen, dessen er sich schuldig gemacht hat, indem er der Sif hinterlistiger Weise das Haar abschor; ja den Werth der drei letzten Geschenke gedachte er selber zu verkümmern, indem er in Gestalt der Fliege den Zwerg Brock stach, der den Blasebalg zog, was auch bei dem Hammer den Erfolg hatte, daß der Stiel zu kurz gerieth. Ueberhaupt sucht diese Erzählung Loki's Listen und Tücken so sehr hervorzuheben, daß dadurch sein Verhältniß zu den Zwergen, zu deren Erschaffung er gerathen haben, und als deren Stammvater Lofar (Völ. 14. 16) er zu betrachten sein wird, ganz verdunkelt ist. Nur eine Meldung, die wir noch dazu als Vorwurf gegen ihn gewendet sehen, spricht ihrem wahren Sinne nach die wohlthätige Natur des Feuers unverkümmert aus. Nach Oegisdr. 23 war er acht Winter unter der Erde milchende Kuh und Mutter, was Weinhold 11 richtig darauf deutet, daß er als Gott der Fruchtbarkeit gefaßt ward. Die acht Winter sind wie die acht Kasten, die Thör's Hammer unter der Erde verborgen war, §. 28, als acht Wintermonate des Nordens zu verstehen, in denen mit der Wärme die hervorgehende Kraft der Natur unter die Erde geflüchtet ist. Vgl. Kuhn WS. 126. Sehen wir, wie ihn die bisher betrachteten Mythen darstellten. In der Göttertrias, die bei der Schöpfung des Menschen wirkte, gab er ihm Blut und blühende Farbe; als Lebenswärme unentbehrlich, aber als Sinnlichkeit ein zweideutiges Geschenk. Eben so doppelsinnig erschien er in dem Mythus von dem Baumeister, wo er den Göttern erst verderblichen Rathschlag gab, dann aber als warmer Südwind das Eis des Winters wieder aufthaute und die Welt von der Gefahr des Erstarrens befreite. Seiner elementaren Natur ebenso gemäß begleitet er in der Thrymskviba als warmer Frühlingswind den erwachten Donnergott in das Land der rauhen Winterstürme; alles Bösartige bleibt hier von ihm fern, wie schon Weinhold 22 bemerkt hat, denn Er giebt dem Riesen nicht den Rath, Freyja zu verlangen, und als Thrym wegen seiner Braut Verdacht schöpft, wendet er durch seine Gewandtheit jeden Schaden von den Göttern ab. Ob ihn bei dem Vertrage mit dem Baumeister mit Recht ein Vorwurf traf, möchte man hiernach fast bezweifeln; die Erzählung D. 42 geräth mit sich selber in Widerspruch, indem sie Anfangs nur berichtet, Loki habe dem Baumeister die Erlaubniß ausgewirkt, sich seines Pferdes Swadilfari zu bedienen, während er weiterhin zu dem ganzen den Göttern gefährlichen Vertrag gerathen haben soll. Zweideutiger war wieder sein Verhalten in dem ersten Mythus von Idun, die er an Thiassi verräth; aber es liegt in seiner Natur begründet: die Sonnenglut hatte das frische Sommergrün versengt und dem Winter bald und weit überliefert; im folgenden Lenz brachte er als warmer Frühlingshauch den Keim des Pflanzenlebens zurück. Erst in dem Mythus von Baldurs Tod tritt die verderbliche Seite seines Wesens allein und entschieden hervor: das Recht der Dichtung, den Rathschlag zu Baldurs Tod, vielleicht auch schon jeden frühern bedenklichen

Rathschlag von ihm ausgehen zu laßen, liegt in der zerstörenden Natur
des Feuers. Hierauf fußend behandeln ihn die Mythen nun freier, sie
spielen ihn auf das sittliche Gebiet hinüber, wo ihm im Verkehr mit den
sündigen Göttern von der Natur des Feuers nur noch seine zerstörende
aber zugleich reinigende Kraft belaßen ist. Er erscheint jetzt nach Uhlands
Ausdruck als das leise Verderben, das rastlos unter den Göttern umher-
schleicht, und dieß sein verderbliches Wirken wird poetisch als List und
Betrug, als schädlicher Rathschlag eingekleidet, durch die er die Götter
täuscht und zu Schaden bringt. Noch mehr auf das sittliche Gebiet gerückt sehen wir ihn in den folgenden Mythen, wo er als Urheber alles
Uebels in der Welt, als der Vater dreier Göttern und Menschen verderblichen Ungeheuer dargestellt ist. Ehe wir aber diese mittheilen, faßen wir
erst seine Abstammung und seinen Namen ins Auge.

38. Loki's Abstammung und Name.

Nach D. 33 war sein Vater der Riese Farbauti, seine Mutter heißt
Laufey oder Nál. Daß er den Riesen verwandt ist, könnten wir schon
daraus schließen, daß unter den Söhnen Fornjots, des alten Riesen §. 121
Logi ihm entspricht, ja fast mit ihm zusammenfällt. Möglich, daß Farbauti, der Führer des Bootes, eben dieser alte Riese und zugleich jener
Bergelmir, §. 9, ist, der sich im Boote vor der großen Flut barg, welche
Ymir des Urriesen Tod verursachte. Dann könnte in Loki's Mutter Laufey
die Laubinsel gemeint sein, welcher Farbauti zuruderte; ihrem andern Namen Nál bei Uhland S. 21 auf das Schiffswesen gedeutet, da sich näher
unter den Benennungen der Schiffe findet. Die Deutung auf die zarte
und schmiegsame Nadel in der Erzählung von Brisingamen (Nasi 353) ist
gesucht; dennoch hält Weinhold G u. 93 die Nadel fest und deutet sie auf
die Schlange, zumal Loki Haustlaung 12 (Skaldsk. 22) öglis barn, Sohn
der Schlange heiße, was aber die neue Ausg. Hafnias 1848 richtiger
mit Falkensohn überträgt. Sein eigener Name ist wie der Logis von
lukan lucere herzuleiten, womit lux, das Licht, Lynkeus, der Weit-
schauende, λευκός das Weltsichtbare, Weltblinkende, urverwandt ist. In
Bezug auf Logis Namen ist diese Abstammung anerkannt; den im Laut
fortgeschobenen Loki nennt Gr. Myth. 221 zugleich eine Fortschiebung des Begriffs, indem aus dem plumpen Riesen ein schlauer, verführerischer Böse-
wicht geworden sei. Das wollte ich gelten laßen; aber auf der folgenden
Seite heißt es auch, Loki sei scheinbar zu der Wurzel lukan claudere
übergetreten. Wenn das Wort scheinbar betont wird, so hab ich auch
dagegen nichts; scheinbar, nicht in der That kommt Loki's Name von lukan
claudere: das leuchtende Element des Feuers ist allein die Quelle seines
Wesens und Namens. Das Feuer war noch anders personificiert als in

ihm und hieß dann immer Logi: zur Unterscheidung von jenen andern
mythischen Wesen war schon die gleichfalls nur scheinbare Verhärtung
seines Namens aus g in k behülflich. Aber schon ursprünglich durfte
sein Name Loki lauten, da die Sanskritwurzel lag, die allen diesen Formen zu Grunde liegt, schon ein g zeigt, das in k regelmäßig verschoben
wird, so daß in Logi ebenso eine Erweichung der Namensform als in
Loki eine Verhärtung gefunden werden kann. Weiter als Grimm ging
Uhland, welcher den Loki als einen Endiger, das Ende der Dinge (altn.
lok consummatio) faßte und dem Heimdall als dem Anfang gegenüber-
stellte, von welchem die Geschlechter der Menschen ausgehn, der jedes
leiseste Werden erlauscht, das Gras auf dem Felde und die Wolle auf
den Schafen wachsen hört. Ein Gegensatz beider ist in unsern Quellen
darin anerkannt, daß sie Heimdall und Loki nicht bloß im letzten Weltkampfe gegeneinander ordnen. Loki führt allerdings das Ende der Dinge
herbei, schon weil er das Feuer ist und die Welt im Feuer zu Grunde
geht; sein Name wird aber richtiger von dem leuchtenden Feuer als vom
Endigen erklärt. Vgl. §. 42.

39. Loki's böse Nachkommenschaft und Fenrirs Fesselung.

Mit seinem Weibe Sigyn hatte Loki zwei Söhne, deren hernach
gedacht werden soll; außerdem aber zeugte er nach D. 34 mit Angurboda,
einem Riesenweibe in Jötunheim, drei Kinder: das erste war der Fenriswolf, das andere Jörmungandr, d. i. die Midgardschlange, das dritte Hel.
Als aber die Götter erfuhren, daß diese drei Geschwister in Jötunheim
erzogen wurden und durch Weißagung erkannten, daß ihnen von diesen
Geschwistern Verrath und großes Unheil bevorstehe, und Alle Böses von
Mutter-, aber noch Schlimmeres von Vaterswegen von ihnen erwarten zu
müssen glaubten, schickte Allvater die Götter, daß sie diese Kinder nähmen
und zu ihm brächten. Als diese aber zu ihm kamen, warf er die Schlange
in die tiefe See, welche alle Länder umgiebt, wo die Schlange zu solcher
Größe erwuchs, daß sie mitten im Meere um alle Länder liegt und sich
in den Schwanz beißt. Die Hel aber warf er hinab nach Niflheim und
gab ihr Gewalt über die neunte Welt (oder über neun Welten, vgl. §. 15),
daß sie denen Wohnungen anwiese, die zu ihr gesendet würden, solchen
nämlich, die vor Alter oder an Krankheiten sterben.

Den Wolf erzogen die Götter bei sich und Tyr allein hatte den
Muth, zu ihm zu gehen und ihm Essen zu geben. Und als die Götter
sahen, wie sehr er jeden Tag wuchs und alle Vorhersagungen meldeten,
daß er zu ihrem Verderben bestimmt sei, da faßten die Asen den Beschluß,
eine sehr starke Fessel zu machen, welche sie Läding oder Leuthing hießen.
Die brachten sie dem Wolf und baten ihn, seine Kraft an der Fessel zu

versuchen. Der Wolf hielt das Band nicht für überstark und ließ sie
damit machen was sie wollten. Und das erstemal, daß der Wolf sich
streckte, brach diese Fessel und er war frei von Läding. Darnach machten die Asen eine noch halbmal stärkere Fessel, die sie Droma nannten
und baten den Wolf, auch diese Fessel zu versuchen und sagten, er würde
seiner Kraft wegen sehr berühmt werden, wenn ein so starkes Geschmeide
ihn nicht halten könne. Der Wolf bedachte, daß diese Fessel viel stärker
sei, daß aber auch seine Kraft gewachsen wäre, seit er das Band Läding
gebrochen hatte: da kam ihm in den Sinn, er müße schon einige Gefahr
bestehen, wenn er berühmt werden wolle, und ließ die Fessel sich anlegen.
Und als die Asen sagten, es sei geschehen, schüttelte sich der Wolf und
reckte sich und schlug die Fessel an den Boden, daß weit die Stücke davon
flogen, und so brach er sich los von Droma. Darnach fürchteten die
Asen, sie würden den Wolf nicht binden können. Da schickte Allvater den
Jüngling Skirnir genannt, der Freys Diener war, zu einigen Zwergen
in Swartalfaheim und ließ die Fessel fertigen, die Gleipnir heißt. Sie
war aus sechserlei Dingen gemacht: aus dem Schall des Katzentrittes, dem
Bart der Weiber, den Wurzeln der Berge, den Sehnen der Bären, der
Stimme der Fische und dem Speichel der Vögel. Diese Fessel war schlicht
und weich wie ein Seidenband und doch stark und fest. Als sie den
Asen gebracht wurde, dankten sie dem Boten für das wohlverrichtete Geschäft und fuhren dann auf die Insel Lyngvi im See Amsvartnir, riefen
den Wolf herbei und zeigten ihm das Seidenband und baten ihn, es zu
zerreißen. Sie sagten, es wäre wohl etwas stärker als es nach seiner
Dicke das Ansehen hätte. Sie gaben es Einer dem Andern und versuchten ihre Stärke daran, aber es riß nicht. Doch sagten sie, der Wolf
werde es wohl zerreißen mögen. Der Wolf antwortete: Um diese Kette
dünkt es mich so, als wenn ich wenig Ehre damit einlegen möchte, wenn
ich auch ein so schwaches Band entzweiriße; soll es aber mit List und
Betrug gemacht ist, obgleich es so schwach scheint, so kommt es nicht an
meine Füße. Da sagten die Asen, er möge leicht ein so dünnes Seidenband zerreißen, da er zuvor die schweren Eisenfesseln zerbrochen habe.
Wenn du aber dieses Band nicht zerreißen kannst, so haben die Götter sich
nicht vor dir zu fürchten und wir werden dich dann lösen. Der Wolf
antwortete: Wenn ihr mich so fest bindet, daß ich mich selbst nicht lösen
kann, so spottet ihr mein und es wird mir spät werden, Hülfe von euch
zu erlangen: darum bin ich nicht gesonnen, mir dieß Band anlegen zu
lassen. Damit ihr mich aber nicht der Freiheit zeiht, so lege Einer von
euch seine Hand in meinen Mund zum Unterpfand, daß es ohne Falsch
hergeht. Da sah ein Ase den andern an; die Gefahr dauchte sie doppelt
groß und Keiner wollte seine Hand herleihen bis endlich Tyr seine Rechte

darbot und sie dem Wolf in den Mund legte. Und da der Wolf sich reckte, da erhärtete das Band und je mehr er sich anstrengte, desto stärker ward es. Da lachten Alle außer Tyr, denn er verlor seine Hand. Als die Asen sahen, daß der Wolf völlig gebunden sei, nahmen sie den Strick am Ende der Fessel, der Gelgia hieß, und zogen ihn durch einen großen Felsen Giöll genannt und befestigten den Felsen tief im Grunde der Erde. Auch nahmen sie noch ein anderes Felsenstück, Thwiti genannt, das sie noch tiefer in die Erde versenkten und das ihnen als Widerhalt diente. Der Wolf riß den Rachen furchtbar auf, schnappte nach ihnen und wollte sie beißen, aber sie steckten ihm ein Schwert in den Gaumen, daß das Heft wider den Unterkiefer und die Spitze gegen den Oberkiefer stand: damit ist ihm das Maul gesperrt. Er heult entsetzlich und Geifer rinnt aus seinem Mund und wird zu dem Flusse, den man Wan nennt. Also liegt er bis zur Götterdämmerung.

Eine seidene Schnur thut in Wenzigs Westslavischem Märchenschatz 158 gleiche Wirkung wie unser Seidenband: je mehr der Geselle sich dehnt, je tiefer schneidet es in sein Fleisch ein.

40. Bedeutung Lokis, Fenriss, Garms und der Midgardschlange.

Der drei Kinder wegen, die Loki mit Angurboda (der Angstbotin) nach vorstehendem Bericht erzeugte, braucht man ihn weder zu einem Wahrgotte noch zu einem Todtengotte zu machen. Er erscheint als der Urheber alles Verderblichen in der Welt: als der Vater der heißhungrigen Hel, die alle Lebenden verschlingt, des Fenriswolfes, der den Weltenvater selber im letzten Weltkampfe verschlingen soll, der Midgardschlange, dem Symbol des Weltmeers, das am jüngsten Tage aus seinen Ufern treten und die ganze Erde überfluten, die letzten Spuren menschlichen Daseins vertilgen wird. Wie das Feuer, das zerstörende Element, dem Wesen Lokis zu Grunde liegt, so ist er, indem solche Kinder ihm beigelegt werden, als der Zerstörer gefaßt. Die Midgardschlange führt den Namen Jörmungandr, welcher sie wörtlich als den allgemeinen Wolf bezeichnet, der die Erde verschlingt. Man muß begriffen haben, daß der Wolf dem Mythus das verschlingende Thier ist, um es nicht auffallend zu finden, daß die Midgardschlange, das weitumgürtende Meer, durch ihren Namen als Wolf bezeichnet wird. Zwar sehen wir den Namen Jörmungandr wohl auch dem Fenriswolf beigelegt, vgl. Uhland 169, als dem Verschlinger Odins; aber es scheint auf guten Gründen zu ruhen, wenn St. 16 den Wolf Wanargandr nennt, weil seinem Rachen der Fluß Wan entspringt, ihm aber die Midgardschlange unter dem Namen Jörmungandr entgegenstellt. Wir haben es also mit drei Verschlingern zu thun, von welchen zweie eben deßhalb Wölfe (gandr) heißen; ihnen ist in Loki, der in diesem Mythus, der einen Seite des Elements gemäß, als der Zerstörer aufgefaßt ist, ein völlig gemäßer Vater gefunden, wie all auch diese Vaterschaft sei. Sie macht ihn darum noch zu keinem Wassergotte, wenn gleich auch der Name Fenrir an das Meer erinnert, denn allerdings bedeutet Fen, das auch in Fensalir (Meersäle), der Wohnung der Frigg, erscheint, erst auf zweiter Stufe Sumpf (ital. fango, franz. fange; vgl. das hohe Fenn), ursprünglich aber das Meer. Dieses Namens unerachtet sehe ich in Fenrir nicht ‚den Geist der dunkeln Meerestiefe‘; jener ist ihm nur beigelegt, weil das Meer das verschlingende Element ist, wie der Wolf das verschlingende Thier. So sind auch Hati und Sköll, die am jüngsten Tage Mond und Sonne verschlingen sollen, als Wölfe dargestellt; daß sie Wölfe, Fenrirs Geschlecht heißen dürfen, liegt nur darin, daß dieser der berühmteste ist unter allen verschlingenden Wölfen.

Bei der Midgardschlange ist es einleuchtend, daß sie den Ring des Meeres bedeutet, der die Erde umschließt: es heißt von ihr, daß sie im Meer um alle Länder liege und sich in den Schwanz beiße. Unsre Vorfahren dachten sich, wie schon die Alten, die Erde tellerförmig und rings von dem Meere begrenzt, das sich als ein schmaler Reif, einer Schlange vergleichbar, umherlegte vgl. S. 44 o. Indem diese Schlange in unserm Mythus als ein Ungethüm aufgefaßt wird, bedeutet sie nicht das beruhigte schiffbare Meer, welches in Niörðr personificiert ist; es genügt nicht einmal ganz, zu sagen, sie stelle das unwirthliche, stürmische Meer vor, welches die Schiffe zerschlägt und die Menschen hinabzieht. Wäre nur der Zorn des Meeres, die feindselig und zerstörungsgierig aufstrebende Urkraft des Elements in ihr versinnlicht, und man kann allenfalls zugeben, daß sie bei Thórs erstem Kampfe mit ihr (in der Hymiskwiða) richtig so gefaßt werde, so brauchte sie nicht von Loki erzeugt zu sein: es genügte, ihr überhaupt riesige Abkunft beizulegen. Ihr Auftreten im letzten Weltkampfe, wo sie gegen Thór geordnet ist, der sie nun zum andernmal bekämpft, hat aber den Sinn, daß das Meer die Dämme brechen und die ganze Welt überfluten wird. Zwar melden dieß unsre Quellen nirgend ausdrücklich, aber angedeutet ist es Wöl. 66 in den Worten ‚die Erde sinkt ins Meer‘, und vorausgesetzt Str. 57, wo die Erde zum andernmal aus dem Wasser auftaucht. Hierin allein scheint es begründet, daß sie von Loki erzeugt sei, der das Ende der Welt herbeiführt. Riesiger Ursprung, der ihr allerdings zukommt, insofern das Meer in seiner Feindseligkeit gefaßt wird, ist ihr damit zugleich beigemessen, da Loki selbst Riesengeschlechts ist. Ich glaube also die Deutung Lokis als eines Wassergotts, für welche keine Verwandtschaft mit der Midgardschlange nichts beweist, schon hier abweisen zu dürfen; andere Gründe dafür werden später §. 42

beseitigt werden. Nur weil Loki in diesem Mythus als der Zerstörer
auftritt, welcher das Ende der Welt herbeiführt, wird die Midgardschlange,
die das Meer versinnlicht, als von ihm erzeugt vorgestellt des vertilgenden
Antheils wegen, welcher dem Meere an dem Untergange der Welt beigelegt wird.

Daß in dem Namen des Wolfs Fenrir kein Grund liege, ihn als
den Geist der dunkeln Meerestiefe zu fassen, ist oben ausgeführt; aber
auch ihn für „das unterirdische Feuer" auszugeben, zeigt kein Verständniß.
Indem er zum Verderben der Götter bestimmt ist und später wirklich den
Weltenvater verschlingt, ist das Verderben der Welt, ihr Untergang
selbst in ihm dargestellt. Dieser ist hingehalten, aufgeschoben durch die
Vorkehrungen der Götter, die ihn an die Kette gelegt haben; aber die
Kette wird brechen, und die Welt ihr Schicksal ereilen: die Fessel bricht
und Freki rennt. Völ. 38. 89. Wann dieser Bruch geschieht und wodurch er noch so lange aufgehalten wird, davon an einer andern Stelle;
hier genügt uns die Einsicht, daß mit ihm das Zeichen zum Untergang
der Welt gegeben ist.

Die drei Ketten, die Fenrir fesseln sollen, was erst der dritten gelingt, und die sechserlei Dinge, aus welchen diese letzte gebildet ist, im
Einzelnen zu denken versuche ich nicht. Mag sich an diesen Räthseln
üben wer will; uns genügt es, den Wolf selbst als die Vernichtung
begriffen zu haben, was um so sicherer scheint als es D. 51 vor dem
Weltuntergange von ihm heißt, er fahre mit klaffendem Rachen einher, so
daß sein Oberkiefer den Himmel, der Unterkiefer die Erde berühre, „und
wäre Raum dazu, er würde ihn noch weiter aufsperren.' Jene sechserlei
Dinge sind unter sich nicht gleichartig: Wurzeln der Berge giebt es allerdings nach unserm Sprachgebrauch; warum es Sehnen der Bären nicht
geben sollte, wüßte ich nicht: vielleicht traute man sie ihm seines matten
Ganges wegen nicht zu; die übrigen Dinge scheinen solche sein zu sollen,
die es in der Natur nicht giebt, und so sah man wohl auch die beiden
ersten an. Es ist ein christlicher Zusatz, wenn die jüngere Edda wie
spottend hinzufügt: „Hast du auch diese Geschichte nie gehört, so magst du
doch bald befinden, daß sie wahr ist und wir dir nicht lügen: denn da
du wohl bemerkt haben wirst, daß die Frauen keinen Bart, die Berge
keine Wurzeln haben und der Katzentritt keinen Schall giebt, so magst du
mir wohl glauben, daß das Uebrige ebenso wahr ist, was ich dir gesagt
habe, wenn du auch von einigen dieser Dinge keine Erfahrung hast.'
Gleichwohl möchte ich nicht glauben, daß jene sechserlei Dinge selbst, aus
welchen die Kette bestanden haben soll, dem Mythus fremd wären. Gänzlich
fehlt z. B. dem Katzentritt der Schall nicht, wenn er auch unserm groben
Sinnen unhörbar ist, und so wollte der Volkswitz vielleicht nur aus

dem Jüngsten und Zartesten das Stärkste und Festeste hervorgehen lassen. Nur gelegentlich stehe hier die Bemerkung, daß die Volksdichtung wo nicht Nachklänge, doch Analogieen der hier zusammengestellten scheinbaren Unmöglichkeiten kennt, weßhalb ich auf Mones altd. Schauspiele S. 131 und Meine Schmiedegesellengewohnheiten S. 14 verweise; vgl. Altd. Wälder I, 88 ff. So kann auch im Mythus ernsthaft gemeint sein was als unmöglich später schwankhaft gewendet in Lügenmärchen überging. So wenn im Harbardslied 18 Stricke aus Sand gebunden werden (ex arena funem nectere), worüber AM. III. 202 nachzulesen ist. Weil man mir aber doch die Deutung des Bandes Gleipnir nicht erlassen wird, so erinnere ich an die Seidenfäden, die Lancins Rosengarten umgaben, in welchen die Seidenfäden unserer Rechtsgebräuche nachklingen, und die heiligen Schnüre (vébönd) unserer Gerichts- und Kampfstätten (R. A. 182 ff. 809 ff.), deren Verletzung mit dem Tode gebüßt wurde, und deute demnach das Band Gleipnir auf die Macht des Gesetzes und der Sitte und die Furcht vor unausbleiblicher Vergeltung und Strafe: das ist eine Fessel, stärker als alle, die man aus Hanf und Eisen bereiten mag, denn hänfene Stricke und eiserne Fußschellen mögen Heltershelter lösen; aber diese bindet unauflöslich so lange Ansehen und Macht der gesetzlichen Ordnung aufrecht erhalten bleiben; ja dieses Band erhärtet und je mehr man sich ihm widersetzt, desto straffer bindet es. Das Gesetz aber ist etwas Ueberfinnliches, darum symbolisiert es die Mythe als aus lauter höchst zarten in der Natur fast gar nicht vorhandenen Dingen bestehend. Die beiden ersten Fesseln waren nur gemeine Banden gewesen.

Warum dem Thr die Fütterung Fenrirs übertragen ist, kann erst §. 43 gesagt werden; daß er dem Wolf seine Rechte in den Mund legt, läßt sich nicht begreifen bevor sein ganzes Wesen klar geworden ist. Das Schwert aber, das dem Wolf den Rachen sperrt, fordert hier seine Deutung. Es ist der Bann, welchen das Gesetz über den Mörder und Friedensbrecher ausspricht, und ihn damit unschädlich macht. Ein so Gebannter hieß nach der altdeutschen Rechtssprache vargus, altn. vargr Sdalbst. 58, und dieser Ausdruck ist von dem Wolfe hergenommen, R. A. 396. 733. Für unsere Auslegung spricht auch, daß dem Verfesteten (Gebannten) in den Bildern zum Sachsenspiegel (R. A. 203) ein Schwert im Halse steckt: auffallend genug hat hier der Maler dasselbe Symbol gefunden wie dort der Mythus.

Mit dem Todtenreich ist Loki als Vater der Hel in nahe Beziehung gestellt, ja als Utgardaloki scheint er gradezu ein Todtengott. In der jüngern Edda, deren Erzählung von Thörs Fahrt zu demselben an einer andern Stelle beleuchtet werden soll, kann dieß schon nicht verkannt werden; der Name Utgard darf nicht irren, er bezeichnet die Unterwelt als

außerhalb des göttlichen und menschlichen Gebietes, ein außerweltliches,
gleichsam im Jenseits liegendes Land, wie das homerische Ἰπείρα (Od.
VI, 1), Müllenh. Alterth. 47, Weinhold 35. Wenn Saxo VIII, 164 fl. seinen Utgarthilocus als ein finsteres grausiges Wesen schildert, das an Händen
und Füßen gefesselt in der Unterwelt haust, so hat ohne Zweifel die Fesselung Lokis oder Fenrirs auf die Vorstellung eingewirkt. In dieser Gestalt findet ihn Thorkill, ein Nachklang Thôrs, auf seiner Reise, deren
Zweck kein anderer ist als zu erfahren was die Schicksale der Seelen
nach dem Tode sein werden. Indem Loki unter diesem Namen, wie ich
zugebe, zum Todtengotte wird, erinnert er neben den beiden andern Göttern seiner Trilogie (Odin und Hönir) an die griechische Trilogie Zeus
Poseidon Hades; aber wie die andere Zeus Poseidon Hephästos die ältere
und echtere scheint, so liegt wohl auch in Utgardaloki eine jüngere Auffassung Lokis vor, neben welcher die ältere gleichwohl fortbesteht, denn
bei jener Reise Thôrs zu Utgardaloki ist Loki Thôrs Begleiter, und auch
das elementarische Feuer, das dem Wesen Lokis zu Grunde liegt, sehen
wir hier neben jenen beiden als selbständiges Wesen (Logi) erhalten, das
sich sogar in einen Wettkampf mit Loki einläßt. Nur als Utgardaloki
ist mir also Loki ein Todesgott; seine sonstigen Bezüge zum Todtenreiche
sind in der Verwandtschaft der Begriffe Tod und Zerstörung begründet.
Das Feuer ist das zerstörende Element, darum ist Hel, die Todesgöttin,
Lokis Tochter, des aus dem Feuer erwachsenen Gottes der Zerstörung,
und Neri oder Nörwi, der Vater der Nacht, sein Sohn.

Mit Surtur dem schwarzen (§. 46) fällt Loki nicht zusammen, wie
W. Müller 211. 215 will. Jener Riese der Feuerwelt, der mit Muspels Söhnen zum letzten Weltkampfe reitet und diesen damit beschließt, daß
er Feuer über die Erde schleudert und die ganze Welt verbrennt, mag sich
allerdings aus dem Wesen Lokis abgelöst haben; aber im letzten Weltkampf erscheinen sie neben einander und verschiedene Rollen sind ihnen
zugetheilt: Loki fällt gegen Heimdall, der gleichfalls erliegt; Surtur kämpft
siegreich gegen Freyr, der sein Schwert vermißt, während Surtur bewehrt
ist. Er ist, wie Weinhold 66 richtig anerkannt hat, das Sinnbild des
schwarzen Rauchs, aus dem die Lohe schlägt. Loki war es eigentlich, welcher die Welt in Flammen zerstören sollte; nachdem er aber, wie die Erzählung von seiner Bestrafung ergeben wird, als die Sünde, als das
Böse selbst gefaßt worden, war er in der nordischen Vorstellung schon zu
befleckt, das Rächeramt zu übernehmen und die Welt in Flammen zu
reinigen. In diesem Amt erscheint daher jetzt Surtur. Weinhold 67.
Wenn er gleich beim letzten Weltkampf nicht fällt, sondern allein übrig
bleibt, so hat doch in der verjüngten Welt, unter den erneuten Göttern
Gimils dieß Ungethüm keine Stelle, wir finden ihn da nicht wieder: wenn

das Feuer ausgebrannt ist, verschwindet der Rauch von selbst, und es ist nicht nöthig mit Weinhold anzunehmen, daß ihn Balbur bei seiner Wieder- kehr von Hel befreie.

41. Loki's Bestrafung.

Als Loki die Götter wider sich aufgebracht hatte, lief er fort und barg sich auf einem Berge. Da machte er sich ein Haus mit vier Thü- ren, so daß er aus dem Hause nach allen Seiten sehen konnte. Oft am Tage verwandelte er sich in Lachsgestalt, barg sich in dem Wasserfall, der Franangr heißt und bedachte bei sich, welches Kunststück die Asen wohl erfinden könnten, ihn in dem Wasserfall zu fangen. Und einst als er daheim saß, nahm er Flachsgarn und verflocht es zu Maschen, wie man seitdem Netze macht. Dabei brannte Feuer vor ihm. Da sah er, daß die Asen nicht weit von ihm waren, denn Odin hatte von Hlidstialfs Höhe seinen Aufenthalt erspäht. Da sprang er schnell auf und hinaus ins Wasser, nachdem er das Netz ins Feuer geworfen hatte. Und als die Asen zu dem Hause kamen, da ging der zuerst hinein, der von allen der weiseste war und Kwasir heißt, und als er im Feuer die Asche sah, wo das Netz gebrannt hatte, da merkte er, daß dieß ein Kunstgriff sein sollte Fische zu fangen und sagte das den Asen. Da fingen sie an und mach- ten ein Netz jenem nach, das Loki gemacht hatte, wie sie in der Asche sahen. Und als das Netz fertig war, gingen sie zu dem Flusse und warfen das Netz in den Wasserfall. Thor hielt das eine Ende, das an- dere die übrigen Asen und nun zogen sie das Netz. Aber Loki schwamm voran und legte sich am Boden zwischen zwei Steine, so daß sie das Netz über ihn hinwegzogen; doch merkten sie wohl, daß etwas Lebendiges vorhanden sei. Da gingen sie abermals an den Wasserfall und warfen das Netz aus, nachdem sie etwas so Schweres daran gebunden hatten, daß nichts unten durchschlüpfen mochte. Loki fuhr vor dem Netze her, und als er sah, daß es nicht weit von der See sei, da sprang er über das ausgespannte Netz und lief zurück in den Sturz. Nun sahen die Asen wo er geblieben war: da gingen sie wieder an den Wasserfall und theilten sich in zwei Haufen nach den beiden Ufern des Flusses; Thor aber mitten im Flusse watend folgte ihnen bis an die See. Loki hatte nun die Wahl, entweder in die See zu laufen, was lebensgefährlich war, oder abermals über das Netz zu springen. Er that das letzte und sprang schnell über das ausgespannte Netz. Thor griff nach ihm und kriegte ihn in der Mitte zu fassen; aber er glitt ihm in der Hand, so daß er ihn erst am Schwanz wieder festhalten mochte. Darum ist der Lachs hinten spitz. Nun war Loki friedlos gefangen. Sie brachten ihn in eine Höhle und nahmen drei lange Felsenstücke, stellten sie auf die schmale Kante und schlugen ein Loch in jedes. Dann wurden Lokis Söhne, Wali und Nari oder Narwi, gefangen. Den Wali verwandelten die Asen in Wolfsgestalt: da zerriß er seinen Bruder Narwi. Da nahmen die Asen seine Därme und banden den Loki damit über die drei Felsen: der eine stand ihm unter den Schultern, der andere unter den Lenden, der dritte unter den Kniegelenken; die Bänder aber wurden zu Eisen. Da nahm Skadi einen Giftwurm und befestigte ihn über ihm, damit das Gift aus dem Wurm ihm ins Antlitz träufelte. Und Sigyn sein Weib steht neben ihm und hält ein Becken unter die Gifttropfen. Und wenn die Schale voll ist, da geht sie und gießt das Gift aus; derweil aber träuft ihm das Gift ins Angesicht, wogegen er sich so heftig sträubt, daß die ganze Erde schüttert, und das ists was man Erdbeben nennt. Dort liegt er in Banden bis zur Götterdämmerung. D. 50.

42. Deutung.

Der Bestrafung Lokis schickt die ältere Edda die Verhöhnung der Götter bei Oegirs Gastmal voraus. Er scheint hier als das böse Gewißen der Götter, das Bewußtsein ihrer Schuld, denn einem jeden hält er seine Gebrechen, seine geheimsten Sünden, seine sittliche Schmach vor. Nun aber, da ihn die Strafe ereilen soll, nicht bloß hiefür, für Alles was er an den Göttern verbrochen hat, ist er nicht mehr bloß das böse Gewißen der Götter, er ist das böse Gewißen selbst. Er weiß, daß er die Rache der Götter herausgefordert hat: so schweift er unstät umher wie der Verbrecher; sein Haus auf dem Berge hat vier Thüren oder Fenster, damit er das kommende Unglück, die hereinbrechende Strafe erspähen, vielleicht ihr entfliehen könne. Er quält sich mit dem Gedanken, auf welche Art die Asen ihn wohl fangen möchten und knüpft sich selber das Netz, das ihn fängt, wie die Bosheit sich selber Fallstricke legt und Gruben gräbt: er veranlaßt selber den Fischfang der Asen. So wie er durch seine eigenen Fallstricke gefangen wird, so wird er auch durch seine eigenen Bande gebunden, welches wir so ausgedrückt sehen, daß er mit den Gedärmen seines Sohnes gefesselt werde. Die verderblichen Leidenschaften der Menschen sind durch die Bande des Bluts bewältigt, sagt Rieger. Diese ganze Erzählung ist eine treffende Schilderung des schuldigen Bewußtseins. War er erst der Versucher, der Verführer der Götter, trat er zuletzt als ihr böses Gewißen auf, so erscheint er hier als die Schuld, als die Sünde, als das Böse selbst. Aber das Böse wird in Fesseln geschlagen, es darf nicht frei schalten in der Welt: die sittlichen Mächte, das sind die Götter, halten das Böse im Schach; es giebt, wie das Sprichwort sagt, mehr Ketten als rasende Hunde: es ist die Furcht vor der Herrschaft des Gesetzes, vor der Macht der sittlichen und gesetzlichen

Ordnung, welche alle bösen Gelüste in Bande schlägt. Würde freilich einst die Macht der Sitte und des Rechts gebrochen, träte eine Verwirrung, eine Verfinsterung aller Begriffe ein, d. h. verdämmerten die Götter, dann bräche das Böse sich los von seiner Kette, dann führe der Rachetag (atunatago) über die Völker und dem Leben der Menschen auf Erden würde ein Ziel gesetzt. Schon jetzt rüttelt er oft an seinen Ketten und versucht sie zu zerreißen: dann entsteht das Erdbeben, denn er erschüttert die Grundfesten der Welt und erschreckt die Götter, die selbst als diese Fesseln, die höpt und bönd (Skaldsk. 54. Myth. 23), die Gewähr der sittlichen Weltordnung gedacht sind. Erdbeben werden auch bei andern Völkern von der Wuth gefesselter Riesen und Dämonen hergeleitet. In der deutschen Mythe würde sich aber die Feßelung des Bösen doppelt zu spiegeln scheinen, einmal in Loki, einmal in dem Wolfe Fenrir, wenn wir nicht wüßten, daß in Loki das noch durch sich selbst gefeßelte Böse, in Fenrir der nur durch die Fürsorge der Götter hingehaltene Untergang dargestellt ist. Dagegen könnte man beiden Mythen den Vorwurf der Unvollständigkeit machen, weil keine von beiden besagt, wodurch die gefeßelten Ungeheuer sich endlich ihrer Fesseln entledigen würden. Allein sowohl von Fenrir als von Loki heißt es D. 34 und 50, also lägen sie bis zur Götterdämmerung, und wir haben so eben schon angedeutet, was unter der Verdämmerung der Götter zu verstehen sei; der Beweis kann erst §. 43 geführt werden.

So stark Lokis sittliche Bedeutung in diesem Mythus hervorgehoben wird, so ist doch weder das Feuer als die Grundlage seines Wesens, noch die Ableitung seines Namens von dem leuchtenden Element vergessen. Der Lachs ist durch seinen Namen als der glänzende Fisch bezeichnet und das auf dem Berge liegende Haus mit vier Thüren erinnert an den Thurm des Lynkeus, dessen Namen wir von derselben Wurzel abgeleitet sahen wie Lokis. Wenn er sich in Fischgestalt verbirgt, so spricht dieß nicht dafür, daß er ein Wassergott sei: die Mythen, welche das Feuer sich unterm Wasser bergen laßen, wollen nur die allgemeine Verbreitung der belebenden Wärme veranschaulichen. Als erster Beleg stehe hier das schöne Faröische Volkslied von Odin, Hönir und Loki (Lokka tättur), das uns fast ein Eddalied ersetzt, weßhalb wir uns noch öfter darauf berufen werden.

1.

Bauer und Riese spielten lang,
Der Bauer verlor, der Riese gewann.

Kehrreim:
Was soll die Harfe mir in der Hand,
Wenn kein Zähner mir folgt ins andre Land?

Odin.

„Gewonnen ist das Spiel mir schon;
Nun will ich haben deinen Sohn.

„Haben will ich den Sohn von dir,
Es du ihn nicht bergen kannst vor mir.'

Der Bauer gebietet Knechten zwein:
„Bittet Odin, uns Schutz zu leihn.

„Zu Odin steht in unsern Sorgen,
Der hält ihn lange wohl verborgen.

„Wäre der Alten König hier,
Es wüßt ich wohl, der bärg ihn mir.'

Kaum halb gesprochen war das Wort,
Schon stand Odin vor Tisches Bord.

„Höre mich Odin, ich rufe zu dir,
Den Sohn birg vor dem Riesen mir.'

Odin fuhr mit dem Knaben hinaus;
Sorgend saß Bauer und Bäurin zu Haus.

Ein Aehrfeld ließ da Odins Macht
Wachsen und reifen in Einer Nacht.

In des Aehrs Mitte barg alsbald
Odin den Knaben in Aehrengestalt.

Als Aehre ward er mitten ins Feld,
In die Aehre mitten als Korn gestellt.

„Nun steh ohn alle Sorge hier;
Wenn ich rufe, so komm zu mir.

„Nun steh hier ohne Furcht und Graus;
Wenn ich rufe, so komm heraus.'

Des Riesen Herz war hart wie Horn,
Er raufte den Schooß sich voll mit Korn.

Er raufte sich voll Korn den Schooß,
Trug ein scharfes Schwert in Händen bloß.

Ein scharfes Schwert sah man ihn tragen:
Den Knaben wollt er damit erschlagen.

Der Knab in großen Nöthen stand,
Dem Riesen lief das Korn in die Hand.

Dem Knaben graute vor dem Tod,
Zu Odin rief er in seiner Noth.

Odin kam zu des Knaben Heil
Und bracht ihn seinen Eltern heim.

„Hier ist der junge Knabe dein:
Mit meinem Schutz ists nun vorbei.'

II.

Der Bauer gebietet Knechten zwein:
„Bittet Hönir uns Schutz zu leihn.

„Wärt Hönir der Gott allhier,
Es wüßt ich wohl, der bärg ihn mir.'

Kaum halb gesprochen war das Wort,
Schon stand Hönir vor Tildes Bord.

„Höre mich, Hönir, ich rufe zu dir,
Den Sohn birg vor dem Riesen mir.'

Hönir fuhr mit dem Knaben hinaus;
Sorgend laß Bauer und Bäurin zu Haus.

Hönir ging in den grünen Grund,
Sieben Schwäne flogen da über den Sund.

Da ließen schneeweiß von Gefieder
Drei Schwäne sich vor Hönir nieder.

An einer Schwanen Hals alsbald
Barg Hönir den Knaben in Flaumgestalt.

„Nun weil ohne alle Sorge hier;
Wenn ich dich rufe, so komm zu mir.

„Weil hier ohne Furcht und Graus;
Wenn ich dich rufe, so komm heraus.'

Strymeli ging in den grünen Grund,
Sieben Schwäne flogen da über den Sund.

Der Ries ein Knie zur Erde bog,
Den ersten Schwan er zu sich zog.

Den ersten Schwan er an sich riß,
Den Hals er ihm vom Leibe biß.

Der Knabe gab der Sorge Raum,
Aus des Riesen Schlunde flog der Flaum.

Dem Knaben graute vor dem Tod,
Zu Hönir rief er in seiner Noth.

Hönir kam zu des Knaben Heil;
Er bracht ihn seinen Ältern heim.

„Hier ist der junge Knabe dein;
Mit meinem Schutz ist nun vorbei.'

III.

Der Bauer gebietet Knechten zwein:
„Bittet Loki uns Schutz zu leihn.

Loli. Etrympeli.

„Wäre Loli der Gott allhier,
So wüßt ich wohl, der bärg ihn mir.'

Kaum halb gesprochen war das Wort,
So stand Loli schon vor Tisches Bord.

„Höre mich Loli, ich flehe zu dir,
Den Sohn birg vor dem Riesen mir.

„Du kennst nicht, Loli, meine Noth:
Etrympeli schul meinem Sohn den Tod.

„Verbirg so gut du kannst mein Kind,
Daß es Etrympeli nicht, der Riese, findt.' —

„Und soll ich deinen Sohn beschützen,
So thu mein Gebot, es wird dir nützen.

„Ein Boothaus laß erbauen dort,
Weil ich bin mit dem Knaben fort.

„Eine große Thüre brich hinein,
Eine Eisenstange laß hinter ihr sein.'

Loli fuhr mit dem Knaben hinaus;
Sorgend saß Vater und Mutter zu Haus.

Loli ging zum Meeresstrand;
Da schwamm ein Schifflein dicht am Land.

Loli rudert ans äußerste Ziel,
Es beißts in aller Liebe viel.

Loli sprach nicht manches Wort,
Angel und Stein warf er über Bord.

Angel und Stein zu Grunde fuhr,
Eine Flunder zog er herauf an der Schnur.

Die eine Flunder, die andre zog er,
Die dritte war ein schwarzer Roger.

Loli barg den Knaben alsbald
Mitten im Rogen in Eigestalt.

„Nun weil ohne alle Sorge hier;
Wenn ich dich rufe, so komm zu mir.

„Weil hier ohne Furcht und Graus;
Wenn ich dich rufe, so komm heraus.'

Loli ruderts wieder ans Land;
Der Riese stand vor ihm am Strand.

Der Riese hub zu Loli an:
„Wo warst du, Loli, was hast du gethan?' —

„Ein wenig hab ich gerudert nur,
Das weite Meer ich überfuhr.'

Verftellung.

Sein Stahlboot ließ der Ries ins Meer:
Loli rief: ‚Die See stürmt sehr.'

Loli sprach den Riesen an:
‚Riese, nimm mich mit in den Kahn.'

Der Riese nahm das Steuer zur Hand;
Im Ruder Loli ließ vom Land.

Loli ruderte stark und schnell;
Das Stahlboot ging nicht von der Stell.

Loli schwur dem Riesen zu:
‚Das Steuern versteh ich besser als du.'

Der Riese saß auf der Ruderbank:
Der Kahn flog in die See so frank.

Der Riese ruderl ans äußerste Ziel,
So heißt in aller Lieder viel.

Der Riese sprach nicht manches Wort,
Angel und Stein warf er über Bord.

Angel und Stein zu Grunde fuhr,
Eine Flunder zog er heraus an der Schnur.

Die eine Flunder, die andre zog er,
Die dritte war ein schwarzer Roger.

Loli sprach so schmeichlerisch:
‚Riese, Riese, gieb mir den Fisch.'

Dazu sprach aber der Riese: ‚Nein,
Nein, mein Loli, das kann nicht sein.'

Zwischen die Knie den Fisch gezogen
Zählt' er ein jedes Korn im Magen.

Er hält auf jedes Korn wohl Acht:
So macht' er auf den Knaben Jagd.

In der größten Noth der Knabe stand,
Dem Riesen lief das Korn in die Hand.

Dem Knaben graul vor dem jähen Tod,
Zu Loli rief er in seiner Noth.

‚Verfleck dich Knabe, hinter mich,
Laß nicht den Riesen schaun dich.

‚Mit leichtem Fuß hüpf über Land
Und keine Spur drück in den Sand.'

Der Riese fuhr zurück ans Land,
Zum Ziele nahm er den weißen Sand.

Dem Lande fuhr der Riese zu;
Loli wandte das Boot im Nu;

Der Riese stieß das Boot zum Strand,
Da sprang der Knabe leicht ans Land.

Der Riese sah hinaus ins Land,
Vor ihm der junge Knabe stand.

Der Knabe lief leicht über Land,
Man merkte keine Spur im Sand.

Schwerfällig stapfte der Riese nach,
Bis an die Knie den Sand durchbrach.

Zum Vorhaus, das sein Vater gemacht,
Lief der Knabe mit aller Macht.

Zu seines Vaters Haus er lief,
Der Ries ihm nach; da ging es schief.

Wider das Fenster rannt er jach,
An der Essenstange das Haupt zerbrach.

Da galt es Lofi, rasch zu sein,
Er hieb dem Riesen ab ein Bein.

Das that dem Riesen nicht Gewalt;
Zusammen wuchs die Wunde bald.

Da galt es Lofi, rasch zu sein,
Er hieb ihm ab das andre Bein.

Er hieb ihm ab das andre Bein
Und warf dazwischen Stahl und Stein.

Da sah der Knabe mit Vergnügen
Den Riesen todt, den ungefügen.

Lofi sah den Knaben heil,
Er bracht ihn seinen Eltern heim.

,Hier ist der junge Knabe drin;
Nun ists mit meinem Schutz vorbei.

,Vorüber ists mit meiner Hut;
Doch dein Gebot erfüll ich gut.

,Die Treue hielt ich dir gewiß;
Der Riese nun das Leben misst.'

Hiezu bemerkt Weinhold: ,Odin ist gewaltig über die Früchte des Feldes, denn er ist Luft- und Gestirngott; dem Hönir sind die Vögel unterthan, Loki aber hat die Macht über die Thiere der See.' Mit dem was hier über Odin geurtheilt wird, sind wir einverstanden; aber für Hönir möchte die Herschaft über die Vögel nicht genügen: es muß ihm wie dem Odin ein Element angewiesen werden, und zwar ist es das Wasser, auf welches die Schwäne als Wasservögel deuten. Schwäne scheinen auch nach D. 28 dem Niörðr geheiligt, für welchen Hönir an

die Wanen ausgewechselt ward, und wie Niörbr wird auch Hönir ein
Wassergott sein.   Für Loki bleibt, da die beiden andern Elemente schon
vergeben sind, nur das dritte, das Feuer übrig.   Wie er sich als Lachs,
der glänzende Fisch nach dem Sinne des Worts, im Wasser verbirgt,
so versteckt er hier seinen Schützling, und so versteckt sich das Feuer selber
im Wasser in jener finnischen Sage, die Meinhold S. 19 selbst erzählt,
und die ihm über Lokis Verwandlung in den Lachs andere Auskunft hätte
geben können. ,Louhi, Pohjolas Herrscherin, hat Sonne, Mond und Sterne
verzaubert, daß neun Jahre lang schon Nacht in der Welt herrscht. Da
steigen Wäinämöinen und Ilmarinen auf den Himmel, um zu sehen was
die Gestirne verdunkelt und Ilmarinen schlägt mit seinem Schwerte Feuer.
In einer goldenen Wiege, die an Silberriemen hängt, wiegt das Feuer
eine Jungfrau. Plötzlich fällt es aus der Wiege und mit Hast fliegt es
durch die acht Himmel; die beiden Götter zimmern sich ein Boot und
fahren aus, das Feuer zu suchen. Auf der Newa begegnet ihnen ein
Weib, die älteste der Frauen, die ihnen über des Feuers Flucht Kunde
giebt. Es fuhr zuerst in Tuuris neues Haus, in Palwoinens unbedeckte
Wohnung; da verbrennt es das Kind an der Mutter Brust, und die
Mutter verbannt es in des Meeres wilde Wogen. Das Wasser braust,
es brandet hoch, vom Feuer gepeinigt stürzt es über die Ufer. Da verschlingt ein Barsch das Feuer; vom Schmerz gepeinigt, treibt er umher
von Holm zu Holm, von Klippe zu Klippe, bis ein rother Lachs ihn
verschlingt. Diesen verschlingt ein Hecht, der ebenfalls in furchtbarer Pein
nach Erlösung seufzt. Wäinämöinen räth hierauf ein Netz zu befestigen,
das vom Eden des Leines an in einer Sommernacht vollständig zu Stande
kommt, und auf den dritten Wurf wird der Hecht gefangen. In seinem
Magen findet man den Lachs, in diesem den Barsch, in ihm das Knäuel,
aus dessen Mitte der Funke springt, der abermals entrollt und sich furchtbar ausbreitet, daß halb Pohjoland, weite Strecken von Sawo, Karjala
an manchen Seiten verbrennt. Ilmarinen gelingt es durch einen Zauberspruch endlich das Feuer zu bändigen.' Man vgl. die im Ganzen über-
einstimmende Darstellung in Anton Schiefners ,Kalewala, das National-
epos der Finnen.' Helsingfors 1852, S. 274—283.

Pohjolas Herrscherin, die bei Schiefner des Nordlands Wirthin heißt,
hat hier Sonne, Mond und Sterne nicht verzaubert, sondern eingesangen,
da sie Wäinämöinens Gesänge zu lauschen herabgestiegen waren:

> Kam der Mond aus seiner Stube,
> Schritt zum Stamme einer Birke,
> Aus der Burg kommt auch die Sonne,
> Saß sich in der Tanne Wipfel,
> Um das Harfenspiel zu hören,
> Um die Freude anzustaunen.

Louhi, sie, des Nordlands Wirthin,
Nordlands Alte, arm an Zähnen,
Nimmt daselbst die Sonn gefangen,
Greift den Mond mit ihren Händen,
Nimmt den Mond vom Stamm der Birke,
Aus der Tonne Krou die Sonne,
Führet sie sogleich nach Hause,
Nach dem nimmerhellen Nordland.

Birgt den Mond, daß er nicht scheine,
In den Fels mit bunter Rinde,
Bannt die Sonn, daß sie nicht leuchte,
In dem stahlgefüllten Berge,
Redet selber diese Worte:
„Nimmer soll von hier in Freiheit,
Daß er scheint, der Mond gelangen,
Nicht die Sonne, daß sie leuchte,
Wenn ich selbst nicht hin komme,
Ich sie selber nicht befreie,
Wenn der Hengste mich begleiten,
Die getragen eine Stute!"

Mond und Sonne möchten auch die Riesen unserer Mythologie in
ihren Verschluß bringen, doch haben ihre Nachstellungen so glücklichen Erfolg nicht, wie bei Pohjolas Wirthin. Das Märchen von dem Feuerfunken, mit dem die Alb. Wälder schließen, klingt in Einem Zuge überraschend an. ‚Ein Funke wurde los und setzte sich in einem Hause fest,
da ward daraus ein groß Feuer, das schlug in die Stadt und verbrannte
sie ganz, und so groß wuchs das Feuer, daß es das ganze Land aufzubrennen dachte; lief hinaus ins Feld; aber wie es unter eine Schlucht
kam, ging ihm ein kleines Bächlein entgegen und das Feuer lief alsbald
darein und das Bächlein kroch und wand sich ꝛc.' Wie dort der Fisch,
der das Feuer verschlungen hat, von Schmerz gepeinigt umhertreibt, so
krümmt und windet sich hier das Bächlein, in das der Feuerfunke gelaufen ist, der erst das ganze Land aufzubrennen dachte.

Die Verwandtschaft der finnischen Erzählung mit unserm Fischfang
der Asen ist so stark, daß man fast einen äußern Zusammenhang annehm-
men möchte. Dort verbirgt sich Loki, der Gott des Feuers, in der Gestalt des Lachses, hier versteckt sich das Feuer, indem es sich von einem
Lachs verschlingen läßt; dort wird das Netz von den Asen gefertigt und
bei dieser Gelegenheit erst erfunden, hier kommt es durch die Macht der
Götter vom Säm des Leins an in einer Sommernacht zu Stande. Wie
diese äußern Züge stimmen, so wird auch der mythische Sinn dieser, ja
aller der Mythen, die das Feuer oder seinen Gott im Waßer, in dem
anscheinend feindlichsten Element, sich bergen laßen, derselbe sein. Das

Element des Feuers ist nach seiner wohlthätigen Seite hin erfaßt, als die
belebende Wärme, die auch in andern Elementen verbreitet ist, ja als die
Lebenswärme, der Lebensfunke, der selbst den kaltblütigen Fischen nicht
gebricht.　Indem die Götter Loki bestrafen wollen, den Gott des zerstörenden Feuers, wandelt er sich in den Fisch, wodurch er nicht bloß ihren
Nachstellungen zu entgehen hofft, sondern zugleich an die andere, wohlthätige Seite seines Wesens und Wirkens erinnert, sich als den mächtigen
Gott bewährt, der die ganze Natur durchdringt.　Daß er als Wärme
auch im Wasser waltet, das macht ihn noch keineswegs zum Wassergott,
so wenig als es Hephästos ist, den Thetis und Eurynome vor dem Zorn
der Here im Wasser bergen, wo er n e u n Jahre verweilte, die an jene
acht Jahre erinnern, welche Loki unter der Erde als milchende Kuh und
Mutter, §. 87, zubrachte.　Ein Wassergeist muß auch Andwari nicht sein,
der Z w e r g, welchen die Asen als Hecht im Wasserfall fingen und zwan-
gen, sein Haupt aus Hels Haufe durch den Schatz zu lösen, der als Niflungenhort eine so große Rolle in unserer Heldensage spielt.　Die Zwerge
faßt Weinhold 14 selbst als Erd- und Feuergeister auf, wie er auch ihre
Verwandtschaft mit Loki nicht verkennt.

　　Nachklänge von Lokis und Fenrirs Fesselung haben sich in deutschen
Sagen mancherlei erhalten.　Zuerst der Name Sigune in Sigune, deren rührende Anhänglichkeit an ihren erschlagenen Geliebten, von dessen
Leiche sie nicht weicht, an Sigrns Treue gegen den gefesselten Gatten erinnert.　Die Einführung des Namens ja des Liebespaares in die Grals-
sage scheint auf Rechnung Wolframs zu kommen, der auch so viele Gestalten der deutschen Seesage den beiden ersten Büchern des Parzival
einverleibt hat.　Fand er auch den Namen Ganalulander hier in
Hartmanns Erek, so sind doch Sigunens und ihres Geliebten Schicksale
in keiner romanischen Quelle nachweisbar.　Unser Dichter selbst stellt
dem Parzival, der der höchsten Abenteure nachjagt, den Schionatulander
entgegen, der sein junges Leben um den Besitz eines Hundeseils hinopferte.
Von Sigrns Mythus ist in Sigunens Sage nicht mehr geschwunden als
dem Christenthum geopfert werden mußte.　Vgl. Lex. myth. 478.　Uhlands
(VIII, 249) Deutung auf Sigrun, die Geliebte Helgis, ist gewagter.
Eine andere Erinnerung an Lokis Fesselung findet sich in dem gefesselten
Utgarthilokus, nach Saros Darstellung, wovon unten.　In einer Reihe
deutscher Sagen liegt der Teufel gefesselt, was aus biblischen Quellen
nicht fließen kann.　Myth. 958. 963. 1030. Kuhn 305. 12. Panzer II,
56. 426. Zingerle Sagen 290.　Lucifer soll unaufhörlich an der Kette:
am Tage nach Jacobi ist sie schon so dünn wie ein Zwirnsfaden, wird
aber dann plötzlich wieder so stark wie zuvor, weil jeder Schmied, Meister oder Geselle, ehe er die Werkstelle verläßt, einen letzten Schlag auf

den Amboß thut, um Loki's Kette wiederherzustellen. Vergäßen die Schmiede nur einmal den kalten Schlag auf den Amboß zu thun, so käme Lucifer von seiner Kette los. Dieß bestätigt auch Rochh. Glaube 58, vgl. Mannhardt Myth. S. 86 fl. Schon der gangbare Ausdruck, 'der Teufel ist los' setzt seine Fesselung voraus.

— ——

Der Weltuntergang.

48. Die Götterdämmerung.

Ungeachtet der Vorkehrungen der Götter in der Fesselung Loki's und Fenris' tritt der geahnte Weltuntergang dennoch ein, indem jene gefürchteten Ungeheuer ihre Fesseln brechen. Was die Fesseln sprengt, ist noch zu ermitteln; gesehen haben wir aber schon oben, §. 40, daß es die Götterdämmerung, die Verfinsterung der sittlichen Begriffe, die allgemeine Entsittlichung sein müsse, welche das Ende der Welt herbeiführe. Darnach wäre Ragnaröl oder die Götterdämmerung nicht sowohl die Folge des Untergangs der Welt, als vielmehr Ursache desselben, und dieß wird sich in dem Folgenden bestätigen. Treffend wird Myth. 774 Ragnaröl mit 'Verfinsterung der Zeit und der wallenden Götter' übertragen und M. 23 heißen regin 'die weltordnenden Gewalten.' Dieselben werden nun Skaldsk. 55 auch als höpt und bönd, als die Haften und Bande der Welt gefaßt, was auf eben diese Fesseln gehen kann, deren Bruch Fenris frei macht und den Untergang herbeiführt. In diesem Sinne haben wir §. 40 das Band Gleipnir auf Gesetz und Sitte gedeutet. Als die Haften und Bande der Welt, die den drohenden Untergang gefesselt halten, sind die Götter die welterhaltenden Mächte. Daß sie dabei von der sittlichen Seite aufgefaßt werden, zeigt sich in dem, was D. 51 von der Götterdämmerung gesagt ist. Zuerst soll darnach 'ein Winter kommen, Fimbulwinter genannt.' Da stöbert Schnee von allen Seiten, da ist der Frost groß und sind die Winde scharf und die Sonne hat ihre Kraft verloren. Dieser Winter kommen drei nach einander und kein Sommer dazwischen. Zuvor aber kommen drei andere Jahre, da die Welt mit schweren Kriegen erfüllt wird. Da werden sich Brüder aus Habgier um's Leben bringen und in Mord und Sippebruch der Sohn des Vaters, der Vater des Sohnes nicht schonen. So heißt es in der Wöluspa:

> Brüder befehden sich und fällen einander,
> Geschwisterte sieht man die Sippe brechen.
> Unerhörtes eräugnet sich, großer Ehbruch.
> Beilalter, Schwertalter, wo Schilde krachen,
> Windzeit, Wolfszeit eh die Welt zerstürzt.
> Der Eine schonl des Andern nicht mehr.

‚Da geschieht es, was die schrecklichste Zeitung dünken wird, daß der Wolf die Sonne verschlingt den Menschen zu großem Unheil: der andre Wolf wird den Mond packen und so auch großen Schaden thun und die Sterne werden vom Himmel fallen. Da wird sich auch eräugnen, daß so die Erde bebt und alle Berge, daß die Bäume entwurzelt werden, die Berge zusammenstürzen und alle Ketten und Bande brechen und reißen. Da wird der Fenriswolf los u. s. w.‘ Man bemerke, wie unmittelbar hier auf den Bruch der Sippe das Verschlingen der Himmelslichter und Fenrirs Befreiung folgt.

Dem Fimbulwinter, wo die Sonne ihre Kraft verloren hat, und darum der Frost groß ist, gehen also drei andere Jahre vorher, wo die äußerste sittliche Verderbniß herscht. Dem Germanen ist es der Gipfel der Verwilderung, wenn die Bande des Bluts, die ihm das Heiligste sind, nicht mehr geachtet und der Habgier zum Opfer gebracht werden. Erst in zweiter Reihe nach dem Bruch der Sippe wird der Ehebruch genannt, freilich auch er ein unerhörtes Unrecht. Hierin liegt nun die Antwort auf die Frage, was die Götterdämmerung herbeiführe und die Fesseln Lokis und Fenrirs sprenge. Es ist die sittliche Verwilderung, welche die allgemeine Auflösung herbeiführt. Zuerst stellt sich nun die Verfinsterung der Götter, die wir als sittliche Mächte zu denken haben, äußerlich dar, indem Sonne und Mond von den Wölfen verschlungen werden. Von diesen Wölfen wißen wir schon, daß sie jene Himmelslichter verfolgen um sie zu verschlingen. Warum gelingt ihnen aber jetzt was sie bisher nicht vermochten? Sie haben sich von dem Blut der in jenen drei Jahren durch den Bruch der Sippe Gefällten gemästet und dadurch so ungeheure Kraft erlangt. So wenigstens verstehe ich die D. 12 unbefriedigend erläuterte Str. 33 der Wöl. (vgl. §. 13), wo es von Managarm heißt:

> Ihn mästet das Mark gefällter Männer,
> Der Seligen Saal besudelt das Blut.
> Der Sonne Schein dunkelt in kommenden Sommern,
> Alle Wetter wüthen: wißt ihr was das bedeutet?

Den Untergang der Welt bedeutet es, und so oft die Wala fragt: Wißt ihr was das bedeutet? hat sie diese Antwort im Sinne, weil der hier der nahe Bezug der heranwachsenden Wölfe auf den Weltuntergang angedeutet ist. Nicht mit dem Blute ‚aller Menschen, die da sterben‘, werden sie gemästet, wie D. 12 erläutert: wäre nur das gemeint, so hätte es keinen Sinn, wenn der Seligen Saal davon beladen werden soll. Es muß das Fleisch und Blut der im Krieg Erschlagenen gemeint sein, und da sonst die Germanen den Krieg nicht verabscheuen, vielmehr gleichsam nur Kampf und Schlacht athmen, im ungerechten Kriege, im Kriege des Bruders gegen den Bruder. Daß dieß wirklich gemeint sei, zeigt sich hier darin, daß Managarm den Mond nicht eher verschlingt bis Windzeit und Wolfszeit eingetreten sind und der Fimbulwinter gekommen ist. Auf seine ‚scharfen Winde‘ ist mit dem ‚Wüthen aller Wetter‘ hingewiesen. In ihm offenbart sich zuerst das Mitgefühl der Natur mit den Menschenloosen.

Wie diese Wölfe sich mit dem Mark gefällter Männer mästen, so wird auch Fenrir nach D. 34 (s. §. 39) von Tyr, dem Kriegsgott, gefüttert, ein Wink, daß er hier nicht sowohl den Krieg überhaupt, dem, so weit er von der Sitte geboten wird, Odin vorsteht, als vielmehr den ungerechten, widernatürlichen Krieg bedeutet, welcher Verwandte gegen Verwandte führt. Nicht also weil er der Kühnste ist unter den Göttern, wie D. 34 meint, füttert er den Fenrir, sondern aus dem tiefern Grunde, dessen sich die jüngere Edda nicht mehr bewußt war, wie ihr auch D. 12 das Verständniß der alten Symbolik ausging. Daß Tyr den Riesen verwandt ist, geht aus Hymiskwiða hervor: ‚den Menschen gilt er aber nicht für einen Friedensstifter‘, heißt es D. 25 in ähnlichem Sinne. In Teutschland mochte Tyr (Zio) wie ursprünglich auch im Norden bedeutender hervortreten: in der Edda spielt er nur eine untergeordnete Rolle: die Wöluspa läßt ihn nicht einmal an dem letzten Weltkampf Theil nehmen und wenn es Gylfaginning (D. 51) thut, so wird sich §. 45 zeigen, daß sie auch dabei von einem Mißverständniß ausgeht.

Indem jene Wölfe Sonne und Mond verschlingen, machen sie selbst schon einen Anfang mit dem Untergange, und obgleich erst Fenrir die volle Vernichtung bedeutet, so dürfen doch Wöl. 32 jene Wölfe als Fenrirs Geschlecht bezeichnet werden. Die nächste Folge des Verschlingens der Himmelslichter ist nun das Erdbeben, das so heftig ist, daß alle Ketten und Banden brechen und reißen. Von Loki wissen wir, kommt das Erdbeben her: er wird also bei der Verfinsterung der Welt, die der Ausdruck ist für die Verfinsterung der Götter, die Verdunkelung der sittlichen Begriffe, die Zeit seiner Befreiung gekommen fühlen und an seinen Fesseln rütteln, die auch wirklich, gleich denen Fenrirs, von der Gewalt des Erdbebens brechen. Aber warum fühlte Loki die Zeit seiner Befreiung nicht früher gekommen, warum gelingt ihm jetzt, fragen wir auch hier, was er früher nicht vermocht hatte? Weil alle Bande gelockert sind durch die allgemeine Entsittlichung, da selbst die festesten Banden, die Bande des Bluts, ihre Kraft verloren haben. Die Ketten und Bande, von denen

hier die Rede ist, waren eben nur Bild für jene sittlichen Bande, deren
Bruch den Untergang herbeiführt, und ,da wird der Fenriswolf los',
heißt es I). 51 unmittelbar nach dem Bruch jener Ketten und Bande,
und nun folgt die Darstellung des letzten Weltkampfs, der das Todeszucken
der Götter ist, die bis dahin nur verfinstert waren. Doch nicht bloß
Loki und der Fenriswolf sprengen ihre Ketten: alle bisher von den Göttern bei Gründung und Ordnung der Welt bezähmten und in gewisse
Schranken zurückgewiesenen feindseligen Naturgewalten achten der Schranken nicht mehr, die ihre wohlthätige Wirkung bedingen, und nehmen ihre
natürliche Wildheit wieder an. Wir sehen das zunächst an der Midgardschlange, von der gleich darauf gesagt werden wird, daß sie wieder Jötunmuth annehme. Der Bruch der sittlichen Bande sprengt auch diese Schranken, da das Aeußere nur Bild des Innern, die Natur nur Ausdruck des
Geistes ist. Das ist die Anschauung der heidnischen Edda; sie findet
sich aber auch in einer christlichen Mythe wieder. In St. Marieen im
Capitol zu Köln ist ein Christusbild (Rhein. 69), schwarz, mit tief, ganz
tief herabgesenktem Haupt des Erlösers. Die Sage versichert, es seien
die Sünden der Welt, die er auf sich genommen, die sein Haupt so tief
herabdrücken. Wenn aber die Sünden der Welt so überhand genommen
hätten, daß sein Haupt sich bis zur Erde neige, dann werde die Welt
untergehen. Auch hier also ist es die Entsittlichung, welche den Untergang der Welt herbeiführt.

44. Naglfar das Schiff.

,Da wird der Fenriswolf los', heißt es weiter, ,und das Meer überflutet das Land, weil die Midgardschlange wieder Jötunmuth annimmt
und das Land sucht. Da wird auch Naglfar los, das Schiff, das so
heißt und aus Nägeln der Todten gemacht ist, weshalb wohl die Warnung am Ort ist, daß wenn ein Mann stirbt, ihm die Nägel nicht un-
beschnitten bleiben, womit der Bau des Schiffes Naglfar beschleunigt
würde, den doch Götter und Menschen verspätet wünschen. Bei dieser
Ueberschwemmung aber wird Naglfar flott. Hrym heißt der Riese, der
Naglfar steuert. Der Fenriswolf fährt mit klaffendem Rachen einher, daß
sein Oberkiefer den Himmel, der Unterkiefer die Erde berührt, und wäre
Raum dazu, er würde ihn noch weiter aufsperren. Feuer glüht ihm aus
Augen und Nase. Die Midgardschlange speit Gift aus, daß Luft und
Meer entzündet werden; entsetzlich ist der Anblick, indem sie dem Wolf
zur Seite kämpft. Von diesem Lärmen birst der Himmel: da kommen
Muspels Söhne hervorgeritten. Surtur fährt an ihrer Spitze, vor und
hinter ihm glühendes Feuer. Sein Schwert ist wunderscharf und glänzt
heller als die Sonne. Indem sie über die Brücke Bifröst reiten, zerbricht

fie, wie vorhin gesagt ist. Da ziehen Muspels Söhne nach der Ebne,
die Wigrid heißt: dahin kommt auch der Fenriswolf und die Midgardschlange, und auch Loki wird dort sein und Hrym und mit ihm alle
Hrymthursen. Mit Loki ist Hels ganzes Gesolge und Muspels Söhne
haben ihre eigene glänzende Schlachtordnung. Die Ebne Wigrid ist hundert Rasten breit nach allen Seiten.'

Vergleicht man hiemit Vôl. 49—51:

    49. Hrym fährt von Osten, und hebt den Schild,
        Jörmungandr wälzt sich im Jötunmuthe.
        Der Wurm schlägt die Brandung, der Adler sucht,
        Leichen zerreißt er, Naglfar wird los.

    50. Der Kiel fährt von Osten; Muspels Söhne kommen
        Ueber die See gesegelt, sie steuert Loki.
        Des Unthiers Abkunft ist alt mit dem Wolf;
        Auch Bileists Bruder ist ihm verbunden.

    51. Surtur fährt von Süden ꝛc.

so berichtigen und erläutern sie sich wechselweise. Naglfar das Todtenschiff wird von Hrym gesteuert, den Weinhold Riesen 57 für das Feuer
erklärt, während ihn die jüngere Edda für einen Hrimthursen (Reifriesen)
ansieht und an deren Spitze stellt. Fragen wir den Zusammenhang, so
stimmt er der j. Edda bei, da zwei verschiedene Schiffe nicht nöthig wären, wenn beide nur Mächte des Feuers heranführen sollten. Ein anderer
Grund kann erst unten angeführt werden. Loki steuert das Schiff, auf
welchem Muspels Söhne, die Flammen, über die See gesegelt kommen.
Dieses Schiff wird wie Surtur, Muspelheims Hüter, von Süden kommen,
Str. 51; folglich müßen die Worte: der Kiel fährt von Osten (kjöll
ferr austan) Str. 50 auf das in der vorhergehenden Zeile genannte
Schiff Naglfar zurückbezogen werden. Der Verfasser der jüngern Edda
scheint dieß übersehen zu haben, indem er Loki mit Hels ganzem Gesolge
zusammenstellt, worauf sich dann wieder Weinhold Ztschr. VII, 62. 65
gründet, indem er Loki mit dem Todtenschiffe von Osten daherfahren läßt.
Uebrigens sollte man erwarten, daß dem Süden der Norden entgegenstände,
nicht der Osten: im Norden liegt Hels kalte Nebelwelt. Aber auch Thôr
zieht auf Ostfahrten aus, mit den Riesen zu kämpfen: das kalte Schnee-
gebirge lag dem Norweger im Osten. Die Götter wurden sonst (Gr. Gesch.
d. d. Spr. 989) im Norden gedacht; aber so, daß sie gegen Süden schau-
ten (Wolfs Beitr. 95). Dieß scheint der Hauptgrund, warum hier der
Norden vermieden und durch Osten vertreten ist: man sonnte die weltzerstörenden Mächte nicht von Norden daherfahren lassen zum Kampf wider
die Götter, die selbst im Norden wohnten. Wenn gesagt wird, die Brücke
Bifröst breche, indem die weltzerstörenden Mächte hinüber reiten, so ist

dieß wohl zu den andern Irrthümern der jüngern Edda zu schreiben: wenn die Brücke unter ihnen bräche, würden sie die Ebne Wigrid nicht erreichen. Bekanntlich soll auch nach einer deutschen Sage vor der letzten Schlacht eine rothe Kuh über eine gewisse Brücke geführt werden (Müllenhoff 876); diese Kuh bedeutet das Feuer, wie wir auch Loki als milchende Kuh unter der Erde symbolisirt fanden. Daß aber die Brücke unter der rothen Kuh bräche, wird nicht gemeldet, und das Feuer kann sie auch nicht zerstören, da sie selbst zum Theil aus Feuer gebildet ist. D. 15.

Naglfar ist aus Nägeln der Todten gemacht, worüber Gr. Myth. 778 bemerkt ist, es solle dieß die ungeheure Ferne und das langsame Zustandekommen des Weltendes ausdrücken: ,bis ein solches Schiff aus schmalen Nägelschnitzen der Leichen zusammengesetzt werden kann, verstreicht lange, lange Zeit und sie leidet noch Abschub durch die warnende Vorschrift, allen Todten vor der Bestaltung die Nägel zu beschneiden.' Wir können das gelten laßen, wenn nur nicht übersehen wird, daß vor Allem die Pflicht der Pietät gegen die Verstorbenen eingeschärft und ein Jeder aufgefordert werden soll, mit behülflich zu sein, daß der Untergang der Welt so lange als möglich aufgeschoben werde, ,den doch Götter und Menschen verspätet wünschen.' Durch diese und eine andere religiöse Pflicht, welche hernach noch eingeschärft wird und den Sieg der Götter im letzten Weltkampf zum Zwecke hat, sehen wir die Menschen zu Kampfgenoßen der Götter erhoben, denen sie behülflich sein sollen, den Untergang abzuwehren. Obgleich dieser einmal hereinbricht, und der letzte Weltkampf wenigstens scheinbar gegen die Götter ausfallen wird, sind doch diese, namentlich Odin, unablässig bemüht, ihre Macht gegen die zerstörenden Naturgewalten, die in den Riesen vorgestellt sind, zu stärken und zu mehren: deshalb zieht er die berühmtesten Helden, indem er sie im Kampfe fallen läßt, in seine himmlische Halle, und stärkt mit ihnen seine Macht, denn sie sollen einst als Einherier mit ihm zur Walstatt treten, den letzten Kampf kämpfen zu helfen. Darum ist es auch den Menschen Pflicht zugleich und Ehre, im Kampfe tapfer zu sein und lieber auf der Walstatt zu sollen als auf dem Bette zu sterben: sie stärken damit Odins Macht und helfen ihm die feindseligen Mächte bekämpfen. Es ist kein Widerspruch, wenn die Götter in diesem Kampf erliegen, denn sie werden in der erneuten, in Flammen gereinigten Welt wiedergeboren; die Riesen aber, die bösen Naturgewalten nicht: an der Stelle der sündigen Götter wird nach der Vertilgung der bösen Mächte ein entsühntes, geläutertes Göttergeschlecht herrschen. Jene religiösen Pflichten nun, die in äußerlichen Uebungen bestehen, sollen nur zunächst das Bewußtsein wach erhalten, daß die Menschen Mitkämpfer der Götter sind, mit welchen sie in den Riesen gemeinschaftliche Feinde haben. Willkürlich auferlegt ist aber die Pflicht gegen die Todten nicht, und die

wolke, daß von den unbeſchnittenen Nägeln das Schiff zu Stande komme,
daß die weltzerſtörenden Gewalten herbeiführt, hat denſelben Sinn, wie
die andre, daß Managarm ſich von den Leichen der durch den Bruch der
Sippe Gefällten mäſtet. Wenn die Unſittlichkeit der Menſchen ſo groß iſt,
daß die Habgier zum Brudermord verleitet, ja den Sohn gegen den Vater
in den Kampf führt, dann iſt das Ende der Welt nahe, denn von den
Leichen der ſo Gefällten mäſten ſich die Wölfe, welche die himmliſchen
Geſtirne verſchlingen, und wenn die Liebloſigkeit der Menſchen ſo überhand nimmt, daß die Pflichten gegen die Todten vernachläßigt werden,
dann muß auch dieß den Untergang der Welt herbeiführen, denn von den
unbeſchnittenen Nägeln der Todten iſt das Schiff gezimmert, auf dem die
zerſtörenden Gewalten heranſegeln. Dieß iſt der ſchöne ſittliche Sinn
dieſer Dichtung, die unverſtanden wunderlich genug ausſieht, aber recht
begriffen ſowohl dem menſchlichen Gefühl wie der poetiſchen Kraft unſerer
Voreltern die größte Ehre bringt. Hier zeigt ſich auch, daß die jüngere
Edda Recht hatte, Hrym, der Nagelfar ſteuert, für einen Reifeleſen zu
halten, da die Liebloſigkeit, welche den Todten die letzte Pflicht weigert,
nur aus erkaltetem Herzen entſpringen kann. Uebrigens beſchränkt ſich die
Pflicht gegen die Todten nicht auf die Sippe, wenn auch die Verwandten
die nächſte Aufforderung zu ihr haben: in Sigdr. 33. 34 iſt ſie als
eine allgemeine Menſchenpflicht aufgefaßt:

33. Das rath ich dir neuntens, nimm des Todten dich an,
Wo du im Feld ihn findeſt,
Sei er Krechtod oder ſeetodt
Oder am Stahl geſtorben.

34. Ein Hügel hebe ſich dem Heimgegangenen,
Gewaſchen ſein Haupt und Hand;
Zur Kiſte komm er gekämmt und trocken,
Und bitte, daß er ſelig ſchlafe.

45. Der letzte Weltkampf.

„Und wenn dieſe Dinge ſich begeben‘, fährt D. 51 fort, ‚erhebt ſich
Heimdall und ſtößt aus aller Macht ins Giallarhorn und weckt alle Götter,
die dann Rath halten. Da reitet Odin zu Mimirs Brunnen und holt
Rath von Mimir für ſich und ſein Gefolge. Die Eſche Yggdraſil bebt
und Alles erſchrickt im Himmel und auf der Erde.‘ Hiemit ſtimmt im
Allgemeinen die erſte der aus Wöl. angezogenen Strophen:

Ins erhabne Horn bläſt Heimdall laut,
Odin murmelt mit Mimirs Haupt;
Yggdraſil zittert, die ragende Eſche,
Es rauſcht der alte Baum, da der Rieſe frei wird,

nur daß fie früher ſteht und dieſe Begebenheiten unmittelbar nach der
Wind- und Wolfszeit geſchehen läßt, alſo vor der Befreiung Fenrirs,
woraus ſich ergiebt, daß unter den frei werdenden Rieſen Loki verſtanden iſt. Wenn ſie Odin mit Mimirs Haupt murmeln läßt, was
erſt ſpäter ganz erläutert werden kann, während er nach D. 51 zu Mimirs
Brunnen reitet, Rath für ſich und ſein Gefolge zu holen, ſo ſind dieß
verwandte, ſchon am Schluß von §. 36 als gleichbedeutend zuſammen-
geſtellte Bilder für dieſelbe Sache. Weiter heißt es dann: ‚Die Aſen
wappnen ſich zum Kampf und alle Einherier eilen zur Walſtatt. Zu-
vorderſt reitet Odin mit dem Goldhelm, dem ſchönen Harniſch und dem
Spieß, der Gungnir heißt. So eilt er dem Fenrirwolf entgegen und
Thor ſchreitet an ſeiner Seite, mag ihm aber wenig helfen, denn er hat
vollauf zu thun, mit der Midgardſchlange zu kämpfen. Freyr ſtreitet
wider Surtur und kämpfen ſie ein hartes Treffen bis Freyr erliegt, und
wird das ſein Tod, daß er ſein gutes Schwert miſſt, das er dem Skirnir
gab. Inzwiſchen iſt auch Garm der Hund los geworden, der vor der
Gnupahöhle gefeſſelt lag: das giebt das größte Unheil, da er mit Tyr
kämpft und Einer den Andern zu Falle bringt. Dem Thor gelingt es,
die Midgardſchlange zu tödten; aber kaum iſt er neun Schritte davon
gegangen, ſo fällt er todt zur Erde von dem Gift, das der Wurm auf
ihn ſpeit. Der Wolf verſchlingt Odin und wird das ſein Tod. Alsbald
kehrt ſich Widar gegen den Wolf und ſetzt ihm den Fuß in den Unterkiefer. An dieſem Fuße hat er den Schuh, zu dem man alle Zeiten hindurch ſammelt, die Leberſtreifen nämlich, welche die Menſchen von
ihren Schuhen ſchneiden, wo die Zehen und Ferſen ſitzen. Darum ſoll
dieſe Streifen ein Jeder wegwerfen, der darauf bedacht ſein will, den Aſen
zu Hülfe zu kommen. Mit der Hand greift Widar dem Wolf nach dem
Oberkiefer und reißt ihm den Rachen entzwei und wird das des Woſſes
Tod. Loki kämpft mit Heimdall und erſchlägt Einer den Andern. Darauf
ſchleudert Surtur Feuer über die Erde und verbrennt die ganze Welt.‘

46. Die ſechs Einzelkämpfe.

Hiernach ſind die Rollen im Kampfe ſo vertheilt:

1. Odin gegen den Fenrirwolf, wobei Odin fällt und der
Wolf für den ſechsten Kampf (mit Widar) übrig bleibt. Die Wöluſpa 53
berührt dieſen erſten Kampf nur mit den Worten:

> Nun hebt ſich Hlins (Friggs) anderer Harm,
> Da Odin eilt zum Angriff des Wolfs.

ohne den Ausgang deutlich zu melden; er iſt aber in der folgenden
Strophe bei Widars Kampf mit dem Wolf in den Worten ausgedrückt:
ſo rächt er den Vater. Da der Fenrirwolf den Untergang überhaupt be-

deutet, so ist er gegen Odin den Weltenvater geordnet. In diesem Kampfe
ist schon das Wesentliche enthalten und es bedürfte der übrigen Einzelkämpfe
nicht mehr, mit Ausnahme des letzten, in welchem wieder der Wolf auftritt,
aber diesmal um besiegt zu werden und Odins Tod an ihm zu rächen.

2. Thor gegen Jörmungandr, die Weltschlange, die er zwar
erlegt, aber von dem Gifte, das sie auf ihn speit, todt zur Erde fällt.

> 56 Da schreitet der schöne Sohn Hlodyns (Jörds):
>   Den Wurm trifft muthig Midgards Gegner.
>   Doch fährt neun Fuß weil Fiörgyns Sohn
>   Weg von der Natter, die nichts erschreckte.
>   Alle Wesen müssen die Wellstatt räumen.

Da das Meer beim Weltuntergange die ihm von den Göttern an-
gewiesenen Schranken sprengt und die Erde überflutet, so wird es in der
Weltschlange als ein verderbliches Ungethüm aufgefaßt, welches Thor zu
bekämpfen berufen ist.   Freilich könnte Thor auch gegen andere Ungethüme
geordnet sein; aber dieses ist das größte von allen, wenn auch vielleicht
nicht das verderblichste.   Auch hat Thor als Gott des Gewitters, das aus
den Wolken hervorgeht, einen Bezug auf das Meer, und der Gewitter-
stral wird gern von der Flut angezogen. Nach dem Mythus von Thor
hat dieser schon früher einmal gegen die Midgardschlange gekämpft; aber
es war, wie Uhland 171 sagt, nur ein leckes Vorspiel des künftigen, für
beide verderblichen Kampfes.   In der verjüngten Welt findet ein feindseliges Wesen wie die Midgardschlange keine Statt, es muß daher in
diesem Kampfe fallen. Aber auch Thors bedarf es dort nicht mehr, seine
Rolle ist ausgespielt, da es keine Unholde mehr zu erschlagen giebt.
Hierin liegt das Recht der Dichtung, ihn in diesem Kampfe gleichfalls
erliegen zu lassen.   Da Midgards Schützer (Weiher, Heiliger) nun gefallen ist, so werden zwar die Menschen jetzt alle von ihrer Heimatstätte
verdrängt, was die folgende Strophe 56 mit den Worten erläutert: ‚die
Erde sinkt ins Meer‘; aber es war nur der Todeskampf der von Thor
bezwungenen Schlange, die bald nach Strophe 57 die Erde aus dem
Wasser wieder auftauchen und frisch ergrünen läßt.

3. Freyr gegen Surtur, wobei ersterer erliegt, weil er sein
Schwert mißt, das er dem Skirnir gab, womit auf den Mythus von
Freyr und Gerda (§. 29) angespielt wird.   Hätte die Hindeutung Grund,
so wär es schwer, den dem Ausgang des Kampfes zu Grunde liegenden
Gedanken anzugeben.   Freyr mißt sein Schwert, den Sonnenstral, weil
die Sonne bereits von Sköll verschlungen oder doch schon von seinem
Rachen erfaßt ist; erst während des letzten Weltkampfes scheint sie nach
Str. 56, wenn die Erde ins Meer sinkt und die Sterne vom Himmel
fallen, von ihm erwürgt zu werden. Mythendeutung. 46. 47. Wir sahen

aber früher, die Hingabe des Schwerts für Gerdas Besitz bezog sich ursprünglich auf ein jährlich wiederkehrendes Ereigniß, nicht auf das große
Weltenjahr, mit dem es in Verbindung gebracht ward, als der Mythus
von Ragnarök und dem Weltuntergang die Herschaft über alle andern
erlangt hatte. Die entsprechende Stelle der Vsl.:

    52. Bellis Mörder   mischt sich mit Surtur:
       Da läßt Frigga   einzige Freude.

läßt nicht erkennen, ob die Verbindung schon vollbracht war; wenn auch
Freyr Bellis Mörder heißt, was auf den Mythus von Freyr, Gerda und
ihrem Bruder Beli zielt, so ist doch auf die Weggabe des Schwertes nicht
gedeutet. Warum Freyr Friggs einzige Freude heißt, wird später erläutert werden.

    Freyrs Fall erklärt sich wohl daraus, daß es der Wanengötter in
der verjüngten Welt nicht bedarf, da sie den sinnlichen Begierden vor-
stehen. So sehen wir auch keine der Göttinnen übrig bleiben, die sich
nach unserer Ansicht alle aus Nerthus und Freoja entwickelt haben, also
Wanischen Ursprungs sind. Bei den Asen war dem Freyr die Herschaft
über die Sonne (von Odin, dem sie wohl ursprünglich zustand) verliehen
worden; diese ist jetzt in Stolls Rachen und nur noch als Wanengott
kommt er beim Weltkampf in Betracht. Warum Surtur, der ihn besiegt,
gleichwohl in der verjüngten Welt nicht mehr auftritt, ist schon oben
§. 40 erläutert.

    4. **Heimdall gegen Loki.** Die Wöluspa weiß von diesem
Kampfe nichts; doch könnte er in der Ueberlieferung gegründet sein, da
auch Heimdall schon früher einmal einen Kampf gegen Loki bestanden
hat (s. u. Heimdall) wie Thor gegen die Midgardschlange. Loki kennen
wir schon als den Zerstörer, und obwohl wir seinen Namen nicht von
at luka, bschließen, ableiten mögen, so führt er doch das Ende der Welt
herbei. Würde nun Heimdall richtig als der Anfang der Dinge aufgefaßt,
wie denn die verschiedenen Stände ihren Ursprung von ihm herleiten, ja
nach dem Eingang der Wöluspa die Menschen überhaupt, so fände er in
Loki seinen Gegensatz und der Ausgang des Kampfes ließe sich, wenn
gleich mehr witzig als überzeugend, mit den Worten ausdrücken, daß
beim Weltuntergange Anfang und Ende zusammenfallen. Aber der Grund
der Zusammenstellung lag bei ihrem ersten Kampfe in der ursprünglichen
Natur beider, da Loki das Feuer ist und Heimdall, wie unten nachgewiesen werden soll, der Regen. In dieser Bedeutung können sie beim
letzten Kampfe nicht gefaßt werden, man müßte denn Heimdalls Natur
auf das gesamte Element des Wassers, aus dem er geboren ist, erweitern und seinen zweiten Kampf mit Loki beim Weltende auf den Streit
beider Elemente beziehen, der da eintreten wird, wenn Surtur Feuer

über die ganze Welt schleudert und dann die Erde ins Meer sinkt. Das
aber würde mit dem berichteten Ausgang des Kampfes nicht stimmen,
wonach Einer den Andern erschlagen soll, während Wasser das Feuer
löschen müßte. Nehmen wir Alles zusammen, so trifft diesen vierten Kampf,
der im Gedanken nicht fest genug begründet scheint, der Verdacht späterer
Zudichtung. Jener frühere Einzelkampf aber mag die Veranlaßung
gewesen sein, sie auch hier wieder gegenüber zu stellen.

5. **Tyr gegen Managarm.** Auch von diesem Kampfe weiß
Wöl. nichts, und ich halte ihn in der Ueberlieferung nicht für begründet.
Der Verfaßer der jüngern Edda scheint zu der Annahme deßelben durch
ein Mißverständniß der Wöl. veranlaßt. Einen Hund Namens Garm,
der die Fette sprengen und an dem Kampfe Theil nehmen könnte, giebt
es gar nicht. Man denkt an den Höllenhund, von dem es Begland-
twiba heißt, als Odin nach Niflheim eilt, die Wala zu werden, um sie
über die Geschicke der Welt zu befragen:

Da kam aus Hels Haus   ein Hund (hvelpi) ihm entgegen,
Blutbefleckt vorn an der Brust,
Zieser und Rachen   klaffend zum Biß:
So ging er entgegen   mit gähnendem Schlund
Dem Vater der Lieder   mit lautem Bellen.

Aber dieser Höllenhund ist so wenig gefeßelt als Managarm, welcher
so eben erst den Mord verschlungen hat. D. 51 giebt aber nähere Auskunft, welchen Hund sie meine, indem sie hinzufügt: ,Inzwischen ist auch
Garm der Hund los geworden, der vor der Gnupahöhle gefeßelt lag'.
Sie schöpft mithin aus Wöl., wo es Strophe 39 und 48, also zweimal,
heißt:

floyr Garmr mjök   Gräßlich heult Garm
fyr Gnúpahelli,   vor der Gnupahöhle:
feutr mnn slitnu   die Feßel bricht
en Freki rennu.   und Freki rennt.

Sie hat also diese Stelle, die nur den Fenriswolf meinen kann,
mißverstanden. Von einem gefeßelten Hunde ist uns nichts bekannt,
wohl aber wißen wir, daß der Fenriswolf gefeßelt liegt; die Meldung
von seinem Losbrechen, die sonst nirgend gefunden wird, muß in dieser
Stelle der Wöl. enthalten sein, denn sie gehört hieher, da gleich nach ihr
folgt, daß die Midgardschlange Jötunmuth annimmt, das Todtenschiff flott
wird und Muspels Söhne gesegelt kommen. Das Loswerden des Fenriswolfs läßt aber D. 51 selbst diesen Dingen unmittelbar vorhergehen.
Den Fenriswolf sehen wir also in dieser Halbstrophe zweimal in verschiedener Weise bezeichnet, einmal als Garm und gleich darauf als Freki.
Letztern Namen führt einer von Odins Wölfen, und wie dieser nach der

kühnen mythologischen Sprache des Nordens, welche die Namen verwandter Dinge zu vertauschen liebt, dem Fenriswolf beigelegt wird, so auch der Managarmr, der gleichfalls wie wir wissen ein Wolf ist, ob er schon als ein Mondhund bezeichnet wird. Dennoch hat sich der Verfasser der jüngern Edda täuschen lassen, wobei ihm freilich zur Entschuldigung gereicht, daß die Erwähnung der sonst unerhörten Gnupahöhle den Schein veranlaßte, als sei hier von einem neuen übrigens unbekannten Ungethüm die Rede. War dieß einmal vorhanden und der Fessel ledig geworden, so mußte es auch an dem Kampf wider die Götter Antheil haben: man stellte ihm also den Tyr gegenüber, was zugleich den Vortheil gewährte, auch diesem dabei seine Rolle angewiesen zu sehen. Es ist aber unmöglich, den mythischen Gedanken anzugeben, der einem solchen Kampfe zu Grunde liegen sollte, da Garm, der aus Mißverständniß entstandene Doppelgänger Fenrirs, gar keine Bedeutung haben kann.

Die Wiederholung unserer Strophe erklärt sich leicht. Das erstemal (39) steht sie neben Lokis Fesselung, nachdem die Seherin den gleichwohl eintretenden Weltuntergang und Fall der Asen in einer vorschauenden Halbstrophe angedeutet hat. Hier also ist er als ein künftig eintretendes Ereigniß vorweggenommen. Darum muß sie Str. 48 bei der spätern Darstellung des nun wirklich eintretenden Weltuntergangs wiederkehren, um dem Losbruch Fenrirs seine Stelle im Zusammenhang der Ereignisse anzuweisen. Daß Fenrir vor der Gnupahöhle gefesselt lag, sagt allerdings die jüngere Edda nicht, und wie könnte sie es, da sie die Gnupahöhle auf einen Hund Namens Garm bezieht; aber in der Vsl. wird damit die Höhle gemeint sein, welche die Felsen Gioll und Thviti bildeten, die nach D. 34 (§. 39) bei Fenrirs Fesselung gegen einander gefügt werden. Vgl. Lex Myth. s. v. Gnipahellir. Nach dem Glossar zu Th. I. scheint aber at gneypa constringere, comprimere zu bedeuten, was für gnupahelli den zu ihrer Beschreibung D. 34 völlig stimmenden Sinn einer kneifenden (klemmenden) Höhle ergiebt.

6. Vibar gegen den Fenriswolf. Aus dem ersten Kampfe war der Wolf als Sieger hervorgegangen, nachdem er den Weltenvater verschlungen hatte; in diesem sechsten erliegt er, indem ihm Vidar den Fuß, an dem er den großen Schuh hat, in den Unterkiefer setzt, mit der Hand aber nach dem Oberkiefer greift und ihm so den Rachen entzweireißt. Zu jenem großen Schuh sammelt man alle Zeiten hindurch, die Lederstreifen nämlich, welche die Menschen von ihren Schuhen schneiden, wo die Zehen und Fersen sitzen. Darum wird die Lehre hinzugefügt, daß dieße Streifen ein Jeder wegwerfen solle, der darauf bedacht sei, den Asen zu Hülfe zu kommen. Hier haben wir also eine zweite religiöse Pflicht, jener ähnlich, welche sich auf die Nägel der Todten bezog, die zu dem

Bau des Schiffes Naglfar verwandet werden sollen, nur daß wir in jener
sittliche Bedeutung erkannten, während diese zunächst ganz positiver Natur
scheint. Vermuthlich würde dieser Schein aber verschwinden, wenn wir
wüßten, welche Bewandtniß es mit jenen Lederstreifen hatte. Wären wir
unterrichtet, wie die Schuhe der Alten beschaffen waren, so würde sich
vielleicht die Vermuthung rechtfertigen laßen, daß auch hier eine Pflicht
der Vielät und Milde eingeschärft werden soll, indem die Lederstreifen,
welche die Vornehmen und Reichen wegwerfen, von den Geringen und
Armen benutzt werden können, ihre Füße damit zu bekleiden.

Die hier eingeschärfte Pflicht als ein gutes Werk zu faßen, wo nicht
als die guten Werke überhaupt, berechtigt der schottische Glaube, denn
Aberglauben möchte ich es nicht nennen, der einem armen Mann zuweilen
ein Paar Schuhe zu schenken empfiehlt: sie würden dem Geber in der
andern Welt zu Gute kommen. Da müßten wir nämlich über eine große
mit Dornen und Pfrimmenkraut bewachsene Haide, und könnten nicht
hinüber als durch das Verdienst dieses Almosens, denn jener alte Mann
werde uns da mit den geschenkten Schuhen begegnen: wir würden sie
anlegen und damit unbeschädigt durch Dick und Dünn waten. Der Schuh
ist das Almosen, das heidnische Völker am Höchsten hielten, sie bis bei
ungebahnten Wegen über Stock und Stein fuhren. Verwandt scheint der
muhammedanische Glaube, wonach sich die Verstorbenen die guten Werke
unter die Füße legen, wenn sie vor dem jüngsten Gericht über die glühende Eisenstange schreiten müßen, die über eine grundlose Tiefe gelegt ist.
Myth. 794. 795. Wahrscheinlich hängt damit auch der Todtenschuh (hel-
skó) zusammen, den man den Todten mitgab, nach welchem im Henne-
bergischen die dem Verstorbenen erwiesene letzte Ehre überhaupt genannt
wird, ohne daß der Gebrauch selbst fortdauerte; ja das Leichenmal wird
so geheißen. Myth. 795. Lütolf 552. So wird in Stöbers Elsäßischen
Sagen S. 84 erzählt: In Ingersheim verstarb eine Wöchnerin, der
hatte man keine Schuhe mitgegeben: da klopfte sie gleich in der ersten
Nacht ans Fenster und sagte: Warum habt ihr mir keine Schuhe mitgegeben? Ich muß durch Disteln und Dornen und über spitze Steine.
Diese Mitgabe beruhte auf dem Glauben, daß sie während der sechs
Wochen ihr Kind zu säugen zurückkehren werde. Uhland VIII, 459.
Auch die seinen Kamm mit bekommt muß sich am Dornicht striegeln
laßen. Rochh. Glaube 189. Die Tochter Sion' bedarf nach B. 3481
zu der Reise nach dem Berge des himmlischen Bräutigams unter andern
auch der Schuhe der Demuth, und nach deutschen Volkssagen (Baader
237. Woll R. S. 396) stillt ein Schuh, in ein Gewitter geworfen,
das durch Hexerei erregt ist, den Sturm oder bannt den Hexenschwarm,
ein Glaube, auf den auch in Hoffmanns Niederdeutschem Theophilus

Z. 5246 angespielt wird. Vgl. die Anm. 48. Ein andermal (Baader
141) vertreibt Schuhwechsel Gespenster; wie auch Brot gegen einen
feurigen Mann geworfen vor diesem schützt. Baader 224. Sieht man
irgendwo Geld brennen, so muß man einen Schuh darauf werfen, dann
kann man es auch bei Tage heben. Kuhns Märk. Aberglaube 67.
Myth. 1072.

Die guten Werke sind Manchem ein Anstoß; aber ich verstehe sie als
Werke, die aus gutem Herzen kommen, wie sie auch in den Märchen die
dankbaren Thiere zu belohnen wißen. Das Wesen muß erscheinen, sagt
Hegel, und ein gutes Herz, das sich nie durch Werke bethätigt, ist eben
so wenig werth als ein s. g. gutes Werk, das anderer Quelle als gutem
Herzen entspringt. Das kann ein Kind begreifen, und so hoffe ich,
alberner confessioneller Zank werde mir bei Erklärung eines tiefsinnigen
heidnischen Mythus nicht mehr entgegenstehen.

Die Aufforderung, die Lederstreifen wegzuwerfen, welche den großen
Schuh bilden helfen, mit welchem Wibar den Göttern die Unsterblichkeit
erkämpft, enthält hienach eine Mahnung an die Menschen, sich dieser Unsterblichkeit durch gute Werke theilhaftig zu machen. Wir würden mit
dieser Ansicht durchzubringen hoffen dürfen, wenn nicht Wibars Wesen und
die Bedeutung seines Kampfes erst noch der Erläuterung bedürften. Bekanntlich hat dieser Gott so verschiedene Auffaßungen erfahren, daß er
schon betwegen der schweigsame As (D. 29) heißen dürfte, denn er schwieg
uns, wir wußten ihn nicht zu deuten. Daß er die Waßerhose nicht sein
kann, wie Finn Magnusen wollte, ergiebt sich schon daraus, daß ein solches verderbliches Ungethüm wohl zu den Riesen, nicht zu den Göttern
zählen könnte; was darauf leitete, seine Einbeinigkeit, wird aus dem
großen Schuh, der einen seiner Füße bekleidet, ohne Grund gefolgert.
Darum hätte Wibar auch nicht mit Gunthari, der im Waltharius im
Kampfe mit diesem den Schenkel einbüßt, verglichen werden sollen. Petersen nimmt ihn für die Unvergänglichkeit der Natur, vorgestellt in einem
undurchdringlichen Wald, wo nie eine Axt klang, denn im Urwald
herrscht Schweigen.

Diese Deutung hat viel Einnehmendes und trifft in ihrem ersten
Theile nahe zum Ziel; nur der Urwald wird ganz aus dem Spiele bleiben
müßen. Vorgestellt unter dem Bilde eines jungen Anwuchses würde es
richtiger heißen. Unsere Ansicht haben wir so eben angedeutet; sie zu
begründen müßen wir auf Fentirs Bedeutung zurückgehen, denn in seinem
Kampf mit ihm ist der Sitz der Lehre. Wir haben ihn aber schon als
die Vernichtung selber, als ein Symbol des hereinbrechenden, unvermeidlichen Untergangs aufgefaßt. Indem ihn nun Wibar bekämpft und besiegt, kann dieser nichts anders als die Erneuerung sein, die Wieder-

geburt der Welt und der Götter, wozu sein Name vollkommen stimmt,
zumal das gotische vithra, das sowohl contra als re-, rursus, iterum
bedeutet, dem Norden neben dem gangbaren vidh nicht fremd ist, wenn
es auch nur in Zusammensetzungen wie vidhrlik (sustentatio), vidhr-
vist (praesentia) erscheint. Gr. Gramm. II, 795. III, 258. Widar,
der den Göttern die Erneuerung erkämpft, indem er die Vernichtung
besiegt, ist auch der eigentliche Gott der erneuerten Welt, da Wali, der
neben ihm genannt wird (Wafthrub. 51), als Baldurs Rächer in dessen
Mythus gehört, der ursprünglich auf das zwölfmonatliche Jahr bezüglich,
erst später auf das große Weltenjahr übertragen ward. Als ein Sinnbild der Erneuerung versteh ich auch, was Grimnismal 17 von Widars
Wohnsitz gesagt ist:

> Gestrüuch grünt und hohes Gras
> In Widars Land Widi.

womit man Hawamal 120 vergleiche, wo es heißt:

> Gewinnst du den Freund, dem du wohl vertraust,
> So besuch ihn nicht selten,
> Denn Strauchwerk grünt und hohes Gras
> Auf dem Weg, den Niemand wandelt.

Daß dem Unbesuchten, von den Menschen Geflohenen Gras vor der
Thüre wächst, ist noch gänge Redensart; aber Niemand wird dabei, wenn
es auch Gras und Strauch hieße, an den Urwald denken, und obgleich
in dieser Erneuerung des ursprünglich überall verbreiteten Anwuchses die
unvergängliche Kraft der Natur sich offenbaren mag, die sich
immer wieder erneut, so ist es doch nur die Erneuerung selbst, welche
das Bild meint, wie ihr Begriff sich auch aus dem Sieg über den Fenriswolf, der die Vernichtung ist, ungezwungen ergiebt. Allerdings läßt
der Name des Gottes zu, an vidhr Holz zu denken, und insofern dieß
wie Hoddmimirs Holz §. 48 die unzerstörte Triebkraft der Natur darstellt, haben wir auch nichts gegen eine solche Ableitung; aber da ein
gleiches vidhr Präposition und Adverbium ist, das auch in seiner alt-
hochdeutschen Form widar in widarburt die erste Hälfte der Zusammensetzung bildet, so sehen wir den Urwald herbeizuziehen am wenigsten
Grund, da dieser keinen Sinn ergiebt. Petersen war wohl ein sinniger
Mann, voll Phantasie und poetischer Begabung, aber dem Gedanken des
Mythus nachzugehen nicht immer aufgelegt. Die Phantasie führte ihn
gern ihre eigenen Wege, vielleicht anmuthigere, aber eben nicht die Wege
des mythischen Gedankens. Was kann schöner, was kann herrlicher sein
als der Urwald, was berühter als sein Schweigen? Aber falls es am
jüngsten Tage noch einen Urwald giebt, was ich bezweifle, so sollte es

uns leid thun um diese Schönheit und Herrlichkeit, wenn sie sich in
Kampf einließe mit dem Wolf, der die Zerstörung selber ist. Was
könnte der Ausgang eines solchen Kampfes sein als daß der Urwald
ausgehauen würde, so gänzlich ausgehauen wie leider oft auch unsere
Wälder, in denen man vor lauter Wald keinen Baum mehr sieht. Unser
sechster Kampf nimmt aber einen andern Ausgang: Widar geht siegreich aus ihm hervor, darum kann er nicht der Urwald sein. Was
wollte auch der Urwald gegen Fenrir ausrichten, wenn er mit
klaffendem Rachen einherfährt und schon den Weltenvater verschlungen hat? Er wäre wie eine Bohne in eines Löwen Rachen
geworfen. Und was könnte der große Schuh des Urwalds bedeuten?
Das alles hätte Petersen bedenken sollen und Alle sollten es, die noch
jetzt auf seinen Irrthum schwören, nachdem die einleuchtende Wahrheit
längst gefunden ist.

Nur wenn wir Widar als den Gott der Erneuerung fassen, erklären
sich auch die Worte D. 29: ‚Auf ihn vertrauen die Götter in allen
Gefahren.‘ Wie die Unsterblichkeitslehre die Menschen zu tapfern Kämpfern macht, die dieses Leben freudig in die Schanze schlagen, so mögen
auch die Götter mit voller Zuversicht in den Kampf gehen und den
Tod verachten, da sie auf die Wiedergeburt vertrauen, die ihnen Widar
erkämpfen wird.

Die Wöluspa scheint nach Str. 54 noch nichts von Widars großem
Schuh zu wissen, da von seinem Schwerte (hjör) gesprochen wird. Wohl
aber kann man schon eine Andeutung desselben in Wafthrudnismal 53
finden, wonach er dem Wolf die kalten Kiefern klüften soll. Schuh und
Schwert scheint die Eladda, die ihm Cap. 11 einen Eisenschuh beilegt, verbinden zu wollen. Dieß mag sie auch veranlaßt haben, jenes
Riesenweib Gridh, von welchem Thôr bei seiner Fahrt nach Geirrödsgard
Stärkegürtel, Stab und Eisenhandschuhe borgt, zur Mutter Widars
des Schweigsamen zu machen, wovon die übrigen Quellen nichts wissen.
Aber wäre dieß auch tiefer begründet, so kann der Umstand, daß anderwärts (Wöl. 31) von einem Eisenwalde die Rede ist, doch die Ansicht
nicht stützen, daß Widar, der Gott der Erneuerung, der Wiedergeburt,
unter dem Bilde eines undurchdringlichen Urwalds vorgestellt sei. Der
schweigende As darf er aber allerdings heißen, da Niemand gewiß
weiß, welches Schicksal seiner in der wiedergeborenen Welt harrt, wenn
er auch der Mahnung zu genügen bestrebt war, sich der durch Widar
erstrittenen Unsterblichkeit theilhaftig zu machen. Wir sprechen in demselben Sinne von dem schweigsamen Grabe:

> Das Grab ist tief und stille,
> Und schauderhaft sein Rand.

Es deckt mit schwarzer Hülle
Ein unbekanntes Land.   Salis.

Heißt es doch auch Hyndluliod. 41:

Wenige werden weiter blicken
Als bis Odin den Wolf angreift.

was nicht wörtlich zu nehmen ist: der letzte Weltkampf ist gemeint, der mit diesem Einzelkampf anhebt. Uhland 169.

Erinnerungen an Widars großen Schuh haften in den großen Schuhen des ewigen Juden, die an verschiedenen Orten, zu Ulm und Bern gezeigt werden. Von jenen zu Bern heißt es bei Rochholz II, 307, sie seien ungemein groß und von hundert Stücken zusammengesetzt, ein Meisterstück eines Schuhmachers, weil sie mit vieler Mühe, Fleiß und Geschicklichkeit aus gar vielen ledernen Theilen zusammengeflickt worden. Hier kommt auch der Grund zu Tage, warum ihn die Sage für einen Schuhmacher ausgiebt. Vgl. auch Grohmann 59.

Zum Schluße noch über den Namen der Kampfstätte Wigrid, die nach allen Seiten hundert Rasten breit ist:

Vaflhr. 18. Wigrid heißt das Feld, wo zum Kampf sich finden
Surtur und die ewigen Götter.
Hundert Rasten zählt es rechts und links:
Solcher Walplatz wartet ihrer.

Er ist von vig (Kampf) und ridha (reiten) gebildet, weil die Götter dahin zum Kampfe reiten. Er heißt aber auch Oskopnir, nach Fafnismal 18. 19:

Wie heißt der Holm, wo Herzblut mischen
Surtur einst und Asen?
Oskopnir heißt er: da werden alle
Götter mit Speeren spielen.

Völsungsf. K. 18 heißt er Uskapir, weil man ihn als den unerschaffnen versteht; richtiger wird er aber als der unausweichliche gedeutet, vor dem keine Flucht möglich ist (at scopa, rennen), Petersen 391. In Deutschland entspricht das Walserfeld, obgleich es auch andere Lokalisierungen giebt. So wird in Schleswig-Holstein bald Kordorf bald Bornhöwde genannt (Müllenh. 870), auch wohl die Kropper Haide, wie bei uns die Wahner Haide, ein uraltes Grabfeld voller Todtenurnen.

47. Der Weltbrand.

Muspels Söhne, an deren Spitze Surtur geritten kommt, sind die Bewohner Muspelheims, der südlichen Feuerwelt, also die Flammen selbst. Ihr Vater Muspel erscheint nirgend persönlich, er würde noch einmal das Feuer personificieren. Surtur, der Schwärzer, den wir schon oben für den Rauch erklärt haben, schleudert an Lokis Stelle das Feuer über die Erde und verbrennt die ganze Welt. Der Weltbrand heißt demnach Surtalogi. Walthr. 50. Surturs flammendes Schwert (hefir loganda sverdh D. 4) ist wieder die Flamme.

Es ist eine der überraschendsten und bei den gegen das Alter der Edda erhobenen Zweifeln erfreulichsten Einstimmungen der deutschen mit der nordischen Mythologie, daß uns das dunkle Wort muspel in gleicher Bedeutung bei Sachsen und Baiern in Handschriften des achten und neunten Jahrhunderts wiederbegegnet und zwar gerade auch bei Beschreibung des jüngsten Tages. In dem sächsischen Heliand heißt es 79, 24: ,mudspelles megin obar man farid,' ,die Gewalt des Feuers fährt über die Menschen,' und 133, 4: ,mutspelli cumit an thiustrea naht, al sô thiof ferid darno mid is dâdiun', ,das Weltfeuer kommt in dunkler Nacht heimlich und plötzlich wie ein Dieb geschlichen,' und der althochdeutsche Dichter sagt in dem von Schmeller entdeckten altbairischen Bruchstücke von dem jüngsten Gericht, welchem der Herausgeber den Namen Muspilli gegeben hat:

Dâr ni mak denne mâk (andremo) helfan vora (demo) muspille,
Denne daz preita wasal allaz varprinnit.

So lazu der Freund dem Freunde nicht vor dem ,Muspel' frommen,
Wenn selbst das breite Weltmeer gänzlich verbrennen wird.

Das dunkle Wort zerlegt M. 769 in mud- und -spilli, und erklärt letzteres aus dem altnordischen at spilla corrumpere, perdere, welchem ein hochdeutsches spildan, verderben entspricht. Dunkler ist aber die erste Silbe mud-, welche verglichen mit -meidhr in vilmameidhr, wie die Wellesche Yggdrasil in Fiölsvinnsm. zu heißen scheint, auf den Begriff des Holzes führen würde. Mudspilli wäre dann poetische Umschreibung des holzverderbenden Feuers, was ähnliche eddische Bezeichnungen des Feuers, bani vidhar, grand vidhar, Tödter, Verderber des Holzes, außer Zweifel stellen. Vgl. jedoch Worstle Zschr. für d. Myth. III, 302.

In dem altbairischen Gedichte ,Muspilli' finden sich noch andere Nachklänge der altheidnischen Vorstellungen von dem Untergange der Welt. Der Antichrist, der hier neben dem Teufel, dem altfiante, dem Altfeinde, wider Elias kämpfen und besiegt werden soll, wird Z. 38 der warch, d. i. der Wolf (vargr §. 40 oben) genannt. Von Elias aber wird gesagt, er solle bei diesem Kampfe erliegen und sobald sein Blut in die Erde triefe, würden alle Berge entbrennen.

Das hört' ich erzählen die Weisen auf Erden,
De solle mit dem Antichrist Elias streiten.
Der Wolf ist gewaffnet: da wird gestritten.
Die Kämpen sind so kraftvoll, der Kampfpreis ist so groß!

Elias streitet um das ewige Leben:
Er will den Rechtschaffnen das Reich bewahren;
Darum wird ihm helfen, der des Himmels Gewalt hat.
Der Antichrist steht bei dem Altfeinde,
Steht bei dem Satanas, der ihn verlenken soll.
Darum wird er auf der Walstatt verwundet fallen,
In derselben Reise des Sieges enrathen.
Doch wird auch Elias in dem Kampf erliegen.
Wenn aber des Elias Blut in die Erde träufet,
So entbrennen die Berge, aller Bäume steht nicht
Mehr Einer in der Erde, die Wasser all vertrocknen,
Das Meer verschwindet, der Himmel schwält in Lohe,
Der Mond fällt vom Himmel, Mittelgard brennt,
Kein Felsen steht mehr fest. Da fährt der Nachestag (stuatago §. 42)
Ins Land mit der Lohe, die Laster heimzusuchen.
Da kann der Freund dem Freunde nicht vor dem ‚Muspel' frommen er.

Der Weltbrand ist hier also eigenthümlich herbeigeführt: nicht Surtur, welchem der Altfeind, der Teufel, entspricht, wie sonst dem Loki, schleudert Feuer über die Welt, sondern von des verwundeten Elias Blut entbrennen die Berge. Heidnischen Erinnerungen scheint dieser Zug zunächst nicht (s. aber u.) entnommen; doch begegnet er auch sonst nicht in christlichen Ueberlieferungen. Immer ist das Wort muspilli nicht der einzige Anklang an die eddische Schilderung des Weltuntergangs: der aufmerksame Leser wird nicht bloß bei ‚Mittilagart' an Midgard denken, auch der fallende Mond erinnert an die vom Himmel fallenden Sterne Wöl. 56 und das ‚swilizôt longiu der himil' (der Himmel schwält in Lohe) an die Zeile: ‚die heiße Lohe leckt den Himmel' (leikr hár hiti vidh himin ejâlfan). Daß der Antichrist als warch (Wolf) bezeichnet wird, widerstreitet der Ansicht, daß er an Surturs Stelle getreten sei (Gr. Myth. 772). Surtur kämpft in der Edda mit Freyr: diesem aber kann Elias nicht entsprechen, da er weniger mit ihm als mit Thôr Aehnlichkeit hat, denn auch Elias wird nach Myth. 157—159. 772 als Donnerer aufgefaßt. Schon im II. Buch der Könige 2, 11 fährt er im Wetter gen Himmel, und ein Wagen mit Feuerrossen nimmt ihn in Empfang; serbische Lieder legen Blitz und Donner in seine Hand; er verschließt sündhaften Menschen die Wolken des Himmels, daß sie keinen Regen zur Erde fallen lassen, wovon auch Otfrid aus biblischen Quellen weiß; und kaukasische halbchristliche Völker verehren den Elias geradezu als Donnergott; sie flehen ihn an, ihre Felder fruchtbar zu machen und den Hagel davon abzuhalten. Aus diesem Grunde kann der als Wolf gedachte Antichrist auch nicht an die Stelle des Fenriswolfes getreten sein, mit welchem Odin kämpft, vielmehr wird das heidnische Vorbild des gegen Elias kämpfenden Antichrists in der Midgardschlange zu suchen sein, die gegen Thôr geordnet ist. Auch die Midgardschlange ist nach dem Obigen durch ihren Namen Jörmungandr als warb, d. i. als Wolf bezeichnet, und da Thôr dem im Gewitter einherfahrenden Elias gleicht, so haben wir in diesen beiden die entsprechenden Kämpfer gefunden. Gehen wir hievon aus, so fügt sich Alles. Elias kämpft mit dem Warch, dem Antichrist, wie Thôr mit Jörmungandr; gleich dieser fällt der Antichrist, aber dennoch muß Elias erliegen, wie Thôr von dem Gifte der Schlange bespritzt fällt. Und wie von des Elias Blut die Berge entbrennen, so ist vielleicht schon in der ä. Edda mit Thôrs Fall der allgemeine Weltbrand verbunden. In einem Märchen der südsibirischen Stämme, das Liebrecht GGA. 1868 S. 112 bespricht, heißt es: „Vom Blute des Mai-Tere wird die Erde im Feuer brennen", was unsere Auffaßung bestätigt. Zwar die jüngere Edda ordnet die Kämpfe anders an: Surtur schleudert das Feuer erst nach Lokis Fall über die Erde; die Wôluspa berichtet aber den Weltbrand ohne Surtur zu nennen in der nächsten Strophe nach der von Thôrs Kampf mit der Midgardschlange:

56. Glutwirbel umwühlen den allnährenden Weltbaum,
Die heiße Lohe belackt den Himmel.

Nach der christlichen Darstellung wird Elias von dem Antichrist besiegt; hier soll der Antichrist sieglos werden und doch Elias erliegen. Beides stimmt zu dem Ausgang von Thôrs Kampf mit der Midgardschlange. A. M. ist Zarncke Ueber Muspilli S. 220 ff.

In einem Stücke freilich gleicht Elias mehr dem Widar als dem Thôr, so daß dem christlichen Dichter Erinnerungen von selben Kämpfen geblieben sein mögen: wie Widar streitet er um das ewige Leben und will den Rechtschaffenen das himmlische Reich erwerben.

Müllenhoff hat neuerdings (Denkmäler 260) in diesem Kampfe des Elias mit dem Antichrist die heidnischen Erinnerungen geläugnet und die Abweichung von der biblischen Ueberlieferung daraus zu erklären gesucht, daß der Dichter ein ungelehrter Laie war, der nur nach Hörensagen und ungenauen Erinnerungen dichtete. Wir können das wohl zugeben, aber es erklärt uns nur, warum seine Darstellung im Ausgang des Kampfes von der Apokalypse abweicht, nicht warum sie in allen Stücken mit der Edda stimmt. Schwerlich würde ihm der Antichrist, der nach der Bibel siegreich aus dem Kampf mit Elias hervorgeht, darin gefallen sein, während er auch Elias erliegen läßt, wenn sich ihm nicht Erinnerungen an Thôrs letzten Kampf unter die christlichen Vorstellungen gemischt hätten. Bei dieser Annahme werden wir auch geneigt sein, die christliche Sage von dem Streit der Engel um die abgeschiedene Seele, für welche gleichfalls ‚Muspilli' das älteste Zeugnis enthält, aus unserm Mythus von dem letzten Weltkampf herzuleiten, denn sie überträgt nur auf den einzelnen Menschen, was von der Menschheit überhaupt galt.

Man hat auch die funfzehn Zeichen, welche nach der kirchlichen Ueberlieferung des Mittelalters den jüngsten Tag ankündigen sollen (Sommer
in Haupts Zeitschrift III, 523), mit der eddischen Schilderung in Vergleich gezogen; es fehlt aber unter ihnen jener uns eigenthümliche Schreckens-
winter (Fimbulvetr), der die Länge dreier andern hat, so wie auch jene
ihm vorausgehenden drei Jahre schwerer Kriege, welche die Wöluspa als
Beilalter, Schwertalter, Windzeit, Wolfszeit bezeichnet. Allerdings weiß
auch die christliche Lehre von vorausgehenden Kriegen und Kriegsgerüch-
ten, von der überhandnehmenden Gottlosigkeit und erkaltenden Liebe; ja
die Uebereinstimmung geht weiter: nach Marcus 13, 12 wird ein Bruder den Andern und der Vater sein Kind zum Tode ausliefern; die Kinder werden gegen die Eltern sich empören und ihren Tod verschulden.
Man hat hieraus sogar einen Grund hergenommen gegen die Ursprüng-
lichkeit der eddischen Ansicht, indem man die Wöluspa in einer Zeit entstehen ließ, wo das Christenthum bereits in den Norden eingedrungen
war, Weinhold Zeitschr. VI, 915. Selbst Gr. Myth. 722 möcht, wenn
das Uebrige nicht abwiche,' in dem Zusammentreffen dieses eddischen Zugs
von der Steigerung des Bösen in der Welt vor ihrem Untergange mit der
biblischen Lehre einen starken Grund für die Annahme, daß die Wöluspa
auf unsere heilige Schrift zurückweise, anerkennen. Allein nicht nur weicht
das Uebrige ab, Dietrich hat auch Zeitschr. VII, 810 wesentliche Unter-
schiede nachgewiesen, indem dort nach 2 Thess. 2 Verläugnung der Gottheit und Selbstvergötterung (Antichrist) als Höhepunkt des Bösen gefaßt
sind, während in der Edda das Böse, das von jeher vorhanden war, nur
überhand nimmt und die innigsten Blutsbande sprengt, die brüderlichen,
die der heidnischen Tugend das Heiligste der Menschheit sind, der selbst
die Liebe zum Gatten, ja zum Kinde geopfert wird, ,wovon Signy und
die Gudrun der Niflungensage lebendige Beispiele sind: ihre Greuelthaten
waren der Vorzeit, wenn nicht Tugenden, so doch nicht unter Schande
und Schuld fallende Krastverweisungen, denn sie halfen dem Bruder zur
Rache. Umgekehrt wird an dem Bruder, selbst wenn er den Vater
getödtet hat, nicht Rache gestattet.' Da hienach die Herrschaft des Bruder-
mords ein ganz heidnischer Antichrist ist, so kann dieser Zug, der im tiefsten Gefühl der Heidenwelt wurzelt, ihr als ein Vorbote des Weltendes
nur durch Gewalt abgesprochen werden. Die weitern Gründe, die hiefür
Dietrich geltend macht, zeigen namentlich den Ausdruck Windzeit, Wind-
alter in der heidnischen Vorstellung tief begründet: die Stürme und
Verfinsterungen, welche Wöl. 83 in den mehrfach angeführten Zeilen:

> Der Sonne Schein dunkelt   in kommendem Sommer,
> Alle Wetter wüthen: wißt ihr was das bedeutet?

als Vorzeichen des Untergangs auffaßt, zeigen uns das innige Mitleiden

der äußern Natur mit den ſittlichen Leiden der Menſchenwelt, in welcher
die Habgier Bruder gegen Bruder in den Kampf führt, in der alle Liebe
erloſchen iſt. Hier war er nahe daran, auch die erſte Hälfte der Str. 33
nach unſerer Deutung zu faſſen, wonach Managarm, der Mörder des
Mondes, ſich vom Mark keiner andern Männer nährt als jener im Bruder-
krieg gefallenen, was D. 12 verkannt hat, wie auch Naglfar, das Todten-
ſchiff, von keinen andern Nägeln erbaut ſein kann als jenen, welche die
erloſchene Liebe unbeſchnitten ließ, was bisher gleichfalls unverſtanden
blieb, nicht weniger das dem Tyr übertragene Amt der Fütterung Fenris. Eine Anſicht, die ſo tief im Herzen der deutſchen Heiden Wurzel
geſchlagen und in ihrer Götterbildung ſo mächtige Aeſte getrieben hat,
kann nicht angeeignet, von außen hereingetragen ſein.

Weinholds Anſicht, daß die Wöluſpa erſt entſtanden ſei als das
Chriſtenthum bereits im Norden eingedrungen war, alſo nach dem Beginn
des neunten Jahrhunderts, hat Dietrich a. a. O. gleichfalls geprüft und durch
äußere hiſtoriſche Zeichen für das frühere Vorhandenſein des Gedichtes
widerlegt. Die Echtheit der entſcheidenden Stelle der Wöluſpa Str. 45:

Brüder beſehden ſich und fällen einander,
Geſchwiſterte ſtahl man die Sippe brechen,
Unerhörtes ereignet ſich, großer Ehbruch ꝛc.

anlangend, bezeichnet er als die Hauptfragen, um welche ſich die Unter-
ſuchung drehe, folgende:

I. Ob es rein deutſch-heidniſche Vorſtellung ſei, daß Hel, die Unterwelt, welche alle kampflos Gefallenen empfängt, einen Strafort
für Verbrecher habe?

II. Ob die äußerſte Steigerung des Böſen in der Welt vor ihrem
Untergange von dem Einfluß der neuteſtamentlichen Lehre vom
Antichriſt unabhängig zu denken ſei?

Wegen der erſten Frage wies er auf die ſchweren Ströme, welche
wie jener Strom Slidhr, der nach Wöl. 40 Schlamm und Schwerter
wälzt, Meuchelmörder und Ehebrecher durchwaten müßen, ſo wie auf den
Drachen Nidhöggr hin, der die Leiber ſolcher Verbrecher ausſaugt, und
den Wolf, der ſie zerreißt; wobei er geltend machte, daß dieß keine chriſtliche Hölle mit Feuerſtrafen, mit Heulen und Zähneklappern, ſondern eine
eigenthümlich gefärbte deutſche Waſſerhölle ſei, über die er ſpäterhin
(Zeitſchr. IX, 175—186) noch einen eigenen Aufſatz lieferte, welcher den
Gegenſtand ſo vollſtändig erſchöpft, daß mir bei der ſpätern Betrachtung
der Unterwelt nur Weniges nachzutragen bleiben wird. Einſtweilen kann
ich auf mein Programm Vaticinii Valae Vindiciae. Bonn. 1858, ſo wie
auf das Juliheft der Allg. Monatsſchrift für Wiſſenſchaft und Literatur
1853 verweiſen.

Wie er die zweite Frage erlebigt, haben wir bereits angedeutet; aber auch unsere ganze bisherige Darstellung ging darauf hinaus, den Zusammenhang der wachsenden Enthüllung mit dem Untergange der Welt als den Gesichtspunkt nachzuweisen, welchen die Seherin der Wöluspa von Anfang an festhält und bis zu Ende durchführt, wie es freilich die deutsche Mythologie, welche die Wöluspa in der Kürze zusammenfaßt, überhaupt thut, so daß er als ihr leitender Grundgedanke anzusehen ist. Darum scheint es mir nicht zu kühn zu sagen, daß wir nächst der Germania des Tacitus kein schöneres Denkmal der sittlichen Herrlichkeit unseres Volkes besitzen, als die Edden und namentlich die Wöluspa.

Einige möchten das Bewußtsein der deutschen Götter von ihrem künftigen Untergange so deuten als hätte der heidnische Glaube seine eigene Unzulänglichkeit gefühlt und die Ahnung, daß seine Götter fallen und dem Christengotte weichen müßten, in der Dichtung von dem letzten Weltkampfe ausgesprochen. Aber so gern ich anerkenne, daß der heidnische Glaube dem Christenthume gegenüber unzulänglich ist, so kann ich doch ein Bewußtsein davon dem Heidenthume nicht beimessen. Es würde ja dann die Wiedergeburt der Götter nicht behauptet und den Kampf gegen die zerstörenden Mächte zur Hauptthätigkeit der Götter gemacht, ja die Unterstützung der Götter bei diesem Kampf zur religiösen Pflicht der Menschen erhoben haben. Ein Gott der Erinnerung wie Widar, der Göttern und Menschen ein neues reineres Dasein erkämpft, bliebe bei solcher Voraussetzung ganz unbegreiflich. Läßt doch auch das Christenthum selbst in der Ankündigung des Antichrists für eine kurze Zeit die Mächte der Unterwelt den Sieg gewinnen ehe das ewige Weltreich anbricht. Die Dichtung von dem Untergange der sündigen Götter und ihrer Wiedergeburt in der erneuerten, entsühnten Welt ist vielmehr ein Versuch, das große Problem von dem Ursprung des Uebels zu lösen, das auch in andern Mythologieen zu den tiefsinnigsten Dichtungen Veranlaßung gab. Um diese Frage dreht sich eigentlich Alles, sie ist auch bei uns der Hebel, der das ganze Götterdrama in Bewegung setzt. Worüber die Philosophen von jeher die Köpfe zerbrachen, auch den dichtenden Volksgeist hat es frühe beschäftigt. Das Uebel ist nicht ohne Schuld der Götter entstanden; aber sie werden diese Schuld im letzten Kampfe sühnen und dann eine neue, bessere Zeit kommen und schuldlose Götter die wiedergeborene Welt beherrschen. Wie wenig uns diese Lösung befriedigen möge, ehe das Christenthum in die Welt kam war eine bessere schwer zu finden.

Erneuerung und Fortdauer.

48. Eddischer Bericht von der Erneuerung.

Zuerst die Darstellung der Völuspa, welcher die jüngere Edda D. 52 nur Einzelnes aus Wasthrudnismal 44—47. 50—51 hinzufügt. Die Seherin spricht von sich:

57. Da sieht sie auftauchen zum andernmale
Die Erd aus dem Wasser und wieder grünen.
Die Fluten fallen, der Aar fliegt darüber,
Der auf dem Felsen nach Fischen weilet.

58. Die Asen einen sich auf Idafeld
Ueber den Weltumspanner, den großen, zu sprechen.
Uralter Sprüche sind sie da eingedenk,
Von Fimbultyr gefundner Runen.

59. Da werden sich wieder die wunderfamen
Goldenen Schriben im Grase finden,
Die in Urzeiten die Asen hatten,
Der Fürst der Götter und Fiölnirs Geschlecht.

60. Da werden unbefäet die Aecker tragen,
Alles Böse schwindet, Baldur kehrt wieder.
In des Siegsgotts Himmel wohnen Hödur und Baldur,
Die walweisen Götter: wißt ihr was das bedeutet!

61. Da kann Hönir selbst sein Loos sich kiesen
Und beider Brüder Söhne bewohnen
Das weite Windheim: wißt ihr was das bedeutet!

Die Erneuerung, Entsühnung der Welt und der Götter bedeutet es an diesen Stellen, wie vorher immer den Weltuntergang. Es ist im Gedanken begründet, daß dieselbe Frage, die bisher so schaurig tönte, hier eine heitere Wirkung macht, nachdem sich die Weltgeschicke glücklich gewendet und gelöst haben.

62. Einen Saal seh ich heller als die Sonne,
Mit Gold bedeckt auf Gimils Höhn.
Da werden bewährte Helden wohnen
Und ohne Ende der Ehren genießen.

63. Da reitet der Mächtige zum Rath der Götter,
Der Starke von Oben, der Alles steuert.
Den Streit entscheidet er, schlichtet Zwiste
Und ordnet ewige Satzungen an.

Der Bericht der jüngern Edda D. 53 lautet: „Die Erde taucht aus der See auf, grün und schön, und Korn wächst darauf ungesät. Widar und Wali leben noch, weder die See noch Surturs Lohe hat ihnen geschadet. Sie wohnen auf dem Idafelde, wo zuvor Asgard war. Auch Thörs Söhne, Modi und Magni, stellen sich ein und bringen den Miölnir mit. Darnach kommen Baldur und Hödur aus dem Reiche Hels: da sitzen sie alle beisammen und besprechen sich und gedenken ihrer Heimlichkeiten und sprechen von Zeitungen, die vordem sich ereignet, von der Midgardschlange und von dem Fenriswolf. Da finden sie im Grase die Goldtafeln, welche die Asen besessen haben. Wie es heißt:

> Widar und Wali walten des Heiligthums,
> Wenn Surturs Lohe losch.
> Modi und Magni sollen Miölnir schwingen
> Und zu Ende kämpfen den Krieg. Waflhr. 51.

An einem Ort, Hoddmimirs Holz genannt, verbargen sich während Surturs Lohe zwei Menschen, Lif und Lifthrasir genannt, und nährten sich vom Morgenthau. So heißt es hier:

> Lif und Lifthrasir leben verborgen
> In Hoddmimirs Holz.
> Morgenthau ist all ihr Mal;
> Von ihnen kommt ein neu Geschlecht. Waflhr. 45.

Und das wird dich wunderbar dünken, daß die Sonne eine Tochter geboren hat, nicht minder schön als sie selber: die wird nun die Bahn der Mutter wandeln. So heißt es hier:

> Eine Tochter entstammt der strahlenden Göttin
> Ehe der Wolf sie würgt.
> Glänzend fährt nach der Götter Fall
> Die Maid auf den Wegen der Mutter. Waflhr. 47.

49. Der unausgesprochene Gott.

Das Bestrittenste ist hier Str. 63 s. o. 138, wo es im Original „at regindómi‘ (zum Rath der Götter) heißt, worin man das ‚Weltgericht‘ hat finden wollen, um diese Stelle als christlichen Einschub zu verdächtigen. Die „Regin‘ kennt aber die Wöluspa als die richtenden und rathenden Götter, die sich auch in so vielen andern Stellen auf ihre Richterstühle (röketölar) setzen, Rath und Gericht zu halten. Freilich wird hier ein höchster Gott, der Alles steuert, angenommen; da er aber zum Rath der Götter theilt, so hat er noch andere Götter unter sich, mithin liegt reiner Monotheismus hier nicht vor, wenn auch eine Annäherung daran. Nethalb sagt Hyndluliod, nachdem von Heimdall die Rede war:

Einst kommt ein Anderer, mächtiger als Er,
Doch noch ihn zu nennen mag ich nicht.
Weniges werden weiter bestehn
Als bis Odin den Wolf angreift.

Ich möchte weder die eine noch die andere Stelle als unächt verwerfen. Als der Glaube von der Wiedergeburt einer entführten Welt sich bildete, da konnte auch schon aus der Vielheit der Götter die alte Einheit wieder bestimmter hervortreten. Schon die Annahme des Weltbrandes, der mit der Welt auch die Götter entsühnen sollte, zeigt, wie sehr der Glaube unserer Vorfahren sich geläutert hatte. Warum sollte ihnen nicht auch die Ahnung eines obersten Gottes aufgegangen sein, der Alles lenkt, ewige Satzungen anordnet, und so heilig ist, daß keine Zunge ihn zu nennen wagt! Die Ahnung sage ich, denn nur als einen künftigen, der kommen soll, sehen wir ihn an beiden Stellen bezeichnet. Hiemit waren die deutschen Heiden denn allerdings für die Aufnahme des Christenthums vorbereitet; aber christlichen Einfluß braucht man darum nicht anzunehmen. Dieser unausgesprochene Gott, der Str. 58 als Fimbultyr bezeichnet wird, darf nicht für eine Wiedergeburt Odins genommen werden, obgleich an einer Stelle der jüngern Edda von Odin, den sie Allvater nennt, aber durch bekannte Beinamen Odins kennzeichnet, so gesprochen wird, als wenn in ihm jetzt schon jener allwaltende, ewige Satzungen anordnende Gott gekommen wäre. Wenn es nämlich D. 3 von Allvater heißt: ‚Er lebt durch alle Zeitalter und beherrscht sein ganzes Reich und waltet aller Dinge, großer und kleiner. Er schuf Himmel und Erde und die Luft und Alles was darin i... das ist das Wichtigste, daß er dem Menschen schuf und gab ihm ..., der leben soll und nie vergehen, wenn auch der Leib in ... fault oder zu Asche verbrannt wird. Auch sollen alle Menschen ..., die wohlgesittet sind, und mit ihm sein an dem Orte, der Gi... heißt; aber böse Menschen fahren zu Hel und darnach gen Niflhel, das ist unten in der neunten Welt,‘ so ist hier offenbar die Vorstellung herrschend, als ob die Welt sich bereits verjüngt hätte, denn nur in der verjüngten Welt kommen die Guten nach Gimil, wogegen in der alten Welt, im alten Asgard, wie es D. 3 ausdrücklich heißt, nach dem nordischen Glauben Götter sowohl als Menschen zu Hel fahren, wenn sie nicht auf dem Schlachtfelde gefallen sind. Insofern also hier Odin der Gott ist, zu dem alle wohlgesitteten Menschen nach Gimil kommen sollen, ist er für den unausgesprochenen Gott der verjüngten Welt, der kommen soll, genommen; nur daß er nach dem Eingange der Stelle zugleich als der älteste aller Götter gefaßt wird. Ausdrücklich bezeichnet sie ihn durch den ersten seiner Beinamen als Allvater, also jenen Gott, der sich bei der Schöpfung verborgen hielt. Auch hier ist nicht unbedingt nothwendig, christlichen Einfluß anzunehmen, obgleich man ihn in der jüngern Edda lieber und hier am Liebsten zugeben wird. Wäre eine fremde monotheistische Lehre eingedrungen, so würde der eine Gott keine andern Götter neben oder unter sich dulden; aber eine Läuterung der vielgöttischen Lehre zur Einheit finden wir jedenfalls angebahnt. Gewiß ist aber in dieser Stelle Verwirrung, und Odins Fortleben kann nicht darauf gegründet werden. Uebrigens ist Allvaters Name im Volke noch nicht ganz verschollen: Allvaters Loch heißt eine Felsenhöhle im Eichsfeld, Heiligenstädter Progr. 1864, S. 21.

50. Die übrigen Götter der erneuten Welt.

Die unter dem ausgesprochenen, mächtigern Gotte, der kommen soll, fortlebenden Götter sind:

1. **Widar und Wali**, die beiden Rächer, der eine Odins, der andere Baldurs. Ihnen hat weder die See noch Surturs Lohe geschadet, sie sind nicht wiedergeboren, sie haben den Weltbrand überdauert.

2. **Baldur und Höbur**, die aus Hels Reiche zurückkehren. Ist Hels Reich zerstört, sind die Pforten der Hölle gebrochen? Die schwer verständliche und durch den eddischen Ausdruck Drache (draki) verdächtige Strophe 64 giebt keine sichere Auskunft. Aber eine andere Annahme ist nicht denkbar, wie hätte Hel ihre Beute sonst fahren lassen? Baldur beherrscht die verjüngte Welt als Gott der Unschuld und Höbur darf sich ihm gesellen, weil er an seines Bruders Tod keine Schuld trug.

Hier ist der Ort, die §. 33 aufgeworfene Frage zu beantworten, was es denn gewesen sei, was Odin seinem Sohn ins Ohr sagte eh er die Scheitern bestieg? Daß das hier waltende Geheimniß auf die einstige Wiedergeburt der Welt und der Götter zu beziehen sei, hab ich schon in der Edda vermuthet. Der Beweis dafür liegt in der Stellung der Frage unmittelbar nach jener, was Odins Ende sein werde? worauf Walthrudnir antwortet:

    Der Wolf erwürgt den Vater der Welten.

worin für Odin, der die Frage als Gangrabr vorlegt, eine Demüthigung liegt. Indem er nun die letzte Frage folgen läßt:

    Was sagte Odin dem Sohn ins Ohr,
    Eh er die Scheitern bestieg?

besiegt er den Riesen in doppelter Weise: denn jener weiß sie nicht zu beantworten und so ist formell sein Haupt, das der Wette verpfändet war, dem Sieger verfallen; zugleich entscheidet er aber auch in der Sache den Wortstreit zu Gunsten der Götter und zur Demüthigung der Riesen, indem er auf die Wiedergeburt der Götter anspielt, welche jenen nicht beschieden ist. Daß Baldur wiedergeboren werde, ist damit nicht unvereinbar, daß er aus Hels Haufe zurückkehrt; nur kehrt er als ein Lebender, nicht als ein Todter zurück und das dürfen wir als Wiedergeburt verstehen.

3. Hönir kehrt, wenn er will, von den Wanen zurück, denen er zum Geisel gegeben war. Ganz folgerichtig heißt es demnach Wafthr. 39 von Niördr:

> Am Ende der Zeiten soll er aber kehren
> Zu den weisen Wanen.

Dieß Zeugniß steht indeß allein und widerspricht der Wölufpa' welche nur Asen den Weltbrand überleben läßt, der Wanen keinen. Ist es mehr als eine bloße Folgerung aus der Rückkehr Hönirs, der für Niördr hingegeben war, so ließe es sich so deuten, daß der Gegensatz zwischen Asen und Wanen jetzt aufgehoben ist. Erst durch den Verlust der Unschuld war die Entzweiung unter die Götter gekommen: es bedarf jetzt, da aller Streit ausgeglichen ist, keiner Pfänder des Friedens mehr.

Der beiden Brüder, deren Söhne nun das weite Windheim bebauen sollen, wird unmittelbar nach dieser Meldung von Hönirs Erledigung gedacht: es scheint also, daß er die Rückkehr wählen wird, wenn Er und Odin, nicht Hödur und Baldur, unter den beiden Brüdern verstanden sind; des dritten Bruders Söhne kehren nicht zurück noch er selber: Loki, dem Feinde der Götter, der das Verderben in die alte Welt gebracht hat, ist keine Fortdauer in der wiedergeborenen bestimmt. Geläutert hat er die Welt und die Götter; hiemit ist seine Aufgabe erfüllt.

4. Thörs Söhne Modi und Magni (Muth und Stärke) kehren gleichfalls nach D. 53 und Wafthr. 51 zurück und bringen den Hammer mit. Freilich scheint es dessen kaum zu bedürfen, es sei denn zum Segnen und zum Schützen; wenn sie den Krieg zu Ende kämpfen sollen, so beruht dieß auch nur auf einer zweifelhaften Lesart. Modi und Magni sind zu Söhnen Thörs aus des Gottes Eigenschaften erwachsen, Eigenschaften, die er besitzt, und im Kampf wider die Riesen bewährt, Eigenschaften ferner, die er verleiht, denn die Früchte des Feldes geben Kraft und Muth, Thörs Dienern zumal, den Bauern, die sie im Kampf mit der Natur, im Schweiß des Angesichts nach dem christlichen Ausdruck, errungen haben. Waren sie früher Eigenschaften Thörs, so dauern sie jetzt als persönlich gedachte Eigenschaften der verjüngten Götter fort.

Als die Wohnung dieser verjüngten Götter wird D. 53 ,Idafeld (idhavöllr), wo zuvor Asgard war,' genannt. Idafeld scheint die erneuerte Welt selbst zu bezeichnen, denn von der Erneuerung hat es den Namen, der wohl erst späterhin auf den Ort, wo Asgard erbaut ward, also auf die goldene Zeit der verlorenen Unschuld übertragen ward, nicht ohne Grund, denn das wieder erworbene Paradies fällt im Gedanken mit dem unverlorenen zusammen. So sagt schon Grimm Myth. 783: ,das Paradies ist ein verlorenes und ein künftiges der neugrün aus der Flut steigenden Erde; dem Idavöllr, in dessen Grase die Götter Goldtafeln zum Spiel finden, steht schon jener alte Idavöllr, in welchem die Asen Asgard stifteten und heiter im Hofe mit Würfeln warfen, gegenüber, dem verjüngten Reiche der Zukunft ein dahingeschwundenes goldenes Zeitalter, worin Milch und Honig flossen.'

51. Das verjüngte Menschengeschlecht.

Auch den Menschen ist in der verjüngten Welt ein Dasein zugedacht; Widar war es, der eigentliche Gott der Erneuerung, der es ihnen nach unserer Ausführung §. 46 erkämpfte. Unter Hoddmimirs Holz kann nur Mimameidr, die Weltesche verstanden sein. Mimir hatte unter ihr seinen Brunnen. Hoddmimir heißt es hier, weil Weisheit und Verstand in seinem Brunnen verborgen sind, die höchsten Schätze. Aehnlich ist es, wenn Sigrdr. 13 dieses Mimirs gesalbtes Haupt, mit welchem Odin murmelt Vsl. 47, Heiddraupnir, Goldträufler, und sein Horn Hoddraupnir, Schatzträufler heißt. In dieser Weltesche haben sich Lif und Lifthrasir, Leben und Lebenskraft, geborgen, Surturs Lohe vermochte sie nicht zu verzehren. Das neue Menschengeschlecht, das von ihnen erzeugt wird, ist unsinnlicher Natur und keiner irdischen Speise bedürftig: Morgenthau ist all ihr Mal.

52. Fortdauer, Lohn und Strafe.

Gimil, der Himmel der verjüngten Welt, wird nach Vsl. 62 die Wohnung aller bewährten Leute sein. Nach D. 17 steht dieser Palast am südlichen Ende des Himmels; er ist der schönste von allen und glänzender als die Sonne; alle guten und rechtschaffenen Menschen aller Zeiten werden ihn bewohnen. Nehmen wir D. 3 hinzu, so ist er als ein Lohnort zu betrachten, welchem gegenüber jetzt Nifthel als Strafort gilt, denn es heißt: ‚Auch sollen alle Menschen leben, die wohlgesittet sind und mit ihm (Allvater) sein an dem Orte, der Gimil heißt. Aber böse Menschen fahren zu Hel und darnach gen Nifthel, das ist unten in der neunten Welt.' Ueber die Lage Gimils finden wir D. 17 fernere Auskunft: ‚Es wird gesagt, daß es einen Himmel südlich und oberhalb von diesem (Asgard) gebe, welcher Andlang heiße. Und noch ein dritter Himmel sei über ihnen, welcher Widblain heiße, und in diesen Himmeln glauben wir sei dieser Palast belegen.' Wichtiger aber als diese nicht sehr zuverlässige Meldung ist der Unterschied, der jetzt zwischen Guten und Bösen gemacht wird, während früher Walhall nur die in der Schlacht Gefallene (vápnadauðha vera) aufnahm; die übrigen, Götter wie Menschen, zu Hel fuhren ohne daß deren Wohnung immer als ein Strafort gegolten hätte.

Hier scheint aber wieder Verwirrung, denn in der erneuerten Welt giebt es nach deutscher mythischer Vorstellung keine Strasorte mehr: das ist der wesentliche Unterschied unserer mythischen Anschauung, wenn wir sie mit der christlichen Lehre von den letzten Dingen vergleichen. Das Reich der Hel ist zerstört: alles Böse schwindet, heißt es in der Wöluspa, und was an den Göttern, die ihr Geschlecht nicht rein erhalten hatten, Irdisches war, das haben die Flammen des Weltbrandes verzehrt; nur ihr geistiges Princip hat sich erhalten: rein und fleckenlos beherrschen sie die geläuterte, von allem Uebel gereinigte Welt. Verleitet ist die jüngere Edda zu ihrer Annahme durch einige in die Wöluspa später eingeschobene Strophen, 40—43, die kurz vor dem Untergange der Welt von Strasörtern sprechen, welche darin irrthümlich auf die erneute Welt bezogen wurden. Daß sie eingeschoben sind, geht daraus hervor, daß sie den Zusammenhang sehr zur Unzeit unterbrechen. Von Lohn und Strafe kann hienach eigentlich in der erneuerten Welt keine Rede mehr sein; Alles was davon gesagt werden wird, ist auf die Zeit vor der Erneuerung zu beziehen, denn allerdings hatte die deutsche Unterwelt ihre Strasörter, was von Grimm verkannt worden ist; sie ist aber keineswegs an sich ein Strafort wie unsere christliche Hölle. Die Göttin der Unterwelt heißt Hel, die verborgene Göttin, verborgen im Schooß der Erde: darum ist sie noch an sich nicht böse; nur weil man sie als Todesgöttin faßte, erschien sie so durch die heidnische Furcht vor dem Tode; wir werden sie später noch als eine gütige Göttin kennen lernen. Aber freilich waren in der Unterwelt auch Strasörter, wie daneben auch Freudenaufenthalte gewesen sein müssen. Hel lohnte und strafte Jeden nach seinem Verdienst, dem Guten erscheint sie freundlich, dem Bösen als eine grausame Rächerin. Die Lohnörter sind noch mehr verdunkelt als die lange verkannt gebliebenen unterirdischen Strafen, und zwar deßhalb, weil nach der später herrschend gewordenen Ansicht, die besonders der Norden ausgeprägt hat, die Götter jetzt im Himmel wohnen, nicht mehr wie ursprünglich in der Unterwelt, und weil sie auch die Menschen dieses ihres Himmels theilhaftig machen, wenn sie ein kampfliches Leben geführt haben.

Idawöllr (Idafeld) heißt in der neuen Welt das Paradies der Götter, ursprünglich das wiedererworbene, zuletzt auch das verlorene; dagegen Gimil die allen guten und gerechten Menschen in der erneuerten Welt bestimmte Freudenwohnung. In D. 3 wird diese Freudenwohnung auch Wingolf genannt, das an einer andern Stelle D. 14 neben Gladsheim als die Wohnung der Göttinnen erwähnt wird. Mit diesem Wingolf vergleicht Grimm Myth. 781 das agf. vinsele, den Saal, in dem die Helden mit dem Könige trinken, und das im Althochd. zur Uebertragung des Paradieses dienende wunnigarto, da sich wunna = wunia und

wini amicos nahe berühren.' Wingolf würde hienach einen Freudenort
bezeichnen, was auch der Sinn von Glabsheim iſt. Da Gimil als ein
Palaſt gedacht iſt, der im dritten Himmel liegt, ſo mag dieſe hohe Lage
auch die Ausdrücke mendelberc (mons gaudii) und weldenberc, Berg
des Heiles, erläutern. Teutſche Sagen, Märchen und Lieder wißen von
dem himmliſchen Glasberge §. 22, der aus Glabsheim mißverſtanden
ſcheinen würde, wenn nicht Myth. 781 ſchon einen nordiſchen glerhimin
(coelum vitreum) nachwiese. Gimil iſt als ein Palaſt gedacht, ein
Freudenſaal; anderwärts ſcheint die im Volke noch jetzt unerloſchene Vorſtellung von einer Freudenwieſe (Myth. 782) zu walten, wie Jdawöllr
grasbewachſen dargeſtellt iſt. Darauf geht das altf. hebenwang, vielleicht
auch das agf. neornavong, vgl. Myth. 781, wo auch das altf. ôdas-
hêm, ŷpôdashêm beſprochen iſt. Nach D. 52 iſt aber Gimil nicht der
einzige Freudenort: ,Es giebt viel gute und viel üble Aufenthalte; am
Beſten iſt in Gimil zu ſein. Sehr gut (?) iſt es in dem Saale, dem
Brimir heißt und gleichfalls im Himmel ſteht. Ein guter (?) Saal iſt
auch jener, der Sindri heißt und auf den Nidabergen ſteht, ganz aus
rothem Golde gebaut.' Dieß iſt aus Wöl. 41 mißverſtanden, wo es heißt:

> Nördlich ſtand   an den Nidafeſſen
> Ein Saal aus Gold   für Sindris Geſchlecht.
> Ein andrer ſtand   auf Okolnir,
> Des Rieſen Bierſaal,   Brimir genannt.

Sindri kennen wir aus D. 61 als einen der Zwerge, welche die
Kleinode der Götter ſchmiedeten. Die Nidafeſſen ſcheinen nach Wöl. 64,
wo ſie mit Nidhöggr verbunden ſind, in den Tiefen Niflhels belegen,
und D. 52 war weder berechtigt, den Sindris Geſchlecht beſtimmten Saal
Sindri zu nennen, noch ihn in den Himmel zu verlegen und dem verjüngten Menſchengeſchlecht oder den fortdauernden Seelen der Menſchen
zur Wohnung anzuweiſen. Eine gleiche Bewandtniß hat es mit dem
Saale Brimir. Wie Sindri ein Zwerg, ſo iſt Brimir ein Rieſe. Wöl. 9
nennt ſogar den Urrieſen ſo, und Wöl. 41 ging der Name Brimir wieder nicht auf den Saal, ſondern auf den Rieſen ſelbſt. Unklar bleibt,
was Wöl. mit dieſen beiden Sälen will; die Strophe ſteht mitten unter
jenen, die von Strafen und Straförtern ſprechen. Zu dieſen geht nun
auch D. 52 über: ,In Naſtrand (Leichenſtrand) iſt ein großer aber übler
Saal, deſſen Thüren nach Norden ſehen. Er iſt mit Schlangenrücken
gedeckt, und die Häupter der Schlangen ſind alle in das Haus hinein-
gekehrt und ſpeien Gift, daß Ströme davon im Saale rinnen, durch welche
Eidbrüchige und Meuchelmörder waten müßen, wie es heißt:

42.   Einen Saal ſeh ich,   der Sonne fern
      In Naſtrand;   die Thüren ſind nordwärts gekehrt.

Gifttropfen laßen durch die Fenſter nieder:
Aus Schlangenrücken iſt der Saal gewunden.

43. Im ſtarrenden Strome ſtehn da und waten
Meuchelmörder und Meineidige.

Aber in Hwergelmir iſt es am ſchlimmſten:

Da ſaugt Nidhöggr der Entſeelten Leichen.

Der proſaiſche Zwiſchenſatz: ‚aber in Hwergelmir ꝛc.‘ iſt Willkür: die Wöluſpa ſcheint auch Naſtrand nach Niflhel zu ſetzen, welche durch den Brunnen Hwergelmir mit der Oberwelt in Verbindung ſteht. S. oben §. 6. Uebergangen iſt hier Str. 40 der Wöluſpa, die, obgleich entfernt ſtehend, doch mit Str. 43 zuſammengehört:

Ein Strom wälzt oſtwärts durch Eiterthäler (Giftthäler)
Schlamm und Schwerter, der Ellbur (Slidhr) heißt.

Hier haben wir jene eigenthümliche deutſche Qualhölle, in der es kein Feuer giebt, wohl aber ſtarrende Ströme voll Sumpf und Schlamm, welche Schwerter wälzen; Meuchelmörder und Meineidige müßen ſie durchwaten. Die deutſche Waßerhölle unterſcheidet ſich von der chriſtlichen Hölle ſo ſcharf, daß es Niemand einfallen kann, an eine Entlehnung zu denken; eher möchte eine Urverwandtſchaft mit den Straßreiden der griechiſchen Mythologie anzunehmen ſein, wo es auch Höllenflüße giebt, wo Tantalus bis ans Kinn im Strome ſteht, die Danaiden Waßer ſchöpfen und ausgießen und der Geier des Prometheus an den Drachen Nidhöggr erinnert, der die Leichen der Verſtorbenen nagt. Spuren einer echt deutſchen Feuerhölle werden gleichwohl unten §. 95 nachgewieſen. Die alte Niflhel, obgleich ſie keineswegs für alle ihre Bewohner ein Reinigungsort ſein ſollte, hatte alſo doch ihre Strafen für gewiſſe Verbrechen und in jenem Naſtrand und dem vielleicht dort entſpringenden Schlamm und Schwerter wälzenden Strome Slidr, welchen die Verbrecher durchwaten ſollten, beſaß ſie einzelne Stätten der Qual. Dieß beſagt auch Sigurdarkv. II, 4:

Harte Strafe wird Menſchenſöhnen,
Die in Wadgelmir waten:
Wer mit Unwahrheit den Andern betrügt,
Ueberlang ſchmerzen die Strafen.

und in Sigrdr. 22. 23 iſt darauf hingewieſen, daß man der Schuld ledig leben müße, damit man es im Tode nicht entgelte. Auch bei den Völkern des engern deutſchen Landes hat Dietrich a. a. O. Spuren derſelben Vorſtellung nachgewieſen und in Vatic. Valae Vind. p. 5—7 hab ich dazu Nachträge geliefert. Ein eigenthümlich deutſcher Ausdruck der als Strafort gedachten Hölle ſcheint Ovelgunne, worüber uns das niederdeutſche Schauſpiel von Theophilus nähern Aufſchluß bringt. Vgl. Myth. 953, wo auch Robistrug besprochen wird, ein Name gleichen Sinnes, welchen Grenzwirthshäuser (Nachbarnkrug) zu führen pflegen. Vielleicht fanden dort einst gemeinsame Opfermahlzeiten Statt, da die Grenze über den Heerd zu laufen pflegt; die christliche Zeit könnte sie dann in Verruf gebracht haben. Vgl. Grimm Teutsche Grenzalterthümer und Myth. 766. Wahrscheinlicher ist er aber aus Nörwis Krug entstellt. Nörwi oder Narfi kennen wir aus §. 14 als den Vater der Nacht, einen Sohn Lokis. Vgl. jedoch Liebrecht Gervasius 168, Kuhn NS. 484, Diez etym. Wörterb. I, s. v. Abisso.

Blicken wir zurück, so unterscheidet sich der Himmel der erneuten Welt scharf genug von Walhall, dem Himmel der jetzigen. Dieser nahm nur in der Schlacht Gefallene auf; jetzt aber empfängt Gimil alle Guten und Rechtschaffenen aller Zeiten und Völker; den Bösen dagegen wird keine Erneuerung zu Theil, so wenig als den Riesen, den weltzerstörenden Gewalten.

53. Späte Nachklänge.

Die heidnischen Vorstellungen von Weltuntergang und Erneuerung lebten noch während des ganzen Mittelalters unter allen deutschen Völkern fort und bis auf den heutigen Tag konnten sie nicht ganz ausgerottet werden. Sie sind aber verwachsen mit der von Grimm Myth. 903 f. f. g. Bergentrückung der Götter, mit ihrer Verzauberung in einem hohlen Berge, wo sie dem Tag der Entscheidung entgegenschlafen, dann aber erwachen und den letzten Kampf auskämpfen werden, worauf nun eine beßere Zeit folgen soll. Diese verwünschten, verzauberten oder bergentrückten Götter finden wir aber nicht mehr in dieser Würde unter ihrem alten Namen, mit Ausnahme der Göttin Freyja, die noch als Frau Frene (Myth. 283. 1212) oder als Frau Holda in Bergen haust, auch wohl den deutschen Namen mit klassischen (Venus, Juno M. 912) vertauscht hat. Neben Juno finden wir im Wartburgkr. Felicia Sibyllenkind, über die wir nähere Auskunft wünschen. Dem Namen nach gleich sie der deutschen Frau Saelde, die wir im Fortunat als Fortuna verdeutscht finden. Felicia kennt auch Montemayor (Felismene, Quellen des Shakespeare II, 95 f.), aber in höherer Würde, als Gebieterin jener drei Schwestern, die wir §. 105 als deutsche Nornen, Parzen oder Feen kennen lernen. Warum sie Sibyllenkind heißt, deuten die Sibyllenberge bei Norcia an, die sich dem deutschen Venusberge vergleichen. Aus der Unterwelt werden wir Orakelsprüche geholt sehen: darum durfte hier Sibylle hausend gedacht werden. Vgl. was Düntzer über den Nekromanten von Norcia im 2. Theil des Faust beigebracht hat. Im böhmischen Frauenberg könnte selbst die nordische Edda als Frau Edd noch fortzuleben scheinen. Schönwerth III, 366. Vergl. Quitzmann Die heidn. Rel. 48. Die männlichen Gottheiten sind in Helden verwandelt, Uhland VIII, 683, entweder in die unserer Heldensage, die überdieß verjüngte Wiedergeburten der alten Götter sind, als Siegfried, Etzel und Dietrich, oder in unsere geschichtlichen Helden wie Karl der Große, die Ottonen, die Friedriche, wie Wedekind (M. 906), die drei Telle (Stifter des Schweizerbundes) u. s. w. In dem Bergschloße Geroldsed schläft Siegfried mit andern Helden, im hessischen Odenberge sitzt Kaiser Karl als langbärtiger Greis, ebenso im Kaiser Karls Berg zwischen Nürnberg und Fürth, während er im Untersberge bei Salzburg, der vom Schlafen des Gottes den Namen hat, indem Underruhe den Mittagsschlaf bedeutet, bald mit Karl dem Fünften, bald mit einem der Friedriche wechselt. Am häufigsten erscheint Kaiser Friedrich (Rothbart), der außer in jenem Untersberge auch in dem Keller seines Schloßes zu Kaiserslautern, im Trifels bei Annweiler und auf dem Kiffhäuser in Thüringen schläft; besonders ist letztere Sage berühmt geworden. Man weiß, wie er am runden Steintisch den Kopf in der Hand nickt und mit den Augen zwinkert; wie sein Bart schon zweimal um den Tisch gewachsen ist, und wie, wenn er zum drittenmal um den Tisch gewachsen sein wird, der Kaiser erwachen soll und hervorgehen und seinen Schild an einen dürren Baum hängen, worauf dieser ergrünt und eine beßere Zeit anhebt. Bekannt ist auch, wie er den Schäfer fragte, der ihn einst wachend antraf: „Fliegen die Raben noch um den Berg?' und als die Frage bejaht ward, bekümmert ausrief: ‚So muß ich noch hundert Jahre schlafen.' Alle hundert Jahre pflegt er hienach einmal zu erwachen und nach seinen Raben zu sehen. Es sind Odins Raben, die um den Berg fliegen, der Gott hat sie ausgesandt den Stand der Dinge in der Welt zu erkundigen; alle andern Deutungen schlagen fehl. Daß sie um den Berg fliegen, kann nur eine verdunkelte Erinnerung sein; sie müßten zu ihm in den eben heute offenen Berg fliegen, sich auf seine Schulter setzen und ihm die Kunde ins Ohr flüstern. Auch darin ist die Sage unvollständig, daß nicht gesagt wird, was, wenn der Kaiser seinen Schild an den ergrünenden dürren Baum gehängt hat, geschehen werde um die beßere Zeit herbeizuführen. Das weiß aber noch die Sage vom Untersberge und andere schon vor vier bis fünf Jahrhunderten (Gr. Muth. 908) aufgeschriebene Sagen können zur Bestätigung dienen: auf dem Walserfelde soll dann eine blutige Schlacht geschlagen werden, die nichts anderes ist als der letzte Weltkampf, denn der Antichrist erscheint, der Engel Posaunen tönen, der jüngste Tag ist angebrochen, das Weltende tritt ein. Ehe diese Schlacht entschieden ist, kann auch der dürre Baum nicht ergrünen, denn dieser ‚laublose' Baum ist die Weltesche, von der die Idun, der grüne Blätterschmuck, herabgesunken ist, in der aber, wie in Hoddmimirs Holz, noch Lif und Lifthrasir, Leben und Lebenskraft, sich verborgen halten; doch erst bei der Wiedergeburt der

Weil kann sie von Neuem zu grünen anheben, und die verdunkelte Sage meldet dieß Ereigniß zu früh. So ist das Wasserfeld nichts als die Ebne Wigrid oder Oskopnir; daß der Kaiser an Odins Stelle getreten sei, verriethen uns schon seine Raben; der rothe Bart könnte von Thôr entliehen sein und der Name Friedrich, ja die Bergentrückung von Freyr, wie wir bei dessen Mythus sehen werden. Der Kaiser schläft aber nicht allein: seine Helden, die Einherier, finden wir in vielen Sagen mit ihm in den Berg entrückt; seine Rüstkammer ist voller Waffen und in den Ställen stampfen die Pferde ungeduldig im Schlaf; ja nach Einer Sage sucht er deren Zahl noch zu mehren, damit Er und sein Heer zum letzten Kampf besser beritten sei, und so wird er auch dieß Heer selbst noch zu stärken bedacht sein. Warum er aber versunken ist, warum er im Berge schläft, kann uns erst deutlich werden, wenn Freyrs Mythus abgehandelt ist. Uebrigens gestattet die Sage auch neuern Helden einzutreten: so schläft Prinz Karl im Fichtelgebirge mit viel tausend Kriegern, und als im Jahre 1848 Nachrichten von Siegen der Italiener über die österreichischen Truppen verbreitet wurden, hieß es: ‚Es geht halt so wie die ‚Mutterweis' prophezeit hat: in Welschland wird es unsern Leuten so schlecht gehen, daß die Meisten zu Grunde gehen. Wenn es aber so weit gekommen ist, daß der Kaiser mit seinen zwei letzten Soldaten durch den Kuntersweg hereinzieht, wird der Sandwirth erscheinen und die Leute aufbieten. Dann giebt es einen so großen Landsturm wie er noch nie dagewesen ist und die welschen Rebellen werden für immer geschlagen sein. Viele Leute glauben zwar, daß der Sandwirth zu Mantua erschossen worden sei. Dieß ist aber erlogen. Er hat sich nur versteckt und lebt in der Sarner Scharte oder im Ifinger.' Zingerle Tyr. S. 203. Den Ifinger kennt man aber aus K. Oswalds Sage als einen Wodansberg.

Dem Birnbaum auf dem Wasserfeld entspricht in einer schleswigschen Sage (Müllenhoff S. 378) der Hollunder in Kordorf, und so finden sich vielerlei Varianten, jede Provinz hat ihre eigenen; aber in allem Wesentlichen bleibt die Sage sich gleich. Dort wird erst eine rothe Kuh über eine gewisse Brücke geführt: es sind Muspels Söhne, die Flammen, die über Bifröst reiten. Wie Mannhardt Germ. M. S. 332 bemerkt, soll nach einem deutschen Volksliede eine bunte Kuh den gläsernen Berg hinauf getrieben werden. Vgl. Schwartz Heut. Volksgl. S. 132. Eine solche Brücke spielt auch bei uns am Niederrhein eine Rolle in den Weissagungen des s. g. Spielberub, die im Jahre 1848 wieder so viele Gemüther beunruhigten, obgleich sie nur verwirrte Nachklänge der uralten Vorstellungen vom Anbruch des großen Weltkampfs sind, der jetzt als Ausbruch eines allgemeinen europäischen Krieges gefaßt ward. Jene Brücke sollte jetzt bei Monvorf über den Rhein geschlagen werden und darauf der allgemeine

weltenvölkernde Krieg losbrechen. Nach der schleswigschen Sage wird die
Niederlage so groß, daß von dem Heere des weißen Königs, der den
schwarzen besiegen soll, die Uebriggebliebenen von Einer Trommel essen
können und der König selbst wird nach der Schlacht an einer Trommel
seine Mahlzeit halten. So soll Holger dauske (Myth. 313) zurückkehren,
wenn nicht mehr Männer in Dänemark sein werden als ihrer Raum auf
einer Tonne haben. Nach der neuesten schweizerischen Fassung wird die
Schlacht so mörderisch sein, daß die Pferde bis aus Gekröse im Blute
stehen; die Sieger werden einander fragen, ob sie in einem oder zwei
Wirthshäusern einkehren wollen: da werden sie an einem einzigen Platz
genug haben. Rochholz I, 61. Nach der westfäl. Sage (Kuhn 205) wird
man bis an die Enkel im Blute waten; die Schlacht selbst soll beim
Birkenbaum in der Gegend von Werle stattfinden: das ist der Name
einer Haide in der Nähe des Dorfes Bremen; wahrscheinlich hat dort einst
ein solcher Baum gestanden. Gleichwohl wird man auf die alte Esche
zurückgewiesen, denn Neocorus, indem er von der Linde zu Süderheistede
spricht, die ihres Gleichen nicht gehabt, fügt doch hinzu: außer in Schilesche
in Westfalen. Dieß Schilesche, sagt Kuhn 209, ist der auch noch heute in
der Volkssprache contrahierte Name für Schildesche bei Bielefeld. Gemeint
ist also wohl die Esche, an welche der Kaiser seinen Schild hängen soll.

Den weißen König, der dem schwarzen (Surtur) entgegensteht, deuten
Grimm und Müllenhoff auf Freyr; doch scheint der Gegensatz des Schwarzen, der im Gedächtniß geblieben war, diese Bezeichnung gewirkt zu haben;
sein weißes Pferd weist eher auf Odin, während Freyr meist fahrend erscheint.
An den „wilden Gob' glaubt man auch in den Niederlanden. Hier ist es nur
ein einziger Goll, der zur letzten Schlacht reitet; badische Sagen (Baader
67. 142) wissen von zwölf bergentrückten Männern, also der vollen Zahl
der Asen: sie kommen, wenn Deutschland in der größten Noth ist, hervor
und befreien es von seinen Feinden. Sollten nicht schon die sieben schlafenden Männer, deren Paulus Diaconus I, 4 gedenkt, hieher gehören?

Man hat den im Berge schlafenden Kaiser für Baldur oder Allvater
ausgegeben. Aber Allvater schläft nicht, er wallet, Hrafn. 1, und Baldur
kämpft die letzte Schlacht nicht mit: er erwartet in Frieden ihren Ausgang,
um dann von seinem neuen Reiche Besitz zu ergreifen. Die Raben, die
um den Berg fliegen, die Helden, die mit dem Kaiser zugleich entrückt
sind, unzählige mit ihren Pferden, die Rüstkammer, die von Waffen starrt,
das Horn, das neben dem Kaiser hängt, und in das er stoßen soll seine
Gefährten zu erwecken, endlich sein Austreten im Kampfe selbst, in blauer
Rüstung auf dem weißen Roß, alles zeigt uns, daß hier von Woban
noch Erinnerungen haften.

Die einzelnen Götter.

Allgemeines.

54. Polytheismus.

Von den Geschicken der Welt und der Götter gehen wir zu den Mythen über, welche einzelne Gottheiten betreffen, deren Gestalten wir zugleich näher ins Auge faßen. Auf Götter und göttlich verehrte Wesen beschränkt sich aber die Götterlehre wenngleich auch an andern Dingen nach dem Volksglauben Göttliches und Uebernatürliches hängt. Nach §. 33 nahm Frigg Eide von Feuer und Wasser, Eisen und allen Erzen, Steinen und Erden, von Bäumen, Krankheiten und Giften, dazu von allen vierfüßigen Thieren, Vögeln und Würmern, daß sie Baldurs schonen wollten, und denselben Dingen geboten die Asen, Baldurn aus Hels Gewalt zu weinen.

Noch ein christlicher Dichter, Herzog Heinrich von Breslau (M. S. I, 3b), klagt den umgebenden natürlichen Dingen sein Leid und sie erbieten sich zur Hülfe:

Ich klage dir, Mai, ich klage dir, Sommerwonne,
Ich klage dir, lichte Halde breit,
Ich klage dir, aufgestochenbte Klee,

Ich klage dir, grüner Wald, ich klage dir, Sonne,
Ich klage dir, Venus, sehnlich Leid,
Daß mir die Liebe thut so weh u. s. w.

Aber wenn es auch der heidnischen Anschauung nicht genügte, des Einen Gottes Herrlichkeit an viele göttliche Wesen zu verschwenden, wenn ihr die ganze Natur belebt und begeistigt war —

Wir sind gewohnt,
Wo es auch thront,
In Sonn und Mond
Hinzubeten, es lohnt.   Goethes Faust II, 151.

— so wußte sie diese Belebung und Begeistigung doch zu zahllos wimmelnden Gestalten auszuprägen und jede mit Namen und Charakter auszustatten. Götterloser Naturdienst, Verehrung der Elemente selbst, nicht

aus ihnen erschaffener Riesen, Elben und Götter, kann höchstens für die
ältesten Zeiten des Heidenthums und wieder für die jüngsten zugestanden
werden, als nach dem Siege des Christenthums die Namen der alten
Götter verschollen, ihre Gestalten in Nebel zurücktraten und nur die
Scheu vor den Elementen, die Ehrfurcht vor Wald und Quelle u. s. w.
zurückblieb.

55. Monotheismus.

In §. 49 sahen wir, wie der Glaube unserer Väter sich in der
Verheißung jenes Mächtigen, der da kommen werde, ewige Satzungen
anzuordnen, zuletzt wieder zu der Ahnung eines obersten, unausgesprochenen Gottes läuterte, worin wir wenigstens eine Annäherung an den
Monotheismus erkannten. Daß er auch anfänglich von demselben ausgegangen war, wie er kurz vor Einführung des Christenthums zu ihm
zurückzukehren geneigt schien, läßt sich nur als Hypothese hinstellen, für
die Vieles spricht, während Anderes zu widerstreiten scheint. Was ihr
das Wort redet, werden wir gelegentlich geltend machen; hier schicken
wir nur Folgendes voraus:

1) In allen deutschen Zungen ist das höchste Wesen von jeher mit
dem Namen Gott benannt worden (Gr. Myth. 12), der, ohne Artikel
gebraucht, wenn man sich nicht jetzt erst zu diesem Begriffe des allgemeinen Gottes erhob, doch einen allgemeinen Sinn hatte, den man vielleicht, als es schon viele Götter gab, durch das Compositum Irmincot
(Hildebrandsl. 28) festhalten wollte.

2) Treten die Götter auch gleich Anfangs schon in der Dreizahl
auf (§. 37), die sich zur Zwölfzahl erweitert, dann zu unendlicher Viel-
zahl steigert, zuletzt gar in Naturcultus verlieren zu wollen scheint, so
sehen wir doch, bei den Göttinnen am Deutlichsten, der Dreiheit die
Einheit zu Grunde liegen.

3) Die Vielheit der Götter läßt sich aus dem verbundenen Gottesdienst verschiedener Völkerschaften und Stämme erklären, die, als sie
zusammentraten, ihre eigenthümlich ausgebildeten Vorstellungen von dem
höchsten Wesen nicht aufgeben wollten. Die bei jedem Stamme herge-
brachten Götter wurden nun unter den altüblichen Namen neben einander
gestellt und zu gemeinschaftlichen Gottheiten des neuen Gesamtvolkes
ausgebildet, wobei ihr Wesen gegeneinander abgegrenzt, ihre gegenseitigen
Verhältnisse näher bestimmt werden mußten. Auf einen solchen Hergang
weisen unsere Quellen selbst in dem, was sie von dem Friedensschluß
erzählen, der den Wanen unter die Götter Asgards Aufnahme verschaffte.
So könnte Thür, dem die Knechte, eigentlich nur die freien Bauern, zu-
fallen, aus dem Dienst unterjochter Stämme herrühren, während in Odin

der Geber des Siegs seit der Verbindung der Culte nun starker als früher hervortreten mußte.

4) Als einmal die Vieltheit durchgegriffen hatte, bevölkerte sich der Götterhimmel vollends durch die Beinamen der Götter, die ursprünglich zur Bezeichnung einzelner Seiten und Eigenschaften einer Gottheit ersunden bald zu selbständigen Wesen erwuchsen. Auch kann dasselbe göttliche Wesen sich durch den Unterschied der Geschlechter verdoppeln, wie neben Berchta ein Berchtold auftritt, neben Nerthus ein Njördr, neben Freyja Freyr.

Was aber gegen die ursprüngliche Eintheit spricht, ist auch nicht gering anzuschlagen. Wie die ältesten Mythen Naturmythen waren, so liegen auch den Göttern Naturkräfte und Elemente zu Grunde. Am Deutlichsten zeigt sich dieß in einigen der s. g. Trilogieen der Götter.

56. Gott.

Wir wollen von dem Einen Gotte ausgehend die Trilogieen und Todekalogieen der Götter im Allgemeinen betrachten; ihre unendliche Vervielfältigung, der schon durch die Verdreifachung Thür und Thor geöffnet war, läßt sich hier noch nicht überblicken.

Die wurzelhafte Bedeutung des Namens Gott (got. guth) erklärt Grimm W. 12 für unerforscht: den Zusammenhang mit dem Adjectiv gut (got. gôds), das langen Vocal hat, wies er noch ab. In der G. D. S. 541 gesteht er, neuerdings sei (Ernst Schultze got. Glossar S. XVIII) ein schmaler Pfad gebrochen, der zu diesem Zusammenhang hinsühre, den der Begriff sordert und die Sprache durch den Stabreim andeutet, indem sie Gott den guten und gütigen nennt. Den Heiden war das Wort männlich; in christlicher Zeit konnte es zur Bezeichnung der Abgötter gleich diesem Worte selbst (das Abgott) auch neutral gebraucht werden.

Alle indogermanischen Sprachen besitzen einen gemeinsamen Namen für Gott, skr. devas, lat. deus, gr. θεός, litauisch devas, wozu sich das eddische Tyr (althochd. Zio) und der altn. Plural tivar Götter stellt.

Gott heißt Allvater, nicht bloß in der j. Edda und Hrafnagaldr 1, wo man christlichen Einfluß vermuthen dürfte, auch Grimnism. 47 und Helgakviða II, 38, also in den ältesten Liedern ist es ein Beiname Odins. Bei der Schöpfung verbarg sich Allvater; in der jetzigen Welt vertritt ihn Odin; die verjüngte beherrscht er als jener Mächtige, der Alles steuert, Völ. 63, oder als der unausgesprochene Gott, der nach Hyndluliut. 41 einst kommen soll. Aber schon Tacitus c. 39 läßt die Semnonen einen allwaltenden Gott verehren, dem Alles unterworfen und gehorsam war: regnator omnium Deus, cetera subiecta alquo pa-

rentia. Nach mjotudhr (Sigurdarkw. III, 68, Oddrunargr. 17), vgl.
mootul, altf. metod (Meßer) bezeichnet den Schöpfer, der allen Dingen
Ziel und Maß verlieh, und wie die alte Sprache Gott Bilder schaffen,
meßen und gießen läßt, so scheint auch Gaut (altn. Kôß), wie bald ein
Sohn, bald ein Ahne Odins, bald er selber heißt, den Gott zu bezeichnen, der die Welt aus sich ergoßen hat, ja in alda gautr (Wegtamskw. 2. 13) ist dieser Sinn unzweifelhaft. Wie diese und vielleicht
noch einige andere Beinamen Odins, die beßer anderwärts erörtert werden, als Erbstücke aus der Hinterlaßenschaft des Einen Gottes an den
Vater der deutschen Götter gelangt sein mochten, so werden wir seine
Macht und Eigenschaften auf verschiedene Götter vertheilt finden, obgleich
Odin das Heergeräthe vorweggenommen hat.

57. Trilogieen.

Trilogieen der Götter haben wir schon §. 37 zusammengestellt: es
waren sämmtlich Brüdertrilogieen. Als solchen könnten ihnen die drei
Söhne des Mannus, Istio Ingo Irmino, §. 7, beigesellt werden, und
Sol Luna Vulcanus, welche die Germanen nach Cäsars Meldung B. G.
VI, 21 als sichtbare und hülfreiche Götter allein verehrt haben sollen.
Da wir in jenen obigen Trilogieen den Bezug auf die Elemente Luft,
Waßer und Feuer hervorgehoben haben, so fällt auf, hier eines derselben,
das Feuer, wiederzufinden, was wenigstens zu dem Versuch ermuthigt,
auch diese Trias unter das gleiche Schema zu bringen:

Luft	Waßer	Feuer
Lari	Oegir	Logi
Odin	Hönir	Loki
Sol	Luna	Vulcanus.

Da wir Odin als Himmels- und Gestirngott kennen, so würde das
erste Glied sich wohl fügen, wie das dritte augenscheinlich entspricht; das
zweite macht aber, aller bekannten Beziehungen des Monds auf das Waßer
ungeachtet, Schwierigkeit. Gleichwohl beruht gewiß nur die negative Seite
des Berichts auf mangelhafter Beobachtung; die positive, auf der noch
jetzt nicht ausgerotteten Heiligung des Montags und Donnerstags neben
dem Sonntag beruhend (vgl. §. 85 Schluß), wird auch sonst durch Volkssagen bestätigt. Vgl. §. 81. 117, 4. und Nachtr. Ql. I, 44 ff. II, 7. Wer
ein Freischütz werden will, muß drei Schäße thun: einen gegen die Sonne,
den andern gegen den Mond, den dritten gegen Gott. Vgl. Baaders
Bad. Volkssagen 308. Temme Pomm. S. 312. Meier Schwäb. Sag. I,
110. Wolf D. S. 192. Kuhn W. S. 340. Nach der Meldung des
Olaus Magnus verehren Polarvölker ein über ihnen schwebendes rothes
Tuch, das auch in unsern Hexensagen, namentlich beim Buttermachen,

hervortritt. Es wird hinzugefügt, der rothen Farbe legten diese Völker wegen ihrer Aehnlichkeit mit dem Menschenblute göttliche Kraft bei. Da wir nun wißen, daß Blut und blühende Farbe von Loki, dem dritten Gotte verliehen wurde (§. 17), so gewinnt die Nachricht Bedeutung. Nun aber überrascht es, daß Olaus neben dem rothen Tuche noch Sonne und Mond als göttlich verehrte Wesen nennt. Wolf N. S. 703. Der Schuß gegen Gott, der das Maß des Frevels voll macht, und in einigen Sagen die Strafe unmittelbar nach sich zieht, müste in der heidnischen Zeit dem Loki (Vulcanus) gegolten haben, der in dieser Auffaßung als der höchste unter den dreien, ja da der letzte Schuß gegen den Himmel gerichtet ward, als Himmelsgott erschien. Wir werden aber sehen, daß Donar in Deutschland als Feuergott galt, und auf ihn mag auch das rothe Tuch zu beziehen sein, so daß anzusetzen wäre:

Luft	Waßer	Feuer
Sol	Luna	Hercules
Istio	Ingo	Irmino.

Wir haben hier noch ein viel größeres Wagniß unternommen: die drei Söhne des Mannus haben als Stammväter dreier deutscher Stämme vielleicht nur ethnischen Gehalt; indeßen fügen sich die beiden letzten Glieder leidlich; nur das erste ist störrisch; aber überhaupt ist mit diesem Istio am Wenigsten anzufangen und seine Beziehung auf die fränkischen Stämme halte ich für unthunlich.

Solche Brüdertrilogieen, welche unten §. 125 bei den Zwergen noch vermehrt werden sollen, sprechen dafür, daß die Mythen nicht von einem einzigen Gotte ausgingen, sondern die Viertheil der Elemente ins Auge faßten. Warum das vierte Element, die Erde, fehlt, ist leicht zu sagen. Die Erde ist der Träger, der gemeinsame Grund, auf dem die drei Elemente walten; als die große Lebensmutter ist sie die weibliche Gottheit, welcher sich der herschende Gott der Trilogie als Himmels- und Sonnengott vermählt.

Eine andere Classe von Trilogieen zeigt weder Bezug auf die Elemente, noch erscheinen die verbundenen Götter als Brüder.

1. Dahin gehört zuerst die Triad, welche Tac. (Germ. 9 Mercurius, Hercules und Mars nennt: ich glaube sie als Obin, Thôr und Tyr (Wuotan Donar Zio) verstehen zu dürfen. Mit Obin hat dieß kaum Bedenken, da auch Paulus Diaconus I, 9 Mercurius für Gwôdan nimmt, womit der ältere Jonas von Bobbio (Myth. 100) und Wilh. von Malmesbury (Myth. 116) so wie die Vergleichung der deutschen und lateinischen Namen unserer Wochentagsgötter stimmt. Letztere bestätigt auch, daß Mars auf Tyr (Zio = Eor) zu deuten ist; nur Hercules = Thôr könnte Anstoß geben. Allerdings hätte man für Thôr Jupiters Namen,

des Donnergottes, erwartet; was aber den Römer bei Thôr an Hercules erinnern mußte, ist §. 38 bei seinem Mythus hervorgehoben.

2. Die nächste hiehergehörige Trias ist die der drei männlichen Wochentagsgötter: Mars Mercurius Jupiter = Tyr Odin Thôr oder Zio Wuotan Donar, deren geheiligte Tage auseinander folgen und die Mitte der Woche bilden. Es sind wiederum dieselben Götter, wenn wir jene ersten richtig gedeutet haben.

3. Eine dritte findet sich in der s. g. altsächs. Abschwörungsformel: Thunaer Wôden Saxnôt. Die Vergleichung lehrt, was sich auch sonst bestätigen wird, daß Saxnôt mit Tyr zusammenfällt.

4. Die vierte entnehme ich aus Adam von Bremens Nachricht über die Bilder der in Ubsola (Upsalas) goldenem Tempel verehrten Götter, die er Wodan, Thor und Fricco nennt. Freyr (Fricco) hat hier Tyrs Stelle eingenommen. Auch sonst erscheinen diese Götter als die höchsten. Beim letzten Weltkampf werden Odin, Thôr und Freyr hervorgehoben. Daß Heimdall und Tyr hier ursprünglich seine Stelle fanden, habe ich §. 46 gezeigt; Widar kommt nur nachträglich hinzu, Odins Fall zu rächen. Sollen die drei mächtigsten Götter Âsgards aufgezählt werden, so finden wir Odin, Thôr und Freyr genannt. So in der Erzählung der Skalda (D. 61): drei Zwerge, Iwaldis Söhne, hatten drei Kleinode gemacht: Sifs Goldhaar, der Gemahlin Thôrs, Odins Spieß Gungnir und Freys Schiff Skidbladnir. Schon diese drei Kleinode bezogen sich auf unsere Trias. Aber nun wettete Loki mit dem Zwerge Brok, daß sein Bruder Sindri nicht drei ebenso gute Kleinode machen könne. Da schmiedete Sindri Freys Eber Gullinburfti, Odins Ring Draupnir und Thôrs Hammer, also wieder drei Kleinode für dieselben Götter. Noch mehr, als die zwölf richtenden und rathenden Götter sich auf ihre Stühle setzten, die Wette zu entscheiden, legten sie das Urtheil in die Hände eben dieser dreie, mit andern Worten, die Götter der Zwölfzahl stellen die Entscheidung den Göttern der Dreizahl anheim. Mit dem Zorn derselben Götteririas wird Skirnisfôr 33 gedroht.

5. Eine fünfte mit der zweiten und dritten zusammenfallende ergiebt das erste Cap. der Skalda, wo Odin, Thôr und Tyr aus der ganzen Zahl der Götter hervortreten.

6. Vielleicht kann eine sechste Widukinds bekannter Stelle von dem Siege der Sachsen über die Thüringer an der Unstrut entnommen werden. Sie errichteten ihrem Gotte, den ich hier wieder für den höchsten, den Gott Aller (Irmincot) halte, einen Siegesaltar, nomine Martem, effigie columnarum imitantes Herculem, loco Solem, quem Graeci appellant Apollinem, d. h. sein Name gemahnte an Mars (weil auch diese Säule Irminsûl oder Hirminsûl hieß. Hirmin aber auf Hermes

leitete, wie die Griechen den Mars genannt hätten: quia Hirmin vel Hermen graece Mars dicitur), die Säule an Hercules wegen der Herculessäulen, der Ort der Aufstellung (ante orientalem portam) an die Sonne (Apollo). Von einer Trilogie ist hier ausdrücklich keine Rede, doch schwebt sie wohl dem Berichterstatter vor, indem er ihre Glieder als Momente des Einen höchsten Gottes auffaßt. So währte auch die Siegesfeier drei Tage, und in der Fahne, die zu diesem Siege geführt hatte, sah man drei Thiere, den Löwen, Drachen und drüber schwebenden Adler.

Wir gewinnen also folgendes, künftig zu benutzendes Schema:

1. Mars	Mercur	Hercules
2. Mars	Mercur	Jupiter
8. Saxnot	Woden	Thunaer
4. Frkeo	Wodan	Thor
5. Tyr	Odin	Thor
6. Mars	Apollo	Hercules
7. Löwe	Adler	Drache.

58. Dodekalogieen.

Die Dodekalogieen der Götter scheinen weniger wichtig, weil dabei willkürlicher zu Werke gegangen wird. Die j. Edda bemüht sich, auch die Zahl der Göttinnen auf zwölf zu bringen, und hier ist sie die Willkür am Sichtbarsten; bei den Göttern zeigte sie sich nur in der Wahl der Götter, welche als die zwölf höchsten aufgezählt werden. Die Zahl zwölf stand fest: Hyndlul. 28 heißt es: nach Balders Tode seien eilf Äsen gezählt worden; zwölf Äsensöhne nennt die räthselhafte Str. 34 von Fiölswinnsm., und D. 20 sagt ausdrücklich, es giebt zwölf himmlische Äsen. Aufgezählt werden dann aber vierzehn mit Inbegriff Odins, und rechnen wir diesen ab, als der dreizehnte Loki. Wie die Zahl dreizehn auf mancherlei Wegen in Verruf gekommen ist, so mag auch Lokis Stellung zur Dodekalogie der deutschen Götter dabei mitgewirkt haben. Der Eingang von Bragaröður (D. 55) nennt zwölf andere Äsen (Odin fehlt); daneben acht Äsinnen. Ein drittes Verzeichniß giebt Skaldsk. 75 und hier ist wieder Loki der dreizehnte. In allen diesen Verzeichnissen sind Wanen unter Asgards Göttern aufgenommen, nur in Grimnism. bei Aufzählung der zwölf Himmelsburgen Götter mit Göttinnen verbunden. Hier werden Str. 30 auch die Pferde der Götter aufgezählt; es sind ihrer aber nur zehn, da Sleipnir, Odins Hengst, und Blodhughófi, das Skaldsk. 58 als Freys Roß (reidh hani Helja Blódhughófsa) genannt wird, fehlen. Rechnen wir diese hinzu, so sind ihrer hier, wie auch D. 15, wo Sleipnir hinzukommt, zu viel, indem von Thór an beiden Stellen bemerkt wird, was wir auch sonst wißen, daß er zu Fuße gehe und Ströme wate, wiewohl er sonst auch fährt. Von Baldurs Roß wird an letzterer Stelle erinnert, es sei mit ihm verbrannt worden, und so könne man glauben, da nur eilf aufgezählt werden, es sei nicht mitgerechnet. Die Vergleichung hilft aber nicht dazu, die Namen der zwölf Götter zu ermitteln, zumal wir von den wenigsten wißen, welche Hengste ihnen gehörten; nur von Odin, Freyr und Heimdall ist es bekannt. Grestbst. 58 mischt Helden- und Götterpferde. Ohne die Wanen laßen sich zwölf Asen aufzählen: Odin, Thór, Tyr, Baldur, Höður, Heimdall, Hermóðr, Bragi, Forseti, Uller, Wali, Wiðar. Aber offenbar sind Bragi und Forseti, vielleicht auch Wiðar, der erst in der erneuerten Welt auftreten sollte, in Abgang zu bringen, so daß ursprünglich nur n e u n Asen waren, den neun Tagen der alten Woche entsprechend. Erst als die Wanengötter Aufnahme fanden, stieg die Zahl auf zwölf und darüber. Auch bei den Göttinnen wird die Zahl neun älter sein: wir finden neun Mütter Heimdalls, neun Mägde zu Menglaðas Füßen, alle der Heilkunst kundig, neun Töchter Oegies u. s. w.

Vermuthlich schritt man erst durch Sieben und neun zur Zwölfzahl fort. Neun Häupter wurden dargebracht bei dem großen Opfer zu Ubsola, von dem Adam von Bremen spricht (Myth. 46), wie noch später bei Opfern diese Zahl vorherscht, z. B. Baader 38. Neun Götter erscheinen in Grimnism. neben drei Göttinnen, und so wird die Zahl der zwölf Himmelswohnungen herausgebracht. Die Normen oder weiße Frauen, deren gewöhnlich drei sind, treten in deutschen Sagen wohl auch in der Siebenzahl auf, Panzer 108, Baader 80. 186; in den Walküren steigen sie zuletzt bis auf dreizehn, Grimnism. 36 und D. 30. In der Wölnspa 24 fanden sich nur sechs, wozu wohl Freyja die siebente war. Statt der so oft erscheinenden zwölf alten Männer, Baader 67. 142, in welchen die zwölf Götter Asgards in Erinnerung blieben, finden sich oft nur sieben; bei Harrys I, 38 zeigen sich ihrer aber wieder drei, darunter Einer (Wuotan) einäugig; auch redeten sie eine unbekannte Sprache, die Sprache der Götter. Vgl. Gödsche Schl. S. 217.

59. Asen und Wanen.

Die deutsche Mythologie kennt fünf Claßen göttlicher Wesen: Asen, Wanen, Riesen, Elben, Helden. Die Heldensage erfordert aber wegen der historischen Bestandtheile, die in sie aufgenommen sind, eine gesonderte Abhandlung; hier können die Helden fast nur gelegentlich zur Sprache kommen, da wo ihr mythischer Ursprung sich nachweisen läßt, denn das Mythische bildet den festen Kern und des Historischen ist in der eigentlich deutschen Heldensage, sowohl in der gotischen als in der fränkischen, nur wenig angeflogen, in der fränkischen freilich am Wenigsten. In der jüngern fränkischen Heldensage, die wir die Kerlingische nennen, mag man einen historischen Kern annehmen, aber er ist von dem mythischen Anflug überdeckt und oft bis ins Unkenntliche verändert. Die Ansicht, daß die Helden vergöttlichte Menschen seien, kann nicht einmal hier eine Stütze finden. Der Kaiser Karl des Kerlingischen Epos ist von dem Karl, dessen Biograph Eginhard war, zuweilen z. B. in der Rolandssage, grundverschieden. Vgl. M. Vorrede zu Loher und Maller.

Die beiden ersten Classen sind jetzt eigentlich allein noch als Götter im vollen Sinne des Worts zu betrachten, da von den Riesen, der ältesten aber früh gestürzten Götterdynastie (S. 17), ein freilich junges Zeugniß sagt, daß sie böse seien und die Elben wenigstens zwischen gut und böse schwankten. Spuren den Riesen gewidmeter Verehrung werden noch nachgewiesen werden; den Asen dargebrachte Opfer sind ausdrücklich bezeugt.

Es könnte scheinen, die Riesen wären vor den Göttern abzuhandeln, weil sie älter wären als diese, und weil die Götter selbst in ihrer ältesten Gestalt nicht viel mehr als Riesen waren, da sie aus Naturgöttern allmählich erst zu sittlichen Mächten erwuchsen. Aber wenn der Dienst der Riesen älter war als der Götter, so haben diese sie doch nun gestürzt, ihre Macht in wohlthätige Schranken zurückgewiesen, und wir wollen uns hüten sie zu brechen. Die Riesen vor die Götter zu stellen, sähe einer Gegenrevolution ähnlich, die wir keineswegs beabsichtigen; wir haben es als der Menschen Pflicht anerkannt, den Göttern im Kampf gegen die weltzerstörenden Mächte beizustehen. Noch weniger Anspruch, an die Spitze gestellt zu werden, haben die Zwerge, die von den Göttern erst erschaffen sind (§. 18). So bleiben uns zunächst Asen und Wanen übrig, deren Gegensatz uns schon §. 24 entgegentrat. Er war dort in einen Krieg ausgeartet, der durch einen Friedensschluß beigelegt ward, dem zufolge Njörd und seine Kinder Freyr und Freyja den Asen zu Geiseln gegeben wurden, während Hönir der Ase, Odins Bruder, in gleicher Eigenschaft zu den Wanen kam. Vgl. D. 23. 57. Wöl. 61. Nach der Heimskringla I, 4 begleitete Mimir den Hönir, aber den Njörd Kwasir, welcher danach ein Wane wäre, während ihm D. 57 gemischten Ursprung beilegt. Nachdem so die Wanengötter in Asgard Aufnahme gefunden hatten, sind Asgards Götter nicht mehr alle Asen, einige unter ihnen sind wanischen Ursprungs; aber noch andere riesigen, wie Skadi, Njörds zweite bald wieder von ihm geschiedene Gemahlin: jedenfalls sind sie kein durch gemeinsame Abstammung altverbundener Götterverein.' Weinhold, Zeitschr. VII, 4. Eher ließe sich dieß von den Wanen sagen, die wenigstens eine Familie bilden.

Wie der Gegensatz zwischen Wanen und Asen durch den Friedensschluß wieder aufgehoben wurde, so war er auch kein ursprünglicher. Die

verschiedenen Göttersystemc, welche der Friedensschluß verschmolz, hatten
sich bei verwandten Stämmen gebildet, die von Hause aus viel Gemeinsames besaßen. Die Meldung des Tacitus Germ. Cap. 40 von der
Nerthus, in der wir die erste, in der Edda unbenannt bleibende Gemahlin
Njörds, von der er sich bei der Aufnahme unter die Asen scheiden mußte,
wiedererkennen, läßt vermuthen, daß es suevische, meeranwohnende
Stämme waren, die diesen Cultus ausgebildet hatten, und damit stimmt
Njörds Bezug auf die Schifffahrt, und die zwischen Meer und Land ge-
theilte Wirksamkeit aller Wanengötter. Wie aber Njörd als ein Vater
der Götter in einem andern System erscheint, so finden sich alle Eigenschaften seines Wesens bei Odin, dem Vater der Asen, wieder. So fällt
die Nerthus, welche Tacitus als Mutter Erde bezeichnet, mit der Jörd,
Odins erster Gemahlin, zusammen. Wenn die suevischen Völker, welche
den Wanendienst hergebracht hatten, im Wasser den Ursprung der Dinge
ahnen mochten, so liegt dieselbe Anschauung dem Schöpfungsmythus zu
Grunde, der schwerlich bloß suevisch war. Und ließen die Völker, von
welchen der Asendienst ausging, ihre Götter auf Bergen oder im Himmel
thronen, die Wanen in den Tiefen der Erde oder im Schooße der Flut
(§. 69), so greift auch dieser Unterschied nicht durch, da wir auch Asengötter bergversunken finden und Odin abwechselnd mit Uller (§. 91) in die
Unterwelt geht, der er auch sonst verwandt ist. Die Wanen als Götter des
Gemüths und der sinnlichen Begierden zu fassen, schienen wir §. 24 allerd-
bings berechtigt: aber auch Odin ist ein Gott der Liebe, und daß die
Wanen in der erneuten Welt nicht wiedergeboren werden, kann für eine
Folge der sittlichen Richtung gelten, welche seit der Wöluspa herrschend
wurde. Wenn Müllenhoff Zeitschr. VII, 440 sagt, „die Summe der Wirksamkeit der Wanen für die Menschen ist ein behagliches und anmuthiges
Leben in Fülle und Frieden, Milde und Freundlichkeit, und die Doppelseitigkeit ihrer Thätigkeit macht den eigenthümlichen Charakter dieser Götter aus, der sie sehr bestimmt von den Andern unterscheidet', so scheint
zwar hiemit das Richtige getroffen; aber doch konnte Freyja, die mit
Hilde, der Kriegsgöttin, zusammenfällt und sich in den Walküren vervielfältigt, zu einer nordischen Bellona werden, Freyr erscheint als Drachenkämpfer und Gewittergott, und schon bei der Göttermutter (Germ. 45), die
mit der Nerthus, der Terra mater Cap. 40 eins ist, finden wir wie bei
Freyr den kriegerischen Schmuck der Eberhelme.

Auch auf etymologischem Wege läßt sich ein fester Unterschied nicht
gewinnen. Man leitet die Wanen von van (desiderans) ab und findet
in ihrem Namen den Begriff des Verlangens. Geht man auf das nord.
vænr (pulcher) oder alth. wânam (splendidus) zurück (G. D. S. 653),
so erscheinen sie als die schönen Götter, wie sie die Götter der schönen

Jahreszeit find, die man im Winter gestorben dachte. Damit stimmt, daß von Freyrs Gemahlin Gerda Luft und Wasser widerstralten (§. 29) und Njörd von Skadi seiner schönen Füße wegen gewählt ward D. 56. Auch der finnische Liebesgott Wäinämöinen ist ähnlich benannt. Aber auch Odin sehen wir im Winter Walhall verlaßen, womit sein Aufenthalt im hohlen Berge zusammenhängt; Thor erwacht im Frühling, so daß sich auch hier eine Spur gleicher Auffaßung zeigt. Einen durchgreifenden Unterschied scheint der Name der Asen zu gewähren (nord. ás, pl. æsir, got. und ahd. ans, pl. anseis, ensi, ags. ós, pl. és, Myth. 22). Er bedeutet auch Balken oder Säule und bezeichnet die Götter als die Wage- und Trageballen des Weltalls, was an die Hasten und Bande (höpt und bönd §. 24) erinnern würde; oder hängt es nur damit zusammen, daß die Bilder der Götter an den Pfeilerballen des Hochsitzes ausgeschnitzt waren? Bei letzterer Aufnahme bliebe unerklärt, daß auch Bergrücken, die wie jener Atlas, als Träger des Himmelsgewölbes angesehen werden mochten, altn. æs heißen.

Ergiebt nun die Vergleichung, daß die Asen der Welt, deren Grundpfeiler sie find, im physischen wie im sittlichen Sinne, Bestand und Dauer sichern, während wir wißen, daß von den Wanen Alles ausgeht, was das Leben mit Reiz und Anmuth schmückt? Hiegegen ließe sich nicht einwenden, daß Odin der Gott des Geistes auch der Dichtkunst vorsteht, denn ohne der Wanen Zuthun hätte der Begeisterungstrank der Götter D. 57 nicht gebraut werden können. Aber auch dieser Unterschied, so fest er steht, kommt doch vielleicht nur auf Rechnung der Ausbildung ursprünglich gleicher Ideen bei Stämmen verschiedener Gemüths- und Geistesanlagen.

Ihres wesentlichen Unterschieds wegen brauchten wir also Asen und Wanen nicht zu sondern. Es bleibt übrig, daß sie Götter verschiedener aber doch immer deutscher Stämme waren. Es kann für historisch feststehend gelten, daß die Wanen den Hauptsitz ihrer Verehrung in Schweden bei Ingäwonischen Stämmen hatten, während der Asenkult vom Festland nach den dänischen Inseln gelangte und zu Leihra auf Seeland seine Opferställe gründete; doch finden wir auch Odin, ja seinen Sohn Thor als den mächtigsten in der Mitte zwischen ihm und Freyr im Tempel zu Upsala. Die Wanen könnten den gotischen Völkern angehört haben, die Asen den Westgermanen. Neuerdings wollte man die Wanen den Slaven zueignen, von denen sie aber lautlich abstehen, vgl. jedoch Bergmann Solarliod 166; nur Kwasir erklärt sich aus dem slawischen Kvas fermentum. Rockh. Gl. u. Br. I, 28. Der Name der Nerthus ließe auch an die Kelten denken, bei denen das Wort Nerthus sehr häufig vorkommt, und zwar in der Bedeutung von Kraft, was einen sehr

paſſenden Sinn ergiebt, wenn wir ihn auf die Triebkraft der Natur beziehen. Vgl. Chr. W. Glück Die Keltiſchen Namen bei Caeſar, München 1857. Aber im zweiten Gliede ſind die Namen wieder ganz deutſch.
Auffallend bleibt es immer, daß ſich von dem Namen der Wanen in
Deutſchland kaum Spuren erhalten haben, als etwa in der Oberpfalz
(Schönwerth Sitten und Sagen III, 185); ferner in Wanne Thella
§. 109 und in Wannemond, wie in Osnabrück der Februar heißt.
Letzteres hat Schade (Ursula 113) aus Strodtmanns Idiotikon 278 nachgewieſen; aber in

> Wanne, wie renne de Ritterknecht!
> Wanns, wie ſtoule de Junfe!

ſcheint es Interjection. Anklingende Orts- und Perſonennamen zählt
Quitzmann Religion der Baiwaren 1860 S. 13 auf.

Wenn wir zuerſt die eigentlichen Aſen abhandeln und dann im folgenden Capitel von Hel und Nerthus ſowohl die Wanen ableiten als mit
Ausnahme der Jörd alle Göttinnen, ob ſie gleich Aſynien hießen, ſo bewegt uns zunächſt der Vortheil, welchen dieſe Anordnung für die Darſtellung gewährt; ſonſt möchten die Wanen als die älteſten (da bei ihnen
noch Geſchwiſterehen galten, Quitzmann 19) den Vortritt verdienen.

60. Schickſal.

Wir haben uns geweigert, die Rieſen vor den Göttern abzuhandeln,
denn obgleich ſie älter ſind, ſo ſtehen ſie uns doch nicht höher. Aber
nun lenkt ſich unſer Blick auf eine Macht, die älter iſt als die Rieſen,
höher und mächtiger als die Götter. Wie ſie dem Schickſal unterworfen
ſind, hat unſer erſtes Buch dargethan, deſſen Ueberſchrift ſchon andeutete,
daß es das Geſchick in ſeiner großartigſten Erſcheinung darſtellen wollte.
Weder Baldurs Tod noch den letzten Weltkampf wußten die Aſen abzuwenden, obgleich ſie ihn vorausſahen. Sie vermögen nichts gegen eine
höhere Weltordnung, ja Einzelnes begiebt ſich wider ihren ausgeſprochenen
Willen, wie der Sieg, den Brynhild dem Agnar verlieh, während ihn
Odin dem Hialmgunnar zugedacht hatte. Aber das Schickſal, das auch
die deutſchen Götter zu verehren haben, iſt vielleicht mehr als eine un-
beugſame, unerbittliche Nothwendigkeit, die in der Natur der Dinge begründet iſt, die ſie nicht geſchaffen haben, da ſie nicht die erſten Schöpfer
der Welt, ſondern ſelbſt erſt aus der Schöpfungsgeſchichte hervorgegangen
ſind. Es iſt den deutſchen Göttern eigenthümlich, daß ſie ſelber Opfer-
mahle halten, aus Blut und Eingeweide weiſſagen, mit Runen bezeichnete
Stäbe ſchütteln und das Loos befragen, wie es der Eingang der Hymiskwiba geſchehen läßt. Dieſes Opfern der Götter müßte ſehr auffallen,
wenn das Schickſal nichts als eine blinde Nothwendigkeit, ein todter Begriff

wäre: denn nur einem persönlich gedachten Gotte kann man opfern. Es läßt sich einwenden, hier walte eine Vermenschlichung der Götter: wie sie dem Schlaf, ja dem Tode unterworfen sind, Trank und Speise genießen, an der menschlichen Sprache Theil nehmen, gekleidet und gewaffnet reiten und fahren, so läßt sie der Dichter auch das Schicksal befragen und Opfermale halten. Aber ist das mehr als eine Ausrede?

Der Eingang eines andern Liedes ‚Odins Rabenzauber‘ (§. 32) deutet das Verhalten der verschiedenen göttlichen Wesen gegen das Schicksal mit geheimnisvollen Worten an:

> Allvater waltet,   Alfen verstehen,
> Wanen wißen,   Nornen weisen;
> Iwidie nährt,   Menschen dulden,
> Thursen erwarten,   Walküren trachten.

So jung Hrafnagaldr sein mag, gerade dieser Eingang, der mit dem Folgenden unverbunden ist, möchte überliefert sein. ‚Allvater waltet‘: wenn hier Odin gemeint wäre, wie sähen wir denn in demselben Gedicht den Gott so ängstlich um Baldurs Schicksal besorgt? Gewiß zu diesem Liede, dem er vorgesetzt ist, passte der Spruch am Wenigsten.

Freilich auch in dem selbständigen Spruch müste unter Allvater Odin verstanden werden, denn sonst fände weder Er noch die übrigen Asen, wie man doch erwarten würde, eine Stelle darin. Wird nun hier das Schicksal, wie häufig geschieht, in die Hände der Götter gelegt, oder ist dieser als Allvater waltende Odin, der selbst in der Rolle des Schicksals auftritt, ein anderer und höherer als den wir in den Geschicken der Welt und der Götter kennen gelernt haben? Ist er derselbe, dem im Eingang der Hymiskviða die Götter opfern, das persönlich gedachte, nicht unerbittliche Schicksal? denn welchen Sinn hätte das Opfer, wenn Allvater sich nicht erbitten ließe?

Man könnte sagen, Opfer und Weißagung gehörten zusammen, das Opfer ist nur da, damit aus dem Blut des Opferthiers geweißagt werden könne. Wie dem auch sei, denn zur Gewißheit gelangen wir hier nicht, das Schicksal kommt zu persönlicher Erscheinung nur:

1. in Allvater, dem regnator omnium Deus, Tac. Germ. 39. Doch ist auch dieser Allvater (§. 56) verdunkelt und wir vermuthen nur, daß er sich bei der Schöpfung verbarg und in Fimbultyr (Vol. 59) und dem unausgesprochenen Gotte nach §. 19 am Ende der Zeiten erst kommen und hervortreten soll. Der Ansicht, daß Allvater in der jetzigen Welt nur in Odin erscheint, der daher in höherer Auffassung als Allvater gedacht werden könne, spricht das Wort, wenn es Cod. Exon. 341, 28 von Boden heißt: das ist der reiche Gott, der uns Alles verleiht, wovon wir leben — und wieder am Ende über das ganze Menschen-

geschlecht walten wird: das ist der Schöpfer selbst.' Vgl. Bouterwek
Cädm. XCVIII.

2. in den Regin, den weltordnenden, weltberathenden Mächten, welche
die Götter selber sind, dann aber natürlich nicht als den Göttern über-
geordnete Macht. Die Regin haben wir oft genug sich auf ihre Richterstühle setzen sehen: sie bedürfen keiner Erklärung. Aber dort beriethen sie
die Geschicke der Welt; wie sie auch dem Menschen ,ertheilen', sein ,be-
schieden Theil' durch ein Urtheil ermitteln, sehen wir (FMS. III) in der
Gautreks. Cap. 7, wo Hrossharsgrani (Pferdehaarbärtig) seinen Pflegling
Starkad um Mitternacht weckt und mit sich gehen heißt. Sie fahren im
Boot nach einer Insel, steigen aus und finden im Wald auf einer Blöße
viel Volk versammelt, einem Gerichte beizuwohnen. Elf Männer saßen
auf Stühlen, der zwölfte Stuhl war leer. Da nahm Hrossharsgrani
den zwölften Stuhl ein und ward von Allen als Odin begrüßt. Nun
verlangte er, die Richter sollten Starkads Schicksal bestimmen. Da nahm
Thôr das Wort und sprach: Alfhild, Starkads Mutter, wählte ihrem
Sohn einen hundweisen Jötunen zum Vater, nicht Asathôr: darum schaffe
ich dem Starkad, daß er weder Sohn noch Tochter haben und der letzte
seines Geschlechts sein soll. Da sprach Odin: Ich schaffe ihm, daß er
drei Menschenalter lebe. Thôr sprach: In jedem Menschenalter soll er
ein Neidingswerk, eine Schandthat vollbringen. Odin sprach: Ich schaffe
ihm, daß er die besten Waffen und Kleider habe. Thôr versetzte: Ich
schaffe ihm, er soll weder Land noch Grund besitzen. Odin sprach: Ich
gebe ihm, daß er viel Geld und Gut habe. Thôr versetzte: Ich lege
ihm, daß er nie genug zu haben glaube. Odin sprach: Ich gebe ihm
Sieg und Geschicklichkeit zu jedem Kampfe. Thôr versetzte: Ich lege ihm,
daß er aus jedem Kampfe eine Knochenwunde heimtrage. Odin sprach:
Ich gebe ihm Skaldenkunst, daß er eben so fertig dichte als spreche. Thôr
versetzt: Er soll nicht behalten können was er gedichtet hat. Odin sprach:
Ich schaffe ihm, daß ihn die edelsten und besten Männer werth halten.
Thôr sprach: Dem gesamten Volke soll er verhaßt sein. Da sprachen die
Richter dem Starkad Alles zu was da gesagt worden war, und so schloß
das Gericht. Darauf ging Hrossharsgrani mit Starkad zurück zum Boot.

Wie hier Thôr jede Gabe Odins durch eine Zugabe beschränkt, ganz
wie die jüngste Fee, Norn oder weise Frau in unsern Märchen zu thun
pflegt, so weiß auch Odin Thôrs schädlichen Ausspruch zu mildern und
für versagten Grundbesitz durch die Fülle fahrender Habe zu entschädigen.
Dem vergleicht es sich, daß Brynhild, als ihr Odin bestimmt vermählt
zu werden, hinzufügt: ,Aber keinem Manne, der sich fürchten kann.'

Die Beschlüße der Regin heißen altsächsisch reganogiscapu, meto-
dogiscapu. Myth. 24. 817.

3. in den drei Nornen. Ihre Beſchlüße heißen wurdigiscapu nach
dem Namen der älteſten Schweſter. Auch ſie ſind den Göttern nur nach
den älteſten Vorſtellungen übergeordnet und wir thun beßer, ſie an einer
andern Stelle des Syſtems zu beſprechen.

Sonſt iſt das Schickſal unperſönlich, und von dieſem ſoll ſchon hier
Rechenſchaft gegeben werden. Seine Beſchlüße heißen alln. ſcöp, ahſ.
giscapu, agſ. gesceapu; auch wohl alln. örlög, ahd. nicht mehr: plura-
liſch urlac, mhd. urlouc, das in den Begriff des Kriegs übergeht, weil
in der Schlacht die Geſchicke ſich entſcheiden, daher noch jetzt Orlogſchiffe
Kriegsſchiffe bedeuten. Von den Walküren wird geſagt, daß ſie auszögen
Urlog zu treiben, Schickſal zu wirken, den Krieg zu entſcheiden. Die
Geſchicke ſind gelegt, geſetzt, Urniederlegungen, Urſetzungen, denen der
Menſch ſich nicht entziehen mag, denen ſelbſt die Götter unterliegen.

Das anerſchaffene ‚beſchaffene‘ Glück hängt von der Stunde der Geburt ab: das Glück wird uns an der Wiege geſungen, ein Ausbrud, der
auf jene begabenden Nornen oder Feen anſpielt, die zu dem Neugebornen hintreten, ihm ſein Glück zu ‚ſchaffen‘. Die Stunde heißt aber ahd.
hwîla, und das daran geknüpfte Glück hwîlsâlida, die Wilſälbe, die
auch wohl perſönlich gedacht wird, weil ſie der begabenden Norne gleicht.
Der Einfluß des Geſtirns iſt erſt ein ſpäterer Glaube, für den man ſich
auf den ‚Stern der Magier‘ berief, Myth. 820; oder entſprach jeder
Seele ein Stern am Himmel? Bergmann Solarliod 95. In der Pilatus-
ſage kündigt der Stern die Stunde der Zeugung an; daß dieſer Zug
aus der fränkiſchen Heldenſage hergenommen ſein wird, habe ich in ‚Bertha
die Spinnerin‘ 144 gewieſen. In der Weltenſtephaner Chronik wird er
von Karls d. Gr. Zeugung erzählt, und hier ſteht er an der richtigen
und wohl auch urſprünglichen Stelle, denn wohl an einem großen Manne
wie Karl, nicht an einem feigen Schwächling wie Pilatus mögen die
Sterne Theil nehmen. Eine weitere Uebertragung findet ſich in Klingſors
Sternſchauung auf der Wartburg, wo es der Geburt der h. Eliſabeth
gilt. So hat dieſer Glaube, aus dem das Nativitätſtellen der neuern
Zeit hervorging, den geiſtlichen Kreiß kaum verlaßen, da Karl der Große
im Licht eines Heiligen ſtralte.

Glückskinder hießen, die zu glücklicher Stunde geboren waren. Wenn
man von ihnen ſagte, ſie ſeien mit der Glückshaube, die auch der
Helm hieß, zur Welt gekommen, ſo knüpfte ſich dieß an etwas Natür-
liches, da wirklich einige Kinder eine leichte um das Häuptlein gewundene
Haut (Kinderbälglein) mitbringen. Dieſe ward ſorgfältig aufgehoben oder
unter der Schwelle vergraben. Man wähnte, der Schutzgeiſt des Kindes (nord. fylgja) oder ein Theil ſeiner Seele habe darin ſeinen Sitz.
Myth. 829.

Auch bei jeder einzelnen Unternehmung ist auf die Stunde zu achten, die glücklich oder unglücklich sein kann. Aus diesem Achten auf die
gute Stunde (à la bonne heure) hat sich das französische Wort bonheur
für Glück entwickelt (Myth. 818). Anzeichen des Gelingens erkennt man
im Angang, wie der Anfang des Unternehmens heißt; doch hat auch
jeder Tag seinen Angang.

Asen.

Wuotan (Odhin).

61. Wesen und Name.

Wir beginnen mit dem Vater der Götter, der die Einheit im Kreise
der Asen bildet und der von der Allmacht und Großigkeit des alten Einigen Gottes am Meisten bewahrt oder in sich aufgenommen hat. Denn
wir lassen es unentschieden, ob er einst andere Götter nicht neben sich
hatte oder etwa erst aus einem elementarischen Riesen zu einem Gotte des
Geistes, zum König der Götter erwachsen ist. Für das Letztere spricht,
daß seinem Wesen, wie die Vergleichung der Trilogieen ergeben hat, die
Luft zu Grunde liegt, das verbreitetste aber auch das geistigste der Elemente. Wie Loki in jenen ältesten Trilogieen §. 37 das Feuer bedeutet,
so sein Bruder Odin die Luft, ja er ist die Luft selbst, aber da sie in
der Ruhe nicht wahrgenommen wird, ihre Regung, von dem leisesten Beben, das sein Beiname Biflindi auszudrücken scheint, bis zu dem wüthend-
sten Sturm. Hiemit gebrach ihm die Anlage zu dem mächtigsten der
Götter nicht, denn wie in der kindlichen Ahnung der Völker Natur und
Geist untrennbar verbunden sind, so ist er auch auf dem geistigen Gebiete was er auf dem natürlichen ist: er lebt in jeder Gemüthsbewegung,
in der Begeisterung wie in der Raserei, in den zarten Empfindungen der
Dichter und der Liebenden wie in der tobenden Kampfwuth der Berserker
und Wikinge, die Alles vor sich niederwirft. Wenn daher Adam von
Bremen Cap. 233 sagt: Wodan id est furor, so denkt er dabei nach
dem Zusatz bella gerit, hominique ministrat virtutem contra inimi-
cos, zunächst an die Wuth, die sich im Kampfe bethätigt; hier finden
wir ihn also schon auf dem sittlichen Gebiet; von dem natürlichen mochte
er ausgegangen sein, und wie der Kampf Sturm heißt, so waltete er auch
in dem Sturm der Elemente und auch hier hieß er Wuth, ól, was sein

ältester Name sein könnte, wobei nur zu erinnern ist, daß uns das Wort
jetzt eine heftige Gemüthsbewegung bezeichnet, was seiner Abstammung
nach nicht nothwendig in ihm liegt. Es kommt nämlich wie der volle
Name Wuotan (Odin) selbst von dem ahd. walan, altsächs. wadan, altn.
vadha, aus dessen Prät. wuot, alls. wôd, altn. ôdh, sich das Haupt-
wort bildet und dann der vielleicht spätere Name des Gottes ableitet.
Als seinen ältesten nehme ich das unabgeleitete wuot, ôdhr selbst an;
beide erscheinen uns noch auf mythologischem Gebiete: Odhr (mens, ven-
sus, Myth. 120) als der verlaßenen Freyja betrauerter Gemahl, Wuot
(Wuth) auch wohl mit Uebergang von W in M (Muot, Muth) in Mules
und Mutes Heer, wie in der Eifel und in Würtemberg das wüthende
Heer §. 72 genannt wird. Neben dem hochdeutschen vollen Namen Wuotan stellt sich der niederdeutsche Wôdan, der friesische Wêda, der altnor-
dische Odhin.

Jenes Waten hat uns jetzt einen sehr beschränkten Begriff: wir gebrauchen es nur noch vom Durchschreiten des Waßers, während es sonst
jedes leisere oder heftigere Durchwehen, Durchdringen und Durchbrausen
(meare, transmeare) bedeutete, wobei allerdings ein hinderndes Medium
vorausgesetzt wird, das aber schwächern oder stärkern Widerstand leisten
kann. Weil jedoch die Luft Alles erfüllt, so sehen wir auch den Gott in
den Formen Wuot, Wuotan, Wuotuno sowohl, als in dem gleichfalls
vorkommenden Participium Wuotant als den alldurchdringenden
Geist der Natur gefaßt.

Wie das anlautende w des deutschen Namens in der nordischen Gestalt (Odin) vermißt wird, weil es vor o und u wegzufallen pflegt, so
sehen wir es in der langobardischen Form Gwôdan noch durch ein vor-
tretendes g verstärkt. Es ist dieß kein willkürlicher Zusatz, wie man glauben könnte, weil es Paulus Diaconus I, 8 adiecta litera nennt. Die
Gutturale steht schon ursprünglich vor der Spirans: die des Frageprono-
mens (lat. quis) sehen wir noch im altn. hver; im deutschen wer ist
sie schon weggefallen, während die Spirans stehen blieb. Es kann aber
auch die Spirans wegfallen und die Gutturale stehen bleiben, wie in dem
Namen der Gallier (vgl. welsch) und wie in Gôdan, der fränkischen Form
des Namens Wôdan. Diese fränkische Form findet sich in dem heßischen
Gudensberg wie in dem niederrheinischen Godanesberc (Godesberg), womit
man Gudenau, Gudenhaus, den Gudeheller (Wodansaltar bei Ahrweiler)
und Godenowa, wo nach Widder I, 298 Lorsch die Fischerei besaß, vergleiche. Auch die niederdeutschen Namensformen Fru Gaue, Fru Gauden,
Fru Gode, zeigen den Wegfall der Spirans bei stehenbleibender Gutturale,
was sich in Wuotan umkehrt, während die volle Form nur bei den Langobarden und etwa noch in dem brittischen Gwydion erhalten ist.

Einigemal bringt in Wodans Namen ein t ein; so in der niederdeutschen Form des Namens Wôd (Myth. 142), wo dann Wold entsteht. Kann dieß gleich aus Wôd verderbt sein, so findet sich doch auch Wolban (ital. gualdana) neben Wodan (Zeitschr. I, 494), wobei Graswaldane (Grasiwauban) in Anschlag zu bringen ist. Ob hier Odins winterliches Gegenbild Uller, deutsch Wol, oder der Begriff des wallenden, allwaltenden (Wollt hineinspielte, läßt sich noch nicht entscheiden. Vgl. §. 91. Jedenfalls wäre das Christenthum dabei nicht im Spiele gewesen, das vielmehr bemüht war, den üblen Begriff hervorzukehren und mit Anknüpfung an das wilde Ungestüm, das sich schon in der heidnischen Anschauung mit Wuol und Wuoton verband, den Gott zu einem Wütherich herabzuwürdigen. Allerdings hatten schon die Heiden die heftige, leidenschaftliche Seite mehr hervorgekehrt als die sanfte und milde. Im Sturm der Elemente wie im Toben der Schlacht sprach er vernehmlicher zu ihnen als im linden Säuseln des Hains. Wie er alles Leben weckte und erregte in der Natur wie im Geiste, so ging besonders der kriegerische Geist von ihm aus, jener germanische Heldengeist, der in der Völkerwanderung das Weltreich der Römer über den Haufen warf und in der doppelten Lautverschiebung die Sprache aus ihren organischen Fugen riß. Noch später waltete er in der unbändigen Schlachtbegier, die aus den Berserkern knirschte, wie in dem tollkühnen Unternehmungsgeist der Wikinge, der das neue Weltreich Karl des Großen im Tiefsten erschütterte. Erst in den Kreuzzügen, wo der furor teutonicus noch manchmal erwähnt wird, tobt diese Kampflust sich aus, der hier ein heiliges Ziel gewiesen war, die aber keines äußern Antriebes bedurft hätte, weil sie den Kampf um des Kampfes willen suchte. Aber schon das Heidenthum hatte diesem Heldengeist eine religiöse Weihe zu leihen gewußt. In der Trilogie Odin, Wili und We sehen wir ihn verdreifacht: als Wili erschien er als der mächtige Wille, der den Schmerz verachtete und dem Tode trotzte; als We lieh er ihm die religiöse Erhebung, die Entschluß und Willen heiligte, ihnen im Hinblick auf die Herrlichkeit Walhalla Weihe und freudiges Beharren verlieh. In Wili (got. vilja, voluntas und roluptas) sieht Grimm (Ueber den Liebesgott 14) wie in Odins Beinamen Wansch (Oski) eine Gottheit des Liebens, Begehrens, Denkens, Meinens, Trachtens und Sehnens.

62. Beinamen.

V. 3 werden zwölf Beinamen Odins aufgezählt, vielleicht nur wegen jener Neigung zur Zwölfzahl: eine viel größere Menge legt ihm Grimnismal bei, und auch dieß Verzeichniß ließe sich noch vervollständigen. Wenn V. 21 gesagt wird, zu den meisten dieser Benennungen habe

Veranlaßung gegeben, daß so viererlei Sprachen in der Welt seien, indem
alle Völker geglaubt hätten, seinen Namen nach ihrer Zunge einrichten
zu müßen (vgl. D. 33 über Freyja), so ist dieß eine Umschreibung der
Worte in Grimnism. 48:

> Eines Namens genügte mir nie,
> Seit ich unter die Völker fuhr.

zeigt aber zugleich, daß schon der Verfaßer von Gylfaginning viele dieser
Namen nicht mehr verstand, die doch aus der norwegischen Zunge allein
erklärt werden können und auf der Verschiedenheit der Sprachen nicht
beruhen. Richtiger heißt es ferner: ,Andere Veranlaßungen müßen in
seinen Fahrten gesucht werden'; darauf spielt auch Grimnism. an, indem
es einzelne Beinamen auf bestimmte Veranlaßungen bezieht:

> Grimnir hießen sie mich bei Geirrödhr,
> Bei Ásmund Jalk;
> Kialar schien ich, da ich Schlitten zog u. s. w.

Aber die Begebenheiten, auf welche hier gezielt wird, sind uns nicht alle
berichtet. Ich greife zunächst Hnikar, Hnikus oder Hnikudr heraus, weil
er damit als Waßergott, ein deutscher Neptunus, bezeichnet wird, wenn
gleich die Verbindung mit Herteitr (Grimnism. 47) und der Zusammenhang, in dem es Eigarbarhm. 11, 18 vorkommt,

> Hnikar hieß man mich als ich Hugin erfreute,

wo es eher einen Schlachtengott zu bedeuten scheint, an der Verwandtschaft mit Nikus und den Nixen Zweifel erregt. Da wir Loki auf das
Feuer bezogen haben, so bliebe für Hönir, den dritten Bruder, §. 37,
nur das Waßer übrig. Hönir verschwindet aber früh aus dem Kreiße
der Asen, und wenn auch Niördr, gleichfalls ein Gott des Meeres, für
ihn eintrat, so zeigen doch diese Beinamen Odins, daß auch ihm das
Meer gehorchte, deßen Wellen freilich vom Winde bewegt werden. Wie
er Wunsch, Oski, heißt, so giebt er Schiffern günstigen Wind, Wunsch-
wind, Oskabyrr. Jedenfalls bezeichnen Hlésreyr, Gåfrödr vielleicht auch
Udr, seine Herrschaft über das Waßer. Auf den Wellen wandelnd still
er das Meer, beschwichtigt das Wetter und schafft als Kialar dem Schiff,
in das er sich aufnehmen läßt, günstige Fahrt. Als Farmatyr, Herr der
Schiffsfrachten, ist er wie Mercur, dem er auch sonst entspricht, ein Gott
der Kaufleute.

Jener Beiname Oski beschränkt sich aber nicht auf den erwünschten
Wind, er kennzeichnet den Gott als den Verleiher aller erwünschten Gaben, der Fülle des Heils und der Seligkeit, denn diese meint das von
Wonne abgeleitete Wort Wunsch, deßen Bedeutung sich uns verengt hat,
da es nur noch das Begehren nach den Gütern ausdrückt, deren Inbegriff
es sonst enthielt. Nach den mittelhochd. Dichtern, wo die höchste

menschliche Schönheit und Vollkommenheit geschildert werden soll, ist der
Wunsch ihr Schöpfer, der an sein Geschöpf allen Fleiß gekehrt, seine
ganze Meisterschaft gewendet hat. Gleich hier findet sich Gelegenheit,
jenes Register von Odins Beinamen zu vervollständigen, da Gibich, ein
aus der Heldensage bekannter Name, got. Gibika, alth. Kipicho, nord.
Giuki, ursprünglich den Gott meinte, der diese Gaben verlieh. Grimm
Zeitschr. I, 572. Myth. 126. So geht auch Fiölnir auf die Fülle der
verliehenen Güter.

Andere Beinamen, Allvater und Gautr, sind schon §. 66 besprochen.
Auf Allvater reimt absichtlich Walvater, das wie Siegvater, Herian,
Herteite und Atribr den Gott des Schlachtfeldes meint, der den Sieg
verleiht und die Heere zum Kampf gegeneinander führt. Auch Harbard
(Heerschild) kann den Schlachtengott bezeichnen; aber Hialmberi (Helm-
träger) läßt sich in höherm Sinne fassen, da der Himmel als der Helm
des Gottes gedacht wird. Von drei andern Beinamen Hár, Jafnhár und
Thridhi (der Hohe, Ebenhohe und Dritte) will ich nur erwähnen, daß
sie sich schon Grimnism. 46. 49 finden, damit man nicht meine, der
Verfasser der Gylfaginning, der sie zur Trilogie zusammenstellt, habe sie
erfunden. Vielleicht kommt sogar diese Trilogie, die sonst die jüngste von
allen wäre, nicht auf seine Rechnung: Hár ist durch Hávamál, das Lied
des Hohen, bezeugt, und Jafnhár und Thridhi, die in Grimnismal nur
die Alliteration auseinandersprengt, hätten kaum einen Sinn, wenn sie
nicht zu Hár gehörten. Auch paßt der Name Ebenhoher für die Anordnung in Gylfaginning nicht, denn die Hochsitze dieser drei Götter
standen übereinander, und je höher der Sitz je höher die Ehre; zwei dieser
Götter der Trilogie aber bezeichnet ihre Namen als einander völlig gleich
und ebenbürtig, was auch von dem Dritten gelten wird, wenn gleich sich
in diesem ihre Macht noch steigert. An Hár, Jafnhár und Thridi
erinnert mich, wenn häufig in deutschen wie außerdeutschen Märchen
z. B. Sicil. I. 23. 24. II, 206, der Held, der eine unmöglich schei-
nende Aufgabe zu lösen hat, zu drei einsiedelnden Brüdern gewiesen wird,
die ihn nacheinander berathen, und zuletzt zum Ziele führen. Grimur und
Grimnir beschreiben den Gott als den Verhüllten, der wie in Grimnism.
verkleidet in unscheinbarer Gestalt, als ein blinder Gast wie in der Herwararsage in die Wohnungen der Menschen eintritt ihre Gastfreiheit auf
die Probe zu stellen, was unsere Märchen auf Christus übertragen. Auch
Gangleri (Grimnism. 46) und Gangradr bezeichnen wie Wegtamr S. 78
den unermüdlichen Wanderer, den viator indefessus des Saxo. Als
Gangradr geht er mit Wafthrudnir über die urweltlichen Dinge zu
streiten (§. 33. 50) und Gangleri nennt sich Gylfi in der Einkleidung
der jüngern Edda, die der von Wafthrudnismal abgeborgt ist. G. D. S. 761.

Denselben Sinn wie Wafthrubnir hat aber Odins Beiname Wa-
fube, der die wehende bebende Luft meint, womit wir wieder bei
Biflindi, ja bei Odins eigenstem der Luft verwandtem Wesen angelangt sind. Das Rauschen dieser erschütterten Luft, aber zugleich das
Tosen der Schlacht, ist in Omi, agf. vôma, ausgedrückt. Yggr, womit
Grimm (Ueber den Namen des Donners 17) den finnischen Ukko vergleicht,
bezeichnet ihn als den schrecklichen Gott, Glapswiðr als den in Listen
Erfahrenen, Bölwerkr und Bölwîs (vgl. Saxo 129 mit FAS. II, 376
und Helgakv. Hund. II) gar als den Uebelstifter, der die Fürsten verfeindet und Zanktrunen unter Verwandte wirft. Neben Bölwîsi steht bei
Saxo Bilwîs, wie Edacl neben Sibich in der Heldensage: Odins Wesen
hat sich in zwei Personen gespalten, die mit zweien seiner Beinamen
benannt sind. Mit Bilwîs, Bölwîs vergleicht sich Grimnism. 17 Bileigr,
Baleigr, nur daß letztere mehr die äußere Erscheinung ins Auge faßen.
Doch lehrt die Vergleichung, daß Bileigr nicht mit Lex Mythol. 304
oculis fulminantibus praeditus übersetzt werden darf. In jenem Bölwîsi berührt er sich wie in Loptr mit Loki; in Thundr (Donner) mit
Thôr; in Wiðrir (Witterer und Wetterer) wenigstens dem Sinne nach
auch mit Freyr, wie in Thror, dessen Bezug auf die Gerichte Grimnism.
andeutet, mit Baldur und Forseti, so daß diese Beinamen auf die frühere
weitere Bedeutung des Gottes, sein allumfaßendes Wesen führen. Andere Beinamen sollen gelegentlich erläutert werden; die auf seine äußere
Erscheinung bezüglichen schon im nächsten Paragraphen.

Auch auf Odins Söhne in den Stammtafeln ist zu achten, weil
ihre Namen aus Beinamen des Gottes erwachsen sein können. Nach dem
eddischen Formali Cap. 10 hatte Odin zweimal drei Söhne. 1. Wegdegg,
Beldegg (Baldur) und Sigi; dem ersten gab er Ostsachsen, dem andern
Westsachsen (Westfalen), dem dritten Frankenland. Sigis Sohn ist hier
Verir, nicht Rerir, wie er Wölf. S. heißt, wo von ihm erst Wals, dann
Sigmund und Sigurd entsprangen. Beldeggs Sohn war Brand, von
Wegdegg aber stammten Heingest und Swipdagr, den wir sonst als Menglo-
das Verlobten kennen. 2. An drei andere Söhne vertheilte er Skandinavien:
Dänemark erhielt Skiöld (Skeaf), Sæming Norwegen und Yngwi Schweden.

Die angelsächsischen Stammtafeln legen Wôden und seiner Gemahlin
Frealäf sieben Söhne bei, von welchen sieben agf. Häuser abstammten;
doch redet Wilh. von Malmesbury nur von dreien: Weldeg, Wihtleg und
Beldeg, was den nordischen Berichten näher tritt. In den sieben oder
acht Geschlechtsregistern, denn Bernicia und Wessex, die anfangs zusammen
fielen, gehen später auseinander, finden wir Hengest und Eormenric bei
Kent, Uffa bei Ostangeln, Offa und Sarneat bei Essex, Wihtleg, Warmund
und Offa bei Mercia, Wägdäg, Swefdäg, Sæfugel und Westerfalcna bei

Trira, Kalbág und Brand bei Bernicia und Wester, Bedeca bei Lin-
derkaran aufgeführt. Zu Hengist, den wir als Heingist schon im Norden
landen, gehörte Horsa. Von Ossa oder Ussa, der in mehrern Stammtafeln vorkommt, hab ich in den Erläuterungen zum Beowulf gehandelt:
einer seiner Vorfahren, Hrobmund, erscheint gleichfalls daselbst. Sarneat
entspricht dem Sarnöt, der in der Abrenunciatio neben Thunaer und
Wodan steht, wie Bihtläg und Barmund den Vorfahren Ossas bei Saro
gleichen. Wie in der Kentischen Genealogie von Pferden, sind nach Grimms
Bemerkung in der Deirischen einige Namen von Vögeln hergenommen.
Säsugels Ahn war Sigergeat, und so wird der Enkel Sigesugel heißen
sollen, wie er wirklich bei den Ostsachsen vorkommt. Westersatcna deutet
aber zugleich auf Westfalen, das wir schon in den nordischen Stammtafeln bedacht sahen. Bei Bernicia treffen wir auch Ingvi, dessen Sohn
Esa nach den Asen benannt scheint. Die Westerischen Nachkommen Brands,
des Sohnes Wäldägs, führen bekannte Namen: Freavine (Frowinus
bei Saro) bezeichnet einen Verehrer Freys. Auch unter den Vorfahren
Odins, zu welchen diese agf. Stammtafeln emporsteigen, finden sich Namen
von Göttern und göttlichen Helden, die aus Beinamen Odins erwachsen
sein können. Ich erwähne nur Geat (altn. Gaut), Taetwa (hochd. Zeizo),
Heav (Dúi), Sceldva, Scoef, Heremod. Vgl. M. Beowulf S. 175.
Wie hier nach Müllenhoff Prädikate eines und desselben Gottes zu seinen
Vorfahren erhoben sind, so finden wir in den nordischen Stammtafeln
Thor und dessen Beinamen wie Hlorridi, Vingithor, Magni, Modi unter
Odins Vorfahren aufgezählt. So war auch Sceldva (Skiöld) nur ein
Beiname Gleafs gewesen, weil er auf dem Schilde schlafend über Meer
gefahren kam. Auch Gaut, der bei den Goten sogar an der Spitze der
Geschlechtsreihe steht, ist in der Edda nur ein Beiname Odins. Ein
anderes Beispiel solchen Verfahrens entnehme ich nach Müllenhoffs Deu-
tung Ztschr. XI, 291 der Esserschen Genealogie, wo Sarneat einen Sohn
Wseeg, dieser einen Sohn Andseeg gehabt haben soll. Andsergs Sohn
heißt Sveppa, Sveppas Sohn Sigesugel u. s. w. Hier sind die einzelnen
Momente der Thätigkeit des Gottes während der Schlacht dargestellt.
Zwei streitgerüstete Heere stehen sich gegenüber, Geserg und Andserg,
Symmachus und Antimachus. Sveppa bedeutet das Schlachtgetümmel,
Sigesugel den Vogel, dessen Erscheinen den Sieg verkündet u. s. w.

Nur göttliche Abstammung scheint bei allen germanischen Völkern
das Recht zur Krone verliehen zu haben.

63. Äußere Erscheinung.

Nicht immer scheint Odin in so herrlicher Gestalt als da er mit
dem Goldhelm, dem schönen Harnisch und dem Spieß, der Gungnir heißt,

an der Spitze der Einherier dem Fenriswolf entgegenreitet (§. 45), oder
da er (Sigrdrif. 14) Mimirs Haupte lauschend

> Auf dem Berge stand mit blankem Schwert,
> Den Helm auf dem Haupte.

Wir sahen schon so eben wie er sich zu verhüllen liebt, in unscheinbarer
Gestalt, als müder Wanderer das Gastrecht in Anspruch nimmt, der
Menschen Sinn erforschend. In deutschen Sagen und Märchen tritt er
Gaben heischend, meist als kleines graues Männchen auf; als hochbetagter
Greis auch bei Saxo, nicht selten blind; doch ist dieß nur Verkleidung,
während Einäugigkeit zu seiner wahren Gestalt gehört. Von dem breiten
Hute, den er tief ins Gesicht drückt, um unerkannt zu bleiben, heißt er
Sidhhöttr, auch bloß Höttr. Zuweilen erscheint er kahlköpfig, öfter mit
dichtem Haar- und Bartwuchs, wie es die Beinamen Hrossharsgrani,
Sidhgrani, Sidhskeggr ausdrücken; sonst ist über Grani §. 74 zu ver-
gleichen. In dem König Bräselbart oder Drosselbart des deutschen
Märchens (K. M. I, 52. III, S. 91) ist er unschwer zu erkennen. Ein
anderer deutscher Beiname des Gottes ist K u n z (aus Konrad); vgl.
Germ. XVI, 289, Vernaleken Mythen und Br. 50. Gewöhnlich trägt
Odin einen weiten blauen Mantel aus Thierfellen (feldr). So zieht er
als Hakelberand dem wilden Heer voran; im Mantel (hekla) reitend
erscheint er auch in der Habbingssage, und Roß und Mantel gehören so
sehr zu seiner Erscheinung, daß sie ihn mit dem h. Martin vermittelt
haben. Für die künstlerische Darstellung beschreibt Petersen 159 Odin
als einen hohen einäugigen Greis mit langem Bart, tief herabgedrücktem
breiten Hut, im blauen fleckigen Mantel, den Goldring Draupnir am
Arm, zwei Raben auf seinen Schultern, zwei Wölfe zu den Füßen; der
Karlswagen (§. 74) rollt über seinem Haupte. -

In Walhall nimmt Odin den Hochsitz ein, der Hlidskialf heißt, von
dem er die ganze Welt übersieht. Nur Frigg theilt nach Grimnismal
diesen Sitz mit dem Gatten. Der Name (at skialfa = beben) erinnert wieder wie Walaskialf an die bebende Lust und Odins Wesen. Da
Hlidskialf der höchste Punkt in Asgard, gleichsam der Zenith des Himmels
ist, so möchte er wie Heimdall als die Spitze des Baumes Lärad zu denken
sein, der selber nur (S. 86) den Wipfel des Weltbaums bildet, als
dessen Frucht Odin erscheint.

Auf diesem Hochsitz saß Odin nach den deutschen Märchen, die Wolf
Beitr. I, 24 vergleicht, das Antlitz nach S ü d e n gewendet; nach der
Sage vom Ursprung der Langobarden, wie sie das Edict Rotharis
erzählt, sollte man glauben nach Westen. Nach dem Märchen vom Schnei-
der im Himmel (K. M. 35) stand vor dem heiligen Stuhl, den wir
uns ganz golden zu denken haben, ein eben solcher Schemel. -

Zwei Raben Hugin und Munin (Gedanke und Erinnerung) sitzen dem Gott auf den Schultern und flüstern ihm ins Ohr, denn jeden Tag sendet er sie aus, die Zeit zu erforschen. ‚Die Menschen nennen ihn darum Rabengott.' D. 38. Daß gerade diese Vögel als S y m b o l seiner Allwissenheit gewählt sind, erklärt sich aus seiner Eigenschaft als Schlacht- und Kriegsgott; sie werden wohl auch (weil er Jagdgott ist?) als Habichte bezeichnet:

> Nun bin ich so froh   dich wieder zu finden
> Wie die aasgierigen   Habichte Odins,
> Wenn sie Leichen wittern   und warmes Blut,
> Oder thautriefend   den Tag schlummern sehn.

Denselben Bezug haben auch die Wölfe zu seinen Füßen, welchen er das für ihn bestimmte Fleisch des Ebers reicht, da er selbst keiner Kost bedarf, Grimnism. 19. Wie die Raben Habichte, so heißen diese Wölfe wohl auch Hunde (M. Edda 129. 238); noch Hans Sachs nennt die Wölfe unseres Herrgotts Jagdhunde. Schwer ist es zu deuten, wenn es von Odins Saal heißt:

> Ein Wolf hängt   vor dem westlichen Thor,
> Ueber ihm ein Aar.   Grimnism. 10.

Am besten erklärt man sie als unsern Wappenthieren ähnliche Symbole: der Aar gebührt ihm als Lustgott (S. 32), der Wolf als Kriegsgott.

Erinnerungen an diese heil. Thiere sind Myth. 155. 600 und Wolfs Beitr. I, 26 nachgewiesen. Die schönste findet sich in den deutschen Gedichten von König Oswald, der seinem Raben von zwölf Goldschmieden (den Äsen) die Flügel mit Gold beschlagen läßt und ihn auf Liebeswerbung ausschickt, und K. M. 35, wo sich zwei schneeweiße Tauben dem Pabst auf die Schultern setzen und ihm Alles ins Ohr sagen was er thun soll.

64. Verleihungen: a. Schwert, Helm und Brünne.

Einzelne seiner Attribute pflegt Odin begünstigten Helden zu verleihen. Schwert, Helm und Brünne (Panzer) erbot er sich in der Gestalt des Bauern Hrani dem Dänenkönig Hroll Kraki, der bei ihm eingekehrt war, zu schenken. Als dieser die Annahme verweigert, weil er den Gott in seinem Wirth nicht erkannte, wendet sich das Kriegsglück von ihm ab. FAS. I, 94. Dieselben Waffen finden wir vereinigt in der für Odins Gaben klassischen Stelle Hyndlul. 2:

> Er gönnt und giebt das Gold den Werthen:
> Er gab Hermodur Helm und Brünne,
> Ließ den Sigmund das Schwert gewinnen.

Haben wir zuerst das dem Sigmund verliehene Schwert heraus. Odin selbst erscheint bekanntlich an der Spitze des Wölsungenstammes,

denn Sigi, mit dem er beginnt, wird Wölf. S. Cap. 1 Odins Sohn genannt; an Sigmund hat er noch nähern Antheil, denn Wölsung (Wals)
hatte ihn mit einer Walküre gezeugt, die Cap. 2 Odins Geliebte heißt,
und schon Wölsungs Zeugung durch einen Apfel vermittelt hatte. Als nun
Wölsung seine Tochter Signe, Sigmunds Zwillingsschwester, dem Siggeir
vermählte, trat am Abend ein Mann in den Saal, barfuß, im fleckigen
Mantel und Leinhosen an den Beinen: er war hohes Wuchses, dabei alt
und einäugig, was ein breiter Hut verhehlen sollte: ein Schwert in der
Hand ging er an den K i n d e r s t a m m (S. 35. 47), der mitten in Wölsungs Halle stand, und stieß es in den Stamm, daß es bis ans Heft
hineinfuhr. Niemand wagte es, diesen Mann anzureden; er aber sprach:
Wer dieses Schwert aus dem Stamme zieht, dem soll es gehören und er
wird selber gestehen, daß er nie ein besseres Schwert in Händen trug.
Darauf schritt er aus der Halle, und wuste Niemand wer er war, noch
wohin er ging. Nun standen sie Alle auf und versuchte Einer nach dem
Andern das Schwert herauszuziehen; aber es rührte sich nicht bis Sigmund, König Wölsungs Sohn, hinzutrat: der zog es heraus und es war
als wenn es los da vor ihm läge. Mit diesem Schwert gewann Sigmund viele Schlachten; aber am Ende seines Lebens versagte es ihm. In
der Schlacht gegen Lyngwi trat ihm ein Mann mit breitem Hut und
blauem Mantel entgegen; er war einäugig und trug einen Sper in der
Hand; an diesem Sper brach ihm das Schwert in zwei Stücke; er selber
fiel in der Schlacht, C. 11. Mit demselben Schwert, das Regin wieder
schmiedete, rächte hernach Sigurd seines Vaters Tod. Ihm wendete sich
Odins Gunst wieder zu, denn er gab ihm Grani, das Roß, das von
Sleipnir stammte, ließ sich in sein Schiff aufnehmen und beschwichtigte den
Sturm, Cap. 17, und beim Drachenkampf lehrte er ihn Gruben zu graben,
das Blut hineinrinnen zu laßen und den Wurm ins Herz zu stoßen. C. 18.

Daß es des Gottes eigenes Schwert war, das er Sigmund gewinnen ließ, dasselbe das Sigrdr. 14 (§. 63) erwähnt wird, macht die Zusammenstellung mit Hermodurs Helm und Brünne, die sich bei dem Gotte
gleichfalls wiederfinden, wenigstens wahrscheinlich. Wir wißen zwar nicht,
wer dieser Hermodur war, schwerlich der Gott, den wir als Baldurs
Bruder kennen (§. 33. 92), eher jener im Beowulfsliede zweimal vorkommende Heremôd, das erstemal wieder in Verbindung mit Sigmund.
(Kemble 64. 121). Vgl. jedoch Holtzmann Germ. VIII, 491. Seine Sage
ist nur sehr unvollständig erhalten; aber schon das Wenige, das wir von
ihr wißen, zeigt, daß er im Uebermuth des Glücks Odins Gunst verwirkt
habe; vgl. §. 90. Dem Sigmund entzog sie nur sein hohes Alter; seinem Sohne blieb er hold, und daß er auch seinem Geschlecht nicht feind
ward, das sein eigenes war, es vielmehr rächt, indem er Hamdism. 25

räth, auf Jonakurs Söhne Steine zu schleudern, ist bei der Edda ausgeführt. Wie hohe Pfänder auch dem Jüngling verliehen seien, dem Alter
kann die Gunst des Schlachtengottes nicht bleiben. Aehnliches wird uns
gleich wieder begegnen.

85. b. Sper.

Der stärkste Beweis dafür, daß es Odins eigene Waffen sind, die
er ausleiht, ist der Sper Gungnir. Wie ihn die Zwerge, Iwaldis Söhne,
geschmiedet haben, ist §. 57 erzählt; aber schon im ersten Kriege (§. 24)
bediente sich Odin nach Wöl. 28 seines Spers:

> Da schleuderte Odin den Spieß ins Volk.

Nach Helgakw. Hundings. II opferte Dag, Högnis Sohn, dem Odin
für Vaterrache. Da lieh Odin ihm seinen Spieß. Dag fand den Helgi,
seinen Schwager, bei Fiöturlundr: er durchbohrte Helgi mit dem Spieße.
Da fiel Helgi. Als er aber nach Walhall kam, bot Odin ihm an, die
Herschaft mit ihm zu theilen. Einen solchen Ersatz mochte er dem Helden
zu schulden glauben, der sein Liebling gewesen war und ihn nicht beleidigt
hatte. Denn wie im ersten Liede Str. 13 Helgis Worte andeuten, die
er den Söhnen des erschlagenen Hunding sagen ließ, als sie Vaterbuße
von ihm begehrten:

> Gewarten möchten sie großen Wetters,
> Grauer Geere und des Grames Odins,

so hatte Odin ihm früher seinen Sper geliehen, und der Gram Odins,
d. i. sein Zorn, Helgis Feinde getroffen. Das Wetter ist die Schlacht,
und der graue Geer der Sper, von dem wir reden. So weihte Gissur
nach der Hervararf. Cap. 28 die feindliche Schlachtordnung dem Untergange (occidionl) mit den Worten: ,Erschreckt ist euer König, dem Tode
verfallen (feigr) euer Herzog, hinfällig eure Kriegsfahne, gram ist euch
Odin. Laße so Odin mein Geschoß fliegen, wie ich vorhersage.' (FMS.
I, 501.) Vgl. Myth. 18. 125 die aus Paul. D. angezogene Stelle.
Vielleicht entlieh man dem Heiligthum des Gottes den ihm geweihten
Sper; die Sagen gedenken dessen nicht. Aber Opfer gingen voraus, wie
schon oben bei Dag. Als der Schwedenkönig Erich die Schlacht bei Fyris-
wall gegen Styrbiörn schlagen sollte, opferte Styrbiörn dem Thôr, aber
Erich dem Odin, weihte sich ihm und bestimmte die Frist seines Todes
auf zehn Winter. Da sah er einen großen Mann mit breitem Hute, der
gab ihm seinen Rohrstengel (reyrsproll) in die Hand, ihn über das feindliche Heer mit den Worten zu schießen: ,Odin hat euch Alle!' Als das
geschah, erschien ein Wurfsper in der Luft, flog über Styrbiörns Schlacht-
reihen und schlug sein Kriegsvolk wie ihn selbst mit Blindheit. FMS. V,
250. Diese Stelle läßt schließen, daß auch Helgi seine Lebenszeit auf

sesste Jahre bestimmt hatte, um den grauen Heer zu erlangen. In der
Fyrbyggjasage, wo Steinthôr den Spieß sich zum Heil über Snorris
Heer schießt, obgleich nicht gesagt ist, daß es des Gottes Sper war, wird
es ausdrücklich als alte Sitte (at fornom sidh) bezeugt. Schon die rö-
mischen Ferialen pflegten eine eisenbeschlagene in Blut getauchte ange-
brannte Lanze (hasta serrata sanguinea praeusta) ins feindliche Land
zu schleudern, dem man Krieg ansagte, Liv. I, 32. Das erinnert an
Kaiser Ottos Sperwurf gegen Dänemark, mit dem er gelobte, bei seiner
Zurückkunft das Land zu bekehren oder das Leben zu laßen; oder an
Autharis Säule bei Paulus Diaconus, Gr. DS. 399ᵇ. R. A. 59. Vgl.
Herodot V, 105. Im Norden ward auch der Heerpfeil (herör, bodkefli)
angebrannt, den man bei Kriegsgefahr umhersandte, das Volk aufzubieten.
In dem Krieg mit den Hermunduren um die heiligen Salzquellen hatten
die Chatten das ganze feindliche Heer dem Mars und Mercur (Zio und
Wuotan) geweiht, Ann. XIII, 57. Des Spers wird hier geschwiegen;
aber die heimischen Quellen ergänzen des Römers Bericht, indem sie den
Gebrauch bei der Weihung und selbst die dabei ausgesprochene Weih-
formel lehren. Und daß auch im Norden die so Besiegten geopfert
wurden und dieß der Sinn der Weihe war, zeigen die Worte, welche
Sigrun (Helgaf. III, 23) zu Höddbrodd spricht, als sie ihn verwundet auf
der Walstatt findet:

> Vorbei ist das Leben, das Heil naht,
> Granmars Sohn, bebirm grauen Haupt.

Auch Herwarf. 444 werden alle auf der Walstatt Fallenden dem
Odin geweiht. Bestätigung gewährt ferner die Gauktch. (FAS. III, 34),
vgl. mit Saxo 104, wo Odin als Hrosshârsgrani dem Starkather seinen
Rohrstengel giebt, um damit das Opfer an König Wikar zu vollziehen,
auf den bei dem Seesturm, wo der zürnende Gott durch Menschenblut
versöhnt werden sollte, das Looß gefallen war. Und als Starkather das
Reidingswerk begeht, den König, der nur zur Schau für die Fahrtgenoßen,
mit welchen er gelooßt hatte, sich den Strid umlegen zu laßen glaubte,
wirklich hinzurichten, und mit dem Rohrstengel, der zum Sper ward, zu
durchbohren, bedient er sich der Worte: ,So geb ich dich Odin.'

Entfernter gehört die Sitte hieher, sich auf dem Todesbette mit dem
Sper ritzen zu laßen, wovon die Ynglingasaga (Heimskr.) mehrere Beispiele bewahrt hat. Da nur im Kampf Gefallene, die Todeswunden
zur Schau trugen, zu Odin kommen sollten, so bot die Sperritzung, die
gewiß auch mit einem Weihopfer verbunden war, ein Auskunftsmittel,
in Walhall als ein an Wunden verbluteter Kämpfer Aufnahme zu finden. Auf diese Weihe beziehen sich Odins eigene Worte in seinem Runenlied (Hávamál 139):

Ich weiß, daß ich hieng, vom Sper verwundet,
Dem Odhin geweiht, mir selber ich selbst.

Dieß veranlaßte den Verfaßer der Helmskringla, der die Götter menschlich auffaßte, nicht bloß den Njördr sich auf dem Krankenbette für Odin bezeichnen zu laßen: auch Odin selbst ritzt sich bei ihm im gleichen Falle mit der Spitze des Spers, wobei hinzugefügt wird, ‚und eignete sich alle im Kampf Gefallene zu‘, was auf die Auffaßung deutet, als kämen die Gefallenen deshalb zu Odin, weil auch er an Wunden gestorben sei.

Es scheint unnöthig, mit Petersen 169 auszuführen, daß Odins Sper kein Luftphänomen, sondern nächst seiner Bedeutung als Waffe ein Symbol der Macht und Herschaft ist. Wer damit berührt wird oder wen er überfliegt, der gehört dem Gotte, wie ähnlich auch Thors Hammer beim Landerwerb ausgeworfen wird, die Grenze zu bestimmen.

Wolf Beitr. I, 12 weist nach, wie in deutschen Märchen der Sper des Gottes zum Stocke, ja zuletzt zum ‚Knüppel aus dem Sack‘ ward. Als Sper hab er sich nicht behaupten können, weil der Gebrauch der Spere längst untergegangen sei und das Märchen es mit der Gegenwart halte. Allein K. M. 28, wo es ein wildes Schwein zu erlegen gilt, wird erzählt: ‚Und als der Jüngste so ein Weilchen gegangen war, trat ein kleines Männchen zu ihm, das hielt einen schwarzen Spieß in der Hand und sprach: Diesen Spieß geb ich dir, weil dein Herz unschuldig und gut ist: damit kannst du getrost auf das wilde Schwein losgehen, es wird dir keinen Schaden zufügen.‘ Hier kommt der Sper nur als Waffe in Betracht; aber er wird als göttliche Waffe verliehen und durchbohrt das Ungethüm, wie der Sper in Tags Hand den Heigl.

In andern Sagen dagegen erscheint ein Stab, und zwar als Symbol der Macht über den Tod. So wenn in der Legende von St. Matern der Apostel Petrus den Boten seinen Stab leiht, womit sie das Grab des zu früh gestorbenen Bischofs schlagen und ihm gebieten sollen aufzuerstehen (Gobfr. Hagen 48), oder wenn in den deutschen Gesta Rom. 80 (vgl. 88) der alte Mann seinen Stab leiht, kraft beßen dem Belehenen in der Hölle Alles gewährt werden muß, was der Herr des Stabes gebiete (vgl. s. 103). Da der Stab hier über die Unterwelt Gewalt hat, so dürfen wir wohl daran erinnern, daß Odin selbst Wegtamskv. 9 die todte Wala vor der Pforte der Hel erweckt, wobei seines Stabes ausdrücklich gedacht wird. Auch der Stab der Gridh, der Mutter Widars, des Gottes der Erneuerung, ist hier zu erwägen: wie werden sie (s. 84. 96) als Unterweltsgöttin kennen lernen, und so hat der Stab auch hier Macht über Tod und Leben.

Außer den hier von Odin verliehenen Waffen muß er auch den Bogen geführt und gleich Apollo, dem er sich auch sonst vergleicht, Pfeile

verfendet haben, wie wir ja in angelf. Zauberformeln von Afengefchoßen
lefen. Zwar wenn der Daumen Wodans Finger, Woenlet heißt, fo kann
dieß daraus fließen, daß er als Wunfch (Oski) auch Gott des Spiels war,
vgl. §. 62, wozu Grimm M. 145 die Redensart anführt, beim Spiele
laufe das Glück auf dem Daumen. Bekannter ift die Sitte beim Spiel,
dem Spieler, dem man Glück wünfcht, den Daumen zu halten. Aber
man nannte auch den Raum, den man mit Daumen und Zeigefinger be-
meßen konnte, Woedenfpanne, und dieß bezieht Mannhardt auf die
Handhabung der Armbruft. Auch feine ficher treffenden Pfeile verleiht
Odin nach §. 66.

66. c. Roß und Mantel.

In den nordifchen Sagen wird Odins Roß Sleipuir feinen Günft-
lingen fo wenig als fein Mantel verliehen. Verleihungen diefer Art er-
fcheinen dagegen in Teutfchland, wo freilich an die Stelle Odins bald
der Teufel, bald ein Engel tritt. Wir gehen dabei von einem Zuge der
Habbingsfage aus, welche Saxo I, 12 berichtet. Habbing, einer der
Günftlinge Odins, dem er fich zuletzt opfert, ift in einer Schlacht ge-
fchlagen: da kommt der Gott, auch hier als einäugiger Greis, dem Fliehenden zu Hülfe, ftärkt ihn mit einem Trunk, faßt ihn in den Mantel und
führt ihn durch die Luft in die Heimat. Durch ein Loch des Mantels
fchauend gewahrt Habbing mit Erftaunen, wie das Pferd über Wellen
und Wolken dahin fchreitet. Wir bleiben in der im Ganzen doch fehr
verworrenen Erzählung unberichtet, warum es in diefem Falle darauf
ankam, den Helden fo fchnell heim zu fchaffen. In den deutfchen Sagen ift diefer Grund angegeben: da die Frift abgelaufen war, binnen
welcher der Begünftigte heimkehren follte, ift feine Gemahlin im Begriff
fich wieder zu vermählen. Dagegen fteht der den zurückführenden Gott
vertretende gute oder böfe Geift gewöhnlich im Hintergrunde, während
Roß und Mantel, bald das eine bald das andere, hervorgehoben find.
In der Sage von dem edeln Möringer D. 523 fo wie M. M. 61 (vgl.
Uhland über Bodmann, Germ. IV, 67 ff.) fehlt zwar ihre Erwähnung,
und auch in der berühmten Braunfchweiger Sage, deren Held fpäter
Heinrich der Löwe ward, fehen wir diefen, nach dem Volksliede und den
von K. Gödeke (Reinfrit von Braunfchweig, Hannover 1850, S. 75) ver-
glichenen Quellen, von dem Teufel durch die Luft getragen, ohne daß des
Mantels oder des Roffes gedacht würde, denn die Ochfenhaut, in die er
fich von dem getreuen Knecht nähen läßt, gehört zu der Greifenfage und
hat mit der Heimkehr und dem Wunfchmantel nichts zu fchaffen; A. M. ift
Wolf Beitr. 6. Jener Hauptzug, die Begünftigung der Ehe, ift aber der
Sage fo wefentlich, daß er felbft da eindrang, wo er nicht hingehörte. Ein

auffallendes Beispiel gewährt die Sage vom Thebel von Salmoben und seinem schwarzen Teufelsroße. Volksbücher IX, 497 ff. Sie ist der normannischen von Richard I. (Wolf 7) auf das Nächste verwandt, nur daß diese an die Stelle des Rosses ein vielfarbiges Tuch setzte, in welchem wir den Wunschmantel wiedererkennen: auf diesem Tuche vollbringt Richard die Fahrt wie Thebel auf dem Rosse. Durch die Herleihung derselben wird aber Selben keine Gunst erwiesen: der im Hintergrund stehende böse Geist stellt nur ihre Unerschrockenheit auf eine gefährliche Probe: sie würden es, wenn sie Furcht angewandelt hätte, mit dem Leben entgolten haben. Die auf Heinrich den Löwen übertragene Braunschweiger Sage, in der wir einen uralten Mythus erkennen, läßt nur die Heimkehr durch Hülfe des Teufels vollbringen; die normannische und die von Thebel auch schon die Ausfahrt, also die ganze Reise, woraus sich ergiebt, daß letztere zu den Sagen vom wilden Heere gehören, womit wir hier noch nichts zu schaffen haben. Eine Verbindung mit der Sage von der Heimkehr, die der Gott begünstigt, ist aber in beiden und zwar in auffallend gleicher Weise versucht; sie konnte jedoch nur angestickt werden. Richard trifft in der Kirche der h. Katharina auf dem Sinai einen seiner Ritter, der vor sieben Jahren in die Gefangenschaft der Sarazenen gerathen war, welchem der Herzog berichtet, seine Frau, die ihn längst todt glaube, wolle binnen dreien Tagen wieder heirathen, und er, der Herzog, sei selbst zur Hochzeit geladen, Wolf Beitr. 7. Gerade so findet Thebel in Jerusalem den Herzog Heinrich und theilt ihm mit, daß die Herzogin, die ihn für ertrunken halte, mit einem Pfalzgrafen zur neuen Ehe schreiten werde, wenn er nicht binnen Kurzem heimkehre. Daß die normannische Sage hier die deutsche benutzt hat, kann kein Zweifel sein, denn die Sage von Heinrich dem Löwen hat uralten Grund: sie klingt schon im Jwein, dem Ritter mit dem Löwen, an, dem seine Gemahlin gleichfalls eine Frist zur Rückkehr bestimmt hatte. Darum ist auch St. Leonhard, den man als Patron der Gefangenen kennt (Leonhardus dicitur a leone), in der englischen Sage von Hugh de Halton, welche Liebrecht in Eberts Jahrb. IV, 110, bespricht, an Jwotans Stelle getreten, wobei man sich erinnern muß, welche Rolle der Löwe in diesem so vielverbreiteten als vielgestaltigen Märchenkreise spielt. Daß es ein Gott ist, der in der Gestalt des Löwen den Helden beschützt hat, bestätigt sich auch aus Wickrams Goldfaden, wo Lewfrid schon vor der Geburt von einem Löwen beschützt wird, was dem Grafen zum Beweise dient, daß der Freier seiner Tochter, obwohl geringer Herkunft, doch unter göttlicher Obhut stehe. Auch im Wolfdietrich erscheint der Löwe: er gehört der deutschen Odyssee an und die Vergleichung aller zu ihr zählenden Sagen und so auch Alles was von Heinrich dem Löwen berichtet wird, zeigt, daß das Ziel der Reise

nicht das Grab des Erlösers oder das gelobte Land war, sondern die
Unterwelt, Birl. I, 348, wie die daheim harrende Gemahlin der von
Freiern umworbenen Penelope zu vergleichen ist. Wie hiedurch Licht auf
die Odyssee selbst fällt, so ergiebt sich daraus auch die Verwandtschaft
mit der Habbingsage, denn auch Habbing gelangt Saxo 16 in die Unterwelt, und sogar die Mauer, welche bei ihm das Land des Lebens
umgiebt, findet sich MM. 61 so wie bei Reinfr. von Braunschweig
(Mödele 60) wieder. Um so wahrscheinlicher wird es nun, daß auch
Habbing zu schleuniger Heimkehr, welche der Gott vermitteln muß, denselben dringenden Antrieb hatte wie Heinrich der Löwe. Die Unterwelt
bestätigt sich auch aus der bis zur Unkenntlichkeit verwilderten Gestalt der
Heimkehrenden, worüber man W. Müllers trefflichen Aufsatz hinter seinen
niedersächs. Sagen nachlese. Im Iwein und im Orlando Furioso steigert
sich diese Verwilderung bis zu völliger Verthierung des im Walde auf
allen Vieren umher laufenden, menschlichen Bewußtseins beraubten Helden,
während die Unterwelt nur in dieser ihrer, auch bei den Gefährten des
Odysseus erscheinenden, Wirkung noch erkennbar ist.

Auf dem Mantel geschieht nun ferner die Heimfahrt in der Erzählung des Caesarius VIII, 59 von Gerhard von Holenbach (in der Legende von St. Thomas, Zingerle Ztschr. f. d. Myth. IV, 89, Helpach),
wo wie in dem Volkslied von dem edeln Möringer die Wallfahrt zum
Grabe des h. Thomas gerichtet war. Der Antrieb ist hier noch derselbe;
dagegen in der Sage vom Wartburgkriege DS. 555, wo der Wunschmantel zu einer ledernen Decke wird, steht dem Heinrich von Osterdingen
nicht Braut oder Gemahlin, sondern Ehre und Leben auf dem Spiel,
wenn ihn Klingsor nicht durch seine Geister in einer Nacht nach Thüringen schaffen ließe. Neben andern Wunschdingen und nur mit unsichtbar machender Kraft erscheint der Mantel auch MM. 92; aber auch hier
hilft er die Hochzeit mit einem Andern noch rechtzeitig zu hintertreiben.
Vgl. 93 und BM. 68 Des Teufels Pathe. Zuletzt hat er noch in die
Faustsage Aufnahme gefunden und ist hier zu großer Berühmtheit gelangt.
Das Roß erscheint dagegen außer bei Thebel fast nur in der Sage
von Kaiser Karls Heimkehr aus Ungerland, DS. 439 (vgl. Myth. 880),
wo es gleichfalls die Wiedervermählung der Kaiserin zu verhindern gilt, und
in der von Uhland Germ. IV, 93 mitgetheilten Sage von Graf Friedrich
von Zollern. Wo sonst noch, und die Fälle sind zahlreich genug, Rosse sich
darbieten, sind sie gespensterartig: sie wollen die Menschen nur schrecken
und abmatten, wie die bei Reusch 22, oder sie gehören wie das bei Tettau
und Temme Pr. Volks. 73 der wilden Jagd oder gar wie bei Caesarius II, 7
der Hölle an, an die selbst Thebels Roß, das nur glühende Kohlen frißt, erinnert. Nur Temme l. c. 76 könnte es von dem Gotte zu Hülfe gesandt sein.

Mit dieser einen Ausnahme kann Odins Dazwischenkunst daraus erklärt werden, daß er als Ehegott den Bruch eines ihm geheiligten Verhältnisses verhindern will; jedoch werden wir §. 9t erkennen, daß allen diesen Sagen ein Mythus von Odin selbst zu Grunde liegt, der in zwei Hauptgestalten in Deutschland nachklingt und fortlebt. Das Roß ist aber in denselben Sagen als ein Symbol der Allgegenwart aufzufassen, die ihm freilich sehr verkürzt wird durch die Vermenschlichung, der alle heidnischen Götter nothwendig anheimfallen. Denn wenn er gleich auf dem windgezeugten Hengst in der kürzesten Frist die weitesten Räume durchmessen mag, so sind doch die Entfernungen keineswegs gänzlich für ihn aufgehoben. Der Mantel, der in deutschen Sagen zu gleichem Zwecke dient, war wohl ursprünglich, wie das vielfarbige Tuch der normannischen Sage noch andeutet, der Wolkenhimmel mit seinen wechselnden Farben, Wolf 7, woran TDS. 26 nicht Zweifel erregen darf, denn der hier vorkommende Mantel, der aus tausend Läppchen gestickt ist, von welchen ein jeder, wenn man ihn auseinander warf, ein Schloß mit schönen Gärten und Weihern ward, ist zwar die Erdoberfläche; er wird aber auch von einem Frauchen verliehen, in welcher wir die Erdgöttin erkennen, so daß er von Wuotans Mantel verschieden ist; wohl aber gehört hieher die §. 115 mitzutheilende Sage von der Schwanenkirche zu Carden, wo Frouwa, an deren Stelle Maria getreten scheint, nicht als Erdgöttin in Betracht kommt, sondern sich mit Wuotan in die Herrschaft über Luft und Wasser theilt.

Wir könnten noch von andern Verleihungen sprechen, da die deutsche Sage außer dem Wunschmantel auch Wünschelhüte kennt, welche die Kraft des Mantels haben, während dieser, wo er daneben vorkommt, bloß unsichtbar macht. Ein solches ist Fortunats Wünschhütlein, das neben einem andern Wunschdinge, dem Säckel, vorkommt, wie auch Siegfried neben der Tarnkappe (Nebelmantel) den Hort besitzt. Nach den Nibelungen 1046 lag die unerschöpfliche Kraft des Horts in der Wünschelruthe (der wunsch lac dar under, von golde ein rüetelîn), deren Name schon auf Wuotan (Wunsch) weist. Dagegen nach Edda 190. 341 lag diese Unerschöpflichkeit in dem Ring Andwaranaut, mit welchem der Schatz, wenn man noch so viel wegnahm, sich wieder vermehren ließ, weshalb er uns schon §. 35 mit Odins mehrbesprochenem Ring Draupnir, von dem andere ebenschwere troffen, so wie mit Mimrings schatzmehrendem Armring zusammenfiel. Wo uns also dieser Ring oder die an die Stelle tretenden Wunschsäckel, Bruthpfennige oder Heckethaler in den deutschen Märchen begegnen, da sind auch sie als von Wuotan verliehen anzusehen; nicht so das Altraun- oder Galgenmännlein. Ein Gleiches gilt von den Wunschwürfeln, AW. 82. Denn Odin, von dem alles Heil ausgeht, war als Gott des Glücks auch Gott des Spiels, vgl. §. 65, und ihm wird wie dem Mercur die

Erfindung des Würfelspiels beigelegt. Myth. XXXVI. 136. 140. 958.
Selbst die Siebenmeilenstiefel erinnern an die Flügelschuhe Mercurs; wir
müßen sie an des Gottes Füße denken, der sie zurückließ, als er in den
Berg schlafen ging. Er war Odb empfängt seine sicher treffenden von Zwer-
gen geschmiedeten Pfeile (FAS. II, 113) von Grimr, welches ein Beiname
Odins ist. Sie vergleichen sich den Freikugeln der deutschen Freischütz-
sage. Vgl. Kuhn WS. 340. Die von Odin dem Hermobr verliehene
Brünne machte wohl unverwundbar wie Hildegrin §. 97; der neuere deutsche
Aberglaube macht auch ohne Panzer kugelfest durch die s. g. Passauer
Kunst oder durch Einheilen einer consecrierten Hostie u. s. w. Gfrörer
werden die genannt, welche die Kunst verstehen, kugelfest zu machen.
Vgl. Zingerle Sagen 321 ff. Alpenburg 312.

Andere Wunschdinge aufzuführen enthalte ich mich, indem ich auf
Myth. 1127 und Wolf Beitr. 10 ff. verweise. Zu beachten ist aber
eine Reihe von Märchen, in welchen, wie KM. 92. 93. 193. 197.
vgl. DMS. 20. 23, Tuti-Rameh 253, mehrere solcher Wunschdinge
zugleich erscheinen: ihre Besitzer sind um sie in Streit gerathen, und ein
dritter, der zum Schiedsrichter aufgerufen wird, bemächtigt sich selber
ihrer, wie das schon Siegfried in den Nibelungen 89 thut, der so den
Hort, die Tarnkappe und das Schwert Balmung gewinnt. In KM. 93
sind es Stock (Schwert), Pferd und Mantel, Altb. Bl. 1, 297
Schuhe, Hut und Mantel; dagegen KM. III, 401 nur ein Mantel, KM.
193 nur ein Sattel, der aber auf das Pferd hinweist. Schwert und
Pferd werden auch Skirnisför 8. 9 erfordert, um durch Wafurlogi zu
reiten und die Braut zu gewinnen. Und so finden sie sich als Gram
und Grani bei Sigurd in der Edda und Wölsungasaga wieder, da er
wie Skirnir, der an Freys Stelle getreten ist (s. o. §. 30) durch Wafurlogi reitet. Statt dieser wird in den Märchen der Glasberg oder der
goldene Berg genannt, was keinen Unterschied macht, denn auch der Glasberg ist ein Seelenaufenthalt, wie Wafurlogi nach §. 30 die Unterwelt
umgiebt. Diese Wunschdinge haben also die Kraft wie der Stab §. 65
dieses sonst unzugängliche Reich zu erschließen. Haben sie auch hier einen
Bezug auf Wuotan? Nach der Sigurdsage sollte man dieß bejahen, da
sowohl das Schwert Gram, das Odin seinem Vater Sigmund gewinnen
ließ (§. 61. 66), als das Roß Grani, das Sleipnir gezeugt hatte, von
Odin herrühren. Aber in Skirnisför sehen wir ja beide, Roß und
Schwert, in Freys Besitz. Zur Verneinung der Frage reicht dieß noch
nicht hin: was Skirnisför von Freys Diener Skirnir erzählt, muß einst
von Odin gegolten haben. Denn wenn Skaldsk. 59 von Blödughöfi, das
wir oben für Freys Roß nahmen, gesagt wird, Bellis Tödter habe es
geritten, so waren wir zwar nach Skirnisför 16 berechtigt, dabei an

Freyr zu denken, weil diesen Gerba ihres Bruders Mörder nennt; allein
an derselben Stelle von Skaldst. heißt es kurz zuvor, der kraftreiche Atridr
habe Blodughofi geritten: Atridr ist aber nach Grimnism. 48 ein Beiname Odins. Dazu kommt, daß Gerda Skaldst. 19 Friggs Nebenbuhlerin
heißt (vgl. §. 30): sie galt also einst für Odins Gemahlin oder Geliebte. War es Odin, der Beli erschlug und Gerda gewann, so bezog sich
auf ihn einst der in Skirnisför enthaltene Mythus, was sich nur aus seiner
Eigenschaft als Sonnengott (§. 74), die hernach auf Freyr überging,
erklärt: es war mithin Wuotans Roß und Wuotans Schwert, welche
durch Wafurlogi führen, den Glasberg zugänglich machen und die Unterwelt erschließen. Darum bedarf auch Hermodur, da er zur Unterwelt
reitet (§. 93), Odins Roß Sleipnir, wie Sigurd den Grani, Skirnir den
Blodughofi, ja vielleicht Hermodur zu demselben Zweck auch Helm und
Brünne (§. 64), welche zusammen den Mantel vertreten würden, denn
auch dieser Hymbl. 2 verbürgte Zug kann aus der Göttersage in die
Heldensage gelangt sein. Die Heimkehrsagen, zu denen auch die von
Uhland VIII, 491 besprochenen Bodmannische nebst der vom Grafen
Stadion (Mrl. I, 350), der vom Grafen Friedrich v. Zollern, Uhland VIII,
417, Birl. Schw. 1, 6, der von Wernher von Streitlingen und selbst die von
dem Grafen von Calw (Grimm DS. 534) gehören, sind gleichen mythischen
Ursprungs, woran spätere Historisierung nicht irren darf. Immer muß es,
wie Uhland 450 bemerkt, ein Gott, oder ein Dämon, ein Heiliger, oder
ein Schwarzkünstler sein, der in der kürzesten Frist die wunderbare Heimkehr bewirkt. Die Möringersage wurde zuerst auf die Minnesinger
Heinrich von Morungen und Gottfrid von Nifen bezogen; die Localisierung
in Schwaben ist viel spätern Ursprungs. Vgl. Uhland VIII, S. 450.

67. Swinfylling.

Seinen Lieblingen theilt Wuotan, um ihnen zu Macht und Herrschaft
zu verhelfen, nicht bloß seine Wunschdinge mit, die seine eigenen Attribute
sind, er lehrt sie auch die Kriegskunst, namentlich die von ihm selbst erfundene Schlachtordnung. Schon jenem Hadding (§. 66) unterwies er
wie er die Rotten keilförmig aufstellen müße, Saxo 171 (Müller 52), was
nach Tac. Germ. „acies per cuneos disponitur' die den Deutschen
eigenthümliche Anordnung war. Im Norden hieß sie Swinfylling, weil
sie die Gestalt des Eberrüßels nachzuahmen schien. Das jüngste Beispiel
begegnet in der Sage des Dänenkönigs Harald Hildetand (Kriegszahn),
mit dem die historische Zeit anbricht. Durch Zauberei und Odins Geschenk
unverwundbar, pflegte er diesem die Seelen der Erschlagenen zu weihen,
was auf dem Sper Gungnir und dem an ihm haftenden Gebrauch hin-
deuten könnte. Vor dem Kriege mit dem Schwedenkönig Ingo gedachte

er den Ausgang des Kampfs durch Weißagung zu erforschen: da erschien
ihm ein einaugiger Greis von hervorragender Gestalt, unterwies ihn in
der Kriegskunst und lehrte ihn außer einer neuen Weise, in der Seeschlacht
die Schiffe zu ordnen, die Rotten keilförmig aufstellen. Mit diesen Lehren
ausgerüstet besiegte er die Schweden, Saxo VII, 138. Aber am Schluße
seines Lebens sollte er den Gram Odins erfahren. Es war in der berühmten Bravallaschlacht, welcher der gealterte, erblindete Harald nur im
Wagen beiwohnen konnte. Sein Wagenlenker war Odin selbst, welcher
die Gestalt des Häuptlings Bruni angenommen hatte. Der erblindete
König, das ängstliche Geschrei der Seinen vernehmend, befiehlt jetzt dem
Bruni, des Feindes Schlachtordnung zu erforschen. Bruni gehorcht, kehrt
aber lachend zurück mit der Nachricht, es sei die keilförmige. Betroffen
rief Harald: Wer hat den König Hring gelehrt, seine Scharen so aufzustellen? Ich glaubte, Niemand kenne diese Schlachtordnung als Odin und ich.
Will Odin mir nun den Sieg mißgönnen? das ist nie zuvor geschehen
und ich bitte ihn, daß er auch dießmal den Dänen Sieg gebe: alle,
die im Kampfe fallen, will ich ihm weihen. Aber Bruni riß den König
aus dem Wagen und traf sein Haupt mit seiner eigenen Keule. Saxo 146.
Sögubr. (FAS. L) 8. 9.

Auf Odin als Erfinder des Swinfylking bezieht Müllenhoff ZfdA.
VII, 529 den bei Meichelbeck Nr. 620 u. 643 vorkommenden Eigennamen Foldhand; so wird Rerant ebendaselbst von dem Sper (Gêr)
verleihenden Gott hergenommen sein.

68. Schutzverhältnisse.

Allerdings scheint hier Odins Verhalten gegen seinen Schützling durch
eine Zweideutigkeit entstellt, die vielleicht schon sein Beiname Tweggi
(der Zwiefache) ausdrücken sollte. Sie liegt aber doch in dem Wesen des
Gottes und der Natur des Kriegsglücks, dessen Wandelbarkeit alle großen
Feldherren erfahren haben. Auch wird sie nach der Darstellung in Sö-
gubrot dadurch gemildert, daß Hildebrand, weil er den Dänen zu alt
geworden war, auf dem Schlachtfelde zu sterben begehrte, weshalb er den
König Hring, seinen Schwestersohn, aufgefordert hatte, ein Heer zusammen
zu ziehen und ihm in der Schlacht zu begegnen. Aber der eigentliche
Grund liegt noch tiefer: die geheime Bedingung aller mit Odin eingegangene Schutzverhältnisse ist eine Selbstweihe, die wie bei Styrbiörn
§. 65 (der sich dem Odin weihte und seinen Tod auf 10 Jahre bestimmte, wie auf dieselbe Frist R. Eirik sich dem Odin gab, daß er ihm
Sieg verleihen sollte, M. 970) auf gewisse Fristen gestellt werden kann,
einmal aber doch immer von dem Gotte geltend gemacht wird. Wie er
bei kurzer Frist zu entschädigen weiß, sahen wir an Helgi, dem, als er

nach Walhall kam, Odin anbot, die Herrschaft mit ihm zu theilen. Wie
alt Habbing ward, der sich dem Gott zu Ehren freiwillig erhängte, wißen
wir nicht genau; denn Harald Hildetand hatte er ein langes Leben bis
zum Ueberdruß bewilligt; Aehnliches wird uns Stalbst. 64 von Halfdan
dem Alten gemeldet. Dieser hielte mitten im Winter ein großes Opfer
an und verlangte, dreihundert Jahre in königlicher Gewalt zu leben. Da
erhielt er zur Antwort, ihm solle nicht mehr als das längste Menschenalter zu Theil werden; aber in all dieser Zeit würden aus seinem Geschlecht nur erlauchte Männer und Frauen hervorgehen. Der Selbstweihe
wird hier geschwiegen und vielleicht war Odin durch das vorausgegangene
große Opfer befriedigt, wie auch Heimskr. I, 29 König Om sich durch
das Opfer seiner Söhne hohes Alter erkaufte: jeden zehnten Winter
schlachtete er dem Odin einen derselben und ward so alt, daß er zu Bette
liegen mußte und aus dem Horne trank wie ein kleines Kind.

     Als vom Stierschwert das schlanke Ende
     Er zum Munde mit Mühe hielt,
     Mit Blut besabelnd der Söhne Leib
     Schlürst' er liegend aus der Spitze des Horns.
     Es konnte der graue König im Osten
     Das Schwert des Osten schier nicht mehr halten.

     Aber in andern Fällen muß man die Selbstweihe, auch wo ihrer
nicht ausdrücklich gedacht ist, hinzudenken und was in deutschen Sagen
von Bündnissen mit dem Teufel erzählt wird, daneben halten, wo sie
dann ihrerseits wieder von solchen mit Odin eingegangenen Schutzverhältnissen Licht empfangen. Auch der Teufel bewilligt seine Hülfe, wie
bei dem Faust des Puppenspiels und des Volksbuchs, meist auf letzte
Jahre; Andern läßt er, wie dem Goetheschen Faust, alt und blind werden
wie Hildetand; aber nie versäumt er, sein Opfer wie Odin als Bruni
in Empfang zu nehmen.

     Jenes heidnische Schutzverhältnis, dessen Eingehung bei Eiríkr et
gofaz Odbni hieß, kann auch schon von den Eltern eines Kindes vor
oder bei dessen Geburt eingegangen werden, wie bei der bierbrauenden
Theirhild (FMS. II, 26. Myth. 977), die dem Hötr (Odin) für seinen
Beistand verheißen mußte was zwischen ihr und dem Faße sei; sie mußte
nicht, daß sie damit ihren Sohn Wikar §. 65 Odin gelobt hatte. In
deutschen Sagen kehrt dieser Zug vielgestaltig wieder; außerdem schließen
sich auch unser Märchen von Gevatter Tod (K. M. 44) und des Teufels
Rathenschaft BM. 68 hier an. Vgl. §. 146. Unaufgefordert nahmen
die Götter an dem Schicksal einzelner Menschen vorzüglichen Antheil, wie in
Grimnismal Odin an Geirröds, die Frigg aber an seinem zwei Jahre ältern
Bruder Agnar: daran knüpft sich eine Wette zwischen beiden göttlichen

Gatten, die sich durch Friggs List zu Gunsten ihres Pfleglings entscheidet. Derselbe Wettstreit wiederholt sich bei der Sage vom Ausgang der Longobarden DS. 389. Ihschr. V, 1, f. g. 106; im Wesentlichen eins mit jener in Grimnism., nur daß an die Stelle der feindlichen Brüder zwei feindliche Völker treten.   Die List, deren sich hier Fréa (Frigg) bedient, Swoboms Fell umzukehren, lebri im Märchen von Gevatter Tod wieder, so daß dieser Zug den engen Kreiß unserer Schutzverhältnisse nicht verlassen hat. An Starkadrs Verhältniß zu Hrossharsgrani sahen wir oben ein Beispiel, daß die Gunst Odins mit der Feindschaft Thörs erkauft werden mußte, und dieß ließe sich noch an mehrern Thorshelden, welche Uhland (Mythus des Thor) besprochen hat, darthun.   Ein solcher Gegensatz zwischen Thor und Odin bildet auch die Grundlage des freilich späten Harbardsliedes. Auch andere Götter haben ihre Schutzbefohlenen, wie schon die Namen Fröwin, Baldewin, Albwin, Bregowine, Rantwin auf solche Gönnerschaft hinweisen.

69. Vertheilung Walhalls.

Schon oben ist gesagt, daß Odin als Gott des Geistes besonders den kriegerischen Geist, den germanischen Heldengeist bedeutet, und so sahen wir ihn auch §. 67 die keilförmige Schlachtordnung lehren.   Als Geber alles Guten konnte er, wie die Sage vom Ausgange der Longobarden ausdrücklich sagte, kein höheres Gut verleihen als den Sieg. Darauf gehen viele Beinamen und Attribute, darum sind ihm die Thiere des Schlachtfeldes heilig, darum kommt Niemand in seinen Himmel, der nicht in der Schlacht gefallen oder an Wunden gestorben ist.   Seine himmlische Halle heißt darum Walhall wie er selber Walvater, weil Wal den Inbegriff der in der Schlacht Gefallenen bezeichnet und alle seine Wunschsöhne sind, die auf dem Walplatze fallen.   Die Walküren, die eben so seine Wunschmädchen heißen, oder Freyja, aus welcher sie vervielfältigt sind, sendet er aus, den Wal zu kiesen und seiner himmlischen Halle als Einherier (Schreckenskämpfer) zuzuführen D. 20.   Dort geht er seinen Gästen entgegen und empfängt sie an der Schwelle; schon vorher hatte er das Mal rüsten lassen zu ihrem Empfange, wie das im Eriksmal (Skaldsk. 2) herrlich geschildert ist.   Sie trinken mit den Göttern den süßen Meth, der aus dem Euter der Ziege Heidrun, S. 37, fließt (D. 39) oder den Begeisterungstrank der Asen und Elsalben, dessen Ursprung D. 57, 58 erzählt ist. S. g. 16. Auch die Speise, das Fleisch des Ebers Sährimnir, ist ihnen mit den Göttern gemein.   Jeglichen Tag wird er gesotten, heißt es D. 38, und ist am Abend wieder heil.   Auch an Kurzweil fehlt es da nicht: jeden Morgen, wenn sie angekleidet sind, wappnen sie sich und gehen in den Hof und fällen einander.   Das ist ihr Zeitvertreib.

Und wenn es Zeit ist zum Mittagsmal, reiten sie heim gen Walhall und setzen sich an den Trinktisch D. 41. Vgl. oben §. 21. So ist ihr Leben eine Fortsetzung, aber zugleich eine Verklärung des irdischen.

Zwar ist Alles das nicht bloß als Belohnung aufzufaßen, da wie §. 41 ausgeführt ward, Odin zugleich seine Macht gegen die Riesen stärkt, indem er die berühmtesten Helden, die er im Kampfe fallen läßt, in seine himmlische Halle zieht; wie auch das tägliche Kämpfen der Einherier als Vorübung auf den letzten Weltkampf gefaßt werden kann. Doch aber war diese Unsterblichkeitslehre und das in Walhall verheißene Freudenleben ein mächtiger Antrieb zu todesmuthigem Kampf; dieser Glaube lehrte den Tod verachten und bildete Helden, obgleich Petersen 299 richtig bemerkt, man dürfe das auch umkehren und sagen, die den Germanen angeborene Tapferkeit und Unerschrockenheit habe die Lehre von Odin und Walhall geschaffen. Wenn aber Ganglri D. 39 fragt: ‚Was haben die Einherier zu trinken, das ihnen so genügen mag als ihre Speise? Oder wird da Waßer getrunken?' und Har antwortet: ‚Wunderlich fragst du nun, als ob Allvater Könige, Jarle und andere herrliche Männer zu sich entbieten würde und gäbe ihnen Waßer zu trinken. Ich weiß gewiß, daß Manche nach Walhall kommen, die meinen sollten, einen Trunk Waßers theuer erkauft zu haben, wenn ihnen da nichts Beßeres geboten würde, nachdem sie Wunden und tödliche Schmerzen erduldet haben', so ist das in echt heidnischem Sinne gesprochen und schwerlich würde sich der Germane so freudig in den Kampf gestürzt haben, wenn man ihm gesagt hätte, daß der Eber Sährimnir, das Bild der Sonne, nichts als das Licht des Tages sei, das sich täglich erneut, und Heidruns Milch nichts als die klare Aetherflut, der reinste Lichtstrom, der unsterblichen Lungen allein zuträglich ihnen zur Quelle des ewigen Lebens wird. Gleichwohl treffen diese Deutungen den ursprünglichen Sinn des Mythus, und selbst die überlieferten Namen in Grimnism. Str. 18:

> Andhrimnir (der Koch) läßt in Eldhrimnir (dem Keßel)
> Sährimnir sieden,
> Das beste Fleisch; doch erfahren Wenige,
> Wieviel der Einherier eßen.

laßen sich damit in Uebereinstimmung bringen. Petersen 292. Aber welche Auslegung wir jetzt auch wählen, gerade in ihrer Bildlichkeit war Odins Lehre geeignet, auf die Gemüther zu wirken. Dem tapfern Kämpfer konnte es gar nicht fehlen: fiel er in der Schlacht, so wurden ihm Walhalls Wonnen zu Theil; hatte ihm aber Odin Sieg verliehen, so mochte er so begnadet dem Feinde wohl gönnen, bei Odin zu gasten. Vgl. Snorri Heimskr. I, Cap. 10. So war jeder Ausgang willkommen, und

man begreift, wie diese Helden, wenn des Lebens Stunden verlaufen
sind, lachend sterben'. Prælum. 25.

Auf den Besitz Walhalla bezieht sich wohl Odins Beiname der
Mann vom Berge, wie er von Sigurd genannt sein will, Sig. Fafn.
II, 18. In Sigrdr. 14 sahen wir ihn §. 63 auf dem Berge stehen mit
blankem Schwert, den Helm auf dem Haupte. Der Himmel der Asen
lag demnach ursprünglich auf dem Berge und ward erst später in höhere
Sphären gerückt, wie wir gleiche Anschauungen bei urverwandten Völkern
finden. Nach der entgegengesetzten Ansicht lag aber der Himmel in dem
Berge, im Schooß der Erde, und diese scheint an den Wanengöttern zu
haften, wenn sie gleich jetzt nach dem eddischen System in Asgard Aufnahme gefunden haben. Vgl. §. 59. Diese Anschauung finden wir in
Deutschland wieder und auch hier treffen wir die Einherier bei ihm: es
sind seine Krieger und Helden, die neben ihm dem Tag entgegenschlum-
mern, wo sie in der Schlacht auf dem Walserfelde den letzten Kampf
kämpfen und ihre alte Herrlichkeit wieder heraufführen sollen. Nach dem
vielgestaltigen Volksglauben begleiten sie ihn aber auch schon früher, wenn
dem Vaterlande Gefahr droht, in dem wüthenden Heer §. 72 oder alljährlich, wenn die wilde Jagd §. 73 aus dem Berge braust.

70. Kriegerischer Character.

Die kriegerischen Eigenschaften Odins überwogen auch dem Verfasser
der Heimskringla, der als Christ die Götter gleich Saxo historisch auffassen und vermenschlichen mußte. Wie Odin die Helden zum Kampf er-
zieht, spornt und kräftigt, ist nirgend schöner dargestellt als in der Hrolf
Krakisage, wo Odin in der Gestalt des Bauern Hrani den König und
seine Helden drei Nächte hindurch in seinem Gehöfte beherbergt, wobei sie
nicht wißen, daß sie zum zweiten- und drittenmal bei demselben Wirthe
eingekehrt sind: immer geschieht es nur um die Ausdauer der Helden in
Kälte, Durst und Hunger zu prüfen, und dann, als nicht alle gleich gut
bestanden haben, dem König zu rathen, erst die Hälfte seiner Schar und
zuletzt alle bis auf seine zwölf erlesenen Kämpen zurückzuhaben, indem
er mehr von der Tüchtigkeit als von der Zahl seiner Gefährten Heil zu
erwarten habe. Vgl. §. 64 und Uhland VII, 145. 160. Darum ist
Odin wie dem Saxo ein betrügerischer Zauberer so dem Snorri ein großer Heermann und Eroberer, der von Asien ausziehend den Dienst der
Asen nach dem Norden brachte, was wie wir sahen auf falscher Etymologie beruht, da in dem Namen der Asen, deutsch Ansen, ein n ausgefallen ist, was jeden Bezug auf Asien abschneidet. So ist auch die
Meinung, daß der Schimpfname Aas von den Asen herkomme, die in
Deutschland Ansen hießen, Irrthum nicht Aberglaube. „Odin konnte

auch machen', heißt es C. 6: daß seine Feinde in der Schlacht blind oder taub oder erschreckt wurden und ihre Waffen nicht schärfer verwundeten als Ruthen; aber seine Mannen drangen ein ohne Panzer und waren wüthend wie Hunde oder Wölfe, bißen in ihre Schilde, waren stärker als Bären oder Stiere: sie schlugen die Gegner zu Boden; ihnen aber schadete weder Feuer noch Eisen. Dieß wurde Berserkergang genannt.' Dieß Zeugniß der Ynglingas., welches Uhland VII, 342 anzweifelt, wird durch D. 49 (§. 33) gestützt, wo Odin vier Berserker, die also in seinem Dienste stehen, herbeiruft.

Unmittelbaren Antheil nahm Odin nicht selten an den Schlachten der Menschen. Er ist der Gott, quem adesse bellantibus credunt. Tac. Germ. 7. Als er den Hadding in der keilförmigen Schlachtordnung unterwiesen hatte, stellte er sich hinter die Reihen, zog eine Armbrust hervor, die erst ganz klein schien, aber gespannt wuchs, legte zehn Pfeile zugleich auf die Sehne und erlegte damit ebensoviel Feinde. Saxo 17. Dem menschlich aufgefaßten Baldar §. 35 kämpft er mit Thoro und andern Göttern zur Seite. Welchen Antheil er an der Brawallaschlacht nahm, ist oben berichtet; in Hrolf Krakis letztem Kampf leistete er den Schweden auf weißem Roße und mit weißem Schild bedeckt Beistand; doch wird er dem Biarki erst sichtbar, als dieser nach Rulas Rath durch den Armring schaut, Saxo 87, was sich der deutschen Schulterblattschau (Myth. 891. Zeitschr. V, 536) vergleicht, die geistersichtig macht.

Bei dem Fall der Söhne Jonakurs erschien Odin im Schlachtgewühl: Saxo VIII, 154—67 nennt ihn ausdrücklich; die entsprechende Stelle der Wölsungas. führt ihn wie gewöhnlich als einäugigen Greis ein: so bleibt kein Zweifel, wer in Hamdismal 13. 25 der in der Brünne geborgene hohe Berather ist, der Jörmunreks Kämpfern zuruft:

Schleudert Steine, wenn Geschoße nicht haften
Noch scharfe Schwerter, auf Jonakurs Söhne.

Was ist Odin hier anders als die in der Schlacht entbrennende Kampfwuth, die, ein unsichtbarer aber schrecklicher Widersacher, mit unscheinbaren Waffen ein großes Blutbad anrichtet, und was den Schwertern und Speeren nicht fallen will, mit Steinen zu Boden schmettert? So werden auch die nächsten Zeugnisse zeigen, daß es nur der eigene kriegerische Sinn war, den die Germanen in Odin anschauten. Dieser Sinn lebte vornämlich unter den Edeln und Fürsten: Bauern und Knechte, welchen der Ackerbau überlaßen blieb, konnten dem Kriege nicht geneigt sein, der ihre Saaten zertrat, ihr Vieh schlachtete, ihre Gehöfte in Flammen aufgehen ließ. So laßen sich die Worte Harbardsl. 24 verstehen:

Odin hat die Fürsten, die im Kampfe fallen,
Thor hat der Thräle (Knechte) Geschlecht.

Ein eigener Himmel Thors ist so wenig bezeugt als daß der freie
nordische Bauer oder der Knecht, der als Waffenträger seines Herrn in
der Schlacht fällt, nicht zu Odin komme. Freilich nur wenn er im Gefolge seines Herrn nach Walhall fährt, geht ihm Odin entgegen, Gau-
tref sf. 8. Aber dieselbe Stelle der Harbardsliedes sagt aus, daß es
Odin ist, der die Fürsten verfeindet und dem Frieden wehrt.
Als Zwietrachtstifter erscheint er auch Helgakv. III, 33, wo sich Dag
bei der Schwester, der er den Gemahl erschlagen hat, mit den Worten
entschuldigt:

> Odin allein ist Schuld an dem Unheil,
> Der zwischen Verwandte Zwietrauen warf.

Nicht als ob Odin den Bruch der Sippe wollen könnte, nur so weit der
Krieg von der Sitte geboten wird, steht ihm Odin vor: den widernatürlichen, welcher Verwandte gegen Verwandte führt, haben wir oben §. 43
nach der im Norden seit der Wöluspa herrschend gewordenen, allerdings
jüngern Ansicht als Thors Werk erkannt. Allein Dag hatte dem Odin
für Vaterrache geopfert: den Vater an Helgi zu rächen, gebot ihm die
dringendste Pflicht, die Ausnahmen so wenig erleidet als Aufschub (§. 34),
und so war es auch hier noch der der Blutrache ergebene germanische
Geist selbst, der in Odin angeschaut zwischen Schwägern blutige Entzweiung
gesät hatte.

71. Luftericheinungen.

Auf Odin als Kriegsgott ist auch die unter dem Namen des wüthenden Heeres bekannte Lufterscheinung streitender oder zum Kampf
ausziehender Krieger bezogen, obgleich ihr sowohl als der verwandten
wilden Jagd der dahinbrausende Sturmwind ursprünglich zu Grunde
lag. Wie Krieg und Jagd, die beiden Hauptbeschäftigungen edler Germanen, so scheinen auch wüthendes Heer und wilde Jagd verschieden. Die
wilde Jagd ist mehr norddeutscher Glaube; das wüthende Heer mehr süd-
deutscher. Die Schilderungen der wilden Jagd sind grausenhafter als die
von dem wüthenden Heer, deren Greuel erst in der Zukunft liegen. Beide
hatten aber in dem empörten Luftelement, von dem Odin ausging, einen
gemeinsamen Anlaß: der Volksglaube war wohl berechtigt, sie ineinander
fließen zu lassen. Ihnen verbindet sich aber ein drittes: Götter in diesen Stürmen zu sehen, war ihre befruchtende Kraft schon Grund genug;
denn fielen sie meist in altheilige Zeiten, wo segnende Gottheiten
ihren Um- und Einzug hielten und von dem erwartenden Volk mit
Opfergaben empfangen wurden. Daher zieht nicht Wuotan allein an
der Spitze der wilden Jagd, es sind auch andere Gottheiten, vornämlich
weibliche, die als Verkörperung jener Stürme Bäumen und Früchten des

Feldes Segen spendeten, denn wo der heilige Zug vorüberfuhr, da schwollen
die Saaten üppiger, oder wo sie den Weg durch eine Scheune nahmen,
mehrte sich der Reichthum in den Garben. Zeitschr. f. d. A. VII, 386.
Es bedeutet ein gutes Jahr, wenn man das Muotesheer recht sausen und
brausen hört, und kommt es recht zeitig im Frühling, so wird bald alles
grün. Meier I, 114. 129. 131. 139. Wenn das Rockenweibchen sich
sehen läßt, giebt es Heu und Frucht in Hülle und Fülle. Baader 168.
Als ein wohlthätiges Wesen erschien auch der Gott, als er den erschreckten
Holzdieben zurief: ‚Was macht ihr hier? die Nacht ist mein und der
Tag ist euer.‘ Wird doch sogar jenes Sausen und Brausen hier und
da als ein entzückender Gesang geschildert. An diese einziehenden segnenden Götter erinnert noch der in Tours erscheinende Wagen des Königs
Hugo (Capet), der einen heidnischen Götterwagen, sei es nun Freurs,
Thors oder Odins vertritt.

In christlicher Zeit konnte sich dieß nicht in alter Würde behaupten;
nur wenige Erinnerungen daran bewahrt der Volksglaube einzelner Land-
striche: wo sie nicht als Helden wiedergeboren wurden, die dem Volke
lieb den Eifer der christlichen Priester nicht herausforderten, erscheinen die
Götter in Gespenster, Teufel und Heren verkehrt, denn obwohl die weiblichen Gottheiten am glimpflichsten behandelt wurden, sehen wir doch auch
sie aus holden in unholde gewandelt und durch langen Schwanz bei schönem Angesicht entstellt. Schon die alten Gottheiten hatten einen Bezug
auf die Welt der Todten: nicht nur die Einherier fuhren in Wuotans
Geleit, auch bei Frouwa, Berchta und Holla wollten die Seelen ungeborner Kinder, und früh gestorbene kehrten zu ihnen zurück; das Christenthum
machte sie zu ungetauften und gesellte ihnen alle Schrecken der Hölle.
Da sah man bekannte Trunkenbolde und Selbstmörder in gräßlicher Verstümmelung, Reiter ohne Kopf oder den Kopf unterm Arm, oder das
Gesicht im Nacken sitzend; andere waren quer auf dem Sattel gebunden;
die Pferde kohlschwarz, dem Schimmel Wuotans unähnlich, oft dreibeinig
statt achtfüßig, mit flammenden Augen, die Nüstern funkensprühend; den
Hunden hingen glühende Zungen lechzend aus dem Hals; der ganze Zug,
wie er aus der Hölle hervorbrauste und dahin zurückkehrte, selbst einzelne
Höllenstrafen vor die Augen führte, schien zur Pein der mehr gejagten
als jagenden Geister bestimmt, den Menschen aber zum Schrecken, ja zum
Verderben, denn sobald sie den haarsträubenden Saus in den Lüften ver-
nahmen, das Wiehern und Schnauben der Pferde, der gehetzten Hunde
Bellen, der Peitschen Knallen und der ‚faschenden‘ Jäger Huhu, Hallo,
Holo! werfen sie sich mit dem Gesicht auf die Erde und lassen den tobenden Geisterschwarm vorüberbrausen, vor dem etwa nur das Kreuzzeichen
schützt oder die Mitte des Wegs (Myth. 876); auf dem Felde betroffen

muß man unter die Egge kriechen (Myth. 961), auf dem Hofe den Kopf
in die Speichen eines Wagenrades stecken, denn leicht würde man sonst
ergriffen und meilenweit mit fortgeführt: auf abstürzigem Felsen fände
man sich wieder oder in unbekanntem Laube und möchte sich erst nach
Jahren in die Heimat zurückbetteln. Vgl. Lütolf 445. 450 ff. Zu diesem Höllenauszug kommt die Aussage der gespenstischen Reiter, daß sie
Verdammte seien, die zur Strafe diese Marter erleiden: weil sie gewünscht haben, ewig jagen zu dürfen, sind sie verwünscht
worden ewig jagen zu müssen. Doch begegnen auch freundliche,
noch aus dem Heidenthum vererbte Züge: geringe Dienste belohnen sie
reichlich; das Band, woran ein Bauer dem wilden Jäger die Hunde gehalten hatte, bringt ihm Segen so lang er es besitzt; für Hufeisen giebt
er Ducaten; die Späne von Berchtas Wagen verwandeln sich in Gold;
selbst der Schutz, welchen das Ackergeräth gewährt, weist auf die alten,
dem Landbau holden Götter. So von dem Guotisheer Lütolf 445.

Jenes dritte (S. 191), der Umzug der Götter, wird nach beim
Gottesdienst wieder ins Auge gefaßt werden; hier haben wir es zunächst
mit den beiden andern Auffassungen dieser Lufterscheinungen zu thun.

72. a. Wüthendes Heer.

Wo in der Schlacht die Kampfwuth entbrannte, ward Odin sichtbar
§. 70; aber auch vor der Schlacht, ja selbst vor dem Kriege erscheint er
und da bedeutet es dem Volke den nahe bevorstehenden Ausbruch des
Krieges. Schon Heimskringla I, 10 meldet, Odin lasse sich oft vor dem
Beginn großer Kriege sehen. Aber selten naht er allein, wie FMS. XI,
55—58, wo er in der Nacht vor der Schlacht bei einem Schmiede
einkehrt, sein Roß beschlagen zu laßen, womit man Jingerles Tir. S.
Nr. 5 vergleiche; in Deutschland zieht er gewöhnlich an der Spitze seiner
Scharen aus einem der Berge, in welchem er nach der Sage mit seinem
ganzen Heere versunken ist; aber nicht mehr Odin wird genannt, sondern
einer der an seine Stelle getretenen Lieblingshelden des Volks, von deren
Bergentrückung schon oben §. 53 die Rede war. Ehe ein Krieg aus-
bricht, thut sich der Odenberg bei Gudensberg auf, Kaiser Karl kommt
hervor, stößt in sein Horn und zieht mit seinem ganzen Heer aus. DS. 26.
Vgl. Uhld. VIII, 583. Es bedeutet Krieg, wenn Wösing (Wittelind)
aus der Babilonie reitet. Bechst. Sagsb. 319. Vgl. Kuhn WS. I, 253.
Nach Panzer 15 rührt sich bei herannahendem Kriege Kaiser Friedrich
im Untersberg, Waffengetöse schallt aus der Höhle, Ritter und Knappen
auf feurigen Rossen, im glühenden Panzer und mit flammenden Waffen
durchstürmen die Gegend um Mitternacht. Eine Luftspiegelung, die 1688
in Norddeutschland gesehen wurde und ein Seegefecht darstellte, zeigte den

Einfall der Schweden in Polen an, der bald darauf erfolgte. Abseits spazierte ein Mann von mehr als menschlicher Länge in breitem Hut und langem Rock, der ihm bis auf die Füße hing. Höllischer Proteus 229. Grohmann (vgl. §. 128) 31. Es bedeutet Krieg, wenn die Unterbergsmandeln sich in Waffen zeigen; wenn man aus der Höhle des Berges Trommelschall und Waffengetöse hört, wird das Land von feindlichen Truppen überschwemmt. Vernaleken Alp. 66. Am Bekanntesten und vor Jahren einmal wieder in den Zeitungen gemeldet ist der Auszug des Rodensteiners nach dem Schnellerts, der dem des Rothenthalers im Aargau gleicht. Myth. 892. TS. 169. „Wenn ein Krieg bevorsteht, zieht der Rodensteiner von seinem gewöhnlichen Aufenthaltsort Schnellerts bei grauender Nacht aus, begleitet von seinem Hausgesind und schmetternden Trompeten. Er fährt durch Hecken und Gesträuche, durch die Hofraithe und Scheune Simon Daums zu Oberkainsbach bis nach dem Rodenstein, flüchtet gleichsam als wolle er das Seinige in Sicherheit bringen. Man hat das Knarren der Wagen und ein Hoholschreien, die Pferde anzutreiben, ja selbst die einzelnen Worte gehört, die einherziehendem Kriegsvolk vom Anführer zugerufen werden und womit ihm befohlen wird. Zeigen sich Hoffnungen zum Frieden, dann kehrt er in gleichem Zuge vom Rodenstein nach dem Schnellerts zurück, doch in ruhiger Stille, und man kann dann gewiß sein, daß der Friede wirklich abgeschloßen wird.‟ Eigentlich ist es wohl der Schnellertsgeist (Wuotan), der nach dem Rodenstein zieht. Auch Er läßt sich sein Roß beim Schmied beschlagen (Wolf Beitr. 68), wie das eben von Odin erwähnt wurde, und so darf man auch an den Schmied Volbermann denken, der nach Kuhn NS. 221 bei Kaiser Friedrich im Kiffhäuser sitzt. Wie der Schnellertsgeist nach dem Rodenstein, so zieht auch Kaiser Karl aus dem Odenberg in einen andern Berg. Was ist der Zweck dieses Auszugs? Sollten sie dem Vaterlande in seiner Noth zu Hülfe eilen wollen? Wenn feindliche Völker den Rhein überschreiten, zieht ihnen der Rodensteiner aus dem Schnellerts entgegen; er kehrt wieder in den Berg zurück, wenn der Feind über den Rhein zurückgegangen ist. Anderwärts sehen wir christliche Gesinnung sich mit vaterländischer mischen. Vor der Schlacht von Roosebeke hörte man Waffengeklirr und Getöse und Stimmen wie streitender Heere aus dem Goldberge bei Audenaerde schallen (Wolf Beitr. 60) und vor dem großen deutschen Freiheitskriege das Mutesheer mit Musik und Trommeln über Blaubeuren hinziehen, Meier 146. vgl. 153. Die große Stadt Rems in Baden ist mit zwei christlichen Heeren versunken: bei bevorstehendem Krieg ertönt aus der Tiefe Trommelschlag und das Geläute der Münsterglocken. Einst aber, wenn die Christen zu einem kleinen Häuflein zusammengeschmolzen den letzten Rettungskampf gegen die Ungläubigen wagen, kommen die zwei

Heere ihnen zu Hülfe und hauen den Feind in Stücke. Nach diesem gelangen sie zur ewigen Ruhe und die Christen auf Erden werden an Heiligkeit der ersten Gemeinde unter den Aposteln ähnlich. Baader 40. Unter dem badischen Schloß Hochberg sitzen zwölf Männer im Berge an einer Tafel oder spielen mit goldenen Kegeln und Kugeln. Die zwölf Männer (die zwölf Asen) sind in die Burg verwünscht; aber sie kommen, wenn Deutschland in der großen Noth ist, wieder heraus und befreien es von seinen Feinden. Baader 67 vgl. 167. Auch Kaiser Heinrich, der im Sudemer Berge sitzt, wird wiederkehren, wenn Goslar einmal in großen Nöthen ist, Kuhn NS. 108. Nach DS. 21 sollen die im Schloße Geroldseck im Wasgau schlafenden uralten deutschen Helden, worunter Wittechind, der hürnen Siegfried und viele andere, wenn die Deutschen in den höchsten Nöthen und am Untergang sein werden, ihnen mit etlichen alten Völkern zu Hülfe kommen. So werden auch die drei Telle, die Stifter des Schweizerbundes, auferstehen und aus ihrer Felskluft retten hervorgehen, wenn die Zeit der Noth fürs Vaterland kommt. DS. 297. Das mögen spätere Deutungen sein; sicherer ist es die Aufregung der Gemüther, die dem Kriege vorhergeht, der wieder erwachte kriegerische Geist, der in der gespenstischen Erscheinung des Gottes und seines Heeres angeschaut wird.

Zuweilen findet sich die Meldung von kämpfenden Heeren, die in der Luft erscheinen ohne die Deutung auf bevorstehenden Krieg. Myth. 892. Meier I, 123. In diesem Mittelgliede scheint der Uebergang gefunden zu den gewöhnlichen Sagen von dem nächtlichen Umzug des wüthenden Heeres, das auch und wohl ursprünglicher und richtiger Wuotanes, Wuotas und Muotas Heer heißt, Meier I, 127, auch das alte Heer, exercitus antiquus, in Spanien exercito antiguo, nach Ovsal bei Lütolf 446 „Ein Wuoll ins Hör.“ Sterben hieß in Deutschland ‚ins alte Heer gehen‘, Myth. 893. Um so sicherer ist an die Einherier zu denken, mit welchen Odin auszieht, sei es nun in der Sache der Götter beim letzten Weltkampf oder um an einem Kriege der Menschen Theil zu nehmen, den er wieder beilegen kann wie er ihn angefacht hat, denn in seinem Runenliede (Havamal 154) sagt er selber von sich:

> Wo unter Helden Hader entbrennt,
> Da mag ich schnell ihn schlichten.

Auch der tägliche Kampf der Einherier vor Odins Saal, nach welchem die Gefallen, wohl von Freyja oder ihren Walküren erweckt, wieder erstehen, worauf sie zum Male heimreiten (Wasthr. 41), kann der Vorstellung von dem wüthenden Heer zu Grunde liegen. Er wiederholt sich in der Erzählung D. 65 von der Hedninge Kampf, die täglich erschlagen werden; Nachts aber weckt sie Hilde, an ihrem Halsband als Freyja erkennbar, zu neuem Kampf, und auch dieser, der bis zur Götterdämmerung fortwähren soll, ist Kialdst. 59 als Lufterscheinung gedacht. An die Einherier in Asgard mahnt auch der Ausdruck *asabreia* wie der gespenstische Zug in einigen Gegenden heißt, wenn er nämlich aus *Asgardreida* zu deuten ist. Myth. 898.

73. b. Wilde Jagd.

1. Das wüthende Heer, wenn es den Ausbruch eines Krieges anzeigte, erschien zu unbestimmten Zeiten; andere ähnliche Erscheinungen, bei welchen die Vorstellung einer **wilden Jagd** waltet, kehren zu bestimmten Jahreszeiten regelmäßig wieder. Ihnen scheinen nicht politische Verhältnisse, die zufällige Lage des Reichs zu Grunde gelegt: sie beziehen sich noch deutlicher auf jährlich wiederkehrende **Naturerscheinungen**, wobei sich jedoch sittliche Vorstellungen einmischen. So soll in Schonen ein in November- und Decembernächten von Seevögeln verursachtes Geräusch ,Odens Jagd' heißen (Myth. 871) vgl. Kuhn WS. II, 6. Gewöhnlicher, in Teutschland namentlich, ist es der in den Winternächten heulende Sturmwind, der als nächtliche Jagd gewisser Gottheiten und Helden aufgefaßt wurde: die Zeiten, die hier genannt werden, sind ,Bartholomä' oder ,die Fronfasten vor Weihnachten', oder ,die Zwölsten', womit die zwölf Nächte von Weihnachten bis Dreikönigetag gemeint sind. Myth. 872. 873. Nur Müllenhoff 301 wird die der Wintersonnenwende entgegengesetzte Zeit Johannis genannt; auch der schweizerische **Dürst** jagt in den Sommernächten, Myth. 872. Bgl. Roch. Gl. II, 175. Lütolf 26. 246. Viermal jagt der wilde Jäger im (hildeshelmischen) Wald. Die Jahreszeiten trennen sich im Gewitterkampfe; so jagt man vom ersten Gewitter im Frühling, der Sommer scheide sich jetzt vom Winter, der Sommer liefere dem Winter eine Schlacht. Seifart Hildesh. S. 1854, 175. Hienach scheinen auch die Herbst- und Frühlingnachtgleichen in Betracht zu kommen, wo Gewitter sich einmischen: mithin sehen wir Wuotan als Gewittergott gedacht, worauf sein Name Wüthrie deuten wird.

2. Unsere Nachrichten über diesen Volksglauben stammen meist aus christlicher Zeit: um so bedeutender ist es, wenn die noch im Volke lebenden Namen auf den heidnischen Gott hinweisen, dessen Wesen die Luft zu Grunde lag, und der, wie in aller Aufregung, so namentlich in dem empörten Elemente, in Wind und Gewittersturm waltete. Das war nun schon bei den angeführten Namen des wüthenden Heeres der Fall; nach mecklenburgischen, pommerschen und holsteinischen Sagen zieht an der Spitze der wilden Jagd der Wod, der auch Wodejäger, Wohljäger, Wauwau, Wau oder Au genannt wird; daß er in Schonen Oden heißt, ist schon angegeben; denselben Namen führt er in Schweden. In Nieder-

sachsen und Westfalen heißt er H a d e l b ä r e n d, Hadelberg, Hadelbock,
deren Bezug auf den mantieltragenden Wuotan §. 66 sich unten ergeben
wird. In Oesterreich finden wir ihn W o l n genannt und wenn er die
seligen Fräulein verfolgt, Wul oder Wode. Aus einer männlichen Gottheit Frô Woden, wo Frô Herr bedeutete, scheinen dann die weiblich gedachten Frau Wode, Frau Gode, Frau G a u b e n u. s. w. hervorgegangen: Frau Gauben finden wir in Mecklenburg, Frau Gode in der
Priegnitz der wilden Jagd voranziehen wie anderwärts Frid, Berchta,
Holla, Diana, Herodias oder Abundia, Hera und Herfa, Kuhn NS. 483.
519. Der Herodias entspricht ein männlicher Herodes. Ganz allgemein
wird der wilde Jäger von seinem weißen Rosse der S c h i m m e l r e i t e r
genannt. Der Berchta entsprechend und wieder männlich gedacht, führt in
Schwaben B e r c h t o l d die wilde Jagd an: weiß gekleidet, auf weißem
Pferde, weiße Hunde am Strick, scheint sein Aufzug den Namen erläutern
zu wollen. Von H a d e l b ä r e n d wird man am Harz auf B e r n h a r d
gelangt sein, und dieß mochte weiter auf D i e t r i c h v o n B e r n, Bern-
dietrich oder Dietrich Bernhard leiten, Namen die in der Lausitz oder im
Orlagau begegnen (Myth. 888. 889); in Böhmen heißt er Danabletrich,
während in Geldern ‚Derk mit dem Beer‘ §. 101 einstimmt. Doch haben
auch andere Namen der Heldensage Eingang gefunden: aus der nordischen
rührt P a l n a t o k i her, der in Frühnen als Palnajäger (Myth. 897) erscheint;
aber auch die deutsche, serlinglsche und brittische klingen an; rein historische
Könige, von welchen in Dänemark Christian II. das jüngste Beispiel ist,
treten seltener ein. Zu Eisleben und im Mansfeldischen schreitet der g e -
t r e u e E c k a r t gleichsam dem Zuge vorauf und heißt die Leute aus dem
Wege weichen, damit sie nicht Schaden nähmen, wie er nach der Vorrede
zum Heldenbuche auch warnend vor dem Venusberge sitzt. So reitet auch
in Schwaben dem Mutashern ein Mann voraus, welcher ruft:

> Autem Weg, autem Weg,
> Daß Niemand was gescheh! Vgl. Kuhn WS. 860.

Diesen Helden der deutschen Sage dürfen wir Siegfried nicht beifügen,
obgleich DS. 21 erzählt wird, daß er im Schloße Gerolbsed ‚zu gewisser
‚Teil des Jahrs‘ gesehen wird. In Frankreich ließ man K a r l d e n G r o -
ß e n der Erscheinung voraustreiten und Roland die Fahne tragen. Bei
Wien heißt der wilde Jäger schlechtweg Karl, was nur noch Herr zu bedeuten scheint. Sonst sitzt bei uns der Kaiser, oft als Karl V. (Karle
Quintes) verjüngt, nur im hohlen Berge, obwohl schon der Zuruf, mit
dem heffische Müller die Kinder schweigen: ‚Der Quinte kommt!‘ beweißt,
daß man ihn auch umfahrend (vgl. §. 72) dachte. Wirklich soll der Geist
von Karolus Quintus den Waldsaum des heffischen Odenbergs im Galopp
umreiten (Myth. 890. 892), und da dieß an bestimmten Jahrestagen

geschieht, so ist es schwerlich ein kriegverkündender Auszug. Doch ist zu
beachten, daß König Artus in Frankreich und Schottland als nächt-
licher Jäger erscheint, der auch bei uns nach dem Wartburgkriege im
hohlen Berge saß, und von dem die Britten die Wiederkehr einer beßern
Zeit und der alten Herrlichkeit ihres Volkes erwarteten. Von K. Abel,
der im Schleswigschen jagt (Myth. 897), und K. Waldemar, der den
Dänen zum wilden Jäger geworden ist (Myth. 895), ist mir nicht bekannt, daß sie im hohlen Berge säßen, wie man doch erwarten sollte; vgl.
Thiele I², 19. Hier klingt der seige Waldemar an, der nach der Willinaf.
Cap. 236 (Hagen), wo er einen großen Wisend zu Tode reitet, ein Dienstmann Jarl Irons von Brandenburg ist. Auch darf an Jarl Irons
Jäger Nordian erinnert werden. Der Name Hellequin, den in Frankreich nicht sowohl der wilde Jäger als der Anführer des wüthenden Heeres,
des exercitus antiquus, führt, scheint zwar allerdings in den Caroli-
gnoli, der auch wohl mit Alloquintus wechselt, überzugehen; da
er aber schon in Gedichten des 13. Jahrhunderts erscheint, so ist er entweder mit Grimm, Myth. 894, als eine Deminution des deutschen Helle
(Hel der Todesgöttin) = Hellekin, aus dem sich dann später erst
Charlesquint bildete, zu verstehen, wofür auch der deutsche Name Helljäger, dessen Hund wie Thebels Roß glühende Kohlen frißt (Kuhn
NS. 310), angeführt werden kann, oder mit Uhland VIII, 172—198
auf den nordischen Helgi zu beziehen, der in Helgakv. III mit großem
Gefolge todter Krieger, selber ein Todter, aus Walhall zu dem Hügel
geritten kommt, wo Sigrun ihn findet. Aus Hellekin ward schon bei
Obbericus Vitalis (Uhland 179) Herlechin und so dürfte auch der aus
Shaffpeares Lustigen Weibern bekannte Jäger Herne und der Zeitschr.
f. Myth. 1, 373 auftauchende König Herla, der zum wilden Jäger geworden sein soll, in Betracht kommen. Sein Geleite wird das Herlething
genannt. Ein Zwerg, ein Beherscher des guten Volks, kündigte ihm einst
an, der Frankenkönig wolle ihm seine Tochter zur Ehe geben; zugleich
meldete er sich als Hochzeitsgast unter der Bedingung, daß nach Jahresfrist Herla auch seine Hochzeit besuche. Beides geschah. Als der König
wieder von dem Zwerge schied, gab dieser ihm einen Schweißhund mit,
der Einem aus dem Gefolge auf das Pferd gesetzt ward, mit dem Bedeuten, Keiner dürfe vom Pferde steigen bis der Hund herabspringe. Als
der König den Berg verlassend einen alten Hirten nach der Königin fragt,
hört er, daß diese vor mehr als zwei hundert Jahren gestorben sei. Einige
seiner Gefährten steigen ab und zerfallen in Staub; den Uebrigen ver-
bietet er ab abzusitzen bis der Hund herabspringe. Der sitzt aber noch und
so jagt König Herla mit seinem Thing noch immer durch die Luft. Dieser Hund wird der Höllenhund sein, der sein Gesinde hütet. Aus

Herlething will man nun Hellequin und Charlenquint ja Harlekin erklären, Phillips Schriften 111, 172, Liebr. Germ. V, 47; ich möchte -lin und -thing auseinander halten. Daß in den oben §. 66 verglichenen Sagen von Richard Ohnefurcht und Thebel von Walmoden die wilde Jagd fortlebt, bedarf keiner Erinnerung. Wie sich aber Uhland auf Helgis Todtenritt bezogen hat, so wird man auch schon an den täglichen Ausritt der kämpfenden Einherier (§. 21 S. 47) und andererseits an Hildes Wiedererweckung der in der Schlacht gefallenen Helden gemahnt; vgl. besonders Uhland a. a. O. 184, wo die Mesgnie Charles-Quint nächtlich auszieht, die verdammten Seelen ungläubiger Saracenen zu bekämpfen. Die Franzosen kennen noch andere Namen der wilden Jagd: in Perigord heißt sie la chasse Ilerode, was mit der Herodias, der Tochter des Herodes (§. 109), zusammenhängt; ob Hrodso der Beiname des Wodan von hródhs Ruhm, in Betracht kommt, steht dahin. In der Normandie heißt sie Chasse de Cain, in Blois Chasse machabée u. s. w. Einigemal treten Riesen an die Stelle der Götter, was nicht befremden kann, da wir aus §. 7. 87 wißen, daß die Götter unter den Riesen Vorbilder haben. Doch kann der Grönjette (Myth. 896) auf Odins Namen Grani weisen, der schweizerische Türst (von Thurs Riese) den Teufel vertreten (Myth. 872), der auch bei der wilden Jagd oftsach Wuotans Stelle einnimmt. Andere Namen, wie der Haßjäger (Hetzjäger), der Schimmelreiter, Junker Merten, Junker Jäckele übergehe ich; einige werden später noch genannt werden. Die neuesten Vertreter Wodans sind der alte Schlippenbach, Kuhn NS. 63, und General Sparr ebd. 74 aus des großen Kurfürsten Zeit, welchen sich nach Schwartz Urspr. 25 und Volkssgl. 14 zuletzt noch gar der alte Fritz zugesellt.

3. Sehr verschieden lauten die Angaben über das Wild, welches der wilde Jäger sich auserkoren hat. Wir erhalten Auskunst darüber durch die Sagen, nach welchen dem Verwegenen, der zum Spott in das Jagdhalloh mitjohend einstimmt, eine Wildkeule als Jagdantheil zugeworfen oder an der Stallthüre aufgehängt wird, wobei die Worte erschallen:

> Wißt du mit mir jagen,
> So mußt du mit mir nagen!

Da ist es denn bald ein Ochsenviertel, bald ein Eber- und Pferdeschinke, bald eine Hirsch- oder Rehkeule, nicht selten auch eine Menschenlende oder das Vierthel eines Moosweibleins. Wo es nicht zum Spott geschah, wandelt sich die Keule wohl in Gold; im andern Falle verbreitet sie einen erstickenden Gestank, den man auf den Schwefelgeruch des Blitzes bezogen hat. Da Pferde nicht jagdbar sind, so scheint die Erinnerung an heidnische Opfermalzeiten, bei welchen Pferdefleisch die beliebteste Kost war,

hier einzugreifen. Stärker ist der Eber als Gegenstand der nächtlichen
Jagd begründet; nur durch ihn ist vielleicht der Hirsch in die Sage gekommen, weil er wie der Eber einen Bezug auf Freyr (Frô) hat, den
wir schon einmal an Odins Stelle treten sahen. Das Reh vertritt wohl
nur den Hirsch. Alten Grund hat auch die Menschenhende, da wir sowohl
mythische als menschliche Frauen von dem wilden Jäger verfolgt sehen.
So bleiben uns als Gegenstände der Jagd nur wenige zu erwägen:

α. Den Eber jagen schon die Einherier, die ihn täglich schlachten,
wir haben ihn oben als ein Bild der Sonne gefaßt; auch Freyrs gold-
borstiger Eber kann die Sonne mit ihren Stralen bedeuten. Die Sickinglsche
Ebernburg bei Kreuznach hat nach Rheinb. 238 ihren Namen davon,
daß der Burgherr bei einer Belagerung sich der Kriegslist bediente, den
letzten Eber täglich zum Schlachten niederwerfen zu lassen bis der durch
das Schauspiel getäuschte Feind abzog, weil er die Veste auszuhungern
verzweifelte (vgl. Müllenhoff S. 79). Über dem Thor des gleichnamigen
Dörfchens ist der Eberkopf in Stein eingemauert; am Landgerichtshause
zu Büblingen aber ein echter Eberkopf, und hier wird dieselbe Sage erzählt,
die sonst an Hackelbärend (Hackelmann, Hackelberg oder Bärends) haftet.
Wie die Namen schwanken, so geht auch die Sage in vielfachen Gestalten
um. Das Wesentlichste ist etwa, daß dem leidenschaftlichen Waidmann
träumte, er kämpfe mit einem furchtbaren 'Kämpen' und unterliege ihm.
Bei der Jagd am andern Morgen wird ein mächtiger Keiler erlegt, sei
es von Hackelbärend selbst oder weil ihn der Traum gewarnt hatte, von
seinem Jagdgesinde. Des Sieges froh oder der überstandenen Gefahr stößt
er mit dem Fuß nach dem Eber und ruft: 'Nun hau, wenn du kannst!'
Da dringt ihm der scharfe Zahn des Thiers durch den Fuß, die Wunde
schwillt, der Stiefel muß vom Bein geschnitten werden; aber die Hülfe
kommt zu spät, ein schneller Tod nimmt ihn dahin. Das ist mehr als
Sage, es ist Mythe; freilich in Odins Mythus soweit wir ihn kennen
nicht mehr nachweisbar. Und doch deutet selbst der Name, der altsächs.
hakolberand lauten würde (altn. bökull Mantel, Rüstung), auf den Gott,
den wir schon in der Brünne wie im Mantel kennen gelernt haben. Dazu
kommt, daß bei Kuhn WS. 400 von Wode selbst erzählt wird was sonst
von Hackelberg und daß auch Hackelberg wie sonst Wuotan in seinen Ver-
jüngungen im Berge sitzt, auf einem Schimmel (nach Kuhn NS. 182),
ein Schwert in der Hand, wie auch König Dan sein Pferd gesattelt bei
sich haben wollte (Müllenhoff 505); ferner daß er alle sieben Jahre
einmal herumkommen soll (Kuhn NS. 236), weshalb er auch der Well-
jäger heißt, d. h. der das Wellas umjagende (Kuhn 309. 503. Meier I,
114), was mit andern siebenjährigen Fristen Erweiterung der sieben Wintermonate sein mag, woraus sich die sieben Jahre, welche die

Jagd bauert (Kuhn XXI), erklären, dann daß er auf dem Moßberg
(= Oßberg, Afenberg) begraben liegt, wie wirklich ein Oßberg bei Hei-
ligenstadt bezeugt ist, vgl. auch Panzer 1, 25; wo aber Niemand das
Grab zu finden weiß, wenn er nicht zufällig darauf stößt, und es auch
dann Niemand zeigen kann, wobei auch gemeldet wird, Niemand anders
dürfe da begraben werden, weil der Hadelberg gesagt habe, den Moßberg wolle er für sich behalten. Aber an vielen andern Orten wird doch
H a d e l b e r g s G r a b gezeigt, und eben die v i e l e n Grabstätten deuten
darauf, daß er ein mythisches Wesen und als braunschweigischer Ober-
jägermeister oder hannöverscher Haidereuter nur localisiert ist. So wird
auch Odins Grab nach jüngern Sagen (Lex Myth. 589) an verschiedenen Orten gezeigt, und ebenso Baldurs. Nun liegt nach den Edden
Baldurs Tod in der Vergangenheit, während Odins Fall erst am Ende
der Zeiten eintreten soll; W. Müller altb. R. 257 deutet deshalb die
Sage auf Baldur, der wie Hadelberg beunruhigende Träume hatte; nur
die Art des Todes sei verschieden, da Baldur durch den Mistelsproß,
Hadelberg durch den Zahn des Ebers sterbe. Aber die Eddische Gestalt
des Mythus von Odin kann nicht maßgebend sein, da wir nicht wissen
wann auf den Sohn übertragen ward was früher von dem Vater galt.
Selbst was die Edda von Odhr erzählt, um den Freyja goldene Thränen weint, läßt sich auf Odin beziehen, dessen deutscher Name Wuol =
Odhr ist, ja die Vergleichung der Sage von Woud (Wodan) und Freid
(Freyja) bei Schönwerth II, 313 beseitigt allen Zweifel. Von Odhr
sagt D. 35, er zog fort auf ferne Wege und Freyja weint ihm goldene
Thränen nach. Sie scheint aber den verdunkelten Mythus nicht genauer
zu kennen, da sie nicht weiß, wohin Odhr zog und wo er geblieben ist.
Läßt man ihn mit Hadelbärend durch einen Eberzahn sterben, so gleicht
sein Mythus auffallend dem von Venus und Adonis, welchem sich der
ägyptische von Osiris, der dem als Eber erscheinenden Typhon erlag, der
phrygische von Atys, der auf der Eberjagd getödtet ward u. s. w. vergleichen lassen. Alle diese Mythen weisen aber auf die Sommersonnenwende, und wie haben schon unter 1. gesehen, daß der wilde Jäger auch
in den Johannisnächten jagt. Auf diese Zeit, wo die Sonne im Zeichen
des K r e b s e s angelangt wieder umkehrt, bezieht sich aber auch der Mythus von Baldurs Tod. Auf eine andere Zeit, wo die Sonne im Zeichen des S c o r p i o n s (November) steht, weist freilich der schon von
Grimm verglichene griechische Mythus von dem riesigen Jäger Orion,
den Artemis liebte, nach seinem Tode betrauerte und unter die Sterne
versetzte. Sie hatte diesen Tod selber herbeigeführt, denn sie ließ einen
Scorpion aus der Erde hervorgehen, der Orion in den Knöchel stach
und durch diesen Stich tödtete: wenn sich nun das Zeichen des Scorpions

am Himmel erhebt, sinkt Orion unter. ,Das gemahnt', heißt es Myth. 901
,an Hodelbärend, dessen Fuß, vom Hauer des Ebers gestochen,
seinen Tod verursacht.' Zu der in der Note zur Bestätigung beigebrach-
ten Sage von Oleg, den eine Schlange stach, die aus dem Gerippe des
Pferdes fuhr, von dem ihm geweißagt worden war, es würde ihn um-
bringen, womit man den Ausgang der Oerwarodds-Sage vergleiche (Menzel
Odin 209), füge ich eine andere, die in den 700 nützlichen Historien
S. 21 erzählt wird: In Italien träumte ein Ungenannter, er würde
von einem marmornen Löwen, der in der Vorhalle der Kirche stand,
löblich verwundet werden. Am Morgen ging er nach der Kirche mit
einem Gesellen, dem er den Traum erzählt hatte, steckte dem steinernen
Löwen die Hand spottend in den Mund und sprach: ,Nun beiß, du gewaltiger Feind, und so du kannst, erwürge mich.' Kaum hatte er ausgesprochen, so ward er von einem Scorpion, der in des Löwen Mund
verborgen war, gestochen und löblich verwundet. So findet in der
Oervarinnga Saga Sigurd, der erste Jarl, das Haupt des erschlagenen
Schottenfürsten an dem Steigbügel; ein reibender Zahn desselben zieht
seinem Fuß ein Geschwulst, ihm selber den Tod zu. Auch Eos wird
neben der Artemis als Orions Geliebte genannt und von dieser erzählt,
daß sie jeden Morgen, bevor sie ihren Tageslauf begann, Thränen der
Sehnsucht um ihn weinte, die wie Diamanten glänzten. Diese diaman-
tenen Thränen sind der Thau, und so lassen sich auch Freyjas goldene
Thränen deuten. Was von Artemis und Eos in Bezug auf Orion erzählt wird, gehört zusammen, und wenn es von Rebation, dem wunderbaren Kinde, heißt, daß es auf Orions Schultern sitze, so findet sich das
bei Wate wieder, der seinen Sohn Wieland auf die Schultern hebt, um
ihn durch den Orda-Sund zu tragen, wie Thor den Oerwandil durch
die urweltlichen Eisströme. Nun fällt aber Wate, dem wieder Christophorus nahe steht, schon dem Namen nach mit Wuoton zusammen, der
wie Orion auf dem Meere wandelt. Man sieht wie sich Odin und Thor
als Gewittergötter auch in den Mythen berühren. Die Vergleichung mit
den Mythen der urverwandten Völker zeigt uns überall den Tod oder die
Flucht des Gottes der schönen Jahreszeit, den seine Gemahlin oder Geliebte betrauert. Wo wir also die S. 107 genannten Frauen an der
Spitze der wilden Jagd finden, da haben wir an die hier besprochenen
Mythen zu denken.

    Wenn mich Pröhle ,Harzsagen' tadelt, daß ich in den Rheinsagen
Bürgers Ballade vom wilden Jäger

        Der Wild- und Rheingraf stieß ins Horn
gerade auf den Rheingrafenstein bei Kreuznach angesetzt habe, und
meint, am Rheine sei uns ein wilder Jäger durch wirkliche Sage nicht

nachgewiesen, so schreibt mir Hr. Lic. A. Oertel, er habe den wilden Jäger des Bürgerschen Gedichts allerdings nicht in einem Wild- und Rheingrafen, wohl aber in Walram von Sponheim-Kreuznach aufgefunden. ‚Die darauf bezügliche Erzählung giebt Trithemius: Annal. Hirsaug. ad ann. 1351. Die wilde Jagd bewegt sich nach dieser zwischen den Dörfern Winterburg und Pferdsfeld im Soonwald in der Nähe des auch von Grimm in der Mythologie erwähnten Gauchsberges.‘ Die Erzählung lautet: ‚In demselben Jahre starb Walram Graf von Sponheim d. ä. am 21. Dec., 79 Jahr alt, und ward in der Kirche zu Sponheim begraben. Nach seinem Tode hörte ein Priester im Schloße zu Sponheim, der Caplan Gottfrid, als er eines Nachts auf dem Felde zwischen Winterburg und Pferdsfeld spazieren ging, im benachbarten Wald eine Stimme, wie eines Jägers, der die Hunde nach dem Wilde hetzt. Hierüber sehr erschrocken und erstaunt, fragte er sich ängstlich was wohl die Stimme an diesem Orte der Finsterniß bedeute, und woher sie komme, als ihn plötzlich eine Menge schwarzer, schrecklicher Jagdhunde umstand, und mitten darunter ein Mann in Flammen gekleidet, auf einem schwarzen schrecklichen Rosse. Dieser sprach zu dem schon halbtodten Priester: Fürchtet euch nicht, Herr Gottfrid: für diesmal wird euch kein Uebel betreffen, denn ihr habt gebeichtet und mit dem Vorsatz der Beßerung die Messe für die Verstorbenen gelesen. Ich bin die Seele des jüngst verstorbenen Grafen Walram und leide diese Strafe so lange Gott will. wegen des eiteln und maßlosen Vergnügens, das ich lebend an der Jagd gefunden habe, wodurch ich meinen armen Untergebenen an Aeckern und Weinbergen großen Schaden zugefügt und das eigne Seelenheil schmählich versäumt habe. Ich bitte dich aber, sprich in meinem Namen mit meinem Sohne, daß er zu meiner Erlösung dreißig Messen an dreißig auf einander folgenden Tagen lesen und ebenso viel Arme an dreißig Tagen speisen, auch einmal neu kleiden lasse, und zweihundert Goldgulden, die mit meiner Zustimmung von Petrus, Fleischer und Bürger in Kreuznach, als Strafe geringer Verschuldung ungerechterweise beigetrieben wurden, zurückzahle: dann hoffe ich, daß ich durch Gottes Gnade erlöst werde. Mit diesen Worten entschwand diese Geistererscheinung wie vom Wind entführt; der Priester aber konnte vor übergroßem Schrecken seine Wohnung kaum erreichen. Die Entstellung seines Angesichts und sein plötzlich ergreistes Haar bewies die Wahrheit der schrecklichen Erscheinung, die er gesehen hatte. Seit jener Stunde hat ihn Niemand lachen gesehen. Niemand hörte noch froh, immer traurig und niedergeschlagen.‘ Ist nun auch nicht erweisbar, daß Bürger diese Erzählung gekannt habe, so sieht man doch, daß die Annahme als wenn die Sage vom wilden Jäger am Rheine nicht zu Hause sei, die schon immer ver-

wundern mußte, ganz ungegründet ist. Auch die Sage von dem Freiherrn Albrecht von Simmern ist zwar wie sie bei Gr. DS. II, 266
erzählt wird, nach Schwaben gelegt, aber die darin vorkommenden Namen Simmern und Stromberg weisen auf den Hunsrücken.

b. Nicht selten verfolgt aber der wilde Jäger Frauen: so schon im
Eggenlied Fasold, den wir als Sturmgott kennen, ‚das wilde vræwelin‘
(Laßberg 189); in ‚Etzels Hofhaltung‘ der Wunderer die Frau Saelde.
Vgl. über sie Lütolf 77. Bei Boccaz V, 8 wird es als Strafe weiblicher
Grausamkeit gewendet. Aehnlich ward von confessioneller Polemik oder
schon früher von sittlicher Entrüstung auf Pfaffenfrauen bezogen was
die bairische Sage von den Holzweiblein, die thüringische von den
Moosfräulein oder Lohjangfern, die schlesische von den Rüttelweibchen
zu erzählen wußte, welchen der wilde Jäger nachstellte, Myth. 881—82
(vgl. §. 106). So verfolgt der Grönzelle S. 199 (M. 896) seit sieben
Jahren die Meerfrau und erlegt sie auf Falster. Thiele II, 116. 120.
121. 122. Sind die Holzweiblein, Waldfrauen und Lohjungfern hier den
Dryaden oder nordischen Imbdien vergleichbar, deren Leben an Bäumen
hängt, welche der als Sturm gedachte Jäger knickt und entwurzelt? Bei
Panzer l. c. läßt man ihnen auch an Fruchtseldern und Flachsäckern
Opferbüschel stehen. Besser sieht man mit Kuhn RS. 481 in den
Verfolgten Wuotans Gemahlin oder Geliebte: In die Zwölften falle seine
stürmische Brautwerbung; in den Frühling darauf die Feier ihrer Vermählung. Dieser Deutung dienen die Volksgebräuche zu starker Stütze.
Die ganze Zeit von jenen ersten Zwölften im Mittwinter bis zu dem
andern Zwölften im Mai (1.—12.), wo die Hochzeit des göttlichen
Paares gefeiert wird, fällt aber in die sommerliche Jahreshälfte, wo
das Licht im Steigen begriffen ist; sie schließt, wenn es den Höhepunkt
erreicht hat, zu Johannis mit dem Tode oder der Flucht des Gottes.
Für die Abnahme desselben, die andere dunklere Hälfte des Jahres,
fordert man also den umgekehrten Mythus, wo der Gott flöhe von der
Göttin verfolgt. Und wirklich fanden wir so eben in der Odhursage
einen solchen Mythus, denn hier sahen wir Freyja (oder Herodias) ihrem
entschwundenen Geliebten nachziehen und seinen Verlust beseufzen. Wie
hier der Mythus vom Gral seinen Ursprung nimmt s. §. 76.

c. Auch Rinder scheinen als Gegenstand der nächtlichen Jagd
gedacht. Nach Wolf RS. 259 besteht der Jagdantheil des mithetzenden
Bauern in dem Hinterviertel eines Ochsen. Der norwegische Volksglaube
läßt Frau Hulda bei rauhem Wetter ganze Heerden schwarzgrauer Kühe
und Schafe in die Wälder treiben, offenbar vom Wind gejagte Regen-
wolken. Lachm. Sagenbibl. 374. Diese Deutung paßt auch auf die
‚rabenschwarzen Rinder‘ der Thrymskw. 25. Nach Kuhn RS. 276

ließ man im „Hellhaus", wo früher der wilde Jäger gewohnt haben soll,
alle Jahr um Christabend eine Kuh heraus, die sobald sie draußen war,
verschwand; welche Kuh das aber sein sollte, wußte man voraus, denn
die, welche an der Reihe war, vernahm sich zusehends und war bis zum
Christabend die fetteste im ganzen Stall. Das ist offenbar ein Opfer;
aber auch als solches kann es, da es dem wilden Jäger gebracht wird,
über dessen Jagdthiere aufklären. Kuhn hat nun Zeitschr. VI, 117 ff.
durch die Vergleichung mit den Kühen des Indra, welche die Panis aus
dem Götterhimmel rauben, womit die Entführung der von Apollo ge-
weideten Götterkühe durch Hermeias, so wie die Sagen von Herakles
und Geryones, Hercules und Cacus stimmen, die Vermuthung begründet,
daß diese Kühe die Wolken bedeuten, wonach der ganze Mythus auf
der Naturerscheinung der auf Meer und Sümpfen ruhenden Nebel beruhen
muß, welche vom Winde als Wolken fortgetrieben werden, worauf dann
das Sonnenlicht der Erde wiedergeschenkt wird. Ein Kampf zwischen Sommer und Winter liegt also auch diesen Mythenbildungen wieder zu Grunde.

d. Nach den Thieren, welche Gegenstand der Jagd sind, betrachten
wir billig auch die Hunde, mit welchen gejagt wird. Gewöhnlich sind
deren zwei, welche uns an Odins Wölfe erinnern, die seine Jagdhunde
heißen. Oft wird nur einer genannt, dagegen steigt auch die Zahl bis
24. Da sie wie anderwärts die Winde (Myth. 602) mit Mehl gesättigt werden (Zeitschr. V, 379, Birl. I, 191), weßhalb sie auch den Brei-
teig verzehren (Müllenhoff S. 372), so kann nun so weniger Zweifel sein,
daß sie die Winde bedeuten, als die Hunde Winde, Windhunde heißen.
Vgl. jedoch Kuhn WS. S. 86. Sie fressen übrigens auch Flugasche
und glühende Kohlen, Kuhn KDS. Nr. 810, 2, womit man ihre feurigen
Zungen in dänischen und deutschen Sagen vergleiche.

Von dem oben erwähnten Hellhaus wird ferner erzählt: als man
einst am Christabend nach Sonnenuntergang die Thore zu schließen
vergaß, und nun der Helljäger darüber fortzog, lief einer seiner Hunde
hinein, legte sich unter die Bank am Heerd und war durch nichts fort-
zubringen. Hier hat er ein ganzes Jahr gelegen und nichts gefressen;
nur alle Morgen hat er die Asche vom Heerde abgeleckt. Als aber das
Jahr umgewesen und die Zwölften wieder da waren, da hat man, als
der Helljäger vorüberzog, das Thor aufgemacht, und da hat er den
Hund wieder mitgenommen.' Dieselbe Sage begegnet an vielen andern
Orten: bei Müllenhoff S. 372 wird sie von Wode erzählt; vgl. Myth.
879, wo sie von Hackelberg berichtet wird, und Zeitschr. für Myth. I,
100 ff., wo der Jäger Röds oder Herodis und der Hund Tulle heißt.
Vgl. auch Kuhn WS. 1, 3, 7, 8. Ueber den Namen S. 6. Wie die
Hunde Winde heißen, so bedeutet hier der zurückgebliebene Hund den

Wind, der auf dem Heerde, unter dem Schornstein das ganze Jahr über heulend und schnaubend liegt. Wie bei Müll. der Wode 24 Hunde, so hat Frau Gaude 24 Hündinnen: wo sie eine Hausthür offen findet, da jagt sie eine Hündin hinein, die nun das Jahr über liegen bleibt. Sie fügt zwar Niemand ein Leid zu, stört aber doch durch Gewinsel die nächtliche Ruhe. Nur wenn man den Hund tödtet, bringt er Krankheit und Sterben über Menschen und Vieh und Feuersgefahr über das Haus. Oft scheint es als geschähe die Einkehr des Hundes nur zur Rüge versäumter hauswirtlicher Sorge; erst wenn sie nicht geduldig hingenommen wird, treten härtere Strafen ein. Auch andere Uebel verhängt so der wilde Jäger nur auf Jahresfrist: die Art, die er eingehackt hat auf dem Rücken des Spielmanns, wo sie zum Buckel wird, holt er im nächsten Jahre wieder, und wo Er ,ein Spöllein' zugestrichen hat, d. h. ein Augenlicht ausgeblasen, da streicht er es im folgenden Jahr wieder auf. Kuhn 69. Meyer I, 132. 136. 138. Sommer 40. So straften die Fronfastenweiber den Neugierigen, der, sie vorbeireiten zu sehen, unter der Linde hinter der Kirche stand, indem sie einen Nagel in den Pfosten schlugen, d. h. dem Neugierigen in den Kopf; aber in der nächsten Fronfastennacht zogen sie ihn wieder heraus, Baader 43. Die einjährige Frist ist zu oft bezeugt als daß wir sie bezweifeln dürften; aber allerdings sollte man, da der Weidjäger alle sieben Jahre herumkommt (S. 200), eine siebenjährige erwarten, wie sie Baader Nr. 408 und 424 wirklich erscheint.

e. Die Sage vom ewigen Juden ist aus der vom wilden Jäger entsprungen. Nach E. Meiers Schw. S. I, 116 glaubt man in Rottenburg und sonst, auch im badischen Schwarzwald, daß der ,ewige Jäger' dieselbe Person sei wie der ,ewige Jude', und gebraucht beide Bezeichnungen als gleichbedeutend. In einem Walde bei Bretten spukt der ewige Jude. Von diesem sagt man auch sonst, daß er stets einen Groschen in der Tasche habe, und der gehe ihm nicht aus wie oft er ihn auch ausgebe. Nach Kuhn KS. 451 richtete man ehemals in Berglingen Sonnabend Abends die Eggen auf dem Felde mit den Spitzen gegen einander, damit sich der ewige Jude darauf ruhen könne. S. auch WS. II, 32. Vgl. ob. §. 71. Nach Müllenhoff S. 547, vgl. 160, ruht der Wanderjude nur am Weihnachtabend aus, wenn er dann noch auf dem Felde einen Pflug findet: darauf allein darf er sich setzen. Aehnliches wird Kuhn KS. 71 von dem wilden Jäger erzählt, und da jener sich immer erneuernde Groschen zu den Wunschdingen gehört, die auf Wuotan zurückweisen, der auch im ewigen Jäger fortlebt, so haben wir hier mehr als ein Zeugniß für das Zusammenfallen beider mythischen Gestalten. Ferner wird bei Kuhn a. a. O. 499 aus Hahnenklee am Harz berichtet: ,Alle sieben Jahre zieht der wilde Jäger

über die sieben Bergstädte; andere wollen ihn öfter gehört haben; Wem
er aber begegnet, der muß sich wohl hüten, ihm nachzurufen, sonst geht
es ihm schlecht. Der wilde Jäger hat nämlich unsern Herrn Jesus aus
einem Flusse, wo er seinen Durst stillen wollte, nicht trinken lassen; auch
von einer Viehtränke hat er ihn fortgejagt: aus einer Pferdetrappe,
wo sich Wasser gesammelt, hat er gemeint, könne er trinken, und dafür
muß er nun ewig ‚wandern‘ und sich von Pferdefleisch nähren, und wer
ihm nachruft, dem bringt er etwas Pferdefleisch und er muß auch davon essen.‘

Die hier angegebene Ursache der Verdammung zu ewigem Wandern
und Jagen statt der gewöhnlichen ‚weil sie gewünscht haben ewig jagen
zu dürfen‘ sieht der ähnlich genug, um welche Thassver ewig wandern
muß. Aus der christlichen Gestaltung der Sage vom ewigen Juden kann
sie aber nicht abgeleitet werden, da die Beziehung auf die altdeutschen
Pferdeopfer, die schon in der Pferdetrappe enthalten ist (denn aus
Roßhufen wird bei Hexenmahlzeiten getrunken, Baader 32), sich dann nicht
erklären ließe. Wie hier noch kein Jude, sondern ein Jäger zu ewigem
Wandern verdammt wird, so spielt die Sage auch noch in Deutschland,
wo aber f. u. Christus mit Petrus oder Einer von beiden allein in unzähligen Sagen erscheinen; wir wissen aus Myth. Vorr. 36, daß sie an
die Stelle der wandernden Götter getreten sind. Der erste Anfang der
Christianisierung einer heidnischen Sage war hiemit schon gegeben. Wird
man nicht weiter gegangen sein und das Local nach Palästina verlegt haben? Dann mußte natürlich auch die Pferdetrappe wegfallen; die Anknüpfung an Christi Leiden bot sich von selber dar. Ueber den auf den
ewigen Juden übertragenen großen Schuh Widars, der ihn dann zum
Schuster machte [. §. 46. Auch der Name Buttadeus, den der ewige
Jude bei Libertus Praxis Alebymiae p. 291 und bei Bullenger hist.
sui temporis führt, kann auf Odin gedeutet werden. Vgl. Ztschr. für
Myth. I, 432—36. Leopr. 60.

74. Odin als Wanderer, Himmels- und Gestirngott.

Der wandernde Jude leitet uns hinüber zu den Wanderungen Odins
im Himmel und auf Erden. Von dem letztern war oben bei seinen Beinamen Gangrabr, Gangleri u. s. w. die Rede; auch haben wir ihn schon
oben §. 31 mit andern Göttern seiner Trilogie auf Erden wandernd getroffen. Es ist der deutschen Mythologie mit der indischen, ja mit der
fast aller Völker gemein, daß die Götter auf die Erde herabsteigen, das
Leben und die Sitten der Menschen, besonders in Bezug auf die Heilighaltung des Gastrechts, zu prüfen. Die Götter wandeln, wie Mahadöh

in Goethes Gott und die Bajadere ‚leiblich und unerkannt' auf Erden
und kehren bei Sterblichen ein: ‚darin liegt die erhabenste Heiligung der
Gastfreundschaft; der Mensch wird Scheu tragen, einen Fremden abzuweisen, unter dessen Gestalt ihn ein Gott besucht haben kann.' Gr. Myth.
Vorr. 34. In zahllosen deutschen Märchen tritt Christus mit seinen
Aposteln an die Stelle dieser wandernden Götter, oft auch der Heiland
mit Petrus oder Einer von beiden allein. Zwei Götter wandern auch
in der schönen Sage von Philemon und Baucis; aber drei Männer,
d. h. wohl der Herr mit zwei Engeln, kehren bei Abraham ein, Gen. 18.
In der Edda wandert die Trilogie Odin Loki Hönir wie bei den Griechen Hermes Zeus Poseidon, bei den Finnen Wäinämöinen Ilmarinen
Lemminkäinen. Wo ein Gott allein diese Wanderung antritt, da ist er
wohl als der höchste gedacht, der sich in jener Trilogie nur verdreifacht.
So sehen wir Odin bei dem Schmiede einkehren oder als Grimnir bei
Geirrödhr, weil Frigg seinen Liebling der Ungastlichkeit beschuldigt hat;
so wandert bei den Indern Brahma oder Wischnu, bei den Lithauern
Perkunos. So wird auch der Gott, der im eddischen Rigsmal die
grünen Wege der Erde wandert, und die menschlichen Stände gründet,
einst der höchste gewesen sein; das Lied nennt ihn aber Rig oder Heimdall, der sonst für Odins Sohn gilt, und so läßt eine phädrische Fabel
den Götterboten, den Gott der Wege und Straßen, bei Sterblichen über-
nachten: Grimm a. a. O. Aber auch am Himmel wandert Odin: wir
finden da seine Straße, seinen Wagen; daneben irdische Abbilder
dieser himmlischen Wege, gespenstige Erscheinungen seines Wagens auf
Erden. Freilich ist auch hier ein Theil seines Wesens auf seine Söhne
übergegangen, auf Heimdall und Thôr, wenn diese nicht allen Götter sind.

Nach Meier 137 geht der Zug des wilden Heers über die Milchstraße hin; diese wird auch nach dem wilden Jäger genannt; den Dänen
heißt sie Waldemarsweg, und Waldemar fanden wir schon als wilden
Jäger. Nach Erich, dessen Bruder Abel wir gleichfalls als wilden Jäger
kennen, sind auf Erden große Heer- und Kriegsstraßen benannt; der neue
König, der das Reich übernahm, mußte in Schweden die Erichsgasse reiten.
Erich fällt aber zusammen mit Jring, Rigr oder Heimdall (§. 89),
und nach Jring heißt wieder die Milchstraße, wie Rigr die grünen Wege
der Erde wandelt und Heimdall den Regenbogen zum Symbol hat, die
Brücke der Asen (Asbrû), welche ihr Name Bif-röst (bebende Rast oder
Meile) als Straße bezeichnet. So ist für England eine Irminstraße
(Myth. 330) bezeugt, welche das Land von Süden nach Norden durchzog,
und da der Himmelswagen Irmineswagen (M. 329) heißt, so muß auch
die Himmelsstraße, die dieser Wagen befuhr, Irminstraße geheißen haben,
wobei die innigen Beziehungen, die sich für Jring und Irmin aus der

Heldenſage ergeben, in Betracht kommen.   Auch die andere der vier eng-
liſchen Hauptſtraßen, Vaetlingaſtraet, iſt zugleich am Himmel nachgewieſen; wir ſehen alſo, daß ſich die Straßen am Himmel und auf
Erden entſprechen. Kuhn NS. 428 berichtet, der Heljäger jage in
den Zwölften auf der Erde; zu anderer Zeit durch die Luft, d. h. wohl
am Himmel über die Milchſtraße hin, nach der obigen Meldung bei Meier.
Vgl. Birl. I, 190. Auf Erden zieht er bekanntlich immer dieſelbe Straße,
und auch dieſe finden wir Heerſtraße benannt (Meier 188. 9), bei
Honnel Höllweg, ſo daß man die weſtfäliſchen und heſſiſchen Hellwege
(Myth. 782) hieherziehen darf. Da nun auch der Himmelswagen Hel-
wagen (ebb.) heißt, ſo muß die Himmelsſtraße, die er befährt, Hellweg
geheißen haben, und ſo heißt ſie wirklich noch nach Woeſte 11 in der
Grafſchaft Mark, ogl. Kuhn WS. II, 85; doch ſcheint Brynhildens
Hellweg auf oder unter der Erde gedacht. Ausdrücklich bezeugt finden
wir zwar einen Wuotanswagen, der auch Karlswagen heißt (Myth. 138);
aber Wuotanswege bleiben nach M. 144 zweifelhaft; doch kommt zu
Hülfe, daß dem Karlswagen ein Karlsweg entſpricht (Myth. 139), wie
wir Karl auch als wilden Jäger fanden, und Gwydion, der keltiſche
Odin, ſowohl Wagen als Himmelsſtraße hat, Myth. 137. 336. Mit
jenem Karlswagen iſt der Himmelswagen gemeint, die ſieben Sterne,
welchen man auch den großen Bären nennt. Der kleinſte dieſer Sterne
heißt der Fuhrmann oder das Knechtchen; man weiß auch, daß er
im Leben Hans Dümke (Myth. 688. Müllenh. 360. Kuhn WS. II, 87)
hieß. Er war Knecht bei dem lieben Gott und hatte es gut in ſeinem
Dienſte, verſah ihn aber liederlich, weshalb er nun zur Strafe auf der
Deichſel des Himmelswagens ſitzen muß. Nach anderm Bericht wollte
er lieber ewig fahren als das Himmelreich erben: das iſt wieder die
Sage vom wilden Jäger, der für ſein Theil Himmelreich ewig jagen
wollte. Da nun der große Bär auch Arcturus heißt und wir Arthur
oder Artus ſchon als wilden Jäger gefunden haben, ſo wird es bedeutend, daß in unſern Sagen von der wilden Jagd die Geiſter- oder Teu-
felskutſche ſo oft erſcheint und der wilde Jäger ſelbſt der ewige Fuhrmann (Kuhn NS. 222, 1) heißt. Vgl. Kuhn WS. Nr. I, 199 mit
der Anm. 222, Müller und Sch. 225, Rochholz I, 215, Vernaleken
Oeſterr. Sagen S. 94—104. Die ‚Kutſchgaß‘ bei Menzenberg iſt ſo
ſteil, daß kein Wagen ſie fahren könnte. Allerdings iſt der Ausdruck
Karlswagen, der wohl in demſelben Sinne auch ‚Herrawagen‘ (Myth. 687)
heißt, unbeſtimmt, und kann auch auf Thor gehen oder den fränkiſchen
Kaiſer meinen; aber der niederländiſche Name des Himmelswagens, Woens-
waghen, eignet ihn Wuotan zu und die hier hervorgehobenen Bezüge
des Wagens ſowohl als der Straße, die er befährt, auf die wilde Jagd

laſſen kaum bezweifeln, daß der Gott, den wir aus nordiſchen Quellen nur gehend, reitend oder als Adler (Falke) fliegend kennen, nach der ältern Vorſtellung ein Wagengeſpann beſaß.

Die Milchſtraße wird als Straße der Seelen aufgefaßt, und im Geleite der Göttin, welche den entſchwundenen Gott ſucht, ſehen wir die Seelen früh verſtorbener Kinder fahren, wo Wodan als wilder Jäger Geiſter der Verſtorbenen in ſeinem Gefolge führt. Jene irdiſchen Königsſtraßen, welche den himmliſchen entſprechen, pflegen von einer Säule auszugehen, der Irminſäule vermuthlich. (Grimm Irminſtr. Wien 1815, S. 66.) Im alten Frankreich vergleicht ſich die Chaussée de Brunehault, die zwar hiſtoriſiert aber wohl auf die mythiſche Brunhild zu deuten iſt, die einſt Wodans Gemahlin war; auch dieſe Straße geht von einer Säule aus. So ſind wohl auch die deutſchen Brunhilden- und Kriemhildenſteine zu verſtehen. Eine tarris Brunechildis weiſt Mone Heldenſ. 69 nach und der Name Vroneldeustraet §. 109 für die Milchſtraße läßt ſich auf Brunhild deuten. Selbſt ihr tragiſches Ende, das wir ſchon bei der Swanhild verglichen haben, kann mythiſch ſein, da wir Aehnliches von der fliehenden Iſit berichtet und auf die Milchſtraße bezogen finden. Auch der keltiſche Gwydion verfolgt eine geliebte Jungfrau und giebt dabei der Milchſtraße den Namen, ſo daß wir dem Mythus von der verfolgten oder verfolgenden Göttin S. 204 auch am Himmel wiederbegegnen.

Daß Odin auch Sonnengott war ehe ihn Freyr (Frô) aus dieſer Würde verdrängte, ward ſchon §. 66 vermuthet. Einen ſtärkern Beweis dafür giebt es aber nicht als ſeine Eindugigkeit, denn wie er ſelber Luft und Himmel, ſo bedeutet ſein eines Auge die Sonne. Wir haben aber von ſeinem andern Auge einen Mythus, der von keinem andern in der Edda an Dunkelheit übertroffen wird: wir müßen des Leſers ganze Geduld und Aufmerkſamkeit in Anſpruch nehmen. Nach D. 13 kam Odin zu Mimirs Brunnen, in dem Weisheit und Verſtand verborgen ſind §. 19, und verlangte einen Trunk, erhielt ihn aber nicht bis er ſein Auge zu Pfande ſetzte. Die Nachricht iſt aus Wöl. 21. 22 genommen, wo es von der Seherin heißt:

   21.   Allein ſaß ſie außen, da der Alte kam,
         Der grübelnde Aſe; ſie ſah ihm ins Auge.

   22.   Warum fragt ihr mich? was erforſcht ihr mich?
      Alles weiß ich, Odin, wo du dein Auge bargſt:
         In der vielbekannten Quelle Mimirs.
         Meth trinkt Mimir jeden Morgen
         Aus Walvaters Pfand: wißt ihr was das bedeutet?

Wir haben Mimir §. 19. 2 als das Gedächtniß der uranfänglichen Dinge

gefaßt; seinem Namen nach (Gr. Myth. 353) kann er das Gedächtniß,
das Wißen überhaupt sein.   Damit ist er aber schon auf das geistige Gebiet gezogen; seine erste natürliche Bedeutung zeigt sein Name gleichfalls
an, da Waßergeister Minnen und Muomel heißen, ein See Mummelsee
und Mimling ein Flüßchen im Odenwald.   Nehmen wir also Mimirs
Brunnen für das Meer, Lex. Myth. 239ᵃ, so kann das im Brunnen verpfändete andere Auge des Gottes der Widerschein der Sonne im Waßer
sein und dieß halt ich für den ältesten Sinn des Mythus.   War dieser
aber einmal entsprungen, so lag die Umdeutung des verpfändeten Auges
auf den Mond nahe, denn wenn die Sonne das eine Auge des Himmelsgottes ist, wer würde dann nicht den Mond für das andere nehmen?
Nur so begreift sich aber, wie Mimir aus dem verpfändeten Auge des
Gottes trinken kann.   Nach einer allgemeinen Anschauung bildet nämlich
die Mondfläche ein Horn, und dieß muß hier als Trinkhorn gedacht sein.
Die j. Edda sagt D. 15 ausdrücklich, der Eigner des Brunnens heiße
Mimir und täglich trinke er von dem Brunnen aus einem Horne.   Sie
nennt es das Giallarhorn, weil sie dabei an Heimdalls Horn
denkt, das zugleich zum Blasen dient, wie es Wöl. 47 vor dem Weltkampf heißt:

       Ins erhobene Horn   bläst Heimdall laut.

Sie gründet sich dabei auf Wöl. 31, wo es heißt:

            Sie weiß Heimdalls   Horn verborgen
            Unter dem himmelhohen   heiligen Baume.
            Einen Strom sieht sie stürzen   mit starkem Fall
            Aus Walvaters Pfand: wißt ihr was das bedeutet?

    Es ist nur wieder die kühne Dichtersprache des Nordens, die ein
Verwandtes für das andere zu setzen liebt (§. 52), wenn in dieser noch
unverstandenen Stelle zwei Hörner vertauscht und in Gedanken verschmol-
zen werden: Mimirs Trinkhorn und Heimdalls Giallarhorn.   Auch letzteres wird ursprünglich den Mond bedeutet haben: dem Wächter der Götter
auf Himinbiörg gebührte zum Horne der Sichelmond, da es in den
Nächten vornämlich seines Hütens bedarf.   Um so mehr dürfte die mythologische Sprache beide Hörner, als Bilder für den Mond, ineinander-
flößen.

    Unter dem heiligen Baume, in Mimirs Quelle, war nun nach den
ersten Langzeilen Heimdalls Horn, das so mit Walvaters Pfand, dem
ersten Horne, vertauscht wird, verborgen.   In den folgenden Zeilen kehrt
sich die Vertauschung um: da wird Walvaters Pfand genannt, wo Heimdalls Horn gemeint ist.   Der Strom, der aus Walvaters Pfande stürzt,
ist die Kunde von dem angehenden letzten Weltkampf, welchen Heimdalls
Horn anmelden soll.   Zwar erst Wöl. 47 sehen wir diesen ins erhobene

Horn stoßen; aber was dann wirklich sich begiebt, das ahnt schon jetzt
die Seherin und deutet es, wie von fern, mit räthselhaften Worten an.
Als ein Wißen darf die Kunde, die dann aus Heimballs Horn schallt,
ein Strom heißen aus Mimirs Quelle geschöpft; ein Strom, der mit
starkem Fall (denn Heimball bläst so laut, daß es die ganze Welt vernimmt) aus ‚Waloaters Pfande‘ stürzt: denn durch diese Verpfändung
erwarb er den Trunk aus dem Brunnen, in dem Weisheit und Verstand
verborgen sind.

Der physische Grund des Mythus von dem verpfändeten andern
Auge des Himmelsgottes ist das Spiegeln, ja das Untertauchen des Mondes im Meer. Indem dieser Verpfändung der Grund angedichtet wird,
der Weisheit Mimirs theilhaftig zu werden, sehen wir den Naturmythus
auf das geistige Gebiet gerückt. Im Waßer liegt wie der Ursprung der
Dinge so alle Weisheit auch nach den Mythologieen anderer Völker: in
der unsern zeigt es sich in der Gabe der Weißagung, welche Schwänen,
Schwanenjungfrauen und Meerweibern bewohnt. Darum heißen auch
die Wanen weise und Heimball, den neun Wellenmädchen geboren haben,
weise den Wanen gleich. Es waltet hier eine neptunistische Ansicht: die
Urbilder aller Dinge liegen im Waßer, weil die Welt aus dem Waßer
hervorgegangen ist. Das Waßer ist auch als Unterwelt zu faßen und
daß dieser die Zukunft nicht verborgen ist, sahen wir daraus, daß Odin
dort die todte Seherin weckte, um sie über Balders Geschick zu befragen.
Solcher Weisheit begierig senkt nun Odin sein anderes Auge, den Mond,
in Mimirs Brunnen und mehrt so noch sein Wißen, das an sich schon
groß sein muß, denn sein eines Auge, die Sonne, gewahrt Alles was
sich auf Erden begiebt. Aber auch Mimirs Weisheit, die hier, wo der
Gegensatz der beiden andern Brunnen wegfällt, auf die Vergangenheit
nicht beschränkt zu werden braucht, will ‚der grünende Ast‘ gewinnen,
wie er ein andermal mit Mimirs Haupte murmelt. Nicht weil er so
eine Einbuße erleidet und durch den Verlust seines Auges der Riesen
Macht mehrt, läßt wohl die Seherin die schauerliche Frage folgen: wißt
ihr was das bedeutet? sondern weil wir den Gott schon jetzt um die
Zukunft besorgt finden und weil die so erlaubte Kunde keine andere ist
als die vom Untergange der Welt. Obgleich von Riesen-
geschlecht und dem Waßer verwandt, das einst die Erde überfluten soll
(die Wellen heißen Völ. 47 seine Söhne), erscheint Mimir doch nie als
ein Feind der Götter: er ist wie Skadi §. 89 in den Kreis der Asen
aufgenommen und wird von diesen den Wanen vergeilelt, die ihn erschlagen und sein Haupt den Asen zurücksenden; aber noch mit diesem
Haupte beräth sich Odin. Sein Rathsrinnen, eine Folge des mit
Odin eingegangenen Vertrags, kann den Göttern, denen er seine Weisheit

mittheilt, keine Gefahr drohen. Darum lege ich demselben auch keine mythische Bedeutung unter, weder die physische, ‚daß das Meere am Morgen Thau trinke', noch die geistige, ‚er trinke aus der Quelle der Erkenntniß': beide wären hier müßig, wir gelangten nicht weiter damit: es ist nur ein Nebenzug, der das Bild des ahnungsvoll bewegten Götterlebens vervollständigen hilft. Den Mythendeuter führt nichts so leicht auf Klippen als das Bemühen alles poetische Detail in den Gedanken aufzulösen.

Der Beweis scheint geführt, daß die Sonne als Odins eines Auge gedacht ward, der Mond als das andere: das genügt hier, wo es galt, ihn als Himmelsgott darzustellen.

Die Vermuthung, daß es Odin selber gewesen sein möge, der Odin Horn besaß oder was gleichbedeutend ist, Heimdall hieß, wird nicht zu kühn erscheinen, wenn man sich erinnert, daß er sich als Gestirngott mit Heimdall berührte, S. 208. Daß es eigentlich Odins Horn war, bezeugt Hrafnag. 14, denn hier heißt Heimdall

Der Wächter von Herians gellendem Horn.

In deutschen Sagen erscheint es noch in Wuotans Besitz, sowohl wenn er als wilder Jäger durch die Luft zieht (was das Volk mit den Worten ‚de Wode tüt' Myth. 871 meint), als wenn er im hohlen Berge schläft, wo das Horn neben ihm hängt, damit er es zur Hand habe darein zu stoßen, wenn es Zeit ist die blutige Schlacht auf dem Walserfelde zu schlagen; die rechte Zeit aber sollen ihm seine Raben melden, §. 53. Wie ähnlich ist das der nordischen Darstellung, wo Odin-Heimdall sein Auge in den Brunnen der Erkenntniß senkt, um die Stunde der Gefahr zu erspähen, wo er das Horn am Munde die Seinen zum Kampf führen will; oder, nach dem andern Bilde, das Horn in den Brunnen taucht und dann aus Walvaters Pfand die geschöpfte Kunde strömt. Ueber Mime den Schmied in der Heldensage, von dem Wittichs Schwert Miming benannt ist, und Mimring, der gleichfalls ein Schmied ist, f. §. 35. Ein Zusammenhang mit Mime ist hier unzweifelhaft, da vom Geschmeide der Waßergeister auch sonst die Rede ist, §. 126.

Ein zweiter Beweis, daß Odin Sonnengott war, liegt in seinem Beinamen Grani. Ich muß aber hier wiederholen was ich Rheinl. 890 ausgeführt habe. Der Sage nach gab Karl der Gr. dem Achner Münster die Rotundengestalt nach dem Huse seines Roßes; sein Hufschlag hatte die warmen Quellen entdeckt und den Kaiser zu den Ruinen des Granustempels geführt, wo ihm dann Maria, nach einem zu ihr gesprochenen Gebet, erschien und die Capelle zu bauen befahl. Känheler Reliquienbehälter S. 15. Hienach wird es Odin gewesen sein, der zu Achen unter seinem bekannten Beinamen Grani als Apollo

Granus verehrt wurde, wie sein Roß, das er nach der Wölsungasage später dem Sigurd (Siegfried) schenkte, gleichfalls Grani hieß. „Wenn sowohl Wuotan als Sigurds Roß Grani hieß, so bedeutet dieß zunächst barbatus, jubatus, wie altnordisch faxi.‟ Hermann Müller im Jahrb. d. V. d. Alterthumsfr. im Rheinl. XXXIII. XXXIV S. 75. Glitfari heißt das Roß des Tagesgottes §. 15; von seiner Mähne wird gesagt, sie glänze immer, weil sie die Sonnenstralen bedeutet. Granen heißen im Altdeutschen die Barthaare und nach Isidor nannten die Gothen ihre lang herabhangenden Haare Grannen. Auch den Bart der Gerstenähre pflegt man Grannen zu nennen. Wie bei dem Gott auf den Bart, so zielt Grani bei dem Roß auf die Mähne: bei beiden sind die Sonnenstralen gemeint, wofür wir hernach noch ein Zeugniß beibringen werden. Das Tagesroß kann auch das Sonnenroß sein: wir finden bei Baldur (agf. Bäldäg) das quellweckende Roß wieder: es war von Odin, dem Sonnengott, auf seinen Sohn Balbur, den Lichtgott, übertragen. Von Karl dem Großen, als dem letzten Erben des Mythus, wird auch erzählt, er habe zu Achen ein halbgöttliches Weib zur Geliebten gehabt, die bei seiner Abwesenheit todt da lag, wenn er aber zu ihr kam, wieder auflebte. Einst als er sie besuchte und sich mit ihr ergötzte, sah der Kaiser wie ein Sonnenstral ihr in den Mund fiel und da bemerkte er, daß ein goldenes Korn (granum auri) auf ihrer Zunge haftete: er ließ es abschneiden, und alsbald war sie todt und lebte nicht wieder auf. Der Sonnenstral bestätigt hier unsere Deutung des Namens Granus auf den Sonnengott, welchen darnach die Römer als Apollo aufzufassen vollkommen berechtigt waren. Granus ist unter der Römerherschaft ein stehender Beiname des Apollo, aber nicht des imberbis, geblieben. Nun fällt auch Licht auf Sonnenberg bei Wiesbaden, denn der Sonnengott wird gerne bei Badequellen verehrt, weil sie der Hufschlag seines Rosses der Erde entlockt hatte. Für den Mangel einer Sage wird hier Sonnenberg durch einen Mythus entschädigt, den schönsten, den uns deutsche Sagen erhalten haben und der keinem eddischen nachsteht. Sollen wir ihn deuten, so muß der Kaiser wieder aus dem Spiele bleiben und unter Karl (dem Herrn) der Sonnengott verstanden werden. Der Sonnengott liebt die Erde, die von seiner Gegenwart, wenn Wolken die Sonne nicht mehr verhüllen, wieder aufzuleben scheint; wenn die Sonne sich verbarg, lag sie wie todt. Wen hätte diese Empfindung nicht schon tausendmal angewandelt! Und wie dichterisch ist der Mythus erfunden, der eine so natürliche Empfindung in Begebenheit umzusetzen weiß! Das Goldkorn in dem Munde der Erdgöttin (das der Sonnenstral hervorgebracht hatte) ist das goldene Getreide, das uns ernährt: wird es bei der Ernte abgeschnitten, so tritt der wirkliche Tod ein, d. h. der Winter, der Tod der Natur. Granum wird dieses Goldkorn genannt, wie der Gott selbst Granus, deutsch Grani hieß. Der sinnreich erfundene Mythus spielt mit dem Worte, das ihm zugleich als Beleg für die Abstammung des Korns von dem Gotte dienen muß. Es ist mir nie so deutlich geworden, daß Mythen Räthsel sind: ihre Lösung ist aber leicht zu finden, wenn man weiß, daß sie sich nach §. 2 auf das Leben der Natur im Kreislauf des Jahres beziehen. Ehe die Lösung gefunden ist, kann aber von Verständniß nicht die Rede sein und eine Mythologie ohne Deutung usurpiert diesen Namen so gut wie eine Mythologie ohne Mythen. Bis man den Namen Granus oder Grannus aus dem Keltischen besser erklärt als wir aus dem Deutschen, zugleich aber auch seinen Mythus beibringt und deutet, hat man kein Recht ihn der deutschen Mythologie abzusprechen, die allein seinen Mythus erhalten hat. A. M. ist Ernst Kuhn Ztschr. für d. Phil. II, 376, aber ohne auf unsere Beweisführung einzugehen, mit bloßen Citaten, bei deren Nachschlagen wir nichts Neues erfuhren. Ein Zug bleibt freilich hier noch unenträthselt, der nämlich, daß die meteorische Masse, die im Hofe der Regierung liegt, und lange für einen Mondstein galt, den Ächnern das Babelalb heißt. Hier müssen wir unsere Unwissenheit eingestehen, denn nur soviel sieht man, daß ein Bezug auf den bei Bädern gewöhnlichen Sonnendienst auch hier nicht fehlen wird; wenigstens deutet darauf, wenn, wie man von Mondkälbern spricht, der Name Sonnenkalb als Eigenname begegnet. Bäder und Sonnendienst gingen schon bei den Alten Hand in Hand: außer bei Achen finden sie sich auch in dem Sirouabab bei Nierstein verbunden; in Bourbonne-les-Bains ist Apollo dem Heilspender ein Botivstein gewidmet: Bad und Sonne sind sich so nahe verwandt, daß der Ächner für Sonnenkalb Babekalb sagen durfte. Nur das Kalb befremdet jetzt noch, es wird aber wohl auch seinen Kalal noch finden. War etwa mit der Kuh Audhumbla, welche die Götter aus den Salzsteinen hervorleckte §. 8, nicht das Feuer gemeint, wie wir S. 18 vermuthet hatten, sondern die Sonne? Und konnte ein Meteorstein, der aus der Sonne vielmehr, als aus dem Mond wie es anderwärts hieß, gefallen schien, dann nicht ein Kalb heißen? Der egyptische Stier Apis galt für eine Wiedergeburt des Osiris, des Sonnengottes. — In der jüngsten Gestalt unserer Sage ward jenes Goldkorn zu dem Zauberring der Fastrada; in einer mittlern Gestalt, wo ein Stein den Zauber wirkt, ist dieser Stein von einer Schlange geschenkt, in der ich mit H. Müller eine Beziehung auf die Wurm sehe, den Bach von Achen.

75. Erfindung der Runen.

Als Gott des Geistes, nicht bloß des kriegerischen, erscheint Odin schon durch seine Allwissenheit, deren Symbole so eben besprochen sind. Wie sehr sie ihm verkümmert scheinen, so muß doch in Wafthrudnismal (s. o. S. 78 §. 33 und S. 141 §. 60), wo Odin mit dem allwissenden Jötunen (wenn das Wort nicht mehr sagt als alsvidhr jötunn) über die urweltlichen Dinge gestritten hat, sich dieser zuletzt besiegt erkennen und gestehen:

'Du wirst immer der Weiseste sein.'

Noch mehr erscheint er als Gott des Geistes durch seinen Bezug zur Poesie. Außer seinem aus Grimnismal 7 (s. §. 21) bekannten Verhältniß zu Saga, der Göttin der Geschichte mehr noch als der Sage, ist er auch Bragis Vater, des Gottes der Dichtkunst und Beredsamkeit, und da dieser wie Odin alt und langbärtig vorgestellt wird, so mag auch Er sich aus des Vaters Wesen abgelöst haben. Denn Odin selbst lernen wir als Erfinder der Dichtkunst kennen, und zwar nicht bloß nach dem Mythus von dem Ursprung der Poesie (§. 76), auch indem er die Runen erfand und mit diesen die Runenlieder. Doch erscheint er hier nicht so sehr als Gott des Geistes denn als der mächtige Goll.

Odins Roß Sleipnir faßten wir §. 66 als Symbol der Allgegenwart, die dem höchsten Gotte eignet, gestanden aber gerne zu, daß sie ihm durch die Vermenschlichung sehr verkürzt sei. Noch mehr wird das von den Bildern für seine Allwissenheit gelten. Ein solches Bild war schon Hlidskialf, von dem er alle Welten überblickt, ein solches ist sein Eines Auge, die Sonne, die Alles schaut, und seine beiden Raben, die ihm in die Ohren flüstern was sich auf Erden begiebt. Aber der Blick in die Zukunft ist ihm sehr getrübt, da er Idunen besenden (§. 32), die todte Wala nach Baldurs Geschicken fragen (S. 78), sein anderes Auge in Mimirs Brunnen senken oder mit seinem Haupte murmeln muß. Am meisten könnte man seine Allmacht beeinträchtigt glauben; doch werden wir darüber vielleicht anders urtheilen, wenn wir ihn als Erfinder der Runen betrachtet haben.

Die Erfindung der Buchstaben legten die Alten dem Mercur bei; daß damit schon die Schrift, d. h. Lesen und Schreiben gemeint war, läßt sich noch bezweifeln, da er auch als Erfinder des Würfelspiels gilt, dieses aber dem Gebrauch der Runen bei der Loosung ähnlich sieht und vielleicht daraus entstanden ist. Auch unsere ältesten Vorfahren kannten, so doch unsere Nachrichten hinaufreichen, schon die Buchstaben; sie bedienten sich ihrer aber wahrscheinlicher mehr zu mystischen Zwecken, zum Loosen, Weißagen und Zaubern: wäre ihnen Odin als Erfinder der Runen zugleich auch der Erfinder der Schreibkunst gewesen, so würde

er sich auch darin als Gott des Geistes darstellen. Nach den neuesten
Forschungen (v. Liliencron und Müllenhoff, Zur Runenlehre Halle 1852)
wäre aber der Gedanke des buchstabierenden Schreibens erst nach Berührung der germanischen Welt mit der alten von dieser auf jene übergegangen; bei der Einwanderung der Alen, worunter ich hier die dem
Odinsdienst ergebenen Völker verstehe, in unsere jetzigen nordischen
Wohnsitze war er ihnen noch fremd. Doch lassen wir diese Frage, als
noch nicht ganz ausgemacht, bei Seite und betrachten die Runen nur
als mystische Zeichen, denen magische Kraft zugetraut wird, weshalb ihr
Gebrauch mit allen priesterlichen Weihen zusammenhing, mit Poesie und
Weissagung, Opfer und Zauber, die alle unter sich auf das Engste verwandt sind. Am Deutlichsten würde dieß an dem Worte Zieser, zépar,
wenn damit saupar, Zauber, im Ablautsverhältnisse stünde. (Gr. Myth.
36. 985. Zieser hießen alle opferbaren Thiere, Ungeziefer aber, welche
die Götter als Opfer verschmähten. Allem Zauber aber wie der Weissagung gingen Gebet und Opfer voraus und die Weissagung wie der
Zauber ward in Liedern vollbracht, welche alliteriert, d. h. mit Stäben
versehen waren, und diese Stäbe wurden zugleich eingeritzt. Dieß
konnte zum Heile wie zum Verderben geschehen, zum Segen wie zur
Verwünschung, immer diente das eingeritzte Zeichen zugleich dem dabei
gesungenen Liede zum Hauptstabe wie zu Nebenstäben. Dieses Lied
durfte nicht fehlen: das bloße Zeichen an sich galt für nichts, es ward
erst lebendig durch das Lied, dessen Stäbe es bildete: die schlummernde
Zauberkraft des Zeichens muste Gesang wecken. v. Liliener. 24. Nach
Petersen 210 bedeutete die Rune die Wesenheit der Dinge: ,indem man
also der gleichsam von den Dingen ,abgeschabten' Rune durch den Zauberspruch Leben einhauchte, setzte man die Wesenheit der Dinge in zau-
berkräftig wirkende Bewegung.' v. Lil. 21. Ein Beispiel einer Verwünschung, welche die Verbindung eines eingeschnittenen Runenstabes mit dem
Liede zeigt, bildet Skirnisför 34—36, wo der Gerda (§. 29 oben) von
Skirnir mit dem Thursen Hrimgrimnir gedroht wird, welcher sie haben
solle. Hrimgrimnir ist seinem Namen nach ein Reifriese: sie soll, der
über sie ausgesprochenen Verwünschung nach, der Umarmung des Frostriesen anheimfallen, d. h. unter Eis und Schnee zurückgehalten bleiben,
wenn sie der Verbindung mit dem sonnigen Freyr länger widerstrebe.
Skirnir spricht:

> 34.　Hört es, Joten, hört es, Hrimthursen,
> 　　　Suttungs Söhne, ihr Alen selbst!
> 　　　Wie ich verbiete, wie ich banne
> 　　　Mannsgesellschaft der Maid,
> 　　　　Mannesgemeinschaft.

35. Heimgrimnir heißt der Thurs, der dich haben soll,
　　 Hinterm Todtenthor u. s. w.

36. Ein Thurs (Th) schneid ich dir und drei Stäbe:
　　 Ohnmacht, Unmuth und Ungeduld.
　　 So schneid ich es ab wie ich es einschnitt,
　　 Wenn es Noth thut so zu thun.

Es thut noch nicht Noth so zu thun, denn in der folgenden Strophe ergiebt sich Gerda, der angedrohte Zauber wird also nicht wirklich vollbracht: sonst würde noch erst das den Zauber wirkende Lied folgen, das wie der Anfang der 36sten Str. den einzuritzenden, jetzt ungeritztbleibenden Stab (þ = Th) dreimal wiederbrächte. Ich setze diesen Anfang in der alten Sprache her, weil die Uebersetzung es nicht ganz anschaulich machen kann, da unsere Sprache das Th in T verschoben hat:

> Thurs rist ek thor ok thriá staf.

Thurs ist der Name der eingeritzten Rune, die zugleich als Liedstab dreimal wiederkehrt: es ist aber auch der angewünschte Riese selbst. Da die Runen Namen haben, diese Namen aber Begriffe bedeuten, so sagt ein einziges dieser nordischen Schriftzeichen so viel aus als uns die Verbindung mehrerer, ja vieler bedeuten würde. ,Indem die Rune dieses Namens (Thurs) eingeschnitten und durch den Spruch ins Leben gerufen wird, setzt der Beschwörer der Thursen böse Macht gegen denjenigen in Thätigkeit, welchen der Fluch treffen soll.' v. Lil. 22.

Wenn nun Odin der Erfinder der Runen heißt, so ist damit der Runenzauber gemeint, dem eine so unbeschränkte Macht zugetraut wurde, daß sich Odin nach seinem Runengedicht (Runatal), einem Theile des eddischen Havamals, durch Erfindung der Runen selber zur Geburt verhilft, indem er sich von dem Weltbaume löst, als dessen Frucht er gedacht ist.

1. Ich weiß daß ich hing am windigen Baum
　 Neun lange Nächte,
　 Vom Speer verwundet, dem Odin geweiht,
　 Mir selber ich selbst,
　 Am Ast des Baums, dem Niemand ansieht
　 Aus welcher Wurzel er sproß.

2. Sie boten mir nicht Brot noch Meth:
　 Da neigt ich mich nieder
　 Auf Runen sinnend, lernte sie seufzend:
　 Endlich fiel ich zur Erde.

3. Hauptlieder neun lernt ich vom weisen Sohn
　 Bölthorns, des Vaters Bestlas,
　 Und trank einen Trank des theuern Meths
　 Aus Odhrörir geschöpft.

Der weise Sohn Bölthorns ist er selbst: von sich selber lernte er die Runen und die Runenlieder. Wenn Str. 2 nur die Runen genannt sind, und diese schon die Wirkung haben, ihn von dem Baume zu lösen, so sind die dazu gehörigen, ihre Kraft weckenden Lieder mitverstanden. Diese werden auch Str. 8 unter dem theuern Meth gemeint, aus Odhrörir geschöpft, der Quelle der Begeisterung: er bedeutet, wie der nächste § darthut, die Poesie. Der theure Meth, das Lied, belebt und heiligt das todte Zeichen. Darum heißt es auch Str. 18 des andern ebenso wichtigen Runengedichtes, das der Sigrdrifa in den Mund gelegt wird, die Runen müßten „mit hehrem Meth geheiligt" sein.

Da nun der Runenzauber so große Macht hat, so ist die dem Odin beigelegte Erfindung der Runen nur eine Symbolisterung seiner Allmacht, und wir überzeugen uns jetzt, daß ihm diese nicht mehr, ja kaum so sehr verkümmert ward als seine Allwissenheit und Allgegenwart: denn bedurfte er freilich erst der Runen, so ist doch mittels derselben seiner Macht keine andere Grenze gezogen als die in dem Wesen der Dinge liegt, denn eben dieses wird durch den Runenzauber geltend gemacht und über dieses hinaus vermag er nichts. Hiernach ginge also wenigstens der Runenzauber nicht mit unrechten Dingen zu, und Myth. 982, wo dieß von allem Zauber behauptet wird, steht doch das Zugeständniß daneben, unmittelbar aus den heiligsten Geschäften, Gottesdienst und Dichtkunst, müße aller Zauberei Ursprung geleitet werden.

Wenn also schon das Heidenthum Odins Macht als Zauberei auffaßte, so kann es nicht wundern, daß der historisirende Saxo, dem Odin nur ein Mensch war, bei dem vielen Wunderbaren, das er von ihm berichten muß, sich mit der Ausrede half, er habe sich auf Zauberei verstanden. An Götter durfte Saxo als Christ nicht glauben; an Zauberei aber glaubte seine Zeit noch sehr stark: darum konnte Odin, ohne ein Gott zu sein, doch alle die vielen Wunder vollbracht haben, die ihm Saxo in seinen Quellen beigelegt fand.

Aber auch Snorri oder Wer der Verfaßer der Heimskringla war, obwohl er sonst Odin mehr als großen Heermann und Eroberer anfaßt, schreibt ihm doch gleichfalls Zauberkunst zu. ‚Er konnte durch bloße Worte machen, daß das Feuer erlosch und die See stille ward und der Wind sich drehte wohin er wollte.' Yngl. 7. Das kann aus Odins Runatal genommen sein, wo achtzehn zauberkräftige Lieder genannt werden, die Odin kennen will. Denn so heißt es:

Str. 15. Ein fünftes weiß ich: wenn hoch der Saal steht
	Ueber den Leuten die Lohe,
	Wie breit sie schon brenne, ich berge sie noch;
	Den Zauber weiß ich zu zaubern.

Str. 17. Ein neuntes weiß ich: wenn Noth mir ist
          Vor der Flut das Fahrzeug zu bergen,
          So wend' ich den Wind von den Wogen ab,
          Und besänftige rings die See.

Wenn Snorri ferner sagt, Odin habe durch Lieder auch Grabhügel geöffnet und Todte gewedt, oder sich unter den Galgen gesetzt, weshalb er
auch Herr der Gehängten (Hángatyr) geheißen habe, so kann er dabei
auf Weglamsdw. (ob. S. 78 §. 83) zielen, aber auch auf unser Runengedicht:

Str. 20. Ein zwölftes kann ich: hängt am Zweig
          Vom Strang erstickt ein Todter,
          Wie ich ritze das Runenzeichen,
          So kommt der Mann und spricht mit mir.

Doch kann Odin auch Hangatyr heißen weil ihm seine Opfer an
Bäume aufgehängt wurden, wie er selber einst am Baume hing. Nach dem
Volksglauben (Myth. 601, Birl. I, 198. Aus Schw. I, 100. Leopr. 102)
entsteht Sturm, wenn sich Einer erhängt, was vielfache Deutung zuläßt,
zunächst aber doch daran erinnert, daß Hangatyr zugleich Sturmgott ist.

Nicht ohne Lächeln über Snorris Klügelei wird man freilich lesen:
,Er hatte auch zwei Raben, welche er das Sprechen gelehrt hatte; diese
flogen weit umher in der Welt und sagten ihm viel Neues'; wenn es
aber endlich heißt: ,die meisten seiner Künste lehrte er seine Opferpriester:
diese waren ihm zunächst in jeder Klugheit und Zauberei', so knüpfe ich
die Bemerkung hieran, daß die im Runatal genannten 18 Zauber ebenso
vieler Lieder wohl eben nur solche sind, welche die Priester von ihm
erlernt zu haben sich rühmten.

76. Ursprung der Dichtkunst. Kwasir.

Den Mythus von Odhrörir erzählt D. 57. 58 so: Die Asen hatten
Unfrieden mit dem Volke, das man Wanen nennt (vgl. §. 24. 58). Nun
aber traten sie zusammen, Frieden zu schließen, und der kam auf diese
Weise zu Stande, daß sie von beiden Seiten zu einem Gefäße gingen
und ihren Speichel hineinspucken. Als sie nun schieden, wollten die
Asen dieß Friedenszeichen nicht untergehen laßen. Da machten sie einen
Mann daraus, der Kwasir heißt. Der ist so weise, daß ihn Niemand
um ein Ding fragen mag, worauf er nicht Antwort wüste. Er fuhr
weit umher durch die Welt, die Menschen Weisheit zu lehren. Einst aber,
als er zu den Zwergen Fialar und Galar kam, die ihn eingeladen
hatten, riefen sie ihn bei Seite zu einer Unterredung und tödteten ihn.
Sein Blut ließen sie in zwei Gefäße und einen Keßel rinnen: der Keßel
heißt Odhrörir, aber die Gefäße Són und Bodn. Sie mischten Honig
in das Blut, woraus ein so kräftiger Meth entstand, ·daß jeder der

davon trinkt, ein Dichter oder ein Weiser wird. Den Asen berichteten die Zwerge, Kvasir sei in der Fülle seiner Weisheit erstickt, denn Keiner war so klug, seine Weisheit all zu erfragen.

Darnach luden die Zwerge den Riesen, der Gilling heißt, mit seinem Weibe zu sich und baten den Gilling, mit ihnen auf die See zu rudern. Als sie aber eine Strecke vom Lande waren, ruderten die Zwerge nach den Klippen und stürzten das Schiff um. Gilling, der nicht schwimmen konnte, ertrank, worauf die Zwerge das Schiff wieder umkehrten und zu Lande ruderten. Sie sagten seinem Weibe von diesem Vorfall: da gehub sie sich übel und weinte laut. Fialar fragte sie, ob es ihr Gemüth erleichtern möge, wenn sie nach der See hinaussähe, wo er umgekommen sei. Das wollte sie thun. Da sprach er mit seinem Bruder Galar, er solle hinaufsteigen über die Schwelle, und wenn sie hinausginge, einen Mühlenstein über ihren Kopf fallen lassen, weil er ihr Gejammer nicht ertragen möge. Und also that er. Als der Riese Suttung, Gillings Brudersohn, dieß erfuhr, zog er hin, ergriff die Zwerge, führte sie auf die See und setzte sie da auf eine Meerklippe. Da baten sie Suttung, ihr Leben zu schonen, und boten ihm zur Sühne und Vatersbuße den köstlichen Meth und diese Sühne ward zwischen ihnen geschlossen. Suttung führte den Meth mit sich nach Hause und verbarg ihn auf den sog. Hnitbergen; seine Tochter Gunnlödh setzte er zur Hüterin. Davon heißt die Skaldenkunst Kvasirs Blut oder der Zwerge Trank, auch Odhrörirs- oder Bodens- oder Sons-Naß, und der Zwerge Fährgeld (weil ihnen dieser Meth von der Klippe Erlösung und Heimkehr verschaffte), ferner Suttungs Meth und der Hnitberge Lauge.

Wie kamen aber die Asen an Suttungs Meth? Davon wird erzählt, daß Odin von Hause zog und an einen Ort kam, wo neun Knechte Heu mähten. Er fragte sie, ob sie ihre Sensen gewetzt haben wollten? Das bejahten sie. Da zog er einen Wetzstein aus dem Gürtel und wetzte. Die Sicheln schienen ihnen jetzt viel besser zu schneiden: da feilschten sie um den Stein; er aber sprach, wer ihn kaufen wolle, solle geben was billig sei. Sie sagten Alle, das wollten sie; aber Jeder bat, den Stein ihm zu verkaufen. Da warf er ihn hoch in die Luft und da ihn Alle fangen wollten, entzweiten sie sich so, daß sie einander mit den Sicheln die Hände zerschnitten. Da suchte Odin Nachtherberge bei dem Riesen, der Baugi hieß, dem Bruder Suttungs. Baugi beklagte sich über seine Umstände und sagte, neun seiner Knechte hätten sich umgebracht, und nun wisse er nicht wo er Werkleute hernehmen solle. Da nannte sich Odin bei ihm Bölwerkr, und erbot sich, die Arbeit der neun Knechte zu übernehmen; zum Lohn verlangte er einen Trunk von Suttungs Meth. Baugi sprach, er habe über den Meth nicht zu gebieten:

Suttung, sagte er, wolle ihn allein behalten; doch wolle er mit Bölwerkr
dahin fahren und versuchen, ob sie des Meths erhalten könnten. Bölwerkr
verrichtete den Sommer über Neunmännerarbeit; im Winter aber begehrte
er seinen Lohn. Da fuhren sie beide zu Suttung, und Baugi erzählte
seinem Bruder, wie er Bölwerkr gedungen habe; aber Suttung verweigerte
geradezu jeden Tropfen Meths. Da sagte Bölwerkr zu Baugi, sie wollten eine
List versuchen ob sie an den Meth kommen möchten, und Baugi wollte
das geschehen lassen. Da zog Bölwerkr einen Bohrer hervor, der Rati
hieß, und sprach, Baugi solle den Berg durchbohren, wenn der Bohrer
scharf genug sei. Baugi that das, sagte aber bald, der Berg sei durch-
gebohrt; aber Bölwerkr blies ins Bohrloch: da flogen die Späne heraus,
ihm entgegen. Daran erkannte er, daß Baugi mit Trug umgehe und
bat ihn, ganz durchzubohren. Baugi bohrte weiter und als Bölwerkr
zum andernmal hineinblies, flogen die Splitter einwärts. Da wandelte
sich Bölwerkr in eine Schlange und schloff ins Bohrloch. Baugi stach
mit dem Bohrer nach ihm, verfehlte ihn aber; da fuhr Bölwerkr dahin,
wo Gunnlöth war und lag bei ihr drei Nächte, und sie erlaubte ihm
drei Tränke von dem Meth zu trinken. Und im ersten Trunk trank er
den Odhrörir ganz aus, im andern leerte er den Bodn, im dritten den
Són und hatte nun den Meth alle. Da wandelte er sich in Adlers-
gestalt(!) und flog eilends davon. Als aber Suttung den Adler fliegen
sah, nahm er sein Adlerhemd und flog ihm nach. Und als die Asen
Odin fliegen sahen, da setzten sie ihre Gefäße in den Hof. Und als
Odin Asgard erreichte, spie er den Meth in die Gefäße. Als aber
Suttung ihm so nahe gekommen war, daß er ihn fast erreicht hätte, ließ
er von hinten einen Theil des Meths fahren. Darnach verlangt Nie-
mand; habe sich das wer da wolle; wir nennen es den schlechten Dichter
Theil. Aber Suttungs Meth gab Odin den Asen und denen, die da
schaffen können. Darum nennen wir die Skaldenkunst Odins Fang oder
Fund, oder Odins Trank oder Gabe, und der Asen Getränk.

Hiemit sind zwei Stellen des eddischen Hávamáls zu vergleichen.
Dieses Gedicht, eigentlich nur eine Sammlung der im Volk verbreiteten
uralten Spruchweisheit, wird dem Odin in den Mund gelegt, und heißt
darum Das Lied des Hohen. Als Gott des Geistes wird ihm auch
diese dem Volle offenbarte Weisheit zugeschrieben; daß er selber spricht,
wird am deutlichsten bei dem im vorigen § besprochenen Runenliede, das
einen der Anhänge des Hávamáls bildet. Aber auch bei diesem selbst
bezeichnen die eingeflochtenen, Erlebnisse Odins erzählenden Stücke, welche
die Wahrheitslehren veranschaulichen und bewähren sollen, ihn als den
Sprechenden. Zu diesen gehören die hier auszuhebenden Stellen:

12. Der Bergbewohnheit Kelter überrauscht Gelage
Und stiehlt die Besinnung;
Des Vogels Gefieder befing auch mich
In Gunnlödhs Haus und Gehege.

13. Trunken ward ich und übertrunken
In des schlauen Fialars Zellen.
Trunk mag frommen, wenn man ungetrübt
Sich den Sinn bewahrt.

104. Den alten Riesen besucht ich; nun bin ich zurück;
Mit Schweigen erwarb ich da wenig.
Manch Wort sprach ich zu meinem Gewinn
In Suttungs Saal.

105. Gunnlödh schenkte mir auf goldnem Sessel
Einen Trunk des theuern Meths.
Uebel vergolten hab ich gleichwohl
Ihrem brüllgen Herzen,
Ihrer glühenden Gunst.

106. Ratamund ließ ich den Weg mir räumen
Und den Berg durchbohren.
In der Mitte stieg ich zwischen Riesenstiegen
Und hielt mein Haupt der Gefahr hin.

107. Schlauer Verwandlungen Frucht erwarb ich;
Wenig mißlingt dem Listigen:
Denn Odhrörir ist aufgestiegen
Zur weitbewohnten Erde.

108. Zweifel heg ich ob ich heim wär gekehrt
Aus der Riesen Reich,
Wenn mir Gunnlödh nicht half, die gute Maid,
Die den Arm um mich schlang.

109. Des andern Tags die Reifriesen eilten
Des Hohen Rath zu hören
In des Hohen Halle.
Sie fragten nach Bölwerk: ob er heimgefahren sei,
Oder ob er mit Suttung fiel.

110. Den Ringeid, sagt man, hat Odin geschworen:
Wer traut noch seiner Treue?
Des Suttung beraubt' er mit Ränken des Meths
Und ließ sich Gunnlödh grämen.

Hiezu nun folgende Bemerkungen:

a. Die Stellen des Hawam. setzen eine andere Fassung der Erzählung voraus, die nichts davon weiß, daß Suttung den entflogenen Odin verfolgt habe, vielmehr schreit er nach 109 gefallen, was auch Weinhold a. a. O. 12 annimmt. Die Riesen kommen hier erst am

andern Tage dem Bölwerkr nachzufragen, und Odin muß den Ringeid
schwören, sich von dem Verdachte zu reinigen. Da dieß wie ein Meineid
aussieht, und ihm auch so gedeutet wird, überdieß nicht erhellt, Wenn
Str. 110, die Odin nicht sprechen kann, in den Mund gelegt ist, so
könnte sie spätere Zudichtung sein. Aber derselbe Verdacht trifft auch
Str. 105 und den in D. 58 enthaltenen Schluß der Erzählung, den
Ursprung der Alterpoesie betreffend, wovon Hawam. noch nichts weiß.
Vielleicht ist das nicht die einzige Zudichtung der J. Edda: die ganze
Zwischenerzählung von den Zwergen Fialar und Galar als den ersten
Besitzern des Odhrörir scheint spätere Erfindung, denn da es Hawam. 13
heißt, Odin sei in Fialars Felsen trunken geworden, so sehen wir, daß
nach Fialar der Keller des Riesen heißt. Der Trank kam also gleich
in des Letztern Besitz. Vgl. e. Die drei Tränke aus Odhrörir, Son
und Bodn können aber alt sein, da sie den drei Kufen Meths der
Thrymskw. 26 entsprechen.

    b. Auch von Kwastr weiß Hawamal nichts; der Name bleibt in
den Liedern auch sonst unbenannt. Doch nur den Namen trifft Verdacht,
nicht sein Wesen. Zwar mag seine Entstehung als Speichel uns zuwider
sein; aber unserer Mythologie darf sie nicht als Barbarei vorgeworfen
werden. Der reine Speichel, der aus dem Blute kommt und wieder zu
Blute wird, wie das auch unsere Erzählung geschehen läßt, steht dem
Blute gleich. Im Blute liegt, nach einer sehr verbreiteten Anschauung,
das Leben, aus Blutstropfen rufen in unsern Märchen Stimmen, nach
KHM III, 97 aber auch aus dem Speichel, Blumen sprießen in allen
Mythen aus dem Blute, Kinderblut heilt die bösesten Krankheiten, Blut
ist ein ganz besonderer Saft, heißt es im Faust; aber dem Blute wird
der Speichel auch in der Heilkraft gleichgesetzt, schon bei den Alten, und
noch Christus heilt mit seinem Speichel. Ein englisches Sprichwort sagt,
sie steht ihm so gleich als hätte er sie gespieen, wobei Grimm an das
Speien der Götter beim Erschaffen irdischer Gestalten erinnert. Schlagend
ist die Uebereinstimmung, wenn in der griechischen Mythologie aus dem
vereinigten Speichel der Götter neue göttliche Wesen hervorgehen.
Bei Hyrieus kehrten drei Götter ein: Zeus Poseidon Hermes; nach
Andern Zeus Ares Hermes. Zum Lohn seiner Gastfreundschaft stellen
sie ihm eine Bitte frei. Er wünschte sich einen Sohn; hat aber nach
dem Tode seiner Gattin gelobt, sich nicht wieder zu vermählen. Da
vereinigen die Götter ihren Speichel, vermischen ihn mit dem Staube
der Hütte und erschaffen den Orion. M. XXXIV. Denselben Orion
haben wir §. 73 a. mit Odhr verglichen. Das betraf seinen Tod, den
wir mit dem Baldurs und Hakelbärends zusammenstellten. Sollte er sich
nun auch bei seiner Zeugung mit ihm berühren? Schon Grimm fragte

(Myth. 858): „war Odhr eins mit Kvasir, der die Welt durchzog und
von den Zwergen ermordet wurde?‘ Er fügt hinzu: ,Odhr, Freyjas
Gemahl, den sie in der weiten Welt auffuchte, und mit goldenen Thränen
beweinte, könnte Perfonification der Dichtkunst fein.‘ Wir laßen diesen
Fragen noch andere folgen: Ist der verdunkelte Name Odhrærir, der
auch Odhrærir geschrieben wird (Zeitschr. III, 429), aus Odh und dreyri
Blut gebildet? Aus dem Blute des vom Eber verwundeten Halelbärend
⸗ Odin wurden im nächsten Frühjahr Blumen (Myth. 890); aus dem
des Adonis, der so ähnlich ist, sproß die Anemone. Von Baldurs Blut
ist nichts dergleichen berichtet; da aber Johannes der Täufer seine Stelle
im Kalender einnahm und das im Mittelalter so sorgfältig gesammelte
und für heilkräftig gehaltene Johanniskraut auch Johannisblut heißt
(Übergl. 457), so fehlte wohl auch bei ihm dieser Zug nicht. Ueberall
ist dem Blute des sterbenden Gottes wunderbare Kraft beigelegt. Gleicht
nicht auch die verlaßene, trauernde Gunalödh auffallend der weinenden
Freyja? Dürfen wir also den unvollständig erhaltenen Mythus Odhurs
aus dem Kvasirs ergänzen? Wie dem auch sei, der Mythus vom
Gral hat ohne Frage seinen Ursprung aus der Vertauschung Odurs
oder Balours mit Johannes genommen, was sogleich einleuchtet, wenn
man weiß, daß auf der Gralsschüßel, welche alle irdischen Wünsche befriedigt, ursprünglich das Haupt eines Menschen lag, und zwar wie ich
Parzival 776 nachgewiesen habe, das des Johannes, was zugleich erklärt
warum §. 78 auch Herodias oder die ihr verwandte Abundia der wilden
Jagd voraussieht. Wie in den dort unter 3. a und b befprochenen
Mythen dem Blute des sterbenden Gottes schöpferische Kraft beiwohnt,
wie aus Kvasirs Blut der Unsterblichkeitstrank gewonnen wird, so geht
Leben, Fülle und Ueberfluß von der Schüßel aus, auf der das Haupt
des Johannes lag. Vgl. nach Rochholz GL S. 32—86.

    c. Odhrærir, in Havamal 107 Name des Trunkes, ist D. 57 auf
den Keßel übertragen, worin er bewahrt wird; danehen erscheinen noch
zwei andere Gefäße, Són und Bodn. Jenes erste leitet man aus Odh
Geist und aus hrœra, altdh. bruoran, rühren, was den sehr passenden
Sinn Geistrührer, Geisterreger ergiebt. Wie Odin selbst der Geisterreger
ist, so auch sein Trank. Der theure Meth, den er Dichtern, Weisen und
Asen spendet, hat geisterregende, begeisternde Kraft. Són, der Name
des andern Gefäßes, das die Upsala-Edda nicht kennt, bedeutet Sühne.
Heißt das, die Dichtkunst mildere die Geister (emollit mores), daß
Versöhnung in die Herzen Eingang finde; oder zielt es darauf, daß aus
der Versöhnung der Asen und Wanen der Saft zuerst hervorgegangen
war? Die Sühne muß angeboten, von der andern Seite angenommen
werden: darauf könnte der Name des dritten Gefäßes (oblatio) gehen.

Bei Friedensschlüßen wie bei der Stiftung des Freundschaftsbündnißes ließ
man sonst Blut in ein gemeinsames Gefäß fließen. Auch hier sehen wir
wieder den Speichel dem Blute gleichgestellt. Doch weiß Hawamal nichts
von drei Gefäßen, nicht einmal von mehreren Trünken; Str. 105 ist
nur von Einem die Rede.

d. Von Kwasir wißen wir sonst aus §. 41, daß Er es war, der
als der weiseste der Götter das Reh, das Loki ins Feuer geworfen hatte,
noch in der Asche als eine Vorrichtung zum Fischfang erkannte. Abweichend von der jüngern Edda erzählt Ynglisal. 4, die Wanen hätten ihn
als den klügsten in ihrem Gebiet den Asen zum Geisel gegeben. Der
Name bedeutet nach slawischen Dialekten die Gährung; nach dem Altn.
einen Reichenden: das käme auf eins heraus, denn jedes gährende Getränk reicht. Auch der Wein des Gemüths, die Poesie, muß sich aus
einer Gährung klären, und den aus dem Speichel Entstandenen könnte
man um so eher nach der Gährung benennen, als Odin auch der bierbrauenden Geirhild mit seinem Speichel, der als Hefe verwendet wird,
zum Siege verhilft. In der weiter ausgesponnenen Erzählung der
D. 57. 58 wird das Bild des Getränks, das gähren und sich klären
muß, nun weiter fortgeführt. Nach der in Kwasir vorgestellten Gährung
kommt er in den Keller der Zwerge, dann in den der Riesen: es mag
sehr prosaisch klingen, wenn ich sage, daß dieß nichts als mehrere Abstiche bedeute, die der junge Wein in den ersten Monaten bedarf; noch
mehr, wenn ich die neun Sommermonate, die Odin dem Baugi dienen
mußte, auf die Zeit beziehe, welche hernach noch zur Ablagerung erforderlich ist. Allein der Mythus, der in dieser Gestalt sich dem Charakter
einer unterhaltenden Erzählung nähert, birgt nicht in allen Zügen echt
mythischen Gehalt; doch fällt er wenigstens nicht aus dem Bilde. Auch
wird man gestehen müßen, daß der Name Suttungr für Suptungr gut
erfunden ist, um einen durstigen Riesen zu bezeichnen, den nach einem
guten Trunk gelüstet. Weinhold Riesen 51 erklärt freilich die Ableitung
seines Namens von súpan für unmöglich; vgl. aber Kuhn Herabkunft
152 und Gr. Gr. I, 818.

e. Fialar und Galar würden als Zwergnamen an Fili Kili im
Zwergregister der Wöl. 13 erinnern. Hawam. 13 scheint zwar auf den
ersten Blick einen Riesen unter Fialar zu verstehen, wie auch Harbardsl.
26 einen Namens Fialar erwähnt, vielleicht denselben, der nach Wöluspa
34 als Wächter der Riesen ein hochrother Hahn auf dem Sorgenbaume
sitzt. Dem Thor wird dort vorgeworfen, er habe von ihm bemerkt zu
werden gescheut. Das Beiwort der schlaue (fróði) zeigt aber, daß der
Keller des Riesen nur nach einem Zwerge (etwa jenem der Wöl. 34)
benannt ist, was zu weiterer Ausspinnung und Einführung der Zwerge

verleitet haben kann. Daß viele den Trank erst zubereiten, indem sie
ihn mit Honig mischen, ist in ihrem Charakter erfunden, da sie immer
als die kunstreichen erscheinen; Honig ist ein Bestandtheil alles Meths.
Sie waren aber nach Kvasirs Blut schon vor der Mischung lüstern: sie
hätten sonst nicht nach seinem Besitz getrachtet. Die Hnitberge, in welchen
der Trank aufbewahrt wird, erklärt Kuhn Herabkunft 162 für die Wetter-
wolken; den Bohrer aber, dessen er sich bedient, um in den Berg zu gelangen, vergleicht er dem gleichnamigen Werkzeug, das bei Erzeugung
des Feuers gebraucht ward, wie er denn überhaupt nachweist, daß der
himmlische Funke und der himmlische Meth einer gemeinsamen Anschauung
ihren Ursprung verdanken.

f. Auch daß sich Odin Bölwerkr nennt, hat seine tiefere Bedeutung,
da er in Baugis Dienst nichts Gutes vor hat; er will eben den Meth
entwenden. Will man seinen mühevollen Dienst so verstehen, daß die
Kunstfertigkeit, deren der Dichter bedarf, nicht ohne Anstrengung erworben wird, so hab ich nichts dagegen; bedeutender aber ist gewiß, daß
Odin Str. 108 gesteht, ohne Gunnlöths Hilfe habe Odhrärir nicht erworben werden können: ohne Liebe keine Poesie. Vortrefflich ist aber,
wie der Begeisterungstrank der Dichter und Asen, um die höchste Weihe
zu empfangen, durch einen Zustand dreifacher Entzückung hindurch muß.
Trunken und übertrunken wird Odin in des schlauen Fialars Felsen,
trunken von Meth, trunken von Liebe und trunken von dichterischer Begeisterung. Wie sehr erinnert dieser dreifache Rausch, dem sich Odin in
Gunnlöths Armen hingiebt, an Goethes Worte im Divan 118:

> Lieb-, Lieb- und Weines Trunkenheit,
> Obs nächtet oder tagt,
> Die göttlichste Betrunkenheit,
> Die mich entzückt und plagt.

Das stillische Bedenken, das die letzten Strophen des Hawam., besonders
110, aussprechen, gehört entweder zur Einkleidung, die den abstracten
Gedanken verstecken will (fast möchte ich diese Auskunft vorziehen); oder
sie setzt schon ein getrübtes Verständniß voraus. Der Vergessenheit
Reiher, der Gelage überrauscht und die Besinnung stiehlt (Str. 12), ist
zwar ein wunderschönes Bild; es wird aber nur verwendet, um vor
einer Trunkenheit zu warnen, die nach dem rechten Sinne des Mythus,
um noch einmal unseres Dichters Worte im Buche des Schenken zu
gebrauchen, 'wundervolle Tugend' ist.

Gleich dem Göttermeth wurde auch bei den Indiern der berau-
schende Trank der Somapflanze den Gandharven und andern Dämonen,
die seiner hüteten, geraubt und Götter und Menschen seiner begeisternden

Kraft theilhaftig. Kuhn Herabkunft des Feuers S. 5. 118—165. Nachh.
Kl. u. Br. I, 26.

g. Rati heißt in der D. der Bohrer; in Hawam. scheint die
Schlange gemeint, in deren Gestalt Odin in den Felsenkeller schlüpfte.
Zwei Beinamen Odins, Ofnir und Swafnir, gehen darauf, daß er
Schlangengestalt anzunehmen liebt.

Ein Zeugniß, daß Odin eigentlich der Gott der Dichtkunst und
Beredsamkeit war, was dann auf Bragi überging, findet sich bei Snorri,
obgleich ihn dieser, wie schon erinnert worden ist, menschlich auffaßt.
Ynglingas. c. 6 meldet, er habe ‚so anziehend und lieblich gesprochen,
daß Alle, welche ihn anhörten, glaubten, das Alles sei wahr; er sprach
Alles in solchen Reimen, wie jetzt gesungen wird was wir Gedicht heißen.
Er und seine Hofpriester hießen Sangschmiede, und diese Kunst hub
durch sie an in den Nordlanden.‘ Wie er als Gott der Dichtkunst
dem Apollo gleicht, so auch durch die Heilkunst, welche ihm einer der
merseburger Heilsprüche selbst vor den Göttinnen zueignet. Vielleicht
erklärt sich so, daß Wale, der sich auch sonst mit Wuotan berührt, die
Arzneikunst verstand (Myth. 1101), wie an sein Geschlecht alle Künste
und Erfindungen geknüpft sind. Ihm selbst oder seinem Sohne Wieland
legt die Sage ein Boot bei, was ihn als Erfinder der Schifffahrt
bezeichnet; Wieland gilt für den besten Schmied; dessen Bruder Eigil,
der älteste Tell, für den besten Schützen; dem dritten Bruder war vermuthlich wieder die Heilkunst vererbt. Nordian der beste Jäger in der
Wilkinas. c. 230 fällt vielleicht mit seinem gleichnamigen Halbbruder
c. 18 zusammen. Vgl. Vorr. zum Orendel S. XVII und §. 82.

77. Odin als Drachenkämpfer. Schluß.

Odins Wesen ist hiemit noch nicht erschöpft. Grimm (Ueber den
Liebesgott 1851) hat in Odins Beinamen Wunsch und seinem Bruder
Will (Wille) den Begriff der allmächtigen Liebe nachzuweisen gesucht.
Damit stimmt, wenn es im Runenliede heißt:

24.   Ein sechszehntes kann ich: will ich schöner Maid
      In Lieb und Lust mich freun,
      Den Willen wandl ich der Weißarmigen,
      Daß ganz ihr Sinn sich mir gesell.

25.   Ein siebzehntes kann ich: daß schwerlich wieder
      Die holde Maid mich meidet.

Gleichwohl sehen wir ihn oft unglücklich in seinen Bewerbungen: so bei
Billungs Maid (Hawam. 95—101) so wie Harbardsl. 18, und bei der
Rinda, wovon §. 90, gelangt er nur durch List zum Ziel. Als Gott
des Ackerbaues tritt er in Teutschland mehr als im Norden hervor, wo

er ihm im Gegenſaß zu Thôr eher feindlich erſcheint. Hievon, wie auch von ſeinen Gemahlinnen und Söhnen, wird beßer an den andern Stellen gehandelt; auch iſt Manches ihn Betreffende ſchon in frühern Abſchnitten vorweggenommen, und nur um Wiederholungen auszuweichen, wird An-beres, das ſpäter nachgeholt werden ſoll, an dieſer Stelle übergangen. Hier ſollte nur der Grund gelegt werden, auf dem ſich ſpäterhin fort-bauen läßt.

Vor dem Schluße will ich auch nicht verſchweigen, daß zwiſchen Wuotan und einigen chriſtlichen Heiligen Beziehungen eintreten, theils weil man den Cultus des Gottes durch ihre Verehrung zu verdrängen ſuchte, theils weil in ihre Legenden, ſoweit ſie aus dem Volksmunde aufgenommen wurden, Mythiſches Eingang fand, in Volksmärchen und Volksgebräuchen ihr Name an ſeine Stelle trat. Der Gegenſtand iſt noch zu wenig erforſcht; doch will ich hier wenigſtens einige der dabei in Betracht kommenden Heiligen nennen. Billig ſteht hier der h. Oswald voran, weil er den Herſcher der Aſen bedeutet. Ihm und ſeiner Legende hat J. Zingerle eine eigene Schrift gewidmet (Stuttgart und München 1856). Hier erſcheint er vornämlich als Wetterherr und Ernte-ſpender; und in letzterer Würde wird er uns noch öfter begegnen. Der Rabe, der den mhd. Oswaldgedichten wie Odins Mythus gemein iſt, findet ſich auch auf den Bildern des Heiligen, obgleich er ſeiner Legende fremd iſt. Schon in ſeiner äußern Erſcheinung ſah St. Martin dem Wuotan auffallend ähnlich: Mantel, Roſs und Schwert hatte er mit ihm gemein; jenen theilt er dem Dürftigen mit, ſeine Blöße zu bekleiden: das könnte an die oben beſprochenen Verleihungen des Wunſch-mantels erinnern, und Milde iſt eine Tugend, die Odin als Gangrâdr und Grimnir zu lohnen wie ihre Verſäumniſs zu ſtrafen bedacht war. St. Martins Mantel, die Cappa St. Martini, trug man den fränkiſchen Königen in die Schlacht nach; andere Beziehungen ſind in meinen Mar-tinsliedern Bonn 1846 nachgewieſen. Wenn wir St. Martin in dem von Karajan aufgefundenen ſ. g. Wiener Hundeſegen (Mülenh. Zſchr. XI, 259 und Myth. 1189) als Hirten auftreten ſehen, ſo ſoll er vor den Wölfen ſchützen, welchen Wuotan gebietet. Auch St. Michel und Georg, die Drachentödter, ſofern ſie reitend und mit geſchwungenem Schwerte dargeſtellt wurden, glichen Odin; freilich als Drachentödter kennt ihn die Edda eigentlich nicht, man müſte denn Fenrir als ſolchen auffaßen dürfen, wofür Folgendes zu ſprechen ſcheint. Wie ſahen §. 66, daß es eigentlich Odin war, der durch Waſurlogi ritt und ſich als Siegfried in der Heldenſage verjüngte. Auch hier fehlt in der Götter-ſage der Drachenkampf, wenn nicht in Stirniſför Beli, der brüllende, als ſolcher aufzufaßen iſt. Auf welchen andern Kampf als den mit Beli könnte es zurückgeben, wenn Fro bei Saxo als Drachenkämpfer erscheint? Auch kann von dem Helden auf den Gott zurückgeschloßen werden und da Sigmund, dem im Beowulf Siegfrieds Drachenkampf beigelegt ist, ein Beiname Odins war (Myth. 344), so werden wir Kuhn beistimmen, der Zeitschr. V, 472 ff. Wodan in dem St. Georg der englischen Volksgebräuche erkannte. Die Vergleichung mit andern englischen Volksfesten, wobei auch ‚Wodan‘ und seine Frau ‚Frigga‘ unter diesem Namen auftreten Myth. 281, und im ‚Schwerttanz‘ zwei Schwerter um das Haupt eines Knaben geschwungen werden, was eine symbolische Darstellung des Drachenkampfs scheint; dann das Hoodening genannte Fest, dessen Hauptperson „Hooden“ wie sein Roß „wooden horse“ heißt; endlich auch der bekannte Robin Hood, dessen Vorname Robin, unserm Ruprecht entsprechend, ein Beiname Wodans ist, der ihn als den ruhmglänzenden bezeichnet; die stäts dabei auftretende Jungfrau, welche wie Gerda oder Brunhild, in anderer Fassung Kriemhild, aus der Gewalt des Unthiers befreit wird: Alles zeigt, daß diese Volksspiele einen verdunkelten, aber in Götter- und Heldensage nachklingenden, auf Odin bezüglichen, im Wesentlichen in Skirnisför enthaltenen Mythus darstellen sollten. Beowulfs eigenen Drachenkampf bezieht zwar Müllenhoff Ztschr. VII, 439 auf Freyr; aber Freyrs Kampf fällt in den Frühling. Beowulfs Drachenkampf ist schon dem Ausgange nach ein Herbstkampf: nur in den Herbstkämpfen erliegen die Götter den Riesen. Darum muß Thór im letzten Weltkampfe gegen die Weltschlange (Jörmungandr) fallen, während er sie im Frühlingskampfe §. 85 besiegt hatte. Aber auch der Fenriswolf, mit welchem Odin kämpft, ist durch seinen Namen Wanagandr als Schlange (Drache) §. 46 bezeichnet; auch Odin fällt im letzten Weltkampfe, welcher vor seiner Fortschiebung aus dem natürlichen Jahr in das große Weltjahr ein Herbstkampf gewesen war; in einem frühern Frühlingskampf muß er ihn besiegt haben. Dieser Frühlingskampf Odins ist in seinem Mythus vergeßen und auf Freyr übertragen; auch bei Freyr ist er als Drachenkampf in der Edda nicht dargestellt: wir müssen die historischen Erzählungen Saxos hinzunehmen um Freys Frühlingskampf als Kampf mit dem Drachen zu erkennen. Ueber den Sinn des auf solchen Umwegen gewonnenen Drachenkampfs Odins kann kein Zweifel sein. Die Schlange, das Sinnbild des Wassers, bedeutet die feuchte neblige Winterzeit; Odin, der sie besiegt, ist der Sonnen- und Frühlingsgott. Dieser Sieg tritt alljährlich ein; den Jahresmythus hat die Edda, wie manche andere, auf das große Weltenjahr bezogen und mit den Weltgeschicken in Verbindung gebracht. Der Name Fenrir, der nach S. 100 auf Meer und Sumpf deutet, war schon in dem ältern Sinne des Mythus ein passender Name für den verderblichen Wurm, der nur das im Winter anschwellende, verheerend

überströmende Waßer bezeichnete, Müllenhoff a. a. O. 431. — Ueber
die hier genannten und andere mit Wuolan aber freilich auch mit Thôr
und folglich mit Irmin im Volksglauben verwandte Heilige, wozu nach
Ign. Zingerle auch St. Leonhard gehören wird, vgl. Wolfs Beitr. 33—58
und §. 66 oben.

Eine andere verdunkelte Seite in Odins Wesens ist sein Verhältniß
zur Unterwelt, wonach er als Todesgott erscheint. In der deutschen Sage
ist das deutlicher als in der nordischen: bei uns sitzt er im hohlen Berge,
der die Unterwelt bedeutet, sein Horn hängt über ihm, seine Raben fliegen
umher und neben ihm schlafen seine Helden dem Tag der Entscheidung
entgegen, dessen Anbruch der Schall seines Horns verkündigen wird. Nach
der nordischen Auffaßung lebt er in Asgard oder in Walhall, also in
einem überirdischen Himmel und diesen theilt er mit seinen Helden, denen
er zur Belohnung verheißen war. Ein Todesgott ist er auch hier; aber
der Tod hat sich in ewiges Leben gewandelt. Und auch hier finden wir
das Horn bei ihm, das den Anbruch des jüngsten Tages verkündigen soll;
nur theilt er es mit Heimdall, auf den als Götterwächter diese Seite seines Wesens übertragen ist, wie von ihm das Horn noch unsere Nacht-
wächter empfingen. Gleichwohl kennt auch die nordische Sage eine Seite
an Odin, die ihn in Verbindung mit der Unterwelt setzt; sie ist aber dem
Blick entrückt, ja diese Seite Odins wurde absichtlich zu einem selbständigen neben Odin stehenden göttlichen Wesen erhoben. Dieses Wesen
heißt Uller, deutsch Wol und von ihm ist §. 91 gehandelt. Aber darin
ist doch wieder Odins Verhältniß zur Unterwelt anerkannt, daß er nach
Grimnismal acht Nächte zwischen zwei Feuern sitzen muß. Diese acht
Nächte sind die acht Wintermonate des Nordens und wieder sehen wir hier
Odin als Jahresgott aufgefaßt.

Donar (Thôrr).

78. Uebersicht.

So klar wie Thôr stehen wenig Götter vor uns da. Wie viel auch
in seinem Mythus noch unverständlich bleibt, er selbst ist uns keine ver-
schleierte Isis, keine ungelöste Rune, wie es in der deutschen Mythologie
noch so manche giebt. Fast möchte uns dieß befremden wo nicht miß-

trauisch machen gegen unsere eigene vielleicht nur scheinbare Einsicht; doch weiß Uhland, dessen ‚Mythus von Thôr‘ Stuttg. 1836 wir einen großen Theil derselben verdanken, uns auch hierüber zu beruhigen. ‚Mythen‘, sagt er S. 15, ‚die im Naturgebiete verkehren, liegen gewiß dem Verständniß offener als solche, die sich auf die innere Welt beziehen: dort sind die stoffartigen und greifbaren Dinge, hier die körperlosen und übersinnlichen.‘ Zwar auch bei Odin, der uns wesentlich Gott des Geistes war, erkannten wir eine sinnliche Grundlage an: aber wie die Luft an sich schon das geistigste aller Elemente ist, so fanden wir auch sein Wesen vorzugsweise auf das Geistesleben bezogen. Dagegen waltet Thôr auf dem natürlichen Gebiete. Da wir aber auch ihn zu einem Gotte der Cultur erhoben sehen, welcher Odin als Kriegsgott feindlich erscheint, so tritt hier ein neuer Gegensatz hervor: der sinnlichere Gott wird zum geistigern erhoben; der geistigere kann im Rausch, im Liebeswahnsinn, in der kriegerischen Wuth herabzusinken scheinen.

Thôr, der im Gewitter waltet, ist nach dem Donner benannt, sein deutscher Name war Donar; das nordische Thôr ist aus Thonar entstanden, indem zuerst das a verstummte, dann das n vor r ausfiel, so daß sich Thôr ergab; das zweite r in Thôrr ist bloß flexivisch: es wird im Genitiv durch s ersetzt. Ebenso finden wir in deutschen Dialekten den nach Donar benannten Donnerstag in Dorstag gekürzt; der Donnersberg in der Pfalz heißt nach dem Rhein. Antiquarius 1739 S. 989 Dorßberg, und Dorstheim bei Bingen nach dem Stromberger Zinsbuch noch 1481 Dornsheim. Widder III, 961.

Der Gott des rollenden Donners, der den Blitzstral führt, sollte, wie in den classischen Mythologieen, der oberste Gott sein. Hat er diesen Rang in der Edda seinem Vater Odin abtreten müssen, so war er doch vielleicht auch uns einst der Gott der Götter. Noch die Edda bezeichnet ihn als den Fürsten der Götter (Asabrágr): in Skirnisför 33 heißt es:

    Gram ist dir Odin,   gram ist dir der Asenfürst,
    Freyr verflucht dich.

Hier steht Thôr ganz so in der Mitte, wie er als der Mächtigste dieser drei nach Adam von Bremen in Upsalas Tempel in die Mitte gestellt war, Wodan und Fricco zu beiden Seiten. In Norwegen war Thor Landás, d. h. Hauptgott, wie Freyr in Schweden, Odin (Wodan) in Dänemark, Sachsen und dem fränkischen Niederrhein. Ward in Norwegen ohne weitere Bezeichnung der As genannt, so war Thôr gemeint; sollte in der ersten Zeit des Christenthums Jemand als Heide bezeichnet werden, so hieß es, er glaube an Thôr, und wo nicht die ganze Trilogie, nur zwei höchste Götter genannt werden, da fehlt Thôr nie, vielmehr steht sein Name voran. Ferner wird der Donnergott auch bei uns als ein

väterlicher aufgefaßt, wie sein eddischer Beiname Atli (= Attila oder Etzel)
zeigt. Etzel (Großvater), Altkönig heißen deutsche Berge.　Hinge es nicht
mit dem Begriff des Donnergottes zusammen, daß er fahrend gedacht
wird, da der rollende Donner dem Schall eines dahin rasselnden Wagens
gleicht, so könnte auch dieß darthun, daß er einst der Höchste der Götter
war.　Alle andern, selbst Wuotan, sehen wir reiten, nur Thôr fährt:
darum heißt er Oeluthôr und Reidityr, der fahrende Gott, der Herr des
Wagens, oder weil seinem Wagen Böcke vorgespannt sind, Hafrabrûdin.
Allerdings hat auch Freyr (Frô) seinen Wagen, beim Gottesdienst sehen
wir ihn im Wagen umgeführt; aber in Asgard fährt nur Thôr.　Auch
das kann ihn als den höchsten Gott bezeichnen, daß seine Mutter Iördh
ist, die Erde, die große Lebensmutter, die Mutter der Götter.　Wiederum
war Sif, Thôrs Gemahlin, eine Erdgöttin; als solche erscheint sie zwar
nach Jörd, aber der Gemahlin Odins kann sie sich nicht vergleichen: sie
ist mit Thôr von ihrer ersten Höhe herabgesunken.　Daß Thôrs Hammer
für ein weihendes und heiligendes Geräth gilt, das Brautpaare weihte,
Leichen einsegnete, sei es, sie zum Leben zu erwecken oder ihnen die Wiedergeburt zu sichern; daß er beim Hammerwurf nach deutschem Recht die
Grenzen des Eigenthums bestimmte: das Alles deutet auf seine frühere
höhere Geltung.　Noch jetzt rufen in der Noth die Götter selbst zu Thôr
um Hülfe, und sind augenblicklichen Beistands gewiß.　Odin selber gesteht Grimnism. 24:

　　　Von allen Häusern, die Dächer haben,
　　　Glaub ich meines Sohns das größte.

Es folgt dieß zwar schon daraus, daß es den Wolkenhimmel bedeutet; wenn ihm aber 540 Stockwerke zugeschrieben werden, gerade so
viel als Odins göttliche Halle Thüren zählt, Grimnism. 23, so ist noch
hier der Sohn über den Vater gestellt.　Endlich erscheint er in mehrern
Mythen in einer verdunkelten Trilogie wandernder Götter, unter welchen
er so sehr als der mächtigste hervortritt, daß seine Gefährten fast vor
ihm verschwinden.

　　Die Gewalt des Blitzstrals ist in einer schwedischen Volkssage, die
Gr. Ztschr. IV, 500 einen echten Mythus nennt, vortrefflich geschildert.
Auch der Gott des Blitzstrals könnte als ein furchtbarer, elfriger Gott
aufgefaßt sein.　Aber mit Ausnahme einiger Volksausdrücke beim Gewitter, wie ,der liebe Gott zürnt, unser Herrgott küst, der Himmelsau
greint' u. s. w. (Myth. 152), deren heidnischer Ursprung ausgemacht ist,
finden wir ihn den Menschen hold und freundlich gedacht.　Nicht gegen
sie kehrt er seine Blitze, sondern gegen die Riesen, die Feinde der Götter
und Menschen.　Diesen erschließt er den Himmel, läßt den befruchtenden
Gewitterregen niederströmen und segnet ihre Saaten; ja er bereitet den

harten Feldboden zu fruchtbarem Baugrunde und verpflichtet den Arbeiter im Steinbruch, welchem er vorgearbeitet hat, zum Dank. Mit seinem Hammer spaltet er den Riesen das Haupt, d. h. er zermalmt und verwittert das anfruchtbare steinige Bergland, das sich nun dem Anbau erschließt, der immer höher hinaufgetragen werden kann in die Gebirgsgegenden, wo sonst nur Bergriesen wohnten. Jetzt aber müssen sie auswandern, sie fühlen, daß ihre Zeit vorüber ist. Darum ist Thor immer im Kampf mit den Bergriesen vorgestellt, immer auf der Ostfahrt begriffen, weil die kalten Winde von Osten kommen, die Gewitter aber von Westen. Doch bleibt er dabei nicht stehen, den Menschen die Erde urbar zu machen: einmal als Freund der Menschen gefaßt, nimmt er sie nun überhaupt gegen alle verderblich wirkenden Naturkräfte in Schutz, die das Leben auf Erden stören, die Erde unwohnlich und unwirthlich machen. Der erste Anlaß zu dem Allen war die felsenspaltende Gewalt des Wetterstrals. Aber von hier aus fortschreitend bereitet er erst den harten Felsgrund zu urbarem Erdreich, lohnt dem menschlichen Fleiß beim Anbau, schützt gegen die verderblichen Winterstürme, gegen Frost und Kälte, und läßt sich herab ein Gott der Bauern, ja der Knechte zu sein, welchen die Feldarbeit hauptsächlich überlassen blieb, während der Gott des Geistes nach dem Harbardslied die Fürsten zum Krieg aufreizt, die Saaten schädigt und den Segen des Landbaus durch zerstörende Kriegsgewalt verdrängt. Nach allen Seiten hin zeigt er sich jetzt als den Freund der Menschen; in allen vier Elementen offenbart er seine schützende Macht: nicht bloß gegen Winterriesen schleudert er seine Blitze, auch die Dämonen der Gluthitze, die durch Wolkenbrüche zerstörend wirken, zerspaltet sein Stral: den Gewittern selbst, von denen sein Wesen ausgegangen war, wehrt er die verderbliche Wirkung und bannt sie in wohlthätige Schranken. Als Gott der Ehe, die sein Hammer weiht, legt er den Grund zu einem sittlich geordneten Leben; als Gott des Eigenthums, das sein Hammerwurf begrenzen und feststellen hilft, entwickelt er den Staat aus der Familie; als Gott der Brücken, der die Bergströme zähmt, verbindet er die Stämme und befördert den Verkehr, ja indem er unter den Helden und Königen solche zu seinen Lieblingen wählt, welche Länder nicht sowohl mit dem Schwert als mit dem Pflug erobern, weil sie Wälder ausrotten und Ansiedlungen in bisher dem Anbau unzugängliche Erdstriche führen, beschließt dieser Gott der Cultur die mythische Zeit, und führt den hellen Tag der Geschichte herauf, die dann freilich seinen Dienst abstellt, und die Völker den einigen Gott erkennen lehrt. Vergessen wir aber einen Augenblick was wir dem Christenthume schulden, und denken uns neben dem anderer Götter Thors Dienst noch heute fortbestehend, so würde Er es sein, dem wir Chausseen, Eisenbahnen, Dampfschiffe,

Telegraphen und alle die Erfindungen zuschreiben würden, auf welche unsere Zeit ein Recht hat stolz zu sein.

Wenn diese Schilderung sich meist auf jüngere nordische Lieder gründet, welche Thörs Wesen gegen das seines Vaters abgrenzen, so dürfen
wir dabei jene ältere Auffassung, die den höchsten der Götter in ihm sah,
nicht aus den Augen verlieren. Sie zeigt sich am Deutlichsten darin,
daß er die Mächte der Unterwelt besiegt, und dieß ist es, was wir hervorzuheben um so mehr bemüht sein werden als diese verdunkelte Seite
des Gottes, die selbst den Verfassern jener Lieder nicht mehr bewußt scheint,
den Römer berechtigte, ihn dem Hercules gleich zu stellen. Wenn daher
im Uebrigen unsere Darstellung in Uhlands meisterhafter Ausführung ihre
Ergänzung sucht, so glauben wir hier der Forschung neue Bahnen zu
eröffnen.

79. Verwandtschaft, Attribute, Beinamen.

Thörs Mutter Jördh führt auch die Namen Hlodyn und Fiörgyn,
Wöl. 55. Später werden sie auf Frigg, Odins zweite Gemahlin, übertragen. Bertha die Spinnerin 96. Neben dieser Fiörgyn erscheint auch
ein männlicher Fiörgyn, Gen. Fiörgvins, als Vater jener: derselbe Gott
offenbar, den die Slaven als Perun, Littauer und Letten als Perkunos
verehren. Spuren dieser Götter sind auch in Deutschland nachgewiesen.
Im Gotischen bedeutet Fairguni Berg, das Erzgebirge wird Fergunna
genannt, und Virgunnia der Gebirgszug zwischen Ansbach und Ellwangen.
Wolfram stellt Schwarzwald und Virgunt zusammen, Myth. 157. Auch
die Hercynia silva ist damit zusammengebracht worden, vgl. jedoch Chr.
W. Glück Die keltischen Namen bei Caesar, München 1857 S. 12. Als
Thörs Pflegeeltern oder Pflegekinder (fóstri) werden Wingnir und Hlóra
angegeben, der Beflügelte und die Funkelnde: in demselben Sinne heißt
er auch Wingthör und Hlórridi, der beschwingte Thör, der in der Glut
daher fährt. Seine Gemahlin Sif hat ihm eine Tochter Thrudh geboren
und einen Stiefsohn Uller zugebracht. Der Name seiner Tochter findet
sich auch in Thrudheim und Thrudwang, wo nach Grimnismal Thör
wohnen soll bis die Götter vergehen. Vgl. D. 21. Da Thrud Kraft
heißt, so bezieht Uhland S. 82 sein Gebiet Thrudwang auf das fruchtbare,
nährende Bauland, und den Namen seiner Tochter Thrudh auf das Saatkorn. Nach Alwismal war Thrudh in Thörs Abwesenheit dem Zwerge Alwis
verlobt worden; nach seiner Rückkehr hebt Thör dieß Verhältniß wieder
auf: das im Herbst ausgestreute Saatkorn schien dem finstern Erdengrunde
verhaftet; aber der rückkehrende Sommer zieht sie wieder an das Licht,
indem die Saat in Halme schießt. In dem Liede wird dieser Mythus
so eingekleidet, daß Thör dem bleichnasigen Zwerg nicht gleich alle Hoff-

nung auf die Braut benommt, vielmehr seine Einwilligung an die Bedingung knüpft, daß der Zwerg auf seine Fragen Bescheid sagen könne.
Da der Zwerg sich rühmt, alle neun Himmel durchmessen zu haben und
von allen Wesen Kunde zu wißen, so betreffen diese Fragen die Namen
der Dinge in den Sprachen der verschiedenen Welten, wobei nicht bloß
Menschen- und Göttersprache unterschieden, sondern für jede Götzerclaße
eine besondere Sprache angenommen wird. Während aber der Zwerg
diese Fragen beantwortet, scheint die Sonne in den Saal, und der lichtscheue Zwerg erstarrt zu Stein. Die nächste Verwandtschaft mit dieser
Erzählung hat die bei Lütolf 475, die wir oben nebst ihren Varianten
mit dem Mythus von Swabllsart verglichen.

Außer dieser Tochter hat Thôr noch zwei Söhne, Môdi und Magni
(Kraft und Muth); diese hat er aber nicht mit Sif erzeugt, sondern mit
Jarnsaxa, welche das eisenharte Gestein bedeuten kann: die Bewältigung
des harten Felsbodens zum Zwecke des Anbaues giebt Kraft und Muth.
Doch kann Jarnsaxa auch von dem Eisenschwerte den Namen haben, da
Sax Schwert heißt, weil die ältesten Schwerter von Stein waren. So
kommt Jarnsaxa auch für Streitart vor: die Streitart aber, deren Thôr
sich bedient, ist der Pflug, und auch dieser giebt Kraft und Muth dem,
der ihn führt. Es ist aber zu erinnern, daß beide Söhne aus des Gottes
Eigenschaften erwachsen sind. Vgl. ob. §. 51.

In seiner äußern Erscheinung zeigt sich Thôr bald als Jüngling
bald als Greis, immer aber mit rothem Bart, ohne Zweifel mit Bezug
auf die Farbe des Blitzstrals. Wenn er ihn sträubt, ,in den Bart bläst,
seinen Bartruf ertönen läßt,' verursacht er seinen Feinden heftigen Gegen-
wind. Uhland 2. Als Gott des Gewitters erscheint er auch so plötzlich
wie der Blitz: wie sein Name genannt wird, ist er schon da.

Von seinen Attributen kennen wir schon den mit Böcken bespannten
Wagen: diese Böcke heißen Tanngniostr und Tanngrisnir, Zahnknisterer
und Zahnknirscher. Ihre springende Bewegung läßt sich auf das Zucken
des Blitzstrals beziehen, und selbst das Hinken des Einen Bocks kann die
Naturerscheinung schildern sollen. Nach Uhland versinnbildlichen die Böcke
die Sprungfahrt über das Gebirge; Andere deuten sie auf das Sternbild
der Ziege, das um die Zeit der ersten Gewitter aufgeht. Erlaubt scheint
auch die Deutung, welche darauf hinweist, daß die Ziege den Menschen
beim Anbau der Erde bis ins höchste Gebirge hinauf begleitet. Ihren
Gestank wagt man auf den Schwefelqualm des Blitzes zu beziehen. Koch-
holz II, XLIII. Nach Shakesp. Pericles IV, 3 macht der Donner ein
Kalbnest lebendig: der Kallaich wird von ihm befruchtet: ein neuer Beweis, daß dem Volk naturhistorische Einsichten beiwohnen: die elektrische
Natur der Aale ist hier deutlich ausgesprochen. Von andern Thieren

waren ihm wohl ihrer rothen Farbe wegen der Fuchs, das Eichhörnchen, das Rothkehlchen und Rothschwänzchen heilig, wozu noch die Donnerziege genannte Schnepfe kommt, deren Flug Gewitter verkündigt, und der Hirschkäfer, der auch Feuerschröter und Donnerpuppe heißt; von Bäumen außer der Eiche die Vogelbeere (§. 84) mit ihren rothen Früchten, von Pflanzen die Hauswurz (Donnerbart), die Donnerdistel und die Erbse. Myth. 167. Auch Berge sahen wir ihm geheiligt, eine silva Heraclî sacra erwähnt Tac. Ann. II, 12; eine Donarseiche fällte Winfried; eine Donnereiche weiß Rockholz II, XLIII nach.

Wenn Thôr einherfährt, steht die Erde in Flammen, Funken stieben, die Berge beben und brechen, und trifft er mit dem Hammer, so krachen die Felsen, Klüfte heulen, die alte Erde fährt ächzend zusammen, Oegisdr. 55. Thrymskw. 21. Hymiskw. 24. Doch nicht immer sehen wir Thôr fahren: er geht zu Fuß zum Gericht bei der Esche Yggdrasil, wobei er Ströme watet:

> Körmt und Örmt　und beide Kerlang
> Watet Thôr täglich,
> Wenn er einherfährt　Gericht zu halten
> Bei der Esche Yggdrasil,
> Denn die Asenbrücke steht all in Lohe,
> Heilige Fluten flammen.　Grimn. 29. Uhl. 29.

Wie hier die genannten Ströme, zur Schonung, wie es scheint, der Asenbrücke, die zerbrechen würde wie dereinst unter Muspels Söhnen, so watet er auch die urweltlichen Eisströme, Eliwagar, den Oervandil (§. 82) hinüber zu tragen, womit in Widerspruch zu stehen scheint, daß er in dem freilich jungen Harbardslied den Sund nicht waten kann, sondern der Ueberfahrt harrt.

Miölnir, sein zermalmender Hammer hat die Eigenschaft, daß er von selbst in des Gottes Hand zurückkehrt. Nach dem deutschen Volksglauben schleudert der Blitz keilförmige Donnersteine, auch Donneräxte und -Hämmer, bei Birlinger I, 307 Blitz- oder Wettersteine genannt, die tief, wie Kirchthürme hoch sind, auch wohl ‚neun Klafter tief‘ in die Erde fahren; so oft es aber von Neuem donnert, steigen sie der Oberfläche näher und nach sieben oder neun Jahren kann sie ein Hahn aus der Erde scharren, Myth. 161, wie Aehnliches von den Schätzen und wieder von den Glocken geglaubt ward, wo es sich noch deutlicher zeigt, daß die sieben oder neun Jahre oder Klafter auf eben so viel Wintermonate zurückzuführen sind. So auch in der Thrymskw., wo Thors Hammer von einem Riesen entwendet, acht Rasten tief unter der Erde vergraben ward. Daß er in Deutschland bekannt war, sehen wir auch aus Frauenlob (MS. 214 b.), der die Jungfrau von Gott Vater sagen läßt: der amit ûz oberlande warf einen hamer in mîne schôz.

Wie aus Bergjoch heißt und jener auf Bergen thronende Fiörgyn
(fairguneis) vom Berge den Namen hat, so bedeutete auch hamar ursprünglich einen harten Stein, also den Felsen selbst, den jetzt des Gottes
Steinmasse spaltet.   Wenn also der Teufel oder Frau Harke einen Stein
schleudert, um den Dom zu Trier oder jenen von Havelberg zu zertrümmern, so wird auch dieser Stein den Blitz bedeutet haben, und wenn
der Donner rollenden Felsstücken oder das Geprassel des einschlagenden
Wetters dem Rasseln eines Haufens herabstürzender Steine verglichen
wird (Schwartz, Urspr. 85), so läßt der Rath, welchen im Hamdismal
der „hohe Berather‘ wider Ionakurs Söhne giebt:

Schleudert Steine, wenn Geschoße nicht hassen, §. 70.

an den Gewittergott denken.   So konnte wohl der Gott auch selber der
Hammer heißen; auch davon sind uns Erinnerungen geblieben.   Statt
des Fluches: daß dich der Donner! hört man noch: daß dich der Hammer! und Meister Hämmerlein heißt der Teufel, den Volkssagen den
Hammer führen laßen.   Müllenh. 360.   Vgl. Myth. 166.   Doch mag
der Hammer in Thors Hand ihn als Schmied bezeichnen sollen, wie wir
bei den Alten ähnlichen Auffaßungen der Gewittergötter begegnen.

Statt des Hammers führt Thôr bei Saxo eine Keule, was ihn dem
Hercules ähnlicher macht; wie aber diese Keule ohne Griff sein soll, so
war Miölnirs Stiel nach D. 61 den Zwergen, die ihn schmiedeten, zu
kurz gerathen: gleichwohl urtheilten die Götter, er sei das beste aller
Kleinode.   So tritt in Deutschland eine Keule an die Stelle des „heiligen Hammers‘, der sich in englischen Kirchen aufgehängt findet, wo er
einen dunkeln Bezug hatte auf den, wie Grimm meint, „bloß überlieferten, niemals ausgeübten (?)‘ Gebrauch, lebensmüde Greise zu tödten.
Vgl. Grimm RA. 486, Kuhn WS. 106.   Bei der deutschen Keule ist
es aber so gewendet, daß sie den Greisen nur gebühren solle zur Strafe
ihrer Thorheit, sich ihrer Habe zum Besten der Kinder allzufrüh entäußert
zu haben.   In schlesischen und sächsischen Städten hängt sie am Stadt-
thor mit der Inschrift:

Wer seinen Kindern giebt das Brot
Und leidet dabei selber Noth,
Den schlage man mit dieser Keule todt.

Denselben Sinn hat die Erzählung vom Schlegel in Colocz. Codex 157
—188.   In älterer Zeit mochte der Hammer oder die Keule Donars
sich dem Sper Odins vergleichen, mit dem sich lebensmüde Greise ritzten,
wie sie sich auch hingen (Hángatyr) oder vom Felsen stürzten, um bei
Odin zu gasten.   Vom Blitz Erschlagene blieben den Alten unverbrannt;
sie wurden wegen der Heiligkeit des vom Blitz getroffenen Bodens oder
weil der Gott sie schon im Feuer dahingenommen hatte, an der Stelle

beerdigt, wo sie vom Blitz gerührt waren. Artemidor II, 68. Plinius
II, 55. Vgl. Grimm über die Verbrennung der Leichen 22. Der obigen
Vermuthung steht nicht entgegen, daß nur die Knechte zu Thor kamen,
denn wohl nicht bei allen Stämmen galt dieser Glaube, und gewiß bei
denen nicht, welchen Thor der höchste Gott war. Vgl. §. 10. Wenn Thor
§. 64 den Stab der Gróh entleiht, als ihm der Hammer fehlt, so sahen
wir §. 65 jenen sich mit Odins Spieß Gungnir berühren, der vielleicht
auch eins, als Wuotan noch Gewittergott war, den Blitz bedeutete.

Außer dem Hammer besitzt Thor auch Eisenhandschuhe, mit welchen
er den Blitz schleudert, und den Stärkegürtel Megingiardr, der seine Götterkraft verdoppelt. Unter seinen Beinamen tritt Biörn (der Bär) hervor;
als den Freund der Menschen, den Segner Midgards, haben wir ihn
schon §. 46, 2 kennen gelernt. Wegen seines Kampfes mit der Midgardschlange heißt er der Schlange Alleintödter; als Feind der Riesen Zer-
schmetterer der Felsbewohner, Riesenweibsbetrüber, Thursendodwalter. Er
selbst nennt sich Harbardsl. 9 den Kräftiger der Götter. Ferner heißt es
da von ihm: Uebermächtig würden die Riesen, wenn sie alle lebten; mit
den Menschen wär es aus in Midgard. Und Thrymskv. 18:

> Bald werden die Riesen Ásgard bewohnen,
> Holst du den Hammer nicht wieder heim.

80. Mythen. Wiederbelebung der Böcke.

Mehrere auf Thor bezügliche Mythen sind schon besprochen: sein Antheil an dem von Ewabillari §. 27, an Baldurs Bestattung §. 34, an
Lokis Bestrafung §. 42, am letzten Weltkampf §. 46, an der Erneuerung
der Welt §. 60, 4. Ein ganzer Mythus, die Heimholung des Hammers
§. 28. lehrte uns Thor als Ehegott kennen, worin er sich mit Odin berührte, der als Schützer der Ehe §. 68 Roß und Mantel verlieh. Ein
Nachklang findet sich in der Sage von Thór med tungum hamri (Myth.
165. Petersen 293), wo er gleichfalls seinen Hammer sucht; eine
schwächere, die Thor mit dem Riesen Thrym zu vermischen scheint, Zeitschrift f. M. S. I, 19. 72.

Unter den Mythen, welche Thórs Wesen zu erläutern dienen, ragt
der von seinem Kampfe mit Hrungnir hervor: er erscheint aber hier in
Thialfis Gesellschaft; es muß daher vorausgeschickt werden, wie er zu
diesem Gefährten gekommen ist. Thór fuhr aus mit seinen Böcken und
mit ihm der Ase Loki: Abends nahmen sie Herberge bei einem Bauern:
da schlachtet Thor seine Böcke, zieht ihnen das Fell ab und heißt den
Bauern und seine Kinder, Thialfi und Röskva, die Knochen beim Nach-
mal auf die Bockshaut werfen. Thialfi zerschlug aber mit dem Messer das
Schenkelbein des einen Bocks, um zum Mark zu kommen. Am andern

Morgen weiher Thör die Bocksfelle mit dem Hammer: da standen die
Böcke wieder auf; aber dem Einen lahmte das Hinterbein. Als das
Thör bemerkt, sagt er: der Bauer oder seine Leute müßten unvorsichtig
mit den Knochen umgegangen sein. Der Bauer erschrickt über seinem
Zorn, fleht um Frieden und bietet Alles was er hat zur Sühne. Da
nimmt Thör seine Kinder zum Vergleich an, die ihn seitdem als seine
Dienstleute überallhin begleiten. D. 44.

Mit anderer Anknüpfung kehrt derselbe Mythus am Schluß der
Hymiskwiđa Str. 37. 38 zurück, wo dem Loki an dem Hinken des Bocks
die Schuld gegeben wird; da aber der Bergbewohner auch hier seine
Kinder zur Buße hergiebt, so sollte er wohl nur als Anstifter gelten.

> 37.　Sie fuhren nicht lange, so lag am Boden
> 　　Von Hörrlbis Böcken halbtodt der eine.
> 　　Schou vor den Strängen schleppt' er den Fuß:
> 　　Das hatte der listige Loki verschuldet.
>
> 38.　Doch hörtet ihr wohl; Wer hat davon
> 　　Der Gottesgelehrten ganze Kunde?
> 　　Welche Buß er empfing von dem Bergbewohner:
> 　　Den Schaden zu sühnen gab er zwei Söhne.

Von Wiederbelebungen dieser Art sind alle Sagenbücher voll. Einige
sind K. M. III, 81 und Gr. Myth. 1208 verzeichnet; andere hat Wolf
Beitr. I, 88 und Zeitschr. I, 70. 214 nachgetragen; eine solche knüpft sich in
Wilhelm Meister an Mignons Ursprung. Verwandt ist auch das Märchen
vom Machandelboom, der als Queckholder, Wacholder schon auf Wiederbelebung deutet. Vgl. auch Gr. K. H. M. 46. 81. 147. D. S. 62, Müller-
Schamb. R. S. S. 254. Kuhn N. S. S. 88, 2. Liebrecht Heid. Jahrb.
1868 Nr. 6 S. 90. Nicht überall findet sich ein dem zerschlagenen Schenkel
des Bocks, der nun hinken muß, entsprechender Zug; doch ist er bei Vonbun Volksf. 27 und in Zingerle Tir. Sagen Nr. 14. 15. 586. 587. 726,
Bernalecken Alp. 184; vergl. auch Zeitschr. f. Myth. II, 177, und Cuis-
mann 60. nachgewiesen und in Malliaths Magy. Sagen II, 95 wird die
rechte Schulter gleich der des Pelops aus Gold und Elfenbein ersetzt.
Bei Merlin und dem Zauberer Virgilius (Volksb. VI, 359 f.) miß-
glückt die Wiederbelebung durch das Eingreifen eines Dritten gänzlich;
hier gelingt sie wenigstens nicht zu voller Befriedigung. Was von Merlin und Virgil erzählt worden war, sehen wir auf Paracelsus (Alpenb.
309, Zingerle 846) und Dr. Faust (Beitr. I, 212) übertragen; vielleicht
galt es auch schon von Kwasir und dem ihm verwandt scheinenden Klingsor Wolframs, gewiß aber von Lochmann und Dilland, über welche
Rochholz Gl. I, 121. 261 nachzulesen ist. Vgl. auch dessen Mythen 124
und Aarg. S. I, Nr. 48. 49 und S. 385 f. so wie Mannhardt G. M. 66.

Das Schlachtthier soll nach dem mosaischen Gesetz nicht verletzt werden, damit es wiederbelebt werden könne. Auch Triptolems Gesetz schärfte das ein, und Bischof Germanus bei einem Kalb, das ein armer Hirt ihn und seine Gefährten zu bewirthen geschlachtet, §. 89, und ebenso nach Zeitschr. für Myth. I, 29 ein irischer Heiliger bei dem Mal der gezähmten Hirsche, deren er sich zur Reise bediente. Vgl. Rochh. Gl. I, 221 ff., wo noch andere Beispiele. So bleibt bei Entzauberungen oft ein Theil der Thiergestalt, z. B. ein Schwanenflügel, zurück, ähnlich dem schmalen rothen Streifen um den Hals des Enthaupteten. Die Götter selbst stattet die Phantasie des Volks wohl mit einem Gliede des Thiers aus, das ihnen geheiligt ist, oder dessen Gestalt sie anzunehmen lieben. Odins Beiname Arnhöfdi läßt vermuthen, daß man ihn mit dem Adlerkopf dargestellt habe. Aehnlich deute ich den Schwanenfuß der Freyja (Bertha) und den Pferdefuß des Teufels, sei nun dabei an Wuotans Roß, dessen Huf bei Haddings Entführung §. 66 unter dem Mantel hervorblickt, oder an Loki zu denken, der sich §. 25 in die Stute verwandelt. Gleiche Bewandtniß hat es mit den Bocksfüßen des Teufels in den badischen Sagen, seinem Hahnenbein in den pommerschen (Temme 178. 255), seiner Hahnenfeder u. s. f. Worauf es hier ankommt, ist Thörs weihender Hammer, der die Wiederbelebung wirkt, wie Petri Stab, der nach §. 65. 84 und 96 zugleich auf Thör und Odin deutet, die Erweckung Naterns. So kann auch die Einweihung des Scheiterhaufens Balduns mit Thörs Hammer §. 38 nur die künftige Wiederbelebung meinen. Die wichtigste Frage bleibt, womit es Thialfi oder Loki verschulden, daß der Bock hinken muß. Uhland bezieht Thialfi auf den menschlichen Fleiß beim Anbau der Erde, und seine Schwester Röskwa, die rasche, auf die unverdroßne Rüstigkeit, womit diese Arbeit betrieben wird. Zur Urbarmachung der Erde muß göttliche und menschliche Kraft zusammenwirken. Der Bauer, der als Bergbewohner das steinige Gelände urbar machen sollte, war mit den Seinigen zu Thörs Tische geladen; sie wollten aber allzuleichten Kaufs zum Marke kommen: der Bauer muß nun selbst herhalten, er muß seine Kinder Thialfi und Röskwa, seine eigene angestrengte Thätigkeit in Thörs Dienste geben. Diese schöne Deutung stützt sich hauptsächlich auf Thialfis Antheil an dem im nächsten Paragraphen zu besprechenden Mythus von Hrungnir, bei dessen Ausbildung schon den Skalden eine ähnliche Auffaßung Thialfis vorgeschwebt zu haben scheint. Sein Auftreten in andern Mythen fordert aber eine andere Deutung. Wir werden §. 83 sehen, daß Thialfi, dessen Name einen dienenden Geist bezeichnet, ursprünglich nichts anders war als der Blitzstral; die Ausdeutung auf die rüstige menschliche Thätigkeit muß eine spätere sein. So wird auch Röskwa nur die Schnelligkeit bezeichnet haben, womit der

Weiterstral sein Ziel erreicht. Die Ursache, warum der Bock hinkend
blieb, lag an dem himmlischen Feuer, das ihm den Schenkel getroffen
hatte: darum konnte sein Hinken sowohl dem Loki, der das Feuer ist,
als dem Thialfi, dem Blitzstral, Schuld gegeben werden. Daß er mit Loki
zusammenfalle, wie Weinhold Zeitschr. VII, 16 annimmt, ist richtig, da der
Blitz nicht ohne Feuer zu denken ist; sie werden aber hier unterschieden.

Nach der tiefwurzelnden Sage vom Herzeßen, die selbst in die Thiersage und mit dieser in die Heldensage eingedrungen ist, so daß sie alle drei
Hauptäste des deutschen Epos verbindet, galt auch in Deutschland Loki
für den Thäter. Von diesem Herzeßen Lokis hatte auch der Norden eine
dunkle Kunde (§. 95), und da Loki Skalbstap. 16 der Bocksdieb heißt,
so steht D. 44 mit ihrem auf Thialfi weisenden Zeugnisse allein. Daß er
zur Buße für den zerbrochenen Bocksschenkel in Thörs Geleit gekommen
sei, halte ich auch nur für eine jüngere Dichtung.

Im Anhange zum Gutalag (ed. Schildener Greifsw. 1818 S. 106)
erscheint Thielvar, in welchem Thialfi nicht zu verkennen ist, als der erste
Bebauer der Insel Gotland, die bis dahin noch so lichtlos war, daß sie
Nachts untersank, Tags oben war. Seil aber Thielvar Feuer auf das
Land brachte, sank es nicht wieder. Thielvars Sohn hieß Hafdi, sein
Weib Hvitastjerna. In der Hochzeitsnacht träumte dieser als wenn drei
Schlangen in ihrem Schooße zusammengeschlungen wären und daraus her-
vorkröchen. Hafdi deutete diesen Traum: 'Alles ist mit Ringen gebunden,
Bauland wird dieß werden und wir werden drei Söhne haben.' Durch
Feueranzünden wird nach deutschem Rechtsgebrauch (RA. 194. 941) Besitz
ergriffen, und das Binden mit Ringen bedeutet die Umstabigung oder
Einhegung des ausgetheilten Landes. Uhland 56 fl. Thör ist es vornämlich, der bei Besitzergreifungen in den Vordergrund tritt und von die
neuen Ansiedelungen geheiligt werden. Die Ansiedler auf Island weih-
ten ihm einen Bezirk und nannten denselben Thormark, ein Name der
an das schlesische Geschlecht der Hendel von Donnersmark erinnert.
Gr. Myth. I, 8. Rockholt XLV. Die Mark (Grenze) des Bezirks wurde
durch Hammerwurf bestimmt. War der Hammer so gebildet wie die
Rune Thör þ, so würde sich selbst der Name Henkel deuten. Wenn
nun nicht anzunehmen wäre, daß der Blitzstral das neue Heerdfeuer habe
zünden müßen, wie das auch beim Nothfeuer anzunehmen ist (Kuhn Herabkunft des Feuers S. 94), so sähen wir Thialfi, dessen Verhältniß zu
Thör eine Reihe von Sagen bekundet, hier schon in seiner jüngern Bedeutung aufgefaßt. Freilich wird man, ehe der Blitz einschlug, ihn auf
jene altfeierliche Weise hervorzulocken gesucht haben, über welche wir Kuhn
a. a. O. so schöne Aufschlüße verdanken. Aber das endliche Aufloddern
des Feuers erschien als die unmittelbare Wirkung des Gottes, in dessen
Dienst jene heilige Handlung geschehen war.

81. Thor und Hrungnir.

Thor und der Riese Hrungnir hatten sich an die Ländergränze bei Griottunagardr zum Zweikampf beschieden. Damit ihr Vorkämpfer nicht erliege, machten die Riesen einen Mann von Lehm, neun Rasten hoch und drei breit unter den Armen: sie nannten ihn Mökkurkalfi. Zum Herzen gaben sie ihm das einer Stute, das sich aber nicht haltbar erwies, denn es wird gesagt, daß er das Wasser ließ, als er Thor sah. Der Riese selbst hatte ein Herz von hartem Stein mit drei Ecken; auch sein Haupt ist von Stein sowie sein Schild, den er vor sich hält. Seine Waffe, die er auf die Schulter legt, ist ein Schleifstein. Als Thor mit Thialfi kommt, warnt dieser den Riesen: er stehe übel behütet, da er den Schild vor sich halte; Thor werde von unten an ihm kommen. Da wirft Hrungnir den Schild unter die Füße und steht darauf; die Steinwaffe aber faßt er mit beiden Händen. Als es nun zum Kampfe kommt, nimmt es Thialfi mit Mökkurkalfi, Thor mit Hrungnir auf. Er fährt im Asenzorn heran und wirft den Hammer aus der Ferne nach dem Riesen. Dieser hebt die Steinwaffe entgegen; der Hammer traf sie im Fluge und der Schleifstein brach entzwei; ein Theil fiel auf die Erde und davon sind alle Wetzsteinfelsen gekommen; der andere fuhr in Thors Haupt, so daß er vor sich auf die Erde stürzte. Der Hammer aber zerschmetterte dem Riesen den Hirnschädel zu tausend Stücken: da fiel er vorwärts über Thor, so daß sein Fuß auf Thors Halse lag. Thialfi, der inzwischen Mökkurkalfi bezwungen hatte, wollte Hrungnirs Fuß von Thors Halse nehmen, vermochte es aber nicht; ebensowenig auch die übrigen Asen, die zu Hülfe eilten. Aber Thors Sohn Magni, der erst drei Winter alt war, vollbrachte es. Da fuhr Thor heim; aber der Schleifstein steckte noch in seinem Haupte. Die Weißagerin Gröa, die Frau Oerwandils des Recken, singt ihre Zauberlieder über Thor, und schon wird der Stein lose: da will ihr Thor die Heilung durch die Zeitung lohnen, daß er von Norden her durch die Elivagar gewatet sei und den Oerwandil im Korbe auf dem Rücken aus Riesenheim getragen habe. Zum Wahrzeichen gab er an, daß ihm eine Zehe aus dem Korbe vorgestanden und erfroren sei. Er habe sie abgebrochen, an den Himmel geworfen und das Sternbild daraus gemacht, das ‚Oerwandils Zehe‘ heiße. Auch sagte er, es werde nicht lange mehr anstehen bis Oerwandil heim komme. Hierüber ward Gröa so erfreut, daß sie ihrer Zauberlieder vergaß, und so steckt der Stein noch in Thors Haupte. D. 59.

Diese Erzählung beruht sich auf Hôstlang, das der Skalde Thiodolf von Hwin im neunten Jahrhundert dichtete. Es mögen einfachere Mythenlieder in der Weise der eddischen vorhanden gewesen sein; doch spielen nur die jüngsten Eddalieder auf das Ereigniß an. Noch Uhland

Teutung bezwingt Thôr in Hrungnir (von at brûgn, aufhäufen), deſſen
Herz von Stein iſt, die dem Anbau widerſtrebende Steinwelt. Die
Kämpfer haben ſich zum Zweikampf nach Griottunagardr beſchieden: Griot
heißt Geſtein, Gerölle, Griottunagardr die Grenze des Steingebiets und
des baulichen Landes. Thialfi beredet den Rieſen, ſich nach unten mit dem
Schilde zu decken. Dieſer täuſchende Rath kommt aus dem Munde deſſen,
der von unten hinauf das Gebirg zu bearbeiten gewohnt iſt. Aber Aſa-
thor fährt von oben her. Beſſer bezieht man den Schild des Rieſen wohl
auf den Froſt, welcher im Winter die Erde bedeckt und dem Anbau entzieht. Auch dem Thialfi wird ſein Theil am Kampfe. Die Jötune haben
den langen und breiten Lehmrieſen aufgerichtet, der aber feig iſt und
nur ein ſcheues Stutenherz in der Bruſt hat; ſein Name iſt Möckrkalfi,
Wolken- oder Nebelwade. Es iſt der zähe wäſſerige Lehmboden am
dunſtigen Fuß des Steingebirgs. Mit ihm wird menſchliche Anſtrengung
fertig, während den Steinrieſen nur Götterkraft beſiegen kann. Daß Thôr
in Gefahr iſt, vom Sturz des erſchlagenen Steinjötuns erdrückt zu werden,
iſt dem Anblick verſchüttender Bergfälle, die gleichwohl Thôrs Werk ſind,
entnommen. Die Aufraffung, die ihn rettet, wird ſeinem jungen Sohne
Magni, der perſonlificirten Eſſenſtärke, zugeſchrieben; das Stück von Hrungnirs Steinwaffe, das in Thôrs Haupt haftet, iſt das Geſtein, das auch
im uebaren Felde Pflug und Karſt oft noch findet. Dieſer Deutung
können wir ganz beiſtimmen; nur möchte der im Haupte Thôrs haftende
Stein auf die Felſenmaſſen gehen, die in urbar gemachtem Berglande von
frühern Bergſtürzen zurückbleiben. Leichtere loſe Steine wären leicht fort-
zuſchaffen; hier konnte Thialfi, der menſchliche Fleiß, helfen, es brauchte
da keiner Zauberin.

Für die Hülfe, die Magni ſeinem Vater Thôr leiſtete, wollte ihm
dieſer des Rieſen Roß Gullfaxi (Goldmähne) ſchenken. Aber Odin ſagte,
Thôr thue übel, daß er dieß gute Pferd dem Sohne einer Rieſenfrau
gebe und nicht ihm ſeinem Vater. Wem es nun zum Theil ward, bleibt
ungeſagt; aber ſchwerlich behielt es Thôr, den wir nie reitend finden.
Der Name des Roſſes läßt zweifeln ob es je einem Rieſen gehört habe:
man möchte es auch der weiten Sprünge wegen, die es machte, für den
Blitz halten, ſo daß Odin, der einſt Donnergott geweſen ſein muß, keinen ungegründeten Anſpruch erhoben hätte.

Die vielen dem Hercules Saxanus in Steinbrüchen gewidmeten Dolivſteine und Altäre wiſſen unſere Archäologen nicht zu erklären,
wie ſich in dem ſonſt verdienſtlichen Feſtprogramm des Rheiniſchen
Alterth. V. vom J. 1862 über „das Denkmal des Hercules Saxanus
im Brohlthal‟ ergeben hat, indem es auf die Frage: wie kommen die
römiſchen Soldaten dazu, dem Hercules an dieſer Stätte ſo zahlreiche

Altäre und Votivsteine zu weihen? keine genügende Antwort giebt. Wer sich aber erinnert, daß es nach Tac. Germ. 9 auch einen deutschen Hercules gab §. 83, der kein anderer sein kann als Donar, der Gewittergott, dem löst sich das Räthsel von selbst. Wie Thôr ein Gott der Bauern, ja der Knechte geworden ist, ein Freund der Menschen, denen er den harten Felsgrund zu baulichem Lande bereitete, so sind ihm auch die Arbeiter in den Steinbrüchen dankbar, denn der Bezwinger der Steinwelt hat ihnen vorgearbeitet, indem er den Fels zerspaltete und verwittern half. Die Annahme, daß es deutsche Soldaten waren, welche diese Steine setzten, wird durch die Fundorte bestätigt, indem sie über Deutschland kaum hinausreichen, am zahlreichsten sich aber in unserer Provinz finden. Hätte nicht die Germania des Tacitus hierüber zuerst befragt werden sollen? die man doch, obgleich sie von deutschen Dingen handelt, sonst nicht ganz ungelesen läßt. Die Römer waren nicht unduldsam gegen den Glauben der besiegten Völker:

> Allen Göttern der Welt boten sie Wohnungen an,
> Habe sie schwarz und streng aus altem Basalt der Egypter,
> Oder ein Grieche sie weiß, reizend, aus Marmor geformt.

Sollten sie nur die Altäre der deutschen Götter unbekränzt gelassen haben? Den Mithrasdienst hatten sie willig angenommen, römische Krieger brachten ihn in das linksrheinische Land, das römische Staatspolitik für einen Theil Galliens erklärte, das sich aber als deutsch verräth, da es die Römer selbst Germania prima, Germania secunda nannten. Gebührte dem deutschen Hercules hier nicht die gleiche Ehre wie dem asiatischen Mithras? Wenn dieser invictus hieß, so finden wir nun auch Hercules invictus genannt, und wer dürfte ihm diesen Namen verweigern? In allen seinen Kämpfen war Thôr unbesiegt geblieben und in seinem letzten fiel er als Sieger. Wenn Odin oder Godan in Achen unter seinem Beinamen Granl zu Apollo Granus wurde (§. 74), wenn wir denselben deutschen Gott auch in Godesberg, in Gudenau, in Godenowe, am Godenelter zu Ahrweiler und als Gott des Siegs (Sigtyr). wohl auch in Siegburg verehrt finden, wenn der Donnersberg in der Pfalz dem Gotte geweiht war, dessen Preis in die Schlacht ziehend die Germanen sangen, so befremdet es am Wenigsten, auch in den Steinbrüchen des Brohlthales den Dienst des felsenspaltenden Gewittergottes wiederzufinden.

82. Oerwandil und der Apfelschuß.

Auch den Mythus von Gróa weiß Uhland zu deuten: Gróa ist das Wachsthum, das Saatengrün, das vergeblich bemüht ist, jene Felsen zu decken, Thôrs Wunde zu heilen. Ihr Sohn Oerwandil, wörtlich der mit dem Pfeil arbeitende (ör sagitta, at vanda elaborare), ist der Fruchtkeim, der aus der Saal hervorstechen und aufschießen will. Ihn hat Thôr über die Eisströme Elivagar im Korbe getragen: er hat das keimende Pflanzen-leben den Winter über bewahrt; aber der lecke Oervandil hat eine Zehe hervorgestreckt und erfroren: der Keim hat sich allzufrüh hervorgewagt und muß es büßen. Thôr hilft also nicht bloß das Land urbar machen, er schützt auch die Saat den Winter über, sie sei nun ausgesät, der Erde vertraut, oder noch im Fruchtsack bewahrt. Nachklänge dieses Mythus hat Uhland in Saxos Erzählung von Horwandil und Fengo nachgewiesen, an welche sich Amleths Geschichte knüpfen, der bei Shakspeare Hamlet heißt. Koller fällt im Zweikampf vor Horwandil, in welchem Oervandil der Recke (bion frækni) wiedererkannt wird, während Koller (der Kalte) den Frühlingsfrost bedeuten soll. Der prächtige Grabhügel, der dem Besiegten errichtet wird, ist der dichte Halmenwuchs des Aehrenfeldes. Gerathe, Amleths Mutter, wird hiebei der Gröa gleichgestellt. Den Schluß der Erzählung Saxos läßt Uhland unausgedeutet: über Fengo und Amleth erhalten wir keine Auskunft; doch könnte Fengo, Horwandils Mörder, der dann seine Wittwe Gerutha, Shakspeares Gertrud, heirathet, an die Fenja erinnern, die mit Menja dem König Frodi in der Mühle Grotti Glück, Gold und Frieden mahlt, D. 63. Die Mühle Grotti wäre dann Gerutha; Fengo bedeutete das Mahlen, und Amleth das Korn, wo selbst der Name mit Amelmehl, ἄμυλον, Stärkemehl, Kraftmehl, übereinstimmt. Bedeutet es wörtlich das ungemahlene Mehl, so ist auch Amleth aus der Ehe Ge-ruthas mit Fengo nicht hervorgegangen.

Mit dem Splitter im Haupte, der von des Riesen Steinkeule her-rührt, wird Thôr dargestellt; in der Heldensage, wo Thôr zu Dietrich geworden ist, findet er sich in Dietrichs Stirne wieder, der darum der Unsterbliche heißt. Grimm Heldens. 164. 301. Dietrich ist ein Ame-lunge, und scheint es gewagt, diesen Namen mit dem Amleth und der oben gegebenen Deutung des Amelmehls in Verbindung zu bringen, so war doch Grimm Zeitschr. VII, 394 auf gleicher Spur. Es ist nicht das einzigemal, daß Thôrs Kämpfe in der Heldensage nachklingen: seine Stelle nimmt Dietrich auch im Kampfe mit Ecke und seinen Brüdern ein: doch handeln wir dieß besser bei den Riesen ab, wohin wir den Nach-weis, daß sich Thôr in allen Elementen, gegen Sturm-, Feuer- und Wasserriesen als Bändiger verderblicher Naturkräfte darstellt, verweisen müßen. Aber auch Oervandil lebt in der Heldensage fort als Orendel, den die Vorrede zum Heldenbuche den ältesten aller Helden nennt. ‚Er fuhr über Meer mit vielen Schiffen, denn er war ein mächtiger König: da gingen ihm die Schiffe alle unter. Doch kam er mit Hülfe eines Schiffers ans Land und war lange bei dem Schiffer und half ihm fischen. Darnach kam er gen Jerusalem zum heiligen Grab. Da ward seine Frau

eines Königs Tochter, die war geheißen Brigiba und war gar eine schöne
Frau. Darnach ward dem König geholfen von andern großen Herren,
daß er wieder kam gen Trier und starb da und liegt zu Trier begraben.'
In dem Gedichte von Orendel und dem grauen Rock des Heilandes, der
noch zu Trier verehrt wird, ist aber der Mythus von Thôr, der ihn über
die urweltlichen Eisströme trägt, kaum wiederzuerkennen (vgl. Meine
Vorr. zum Orendel); doch werden die urweltlichen Eisströme durch das
Wendelmeer ersetzt. Orendel ist hier zum Sohne König Eigels, Oegels
oder Engels von Trier gemacht. Von Eigel, doch wohl demselben,
dessen Sohn Orendel gewesen sein soll (auch s e i n Name kann von Aue
= Ei, Insel, abgeleitet werden), erzählt die Wilkinos. C. 27: „In dieser
Zeit kam der junge Eigil, Wielands Bruder, an König Nidungs Hof,
dieweil Wieland nach ihm gesendet hatte. Eigil war Einer der wacker-
sten Männer und hatte ein Ding vor Allen zum Voraus: er schoß mit
dem Bogen besser als irgend Jemand anders; der König nahm ihn wohl
auf und war Eigil da lange Zeit. Da wollte der König einsmals versuchen, ob Eigil so schießen könnte wie von ihm gesagt war, oder nicht.
Er ließ Eigils dreijährigen Sohn nehmen und ihm einen Apfel auf den
Kopf legen und gebot Eigiln, darnach zu schießen, so daß er weder darüber hinaus, noch zur linken noch zur rechten vorbei, sondern allein den
Apfel träfe; nicht aber war ihm verboten den Knaben zu treffen, weil
man wußte, daß er schon selber es vermeiden würde, wenn er irgend könnte;
und auch Einen Pfeil nur solle er schießen, und nicht mehr. Eigil nahm
aber drei Pfeile, befiederte sie, legte den einen auf die Sehne und schoß
mitten in den Apfel, so daß der Pfeil die Hälfte mit sich hinwegriß und
Alles zusammen auf die Erde fiel. Dieser M e i s t e r s c h u ß ist lange
hochgepriesen worden und der König bewunderte ihn auch sehr und Eigil
ward berühmt vor allen Männern und man benannte ihn Eigil den
Schützen. König Nidung fragte Eigiln, warum er drei Pfeile genommen
habe, da ihm doch nur verstattet worden, Einen zu schießen. Eigil antwortete: Herr, ich will nicht gegen euch lügen: wenn ich den Knaben mit
dem Einen Pfeil getroffen hätte, so waren euch diese beiden zugedacht.
Der König aber nahm dieses gut auf, und dauchte Alle, daß er bieder
gesprochen habe.'

Wenn man diese Sage für eine skandinavische ausgiebt, so ist die
Wilkinos. zwar in altnordischer Sprache, aber aus dem Munde deutscher
Männer aus Bremen und Münster nach deutschen Liedern aufgezeichnet.
Auch der eben hier in Bonn vorkommende Familienname S c h ü t z e i c h e l
zeugt für die Deutschheit der Sage. Diese Lieder, in welchen die deutsche
Heldensage damals noch fortlebte, können in der Schweiz nicht unbekannt
gewesen sein; erzählt doch auch die Chronik des weißen Hauses, daß der

Herr auf Aüsellen die Ehre einer hübschen Frau in Abwesenheit ihres Mannes in ähnlicher Weise bedrohte wie das nach Cap. 249 der Wiltinaſ. und in der alten Vorrede des Heldenbuchs Gr. 295 Kaiser Ermenrich an Sibichs Frau ausführte.

Man braucht also den Apfelschuß nicht aus dem Norden herzuleiten, wie noch immer in allen Besprechungen der Tellsage geschieht. Auch Palnatoki war kein Däne, sondern nach Saxo Jomensi provincia ortus; wir würden ihn einen Pommern nennen. Maurer Bekehrung I, 244 er- klärt diesen Kämpfer des vorgeschichtlichen Königs Harald Hildetand für eine durchaus ungeschichtliche Person, was auch damit stimmt, daß er auf Fühnen zum wilden Jäger geworden ist, §. 73. Da wir freilich nicht wißen wie alt jene Lieder sind, so kann man der Erzählung des Saxo, der schon im 12. Jahrh. seine fabelhafte dänische Geschichte schrieb, die Priorität nicht geradezu absprechen; doch urtheilt Grimm M. 350, der Apfelschuß sei dem Vortrag des Ereignisses bloß angewachsen aus älterer Ueberlieferung, die im Laufe des 10. 11. Jahrhunderts vorausgesetzt wer- den müße. Indeßen kennt doch die Edda zwar Eigiln, aber seines Apfel- schußes, ja seiner Schützenkunst geschweigt sie. Eins hat auch die Erzäh- lung von Toko vor der von Eigil voraus: Toko bewähet sich nämlich wie Tell nicht bloß als besten Schützen, sondern auch als besten Schlitt- schuhläufer, wie Tell der beste Schütze und zugleich der beste Fährmann ist; ja er erschießt auch zuletzt den König wie Tell den Geßler. Doch auch in Eigils Sage finden wir die Verbindung der Künste und Fertig- keiten vgl. §. 76 Schl. Seinem Vater Wale schreibt die englische Ueber- lieferung die Erfindung des Bootes, d. h. der Schifffahrt zu, während die Wiltinaſ. ihn nur als einen heidnischen Christophorus, den jungen Wieland auf den Schultern, den Gröningasund durchwaten läßt, das Boot aber erst diesem seinem Sohne Wieland beilegt. Nach dem deut- schen Gudrunliede hat Wate die Heilkunst von einem wilden Weibe er- lernt. Sein Sohn Wieland erfindet auch noch das Federhemd, d. h. die Kunst zu fliegen. Orendel, Eigils Sohne, legt das deutsche Lied keine Kunst bei; aber auf seiner wunderreichen Fahrt durch das Wendel- meer, die Grimm veranlaßte, ihn für den deutschen Odysseus zu erklären, begegnet er jenem Schiffer Eise, den wir §. 110 als einen Niederschlag der deutschen Isis kennen lernen, so daß sein Bezug auf die Schifffahrt nicht zu bezweifeln ist. Aus diesem großartigen Zusammenhang von Kunstfertigkeiten wird auch Tells Schützenkunst und Fergenkunst herrühren. Orendel selbst erscheint im deutschen Gedichte nicht als Schütze, wir haben ihn als den Knaben zu denken, dem der Apfel vom Haupte geschoßen ward. Da indeß sein Name nach Uhland den mit dem Pfeil arbeitenden bedeutet, ja eine agſ. Gloſſe „orandel jubar“ ihn selbst als Stral be-

zeichnet, was noch im Mittelh. wie im Italienischen Pfeil bedeutet, so
kann von dem Sohne gegolten haben was von dem Vater erzählt wird.
Auch erwuchsen gegen das funfzehnte Jahrhundert, wo Tells Schuß zuerst
erzählt wird, aus Personennamen schon Familiennamen und Orenbel heißt
in der Vorrede des alten Heldenbuchs Erenbelle, in Von der Hagens
Grundriß S. 2 Ernthelle. Dieß ward aber wohl in Tell gekürzt,
weil man die erste Silbe für jenes vor Namen stehende „Ehren" ansah,
das nach dem d. Wörterbuch III, 52 aus „Herr" erwachsen bald für
ein Epitheton ornans angesehen wurde, z. B. Ehren Olivarius Text-
dreher in Schlegels Uebersetzung von Was Ihr wollt, oder Ehren Loth
in Bürgers Frau Schnips:

> Hierauf sprang Ehren Loth herbei
> Mit Schnarchen und mit Schnauben.

Daß bei dieser Annahme der Name Tell nur aus dem Suffix bestehe,
indem von dem alten Stamme nichts als das zu T verschobene D übrig
sei, ist kein Einwand, denn nicht mehr ja im Grunde noch weniger ist
z. B. auch in „Amt" von dem Stamme des Wortes verblieben.

Wenn in der Chronik des weißen Buchs der Schütze Tall
heißt, so ist das nur die schweizerische Aussprache, die auch Barg für
Berg sagt. Es bliebe noch nachzuweisen wie sich der Vorname Wilhelm gebildet habe. Es reicht schwerlich aus, daß dem Wili §. 10 in
der andern Trilogie Hönir entspricht, den Skaldst. 15 als Pfeilkönig bezeichnet. Aber Tell ist nicht der erste Wilhelm, von dem der Apfelschuß
berichtet wird, voranging William of Cloudesly, derselbe von dem auch
die 120 Schritte Entfernung herrühren, die das älteste Telllied bei dem
Schuße annimmt. Vgl. Huber Die Walbstätte, Innsbruck 1861 S. 120. 128.

Will man noch nach der mythischen Bedeutung des Apfelschußes fragen, so hat Dr. Hocker Stammsagen 74 eine solche anzugeben versucht.
„Eigil wird der Himmelsgott in seiner Eigenschaft als Todtengott sein,
der seinem Sohn den Apfel der Verjüngung vom Haupte schießt, wie die
weiße Frau von Orlamünde ihre Kinder tödtet. Saxo berichtet von Palnatoki und die norwegische Sage von Heming, der seinem Bruder Björn
eine Haselnuß vom Haupte schießt. Die Nuß ist wie der Apfel Symbol
des neuen Lebens; erst aber muß das alte durch die Hand des Todesgottes gefallen sein ehe ein neues entstehen kann.' Dieser gefährlichen
Deutung käme doch zu Gute, daß unter den Göttern Walhalls Uller hier
am Meisten in Betracht gezogen zu werden verdient, da er wie Toko nach
D. 31 Bogenschütze und Schlittschuhläufer zugleich ist. Ich
zweifle indeß, ob überhaupt hier eine mythische Deutung am Platze ist, die
es doch im besten Falle (Pfannenschmied Germ. X, 1—41) nicht weiter
bringt als bis zum Schuß des Gottes auf den Tyrannen, den Riesen,

den Apfelschuß vom Haupte des Kindes aber unerklärt lassen muß. Das
vermag man eben nur auf culturgeschichtlichem Wege. Wie man noch
jetzt von dem Gesellen, der das Meisterrecht erlangen will, ein sog. Meisterstück begehrt, so kommen in deutschen und außerdeutschen Märchen und
Sagen Probestücke allerlei Künste vor, wobei selbst die holde Diebes-
kunst KHM. 192 nicht leer ausgeht; KHM. 129 werden mehre derselben
in Vergleich gestellt. Hier haben wir es nun mit dem Meisterstück
der Schützenkunst zu thun, wie ähnliche Saxo VI, 101 (vgl. Abl. VII,
223) von dem Schützen An (Ano sagittarius = Aun bogsveigir) erzählt, der noch als Anschütz fortlebt; aber wenn dieser mit dem ersten
Pfeil nur des Gegners Sehne entzweischnitt, den zweiten Pfeil zwischen
dessen Fingern hindurchjagte, mit dem dritten ihm den Pfeil aus der Hand
schoß, so bewährte Tells Meisterschuß den Mann zugleich mit dem Schützen.
Die sichere Hand ist es, worauf es im Schießen ankommt; den aber
müssen alle Schützen für ihren Meister anerkennen, dem diese sichere Hand
auch dann nicht fehlt, wenn das Herz ungestüm schlägt, weil das Leben
des eigenen Kindes auf dem Spiele steht. Darum läßt unser Dichter
selbst Geßlern gestehen:

Es war ein Meisterschuß, ich muß ihn loben.

Die FMS, die den Palnatoki zum Dänen machen, legen ihm einen
ganz andern Meisterschuß bei als den mit dem Apfel: sein Pfeil flog dem
Harald, an dem er den Mord seines Bruders zu rächen hatte, hinten hinein und vorn wieder heraus, allerdings auch ein künstlicher Schuß, aber dem,
welchen Saxo aus der Heldensage an die Stelle setzte, nicht zu vergleichen.

Der erste, von dem jener Meisterschuß erzählt wird, ist Orendels
Vater Eigil; daß er aber auf diesen erst von seinem Sohne übertragen ward, zeigt schon dessen Name, vgl. S. 249 oben. Von Derwandil
wißen wir auch, daß er der Fruchtkeim ist, der hervor schießt, was
dann erst Veranlaßung gab, ihn zum Schützen zu machen. Was Eigil
betrifft, so ergeben die Trilogieen §. 125 seinen Bezug auf das Waßer
und Grimm leitet M. 930 den Namen des Zwerges Eugel im Siegfrieds-
liede von ey = ahd. ouwa, augia (Insel) ab. Diesem scheint Eigil
identisch: wir haben also keinen Grund einen Himmelsgott in ihm
zu suchen.

Man hat neuerdings Tells Schuß aus dem vierzehnten Jahrhundert
in das dreizehnte zu rücken versucht: Die Tellsage zu dem Jahre 1230
von Dr. H. v. Liebenau, Aarau 1864, wodurch er älter scheinen könnte
als Saxo und die Wilkinasage. Allein im Wesentlichen haben schon die
Alten jenen Meisterschuß gekannt, Grimm Myth. 358; Eustathius nennt
aber nur den Sarpedon als das Kind, dem ein Ring von der Brust,
ohne es zu verletzen, geschoßen wurde. Auch ein esthnisches Märchen in

Kreußwalds Sammlung (Halle 1869, S. 49) kennt den Apfelschuß, und zwar als Probestück der Schützenkunst. Herrn v. Liebenaus Vermuthung S. VII, und 3, daß Tells Vorname Wilhelm erst aus der Angabe der Singweise „Wilhelmus von Nassouwe" über dem alten Tellenlied in die Sage gekommen sei, ist nicht zutreffend, da jenes Lied von Wilhelm von Nassau nach Huber 106 erst 1568 oder 1569 verfaßt wurde, Tell aber schon bei Melchior Ruß, der 1482 zu schreiben begann, Wilhelm genannt wird. Da er übrigens S. 147 zugesteht, „Tell und seine That bleiben sagenhaft", so wird man uns seine Schrift nicht entgegenhalten dürfen. Daß Tells Thal mit den frühern Verhältnissen besser vereinbar ist als mit den spätern, gestehen wir ihm gerne zu.

Von Orendel ist Orendelsaal und Orendelstein, wahrscheinlich auch Randelstein bei Boßen benannt; an Eigel mahnen Römerdenkmäler wie der Eigelstein bei Mainz und der in Köln, ob auch Igel bei Trier? bei Orendelsaal hat auch Orendels Vater seinen Elgelberg. Dr. Keller Jahrb. d. Ver. v. Alterthsfr. im Rheinl. 1871 vermuthet, daß auch der Orendelstein gleich den Eigelsteinen des Rheinlands Dingstätte war.

83. Thör als Hercules. a. Uigarblott.

Die Keule Thörs erinnerte uns an Hercules, und bei der Betrachtung der Trilogieen §. 37 erkannten wir Thör auch in dem Hercules, welchen Tacitus nach seiner interpretatio romana unter den drei Hauptgöttern der Germanen nannte. Es fragt sich, was den Römer bestimmt habe, Thör als Hercules aufzufassen; da er der Donnergott ist, so würde die Vergleichung mit Jupiter näher gelegen haben, wie er auch wirklich in Deutschland als Jupiter aufgefaßt ward, wofür außer dem ihm geheiligten Wochentage (dies Jovis) die von Winfried zerstörte robur Jovis bei Geismar zeugt, die nach Gr. Myth. 156 bei einem Donnersberge stand; ferner alle Berge, welche den Namen Mons Jovis führen, wie der Donnersberg in der Pfalz; dann die Pflanze barba Jovis, zu deutsch Donnerbart, endlich die Klöße, welche zur Erinnerung an den Sturz des Heidengottes alljährlich auf dem Domhof zu Hildesheim errichtet und als Kegel von spielenden Knaben niedergeworfen wurden, und von welchen einer den Namen Jupiter führte, Myth. 172 f.; der Name des andern entgeht uns. Nach Myth. 743 wurde auch zu Halberstadt alljährlich ein hölzerner Kegel anstatt des Abgotts aufgesetzt und darnach geworfen. Dieß geschieht wie dort zu Hildesheim um Lätare und wenn hier der Name Jupiters nicht vorkommt und der an die Stelle des Abgotts-Tempels erbaute St. Stephans-Dom eher auf Fro weist, so ist doch wieder darin, daß der Probst in öffentlicher Procession einen Bären umführen soll, Donar durch das ihm geheiligte Thier bezeichnet, der sommerliche

Gott durch den Boten des Sommers; vgl. Uhld. VIII, 512. Obgleich
hier nur von einem, dort nur von zwei niedergeworfenen Regeln die Rede
ist, so wird doch aus der Volkssitte, den Sturz der heidnischen Götter
durch ein Knabenspiel zu begehen, das Regelspiel entsprungen sein, da
die Neunzahl der Götter nach §. 58 den neun Tagen der alten Woche
entsprechend in Teutschland schwerlich überall zur Zwölfzahl stieg. Vgl.
was Tschischwiß Nachtl. 91 über das im Hamlet erwähnte Loggatspiel beibringt. Noch ein anderes Knabenspiel nahm hier seinen Ursprung, das
bekannte Steinwerfen auf dem Wasser, vgl. den Aufsatz Heidenwerfen
Zeitschr. f. d. Myth. II, 131 und Liebrecht Philologus XX, 378, Lütolf
396. Aber auch mit Hercules hat Thôr außer der Keule Vieles gemein,
zuerst die Tac. Germ. 34 erwähnten Herculesssäulen, neben welchen Thôrs-
säulen vorkommen, und wohl noch häufiger vorkämen, wenn sie das M. A.
nicht erst auf Hoyer von Mansfeld gedeutet, dann in Rolandssäulen verwandelt hätte, Myth. 107, Benecke Wigalois 452; ferner die vielen Kämpfe,
welche Thôr mit den Riesen bestand: sie mochten den Römer an die Arbeiten des Hercules erinnern. Thôr bekämpfte auch die Midgardschlange
wie Hercules die Lernäische; dieß wären schon der Vergleichungspuncte
genug. Aber die vornehmste That des Hercules war, daß er in den Hades
hinabstieg und zum Wahrzeichen den Cerberus mitbrachte: der Hauptbeweis
wird also darin bestehen müssen, daß auch Thôr in die Unterwelt hinabstieg, und das thut er in mehren Mythen, am Deutlichsten in dem von
Utgardloki: in andern, die denselben Grund zu haben scheinen, halt ich
es für verdunkelt; doch werd ich in allen Spuren von Thôrs siegreichem
Herabsteigen in die Unterwelt nachweisen.

　　Die Einleitung zu der Erzählung von Utgardloki D. 44—48 bildet
der Mythus von den wiederbelebten Böcken §. 80. Bei dem Bauern,
Thialfis Vater, ließ Thôr seine Böcke zurück und setzte seine Reise ostwärts
nach Jötunheim fort. Erst fährt er über die tiefe See, und kommt in
einen großen Wald. Thialfi, aller Männer fußrüstigster, trägt
Thôrs Tasche; aber Mundvorrath war nicht leicht zu erlangen. Ihr
Nachtlager nehmen sie in einer Hütte, deren Thüre so breit ist wie sie
selbst. Um Mitternacht entstand ein Erdbeben, daß die Hütte unter ihnen
schwankte. Sie flüchten in einen Anbau neben der Hütte; doch hörten sie
noch großes Getöse. Als der Tag anbrach, fand Thôr einen Mann im
Walde liegen, der war nicht klein; er schlief und schnarchte gewaltig.
Thôr begriff nun, woher das Erdbeben und das Getöse gekommen war.
Er fragte den Mann um seinen Namen: da nannte er sich Skrymir;
dich aber, sagt er, brauche ich nicht zu fragen, ich weiß, daß du Asathôr bist.
Aber wo hast du meinen Handschuh? Damit streckte er den Arm aus,
den Handschuh aufzuheben, und Thôr sah nun, daß die Hütte, worin er

die Nacht zugebracht hatte, der Handschuh gewesen war; der Anbau aber
der Däumling. Thôr und Skrymir werden nun Reisegefährten und legen
ihren Speisevorrath zusammen. Skrymir bindet Alles in einen Bündel
und nimmt ihn auf den Rücken. Am Abend nehmen sie Herberge unter
einer Eiche. Der Riese, der sich schlafen legen will, giebt Thôr den Reise-
bündel, sich ein Nachtmal zu bereiten; dann streckt er sich hin und schnarcht
gewaltig. Thôr aber kann die Knoten des Speisebündels nicht öffnen;
da will er den Riesen wecken; aber das gelingt ihm ebensowenig, obwohl
er mit dem Hammer zuschlägt. Der Riese fragt nur, ob ihm ein Blatt
von dem Baum auf den Kopf gefallen sei, oder zum andernmal, eine
Eichel u. dgl. Am Morgen sagt der Riese, Abschied nehmend, sie hätten
nun nicht weit mehr zu der Burg Utgard: sie sollten sich da aber nicht
zu übermüthig benehmen, denn Utgardlokis Hofmänner würden von solchen
Burschen stolze Worte nicht dulden. Da ging Thôr mit seinen Gefährten
weiter und fand am Mittag eine hohe Burg; ein verschloßenes Gitter am
Thore. Da sie es nicht öffnen können, so schmiegen sie sich zwischen den
Stäben hindurch und kommen so hinein. In der Halle fanden sie viele
große Männer. Der König, Utgardloki, nimmt ihren Gruß säumig auf,
und wundert sich über die Kleinheit Öethulthôrs. Doch schlägt er den Gästen vor, sich mit seinen Leuten in Wettspielen zu messen. Da versucht sich zuerst Loki gegen Logi im Essen; Loki aß alles Fleisch von
den Knochen, aber Logi verzehrte das Fleisch mitsammt den Knochen und
dem Trog dazu. Thialfi mißt sich darauf mit Hugi im Wettlauf, wird
aber besiegt. Nun soll sich auch Thôr versuchen, zuerst im Trinken, indem er ein Horn leere, das Einige dort in Einem Zuge austränken,
und selbst der schwächste Trinker in dreien. Thôr bringt es aber kaum
zuwege, daß ein Abgang im Horne bemerkbar wird. Die zweite Kraftprobe, Utgardlokis Katze vom Boden aufzuheben, gelingt ihm nicht beßer:
nur Einen Fuß löst die Katze von der Erde; weiter bringt es Thôr nicht
in diesem Spiel. Zuletzt soll er noch seine Kraft im Ringen darthun
und sich gegen Elli, Utgardlokis Amme, versuchen. Aber das alte Weib
stand fest, während Thôr bald auf ein Knie fiel. So schienen die Wettspiele alle zum Nachtheile Thôrs und seiner Gefährten ausgefallen. Als
sie aber am Morgen Abschied nehmen, begleitet sie Utgardloki hinaus vor
die Halle und gesteht dem Thôr zum Abschied, er habe ihm gestern nur
ein Blendwerk vorgemacht. Zuerst als Skrymir hab er den Speisebündel
mit Eisenbändern zugeschnürt; darauf vor jedem seiner Hammerhiebe einen
Felsblock gehalten, und drei viereckige Thäler habe sein Hammer in die
Felsen geschlagen. So war es auch mit den Spielen: Logi, der sich mit
Loki versuchte, war das Wildfeuer; Hugi, der mit Thialfi stritt, war
mein Gedanke; das Horn konntest du nicht leeren, denn sein anderes

Ende lag im Meere; die Raße, die du von der Erde heben solltest, war die Midgardschlange, und meine Amme Elli das Alter, und Keiner ist so stark, den das Alter nicht zu Falle brächte.'

Diese aus vielen kleinen Mythen zusammengestückte Erzählung trägt besonders am Schluß das Gepräge jüngerer Entstehung, indem die Deutung bereits in dem Bericht mit aufgenommen ist. Ueberhaupt gleicht sie mehr einem Märchen als einem Mythus. Doch betrifft dieß die Gestalt, in der sie überliefert ist; die einzelnen Stücke können gleichwohl alt sein. Thôr muß, um nach Utgard zu gelangen, erst über die tiefe See fahren. Es kann dieß der Strom Ifing sein, der die Riesenwelt von Asgard, der Götterwelt, scheidet; das Wendelmeer, das sonst als Midgardschlange personificiert wird, oder endlich einer der unterweltlichen Ströme. Utgard bedeutet allerdings (Uhland 71) die Riesenwelt im Gegensaß gegen Asgard und Midgard, die von Göttern und Menschen bewohnten Gebiete. Wie aber hier Utgardloki zuerst als Riese Skrymir, und dann erst in seiner wahren Gestalt erscheint, so wißen wir auch, daß die tiefen dunkeln Thäler, welche zur Unterwelt führen, nicht bloß von Zwergen, auch von Riesen bewohnt sind, wie das unter andern aus Helreidh hervorgeht. Daß er der Todesgott ist, beweist das Gitter um seine Burg und seine Amme das Alter. Daß er mit Loki zusammenhängt, deßen Verwandtschaft mit Hel wir bereits kennen, zeigt schon sein Name, noch deutlicher Saxos Bericht von Thorkills Reise zu Utgarthilocus (VIII, 164), wo dieser gleich Loki nach seiner Bestrafung mit ungeheuern Ketten belastet in finsterer Höhle liegt, eine von dem gefeßelten Asaloki herrührende Vorstellung, die auch in deutschen Sagen waltet, Panzer II, 56, 426, vgl. 114 oben; bei Caesarius bestehen die Ketten des Teufels aus Worten, die im Missale stehen, vgl. Baader 301. Neben ihm erscheint freilich Loki auch als Asaloki, wie das ihm zu Grunde liegende Feuer sich noch einmal in Logi wiederholt, und wäre Thialfi, wie Weinhold will, als Loki zu faßen, so kehrte das personificierte Feuer noch zum viertenmal zurück. Das Pfahlwerk jenes Gitters ist bei Saxo mit Menschenköpfen besteckt, wie im Eret bei Mabonagrin, im Ortnit und bei dem meßerwerfenden Heiden in Wolfdietrich. Wenn das Dach mit Spießen gedeckt und Nattern auf das Fleß gestreut sind, so werden wir an Walhall Gr. M. 9 und wieder an Nastrand Wöl. 42 erinnert. Auch daß wüthende Hunde die Thore bewachen wißen wir aus Stirnisför und Fiölfvinnsmal. Diese Züge sind also in der j. Edda nur vergeßen.

Daß Thôr sich in Skrymirs Handschuh verkroch, wird ihm Harbardsl. 26 (wo Skrymir Fialar heißt) und Oegisdr. 60 vorgeworfen, wo 62 auch auf die Knoten des Speisebündels, die Thôr nicht zu lösen wuste, angespielt wird. Den Handschuh, in den sonst Riesen die Menschen stecken wollen

(vgl. Grendel und Hans Muff), deutet Uhland auf eine Steinkluft mit ihrer
Nebenhöhle; der Riese selbst, dessen Schnarchen den Wald erschüttert, ist
das sturmschnaubende Felsgebirge; der mit Eisenbändern zugeschnürte Reise-
sack wird von Mone auf die Winterkälte bezogen, die den großen Speisesack,
die Erde, verschließt; besser ist Uhlands örtliche Deutung: Thór kann hier
wohl Felsen kerben, aber nimmermehr nährende Frucht dem Steingrunde
abgewinnen. Daß der Riese Thórs Hammerschläge für abfallende Blätter
und Eicheln u. s. w. hält, gehört nur zur Schilderung der Riesennatur und
klingt in deutschen Märchen (KM. 90. III, 103) vielfach nach, wo überhaupt Thórs Begegnung mit dem Riesen viele Spuren zurückgelaßen hat.
Erst in Utgardlokis Halle ist das Ziel der Reise erreicht, welches Saxo
ausdrücklich als die Unterwelt bezeichnet, denn Gormo wünscht das Schicksal
der Seelen nach dem Tode zu erkunden. Deßhalb soll Thórkill den Utgarthilocus heimsuchen und seine Aussprüche vernehmen. Freilich werden diesem
hernach Fragen solcher Art nicht vorgelegt; wohl aber soll in den entsprechenden Märchen, z. B. KM. 29, der an die Stelle tretende Teufel oder
sonst ein Ungethüm wie der Vogelgreif auf Fragen Bescheid geben: er
bleibt auch die Antworten nicht schuldig; doch betreffen diese Fragen das
künftige Leben nicht mehr. An sich aber schon deuten diese ,oracula ex-
petenda' auf die Unterwelt, aus welcher auch Odin in der Wegtamskw.
über Baldurs Schicksale Bescheid holt, wie auch im Malegis (Volksb. XII,
415 ff.) Orlande am Grabe des h. Patricius in dessen Fegefeuer Auskunft erhält, ob ihr Geliebter todt oder am Leben sei und wo er sich
aufhalte. Die alte Vorstellung, daß die Unterwelt über die Zukunft
Aufschluß ertheilt, bestätigt sich auch in der prophetischen Warnung, die
Sicil. Märchen S. 10 einer Todten in den Mund gelegt werden. In
denselben deutschen Märchen, wo dem nach der Unterwelt Wandernden
unterwegs auch noch von Andern Fragen aufgetragen werden, über den
er dort Auskunft verlangen solle, erscheint ein Schiffer, der sich für die
Ueberfahrt Hand und Fuß bedingt: hier ist der Todtenschiffer nicht zu
verkennen. KM. 165 trägt der Vogelgreif über das Wasser. So werden wir wie bei Christophorus und dem Riesen Wate an die Zeit erinnert, wo es weder Brücken noch Schiffe gab. Wates finden wir indes
in der englischen Ueberlieferung als Erfinder des Bootes gedacht, was dann
die Wilkinas. auf seinen Sohn Wieland überträgt, wie die Schweizersage
den Apfelschuß auf Egils Sohn Erenlelle. Dieser gehört als Oermondil
§. 82 auch darum hierher, weil ihn Thór im Korbe über die urweltlichen Ströme getragen hat, wobei aber auffällt, daß Thór im Harbardslied
selber der Ueberfahrt harrt. Wir sehen also bald Thór bald Odin (auch
bei Sintflöti) als Todtenschiffer aufgefaßt, was §. 84 bei dem Flusse
Wimur noch deutlicher werden wird. Bei Zingerle Kh. II, 270 begehrt

der Schiffer als Fährlohn geradezu das Leben des Uebergefahrenen: ‚Ich zerreiße dich und damit ist Alles bezahlt.‘ Utgard, das Todtenland, heißt hier Neuholland. Die rechte Hand, der linke Fuß wird auch von Wittich bei einer Brücke (der Todtenbrücke) als Zoll verlangt, und von König Laurin in dessen Rosengarten für den Bruch des Seidenfadens; im großen Rosengarten aber, wo der Schiffer Rorprecht heißt, wieder für die Ueberfahrt. So ist auch in den Albelungen der Elfenfährmann als Todtenschiffer gemeint gewesen, obgleich es jetzt nicht mehr deutlich hervortritt. Vgl. Wolf RS. 53 und Cap. 29 des indiculus pag. de Liguris pedibus vel manibus pagano ritu. Hölzerne Hände und Füße wurden den Todten in den Sarg gelegt, damit sie bei der Ueberfahrt den Zoll entrichten könnten. Der Zusammenhang jener Märchen mit Saxos Erzählung kann aber nicht verkannt werden, denn ‚des Teufels drei Haare‘, die das Märchen verlangt, sind bei Saxo durch Utgardhlocus übetriechendes, hörnernen Sperschaften gleiches Barthaar ersetzt, das Thorkill, der an Thörs Stelle getreten ist, ihm aus der Schwarte bricht. Kehren wir zu der eddischen Erzählung zurück, so haben die Wettspiele, die hier Thör mit seinen Gefährten bestehen muß, in bekannten deutschen Märchen wie KM. I, 70. 134, die Wolf Beitr. I, 90 verglichen hat, ihre Gegenbilder. Das erste, bei dem es sich darum handelt, wer am besten essen kann, findet sich bei Kuhn NGS. 361 wieder; die Deutung giebt die Erzählung selbst: unter Wildseuer schreint das unterirdische Feuer verstanden, dem wir den Vorzug größerer Gefräßigkeit nicht streitig machen wollen; sonst führt diesen Namen das Rothfeuer, Myth. 570. Wer Thialfi eigentlich ist, kann das folgende Wettspiel lehren: wär er, wie Uhland will, auch hier der menschliche Fleiß beim Anbau der Erde, der bei aller Rüstigkeit doch nur sehr allmählich vorwärts schreitet, so hätte er sich nicht erbieten dürfen, mit Jedem um die Wette zu laufen, den Utgardloki dazu auserfäh; er konnte es ohne Vermessenheit, wenn er, der bis dahin für altra manna fötvathaatar galt, der Blitz war. Aber noch schneller ist der Gedanke, und so wird er von Hugi besiegt. Dieser glückliche und gewiß uralte Zug ist im deutschen Volk unvergessen geblieben: wir finden ihn auch im Puppenspiel von Faust S. 27. 117 und bei Lessing wieder. So hat er auch in die Sage von Bodmann und dem Nebelmännchen (Uhland VIII, 127) Aufnahme gefunden. Auch dieser märchenhafte Zug brauchte also nicht erst aus dem Orient einzuwandern. Wenn Thialfi der Blitz ist, so war er auch berechtigt, mit Loki Thörs Reisegefolge zur Unterwelt zu bilden und an den ihm ertheilten Spielen Theil zu nehmen. Glücklich erfunden und ganz mythisch sind auch die Wettspiele, die Thör selber besteht; ihr hohes Alter ist nicht zu bezweifeln. An den Wetttrunk ist die Erklärung der Ebbe geknüpft: dergleichen liebt der Mythus, der auch weiß,

warum die See falzig ist D. 63, wie das Erdbeben entsteht, und warum
der Lachs hinten spitz ist §. 41, woher die Wetzsteinfelsen kommen §. 81,
wozu sich aus deutschen Sagen zahlreiche Gleichungen beibringen laßen;
selbst die Teufelsaugen des Bocks bleiben nicht unerklärt, wobei der Zusammenhang mit dem Mythus von den wiederbelebten Böcken offenbar ist.
Daß Thôr durstig ist, wißen wir auch aus Hamarsheimt, wo Sifs Gemahl drei Kufen Meth leert; das Meer auszutrinken, eine uralte Aufgabe, vermag er freilich nicht, aber dieß gehört auch nicht in die Unterwelt. Thôrs Kampf mit der Midgardschlange, der noch zweimal wiederkehrt, übergeh ich, und bemerke nur mit Weinholds Worten (l. a.), daß
sie Utgardlokis Ingesinde zu bilden vollkommen berechtigt ist; nur ihre
Einführung als Katze ist neu, aber nicht zu tadeln. Das Meer als Katze
gedacht finden wir auch bei Rochholz, Mythen 171, wo überdieß ein Volks-
räthsel die anstürmende See als Katze auffaßt. Endlich ist der Kampf
mit dem Alter, dem auch Asgards Götter unterliegen, ein treffliches My-
thenbild; daß Elli die Amme des Todesgottes ist, müßen wir bewundern.
Wer möchte sich diesen Gedanken, der neben Thialfis Wettlauf mit Hugi
zu dem Schönsten gehört, was die Edda bietet, damit verderben, daß Utgardloki nichts als ein König der Riesenwelt sein soll?

Indem Thôr diese Spiele siegreich besteht, was ihm Utgardloki einräumen muß, hat er die Unterwelt besiegt und die Aufgabe gelöst, die
einst auch dem Hercules gestellt war. Freilich ist dieser Sieg nur ein be-
dingter; aber im Heidenthume war kein anderer möglich; die Pforten der
Hölle zu überwältigen vermochte nur jener Mächtigere, den das Heidenthum erst als einen künftigen, der kommen solle, ahnte. Aber die höchste
Aufgabe, die es dem Helden, ja den Göttern stellte, ist der Sieg über die
Unterwelt, und wie diese hier gelöst ward, haben wir gesehen. Die Schrecken
des Todes zu überwinden legte sich auch Karl V. in den Sarg, wie es
schon vor ihm Wolfdietrich gethan hatte, der sich dabei mit den Geistern der von ihm Erschlagenen herumschlagen mußte. In den Sarg legte
sich auch, um die Königstochter durch eine That höchster Kühnheit zu erlösen, der verabschiedete Soldat in dem Märchen, das ich in meinen
Deutschen Märchen Nr. 2 mitgetheilt habe; der Wieß-Tagl bei Zingerle
Sagen S. 318 thut es, weil es ihm der Beichtvater zur Buße seiner Sünden aufgegeben hatte und so ist es auch bei Karl V. und Wolfdietrich zu
verstehen. Uebrigens soll auch in den nächsten §§ dieselbe Aufgabe, freilich in anderer Weise, gelöst werden. Doch müßen wir zugestehen, daß
wenn schon in diesem die Deutung auf die Winterriesen möglich blieb,
wie denn Utgardloki auch von Uhland nur als ein König des winterlichen Riesenreiches gefaßt wird, sich hier diese Deutung noch näher legt.
Aber der Winter ist der Tod der Natur, und wir haben überall gesehen,

daß Sonnenjahr und Weltenjahr, Tod und Winter nicht auseinander gehalten werden.

84. b. Fahrt nach Geirrödhsgard.

Loki flog einmal zur Kurzweil mit Friggs Falkenhemde aus, und die Neugier trug ihn nach Geirrödhsgard, wo er eine große Halle sah. Da ließ er sich nieder und sah ins Fenster. Geirrödh läßt ihn greifen, und als er ihm in die Augen sieht, merkt er wohl, daß es ein Mann sein müße; weil er es aber nicht gestehen will, schließt er ihn in eine Kiste und läßt ihn drei Monate hungern. Nach dieser Zeit gestand Loki wer er sei, und löste sein Leben damit, daß er versprach, Thor nach Geirrödhsgard zu bringen ohne Hammer und Stärkegürtel. Das geschah; unterwegs ließ aber Thor von einem Riesenweibe, Namens Gridhr, der Mutter Widars des schweigenden, deren Stärkegürtel, Eisenhandschuhe und Stab. Bei dem Fluße Wimur, aller Flüße größtem, umspannte er sich mit dem Stärkegürtel und stemmte Gridhs Stab gegen die Strömung; Loki aber hielt sich unten am Gurte. Der Strom wuchs so stark, daß er dem Thor bis an die Schultern stieg. Da sprach Thor:

> Wachse nicht, Wimur, nun ich waten muß
> Hin zu des Joten Hause.
> Wiße, wenn du wächsest, wächst mir die Asenkraft
> Ebenhoch dem Himmel.

Da bemerkt Thor, daß Gialp, Geirrödhs Tochter, quer über dem Strome stand und dessen Wachsen verursachte. Da warf er mit einem Steine nach ihr und sprach: Bei der Quelle muß man den Strom stauen. Als er dem Ufer nahe war, ergriff er einen Vogelbeerstrauch und stieg aus dem Fluße; daher das Sprichwort: der Vogelbeerstrauch sei Thors Rettung. Als sie zu Geirrödh in die Halle kamen, war da nur Ein Stuhl, auf den setzte sich Thor. Aber der Stuhl hob sich unter ihm gegen die Decke. Er aber stieß mit Gridhs Stab gegen das Sparrwerk und drückte den Stuhl auf den Boden herab. Da entstand groß Krachen und Schreien, Geirrödhs Töchtern Gialp und Greip war das Genick gebrochen. Darauf wird Thor von Geirrödh zu den Spielen gerufen. Geirrödh faßt einen glühenden Eisenkeil und wirft ihn nach Thor. Aber Thor fängt ihn mit den Eisenhandschuhen in der Luft auf. Darauf wirft er den Keil zurück; Geirrödh sprang hinter eine Säule; aber der Keil fuhr durch die Säule, durch Geirrödh, durch die Wand und draußen noch in die Erde. D. 61.

Auch diese Erzählung beruft sich auf ein Stalderlied, die Thorsdrapa, welche Eilif, Gudruns Sohn, am Schluße des 10. Jahrhunderts dichtete. Sie folgt ihm aber nicht genau, da Thialfis Gegenwart verschwiegen ist. Wiederum steht auch ihr eine Erzählung Saxos zur Seite, welche er der andern von Ugarthilocus unmittelbar vorausschickt. Während aber dort Thorkill, in welchem Thôr nachklingt, die Fahrt nur auf König Gormos Befehl unternimmt, ist er hier Gormos Führer; als Ziel der Reise wird der Sitz des Geruthus (Geirröhsgarb) angegeben, wo ungeheure Schätze gehäuft seien; doch sei der Weg gefahrvoll und Sterblichen fast unmöglich, denn man müße über das erdumgürtende Meer (Wendelmeer), der Sonne und den Sternen entsagen und in Gegenden dringen, die ewige Finsterniß umhülle. Auch Gormos Beweggrund ist lehrreich: er wünschte die Wunder der Welt und die Geheimnisse der Natur zu erforschen, so daß hier eine jener Obyßeen angekündigt wird, an denen die deutsche Sage so reich ist, und deren letztes Ziel die Unterwelt zu sein pflegt. Ich übergehe die Gefahren, die sie unterwegs bestehen, und erwähne nur, daß die Gefährten erst zu Geruths Bruder Gôbhmund (vgl. Müllenhoff Allerth. 46, Saxo 423 mit P. E. Müllers Note) gelangen, der in Gläsiswöll haust, und die Fremdlinge unter dem Scheine gastlichen Empfangs durch schöne Weiber und köstliche Speisen und Getränke zu verlocken sucht; aber Thorkill mahnt, nicht bei Allen mit Erfolg, Alles unberührt zu laßen, weil sie sonst Vernunft und Gedächtniß verlieren und schmutziger Gemeinschaft der Ungeheuer anheimfallen würden. An das Schicksal der Gefährten des Obyßeus brauche ich nicht erst zu erinnern, noch an Persephone, die durch den Genuß einiger Granatkörner dem Hades anheimfiel; auch die deutschen Sagen wißen, daß sich die Menschen, welche Feste der Unterirdischen belauschen, von Trank und Speise zu enthalten haben. Auch gemahnt die goldene Brücke, die über den Fluß zu Geruths Sitze führt, an die Glasarbrücke D. 49; der wilthenben Hunde zu geschweigen, die wie in Stirnisför den Eingang bewachen. Den leicht zu häufenden Beweisen, daß bei Saxo das Ziel der Reise die Unterwelt war, ließe sich entgegensetzen, sie sei in diese spätere Umbildung nur hineingetragen; sie kann aber auch in der ebbischen Darstellung, wo der Strom Wimur ‚aller Flüße größter‘ doch ein Todtenfluß scheint, nur verdunkelt sein. Ich halte ihn sogar für das erdumgürtende Meer, jenseits deßen die Unterwelt liegt. Judem Thôr ihn watet, erinnert er wieder an das watende Wesen, an deßen Stelle nach S. 256 seit Erfindung des Bootes der Todtenschiffer trat. Geirwimul, in welchem Gere (Spere) schwimmen, wird ausdrücklich unter den Todtenflüßen aufgezählt. Man wird nicht übersehen, daß Loki sich an Thôrs Gurte festhielt, so daß ihn dieser hinübertrug wie den Orwandil über die urweltlichen Ströme, wie Wate den Wieland, wie Orion den Kedalion, Christophorus den Heiland. Vgl. §. 73a. Warum freilich Thôr den Loki hinüberträgt, sehen wir nicht deutlich, nicht einmal was er jenseits zu thun habe. Er hatte verheißen, den Thôr nach Geirröhsgarb zu schaffen, der nun ihn hinüberschafft.

Er ist freilich auch sonst nebst Thialsi Thörs Gesährte; wie aber dieser, der den Blitz bedeutet, hier fehlt, scheint es auch Lokis, als des Feuers, nicht zu bedürfen, wenn er nicht etwa als das Feuer des Blitzstrals, das über das unterweltliche Feuer siegen sollte, in Betracht kam. Im Utgardloki hatte doch das unterweltliche Feuer gegen das Blitzfeuer den Sieg davongetragen. Oder wäre Geirröbh, wie Uhland will, nur als Gewitterriese gedacht? Andererseits scheint Thör in dem Stab der Gridh die Macht über die Unterwelt empfangen zu haben. So viel auch hier unklar bleibt, der Zusammenhang beider Erzählungen ist um so weniger zu läugnen, da von dem greisen Geruthus, ‚der mit durchbohrtem Leib vor einem gespaltenen Felsen sitzt, während drei höckerige Weiber mit zerbrochenem Rücken da liegen‘, bei Saxo ausdrücklich gesagt wird: ‚einst habe Thör dem übermüthigen Riesen den glühenden Stahl (torridam chalybem), der dann noch die Felswand spaltete, durch die Brust getrieben.‘ Die späte Sage von Thörstein Bäarmagn (Ztschr. [. M. I, 410), der als ein weiterer Nachhall gleichfalls zu Geirröbh und Gudmund von Glässwöll kommt, mischt Heidnisches und Christliches. Gleich Anfangs gelangt Thörstein in die Unterwelt, wie Thör zu Gridh; Glässwöll und Geirröbhsgard scheinen hier eher im Riesenland zu liegen: obgleich auch wieder Gnupalund (vgl. §. 46, 8) und Grund, das Land Agdi Jarls, der schwarz ist wie Hel, auf die Unterwelt weisen und abermalige Wettspiele an die in Utgardlokis Halle erinnern. Ueber Grund vgl. Myth. 766. Daß aber auch hier Thörstein Thör ist, sieht man am Deutlichsten daran, daß Stahl und Stein, womit er Gewitter erregen kann, wenn er sie aneinander schlägt, in seine Hand zurückkehren sobald er will.

Ich lasse jetzt noch Uhlands Deutung folgen: Geirröbh ist ein Dämon der glühenden Hitze, die sich in Wolkenbrüchen entlädt. Die Töchter des Gewitterriesen, Gialp und Greip, die lärmende Brandung und reißende Strömung, zielen auf das Ueberschwellen der Bergströme, die den Anbau zu verschlingen drohen. Obgleich Thör Donnergott ist, so stammt doch das schädliche, verheerende Gewitter nicht von ihm; er tritt ihm vielmehr entgegen und dämpft es wie jeden andern Ausbruch wilder Elemente. Seinen Hammer hat er jetzt nicht bei sich, weil das Gewitter diesmal nicht von ihm ausgeht, sondern von dem Glutriesen, der nun, wo nach dem Eintritt der Sommerwende der Sommer jötunisch geworden ist, im Gewölk waltet; warum ihm auch Eisenhandschuhe und Stärkegürtel fehlen, wird nicht gesagt. Auch Gridh ist eigentlich eine Wettermacherin; hier aber, wo das Wetter schon von anderer Seite erregt ist, äußert ihr Zauberstab nur seine niederschlagende Kraft: sie erscheint als Mutter des schweigsamen Gottes, weil ihr Stab das Gewitter zum Schweigen bringt. Als Grund, warum der Vogelbeerstrauch Thörs Rettung heißt, wird

vermuthet, daß die Heftigkeit der Gewitter um die Zeit nachläßt, wo seine
Beeren reifen. (Befriedigendere Auskunft giebt Kuhn Herabkunft 196. 205.)
Der Stuhl, der Geirrödhs Töchtern das Genick zerbricht, ist die Brücke.
Brücken, besonders an schwierigen Stellen erbaut, wurden als das Werk
des Gottes angesehen, der überall den menschlichen Verkehr fördert und
gegen zerstörende Naturgewalten schirmt. Der Feuerkeil, der dem Geirrödh zurückgeschleudert wird, zeigt, wie im gleichen Element der Jötunn
verderblich, der Gott hülfreich waltet. Für die eddische Gestalt des Mythus ist diese Deutung glücklich; aber in Bezug auf Gridh und ihren Stab
befriedigt sie nicht. Offenbar empfing Thôr in ihm Ersatz für den Hammer, an dessen Stelle er dann doch nicht eintritt. Somit scheint er schon
von dem Skalden, aus dessen Darstellung die Erzählung geschöpft ist, in
seiner Bedeutung verkannt, da er ihn nicht geschleudert werden ließ. Damit er nicht ganz überflüßig werde, dient er etwa noch zum Durchwaten
des Stroms Wimur, der auch darum ein Höllenstrom sein muß, weil wir
Gridh §. 96 als Unterweltsgöttin erkennen werden. Vgl. §. 65. Da
wir in Grimnismal Odin von Geirrödh zwischen zwei Feuer gesetzt
finden (§. 108) und der Stab der Gridh Odins Speer Gungnir gleicht
(§. 65), so ist hier wahrscheinlich ein Mythus, der von Odin als Gewittergott handelt, auf Thôr übertragen. Des Stabes bedient sich Odin auch,
um in der Unterwelt die Wala zu erwecken, die er über Balders beunruhigende Träume befragt. Insofern hier Gridh dem Thôr freundlich ist,
gleicht sie jener Allgoldenen, Weißbrauigen in dem folgenden Mythus von
Hymir, die gleichfalls eine Gemahlin Odins war, denn er hat den Tyr
mit ihr gezeugt, wie den Wibar mit Grîdh. Thôrs Rettung durch den
Zweig der Eberesche klingt vielfach nach; in einem Abenteuer Gawans
(Parz. 602. 20—28), in einem Gesichte Liutolfs, der in einen Abgrund
zu stürzen meint, sich aber noch an einem Zweige hält und gerettet wird,
und in dem Bilde zu Brants Narrenschiff cap. 29, wo der Narr sich
an einem schwachen Zweige hält, aber gleichwohl in den Schlund eines
Ungethüms stürzt. Vgl. jedoch das Gleichniß S. 41 o.

85. Hymir.

Die jüngere Edda, die Thôrs Reise zu Utgardloki so auffaßt, als
müße er sich ihrer schämen, weshalb er sich vorgesetzt habe, Rache dafür
zu nehmen und namentlich mit der Midgardschlange zusammenzutreffen,
berichtet D. 48: Er weilte nicht lange daheim, sondern griff so hastig zu
dieser Fahrt, daß er weder Wagen noch Böcke noch Reisegesellschaft mitnahm. Er ging aus über Midgard als ein junger Gesell, und kam eines
Abends zu einem Riesen, der Hmir hieß. Da blieb Thôr und nahm Herberge. Aber als es tagte, stand Hmir auf und machte sich fertig auf die

See zu rudern zum Fischfang. Thôr stand auch auf und war gleich bereit und bot, daß Ymir ihn mit sich auf die See rudern ließe. Ymir
sagte, er könne nur wenig Hülfe von ihm haben, da er so klein und
jung sei, ,und es wird dich frieren, wenn ich so weit hinausfahre und so
lange außen bleibe, wie ich gewohnt bin.' Aber Thôr sagte, er dürfe
um deswillen nur immer recht weit hinausfahren, da es noch ungewiß
sei, wer von ihnen beiden zuerst auf die Rückfahrt bringen werde; und
zürnte dem Riesen so, daß wenig fehlte, er hätte ihm seinen Hammer fühlen laßen. Doch unterließ er es, weil er seine Kraft anderwärts zu versuchen gedachte. Er fragte Ymir, was sie zum Köder nehmen wollten,
und Ymir sagte, er solle sich selber einen Köder verschaffen. Da ging
Thôr dahin, wo er eine Heerde Ochsen sah, die Ymir gehörte, und
nahm den größten Ochsen, der Himiubriotr (Himmelsbrecher) hieß,
riß ihm das Haupt ab und nahm das mit an die See. Ymir hatte
das Boot unterdes ins Waßer geflößt. Thôr ging an Bord, nahm
zwei Ruder und ruderte so, daß Ymir gedachte, von seinem Rudern habe
er gute Fahrt. Ymir ruderte vorn, so daß sie schnell fuhren. Da sagte
Ymir, sie wären nun an die Stelle gekommen, wo er gewohnt sei zu
halten und Fische zu fangen. Aber Thôr sagte, er wolle noch viel weiter rudern: sie fuhren also noch lustig weiter. Da sagte Ymir, sie wären nun so weit hinausgekommen, daß es gefährlich wäre in größerer
Ferne zu halten, wegen der Midgardschlange. Aber Thôr sagte, er
werde noch eine Weile rudern, und so that er, womit Ymir übel zufrie-
den war. Endlich zog Thôr die Ruder ein, rüstete eine sehr starke
Angelschnur zu, und der Hamen daran war nicht kleiner und schwächer.
Thôr steckte den Ochsenkopf an die Angel, warf sie von Bord und die
Angel fuhr zu Grunde. Da mag man nun fürwahr sagen, daß Thôr
die Midgardschlange nicht minder zum Besten hatte als Utgardloki seiner
spottete, da er die Schlange mit seiner Hand heben sollte. Die Midgardschlange schnappte nach dem Ochsenkopf und die Angel haftete dem
Wurm im Gaumen. Als die Schlange das merkte, zuckte sie so stark,
daß Thôr mit beiden Fäusten auf den Schiffsrand geworfen ward. Da
ward Thôr zornig, fuhr in seine Asenstärke und sperrte sich so mächtig,
daß er mit beiden Füßen das Schiff durchstieß und sich gegen den Grund
des Meeres stemmte: also zog er die Schlange herauf an Bord. Und
das mag man sagen, daß Niemand einen schrecklichen Anblick gesehen hat,
der nicht sah wie jetzt Thôr die Augen wider die Schlange schärfte und
die Schlange von unten ihm entgegenstierte und Gift blies. Da wird
gesagt, daß der Riese Ymir die Farbe wechselte und vor Schrecken er-
bleichte, als er die Schlange sah und wie die See im Boot aus- und
einströmte. Aber in dem Augenblick, da Thôr den Hammer ergriff und

in der Luft erschwang, stürzte der Riese hinzu mit seinem Messer und zerschnitt Thôrs Angelschnur, und die Schlange versank in die See, und Thôr warf den Hammer nach ihr, und die Leute sagen, er habe ihr im Meeresgrunde das Haupt abgeschlagen; doch mich dünkt, die Wahrheit ist, daß die Midgardschlange noch lebt und in der See liegt. Aber Thôr schwang die Faust und traf den Riesen so ans Ohr, daß er über Bord stürzte und seine Fußsohlen sehen ließ. Da watete Thôr ans Land.

Anders leitet die Hymiskwiba diesen Mythus ein; sie bringt ihn in Zusammenhang mit dem Gastmal, das die Asen bei Oegir, dem Meergott halten wollten, der aber von Thôr bedrängt, an den Göttern auf Rache sann und die Bedingung stellte, daß ihm Sifs Galle den Kessel herbeischaffe, das Bier zu brauen. Es ist dabei, wie noch oft in den Märchen, auf die Demüthigung des Ausgesandten abgesehen; gegen Erwarten aber schlägt sie zu seiner Verherrlichung aus. Da die Götter solchen Kessel nicht zu erlangen wißen, sagt Tyr dem Thôr, sein Vater, der hundweise Hymir, der im Osten des Elivagar an des Himmels Ende wohne, habe einen meilentiefen Kessel, den sie mit List erlangen möchten. Diese beiden nun fuhren (erst am Schluß, wie wir aus §. 80 wißen, tritt Loki als dritter Gefährte hervor) bis sie zu des furchtbaren Riesen Behausung kamen (til Egils kwâmu). Da stellte Thôr die Böcke ein und trat mit Tyr in die Halle, wo dieser die Ahne, die Großmutter findet, die ihm leidlge: -

Die hatte der Häupter neunmal hundert

Doch eine andere Frau, allgolden, weißbrauig, empfängt sie gastlich, räth aber den Fremden, sich unter den Kesseln zu bergen, da ihr Galle den Gästen oft gram sei und grimmes Muthes. Als dieser spät vom Waidwerk heim kommt, schallen Eisberge als er eintritt; der Wald an seinem Kinn ist gefroren. Die jüngere Frau verschweigt ihm nicht, daß Thôr mit ihrem Sohne gekommen sei, der Freund der Menschen, der Riesen Widersacher: beide bargen sich dort hinter der Säule. Diese Säule zerspringt aber vor des Riesen Sehe, der Balken zerbricht und acht Kessel fallen herab und zerbrechen; nur ein hart gehämmerter bleibt ganz. Da gehen die Gäste hervor und wenig Gutes ahnt dem Riesen, als er den Feind ins Auge faßt. Doch macht er Anstalt zu seiner Bewirthung und läßt drei Stiere schlachten, von denen Thôr allein zwele verzehrt. Da erklärt Hymir, für den nächsten Abend müßten sie morgen erst auf dem Fischfang die Mahlzeit herbeischaffen. Thôr ist dazu bereit, fragt aber nach dem Köder, und als Hymir sagt, den solle er in der Heerde suchen, reißt er einem allschwarzen Stier das Haupt ab. Bei der Seefahrt selbst, an welcher Tyr nicht Theil zu nehmen scheint, kann der Riese dem Thôr nicht weit genug hinaus rudern. Zwei Wallfische zieht Hymir an der Angel

zugleich empor, während Thör am Steuer den Sterkopf als Köder gebraucht für die verhaßte weltumgürtende Schlange. Als diese anbeißt,
zieht Thör sie zum Schiffsrand empor und trifft ihr das häßliche Haupt
mit dem Hammer; doch senkt sich der Fisch wieder in die See. Auf dem
Heimweg aber war es dem Riesen nicht geheuer: er verstummte nach solcher Krafterweisung Thörs. Am Strande läßt er ihm die Wahl, ob er
die Wallfische herrintragen oder das Boot ans Ufer bringen wolle. Thör
thut mehr als beides zugleich: er hebt das Schiff ohne das Wasser erst
auszuschöpfen mit allem Schiffsgeräth auf und trägt es samt den Wall-
fischen zu Hymirs Felsenkluft. Gleichwohl will der Riese seine Kraft nicht
anerkennen, wenn er nicht den Kelch dort noch zu brechen vermöge.

Als der dem Hlorridi zu Händen kam,
Zerstückt' er den starrenden Stein damit.
Sitzend schleudert' er durch Säulen den Kelch;
In Hymirs Hand doch kehrt' er heil.

Über die freundliche Stille lehrt' ihn
Wohl wichtigen Rath, den allein sie wußte:
,Wirf ihn an Hymirs Haupt: härter ist das
Dem kostmüden Jotunn als ein Kelch mag sein.'

Der Böcke Gebieter bog die Knie
Mit aller Asenkraft angrihen:
Heil dem Höhnen blieb der Helmsitz;
Doch brach alsbald der Becher entzwei.

,Die liebste Last verloren weiß ich,
Da mir der Kelch vor den Knieen liegt.
Oft sagt ich ein Wort: nicht wieder sag ich's
Von heute an: zu heiß ist der Trank!'

,Noch mögt ihr versuchen, ob ihr die Macht habt,
Aus der Halle hinaus zu heben die Kufe.'
Zweimal ihn zu rücken mühte sich Tyr:
Des Kessels Wucht stand unbewegt.

Doch Modis Vater erfaßt' ihn am Rand,
Stieg vom Estrich in den untern Saal.
Aufs Haupt den Hafen hob Sifs Gemahl:
An den Knöcheln klirrten ihm die Kesselringe.

Sie fuhren lange, eh Ußtern ward
Odins Sohn, sich umzuschauen:
Da sah er aus Höhlen mit Hymir von Osten
Volk ihm folgen vielgehauptet.

Da harrt' er und hob den Hafen von den Schultern,
Schwang den mordlichen Miölnir entgegen
Und fällte sie alle, die Felsungethüme,
Die ihm entliefen in Hymirs Geleit.

Das Gedicht schließt, nach der §. 80 schon besprochenen Anknüpfung des Mythus von dem erschlagenen Bocke, mit Thôrs Heimkehr in Oegirs Halle, wo die Götter nun jede Leinernte aus dem Kessel trinken.

Dieß Gedicht, das sich schon durch Versbehandlung und Sprache als eins der spätern zu erkennen giebt, lag dem Verfasser der jüngern Edda nicht vor; es könnte also nach ihr entstanden sein. Für den Kampf mit der Midgardschlange, die beiden Darstellungen gemein ist, bleibt dieß gleichgültig; nicht so für die Züge, welche die Hymiskwiða allein kennt, wohin außer Tyrs Antheile an der Fahrt und seiner Verwandtschaft mit Hymir, der nur sein Stiefvater sein könnte, denn Odin ist sein Vater, namentlich die Herbeischaffung des Kessels gehört, die sogar als Hauptsache behandelt wird. Für Alles dieß gebricht es sonst im Norden an Zeugnissen, da auch die Bruchstücke von Slatbenliedern (cf. Lex. Myth. 460) mit der Darstellung in D. 48 stimmen. Was zuerst Tyr betrifft, so erscheint er hier nach Uhlands Deutung als Personifikation des kühnen Entschlußes; seine Verwandtschaft in Jötunheim aber hat ihm den Sinn, daß der Kühne im Lande der Schrecken und Fährlichkeiten heimisch sei. Wir werden indeß unten sehen, daß Tyrs Auffassung als der kühne Gott eine sehr junge ist. Ob nun gleich seine Verwandtschaft mit den dunkeln Riesen oder gar mit der Unterwelt sonst nicht bezeugt ist, so steht doch seine ursprünglich lichte Natur derselben nicht im Wege, denn da sie durch die allgoldene, weißbraulge Frau vermittelt ist, so kann hier der Dichter aus echter Ueberlieferung geschöpft haben. Auch die Herbeischaffung des Kessels hat uralten Grund; aber sie sowohl als die beiden ungleichen Frauen weisen uns wieder auf die Unterwelt, die in der nordischen Färbung des Abenteuers, die den Hymir zu einem Frostriesen gemacht hat, kaum wieder erkannt wird. Und doch sollten wir sie nicht verkennen: auch Gerda war bei Reifriesen (Bergriesen nach D. 87); gleichwohl entging uns nicht, daß sie in der Unterwelt weilte; von Iðun hieß es §. 81 ausdrücklich, sie sei bei Hel. Und auch in Deutschland erscheint der Winter (das ist hier Hymir) als (menschenfressender) Riese. Colßhorn No. 39. Sonst wird Hymir in deutschen Mährchen, an die Jeder durch die Worte: „Ich rieche, rieche Menschenfleisch!" erinnert wird, durch den Teufel vertreten: in den entsprechenden romanischen heißt er der Oger, ital. orco, neapolit. huorco, also aus dem personificierten Orcus entstanden, Myth. 434. Alpenburg, Tir. S. 51—75. Auch die beiden Frauen in Hymirs Halle finden sich in diesen Mährchen wieder; die ältere neunhundertshäuptige erscheint als des Teufels Großmutter; die jüngere allgoldene, weißbrauige gleicht der Frau des Menschenfressers, der orca oder ogressa, die wie jene schützend und rettend einzugreifen pflegt; Müllenh. 445 weiß sogar noch von Thôrs Bock. Den Kessel kann ich freilich in seinem Bezug auf die Unterwelt nur in dem noch fortlebenden

Eigennamen Hellekeßel nachweisen: es ist der Abgrund der Hölle (abyssus Myth. 766), das ungeheuliche hol Myth. 291, das auch als ein Faß gedacht wird (Saturni dolium, Myth. 115. 227), aus dem in altdeutschen Schauspielen der Teufel predigt. In Bezug auf Thôr, der diesen Keßel heraufholt, enthält der häufige nordische Name Thorketill, in Thorkill verkürzt (Myth. 170) eine Erinnerung; er lebt aber auch in deutschen Mährchen fort, von denen Wolf Beiträge I, 95 einige verglichen hat: in dem von Dreizehn DMS. 105 ist er so groß, daß hundert Mann daran arbeiten können ohne daß Einer den Andern hämmern hört, ja daß eine ganze Stadt darin Platz findet. Schon Grimm bemerkt Myth. 170, wenn Thôr den großen Keßel auf seinem Haupte forttrage, so erinnere das an den starken Hans (ans?) im Kindermärchen, der sich die Glocke auf das Haupt stürzt. Vgl. Myth. I, 49. Panzer II, 61. 439.

Wir sehen also auch hier Thôr in die Unterwelt hinabsteigen, und gewinnen neue Bestätigung der Ansicht, daß Tacitus Grund hatte, ihn dem Hercules gleichzustellen. Wir können aber nun weiter gehen und die drei eddischen Mythen von Thôrs Fahrt nach der Unterwelt als Bruchstücke eines einzigen fassen, der sich in den Mährchen oft wieder in anderer Weise zersplittert, zuweilen aber auch ziemlich vollständig wiederfindet; am vollständigsten in dem Bergischen von dem starken Hermel bei Montanus I, 355, wo wie in dem Hessischen von Kürbchen Bingeling KM. III, 164 die als Schlafmütze dienende große Glocke neben dem Mühlstein vorkommt, der ihm zum Halskragen wird. Die Glocke ist an die Stelle des Keßels getreten; der unschädlich herabgeworfene Mühlstein hängt, wie schon KM. III, 163 erinnert ist, mit Thôrs Abenteuer bei Strymir zusammen, und so vereinigen sich hier schon die in der Edda zerstreuten Züge wieder. Auch der Gang nach der Hölle fehlt zuletzt bei dem starken Hermel nicht, ja diese war eigentlich schon vorher bei der Teufelsmühle vorhanden. Zunächst schließt sich nun das serbische Mährchen von dem Bärensohn an (KM. III, 424, Büsching W. R. IV, I, 54, Volksm. d. Serb. 1854 No. 1), das aber durch das Bestreben, die Züge von riesenhafter Größe zu steigern und zu überbieten, gelitten hat. Der Held wird darüber vollständig zum Zwerge, wie schon Thôr, da er sich in dem Däumling des Riesenhandschuhs verkriecht, wie er sich auch bei Hymir unter Keßeln birgt. Man begreift nun, wie die deutschen und französischen Mährchen von Kleindäumchen, Daumesdick und Däumerlings Wanderschaft, KM. 37. 45, verwandt sind. Darum geräth auch Kleindäumchen KM. III, 379 zu dem Menschenfresser; es ist Thôr bei Hymir. Reiner, aber unvollständiger ist KM. 90 (vgl. Fingerle KM. 220); doch ließe es sich aus den in den Anmerkungen erhaltenen Varianten ergänzen. Vgl. Germania I, 291. Den Preis behält immer der starke

Himmel. Dieser hat es noch ganz mit den Riesen zu thun, die aber hier zu Heiden (Zwergen) geworden sind; von ihnen wird er auch in die Hölle geschickt, wie Thôr von Oegir dem Felswohner Hym. 2 zu Hymir. In Malegis (Volksbücher XII) ist Klein Spiel mit seinem metallenen Kolben, der in seine Hand zurückkehrt (S. 237) um so unverkennbarer Donar, als er es am liebsten mit den Riesen zu schaffen hat. Sein Name scheint die Geschwindigkeit des Blitzstrals auszudrücken.

In der Hymiskwiba glaube ich den Ursprung der Sage von Herzog Ernst und seinem Freund Wetzel zu erkennen. Wetzel, ein Schwertname, deute ich auf Tyr als Schwertgott; er begleitet den Herzog wie Tyr den Thôr auf seiner Reise, deren Ziel auch hier die Unterwelt, der hohle Berg ist. Aus dem hohlen Berge bringt Herzog Ernst den Waisen mit, der ihm den Kaiser versöhnt, der ihn ausgesandt hat: so bringt Thôr den Kessel aus der Unterwelt den in Oegirs Halle versammelten Göttern heim. Nähere Ausführung muß ich mir vorbehalten. Die Historisierung wird um so weniger täuschen, als sie in so verschiedener Weise versucht worden ist. Vgl. Uhland VII, 567—588.

Die Frage, was es bedeuten könne, daß der Gott des Gewitters in die Unterwelt hinabsteige, sind wir eigentlich zu beantworten nicht verpflichtet: wir können sie der vergleichenden Mythologie überweisen. Hat die griechische Mythologie eine Antwort auf die Frage, was es bedeute, wenn Hercules in den Hades hinabsteigt und den Cerberus heraufholt? Wenn Thôr aus einem Gewittergott zum Gott der Cultur und der menschlichen Thätigkeit in Bezwingung der äußern Natur geworden ist, so läßt sich von dieser seiner letzten Bedeutung aus der Mythus nicht begreifen, denn wie viel auch menschlicher Fleiß vermöge, die Unterwelt kann er nicht bezwingen, die Schreden des Todes nicht überwältigen. Der Verfaßer der Erzählung von Utgardloki §. 83 hat es nicht einmal vermocht, die Begebenheit so darzustellen, daß uns Thôr wirklich als Strymis Sieger, Utgardlokis und seiner Gefährten Bezwinger erschiene: es ist nur ein snoobs d'ostimo, den er davon trägt, wenn zuletzt Utgardloki seiner Kraft Lobsprüche zollt und ihm die tiefen Thäler zeigt, die sein Hammer in die Felsen geschlagen hat. Stärker tritt sein Sieg in den beiden andern mythischen Erzählungen von Thôrs Hinabsteigen in die Unterwelt hervor und wenn das Räthsel unserer Frage gelöst werden soll, müßen wir von dem Mythus von Hymir ausgehen. Bei allen Andeutungen der Unterwelt sehen wir doch hier Thôr mit dem Winter kämpfen: der sommerliche Gott des Gewitters bezwingt den Winterriesen. Wir haben aber schon oft erfahren wie Jahrestmythen zu Mythen von Tod und Leben erweitert werden. Gehen wir hievon aus, so erklärt sich Alles, die aufgeworfene Frage löst sich von selbst, und die vergleichende Mythologie

wird es bestätigen. Das Reich des Winters ist dem Mythus mit dem
Todtenreich identisch. Auch Hercules mit seinen zwölf Arbeiten muß ein
Jahresgott gewesen sein, und wenn er zum Halbgott herabgesunken ist
und sogar den Blitzstral eingebüßt hat, der in seiner Hand wie bei Saxo
zur Keule geworden ist, so ist auch Thôr nicht mehr der höchste Gott,
ob er gleich einst der Gott der Götter, der Vater der Himmlischen gewesen ist. Von fortdauernder Heiligung des Donnerstags werden uns
vielfach Spuren begegnen; eine gute Zusammenstellung ließerl Rochholz
Glaube und Br. I. 31 ff., der „aufgedonnert", „donnerstett" auf diese
Feiertagstracht bezieht. Vgl. Gr. Wörterbuch II, S. 1252 ff., wo auch der
„grüne Donnerstag" besprochen ist.

86. Thôr als Irmin. Schluß.

Da wir Thôr als Hercules erkannt haben, so ist hier der Ort, sein
Verhältniß zu Irmin und den Irminsäulen zu bestimmen, zumal an
jenen schon der starke Hermel durch seinen Namen erinnerte, wozu noch
kommt, daß der Bock, des Gottes geheiligtes Thier, Hermen heißt.
GDS. 85. Grimm sieht bekanntlich Odin in Irmin; ihre enge Berührung
fiel uns S. 74 auf. Andere haben Tyr (Heru) nähere Ansprüche zugestanden, nicht geringe scheint mir auch Thôr zu haben.

Daß den Herculessäulen Thôrsäulen entsprechen, ist Myth. 107. 306
anerkannt; sie treten neben die Irmansuli (Myth. 104) und jene berühmte
vielbesprochene Irminsäule, die Karl der Große im Osning zerstörte.
Myth. 105. Auf sie pflegt man den Volksspruch zu beziehen:

Hermen, sla Dermen,

Sla Pipen, sla Trummen:

De Kaiser will kummen

Met Hammer un Stangen,

Wil Hermen uphangen.

Ihren Namen erklärt Ruodolf von Fuld mit den Worten universalis columna quasi sustinens omnia, Myth. 106. Universalis ist
hier Uebersetzung des Wortes irmin-, das in Zusammensetzungen stäts den
Begriff verstärkt und erweitert. Davon verschieden ist die, welche nach
Dietmar von Merseburg früher zu Eresburg (Stadtberge) an der Dimel
verehrt worden war und an deren Stelle dann eine Petrskirche trat.
Vgl. Rieger in Haupts Zeitschrift XI, 162. Aus Widukind I, 12 (Myth.
100. 327) geht hervor, daß auch die Sachsen nach dem Sieg über die
Thüringer an der Unstrut dem Irmin geopfert und ihm ein Säulenbild
errichtet hatten, nomine Martem, effigie columnarum_imitantes Her-
culem, loco Solem, dessen Gestalt also an Hercules erinnerte wie sein
Name an Mars, ,quia Hirmin vel Hermes graece Mars dicitur.' War

Witukind nur durch diesen Irrthum auf Mars gerathen? Hier merken wir
uns nur, daß des Gottes Name Irmin war, sein Bild aber dem Hercules
(Thôr) glich. Gleichwohl sagt Myth. 823, die Sachsen schienen in Irmin
einen kriegerisch dargestellten Wôdan verehrt zu haben. War Irmin kriegerisch dargestellt, so müße man ihn wie Hercules oder Thôr mit der Keule
oder dem Kolben bewaffnet denken. Müllenhoff bemerkt aber überzeugend,
die Säulengestalt habe Witukind an Hercules erinnert, aber kein Bild
gezeigt. Allein auch uns erinnert die Säule an Hercules. Sonach scheint
hier für Mars (Tyr) nicht mehr zu sprechen, als daß ein Siegesdenkmal
beabsichtigt war. Die Steinigung des Jupiter (Thôr oder Tyr?) auf dem
kleinen Domhof in Hildesheim §. 83 geschah nach Seifart Hild. S. 124
zum Andenken der abgeworfenen Irminsäule. Der dabei eingeführte
Bär weist auf Thôr. Ein westfälisches Dorf Ermensulen bezeugt eine
vierte Säule dieser Art und ein ähnliches Bild wird es gewesen sein, das
nach DS. 487 auf Hoyer von Mansfeld gedeutet wurde. Zu seinen
Ehren ließen die Sachsen die Bildsäule eines geharnten Mannes mit dem
eisernen Streitkolben in der Rechten aufrichten und dem sächsischen
Wappen in der Linken. Zu dieser Denksäule giengen die Landleute fleißig
beten und auch die Priesterschaft ehrte sie als ein heiliges Bild; Kaiser
Rudolf aber ließ sie wegnehmen, weil man Abgötterei damit trieb. Im
Wigalois heißt Hoyer der rothe Ritter der rothen Haare wegen, die er mit
Thôr gemein hat. Auch daß er in einen Stein greift wie in einen Weizen-
teig läßt sich auf den Gott des Blitzes beziehen. Dieß Bild hieß Jodute;
aber dessen von Petersen gewagte Deutung auf Ilo leidet großes Bedenken,
da wohl die erste Silbe aus Ilu entstanden sein könnte, aber Dute nach
dem Bremischen Wörterbuch nicht Stamm, sondern Pflock, Zapfen bezeichnet. Thôrs heiliges Thier der Bock hieß in der Thiersage Hermes,
in Westfalen noch jetzt Hätrmen, Kuhn WS. 15 wie schon früher Herman floß nicht. Saxo Gram. läßt den Thôrkill bei der Rückkehr von
Utgartbilocus den allgemeinen Gott (universitatis Deum) verehren, was
auf Irmincot, also Irmin deuten kann. In dieser Erzählung ist Thôrkill
zwar selbst an Thôrs Stelle getreten; er läßt sich aber auch als ein Jünger
des Gottes ansehen, in dessen Fußstapfen er trat, und so durfte er sich
wohl seinem Schutz empfehlen. Noch das kann angeführt werden, daß nach
Dietmar von Merseburg an der Stelle der Irminsül eine Peterskirche
errichtet worden war, Myth. 100, gerade wie auch die helfische Donareiche
einer solchen wich. Nach den Scholien der Corveier Annalen zum J. 1145
waren in Eresburg einst zwei Götzen verehrt worden: Aris (Haru), qui
urbis moeniis insertus quasi dominator dominantium, et Ermis,
qui et Mercurius, mercemoniis insistentibus celebratus in forensibus.
Der Scholiast deutet also letztern Gott auf Wôdan (Mercurius), offenbar

durch den Namen Irmin verleitet, den er Ermis (für Erminis) schreibt, denn
dieser führte ihn auf den griechischen Hermes, dessen lateinischer Name
Mercurius ihm bekannt sein mochte. Dieß Zeugniß schließt mithin nur
Heru (Tyr = Tiu) aus, denn dieser, von dem die Stadt benannt war,
ward neben Irmin verehrt; keineswegs spricht es gegen Donar, auf den
vielmehr die an der Stelle errichtete Petersskirche deutet. Wir finden
also hier Thôr und Tiu verbunden wie in der Hymisskw. und in der Sage
von Herzog Ernst S. 267 oben. Warum sollten sie nicht auch bei den
Herminonen zusammen verehrt sein?

Noch an vielen andern Orten ist St. Peter an Donars Stelle getreten: er ersetzt ihn auch in den Märchen und Sagen, welche Nachklänge
deutscher Mythen enthalten. Wie Thôr neben Odin stand, so war Petrus
der nächste nach dem Heiland; wie Thôr den Hammer, so führte Er den
Schlüssel, und beide erschloßen den Himmel: St. Peter als Himmels-
pförtner, Thôr indem sein Wetterstral die Wolkenschleusen öffnete, daß
befruchtender Regen niederströmte. Wenn es donnert, heißt es: St. Peter
schiebt Kegel. In ähnlicher Weise sahen wir S. 193 auch Elias an
seine Stelle treten. Ueber andere Analogieen vgl. Wolf Beitr. S. 81.
Sofern Thôr wie Orion und Odin §. 73 waltete, ersetzte ihn in der Heldensage Wate, in der Legende Christophorus. Im Volksbüchlein II, 178
berichtet Aurbacher von diesem einen sonst Thôr gehörigen Zug: ‚An der
Seite hat er einen Weßschler (Tasche), darinnen Fische und Brot stecken.'
Dieser Weßschler begegnet bei Thôr zweimal: im Futterkorb (meis) hat
er den Oervandil über die urweltlichen Ströme getragen, und im Harbardsl. 8 hat er Heringe und Haberbrot darin, und verspricht den Fährmann damit zu speisen. Uhland 89. Heringe und Hafergrütze ist eine
herkömmliche Kost, die nach Myth. 251. 255 auch bei Berchta vorkommt.
Uebrigens ist es eine Umkehrung, wenn der waltende Thôr hier der Ueberfahrt harrt, da er sonst Andern hinüberhilft oder als Brückengott §. 78
die Ufer verbindet. Um Schutz vor dem Gewitter ward auch St. Donat
angerufen (Zeitschr. f. M. 108), dessen Name schon an Donar gemahnte.
In Münstereifel, wo dieser Heilige verehrt wurde, läutet man ihm beim
Gewitter eine eigene Glocke, und gleich bei der Einführung seiner Reli-
quien bewährte er seine Macht, indem er das Wetter stillte. In Ens-
lirchen zwar traf gleichzeitig den celebrierenden Priester, als er den Segen
gab, der Blitzstral am Altar, daß er wie gelähmt niederstürzte; weil er
aber sich und seine Gemeinde der Fürbitte des Heiligen empfohlen hatte, so
konnte er sich bald wieder erheben, und nur Spuren des Blitzes waren an Haut
und Kleidung des Getroffenen zurückgeblieben. Kahlen Münstereifel I, 221.

Auch Ortsnamen und Personennamen sind von Andern zu Rathe
gezogen worden. Ich will nur zwei anführen, die für die Einheit Thôrs

und Irmins zu sprechen scheinen. Der Ortsname Hermesseil im Hochwald wird für Hermenseil stehen wie in Hessen Ermanesworthe, Ermanesbusum erscheinen und wie wir S. 270 Eruli für Erminis fanden. Ich deute ihn auf den Donnerkeil in der Hand Donars und der in Bonn vorkommende Personenname Ermenseil kann zur Erläuterung dienen.

—

Zio (Tŷr), Hëru, Saxnôt, Heimdall.

87. Tŷr.

In einigen der §. 57 zusammengestellten Trilogieen erscheint als der dritte Gott Tŷr, von dem der dritte Wochentag, den wir in Dienstag entstellen, alln. Tysdagr, den Namen hat. In der lateinischen Fassung der Wochentage entspricht ihm Mars, den auch Tac. Germ. 9 als dritten Gott der Germanen aufführt. Die Abrenunciatio stellt aber als dritten Gott den Saxnôt auf, den wir bei den Angelsachsen als Saxneát wiederfinden. Die Schwaben, die eine althochd. Glosse als Ziuwari (Marsdiener, Männer des Zio) bezeichnet, nennen den Tŷr Zio; ihr Hauptstadt Augsburg Zisburg (Stadt des Zio), und den Dienstag Zistag, Ziltag; in Baiern aber heißt bei sonst in allen deutschen Sprachen nach Tŷr benannte Tag Ertag, Eritag oder Erchtag. Er (Hëru), Zio (Tŷr) und Saxnôt (Saxneát) werden sich uns als Schwertgötter ergeben, und so tritt als vierter Heimdall hinzu, der gleichfalls als Schwertgott bezeugt ist. Tŷr und Heimdall sind aber zugleich Himmelsgötter, und dieß nöthigt, auch Irtag und Irmin §. 89 in Betracht zu ziehen.

Die Grundbedeutung des Namens Tŷr (gen. Tŷs, acc. Tŷ), got. Tius, ist leuchten, glänzen: er stammt von der Wurzel div, der im Sanskr. djaus coelum, im Griechischen Ζεύς, gen. Διός, im Lat. Jupiter (für Djuspater), gen. Jovis (für Djovis), so diom, divum für Himmel (sub divo) angehören. Verwandt sind auch dêvas, θεός und deus; letzteres stellt sich nahe zu Tŷr, das gleichfalls in Zusammensetzungen, wie Hroptatŷr, Hángatŷr (Beiname Odins), Reiðhartŷr (Beiname Thórs), Gott bedeutet. Altn. heißen die Götter im Pl. tívar, was mit Tŷr verwandt scheint, wie Zeus, Διός mit θεός, und deus. Auch dies, der Tag berührt sich mit Deus und divus und dem agf. und allf. tir gloria, splendor entspricht im Ahd. ziori splendidus. Alles ergiebt für Tŷr den Sinn eines leuchtenden Himmelsgottes, Myth. 175—7. Schon oben §. 56 ward der Meldung des Tacitus Germ. 39 gedacht, daß die Semnonen, die ältesten und edelſten der Sueben, einen allwaltenden Gott verehrt hätten, dem Alles unterworfen und gehorſam war. In einem Walde

„Augurits patrum et prisca formidine morum"

traten zu gewiſſen Zeiten alle Völkerſchaften dieſes Stammes durch Geſandſchaften zuſammen um nach barbariſchem Gebrauch grauenvolle Weihen zu begehen. Obgleich Menſchenopfer nach Germ. 9 nur dem Odin (Mercurius) fielen, worüber Gr. Myth. 179 nachzuleſen iſt, ſo darf hier doch an Tyr gedacht werden, welchen die Nachkommen dieſer Semnonen, die ſpäter als Juthungen an den Bodenſee zogen, die heutigen Schwaben unter dem Namen Zio verehrten, weshalb ſie Ziuwari hießen. In jenen Semnonenwald, den man nur gefeſſelt betreten durfte, legte ihr Glaube den Urſprung ihres Volkes. Darum ſtand, wer zufällig gefallen war, nicht wieder auf, auf dem Boden wälzte er ſich hinaus. Das regumtor omnium erinnert an das dominator dominantium S. 260.

In dieſer Würde erſcheint Tyr in der Edda nicht mehr. Nach D. 23 herſcht er über den Sieg im Kriege, weshalb Kriegsmänner ihn anrufen ſollen. Stalbſſ. 9 nennt ihn vigagud, Schlachtengott: er war alſo der Gott des Krieges, freilich neben Odin, der ihn in dieſem Amte beeinträchtigt haben mag, da er zuletzt nur noch für den Gott des widernatürlichen Krieges, höchſtens für den kühnen Gott, den Schwertgott galt. Vgl. §. 4. 31. 46. 85, wo ſchon Dieſes über Tyr beigebracht iſt, was wir nicht wiederholen wollen. Hier bleibt nur nachzuweiſen, wie der leuchtende Himmelsgott, der älteſte der Götter, dieſe Herabſetzungen ſeines Weſens erfuhr.

Die Stralen des Blitzes wie des Lichtes, ſagt Mannhardt, gehen vom Himmel aus, und da die Sprache ſelbe als Geſchoße betrachtet, ſo gelangte man dazu Tio zu einem Schwert- und Kriegsgott zu machen, weshalb er auch in den Wochentagen die Stelle des römiſchen Mars einnimmt. Neben Mercur läßt Tacitus dem Mars Kriegsgefangene bluten.

Der Kriegsgott ward unter dem Symbol des Schwerts verehrt: vom Schwerte ging kriegeriſchen Völkern Glanz und Ruhm aus. Von Tyr, dem leuchtenden Himmelsgotte, deſſen Symbol das Schwert iſt, mag es auf Odin übertragen ſein, daß er bei Oegirs Bewirthung ſeine himmliſche Halle mit Schwertlicht beleuchtete. D. 55. Wie Thor den Hammer, wird einſt der höchſte Gott das Schwert geführt haben, das ſich bei Odin bald in den Sper bald in den Stab verwandelt.

Aus Tyrs Symbol, dem Schwert, erklärt es ſich, daß die Rune, welche des Gottes Namen trägt (altn. Tyr, agſ. Tiu, ahd. Ziu) die Geſtalt des Schwertes zeigt ſ, und das ihm ähnliche Planetenzeichen des Mars ♂ unter den Metallen das Eiſen bezeichnet, wobei wohl wieder das Schwert vorſchwebte. Am Dienstag muß das Eiſenkraut, mit dem ſich

nach Plinius Kriegsansagende krönten, gebrochen werden, GDS. 124. Da
nun auch die auf horn (Schwert) weisende agſ. Rune Eor ⁓ aus jener
Thrrune differenziert iſt, ja die ebenſo gebildete der hochdeutſchen Alphabete,
welche ↑ für tac verwenden, baß Zio, bald Eor, ober Aer heißt, Tiera
und Eor aber mit Ares und cop, Schwert verwandt ſcheinen (Myth. 183),
ſo denkt Grimm GDS. l. c. ſogar an einen Zuſammenhang von Ἄρης
mit ᾶε und Eiſen. GDS. 508 wird auch das Zetergeſchrei als
ein Waffenruf von Ziu dem Gott des Schwertes abgeleitet. Vgl. G. G. A.
1856 Nachr. S. 104. Aber auch in Tiodule (Ziobule) finden Chr.
Peterſen (Zioter ober Ziobule, der Gott des Kriegs und des Rechts bei
den Deutſchen) und Hugo Meyer (Progr. der Hauptſchule zu Bremen,
Abhandlung über Roland), den Namen des Gottes; in der zweiten Silbe
-ter und dule ſoll dann der Begriff des Baums oder Pfahls liegen,
was für Zioter zugegeben werden kann, vgl. oben S. 269 und Zachers
Ztſchr. IV, 408.

Jene Schwertrune galt für ein überaus heiliges Zeichen. Nach
Sigrdrif. 6 ſoll beim Einritzen der Siegrunen in das Schwert Tyr zweimal genannt werden, was mit den ſpätern Schwertſagen (das Schwert bedarf
ein Gegenſchwert, heißt es im Parzival) zuſammenhängen mag. Tir bid tâons
aum (Tir iſt der Zeichen eines), heißt es in dem agſ. Runenliede und tire
tâcnian heißt gloria, decore insignire, was wieder darauf deutet, daß
von dem Schwerte, dem Symbol des Gottes, Glanz und Ruhm ausging.

Alles dieß ſoll nur zeigen, wie der unter dem Bilde des Schwertes
verehrte leuchtende Himmelsgott zum Kriegsgotte ward, was der nächſte §
auch für die verwandten Völker, die den Schwertgott unter andern Namen
verehrten, beſtätigen wird. Hier haben wir es zunächſt mit Tyr zu thun,
den wir nun auch in der Mythe als Schwertgott nachweiſen müſſen, was
um ſo nöthiger ſcheint als noch W. Müller 227 zweifelte ob der nordiſche Tyr ein Schwert geführt habe.

Nach der §. 39 vorgetragenen Erzählung von Fenrirs Feſſelung ward
dem Wolf der Gaumen mit einem Schwerte geſperrt, deſſen Heft wider
den Unterkiefer ſtand, die Spitze gegen den Oberkiefer. In Bezug auf
den Wolf bedeutete dieß Schwert nach §. 40 den Bann, welchen das
Geſetz über den Mörder und Friedensbrecher ausſpricht. Dieß iſt ein
ſittlicher Mythus, der eben darum nicht alt ſein kann; er gab aber den
Anlaß zu der fernern, alſo noch jüngern Dichtung, daß Tyr ſeine Hand,
das Schwert, dem Wolf in den Rachen geſteckt habe und dadurch einarmig
geworden ſei. In der That iſt aber Tyr nicht ſo erſt einarmig geworden:
er war es von jeher, weil er das Schwert iſt, das nur Eine Klinge hat,
gerade wie Odin ſeiner Natur nach einäugig iſt, weil der Himmel nur Ein
Auge hat, die Sonne. Wie aber von Odin gedichtet ward, er habe ſein

anderes Auge dem Mimir verpfändet, so sollte nun Tyr den andern Arm
dem Fenrir verpfändet haben: zu jener Dichtung gab der Wiederschein der
Sonne im Wasser Anlaß, zu dieser, das Schwert im Gaumen Fenrirs. In
diesem Zusammenhang liegt aber der Nachweis, daß auch in der nordischen
Mythe Tyr als Schwertgott gedacht war, sonst hätte das Schwert, das
Fenrirs Rachen sperrte, nicht zu der Dichtung von Tyrs dem Wolf verpfändeten Arme benutzt werden können. Es ist aber eine junge Dichtung
und selbst Tyrs Einarmigkeit wohl erst eine neue Vorstellung; in der Volkssage klingt sie nicht nach wie doch so vielfach Odins Einäugigkeit; sonst
wollte ich Weinholds Deutung Riesen 28 beistimmen: 'Wie Odins Einäugigkeit auf die Theilung des Tages in Licht und Finsterniß geht, so ist
auch der Mythus von Tyrs Verstümmelung durch den Fenriswolf nur
ein Bild dafür, daß dem Himmelsgotte ein Wesen der Nacht die Hälfte
seiner Kraft entriß', oder der andern; 'weil er als Siegesgott nur einer
Partei den Sieg verleihen könne'. Vgl. aber §. 92, 2. Warum ihm
die Fütterung Fenrirs übertragen ward, ist §. 43 gezeigt; als ihm dieß
Amt angewiesen ward, muste er schon tief gesunken sein. Weil er aber
dieß zu thun, ja dem Wolf den Arm in den Rachen zu stecken wagte,
heben D. 25. 34 seine Kühnheit hervor. Wir haben indeß oben nachgewiesen, daß es einen ganz andern Sinn hatte, daß Tyr den Fenriswolf fütterte. In der Hymiskv. war es auch gewiß nicht seine Kühnheit, die ihn zum Begleiter Thors machte, sondern seine Sohnschaft zu
der Allgoldenen, die nicht willkürlich erdichtet ward, sondern uralten Grund
hatte. Wir werden daraus über Tyrs Mutter, die nirgend in der Edda
genannt wird, §. 96 Aufklärung gewinnen.

Wir sahen Tyrs Einhändigkeit daraus erklärt, daß der Gott des
Krieges nur Einem der kämpfenden Theile den Sieg verleihen könne,
Myth. 166. Gegen die ähnliche Deutung Höðhrs (Hadus), der hier Grimm
gleichfalls zustimmt, hab ich mich schon oben erklärt: Höðhr ist blind,
weil er die dunkle Jahreshälfte bedeutet, und so ist Tyr einarmig, nicht
aus ethischen Gründen, wohl aber aus dem angegebenen natürlichen, weil
er das Schwert (Kuhn WS. II, 200) ist, welches uns zugleich erläutert,
warum ihm der Wolf die Hand bis zum 'Wolfsgliede' abgebissen haben soll.

Wenn Tyr Zschr. f. Myth. I, 337 für den persönlich aufgefaßten
Tod erklärt wird, so gründet sich das auf die Schilderung der Rune
Ear in dem agf. Runengedicht. 'Ear wird lästig jedem Manne, wenn
das Fleisch zu erkalten beginnt und der bleiche Leib die Erde zum Ge-
mahl erkiest, denn dann zergeht der Ruhm, die Freuden schwinden,
Bündnisse lösen sich'. Vgl. Myth. 183. Ich verstehe aber den Spruch
so, daß das Schwert dem alternden, einst ruhmreichen Manne, dem der
Tod nahe, zu führen schwer werde, und so sein Ruhm, den er dem

Schwerte dankte, wieder vergehe. Vgl. die Schlußworte von §. 64. Der Segensspruch: ‚Brand, Staub aß den Tode seine rechte Hand' hat also mit Tyr nichts zu schaffen. Auch übersetze ich den Tode mit Kuhn WS. II, 200 nicht dem Tode, sondern dem Verstorbenen. Freilich kann das Schwert den Tod bedeuten, wenn z. B. ein Urtheil das Schwert zuerkennt, und so mag es beim Loosen diese Bedeutung gewöhnlich gehabt haben. Ich will aber nicht verschweigen, daß in der oberpfälzischen Sage bei Schönwerth III, 8 ein Kind, dessen Gevatter der Tod ist, Michel Tod genannt wird. Auf die barbarische Etymologie Mors = Mars Quitzmann 75 lege ich kein Gewicht.

In den Mélanges d'Archéologie d'histoire et de littérature p. Charles Cahier et Arthur Martin, Paris 1848, ist S. 90 ff. ein alter bronzener Leuchter abgebildet, auf dem eine nackte männliche Gestalt einem greisenartigen Ungethüm die Hand in den Mund steckt, was eine Erinnerung an unsern Mythus sein kann.

In der Edda ist Tyr nur noch Einer von Odins Söhnen; er war aber ein älterer Himmelsgott, der jetzt vor Odin zurücktrat. Tiu erscheint als der Schwaben Hauptgott; dasselbe bezeugt Tac. hist. IV, 64 für die Tenkterer von Mars, und Procop II, 15 für die Nordbewohner von Ares. An andern Stellen steht Mercur neben Mars, aber dieser voran. Sollen wir nun in allen mit -tyr zusammengesetzten Beinamen Odins an Tyr denken? Und gehörte vielleicht selbst Odins Sper Gungnir einst dem Tyr, da dem römischen Mars die hasta heilig war? Myth. 185. Jedenfalls wird der Schwerttanz sicherer auf Tiu als auf Wodan bezogen, Myth. 187, und der Dienst des heil. Michael, der mit geschwungenem Schwerte abgebildet wird, mag bald Tyrs bald Odins Verehrung, ersetzt haben, wenn gleich das nordische Sigtysberg eher auf Odin als auf Tyr deutet und die Michelscapelle auf dem Godesberge auf Godan weist. Wolf Beitr. I, 128 führt an, daß in Belgien Fechtergesellschaften den heil. Michael zum Patron haben; aber 130 bringt er selbst ein Zeugniß dafür bei, daß St. Michael an Wodans Stelle trat. Das nehme ich auch da an, wo St. Michael Seelen bei sich aufnimmt. Vgl. Eret 3651.

Den Schwerttanz, in welchem nackte Jünglinge die Schlacht nachahmten, bezeugt Tacitus Germ. 4 als das einzige bei allen Versammlungen wiederkehrende Schauspiel der Deutschen. Daß er dem Schwertgott zu Ehren aufgeführt worden, bezweifelt auch Grimm nicht. Myth. 187: er nennt ihn eine noch lange und weit verbreitete Sitte, führt aber keine Beispiele an, die Panzer II, 247 bei den Nürnberger Messerern und Quitzmann 76 aus Westenrieder bei Braunauer Wasserschmieden, Kuhn WS. 161 zu Allendorn in Westfalen nachweist. Vgl. §. 77 und Wackernagel in Haupts Ztschr. IX, 318. Eine ausführliche Beschreibung des dithmarsischen in Dahlmanns Neocorus II; die Mittheilung des hessischen Schwerttanzliedes sind uns die Grimm schuldig geblieben. Vgl. §. 77. Nach vollendetem Schwerttanze flochten die Tänzer ihre Schwerter mit den Spitzen zu einer Rose oder einem Rade zusammen, auf dessen Nabe dann ihr Anführer oder König springt und von Allen zugleich erhoben wird. Die Rose sieht man im Theuerdank abgebildet, wo Kaiser Max auf einem Geflecht von Schwertern steht, ebenso in Fuggers Ehrenspiegel, wo der Kaiser obendrein gekrönt erscheint und den Reichsapfel in der Hand trägt. Vgl. Müllenhoff über den Schwerttanz Festgabe 1871, Hagens Germ. IX, 70.

Auch Thôr kann den Tyr beeinträchtigt haben, nicht nur in dem Beinamen Reibityr u. s. w., auch in der Heiligkeit des Hammers. Das ags. Runenlied spricht von dem Zeichen Tir so, daß man glauben sollte, es sei von Thôrs Hammer die Rede. W. Grimm Runen 242. Das Christenthum traf hier mit dem Heidenthum in demselben Zeichen zusammen: es ist das Zeichen des Kreuzes, das auch den Hammer Thôrs und die Rune Tyr bedeutete. In einem Gegenspruche bei Wierus heißt es: † Iesus Nazarenus † rex Iudaeorum † non percutias eos qui signati sunt hoc signo Thau, wo zwar Thau mit th geschrieben, aber das einfache T gemeint ist, mit dem der Name Tyr beginnt, obgleich der Gegenspruch, wie es scheint, vor dem Gewitter schützen sollte, Ztschr. VII, 538. Selbst die Etzel (Atli) genannten Berge können so gut auf Tyr als auf Thôr bezogen werden: auch Ziu erscheint, wie schon die Vergleichung von Jupiter, Marspiter, Diespiter lehrt, als ein väterlicher Gott, und Berge waren ihm unter allen seinen Namen heilig. Der nächste §., bei welchem wir Tyr nicht verlassen, da ihm Heru identisch ist, wird solcher Berührungen der drei obersten Götter noch mehr bringen: doch darf schon hier ausgesprochen werden, daß Tyr einer der hehrsten und ältesten Götter war, und der Umfang seines Wesens namentlich durch Odins wachsendes Ansehen beschränkt worden ist. So giebt eine alls. Glosse Ziu durch turbines wieder, Myth. 184, und jener Baumeister Wind und Wetter §. 27 heißt in einer Sage bei Müllenhoff 410 (vgl. Vorr. 47) Ji. Hier sehen wir ihn also in demselben Elemente walten, das wir als die sinnliche Grundlage Wuotans erkannten.

Dem Zio geheiligte Berge sind Myth. 180 noch andere nachgewiesen; vielleicht gehört auch Tirlemont hieher, sicherer Dispargum (nach H. Müller Franars, sanum Martis), jetzt wieder auf Duisburg am Rhein bezogen. In Seeland erinnert an ihn Tysbierg, in der Elbgegend Ziesberg, im Eifelgau Zievel, im Jülpichgau Zingsheim, im Maiengau Zissen, im Zuelgau Zissenheim. Dinslaken wurde schon von Allers her als Martis lanas aufgefaßt (Rhein. Antiqu. 575). Es ist dieselbe Entstellung des Namens wie in Dinstag. Schwärzloch bei Tübingen deutet Uhland

VIII, 594 ff. als Schwertisloh = Hain des Schwertes wie das nordische Tislunde; Tübingen selbst aber leitet er von dem unverschobenen Namen des Gottes Tiu ab. Die etwa aus dem 11. bis 12. Jahrhundert herrührenden Sculpturen, welche die Capelle zu Schwärzloch verzieren, vergleichen sich den Heldenthümern zu Remagen und Großenlinden §. 136. Auch Kräuter sind nach Zio genannt. So ist der Seidelbast (Ziolant) aus Ziolinta, Ziolinbebast entstellt. Bei Tyrihialm, der auch Thorhialm heißt, zeigt sich wieder Berührung Tyrs mit Thór. Vgl. Myth. 180. 1144.

88. Heru. Sachsnot.

Tyr war uns Himmelsgott und Schwertgott zugleich; in Heru tritt nur der Schwertgott hervor: auf den Himmelsgott würde sich erst schließen lassen, wenn wir Iring, vielleicht gar Irmin mit ihm zusammenbringen könnten. Heru ist der Edda unbekannt, wenn er nicht dem Nigr entspricht, mit dem er sich in Erich vermittelt. Auch in Deutschland spricht kaum ein anderes Zeugniß für ihn, als daß er den Zio in dem baietischen und österreichischen Namen des dritten Wochentags Ertag, Erchtag, Erichtag vertritt, wie sich die Rune Eor neben Tyr stellt, während im altb. Runenalphabet Ziu und Eor Namen desselben Zeichens sind. Dazu kommt jene §. 86 erwähnte westfälische Eresburg oder Heresberg, in deren Nähe eine Irminsäul errichtet war. Sie heißt auch Mersburg oder Mersberg, wo das vortretende M von dem lateinischen Mars herrühren oder sich von dem Artikel abgelöst haben kann. Ferner der Name der alten Cherusker, der sich besser von einem göttlichen Heru oder Cheru ableiten läßt als von dem sächlichen heru (Schwert), got. hairus. Wie die Cherusker scheinen auch die Marcomannen den Schwertgott unter dem andern, am baitischen Wochentag erscheinenden, Namen verehrt zu haben, während ihn die Sueben, zu welchen die Chatten zählen, Tiu, später Zio nannten. An die Stelle der Cherusker traten hernach die Sachsen; Grimm hält sie für dasselbe Volk unter einem andern oder gleichbedeutenden Namen. R.M. ist Leo Vorlesungen S. 228. Die Sachsen sind von Sachs, ihrer Steinwaffe, genannt und Saxnôt, Vodens Sohn, steht an der Spitze des ostsächsischen Volks in Britannien, ohne Zweifel derselbe Gott, den die Abrenunciatio Saxnôt nennt. Aus dem Dienst des Schwertgottes rührt auch das Schwert im sächsischen Wappen her, so wie der Gebrauch der deutschen Könige, sich das Schwert durch den Herzog von Sachsen vortragen zu lassen, GDS. 611. Ebenso versteh ich es, wenn dem friesischen Brautpaar das Schwert vorgetragen wird, worin Grimm R.A. 167 nur ein Rechtssymbol sieht. Das Schwert des Gottes kann dort die Ehe geheiligt haben wie anderwärts Thors Hammer. Finden wir doch bei Schönwerth III, 66 auch den Hammerwurf durch den Schwertwurf vertreten. In ganz Süddeutschland ist es Sitte, daß Hochzeiten am Ertag begangen wie in der Oberpfalz über dem Brauttische zwei Schwerter kreuzweise in die Tiele geschoben werden. Schönwerth I, 95.

Die Verehrung des Kriegsgottes unter dem Symbol des Schwertes meldet schon Herodot von den Scythen: es ward auf einer ungeheuern Schicht von Reisig errichtet. Auch Alanen und Quaden, letztere unbezweifelt Deutsche, und den Marcomannen, die wir schon als Arebiorner kennen, benachbart, erwiesen dem Schwert göttliche Ehre; weiterhin schließen sich Geten, Daken und Scythen an. Die Evardones des Tacitus, die in den Evorodorum des Wandererliedes, deren Name wie Glusbori gebildet ist, wieder auftauchen, scheinen gleichfalls hieher zu gehören. Bei dem Schwert zu schwören war allgemein deutsche Sitte und blieb es durch das ganze Mittelalter. Jenes scythische Schwert, gladius Martis, soll aber nach Jornandes, der sich auf Priscus beruft, in Attilas Hände gekommen sein. Eine hinkende Kuh führte die Entdeckung herbei. Der Hirt bemerkte, daß ihr der Fuß blutete: da folgte er der Spur und gelangte zu dem Schwert, das in der Erde steckend sie verwundet hatte. Als es Attila gebracht wurde, wünschte er sich Glück zu dem Geschenk, denn er hielt sich nun für den Herrn der Welt, da ihm durch das Schwert des Kriegsgotts Unüberwindlichkeit verliehen sei. Welche Rolle dieß Schwert weiter in der deutschen Geschichte spielte, wie es zuletzt nach der Schlacht von Mühlberg der Herzog von Alba wieder aus der Erde gegraben haben sollte, mag man Myth. 186 nachlesen.

Uns wird diese Sage doppelt wichtig, da schon der Name Attila nach §. 87 auf den Kriegsgott gehen kann und Etzel in der Heldensage der Herka (bei Priscus Kerka) vermählt ist, die als Göttin, nach W. Müllers 226 Vermuthung des Herrn Gemahlin war. Beide Namen sind Diminutive, Attila von Atta, Herka von Hera, der Erdgöttin. Vgl. §. 113. In zweiter Ehe vermählte sich Attila mit Kriemhild, der winterlichen Erdgöttin.

Wolf hat Beitr. I, 128 auf das zweischneidige Schwert des h. Michael aufmerksam gemacht, das in Valenciennes bewahrt und jährlich in einer Procession umgetragen wurde, wobei kriegerische Spiele, vielleicht Schwerttänze, vorkamen. Noch wichtiger ist aber seine Hinweisung auf das Schwert des Julius Caesar, das nach Sueton zu Köln in dem Delubrum Martis aufbewahrt und dem zum Imperator ausgerufenen Vitellius als Zeichen der Herrschaft überreicht wurde. Dieß Delubrum Martis ward später zur Capelle des Erzengels Michael; jetzt ist sie abgebrochen: zu beiden Seiten der Straße (Marspforten) wo sie stand, sieht man aber noch die Bilder des Mars und des h. Michael. Wahrscheinlich hatte sowohl jenes Schwert des h. Michael als das cölnische des Divus Julius früher einem deutschen Gotte gehört. Schon bei Obins Spieß

Gungnir §. 65 drängte sich die Vermuthung auf, daß man dem Heiligthum des Gottes den Sper entliehen habe, den die Mythen unmittelbar
aus des Gottes Hand kommen laßen. Auch das Schwert gab dem Vitellius nicht der Priester: es war ihm von einem Unbekannten (a quodam)
überreicht worden, in dem aber der Gott angedeutet ist.

Attilas Schwert ward aus der Erde gegraben: das kann bedeu-
tend sein, da es sich hernach wiederholte. Es muß darum auffallen, daß
Wilkinaſ. Cap. 20 der Riese Wate sein Schwert in die Erde steckt, damit
sein Sohn Wieland es wiederfinde. Wates Bezug auf die waltenden
Götter Odin und Thôr ist oben hervorgehoben: sollte er sich auch mit
Tyr (Heru) berühren? Im Orendel läßt Breide ein Schwert aus der
Erde graben; auch Hermunds Schwert Skarp bei Saxo IV, 63 ward
aus der Erde gegraben.

Grimm (Myth. 176) und W. Müller 226 nehmen mit Zeuß den
erdgebornen Gott Tuiſko für Tiviſko, also für Tius Sohn. Dem
beizustimmen brauchten wir den Begriff des Zwiefachen, den wir §. 7 in
dem Namen gefunden haben, nicht aufzugeben, da jenes Schwert zu Valenciennes ein zweischneidiges war. Wenn aber Tiu ein erdgeborner Gott
ist, so darf es nicht wieder sein Sohn sein, und welchen Sinn könnte es
haben, wenn das Schwert der Vater des Mannus wäre? Das Schwert
kann wohl Menschen tödten, aber nicht Menschen zeugen. Wir gelangen
hier noch zu keinem sichern Ergebniß; der nächste §. wird aber ein neues
Zeugniß bringen, daß die Mutter des Schwertgotts, jene allgoldene der
Hymiskviða §. 85. 87 die Erde war.

Ortsnamen, die von unserm Gotte zeugen, hat Dulpmann Religion
der Bavaren zusammengestellt; aus unserer Provinz erinnere ich an die
beiden Nesselrodiſchen Burgen Erenstein und Ehreshoven.

Ueber seinen Beinamen Hrodo, den ich lieber auf Odin beziehe ſ.
Hugo Meyer, Programm über Roland ob. S. 273.

89. Heimdall Jring Jrmin.

1. Auch Heimdall, der unter allen deutschen Göttern am schwierigsten zu faßen ist, heißt Hrafnagaldr 23 Sverðáſs; ja er allein führt in
der Edda diesen Namen. Da Hrafnagaldrs Echtheit bestritten ist, so führe
ich weiter an, daß Skáldſkap. 8 sagt: Heimdalar höfuð heitir sverðh,
was heißen kann, Heimdalls Haupt ist das Schwert, oder das Schwert
heißt Heimdalls Haupt, nicht aber nach D. 27, Heimdalls Schwert war
Haupt genannt, noch auch, wie es Gretter der starke verstand, das Haupt
heißt Heimdalls Schwert. In diesem letzten auch St. 69 angenommenen
aber unmöglichen Sinne wird es jedoch weiterhin gefaßt, indem hinzugefügt wird, Heimdall sei mit einem Menschenhaupt durchbohrt worden, da

er doch nach D. 51 erst am Ende der Tage erschlagen werden soll. Vgl.
§. 46. Wenn es ferner heißt, das Schwert sei mikudhr Heimdalar
genannt worden, denn das Schwert heiße manns mikiudhr, so wird die
richtige Auslegung sein, Heimdalls Wesen sei vom Schwerte ausgegangen:
das Schwert sei sein Anfang, sein Schöpfer, also zugleich Schöpfer der
Menschen. Hiedurch sehen wir ihn als Svardas bestätigt und jenen andern Schwertgöttern gleichgestellt, ja dem Schwertgotte, wie Völ. 1 dem
Heimdall, die Schöpfung des Menschengeschlechts beigelegt.

Nirgend erscheint Heimdall bedeutender als hier, wo die Menschen
seine Kinder genannt werden, denn im Rigsmal, wo er unter dem
Namen Rigr die grünen Wege der Erde wandert, gründet er nur
die menschlichen Stände.

An der Meeresküste, erzählt das Rigsmal, fand er eine Hütte mit
offener Thüre. Zwei Eheleute, Ai und Edda (Ellervater und Eller-
mutter) bewirtheten ihn drei Nächte mit grober Kost. Nach neun Monden genas Edda eines Kindes mit schwarzer Haut, von dem das Geschlecht
der Thräle (Knechte) stammt.

> In Kurzem lernt' er die Kräfte brauchen,
> Mit Bast binden und Bürden schnüren;
> Heim schleppt' er Reiser den heiten Tag.

Ihm vermählte sich Thyr die Dirne. Rigr aber wanderte weiter
und fand ein Ehepaar Afi und Amma (Großvater und Großmutter)
in eignem Hause wohnen, bei dem er wieder drei Tage blieb.

> Der Mann schälte die Weberstange,
> Das Weib daneben bewand den Rocken
> Und führte den Faden zu seinem Gespinnst.

Nach neun Monaten genas Amma eines Kindes, das Karl (der
sorgende Hausvater) genannt wird.

> Er zähmte Stiere, zimmerte Pflüge,
> Schlug Häuser auf, erhöhte Scheuern,
> Fertigte Wagen und führte den Pflug.

Er freite ein Weib, das Snör genannt war; von ihnen stammten
die freien Bauern. Rigr aber wanderte weiter und gelangte zu einer
Halle mit leuchtendem Ring, worin Vater und Mutter saßen und sich
an den Fingern spielten.

> Den Hausherrn sah er sich Sehnen winden,
> Bogen spannen und Pfeile schäften,
> Dieweil die Hausfrau die Hände besah,
> Die Falten ebnete, am Ärmel zupfte.

Nach hier blieb Rigr drei Nächte bei guter Bewirthung; nach neun
Monden aber gebar die Frau ein Kind mit lichter Locke, leuchtender

Wange und scharfem Blicke, daß Jarl (agf. earl, von eor Schwert) genannt ward.

> Den Schild lernt' er schütteln, Sehnen winden,
> Bogen spannen und Pfeile schäften,
> Spieße werfen, Lanzen schießen,
> Hunde hetzen und Hengste reiten,
> Schwerter schwingen, den Sund durchschwimmen.

Dem Jarl vermählte sich die gürtelschlanke

> Mildige, arklüge, Erna geheißen.

Von ihnen stammen die Edeln und Fürsten.

Schon §. 67 ist bemerkt, daß nur der höchste Gott allein unter den Menschen wandern kann, und so wird der Name Rigr ihn als den Mächtigen bezeichnen sollen.

Aber auch am Himmel hat er seine Straße, nicht bloß die Äsenbrücke Bifröst, deren Namen eine Wegstrecke bedeutet, sondern auch die Milchstraße, welche Iringsstraße heißt, denn in Iring, der sonst nur noch in der Heldensage erscheint, hat Grimm jenen auch auf Erden wandernden Rigr, also Heimdall, wiedererkannt, Myth. 214.

Als Iring müßte Heimdall ein Sohn des Ir oder Er (Heru) sein, der mit Tyr zusammenfällt; und doch wird er in der Edda ein Sohn Odins genannt. Er kann aber auch Heru (Tyr) selber sein, da er der Schwertgott ist, und der dritte Wochentag in Baiern auch Er- oder Erichtag heißt, Erich aber durch die Erichsgasse, die auf Erden der himmlischen Milchstraße entspricht (§. 74), dem Iring gleichgestellt wird. Mit demselben Rechte wie Tyr, mit dem er als Schwertgott zusammenfällt, kann er also Odins Sohn heißen; im Grunde war es aber entweder Odin selbst, der Heimdall hieß (S. 213), oder dieser Name bezeichnete Tyr, den ältern, jetzt von Odin zurückgedrängten Himmelsgott. Noch erscheint er jedoch in seiner alten Würde im Hyndluliede, wo es von ihm heißt:

> 34. Geboren ward Einer am Anfang der Tage,
> Ein Wunder an Stärke, göttlichen Stammes
> Neune gebaren ihn, den Friedenbringer,
> Der Urweltmächtigen am Erdenrand.

> 35. Gialp gebar ihn, Greip gebar ihn,
> Ihn gebar Eistla und Angeyja,
> Ulfrun gebar ihn und Eyrgiafa,
> Imbr und Atla und Jarnsaxa.

> 36. Dem Sohn mehrte die Erde die Macht,
> Windkalte See und schäumendes Blut.

Und hernach wieder:

40. Allen überhehr ward Einer geboren;
Dem Sohn mehrte die Erde die Macht.
Ihn rühmt man der Herrſcher reichſten und größten,
Durch Sippe geſippt den Böllern geſamt.

Nähme man, was hier von ſeinen neun Müttern geſagt iſt, als
ſpätern Urſprungs hinweg, ſo bliebe noch die Erde als die Mutter des
Schwertgotts zurück. Aus der Erde ward das Schwert gegraben §. 88.
Vom Schwerte ging triegeriſchen Völkern Glanz und Ruhm aus, mit
Schwertlicht beleuchtete Odin ſeine Halle §. 87. Darum heißt Heimdall der weiße Schwertgott und Thrymal. 17 der hellſte der Aſen; ja
am Schluß von Hrafnag. erſcheint er als Gott des anbrechenden Tages:

Auf ſtanden die Herrſcher und die Alfrabſtralerin;
Nördlich gegen Niſelheim floh die Nacht.
Ullruna& Sohn ſtieg Arglöt hinan,
Der Hüter des Horns zu den Himmelsbergen.

Dieß ſpräche für Grimms Anſicht (GDS. 733), daß -dalle in
Heimdallr ſei jenem Dellingr für Däglingr zu vergleichen. Dellingr
kennen wir aus §. 14 als den Vater des Tags, oder den Tagesanbruch;
als ſolcher wird hier Heimdall geſchildert, deſſen Name darnach Licht der
Welt bedeuten würde. Nach Statdsl. 58 heißt der Hirſch Dair; nun
ſehen wir aber auch die Sonne als Hirſch ſymboliſiert (Solarl. 55). Vgl.
§. 102. Zwar wird dieſer Solarhiörir gleich dem andern Symbol der
Sonne, dem goldborſtigen Eber, auf Freyr als den jüngſten Sonnengott
bezogen; er kann aber ſchon dem älteſten gehört haben. Mit Recht hat
man vermuthet, dieſer Sonnenhirſch ſei mit Eikthyrnir eins, der nach
§. 39 den Baum Lärad abweidet und von deſſen Horngeweih Thau nach
Gwergelmir tropft, wovon nach Grimnism. 26 alle Ströme der Unterwelt ſtammen. Hierauf bezieht ſich vielleicht Hyndlul.:

89. Herresmogen heben ſich zur Himmelswölbung.
Und laſſen ſich nieder, wenn die Luft ſich abkühlt.

Den Baum Lärad erkannten wir §. 19 als den Wipfel der Welteſche, und auf ihm muß der Welthirſch (Heimdall) weiden, weil ſonſt der
Gegenſatz der Unterwelt, zu der die Waßer von ihm zurückfließen, wie ſie
ſich auch aus ihr ergoßen haben (S. 16. 40), nicht ſcharf gezogen wäre.
Heimdall bedeutet wörtlich eigentlich den Wipfel des Weltbaums,
ſeine Tolde (mhd. tolde) oder Spitze (Gr. Gr. III, 412), und dieſe
Spitze kann als Schwert gedacht ſein, von dem das Licht der Welt ausgeht.
Darum war D. 17. 27 von ſeiner Wohnung Himinbibrg geſagt, ſie ſtehe
an des Himmels Ende, womit der Zenith (S. 173) gemeint ſein wird.
Zugleich konnte er ſo auch als der Weltſtrom gefaßt werden, da die Waßer
zu dieſem Weltgipfel auf und von ihm zurückſtrömen, Thöll aber ſich unter

den Flußnamen findet und Freyja als Wassergöttin Mardöll (gen. mardallar) heißt. Myth. 218. Von dieser letzten Bedeutung des Namens
scheint die weitere Entwickelung des Mythus ausgegangen; darum ist Heimdall neun Mütter Sohn und von neun Schwestern geboren, wie er selbst
von sich sagt: es sind die Wellenmädchen, Oegis Töchter, obgleich diese
Slalbstap. 25 wieder andere Namen führen: darum bedeutet er in
zweien Mythen den Regen und darum ist der Regenbogen
fein Symbol geworden. Als Himmelsgott führte Heimdall das Horn,
das den Sichelmond (S. 211) bedeutete: mit diesem Horn am Munde
erschien er nun vollends als Wächter der Götter, da er schon von seiner
Wohnung Himinbiörg, dem Wipfel der Weltesche, an des Himmels Ende,
die ganze Welt überblickte. Dieß Himinbiörg fällt daher zusammen mit
Hildskialf, dem bebenden Hügel, denn so ist nach Slalbst. 75 der Name zu
deuten, der wieder an Bifröst, die bebende Rast erinnert. Als Wächter
werden ihm nun auch die Eigenschaften zugetheilt, die dem Wächter der
Götter geziemen: darum heißt es D. 27: „er bedarf weniger Schlaf als
ein Vogel und sieht sowohl bei Nacht als bei Tag hundert Rasten weit;
er hört auch das Gras in der Erde und die Wolle auf den Schafen wachsen, mithin auch Alles was einen stärkern Laut giebt.' So fließt es auch
aus seinem Wächteramte, daß er am Ende der Tage in sein gellendes
Horn stoßen wird, die Götter zu wecken und den Einbruch der zerstörenden
Gewalten anzukündigen. Wölufpa 31 heißt dieses Sichelhorn Walvaters
Pfand, weil Odin sein Auge in Mimirs Quelle verpfändet hatte: es war
das andere Auge des Himmelsgottes, der Mond. Als dahin hat er vor
den Bergriesen die Brücke Bifröst zu hüten, die Himmel und Erde verbindet. D. 27. Allerdings scheint dem, der dieß schrieb, seine frühere
Bedeutung als Himmelsgott nicht mehr bewußt; aber noch der späte Dichter
der Oegisdrecka läßt 48 Loki zu ihm sagen:

> Mit feuchtem Rücken
> langst du den Thau auf
> Und wachst der Götter Wächter.

er wußte also wohl noch von jenem Welthirsch Heimdallr, an dessen Geweih der Thau des Aethers schlägt. Uebrigens sitzt auch nach dem neuern
Volksglauben ein Engel oben an der Himmelsbrücke (dem Regenbogen),
der mit seiner Posaune zum jüngsten Gerichte ruft. Birl. 1, 197.

Heimdalls Roß Gulltopr ist auf das Sonnenroß bezogen worden,
da aber altn. toppr Wipfel bedeutet, so stünde es mit seinem eigenen
Namen in Beziehung. Daß er selber goldene Zähne hat, kann das
deutsche Sprichwort:

> Die Morgenstunde
> Hat Gold im Munde

erläutern. Ohne Zweifel war es einst ganz wörtlich zu verstehen wie die

rosenfingrige Eos. Aber ein schönes Morgenroth bedeutet einen Regentag.
Darum hat Heimdall der Regengott goldene Zähne. Auf die Neige des
Lichts, die in Heimdalls Monat (nach Finn Magnusen 21. Juni bis
21. Juli) beginnt, scheint auch sein Beiname Hallinskibi (der sich neigende),
zu zielen. Die Fülle der Zähne Hallinskibis bedeutet MßS. 1, 52 (vgl.
Myth. 214) Reichthum, und in Sab. Sagen verwandeln sich Zähne in
Gold. Daß unter den Namen des Widders Skalds. 75 Hallinskibi und
Heimdalli aufgeführt werden, weiß ich nicht anders zu deuten als durch
jene auch bei Hlidskiall und dem Giallarhorn vorkommende Verwechslung
Heimdalls mit Odin (S. 211), dem Finn Magnusen den Monat zueignet,
in welchem die Sonne in das Zeichen des Widders tritt. Endlich mag
sich sein Beiname Windhler (Vindhlér, Sturmmeer) auf seine neun Mütter
beziehen, die ein Bild für die Wogen sind. Weinhold Altchr. VII, 48.

Wie Heimdall unter dem Namen Rigr die menschlichen Stände gründet
S. 280, mag man noch in dem schönen eddischen Rigsmal nachlesen. Die
grünen Wege der Erde, die er hier wandelt, erkläre ich daraus, daß der
Regen das Wachsthum erfrischt: unter den Füßen des Gottes, der den
Weltstrom bedeutet und dessen Symbol der Regenbogen ist, ergrünt die Erde.
Denselben Sinn finde ich in dem Mythus von Freyjas Halsband Brisingamen,
das Loki entwendet hatte, Heimdall ihr wieder erkämpft. Rosk 855. Weinhold
l. c. 46. Loki bedeutet hier die Glut des Sommers, welche der Erde den
grünen Schmuck entführt, den Rasen versengt, der auch sonst als Jardhar
men (gänga undir jardhar men bei Eingehung des Freundschaftsbünd-
nisses, N. N. 118) bezeichnet wird, dem Brisingamen entsprechend, Myth.
809. Heimdall ist hier wieder der Regen, der die Gräser erfrischend der
Erde den grünen Schmuck wiederverschafft. Hieraus erklärt sich auch, warum
Heimdall, der sonst weiße war den Wanen gleich, sich FMS. 1, 313 heimkaatr
alla das schellen laßen muß, denn was ist langweiliger als ein Regenwetter?

Neuerdings hat A. Lütolf (Germ. VIII, 208 ff.) Wilh. Tells Sage
aus Heimdalls Mythus ableiten wollen, worüber ich auf §. 82 verweise.

Auf dem Wipfel der Welteiche ließen wir S. 282 Heimdall als
Welthirsch weiden und faßten dann seine Spitze als Schwert, das uns
wieder auf Heimdall als Schwertgott wies. Wir sehen aber S. 41 einen
Adler auf der Welteiche sitzen und diesem vergleicht sich zunächst der
Hahn Widofnir, der nach Fiölsvinnsmal 24 auf dem Wipfel des Baumes Mimameidr sitzt, welchen schon Andere den Doppelgänger der Welteiche Yggdrasil genannt haben. Wir nun Heimdall als Götterwächter
bezeichnet wird, so vertritt ihn schicklich der Hahn, der wachsame Vogel,
und wenn wir diesen noch jetzt auf den Spitzen der Kirchthürme finden, so hat
er seinen Platz zu behaupten verstanden. Das hätte auch der Adler auf dem
Achener Münster, der deutschen Krönungskirche, schon als Reichsadler gesollt:

es war kein Grund ihn zu entfernen so lange der gleichbedeutende Hahn
noch nicht von den Kirchthürmen verdrängt ist, und wenn die Achener beim
Reiche bleiben wollen, wie sie der alte Spruch ermahnt, so setzen sie ihn wieder darauf. Vgl. S. 33. Menzel Symb. 366. Zeisberg Germ. XIII, 416.

2. 3. Iring und Irmin finden wir stäts beisammen: bei Wiðukind,
der sie historisiert, aber doch allen Liedern folgt, und so auch in der Heldensage, im Nibelungenliede namentlich, ist letzterer zu Irminfrid geworden;
aber sowohl Wiðukind als die Willinos. weiß von Irings Bezug auf die
Milchstraße und auch hier, am Himmel, gesellt sich ihm Irmin, wie wir
§. 74 gesehen haben. Iringsstraßen finden sich am Himmel und auf Erden; Irminstraßen sind nur auf Erden bezeugt: die Ermingestrete durchzog
von der Wallingestrete durchkreuzt ganz England von Süden nach Norden; von der Irminsûl liefen vier Straßen durch alles Land. Die Wallingestrete ist auch am Himmel bezeugt: wie sollte die Ermingestrete da
gefehlt haben? Aber der Himmelswagen heißt auch Irminswagen, wie
Ing, der andere der drei Söhne des Mannus bei Tacitus, gleichfalls
einem Wagen hat (Myth. 320): dem Himmelswagen entspricht aber auch
sonst nach ein Himmelsweg, und den Straßen auf Erden entsprechen
himmlische, S. 209, so daß wir des ausdrücklichen Zeugnisses fast entrathen können.   Man hat daher auch Irmin auf den Kriegs- und Schwertgott Ir oder Er (Heru) zurückführen, und Irman, Erman in Ir-man,
Er-man zerlegen wollen (W. Müller 294); dagegen bemerkt aber Grimm
Myth. 327. 333, dem Namen Iring gebühre langes J, und GDS. 345
ist ausgeführt, daß das H in Hermunduri, Hermanfrid, als bloße Spirans
nicht in Ch übertritt, während Heru sich in Cheru wandelt. Auch ist Irmin
wie Armin ein abgeleiteter Name, kein zusammengesetzter und der Name
Herman entspricht nur dann, wenn man auch ihn als abgeleitet betrachtet
und schreibt.   Die Verbindung von Irmin und Iring schien schon oben
bei der Eresburg §. 86 hervorzutreten, wo aber der Annalist (S. 269) ausdrücklich bezeugte, Ermis sei neben Aris (Heru) verehrt worden; Heru (Erich)
fanden wir schon oben S. 281 in Iring, welchen das Rigsmal Rigr nennt.
Daß der Gott, der hier die menschlichen Stände gründet, ein Schwertgott
war, bezeugt das Lied selbst, indem es ihn mit anderm Namen Heimdall
nennt.   Von Ear, wie die angelsächsische Rune §. 87 lautete, mochten
dann zunächst die Eorle benannt sein, weil nur sie das Schwert zu führen
berechtigt waren.   Wenn aber auch Irmin auf Heru weist, weil die Irminsäule bei der Eresburg errichtet war, und weil Wiðukind nach §. 86
bei Gelegenheit jener andern Irminsûl, welche die Sachsen nach dem
Sieg über die Thüringer errichteten, von Irmin auf Mars geräth, so kann
doch Irmin ein allgemeiner Name sein, der eben den allgemeinen Gott
bezeichnen wollte, wie das Präfix irmin- die Begriffe zu steigern, bis zum

Allumfaßenden zu erweitern dient. Unter diesem allgemeinen Gotte kann
man sich Allvater, aber auch einen gemeinschaftlichen Gott verbundener
Stämme denken, wie auch Armins Name vielleicht nicht anders besagen
wollte als den gemeinschaftlichen Feldherrn der cheruskischen Völker. Selbst
den allgemeinen Namen der Germanen für die deutschen
Völker leite ich von Irmin, der ags. Eormen-, altn. Jörmun-
hieß; von da bis zu germanus war nur ein Schritt und in geormen-
vyrt, geormenleaf Myth. 326 finden wir ihn wirklich gethan. Grammatik
3. Aufl. S. 11 neigte Grimm stark dazu, den Namen der Germanen von
Irmin abzuleiten und vor ihm waren schon Leibniß und Eccard auf derselben Spur. Aber nur durch Vorsetzen der unkennbaren Partikel ge-,
welche in Gevatter, Gebrüder u. s. w. zusammenfaßende Kraft hat, konnte
in Teutschland aus erman german werden und auf die Frage: was seid
ihr für Leute? die Antwort erfolgen: wir sind Germanen, d. h. wir sind
alle zusammen von Irmins oder seines Großvaters Tuisko Geschlecht.
Näher ausgeführt hat dieß einer meiner Zuhörer O. A. Hoellscher 1865
in seiner Dissertation de Irmini dei natura germanorumque no-
minis origine. Das erste J in Irmino finden wir schon bei Tacitus
durch Brechung in E verwandelt; das zweite i wird erst in den Namen
Ermanaricus, Ermanafredus zu a, wo Ermana- genit. pl. ist, und die
Erminonen bedeutet, die hier vielleicht schon die beiden übrigen Stämme
mitbegreifen. Nicht bloß die herminonischen Baiern leitete man im M. A.,
schon im Annolied (vgl. Maßmann Kaiserchronik III, 472 ff.), aus Ar-
menien ab, auch aus Normandie ward Ormanie gemacht und wenn für
die Römer der allgemeine auf alle deutsche Völker sich erstreckende Sinn
in Germani lag, so wird uns derselbe Sinn von universalis schon ausdrücklich für Irmin bezeugt, vgl. §. 86. Dieser Sinn lag ursprünglich
in dem Namen und wie Mannhardt Götterwelt 276 in Armana den gemeinsamen Nationalgott aller Arier vermuthet, so sehe ich den Allvater
aller Germanen in Irmin. Von dem Bischof Germanus läßt die Legende Thörs Wunder der Wiederbelebung (der Böcke) an einem Kalbe
wiederholen, das ein armer Hirte ihm und seinen Gefährten geschlachtet.
Nach der Wiederbelebung empfing der Heilige den Namen Herman, den
wir §. 86 auf Irmin und somit auf Thör bezogen haben. Vgl. Rochholz Gl. u. Br. I, 221. In dem Namen Germanen ist -anen nur
Ableitung: das a sollte kurz sein; die Römer aber, die es mit ihrem
germanus verwechselten, sprachen es lang aus. Wenn Grimm für
den gallischen Ursprung des Namens Germanen geltend macht, daß die
Völker sich den Namen nicht selber gäben, sondern von ihren Nachbarn
empfingen, so geräth er schon bei dem Namen der Tungern, noch
mehr aber bei dem der Teutschen mit sich selber in Widerspruch. Auch

dießmal hat man in der Fremde gesucht, was man in der Heimat beßer haben konnte.

In Useners Berner Scholien zum Lucan lesen wir Lib. III, 250: Garmanosq. d. Garmani popoli oceano uicini dicti a rege Garmano illo terrae, wozu ich bemerke: 1. Das erste a in Garmani gleicht dem in Arminius. 2. Irmin, für den hier Garmanus steht, weil die Germanen von ihm den Namen haben sollen, wäre hiernach ein Sohn der Erde; nach Tacitus war er ein Enkel Tuiscos, des Sohnes der Erde. Dieser Abweichung ungeachtet spricht die Meldung des Scholiasten für unsere Ableitung des Namens der Germanen.

Mochte auch bei jenen Irminsäulen, die dem allgemeinen Gotte galten, an den Sieg- und Kriegsgott gedacht werden, weil es sich eben um den Sieg im Kriege handelte, und jene ältere Irminsäule eine Siegssäule war, weßhalb wohl auch Wibukind bei ihr an Mars dachte, oder mochte man, wie §. 86 gezeigt ist, sein Bild mit Thörs Keule bewaffnen, Irmin selbst sollte, wie es scheint, als gemeinschaftlicher Gott verbündeter Völker mehrere Culte vereinigen und durfte daher von jedem der verbundenen Völker auf seinen besondern Gott gedeutet werden. Vielleicht waren auch die Herminonen und Hermunduren zum Dienst eines gemeinsamen Gottes verbundene Stämme, die von dem allgemeinen Gotte den Namen führten. Daß dieser Gott Odin gewesen sei, dafür spricht jener Irmineswagen nicht, denn öfter wird Thör fahrend gedacht als Odin. Was über Irmin, Hirmin noch im Volke lebt, ist Myth. 329 und Woeste Volksüberl. 43 zusammengestellt, wozu noch das den Thörmythus enthaltende Märchen vom starken Hermel §. 86 kommt. Neben den Spruch: ‚he went,‘ use Herre got heet Herm un aerts oppem appelbänne‘ stellt Kuhn WS. II, 15 noch einen zweiten: Dat is Uno‘nter aulen tit, as de düwel no‘n lütk fenlken was un Hermänken (Hermänchen) bedde. Dem vergleicht sich der niederrheinische: du weilst mich wie mache‘ Gott bäsch Gerret (Gerhard), wovon Grimm hätt Gebrauch machen können, denn Gerhard mag den mit dem Sper (Gungnir) bewaffneten Gott meinen. Gleiche Bedeutung hat der Name Gerwalt, der sich im Herzog Gerolt verjüngt, der den Schwaben das Recht erwarb, dem deutschen Heere vorzufechten.

Wir fanden Irmin zuerst in dem göttlichen Stammhelden Irmino §. 74, dann in jenem nach ihm benannten himmlischen Irmineswagen, dem eine irdische Irminstraße entsprach, hierauf in Arminius und drei verschiedenen §. 86 besprochenen Irminsäulen. Neben der ältesten standen auch Irminfrid mit Iring, die hernach von Ermenrich oder seinem Neffen Dietrich angezogen in dessen Kreiß traten. Aber der Gott ist als St. Hirmon auch zum Heiligen geworden und zwar seiner alten Vorliebe getreu, zum Säulenheiligen. Bei Bischofswald steht sein Bild auf einem

Erlenſtod im Walde. Vergebens brachte man es mehrmals in eine Kirche; andern Morgens ſtand es wieder auf dem Erlſtod. Da ließ man es endlich ſtehen und wölbte nur eine hölzerne Kapelle über den Stamm. Schon urſprünglich war es aus einem Holzblod geſägt worden, den man ſeiner Schwere wegen nicht fortſchaffen konnte. Das iſt nur die alte Vorliebe für den Wald, welchen die Götter mit ihrem Volke theilten. Daß dieß gerade in Baiern geſchah, wo auch der Dienſt des Heru (Jring) durch den Namen des Wochentages bezeugt iſt, zeigt uns noch einmal dieſelben Götter verbunden. Vgl. Panzer 1, Nr. 33, II, 402. So hat auch der Ehrenbreitſtein einſt Hermanſtein geheißen, Irmſtein nach dem alten Rheiniſchen Antiquarius. Für Jring findet ſich Juwaring und Euring, welches von Coring nicht zu ferne ſteht.

Die Götter der Tritogie §. 57 haben wir betrachtet; nur Freyr (Fricco) iſt übergangen, weil wir ihn mit den übrigen Wanen zuſammenſtellen wollen. Vielleicht hätte man ihn unter den Schwertgöttern erwartet, bei welchen wir ihm ſo eben verſuchsweiſe eine Stelle einräumten; aber nicht bloß hat Freyr ſein Schwert hinweggegeben, er führte es auch nur als Sonnengott. Hier folgen alſo zunächſt

Die übrigen Aſen.

90. Wali (Alt Vali) und Vidar.

Der Mythus von Baldur (hochd. Paltar) iſt §. 84 im Zuſammenhang mit den Geſchiden der Welt erklärt und S. 85 auch geſagt worden, was ſeine urſprüngliche natürliche Bedeutung war. Baldur erſchien uns als die lichte Hälfte des Jahrs; ſein blinder Bruder Höðr (ahd. Hadu) als die finſtere, mit der Nebenbeſtimmung, daß die Zeit des wachſenden Lichtes für die ſommerliche, die des abnehmenden für die winterliche Jahreshälfte gilt. Baldurs Tod trat darnach ſchon zur Sommerſonnenwende ein, wo die Tage am längſten ſind, nun aber wieder kürzen, der Sieg des blinden Höðr ſich entſcheidet. Aber dieſer Sieg iſt kein bleibender: auch der Herrſchaft Höðrs iſt mit der nächſten Winterſonnenwende ein Ziel geſtedt, wo Baldurs Tod an Höðr Wali (Valo) rächt, in welchem Baldur im nächſten Frühjahr wiedergeboren wird. Daß er nicht als Baldur wiederkehrt, ſondern unter dem Namen ſeines Halbbruders Wali, dient theils den Sinn des Mythus, der ſonſt zu nalt zu Tage läge, zu verſteden, theils mag es mit der eigenthümlichen Ausbildung zuſammenhangen, die er im nordiſchen Glauben empfing, wo der Kreislauf des gewöhnlichen Sonnenjahrs dem großen Weltenjahr wich, und Baldur, einmal zu Hel gegangen, erſt in der erneuten Welt zurückkehren ſollte. Unter den Göttern der erneuten Welt finden wir dann auch Wali; ohne Zweifel bezog er sich aber ursprünglich auf das Sonnenjahr. Mit dieser Deutung stimmt Alles was wir von Wali wißen. D. 30 faßt sich kurz über ihn: ‚Ali oder Wali heißt einer der Afen, Odins Sohn und der Rindr. Er ist kühn in der Schlacht und ein guter Schütze.‘ Skaldsk. 13 nennt ihn Friggs Stiefsohn, den Odin mit der Rinda gezeugt, wie das auch D. 38 und Weglamskta. 11 weiß. Ueber Rinda giebt uns Saro Aufschluß (III, Müller 126). Nach dem Fall des Balderus (§. 35) wird dem Othin von dem Finnen Rostiopf (Roßdieb) geweißagt, er werde mit Rinda, der Tochter des Ruthenerkönigs, einen andern Sohn zeugen: der sei den Tod seines Bruders zu rächen bestimmt. Die Finnen gelten in Norwegen für Zauberer und weißagekundig: darum tritt hier ein Finne an die Stelle der in Weglamskvida von Odin erwedten Wala. Diesem Könige naht nun der Gott in der Gestalt, die wir als Odins irdische Erscheinung schon kennen, mit tiefherabgedrücktem Hute: er tritt als Feldherr in seinen Dienst, gewinnt seine Gunst, indem er das Heer seiner Feinde in die Flucht schlägt, und hält dann um seine Tochter an. Der König nimmt die Werbung wohl auf; von der spröden Jungfrau empfängt er aber statt des verlangten Kußes eine Ohrfeige. Darnach nimmt er die Gestalt eines Goldschmiedes an, fertigt sehr schöne Arbeit und bietet der Schönen Spangen und Ringe; aber auch jetzt entgeht er der Maulschelle nicht. Noch zum drittenmal, da er ihr als junger in der Reitkunst ausgezeichneter Krieger naht, wird er so heftig von ihr zurückgestoßen, daß er zu Boden stürzend die Erde mit dem Knie berührt. Zur Strafe trifft er sie mit dem Zauberstab und beraubt sie des Verstandes. Seinen Vorsatz aber giebt er nicht auf, er nimmt jetzt zur List seine Zuflucht: der unermüdliche Wanderer legt Frauengewand an und giebt sich für heiltundig aus. Unter dem Namen Wecha in das Gefolge der jungen Königin aufgenommen, wäscht er ihr Abends die Füße. Als ihre Krankheit zunimmt, erbietet sich Wecha, sie zu heilen, erklärt aber gleich, es bedürfe so bitterer Arznei, daß die Kranke sie nur nehmen werde, wenn man sie binde. Als das geschieht, hat sie Othin in seiner Gewalt und zeugt mit ihr Bous, den zum Rächer Baldurs bestimmten Sohn. Die Götter aber, die bei Saro in Byzanz wohnen, finden diese Handlung des Gottes unwürdig und verstoßen ihn aus ihrer Mitte: den Otterus (Uller) bekleiden sie mit seiner Macht und seinem Namen. Doch weiß sich Othin unter den Göttern wieder Anhänger zu verschaffen und es endlich dahin zu bringen, daß Oller von Byzanz flüchten muß; in Schweden, wo er seine Herrschaft aufs Neue zu gründen versucht, wird er von Dänen erschlagen.

Nur wenig hat Saxos historisierender Bericht den Mythus entstellt, dessen Erhaltung ihm allein verdankt wird. Angedeutet ist er in der Edda außer barin, daß Wali der Sohn der Rinda heißt, auch Staldst. c. 2 in Normalts Worten: seidh Yggr til Rindar: Yggus amores Rindae incantamentis sibi conciliavit. Auch Roslioft erscheint Hyndlul. 31. Rinda ist die winterliche Erde, wie Uller der winterliche Odin. Rinda heißt wörtlich crusta: die Rinde des Brots wie des Baums bezeichnet noch das Wort, das hier die hartgefrorne Erde meint. Darum scheint sie Saxo zur Tochter eines russischen Königs zu machen, während sie nach Hyndl. 31 im Westen wohnt, wenn damit nicht angedeutet sein soll, daß sie vom Westwind angeweht, aufthaue. Durch den Tod Balburs, des Lichtgottes, war die Erde der Gewalt des Winters anheimgefallen. Lange bemüht sich Odin vergebens, sie zur Erwiederung seiner Zärtlichkeit zu bewegen. Er bietet ihr Kleinode, den goldnen Schmuck des Sommers; er mahnt sie durch seine Reiterkünste an kriegerische Thal, die herrlichste Uebung der schönen Jahreszeit. Petersen 198. Umsonst, ihr störrischer Sinn ist nicht zu beugen: er muß seine ganze Zauberkunst aufbieten und zuletzt selbst zur List greifen bis es ihm gelingt, ihren harten Sinn zu schmelzen. So ist Rinda der Gerda gleichbedeutend und unsere Ausführung S. 184, daß es ursprünglich Odin war, an dessen Stelle erst Freyr, dann Skirnir trat, bewährt sich von Neuem. Der Zauberstab, womit Odin die Rinda berührt, ist der Gambantein, mit dem Skirnir der Gerda zusetzt. Wir haben ihn anderwärts auf den Blitz gedeutet, der, wenn er nicht tödtet, doch betäubt und des Verstandes beraubt. Gerda ergiebt sich auf die bloße Drohung, den Thurs (Þ) einzuschneiden; Rinda wird mit dem Stabe wirklich getroffen und verfällt der dort angedrohten Krankheit, die dem Gott Gelegenheit bietet, sie als Arzt in seine Gewalt zu bringen. Dieser Unterschied verschwindet gegen die Uebereinstimmung der Hauptzüge. Rindas Sträuben wie Gerdas wird durch die Macht des Gottes überwunden. Aber nach Walis Zeugung, den Saxo Bous nennt, tritt der volle Winter erst ein: ‚Wenn die Tage längen, beginnen sie auch zu strengen.‘ So wird Odin aus dem Himmel verwiesen und der winterliche Uller, nur eine andere Seite Odins, herscht an seiner Stelle. Aber bald kehrt er selbst in seiner Herrlichkeit zurück; der kalte Uller flüchtet nach Schweden, in den Norden, wo er seiner Herschaft noch eine kurze Zeit fristen kann. Da gebiert Rinda den Sohn, der Balburs Tod an dem dunkeln Höður rächend, den neuen lichten Frühling heraufführt. Das ist der Sinn des Mythus, der auch in der klassischen Mythologie sein Gleichniß findet. Wie Wali einnächtig den Höður fällt, so erlegt Phoebus, drei Tage alt, den Drachen. Zur Sühne des Mords lebt er dann unter Hirten, was der Verstoßung Odins aus Byzanz entspricht. Das erste heilkräftige Lied, das in Grógaldr die aus dem Grab erweckte Mutter dem Sohne sang, ist Str. 6 dasselbe, das einst Rinda der Ran sang:

Hinter die Schultern wirf was du beschwerlich wähnst.

Petersen 199 deutet das auf die winterliche Erde, die sich erst selbst vom Eise befreit und dann Ran, die Meergöttin, ermahnt, ihrem Beispiel zu folgen. Es braucht kaum wieder erinnert zu werden, wie der ursprünglich auf den Wechsel der Jahreszeiten bezügliche Mythus gleich den andern, mit welchen er zusammenhängt, in die Weltgeschichte verflochten ward, und Wali, der neue Frühling, nun neben Widar, der ein Rächer ist wie er, unter den Göttern der erneuten Welt erscheint.

Wali heißt D. 30 auch Ali, bei Saxo Bous = altn. Bói, ahd. Pûwo. Jener erste Name befriedigte nicht ganz: wenn er gleich eine Niederlage zu rächen hat §. 36, so sieht man doch nicht, warum er nicht lieber nach dem neuen Siege des Lichts genannt ist. Der ganze, nach Finn Magnusens Auslegung der Sonnenhäuser in Grimnismal seiner Herrschaft überwiesene Monat (19. Januar bis 18. Februar) hieß in Island Liosberi (Lucifer); anderwärts Sôlmânot, Sonnenmonat. Vgl. jedoch GDS. 108 und Boulerwek l. c. XCIII. In diese Zeit fällt Lichtmeß und der Valentinstag (14. Februar), an den sich in England, dem nördlichen Frankreich und den Niederlanden mancherlei Gebräuche knüpfen, die Erwägung verdienen. Wolf Beitr. I, 145. Nach dem englischen Volksglauben paarten sich an diesem Tage die Vögel, Walpurgisnachtsraum 4, 2, und Jünglinge und Jungfrauen feierten ein Fest, bei welchem sie sich durch das Loos ihr Liebchen (Valentin und Valentine) wählten. Daher singt Ophelia:

Guten Morgen, 'sist St. Valentinstag,
So früh vor Sonnenschein;
Ich junge Maid am Fensterschlag
Will euer Valentin sein.

Wali wird als trefflicher Schütze geschildert. Erschoß er den Hödhr eh er ihn zum Holzstoß trug? Das wäre schon darum anzunehmen, weil auch Baldur erschossen worden war. Als Gott des wiederkehrenden Lichts gebührt ihm als Waffe der Pfeil, da Strahlen (des Lichts oder der Sonne) wörtlich Pfeile bedeuten. Nach Finn Magn. (Lex. Myth. 798) wäre Wall in Norwegen durch den Apostel Paulus ersetzt worden, dessen Bekehrung am 25. Jan. von der Kirche gefeiert wird. In Deutschland wird der Apostel aber nie als Bogenschütze dargestellt wie Wali geschildert wird.

Der andere Name Ali (von al ala, got. aljan), hochd. Alo, zeigt uns den ernährenden segenspendenden Frühlingsgott, und so dürfte auch in dem Namen Wali ein ähnlicher Begriff liegen. Wirklich bringt ihn Müllenhoff (Nordalbing. 11) mit altf. welo, agf. vela, altth. wolo, unserm wohl zusammen, und erkennt in Welo einen altsächs. Gott des Glücks und Wohlstands. Vgl. Myth. 1226. Der dritte Name Bói

könnte auf das wieder baulich werdende Land im Gegensatz zu Rinda, der
hartgefrornen Erde, zielen. Das stimmt zu den Umzügen mit dem Pfluge
zu Faßnacht, die in die Mitte Februar zu fallen pflegten. Mädchen pflegte
man in den Pflug zu spannen, wenn sie sich nicht von dieser Strafe der
Ehelosigkeit frei kaufsen. Myth. 1214 wird ein Zusammenhang mit
Beowulf vermuthet, dessen erste Kämpfe in den Frühling zu denken sind.
Aber Beowulf ist Thôr. Vgl. Zeitschr. VII, 411. 416 ff. Weitere Spuren als Wali hat der ihm identische Stêâl zurückgelassen.

Baldur, sahen wir, ward verbrannt, Freyr wird begraben §. 101,
und so unterscheiden sich Brennalter und Hügelalter. Aber bei beiden
Bestattungsweisen kommt ein Schiff vor: Baldurs Leichenbrand ward
auf dem Schiff ins Meer hinaus gestoßen, und im Norden wurden Leichen auch im Schiffe begraben (Myth. 790); auf Grabstätten bildeten
Steinsetzungen den Umriß eines Schiffes, und die Todtenbäume der ala-
mannischen Landes waren zu Särgen gehöhlte Stämme, wie sie zugleich
als Schiffe (Einbäume) gedient haben, Ztschr. IX, 575. Aber das Schiff
kommt auch allein vor, ohne Leichenbrand und Begräbniß, und diese Be-
stattungsart ist vielleicht die älteste: man legte den Todten in ein Schiff
und überließ es Wellen und Winden, denn jenseits der mellumgürtenden
See, des Wendelmeers, lag das Todtenland Utgard, das außerweltliche
Gebiet, das man wohl auch, für unsere Nordseebewohner bezeichnend, Britannien nannte. So ward St. Maiern, als er zum zweitenmal gestorben war, in ein steuerloses Schiff gelegt, das ihn rheinaufwärts nach Roden-
kirchen brachte, wo seine Gebeine ruhen. Dasselbe begab sich nach Panzer I,
222 mit dem Leibe St. Emmerans, den ein Schiff ohne menschliche Hülfe
aus der Isar in die Donau und dann stromaufwärts gegen Regensburg
trug. Vgl. Liebrecht Gervasius 151. So wird Einföldi vor seinem Vater
Sigmund auf ein Schiff getragen, das ein Unbekannter als Fährmann
hinwegzuführen scheint, wohl Odin, der Stammvater seines Geschlechts.
Vgl. RHM. II, 90, p. 41 u. Nordh. Bl. I, 124. An diese Bestattungsweise knüpft sich der Mythus von Eliöld oder Stêâl, den schon Tacitus
nach dem, was er Germ. Cap. 3 von Ulysses berichtet, vernommen zu
haben scheint; in seiner letzten Verjüngung ist er zur Sage vom Schwanenritter geworden. Das Wesentliche dieser Ueberlieferung, die als
angelsächsische, dänische und langobardische Stammsage auftritt, und vielfache Umbildungen erfahren hat, ist Folgendes: Ein neugeborener, nach
dem Beowulf angeborener Knabe mit Schätzen und Waffen umgeben,
landet im steuerlosen Schiff auf einer Garbe schlafend. Die Bewohner
des Landes nehmen ihn als ein Wunder auf, nennen ihn nach der Garbe
(Stêâf, hochd. Sloup, manipulus frumenti), erziehen ihn und wählen ihn
endlich zum König. Auf demselben Schiff und in gleicher Ausstattung

wird er nach seinem Tode, eigener Anordnung gemäß, den Wellen wieder
überlaßen; die jüngere Sage läßt ihn lebend, in derselben Weise wie er
gekommen war, in dem Kahn, von Schwänen gezogen, hinwegscheiden;
nach seiner Heimat durfte nicht gefragt werden, und dieß Gebot hatte
seine Gemahlin übertreten.   Da der Knabe nach der Garbe, worauf er
schläft, benannt ist, so gehört wohl die niederrheinische Sitte hieher, den
Todten auf ein Schaub Stroh (Westfälisch Rêwestroh, Woeste 57), vgl.
Solarl. 47, zu legen: auf dem ‚Schoos‘ (Schaub) liegen, heißt so viel
als kürzlich verstorben sein.   Schaub und Schiff sagen also daß der Knabe
aus dem Todtenlande kam und dahin zurückkehrte: darum eben war die
Frage nach seiner Heimat verboten.   Nach deutschen Kinderliedern und
mancherlei Spuren im Volksglauben kommen die Kinder zu Schiffe an;
auch zu Hofen am Neckar gilt nach mündlicher Erkundigung dieser Glaube.
Die Vorstellung, daß die Menschen bei der Geburt aus der Gemeinschaft
der die Unterwelt bewohnenden Elben heraustreten und beim Tode in sie
zurückkehren, wurzelt tief in unserm Heidenthum, sagt Sommer 170; vgl.
Kuhn WS. 240, Rochholz I, 245.

Nach dem Schiffe (Ask, die gehöhlte Esche) scheint Askiburg, die
Schiffstadt (Roatun) benannt; auch bei Speier, der Todtenstadt unserer
Kaiser, die vielleicht für die Todtenstadt überhaupt galt (Rhein. 66), da
wohl schon ihr Name mit spirare zusammenhängt, findet sich eine Schiffer-
stadt, nicht etwa am Rheinufer, sondern tief im Lande, was freilich einen
natürlichen Grund haben kann in der Veränderung des Rheinbettes.
Hatte Tacitus die Sage von Skäf vernommen, so war er wohl befugt,
sie auf die nahverwandte von Ulyffes zu deuten, denn auch Er landet
schlafend und erkennt die Heimat nicht; es war das Land der Todten,
aus dem er kam.   Kalypso ist wörtlich die nordische Hel, die verborgene
Göttin, die personificierte Unterwelt.   Für den Schwanenritter wird uns
§. 103 der Name Heljos begegnen; DS. 539 heißt er Gerhard, und
dieser auf Odins Sper deutende Name kann nach S. 287 ein Beiname
Odins als Todtengott sein.

Eine Spur ist im Wartburgkrieg und dem darauf gegründeten
Lohengrin erhalten, wo der Schwanenritter von Artus ausgesandt
wird, der aber längst von dieser Welt geschieden im Berge wohnt mit
Juno und ‚Felicia Sibillen Kind‘.   Im Parzival ist es bekanntlich der Gral, von dem ‚Loherangrin‘ ausgesendet wird; aber dessen Königs-
reich ist so verborgen wie Hels Todtenreich, und Niemand mag es ohne
Gnade finden.   Wenn nun Freyr mit Skäf zusammenfiele, wie Müllenhoff Ztschr. VII, 409 wollte, obgleich er als Stisðð sich auch mit Uller
(§. 91) berührt, der nur der winterliche Odin ist, so sähen wir hier
Freys Bezug auf Hel, die Todesgöttin, hervortreten.   Ich glaube aber

in den Erläuterungen zum Beowulf dargethan zu haben, daß Steuf Wali
ist. Kaum geboren, nur eine Nacht alt, schreitet Wali zum heiligen Werk
der Rache. So wird von Steuf gesagt, daß er umvorwesende, noch
ungeboren dem Lande zufährt, wo er *recens natus* den Kampf gegen
einen ruhmreichen Helden bestehen sollte. Ungeboren heißt er nicht ohne
Grund, so lange er das Land seiner Bestimmung noch nicht erreicht hat.
Das Kind, das der Storch bringt, ist noch ungeboren so lange es der
Storch im Schnabel hält: erst wenn er es der Mutter in den Schooß
legt, kommt es zur Geburt. Nach Arndts Zeugniß vertritt in Rügen
der Schwan die Stelle des Storchs: man sagt, daß Er die Kinder bringe.
Von dem Schwan weiß die Sage von Steuf noch nichts; aber das steuer-
lose Schiff, das Winden und Wellen übergeben ist, läßt keinen Zweifel
woher er kam und wohin er fuhr. Deutlicher wieder verrieth es die Sage
vom Schwanenritter, indem sie die Frage nach seiner Herkunst verbot.
Erst hier kam der Schwan hinzu; aber noch immer spielt die Sage, wie
die von Ulysses bei Tacitus, am Niederrhein, wenn sie sich gleich jetzt
schon an den Rhein- und Scheldemündungen bis Valenciennes ausgebrei-
tet hatte. Nur der Schwan verräth jetzt noch den ungebornen göttlichen
Helden; die Sage selbst versteht sich nicht mehr, indem sie den Schwan
einen erwachsenen Ritter herbeiführen läßt. Dagegen gedenkt sie noch des
Kampfes, zu dem der Ritter entsendet ist; die Steufsage mußte davon
schweigen, denn daß ein neugeborner Knabe einen Zweikampf bestehe, ist
in der Heldensage wie in der Geschichte geradezu unmöglich. Im Beowulf ist aber Steuf schon in die Heldensage gezogen; als Wali war er
noch eines Gottes Sohn und in der Göttersage ist der Kampf eines neugebornen Knaben weder unerhört noch sinnlos: einnächtig fällte Wali
den Höthr. Wir wären nun zu hören begierig, obgleich die Sage des
Kampfes geschweigen muß, gegen Wen eigentlich der ungeborne Steuf
ausgesandt war. Die Stammtafeln nennen Heremôd unmittelbar vor
Steuf, was diesmal nicht heißen kann, daß sie Vater und Sohn seien:
Steuf wird damit nur als Heremôds Nachfolger im Reiche bezeichnet.
Im Beowulf ist das Gemüth dieses Heremôd, der eher dem Hermôdr des
Hynbluliedes als dem der j. Edda entspricht, verfinstert: er war im Alter
unmilde und blutgierig geworden. Dieß macht ihn nicht ungeeignet für
einen epischen Nachklang des göttlichen Wesens zu gelten, in welchem einst
die dunkle Seite des Jahrs angeschaut worden war. Dieß Wesen hieß
in der Edda Höthur; bei den Angelsachsen scheint es Heremôd geheißen
zu haben. Dieser Heremôd entspricht dem Hermôdr der Edda nicht, der
ist ein dritter Bruder Baldurs.

Tacitus hatte nur von zwei Brüdern gehört, die er Alci nennt und
auf Castor und Pollux deutet. Die j. Edda zerlegt ihr Wesen in viere;

Baldur, Höbur, Wali, Hermödr. Die Angelsachsen, die nur von drei
Brüdern wußten, nannten Wali Sleaf und den Höbhr Hermöd.

Der Beweis für die Identität Walis und Sleafs liegt in dem Beinamen, den beide führen: Wali heißt bei Saxo Hous, altn. Dûi; Sleaf
aber wird, da in den agf. Stammtafeln nur Prädicate eines und desselben Gottes enthalten sind, auch Ueaw genannt, was wie Dûi auf die
wieder baulich gewordene Erde geht, im Gegensatz zu Rinda, der winter-
lich gefrornen Erde. Sleaf heißt der noch ungeborne Wali, weil er vor
der Geburt, wie einst nach dem Tode auf dem Schaub (manipulus frumenti) liegend gedacht wurde und weil dieser Gott des Reichthums und der
Fülle das Kornkind unserer Sagen (Rhein). Nr. 251 ,das Wunder im
Kornfeld') und Erntegebräuche ist, das schwerer und schwerer ward als
man es aufhob und damit ein gesegnetes Jahr ankündigte. Vgl. Mannhardt Korndämonen 28. Ungeboren heißt er, weil er das Getreide der
kommenden Jahresernte bedeutet, das in dem wachsenden Frühlingslichte,
in das sein Fest fällt (Valentinstag 14. Febr.), gedeihen und reifen soll:
damit rächt er die Unbill, die an Baldur durch den Tod dieses Lichtgottes
begangen ist. Das Land, aus dem er kommt, und in das er zurückkehrt,
ist die Unterwelt, der mütterliche Schooß der nährenden Erde, der er auch
den Namen Ali verdankt. Wir haben hier wieder wie §. 36 einen friedlichen Mythus, der zu einem kriegerischen Volke gekommen ist, von dem
Stande der freien Bauern (Karle) zu dem Stande der Edeln.

Das Schiff, das ihn aus der Unterwelt und wieder dahin zurück
bringt, hat auf seinen Namen keinen Bezug. Vgl. M. Beowulf S. 175 ff.
Walis feindlichem Bruder Höbhr entspricht in der Schwanenrittersage
bald der Sachsenherzog (DS. 636), bald der Graf von Frankenberg
(DS. 534), bald Friedrich von Telramund (DS. 536). Der Name
Helias, den der Schwanenritter im flämischen Volksbuche führt, beantwortet schon die verbotene Frage. Da wir Wali mit Sleaf und dem
Schwanenritter, also auch mit dem Ulysses des Tacitus zusammengebracht
haben, so müßte es verwundern, wenn er nicht auch in die eigentliche
deutsche Heldensage eingedrungen wäre. Hier sehen wir ihn aber in Wals,
von dem die Wölsungen den Namen haben, wiedererstanden. Sein Vater
Wärir (Lenzer), wie ihn die Vorrede der jüngern Edda statt Rerir
nennt, ist, wie in Stammtafeln herkömmlich, nur ein Prädicat des
Gottes, der den Frühling (Vár) bringt. Die Kimur frå Wölsungi
hin oborna wißen noch nichts davon. Wärirs Gemahlin sei von dem
Genuß eines Apfels, den ihr Odin durch sein Wunschmädchen sandte, so
sehr schwanger geworden, daß ihr das Kind ausgeschnitten werden mußte.
Das wurde wohl nur erfunden, um den dem umborwesende entsprechenden Beinamen oborni zu erklären. Von seinem Weibe geboren zu

sein, war seitdem ein Ruhm unüberwindlicher Helden, der sich bei jenem Hoyer von Mansfeld wie bei dem ungebornen Burlarb, Macduff und Andern wiederfindet. Dahin gehören auch Rogbai in Wladimirs Tafelrunde, Leipzig 1819, und Ruthem, der Held Irans; vgl. Görres Schach Nameh I, 110. Jene Beinamen Ungeboren und Neugeboren verrathen die Einheit Skeäfs, Walis und Wölsungs oder Wals. Da Skeäf auch Schild (Skiöld) heißt und Skiöldunge das Königsgeschlecht der Dänen, weil sich in Schonen die Skeassage localisiert hatte, wie sie nach der Meldung des Tacitus von Ulysses auch am Niederrhein (Askiburg, Cleve) daheim war, so begreift sich, daß die Welfungen bald im Frankenland, bald in Dänemark herschien. Dem Niederrhein wird aber nach dem Zeugniß des Tacitus die Priorität nicht zu bestreiten sein. M. Rieger Germ. III, 163 ff. hat auch schon bemerkt, daß Salvius Brabon, der Schwanenritter, Gr. D. S. 286, wie Ulysses aus Troja kam, Troje aber bei Hagen von Troje wie im Wolfdietrich Elsentroje oder die alte Troje die Unterwelt bedeutet; so daß sich hier über den Ursprung der Sage von der trojanischen Abkunft der Franken neues Licht verbreitet. Selbst der Name Loherangrin, wenn er nicht auf Lothringen geht, was dem Niederrhein mit begreift, kann auf die Unterwelt zielen, da wir eine deutsche Gluthölle neben der Wasserhölle nachgewiesen haben. Ueber die Denkmäler, die dem Ulysses und seinem Vater Laertes an der Grenze Germaniens und Rhätiens gewidmet sein sollten, vgl. Hefner Röm. Bayern III, Nr. 47. S. 308.

In dem Schwan, der in Rügen die Kinder aus dem Seelenlande bringt, pflegen in dem Märchen von den dankbaren Todten Verstorbene sich zu wandeln. Bei diesem Bezuge zum Todtenreich, den auch die Redensart „es schwant mir" verräth, darf er sowohl dem Schiff, das die noch ungeborenen Kinder der Erde zuführt, als dem andern, das Todte dem Seelenlande zurücktrügt, die Wege weisen. In dem redenden Schwan Lohengrins, wie in jenem, der in dem See eines hohlen Berges schwimmend einen Ring im Schnabel hält, wenn er ihn fallen läßt, geht die Welt unter, ja in den Schwänen, die auf dem Urdarbrunnen schwimmen, ist die Schicksalsidee verkörpert. Vgl. Kuhn M. S. 68. Gr. Myth. 400.

Von mehr als Einem Heiligen wird erzählt, daß seine Leiche in einem Kahn ohne Steuer rheinaufwärts getrieben sei. Auch dieser Zug ist der Legende aus der deutschen Götterlage vererbt. Der hier noch fehlende Schwan deutet auf hohes Alter der Legende.

91. Uller (Wulder, Hader).

Wie Uller nach Saxo von den Göttern an Odins Stelle gesetzt, dann aber wieder ausgetrieben und in Schweden erschlagen wird, ist so

eben berichtet; auch haben wir ihn schon §. 90 als die winterliche Seite
Odins gefaßt.   Im Sommer ist Odin ganz Er selbst, der herrliche Himmelsgott, der als Gott des Geistes besonders in Krieg und Schlacht
waltet.   Im Norden aber taugt der Winter zum Kriegen nicht, er ist zu
hart, um Heere gegen einander zu führen; desto besser ist diese Zeit, wo
sich die Fährte des Wildes dem Schnee eindrückt, zur Jagd geeignet. Odin
hat nun sein heiteres Antlitz gewandelt: in Thierfelle gehüllt, mit dem
Bogen bewaffnet, Schrittschuhe unter den Füßen fährt er über Eis- und
Schneeberge dahin.   Der Gegensatz von Sommer und Winter ist auch
darin angedeutet, daß Baldur Weglamskm. 4 Ullers Freund heißt. Baldur ist hier der sommerliche Gott, Uller der winterliche: sie sind Freunde,
weil aus ihnen das Jahr besteht, das im Norden nur Sommer und
Winter hat.   Doch wird sich sogleich noch eine andere Erklärung darbieten.   Als Wintergott ist Uller der Sohn der Sif, der Erdgöttin, aber
Thörs Stiefsohn, weil er vor ihrer Vermählung mit Thör, im Winter,
wo die Gewitter schweigen, erzeugt ist, D. 31. Sein Vater wird nicht
genannt; es bedurfte auch darüber keiner Meldung, wenn er selbst, wie
sich aus Saxo schließen läßt, der winterliche Odin ist.   Ausdrücklich läßt
Saxo den Ollerus von den Göttern mit Odins Namen nennen, und so
fällt er mit jenem Mitothin zusammen, der schon früher einmal (Müller
I. 42) den Odin vertrieben und seine Stelle eingenommen hat. Da aber
Uller als ein selbständiges, von Odin verschiedenes Wesen gefaßt wird,
das im Winter seine Stelle vertrat, so war das nächste, daß man ihn
überhaupt als Odins Stellvertreter im Himmel behandelte, so oft er selber
nicht anwesend war.   An Saxos Bericht erinnert daran Grimm. 42, wo
Odin von Geirröth zwischen zwei Feuer gesetzt, ausruft:

>   Ullers Huld hat und aller Götter
>   Wer zuerst die Lohe löscht.

Denn hier sehen wir ihn, während Odin auf Erden, ja in der Unterwelt
weilt, an der Spitze der Götter. Die Unterwelt ist auch sonst dem Winter,
dem Tod der Natur, gleichgestellt. Geirröth mag indes ursprünglich derselbe Geirröth sein, den wir §. 84 als Unterweltsgott kennen lernten:
mithin befindet sich Odin acht Nächte d. h. acht Monate lang in der
Unterwelt, während Uller im Himmel für ihn eintritt. Nun aber sagt
Hamconius Frisia p. 77:

>   Pluto seu et Frisiis cultus quandoquo videtur
>   Atque Holler dictus vulgari nomine, tanquam
>   Inferni dominus. (Wolf Beitr. I, 204.)

Darnach wird umgekehrt Uller im Sommer in der Unterwelt sein,
wie Odin im Winter; aber nur als seine andere Seite. Das erklärt uns
auch seine Freundschaft mit Baldur, denn mit ihm tritt er in der Unter-

weil zusammen, wo Balbur ursprünglich alljährlich in ber Zeit bes abnehmen-
ben Lichtes verkehrte; gerade in birse fällt aber bie heißeste Sommerglut. Die
Namensform Holler erklärt sich aus einem Spirantenwechsel: wie aus Woden
Hoben, aus Wôd Hood (Robin Hood) wirb §. 77 (vgl. Kuhn WE.
96), so sehen wir aus Wuller Woller (wie sein beutscher Rame gelautet haben wirb, ober auch nur Wull Woll) mit Vertauschung von W
und H Holler bervorgehen. Holler erinnert an Holla, bie auch Wulle
hieß. Hieraus erklärt sich vielleicht zugleich bas in ben Ramen Wodans
einbringenbe l (S. 168), benn ba Wôdan und Woll benselben Gott bezeichneten, nur in verschiebener Auffassung, so war eine Vermischung beiber
Namen natürlich. Ten Bezug jenes niebersächsischen Ernterufs: Wôld!
wozu ein baieisches Oswôl! tritt, auf Frau Wulle ober Uller hat schon
Grimm (Ztschr. VII, 898) erkannt. Die Ableitung bes Ramens von ben
wolligen Schneeflocken bes Winters hat nun sein Bebenken: barum war
er eben ber Erntegott, weil reichlichem Winterschnee bie Fülle bes Ge-
treibes verbankt wirb. Aus bemselben Grunbe verbinbet bas AUCDarium
Nord. bie Runen la Ar endi Sôl. Toch scheint eine andere Ableitung
vorgezogen zu werden, obwohl bas agf. Valdor, bas balb für Gott
selbst, balb für göttliche Herrlichkeit gebraucht wirb, und bem got. vul-
thus, Glanz, entspricht, für ben Gott bes lichtarmen norbischen Winters weniger gemäß ist, es wäre benn, baß auch hier wieber an ben
blenbenben Glanz bes Schnees gebacht würbe. Wie aber beibe Ramen
Wôb und Wol in Wôld zusammenflossen, so sehen wir auch ben sommerlichen und winterlichen Obin sich vermischen: nicht nur Wôben, Wôbe,
Wôlb, ber nach bem Liebe Mhth. 112 als Hävenhüne aufgefaßt wirb,
hat ein Pferd, bem unsere Erntegebräuche ein Büschel Aehren stehen
laßen (Mhth. 104), auch ber unterweltliche Obin, wenn er als Helljäger
umreitet (Kuhn HS. 910), und wenn er als männlich gebachter Hel
ein Scheffel Haber empfängt, sein Pferd bamit zu füttern. Müllenhoff
S. 245. Tasselbe Pferd finden wir bei ber weiblichen Hel, ber Gemahlin bieses Unterweltsgottes, wieber.

Die Ebba kennt aber Uller fast nur noch als winterlichen Himmelsgott: D. 32 schilbert ihn als Bogenschützen und Schrittschuhläufer; Stalb-
stap. 14 nennt ihn Oenbur-As, Boga-As, Weibi-As und Stjalbar-As
und in ber Dichtersprache wirb ber Schilb Ullers Schiff genannt. Nach
Saxo verstanb sich Oller (wie Odin) auf bie Zauberkunst, namentlich soll
er einst einen Knochen so besprochen haben, baß er sich besselben als eines
Schiffes bebiente um über bas Meer zu setzen. Uller erscheint hier ganz
als bas männliche Gegenbild Stabhis, bie D. 28 Oenburbis heißt und
Ynglisal. 9 nach ber Scheibung von Njörbr bem Obin vermählt warb,
wo wieber Uller gemeint sein kann, ber winterliche Obin; Obins Ver-

mählung mit Skadhi bedeutet eben nur den Eintritt des Winters. Als
Jagdgott bedurfte Uller des Bogens, wozu die Eibe, ihres zähen, festen
Holzes wegen, vorzugsweise verwendet ward. Der Eibenbogen heißt altn.
ýbogi, und die Prune hat die Gestalt eines Bogens. Darum lesen wir
Grimnism. 5:

> Ydalir (Eibenthäler, heißt es, wo Uller hat
> Den Saal sich erbaut.

Zur Winterluft gehört aber auch der Eislauf; überhaupt aber sind im
nordischen Winter Schrittschuhe unentbehrlich. Sie wurden aus Knochen
von Pferden und Rindern verfertigt; solche Schrittschuhe, bald Skidi,
bald Oendrar genannt, sieht man noch jetzt in Norwegen und Island.
Sie sind nach der Abbildung, die Stephanius 127 zum Saxo giebt,
ungewöhnlich groß, dabei so gebogen, daß sie Schilden, ja kleinen Kähnen
gleichen. Freilich nur auf dem Eise thun solche Knochen den Dienst eines
Schiffes. Aber vielleicht gieng Uller auch auf ungefrornem Wasser, eine
Kunst, die noch jetzt im Norden heimisch sein soll, in der sich auch bei
uns zuweilen Nordländer sehen lassen, nicht immer freilich mit gleichem
Glück. Aber der Gedanke, mit solchen Schrittschuhen über das Wasser
zu setzen, ist dem Schrittschuhlaufen über das Eis abgeborgt, und da solche
Wasserschuhe die Gestalt von Schilden haben, heißt der Schild Ullers
Schiff und er selbst Schildaß. Daraus mag es sich auch erklären, daß
es gut sein soll, ihn beim Zweikampf anzurufen, D. 31, wo Alles darauf
ankommt, sich mit dem Schild zu decken und zu schirmen. Unerklärt bliebe
noch, warum nach Atlakv. 30 bei Ullers Ring geschworen wird. N. A.
895. Die Zuverlässigkeit des nordischen Winters, wie Petersen 268 will,
genügt dazu nicht. Es wird bei ihm geschworen, weil er der Unterweltsgott ist; aus demselben Grunde werden auch bei der Gefion Eide abgelegt. Den Ringeid, den Odin selbst Hawam. 110 schwören soll, hat
Woeste Ztschr. f. M. I, 398 auch in Teutschland nachgewiesen. Auch
deutet darauf der Name Eidring, Haupts Ztschr. N. F. V, 2. 428.
Doch konnte er auch wohl wie im Norden (Landnama IV, c. 7) zu andern
Göttern geschworen werden. Jeder Gode pflegte den im Blute eines
Opferthiers gerötheten Ring an der Hand zu tragen zu allen gesetzlichen
Dingen, die er hegen sollte, Maurer II, 222. Wahrscheinlich legte man
den Finger in den Ring und fürchtete, er möchte den Finger klemmen,
wenn man falsch schwöre. Darum sagt Sigrun Helgal. Hundingsb. II,
30 zu ihrem Bruder Dag:

> Es sollen dich alle Eide schneiden (bita),
> Die du dem Helgi geschworen hast u. s. w.

Auch sonst fehlt es nicht an Anzeichen, daß sein Dienst bei uns zu
Hause war: ein Frau-Üllesheim ist bei Düren bekannt, Wolsberge liegen

bei Siegburg und ein Wolfsbergerhof am Fuße des Drachenfelsen; ein Wolsburg erwähnt Panzer I, 72. II, 182 in Niederbaiern, und ein Wolfs-perghe in Brabant Wolf Beitr. 145.   Daß der h. Hubertus ihn ersetzt habe, ist nicht unwahrscheinlich.

Das Saxo einmal von **Mitothin**, ein andermal von Ollerus erzählt ist derselbe Mythus, der schon Oegisdr. 26 in Lokis Beschuldigung der Frigg, als habe sie mit Wili und We, den Brüdern Odins, gebuhlt, und in dem Bericht Snorris in der Ynglingas. Cap. 3, anklingt, wonach einst Odin weggereist war und so lange fortblieb, daß die Äsen glaubten, er kehre nicht wieder. Da machten sich die Brüder auf und theilten sein Erbe; aber sein Weib Frigg nahmen sie beide gemeinschaftlich. Aber bald darauf kehrte Odin heim; da nahm er sein Weib wieder. Fassen wir als den Kern dieses vielgestaltigen Mythus, daß während der Jahres-hälfte, wo sich Odin in der Unterwelt aufhielt, in Walhall ein Anderer um sein Gemahl geworben habe, der aber bei seiner Heimkehr genöthigt wurde, die Flucht zu ergreifen, so erkennen wir in ihm die Grundlage jener Sagen von der Heimkehr, welche §. 66 ausführlich besprochen worden sind. Fast in allen tritt die Zahl von **sieben Jahren** an die Stelle der sieben Wintermonate des Nordens. Auch darin zeigt sich die Ein-stimmung, daß die Reise in den Osten geht, wie bei Odin zu dem Ru-thenenkönig. Eine Reihe deutscher Märchen, die ein andermal aufgezählt werden mögen, läßt die Frau des Heimgekehrten die Frage an die falschen Freier richten, was sie thun solle: sie habe einen neuen Schlüssel machen laßen, nun aber den alten verlorenen Schlüssel wiedergefunden. Hieraus entspringt uns die schon von Andern (Müller in den RS. Sagen und Märchen S. 417) aus andern Gründen aufgestellte Vermuthung, daß auch die **Dietrichsage** in den Kreis der unsern Mythus nachhallenden Heimkehrsagen gehöre; ja wir möchten selbst den Namen **Dietrich** in der Bedeutung von Schlüssel aus dieser so oft wiederkehrenden Frage herleiten. Im **Wolfdietrich** ist dieser ursprüngliche Zusammenhang wieder in anderer Weise verdunkelt, indem er nicht zu seiner eigenen Ge-mahlin, sondern zu der Ortnitt, seines Bundesbruders, **heimkehrt**, der sie ihm aber auf den Todesfall vermacht hatte. Auch hier wird eine Hochzeit unterbrochen, ein alter Schlüssel wiedergefunden, und daß Wolfdietrich der verbannte Odin ist, zeigt sich an seinen beiden Brüdern **Wachsmuth** und **Fagen**, die ihn, wie jenen Wili und We, vertrieben haben, und an seinen **eilf** Dienstmannen, die aus der Gefangenschaft der Brüder be-freit werden sollen, und denen die eilf Äsen zu Grunde liegen. Dieß ist der Dietrich, der die Riegel beider Dietrichsagen hebt. In der Vor-rede zu Loher und Maller hab ich auch die beiden Brüder Karls des Großen verglichen, die ihn vertrieben haben sollen.

Noch eine zweite Reihe deutscher Sagen außer denen von der Heimkehr wurzelt in unserm Mythus. J. Zacher hat sie in seiner Schrift: ‚Die
Historie von der Pfalzgräfin Genovefa,‘ Königsberg 1860, erschöpfend
besprochen. Hier wird das Gewicht auf die Leiden der während der
siebenjährigen Abwesenheit des Gemahls unschuldig verleumdeten und
bestraften Gemahlin gelegt. Außer Genovefa selbst gehört dahin die
Heldin eines andern deutschen Volksbuchs, die geduldige Helena, wozu
als dritte noch die mit Ritter Galmy verwandte Hirlanda tritt.
Genovefa hat einen doppelten Bezug zu Bertha der Spinnerin (§. 114):
sie wird am 6. Januar, also am Vorabend des Berchtentages wiedergefunden und ihr Name bezeichnet sie als die spinnende, webende, wie
sie denn auch in Frauenkirchen hinter dem Hochaltar sitzt und spinnt,
wo man noch ihr Rädchen schnurren hört. Vgl. mein Rheinland 307.
Der ganze Name schildert sie als die Spenderin des Ehesegens.
Der Name der ihr gewidmeten Capelle berechtigt aber, sie für Frouwa
(Freyja) zu halten, die der Frigg identisch einst Odins Gemahlin war
(§. 103) und auch in einem andern Mythus (§. 73. 3 n.) von ihrem
Gemahl verlaßen wird.

<h2 style="text-align:center">92. Phol. Uiel. Sermodhr.</h2>

Wir kehren zum Mythus von Baldur (Pallar) zurück, um noch
einige Nachträge zu liefern:

1. Der Merseburger Heilspruch, der uns zuerst des Daseins Baldurs im Volksglauben des engern Deutschlands versichert hat (M. Leseb.
20), ist zwar nur ein Zauberspruch, bei Verrenkungen anzuwenden; aber
die Erzählung, daß als Phol und Wodan zum Walde ritten, Balders
Fohlen den Fuß ausrenkte, welchen vier Göttinnen vergebens zu heilen
versuchten (die Heilkunst wohnt sonst Frauen bei), aber nur Wodans Zauberkraft wieder einzurenken verstand, könnte gleichwohl eine eigenthümliche
deutsche Auffassung des Baldurmythus enthalten. ‚Wie in der Edda
Baldurs schwere Träume alle Götter beunruhigen, so hier sein Zurückbleiben durch die Lähmung seines Roßes.‘ Von Baldurs Roß wißen wir
sonst nicht viel; D. 49 sehen wir es mit allem Geschirr auf seinen Scheiterhaufen geführt. Hier aber wird man an Blóðughófi S. 157. 183.
erinnert: zwar soll es nach Skaldskap. 59 Freyrs Roß sein oder Alsvibrs
(Odins); aber D. 16 bleibt Baldurs Hengst, weil er mit ihm verbrannt
sei, ungenannt, gerade wie Blóðughófi, die demnach eins sein könnten.
Sollte so auch Freyr in dieser Erzählung mit Baldur zusammenfallen, und
wäre, woran schon Myth. 1210 gedacht wird, Phol der Name, der beide
vermittelte? In ihm erscheint ein bisher ungeahnter Beiname Baldurs,
denn nur auf diesen kann er nach dem Zusammenhang des Spruches

gehen. Wir sind aber nicht einmal über seine Aussprache im Klaren.
Die Alliteration verlangt F, während Ph gewöhnlich Pf bedeutet. Die
urkundlich nachgewiesenen Ortsnamen, welche mit diesem Phol zusammengesetzt sind, als Pholecoume, Pholesbrunnen, Pholespiual, Phulsdorf
(Myth. 206), zeigen später Pf; aber auch Vâland (Junker Voland), ein
später Beiname des Teufels (Myth. 944), kommt in Betracht, desgleichen
Ful und Pful für den Eber, sonst Freyrs Thier (Myth. 946); selbst der
Phallusdienst, der wieder an Freyr mahnen würde, ist herbeigezogen
worden. Hätte die Alliteration Recht gegen die Schreibung, so müßte
man an einen Gott der Fülle wie Wali denken. Aber in demselben Gedicht erscheint schon Volla als Schwester der Frîia oder Frigg, deren
Schmuckmädchen in der Edda Fulla heißt.

Aus dem Vorkommen jener Ortsnamen in Thüringen und in
Baiern läßt sich noch kein Schluß ziehen, da der rheinische Pfultag,
Pulletag für den 2. Mai (M. 581) auf weitere Ausbreitung deutet. Vgl.
jedoch Weisth. II, 98. Auf denselben Tag fiel auch das keltische Beal-
tine, Myth. 579, das gleichfalls einem Lichtgotte, vielleicht einem Gott des
Tages galt, der sächsisch Beldegg oder Bäldäg = nord. Baldur hieß.
Hierauf gründet sich die Annahme Myth. 204, daß in Phol und Baldur
(Paltar) zwei mit einander in der Fortschiebung nicht Schritt haltende
Entfaltungen desselben Wortes vorliegen, das bei Kelten und Slaven
(s. o. 89) Bel lautete, und dessen Bedeutung weiß, licht war.

Für die Ansicht, daß Phol in Deutschland Freyr und Baldur vermittelte, spricht Folgendes. Bei Freyr werden sich Bezüge auf Roß und
Eber finden; Phol, nach dem wir letztern oben genannt sahen, alliteriert
sogar auf Fohlen (volon), und der Pfalgraben heißt nach Myth. 915
auch Schweingraben. Fehlt uns für Balder, der doch mit Phol zusammenfällt, der Bezug auf den Eber, so ist Myth. 948 angemerkt, daß
dieser im Reinardus Baltero heißt; auch ist Hackelbärends Tod durch den
Eberzahn S. 201 auf Ohr-Baldur bezogen worden. Vgl. §. 76, 2.
Von Baldurs Pferde war schon oben die Rede: als er nach Saxo seinem
durstigen Heere den Brunnen schuf, geschah es wohl, wie S. 88 vermuthet wurde, durch den Hufschlag seines Rosses, denn es scheint die-
selbe Sage, die bei Karl dem Großen und Bonifacius wiederkehrt, vgl.
Chr. Petersens §. 106 angezogene Schrift, und an sie erinnern dann
Pholesbrunno, Baldersbrunnen und Baldersbrönd bei Roeskild. Als
Kelter erscheinen auch Castor und Pollur, welchen Eidschwüre in Pol
(Phol) kürzten. Dieß führt uns zu der ältesten Gestalt des Mythus von
Baldur und Wali.

2. Tacitus berichtet Germ. 43 von einem jugendlichen Brüderpaar,
das bei den Naharvalen in einem altheiligen Haine verehrt wurde: er

vergleicht sie dem Castor und Pollux (ea vis numini, nomen Alcis);
doch bemerkt er ausdrücklich, daß sie Götter, nicht etwa Halbgötter waren.
Nach Zacher Runenalph. bedeutete der Name die Leuchtenden, Glänzenden,
alci, got. alkeis. Ohne Zweifel sind sie Myth. 109 nicht unrichtig auf
Baldur und Hermöbhr gedeutet, denn die Römer gingen den Analogieen
des Begriffes nach, und ,da von den Dioskuren der Unsterbliche mit dem
Sterblichen in die Unterwelt hinabstieg, damit er dann auch die Freuden
des Olymps mit ihm theile, so bietet kein anderer Mythus mehr Aehnlichkeit dar.   Den Hermöbhr sahen wir §. 33 den Helweg reiten, seinen
Bruder Baldur zu lösen, daß er mit ihm nach Asgard zurückkehre. Gleichwohl scheinen es eigentlich Baldur und Höbhr, die wir in jenem göttlichen
Brüderpaar zu suchen haben, denn die beiden gleichen und doch wieder
ungleichen Hälften des Jahres sind auch in den Dioskuren dargestellt.
Zwei Brüder, die bald als Freunde, bald als Feinde, bald zum Verwechseln ähnlich, bald höchst ungleich geschildert werden, der eine schön,
der andere häßlich, der eine weiß, der andere schwarz, führen uns
Freundschafts- und Liebessage sehr häufig vor; einigemal fehlt das ver-
wandtschaftliche Verhältniß: es ist nicht so wesentlich als daß in der
Liebessage der Freund der Geliebten, in der Freundschaftssage die Geliebte dem Freunde geopfert werde. In den ältern Sagen besteht die
Probe der Freundschaft darin, daß Einer für den Andern die Schrecken
des Todes überwinde, was dadurch veranschaulicht wird, daß er in die
Unterwelt hinabsteigt. Zwei solche Brüder haben wir nun in Baldur und
Höbhr: sie werden als höchst unähnlich gefaßt, der eine licht, der andere
dunkel (blind), so daß sie an den schönen und den ungethanen Dietrich
der Crescentiasage erinnern wie diese wieder an Jerenand getrü und
Jerenand ungetrü, KHM. 126. Bei Saro sind sie um die Braut entzweit, so daß ihr Mythus in den Kreiß der Liebessagen übertritt; wie
sie aber Brüder sind und in der Edda keineswegs feindliche, da sie vielmehr in der verjüngten Welt Hand in Hand aus Hels Hause zurückkehren, so fehlt auch der Zug nicht, daß Einer für den Andern in die
Unterwelt hinabsteigt; nur ist er auf den dritten Bruder Hermöbhr übertragen, wie auf den vierten (Wali) die Rache, zu der sich sonst Brüder
verpflichtet sind. Bei dieser Spaltung der naharnavalischen Brüder in
viere §. 90 ist es nicht leicht zu sagen, welcher der viere jedem der beiden
Alci entspricht, und selbst Müllenhoff, dem wir hierüber volle Auskunft
verdanken (Ztschr. XII, 346—54), hat darüber geschwankt. Da jedoch ihr
Mythus, wie Er gelehrt hat, in der Heldensage von Orinit und Wolfdietrich erhalten ist, Wolfdietrich aber Orinits Tod rächt, so berechtigt uns
dieß zu sagen, daß die naharnavalischen Brüder sich unter den nordischen
Göttern als Baldur und Wali wiederfinden; doch füge ich hinzu, daß

Theile ihres Wesens auf die beiden andern Brüder Höthr und Hermodhr übergegangen sind; solche Theile jedoch, die so genau mit ihrer göttlichen Natur zusammenhängen, daß sie in der Heldensage nicht wohl geborgen bleiben konnten.

Tacitus nennt die göttlichen Brüder mit einem gemeinschaftlichen Namen, und gerade dieß hat befremdet. Aber wie Freunde Alles gemeinschaftlich haben, so unterscheiden sie sich auch durch die Namen entweder gar nicht, wovon so eben schon ein Beispiel (Dietrich) vorkam, oder wie Amicus und Amelius, Brunneuhold und Brunnenstarl, Johannes Wasserprung und Caspar Wasserprung nur wenig. Nehmen wir den Wasserpeter und Wasserpaul (AM. III, 196) hinzu, so werden wir wieder an Pferd und Quelle und jene Phols- und Baldursbrunnen erinnert. Auch in der Heldensage führten sie zuerst den von ihrem weiblichen Haarschmuck (muliebri ornatu bei Tacitus) hergenommenen Namen der Aslinge oder Hasdinge (got. Hazdiggōs, altn. Haddingjar). Die beiden Haddinge werden Hyndlul., Str. 22, bei Saxo V, 93 erwähnt, und die Hervararf. nennt sie ausdrücklich Zwillinge. Auch am Schluß des letzten Helgiliedes wird von einem der Haddinge erwähnt, daß er als wiedergeborner Helgi in den Karaliedern gefeiert werde. Ueber die Lara, die in Schwanengestalt über ihren Helden schwebt, vgl. §. 129. Sie spiegelt sich später in jener Zauberin Ostacia der Wilkinas., die in Drachengestalt dem Hertnit beisteht und mit ihrem wilden Heer aus der Luft am Kampfe Theil nimmt. Astingi oder Hasdingi war der Name der vandalischen Könige, die als Hartunge oder Hertnite in der Heldensage fortleben. Bekannt sind die Hartunge von Reußen im Heldenbuch, nicht minder aber auch die Hertnite der Wilkinas., die als Ortnite in die süddeutsche Heldensage eintraten. Ortnit wohnt in Garten (am Gardasee); die Wilkinas. hatte Hertnits Reich nach Holmgard (Nowgorod) gelegt, das den deutschen Kaufleuten, aus deren Munde sie aufgezeichnet wurde, aus eigener Anschauung bekannt war.

Wie sich aber der Mythus in der Heldensage zuletzt gestaltete, will ich jetzt noch mit Müllenhoffs eigenen Worten angeben: ,Der ältere vornehmere Hartung, von dem jüngern als Hertnit (Ortnit) unterschieden, erstreitet gegen ein riesiges, winterliches Geschlecht, die zwölf Jfunge (in der Hromundarsaga geschieht der Kampf auf dem Eise), ein schönes göttliches Weib, das wohl demselben Geschlecht angehörte, aber dem Geliebten im Kampf gegen die ihrigen beisteht. Mit seiner goldglänzenden Rüstung angethan verfällt er später einem Drachen, der ihn verschlingt. Der jüngere Hartung, als Harthere von dem ältern gesondert, im nhd. Epos durch Wolfdietrich vertreten, erschlägt dann den Drachen, legt Rüstung und Waffen Hertnits an, bändigt und besteigt sein Roß und wird darauf

von der trauernden Wittwe an des Bruders Statt als Gemahl angenommen.'

Nicht leicht iſt es, die Sage von Baltram und Sintram in einer
ihrer Faſſungen mit dem Mythus der Alci in Verbindung zu bringen.
In der Wilkinaſ. Cap. 105 iſt es Sintram, der von Dietrich aus dem
Schlunde des Drachen befreit wird; nach der Burgdorfer Sage, welche
Wackernagel Ztſchr. VI, 158 mittheilt, war Baltram, der den erſten
Angriff gethan, von dem Drachen bereits verſchlungen; der jüngere Bruder
aber, der den Drachen erſchlug, befreite ihn wieder aus deſſen Schlund.
Das Säulen-Capitell im Chor des Baſeler Münſters, das eine ähnliche
Darſtellung enthält, ſtimmt mehr mit der Darſtellung der Wilkinaſage.
Beziehen wir Baltram auf Baldur, Sintram auf Wali, ſo müſſe zur
Zeit der Localiſierung der Sage nach Burgdorf Wali von Widar noch
ungeſchieden geweſen ſein, denn Baldur wird zwar von Wall gerochen,
aber aus Hels Reich, das hier als Drachenſchlund dargeſtellt iſt, erſt durch
Widar befreit. Andererſeits befreit Widar den Odin nicht aus dem Schlunde
des als Drache benannten Fenriswolfs, er rächt nur ſeinen Tod.

Aber Baldur, der als Bäldäg Tagesgott iſt, erſcheint als Sonnengott
in dem Mythus von ſeinem Leichenbrand, der auf dem Schiff ins Meer
geſtoßen wird. Damit iſt uns ein prachtvolles Bild der in Ghuten un-
tergehenden Sonne vor die Sinne geführt, ſo daß wir in Bäldägs Mythus
eine doppelte Fortſchiebung gewahren: vom Tagesgott ward er zum
Jahresgott erhoben und dann auf das große Wellenjahr bezogen. Haben
wir aber ſo einen Sonnengott Baldur gewonnen, ſo begreift ſich, wie
er als Baltram in den Rachen des Drachen gerieth. Die Burgdorfer
Sage führt uns den Sonnengott vor, wie er ſchon halb im Schlund des
ihm nachſtellenden, hier wieder durch den Drachen vertretenen Wolfes
ſteckt: was kann damit anders gemeint ſein als die Sonnenfinſterniß nach dem §. 19 beſprochenen Glauben faſt aller heidniſchen Völker,
daß ‚ein Ungeheuer das Himmelsgeſtirn in den Rachen faße um es zu
verſchlingen.' Zu dieſer Auffaßung ſtimmt auch der Name ſeines Gefährten Sintram, der uns an Sinigunt, der Schweſter der Sonne, erinnert,
wie umgekehrt die Sonne Wôl 5 Sinni nâna, des Mondes Geſellin,
heißt. Wäre der Mythus von Tyrs im Rachen des Wolfs eingebüßtem
Arme wirklich alt, vgl. §. 87, ſo läge die Sonnenfinſterniß auch ihm zu
Grunde, da der Himmelsgott Tyr wohl als Sonnengott gedacht werden
konnte.

Die Aſtingi (Habbinge und Harlunge) halte ich für die Iſtävonen
des Tacitus, welche man nicht für die Franken ausgeben darf, die vielmehr gleich den Sachſen Ingävonen ſind, wie denn auch die Welſungen
mehrfach ausdrücklich für Abkömmlinge Ingwis erklärt werden. Auch kann

man ja die Istävonen nicht am Rheine suchen, wenn neben den am Ocean wohnenden Ingävonen die Herminonen als medii bezeichnet werden; der ganze Zusammenhang weist dann die ceteri an die Donau, und gerade da ist es, wo wir die Astingi finden.

Die Deutung des Ali auf Baldur und Wali ist dem Stande der deutschen Mythologie gerecht; es bliebe zu erwägen, ob sie auf einem ältern etwa Irmin und Iring geheißen haben können, die wir ebenso gepaart finden und die schon die Alliteration verbunden hatte, wie sie auch mit den Ali im Reimverbande standen. Auch erscheint nach einer Fassung der sächsisch-thüringischen Sage Iring als Irminfrids Rächer. Dennoch erkläre ich mich gegen diese Annahme, die sich mit dem Bezug der Ali auf die Istävonen nicht verträgt.

J. Wie Hermöðr S. 77 mit Odins Roß Sleipnir über das Helgitter setzt, so in Wenzings Wessf. Märchenschatz 150 der gute Sohn roll Taloschick über die hohe Mauer des Drachengartens.

Hermöðr (Heriminol) kommt auch Hyndluliod 2 und als Hermöð zweimal im Beowulfliede vor (S. 64): in beiden Gedichten scheint er aber nicht der Gott, den doch die agl. Stammtafeln und demnach auch das Formäli der Edda unter Wödens Ahnen nennen, sondern ein göttlicher (?) Held, der in einer noch unerforschten Beziehung zu Sigmund gestanden haben muß, welchem Siegfrids Drachenkampf im Beowulf beigelegt ist. Vgl. oben S. 175. 183. Nahm er etwa in dieser ältern Gestalt unserer Heldensage Gunnars, Gunthers Stelle ein? Auch Gunnar und Sigurd erscheinen als die beiden gleichen Freunde: sie tauschen die Gestalt und Sigurd reitet für Gunnar durch Wafurlogi, welche die Unterwelt bezeichnet: er also, nicht Gunnar, würde denn Hermöðr entsprechen. Ueberhaupt schließt sich die Sigurdsage näher an Stirnisför als an den Balburmythus.

Jener Dänenfürst Heremöd im Beowulfliede ward im Alter finster und grausam, obgleich ihn Gott über alle Menschen erhöht hatte. Das erinnert an den Geirröðr des Grimnismal, führt aber nicht weiter. Auch auf FAS. 313, wo Sigmunds Sohn Helgi, der nach Helgal. III. 37 mit Odin die Herschaft theilte, unter den Asen Hermöðr geworden sein soll, lege ich noch kein Gewicht, obgleich jener Helgi hinn hvassi heißt, wie Hermöðr hinn hvati. Ueber die Einheit dieses Heremöd mit Höðr s. §. 90. Heremods ursprüngliche Göttlichkeit wird übrigens von Uhland VII. 303 bezweifelt, und allerdings steht ihr entgegen, daß sein Name ein menschlicher ist, auch im Alth. vielfach bezeugt, da doch Menschen göttliche Namen nicht tragen durften. Doch scheint dieser Grund allein nicht entscheidend, da auch Menschen Hönir, Donner heißen.

98. Forseti (Forasizo).

Von Balder war D. 22 gesagt worden, er habe die Eigenschaft, daß
Niemand seine Urtheile schelten könne, was sich daraus begreift, daß er
das Licht bedeutet. So erscheint er selbst als ein Gott der Gerichte.
Das erklärt den Namen des Belderbergs in Bonn, in dessen nächster
Nähe der Vogt wohnte, der das Gericht hegte. Aus §. 62 kennen wir
den nahen Bezug Belbeggs (Balburs) auf Westfalen; aus diesem Lande,
nach Fahne aus den Niederlanden, stammte auch das gräfliche Geschlecht
der Belderbusche, das in Bonn wohlbekannt ist. In Balburs Sohne
Forseti (Forasizzo), dessen Name einen Vorsitzer (bei Gerichten) bedeutet,
scheint daher nur eine Eigenschaft Balburs personificiert. Er hat im
Himmel den Saal, der Glitnir (der glänzende) heißt, und Alle, die sich
in Rechtsstreitigkeiten an ihn wenden, gehen verglichen nach Hause. Das
ist der beste Richterstuhl für Götter und Menschen. Vgl. Grimnism. 15.
(S. 46.) Einen Mythus kennt die Edda nicht von ihm. Nach der Sage
vom Ursprung des Friesenrechts (DS. 445) bitten die 12 Asegen (Rechtsprecher, Schöffen), im steuerlosen Schiff auf dem Meere treibend, ihnen
einen dreizehnten zu senden, der sie das Recht lehre und zu Lande weise.
Sogleich erscheint jener Dreizehnte, am Ruder sitzend und gegen Strom
und Wind ans Land steuernd. Dort wirft er die Achse (Axt?), die er
auf der Achsel trägt, aufs Land. Da entspringt ein Born, und um diesen mit den Asegen (Schöffen) sitzend, lehrt sie der Dreizehnte das Recht.
Niemand kannte ihn, Jedem der zwölfe sah er gleich, und als er ihnen
das Recht gewiesen hatte, waren ihrer nur zwölfe. Diesen schönen an
die agf. Andreaslegende erinnernden deutschen Mythus mit Wolf Beitr.
134 auf Balder oder seinen Sohn Forseti zu deuten, berechtigt schon
der von ihm geschaffene Brunnen, der sonst sich dem der Ued vergleicht,
bei dem die Götter nach D. 15 ihre Gerichtsstätte haben, §. 19. Auch
in Balders Mythus kam es §. 35 vor, daß er eine Quelle entspringen
ließ. Auf Helgoland, das nach Balders Sohne Fostesland hieß,
finden wir diesen Brunnen wieder. Nur schweigend durfte aus ihm
geschöpft werden: man soll nachdenken ehe man urtheilt. Der heil.
Wilibrord (739) taufte drei Heiden in dieser heil. Quelle, hätte es aber
fast mit dem Tode gebüßt. Erst dem heil. Ludger, einem gebornen Friesen, gelang die Bekehrung; aber noch der heutige Name der Insel spricht
die alte Heiligkeit des Ortes aus. Das um den Brunnen weidende Wild
wagte Niemand zu berühren und selbst Seeräuber schonten die Insel aus
Furcht, der Gott möchte sie zur Strafe durch Schiffbruch oder Kampf
umkommen laßen.

94. Bragi.

Wegen Bragi könnte auf §. 76 verwiesen werden, denn in ihm ist
Odin als Gott der Dichtkunst verjüngt, wie in Forseti Baldur als Ur-
theilsprecher. ‚Er ist berühmt,‘ sagt D. 26, ‚durch Beredsamkeit und
Wortfertigkeit und sehr geschickt in der Skaldenkunst, die nach ihm ‚Bragr‘
genannt wird, so wie auch diejenigen Bragurleute (bragr karla) heißen,
die redseliger sind als andere Männer und Frauen. Seine Frau heißt
Jdun: sie verwahrt in einem Gefäße die Aepfel, welche die Götter genießen sollen, wenn sie altern, denn sie werden alle jung davon, und das
mag währen bis zur Götterdämmerung.‘ In der Verbindung Bragis mit
Jdun ist die verjüngende Kraft der Dichtkunst ausgesprochen, wie Odrö-
rir, der Unsterblichkeit verleihende Trank, mit dem verjüngenden Brunnen
der Urd, und wieder Jdun selbst mit Urd verwechselt wird, §. 32. Auch
Nanna, welche die Blüthe bedeutet, sahen wir S. 75 in der Dichtersprache mit Jdun, der Göttin der Verjüngung, vertauscht. Auffallender
ist, daß Oegisdr. 17 selbst Gerdr mit ihr zu verwechseln scheint, indem
Loki zu ihr sagt:

> Du legtest die Arme, die leuchtenden, gleich
> Um den Mörder eines Bruders.

Es muß Mythengestaltungen gegeben haben, die hiezu veranlaßten;
der Dichter ist gleichwohl darum zu tadeln, da er neben Jdun Gerdr
noch einmal auftreten läßt. Auf Jduns und Gerdas Einheit fließt auch
das Myth. 216 bemerkte nähere Verhältniß zwischen Oegir und Bragi,
der D. 55 sein Tischnachbar ist und ihn erst über Jdun, dann über die
Skaldenkunst belehrt. Da Oegir mit anderm Namen Gymir hieß, so
war er Gerdas Vater, mithin Bragis Schwäher, wenn Jdun mit ihr zusammenfällt. Gewöhnlich gilt Freyr für Oegirs (Gymirs) Eidam; da
wir aber gesehen haben, daß eigentlich Odin, der sich in Bragi, seinem
Sohne (Skaldsk. 10) verjüngt, als Skirnir durch Wafurlogi ritt, so kann
diese ungewöhnliche Mythengestaltung uns nicht mehr befremden. Sehen
wir hier nun Jdun an Gerdas Stelle, so fällt sie als Wärterin des
Tranks (Hrafnag. 11) auch mit Gunnlödh §. 76 zusammen, in deren
Armen Odin ihn den Göttern erwarb, was wieder zeigt, daß Bragi, der
langbärtige Ase, Odin selber war, wozu auch der Name (Myth. 215)
stimmt, der Odins Geist und Verstand zu bedeuten scheint. Alabragr,
Asenfürst, wird zwar Skirnisl. 33 den Thor meinen; doch könnte es früher den Odin bezeichnet haben. Neuerdings hat Uhland VII, 301 wahrscheinlich gemacht, daß in Bragi ein geschichtlicher Sänger, ein Skalde
des 8. Jahrh., jener Bragi der alte, Boddis Sohn, zum mythischen erhoben wurde, wie auch seiner ursprünglichen Göttlichkeit der menschliche
Name entgegensteht.

95. Loki.

Da Loki hier den Schluß macht, obgleich wir seinen Namen §. 38 von lukan, schließen, abzuleiten Bedenken trugen, so soll hier, um Allen und auch Denen gerecht zu werden, die einen Waßergott (§. 42) in ihm sehen, nicht verschwiegen werden, daß M. 222 den Loki mit jenem sumpfbewohnenden Grendel im Beowulf zusammenstellt, einem gespenstischen Waßergeist, der mit seiner noch schlimmern aber ungenannt bleibenden Mutter Nachts in den Saal König Hrodgars einbricht, seine Helden mordet und in seinen Sumpf hinabzieht. Sein Name ward aus ahd. kriutil, Riegel, gedeutet, wie hellerigal des Teufels Großmutter zu meinen scheint. Auch scheint der hochd. Flußname Krinilaha einen Waßergeist Krinil zu bestätigen. Vgl. Schatz im Weimar. Jahrb. V, 388; s. jedoch Weinhold Riesen 83, wonach der Name den Verderber, Zermalmer bedeuten würde. Grendels Mutter gleicht allerdings der neunhundertjährigen Ahne bei Hymir (§. 85) und der spätern Großmutter des Teufels. Wie Oegir und Ran sind beide nur Personificationen des ungebändigten Meeres. War Logi der Entbiger, wie Uhland wolle, so würde es um so wahrscheinlicher, daß er auch dem letzten Wochentage den Namen gegeben habe, wie denn der nordische Laugardagr aus Loki entstellt sein könnte, Myth. 114. 115. Wenn aber Saturnus im Mittelalter ein teuflisches Ansehen gewann, wie läßt sich das anders erklären, als weil er sich als Wochentagsgott mit Loki berührte?

Daß Loki als Utgardaloki, als Vater der Hel und Narfis, dessen Sohn die Nacht ist (§. 14), zum Todtengotte ward, erläuterten wir aus der zerstörenden Natur des Feuers. Einmal als Todtengott gedacht, konnte er auch mit Sumpf- und Waßergeistern in Beziehung treten, die man in der Waßerhölle hausend dachte. Dieß Alles galt uns aber für jüngere Auffaßungen des milden Gottes des Lichtes und der allverbreiteten Wärme. Werden wir doch selbst in Hel, der Todesgöttin, welche Hymbl. 37 als das allerabscheulichste Scheusal bezeichnet, §. 96 eine gütige Gottheit erkennen. Ist aber ihre Verwandtschaft mit Loki so alt, daß dieß bei Erwägung seines Wesens in Anschlag käme? Wir gedachten dieß bisher zu verneinen. Wie aber, wenn Loki als Vater der personificierten Unterwelt, der alles Leben entspringt, ebensosehr der Anfang als das Ende wäre? Hel und die Midgardschlange sind im Ragnarökmythus, den wir in den Geschicken der Welt zu erläutern hatten, ebensosehr von ihrer Schattenseite aufgefaßt als Loki selbst, und nur der Fenriswolf, wenn er nicht aus Nidhöggr entsprang, muß nothwendig eine Zeugung des schon entwürdigten Loki sein.

Für ganz neu halt ich es auch, wenn Hymbl. 38 Lokis Bosheit von dem Genuß eines halbverbrannten, steinharten Frauenherzens abgeleitet wird. Daß Weiber boshafter seien als der Teufel selbst, ist ein Gedanke, den im Mittelalter Volksmärchen und Novellen sehr witzig zu behandeln verstanden; als er aber auf Loki Anwendung fand, mußte dieser schon tief gesunken sein. Ueber Lokis Herzetzen vgl. S. 242.

Neben der Wasserhölle laßen sich auch Spuren einer deutschen Feuerhölle nachweisen: sie liegen in Geirröth, sowohl in dem §. 84 besprochenen als in jenem andern, der nach Grimnismal den Odin zwischen zwei Feuer setzte, wo er acht Nächte sitzen mußte, womit acht Wintermonate gemeint sind. Daß beide zusammenfallen, ist schon S. 297 angedeutet. Nach Oegisdr. 23 war Loki selber acht Winter unter der Erde: S. 95 sahen wir, daß auch darunter acht Wintermonate gemeint sind. Aber hier bedeutete er die wohlthätige Wärme, während in Geirröds Wesen nur Feindseliges liegt. Gleichwohl wird auch Er wie der andere Unterweltsgott Utgardloki sich aus Lokis Wesen entwickelt haben.

Göttinnen und Wanen.

96. Hel.

Von der Unterwelt sahen wir §. 6. 19. 89 alles Sein ausströmen, aber auch wieder dahin zurückfließen. Die Göttin der Unterwelt müste demnach die erhabenste Göttin sein: eine Göttin des Todes nicht bloß, auch des Lebens. Von diesen beiden Seiten erscheint aber keine der deutschen Gottheiten mehr, die sich aus ihrem Begriff entwickelt haben: bald ist nur die eine, bald die andere allein hervorgehoben. In Berhta und Holda, in Nerthus, Freyja und Frigg, ja fast in allen deutschen Göttinnen sehen wir nur einzelne Seiten und Erscheinungen dargestellt, die zusammengenommen einst das Wesen der geheimnisvollen wirkenden Erdgöttin ausmachten, der großen Lebensmutter, die Segen und Fruchtbarkeit spendend selbst als Todesgöttin nicht verderblich wirkt, indem sie die Seelen der Verstorbenen in ihren mütterlichen Schooß zurücknimmt. Der Name dieser erhabenen Göttin der Unterwelt würde heutzutage Hölle heißen. Das erschreckende Wort hat aber nur noch einen räumlichen Begriff, keinen persönlichen mehr, dazu den allerunfreundlichsten, wie schon die nord. Hel, gen. Heljar, tiefe Entwürdigung betroffen hatte. Das gotische Halja, alth. Hellia, mhd. Halle klingen minder furchtbar; aber ihre alte Würde und Heiligkeit laßen auch sie nicht ahnen, und wir müßen sie gleich mit Holda und Hilde zusammenstellen, die sich aus der gleichen Wurzel hilan celare entfaltet haben und wesentlich eins mit ihr sind, damit der Name nicht den Begriff der finstern Todesgöttin erwecke, sondern den der verborgen wirkenden Mutter alles Lebens. Auch so können wir nicht erwarten, daß schon hier unsere Ansicht Bestimmung finde: unsere ganze fernere Darstellung muß darauf gerichtet sein, in dem Wesen der Hel die Quelle aufzudecken, aus der alle weiblichen Gottheiten geflossen sind, selbst die Wanengötter sich entwickelt haben. Der Namen sind viele, unter welchen die segenspendende Erdmutter sich verhüllt; aber erst die Erwägung aller kann ergeben, daß kein anderer als der Hellias Anspruch darauf hat, für den ältesten, allen Stämmen gemeinsamen, selbst den urverwandten Völkern unter den entsprechenden Formen bekannten, zu gelten. Unter den bisher abgehandelten weiblichen Gottheiten zeigten schon Gerdr und Idun (und demnach auch Rinda und Guanlödh S. 269. 308) ein näheres Verhältniß zu Hel: sie befanden sich bei ihr, sie waren im Winter gestorben, der neue Frühling rief sie ins Leben zurück. Damit fallen sie aber dem Begriff der Wanengötter, die aus der Hel hervorgehen, anheim, denn ihr eigenthümliches Wesen ist es, daß sie nicht im Himmel droben, sondern im Schooß der Erde wohnen, oder doch im Winter dahin zurückgenommen werden, im Frühjahr erwachen und unter die Völker fahren, ihnen Segen und Fruchtbarkeit zu bringen.

„Je höher ins Alterthum hinaufzudringen vergönnt sein wird‘, heißt es Myth. 302, ‚desto weniger höllisch und desto göttlicher kann Halja (die gotische Form des Namens, der indisch Kali lautet) erscheinen.‘ Ihre Entwürdigung darf nicht befremden. Wer versuchen wollte, die Götter Asgards aus einer einzigen Quelle, wie hier die Göttinnen und Wanen, herzuleiten, hätte von dem Himmelsgotte Tyr (Fio) auszugehen, und wie sehr ist auch dieser entstellt! Unsere verborgene Gottheit, denn nur das bedeutet der Name, hatte als Erdmutter ihren Sitz im Schooße der Erde; sie ist die Unterweltsgöttin, von der zur Todesgöttin nur noch Ein Schritt blieb, womit noch nicht die wohlthätige, aber schon die ganze lebenspendende Seite der Göttin verdunkelt war. Aber nun faßte die heidnische Scheu vor dem Tode nur den Vernichter des Lebens in ihm auf. Nur so erklärt es sich, daß dem Dichter des Hyndluliedes 37 Hel als das allerabscheulichste Scheusal erscheint. Als man ihr den Loki zum Vater gab, konnte dieser nach S. 94 noch als der Gott der belebenden Wärme gedacht sein; als er sie aber mit dem Riesenweibe Augurboda gezeugt haben sollte (§. 39), waren sie wohl beide schon gesunken. Daß ihr Odin nach Einer Lesart über die neun Welten Gewalt gab, nicht über die neunte, könnte noch eine Spur der ältern bessern Ansicht sein. Auch Kuhn urtheilt ZdS. 333, es sei kein Mißverständniß (vgl. §. 30), daß

der Hel Herrschaft über alle neun Welten verliehen sei. Wenn aber N.
fortfährt: ‚Ihr Saal heißt Elend, Hunger ihre Schüssel, Gier ihr Messer,
Träg (Ganglat) ihr Knecht, Langsam (Ganglöt) ihre Magd, Einsturz
ihre Schwelle, ihr Bette Kümmerniß und ihr Vorhang dräuendes Unheil. Sie ist halb schwarz, halb menschenfarbig, also kenntlich genug
durch grimmiges, furchtbares Aussehen,‘ so brauche ich nicht erst zu sagen,
welcher spätern Auffassung diese Schilderung angehören muß. Aber die
zwei Farben, die ihr hier zugeschrieben werden, können älter sein. Neben
Schwarz, das als Gegensatz Weiß verlangt hätte, sehen wir Menschen-
farbe genannt, die Farbe des Lebens, da blä (lividum), das ich mit
Schwarz gegeben habe, die Farbe der Verwesung bezeichnen kann. Unsre
deutschen Quellen setzen dafür Schwarz und Weiß. Im Eingang des
Parzival wird auf den schwarzweißen Feirefiz präludirend von Schwarz
und Weiß so gesprochen, daß jenes die böse, dieses die gute Farbe bedeutet. Wenn dabei Wolfram die schwarze auf die Hölle bezieht, so denkt
er diese nur als einen Aufenthalt der Bösen und Verdammten, was der
christlichen Ansicht, nicht der altheidnischen gemäß ist. Dieser entspricht
es dagegen, daß in unzähligen deutschen Sagen verwünschte, Erlösung suchende Jungfrauen, §. 46, 2, die der Gerdr, der Idun gleichen, halb
schwarz halb weiß erscheinen: sie sind in der Unterwelt bei Hel, deren
Farbe sie tragen. Der Volksglaube hält sie oft für die Hel selbst, weshalb sie sogar Held oder Nachel heißen (Panzer GO. 83). Letzterer
Name ist mit Hel zusammengesetzt und bezeichnet sie als die rächende,
strafende Göttin. Nichts steht aber der Ansicht entgegen, daß die schwarzweiße Farbe der Göttin der Unterwelt wegen ihrer Doppelseitigkeit gebührt, indem sie über Geburt und Tod, Leben und Sterben gebietet. Hier
giebt sich also selbst auf nordischem Gebiet eine Spur zu erkennen, daß
sie nicht immer solch ein Scheusal war, wie sie zuletzt in der j. Edda
nur noch erscheint. Als Unterweltsgöttin theilt sie auch Lohn und Strafe
aus, und ist darum dem Einen gut und milde, dem Andern bös und
furchtbar, und auch dieß kann ihre doppelte Farbe ausbrücken. Wenn in
deutschen Mährchen schwarze, schwarzweiße und weiße Farbe nur verschiedene Stufen der Erlösung bezeichnen, so hängt diese Vorstellung damit
zusammen, daß die letzte Farbe für die gute, die dunkle für die böse gilt.
Bei Hel aber verhält es sich mit den beiden Farben wie bei Feirefiz, der
nicht ohne mythische Grundlage ist: sie hatte eine lichte und eine dunkle
Seite, und kehrte bald die eine bald die andere hervor, je nachdem sie
lohnend oder strafend erschien.

    Daß die deutsche Unterwelt Straßen und Straßärter kannte ist §. 82
gezeigt. Die nach der Unterwelt führende Brücke bewahrt eine Jungfrau,
deren Name Mödgudhr (Seelenkampf) auf die Schrecken des Gewissens

zu beziehen ist, und als Brunhild nach der Unterwelt fuhr, mußte sie nach
'Helreidh' einen Seelenkampf bestehen, und zwar ist derselbe so eingekleidet, daß eine Riesin ihr den Weg durch ihre steingestützten Häuser
(grióti studda garda mina) wehren will, indem sie ihr vorhält was sie
auf Erden Böses begangen habe. Aber Brunhild weiß sich zu rechtfertigen und schließt mit den Worten: Versinke, Riesenbrut! Auf der Fahrt
nach der Unterwelt ist es hiernach nicht gleichgültig, welches Leben man
auf Erden geführt hat. Solchen Strafen und Qualstätten gegenüber
kann es an den entsprechenden Belohnungen und Freudensälen nicht gefehlt haben, wenn sie gleich späterhin auf Asgards Höhen verlegt wurden.
Solche mögen die Wölusp. 41 genannten (S. 115—6) gewesen sein. In
deutschen Mährchen erscheint Frau Holla, die sich mit der Hel berührt, ja
eins mit ihr war, lohnend und strafend, und noch in der Edda werden
dem erwarteten Baldur in Hels Behausung die Sitze im Voraus mit
Ringen bestreut, die glänzenden Betten mit Gold bedeckt; auch steht ihm
der Meth bereits eingeschenkt, Wegt. 12, und Hermodhur sieht ihn, als er
der Hel Lösegeld zu bieten kommt, auf dem Ehrenplatze sitzen, so daß
nun wohl das Fest in der Unterwelt zu seinem Empfange begangen ward,
zu dem im Voraus die Anstalten getroffen waren. An dieser Bewill-
kommnung des schönsten und besten der Asen erkennen wir, daß es in der
Unterwelt neben Strafen auch Belohnungen gab.

Wo Hel ganz schwarz erscheint, muß sie nicht wie die Hölle bei
Wolfram als böse gedacht sein: der Unterweltsgöttin, die im tiefen, dunkeln Schooß der Erde wohnt, gebührt diese Farbe vorzugsweise, und ihr
Name, mit caligo und κελαινός verwandt, hängt damit zusammen.
Mögen die schwarzen Bilder der Demeter, Persephone, Aphrodite, Artemis,
sie noch als zürnende Erdmutter gedacht haben: bei den damit verwandten schwarzen Marienbildern waltete diese Vorstellung längst nicht
mehr, und schon viel früher scheint sie sich verloren zu haben. Vgl. jedoch
Myth. 289.

Hält sie die Seelen, die zu ihr kommen, unerbittlich fest, so tödtet
sie sie doch nicht, noch fährt sie aus, den Menschen nachzustellen. Späterm
dänischen Volksglauben gehört es an, wenn sie zur Zeit der Pest als
dreibeiniges Pferd umgeht (Myth. 290. 1135). Das Pferd gebührte ihr
wohl ursprünglich als Gattin eines der erhabensten Götter, und so erscheint sie auch in ihrer alten Würde, wenn sie im Wagen einherfährt
gleich segnenden Göttinnen. Grohm. 99. Anders ist es mit der Ran, der
Gemahlin des Meergottes, die im Netz die Ertrinkenden an sich zieht, oder
wie ihr Name andeutet, raubt (Myth. 288). Gleichwohl ist sie nur ein
Nebenbild der Hel, denn die Unterwelt kann, wie in den Schooß der Erde,
so auch in die Tiefe des Meeres gedacht werden. Vielleicht erst zuletzt

fant Hel zum Scheufal herab, zum Orcus esurieus, zum menschenfressenden Riesen, zum augesentlichen bul (Myth. 291) mit gaffendem, gähnendem Rachen.

Schon Wolf (Beitr. 203) hat die schwarze Grete des deutschen Volksglaubens verglichen, die in den Niederlanden boose, zwarte Margriet heißt, in Schleswig-Holstein als schwarze Gret oder swarte Margret historisiert worden ist, wo sie zwar in schwarzem Kleid, aber noch auf weißem Roß und im Geleit zweier Geister in schneeweißem Gewande erscheint. Der Name wird von jener Riesin Gridh herrühren, der Mutter Widar des schweigsamen, von der Thör Stab und Eisenhandschuhe borgt (§. 84). Vgl. Kuhn WS. 31. Ist sie dieselbe, die nach WM. 82 im Eisenwalde die Wölfe zeugt, die den Himmelslichtern nachstellen, so mag sie wohl an die Hel in ihrer gehässigsten Auffaßung mahnen. Dem Thör aber erweist sie sich freundlich, gleich jener ‚allgoldnen, weißbrauigen‘ Mutter Thrs in der Hymiskw. (A. 85), die mir auch nur die lichte Seite der Hel ist wie die neben ihr stehende neunhundertköpfige, oben der Großmutter des Teufels verglichene, Ahne die dunkle. Jene erscheint hier als die Mutter des leuchtenden Himmelsgottes, der hernach zum Schwertgott herabsank. Seine Mutter blieb sie als Erdgöttin auch da noch, denn das Schwert, sahen wir, ward aus der Erde gegraben. Diese Doppelseitigkeit der Riesin Gridh, die sich auch in den ganz entgegengesetzten Bedeutungen ihres Namens (Hestigkeit und Sicherheit) kund giebt, berechtigt, sie der Hel gleichzustellen, und darin kann auch ihr Verhältniß zu Widar, dem Gott der Wiedergeburt (A. 46), begründet sein. Wir erkennen so die Hel als Odins Gemahlin, mit der er nach der Edda den Widar zeugte, bei der wir auch den Stab fanden, dessen Macht über die Unterwelt wir schon §. 65 ahnten. Sie fällt aber als Erdgöttin wieder zusammen mit der Jörth, der Mutter Thörs (A. 113), und auch der Gertrud wird sie sich A. 110 vergleichen laßen. So ist von Woeste Zschr. f. M. II, 86 eine Heerdengöttin Griete oder Graile nachgewiesen, die er der Erdenmutter Nerthus vergleicht, und als Jörth für Donars Mutter hält. Sie heißt bald hilligbe-, bald Sünte-Graile, berührt sich aber nicht mit der Kalender-Heiligen, die mit dem Heerdenglück nichts zu schaffen hat, während wir Nerthus §. 98 von heiligen Kühen gefahren sehen. Graile wird beim Kälberweihen angerufen, d. h. bei der Kälberweihe, wobei das Vieh mit der dem Donar heiligen Eberesche (ags. vice westl. kwicke) berührt wird. Vgl. Kuhn Herablauft 183, WS. 158.

Mehr als sich hier schon zeigte, konnten wir in diesem A nicht zu gewinnen hoffen. Aber unter Heimballs neun Müttern (A. 89) finden wir die Namen der beiden Töchter Geirröds, Gialp und Greip wieder. Da wir Geirröd als einen Unterweltsgott erkannt haben, so fällt der

Name einer dritten Mutter Eirgläfa auf, die an die Eir erinnert, eine
der neun Mägde der Menglödh (Fiölfv. 39). Sie bedeutet wohl die Heilspendende, wie Angeya die Schönäugige. Jarnfaxa die vierte stimmt im
Namen mit der Mutter Nödhis und Magnis, die fünfte Alta sogar mit
Thörs Beinamen Ali. Wir sehen also hier segnende Erdmütter, nicht
nothwendig Wassergöttinnen: sie sind Vervielfältigungen der Hel, der verborgenen Erdgöttin. Auch Rinda, mit der Odin den Wali zeugte, ist durch
ihren Namen wie den Aufenthalt im kalten Rußland als eine Wintergöttin
gekennzeichnet; den Winter aber fanden wir der Unterwelt gleichgestellt.
So dürfen wir auch Gerdr, ja Jdun, Gunnlödh und Menglada gleichfalls
herbeiziehen, die im Schooß der Erde weilen: alle erscheinen als Neben-
gestalten der einen verborgenen Erdmutter und Göttin der Unterwelt.

97. Göttermutter.

In Widar, dem eigentlichen Gott der erneuten Welt, dem Rächer
Odins, ist dieser wiedergeboren. Ist Hel unter dem Namen Gridh seine,
als allgebärende auch Thyrs Mutter, fällt sie mit der Jördh, der Mutter Thörs,
ja mit Rinda, der Mutter Walis, zusammen, vervielfältigt sie sich gar in
Heimdalls neun Müttern, so werden wir auf den Begriff einer Göttermutter geführt, mit deren Würde die verborgene Erdgöttin einst bekleidet sein mochte.

Von den Aestyern, einem suebischen Volk an der Ostsee, meldet Tac.
Germ. 45, sie verehrten die Göttermutter, und trügen als ihr Symbol
Eberbilder (formas aprorum), durch welche sie sich statt aller andern
Schutzwaffen im Kampf gesichert hielten. Durch diese Ebergestalten meinte
man dem Feinde unsichtbar zu werden: sie wurden auf dem Helme
getragen, was namentlich als agf. Sitte vielfach bezeugt ist, Anth. 195,
die Tschischwitz Nachfl. 95 noch bei Richard III. nachweist. Der Helm
selbst kommt von heln, hehlen celare, und der Held hat davon den
Namen, daß er sich in der Rüstung schützt und birgt, Nib. (Lachm.)
436, 4. Ursprünglich meinte das wohl die ganze Rüstung und so
fällt er mit der Helkappe oder Tarnkappe, dem verhüllenden Mantel
zusammen, dem wir schon bei Odin §. 66 begegneten. Vielleicht sollte
das Eberbild aber auch den Feind schrecken, und dadurch den Helden
schützen. Solche Schrecken und Grauen erregende Helme begegnen uns
in Götter- und Heldensage, und selbst in der Thiersage deutet Jsangrim,
der Name des Wolfs, darauf, denn grim ist Larve und in isan liegt
nach M. 218, Reinh. 242 der Begriff des Schreckens. Berühmter ist
jener Oegishialmr Fasnirs; er muß aber früher dem Meergotte Oegir
gehört haben, der wie wir an seiner Gattin Ran sehen nicht immer so

milde war wie bei jenem Gaſtmal zur Zeit der Leinernte. Oegir verjüngt
ſich in der Heldenſage als Ede, und bei ihm findet der Helm ſich wieder;
er geht aber auf Dietrich, der ihn beſiegt, zugleich mit dem Schwerte Edenſachs über. Jetzt heißt er nicht mehr Edenhelm, ſondern Hilbegrin,
was Kriegsrüſtung bedeuten, aber auch für hilende grim ſtehen, und die
hehlende Larve bezeichnen kann. Beiden Deutungen zieh ich eine dritte
vor, wonach er von Hilde genannt iſt, einem Nebennamen der Hel, welcher
ſie als die hilende, hehlende, verbergende Göttin bezeichnet. Wenn Dietrich
den Hilbegrim nach Willinof. C. 16 zugleich mit einem Schwert
von dem Rieſen Grim und ſeinem Weibe Hilde gewonnen haben ſoll, ſo
beruht bloß nur zum Theil auf falſcher Etymologie: er gehörte wirklich
einſt Hildem, wenn wir ſie als Hel und zugleich als die Göttermutter des
Tacitus denken. Schwert und Helm deuten als Edenhelm und Edenſachs
auf den in Ede verjüngten Meergott Oegir, deſſen Gattin Ran wir S. 313
als ein Nebenbild der Hel erkannten: ſie iſt die im Waſſer wohnende
Todesgöttin. Ihr Gatte Oegir würde dem männlich gedachten Hel §. 91
entſprechen, dem unterweltlichen Odin; als Meergott hat Oegir in Niördhr
ſein milderes Gegenbild. Das Schwert, das nach dem Edenlied einſt
Ruodlieb beſaß, kann daſſelbe ſein, das Freyr oder früher Odin nach
Skirnisför für Gerdas Beſitz hingab. Bei dem Meergott würde ein Schwert
befremden; aber der Gatte der Göttermutter muß der höchſte Gott geweſen
ſein, und in ſeiner Hand bedeutete es, wie wir wiſſen, den Sonnenſtral.
Daß dem Oegir einſt ein Schwert gehört habe, beſtätigt das alte Rieſen-
ſchwert, das ſich in Grendels Halle findet.

   Mit dem Helm wollten die Aeſtyer den Feind blenden oder ſchrecken:
es war eine zauberhafte Wirkung, die ſie dem Symbol der Göttin zu-
trauten, wie in ähnlicher Weiſe germaniſche Völker, wenn ſie in den
Kampf zogen, Zauberlieder anſtimmten, die in den Schild geſungen
wurden, der nordiſch bardhi hieß, woraus ſich die Meldung des Tacitus
von Barditus erklärt, obgleich dieſer nur eine Weiſſagung darin ſah.
Die Zauberkraft des Helms lag in dem Eberbilde, das, wie wir aus
Freyrs goldborſtigem Eber lernen, ein Bild der Sonne war. Darum
räth auch Hawamal 130:

> Nicht aufſchauen ſollſt du im Schlachtgetöſe:
> Ebern ähnlich wurden oft Menſchenkinder;
> So aber zwingt dich kein Zauber.

Gullinburſti hatten wie Edenſachs, vielleicht auch Edenhelm, Zwerge ge-
ſchmiedet (§. 57); er hieß auch Hildiſwin, was an Hilbegrin erinnert.
Außer den Aeſtyern trugen auch die Angelſachſen das Eberbild auf dem
Helme (Myth. 218); ob zu Ehren des Gottes wiſſen wir nicht: daß ſie

den Feind damit zu schrecken meinten, zeigt der Name ægisgrima
(Schreckenslarve), wenn er nicht auf den Meergott Oegir zurückweist.

Der Bezug auf die Sonne, den wir sowohl bei dem Helm der
Göttermutter, als dem sich danebenstellenden Schwert gewahrten, deutet
darauf, daß beide Symbole nicht sowohl ihr als ihrem Gemahle gehörten.
Nur bei dem Helm kann man zwischen ihm selbst und dem darauf angebrachten Eberbild unterscheiden. Wenn aber der Helm unsichtbar machte,
und als grima, die den ganzen Leib verhüllt, mit dem Helmmantel zusammenfällt, der auch in Odins Besitz erscheint, so ist auch Er als ein
gemeinschaftliches Eigenthum des uralten Götterpaares anzusehen.

98. Nerthus.

Von andern suebischen nach Plinius IV, 28. 29 ingävonischen Völkern,
worunter die Angeln, Avionen und Wariner, wißen wir aus Tac. Germ. 40,
daß sie die Mutter Erde unter dem Namen Nerthus verehrten. Berühmt ist die Schilderung von ihrem Anzuge unter die Völker (invehi
populis), denen sie Frieden und Fruchtbarkeit brachte. Auf einer Insel
des Weltmeers lag ein heiliger Hain, darum ward ihr Wagen bewahrt;
ein Gewand verhüllte ihn: nur der Priester durfte ihn berühren. Ahnt
dieser die Gegenwart der Göttin im Heiligthum, so begleitete er sie, die
von zwei Kühen gezogen ward, ehrerbietig. Dann sind frohe Tage, Alles
schmückt sich festlich wohin sie zu ziehen, wo sie einzukehren würdigt. Der
Krieg ruht, die Waffen schweigen, alles Eisengeräth wird verschloßen;
Friede und Ruhe, die sie sonst nicht kennen, sind auf so lange willkommen
bis der Priester die des Umgangs mit den Sterblichen ersättigte Göttin
dem Heiligthum zurückgiebt. Dann wird Wagen und Gewand, ja die
Göttin selbst, wenn man es glauben mag, im geheimen See gebadet,
der sogleich die Knechte verschlingt, die dabei Hand geleistet hatten.

Wir erfahren nicht, wie der Wagen der Göttin auf das feste Land
gelangte, wo doch die ihrem Dienst ergebenen Völker wohnten. Ist dieser
Wagen zugleich ein Schiff! Auch Ings Wagen rollte nach, als er
ostwärts über die Flut ging, S. 170. Jedenfalls sind es suebische, meeranwohnende Völker, die der Erdgöttin dienen. Aber auch die Aestyer wohnten
am Meeresstrand, sie werden gleichfalls zu den Sueben gerechnet, und die
Frage liegt nahe, ob die Göttermutter, welche sie verehrten, dieselbe Göttin
sei, welche wir hier als Nerthus finden. Die allnährende Erde, die Mutter der Menschen, darf wohl auch als Mutter der Götter aufgefaßt werden. Ausdrücklich rechnet Tacitus die Aestyer zu den Germanen, ja zu
den Sueben, und der Name glesum für Bernstein ist ein deutscher.
Auch die Eberbilder auf den Helmen sind allgemein germanisch, da
sie sich nach S. 316 (§. 97) bei den Angelsachsen wiederfinden.

Einen starken Beweisgrund gewährt aber, daß auch Freyr (Frö), auf den uns schon jene Göttermutter durch die Eberbilder hinwies, im Frühjahr auf einem Wagen, den seine junge schöne Priesterin begleitete, durch das Land zog: das Volk strömte ihm entgegen und brachte Opfer; dann klärte sich das Wetter und Alle hofften fruchtbares Jahr, Myth. 194. Auch seine Schwester Freyja hielt solche Umzüge, wenn man von Holda (Myth. 246) und der h. Gertrud §. 110, deren Dienst den ihrigen er-setzte, auf sie zurückschließen darf; daß sie Odur zu suchen unter die Völker fuhr, wird uns D. 85 ausdrücklich gemeldet. Wie wir die Eberbilder bei der Göttermutter fanden, die doch eigentlich ihrem Gemahle, dem Sonnengotte, gehören sollten, so wird der goldborstige Eber, sonst Freys Symbol, im Hyndlulied auch der Freyja beigelegt. Wenn sie darin der Göttermutter gleicht, so ist ihr Verhältniß zu Nerthus noch viel deutlicher: diese muß ihre Mutter sein, da Niörbhr ihr Vater ist, und wir Grund haben zu glauben, daß der im Norden Njörbhr geheißene Gott der bei Tacitus ungenannt und unerwähnt bleibende Gemahl der Nerthus war. Ebenso unerwähnt und ungenannt bleibt in der Edda die Mutter Freys und Freyjas, die Gemahlin Niörbs, von der er sich bei der Aufnahme unter Asen scheiden mußte, weil sie seine Schwester war und es bei den Asen nicht für erlaubt galt, so nah in die Verwandtschaft zu heirathen. Diese Meldung findet sich Ynglingas. c. 4, und Orgäbr. 86 wirft Loki dem Niörbr vor, er habe den Freyr mit der eigenen Schwester erzeugt. Da die Geschwister Freyr und Freyja gleichlautende Namen haben, so lassen sich solche auch bei ihren Eltern erwarten: sie werden beide Nerthus (got. Nairþus, ahd. Nirdus) geheißen haben. Ueber die Bedeutung des Namens ist man nicht einig; nur daß er auch bei den Kelten vielfach vorkommt und Kraft bedeutet, ist §. 59 bemerkt. Häufig wird man in deutschen Sagen an die Insel der Nerthus erinnert; von ihr selbst wird dann nur als von einer Gräfin in schwarzer Kutsche gesprochen, da man der Göttin geschweigen mußte. Vgl. Emil Sommer Sagen Nr. 26. Kuhn WS. 41 s. und §. 143. 4 unten. Sehr ähnlich wird ihr oft Frau Holle, die auch gleich ihr im Wagen fährt; nur pflegt sie im Teiche, zuweilen auch im Berge zu wohnen. Mit der Hel verwandt zeigt sich Nerthus nicht un-mittelbar: wir müssen erst daran erinnern, daß Niörb, ihr Gemahl, sich am Gesang der Schwäne ergötzte, die wir aus §. 90 als unterwelt-liche Vögel kennen. Auch daß er in Noatun (Schiffsstadt) wohnte, deutet auf ihre Einheit mit der Isis §. 110, zumal uns schon ihr Wagen zu-gleich ein Schiff schien, wie das Schiff der Isis zugleich ein Wagen war. Diesen Wagen zogen Kühe, die Symbole der Fruchtbarkeit; so waren dem Freyr Stiere geheiligt, welche die zeugende Kraft bedeuten.

90. Niörðhr und Skadhi.

Der deutsche Stamm, welcher die Verehrung der Wanengötter Niörðhr, Freyr und Freyja hergebracht hatte, hielt also gleich den alten Römern, deren ebennamige Götterpaare (wie Liber und Libera) zugleich Geschwister zu sein pflegen, die Ehen unter Geschwistern, wenigstens bei ihren Göttern, für unanstößig. Da Tacitus die Verehrung der Göttermutter von den suebischen Aesthyern meldet, wie er auch die Völker, welche die Nerthus verehrten, zu den Sueben stellt, so hat die Vermuthung Schein, daß es dieser Stamm war, welcher den Wanen Aufnahme in das nordische Göttersystem verschaffte. Zu den Sueben werden c. 44 auch die Suionen gerechnet, die Vorfahren der heutigen Schweden; und wirklich finden wir den Dienst der Wanengötter noch später bei den Schweden vorherschen. Wie Niörðhr und Nerthus Geschwister und Gatten zugleich waren, so mochten auch Freyr und Freyja bei den suebischen Stämmen als Gatten gedacht werden. Indem aber sie sowohl als ihr Vater Niörð, nicht aber Nerthus, unter die Asengötter aufgenommen wurden, so konnten sie nun nach Lösung jener den westlichen Germanen schon anstößigen Geschwisterehen in Asgard neue Verbindungen eingehen. Niörð vermählte sich der Skadi, der Tochter des Riesen Thiassi, welchen die Asen getödtet hatten (§. 91), wofür Skadi von den Göttern Ersatz und Buße verlangt. Wiederum kam es hier zu einem Vergleich, demgemäß sich Skadi Einen der Götter zum Gemahl wählen sollte ohne jedoch mehr als die Füße von Denen zu sehen, unter welchen sie zu wählen hatte. Da sah sie eines Mannes Füße vollkommen schön und rief: Diesen wähl ich; Baldur ist ohne Fehl! Aber es war Niörð von Noatun, D. 56. Vgl. Liebr. Germ. XVI, 217. Nach D. 23 war indes diese Ehe keine glückliche. Skadi wollte wohnen wo ihr Vater gewohnt hatte, auf den Felsen von Thrymheim; aber Niörð wollte sich bei der See aufhalten. Da vereinigten sie sich dahin, daß sie neun Nächte in Thrymheim und dann andere drei in Noatun sein wollten. Aber da Niörð von den Bergen nach Noatun zurückkehrte, sang er:

> Leid sind mir die Berge,   nicht lange war ich dort,
> Nur neun Nächte.
> Der Wölfe Heulen   dauchte mich widrig
> Gegen der Schwäne Singen.

Aber Skadi sang:

> Nicht schlafen konnt ich   am Ufer der See
> Vor der Vögel Singen,
> Da weckte mich   vom Wasser kommend
> Jeden Morgen die Möbe.

Da zog Skadi nach den Bergen und wohnte in Thrymheim.

Skadi haben wir schon bei Uller als eine Wintergöttin erkannt. Der ihr durch eine Art Losung zugefallene, ungemäße Gemahl muß ein sommerlicher Gott sein. Darauf deuten schon die neun Nächte, welche Njördhr in dem rauhen Thrymheim zuzubringen genöthigt wird: es sind die neun Wintermonate des Nordens. Ihnen gegenüber stehen drei (nicht neun) Sommermonate am lauen Seegestade, wo Njörd seine Wohnung hal. Dasselbe Schwanken zwischen neun und drei Nächten lehrt übrigens auch D. 37 und Skirnisför 41. 42 wieder und auch hier bedeuten die Nächte eben so viel Monate. Vgl. S. 313., §. 96.

Skadi heißt Öndurdis, die Schlittschuhläuserin; sie hat ihren Aufenthalt in Thrymheim, den rauhen winterlichen Bergen, wo man nur die Wölfe heulen hört und dieser Aufenthalt gefiel ihr besser als Noatun die Schiffsstätte, wo ihr Gemahl Njörd sich am Gesang der Schwäne ergötzte.

Eine andere Bedingung, welche Skadi den Göttern stelle, gab diesen auf, es dahin zu bringen, daß sie lachen müsse. Wie dieß Loki zuwege brachte, mag man D. 57 nachlesen. Wir sehen diese Aufgabe in einer Reihe Märchen nicht bloß deutscher, sondern allgemein verbreiteter, gestellt; ich erinnere auch an Cunneware im Parzival. Dieser noch unenträthselte Zug erklärt sich aus unserm Mythus. Die Wintergöttin ist es, die zum Lachen gebracht werden muß, wenn sie erlöst werden und bei Walhalls sonnigen Göttern wohnen soll. Wenn die Wintergöttin lacht, so schmilzt das Eis und der Frühling ist gekommen. Damit wird das Rosenlachen Myth. 1054, Schönwerth III, 315 zusammenhängen. So haben auch Zwerge keine Gewalt mehr über uns, wenn man sie zum Lachen bringt. Vgl. Fr. Müller Siebenb. S. 31. Daß es Loki ist, der Skadi zum Lachen bringt, ist nicht befremdend: haben wir ihn doch schon in dem Mythus von Swadilfari und in der Thrymskvida als Frühlingswind kennen gelernt. Auch die unsaubere Art, wie er es ausführt, paßt zu der Unkeuschheit, deren er sich in Oegisdreku selber beschuldigt. Da aber sonst kein Verhältniß zwischen Skadi und Loki besteht, so könnte er hier an Njörds Stelle getreten sein, der nach dem Obigen einst ein Sommergott war. Als solcher führt er den Frühling herbei, indem er die winterliche Erde zu lachen zwingt und die Welt mit Rosen zu bevölkern. Es konnte von Njörd aber nicht erzählt werden, weil der auch in unsern Märchen wiederkehrende Zug, daß sie ihn unter vielen wählte ohne mehr von ihm zu sehen als die Füße, ihr Verhältniß zu ihm anders eingeleitet hatte. So sehen wir in Njörds und Skadis Mythus dieselbe Grundlage wie bei Freyr und Gerda, Odin und Rinda, u. s. w. Ja was hier von Njörds zweiter Gemahlin erzählt wird, konnte ursprünglich von der ersten gelten. Nerthus verjüngte sich in Freyja und auch von dieser sehen wir in Fiölswinnsmal im Wesentlichen denselben Mythus wiederkehren. Für Skadi ergiebt sich aus dieser Betrachtung, daß sie im Grunde mehr ist als eine Wintergöttin, obwohl sie gleich der Rinda zunächst als solche erscheint, und die Edda auch fortfährt, sie als solche zu behandeln, nachdem sie schon zum Lachen gebracht ist, denn obgleich sie nun in Asgard weilt und selbst Thrymheim, ihres Vaters Wohnung, jetzt aus Riesenheim nach Asgard versetzt ist (§. 21), läßt die Edda nun erst die Erzählung von ihrer unglücklichen Ehe mit Njördr folgen, die sie uns noch als Wintergöttin schildert, nachdem sie längst die rauhe Schale abgeworfen haben sollte. Dieser Widerspruch, in den sich die j. Edda verwickelt, hindert uns nicht, auch in ihr eine Nebengestalt der verborgenen Erdgöttin zu erkennen, die als Gerdr, als Jdun, als Rinda, als Gunnlödh gleich den verwünschten Jungfrauen der deutschen Volkssage aus der Haft der Winterriesen erlöst sein will.

Wenn sich ihr Odin später vermählte, so sollte damit ursprünglich wohl nur der Eintritt des Winters bezeichnet werden. Nach Ynglingas. c. 4 zeugte er mit ihr den Säming, dem nach §. 62 (S. 171) Normegen, das salte Land zufiel. Säming heißt er als Friedenbringer, weil in dem kalten nordischen Winter die Waffen ruhen.

Doch nicht bloß ein sommerlicher Gott war Njördr: als Gemahl der Göttermutter, die uns §. 98 mit der Nerthus zusammenfiel, hatte er die Sonne zum Symbol, S. 318, und seinen Sohn Freyr sahen wir uns schon §. 30 genöthigt, als Sonnengott aufzufassen. Auf das Meer kann also Njördr ursprünglich nicht beschränkt gewesen sein: er war ein Vater der Götter in einem andern, aber verwandten Göttersystem, denn wir finden ihn der Mutter Erde vermählt, wie Odin in erster Ehe der Jördh, der Mutter Thörs. Nach dem Formali der Edda hat er die Menschen in Weinbau und Ackerbestellung gleich einer Erdgottheit unterwiesen und nach Ynglingas. 11 glaubten die Schweden, er gebiete über die Jahresernte und den Wohlstand der Menschen. Hiemit steht sein Bezug auf das nur in den Sommermonaten schiffbare Meer nicht in Widerspruch: sein Dienst ging von meeranwohnenden Völkern aus, die im Wasser den Ursprung der Dinge ahnten. Bei der Aufnahme unter die Asengötter büßte er einen Theil seiner ursprünglichen Bedeutung ein; doch steht er noch immer an der Spitze der Wanengötter, und aus dem Wesen seiner Kinder darf auf das seinige zurückgeschlossen werden.

Die j. Edda kennt ihn fast nur noch als den Gott des beruhigten Meeres. ‚Er beherrscht den Gang des Windes und stillt Meer und Feuer; ihn ruft man zur See und bei der Fischerei an. Er ist so reich und vermögend, daß er Allen, welche ihn darum anrufen, Gut, liegendes sowohl als fahrendes, ertheilen mag.‘ Die Einmischung des Feuers bezieht sich wohl nur darauf, daß Wasser das Feuer löscht. Der Name seiner Wohnung Noatun bedeutet Schiffstätte. Als Meergott ist er milder als Oegir,

in welchem das Meer in seinen Schrecken aufgefaßt scheint. Der Schreckens-
helm, den wir bei beiden Meergöttern fanden, beweist nicht, daß der friedliche Wanengott auch einst eine furchtbare Seite hatte. Bei Njörðr war
er das Symbol der Sonne; in Oegirs Besitz, dessen Name selbst Schrecken
bedeutete, mochte man ihn auf die Gefahren des winterlichen Meeres deuten. Die Göttersage weiß indes nicht, daß er ihn besaß; wir schließen
nur darauf aus den Namen und weil er von Ecke, der ihm in der Heldensage entspricht, auf Dietrich überging. Aus Fasails Erbe erhielt
auch Sigurd den Oegishelm, vor dem alles Lebende sich entsetzte.

100. Freyr (Fró).

Freyr, Njörðs „nützer“ Sohn, der über Regen und Sonnenschein
und das Wachsthum der Erde waltet, den man anrufen soll um Fruchtbarkeit und Frieden, der auch ein Gott der Wollust und des Ehesegens
ist (Myth. 193), besaß, vielleicht aus dem Erbe der Mutter, mit welcher
er auch gleiche gottesdienstliche Ehren empfing (S. 318), den goldborstigen
Eber. Als Symbol der Sonne gehörte aber Gullinbursti eigentlich
dem Sonnengott, und in dieser Würde folgte Freyr unter den Wanen
seinem Vater Njörðr (S. 318), ja bei seiner Aufnahme unter die Asen
ward sie ihm belaßen, während sie sich bei den asischen Sonnengöttern,
Odin und vielleicht Heimdall, verdunkelte. Wir ersehen dieß daraus, daß
der Mythus von Skírnisför, der einst von Odin gegolten haben muste
(S. 184), nun auf Freyr übertragen ward. Ein anderes Symbol gleicher
Bedeutung, der Sonnenhirsch, wird §. 103 besprochen, und Freyrs drittes
Kleinod, das Schiff Skidbladnir, schon sogleich.

Ueber Regen und Sonnenschein und das Wachsthum der Erde gebietet Freyr als Sonnengott; als solcher besitzt er auch Alfheim, die
Wohnung der Lichtalfen; als Sonnengott setzte er sich auf Hlidskialf,
Odins Hochsitz, und in die Julzeit, wo die Sonne sich verjüngt, fällt
sein Fest.

Seine übrigen Eigenschaften, und namentlich seine friedliche Natur,
sind das Erbe aller Wanengötter. Daß er sein Schwert weggab, könnte
so verstanden werden als habe er bei der Aufnahme unter die Asen seine
kriegerische Natur eingebüßt. Daß sie aber je in seinem Wesen gelegen
hätte, läßt sich weder aus dem Schwert, noch aus den schreckenden Eber-
bildern, die er mit der Göttermutter gemein hat, erweisen, da sie beide
nur die Sonne und den Sonnenstral bedeuten, S. 316. Wie Nerthus den
Völkern neben der Fruchtbarkeit Frieden brachte, wie der Krieg ruhte,
die Waffen schwiegen wohin sie kam und alles Eisengeräth verschloßen
ward, so dulbete auch ihr Sohn, dem man den Frodefrieden zuschrieb,
in seinem Tempel zu Thwera keine Waffe; kein Mörder, kein Geächteter,

die sonst in Tempeln Zuflucht suchten, durfte das Heiligthum entweihen. Seine friedliche Natur liegt auch in seinem Bezuge zu Hel, wovon §. 101, denn die Unterwelt ist eine friedliche Welt, da ist aller Streit zu Ende, während in Walhall die Einherier täglich zum Kampfe austreiten. Heimskr. Haraldk. c. 16 ist unter ‚Freys Spiel' nicht etwa der Krieg gemeint, sondern das Julfest: sonst zu Freys Ehre am häuslichen Heerde begangen, soll es diesmal auf einem Wikingszuge gefeiert werden. Wenn er als Drachenkämpfer erscheint, so bezieht sich das auf seinen Sieg über Beli, der in Stirnissör freilich nur als Riese gedacht ist; aber Drachen wandeln sich in Riesen und in den Sagen bei Saxo, welche W. Müller Ztschr. III, 43 bespricht, war der Riese der Frühlingsstürme wie in der Sigurdssage als Drache dargestellt. Aus denselben Sagen ergiebt sich, daß Sigurd nur eine Verjüngung Freyrs war, der in der dritten derselben unter dem Namen Alf auftritt, weil ihm Alfheim, das die Sonne bedeutete, zum Zahngebinde geschenkt worden war. Wenn Alf Hialprecks Sohn in der Edda und Wölsungasage als Sigurds Stiefvater erscheint, so soll damit nur angedeutet werden, daß Freyrs (Alfs) Drachenkampf auf Sigurd vererbt sei. Hialprech, dessen Name, wie M. Rieger vermuthet, aus Alfret entstellt scheint, wird gleichfalls wie Alf den Lichtelfenkönig bedeuten. Sigurds Dienstbarkeit, auf die man so großes Gewicht gelegt hat, ist in der Edda nur scheinbar und von ihm selbst Fafnismal 8 geläugnet; in Betreff Siegfrieds wird sie in den Nibelungen nur vorgespielt:

Er (Gunther) nahm es nicht als Dienst an　wie oft er Siegfrieden sah.

Freyr ward bei kriegerischen Gelübden angerufen, die man zur Julzeit auf den Sühneber, wenn er nicht Sonneneber heißen muß, ablegte: sie sollten noch in demselben, eben mit der Wiedergeburt der Sonne beginnenden Jahre ihre Erfüllung finden, und so mögen auch sie nicht beweisen, daß Freyr je als Kriegsgott gedacht ward. Wie wir den Huglchapter (M. Vollsb. Bd. IX, 427 ff.) sogar auf Pflauen schwören sehen, legten sie die Angelsachsen auf den Schwan ab (N. T. 900), den wir wohl nach dem obigen Gesange Njörds S. 319 als den ihm geheiligten Vogel (ales gratissima nautis Myth. 1074) zu fassen haben; das erklärt sich theils aus dem Bezug dieser Gelübde auf Seefahrten, theils aus der wesentlichen Einheit des Sohns mit dem Vater, die sich auch an dem andern Kleinode Freys, dem Schiffe Skidbladnir, erweist, das mit immer günstigem Fahrwind Meer und Luft befuhr und sich zusammenlegen ließ wie ein Tuch, daher es auf die Wolken gedeutet worden ist, welche beim Eintritt günstiger Witterung leicht in Luft zerfließen. Noch jetzt werden Wolkenbildungen Schiffe genannt, und Schiller nennt die Wolken Segler der Lüfte. Auch hier berühren sich Njörds und Freyr als Schiffahrtsgötter mit Odin, denn diesem wird Heimskr. I, 7 Skidbladnir zugeschrieben. Wir finden es wieder in dem Schiff mit Greisengefieder, das Sigeminne dem Wolfdietrich bereiten läßt. In der Christnis. 36 schickt Freyr einem christlichen Schiffe Sturm. Mit Sleif, der im Schiffe schlafend aus der Unterwelt gefahren kommt und in demselben Schiff und mit gleicher Ausstattung auch wieder dahin zurückkehrt, kann ihn aber der Besitz Skidbladnirs nicht gleichstellen, denn dem Sleif ist es wesentlich, daß er noch ungeboren gefahren kommt, und zwar wie wir aus der Vergleichung mit der Schwanenrittersage sehen, um einen Kampf zu kämpfen, denselben Kampf, den in der Edda der kaum geborene Wali kämpft.

Freys Name scheint aus einem Beinamen Njörds erwachsen, der ihn als den Herrn (got. fraujs) bezeichnete, Myth. 190. Der Name könnte auch Odin meinen: um so leichter erklärt sich die Verlauschung der Sonnengötter und die Uebertragung des Mythus von Stirnislör von Odin auf Freyr. Auch daß dieser nach abweichenden Genealogien Myth. 199. 322. Odins Sohn oder Ahne ist, kann hiemit zusammenhangen. Die in diesen Geschlechtsreihen erscheinenden Namen sind wie Fridhuwald mit Frieden zusammengesetzt, und wenn sich daneben Folkwald zeigt, wie Freyr Stirnislör z volkwaltender Gott heißt, wobei der Einfluß der Alliteration in Anschlag zu bringen ist, so muß dieser jedem Fürsten geziemende Name nicht gerade den Feldherrn meinen. Freys Himmelswohnung Folkwang deutet auf die Menge des Volks, die bei ihr Aufnahme findet, und auch bei Freyr wird uns dieser Bezug auf die Todtenwelt begegnen.

Freyr war ein Gott des Friedens, das zeigt sich auch in den s. g. Freyshelden, in welchen sich das Wesen des Gottes verjüngt. Bei Saxo erscheinen mehrere an Freys Namen anklingende mythische Könige, unter welchen Frieden und Fruchtbarkeit herrschte. Sie führen meistens Namen, die von dem Freys abgeleitet sind, oder in denen der Begriff des Friedens hervorgehoben ist. Der berühmteste ist Frotho (Fróði), der Sohn Haddings, der das Fröblot, ein Freysopfer, einsetzte. Von Hadding und seiner Gemahlin Regnhild wird bei Saxo (Müll. 53 fl.) erzählt, was die Edda von Njörd und Skadi berichtet, sowohl die verkehrte Wahl des Bräutigams, dessen Füße nur sichtbar waren, als die Scheidung; ja die Lieder, welche bei dieser gesungen wurden, kehren in lateinischer Uebersetzung wieder. Regnhild hatte Hadding geheilt, und ihm dabei einen Ring in den verwundeten Schenkel gelegt. Daran erkannte sie ihn hernach, als ihr von dem Vater verstattet wurde unter ihren Freiern blindlings zu wählen. Diesen Hadding weiß ich mit den beiden Haddingen §. 92 nicht zu verbinden. Aber schon vor dem Friedensschluß zwischen Asen und Wanen war ihnen wohl Vieles gemein, und am Wenigsten kann es befremden, wenn wir Wanenmythen bei einem der Lichtgötter Baldur und Wali wiederfinden.

Von Frodi selbst erzählt die Edda c. 43, die ihn abweichend von
Saxo zu Fridleifs Sohne, Odins Urenkel, macht, zu seiner Zeit habe Friede
in der ganzen Welt geherscht und die Sicherheit sei so groß gewesen, daß
ein Goldring lange Zeit unberührt auf Jalangershaide lag. Zwei Riesen-
mägde, Fenja und Menja, ließ Frodi von dem Schwedenkönige Fiölnir
kaufen und setzte sie in die Mühle Grotti, welche Alles malte was der
Müller wollte. Erst befahl er ihnen Glück und Frieden, dann aber Gold
zu malen und vergönnte ihnen aus Habgier nicht längere Frist sich zu
ruhen als bis ein Lied gesungen werden könnte. Da sollen sie ihm das
‚Grottenlied‘ gesungen haben, und ehe sie von dem Gesange ließen,
malten sie ihm ein feindliches Heer, so daß in der Nacht ein Seekönig
kam, Mysingr genannt, welcher den Frodi tödtete und große Beute machte.
Damit war Frodis Friede zu Ende. Mysingr nahm die Mühle mit sich,
so auch Fenja und Menja, und befahl ihnen, Salz zu malen. ‚Und um
Mitternacht fragten sie Mysingr, ob er Salz genug habe? und er gebot
ihnen fortzumalen. Sie malten noch eine kurze Frist: da sank das Schiff
unter. Im Meer aber entstand nun ein Schlund, da wo die See durch
das Mühlsteinloch fällt (Malstrom). Auch ist seitdem die See gesalzen.‘
I). 63. Erinnerungen an diese Mühle, die auch in das finnische Epos
gedrungen ist, wo sie als Sampo eine große Rolle spielt, finden sich in
Deutschland vielfach. Vgl. Colshorn 25. 32. 61 und die Oper ‚Teufelsmühle.‘ Sie muß die Sonne bedeutet haben, die als Rad und weil ihr
die Fülle der irdischen Güter verdankt wird, als Mühle gedacht wurde.
Uhland VII, 17) faßt sie nach Finn Magnusen Lex. Myth. 337 als
das Meer auf; aber dieß malt nur noch Meersand, nicht Gold. Der
Name Mühlenweg für die Milchstraße hängt damit zusammen, vgl.
Kuhn Herabkunft 114. 116.

Frodis Zeit erscheint hienach als die goldene, und wie bei den Asen
das Goldalter und die Unschuld der Götter durch die Habsucht verloren
ging, die zur Schöpfung der Zwerge verleitete, so sehen wir hier von
dem Wanengotte, der in Frodi historisiert ist, gedichtet, er habe den
Frieden und die goldene Zeit durch Goldgier verwirkt. Bekannt ist wie
Frodi als Fruote in die deutsche Heldensage überging.

Freyr heißt Oegisbr. 43 Yngwi-Freyr, was mit dem agl. Frôa Ingvina
verglichen, Herr der Inguine bedeuten kann. Das norwegische Königsgeschlecht der Ynglinger leitete von Yngwi-Frey Ursprung und Namen.
Fiele er hienach mit Inguio, einem der Söhne des Mannus, zusammen,
so träte er in eine der ältesten Trilogien ein, die uns überliefert sind.

Eine Verjüngung Freys war auch Fiölnir, von dem Snorri I, 14
erzählt, wie er über die Schweden und den Reichthum Upsalas geherscht
habe. Frodi wohnte damals in Hledra (Seeland); sie waren beide gute

Freunde und besuchten einander. Fiölnir fuhr einmal zu Frodi; da ward ein großes Gelage angerichtet und weit umher Gäste geladen. Frodi hatte ein großes Haus; da wurde ein großes Faß gemacht viele Ellen hoch und mit vielen Bandreifen verbunden. Es stand in einer Unterstube, aber oben darüber war das Obergemach mit einer Oeffnung in der Diele, durch welche man das Getränk von unten heraufholte. Das Faß war voll Meth und ward da über die Maßen stark getrunken. Gegen den Abend wurde Fiölnir in das darüber liegende Obergemach gebettet und sein Gefolge mit ihm. In der Nacht ging er hinaus auf die Diele und war seiner Sinne nicht mehr mächtig. Als er zurückkehrte, trat er fehl, fiel in das Methfaß und fand den Tod. In Gaimannsweiler wird dasselbe von einem Mönch erzählt, der durch das weite Spundloch des großen Fasses fiel und ertrank. Auch hier ist der Mythus von dem Sonnengott, der allabendlich in den Fluten des Meeres untergeht, nicht zu verkennen.

101. Freyr und Hel.

Baldur ward im Schiffe verbrannt; Freyr der Gott fällt erst im Weltkampfe: seine Bestattung können wir also nicht in Vergleichung ziehen. Aber in der Ynglingasaga wird er als historischer König von Schweden gefaßt, und von diesem vermenschlichten Freyr heißt es C. 12, er sei krank geworden: ‚Und als die Krankheit überhand nahm, giengen seine Mannen zu Rath und ließen Wenige zu ihm kommen; sie errichteten aber einen großen Grabhügel und machten eine Thüre davor und drei Fenster. Als er aber gestorben war, trugen sie ihn heimlich in den Hügel und sagten den Schweden, daß er lebe und bewachten ihn drei Winter hindurch. Alle seine Schätze aber brachten sie in den Hügel: durch das eine Fenster das Gold, durch das andere das Silber, durch das dritte das Kupfergeld. Es blieb gute Zeit und Friede.' Eine ähnliche Meldung findet sich in der Olafsaga II, 190. Freyr wird unter großer Klage des Volks in einem prächtigen Grabhügel beigesetzt. Zu seinem Troste brachte man ihm lebendige Menschen ins Grab. Daß hiemit Menschenopfer angedeutet sind, die dem zürnenden Unterweltsgott zur Sühne dargebracht werden mußten, leuchtet von selber ein.

Obgleich Snorri das Hügelalter im Vergleich zum Brennalter erst mit Dan, dem Prächtigen, beginnen läßt, so knüpft er doch selbst (Vorr. 4) den ersten Ursprung der Sitte die Todten zu begraben an Freyr, also an die so eben mitgetheilte Erzählung. In den Berg, in den Hügel gehen, heißt seitdem Sterben. In der Saga Harald des Schönhaarigen Cap. 8 geht König Herlaug mit 12 Mannen in den Hügel, weil er sich der Alleinherrschaft Haralds nicht unterwerfen will. Gerade so geht nach der Saga vom Scheerenzerwalde der Welfenherzog Eticho mit 12 Man-

nen in den Berg, um des Kaisers Vasall nicht zu werden. Perz Mon. VI,
781. Da das Hügelalter dem Brennalter folgte, so konnten die Wanen
den Asen gegenüber ein jüngeres Geschlecht scheinen. Die Bergent-
rückungen der spätern deutschen Sage klingen hier an: die Lieblingshelden unseres Volks, Siegfried, Karl der Große, Wittekind und Friedrich
sind ihm nicht gestorben (wir sagen er lebe noch hinte): sie sind in den
Berg gegangen und schlafen dem Tag der Erlösung entgegen. Mythisch
ausgedrückt heißt das: sie sind in der Unterwelt, bei Hel, der verborgenen
Göttin. Sie ist aber zugleich die Todesgöttin, und Panzer hat die Felsen-
gänge der deutschen Burgen, in welchen die Schloßjungfrau um Erlösung
seufzt, als Begräbnißstätten nachgewiesen. Jener Schlaf ist also nur
insofern nicht der Todesschlaf als noch ein Erwachen, eine Erlösung als
möglich gedacht wird. Die Wanengötter, die im Winter für gestorben
gelten, erwachen im Frühjahr; aber für die in den Berg gegangenen Helden ist der Tag des Erwachens der jüngste Tag: so haben wir auch
wieder eine Erweiterung, eine Ausdehnung des Jahrmythus auf das
große Weltenjahr. Nun fällt auf, daß jene im Berge schlafenden Lieblingshelden der Deutschen zum Theil an die Stelle von Asengöttern getreten scheinen, welche die Edda doch auf Asgards Höhen, nicht im Berge
wohnen läßt. Allein die deutsche Sage hat meist das Aeltere bewahrt,
und es fehlt nicht an Spuren gleicher Anschauung im Norden. So wird
im Eingang der Thrymsþvilda, als Thor den Hammer vermißte, von
seinem Erwachen gesprochen. Es war aber der Frühling, der ihn geweckt
hatte nach den acht Wintermonaten, die in den acht Rasten unter der Erde
angedeutet sind. Zu vermuthen ist, daß einst sogar Odin, der sich Sig.
Rm. 18 den Mann vom Berge nennt, im Berge wohnte. Nach Vgl. 15
wird dem Svedgir gesagt, er solle in den Stein gehn, wenn er Odin
finden wolle. Auch Hackelberg-Wuotan steigt im Herbst in den Schatten-
berg hinab, um im Frühling zur Erde zurückzukehren. Kuhn WG. 36.
Selbst D. 2 begegnet noch eine solche Spur, denn hier schlägt dem Gylfi,
da er in Odins Halle ging, die Thüre hinter der Ferse zu, was sonst
unzähligemal von der Höllenpforte gemeldet wird. Auch trafen wir §. 91
Uller, Odins Kehrseite, gleichfalls in der Unterwelt; zugleich erkannten wir
S. 314 Heimdalls neun Mütter als Vervielfältigungen Hels; ebendaselbst
lernten wir Widar als Odins Sohn und der Hel kennen: die eddische
Auffaßung, wonach die Asen ihre Wohnung im Himmel haben, kann also
nur eine spätere sein. Wißen wir doch auch, daß es zwei Hügelalter
giebt: eins, das dem Brennalter nachfolgte und ein früheres, das ihm
vorausging. Während des Brennalters, als man die Todten nicht mehr
in den Berg trug, sondern dem Feuer übergab, dessen Rauchsäule sie zum
Himmel empor wirbelte, mag man sich gewöhnt haben, die Götter und

Einherier über den Wolken wohnend zu denken. Dem mußten sich nun auch die Wanengötter fügen, obgleich ihr Dienst bei einem Volke entsprungen war, das der ältesten Gestaltungsweise treu geblieben scheint.

Mit voller Gewißheit ist Frô unter diesem Namen im engern Teutschland noch nicht nachgewiesen. Das bestimmteste Zeugniß ist der Eigenname Frôwin, der in einem so berühmten Geschlechte wie dem von Hutten als Vorname erblich war. Das ‚goldene Ferkel‘, das nach thüringischem Volksglauben dem zu Gesichte kommt, der sich am Christtag der Speise bis zum Abend enthält, und das ‚reine schon bei der Milch vergelzte (verschnittene) Goldferch‘, das nach dem Lauterbacher Weisthume bei dem Gericht auf Dreikönigstag von den Hübnern rund durch die Bänke geführt und hernach wohl geschlachtet ward (Myth. 45. 194), zeugt wie der Juleber für den Dienst des Sonnengottes, nicht gerade für Freyr. Kuhn WS. 331 nimmt an, es sei der Berchta d. h. Freyja zum Opfer gefallen. Im Binkbuch ward das Gerichtsschwein, der maialis sacrivus der lex Salica, Rochh. I, 191, in der Ernbte, also bei einem Wuotansfest geschlachtet. So giebt es auch keine Nöthigung, den nach geldrischem Glauben in der Christnacht umziehenden Terf (Dietrich) mit dem Beer (M. 194), vor dem man alles Ackergeräth in Sicherheit brachte, damit es nicht zertrampelt würde, auf Frô und nicht auf Wuotan, Thôr oder Phol zu beziehen. Vgl. Kuhn WS. 114. Als Gott der Zeugung, cuius simulacrum fingunt ingenti priapo nach dem Ausdruck Adams von Bremen, hat ihn Wolf Beiträge 107 ff. wahrscheinlich gemacht und Kuhn WS. II, 137 bestätigt. Dieselbe Gottheit heißt aber auch Tero, in den hochdeutschen Fastnachtsspielen, die ihm zu Ehren angeführt scheinen. Jero, ein Name, den man wohl gern auf Tyr zurückführen möchte, der dem Freyr in andern Trilogien entspricht.

Die Weise, wie Loki die Stabl nach D. 57 zum Lachen bringt, ist ganz priapeisch. Oben S. 320 ist ausgeführt, daß es eigentlich von Njörðr, Freys Vater, hätte erzählt werden sollen. Ueber das Bild an der Steenpoort zu Antwerpen, Mannele Pis, vgl. Wolf Beitr. I, 107. Unfruchtbare Frauen pflegten es zu bekränzen, um bald des Mutterglücks theilhaftig zu werden. Ebenda werden noch andere belgische, wirtembergische u. a. Beispiele beigebracht, welche mir nicht alle gleich beweisend scheinen, und namentlich ist das Emenzheimer Bild römischen Ursprungs verdächtig, wenn gleich noch jetzt unfruchtbare Weiber sich auf diesen Stein setzen, um fruchtbar zu werden.

Daß der Eber Gullinbursti in Teutschland bekannt war, zeigen die alliterierenden Zeilen in der St. Galler Rhetorik, die ihn gerade so schildern wie er dem h. Olaf (Forn. S. V, 164) begegnete und wie er noch jetzt in Schweden und Tirol umgeht. Vgl. Alpenb. M. und S. 54. 89.

Ueber den Sper in der Seite vgl. Ztschr. IV, 507, wo auch der Bezug auf den erymanthischen Eber abgewiesen wird. Scheint uns doch selbst an Heidrun die Ziege noch eine Erinnerung geblieben, Schöppner Nr. 88. Oben §. 92 ist die Vermuthung angedeutet, daß Phol den Freyr mit Baldur vermittelt habe und die durch einen Eber veranlaßte Stiftung der Klöster Polling (Schöp. I, 440) und Eberbach scheint sie zu bestätigen. Jedenfalls erinnert die Sage (Schöp. III, 1250) von dem wilden Ritter zu Lindum, der lieber selbst in ein Schwein verwandelt sein als von seinem Jagdrevier ein Stück abgeben wollte, und dessen Sohn dann einen Schweinskopf zur Welt brachte, an den Gott, der in der Gestalt des ihm geheiligten Ebers zu erscheinen pflegte.

102. Sonneneber und Sonnenhirsch.

Freyr traf in seinen beiden Symbolen mit Odin zusammen; vielleicht besaß er noch ein drittes, den Sonnenhirsch, den wir schon bei Helmball §. 89 gefunden haben. Als Symbol der Sonne kann er allen Sonnengöttern zugestanden haben. Freyr hätte nur darum nähern Anspruch darauf, weil er nach D. 87 Gerdas Bruder Beli, den Riesen der Frühlingsstürme, mit einem Hirschhorn erschlug, als er sein Schwert hinweggegeben hatte. Unsere Quellen fließen aber hier sparsam und trübe: das eddische Sólarlióð (Sonnenlied), das ihn in der Unterwelt erscheinen läßt, mischt schon Christliches mit Heidnischem. Es heißt da Str. 55:

> Den Sonnenhirsch sah ich von Süden kommen,
> Von Zwein am Zaum geleitet.
> Auf dem Felde standen seine Füße,
> Die Hörner hob er zum Himmel.

Schon oben ward er mit dem Hirsch Eikthyrnir zusammengestellt, von dessen Geweih die Ströme zur Unterwelt zurückfließen. In der Sage vom Hirschbrunnen (Müllenhoff 123) hat sich eine Erinnerung daran im Volke erhalten. Eine Quelle mit reinem Wasser, an der eine Dorfschaft sich niedergelaßen hatte, war verstiegt. Da ging ein Jäger Abhülfe zu schaffen in den Wald und sah einen Hirsch mit goldenem Geweih. Er legt an um zu schießen; aber aus Mitleid mit dem schönen Thiere setzt er die Büchse wieder ab und geht nach Hause. Am andern Morgen fand man das Geweih bei der Quelle liegen, die nun neu gefaßt werden konnte und das schönste, heilkräftigste Wasser gab.

Eine Reihe deutscher Volkssagen läßt den Hirsch erscheinen, um den nachsetzenden Jäger an den Abgrund oder gar in die Unterwelt zu verlocken. Vgl. Wolf Beitr. 100. Aehnliches geschieht schon Odyssee X, 158, wo Kirke als unterweltliche Göttin gedacht ist. Graf Eberhard von Wirtemberg

traf einen Geist, der von Gott erbeten hatte, ewig jagen zu dürfen, und
nun schon fünfthalbhundert Jahre einen Hirsch verfolgen muß ohne ihn je
erreichen zu können. DS. 306. Bei Kuhn NS. 281 muß der Haßjäger
den Hirsch ewig jagen und 235 jagt ihn der Weltjäger. In diesen
Variationen der Hackelbergsage, wo der Sonnenhirsch an die Stelle des
Sonnenebers tritt, werden uns deutsche Höllenstrafen vor die Augen geführt. In TS. 528 erscheint der Hirsch dem Freiherrn Albert von Simmern nur um die unaussprechliche Pein zu zeigen, die sein Vaterbruder
erleidet. Aber die Unterwelt hat auch ihre Freuden. Thomas von Ercildoune der Reimer (tho rymour in W. Scotts Minstrelsy), der Dichter und Wahrsager war, verdankte Kunst und Wissen der Verbindung
mit der Königin der Elben oder Feen, denn als ihn diese nach sieben
Jahren auf die Erde zurückkehren ließ, behielt sie sich vor, ihn zu gele-
gener Zeit wieder zu sich zu rufen. Als er nun eines Tages lustig im
Thurme zu Ercildoune saß, kam ein Mann herein, und erzählte voll Furcht
und Erstaunen, daß ein Hirsch und eine Hirschkuh aus dem nahen Walde
ins Dorf gekommen seien und ruhig auf der Straße fortzögen. Thomas
sprang auf, ging hinaus und folgte den Wunderthieren zum Walde, von
wo er niemals zurückkam. Doch ist er nicht gestorben, sondern lebt noch
immer im Feenlande und wird dereinst wieder zur Erde zurückkehren.
W. Tönniges Altschottische und Altenglische Balladen, München 1822,
S. 68. Die Feenkönigin gleicht der deutschen Frau Venus, die §. 90
Juno hieß, und Thomas der Reimer unserm Tannhäuser. So wird
in der Heldensage Dietrichs endliches Verschwinden durch einen Hirsch
eingeleitet, der ihn in die Hölle verlockt, wobei er sich eines rabenschwarzen
Rosses bedient, das sich ihm unerwartet zur Seite gestellt hatte. Dasselbe
schwarze Roß erscheint bei Verfolgung des Höllenhirsches auch Cap. 53
der deutschen Gesta Rom., wo einem Ritter von seinem tyrannischen Herrn,
der ihn um sein Erbe bringen wollte, aufgegeben war, ihm ein schwarzes
Roß, einen schwarzen Hund, einen schwarzen Falken und ein schwarzes
Jagdhorn zu verschaffen: wo nicht, so hätte er sein Land verwirkt. Be-
trübt reitet er durch den Wald; da sieht er einen alten Mann über einer
Grube sitzen, einen Stab in der Hand. Dieser nimmt sich seiner an,
giebt ihm den Stab und heißt ihn gradaus gehen bis er an eine schwarze
Burg komme: da solle er in dessen Namen, der des Stabes Herr sei,
gebieten, daß jene vier schwarzen Dinge ihm gegeben würden. Er gehorcht, erhält die verlangten Stücke und bringt sie seinem Herrn. Dieser
saß nun eines Tages daheim als er plötzlich die Hunde bellen hörte. Er
fragte was das wäre und erhielt zur Antwort, es sei ein Hirsch, den die
Hunde nachsetzten. ,So bringt mir her mein schwarzes Roß, den schwarzen Hund, den schwarzen Falken und das schwarze Horn.' Das geschah,

und als er den Hirſch ſah, verfolgte er ihn auf dem ſchwarzen Roſs, und der Hirſch rannte ‚gerichts‘ in die Hölle und der Herr ihm nach und ward nie wieder geſehen. Vgl. 178 oben.

Der letzten vielfach lehrreichen Erzählung ſteht Cap. 58 eine andere zur Seite, in welcher der Stab des alten Mannes nicht wie hier die als Qualort gedachte Hölle, ſondern den Palaſt erſchließt, wo Ueberfluß iſt ohne Mangel, Freude ohne Trauer, Licht ohne Finſterniſs. Vgl. Muspilli 14. Hier waltet noch ganz die deutſche Vorſtellung von einer Unterwelt, die zugleich Lohn und Strafe bietet, §. 96. Der Hirſch zeigt den Weg da-hin, das ſchwarze Roſs führt hinein; aber die Herſchaft darüber gehört dem alten Manne, in dem Niemand Wuotan verkennen wird, der nach deutſcher Vorſtellung nicht auf Asgards Höhen, ſondern im Berge wohnt. In der ſpäten isländiſchen Huldaſage (Müller Sagenbibl. 363—366) iſt es Odin ſelbſt, der in Begleitung ſeiner Hofleute Loki und Hönir von einem Hirſch in eine ſehr entlegene Gegend verlockt wird, wo er zwar nicht zu Hel, wohl aber zu Hulda gelangt, die auch noch ſonſt an die Stelle der Hel tritt. Wie Adenes le Roi die Geſchichte der ſabelhaften Mutter Karls des Großen (Berthe as grands pies) erzählt, wird Pipin durch einen Hirſch dem Waldaufenthalt ſeiner Gemahlin Bertha zugeführt, die ihren vermeintlichen Mördern für todt gilt. Statt des Hirſches iſt es das andere Symbol der Sonne, der Eber, der den Grafen Balduin von Flandern einer Jungfrau zuführt, die Niemand anders iſt als die Göttin der Unterwelt, wenn ſie ſich gleich Helljus nicht Hella nennt; damit iſt ſie übrigens deutlich genug bezeichnet: es bedurfte kaum, daß ſie ſich dem Grafen, ihrem Gemahl, zuletzt als eine Teufelin bekennt. NS. Wolf 86. Ein Hirſch iſt es wieder, der nach dem flämiſchen Volks-buch vom Schwanritter den Orient an den Brunnen führt, wo er Beatrix findet, die ihm ſieben Kinder gebiert; ein Einſiedler, Helias genannt, zieht ſie auf, und nach ihm heißt auch der Schwanritter, der nach an-dern Darſtellungen §. 90 aus der Unterwelt kommt, Helias (Helgaſt?). Bei einem Brunnen findet Raimund Meluſinen, die ihm räth, eine Hirſchhaut, des Landerwerbs wegen, in ſchmale Riemen zu zerſchneiden. Volksbücher VI. Ein Hirſch verlockt bei Montanus I, 86 die Heiden in den Schacht des Lüberichs, bevor der Berg einſtürzt. Und damit wir nicht zweifeln, daß es der Sonnenhirſch iſt, das Symbol der täglich unter den Berg gehenden Sonne, ſo ſehen wir in dem von Eſmüller heraus-gegebenen St. Oswalds Leben den Hirſch, dem der Heidenkönig nachſetzen muß, während St. Oswald ſeine Tochter entführt, von zwölf Goldſchmie-den (den Aſen) mit Gold bedeckt, wogegen er nach dem andern gleich-namigen Gedicht unmittelbar aus dem Paradieſe geſandt wird. Vielleicht hängt er mit dem Goldhirſch MR. 45 und MB. 73, der gleichfalls von

Goldschmieden geschmiedet ist, zusammen. Vgl. auch den brennenden Hirsch in dem Märchen bei Colshorn S. 150, wo die alte Frau mit der eisernen Ruthe wie in den entsprechenden Märchen (KM. 60. 97) die Hel ist. So viele Beispiele, die sich leicht noch häufen ließen (vgl. z. B. Enenkels Erzählung von Remus) und wirklich von Andern seitdem gehäuft worden sind, gestatten an dem Zusammenhang des Hirsches mit der Unterwelt, die bald ein Gott, bald eine Göttin beherrscht, keinen Zweifel mehr. Darum führt auch auf dem Todtentanz der Brüder Meyer, Zürich 1610, der Tod auf einem mit zwei Hirschen bespannten Wagen dem Walde zu. Rochh. II, 190. Dieser bezeugt auch, daß der Tod im Aargau den Namen Alahirzi führt, wo ala gleich dem altn. allr bedeutet qui vivere desiit. Wörterb. I, 211. Oft führt der Hirsch nur zu einer schönen Frau am Brunnen; sie ist aber der Unterwelt verwandt und die Verbindung mit ihr an die Bedingung geknüpft, daß die ungleiche Natur des Verbundenen nicht an den Tag gezogen werde; Untreue, ja die geringste menschliche Roheit wird mit dem Verluste des kurzen Glücks, zuweilen auch mit dem Tode gebüßt.

Der Stab des alten Mannes, der dem Stabe der Grîdh und der eisernen Ruthe der Alten gleicht, bestätigt zugleich unsere Deutung jener (§. 96) auf die Göttin der Unterwelt.

An den Eber, der auch beim Julfest, wo die Wiedergeburt der Sonne gefeiert wurde, das Hauptgericht war, knüpft sich ein Gebrauch, der den Bezug des Gottes, dessen Symbol er war, auf das Eheglück darthut. Am rothen Thurm zu Wien hing ein Schinken, der für das Wahrzeichen der Stadt galt. Man nannte ihn gemeinhin einen Backen, weil er aus dem Hinterbacken eines Schweins bestand. Der Backen sollte dem zu Theil werden, der bewiese, daß er Herr im Hause sei. Niemand machte darauf Anspruch, nur ein junger Ehemann meldete sich und hatte auch schon die Leiter bestiegen, den Backen herunter zu nehmen; weil es aber ein heißer Sommertag war und der Schinken ein wenig triefte, stieg er wieder hinab und zog den neuen Rock aus, den er anhatte, denn wenn er ihn unsauber machte, werde er daheim von seiner Frau übel gescholten. Vgl. Bechst. Oesterr. S. 5. Hier erscheint die Sache als ein Scherz, die Pantoffelhelden zu necken, und so nimmt sie auch Hans Sachs, der sich viel damit zu schaffen macht. Aber die Zeugnisse aus England lassen sie ernsthafter erscheinen. An die Gutsherrschaft zu Wichnure in Straffordshire ist die Feudalpflicht geknüpft, zu jeder Zeit eine Speckseite (bacon) bereit zu halten für jedes neuvermählte Ehepaar, das Jahr und Tag in Frieden und ohne Reue gelebt hat. Aber seit dreißig Jahren ist der Bacon nicht mehr in Anspruch genommen worden. Berühmter als der Straffordshirer Bacon ist der Dunmower in der Grafschaft Sussex. Die

Eheleute, die ihn in Anspruch nahmen, mußten einen förmlichen Eid ablegen, daß sie bis dahin eine glückliche Ehe geführt hatten: dann wurden
sie von der Menge auf die Schultern gehoben und um das Dorf getragen, ihnen voran der Baden. Die Erwähnung des Gebrauchs geht bis
in das 13. Jahrhundert hinauf, und wenn der Kellner bei Hans Sachs
sagt, der Baden hange schon 200 Jahr, so ist der Gebrauch in Deutschland nicht viel jünger. Vgl. Anzeiger 1855 Nr. 3. 4. 5. Daß der
Ebur des Fro oder jener des Hadelbärend §. 73 im dritten der Bruchstüde in der St. Galler Rhetorik vorschwebte (im zweiten braucht daran
noch nicht gedacht zu sein) scheint mir unwiderfprechlich. Die Hyperbel
wäre doch zu stark bei einem natürlichen Eber, so sehr auch Schrecken
und Aufregung etwa eines Dieners mitgewirkt hätte, der die Botschaft
dessen was er gesehen zu haben glaubte, überbrächte, Müllenhoff Denkm.
326. Aber die Botschaft, die hier erst überbracht werden soll, wäre den
Jägern bereits bekannt gewesen, da den Eber schon ein Sper getroffen
hatte. Auch müßte bei dieser Annahme der Zusammenhang mit dem ersten
Bruchstüde aufgegeben werden, den doch auch Uhland annimmt. Die
beiden ersten Bruchstüde sind in der Rhetorik nur durch ein et item geschieden, während das zweite und dritte, die der Sinn verbindet, eine
lange Zwischenrede trennt. Der Gedankenzusammenhang zwischen dem
ersten und zweiten Bruchstüde scheint der zu sein, daß bei dem zerschnitte-
nen Schildriemen der Schild nun nicht mehr vor Wunden schützen kann,
aber auch der verwundete Held noch wie ein angeschossener Eber einher-
geht. Vgl. Liebr. Germ. I, 473.

102. Freyja und Frigg (Frouwa und Fria).

Daß Freyja als Wanengöttin (Vanadis) ihrem Bruder Freyr verbunden gewesen sei, schien uns oben wahrscheinlich. Unter den Asen vermählte sich Freyr der Gerdr, die aber als Erdgöttin, der Rinda gleich,
nur Verjüngung der Hel als Erdenmutter, also nicht asischen Stammes
ist. Ob auch Freyja bei den Asen eine neue Verbindung einging, melden
unsere Quellen nicht ausdrücklich. Wenn sie nach D. 38 dem Odhr vermählt war, der sie verließ, was ihr goldene Thränen kostete, so ist dieß bloß
nicht auf ihre Trennung von Freyr, dem sie bei den Asen entsagen mußte,
zu beziehen; wir haben §. 73. 76 Odin in ihm erkannt, und so erscheint sie vielmehr als dessen Gemahlin. Vgl. den Nachklang des Mythus in der Oberpfälzer Sage bei Schönwerth II, 313, wo Waub und
Freib auf Odin und Frigg zurückweisen. Die Zeit der stürmischen
Brautwerbung des als Jahresgott gedachten Wuotan-Odhr fiel uns S. 204
in die ersten Zwölften, in die andern ihr am ersten Mai beginnendes
Vermählungsfest: nach kurzer Verbindung in der schönsten Zeit des Jahrs

stirbt dann Odin als Hadelbärend von dem Hauer des Ebers getroffen um Johannis, oder folgt in dem lichtarmen Norden dem Sonnenhirsch in die Unterwelt; von da ab weint ihm Freyja goldene Thränen nach oder fährt, den Entflohenen zu suchen, zu unbekannten Völkern. Dieser Jahresmythus war nicht geeignet, in dem Leben des höchsten göttlichen Paares, das untrennbar verbunden bleiben muste, den Vordergrund zu bilden: man verhüllte seinen Bezug auf diese Götter, indem man statt Odin Odhr als den gestorbenen oder entschwundenen Gemahl Freyjas nannte; für Odins Gemahlin aber gab man nun die Frigg aus, sie, die der Freyja so identisch ist wie Odhr dem Odin. Freyja erscheint jetzt fast nur noch als Göttin der schönen Jahreszeit und der Liebe, im reinen wie im unreinen Sinne. Als Göttin der Frühlingszeit wünschen die Riesen sie nebst Sonne und Mond in ihren Besitz zu bringen. Eine Göttin der Liebe ist sie noch im edelsten Sinn, wenn sie ihrem entschwundenen Geliebten goldene Thränen nachweint. Dagegen in dem späten eddischen Hyndlulied scheint Freyja wenigstens in den Vorwürfen, die sie von Hyndla hinnehmen muß, im unedelsten Sinn als Venus libitina, vulgivaga gefaßt, und als solche scheint sie D. 34 den Beinamen Hörn zu führen. Im Hyndluliede sehen wir Freyja für ihren Schützling Ottar, der in einem Rechtsstreit um goldenes Erbe und Vatergut begriffen ist, die höhlenbewohnende Hyndla über dessen Abstammung und Verwandtschaftsverhältnisse befragen, denn als den urweltlichen Riesen angehörig wohnt ihr auch von dessen Geschlecht, das zu den Helden und Göttern hinaufsteigt, erwünschte Kunde bei. Aber nur wider Willen steht ihr Hyndla Rede, und als Freyja zuletzt noch verlangt, daß sie ihrem Liebling das Bier der Erinnerung reiche, damit er nicht vergeße was sie ihm über seine Ahnen gemeldet hat, wird sie unwillig und schilt Freyja:

> Lauf in Liebesglut Nächte lang
> Wie zwischen Böcken die Ziege rennt.

Aber Freyja zwingt sie durch die Drohung, ihre Höhle mit Feuer zu umweben, auch diesem Gesuche zu willfahren. Ottars Name klingt jenem Odurs verwandt, und dessen Verhältniß zu Freyja mag zu der Einkleidung des Gedichts benutzt worden sein; seine Absicht ist aber nur, die Geschlechtsreihen der nordischen Könige dem Gedächtniß zu überliefern. Darum ist Ottar auch ganz menschlich gehalten: Freyja giebt vor, sich seiner nur anzunehmen, weil er ihr vielfach Opfer gespendet und ein Haus aus Steinen errichtet hat, dessen Mauern wie Glas glänzen, 'so oft tränkt' er sie mit Ochsenblut.' Dem scheint aber Hyndla nicht unbedingt Glauben zu schenken, sondern sie als Ottars Buhlerin aufzufaßen. Als Buhlerin erscheint auch Freyja in der §. 108 mitzutheilenden gewiß späten Erzählung von der unsaubern Weise, wie sie ihr Halsband Brisingamen erworben haben sollte. Neller ist der N. 89 bei Heimdall besprochene Mythus, wie es ihr Loki entwandte und Heimdall wieder erkämpfte. Die dort dargelegte Bedeutung dieses Halsschmucks muste schon vergeßen sein als man der Göttin so Herabwürdigendes andichtete.

Spuren sind indeß genug zurückgeblieben, daß Frenja Odins Gemahlin war: sie laßen sich in der doppelten Eigenschaft nachweisen, in der wir Frenja bei den Asen finden. Einmal als Todtenwählerin, denn Odin entsendet sie zu jedem Kampfe: sie ist die eigentliche Walküre, die Hälfte der in der Schlacht Gefallenen gehört ihr, die andere Odin. D. 24. Grimn. 14. Dann aber ist sie es auch, welche die Opfer der Schlacht, die Einherier, die Odin der Gemeinschaft seiner himmlischen Halle würdigt, darin empfängt und ihnen das Trinkhorn reicht, wie sie überhaupt als der Götter Mundschenkin gilt, obgleich sie in dieser Eigenschaft ebenfalls von den Walküren vertreten wird. Daß auch dieß Amt eigentlich Ihr zusteht, sehen wir aus der Erzählung der Skalda von Thórs und Hrungnirs Kampf (D. 59), wo Frenja es ist, die dem in Odins Halle eingedrungenen Riesen das Ael reicht. In dieser Eigenschaft erscheint sie noch als Hausfrau Odins, denn der Hausfrau gebührt nach deutscher Sitte der Empfang und die Bewirthung der Gäste. Auch daß sie als eine nordische Bellona zum Kampfe fährt (D. 21), ist in der Natur der friedlichen Wanengöttin an sich nicht begründet: nur als Gemahlin des Schlachtengottes kann sie das; und so fließt es aus der Gütergemeinschaft der Ehegatten, daß sie sich mit Odin in die Gefallenen theilt, obgleich ich zugestehe, daß sie schon als Verjüngung der Hel, der Göttin der Unterwelt, den Seelen der Verstorbenen Aufnahme zu gewähren berufen war. Nach der eddischen Vorstellung gelangen aber zu Hel die in der Schlacht Gefallenen nicht: diese konnten ihr nur zugewiesen werden, als sie für Odins Gemahlin galt. Weil Frenja Verstorbenen Aufnahme gewährt, heißt ihre Himmelswohnung Folkvang, ihr Saal aber Sessrumnir, der Sitzgeräumige. Grimnism. 14. D. 24.

In der berühmten Erzählung von dem Ausgange der Longobarden nennt Paulus Diaconus, und so schon das Vorwort zu dem Gesetzbuch des Rothari, die Gemahlin Gwodans Fréa; das Gleiche thut Wilhelm von Malmesbury, indem er von dem ihr (axori sive Fre͡a) gewidmeten sechsten Wochentage spricht, Myth. 116. Wie dort Frea über Gwodan, so siegt in der Halfsage (FMS. 1t, 25) Odin über Frenja im Wettstreit um das beste Bier; es ist ein häuslicher Zwist der göttlichen Ehegatten wie in der longobardischen Stammsage und in Grimnismal. Im Vorwort dieses Liedes und auch sonst in den eddischen Quellen heißt aber Odins Gemahlin Frigg, welche stäts von Frenja unterschieden wird. Frigg wird D. 35 die vornehmste der Göttinnen genannt, Frenja aber

die vornehmste nach Frigg, und ebenso scharf werden sie Skaldsk. 19. 20
auseinandergehalten. Wir erkennen also an, daß Freyja in dem Mythen-
system der Edda nicht mehr als Odins Gemahlin auftritt; auch in andern
nordischen Quellen erscheint sie unvermählt, denn das Verhältniß zu Odhr
ist aufgehoben, und selbst wo sie als Odins Geliebte oder Buhlerin dargestellt ist, wird ihr jungfräulicher Stand vorausgesetzt; nur Saxo, indem
er S. 13 der Frigg Ehebruch vorwirft, wobei er das Abenteuer im Sinne
hat, das sonst von der Freyja erzählt wird und sich auf den Erwerb ihres
Halsbands bezieht, denkt die Buhlerin als Odins Gattin, und eben darum
scheint er den Namen Frigg zu wählen. Von der goldenen Bildsäule
ihres Gemahls hatte nämlich Frigg um sich schmucker kleiden zu können,
Gold entwenden lassen. Odin ließ die Goldschmiede hängen, die ihr dabei
behülflich waren; das Bild aber sehte er auf ein Gestell, und verlieh ihm
Sprache, damit es seine Räuber selber verklagen könne. Aber Frigg gab
sich einem Diener hin, damit er das Bild zerstöre, dessen Gold sie nun
für sich verwandte. Aus Verdruß hierüber geht Odin freiwillig in die
Verbannung, während Milothin seine Stelle einnimmt. Wie wunderlich
auch dieser Mythus entstellt sei, so zeigt doch die Vergleichung mit der
Erzählung §. 108 deutlich, daß auch das Brisingamen von Frigg auf
Freyja übertragen ist. Vgl. Müllenhoff Ztschr. XII, 303. So wird
Skaldskaparmal 19 der Frigg das Falkenhemd zugeschrieben, das nach
der Thrymskwiða Freyja besitzt. In der Edda ist Freyja eine Göttin
der Liebe und der schönen Jahreszeit; als Göttin der Ehe, als mütterliche Gottheit steht neben ihr Frigg. Aber gleichwohl ist diese dem Begriff
wie dem Namen nach nur aus Freyja, der Bauerngöttin, hervorgegangen:
sie hat sich auch aus ihrem Wesen abgelöst und als selbständige Göttin
neben sie hingestellt. Von ihrer Mutter Nerthus, der terra mater, der
mater Deum war die gleiche Würde der Freyja angeerbt; aber in dieser
heißt sie nun mit verhärtetem Namen Frigg wie ihr Bruder Freyr, der
deutsche Frô, bei Adam von Bremen Fricco. Grimm, der sich bemüht,
Frigg und Freyja als Fria (Frea) und Frouwa auseinander zu halten,
muß Myth. 278 doch anerkennen, daß Adam von Bremen für Friccos
Schwester Freyja Fricca gesagt haben würde, und Freyjudagr, der nordische Name des in Deutschland von Fria (Frigg) benannten Freitags
auf Freyja (Frouwa) weist. Andere Zugeständnisse Myth. 279. 1212.
Endlich wird sich §. 108 eine neue Spur darin ergeben, daß Sigrdrifa
(Brynhild), die als Walküre aus Freyja hervorgeht, mit der Frigg darin
zusammenfällt, daß sie dem Agnar den Sieg verleiht.

Es steht unserer Ansicht von der ursprünglichen Einheit beider Göttinnen nicht entgegen, daß Frigg häufig und so auch Skaldsk. a. a. O.
Fiörgwins oder Fiörgyns Tochter heißt, Freyja aber die Tochter Njörðs:

denn diese Abstammung gebührt der Frigg ursprünglich nicht: sie ist erst
von der Jörbh auf sie übertragen (S. 235). Von ihr, der Mutter Thörs,
schied sich, wie wir annehmen, Odin, als er sich der Frigg verband, und
wenn diese jetzt auch wohl Fiörgyns Tochter heißt, so soll sie dieß der
ersten Gemahlin des Gottes identificieren; auch bedurfte sie jetzt eines
Vaters, da sie Njörds Tochter nicht mehr heißen konnte seit sie von
Freyja unterschieden ward. Wenn aber D. 35 ihre Halle Fensal heißt,
so haftet ihr das noch von ihrer Mutter an, deren geheiligte Insel im
Ocean lag, oder von ihrem Vater Njörbr, der in der Edda noch als
Meergott gilt. Denselben Bezug auf das Meer hat aber auch Freyja,
wenn sie Mardöll oder Gefn heißt was sich in Gefion verjüngt. Da die
drei Sterne, welche den Gürtel des Orion bilden (Myth. 689), neben
Jacobs- und Petersstab auch Friggs Roden heißen, so erscheint Frigg
als Spinnerin wie Bertha und Gertrud (§. 110. 117), die sonst vielfach
der Freyja gleichen. Daß aber auch Freyja Spinnerin ist, zeigt sich in
den Walküren, in welchen sie sich vervielfältigt, denn diese spinnen die
Geschicke der Schlacht. Wölundarkw. Einl. und Str. 1.

　Der Wochentage ist bei den Göttern gedacht, die ihnen den Namen gegeben haben; der einzige Sonnabend (Samstag) kam dabei zu
kurz, weil er nach keinem deutschen Gotte benannt ist. Daß er aber
nach dem heutigen Volksglauben der Mutter Gottes gewidmet sei, wird
vielfach bezeugt. So ist kein Sonnabend ohne Sonnenschein, weil da
Maria ihre Wäsche trocknen muß. Am Sonnabend scheint die Sonne
heller als am Freitag, Lorichius 68. Wer an den drei goldenen
Samstagen (nach St. Michael) die Makellose durch Empfang der
h. Sakramente und wahre Lebensbesserung verehrt, kann ihres mütterlichen
Schutzes im Leben und Sterben versichert sein. Zingerle S. 463. Vielleicht
wurde der Samstag im Heidenthum auf Freyja (Frouwa) bezogen. Da
im Norden der Freitag bald nach Frigg bald nach Freyja benannt ist,
in Deutschland aber Fria, nicht Frouwa dem Freitag den Namen gab,
so bliebe uns der Sonnabend für Frouwa übrig, an deren Stelle die
Mutter Gottes auch sonst häufig getreten ist. Nachdem die ersten Wochentage, vom Dienstag an, den drei höchsten Göttern geheiligt waren, blieben den weiblichen Gottheiten noch zwei Wochentage übrig, Freitag und
Sonnabend; schwerlich wird man, nachdem einmal der Freitag einer
Göttin zugewiesen worden, den letzten Wochentag wieder einem Gotte zugetheilt haben; dieser Gott müße denn, wie das auch nicht ohne Grund
behauptet worden ist, Loki, der Feind der Götter gewesen sein. Aber den
Schein, daß man erst vom Satan (Loki) auf Saturnus gelangt wäre,
zerstreut eine in Pompeji (Overbeck II, 113) gefundene Inschrift, die etwa
8 Jahre v. Chr. verfaßt sein mag, wodurch die Ansicht, Gr. Myth. 116,

daß die Einführung der Wochen- und Tagennamen den Christen beizulegen
sei, beseitigt ist. Der S. 154 geäußerten Vermuthung, daß Cäsars Meldung über Sol Luna Vulcanus auf der Heiligung des Montags und
Donnerstags neben dem Sonntag beruht habe, wird also von dieser Seite
her nichts anzuhaben sein.

104. Gefion.

Unter den Beinamen der Freyja finden wir D. 85 Mardöll (Gen.
Mardallar) und Gefn. Mardöll bezeichnet sie als den Meerstrom; Gefn
(agl. Geofon, alls. Geban), ein verdunkelter sächsischer Gott, hat ähnliche
Bedeutung, wie wir aus den Zusammensetzungen Gebaredström, Geofon-
hús (navis), Geofonflód (Myth. 219) schließen. Aus diesem Beinamen
der Freyja entsprang Gefion. Sie ist unvermählt, heißt es D. 85, und
ihr gehören Alle, die unvermählt sterben. Also auch sie nimmt, wie Hel
und Freyja selbst, Seelen der Verstorbenen auf. Daß nur Unvermählte
zu ihr kommen sollen, ist eine der vielen möglichen Deutungen des Un-
rechts Freyjas an den Todten, deren wahren ersten Grund wir in ihrer
Verwandtschaft mit Hel, der verborgenen Erdgöttin, aufgedeckt haben. Die
Jungfräulichkeit Gefions ist überdieß so zweifelhaft als die der Freyja.
D. 1 erzählt von ihr, König Gylfi von Swithiod habe ihr als einer fahrenden Frau, die ihn durch Gesang ergetzt habe, ein Pflugland gegeben
so groß als vier Ochsen pflügen könnten Tag und Nacht. Aber diese
fahrende Frau war von Asengeschlecht. Sie nahm aus Jötunheim vier
Ochsen, die sie mit einem Jötunen erzeugt hatte, und spannte sie vor den
Pflug. Da ging der Pflug so mächtig und tief, daß sich das Land löste,
und die Ochsen es westwärts ins Meer zogen bis sie in einem Sunde
still stehen blieben. Da setzte Gefion das Land dahin, gab ihm Namen
und nannte es Seelund (Seeland). Und da, wo das Land weggenommen
ward, entstand ein See, den man in Schweden nun Lögr heißt. Und im
Lögr liegen die Buchten wie die Vorgebirge im Seeland. Die Helmskringla, aus der dieß entnommen scheint, fügt hinzu, Gefion sei später dem
Skiöld vermählt worden und habe mit ihm Leihra, den Königssitz der
Dänen auf Seeland, bewohnt. Wenn nicht ausdrücklich versichert würde,
Gefion sei vom Asengeschlechte, möchte man sie, nach dem Mythus, der von
ihr erzählt wird, für eine Meeresin halten. Doch auch Friggs Palast
Fensal deutet auf den Grund des Meeres, und wenn Gefions vier Ochsen
ungestüme Meereswellen sind, welche, als Schweden noch vom Meer be-
deckt war, hier eine Vertiefung wühlten und das weggenommene Land im
Sunde niederlegten, so entstand daraus doch eine jetzt von Menschen
bewohnte Insel. Die Einkleidung des Mythus ist von der bekannten
Sage vom Landerwerb hergenommen, die uns schon früh bei der Dido

begegnet. Gefions Zusammenfallen mit Frigg oder Freyja zeigt sich noch
darin, daß Oegisdr. 21 Odin von ihr sagt, sie wiße aller Lebenden Loose
so gut als er selbst; dasselbe rühmt hernach Str. 29 Freyja von Frigg.
Und Str. 20 wirft Loki der Gefion vor, sie habe den Schenkel um den
weißen Knaben geschlungen, der ihr das Kleinod gab, womit auf Brisingamen angespielt wird, das Freyja in ähnlicher Weise erworben haben
sollte. Wenn endlich unter Anrufung Gefions Eide abgelegt werden, so
liegt der Grund in ihrer Verjüngung aus Hel, der Göttin der Unterwelt,
denn bei der Unterwelt ward geschworen. Vgl §. 91. Wie die Alten
bei dem Styx, so hat Dagr (Helgakw. III, 30) Eide abgelegt:

> Bei der Leipte leuchtender Flut
> Und der urkalten Wasserklippe.

105. Vervielfältigungen. 1. Nornen.

Da wir hier wieder bei der Hel angelangt sind, so laße ich den
Nachwelt folgen, daß aus ihr die Nornen, wie aus der Freyja, einer Verjüngung der Hel, die Walküren durch Vervielfältigung entstanden sind.
Wir werden hier wieder die schon bekannten Zahlen drei, sieben, neun
und zwölf walten sehen.

Der Nornen (ob von dem nordischen at nœra fovere, nutrire?)
sind eigentlich nur drei. Wöl. 8. 20. Wafthrudn. 49. Vgl oben S. 39.
40. Wenn Fafnism. 17 gesagt wird, sie seien verschiedenen Geschlechts
und nicht Eines Stammes, so ist das Wort in dem weitern Sinn gebraucht, in welchem es auch Wölen, Weißagerinnen und Zauberinnen
mitbegreift. Jene drei eigentlichen Nornen sind göttlichen Ursprungs,
aber bei Riesen auferzogen; sie sind älter als die Götter selbst, weil diese
altern, der Macht der Zeitgöttinnen unterworfen sind, weßhalb sie auch
bei ihrem Brunnen Gericht halten. Mit dem ersten Erscheinen der Nornen ging den Göttern das Goldalter zu Ende: das Bewußtsein von dem
Verfließen der Zeit setzte der seligen Unbefangenheit des Daseins ein
Ziel. Schon §. 60 erkannten wir in den Nornen Personificationen des
Schicksals, und diesem sind auch die Götter unterworfen. Gewöhnlich
ordnen die Nornen indes nur das Schicksal der Menschengeschlechter,
Wöl. 20. Der Brunnen der Urdh, der ältesten und mächtigsten Norn,
liegt bei der Wurzel der Wellesche, welche zu den Menschen reicht, S. 39.
So erscheinen sie zunächst als die Pflegerinnen dieses Weltbaumes und
somit als Erhalterinnen der Welt; gleichwohl haben sie auch einen Bezug
zu Hel, der Göttin der Unterwelt und des Todes. Die vornehmste unter ihnen ist jene älteste, nach welcher der Nornenbrunnen benannt ist,
die Göttin der Vergangenheit. Ihr Name findet sich auch allein in
Deutschland wieder: die ailh. Glosse übersetzt ihren Namen Wurd mit

fatum, und grimmar ordir wird für schreckliches Geschick, dira fata, gebraucht. Noch in der weirdsisters im Macbeth klingt ihr Name nach,
den sie ihren Schwestern mittheilt. Sie wird als Todesgöttin aufgefaßt:
Wurth inan binam, die Wurd raffte ihn hinweg, Wurd skibit, Unheil
betrifft mich, Vyrd me that gewäf, die Wurd hat mir das gesponnen.
Doch zeigt ihre Verwechselung mit Idun und die verjüngende Kraft ihres
Brunnens, der freilich ihren Schwestern mit angehört, sie auch von einer
milderen Seite. Für die Verwandtschaft der Nornen mit der Hel bietet
aber Helgakv. II, die klassische Stelle:

> 2. Nacht in der Burg ward, Nornen kamen,
>   Die dem Edeling das Alter bestimmten.
>   Sie gaben dem König der Rühmste zu werden,
>   Aller Edlinge Edelster zu dünken.
>
> 3. Sie schnürten mit Kraft die Schicksalsfäden,
>   Daß die Burgen brachen in Bralundr.
>   Goldene Fäden fügten sie weil,
>   Sie mitten festigend unterm Mondbetsaal. (Vgl. Bergus. Sölarl. 95.)
>
> 4. Westlich und östlich die Enden bargen sie;
>   In der Mitte lag des Königs Land.
>   Einen Faden nordwärts warf Reris Schwester (Nipt Nera),
>   Ewig zu halten hieß sie dieß Band.

Neri oder Nörwi heißt nach D. der Vater der Nacht, in welchem Meinhold Riesen 8 auch den Vater der Nornen entdeckt hat. Denselben Namen führt aber auch D. 33. 50 ein Sohn Lofis, also ein Bruder der
Hel, und diese wird hier als Reris Schwester verstanden sein. Wir werden Hel auch sonst als eine der Nornen gefaßt sehen. Nordwärts wird
der Faden geworfen, vielleicht weil der Helweg nördlich liegt. Nach Lüning soll der nordwärts geworfene Faden die Nordwege verschließen, so
daß Helgi nicht zu Hel, sondern zu Odin komme. Aber uns scheint es
der unselige Faden, der ihm frühen Tod bedeutet.

Sowohl die ausgeworfenen Fäden als die Verwandtschaft der Schicksalsschwestern mit der Hel finden sich auf deutschem Boden wieder. Sehr
häufig erscheinen in unsern Sagen drei Schwestern; es sind dieselben
Wesen, die sich auf keltischem Boden als tria fata (Feen) finden; in römi-
scher Zeit wurden sie als matres, Matronen, mütterliche Gottheiten, verehrt,
und noch täglich gräbt man ihre Bildnisse aus der Erde. Aber auch in
Sagen des südlichen und nordwestlichen Deutschlands kehren diese Schwestern unzählig oft wieder: in Panzers Beiträgen zur Mythologie sind
ihrer viele, aber bei Weitem nicht alle gesammelt. Gewöhnlich sind zwei
dieser Schwestern weiß, die dritte ist halb schwarz und weiß, und diese pflegt
als die böse gedacht zu sein; auch in den Handlungen ist der Unterschied
angedeutet: die halbschwarze betrügt die blinde Schwester bei der Theilung

des Schapes, indem sie den Scheffel beim Meßen umkehrt und nur oben-
hin mit Goldstücken belegt. Häufig erscheint, wo diese Sagen vorkommen,
der Name der Hel in den Ortsnamen, ja die schwarzweiße Jungfrau führt
den Namen der 'Held' (S. 312 o.) in der Redensart, welche eine Oberiglin-
ger Sage der Mutter in den Mund legt, indem sie die Tochter schilt: Du
wirst gerade wie die Held, schwarz und weiß, und gehst ganz verloren.
Daneben trägt diese böse Schwester nicht selten den schon oben gedeuteten
Namen Rachel, die rächende Hel. Auch erscheinen diese Jungfrauen
spinnend; sie spinnen und weben die Geschicke. Ihre Fäden heißen auch wohl
Seile, und diese Seile werfen sie weit aus, so daß ferne Bergspitzen verbunden
werden; sie gleichen dann Brücken, und werden auch wohl als solche,
namentlich als lederne, aufgefaßt, Lütolf 257. Zuweilen erscheinen sie
auf diesem Seile tanzend und spielend, ein andermal hängen die 'wilden
Frauen', wie sie auch selbst genannt werden, ihre Wäsche daran auf, Groß-
mann 87, und wenn das die Leute im Thale sehen, sagen sie, es giebt
schön Wetter. An diese Seile binden sie auch Menschen, die dann dem
Tode verfallen sind; ein solches Seil wird auch dem Tode zugeschrieben,
Myth. 806. Ihr Bezug auf die Geschicke der Menschen zeigt sich auch
darin, daß sie Heilräthinnen heißen: was kann deutlicher sein? Die
Nornen sind es, die das Heil der Menschen berathen. So heißen sie in
Holstein auch Metten, angelsächsisch Mettena, die abwägenden, messenden,
wie wir ihre Beschlüße metodogiscapa genannt fanden, vgl S. 164, und
weil das Schicksal, das sie schaffen, oder aus ihren Brunnen schöpfen,
plötzlich eintritt, heißen sie in Tirol Gachschepfen, die jähen Schöpfer.
Und wie die Nornen Fasnlsmal 16 nothläsend heißen, weil sie Kindbette-
rinnen beistehen, so besaß Frau von Donnersberg ein Stück Leinwand,
das von den beiden guten Jungfrauen gesponnen unter das Betttuch gelegt
ward, die Geburt zu erleichtern. Frau von Donnersberg pflegte zu sagen, die zwei guten Jungfrauen hätten zwei Köpfe, aber Einen Sinn;
die dritte wolle sich aber nie in den Willen der beiden andern fügen.
Ganz so erscheinen auch die Nornen im Norden. Wir sahen schon bei
Helgis Geburt die dritte Norn, die als Neris Schwester die Hel bedeutete, einen Faden nordwärts werfen, der uns übler Vorbedeutung schien.
Zu Nornagest traten, als er geboren ward, drei wahrsagende Frauen:
die beiden ältern weißagten Gutes von seinem künftigen Geschick; die
dritte, die sich zurückgesetzt glaubte, gebot, mit so günstigen Weißagungen
inne zu halten, 'denn ich beschreibe ihm, daß er nicht länger leben soll als
die neben ihm brennende Kerze währt'. Aber die ältere Wala löschte die
Kerze aus und gab sie der Mutter aufzubewahren und nicht eher wieder
anzuzünden als am letzten Tage seines Lebens. Nornagest trug nun diese
Kerze in seiner Harfe mit sich umher, und erst als dreihundertjähriger

lebensmüder Greis, der die besten Tage des Nordens gesehen hatte, zün=
dete er seine Kerze an und blickte ruhig in die verglimmende Lebensflamme.
Es ist dieselbe Sage, die in der griechischen Mythologie auf Meleager
angewandt wird. Aehnliches wird von dem Dänenkönig Fridleif erzählt,
der bei der Geburt seines Sohnes Olaf in den Tempel der Nornen trat,
wo die drei auf drei Stühlen saßen, das Kind zu begaben; aber die
Gabe der dritten war eine leidige: sie beschied ihm das Laster des Geizes.
Saro VI, 102. Sl.

In dem deutschen Märchen von Dornröschen lädt der König, als
ihm eine Tochter geboren ward, zu dem Feste auch die weisen Frauen,
damit sie dem Kinde hold und gewogen wären. Ihrer waren dreizehn;
weil er aber nur zwölf goldene Teller hatte, mußte eine von ihnen daheim
bleiben. Die weisen Frauen beschenkten nun das Kind mit ihren Wunder=
gaben, die eine mit Tugend, die andere mit Schönheit, die dritte mit
Reichthum u. s. w. Als eilfe ihre Sprüche gethan hatten, trat plötzlich
die dreizehnte herein. Im Zorn, daß sie nicht eingeladen war, rief sie:
‚die Königstochter soll sich in ihrem funfzehnten Jahre an einer Spindel
stechen und todt hinfallen.‘ Alle waren erschrocken: da trat die zwölfste
hervor, die ihren Wunsch noch übrig hatte. Sie konnte aber den bösen
Spruch nicht aufheben, nur mildern. So sagte sie: ‚Es soll aber kein
Tod sein, sondern ein hundertjähriger tiefer Schlaf, in den die Königs=
tochter fällt.‘ Wir sehen hier zwölf Schicksalsschwestern, statt der Trilogie
die Dodekalogie; bei Panzer 86. 218 erscheinen sie wohl in der Sie=
benzahl (vgl. Harbardslied 27); die Zwölfzahl tritt neben der Sieben=
zahl auch bei den Walküren hervor, die den Nornen verwandt sind.
Immer aber ist die letzte Norn die unselige.

Gern erscheinen die deutschen Schicksalsschwestern am Brunnen, Pan=
zer §. 7. 20. So schildert sie auch das Kinderlied von den drei Feien
oder Marelen, das Mein deutsches Kinderbuch 2. Aufl. 169—178 in
sieben Varianten bringt, z. B.:

> Sonne Sonne scheine,
> Fahr über Rheine,
> Fahr übers Glockenhaus,
> Gucken drei schöne Puppen heraus.
> Eine die spinnt Seide,
> Die andre wickelt Weide,
> Die dritte geht ans Brünnchen,
> Findt ein golden Kindchen.
> Wer soll heben u. s. w.

Auch darin gleichen sie den Nornen (an Urds Brunnen) und den roma=
nischen Feen, deutsch Feinen, von welchen Gottfried im Tristan in
Bezug auf Blicker von Steinach reinen Sinn sagt (M. Leseb. 125):

Ich werde daz in feinen
es wander haben gespunnen
und haben in in ir brunnen
gelûtert unt gereinet.
er ist braunem gefeinet.

Ich mein', ihn haben Grinen
Wunderbar gesponnen,
Und ihn in ihrem Bronnen
Geläutert und gereinet:
Er ist fürwahr gefeinet.

Unter dem Namen der Feien wurden sie auch am Niederrhein verehrt, wo der Feibach [. a. und der Feienpfal bei Honnef auf sie deuten. Nur in Tirol, wo sie wohlthätige mit ewiger Jugend und Schönheit begabte Wesen sind, erscheinen sie nicht in der Dreiheit. Der allerdings unerklärte Eintritt des n in Feinen veranlaßt Kern die Herleitung von Fee (fata) zu verwerfen und aus Fenja, Fenesberg, Fenfaller und den matronis Aufaniabus der Volksteine auf ein fania = Frau zu schließen.

In den Sagen, die sich an die drei Schwestern knüpfen, ist Vieles auch durch die Verchristlichung entstellt, wobei sich seltsame Widersprüche mit der altheidnischen Grundlage ergeben. Die Jungfrauen gelten für Gutthäterinnen des Orts und der Kirche: sie sollen der Gemeinde Wald vermacht, Capellen gebaut, Andachten und Glockenläuten gestiftet, ein ewiges Licht oder Almosenvertheilungen und Speisungen der Armen aus ihrem Vermögen angeordnet haben; gleichwohl ist ihr Schloß versunken, sie selbst sind verdammt und der Erlösung bedürftig. Wie heidnischen Göttern läßt man ihnen bei der Ernte einen Aehrenbüschel stehen, drei schwarze Pfennige werden ihnen geopfert, sie gewähren Schutz wider die Pest; daneben wird für sie gebetet, zu ihrem Andenken Messen gelesen, Placebo's, Nocturnen und Vigilien gesungen. Der wahre Zusammenhang blickt durch: ein heiliger Hain war den Schicksalsschwestern in heidnischer Zeit geweiht; bei Einführung des Christenthums fiel er der Gemeinde zu. Das Andenken an die Heilräthinnen, die allen Gutthäterinnen des Orts, erlosch aber nicht, selbst ihr Bezug auf den Gottesdienst erhielt sich. Wird ihnen jetzt nicht mehr geopfert, so werden Messen und Andachten für das Heil ihrer Seelen gehalten, Gebete nicht mehr zu ihnen aber für sie gesprochen. Das Merkwürdigste ist, daß ihre Namen in weit entlegenen Landestheilen, in Tirol und Straßburg, in Ober- und Niederbaiern, sich gleich bleiben oder nur wenig abweichen: Einbett, Wilbett und Warbett; nur selten gelang es sie durch die christlichen Fides, Spes und Caritas zu verdrängen, obgleich die Schicksalsgöttinnen schon in Griechenland und Rom diese Namen geführt haben. Jene drei Namen sind mit -bett zusammengesetzt: das deute ich auf den heidnischen Opferaltar (piot got. biuds oder petti got. badi leotisternium), der einst in dem Walde stand, an den sich ihr Andenken knüpft. Mannhardt GM. 604 leitet es von bidjan bitten, erwünschen ab,

Weinhold K. S. 26 von badu Kampf, Stark (Koßnamen 26) glaubt es aus Bertha entstellt. Nach Panzer, Bairische Sagen, verehrt man sie als:

1. S. Anbetta, S. Gwerbetta, S. Willbetta zu Meranse in Tirol. P. I S. 5.
2. S. Ainbett, S. Warbett, S. Bilbett zu Schlehdorf in Oberbaiern. P. 23.
3. S. Ainpet, S. Gberpet, S. Firpett zu Leutstetten in Oberbaiern P. 31.
4. S. Einbeth, S. Warbeth, S. Wilbeth zu Schildthurn in Niederbaiern. P. 69.
5. S. Einbede, S. Warbede, S. Willebede zu Worms P. 206.
6. S. Einbetta, S. Worbella, S. Wilbetta zu Straßburg P. 208.

Die letzte Meldung (vgl. A. S. Sept. Tom. 5. 315) wird uns am Wichtigsten; sie erklärt uns auch den alten Namen der Stadt Worms, Norbetomagus, die von Borbet, der mittlern der drei Schwestern den Namen führt, wie ich Aehnliches von der Stadt Metz, Civitas Mediomatricorum, vermuthet habe: von der mittlern der drei Mütter wird auch sie benannt sein. Vgl. Vorrede zu der Doppelausgabe m. Nibelungenlieds. Stuttgart 1868, S. XXVIII ff. Nimmt man die Endung -bett als nur auf ihren Tempel (Hof) bezüglich, hinweg, so erklärt sich die erste Silbe in Einbett aus Agin, Schrecken, in Warbett oder Guerbett aus Werre, Zwist und Streit. Freundlicher lautet der dritte Name; aber auch Er hat so heidnischen Klang wie die gleichfalls vorkommenden Wibikunna und Winterbring; es ist die willfährige, Wunsch und Willen gewährende, die lichte Seite der verborgenen Göttin, wie Einbett die finstere, während Worbett oder Borbett (den Wechsel von W und B zeigt auch unter Nr. 3 die obige Tabelle, ja Barbeth kommt bei Panzer 69 urkundlich vor) als die mittlere zugleich die mächtigste, die eigentliche Gottheit ist, die sich in ihren beiden Schwestern nur vervielfältigt. Einmal erscheinen nur zwei Schwestern: die eine heißt Rann, die andere Muß, und auch diese Namen verläugnen ihre Beziehung auf das Schicksal nicht. Hießen die Schwestern alle drei Rann, wie sie als weirdsisters alle drei einst Wurd geheißen haben müßen, so fiele damit Licht auf die den Matronis Octocannabus gewidmeten Strine: es wären die gefürchteten Schicksalsschwestern gemeint von got. ôgan schrecken, praet. ohta. A. M. ist Kern Germ. Woorden 10. Vgl. Bonner Winckelmanns-Programm von 1863. Was hier S. 9 für ein sicheres Ergebniß der bisherigen Forschungen über die Matronencultte ausgegeben wird, ,daß diese Gottheiten der keltischen, nicht der germanischen Sprache angehören', dürfte vielmehr noch offene Frage sein. Von Ein (Ain, Agin) könnte die Eifel benannt sein. Vgl. Einfeld bei Panzer I, 71. Mehrfach

erscheint bei den drei Schwestern eine goldene Wiege, M. u. Schamb.
Nr. 3. Bei Panzer I, 70 wird sie von unfruchtbaren Frauen zur Er-
langung der Fruchtbarkeit in Bewegung gesetzt, und ich entscheide mich
nicht, ob sie in Beziehung steht zu dem Begriff des Bettes im Namen
der drei Schwestern. Vgl. Kuhn WS. I, 303. Bei Kirchenvisitationen
ward der Versuch, diese Namen durch die christlichen Fides, Spes und
Caritas zu verdrängen, vergebens gemacht; Panzer I, 6; man muste sich
damit begnügen, sie in die Gesellschaft der 11,000 Jungfrauen aufzu-
nehmen. So wurden sie nach der Straßburger Legende von St. Ursula
zur Pflege der h. Aurelia, die auf dem Rückweg von Rom nach Köln
erkrankt war, zurückgelaßen. Nach der Wormser Sage waren sie die
Töchter des Burgundischen Königs, dessen Herschaft Attila vernichtet hatte,
und erlitten nun, gleich den 11,000 Jungfrauen, von den Hunnen den
Martertod. Nur am Niederrhein z. B. zu Weilerswist wurden doch
jene drei Namen des Martyrologiums (1. Aug.) durchgesetzt; noch erinnert dort der Name des Swistbachs an die deutschen drei Schwestern,
in nächster Nähe allerdings des Feibachs (bei Eisensei Kapsei Satzsei),
wo sie schon als tria fata romanisiert erscheinen. Jedenfalls blüht ihr
Dienst in unserer Provinz noch heute, denn auch die drei Schwestern zu
Auw bei Trier gehören zu ihnen; und auf der Landskrone an
der Ahr, wo sie als Töchter des Grafen von Neuenahr historisiert wurden, die sich hier zu flüchten suchten. als der Herr von Tomberg die Burg
Landskron bereits eingenommen hatte, ist die Felsenhöhle, die sich auf-
that sie zu verbergen, zur Sakristei der Capelle geworden und die Fäden,
die sie von dort nach Neuenahr warfen, verwandelte die Sage in eine
über das weite Thal gesprengte Brücke. Vgl. S. 341. Noch jetzt wird
in Bonn alljährlich die Bornhofer wie die Kevelaerer Andacht
gehalten; zu Bornhofen hat man aber der einen Schwester, die dort,
zu Kiberich und zu Rothgottes drei Andachten gestiftet haben soll,
statt zweier Schwestern zwei Brüder gegeben, wozu die so geheißenen
beiden Burgen über der Kirche veranlaßen mochten. Aber auch dort ist
diese eine Schwester blind, auch dort theilt sie wie bei Panzer I, Nr. 4
den Schatz, wobei das Geld mit Scheffeln gemeßen und die Blinde übervortheilt wird. Auch bei den drei Schwestern von Auw, die man in der
Kirche auf einem Esel reitend abgebildet sieht, spielt der Schatz eine Rolle;
auch ist wieder die mittlere blind: von König Dagobert wurden sie
ihrer Schönheit wegen verfolgt, obwohl sie seine leiblichen Schwestern
waren. Man erkennt leicht den lichten Gott des Tages, vor dem die
Nornen als Verwandte der Nacht entfliehen. Vgl. Panzer I, 348.
Der Sprung des Esels über die Ahr erinnert an die Sage von der
Roßtrappe, Gr. D. S. 1, 411, wo auch eine verfolgte Königstochter

ihr Roß über einen Fluß (die Bode) sprengt und der Hufschlag sich
dem Felsen eindrückt. Der Esel, der sie durch einen Sprung über die
Aar rettete, erscheint zugleich als weisendes Thier, indem er den
Ort anzeigte, wo nach göttlichem Willen ihre Capelle gestiftet werden
sollte. Von dem Schatz, den sie mit sich führten, wurden die Kosten des
Baues bestritten. Es war wohl Erzbischof Pilgrim, der in der Kölnischen
Diöcese die heidnischen Namen der drei Schwestern durch die christlichen
verdrängte. Ein Siegel mit seinem Bildniß und Namen, das zu Bellen-
hoven im Jülichschen beim Umbau des Altars gefunden wurde, zeigt
auf dem Revers die Bilder von Fides, Spes und Caritas mit der Um-
schrift Sancta Coloniensis Religio. Bellenhovens Name selbst
deutet auf den Dienst der drei Schwestern, die auch in Thum zwischen
Ribeggen und Froitzheim unter den christlichen Namen verehrt wurden.
In Lützkampen bei Neuland (Kreiß Prüm) sieht man ihre Bildnisse in Holz
geschnitzt in der Kirche, die ihre Verehrung auf die drei ersten Donners-
tage im März beschränkt hat.

Es ist deutlich, daß die drei Schwestern nur Vervielfältigung der Hel
sind. Die Blindheit der Hel erscheint auch bei Odin, der als männlicher
Hel Helblindi heißt. Aus dieser Verwandtschaft mit dem Todesgotte
fließt es, daß sie die Pest verhängen können und um Abwendung von
Viehseuchen noch jetzt zu ihnen gewallfahrtet wird. Doch geschieht dieß
auch anderer Krankheiten willen, wie auch ihre Namen andeuten, die z. B.
bei den Frauenrother Schwestern (Jahrb. d. Vereins von Alterthümsfr.
Hest XLIV. XLV S. 16) Pellmerge, Schwellmerge und Krischmerge
lauten; letztere erinnert an Krischona, eine der drei Baseler Schwestern.
Ihre Verwandtschaft mit den Wallküren §. 107 endlich ergiebt sich aus
P. 180, wo es heißt: „Sie wohnten auch Hochzeiten und Begräbnissen
bei, ja selbst in den Krieg zogen sie mit, ritten auf Pferden und wirkten
mehr als die Ritter selbst.' Der Name jener drei Baseler Schwestern
ist nach Baader S. 15 Chrischona, Ottilia und Margaretha. Sie erbauten
auf drei unbewohnten Berggipfeln am Ausgange des Wiesenthals in das
Rheinthal drei Kirchlein mit Klausen, jedes eine starke Stunde von den
andern; doch verlieh ihnen Gott, daß sie sich verstanden, wenn sie sich
zuriefen. Sie winkten sich auch mit großen weißen Tüchern und sagten
sich durch hinausgesetzte Lichter gute Nacht. Jede von ihnen liegt jetzt
in ihrem Kirchlein begraben. Vgl. Bädeler an der betreffenden Stelle.
Wir finden hier die drei Andachten S. 345 wieder; die weißen Tü-
cher erinnern an die Wäsche, welche andere dieser Schwester nach S. 341
an ihren Seilen aushängen. Diese Wäsche sind die Wolken, denn sie
galten den Leuten für Anzeichen schönen Wetters. Bemerkenswerth ist
hier der Name Chrischona, an den uns Krischmerge erinnerte. Diese

Chrischona hatte das längere Leben vor ihren Schwestern voraus. Die Namen der beiden andern sind vielleicht, wie das öfter erwähnt wird, vergessen, und durch gewöhnliche christliche ersetzt worden. Der Name Margaretha begegnet indes bei diesen Jungfrauen öfters, P. 1, S. v. 150, und auch Otilia kehrt P. II, 157 mit Mechtild und Gertraud zurück. Christliche Namen sind bei den drei Schwestern seltnern Vorkommens; doch finden wir P. 64 Barbara, Katharina und Ursula: sie waren aus der Kärerischen Freundschaft: soll das heißen: den Walküren verwandt? P. 379 werden Kunigund, Mechtund und Wibrand erwähnt, von welchen die beiden ersten Namen nicht nothwendig christlich sein müßen; der dritte befremdet als Mannesname. Oder wären hier zwei Schwestern mit einem Bruder anzunehmen, wie P. 182 die h. Walpurgis mit zwei Brüdern Oswald und Wilibald (vgl. Rochholz Drei Gaugöttinnen 6) drei Unbekannten stiften, und die ungenannte blinde Schwester zu Bornhofen S. 346 von zwei Brüdern betrogen ward. Sonst begegnen fast nur deutsche, vielleicht heidnische Namen. Die drei Schwestern zu Auw, König Dagoberts Schwestern, hießen Irmina, Abela, Chlotildis; drei fränkische Schwestern P. 179 Filomuel, Hebbure und Albigart; die drei abenbergischen P. 161 Gewehra, Wibikunna und Winterbring. Der Name Gewehra ist wohl derselbe, den wir mit -bel zusammengesetzt bei der mittlern der drei S. 344 tabellarisch angeführten Schwestern gefunden haben, und so kehrt auch bei den von Zingerle Sagen S. 22 erwähnten drei Schwestern auf einem Bilde in Plawenn, Aubete Carona Savina, die Zusammensetzung mit -bel in dem ersten Namen wieder. Für Starks Meinung, daß dieß -bel aus Bertha entstellt sei (S. 344), scheint zu sprechen, daß von den drei schönen Schwestern, die nach Rochh. Marg. S. auf Odenburg, wohnten, die jüngste Gräfin Bertha geheißen haben soll. Die Namen der beiden andern sind wieder vergessen. Wenn sie eine Gräfin gewesen sein soll, so erinnert das an P. I, 24, vgl. S. 344 v. Wibikunna erklärt P. 380 als zweigkundige, was sie als weißagend bezeichnen würde; der Name Winterbring ist schon oben zur Sprache gekommen. Diese drei Schwestern sollen aber nur Kammerjungfern gewesen sein; ihre Herrin hieß Stilla, was ein Beiname der Hel als Todesgöttin scheint. Der Name Stilla begegnet auch im Wartburgkrieg Str. 135, wo auffallenderweise Str. 88 auch acht Gräfinnen von Abenberg auftreten. Nähere Auskunft giebt die Schrift: Beiträge zur Geschichte von Kloster Heilsbronn. Von G. Muck. Ansbach 1859. Der Name dieses durch alle Zollernsche und Abenbergsche Erbbegräbnisse merkwürdigen Orts hat mit Heil salus nichts zu schaffen, vielmehr scheint der erste Theil der Zusammensetzung auf Hagel zurückzugehn; er besitzt auch keine Heilquelle, und wenn er nach einem

Brunnen genannt ist, so pflegt dieser da, wo unsere drei Schwestern verehrt wurden, nicht zu fehlen. Nun ist es merkwürdig, daß im Wartburgkriege der Name Stilla gerade bei einer Todtenfeier (des Landgrafen von Thüringen und des Grafen von Henneberg) genannt wird, allerdings als Ortsname; oder läßt die Zeile

Stillâ daz ist min houbot stat,

eine andere Deutung zu? Wie aber hier Stilla neben den drei Schwestern, so erscheint in Straßburg neben ihnen der auch sonst zu beachtende Name Aurelia. Vgl. Wolf Beitr. II, 175. In einer Capelle der h. Aurelia zerstörten St. Gallus und Columban drei Bildsäulen heidnischer Götter, Myth. 98. Die Namen der gleich zu erwähnenden schwedischen Fürstentöchter, welche Andachten stifteten, lauten nach Wolfs Beitr. II, 179 Helena, Oriana und Barbara. Nach Roth Sternfeld Beitr. I, 151 war es eine Mutter Bertha, die das Kloster Neuenstadt am Main stiftete und ihm den Reichswald Spessart und Homburg am Rothenfels schenkte; diese Stiftung wurde später noch vermehrt durch eine gewisse Gertraud und noch einmal durch drei Schwestern Bielmuth, Helburg und Adelgart, offenbar nur Variauten jener drei fränkischen Schwestern bei Panzer, mit welchen wir sie zusammenstellen. Die tria fata der keltischen Völker blieben namenlos; bei den Romanen finden wir später nur in Montemayors Diana (vgl. Quellen des Shakespeare II, 161) Cintia, Doriba und Polidora, jedoch neben Felicia, aus der sie vervielfältigt scheinen. Da wir jetzt keine weitern Namen dreier Schwestern oder doch Geschwister aufzuführen haben, so stellen wir sie der Uebersicht wegen nachstehend zusammen, jedoch diesmal nicht wie S. 344 in der überlieferten Reihenfolge:

Urd	Werdandi	Skuld
Jibes	Spes	Caritas
Einbet	Warbet	Wilbet
Arischwerge	Pellwerge	Schwellwerge
Ührischona	Ollilia	Margaretha
Mechtild	Ollilia	Gertraud
Barbara	Katharina	Ursula
Mechtund	Kunigund	Wibrand
Walpurgis	Oswald	Wilibald
Irmina	Abela	Chlotildis
Filomnet	Hebburc	Albigart
(Bielmuth	Helburg	Adelgart)
Wibilunna	Gewehra	Winterbring
Aubete	Karona	Bavina
Barbara	Helena	Oriana
Cintia	Doriba	Polidora.

Nach Wolf Beitr. II, 174 wären die drei Schwestern aus der Einheit in die Dreiheit übergegangen. Die Einheit scheint man im Norden in Urd gefunden zu haben, der ältesten Norne, nach welcher der Plural grimnar ordir gebildet ist. Was ist aber die Norne der Vergangenheit anders als die Todesgöttin? Nach Helgakv. II, 4 seh ich darum diese Einheit in Hel, die wir als Held (vgl. die Mehld P. 180), ja als Rachel d. h. rächende Hel auch schon unter den drei Schwestern gefunden haben. Daß Eine die vornehmere unter ihnen war, zeigt, daß Ainbeth P. 1, S. 24 eine Gräfin heißt, während den beiden andern keine Standeserhöhung zu Theil ward. So ist auch eine der drei Frauen, die den verwüsteten Jwein im Walde finden und heilen, eine Gräfin, P. 3791. Vgl. unten §. 148. 4, wo der entgöttlichten Gräfinnen mehr begegnen. Nach der einen heißt P. 379 der Berg, an welchem alle drei verehrt werden, Einbettenberg; St. Einbett ist auch den Bollandisten und andern Hagiologen wenigstens dem Namen nach bekannt. Auch daß die drei Schwestern mehrfach als verfolgt geschildert werden, spricht dafür, daß unter Einbett Hel verstanden ist: bald verfolgt bald verfolgend lernen wir aus §. 73 die aus Hel verjüngte Freyja. Im Jwein ist jene Gräfin von der Fee Morgane noch verschieden.

Den Uebergang in die Legende von St. Nicolaus, der die Seelen dreier Jungfrauen durch reiche Geschenke rettet, hätte wohl schon Wolf erkannt, wenn er das Beitr. II, 172 von ihm besprochene Denkmal, wo dieser Heilige den Schwestern einen Goldklumpen reicht, mit der auf derselben Seite erwähnten Mittheilung Mannhardts über die Kirche von Hela verglichen hätte, wonach drei schwedische Fürstentöchter, welche gegen den Willen ihrer Verwandten den christlichen Glauben angenommen, dafür in eine Wanne gesetzt und in das Meer hinausgestoßen wurden. In dieser Noth gelobten sie, wenn sie gerettet würden, jede eine Kirche zu bauen, was später auch geschah. Die drei Schwestern in der Wanne kommen nämlich auch auf den alten Rauber Siegeln vor; nur bleibt es ungewiß, ob St. Nicolaus oder St. Theonest mit ihnen in der Ruse, die der Stadt den Namen gab, der Flut übergeben ist. Auf dem ältesten von 1315 findet sich der Heilige allein; in der spätern kommen die drei Jungfrauen hinzu, wahrscheinlich weil man ihn für St. Nicolaus hielt. Endlich wird man jede allein, ohne den Heiligen, in eine Wanne gesetzt haben, um sie drei Andachten stiften zu laßen, wie das Beitr. 173 berichtet ist. Diese drei Andachten gleichen jenen oben S. 345. Wie aber hier drei Fürstentöchter drei Andachten stiften, ein andermal drei Andachten für drei Kinder ausgegeben werden, so vermuthet Alex. Kaufmann (Ann. d. histor. Vereins zu Köln 13. und 14. Heft S. 273) mit Recht, die 365 Kinder der Gräfin von Holland, Rheinf. S. 5, seien so viel Seelenmeßen als Tage im Jahr gewesen.

Der Name Nornen ist in Deutschland verschollen; häufig aber werden die drei Schwestern Nonnen genannt (Panzer 163. 181 u. öster), was aus Nornen entstellt sein kann. Das ist auch da anzunehmen, wo Nonnen Gemeinden Güter schenken (Schamb. NS. 47—49) wie es die drei Schwestern zu thun pflegen. Zu dem Nornborn bei Ribba (Myth. 376, Wolf Hess. S. 131) wünscht Grimm urkundliche Bestätigung.

106. Hel und die Nornen.

Vergleichungspunkte der Nornen mit der Hel finden sich auch in den Thieren, die in den Sagen von den drei Schwestern hervortreten:

1. Der Hahn, der in ihren Schloßbergen kräht, Panzer §. 13, vergleicht sich dem schwarzrothen Hahn in den Sälen Hels, Wöl. 35. Ueber den Hahn auf dem Kirchthurm s. o. S. 285.

2. Der Hund, der Jungfrauen Begleiter und Schatzhüter (P. §. 14), ist der Höllenhund; auch den Nornen legt die Edda Hunde bei, Myth. 881, und wie Odins Hunde und wohl auch die der Nornen nach der Edda Wölfe sind, so finden wir einer unserer Schwestern einen Fuchs als Hund beigesellt. Panzer I, 289. 817 ff. Uebrigens läßt der Hund sich nicht spotten. Es ist Vieles zu solchem Spott verwandt worden, was dem Mythus unzweifelhaft angehört. Hier noch einige Nachträge zu dem Hündchen von Bretten, Bretzwyl u. s. w., wo Bretten auf Britanien, das Todtenland deutet. Wenn die Schiebkarre der Bergleute Hund heißt, weil sie in den Berg, in die Unterwelt geht, so kann das auf den alten Glauben anspielen, wie ich das auch von unserer niederrheinischen Redensart vermuthe, der alte Hund läuft mir nach, d. h. der Hund des alten Glaubens. Aehnlich meint die Drohung: du läfs en de alt Bach, du kommst in den alten Pach, die nasse Unterwelt des heidnischen Glaubens, den Höllenpful. Auch von einem „Eishündchen" (Eis aus Egis entstellt) spricht man bei uns so, daß man nicht mehr weiß, der Höllenhund sei damit gemeint gewesen.

W. Wackernagel hat schon (Die Hündchen von Bretzwil und von Bretten. Ein Versuch in der Mythenforschung) auf den Hund Gardevias in Wolframs Titurel hingewiesen, den der junge Schianatulander seiner Geliebten fängt, um in Folge dessen einen blutigen Untergang zu nehmen. Er betrachtet ihn als den Tod selbst oder doch als Boten des Todes. Auf den die Todesgöttin begleitenden Hund, der sich auch bei der keltischen Nehalennia findet, beziehe ich ferner das Hündlein Petitcriu im Tristan, wobei es unentschieden bleiben mag, ob er der deutschen oder keltischen Mythologie angehöre. Gotfrids Erzählung lautet (nach meiner Uebersetzung Leipz. 1855, S. 241):

Eines Tages nun geschah,
Als Tristan bei Gilanen saß
Sinnen und Sehnen in der Brust,
Da erschulzt' er unbewußt.
Als Gilan des ward gewahr,
Gebot er, daß man brächte dar
Sein Hündelein Petitcriu,
Seines Herzens Spiel von Avelu
Und seiner Augen Gemach.
Da that man seinem Worten nach.
Ein Purpur edel und reich,
Einem fremden Wunder gleich,
Nach des Tisches Maß gebreitet
Ward vor ihn auf den Tisch gespreitet;
Ein Hündelein darauf getragen:
Das war geseinet, hör ich sagen,
Und Gilanen zugesandt
Aus Avelun, der Feinen Land,
Von einer Göttin brinae
Aus Lieb und aus Minne.
Mit solcher Kunst war und so fein
Geschaffen dieses Hündelein
An Farbe und an Kraft zugleich,
Daß keine Zunge rederich
Genug, sein Herz so weise ward,
Seine Schönheit, seine Art
Zu beschreiben und zu sagen.
Ihm waren Farben aufgetragen
So künstlich und so wundersam,
Daß Niemand ganz ins Klare kam
Wie seine rechte Farbe war.
So seltsam schillerte sein Haar:
Sah man von der Brust es an,
Geschworen hätte Jedermann,
Es wäre weißer als der Schnee.
Von Weitem ward doch grün wie Klee;
Eine Seite roth wie Gran,
Die andre gelber als Safran;
Blau wie Lazur von unten
Ward oben doch mit bunten
Gemischten Farben übergossen,
Die so ineinander flossen,
Daß sich keine vor der andern bot.
Man sah da weder Grün noch Roth,
Noch Weiß noch Schwarz, noch Gelb noch Blau
Und doch von allen eine Schau,
Ein rechter purpurbrauner Schein.

Dieß Werk der Avelaunr Fein,
Sah man widerhaar es an,
So war kein noch so weiser Mann
Seiner Farbe recht gewaltig:
Sie schien so mannigfaltig,
Sie irrte so und flirrte,
Daß es den Sinn verwirrte.
Auch ging ihm um den Kragen
Eine Brille, goldgeschlagen.
Daran hing eine Schelle,
Die klang so süß und helle
Sobald es sich bewegte
Daß, wie er Sorgen hegte
Von Abend bis zum Morgen,
Doch Tristan seiner Sorgen
Ledig und ohne saß
Und des Leides gar vergaß,
Das ihn um Isolde zwang.
So süß war der Schelle Klang,
Daß sie Niemand vernahm,
Dem sie nicht wandte den Gram
Und was ihm je zu Leid geschah.
Nun hörte Tristan und sah
Das wunderliche Wunder an.
Hund und Schellen begann
Er achtsam zu betrachten,
Und einzeln zu beachten:
Den Hund und seine schöne Haut,
Die Schelle und den süßen Laut.
Ihn nahmen beide Wunder
Und daucht ihn doch jetzunder
Das Wunder mit dem Hündelein
Viel wunderbarer noch zu sein
Als jenes mit dem Schellenklang,
Der so süß ihm in die Ohren drang
Und nahm ihm all sein Grämen, .
Dieß mußt ihn Wunder nehmen,
Daß er mit hellen Augen
Zu seiner Augen Taugen
Bei diesen Farben irre ward,
Denn keiner blieb bei ihrer Art,
Im Sehn versagt' ihm Rätz der Sinn.
Gefüge griff er endlich hin
Und streichelt' ihm das glatte Haar:
Da ward ihm zu Muthe gar,
Als ers zu streicheln begann,
Als griff' er Palmatsiden an,

So linde war es und so fein.
Man hört' es besser nie noch schreien,
Noch zeigt' es jemals Ungebärde
Was auch mit ihm getrieben werde;
Es aß oder trank auch nicht
Wie uns die Märe von ihm spricht
Als es hinweg nun ward getragen,
Tristans Trauern war und Klagen
So frisch da wieder als vorher;
Ja eine Sorge hatt' er mehr,
Da er nun all sein Dichten
Begann darauf zu richten,
Auf Andres nichts mehr achtete
Als was sein Herz ertrachtete:
Mit List und klugen Sinnen
Das Hündlein zu gewinnen,
Das Hündlein Petitcriu u. s. w.

3. Häufiger und alterthümlicher liegt die Schlange oder der Lind-
wurm, dem eddischen Nidhöggr verwandt, auf dem Schatz und verschlingt
Menschen und Thiere. So bedeutet auch in der Heldensage Fafnir, der
auf dem Schatze liegt, die unterweltliche schatzhütende Schlange. Wie dieser
Schatz zusammengebracht wurde, berichtet das andere Siguedslied und D. 62.
Es wird erzählt, daß drei der Asen ausfuhren, die Welt kennen zu lernen:
Odin, Loki und Hönir. Sie kamen zu einem Wasserfall, dabei war ein
Otter, der hatte einen Lachs gefangen und aß blinzelnd. Da hob Loki einen
Stein auf und warf nach dem Otter und traf ihn am Kopf. Da rühmte
Loki seine Jagd, daß er mit Einem Wurf Otter und Lachs erjagt habe.
Darauf nahmen sie Lachs und Otter mit sich. Sie kamen zu einem Ge-
höfte und traten hinein und der Bauer, der es bewohnte, hieß Hreidmar,
und war ein gewaltiger Mann und sehr zauberkundig. Da baten die Asen
um Nachtherberge und sagten, sie hätten Mundvorrath bei sich und zeigten
dem Bauern ihre Beute. Als aber Hreidmar den Otter sah, rief er seine
Söhne, Fafnir und Regin, herbei und sagte, ihr Bruder Ott wär erschlagen,
und auch wer es gethan hätte. Da ging der Vater mit den Söhnen
auf die Asen los, griffen und banden sie und sagten, der Otter wäre Hreidmars Sohn gewesen. Die Asen boten Lösegeld so viel als Hreidmar
selbst verlangen würde und ward das zwischen ihnen vertragen und mit
Eiden bekräftigt. Da ward der Otter abgezogen und Hreidmar nahm den
Balg und sagte, sie sollen den Balg mit rothem Golde füllen und ebenso
von außen hüllen und damit sollten sie Frieden kaufen. Da sandte Odin
den Loki nach Schwarzalfenheim, das Gold herbeizuschaffen. Er kam zu
Ran und erhielt ihr Netz und ging zu dem Zwerge, der Andwari hieß
und ein Fisch im Wasser war. Loki fing ihn mit dem Netze und heischte

von ihm zum Lösegeld alles Gold, das er in seinem Felsen halte. Und
als sie in den Felsen kamen, trug der Zwerg alles Gold hervor, das er
hatte und war das sehr großes Gut. Da verbarg der Zwerg unter seiner
Hand einen kleinen Goldring: Loki sah es und gebot ihm, den Ring her-
zugeben. Der Zwerg bat ihn, ihm den Ring nicht abzunehmen, weil er
mit dem Ringe, wenn er ihn behalte, sein Gold wieder vermehren könne.
Aber Loki sagte, er solle nicht einen Pfennig übrig behalten, nahm ihm
den Ring und ging hinaus. Da sagte der Zwerg, der Ring solle Jedem,
der ihn besäße, das Leben kosten. Da fuhr Loki zurück zu Hreidmars
Hause und zeigte Odin das Gold, und als er den Ring sah, schien er
ihm schön; er nahm ihn vom Haufen und gab das übrige Gold dem
Hreidmar. Da füllte dieser den Balg so dicht er konnte und richtete
ihn auf, als er voll war. Da ging Odin hinzu und sollte ihn mit dem Golde
hüllen. Als er das gethan hatte, sagte er zu Hreidmar, er solle zusehen
ob der Balg gehörig gehüllt sei. Hreidmar ging hin und sah genau zu und
fand ein einziges Baarthaar und gebot auch das zu hüllen; sonst wär ihr Vertrag gebrochen. Da zog Odin jenen Ring hervor, hüllte das Baarthaar und
sagte, hiemit habe er sich nun der Otterbuße erledigt. Und als Odin seinen
Sper genommen hatte und Loki seine Schuhe, daß sie sich nicht mehr fürchten
durften, da sprach Loki, es solle dabei bleiben was Andwari gesagt hätte,
daß der Ring und das Gold dem Besitzer und seinen Söhnen das Leben
kosten solle und so geschah es seitdem. Hiezu nun folgende Bemerkungen:

a. Das Gold muß aus dem Flusse gewonnen sein, sonst hätte Andwari kein Fisch im Wasser zu sein gebraucht. Daß aber dieser Fluß der Rhein
war, wird hier verschwiegen. Vgl. §. 115. Es war Rheingold und somit
fällt dieser Schatz mit dem Hartungengolde zusammen, dem wir gleichen Ursprung wahrscheinlich machen werden. Nur fehlt hier die Zurückerstattung
an den Fluß, den freilich auch die nordischen Allilieder nur andeuten.

b. Das Hüllen und Füllen ist nach RA. 671 alles Recht bei der
Mordbuße oder dem Wergeld. Da man aber mit der Redensart die Hülle
und die Fülle einen großen Ueberfluß zu bezeichnen pflegt, so war die
eddische Erzählung, als sich diese Redensart bildete, in Deutschland noch
unvergessen, obgleich ich zugestehen muß, daß sie auch aus dem Rechtsgebrauch geflossen sein kann. Vgl. Liebr. Germ. X, 108.

c. Die unterweltlichen Schätze bedeuten die Güter der Erde, den
reichen Pflanzensegen, der sonst von den Zwergen gewirkt, im Winter
in die Erde zurückgenommen wird. Insofern er hier von der Schlange
gewoben ist, sehen wir sie als ein heiliges Thier gefaßt, wie sie noch oft
in deutschen Sagen erscheint. Die Unterwelt gönnt aber ihre Schätze
nur dem stillen Fleiße des Landmanns, dem sie goldene Körner
spendet; auch heldenkühne That und verwegenes Eindringen in die unter-

westlichen Gebiete erringt sie zuweilen; aber dann pflegt ein Fluch darauf zu ruhen. Sigurd muß Fafnir erschlagen, um den Niflungenhort zu gewinnen; der Zwerg, der ihn ursprünglich zusammenbrachte, hat aber einen Fluch darauf gelegt und dem verfällt Er und Alle, die ihn nach ihm besitzen, bis er in den Rhein geschüttet der Unterwelt zurückgegeben wird. Nur scheinbar ist dieser Fluch die Strafe der Unverfäll(l)ichkeit, die auch den letzten Ring nicht missen wollte: er haftet von jeher an dem Besitz des Goldes, und wenn dieses in den Rhein geschüttet wird, so war es wohl auch aus dem Flusse gewonnen wie das der ebbische Mythos an-deutet. So sehen wir auch in unsern deutschen Ortssagen den Schatz der aus Hel verjagten Jungfrau von denen erworben, die den Muth haben, die Bedingungen zu erfüllen, an die sein Besitz oder die Erlösung der Jungfrau geknüpft ist. Diese Bedingungen sind aber meist so illusorisch als jene, an welche Hel Baldurs Erlösung aus ihrer Behausung bindet: nur selten sehen wir sie erfüllt und den Schatz ganz oder theilweise ge-hoben; dem Glücklichen ist aber dann nur kurzer Genuß beschieden: nach wenigen höchstens sieben Jahren muß er sterben. Zu gewissen Zeiten ‚blüht‘ nach der Sage der Schatz, oder ‚wittert sich‘, wenn die Flamme über ihm brennt, er ‚sonnt sich‘ und kann dann gehoben werden; das muß jedoch stillschweigend geschehen, weil er sonst wieder versinkt. Zum Bruch dieses Stillschweigens zu verleiten, ist aber die Hölle in Spiegel-fechtereien unerschöpflich. Doch braucht man auf den blühenden, sich son-nenden Schatz nur etwa ein Tuch zu werfen um ihn zu bannen und zu gewinnen. Auch wird von ihm gesagt, daß er rücke, alljährlich um einen Hahnenschritt, oder nach sieben Jahren herauskomme, wo wie bei dem Donnerkeil ursprünglich sieben Wintermonate gemeint scheinen. Wenn diese Parallele Schwartz (Ursprung 64) berechtigt, den schatzhütenden Dra-chen auf das Gewitter zu beziehen, so besteht damit doch die Deutung des Schatzes auf die goldene Körnerernte, da er selber nachweist wie der Gewitterdrache Fruchtbarkeit bringt. Nur muß das die Sage nicht im Auge haben, wenn sie den Drachen von Göttern oder Helden erschlagen läßt. Ueber Schatzsagen vgl. Fr. Müller Siebenbürg. Sagen S. 371 ff. Von der Kronschlange oder dem Schlangenkönig handelt Rochh. My-then 159. 202. Vgl. Lütolf 324, K. Hauptl. 75. 77.

d. Als schatzhütende Thiere bezeichnet Mannhardt Kornbämonen 12 außer den Drachen noch eine große Anzahl Thiere und bemerkt 89, wenn, um zu dem Schatz zu gelangen, gewisse schwarze Thiere getödtet werden mußten, so seien damit die schatzhütenden Thiere selber gemeint. Unter den genannten Thieren erscheint aber auch die Kröte, welche sonst als arme Seele geschont zu werden pflegt.

Den deutschen Drachen scheint das Feuerspeien fremd, wenngleich

Thür und Beowulf von ihrem Giſte überſprüht erliegen. Auch das
Wurmbettfeuer, deſſen die Edda Gudrunarkwida I, 26 gedenkt, iſt
nur ein Tropus für das Gold, auf dem ſie liegen und das ſich unter
ihnen mehrt. Davon iſt zwar in der deutſchen Lindwurmſage, wie
wir ſie bei Siegfried und Beowulf finden, nicht ausdrücklich die Rede;
in der mehr orientaliſch gefärbten Ragnar Lodbrodsſage, welche der von
Orinil entſpricht, wächſt aber das Gold zugleich mit dem Wurm, der kaum
dem Ei entſchlüpft ins Land gebracht wird, allmählich jedoch zu ſolcher
Größe heranwächſt, daß ihn kein Schrein, kein Haus mehr faßt und er
draußen um das Gehöfte gewunden liegt, und Schweif und Kopf ſich berühren. Der Orinilsſage iſt es mit der von Triſtan und vielen deutſchen
Märchen gemein, daß der Drachenſieger von einem Betrüger verdrängt,
und um den Lohn, die Hand der Königstochter, gebracht werden ſoll.
Dieſer Betrüger glaubt ſich durch die Drachenköpfe, die er vorlegt, aus-
zuweiſen; es findet ſich aber, daß der wirkliche Sieger die Vorſicht gebraucht
hat, ihnen die Zunge vorher aus dem Munde zu ſchneiden, wodurch der
Betrüger zu Schanden wird. In der Ragnar Lodbrodsſage bleibt die
Spitze des Spießes in dem Unthier ſitzen, und der wirkliche Sieger be-
währt ſich dadurch, daß er im Beſitze des paſſenden Schaftes iſt. Die
Verwandtſchaft dieſer orientaliſch gefärbten Faßung mit der im Schah
Nameh, Görres II, 406—411, hat Liebrecht Orient und Occident I, 563
dargethan.

4. Zuweilen zeigt ſich auch im Gefolge der drei Schweſtern oder
der Schlüßeljungfrau ein ſchwarz und weiß gezeichnetes Pferd (Quitzmann 137), dem ähnlich, auf welchem auch Hel zur Peſtzeit umreitet.
Noch ſonſt ſpielt das Pferd eine unheimliche Rolle in unſern Sagen. ,Die
Todten reiten ſchnell' hieß es in dem Volksliede, das Bürger zu ſeiner
Lenore Veranlaßung gab. Ein knöcherner Pferdekopf (caput caballinum)
dient als Symbol des Todes. Phantaſtiſche Bilder laßen den Tod, der
als dominus Blidgerus ſymboliſtrt wird, auf dem Pferdekopf, als einer
Geige aufſpielen. Im Norden war es Sitte, den Pferdekopf (equi ab-
scissum caput, Saxo p. 76) als ſ. g. Reidſtange aufzurichten, um die
Landwätter (Wichter) zu ſchrecken, die guten Geiſter des Landes fern zu
halten, Myth. 42. 625. Aber zuweilen dienen ſie auch, den böſen Gei-
ſtern zu wehren: immer geht nach §. 134 u. ein Pferdeopfer voraus, wie
auch die Pferdeſchädel in den Firſten nord. Häuſer auf ein Opfer deuten,
deſſen Verdienſt dem Hauſe zum Schutz dienen ſollte. Zu gleichem Zweck
wurden wohl an den Giebeln deutſcher Bauernhäuſer Pferdeköpfe ausge-
ſchnitzt (Gr. Myth. 626), womit die Sage der Richmod von der Aducht
zuſammenhängt, die jetzt einer Straße in Köln den Namen giebt; ſie kehrt
auch in Magdeburg, Hamburg, Glückſtadt, Lübeck, Nürnberg, Dünkirchen

und sonst vielfach wieder. Man begriff nicht mehr, warum diese Pferde-
häupter vom Söller niederblickten; ein dunkles Bewußtsein von ihrem Bezug auf das Todtenreich mochte aber übrig geblieben sein: so entstand die
Sage von der zurückkehrenden begrabenen Frau, für die sie jetzt als Wahrzeichen dienen mußten. Oder sollte das Opfer die Kraft gehabt haben,
die Frau zu erwecken? Chr. Petersen, Pferdeköpfe Kiel 1860, vermuthet einen Zusammenhang mit Stirnisför, wobei aber das Pferd eine so
wichtige Rolle nicht spielt. Daß ein Opfer gemeint war, zeigen auch andere an Hausfirsten, Thürbogen, Kirchen und Rathhäusern befestigte Hörner
und Thierhäupter, Rochholz Mythen 78—81. Hieher gehören auch die
an die Bäume des Teutoburger Schlachtfeldes genagelten Pferdeköpfe.
Roßhufe wurden vor die Thüren oder über Ställe zur Abwehr böser
Geister und gegen Feuersbrünste genagelt, KHM. 89, ein Gebrauch, der
noch fortlebt, selbst in Hamburg, Berlin und London. Vgl. die reichhaltige
Schrift: Hufeisen und Roßtrappen oder die Hufeisensteine in ihrer mythol.
Bedeutung von Chr. Petersen Kiel 1865. Jähns Roß und Reiter I,
366 ff. An Gebäude genagelte Roßhäupter bespricht auch Liebrecht Philol.
23, 679. Hängt damit das beim Eingang von Oberwesel in das Straßen-
pflaster gefügte Hufeisen zusammen, das der alte Rheinische Antiquarius
auf St. Huberts Roß bezieht? Man giebt es jetzt für das Wahrzeichen
der Stadt aus; aber welche Bewandtniß es damit habe, wißen die guten
Leute nicht mehr. Neuerdings vernehme ich von dort aus, es habe für ein
Grenzzeichen gegolten: dann wären auch wohl andere Grenzzeichen, die
man bisher für Halbmonde angesehen hat, vielmehr für Hufeisen zu halten.
Es kann aber auch, und das ist in der Nähe des Marktes wahrscheinlicher, ein Opferplatz, eine Ding- oder Freistätte bezeichnet haben. Die
Beziehung dieses Wahrzeichens auf St. Huberts Roß wird an die Stelle
einer ältern heidnischen getreten sein, wie jenes Hufeisen, das im Dome
zu Werid hängt, von Odins Roß herrühren soll. Wir sahen schon,
daß St. Hubertus den Dienst Ullers (Wols) verdrängt hat.

5. Die unterirdischen Gänge, welche sich da, wo die drei Schwestern verehrt wurden, noch jetzt, gewöhnlich unter den christlichen Kirchen
finden, die an die Stelle ihrer heidnischen Tempel getreten scheinen, laßen
daran keinen Zweifel, daß sie einst dort wirklich verehrt worden sind. Der
Annahme mehrerer Archäologen, daß die Matronen, welche sie ebenso willkürlich auf kältischen Glauben beschränken, da sie doch auch deutsche Namen führen, Localgottheiten sein müßen, steht die Verbreitung dieser gleichnamigen Schwestern über das ganze südliche Deutschland entgegen. Im
nordwestlichen erscheinen zwar andere Namen, aber die Gleichheit der
Mythen verräth dieselben Wesen.

107. 2. Walküren (Walachurins).

Am Nächsten verwandt sind den Nornen die Walküren; auch sie werden Völ. 24 ,Odins Nornen' genannt, ja eine der sechse, welche hier aufgezählt werden, die Skuld, führt den Namen der jüngsten Norn. Als siebente muß man wohl Freyja hinzudenken, das Haupt der Walküren und ihre Quelle. Grimnism. 36 nennt ihrer dreizehn, und hier ist wohl Hilde, in der Hel auch unter den Nornen auftritt, der Freyja gleich. ,Odin', heißt es D. 36, ,sendet sie zu jedem Kampf. Sie wählen die Fallenden und walten des Siegs.' Daher ihr Name, der ihr Amt pleonastisch ausdrückt; doch bedeutet Wal (strages) den Inbegriff der in der Schlacht Fallenden. Daneben sind sie Schenkmädchen Odins und der Einherier: sie sollen in Walhall dienen, das Trinken bringen, das Tischzeug und die Aeßschalen verwahren. Als Todtenwählerinnen, weibliche Psychopompen, wie als himmlische Schenkmädchen sind sie Vervielfältigungen der Freyja, der wir §. 103 das gleiche Geschäft obliegen sahen. Aber auch zu Odin stehen sie in nahem Verhältniße: sie erscheinen als Vollstrederinnen seines Willens. Durch sie greift er in das irdische Heldenleben ein und wie der Gott selbst die Helden anregt, spornt und zu sich emporzieht in seine himmlische Halle, um seine Macht durch sie für den künftigen Weltkampf zu stärken, wie er nach den Seelen der Tapfern dürstet, so scheint er sich zu solchem Zweck auch der Walküren zu bedienen: sie entzünden den Heldengeist und ziehen ihn empor auch durch die zärtlichen Verhältnisse, die sie mit den berühmtesten Helden eingehen, so daß wir an Goethes Wort erinnert werden:

> Das ewig Weibliche
> Zieht uns hinan.

Zuweilen jedoch wißen sie, den Nornen ähnlich, ihre Selbständigkeit zu wahren und Odins Willen entgegen zu handeln. Den Nornen stehen sie auch darin gleich, daß sie das Geschick wirken, aber mehr in Bezug auf die Schlacht, während es die Nornen im Allgemeinen bestimmen. Auch sind sie den Göttern untergeordnet, während die Nornen das Geschick lenken, dem selbst die Götter gehorchen. Schlacht ist all ihr Sinnen: Walküren trachten, heißt es in dem geheimnißvollen Eingang Hrafnagaldrs; in der Wölundarkwiba · sehen wir wonach: sie trachten und sehnen sich nach Kampf, sie wollen Urlag treiben, in der Schlacht das Schicksal entscheiden. Darum heißen sie auch Walmädchen, Schildmädchen, Helmmädchen, weil sie unter Helm und Schild zur Walstatt ziehen. Eine der Walküren heißt Mist; der Name klingt uns nicht fern; aber noch bedeutet mist englisch Nebel; Mist ist die Wolke, und auf Wolkenroßen schweben die Walküren über dem Schlachtfelde, und Thau träuft von den Mähnen ihrer Roße in tiefe Thäler, Hagel auf hohe Bäume; ,das

macht die Felder fruchtbar'. Klingen sie hier an Naturerscheinungen an,
so sind sie doch wesentlich (Uhl. VII, 349) Mächte des Gemüths: sie sollen
den deutschen Heldengeist zur Anschauung bringen, der wie sie nur Krieg
und Schlacht athmete. Aber die Dichtung hat sie zu den anziehendsten
Bildern gestaltet; nur in der Niaissage sind sie ins Grausenhafte ver-
zerrt: da sitzen sie in einer Kammer mit einem Gewebe beschäftigt, Men-
schenhäupter waren statt der Gewichtsteine, Gedärme statt des Zettels und
Einschlages, ein Schwert statt des Schlagbretts, ein Pfeil statt des Kam-
mes: dabei sangen sie ein Lied mit dem Kehrreim: Winden wir, winden
wir das Gewebe der Schlacht! Zuletzt rißen sie das Gewebe von oben
herab in Stücke und jede behielt das ihre in der Hand, bestiegen dann
die Pferde und ritten davon, sechs südlich, sechs andere nördlich. Das
bewußt Gräßliche dieser Vorstellung kommt auf Rechnung der späten Zeit,
welcher die Dichtung angehört. Lieblich und erhaben zugleich sind dagegen
die Walküren, wie sie uns in den drei Helgiliedern erscheinen, Swawa
und die aus ihr wiedergeborene Sigrun, die Geliebten und dann die Gemahlinnen zweier edeln Helden, Helgi genannt, der eine gleichfalls im
andern wiedergeboren; am schönsten Sigrun, wie sie um den gefallenen
Helgi trauert, den ihr sehnsüchtiger Schmerz aus Walhall zurückzieht, weil
ihre heißen Thränen ihm auf die Brust fallen, daß er die Freuden der
himmlischen Halle nicht genießen kann. Dieß ist die älteste bekannte
Darstellung der Lenorensage. Entschiedener als Walküre gehalten
ist Swawa; beide sind aber irdische Königstöchter, wie in der Sage auch
Brynhild erscheint, deren göttlicher Ursprung S. 364 nachgewiesen werden soll. Bei Sigrun und Brynhild (noch in den Nibelungen) ist Jungfräulichkeit Bedingung des Walkürenstandes; als Sigrun dem Helgi vermählt ward, fällt er im Kampfe, denn Sigrun kann ihn nicht mehr beschützen. Aber wie es irdische Nornen giebt, wie die Gabe der Weißagung
und des Zaubers sterblichen Frauen übertragen werden kann, wovon die
brukterische Beleda ein Beispiel ist, die bei deutschen Völkern priesterliches
Ansehen und fast göttliche Verehrung genoß, so können auch Königstöchter
in den Stand der Walküren treten, wenn sie kriegerisches Gewerbe ergreifen
und ewige Jungfrauschaft geloben. Sie heißen dann Wunschmädchen,
Adoptivtöchter Odins, wie die Einherier seine Wunschsöhne sind. Erst
neuerdings hat sich ein für Brynhilds Walkürenstand wichtiger Zug ermitteln laßen. Vorausgeschickt muß werden, daß die Walküren, wenn sie
Luft und Waßer reiten (ríða lopt ok lög), Schwanenhemden anlegen, ja
sich in Schwäne wandeln. Das Anfügen des Schwanengefieders und die
volle Verwandlung wird durch den s. g. Schwanenring vermittelt. In
der Völundarkviða, dem eddischen Liede von Wieland dem Schmiede,
das aus deutschen Quellen geflossen noch spät in Deutschland bekannt ge-

wesen sein muß, laßen sich zwei Schwäne beim Erestrande nieder, legen
ihre Schwanenhemden ab, baden und spinnen Flachs; auch hier bezieht
sich das Spinnen auf die Geschicke der Schlacht. Wieland und seine
Brüder bemächtigen sich der Schwanenhemden und bringen so die Königstöchter in ihre Gewalt; aber nach sieben Wintern entfliegen sie ihnen
wieder; sie folgen unwiderstehlicher Sehnsucht nach ihrem kriegerischen Geschäft. Ganz so wird nun auch Brynhild von Agnar gefangen, und in
„Helreib Brynhildar‘ beruft sie sich darauf, zu ihrer Rechtfertigung gegen
die Riesen, die ihr die Durchfahrt durch ihre steingestützten Häuser wehren
will, daß Agnar, der ihr und acht Schwestern das Schwanenhemd unter
die Eichen tragen ließ, sie gezwungen habe, ihm als Walküre den Sieg
zu ertheilen, was ihr den Zorn Odins zuzog, denn dieser hatte dem
Hialmgunnar den Sieg bestimmt.

In den Nibelungen erscheinen bekanntlich drei Meerweiber bei
der Burgunden Ueberfahrt über die Donau; eine derselben heißt Sige-
linb. Hagen nimmt ihnen die Gewande weg und giebt sie erst zurück,
als sie ihm zu weißagen geloben. Ihr Gewand wird als wunderlich bezeichnet, b. h. wunderbar: es waren Schwanenhemden; auch sie sind
Walküren, nur weben sie hier nicht mehr das Geschick, sie weißagen es
bloß. So erscheint in der deutschen Gudrun ein weißagender Engel in
der Gestalt eines schwimmenden wilden Vogels; ohne Zweifel ist auch
hier ein Schwan gemeint. Dem Lohengrin, in welchem wir Sleäf als
Schwanenritter verjüngt sahen, wird das Schiff von einem redenden
Schwane gezogen, und im Wolfdietrich sehen wir die rauhe Els, im
Jungbrunnen badend, ihr Gewand ablegen und nun Sigeminne heißen,
die schönste über alle Lande. Die Namen Sigelind, Sigeminne, Sigrun,
Sigrdrifa, wie Brynhild als Walküre heißt, und ein agl. Zauberspruch
bei Kemble Mylh. 402, wo Siegweiber ermahnt werden, nicht zu Walde
zu fliegen, sondern dem Anrufenden sein Schicksal zu weißagen:

> Sitte ge sigevif, sigadh tô eurdhan!
> nœfre ge ville tô vudu fleogan!
> beo ge svâ gemyndige mines gôdes
> svâ bidh mannagehvylc metes and êdheles.

> Sitzt euch, ihr Siegweiber, senkt euch zur Erde,
> Wollet nicht wieder zu Walde fliegen!
> Bleibet im Herzen meines Heils so eingedenk
> Als die Menschen männiglich des Mals und der Heimat.

Das Alles zeigt, daß der Name der Walküren und wilden Frauen überhaupt
Siegweib, sigewlp, war; sie heißen aber auch Wünschelweiber und
gehen in den Begriff theils der Waldfrauen, theils der Meer- und Waßer-
minnen über. Eine solche war die Geliebte des Staufenbergers, die

ihn von Jugend auf in Gefahr und Krieg gehütet und unſichtbar, wie
Sowa den Helgi, umſchwebt hat; aber eigenthümlich iſt hier der Name
Wünſchelweib gedeutet: ſo oft der Staufenberger nach ihr wünſcht, iſt
ſie bei ihm; ſie bewegt ſich ſchnell wohin ihr gelüſtet, Myth. 391.

Die Walküren erſcheinen im Norden auch unter dem Namen der
Diſen, in Deutſchland Idiſen; vgl. aber §. 129; doch iſt dieß ein allgemeiner Name für göttliche Jungfrauen. Für uns hat der Name
Bedeutung gewonnen durch die ſ. g. Merſeburger Zauberſprüche, wo
wir dieſe Idiſen in zauberiſchen Verrichtungen begriffen ſehen; ſie heften Haſte, halten Heere auf, entfeſſeln Gefangene. Sie ſcheinen alſo
im Kampf, den ſie entſcheiden ſollen, für Einen Theil Partei zu ergreifen. Wie in jenem agſ. Spruch die Siegweiber ermahnt werden zu ſitzen,
ſich zur Erde zu ſenken, ſo wird von dieſen geſagt, daß ſie ſich zur Erde
niedergelaßen hätten (ſâtun hora), vgl. §. 113. Hieburch erklärte ſich
nun auch der Name des berühmten cheruskiſchen Schlachtfeldes an der
Weſer, das nach Tacitus Idiſtaviſo geheißen haben ſollte, was nun in
Idiſiaviſo, nympharum pratum, gebeßert werden konnte. Auch verſtehen
wir jetzt die Namen einiger eddiſchen Walküren: Hlöck = altk. Hlanka,
Rette, Herfiötr = altk. Herifezzara, die das Heer feſſelt, Myth. 373;
der Name einer dritten, Göndul, wird Knolen bedeuten.

Wir haben oben die Zwölfzahl neben der Siebenzahl für die
Walküren nachgewieſen; aber ſchon Myth. 392 iſt gezeigt, daß ſie gern
in der Neunzahl zuſammenreiten, während dreie, Gundr, Rota und
Skuld, die jüngſte Norn, als eigentliche Walkieſende und Kampfwaltende
hervorgehoben werden. Die Zahl neun iſt auch bei Brynhild und
ihren Schweſtern anzunehmen, und ſo ſanden wir neun Töchter der Ran,
neun Müller Heimdalls, und Fiölſwinnsmal 88 ſitzen neun Mädchen
einträchtig zu Menglads Knieen. Da Menglada die Schmuckfrohe bedeutet, ſo ergiebt ſich ſchon hieraus, daß ſie Freyja iſt, die Beſitzerin
Briſingamens, Myth. 1102: in ihren neun Dienerinnen wie in jenen
neun Walküren iſt ſie, die Rialsſage p. 118 ſelbſt Walfreyja heißt, wie
ſie auch Wal ließ (Myth. 391), nur vervielfältigt.

Bei Helgi und dem Staufenberger ſahen wir die Walküren als Schutz-
geiſter der Helden aufgefaßt. Hier berühren ſie ſich mit den Fylgien,
den angeborenen Schutzgeiſtern, von welchen man glaubte, ſie erſchienen
den Menſchen dann eben, wenn ſie von ihnen ſchieden, d. h. vor dem
Tode; auch wurden ſie dann wohl von Andern geſehen, denen ſie jetzt
ihre Folge anboten. Helgakv. 1. Dieſe Fylgien zeigen ſich gern in der
Geſtalt desjenigen Thiers, dem die Sinnesart des Menſchen gleicht, Sögubr. c. 2, und die Vermuthung, Ann. f. nord. oldk. 1851 112 hat
vollen Grund, daß damit unſer Wappenweſen zuſammenhängen möge.

Die Fylgien unterscheiden sich als forangja, die dem Menschen voraus-
schreitet, und hamingja, die ihm nachschwebt; letztere ist oft unpersönlich,
als das angeborene Glück (§. 60) gedacht. Vgl. Rochh. Gl. I, 92.
Gr. M. 829. Doch hatten auch ganze Geschlechter ihre Fylgien, und
diese gleichen auffallend der deutschen Ahnfrau, deren Erscheinen einen
Sterbefall im Geschlecht weißagt. M. 831.

108. Hilde und Brynhild.

Unter den Walküren heb ich zweie der berühmtesten hervor, um ihren
Zusammenhang mit der als Freyja verjüngten Erdgöttin nachzuweisen.

1. In allen Verzeichnissen der Walküren erscheint Hilde; ihr Name
wird mit Kampf gleichbedeutend gebraucht: Kampf wecken und Hilde wecken
ist Eins, Myth. 394. Aber schon dieser Ausdruck spielt auf einen Mythus
an, der freilich nirgend deutlich und unentstellt vorliegt. In der Erzählung der Skalda von Högni und Hilde (D. 675) ist sie schon vermenschlicht, eine irdische Königstochter. Hedin, Hjarrandis Sohn, entführt König
Högnis Tochter; der Vater segelt ihnen nach, und es soll zum Kampfe
kommen: da bietet ihm Hilde ein Halsband zum Vergleich. An diesem
Halsband (Brisingamen) verräth sie sich als Freyja, und was wir weiter
erfahren, dient zur Bestätigung. Högni nimmt den Vergleich nicht an,
weil er sein Schwert Dainsleif schon gezogen hat, das eines Mannes
Tod werden muß so oft es entblößt wird. Es kommt also zur Schlacht
(Hjadningawig), die nur die Dämmerung trennt. In der Nacht geht
Hilde zum Walplatz und erweckt die Todten und so in jeder folgenden
Nacht wieder, und jeden Morgen erneut sich der Kampf und soll fortwähren bis zur Götterdämmerung. Wiederum giebt sich hier Freyja zu
erkennen, die Odin zum Kampf entsendet, die Gefallenen seiner Götterhalle
zuzuführen. Dort als Einherier setzen sie das alte Kampfleben fort, sie
streiten Tag für Tag und fällen einander, und auch hier wird es Freyja
sein, die sie erweckt, daß sie vom Kampf heimreiten mit Asen Ael zu
trinken, D. 41. Hierin liegt der Keim der großen vielverzweigten
Hildensage. In dem zweiten unaussprechlich schönen Liede von Helgi
dem Hundingstödter, dem Bruder Sigurds, sagt Helgi zu Sigrun, der
Tochter Högnis, seines Feindes, die ihn gleichwohl als Walküre im
Kampfe gegen ihren Vater beschützt hat:

> Wärst nicht Sigrun; du warst uns Hilde:
> Nicht besiegen Fürsten ihr Schicksal.

worauf Sigrun erwiedert:

> Beleben möcht ich jetzt Die Leichen sind,
> Aber dir zugleich im Arme ruhen.

Hier iſt mehr als Anſpielung auf die Hildenſage, da auch Sigruns Vater
Högni heißt und Sigrun im Verfolg des Liedes ihren Geliebten, der im
Kampf gefallen und zu Odin gegangen iſt, durch ihre heißen Thränen
(S. 359) erweckt und herabzieht. Daß in Hilde Freyja verborgen iſt,
beſtätigt die ſpäte mythiſche Erzählung, welche die Olaf-Tryggwaſonarſ.
c. 17 von Briſingamen, dem Halsband der Freyja, giebt. Nach ihr haben
es vier Zwerge geſchmiedet und der Freyja für den Genuß ihrer Gunſt
geſchenkt. Aehnliches von der Freib, der Gemahlin Woubs bei Schönwerth II, 315. Odin läßt es ihr durch Loki entwenden und will es ihr
nur zurückgeben, wenn ſie bewirke, daß zwei Könige, deren jeder zwanzig
Unterkönigen gebiete, entzweit und zum Kampfe gereizt würden, aus dem
Todesſchlaf aber, in welchen ſie durch die Kampfwunden ſänken, immer
wieder erwachten bis ein gewiſſer (chriſtlicher) Held, womit Olaf Trygg-
waſon gemeint iſt, der das Chriſtenthum einführte, dieſen Zauber löſe.

Hier iſt Freyja, die wieder für Hilde eintritt, als der deutſche Hel-
bengeiſt gefaßt, den die Blutrache nie zur Ruhe kommen läßt, der fort-
raſen muß bis zum Untergang alles Lebens, weil Blut immer wieder Blut
fordert und jedem Gefallenen ſein Rächer erweckt wird. Wenn in der
obigen Sage von Högni und Hilde nur die Götterdämmerung dem Kampf
der ‚Hedninge‘ ein Ende machen ſollte, ſo endet er hier ganz folgerichtig
mit Einführung des Chriſtenthums, das die Blutrache abſtellt.

Wir können die weitere Entwickelung der Hildenſage hier nicht verfolgen: bekanntlich liegt ſie dem deutſchen Gudrunliede zu Grunde ;
aber die Wiedererweckung der in der Schlacht Gefallenen hat hier ſchon
das Chriſtenthum getilgt, und es muß nach der mörderiſchen Schlacht auf
dem Wülpenſande abgewartet werden bis ein neues waffenfähiges Geſchlecht
herangewachſen iſt. Nachklänge der Hildenſage, wie ich die Wiedererweckung
der im Kampf gefallenen zu neuem Kampfe nenne, finden ſich in der Hun-
nenſchlacht am Dreifaltigkeitsberge vor Regensburg, Schönwerth III, 148,
und am ſteinernen Kreuz bei Selb, Schöppner II, 156, wo Schweden
und Kaiſerliche den alten Kampf erneuen. Eine Erinnerung ſcheint auch
dem Volksliede (Wunderhorn I, 71, Ausg. von Birlinger) geblieben:

> Er ſchlägt die Trommel auf und nieder,
> Er weckt ſeine ſtillen Brüder!
> Sie ſchlagen ihren Feind,
> Tralall, Tralalei, Tralala,
> Ein Schrecken ſchlägt dem Feind. —
> Da ſtehen Morgens die Gebeine
> In Reih und Glied wie Leichenſteine u. ſ. w.

2. Wie tief aber Hilde mit unſerer ganzen Heldenſage verwachſen
iſt, wie ſie auch Brunhilds und Kriemhilds Weſen zu Grunde liegt, wie

die Hilden und Hildburgen der Gudrun- und Herbortssage, die Hildegunde der Walthersage, deren Walkürennatur J. Grimm lat. Ged. 126. 385 anerkannt hat, aus Hel und Hilde entwickelt sind, wird an einem andern Orte auszuführen; hier soll nur noch von Brynhild dargelegt werden, daß auch sie aus Frigg oder Freyja hervorgegangen ist.

In Grimnismal nimmt sich Frigg Agnars an, aber Odin Geirröds: es ist eine Wette zwischen den himmlischen Ehegatten, in welcher Frigg, welche schlauer ist als ihr göttlicher Gemahl, den Sieg davon trägt. Geirröd, Odins Günstling, wird durch eine Botschaft Friggs verleitet, an Odin selbst, der seine Gastfreundschaft auf die Probe zu stellen unerkannt in sein Haus getreten ist, Hand legen zu laßen. Zwischen zwei Feuer gesetzt und zum Reden genöthiget giebt Odin sich nur zu erkennen, um seinen ehemaligen Schützling am Leben zu strafen; seine Gunst aber wendet er nun dem jüngern Agnar, Geirröds Sohne zu, in welchem Friggs Günstling Agnar wiedergeboren ist. So bildet die Erzählung, welche dem Eddaliede zur Einkleidung dient, ein Seitenstück zu dem bei Paulus Diaconus, vollständiger im Prolog zu dem Gesetzbuch des Rotharis, erhaltenen Mythus vom Auszug der Langobarden, wo Wodans Hausfrau gleichfalls durch List den Sieg über den göttlichen Gemahl davon trägt, denn Frea §. 103 nöthigt ihn, dem Volke den Sieg zu versagen, dem er ihn ursprünglich zugedacht hatte, während die von Frea begünstigten Winniler von Wodan den Namen Langobarden und als Namensgeschenk zugleich den Sieg empfangen §. 104. Es ist wie ein verlorenes Eddalied, zu deßen Wiederherstellung die noch im Latein erhaltenen alliterierenden Namen herausforderten:

> Auf des Himmels höchster Höhe saß Wodan
> Weil in die weite Welt zu schauen.'
> Da traten vor ihn die Fürsten der Wandaler,
> Ambri und Assi, ihn anzuflehn:

> ,Wider die Winniler gewähr uns Sieg,
> Daß sie uns zahlen müßen den Zins.
> Hof und Heiligthum soll sich dir heben
> Und immer rauchen von Roßeblut.'

> ,Ich gönn ihm gerne', sprach Wodan, ,den Sieg,
> Wem ich den wackersten weiß und den besten.
> Seid frühe munter: die ich morgen zuerst
> Erschaue, die sollen den Sieg erfechten.'

> Spöttisch darnach sprach er zu Frea:
> ,Morgen gewähr ich den Wandolern Sieg.
> Hof und Heiligthum soll sich mir heben
> Und immer rauchen von Roßeblut.'

Das schmerzt' in der Seele die schöne Frea,
Von heißen Thränen troff ihr Gewand.
Ihr waren die Winniler würdig des Schutzes,
Die all ihr die Früchte des Feldes geopfert.

Da ging Gambara vor Amabans Gemahl
Mit Ibor und Aja, ihren edeln Söhnen.
Zu Frea flehte die Fürstin der Winniler;
Weise war sie und weithin geehrt:

,Wir klagen dir knieend den Kummer des Herzens:
Unwürdig wollen uns die Wandaler knechten.
Zahllos umziehen sie Zoll zu heischen
Die schwächern Schaar, die mit Nichten ihn schaffen.

,Mögen entscheiden sich unsre Geschicke:
Gram sei uns Gwaban gehn sie und prahlen.
Der Deinen Verderben wirst du nicht dulden:
Erfleh uns, Frea, den Vater der Welten.'

Sorgend saß die Göttin und sann auf Auskunft
Wie sie der Winniler Verderben wende.
,Höret, im Herzen hab ich erdacht
Wohl weisen Rath, der wird euch frommen:

,Früh vor der Sonne festlichem Aufgang
Wandelt euch morgengrauend Männer und Weiber.
Die langen Locken laßt um das Kinn
Den Weibern wallen als wär es ein Bart.

,Es soll euch den Sieg in der Schlacht nicht weigern
Der Vater der Welten: ich will ihn erflehn.
Schrecken wird die Schaaren der Wandaler schlagen,
Mehrt sich so mächtig die Menge dem Feind.'

Und früh vor der Sonne festlichem Aufgang
Sah man sich südlich die Wandaler schaaren;
Aber gen Osten das bärtige Antlitz
Wandte den Winnilern die weise Gambara.

Da hab, als der Himmel im Osten sich helle,
Frea die frühe sich vor dem Gemahl,
Kehrte sein Bette alsbald auf dem Scheiben,
Daß er erwachte gen Westen gewandt.

Als er nun aufsah und nieder zur Erde,
Gewahrt' er der Winniler Weiber geschart,
Die langen Locken los auf dem Busen;
Den Wandalern wußt er den Bart nicht gewachsen.
Mißmuthig sah er die Mummerei:
,Was breite Langbärte!' brach er aus.
Und Frea versetzte freundlich, die schlaue:
,Die Winniler, Väterchen, und ihre Weiber.

,Langbärte nennst du sie, und Langobarden,
Nicht Winniler wollen sie weiterhin heißen.
Zum Namen gehört das Namensgeschenk:
Es gieb ihnen Sieg, du Gott des Sieges.'

Da lachte Gwodan der List des Weibes
Und schenkte zum Namen das Namensgeschenk:
Mit Schrecken schlug er der Wandaler Schaaren;
Freas Günstlingen gab er Glück und Ruhm.

Näher ist aber die dritte Erzählung, auf welche wir hier zielen, der
ersten verwandt. Brynhild, die als Walküre in Agnars Dienst getreten
war, gab diesem den Sieg, den Odin dem Hialmgunnar zugedacht hatte,
dem größten Krieger, S. 162. 360. Er fiel in der Schlacht; aber Sigrdrifa,
d. i. Brynhild, entgalt dafür den Zorn Odins: er that den Ausspruch, von
nun an solle sie nicht mehr Walküre sein, sondern vermählt werden. Sigrdrifa gelobte aber, sich Keinem zu vermählen, der sich fürchten könne. Da
stach ihr Odin den Schlafdorn ins Haupt und umschloß sie und ihre Burg
mit dem Feuer, das in der Sage Wafurlogi heißt, und durch dieses
Feuer, das wir schon als die Glut des Scheiterhausens kennen, ritt
hernach Sigurd und erweckte sie aus dem todähnlichen Schlafe. Dieß
Schlafen ist bei Gerda, bei Menglada nicht erwähnt; aber im Märchen
vom Dornröschen schläft nicht bloß die Prinzessin, sondern Alles um
sie her, Knechte und Mägde, Pferde und Jagdhunde, die Tauben auf
dem Dache, ja die Fliegen an der Wand. Dieß allgemeine Schlafen
bedeutet den Winterschlaf der Natur und die Erweckung durch einen
Kuß weist auf den Mai, von dem Logau singt:

Dieser Monat ist ein Kuß, den der Himmel giebt der Erde,
Daß sie jetzo eine Braut, künftig eine Mutter werde.

Wie Sigurd ritt Skirnir, ritt Swipdagr durch Wafurlogi; wir sahen, es
war Freyr selbst und in der ältesten Gestalt des Mythus Odin. Wie
aber hier Sigurd an Odins Stelle getreten ist, so Sigrdrifa an Gerdas;
zugleich aber verräth sich Sigrdrifa (Brynhild) als Frigg, Odins
Gemahlin, an ihrem Günstling Agnar, dem sie den Sieg zuwendet, obgleich
ihn Odin dem andern Theile bestimmt hatte. Es ist dieselbe Begebenheit,
wie im Grimnismal, ein göttlicher Ehezwist, den begünstigten Agnar betreffend. Dort hielt er sich im Kreise der Göttersage; hier bringt er in
die Heldensage, was beider innigen Zusammenhang aufs Neue darthut.
In der Mitte steht die langobardische Erzählung, die auch darin der
Sigurdsage näher tritt, daß es sich um den Sieg handelt, um den Sieg
zweier Völker, wie bei Sigrdrifa zweier Könige, während in Grimnismal
die göttlichen Gatten nur um den Vorzug zweier Lieblinge wetten, in der
Halfsage Freyja und Odin sich gar nur im Wettstreit um das beste

vier gegenüberstehen. Wie hienach Brunhild (und ihre Nebengestalt Kriemhild) aus Hel entwickelt ist, so finden wir sie in Sachsenheims Mörin auch in der Unterwelt wieder.

109. Pharaildis Herodias Abundia.

1. Daß Hilde, die wir aus der Edda nur als Walküre kennen, die aus Hel oder Nerthus verjüngte Göttin Freyja selber ist, sehen wir noch darin, daß in den Niederlanden die Milchstraße Vroneldenstraet (Frauen- oder Brunhildenstraße) hieß (Myth. 263, 1214), wie auch irdische Straßen nach Brunhild benannt sind, Mone Heldeus. 69, Bock église abb. 24. In den Niederlanden finden wir auch eine Berelde, die in Niedersachsen, wo sie das Spinnen begünstigt, als Fru Hellen (Kuhn NS. Gebr. 146), an der Ostsee als Fru Wellen (Müllenhoff 178) wiederkehrt: Entstellungen des Namens Frau Hilde, die Frau in ‚Ver‘ abschwächen. Auf diese Frau Hilde, lieber als auf die ihr nahverwandte Frau Holla, von der gesagt wird, wenn es schneit, sie schüttle ihr Bett, möchte ich die Sage von ‚Hilde Schnee‘ beziehen, welche nach DS. 456 zur Gründung von Hildesheim Veranlaßung gab. Soweit der Schnee gefallen war, gründete Kaiser Ludwig den Kirchenbau zu Mariens Ehre. Maria Schnee (Maria ad nives, notre Dame au neige) heißen auch anderwärts Kirchen, an welche sich ähnliche Sagen knüpfen. Baader 122. 381. Ostpr. S. 167. W. Müller RSG. 29. Vgl. Müllenh. 141, Myth. 246. Aus Berelde (Frau Hilde) scheint der Dichter des Reinhardus seine Pharaildis gebildet zu haben, die auch Herodias heißt, oder ist sie die fahrende Hilde? Die Tochter des Herodes, deren Tanz die Enthauptung Johannes des Täufers herbeiführte, stellte man im Mittelalter an die Spitze des wilden Heeres und seiner nächtlichen Umzüge wie sonst wohl Holda oder Diana. Darin liegt eine Identificierung mit Freyja oder Hilde, die mit den Walküren und den erwählten Einheriern in gleicher Weise durch die Luft fuhr, und der Dichter des Reinhardus gab ihr den Beinamen Pharaildis, Frau Hilde, oder die fahrende Hilde, mit Anknüpfung an den Volksglauben, wenn er gleich damit an Pharaos Tochter erinnern wollte. Noch mehr aber tritt die Mischung christlicher und heidnischer Sagen hervor, wenn ihr der dritte Theil der ganzen Welt gehören soll, was sich auf die Seelen der Verstorbenen bezieht. Dieß muß von Hel oder Freyja auf sie übertragen sein, welche sich mit Odin in die Erschlagenen theilte, während auch dem Thôr ein Antheil gebührt, denn ihm fallen nach Harbardsl. 24 die Knechte (Bauern) zu.

2. Was von der Freyja erzählt wird, daß sie ihren Gemahl Odhr zu suchen zu unbekannten Völkern fuhr, das kehrt sich bei Herodias um: sie war von der Liebe zu Johannes entzündet, die er nicht erwiederte;

als ſie das auf dem Teller getragene Haupt mit Küſſen und Thränen
bedecken will, weicht es zurück und fängt heftig zu blaſen an: die Unſelige
wird in den leeren Raum getrieben und ſchwebt ohne Unterlaß; nur von
Mitternacht bis zum erſten Hahnkrat ſitzt ſie trauernd (noeata hora) auf
Eichen und Haſelſtauden. Myth. 262; vgl. das Drudenweibel bei Panzer
II, 201. Daß die den fliehenden Gemahl ſuchende Göttin als Herodias
verhäßlicht wurde, erklärt ſich einfach daraus, daß die Flucht oder der
Tod des Jahresgottes auf die Sommerſonnenwende, den 23. Juni, alſo
auf Johannis fiel und Herodias um den Täufer zu trauern ſchien, deſſen
Tod ſie herbeigeführt hatte.

3. Wie dieſe Pharaïldis auf Hilde, ſo geht die Dame Habonde
(Domina Abundia), welcher gleichfalls der dritte Theil der Welt gehören
ſoll (Myth. 263), auf Fulla zurück, die in der Edda (D. 35) nur als
Schmuckmädchen der Frigg erſcheint, in den Merſeburger Heilſprüchen,
wo ſie Volla heißt, als Schweſter der Friia (Fria). Ob der Begriff
der Fülle in ihrem Weſen liegt, ob man ſie als den Vollmond dachte
(Myth. 285), immer ſcheint ſie aus Freyjas Weſen erwachſen, deren Bruder
Freyr wir als Gott der Fruchtbarkeit wie als Sonnengott kennen, während Freyjas Halsband Briſingamen, urſprünglich der grüne Schmuck der
Erde (S. 284), doch vielleicht auf den Mond umgedeutet wurde, da die
vier Zwerge, die es ſchmiedeten, die Mondphaſen ſcheinen könnten. Vgl.
§. 12. Ueber Wanne Thekla, die in den Niederlanden, wie Habonde
in Frankreich, als Königin der nachfahrenden Geiſter, der Hexen und Alven
erſcheint, vgl. Wolf AS. 620. Wir weiſen ihr dieſe Stelle an, da ſie gleich
den zunächſt zu nennenden Göttinnen auf dem Schiffe fährt. Ein ſolches
kommt allerdings auch bei der h. Urſula vor; aber wie hätte ſie anders von
Britannien nach Köln gelangen können? Vgl. jedoch den Schluß von §. 114.

110. Iſis Nehalennia Gertrud.

Die verborgene Erdgöttin, die wir als Nerthus, als Freyja, als
Hilde u. ſ. w. kennen gelernt haben, iſt in Teutſchland noch unter andern
Namen verehrt worden.

1. Der älteſte iſt wohl jener der Iſis, welcher nach Tacitus Germ. 9.
ein Theil der Sueben opferte. Ihr Zeichen war ein Schiff, das den
Römer an das Navigium Isidis erinnerte, weßhalb ihm ihr Dienſt für
ausländiſch galt, zur See nach Teutſchland gelangt, wie er ſich wort-
ſpielend ausdrückt (docet advectam religionem). Wie tief er aber in
Teutſchland wurzelt, in Schwaben namentlich und am Niederrhein, hat
Grimm 236 ff. nachgewieſen und Liebrecht (Dunlop Vorr. XI) und Wolf
(Beitr. 149 ff.) haben ihre Spuren mit Glück weiter verfolgt. Eine Mutter
Gottes auf dem Schiff Leopr. 138. Die Beſchränkung auf die Sueben iſt

aufzugeben, da wir sogleich Achen als einen Hauptsitz ihrer Verehrung
kennen lernen. Noch jetzt ist dort ihr uraltes Bild im Münster, an der
Stätte seiner alten Verehrung, in der Kanzel eingelassen, damit es der
christliche Priester zu einer thatsächlichen Abrenuncialio mit Füßen trete.

2. Ob Wolf die Nehalennia, so ähnlich sie der Isis steht, für
deutsch zu erklären berechtigt war, ist die Frage. Den keltischen Namen
dieser Göttin, die auf dem Vordertheil des Schiffes stehend dargestellt wird,
der ob merces bene conservatas Altäre gewidmet sind, hat Heinr. Schreiber
mit Grimms Beistimmung Myth. 390 aus nero, spinnen erklärt, was sie
als eine Schicksalsgöttin bezeichnen würde. Zu Teuz, Köln gegenüber,
hatte sie einen Tempel. Indes scheint der Name zunächst undeutsch, wie
nahe auch die keltische Göttin selbst der deutschen Isis verwandt sei.
Diese halte ich ganz für dieselbe Gottheit, welche Tacitus bei andern
suebischen Völkern als Nerthus kennen gelernt hatte; dort ward sie
im Wagen umgeführt, hier im Schiffe. Das Zeichen ist ein anderes,
die Göttin dieselbe. Ein drittes Zeichen von gleicher Bedeutung ist der
Pflug; Herumfahrend des Pfluges und mit dem Schiffen sollte man
sich nach dem Ulmer Rathsprotokoll von 1530, das den letzten Rest des
Isisdienstes austilgen wollte, enthalten, Myth. 242; die Sitte dauert
aber heute noch fort, Meier Schw. S. 21, 374, Rochh. Mythen 24.
In den Varianten der §. 101 angeführten Sage von dem Schwaben-
herzog Elscho, der mit 12 Mannen in den Berg ging, um des Kaisers
Lehnsmann nicht zu werden, vertreten sich dagegen Pflug und Wagen;
sein Sohn Heinrich, der nicht so stolz dachte, nahm so viel Land von dem
Kaiser zu Lehen als er mit einem goldenen Wagen umfahren oder nach
anderer Sage mit einem goldenen Pfluge umziehen konnte. Und wie
hätte Nerthus, deren Gemahl Niörbr ein Gott der Schiffahrt war und
zu Noatun (Schiffstadt) wohnte, von ihrer Insel im Ocean zu den Völkern
gelangen können, welchen sie Frieden und Fruchtbarkeit brachte, wenn ihr
Wagen nicht zugleich ein Schiff war? Ein Schiffswagen ist auch
das Schiff der Isis, es befährt Wasser und Land wie Freys Schiff Slid-
bladnir Luft und Meer, ja aus diesem Schiffswagen (carrus navalis)
ist unser Carnaval (car-naval) entsprungen. Die gewöhnliche Ausbeutung des Wortes mit caro vale, „Fleisch, lebe wohl," hat nach Wackernagels Urtheil selber viel von einer Faßnachtslächerlichkeit. ‚Auch der
deutsche Name Faßnacht,' sagt er hinzu, ‚ist nicht die rechte Form, richtiger
ist das mundartliche Fasnacht, ganz echt und recht aber das altdeutsche
Fasenacht: das Grundwort ist dasselbe von dem noch unser Faseln
herkommt.' Noch bei Sebastian Brand mußte der hier angenommene
Zusammenhang fortwirken, als er sein Narrenschiff schrieb und Zarncke,
der (Narrenschiff LXI) noch an einem Zusammenhang mit alten gottes-

dienstlichen Aufzügen zweifelt, führt doch LXVII selbst an, daß das
Lichtschiff, Brands nächstes Vorbild, noch über Land fuhr, ja, was
noch mehr ist, Brand selbst denkt es sich einmal 80, 23

> Dem Narren Schiff laufen sie nach,
> Sie finden es hie zwischen Tag,

in die Gegend von Achen, von wo das berühmteste dieser über Land und
Berg fahrenden Schiffe seine Fahrt antrat. Dieß wahrscheinlich dem Isisdienst gewidmete Schiff, das Grimm Myth. 237 aus Rudolfi Chronicon
Sti. Trudonis nachgewiesen hat, war Schiff und Wagen zugleich: ein
Bauer im Walde bei Inden (Cornelimünster) hatte es gebaut und unten
mit Rädern versehen. Weber wurden vorgespannt, die es über Achen
und Maastricht, wo Mast und Segel hinzukamen, nach Tongern und
Looz zogen; von da sollte es über Duras und Léau nach Löwen und,
wie Wolf vermuthet, nach Antwerpen und auf die Schelde gebracht werden,
an deren Mündung jener Selandiae extremus angulus lag, wo das
Heiligthum der Nehalennia gleich jenem der Nerthus auf einer insula
Oceani (Walchern) in einem castum nemus stand, und deutscher und
keltischer Gottesdienst, vielleicht zu einem Bunde der Völker zusammen-
fließen konnte, Alles freilich in später christlicher Zeit, um das J. 1133,
etwas über dreißig Jahre nach Eroberung Jerusalems durch die Kreuz-
fahrer, aber als Nachklang des Heidenthums. Darum eiferte auch die
Geistlichkeit gegen solch abgöttisches Treiben, das aber die weltliche Obrigkeit,
wahrscheinlich als althergebracht, beschützte und dem auch das Volk noch
gewogen war, denn es galt dem Orte für schimpflich, der es nicht weiter
gefördert hätte. In Achen ward das Schiff mit großem Zulauf von
Männern und Frauen festlich eingeholt; anderwärts stürzten sich Scharen
von Frauen mit flatterndem Haar und losem Gewand, alle weibliche Scham-
haftigkeit mißachtend, unter die Menge, die das Schiff umtanzte. Die
Weber, die es zu ziehen gezwungen wurden, murrten wider die Gewalt,
die ihnen geschah, obgleich sie doch eigentlich für die Priester der Göttin
gelten sollten, weßhalb sie ein Pfand von Allen zu nehmen berechtigt
waren, die sich dem Heiligthum nahten. Attingere uni sacerdoti con-
cessum, sagt Tacitus bei der Nerthus. Diese Priesterschaft der Weber
erscheint schon bei der römischen, ja bei der ägyptischen Isis; auch bei
andern deutschen Festen finden wir sie neben den Metzgern, die wahrscheinlich die Opferung zu vollbringen hatten, betheiligt. So bei dem
Trierschen Frühlingsfest, das ich in den Jahrb. des Vereins von Alter-
thumsfreunden im Rheinlande besprochen habe; auch zu Münstereifel ließen
die Weber das flammende Rad von dem s. g. Radberge laufen, vgl.
Schmitz Eifels. I, 24, während bei dem Münchner Schäfflertanz, Panzer
258, nur noch die Metzger betheiligt sind. Vgl. Meier II, 373. 451.

Neben den Webern sind es Frauen, die an dem Cultus Theil nehmen, und sie thun es ohne Widerstreben, mit sichtbarer Vorliebe, im unerloschenen Gefühl ihrer alten Priesterschaft. Die Geistlichkeit, welche gegen das Umziehen des Schiffes eiferte, nennt es malignorum spirituum execrabile domicillum, nescio cuius potius dicam Bacchi aut Veneris, Neptuni sive Martis; die maligni spiritus, qui in illa ferebantur, wurden wohl sichtbar darin vorgestellt, was zu Vermummungen Anlaß geben konnte, wie sie seitdem für den Fasching charakteristisch geblieben sind.

Nach diesem Allen halte ich die Nachricht des Aventinus von der Frau Eisen, Myth. 244, keineswegs für eine ersonnene Erweiterung der Meldung des Tacitus von der deutschen Isis, zumal auch Fischart, M. 274, von ihr vernommen hatte. Außer dem Schifflein führt Aventinus noch an, sie sei nach ihres Vaters Tod zu dem deutschen Könige Schwab gekommen und eine Weile bei ihm geblieben: da habe sie ihn Eisen schmieden, Getreide säen, mähen, malen, kneten und backen, Flachs und Hanf bauen, spinnen, nähen und weben gelehrt und das Volk sie für eine heilige Frau gehalten. Wenn hier die Göttin auf die Künste des Friedens bezogen wird, so ist dirß ein neues Moment, das bei Tacitus nicht angedeutet ist, und nur aus der lebendigen Volkssage fließen konnte. Auch das Umziehen mit dem Pflug zur Frühlingszeit, wenn Ackergang und Schiffahrt wieder beginnen, das Einspannen der Mädchen, die sich von dieser Strafe verschmähter Ehe nicht durch ein Pfand lösen konnten (Myth. 242), der kölnische Reimspruch:

> Hasterkarnd heil heran,
> Spillerner as der Bassen,
> Alle Mädcher kriegen ene Mann,
> Ich onn och ming Elser,

Alles beutet auf den Dienst einer mütterlichen Gottheit, die wie sie dem Ackerbau und der Schiffahrt, der Liebe und Ehe hold war, auch diese friedlichen Künste lehren mochte. Wenn sie freilich auch das Eisen schmieden gelehrt haben soll, so könnte das Aventinus aus dem Namen der Frau Eisen (= Isis) herausgeflügelt haben; schwerlich aber hat er den Namen Frau Eisen aus dem der Isis gebildet und der Meldung des Tacitus entnommen. Freilich widerstrebt uns die Annahme, daß die deutsche Göttin Isis geheißen habe, und nicht etwa Frouwa (Freyja), Frikka, Hilda, Holda oder Berchta. Der Name der Isis gilt uns wie der des Hercules und Mars in demselben Capitel für die interpretatio romana des Tacitus. Aber eben gegen diese zunächst liegende Annahme möchte ich mich erklären.

Es spricht dagegen, daß in zwei deutschen Gedichten, dem Orendel und St. Oswalds Leben, deren mythologischer Gehalt auch sonst anerkannt ist, der Name Eise eine Rolle spielt, die keinen Bezug auf die

Schiffahrt ganz außer Zweifel sezt. In beiden Seesagen tritt nämlich der
Fischer Eise so bedeutend hervor, daß wir ihn als eine stehende Figur
der deutschen Odyssee erkennen. Das Zeugnis des Aventinus spricht nur von
einer Frau Eisen, während hier ein Meister Eise (Iso, ein vischer guot
unt wis), auftritt. Des Unterschieds des Geschlechtes ungeachtet ist bei
lezterm der Bezug auf die Schiffahrt so entschieden, daß ihre ursprüngliche
Einheit nicht verkannt werden kann. Die in beiden Seesagen verdunkelte
Erinnerung an eine deutsche Gottheit der Schiffahrt, welcher der Name
Eise (Ise) zustand, bringt die Nachricht des Aventinus zu Ehren und
empfängt ihrerseits Licht von ihr, indem sie die Deutung auf die von den
Sueben verehrte Isis näher legt. Der Name Eise, welchen die Seesagen
an die Hand geben, wird alsdann der Isis entsprechend der richtigere
sein; höchstens ist die Beziehung auf das Eisen Entstellung des Aventinus.
Dagegen könnte dieser gegen Orendel und beide Gedichte von St. Oswald
in der Meldung über das Geschlecht der Gottheit Recht behalten, wenn
neben Isa nicht ein männlicher Iso anzunehmen ist, wie neben Nerthus
Niörðr steht. Frau Eisen verbindet sich mit der Bertha §. 114 als
Eisenbertha Parzer II, 117. 465.

In den Nibelungen finden wir als Brunhildens Burg Isenstein,
die keineswegs nach Island gedacht ist, zumal es wahrscheinlicher bleibt,
daß der am Rhein und den Scheldemündungen hergebrachte Dienst der
Isis oder Nehalennia, welchen auch Brunhild als Odins Gemahlin §. 108
gleichzustellen ist, der Sage von der Fahrt nach Isenstein zu Grunde
liegt. Zwei verschiedene Ysseln finden sich im Niederland; die Schreibung hat die Bedeutung des Namens verdunkelt, namentlich den Bezug
des Namens auf die Göttin. Allein die Gemination des S ist unorga-
nisch; das Y bezeichnet aber ein langes (doppeltes) I. Die Isenburg
(bei Sain) gab einem der ältesten deutschen Fürstengeschlechter den Namen,
und Eisenach, Eisleben und andere brauch ich kaum zu nennen.

Was aber nun den Namen der Nehalennia betrifft, so scheint bisher
übersehen, daß zu der Ableitung -ennia, die sich mit jener in Idun, Hlodyn,
Hludana, Hludena, §. 117, oder Arduenna, Cebenna, Babahenna vergleicht,
das l nicht gehören kann, was sowohl Schreibers Deutung aus nere,
spinnen, als der Beziehung auf den Neumond, welcher ich früher (Bertha 106)
zuneigte, entgegensteht. Den Stamm des Namens Nehal-ennia bildet Ne-
hal-, und ob dieß unserm deutschen Nebel urverwandt und ein ähnlicher
Spirantenwechsel wie S. 298. 367 anzunehmen sei, mögen Kenner der
keltischen Dialekte beurtheilen. Einer solchen Deutung stände das keltische
Neha in Zusammensetzungen wie Rumanehae, Vacallinehae u. s. w. nicht
entgegen, denn eben dieses kann, wenn es nicht selber Ableitung ist, in
Neha-l auf l weiter gebildet und mit der Ableitung -ennia zu dem Namen

der Unterweltsgöttin verwandel sein. Eine solche verrathen ihre Attribute
Hund und Schiff. Neha verhält sich zu Nehal wie Nacht zu Nebel.
Nacht und Nebel gehören zusammen, und das nord. niol, das Gr. Gr.
III, 481 mit ags. neol, neovol vergleicht, faßt beide Begriffe zusammen.
Der Wechsel der beiden Spiranten h und v wird unter 3 wahrscheinlich
werden. Neha, vielleicht der keltische Name der nordischen Nornen, deutschen
drei Schwestern, erinnert an noorknavong (Myth. 781) für paradisus,
in welchem Grimm Gr. 1, 268 den Namen der Nornen nicht finden will.
H. Kern Nehalennia (Taal en Letterbode 1870) geht von velhan
(Graff II, 1015) libāre, immolare aus und findet in Nehalennia den
Begriff einer Mundschenkin, was sie mit Freyja und den Walküren als
himmlischen Schenkmädchen §. 127 zusammen brächte. Er erklärt sie
Revue Celtique Vol. II, 1 für germanisch und der Freyja identisch.

3. Meine Vermuthung geht dahin, daß Nivelles ein Hauptsitz des
Dienstes der Nehalennia war, dort aber später durch den der h. Gertrud
von Nivelles ersetzt wurde. Die Minne der heil. Gertrud ward gleich
der heidnischer Gottheiten getrunken (Myth. 53). Das Glas, dessen man
sich dabei bediente, hatte die Gestalt eines Schiffes. Sie gilt auch für
die Patronin der Schiffer, und ihre von Schiffern besuchte Capelle steht
zu Bonn in der Nähe des Rheins. Gleich der Nerthus ward sie im
Wagen umgezogen. Dieser Wagen wird noch jetzt in Nivelles bewahrt (Bock
église abbatiale de Nivelles 4, 25). Sie gewährte Schutz vor Mäusefraß, was nach Baur Symbolik I, 82 Bewahrung vor allen Krankheiten
einschließt. Wirklich schützt sie auch vor der Pest, Panzer II, 157. Mit
der Maus am Stab oder Rocken wird sie abgebildet, Zschr. I, 144; nach
dem kölnischen Reimspruch holte sie den kalten Stein aus dem Rhein: sie
brachte die schöne Jahreszeit, und ein heiliger Brunnen ward zu Nivelles
in der Kirche gezeigt (Bock 25). Sie bietet endlich wie Hel und Freyja
Seelen der Verstorbenen Aufenthalt bei sich, denn der Glaube galt, wenn
die Seele von dem Leichnam scheide, sei sie die erste Nacht bei St. Gertrud, die zweite bei St. Michael, die dritte da, wo sie hin verdient habe
(Myth. 54. 798). Offenbar ist hier St. Gertrud an Freyjas, St. Michael
an Wuotans Stelle getreten. Vgl. Kuhn WS. II, S. 8. Der ihr
geheiligte rothhaubige Schwarzspecht, Myth. 639, scheint derselbe der auch
St. Martinsvögelchen heißt, M. 1084; St. Martin aber gleicht Wuotan
S. 229, wie Gertrud der Freyja. Das Alles zeigt, daß heidnische
Erinnerungen an die Göttin, deren Dienst sie verdrängen sollte, bei St.
Gertrud im Volksglauben, ja im Cultus hafteten. Jene Göttin aber hatte
das Schiff zum Symbol, so daß wir nicht zweifeln können, es war Nehalennia oder die deutsche Isis. Zugleich verräth aber der Name Nivelles,
daß die Gutturale in Nehalennia in den urverwandten Sprachen durch

einem Lippenlaut ersetzt ward; auch sie war die verborgene in Nebel ge-
hüllte Göttin, unserer in Niflheim, der nördlichen Nebelwelt, wohneben
Hel nahe verwandt und mit den Nibelungen beschlechtet, die zuerst in
den Niederlanden, ja in dem Geschlecht Karls des Großen, dem auch St.
Gertrud, die Tochter Pipins von Landen, angehört, als geschichtliche Helden
nachgewiesen sind, wie auch ihr mythischer Zusammenhang mit Nifthelen
unzweifelhaft ist. In MM. 61 heißt das kleine Männchen, unter dessen
Gestalt Wuotan aufzutreten pflegt, das Nebelmännle (vgl. Baader 60,
Wolf DS. 72, Kuhn NS. 413), und diesmal ist er es unverkennbar,
denn es entrückt den Herrn von Bobmann wie Othin den Hadding und
setzt ihn in der Heimat vor seiner Burg nieder. Vgl. Uhland VIII, 426.
434. Es ist aber zugleich der unterweltliche Wuotan, denn es erscheint
als menschenfreßender Oger (Orcus), und die Unterwelt ist auch durch
die hohe Mauer angedeutet, hinter welcher das Land des Lebens liegt,
ein Zug, der in der Haddingssage nicht fehlt. Vgl. S. 181 oben. Wie
hier das Nebelmännchen der männliche Hel ist, so wird Nehalennia
durch ihren Namen, wenn wir ihn richtig gedeutet haben, als die weibliche bezeichnet. Der Name Gertrud ist mit dem Walkürennamen Thrûdhr
zusammengesetzt; die erste Silbe bezeichnet sie als die mit dem Sper bewaff-
nete. Den Sper, welchen Odin (Gerhard f. oben S. 287. 293) verleiht, landen wir §. 65. 103 als den von dem alten Mann verliehenen Stab, der
die Hölle erschloß, wieder: es ist der Stab der Grîdh, welcher gleichfalls
verliehen wird; diese Grîdh aber fiel uns §. 98 mit der Hel zusammen.
Thrudh heißt die Tochter Thôrs und eine der Walküren; später hat der
Name die Bedeutung von Zauberin, Unholde angenommen. Frau Trube
ist MM. 40 eine keuftische Hexe und Gertrud halten einige Leute für einen
unchristlichen Namen, Myth. 394. Bei Parzer II, 46 führt ihn ein Wald-
fräulein, also ein Wesen heidnischen Glaubens. Alles deutet an, daß Gertrud der Grîdh, also der Hel gleichbedeutend war. Wie Isis Schiff und
Pflug zum Symbol hat, bezieht sie sich auf Feldbau und Schiffahrt zugleich.
Schiffgestalt hatte der Becher, in dem ihre Minne getrunken ward, und
die Maus, die ihr vom Rocken den Faden abbeißt, deutet an, daß mit
dem Tage ihres Festes (17. März) nicht mehr gesponnen wird, indem
nun die Arbeit außer dem Hause beginnt, wie es der Spruch: „Gertraut
lauft die Maus go Feld aus" (Quitzmann 124) besagt. Gerba (hd. Gart)
läßt sich mit Ger-trud nicht zusammen bringen, weil das t in deren Namen zu der zweiten Silbe gehört. Vgl. jedoch Zingerle Johannissegen
und Gertrudenminne, Wien 1862. Zum Schluß mag noch erinnert werden, daß Strafen ehloser Mädchen wie S. 371 der Volkswitz heute noch
liebt. Nach Moscherosch sollen sie in der Hölle Schweſelhölzchen und Zunder
feilhalten, in Straßburg müssen sie die Citadelle einbändeln helfen, in Wien

den Stephansthurm von oben bis unten abreiben, in Frankfurt a. M. den Pfarrthorn bohren, in Basel den Münsterthurm wischen, in Köln kommen sie in die Gerconskist, die nach Cäsarius II, 31 voll Kröten und Schlangen ist. Vgl. Ztschr. für Myth. I, 405 und Wolf DS. Nr. 110.

111. Monatsgöttinnen: Spurke Goi Hréda Ostara Elf Rauna.

1. Die Verehrung der Isis ist durch die Wiedereröffnung der Schifffahrt, welche die Römer am 5. März feierten, an eine bestimmte Zeit des Jahres gewiesen: gerade dieser Tag erscheint auch bei dem Umzuge, welchen die Tübinger Weingärtner 1853 (Meier 378) begingen; es war Aschermittwoch, den ähnliche Volksgebräuche vielfach auszeichneten. Es ist aber freilich gleich der Fasnacht, die sich aus dem Isisdienst hervorbildete, ein bewegliches Fest, während St. Gertrud, die den kalten Stein aus dem Rhein holt, eine feste Stelle im Kalender hat. Noch andere Göttinnen beziehen sich auf diese Jahreszeit, zunächst vielleicht Spurke, die dem Februar den Namen Spörkel gab, und der zu Ehren nach dem indiculus superstitionum die Spurkalien, wahrscheinlich die Fasnacht, gefeiert wurden. Sonst ist von dieser Göttin, die wir nur vermuthen, wenig mehr bekannt als daß der Wacholder von ihr, wenn nicht von der Sprödigkeit seines Holzes, Spörkel hieß. So erklärt Weinhold (Monatsn.) auch den Namen des Monats (die Göttin erkennt er nicht an) von sprock, spröde, weil jetzt die Winterdecke von der Kraft des sich regenden Lenzes durchbrochen werde. Spurke scheint in den häufigen Regenschauern des Februars zu walten: am Rhein heißt es von ,Spörkels Kathrin', sie schüttele ihre 99 Röcke, und Aehnliches wird in Westfalen von Spörkels Elsten gesagt, Woeste Ztschr. für Myth. I, 388.

2. Im Norden ist der Februar nach Gói genannt, die dem Geschlechte Fornjots des alten Riesen angehört. Von seinen drei Söhnen hatte Kári einen Sohn Frosti, dessen Sohn war Snär (Schnee), dessen Sohn Thorri. Schon dieser Thorri scheint ein Monatsgott: er wird auf die Mitte des Winters bezogen, und das große Opfer, das da Statt hatte, hieß Thorriblót. Er hatte zwei Söhne, Nor und Gor, und eine Tochter Gói. Nach Gói ist abermals ein Monat benannt, die Gormonat, d. h. Schlachtmonat im Spätjahr, etwa unserm Martinsfest entsprechend. Seine Tochter Gói soll einmal während des Thorrifestes geraubt worden sein: der Vater schickte beide Söhne Gor und Nor, sie zu suchen; einen Monat später opferte er nochmals, wahrscheinlich für glückliche Wiederauffindung der Tochter, und dieß Opfer hieß Góiblót. Gor hielt den Seeweg ein, Nor den Landweg; Gor segelte nämlich den schwedischen Scheeren vorbei und kam nach Dänemark, wo er seine Verwandtschaft, die von Hlér (Oegir) auf Hlesey stammte, besuchte, und dann nordwärts weitersegelte. Nor

dagegen zog von Zwenland nach Lappland und Throndheim. Nachdem
ſich die Brüder viele Landſchaften und Inſelreiche unterworfen hatten,
trafen ſie ſich in Sögn wieder. Sie theilten darauf die Länder: Nor
befam das feſte Land und nannte es Norwegen; Gor erhielt die Inſeln.
Zuletzt fand Nor ſeine Schweſter Göi, die geraubte, bei dem Gebirge
Tofeafial. Hrölf hatte ſie aus Zwenland entführt; ſein Großvater war
Alafbór. Hrölf und Nor ſöhnten ſich aus: Hrölf behiell die Göi und
Nor nahm Hrölfs Schweſter zur Ehe. Reine Mythen finden wir in dem
Bruchſtück Fundinn Noregr, das dieſe Nachrichten enthält, allerdings nicht:
es ſind perſonificierte Ideen über den erſten Anbau des Landes, mit gro-
ßer Willfür erfunden. Göi iſt als Gau, Land aufgefaßt, und Land iſt
es, was dieſe Brüder unter dem Namen ihrer Schweſter ſuchten. So
gleicht dieſe der Europa, was doch wieder auf eine ältere Grundlage der
Ueberlieferung deuten fönnte. Der Bezug der Göi auf den wiederfehren-
den aufthauenden Frühling zeigt ſich nur noch in ihren Verwandten und
Voreltern, die auf Froſt und Schnee und andere Naturerſcheinungen zielen.
Als Monatsgöttin wurde ſie alljährlich in der Frühe ihres erſten Tages
von den Hausfrauen begrüßt, am Thor von den Hausvätern: beides vergleicht ſich dem deutſchen Sommerempfang. Weinh. a. a. O.

3. Hrölfs Name, jenes Entführers der Göi, iſt aus Hridolf ge-
fürzt: mit ihm ſcheint der März gemeint, der den Angelſachſen Hrêdmô-
nadh hieß, was Beda auf eine Göttin Hrêde bezieht; andere Stämme
mögen einen männlichen Gott unter verwandtem Namen gefannt haben.
Da Hrôdh Glanz und Ruhm bedeutet, ſo würden wir auf Tyr, den leuchtenden Gott des Schwertes, gewieſen, der dem Mars entſpricht, nach dem
die Römer den gleichen Monat nannten. Vgl. jedoch §. 73, 2. Der
Name der Göttin, nach der die Appenzeller ‚den Rebmonat‘ nannten
(Myth. 267), würde ahd. Hruoda gelautet haben. Vgl. Myth. 187. 266.
Dagegen weiſt der Zuſammenhang des Namens mit dem der Gerade,
des weiblichen Schmucks (agſ. rhedo), der ſich im deutſchen Recht nach
andern Grundſätzen als der übrige Nachlaß vererbt, R. A. 567, auf das
leuchtende Halsgeſchmeide der Freyja, Myth. 839. Dazu ſtimmt, wenn
Bouterwed den Namen von hrêd paratus leitet, denn auch ſich ſchmücken
heißt ſich bereit machen und ſo fönnte Hrêde, die mit Jarbärmen von
Neuem geſchmückte Erde, ein Beiname der Freyja ſein.

4. Zunächſt ſchließt ſich die von Grimm gemuthmaßte Oſtara an,
die er nach der angelſächſiſchen Eoſtra, einer Erfindung Bedas, bildete.
Auch ſie wäre eine ſtralende Göttin, deren Dienſt doch tief gegriffen haben müßte, da ihr Name im engern Deutſchland zur Bezeichnung eines
der höchſten chriſtlichen Feſte geduldet ward; nur in einzelnen Provinzen,
auch in der unſern, gelang es, das chriſtliche Paſcha durchzuſetzen. Erſt

das Hochdeutſche hat den Namen Oſtern zu uns zurückgeführt. Bei Egin=
hart heißt der April Oſtarmânoth. In der Edda erſcheint keine Spur
von der Göttin; nur ein Zwerg, der die Himmelsgegend des Sonnen=
aufgangs bedeutet, trägt den Namen Auſtri. Oſtar (oſtwärts) bezeichnet
die Richtung gegen Morgen, und ſo müſte Oſtara eine Göttin des auf=
ſteigenden Lichtes geweſen ſein, der Morgenröthe wie des Frühlings. Wie=
der ſähen wir hier Tag und Jahr ſich entſprechen, den anbrechenden Tag
dem zunehmenden Jahreslichte gleichgeſtellt. Nach dem Volksglauben thut
die Sonne am Oſtermorgen drei Freudenſprünge: das gleichzeitig geſchöpfte
Waßer iſt heilkräftig, Weihwaßer, woraus ſpäter Kleinwaßer wurde. Ein
Glas Waßer am Oſtermorgen vor Sonnenaufgang hingeſtellt, zeigte das
Oſterlamm, Temme S. b. Altm. 85. Oſterſpiele waren vielfach gebräuch=
lich, ‚Meines Herzens Oſterſpiel oder Oſtertag‘ drückt als Schmeichelwort
für die Geliebte die höchſte Wonne aus. In einem Frühlingsliede Goetis
erbietet ſich Friedebott mit ſeinen Geſellen zum Oſterſpiel, einer Art
Schwerttanz, der von Zwölfen aufgeführt wird; das dabei angebundene
‚Oſterſachs‘ iſt wohl nicht als Opfermeßer zu verſtehen, ſondern auf das
Schwert zu beziehen, das im Tanze geſchwungen ward, Myth. 740. Nur
unblutige Opfer, Blumenkränze und Maiblumenſträuße, wurden zu Oſtern
dargebracht, N. 52; auch ſind Oſterflaben und Oſterfluſen bezeugt; un=
ſere Provinz kennt auch Oſtereier, nicht aber ‚Oſterfeuer‘, die an=
derwärts (Wolf Beitr. 79) der Göttin flammten. In Schillingen bei
Trier ſtellt aber das Viſitationsprotol. von 1712 eine Abgabe ab, die
bis dahin unter dem Namen hircus paschalis (Oſterbock) pro primo in=
fante baptiando entrichtet worden war. Hier würde ſich Oſtara mit
Thôr berühren, mit dem ſie ſchon Wolf Beitr. 88 zuſammenzubringen
bemüht war. Ein Ziegenbock mit vergoldeten Hörnern ſollte nach einem
Gebrauche bei Sommer 149 zu Himmelfahrt entrichtet werden, wenn man
es unterließ, zu Ehren einer Königin Eliſabeth ein dort näher beſchriebe=
nes Feſt zu begehen. Vgl. §. 143, 4. Daß dieſe Königin, nach anderm
Bericht eine Gräfin von Mansfeld, die ihr Gemahl verſtoßen
hatte, eine Göttin war, leidet keinen Zweifel, wenn man den Wolf
Beitr. I, 190 verglichenen ſchwäbiſchen Gebrauch und die Sage von der
Königin Reinſchwaig (DS. 183. Sommer 11, f. auch Bechſt. 133, 163)
vergleicht. Weitere Forſchung muß ergeben, ob wir in ihr Oſtara oder
jene nach S. 314 §. 97 in der Herrdengöttin Graile von Woeſte be=
hauptete Mutter Donars anzuerkennen haben. Selbſt noch der chriſtliche
Prieſter muſte auf der Kanzel ein Oſtermärchen erzählen, um das
Volk zu erheitern und ein ‚Oſtergelächter‘ hervorzurufen. Die Oſter=
feier berührt ſich aber mit dem Maifeſt (Myth. 740) und dem Mai=
lehen (Menzel Germ. I, 61), und ſo vermuthete ich aus den Ortsnamen,

daß der Dienst der Ostara durch den der heil. Walpurgis (1sten Mai)
verdrängt worden, M. Rheinl. 97. Ihr Walkürenname stellt sich nahe
zu Freyja, die auch Walfreyja hieß und deren Vermählung mit Odin in
einem zwölftägigen Feste begangen ward, das mit dem ersten Mai begann, s. oben §. 73, 2. Ueberdieß erscheint sie Bernatelen Alp. S. 109 ff.
vom wilden Jäger verfolgt. Auch zu Ostern hat Ouihmann 192 einen
Minnetrunt nachgewiesen. Am weißen Sonntag (8 Tage nach Ostern)
führten die Bursche die Mädchen zum Meth, sich schön und stark zu trinken, Schmeller III, 360; dabei wird auch ein Gebäck genoßen, das man
Schifferle nennt, wahrscheinlich nach der Gestalt des Bechers, den wir
schon bei Gertrud gefunden haben.

5. Von der nordischen Sif erzählt D. 61, daß ihr Loki hinterlistiger
Weise das Haar abschor; ihr Gemahl Thor zwang ihn aber, von den
Schwarzelben zu erlangen, daß sie ihr neue Haare von Gold machten, die
wie anderes Haar wachsen sollten. Vgl. Vonbun Sagen 52. So erscheint sie als das Getreidefeld, dessen goldener Schmuck in der Glut des
Späthommers abgeschnitten, dann aber von unsichtbar wirkenden Erdkräf-
ten neu gewoben wird, Uhland 76. Hiemit ist aber der Name der haar-
schönen Göttin schwer in Uebereinstimmung zu bringen. Grimm stellt ihn
Myth. 286 mit Sippa, Verwandtschaft zusammen: darnach versucht Uhland
die Deutung: das zahllos wuchernde Geschlecht der Halme sei die größte
aller Sippschaften. Da dieß aber gezwungen scheinen kann, und schon
Grimm selbst (GDS. 149 fürchtet, die nordische Sif unrichtig auf Sibja
Sippa gedeutet zu haben, so schlage ich eine andere vor. Marien Heimsuchung (2. Juli), ,unserer lieben Frauen Tag, da sie über das Gebirge
ging', heißt hier zu Lande Maria Sif. Vielleicht war es einst das Fest
der heidnischen Göttin, deren Name diesem Marienfeste zur Unterscheidung
von so vielen andern beigefügt wurde. Das Fest hat nämlich einen un-
verkennbaren Bezug auf die nahe bevorstehende Ernte, die nicht eingescheuert
werden kann, wenn dieser Tag nicht glücklich vorübergeht. Nach dem Sprichwort ,Marien Sif Regiert das Wiß' regnet es vierzig Tage lang, wenn es
am Tage Mariä Heimsuchung sieft oder regnet: tritt aber diese Regen-
zeit ein, so ist die Ernte verloren und unermeßlicher Schade gestiftet.
Darum mochte schon die heidnische Göttin wie jetzt Maria angerufen werden, an diesem Tage den Himmel zu verschließen und trockene Witterung zu
senden, damit die Ernte eingebracht werden könne. Neber das Wort ,Sieseu'
vgl. Zschr. VII, 460, wo ein ahd. sisun seif sisun angenommen wird, aus
dessen Pluralnlaut der Name der Göttin herzuleiten wäre. Er wird vom
Niederrhein nach dem Norden gekommen sein, wie der Brisingamens aus
dem Breisgau, vgl. Mistel §. 34. Nicht zu weit ab liegt auch das Sieb
(cribrum), das vielleicht einst ihr Symbol war, wie es noch jetzt vielfach

zum Zauber dient, Myth. 1066. Wasser im Siebe zu tragen, ohne daß
ein Tropfen durchfließt, ist der göttliche Lohn der Unschuld.

> Schöpft des Dichters reine Hand
> Wasser wird sich ballen.

Hexen und Wettermacherinnen werden Siebe beigelegt N.S. 293 und nach
Liebrecht Gerv. 139 hat der Drac siebförmige Hände, womit Schwartz Ursprung d. M. 8 die Redensart bei seinem Regen ‚das Wasser kommt wie
gesiebt herunter‘, zusammenhält. Es ist auffallend, wie Mannhardt, dem
sich sonst Alles in Wolken auflöst, in Elf die Regengöttin verkennen mag.

6. Nanna, hochd. Nanda, Baldurs Gemahl, ist §. 34. 86 besprochen und gedeutet. Mit Recht bemerkt Onitzmann 133, der volksthüm-
liche Ausdruck Nandl für Anna habe mit Letzterem nichts gemein und gehöre offenbar hieher. Auch im ganzen westlichen Deutschland ist Nännchen
und in Frankreich Nannette für Annette gebräuchlich.

112. Göttinnen der Ernte und der Zwölften.

Erntegöttinnen finden wir in Deutschland noch in großer Zahl; sie
haben aber zugleich einen Bezug auf die „Zwölften‘ (die zwölf Nächte zwi-
schen Weihnachten und Drei-Königstag), das höchste Fest des Jahrs, ohne
Zweifel deßhalb, weil der Umzug, den sie in dieser hochheiligen Zeit halten,
Feldern und Bäumen Fruchtbarkeit spendet, wovon schon §. 71 gehandelt
ward. Neben ihnen erscheinen auch oft die entsprechenden männlichen
Gottheiten, aus deren Namen sie zum-Theil erwachsen sind. So ward
in Norddeutschland aus Wôdan, Wôd und Gôdan die Waud oder Fru
Wôd, Fru Gôde oder Gaue; doch stellt Rein (Haus Bürgel,
Crefeld 1855 S. 39 ff.) Fru Gaue und Fru Gauden mit dem roma-
nisierten Matronennamen Gabiae und Gavadiae nicht ohne Schein zusammen. Wir finden Ero (Wessobr. Gebet Z. 2), Era oder Hera
(Merseb. Zaubersp. I, Z. 1), Erke oder Herke, die auch wohl Harke,
selbst Harle heißt, wo das k der Ableitung als Diminutiv zu fassen ist.
Aehnlich deutet Adalbert Kuhn den in Niedersachsen, wie er Zeitschr. V,
378 nachwies, noch fortlebenden Namen der Fru Freke nicht aus dem
nordischen Frigg, sondern auf das Frêa des Paulus zurückgeführt, als
Diminutiv; früher wußten wir nur von ihr aus Eccard Germ. p. 390,
und deutschen Ortsnamen wie Freckenhorst, Myth. 281. In Mitteldeutsch-
land heißt dieselbe Gottheit Frau Holla; im Süden erscheint neben ihr
Frau Berchta, der ein männlicher Berchtold entspricht; hier und da
führt sie auch andere mehr verächtliche Namen (Stempe, Trempe,
Werre). Der Glaube an sie schwächt sich jetzt freilich immer mehr ab,
war auch nach Landschaften von jeher verschieden: das Gemeinsame besteht,

was uns noch übrig ist, fasse ich mit Benutzung der Worte Weinholds
(Teutsche Frauen im MA. S. 35) zusammen:
„Die Göttin ist eine sehr hehre Frau, eine sorgsame und strenge Len-
terin großen Haus- und Hofwesens. Sie zeigt sich den Menschen am
öftersten in den Zwölften. Da hält sie, wie einst Nerthus, ihren Umzug
durch das Land, und wo sie naht, ist den Feldern Segen für das künftige Jahr gewiss. Darum wird ihr auch bei der Ernte ein Dankopfer
gebracht: ein Halmbüschel wird nicht abgemäht, sondern unter gewissen
Gebräuchen der Frau Gode u. s. w. (Vergödenbülsstrauß) geweiht, wie er
auch wohl für Wods Pferd stehen bleibt. Bei dem Zwölftenumzuge sieht
sie nach, ob das Ackergeräth an gehöriger Stelle sich befinde, und wehe
dem Knechte, der nachlässig war. Am aufmerksamsten ist sie für den Flachs-
bau und das Spinnen. Sie tritt in die Spinnstuben oder schaut durch
das Fenster und wirft eine Zahl Spulen hinein, die bei Strafe abgesponnen werden sollen, wie alles das in andern Sagen auch von der ihr entsprechenden männlichen Gottheit berichtet wird. Fleißige Spinnerinnen beschenkt sie mit schönem Flachse, faulen bejubelt sie den Rocken. Zu Weihnachten und wieder zu Fasnacht muß Alles abgesponnen sein und dann
ruht sie von ihren Wanderungen. Ihren Umzug hält sie auf Wagen oder
Pflug; an ihre Stelle tritt auch, für Binnenlande seltsam genug, ein Schiff.
In Börners Sagen aus dem Orlagau 113 fährt Perchte mit einem Pflug
übers Wasser in einem Kahn. Hier fehlt nur noch der Wagen, der bei
Gertrud nicht vermißt wurde. Aber S. 176. 185 erscheint auch er. Neben dem Pflug ist noch die Radwelle durch den Namen ,Rabeperchte' auf
sie bezogen, Börner 157. Wir sehen das allumfaßende Wesen dieser hohen
Göttin hell heraustreten: Wagen, Pflug und Schiff, im Begriff verwandt und selbst im Wort zusammenfallend (vgl. ,Pflugschar' und GTS.
56) sind Symbole der Einen großen mütterlichen Gottheit. Unverheira-
thete Mädchen werden dabei gezwungen, den Pflug der Göttin zu ziehen,
eine Strafe der Ehelosigkeit, denn die mütterliche Gottheit begünstigte die
Ehe. Vgl. S. 371. Ihr Schiff ziehen die Weber, einst die Priester der
Gottheit, welche die Webekunst gelehrt habe. Als Spinnerinnen erscheinen
auch sie selbst wie wir den Rocken schon bei der Frigg fanden. Zugleich
erscheinen Holda, und Perchta als Hegerinnen des Kindersegens. Die schlesische Spillaholla (Spille = Spindel) nimmt die Kinder mit sich in ihren
Brunnen, aus dem sie auch kommen, und führt sie neugeboren kinderlosen
Eltern zu. So werden zu Köln die Kinder aus Kuniberts Pütz geholt: dort aber sitzen sie um die Mutter Gottes herum, welche ihnen Brei
giebt und mit ihnen spielt. Maria ist hier wie so oft an die Stelle der
deutschen Urgöttin getreten, der Hellia oder Holda, die man auch in der
Tiefe der Fluth goldglänzende Hallen bewohnen läßt, wo sie umgeben sitzt

von den noch Ungebornen. Wolf Götterl. 55. Von Berchta mag Aehnliches erzählt worden sein, wenigstens ziehen in ihrem Gefolge die Seelen
der ungetauft verstorbenen Kinder, wie wir Solches schon bei Pharaildis
und Abundia fanden. Nach andern Sagen umgaben sie die Heimchen
oder Elben, von welchen wir jene vielleicht als Seelen der Todten (Freund
Hain) zu deuten haben, und so gleicht sie der Königin der Elben und
Feen in den romanischen und britischen Sagen. Nach Menzel Germ. II,
234 wären die Heimchen ursprünglich die Seelen ungeborner Kinder, deren Namen er als Keimchen (Embryonen) erklärt. Auch die schwedische
Huldra erscheint in elbischer Umgebung, und in Frau Herkens Berge wohnen die Unterirdischen.

113. Herke Jörth Jisa.

1. Von Frau Hera erzählt schon Gobelinus Persona im 15. Jahrh.,
daß sie nach sächsischem Glauben in den Zwölften durch die Luft fliege
und Ueberfluß zeitlicher Güter verleihe, Myth. 292. Vgl. Woeste Ztschr.
f. M. I, 394. Gräße Pr. Sagenb. I, 122. Von ihrem Namen scheint
Herke (auch Herken, Harke, selbst Harfe) Diminutivform. In einer angelsächsischen Segensformel (Erce erce erce eordhan módor) wird sie als
Erdenmutter angerufen. Im Havellande lag der Harkenstein, ein gewaltiger Granitblock, darin wohnten die Unterirdischen, mit denen sie, als
die alten Eichen gelichtet wurden, nach Thüringen auswanderte. In eine
Höhle des Bergs trieb sie Nachts ihre Hirsche, Rehe und andere wilde
Thiere; die Dachse hießen ihre Schweine. Sie wird als Riesin gedacht,
und warf auch einmal einen gewaltigen Stein nach einer christlichen Kirche;
sonst erscheint sie wohlthätig und ihr verdankt man die Einführung der
kleinen märkischen Rüben. Wenn der Flachs um Bartholomä nicht eingebracht war, drohte man, Frau Harke werde kommen; so sorgte sie auch
für das Winterkorn. Den Mägden, die bis zum Weihnachtsabend nicht
abgesponnen hatten, zerkraute oder besudelte sie den Rocken. Vgl. Kuhn
126 mit den Anm. und Sommer 8. In Westfalen heißt dieselbe Göttin
Hirke oder Hurke, und wiederum ist hier ein Herkenstein oder Herchen-
stein nachgewiesen. Auf sie soll die Hercynia silva zu beziehen sein,
Woeste Ztschr. f. Myth. I, 393; vgl. jedoch Glück Die keltischen Namen
S. 10. 13. Ohne Zweifel gehört hieher auch die gelbische Erke, von
welcher sich Erkelenz ableitet. Nach der Chronik dieser Stadt hat Erkelenz
Ursprung und Namen von einer edeln Frau Erka, die gemeinlich die
Frau zur Linde genannt und ein mannlich Weib gewesen ist.
Wie wenig man, als die Chronik geschrieben wurde (um die Mitte des
16. Jahrh.), die Erka der Mythologie und Heldensage noch kannte, zeigt
die fernere Meldung: „Zur Vertheidigung des Vaterlandes habe sie den

Tod nicht gescheut und allen Männern ein Zeichen der Tapferkeit gegeben.' Dargestellt ward sie, das Schwert entblößt in der Rechten, in der Linken den Schild, sonst unbewaffnet. Mein Rheinland III. Aufl. 370. Nach Erle ist bei uns noch Anderes benannt: zuerst das so nah an Erkelenz herantretende Erquelinas, dann Erkrath, und ein Bach in der Eifel, Quellarm der westlichen Ruhr, Erkesruhr. Vgl. den Schluß von §. 195. Die Gründung von Erkrath bezeugt Teschenmacher Annales Clivine, Iuline, Montium. Arnheim 1638 p. 416: „Pagum Erchradium a nobili virgine Ercha, et pagis novalibus ab ea ibidem cultis denominatum volunt." Bei Erquelinas scheint auch wieder wie bei Erkelenz die Linde im Spiel.

Kuhn MS. 482 hat in Frau Harke die Tochter Zios oder Herus vermuthet und dabei den Dedesstieg, der zum Harkenberge führt, als Tivesstieg gedeutet. Wilh. Müller 226 erkennt in ihr die Gemahlin desselben Himmels- und Schwertgottes, was zu ihrer kriegerischen Darstellung in der Chronik von Erkelenz stimmt. Doch könnte sie auch die Mutter des Schwertgottes sein: aus der Erde ward das Schwert gegraben, das dem Attila gebracht ward, den wir selber §. 88 als Schwertgott zu fassen versuchten. Das Richtigere möchte auch hier wieder die Heldensage bewahren. Nach ihr ist nämlich Herkja oder Helke als Etzels (Attilis) Gemahlin bekannt. Da sie der Berchta so nahe verwandt ist, so kann es auf echter Ueberlieferung ruhen, daß ihr Wilkinaf. c. 64—83 eine Schwester Berta giebt. Alles deutet darauf hin, daß sie eine der ältesten Göttinnen ist, und auch das erlaubt, sie dem Zio (Heru) zu verbinden, der gleiches Alter in Anspruch nimmt. Ueber den Hiarfelmal (Harkelmai) Woeste a. a. O. 395, Kuhn WS. 11, 180.

2. Jünger scheint der Name der Jördh, der Mutter Thôrs (vgl. §. 112), wie unsre ‚Erde' erst aus dem einfachen ero hera (vgl. die Rune ⊓r) abgeleitet ist, Myth. 229. Wie aber der Donnergott Thôr, der erst aus dem Himmelsgott Tyr entstanden sein mag, die Jördh zur Mutter hatte, so dieser wohl die Heru oder Herka. Nur daß Herka dem Attila vermählt war, spricht noch für W. Müllers Ansicht. Den der Erka heiligen Baum, die Linde, finden wir auch bei der Holda und andern ihr wesentlich gleichen Göttinnen; die Gründung von Städten hat sie vor ihnen voraus.

3. Noch eine andere Göttin weist auf Zio, und in ihr könnte man seine in der Edda unbenannt bleibende Gemahlin (§. 96) zu finden glauben. Außer dem Zio verehrten die Schwaben nach einem vielleicht noch in der karolingischen Zeit geschriebenen Bruchstück (Myth. 269) eine Göttin Zisa, von welcher Augsburg benannt ward; der ihr heil. Tag war der 28. September. Am 29. war das Fest des h. Michael, von dem wir sahen, daß er an Zios Stelle trat. Das an sich sehr zweifel-

hafte Zeugniß wird es noch mehr, seitdem wir aus Birlinger Aleman.
Sprache I, 39 wißen, daß nur die Alemannen den Dinstag Zistag
heißen, nicht die Schwaben im engern Sinne, die ihn vielmehr Aftermentig nennen. Freilich kann christlicher Missionseifer den Namen
Aftermentig gerade darum durchgesetzt haben, weil es Noth that, dem
Ziudienst entgegenzuwirken. Vor der Hand werden wir aber die Glosse
Cyuvari = Suâpa auf die alemannischen Schwaben beziehen müßen.
Horaz gedenkt der amazonischen securis Vindelicorum (Oden IV, 4),
und auf der Silberscheibe des 1848 zu Mainz gefundenen s. g. Schwertes
des Tiberius (Lersch Progr. zum Winckelmannsfest 1849) ist eine ama-
zonenartige Frauengestalt abgebildet, die eine Hand mit der Doppelart,
die andere mit dem Wurfsper bewaffnet. Ein zweischneidiges Schwert
fanden wir S. 278 bei St. Michael, der uns auf Ziu wies; mit
dem Schwert war die gelbrische Erka bewaffnet; aber noch immer gilt
das horazische: nec scira fas est omnia. Vgl. auch Bacmeister Alem.
Wanderungen 117.

114. Holba und Berchta.

1. In dem Namen Holba will Myth. 244 den Begriff der mil-
den, gnädigen Göttin ausgedrückt finden. „Ich überzeuge mich immer fester",
heißt es 899, „daß Holba nichts anders sein kann als der milden, gütigen
Frida Beiname." Auch die entsprechende nordische Hulla, Huldra will
Grimm 249 aus dem altn. Abj. (hollr propitius), nicht aus dem altn.
hulds, Dunkelheit erläutert wißen. Gleichwohl berührt sie sich so vielfach
mit Hilbe (D. 108), daß der Gedanke an heln, verbergen, das diesem
Namen (für hllende) gewiß, wohl auch jenem Hulda zu Grunde liegt,
nicht abzuweisen ist; selbst an Hel, die verborgene aber als Todesgöttin
im Norden so tief herabgewürdigte Göttin, entbricht man sich nicht zu
denken, wenn sie zuweilen häßlich, langnaßig, großzahnig und alt, mit
struppigem engverworrenem Haar (Myth. 247) vorgestellt wird, und Sterbliche durch den Brunnen in ihre Wohnung gelangen, wie Ran, das Nebenbild der Hel, Ertrunkene aufnimmt; oder wenn sie in Schreckensnächten
durch die Lüfte braust und das wilde Heer anführt, dem außer Hexen
auch Gespenster, die Seelen der Verstorbenen, angehören.

2. Der Name Berchta bezeichnet dagegen die leuchtende, glänzende
Göttin, und obwohl auch sie so wenig immer hold und gütig erscheint als
Holba stäts gefräßig und furchtbar, der heutige Volksglaube vielmehr auch
bei ihr die grauenhafte Seite hervorzukehren, ja sie noch tiefer herabzuwürdigen pflegt als Holba (Myth. 250), so erscheint sie doch in älterm,
halb historischem Sagen §. 115 ihres lichten Ursprungs nicht unwürdig,
und die weiße Frau unserer Fürstenschlößer heißt nur Bertha, nie Holba.

Wie nun, wenn ursprünglich Berchta und Holda die Gegensätze von
Licht und Finsterniß ausdrückten wie sie in der Erscheinung der Hel sich
verbunden zeigen? Wir sahen, daß diese Göttin der Unterwelt wie Feirefiz im Parzival eine lichte und eine dunkle Seite hatte: sie konnte also,
je nachdem sie dem Menschen die eine oder die andere zukehrte, als lichte
(Bertha) oder als dunkle Göttin (Hulda) erscheinen. Daß sich Hel mit
Beiden, Hulda und Berchta, ja mit Hilde und Freyla, in ihrem Bezug
auf die Seelen der Verstorbenen berührt, hat die bisherige Darstellung
nachgewiesen; selbst bei der Göttermutter (§. 97) sind wir an Hel erinnert worden, und Freys, ja Odins Verhältnisse zu ihr und dem Todtenreich haben sich herausgestellt. Als Skeäf kam Wali oder Odin als Uller
auf dem Todtenschiff gefahren, ein Land zu beglücken; dasselbe Schiff
brachte ihn der Unterwelt zurück; als Schwanenritter sandte ihn Artus
aus dem hohlen Berge, wo er bei Juno lebte, die nur Freyla sein kann,
die wir auch im Venusberge finden, wiederum zwar in lateinischer
Uebersetzung, aber doch erkennbar und selbst durch das ‚Frau Frene‘
des schweizerischen Tannhäuserliedes als Freyla verrathen. Auch in der
Königin der Elben und Feen, welche dem Thomas von Ercildoune Hirsch
und Hirschkuh als Boten der Unterwelt sendet, erkennen wir sie in ihrer
unheimlichen Verwandtschaft mit Hellia. Es ist ein tiefes, schauriges
Geheimniß, das unsere Mythologie hier nicht ausspricht, aber andeutet:
Tod und Leben, ja Lieben und Sterben sind unzertrennlich verbunden.
Aus dem Brunnen Huergelmir in Niflhel sind die urweltlichen Ströme
hervorgequollen, von dem Geweih des Sonnenhirsches fließen sie dahin
zurück; dort ist auch Holdas Brunnen, aus dem die Seelen der neuge-
borenen Kinder kommen, wo die Geister der Verstorbenen weilen. Und
so reicht sich nicht bloß im Menschenleben Anfang und Ende die Hand;
auch das Leben der Natur erstarrt alljährlich, es verschwindet von der
Oberfläche und birgt sich im dunkeln Reiche der Hel, wenn Idun, das
grüne Sommerlaub, von der Welteiche fällt. Auch Freyla und Freyr,
alle Wanengötter, selbst Odin als Uller oder Oller, Wuotan, der im
Berge schläft, sind dann in die Tiefe zurückgenommen; aber im Frühjahr schirrt der Nerthus Priester ihren Wagen von Neuem; das Schiff
der Isis wird auf Rädern über die Berge gezogen, ihr Pflug lockert die
Erde und lächelnd schlägt Skeäf, der neugeborene Knabe, auf seiner
Garbe die Augen auf. Doch schon im Mittwinter, wenn die Sonne sich
verjüngt, wird das Fest der schönen Götter gefeiert, Freys, Freyjas
und Gertrubs, ja Odins Minne getrunken; dann halten auch Holda und
Berchta ihren Umzug, die Ahnung ihres rückkehrenden Reichs ist erwacht,
und in den Winterstürmen streuen sie ihren Segen aus.

An dem Bezug der Nerthus, der Freyla, der Holda und Berchta

auf Hellia sehen wir, wie die deutschen Gottheiten, die Göttinnen zumal, ineinander fließen, wie vielleicht auch ursprünglich alle aus Einer sich entwickelt haben. Gleichwohl läßt sich ein Unterschied festhalten, jede auf ihren eigenthümlichen Kreis beschränken. Hel selbst, ihre Urquelle, die verborgene Erdmutter, wagt sich als Todesgöttin nicht leicht an das Licht, und wehe, wenn es geschieht! wenn sie auf dreibeinigem Roß umreitet, denn dann kommt sie als Pest und erwürgt die Menschen. Erwünschter ist Berchtas und Holdas Erscheinen; aber auch sie sind nicht immer gütig und gnädig; doch nur dem Schuldigen, dem Neidischen und Faulen pflegen sie sich finster und unfreundlich zu zeigen. Unter sich sind sie kaum verschieden; doch erscheint Perchta nicht als Brunnenfrau wie Holla (Hollabrunn Vernaleken Alp. 121), die ihrerseits als Spinnerin nicht zu begegnen pflegt; auch hat Holda keinen Bezug auf das Fest der Erscheinung (Epiphania, Berchtentag, Dreikönigstag); sie ist nicht die Königin der Heinchen und Elben wie Berchta (Myth. 253), die sich darin der Hel an die Seite stellt und mit Hilde und Pharaildis berührt. Doch hat auch Holda Elben im Gefolge, die nach ihr die ‚guten Holden‘ heißen (Myth. 424, 5), Huldra ist Königin des Huldrevolks (M. 421). Holda, die wie Nerthus im Wagen fährt, wie Bertha an der Spitze des wüthenden Heeres zieht, wohnt häufiger im See, im Teich, im Kinderbrunnen; aber doch auch im hohlen Berge, im Venusberg, im Hörselberg, und wie der Huldrestal, ihre wunderbare Weise, berühmt ist, läßt Frau Hulli in Franken liebliche Töne vernehmen, die einem Menschen das Herz im Leibe schmelzen möchten; Kinder werden darauf zu lauschen gewarnt, sonst müßten sie mit Frau Hulli bis zum jüngsten Tage im Walde herumfahren. S. Fries Ilschr. f. D. M. 1, 27. 28. Im Riffhäuser ist sie K. Friedrichs Ausgeberin (Kuhn NS. 247, 9), anderwärts des im Berge schlafenden Gottes Gemahlin, und im Holleberg hausen die Delten oder Aulten (Kuhn NS. 322), die nichts anders sind als Geister der Verstorbenen, vgl. Kuhn NS. 485. WS. 66, wonach sie die Eltern bedeuten würden. Zu ihnen stellt Kuhn WS. 64 auch die Schönaunten.

Wenn Holda nur ein Beiname der Frigg sein soll, was ihren Bezug auf Freyja zu verneinen scheint, so ist doch ihr Zusammenfallen mit dieser schlagend, wenn sie weinend auf der hohen Acht, oder nach Pröhle HS. 135 auf den drei Brotsteinen sitzt, oder nach Wolfs HS. 12 in den Frau-Hollen-Stein bei Fulda, in welchem man Furchen sieht, so bittere Thränen um ihren Mann geweint haben soll, daß der harte Stein davon erweichte. So sagt man nach Wolf NS. 594, wenn der Wind so recht heult und kreischt: Hör, Alwina (die Elbin) weint. Alwina war nämlich nach der Sage eine schöne Königstochter, welche wegen einer Heirath von ihren

Eltern verwünscht wurde, ewig umherzusahren. Aber nach dem Volksliede klagt sie um ihren Mann, der sie verlaßen zu haben schrien. Auch
jene um ihren Mann weinende Holla vervielfältigt sich in den Klage-
frauen, Klagemüttern (M. 403. 1088), gespenstischen oder fliegenden
Wesen, deren Stimmen im Walde flüsternd, raunend und muhend vernommen werden, weßhalb sie auch Klagemuhmen (holzmuoja, holzmuwo)
genannt werden. Sie sind besonders um den Oberharz zu Hause, wo
die Klagefrau auch Leidfrau heißt. Sie begabt mit Horn, Wünschhut
und Mantel (Pröhle KV. 81—89); dieselben Stücke verleiht Odin, und
so erscheint sie als Wodans Gemahlin. Frau Holla beruft sich, Pröhle
HS. 166, darauf, daß sie ein Recht habe, am Frau Hollen-Abend im
weißen Gewande zu sitzen und zu heulen. Vgl. Harris II, 6, wo dasselbe von der 'Haulmutter' berichtet wird, die mit der klagenden Mutter
Holla eins ist. Ein hessisches Märchen (KM. 13) erzählt auch von drei
begabenden Haulemännerchen, M. 424. Die Klagemütter, die in 'wildiu
wip' überhaupt übergehen, werden auch als Vögel, namentlich als Eulen
(Leichenvögel) gedacht, deren Erscheinen den Tod ankündigt. Hieher gehört die dem wilden Heere voraufflatternde Tutosel, die bei Lebzeiten
eine Nonne gewesen sein soll, DS. 311, die mit ihrer heulenden Stimme
den Chorgesang störte, nach dem Tode sich dem Hackelberg gesellte und
ihr Uhu! mit seinem Huhu! vermischt. Sie heißt auch Tutursel und
vergleicht sich der alten Urschel der schwäbischen Sage, in deren Berge die
Nachtfräulein wohnen und die selbst ein solches Nachtfräulein ist. Auch
sie jammert, aber nur um ihre Erlösung, die jetzt nicht eher geschehen kann
als bis ein Hirsch eine Eichel in den Boden tritt, aus der Eichel ein
Baum erwächst, aus dem Baume eine Wiege gezimmert wird: das erste
Kind, das man darin schaukelt, kann sie erst wieder erlösen. Diese Urschel
ist aber, wie Meier XXII selber sagt, nach dem Berge benannt, in welchem
sie wohnt; auch die Tutosel kann nach einem Berge heißen, da Oselberge,
nebst dem in Hör-Seel-Berg so arg entstellten Hörselberg vielleicht
einst Asenberge, vgl. Kuhn WS. 335, vielfach bezeugt sind: die Ostara
und die heil. Ursula kann also hier aus dem Spiele bleiben. Der lutende
Ase (bornhytvaldr) war Odin oder Heimdall; erst als der Name nicht
mehr verstanden wurde, wird man Osel- in Ursel- und Hörsel- entstellt und
die Tutursel als Eule verstanden haben. Vgl. jedoch Kuhn WS. II, Nr. 16.
Auch erinnert allerdings Hörselberg an Errildoune S. 330 §. 102.

    Wie Holda hier in die Klagefrau, so geht sie wohl auch in die wilden
Frauen über, im Tirol Sollge oder Salinge Fräulein genannt, wo sie
zwar mehr Feen als Elbinnen gleichen, aber doch bezaubernden Gesang
mit ihnen gemein haben. Zingerle Sagen 28. Die 'Salgfräulein' sind
vor dem Sündenfall gezeugte Kinder Adams, die noch paradiesischer Un-

schuld gewesen: darum mußten sie sich in Höhlen und Wälder zurückziehen und den Umgang der verdorbenen Menschheit meiden. Aus Wurzeln und Kräutern bereiten sie sich schmackhafte Speisen; ihr Hausthier die Gemse ist ihnen zahm; für Hitze und Kälte sind sie unempfindlich. Bernaleken Oestr. M. 244. Ihnen vergleichen sich die Heidenweibchen bei Rochh. Myth. 102. Die wilden Frauen des mittlern Deutschlands haben ihren Aufenthalt bei allen Mahlbergen und Freisteinen, Woll HS. 150, und die Eindrücke in der wilden Frau Gestühl bei Dauernheim (Woll HS. 88. Myth. 408), die von Händen und Füßen der zu Gericht Sitzenden herrühren werden, bezieht der Volksglaube auf die wilden Frauen, die hier mit Mann und Kind hausten, als die Steine noch 'mell' waren. Kommen auf andern Freisteinen zwei Vertiefungen vor, so saß da 'das Weiberl mit dem Mannerl.' So zeigt man anderwärts 'der wilden Frau Haus', der 'wilden Frau Berg' u. s. w. Oft gaben dazu nur Höhlen oder auffallend gestaltete Felsen Veranlassung; aber die Wohnung der wilden Frau bei Birstein, Landger. Reichenbach in der Wetterau, ist wieder ein alter Freistein. Hier galt sie für eine Zauberin, der, so weit sie sah, Alles gehorsam war. Freisteine dieser Art waren vielleicht auch die mehrfach nachgewiesenen Spilsteine oder Kunkelsteine, die von ihrer spindelähnlichen Gestalt benannt sind und das Volk an die spinnende Göttin erinnern, woraus sich der Name 'Kriemhildespil' deutet. Daneben erscheint aber auch ein Kriemhildestein, Brunhildestein (Heldens. 155), so jener unter dem Namen Leotulae Branichildis hochberühmte Altar auf dem Feldberg (Iobannis rer. Mog. II, 514), bei dem auch ein Brunhildeborn vorkommt; ferner jener Frau-Hollenstein S. 385, der Hollenstein bei Spich in unserer Nähe, oder der Hohlstein (Lynder 258), dem ein Blumenopfer gebracht wird. Auch die häufigen Rockensteine werden hieher gehören, vgl. Menzel Germ. I, 74 fl.; in England heißen sie Rockingstones. Einzelne solcher Rocken-, Kunkel- oder Spilsteine, die auch die französische Sage auf halbgöttliche Wesen bezieht (quenouille à la bonne dame, à la bonne fée), scheinen zu Grenzsteinen gedient zu haben: mehrfach befindet sich der Name Holla bei solchen, wie bei Grenzbäumen (Hocker Alterth. der Rheinl. XX, 128). Im Dorforster Weisthum von 1592 heißt es: 'An Frau Hollenbaum, da stehet eine Mark'; auch in der Nähe von Wertheim wird ein 'Frau Hollenbaum' genannt. Jene Spilsteine lassen endlich doch Frau Holle als Spinnerin erscheinen, vgl. S. 385. Spindeln pflegt Holla an fleißige Spinnerinnen auszutheilen (wie auch Bertha die Aufsicht über die Spinnerinnen führet), und den Spindelstein, welcher die uralte Grenze von Burgund bildet, hält die Göttin selbst unter ihrem Arme dahingetragen und aufgerichtet. Häufig heißt solch ein Stein Gollstein, was nicht

etwa aus Hollstein oder Hollenstein verderbt ist, der Name geht vielmehr auf den gellenden Hahn, der ein Lieblingsthier der unterweltlichen
Göttin ist, §. 106. 1. Der Hahn krähl in den Sälen Hels; er ist auch
ihr beliebtes Opferthier. Wie im Norden der Spinnrocken der Frigg ein
Gestirn bildete, so finden wir Rocken und Kunkel auf Erden der Holla
geweiht und wie Frea nach Kemble (Sachsen in Engl. 297) eine Schutz-
göllin der Felder und Grenzen war, so mag Holda in Deutschland dafür
gegollen haben. So ließ Lufthildis (Rheinl. 144) eine Spindel, die
noch heute in Lüstelberg gezeigt wird, hinter sich herschleifen, und die Furchen, die sie zog, wurden zu Grenzgräben. So finden wir bei Zürich
einen Kriemhildegraben Weisth. I, 48, Bernaleten Alp. 25; in Siebenbürgen (nach Friedr. Müller Siebenb. S. 25) einen Frahollegraben. Vor
Jahren soll eine Frau die Quelle, welche dort fließt, eingefaßt und mit
einer Rinne versehen haben. So erscheint ein Kriemhildegraben auf dem
Albis bei Zürich in den Schloßruinen der Schnabelburg, Rochh. I, 9;
so wies Kemble bei den Angelsachsen einen heiligen Grenzbaum nach, welcher der Freilagsbaum hieß, wo der Bezug auf Frea nahe lag: an ihrem
Tage waren etwa die Gerichte unter diesem Baume gehalten worden.
An die Stelle der Spindel tritt in andern Sagen der Pflug, gleichfalls das Symbol einer Göttin, und der indic. superat. de sulcis circa
villus spricht c. 23 von unverletzlichen Grenzfurchen, die um Ortschaften
gezogen wurden, was auch römische Sitte war. Es kann aber nicht zufällig sein, daß wir Frau Holla oder die an ihre Stelle tretenden wilden Frauen, ja nach M. 1002 auch die Hexen an allen Freisteinen und
Mahlstätten antreffen. Mahlstätten waren auch zugleich Opferplätze, wie
Tempelhöfe und Gerichtshöfe noch spät zusammenfielen und schon
lectulus und lectisternium einen Altar bedeutete; vgl. lit de justice.
Das erklärt die Heiligkeit der Freisteine, die Asyle waren. Wie der
Holla die Grenzen heilig waren, wie bei Uller (Holler), bei Gefion, bei
den unterweltlichen Flüßen geschworen wurde, wie man zu Touloufe bei
Berthas Spindel schwor, so werden auch die Gerichte, welchen Opfer vor-
hergingen, unter der Obhut dieser hehren Göttin gestanden haben. Die
Linde, die der Holla wie der Erka heilig war, diente am häufigsten
als Gerichtsbaum, RA. 796. Daselbst ist auch ein Hollgericht ‚to spelle
unter der Linden' bezeugt, und Richthäuser und Dinghöfe in den Städten
findet man unter der Benennung Spelhus, Spielhus, RA. 806, was auf
die Spindel der Göttin zurückgehen könnte, wenn man eine Verwechselung
von spil ludus oder spel narratio mit spilla suevs annähme. Vielleicht
erklärt sich daraus selbst das Wort Kirchspiel.

Ich habe mich oben geweigert, die heilige Ursula herbeizuziehen,
weil es mir auch nach Schades Schrift (Die Sage von der heiligen Ursula

Hannover 1854) zweifelhaft blieb, ob sie deutsch mythischen Grund hätte.
Wäre wirklich die Legende auf Täuschung des Volks berechnet gewesen, so
folgte nicht im Mindesten, daß ihr ein deutscher Mythus zu Grunde liege;
je stärker der Betrug betont wurde, den man mit ihr getrieben habe, je
weniger war ich geneigt, echten Grund dahinter zu suchen. Das Heidenthum mag der höhern christlichen Wahrheit gegenüber als Lug und Trug
erscheinen, aber gewiß nicht in dem Sinne als ob es ein willkürlich
Ersonnenes wäre. Auch schien das bei dem Ursuladienst hervorgehobene
Schiff, obgleich es sich auch bei der Isis, bei Nehalennia, bei Wanne
Thekla, ja wie ich glaube selbst bei der Nerthus findet, doch für Ursulas
Göttlichkeit nicht zu zeugen so lange man nicht sah wie sie ohne Schiff
von Britannien nach Köln hätte gelangen können. Jetzt aber muß ich sie
dennoch für mythisch halten, nachdem es zu Tage gekommen (J. H. Kessel
St. Ursula und ihre Gesellschaft Köln 1863. S. 15 u. 166), daß ursprünglich nicht Ursula sondern Pinnosa an der Spitze des Jungfrauen-
heeres stand. Im Kölnischen Dialekt bedeutet Pinn Stachel, und Pinnosa
soviel als Spinosa. Es begreift sich, daß man einen solchen Namen, der
an den Schlafborn erinnerte, mit dem Brynhild in Todesschlaf gesenkt
wurde, die als Odins Gewahlin selbst einst mit Todesstäben getroffen
hatte, nicht an der Spitze der Schar dulden wollte, die aus Britannien,
dem Todtenlande kam. Aber gerade, daß man sie beseitigte und in der
Würde einer britannischen Königstochter durch Ursula ersetzte, verräth die
Absicht, den heidnischen Ursprung der Legende zu verbergen. Tadelns-
werth finden wir darin nichts. Es that Noth, endlich auch diesen heidnischen Cult, dem das Volk nicht entsagen wollte, christlich umzubilden
wie man nach ausdrücklicher Vorschrift des Oberhaupts der Kirche heidnische Tempel nicht niederriß, sondern in christliche Kirchen umgestaltete.
Die Rede auf den Todestag der 11,000 Jungfrauen, welche noch Pinnosa an der Spitze der h. Schar zeigt, setzt der Herausgeber ins 8. Jahrh.
Vergebens versichert er, Ursula sei nur auf kurze Zeit vergessen und durch
Pinnosa verdrängt gewesen: ihr früheres Vorkommen wagt er nicht einmal zu behaupten, und die Tradition, daß Ursula die Führerin der Schar
gewesen, ist nicht älter als die absichtliche Beseitigung der allzuheidnisch
klingenden Pinnosa. Uebrigens kann auch diese als Spinnerin (Spinnosa)
gefaßt werden, da wir wissen, daß Dornröschen von einer Spindel getroffen in todähnlichen Schlaf sank.

115. Bertha die Spinnerin.

Die beiden Seiten der Hel, die schwarze und die weiße, scheinen in
den Namen Holda und Berchta geschieden, nicht so in deren Wesen, da
beide schön und häßlich, freundlich und unfreundlich erscheinen können.

Diesem doppelten Wesen der Göttin entsprechend wird sie in fränkischen und schwäbischen Gegenden Hilbabertha genannt, worin schon Myth. 355 eine Verbindung der Namen Holda und Bertha sah. Es kann aber auch Weiße und Schwärze, Schönheit und Häßlichkeit an gesonderte Wesen vertheilt werden, und so geschieht es KM. 135, ‚von der weißen und schwarzen Braut‘, vgl. Das goldene Spinnrad in Wenzigs Westslav. Mär-chenschatz S. 45. Die weiße wird von der schwarzen verdrängt, die warm in des Königs Arm sitzt, während jene als weiße Ente durch den Gossenstein in die Küche geschwommen kommt um die Federn am Heerd-feuer des bethörten Gemahls zu wärmen. Diesem Märchen ist die Sage von Bertha der Spinnerin, der sagenhaften Mutter Karls des Gro-ßen, auf das Nächste verwandt. Wir besitzen sie in verschiedenen Fassun-gen, die älteste in der Bremer Chronik, Meibom scriptt. II. p. 20—21, welcher sich das nordfranzösische Gedicht des Adenès le Roi anschließt; jünger ist die Darstellung der Weihenstephaner Chronik; J. Woll hat noch die Nochea de inuierno verglichen. Vgl. Meine Bertha die Spinnerin, Frankfurt 1855, wo auch der wesentliche Inhalt der Sage erzählt ist. Auch in Italien war sie durch die Reali di Francia bekannt, und auf sie be-zieht man das Sprichwort von è piu il tempo che Berta filava. Da-mit ist aber die goldene Zeit gemeint, und so zeigt sich schon daran die mythische Natur dieser spinnenden Bertha. Ein anderes Erkennungszeichen ist ihr großer Fuß (Berte as grans piés, Berhte mit dem fuoze): es ist der Schwanenfuß der Freyja, der von ihrer Walkürennatur her-rührt, §. 107. In dem so eben besprochenen KM. wandelt sich die weiße Braut in eine Ente: der kleinste dieser Wasservögel ist an die Stelle des größten getreten. In der Wielandsage, wie sie das Gedicht von Friedrich von Schwaben zeigt, sind aus den Schwänen der Wölundar-kwida gar Tauben geworden, §. 129. Die Verwandlung in den Schwan meldet die Volkssage nicht selten; so ist der Schwan auf dem See bei Röpenick eine Prinzessin, Kuhn NS. 81, und die Erdjungfrau (Baader 266) pflegt sich in einen Schwan zu wandeln, ja Musäus halte fast die ganze Wielandssage vernommen. Weil es aber von Freyja selbst nicht bekannt ist, daß sie gleich den Walküren, die doch aus ihr erwachsen sind, Schwanengewand anlegte, so beziehe ich mich auf die Sage von der Schwanenkirche bei Carden an der Mosel, Zeitschr. für Myth. I, 305, wo die Jungfrau Maria, die auch sonst an die Stelle der deutschen Frouwa zu treten pflegt, Schwanengestalt annimmt, um einen in die Gefangen-schaft der Ungläubigen gerathenen Ritter über Land und Meer in die Heimat zu tragen, ganz wie sonst Wuotan seine Günstlinge im Mantel oder auf dem Roß §. 66 durch die Luft heimträgt.

In der Sage von Bertha, der kerlingischen Ahnenmutter, ist von ihrer

göttlichen Natur nur ein großer Fuß übrig; bei der Reine pédauque
(Regina pede aucae), deren Bildniſſe franzöſiſche und burgundiſche Kirchen zeigen, ward der Schwanenfuß zum Gänsefuß. Sie heißt die Reine
aux pieds d'oison, und bei der Spindel der Königin Gansfuß schwur
man einſt zu Touloule, vielleicht weil ſie den Lebensfaden ſpann. Wahrſcheinlich war an jener Kirchen die Königin von Saba gemeint, welche
dem König Salomon die Zukunft enthüllt; dieſer Weißagerin hatte die
deutſche Sage nach dem Gedicht von Sibyllen Weißagung (aus dem 14.
Jahrh.) Schwanen- oder Gansfüße beigelegt. Aus der orientaliſchen Ueberlieferung kann ihr das nicht gekommen ſein: es war als ein Zeichen höherer Abkunſt von der germaniſchen Göttin und den weißagenden Schwanenmädchen §. 107 auf ſie übertragen. Als die Königin von Saba zu
Salomon kam, war ſie zwar ſonſt ſchön, aber durch Gänsefüße entſtellt.
Da ſie aber dem Holze, das jetzt die vorläufige Brücke zu Salomons
Palaſte bildete, die Ehre anthat, es nicht mit den Füßen betreten zu
wollen, weil ſie wuſte, daß es beſtimmt ſei, einſt zu des Heilands Kreuz
gezimmert zu werden, und darum lieber durchs Waßer watete, wandelten
ſich die Gänsefüße in die ſchönſten Frauenfüße. So ſtößt die Geliebte
des Staufenbergers, die ihn als Walküre im Kampfe beſchützt hatte,
bei ſeiner Hochzeit mit einer Andern den Fuß durch die Bühne, die Decke
des Saals: er wird nur als ein wunderſchöner Frauenfuß bezeichnet; in
der alten Sage war er wohl auch ein Schwanenfuß: das verſchmähte
Wunſchmädchen wollte an ihre höhere Natur erinnern. In der noch lebenden Volksſage (Mone Anz. 1631. 88) iſt durch den Einfluß des Volksbuchs von der Meluſina aus dem Schwanenfuß ein Schlangenſchwanz geworden. Die Burg des Staufenbergers war zähringiſch, und daß uns
hier eine zähringiſche Geſchlechtsſage vorliege, zeigt auch, daß der Staufenberger mit der neuen Braut Kärnthen (Caerinthia) erheirathen wollte.
In dem Geſchlecht der Zähringer kommt der Name Berchtold häufig
vor, vielleicht in Beziehung auf den Berchtung von Meran der Heldenſage.
Deſſen gleichnamiger Sohn erhielt nach dem Wolfdietrich Kärnthen; ein
anderer, Hache genannt, Breiſach und eine edle Herzogin, mit der er
den getreuen Eckart, den Pfleger der Harlunge, zeugte: durch beiden konnten ſich die Zähringer Bertholde, die ihren Namen von Kärnthen ableiteten
und das Breisgau beherrſchten, an den Ahnherrn jenes Heldengeſchlechts
knüpfen. Aber Götter pflegten an der Spitze der Stammtafeln und der
Königsreihen zu ſtehen: ein männlicher Berchtold entſpricht in der Götterſage der weiblichen Berchta, die auch Perchtölberli heißt, Myth. 257. 884:
in Schwaben zieht er weiß gekleidet, auf weißem Pferde der wilden Jagd
voraus und in der Schweiz wird der Berchtolds Tag noch jetzt feierlich
begangen. Wir ſehen alſo Odin als Ahnherrn an der Spitze deſſelben

deutschen Fürstengeschlecht, dem in der Gestalt jener Schwanenjungfrau
auch Freyja vorsteht. Einen Bezug auf das Breisgau zeigt auch das
Halsgeschmeide der Freyja, das Brisingamen (Brisingorum monile)
heißt. Im Beowulf wird unter Brosinga meno ein Schatz verstanden,
welchen Heime, ein Dienstmann Kaiser Ermenrichs, nach der heerglänzenden
Burg getragen habe. Auf den Breisgau weist auch wieder das Harlungengold, das sich Ermenrich aneignete, nachdem er die Harlungen, seine
Neffen, hatte hängen laßen. In der Nähe ist auch der Venusberg nachgewiesen, vor welchem der getreue Eckart, der Pfleger der Breisgauer Harlungen, nach der Volkssage Wache hält, wie er auch der wilden Jagd warnend vorauszieht. Alles deutet an, daß der Breisgau eine Hauptstätte des
Cultus der Freyja war, die dort wohl noch als glänzende Berchta verstanden wurde. Im deutschen Tannhäuserlied hieß sie. Frau Venus, wie
§. 114 im schweizerischen noch Frau Frene, aus der dann in der Schweiz
die h. Verena erwuchs, von welcher Rochholz viel zu erzählen weiß.
In dem Namen der Heiligen werden mit dem Spruche 'Frene Frene
borra weg!' Warzen vertrieben, wie die französischen Könige die heilende
Hand von Brynhild ererbt hatten.

Das Harlungengold ist als Brosingamen ein Schatz, der in
der (gotischen) Amelungensage eine ähnliche Rolle spielt wie der Nibelungenhort in der fränkischen. Sie scheinen auch beide verwechselt zu
werden, indem der Marner den Nibelungenhort, der im Lurlenberge
liegen solle, Imelungenhort nennt. Für ihre Verwandtschaft ist jetzt
noch ein anderes Zeugniß beizubringen. Auf dem Nibelungenhort lag
ein Fluch: denselben finden wir auch an Brisingamen, dem Halsband
der Freyja, haften. Nach Yngligas. c. 17 freite Wisbur die Tochter
Auds des Reichen, und gab ihr zur Morgengabe drei große Güter und
eine goldene Kette. Darauf verließ er sie und nahm eine andere Frau.
Als seine Söhne erwuchsen, forderten sie ihrer Mutter Morgengabe; aber
Domalbi, den er in der neuen Ehe erzeugt hatte, verweigerte sie. Da
legten sie einen Fluch darauf und sagten, die goldene Kette solle dem
besten Manne in ihrem Geschlechte den Tod bringen. Wie dieser Fluch
an König Agni (Feuer?) bei seiner Hochzeit mit Skialf (Beben), der
Tochter des von ihm erschlagenen Froßi, in Erfüllung ging, indem ihn
die Kette erwürgte, mag man Yngligas. c. 33 nachlesen. Auch in deutschen
Sagen ist der Yng verflochten, daß einer an goldener Kette hangen und
erwürgen soll. Rheinf. No. 123. Die richtige Form des Namens wird
in Brisinga zu suchen sein; gegen die Auffaßung als Schatz ist nichts
einzuwenden, denn auch ein Schmuck kann ein Schatz sein. Der Schatz
kehrt auch bei den Herzogen von Zähringen noch einmal wieder. Ursprünglich sollen sie Köhler gewesen sein, die einst beim Aufräumen des Meilers

geschmolzenes Erz am Boden fanden, das sich als gutes Silber erwies.
So brachten sie einen ganzen Schatz zusammen, mit dem sie einem römi-
schen Könige in der Bedrängniß zu Hülfe kamen und zum Lohne die
Herzogswürde erlangten, W. Rheinland S. 50. Schwerlich war aber
der Breisacher Schatz aus geschmolzenem Erz gewonnen, sondern aus den
Goldwäschen des Rheins, wie wir den aus dem Fluß gewonnenen
Nibelungenhort auch dem Rhein zurückgegeben finden, wovon schon Altatv.
27 weiß:

> Nur der Rhein soll schallen mit dem verderblichen Schatz:
> Er kennt das anderwandte Erbe der Niflungen.
> In der Woge gewälzt glühn die Walringe mehr
> Denn hier in den Händen der Hunnensöhne.

Vgl. Wölundarkv. 15 mit meiner Anmerkung. Die zweite Zeile bezeugt,
daß es auch der Rhein war, aus dem er herrührte, was im zweiten Sigurdsliede verschwiegen ist. Vgl. §. 106, 3. Der Entstellung in Dra-
singa mene im Beowulf ungeachtet scheint doch erst über England der
Name des Halsschmucks der Freyja nach dem Norden gekommen. Aehnlich wird es sich mit dem Namen der Sif verhalten. Vgl. jedoch Müllenhoff Ztschr. XII, 303. Als Breisacher Schatz (Brisingamen) ward das
Rheingold erst in die gotische Heldensage, dann in die nordischen Mythen
aufgenommen. In Bruckmanns Magnalia Dei in subterraneis, Braunschweig 1727 heißt es S. 28: ,Driagoria, ein Strich Landes am Rhein,
gränzet mit Schwaben und dem Schwarzwalde; darin ist Brisach die
Hauptstadt, bei welcher viel Gold im Rhein geseifet und gewaschen wird,
welches man hernach Rheinisch Gold nennt', und nach Daubrée Bulletin
de la société géologique de France 1846, p. 458 ff. wird noch jetzt
jährlich zwischen Basel und Mannheim für 45,000 Frs. Gold aus dem
Rheine gewaschen. Zwischen Islein und Mannheim beträgt aber der Gehalt
der Goldgründe des Rheins 52,000 Kilogrammes, was einen Brutto-
werth von 165,828,000 Frs. repräsentirt. Rechnet man hinzu was seit
dem 5. Jahrh. bis auf diesen Tag aus dem Rheine gewonnen ist, so ergiebt sich ein Schatz mythischer Verherrlichung nicht unwürdig.

Uhland VI, 185 bezieht Brisingamen nicht auf die Goldwäschen des
Breisgaus, sondern denkt an den Bernstein der Preußischen Ostseeküsten, wozu
aber weder das anlautende D noch das I in Brisingamen stimmt, wenn
auch das doppelte s in Prussi nicht im Wege stünde. Ueber die von ihm
angenommene Undeutschheit der Aestier des Tacitus vgl. §. 98 (S. 317).

In dem Grimmschen KM. 14 wird der Plattfuß der spinnenden
Base, ,der aus der Schwanengestalt übrig ist, aus dem Treten des Spinn-
rades erklärt'. So scheint auch die nur als Beiname der Berchta zu
fassende Frau Stempe, welche die Leute tritt oder stampft, und Frau

Trempe, die wohl wie Derk mit dem Beer, M. 194, auf dem
Adergeräth, das nicht unter Dach und Fach geschafft ist, herumtrampelt,
mit der Vorstellung des Plattfußes verbunden, so daß auch hier die Ver-
richtung mit der leiblichen Bildung, ja mit dem Namen in Beziehung
tritt. Die Verwandlung des Gänsefußes der Reine Pédauque in den
großen Fuß der kerlingischen Ahnenmutter Bertha könnte schon durch
ähnliche Andeutungen vermittelt worden sein.

Die Berchta ist im Volksglauben St. Lucie verwandt. Den Lucien-
schein, ein zitterndes Licht, aus dem gewahrsagt wird, beobachtet man in
der Luciennacht. Vernaleken Alp. 114.

Ueber den oben erwähnten Bertholdstag vgl. die gleichbenannte
mythol. Skizze von H. Runge Zürich 1857. Da dieses Fest besonders
von Rebleuten gefeiert wird (Rochh. 1, 236), so ist der Uebergang von
Berthold auf Bartholomäus, der den Most holt, nicht unmöglich.
Allerdings soll auch zu Bartholomäus (24. Aug.) das Rebwerk beendigt
sein, Runge 23, da mit diesem Tage der Herbst beginnt. Aber Wuotan
kann sich als Kellermeister durch Bartholomäus vertreten lassen und doch
als Berthold von Rebleuten Opfer empfangen. Besonders ist es die
Berchtennacht (5. Januar), von deren Witterung auf ein gutes Wein-
jahr geschloßen wird.

116. Die weiße Frau.

Wir finden unsere segenspendende Göttermutter in Sage und Dich-
tung die gute Frau genannt, bona domina, bonne dame, auch bona
socia, woraus die Bensozia, ein Beiname der Herodias, hervorging,
Myth. 262. 265. Sie heißt ferner die weiße Frau, wie der Name
Bertha gleiche Bedeutung hat, und wegen deren Bezug auf den Tag der
Erscheinung (Epiphania) Befana. Die weiße Frau, die in deutschen Fürstenschlößern spukt, pflegt aber den Namen Bertha fortzuführen, welchem
Geschlecht sie sich auch als Ahnfrau anknüpfen möge, Myth. 257. Am
Bekanntesten ist jene Bertha von Rosenberg geworden, die als Ahnfrau
der Herren von Neuhaus und Rosenberg in Böhmen erscheint, ja man hat
gemeint, die weiße Frau anderer Fürstengeschlechter sei dieselbe Bertha
von Rosenberg, deren Ursprung also in Böhmen zu suchen sei. Ein
Bild dieser Bertha zeigt man auf jenem Schloße Neuhaus, das sie selbst
im funfzehnten Jahrh. erbaut und dabei den Arbeitern, wenn sie es zu
Stande brächten, einen süßen Brei, d. h. eine festliche Mahlzeit versprochen
haben soll. Dieser süße Brei, zu dem aber auch Karpfen gehören, wird
seitdem zu ihrem Gedächtniß noch alljährlich am Gründonnerstag den
Armen verabreicht. Höllisches Proteus 86. An den genannten Speisen
erkennt man den Zusammenhang jenes Gebrauchs mit der auch in andern

Gegenden Teutschlands der Berchta geheiligten Faßtenspeise: Fische und
Habergrütze, Knödel mit Heringen u. f. w. §. 86 u. 143, 4. Strenge
hält Bertha darauf, daß ihr Fest mit der althergebrachten Speise begangen
werde: wer andere Speise zu sich genommen hat, dem schneidet sie den
Bauch auf, füllt ihn mit Hederling und näht mit einer Pflugschar statt
der Nadel, mit einer Eisenkeite statt des Zwirns den Schnitt wieder zu.
Hier ist von der Eisernen Bertha die Rede, vgl. §. 110, die auch „Prechtl
mit der eisnen Nase" hieß; aber Zeitschr. XIII wird ihr auch ein goldenes Haupt nebst zinnernen Augen, ehernen Ohren, silbernem Bart und
bleiernem Halse beigelegt. Außer den Fasten sind jene Tage namentlich
Sylvester- und Dreikönigsabend (Berchtenlag), Myth. 251. 255. Da
backt man in Oberbaiern fette Kuchen und sagt den Knechten, damit
müsse man sich den Bauch schmieren, dann werde Berche mit ihrem
Messer abglitschen. Hiemit hängt der Kuchen zusammen, in welchem nach
einer weitverbreiteten, auch bei uns gültigen Sitte am Dreikönigsabend
(Twelft-night) eine Bohne verbacken wird, die demjenigen, dem sie zu
Theil wird, die Königswürde verleiht. Der König wählt dann, oder läßt
durch das Looß auch die übrigen Hofsänder wählen. Die Berchten- oder
Bechtenfeste begehen hieß im Elsaß ,bechten'. Kinder und Handwerksknechte
sammelten dabei Gaben ein und das ,frechten' unserer reisenden Handwerks-
burschen leitet wohl seinen Ursprung daher. Stöber Alsatia 1852 S. 150.
Wenn das Erscheinen der weißen Frau in dem Geschlechte, welchem sie
als Ahnfrau vorsteht, einen Todesfall ankündigt §. 107, so zeigt sich
darin wieder, daß sie gleich der Freyja aus Hel der Todesgöttin verjüngt
ist. Bei Baader 202 erscheint sie auf dem Schiff, ebb. 268 erst auch
als Schwan, was an Isis und den aus der Unterwelt kommenden
Schwanenritter erinnert.

   ,Weiße Frau' heißt bei Kuhn (Zschr. f. d. Myth. III, 368) auch
jene oft erwähnte, Erlösung suchende Jungfrau, die ich lieber Schlüssel-
jungfrau nenne. Sie erscheint nicht bei gewissen Anlaßen, sondern zu
Johannis und am Palmsonntag während der Passion nach regelmäßigen
Fristen, nach sieben, oft zu hundert sich steigernden Jahren, die doch wohl
auf die bekannten sieben Wintermonate zurückgehen. Sie ist in den Berg
oder das verzauberte Schloß verwünscht, wodurch sie an Gerda oder Menglada erinnert; ihre Erlösung, mit welcher der Erwerb des Horts verbunden wäre, ist aber wie die Baldurs an illusorische Bedingungen geknüpft, wenigstens scheinen sie nicht erfüllt zu werden. Schon in einem
Gedichte Meister Altschwerts ed. Holland S. 70, wird der Zugang zu
dem Berge durch ein Kraut gefunden, das der Springwurzel oder blauen
Schlüsselblume unserer Ortssagen gleicht. Kaum hat es der Dichter gebrochen, so kommt ein Marlinsvögelchen geflogen, das guter Vor-

bedeutung zu ſein pflegt; dieſem folgt er und begegnet einem Zwerge, der ihn in den Berg zu Frau Venus führt. Hier ſind die Mittel, den Zugang in den Berg zu erlangen, gehäuft: das Martinsvögelchen, d. h. der rothhaubige Schwarzſpecht, verſchafft ſonſt die Springwurzel, die den Berg erſchließt. Wenn man ſein Neſt verſtellt, holt der Specht die Wurzel herbei, mit dem er ſich den Zugang zu dem brüllenden Weibchen wieder verſchafft und dann die Wurzel auf ein rothes Tuch fallen läßt, das man unter den Baum geſprtitet hat und das er für ein Feuer an-ſieht, in welchem die Wurzel verbrennen ſoll. Auch der Zwerg pflegt in den allegoriſchen Gedichten des funfzehnten Jahrhunderts den Berg zu erſchließen. In unſern Ortsſagen thut es die blaue Blume d. h. das Kraut. Man darf ſie aber über den Schätzen nicht vergeßen, weil man ſonſt den Weg in den Berg der Jungfrau nicht wieder findet; auch ſchlägt das Thor hinter dem Ausſtretenden zu und nimmt ihm die Ferſe hinweg. Die warnenden Worte: ‚Vergiß das Beſte nicht‘, ſind in den Sagen nun ſtäts auf die Blume gedeutet, und der Name der Blume Vergißmein-nicht mag daher entſprungen ſein; gleich wohl läßt eine Reihe von Sa-gen (Vernalelen Alp. 41, Zingerle Sagen 464), zweifeln, ob ſie ſich nicht urſprünglich auf die Jungfrau ſelbſt bezogen, deren Erlöſung durch die Goldgier verfehlt wird. Obgleich nun dieß der Ausgang zu ſein pflegt, weil man entweder die Blume vergaß oder nicht Muth hatte, die in eine Kröte oder Schlange verwandelte Jungfrau zu küſſen, oder gar noch eine dritte Aufgabe zu löſen, ſo ſcheinen doch dieſe Sagen nur Nach-klänge der Mythen in Skirnisför, Fiölſwinns- und Sigrdrifumal: an die Stelle Freys, Swipdags oder Siegfrieds iſt ein armer Schäfer getreten und es befremdet nicht, wenn die Erlöſung meiſt unvollbracht bleibt. Kuhn aber dürfen wir beiſtimmen, wenn er den Schlüſſel zur Gold-truhe, nach welchem wir die Jungfrau benennen und den zuweilen auch Schlange oder Hund, die auf der Kiſte ſitzen, im Maule halten, auf den Blitz deutet, auf deſſen blaue Farbe auch ſchon jene Blume angeſpielt hatte. Brauchte es noch Beweiſe, ſo könnten wir zwei Oeſterreichiſche Ortsſagen (Vernalelen 130. 132) anführen, wo zuletzt der Blitz den böſen Griff erſchlägt. Dieſelbe Deutung paßt aber auch auf den Gambantein, womit Skirnir Str. 32 Gerda bedrohte. Die Schätze beziehe ich lieber auf die goldenen Körner der nächſten Ernte. WS. 346 ff. Ver-wandt iſt die Verwünſchung in Schlange, Kröte u. ſ. w., welchen ein liebevolles Herz Erlöſung brächte. Vgl. Grimm KHM. No. 1. Rochh. Mythen S. 195.

117. Die übrigen Göttinnen.

Es ſind noch einige Göttinnen übergangen, theils niedern Ranges, theils uns nur dem Namen nach bekannt.

1. So die Tanfana, deren berühmten Tempel im Lande der Marſen (bei Dortmund) ihr, wie es ſcheint, mit Chatten und Cheruskern gemeinſchaftliches Heiligthum, nach Tac. Annal. I, 51 die Römer dem Boden gleichmachten. Eine Steinſchrift hat Tamfanae sacrum; Orelli hält ſie aber für unecht, Myth. 70. Vielleicht war ſie vom Siebe (tampf, Myth. 1062) genannt, das ſie in der Hand trug: dann würde ſie ſich der Siſt vergleichen. Das Siebdrehen diente zur Weiſſagung, und ſo könnte die Göttin ihren Prieſtern Orakelſprüche in den Mund gelegt haben. Eine neuere Deutung Grimms GDS. bringt ſie mit Dampf, vapor, zuſammen, und macht ſie gleich der ſkythiſchen Tabiti zu einer Heerdgöttin. Dabei iſt davon ausgegangen, daß Tacitus das deutſche Th mit T zu bezeichnen pflegt; eine dritte Deutung nimmt T für den richtigen Anlaut, der im J hätte fortgeſchoben werden müſſen; ſie findet demnach in Jampern, wie das Gabeneinſammeln auf Faſtnacht nach Kuhn KS. 369 heißt, eine Spur der Göttin. Der Donnerstag vor Faſtnacht heißt in der Grafſchaft Mark „Zimbertsbach', und darnach wird Zeitſchr. f. Myth. I, 385 auf eine deutſche Göttin Zampe oder Zimbe gerathen. An ihrem Feſte ſollen Stöße und Slappermann (Fiſche) gegeſſen werden. Das erinnert an Berchta, und aus Siat Bert ward früher jener Zimbertstag gedeutet. Die neuere Deutung von Tanfana, Eſſelen das römiſche Caſtell Aliſo, Hannov. 1857, p. 90, lautet tum Fahnen (zum Jahnen): fano sw. masc. Ein Haus zum Fahnen liegt nämlich bei Hamm und Soeſt, doch näher dem letztern, ſchon 1250 als Sitz eines Freigerichts bezeichnet.

2. Gleiche Endung wie Tanfana zeigt Hludana. Deae Hludanae sacrum C. Tiberius Verus lautet die Inſchrift eines auf niederrheiniſchem Boden gefundenen Steines, der jetzt in Bonn bewahrt wird; in derſelben Gegend (bei Cleve) iſt noch ein anderer zum Vorſchein gekommen mit der Inſchrift DEAE HLUDENAE GEN. Nach Völ. 55 heißt Thörs Mutter Jördh neben Fiörgyn auch Hlödyn; der Name bezeichnet eine hochberühmte Göttin, an die noch die Ortſchaft Verlautenhalbe erinnert. Das Verkleidungsfieber unſrer Rheiniſchen Alterthumsforſcher, das die Gugerni (vgl. GDS. 367. 491) für kein deutſches Volk hält, es ſogar von den Ubiern vergeſſen möchte, ja in Alateivia keinen Bezug auf Alzei merkt, verkennt auch in Hludana Hlödyn. Jahrb. XXXVI, 2, 50; De Wal Moderg. 47. Auch Hilde ſcheint Hildana geheißen zu haben, da das nach ihr benannte Hildesheim in älterer Form Hildenesheim hieß; doch iſt es gefährlich, Hludana in Hulbana zu wandeln (Myth. 1211) und ſie mit Hilde und Hulda zuſammen zu bringen.

An Saudraudiga, De Wal Myth. 176, Wolf Beitr. I, 160, hat ſich Grimm GDS. 588 gewagt und -audiga auf goth. audags agſ. eádig ahd. ōtac μακάριος bezogen, ſaudr als ſauder verſtärkend genommen.

Sand- könnte auch auf das Meerufer gehen, wo ihr Tempel stand; so wäre sie eine Göttin des Strandrechts, dessen Ertrag die Uferbewohner reichlich wünschten, das r vor sandigr wäre dann zu streichen. Die Dea l'acia, De Wal 210, erinnert an den schwarzen Unkelstein (Basalt), von dem Unkel den Namen hat. Was Unk, engl. Juk bedeutet, kann bei jedem Schulkinde erfragt werden. Rosmerta (De Wal p. 172—5) ist man versucht, auf die Pferdemar oder Mahrt §. 125 zu deuten. Für Dexivae (De Wal 71), wenn sie nicht sonst bestätigt ist, möchte man Deae Sivae lesen und an unsere Sif §. 111 denken. Ritona (De Wal 170) könnte als eine deutsche Febris (mit gallischer Endung) verstanden werden. Auf ein Heiligthum der Monola im Rottenforst schließe ich aus dem dortigen urkundlichen ‚Dermüntebusch'.

3. Eine Reihe Göttinnen nennt noch D. 35; ich gedenke hier nur derjenigen, deren Namen wir anderwärts zu besprechen nicht Gelegenheit haben. Zunächst Hnoß, die Tochter Freyjas und Odhrs: sie ist so schön, daß nach ihrem Namen Alles genannt wird, was schön und kostbar ist. Helmstr. 13 stellt neben sie Gersimi: beide Namen bedeuten Kleinode und Geschmeide: so erinnern sie an die Jungfrau Spange in ‚König Oswalds Leben'. Pamige im andern Oswald scheint aus Spange verlesen. Jene Geschmeide sind wohl als Blumen des Frühlings zu verstehen, wie auch Odin sich bei der Rinda als Goldschmied einführte, der sommerliche Gott, welcher der Erde Blumen des Frühlings verheißt, wenn sie sich ihm verbinde. Siösn sucht die Gemüther der Menschen, der Männer wie der Frauen, zur Zärtlichkeit zu wenden, und nach ihrem Namen heißt die Liebe Siafni. Mit unserm Seufzen verwandt scheint der Name Liebessehnsucht und Verlangen auszudrücken. Lofn ist den Anrufenden so mild und gütig, daß sie von Allvater oder Frigg Erlaubniß hat, Männer und Frauen zu verbinden, was auch sonst für Hindernisse entgegenstehen. Daher ist nach ihrem Namen der Urlaub genannt, so wie Alles, was Menschen loben und preisen. Beide Deutungen, so verschieden sie scheinen, gehen auf liuban laub luban nro. 530 zurück, und so möchte Fraulaubersheim auf diese Göttin gedeutet werden. Von Wara (foadus) heißt es: ‚sie hört die Eide und Verträge, welche Männer und Frauen zusammen schließen, und straft diejenigen, welche sie brechen. Sie ist weise und erforscht Alles, so daß ihr nichts verborgen bleibt.' Syn (ahd. Sunja) bewacht die Thüren der Halle und verschließt sie Denen, welche nicht eingehen sollen; ihr ist auch der Schutz Derer befohlen, welche bei Gericht eine Sache läugnen; ‚daher die Redensart: Syn (Abwehr) ist vorgeschoben, wenn man die Schuld läugnet.' Myth. 843 weist aus unserm ältern Recht ‚sunnis' excusatio nach. Ferner Hlin, die von Frigg allen in Gefahr Schwebenden zum Schutz bestellt ist. Daher das Sprich-

wort: ‚Wer in Nöthen ist, lehnt sich an (hleinir).' Den Namen Hlin
führt Bôl. 53 Frigg selbst. Von Snotra (wörtlich die gescheute,
emunctae naris) heißt es: Sie ist weis und feinsinnig; nach ihr heißen
Alle so, die das sind. Wir haben hier nur Personificationen geläufiger
Begriffe vor uns, den mittelhochdeutschen Frau Minne, Frau Ehre, Frau
Maße, Frau Scham, Frau Zucht u. s. w. vergleichbar. Nur Gnâ,
Friggs Botin, aus Klopstocks Oden bekannt, hat einen Mythus. Ihr
Pferd Hofhwarfnir rennt durch Luft und Waßer. Einst geschah es, daß
sie von etlichen Wanen gesehen ward, da sie durch die Luft ritt. Da
sprach einer:

> Was fliegt da, was fährt da,
> Was rennt durch die Luft?

Sie antwortete:

> Ich fliege nicht, ich fahre nicht,
> Ich renne durch die Luft
> Auf Hofhwarfnir, den Hamsterpir
> Zeugte mit Gardrofwa.

Hofhwarfnir ist Hufwerfer, Hamsterpir schenkelrasch, Gardrofwa stark-
schweifig. Gnâ soll von at gnæfa kommen und die hochfliegende bezeichnen.

Es sind 13 Äsinnen, welche D. 35 mit dem sichtbaren Bestreben
aufführt, der Zahl der Götter eine gleiche von Göttinnen gegenüberzustellen. Da hätten Idun, Gerda, Sif, Thrûdhr, Stabi und Nanna
nicht übergangen werden sollen, die mehr sind als bloße Personificationen
wie viele der genannten. Eine mächtige Göttin ist noch vergeßen, Frau
Sælde (Sällda), die deutsche Fortuna, vgl. Lütolf 77, Gr. Myth. 822 ff.
und Wackernagels lehrreichen Aufsatz über Glücksrad und Glückskugel,
Zfschr. VI, 134 ff. Frou Frômuot bei Nithart und im Wolfdietrich
hält Grimm altd. Bl. I, 371 für mehr als Personification des Frohsinns.

4. Von Sôl (Sunna) war schon §. 11 die Rede, vom Monde
(Mâni) §. 12. Ueber Cäsars Meldung vom deutschen Sonnen- und
Mondbienst vgl. §. 57. Beiden neigte man mit entblößtem Haupt, Myth.
28. 29. Nach Anh. XLIV glaubte eine Frau, die Sonne sei eine Göttin,
und hieß sie heilige Frau, wie bairische und schweizerische Bauern den
Mond Herr Mân nennen und der Oberpfälzer (Schönwerth II, 51. 61)
vor dem aufgehenden Mond den Hut abzieht. Andere Spuren des Son-
nenbienstes liegen in dem deutschen Sonnenlehen, RA. 278, 530, Tac.
Ann. XIII, 55, Menzel Germ. I, 63 ff. und Zeitberg ebend. XIII, 408 ff.,
Herodot VIII, c. 137 ff., Auerbach Dorfgesch. IV, 143 und Freytags
Nest der Zaunkönige S. 397, ferner in dem Sonneneibe RA. 895, weil
die Sonne Alles sieht, in dem Fluche der sunnen haz varn, und den

Märchen, wo entweder Sonne, Mond und Sternen nachgefragt wird
(Myth. 670) oder drei Kleider geschenkt werden, auf dem ersten die Sonne,
auf dem andern der Mond, auf dem dritten die Sterne, KM. 186. 193.
Meier 1, S. 213. Bei der südlichen Sonne wird auch in dem eddischen
Atlamal geschworen. Als Gipfel der Gottlosigkeit gelten drei Schüße gegen
Sonne, Mond u. s. w., §. 57, wo auch die Meldung des Olaus in
Betracht kommt. An der Pfarrkirche zu Mais bei Meran sah ich zwei
Bilder ausgehauen, welche für Sonne und Mond ausgegeben wurden.
Die unter dem angeblichen Sonnenbilde angebrachten Tatzen lassen aber
eher an den Tag denken, dessen Klauen nach dem schönen Liede Wolframs
durch die Wolken geschlagen sind. Auch in der Capelle bei Schloß Tirol
sah ich ein ähnliches Bild auf einem Taufstein angebracht. In deutschen
Gräbern des 5. Jahrh. fanden sich Thonkugeln mit dem Mondzeichen,
Wkinh. Alth. Todtenbestattung I, 45, vgl. Rochh. Mythen 230, wo noch
andere Spuren aller Mondverehrung gesammelt sind. Dem chatischen
Monte Luna gleicht unser rheinischer Lünsberg bei Godesberg.

Nähere Untersuchung verdient der auf dem Süntelgebirge gefundene
Stein mit der Runeuschrift und dem Bilde des Monds und der Sonne.
Schaumann Gesch. d. niedersächs. Volks, (Göttingen 1839. S. 115. 120.
Eine Abbildung giebt W. Strack Wegweiser um Eißen, Lemgo 1817.
S. 148. Unter dem Sonnenbilde sieht man ein Hufeisen, unter dem Mond
eine gehörnte Gestalt, ein krummes Horn in der Linken, in der Rechten
wie es scheint einen Hahn. Dasselbe Buch giebt S. 48 die Abbildung
eines an der Kirche zu Petzen bei Bückeburg befindlichen Denkmals, ein
Schwein in der Flamme auf dem Altar, darüber Sonne und Mond;
zur Seite knieend rechts eine männliche, links eine weibliche Gestalt. Nach
der dabei mitgetheilten Sage verehrte Graf Arnum Sonne, Mond und
Hercules (vgl. §. 81. 127); seine Gemahlin wandte sich aber dem Christenthume zu, und sagte dem Grafen, als er von einem Raubzuge heimkehrte, sie habe unterdessen sieben Töchter (Kirchen) ausgestattet. Vgl.
§. 105 Schluß. Angefügt ist die oben mitgetheilte Sage von dem bei
einer Belagerung täglich niedergeworfenen letzten Schwein, worauf die
sonst von den Weibern von Weinsberg erzählte den Schluß macht. Noch
einmal finden wir Sonne, Mond und Feuer zusammengestellt in Knuts
Gesetzen 1, 5 vgl. Menzel Germ. I, 70.

Wie Freyr Sonnengott ist, so haben Andere Freyja als Mondgöttin
aufgefaßt, wofür auch Brisingamen angeführt werden kann, wie man es
auch für die Sonne erklärt hat. Da ihr in Deutschland Holda oder Berchta
entspricht, so könnte jene Spinnerin im Mond, die im heutigen Volksglauben zur Strafe dahin versetzt ward, einst Bertha (die Spinnerin) gewesen sein. Mündlich höre ich wohl sagen, die ungetauft sterbenden Kinder

kämen in den Mond, wie ähnlichen Bezug zu den Seelen gerade Bertha hat.

Im Mittelalter trat die h. Katharina, die mit dem Rade abgebildet wird, an die Stelle Gunnas, weil das Rad für ein Bild der Sonne galt. Vgl. Mannhardt Götterwelt S. 314 und Zingerle S. 358 und Germ. VI, 214. Darum wird sie angerufen, die Sonne scheinen und den Regen vorüber gehen zu laßen. So scheint auch die h. Rothburga, welche auf dem Eben zwischen Jenbach und dem Achenfee verehrt wird, den Dienst einer Mondgöttin verdrängt zu haben. Sie ist in der Kirche mit der Sichel über dem Haupt abgebildet. Vgl. Panzer II, 48. Koch. Mythen 29. Damit vgl. man was Grohm. 305 von der h. Reburga und Bavaria I, 308 von der h. Mechtilde berichtet. In der Legende einer andern Rothburga am Reckar geschieht der Sichel keine Erwähnung. Ein Wunder, das die Tiroler Rothburga mit der in die Luft geworfenen Sichel wirkte, erzählt dagegen das Volksbuch von der Rothburga zu Rottenburg, Köln bei Everaerts.

Den Mythus, der §. 11 von Sol und Mani erzählt wird, haben wir als auf Mißverständniß beruhend verworfen, dagegen einen andern, der bei uns nur anffingt, den von der Gefangenschaft der beiden Himmelslichter, oben §. 42 bei den Finnen nachgewiesen. Auch bei den uns verwandten Litauern begegnet er. Einst hatte man viele Monate die Sonne nicht gesehen, indem ein mächtiger König sie in einem festen Thurme in Verschluß hielt. Endlich brachten die zwölf Zeichen des Thierkreises (die 12 Asen?) ihr Hülfe, sprengten mit dem eisernen Hammer (Thörs Symbol) die Pforte des Thurms und gaben die befreite Sonne den Menschen zurück, Temme Pr. S. 38. Der mächtige König gleicht dem Riesen Thrym, welcher Freyja, die schöne Jahreszeit, den Menschen entziehen will. Vgl. Taylor Forschungen (Leipzig 1866) S. 436 „Die Mythe vom Sonnenfänger". Bastian Zischr. für Ethnologie IV, 367. Später neckte man Kiebinger und Mundkinger mit Mondfängerei. Meier Schw. S. Nr. 402. Darauf bezieht sich der Name Mousang, Nach Vollsm. b. Serben 18 hatte der Teufel die Sonne geraubt; St. Michael, der auch sonst an Thörs Stelle tritt, gab sie der Welt und dem Himmel wieder. Ein anderes altpr. Märchen l. o. erzählt, die Sonne sei einst an den Mond verheirathet gewesen: die Sterne wären ihre Kinder. Der Mond, seiner Gattin ungetreu, entführte aber dem Morgenstern seine Verlobte: zur Strafe zerhieb ihn Perkunos, der Donnergott, mit einem scharfen Schwert in zwei Hälften, die jetzt in den beiden Mondvierteln zu schauen sind. Ein deutsches Sprichwort bei Lehman: ‚dem Monde kann man keine Kleider machen', spielt auf ein altes Mondmärchen an, das schon Plutarch kannte, und von dem ein deutsches Gedicht mit den Anfangsworten:

Der Mond der sprach zu seiner Mutter:
Mach mir ein Kleid, doch warm von Futter,

anmuthig erzählt. Es vergleicht sich dem indischen von Rohini, die Daksha, der Herr der Welt, dem Mond zur Gemahlin giebt, und dem deutschen bei Pröhle, Jugendm. Nr. 39.

Riesen und Zwerge, Gespenster, Hexen und Teufel.

118. Riesen im Allgemeinen.

Der stärkste Gegensatz, den die Edda kennt, ist der zwischen Göttern und Riesen. Sie sind in einem Vernichtungskriege begriffen, der bis ans Ende der Welt währen, ja ihren Untergang herbeiführen wird. Da so die Riesen Feinde der Götter waren, so mußten sie auch als böse vorgestellt werden, weil es im Begriff der Götter liegt, gut zu sein. Von dem Urriesen Ymir sagt D. 5, er sei böse wie Alle von seinem Geschlecht, und so heißt es D. 10 von der Nacht, die eine Riesentochter ist: sie war schwarz und dunkel wie ihr Geschlecht. Bei dem großen Vernichtungskampf, den wir das Weltdrama nennen, mußten alle Wesen Partei ergreifen: standen sie auf Seite der Riesen, so fielen sie unter ihren Begriff; darum sehen wir auch Wesen den Riesen beigezählt, die nicht der äußern Natur, sondern der Geisteswelt angehören. Jene Erinnys, welche der Brynhild mit Vorwürfen wehrt, als sie den Helweg fuhr, ist eine Riesin; so scheint auch Mödgudhr (Seelenkampf) gedacht, und Jmr, der Sohn Walthrudnis (Walthr. 5), des weisen, wortschnellen Riesen, bedeutet den Zweifel, Uhland 17: aus der Sophistik geht der Unglaube hervor, ein unholdes, menschenfeindliches Wesen. Muß doch selbst Hel, als Loki's Tochter, der nun von seiner verderblichen Seite gefaßt wird, riesigen Geschlechtes sein: eine Riesin ist jetzt Grid, die mit Hel zusammenfällt, und Utgardaloki's Halle sahen wir mit riesigen Gestalten erfüllt; er selbst wandelt sich in den Riesen Skrymir.

Nicht unbedingt gilt aber diese Vorstellung von der Bosheit der Riesen: sie bildete sich unter dem Einfluß des Ragnarökmythus aus, der in der nordischen Weltanschauung die Oberherrschaft an sich gerissen hatte. An sich könnten die Riesen, als der rohen, vom Geist noch unbewältigten Ma-

terie angehörig, sittlich gleichgültig scheinen; aber weil es nur diesen Gegensatz giebt, Geist und Materie, Götter und Riesen, so entwickelte sich aus
dem Gegensatz der Kampf von selbst. Der Urriese ist aus dem Niederschlag
der urwellischen Gewässer entstanden; die Götter aus den Salzsteinen
geleckt, und das Salz bedeutet das geistige Princip. Hierin lag es begründet, daß Alles, was der äußern Natur angehörte, als in den Gegensatz der Götter fallend, böse und verderblich schien. Sind doch selbst die
Götter, weil sie ihr Geschlecht nicht rein erhalten, sondern mit den dunkeln
Riesen Verbindungen eingegangen haben, befleckt und der Läuterung im
Weltbrande bedürftig geworden. Aber zu solcher äußersten Consequenz
gelangte man nur allmählich und es kann eine Zeit gegeben haben, da die
Riesen so wenig für böse galten, daß sie sogar göttlicher Verehrung genoßen. Vgl. Maurer Bekehrung II, 60 ff. Spuren von Riesencultus finden sich wenige, sagt zwar Grimm Myth. 524; aber neben dem Dienst
der Götter kann das nicht befremden: den Opfer empfangenden Riesen,
deren wir einige nachweisen §. 132 (vgl. Ztschr. IV, 504), müssen für die
ältere Zeit die unfreiwilligen Opfer hinzugerechnet werden, die nach den
Sagen den Riesen und Drachen, die selbst nur verwandelte Riesen sind, gebracht wurden; gewöhnlich sind das Menschenopfer. Die Helden, welche
wir an die Stelle der Götter getreten wißen, stellen diese Opferungen ab,
indem sie die Riesen besiegen und die Königstöchter, welche das Loos zu
ihrer Beute bestimmt hatte, erlösen und freien. Aus solchen Sagen können
wir lernen, daß die Götter den Dienst der Riesen beseitigt und den ihrigen an die Stelle gesetzt haben. Die Riesen erscheinen demnach als die
älteste Götterdynastie (S. 17), Götter einer frühern Entwicklungsstufe
der Menschheit. Als die Begriffe sich verfeinerten, und ein höherer Bil-
dungsstand erreicht wurde, blieben die plumpern rohen Götter der frühern
Perioden als Riesen stehen, sahen sich aber aus dem Cultus durch ein
jüngeres geistig überlegenes Göttergeschlecht verdrängt. Daß sie ältern
Ursprungs sind als die Götter, weiß auch noch die Edda und die Wala
spricht es aus in den Worten:

Riesen acht ich die Urgebornen.

Die Götter haben sie theils erschlagen theils in wohlthätige Schranken gebannt. Allein die Götter selbst waren in ihrer ältesten Gestalt nicht viel
mehr als Riesen: Elemente und Naturkräfte liegen ihnen zu Grunde,
aus Naturgöttern sind sie erst allmählich zu geistigen Wesen, zu sittlichen
Mächten erwachsen. Die Begriffe von den göttlichen Dingen haben sich
aus großer Rohheit nach und nach geläutert und verfeinert: die Stufen
der Entwickelung sind neben einander stehen geblieben und als Riesen und
Götter, als ältere und jüngere Dynastie waltender Wesen verkörpert.
Die Götter erscheinen als Wiedergeburten älterer Riesen. Thrymr, der

Thursenfürst, war ein älterer Donnergott, §. 26. Odins Beiname Wasuthr zeigt ihn als einen jüngern Wasthrudnir: beide bedeuten die bebende, wabembe Luft, GDS. 762. Wenn er jetzt mit ihm zu streiten geht und ihn besiegt, so ist darin eben der Sieg der neuern, sittlich und geistig gefaßten Götter über die ältern ausgedrückt, in denen nur Naturkräfte walteten. An eine Einwanderung ausländischer Götter, welche die spätere halbgelehrte Sage annimmt, möcht ich dabei nicht denken. Jetzt erst standen Götter neben Riesen, gute, geistige Wesen neben feindseligen Dämonen der äußern Natur, ,des kalten und nächtlichen Winters, des ewigen Eises, des unwirthbaren Felsgebirgs, des Sturmwindes, der sengenden Hitze, des verheerenden Gewitters, des wilden Meeres.' Als Abkömmlingen des Urriesen Ymir, des personificierten Chaos, den die Götter erschlagen mußten um aus seinen Gliedern die Welt zu bilden, ist ihnen Alles zuwider, ,was den Himmel und die Erbe wohnlich macht.' Uhland 16.

> Denn die Elemente hassen
> Das Gebild der Menschenhand.　　Schiller.

Jene äußerste Consequenz, zu welcher das Weltbrama drängte, übertrug die Riesen dann auch auf das Geistesleben, wo ihnen Alles Verderbliche, Menschenfeindliche zugewiesen wurde.

An Spuren einer milbern Ansicht fehlt es auch hier nicht. Der Felswohner Oegir, eigentlich ein Gott, ein Nebenbild des männlichen Hel, aber seiner Verwandtschaft mit der Unterwelt wegen den Riesen beigezählt, heißt Hymiskwiba 8 barn teitir, froh wie ein Kind, und Thrym der Thursenfürst, der die Hunde mit golbenem Halsbande schmückt und den Mähren die Mähnen zurecht strält, freut sich seiner rabenschwarzen Rinder und der heimkehrenden Kühe mit den goldenen Hörnern, Thrymskv. 6. 23. So ist den Riesen bei aller Plumpheit und Ungeschlachtheit, welche in der deutschen Sage gern als Dummheit aufgefaßt wird, doch etwas Gutmüthiges und Treuherziges beigemischt, ja es galt die Redensart: treu wie Riesen. Sie leben noch in der alten Unschuld der golbenen Zeit, die Gut und Bös nicht zu unterscheiben gelernt, die instinctartige Unmittelbarkeit des Daseins noch nicht verloren hat.

Hierin ist allerdings die deutsche Ansicht von der geistigen Beschränktheit der Riesen wohlbegründet; sie entspricht auch ihrer bunkeln Abkunft, ihrer Verwandtschaft mit der starren, dem Licht undurchbringlichen Materie. In der Edda sehen wir diese alte und richtige Auffaßung so weit vergeßen, daß den Riesen, weil sie vor den Göttern entstanden sind, von den urweltlichen Dingen Kunde beiwohnt, die jenen abgeht. Als die ältesten Gebilde der Schöpfung wißen sie von ihren Geheimnissen: es ist die Weisheit des Alterthums, die sie besitzen, mehr überlieferte und ,anerschaffene als selbst erworbene Vernunft.' Darum besiegt auch Odin in

Wafthrudnismal zuletzt den allwißenden Jölun, mit dem er über die Lehren der Vorwelt zu streiten ging, so daß sich auch hier die Ueberlegenheit des Geistes über die rohe sinnliche Kraft, die in den Riesen vorgestellt ist, nicht ganz verläugnet. Doch steht Wafthrudnir mit seiner Weisheit nicht allein: Fenja und Menja, König Fróðis Mägde von Bergriesengeschlecht, heißen vorwitzend, framvísar; zugleich scheinen sie zauberkundig, §. 100. Eine Spur derselben Ansicht von der Weisheit der Riesen findet sich auch in der Heidelberger Sage von jener Wahrsagerin, die von ihrem Thurm auf dem Jettenbühel aus wie Velleda die Zukunft verkündete ohne ihr Antlitz zu zeigen: ihr Name Jettha bezeichnet sie als eine Riesin, Myth. 85. 436. Von der andern Seite ist auch die Bosheit der Riesen der deutschen Sage nicht unbekannt; doch nur gereizt sind sie heftig und tückisch, in der Ruhe eher gutmüthig, immer aber plump und ungefüge. Im Zorn (iötunmóðr) schleudern sie Felsen, entwurzeln Bäume und stampfen mit dem Fuß bis ans Knie in die Erde. Die Riesennatur schildernde Züge stellt Quitzm. 185 aus deutschen Sagen zusammen: sie waren so groß, daß ihre Fußtritte in die weiche Erde die Thäler bildeten. Sie machten meilenweite Sprünge, von den Thränen des Riesenweibes rühren die Flüße her und die Berge sind nur Helme der Riesen, die tief in der Erde stecken. Für den Glauben an ihre Größe zeugen die Märchen, daß man auf die höchsten Bäume klettern muste um an ihr Ohr zu gelangen, daß ein Wagen in das Nasenloch des schlafenden Riesen wie in einen Hohlweg fuhr und daß sich vor ihrem Schnauben der Wald bog wie unter dem des nordischen Riesen Strymir. Ihre Unbeholfenheit, ihr Trotzen auf sinnliche Kraft und leibliche Größe, welche die menschliche weil überragt, macht sie auch zu großsprecherischen Pralern, da ihre Körperkraft mehr verspricht als ihre geistige Dumpfheit zu halten vermag. Der Riese kennt nur sinnliche Genüße bis zur Trunkenheit und Uebersättigung: in diesem Zustand wird der ‚kostmüde‘ Jölunn (Hymiskv. 30) von Göttern oder Helden bezwungen. Vortrefflich schildert wieder Hrafnag. 1 die Riesen mit dem Einen Worte threyja, erwarten, womit dumpfes Hinbrüten in halbtrunkener Unbesorgtheit gemeint ist.

Wenn in der Edda die Riesen von den Göttern bezwungen und in wohlthätige Schranken gebannt sind, gleichwohl aber die Herrschaft wieder an sich zu reißen hoffen, auch wirklich im letzten Weltkampf wenigstens noch einen scheinbaren Sieg erkämpfen, dann aber gänzlich von der Bühne verschwinden und einem geläuterten Göttergeschlecht weichen sollen, so ward der Antheil sittlicher Ideen an dieser eigenthümlichen Gestaltung des Mythus nachgewiesen. Auch liegt darin kein Widerspruch gegen die Grundanschauungen verwandter Völker, da der Kampf doch zuletzt zum Siege des geistigen Princips ausschlägt. Auch in den deutschen Sagen unterliegen die Riesen den Helden: Götter und Helden bedeuten aber zuletzt nur den Menschen und die Herrschaft des Geistes über die Natur ist der tieffte Grund aller Mythen von der Besiegung der Riesen.

Nach D. 8 ist die Erde kreißrund und rings umher liegt das tiefe Weltmeer. Längs den Seeküsten gaben die Götter den Riesengeschlechtern Wohnplätze und nach innen rund um die Erde machten sie eine Burg (Midgard) wider die Anfälle der Riesen. Diese auffallende, noch unerklärte Stelle ist vielleicht so zu verstehen, daß die Wohnplätze der Riesen jenseits des nach S. 100 als schmaler Reif gedachten Weltmeers lagen, also in Utgard, dem außerweltlichen Gebiet. Diese Ausbeutung würde auch auf die Beziehungen der Riesen zur Unterwelt Licht werfen. Nach einer andern Anschauung liegt die Unterwelt nicht auf der Erde im Norden, wo die Riesen auch nach Skirnisför wohnen, Myth. 521, sondern unter der Erde, im Schooße der Flut und der hohlen Berge, zu welchen die Riesenhöhlen gleichfalls Eingänge darbieten. Wir begreifen so, warum Brynhild, als sie im Wagen, nicht wie andere zu Schiff, zur Unterwelt fuhr, durch das steingefügte Haus der Riesin hindurch muß. Bei Hermödhr, der neun Nächte durch tiefe dunkle Thäler ritt bis er an die Giöllbrücke kam, welche Mödgudhr bewachte, scheinen sich beide Vorstellungen zu verbinden, denn der Giöllfluß kann mit dem Strome Ifing, der Götter und Riesen scheidet, so wie mit dem schmalen Schlangenreif des Weltund Wendelmeers zusammenfallen. Nur Wimur, aller Ströme größter, §. 84, macht noch Schwierigkeit, denn D. 60 fand Thör die Grid, in der wir die Hel erkannt haben, schon eh er durch Wimur watete und Geirröhhsgard erreichte. Aber ähnlich ergeht es dem Thorfill, als er zu Geruthus wollte: er kommt zu Gudmund, Geruths Bruder, diesseits des erdumschließenden Weltmeers, das hernach als Fluß erscheint, über den eine goldene Brücke führt. Vgl. S. 259. Er gelangt jedoch hernach an das andere Ufer. Wenn aber Gudmund = Ranund, d. h. Odin wäre, der als Unterweltsgott gedacht wird, so begriffe sich, wie auch Grid diesseits des größten aller Flüsse wohnen konnte, wenn wir gleich von den unterweltlichen Gebieten noch keine klare Vorstellung gewännen.

Wenn bei den Wanen noch Geschwisterehen gültig waren (§. 99), so wollten die Riesen gar ihre Töchter freien, was wieder auf eine ältere Culturstufe deutet. Entschiedener als alle der Brautfahrten unserer Heldensage liegt dieser mythische Zug der Sage von der gebuldigen Helena und ihrer von Merzdorf besprochenen Verwandten zu Grunde.

119. Benennungen.

Der allgemeinste nordische Ausdruck ist iötunn, pl. iötnar. Eine verkürzte Form des Worts erscheint in dem Namen des alten Riesen Fornjote, woraus sich zugleich das schwedische Jätte und selbst jener deutsche Name Jettha erklärt. Die Wurzel des Worts liegt in dem gotischen itan, hochd. eßen: ihr Name bedeutet edax, sie sind vom Eßen, von ihrer Gefräßigkeit genannt. Dagegen führt der andere Name thurs, der richtig verschoben in dem schweizerischen Dursa (niederd. Urus) erscheint, auf das Trinken zurück. Die Thursen sind die Durstigen, Dürren, deren Gaum nach Trank lechzt, und so drücken beide Namen ‚unmäßige Gier nach Trank und Speise' aus. Myth. 489. Doch versteht Rochholz II, 30 den Durs als den Kühnen, gaturaligen, ‚Euterisch' Leopr. 35. 42 für unheimlich kommt vielleicht von einem dritten Namen: agf. Eot, hochd. Enz, wovon der mythische Enzenberg (Inselberg) benannt sein wird; er ist aber gleich dem jetzt geltenden ‚Riesen', das sonst mit w anlautete, noch unerklärt. In neuern niederl. Dialekten heißt der Riese Reuse, was wieder auf einen Volksnamen schließen ließe, wenn wir nicht wüßten, daß die ältere Form wrise war. Vgl. Grimm Alb. Bl. 1, 370. Enta geveora, allerlei Gewirke der frühern Landesbewohner, wird ähnlich gebraucht, wie man von cyllopischen Mauern spricht: gemeint ist ein älteres riesenstarkes Geschlecht, dem man Werke zuschrieb, welche die Kraft der jetzigen Menschen übersteigen würden. Vgl. Cuitzm. 88. So räth Grimm auch bei den Jötunen auf Berührung mit ältern längst ausgewanderten riesenhaften Bewohnern des Landes, deren Namen die nachrückenden Jöten, ein deutscher Stamm, behielten; bei den Thursen auf Zusammenhang mit den Tyrsenern (Etruskern). Denselben Doppelsinn scheint das nur im eigentlichen Deutschland vorkommende Hun zu haben, nur daß es noch entschiedener Volksname ist. Bekannt sind die Hünenbetten Westfalens und der Wesergegend, womit riesenhafte Grab- und Opferhügel (vgl. S. 357) der Vorzeit gemeint sind, wobei Kuhn WS. II, 110 noch erinnert, daß die Hünenbetten auch häufig Altarsteine oder Heidenaltäre heißen. Aber auch die sog. Ringwälle, kreisförmige aus Steinen gefügte Umwallungen deutscher Berge, heißen ‚Hünenringe'; sie kommen jedoch auch in ebenen Gegenden vor: überall aber denkt man bei dem Worte Hüne bald an Riesen, bald an frühere Bewohner des Landes. Mhd. bedeutet hiune schon einen Unterthanen Etzels, dessen Land man nach Ungarn verlegte, während die Edda unter Hünaland Sigurds rheinische Heimat verstand. Ein König Hun erscheint im agf. Wandererlied als der sagenhafte Stammvater der Hätwaren oder Chattuarier. Im Hildebrandslied, wo Hadubrand seinen ihm unerkannten Vater alter Hün! nennt, kann Doppelsinn walten, indem zwar schon an einen Unterthan Etzels, aber zugleich noch an einen Riesen gedacht wäre. Das altn. hûnar wird nie auf Riesen bezogen; doch könnte aus Hymir, den Thor in der Hymiskviða besiegt, Licht auf die Bedeutung des Worts fallen, wenn der Name nicht selber dunkel wäre. Nach Myth. 496 hinge er mit húm, Dämmerung, zusammen, weshalb ihn Uhland 158 als Dämmerer, Grimm l. c. als trägen, schläfrigen auffaßt. In der Abh. über die Namen des Donners macht er ihn aber mit Ymir zum Donnerriesen. In niedersächsischen Gegenden bezeichnet Lubbe einen plumpen Riesen, zugleich aber auch einen unbeholfenen, trägen Menschen. Ebendaselbst kommen auch Dulten vor, mit dem Epitheton ornans dumme Dulten, Myth. 511, Müllenhoff 92, Kuhn WS. 281; daher verbußt. Auch Lübbe, Lüppel bedeutet einen plumpen ungeschickten Menschen. Der Name der Gygien gehört nur den Riesinnen; so auch Skáss, ein Neutrum wie Tröll, das aber für beide Geschlechter gilt und jedes unheimliche Ungethüm bezeichnen, jedoch auch elbische Wesen mitbegreifen kann.

120. Bergriesen.

Weit verbreitet ist die Sage von der Riesentochter, die vom Gebirge niederfteigend einen pflügenden Ackersmann findet, den sie mitsamt den Ochsen in die Schürze scharrt und heimträgt, denn sie sieht sie für Erdwürmer an und zeigt sie dem Vater daheim mit kindlicher Freude an dem artigen Spielding. Aber der alte Riese schmält mit ihr und sagt, das sei kein Spielding: ,Thu's fort mein Kind: sie gehören zu einem Volk, das den Riesen großen Schaden zufügt: wir müssen weg aus diesem Land und sie werden hier wohnen.' Wie winzig klein der Mensch neben den ungeheuern Riesen erscheint, so graut doch diesen heimlich vor ihm: besonders ist ihnen der Ackerbau verhaßt, weil er sie zur Auswanderung zwingt. Die Riesen vertreibt die Cultur, welche die Wälder lichtet und selbst Gebirge urbar macht, das wilde Steinreich bewältigt, das in den Riesen vorgestellt ist.

Daß die Riesen das Steinreich bedeuten, das älter ist als Pflanzen und Thiere, tritt hervor wo sie Bergriesen heißen, in Felsenhöhlen hausen, Steinkeulen und Steinschilde, auch wohl Eisenstangen und Kolben zu Waffen führen. Darum heißen sie auch steinalt, alt wie das Steinreich, wie der Westerwald, der Böhmerwald; darum erstarren sie, gleich den Zwergen, zu Stein, wenn ein Stral der Sonne sie berührt. Jener Zug läßt sogar die Deutung zu, daß sie, bei Licht betrachtet, nichts seien als Felsen und Berge, nur die Nacht, welche die Einbildungskraft entbindet, ihnen Leben und Bewegung verleihe, vgl. jedoch Kuhns Herabkunft 93. Eine Riesin heißt Jarnsaxa, die Eisenfelnige, und im Eisenwalde (Jarnwidr) wohnen die Jarnwidir §. 13, von denen eine die Wölfe gebiert, die Sonne und Mond verschlingen sollen. An diese Riesinnen des Eisengesteins erinnert es, wenn deutsche Sagen der Roggenmuhme schwarze lange Zitzen zuschreiben, wie auch von einer eisernen

Bertha die Rebe ist (Myth. 445) und Grið nach S. 81 Eisenhandschuhe
wie ihr Sohn Vidar §. 46 den Eisenschuh trägt. Die Roggenmuhme,
die auch Roggenmör heißt, könnte aus Rocken- d. h. Felsmuhme entstellt
sein, und das Rockenweibele, Rođavirl (Panzer §. 89), gleicher Bedeutung unterliegen, ja eine dritte Auffaßung des Worts, die Beziehung
auf die Spindel §. 114 erst durch die spindelartige Gestalt des Felsen
(rocca, roche) vermittelt sein. So hat der Riese Hrungnir ein Haupt
von Stein und ein steinernes Herz in der Brust, und auf diese Stein-
natur der Riesen bezieht es sich, daß ihnen Thôr, der Gott des Gewitters,
als Hercules Saranus die Häupter spaltet, denn seine Aufgabe ist, den
harten Felsgrund in bauliches Land zu wandeln. Aber weder beschränken sich die Riesen auf diese Bedeutung wilder Felsungethüme, noch Thôrs
Wirksamkeit auf die Begünstigung des wälderrodenden Ackerers: die Riesen
sind überhaupt die wilden maßlosen Naturkräfte, welche der Mensch bekämpfen, in Schranken bannen muß. Er bedarf aber dazu göttlichen
Beistands, und diesen leistet ihm vornämlich Thôr. Die Mythen von
den Riesen bilden darum die Kehrseite der bereits abgehandelten von Thôr.
Doch ist hieher §. 82 der Nachweis verschoben worden, daß Thôr gegen
Sturm-, Feuer- und Waßerriesen den Schutz der Menschen übernommen
habe. Die Erde gilt uns aber jetzt für das vierte Element, und diesem
entsprechen die Bergriesen, da sie in Erdhöhlen wohnen. Indes scheide
ich sie von den verwandten Reifriesen nur überschaulicher Darstellung
wegen. Sie fallen insofern zusammen als sie in dem Begriff der winterlichen Kälte ein Gemeinschaftliches haben. Von dem rauhen Gebirge wehen
die kalten Winde her, die den Winter bringen. Eine Höhlenbewohnerin ist
Hyndla (canicula) S. 334, und Sullungr, Gunnlöðs Vater §. 70
ist ein Bergriese; der älteste von allen aber, schon dem Namen nach,
Bergelmir, S. 20. Selbst der den Reifriesen näher stehende Thrym,
den als ältern Donnergott Thôr verdrängte, wird einen Bezug auf das
Steingebiet gehabt haben: das nach ihm benannte Thrymheim, hernach
Thiasse, zuletzt Skadis Wohnung, lag in den Bergen; Frau Hütt (DS.
314) ist eine versteinerte Riesenkönigin; so wird auch König Watzmann
(Bechst. Oestr. S. 67), die drei Brüder (Zingerle S. 125), der Riese
Serles (Alpenb. M. u. S. p. 34. 259), die sieben Schwestern bei Ober-
wesel (Rheins. 211) und Hans Heiling (DS. 325), wenn er nicht ein
Zwerg ist, aufzufaßen sein. Selbst das Riesengebirge hat seinen Namen
nicht sowohl von seiner Höhe als weil seine Gipfel der Einbildungskraft
als Riesen erscheinen. Auch die felsenschleudernden Riesen sind wohl Bergriesen: sie werfen Pflugscharen, Streithämmer und Aexte, vielleicht einst
Donneräxte und -keile, M. 510. 530. In der deutschen Sage wird die
Versteinerung, die in der Natur der Riesen begründet ist, als die

Straße der Ungastlichkeit und gottvergeßenen Uebermuths aufgefaßt. In
den Alpenländern ist es die Bergletschgerung (Bergalrisen 1—54)
und Berschüttung (Alpenb. 239), die zunächst als Gottesgerichte erscheinen, während es anderwärts bei Uhlands Worten bleibt:

Berstunken und vergessen, das ist des Sängers Fluch.

In den Märchen versinken ganze Königreiche und steigen bei der Erlösung
oder bei den Sonnenwenden wieder ans Tageslicht.

Da Berge bewaldet sind, so geben die Berg- in Waldriesen über,
in die wilden Männer, Wald-, Moos- und Holzleute, zu denen auch
Schrate und Schräpel zählen; mit diesen aber verlieren sie sich unter den
Zwergen.

Als ein Waldriese ist Witolt oder Wibolf durch seinen Namen bezeichnet, wenn er nicht den Zerstörer des Holzes, also einen Sturmriesen
bedeuten soll. Dem entspricht der Wibolf der Heldensage, der über das
Maß seiner Riesenbrüder hinausragt und so ungestüm ist, daß man ihn
in Fesseln legen muß, wenn er nicht in der Schlacht gegen den Feind gebraucht werden soll. Weil er, wie die Riesen pflegen, eine Eisenstange
trägt, heißt er gewöhnlich Wibolf mit der Stange. Nirgend verläugnet
Wibolf seine Riesennatur; aber schon Wilugowno und noch entschiedener
Wittig (Witige), der nach Müllenhoff Ztschr. XII, 257 mit ihm zusammenfällt, erscheint als Held. Vielleicht gehört auch Wibilunno (§. 105)
hieher. Von einem andern Wibolf sollen nach Hyndlul. 32 alle Wölen
stammen; bei Saro VII, 122 heilt er den Halfdan, der nach einer verlorenen Schlacht in den Wald geflüchtet ist. Zum Weißagen, das der
Wölen Geschäft ist, tritt hier eine halb zauberische Heilkunde, die den
Waldgeistern öfter und nicht ohne Grund zugeschrieben wird, da die
Waldluft stärkt und der Waldboden heilkräftige Kräuter und Wurzeln
bietet. So hatte auch Wate seine Heilkunst von einem wilden Weibe
gelernt. In Wibolf, nicht in Wibar ist das geheimnißvolle Waldleben
persönlich geworden, Uhland 203, so daß uns hier ein Rest jener gün-
stigern Auffaßung der Riesen vorliegt.

121. Reifriesen.

Neben Bergriesen, die dem Steinreich angehören, begegnen uns in
der Edda Reifriesen, Hrimthursen. Reif ist hier im weitern Sinne
Kälte, Schnee und Eis: wir haben die Reifriesen als Frostriesen zu verstehen. Die Kälte kommt, wie wir sehen werden, nur in Betracht so
fern sie von rauhen Winden hervorgebracht ist. Wir können sie Luftriesen
nennen; da sie aber nie die stille sanftbewegte Luft bedeuten wie Odin als
Bistindi, sondern immer nur die aufgeregte, so heißen sie besser Sturmriesen. Ymir selbst, der Urriese, entsprang aus Eis und Schnee, da er

aus ben urweltlichen Eisströmen hervorging. Ueber ben Winter und sein
Geschlecht vgl. §. 18. Hrimnir, Hrimgrimnir sind Riesennamen; mit
letzterm wird Stirnir, der Gerda gedacht. Hrimgerdr ist Hati Tochter,
mit welcher Atli sich Helgakw. I, 12 in einen wahrhaft homerischen Schimpf-
wörterstreit einläßt. Darüber erstarrt sie zuletzt zu einem Steinbilde, und
wenn wir sie uns auch in einen Eisberg oder Gletscher verwandelt däch-
ten, so bliebe doch die Berührung mit den Bergriesen auffallend. In
der Hymiskwiba ist der Winterriese dem sommerlichen Thör gegenüber
geschildert: Gletscher dröhnen, als er eintrat, sein Kinnwald ist gefroren,
die Säule zerspringt vor seinem Blick, was die zersprengende Gewalt des
Frostes bedeutet, Uhland 158.

Auch außerhalb des Mythus von Thör begegnen uns die Frostriesen.
Fornjotr, der alte Riese Ymir, hatte drei Söhne: Kari, Hler (Oegir)
und Logi, den drei Elementen Luft, Waßer und Feuer entsprechend. Kari
ist zugleich Sturmgott, und in seinem Geschlechte finden wir viele Personificationen des Frostes, weil die Winterstürme es sind, welche Eis und
Schnee herbeiführen. Unter seinen Nachkommen erscheinen Frosti, Jä-
kull Eisberg, Snör Schnee, Fönn dichter Schnee, Drifa Schnee-
gestöber, Miöll feinster und glänzendster Schnee. Mögen diese personificierten, dem nordischen Winter entnommenen Vorstellungen nur als
unterste Ansätze von Mythenbildungen erscheinen, hier und da sind sie zu
durchgeführten Mythen erwachsen, von welchen uns wenigstens Nachklänge
erhalten sind. So bei der Werbung des Dänenkönigs Snio um die
junge Königin von Schweden, welcher der Bote zuflüstert: Snio liebt dich,
worauf sie kaum hörbar erwiedert: ich lieb ihn wieder. Die verstohlene
Zusammenkunft wird dann zu Anfang des Winters bestimmt. Saxo VIII
(Müller) 414. So entführt Frosti die lichtgelockte Miöll, die Tochter
des Finnenkönigs Snär, und faßt sie unter dem Gürtel, worauf sie rasch
im Winde dahin fahren (FAS. III, 654—658). Vgl. Uhland 35, Petersen 81. Wir kennen auch schon §. 111 aus Käris Geschlecht Thorris
Söhne Nor und Gor und ihre Schwester Gói, und von Froßis Tochter
Skialf und ihrer Rache an Agni war §. 115 die Rede.

Als Sturm- und Frostriesen, die dem Geschlechte Käris einzureihen
wären, haben wir schon Thrym und Thiassi, Riesen der Herbst- und
Winterstürme, sowie Beli, einen Riesen der Frühlingsstürme, erkannt. Alwaldi oder Aelwaldi, Thiassis Vater, war sehr reich an Gold, und als er
starb und seine Söhne das Erbe theilen sollten, da maßen sie das Gold
damit, daß ein Jeder seinen Mund davon voll nehmen sollte. Einer so oft
als der andere. Einer dieser Söhne war Thiassi, der andere Jdi,
der dritte Gángr, D. 61. Uhland 119 nimmt Aelwaldi und seine Söhne
für Winde: der Vater, der Ael herbeischafft, ist der Regenwind; sein Gold,

die aufgehäuften Schätze, sind die Wolken. Wenn der Regenwind weicht,
fällt das Erbe den übrigen Winden anheim: es wird mit dem Munde
getheilt, zerblasen, zerstreut. Dagegen faßt sie Petersen 95 als Wasser-
rosen. Thiassis Tochter wäre der wilde Bergstrom, der sich dem Meere
vermählt, dem ruhigen Haff, was aber ihr Erscheinen als Wintergöttin
mit den Holzschuhen nicht erläutern würde. Weinhold Riesen 12. 16. 27.
45. identificiert sie den drei Söhnen Fornjots, indem er Gang auf die
Flut, Thiassi (den rauschenden) auf die Luft, Jbi auf das Feuer bezieht,
wobei aber der Mythus angedeutet bleibt. Noch die heutige Sprache
nennt den Sturmwind Windsbraut, was ganz wörtlich zu nehmen ist;
vgl. Ralston The songs of the Russian People, p. 180 und 382.
Nach einer märkischen Sage (Kuhn 167) war sie ein Edelfräulein, welche
die Jagd über Alles liebte und gleich dem wilden Jäger verwünscht
ward in alle Ewigkeit mit dem Sturm dahin zu fahren, Myth. 599.
Ueber Hräsvelgr, von dem aller Wind entsteht, vgl. S. 31; über Fasolt und Mermeul §. 123. Wie Hräsvelgr ist Egbir als Adler gedacht, der schadenfrohe Sturmriese, den die Wöluspa der Riesin Hirten
nennt, der bei Einbruch des Weltuntergangs auf dem Hügel sitzt und
fröhlich die Harfe schlägt, ,doch wohl die des brausenden Sturms‘, sagt Uhland
Germ. III, 345, der ihn bei Saxo und in andern nordischen Sagen unter
wenig verändertem Namen, aber immer als Nordsturmriesen, wiedergee-
funden hat. In diesen gehört wie Mermeul auch Schräwung Germ.
IV, 83, Uhland VIII, 435, Birl. Aus Schwab. I, 474. Aehnliches möchte
man von Runse, Ecks Vaterschwester, nach der Vorrede zum Heldenbuche der Mutter Zerres und Weldenichs, urtheilen, die genauer eine Berg-
wasserrieslin ist. Weinhold 46 beschreibt sie als ,ein wildes, wüstes Wald-
und Alpenweib von schreckhaftem Aussehen; doch sind ihre Wirkungen
noch schrecklicher, jene Schlammgüße nämlich, die bei heftigem Regen aus
den Hochgebirgen niederstürzen und Erde, Bäume, Hütten und Felsen
fortreißend über Abhänge und Thäler die grauslgsten Verwüstungen
schütten. Solcher Runsen hausen in den Tiroler und Schweizer Alpen
selber viele, und auch die norwegischen Gebirge scheinen so böse Rießnnen
zu kennen, denn Leirwör, die Lehmige, Schlammige mag niemand anders
als eine nordische Runse sein.‘

    Jener Baumeister, der den Göttern eine Burg gegen die Anfälle der
Riesen zu bauen versprach (§. 25), ergab sich selbst als einen Sturm- und
Frostriesen. Dieser Mythus klingt in Teutschland vielfach nach; aber sein
Bezug auf den Winterfrost, der doch in Winterbring §. 106 erscheint, ist
verdunkelt, wobei Christenthum und milderes Clima zusammenwirkten. In
der Gestalt, welche der Mythus von Thor-Hercules in der Hymiskvo. annahm,
ist die nordische Färbung unverkennbar, obgleich auch bei uns der Winter

als Manezze vorgestellt wird, Colsh. 38. und bei Zingerle Sagen 331, Panzer II, 112 ein Riese Lauterfreß, Leutefreßer heißt: das ist der Winter selbst, der jährlich manches Menschenleben erstarren läßt. Eine menschenfressende Riesin ist auch die Strägele, mit der man kleinen Mädchen, unfleißigen Spinnerinnen, droht. Die Strägele hat aber manchmal zur Bestürzung der Mütter aus dem Scherz Ernst gemacht. Zu den menschenfressenden Riesen und Riesenweibern, die an den Oger (Orcus' S. 265 gemahnen, gehören außer dem Orco selbst (Alpenb. 56) auch die Fenggen des Montasuner Thals, Graubündens und Tirols bei Donbun 1 und Zingerle II, 57; doch scheint sie der Name zu den Sumpfgeistern zu stellen (A. M. Ist Rochh. I, 362), wodurch sie zunächst an Grendel §. 122 erinnern. In Tyrol heißen sie auch Waldfenggen und so verstehen wir jetzt erst das Wort ‚Wildfang'. Die Sage schildert sie schauerlich häßlich, mit borstigem Haar über den ganzen Leib, aber nur weiblichen Geschlechts, während die mildern Waldfänken Vorarlbergs und Graubündens auch männlich sind. Die seltsamen Namen der ersten ‚Stußlorche, Rohrinla' u. s. w. schildern sie als Zwidien (Drpaden). Auch ist ihr Leben an den Wald gebunden: wird er geschlagen, so schwinden sie. Um dem Hungergelüst ihrer scheuslichen Väter zu entgehen, nehmen ihre Töchter gerne Dienste bei Menschen, und begnügen sich mit dem Schaum der Milch zum Lohn. Ihre Wildheit legen sie jedoch nicht ab. Allmählich schrumpft aber ihre Riesengestalt ein; die Rutschifenggen des Vorarlbergischen Klosterthals gehören vollends zu den Zwergen. Ihre Gemsenschnelle gewinnen sie in Montasun durch Ausschneiden der Milz, und weil sie die Milch gezähmter Gratthiere, die sie ihre Kühe nennen, genießen, wissen sie nichts von Schwindel, auch wenn sie über Abgründe springen. Auch Heidelbeeren und Eier von Schnee- und Perlhühnern lieben sie; aber mit den Bauern mögen sie nicht essen: von so roher Nahrung, womit Menschen vorlieb nehmen, fürchten sie den Tod. Ihre lakonische Ausdrucksweise und manche ihrer Namen erinnern daran, daß es eine eigene Sprache für die verschiedenen Göttergeschlechter giebt. Sie sind kluge Rathgeber, aber oft liegt etwas Launiges in ihrem Rathe. Die Gemeinde Tenna in Graubünden fing einen großen Bären, der ihr viel Schaden zugefügt hatte: dafür wollte sie ihn grausam bestrafen und an dem wilden Brummer ein Exempel statuieren. Da trat ein Wildfangg unter die Versammlung und sagte: ‚'s Grußst ist, laßt 'n hürote'. Vgl. Vonbun Beitr. 44—65. Dermalesen Alp. 208 ff.

Nahe verwandt scheint der Tiroler Lorg, ein einäugiger Riese, der sich auch als gespenstiger Reiter zeigt, so daß Name und Erscheinung an Odin als Unterweltsgott erinnert. Zingerle Sagen 1859 Nr.

2. B. 134. 5. 134. 8. Die Orkelen S. 51. 69, Orgen S. 63 scheinen eher zu den Zwergen zu zählen und von den Norgen (Nörglen)
nicht verschieden. Bei Shalespeare entsprechen wohl die orcben, Meerg
W. IV, 4, schwerlich die Uellerlens, Kuhn NTS. §. 56. Vgl. das Or-
lenthier bei Rochh. Mythen 96, das dem Tiroler Orlo näher tritt. Auch
im schwedischen Nörk tritt das A vor.

122. Wasserriesen.

Der andere Sohn Fornlots, Hlér oder Oegir, der mit Hymir
zusammenfällt, hat lein so weit verzweigtes Geschlecht als seine Brüder.
Wir haben ihn als Nebenbild unterwelllicher Gollheiten erkannt. Sein
anderer Name Hlér, dem golischen hláir Grab verwandt, bedeutet den
Toblenhügel, vgl. hlé, hléwes = clivus, lumulus, mausoleum. Leber-
meere und Leberberge sind Toblenmeere, Toblenberge; so erscheint er auch
zu Lande als Toblengott. Rochholz GL II, 84.

Obgleich dem Niörbr, der das beruhigte schiffbare Meer bedeutet,
entgegengesetzt und der räuberischen Ran vermählt, ist doch auch Oegir
wieder milder aufgesaßt worden: die Götter lassen sich mit ihm in ein
Gastverhältnis ein, das gegenseitige Besuche herbeiführt. Jährlich zur
Zeit der Leinernte, die in den September fällt, wenn bei dem Wehen
sanfterer Lüfte, die in Oegisbr. als Beyggwir und Beyla vorgestellt
sind, das Meer ein wirklicheres Ansehen gewonnen hat und Oegirs
Braulessel, die offene See, dem Verschluße des winterlichen Hymir entnommen ist, trinken die Götter Ael in Oegirs Halle, die er mit Goldlicht beleuchtet: die in der Tiefe der See versunkenen Schätze scheinen
zur Erklärung des Meerleuchtens verwendet. Oegir hat zwei Diener,
Funasengr (Feuersänger) und Elbir (Zünder): erstern erschlägt Loli.
Soll uns dieß andeuten, daß Oegirs Goldlicht den Glanz des gewöhnlichen nicht erreiche? Als Hymir ist der Meergott deutlicher als Unterweltsgott dargestellt. Orboda ist seine Gemahlin, seine Tochter Gerba,
von deren weißen Armen Lust und Wasser wiederstrahlt, worin Finn
Magnusen das Nordlicht angedeutet sah, was jenem Meerleuchten zur
Seite treten würde. Seinen Sohn Beli erschlägt Freyr mit dem Hirschhorn, den wir auf den Blitz gedeutet haben; nur darüber bleiben wir
im Unllaren, wann dieß geschah.

Von Oegir dem Meergott hat Tegner eine schöne Sage gedichtet,
welche ich ausheben will um zu zeigen, wie unsre Mythologie der
Fortbildung fähig ist. ‚Auch Ellida gehörte,' lesen wir in der Frithiofssage, 24

,das Schiff, zu den Schätzen des Hauses.
Wiking, segelte, heißts, da er heimzog einst von der Heerfahrt

Hin am heimischen Strand. Da schaukelt' ein Mann auf dem Schiffswrack
Sorglos hin sich und her als spiel' er nur so mit den Wogen.
Hoch war der Mann und edler Gestalt und offen von Antlitz,
Heiter, veränderlich doch wie im Schimmer der Sonne das Meer spielt.
Blau war der Mantel, der Gürtel von Gold und besetzt mit Corallen,
Weiß ihm der Bart wie die schäumende Flut, doch das Haar war meergrün.
Wiking steuerte hin mit der Schnecke, den Traum zu retten,
Nahm den Erstarrenden heim in sein Haus und verpflegte den Fremdling:
Doch als der Wirth ihm das Bett anwies, da lacht' er und sagte:
„Gut ist der Wind, und mein Schiff, wie du sahst, nicht ganz zu verachten:
Hundert Meilen nach Oft ich gewiß vor Abend zu segeln.
Habe doch Dank des Erbietens, denn gut ist's gemeint. Ein Andächtniß
Ließ' ich dir gerne zurück; doch mein Reichthum liegt in der Tiefe.'

Tags darauf stand Wiking am Meer, und sieh, wie ein Sturmer,
Wenn er die Beute verfolgt, in die Bucht einlief ihm ein Drachschiff.
Niemand sah man daraus, ja es stand selbst Keiner am Steuer;
Draußen fand den geschlängelten Weg durch Klippen und Schieren,
Strich als bewohnt' es ein Geist, und als es dem Strande sich nahte,
Reffte das Segel sich selbst, unberührt von menschlichen Händen
Senkte der Anker sich nieder und biß mit dem Zahn den Sorgrund.
Staunen stand Wiking und sah: da sangen die spielenden Wogen:
„Oegir gehnll, den du bargst, der Schuld und schenkt dir den Drachen.'

Königlich war das Geschenk: das Gewölbe der eichenen Planken
Hatte die Kunst nicht gesägt, sie waren zusammengewachsen.
Lang war's gestreckt wie ein Drache der Ott; doch mächtig erhob sich
Ueber dem Halse das Haupt und von Gold roth glühte der Rachen.
Blau war der Bauch und golden gestirnt; doch hinten am Steuer
Schlug es in Ringe den mächtigen Schweif, der von Silber geschuppt war.
Spreizt' es die schwärzlichen Flügel mit röthlichem Saume, so flog es
Hin mit dem Sturm um die Wette, daß selber der Adler zurückblieb.
Füllten gewappnete Männer das Schiff, so erschien es dem Blick als
Schwimmende Königsburg, als wellengetragene Festung.
Weitberühmt war das Schiff als das beste der nordischen Ergir.'

Auch Grendel ist ein Meerriese und dem Oegir nahe verwandt;
selbst darin, daß seine Halle ein bleicher, von den gesammelten Schätzen
ausgehender Schimmer erhellt. Vgl. §. 95. Wir haben hier eine der
deutschen Nordseeküste angehörige Mythe, die nach England ausgewandert
keinen Sinn mehr hatte. Grendel und seine Mutter sind verderbliche Dämonen des wilden düstern Meeres, das im Frühling gegen die
weiten flachen Küsten anstürmend jene ungeheuern Verwüstungen anrichtet,
welche Goethes Faust im zweiten Theil, da er auf dem Mantel einher-
segelt, mit Schaudern gewahrt und sich als jüngster Beowulf zur Lebens-
aufgabe setzt, ihnen durch Deiche und Uferbau zu wehren. Im hohen
Alter kämpft Beowulf noch gegen einen Drachen, den er besiegt, aber von
seinem Feuer übersprüht das Leben läßt, wie Thor im letzten Weltkampfe

die Midgardschlange erlegt, aber von ihrem Gifte tödtlich getroffen zu Boden
sinkt. Derselbe Ausgang begegnet in der Sage von Winkelried (Grimm
DS. I, 299, Lütolf 311—3) und sonst vielfach. Rochh. Myth. 208, Nr. 10
u. 11. Auch dieser Drache, der sich nach der (im Gedicht entstellten) Sage
wie Fasnir in einen Riesen wandeln konnte, bei dem auch der Schatz nicht
fehlt, den jener hütet, ist ein Wasserwesen: die Verwüstungen, die er anrichtet, beziehen sich aber auf die Herbstzeit, wenn bis zum Eintritt des
Winters abermals die Stürme toben und die Fluten die offenen Meeres-
küsten bedecken. Das Bild des Drachen für die anstürmend verwüstende
Flut ist ein anschauliches; auch Flüsse und Bäche, deren Austreten gleichfalls Zerstörungen anrichtet, und den Schatz der Erde, die Ernte, raubt,
werden in den Sagen als Schlangen vorgestellt, wozu ihr Schlangengang
stimmt. Müllenhoff, dem wir diese schöne Deutung verdanken, bezieht aber
den Beowulf, der uns an Thôr erinnerte, Zeitschr. VII, 439 ff. auf Freyr,
der nach einigen Erzählungen Saros gleichfalls als Drachenkämpfer erscheint, W. Müller Ztschr. III, 40, woraus sich auch Siegfrieds Drachenkampf verständigt. Allein im Herbst hat Freyr sein Schwert, den Sonnenstral, hinweggegeben, und so kann er hier nicht als Drachenkämpfer auftreten. Vgl. M. Beowulf 195. Die Drachen und Würmer der Volks- und
Heldensage sind aber überhaupt Wasserungethüme, Rochholz II, 13 ff. und
Myth. 190, und in dem Worte Lindwurm scheint Lind Sumpf zu
bedeuten; vgl. altn. lind, fons. Ausdrücklich wird ein ausbrechender See
als Drache aufgefaßt, Zingerle Sagen N. 157. 159. 214. 215. In der
Chronik von Erkelenz findet man nach Rheinl. 370 die Abbildung eines
Drachen, aus dessen Munde die Worte Gelre Gelre! gehen, denn
durch dieses Geschrei soll er dem Lande den Namen gegeben haben. Unter
Karl dem Kahlen erschlugen ihn nämlich die Söhne des Herrn von Pont,
Wichart und Lupold, worauf sie das Volk zu seinen Vögten erkor. Diese
erbauten dann an der Stelle, wo sie das Thier erschlagen hatten, eine
Burg und nannten sie Geldern. Fassen wir den Drachen hier wieder
als verheerende Flut, so weist der Name der Herrn von Pont deutlich auf
die Brücke, durch welche Thôr nach S. 261 überschwellenden Bergströmen
das Genick bricht. Für den zu Grunde liegenden Mythus hält Müllenhoff VII, 431 den von Britra, d. i. der verhüllenden Wolke, die von
Indra getroffen als Ahis (anguis) herabstürzt. Näher liegen uns freilich Thôrs Kämpfe mit der Midgardschlange. An Grendel erinnert der
schon von Grimm M. 222 nachgewiesene Wassergeist, dessen Erscheinen
eine Feuersbrunst bedeutet. Da sein Name den Verderber bezeichnet, so
kann er auch im Elemente des Feuers walten (Gervasius v. Tilbury bei
Liebr. 30. 131). Grendel gleicht in allen Zügen dem tirolischen Blut-
schink, Alpenb. 59; nur daß er in Gestalt eines Bären auftreten soll, scheint

Verwirrung; vielmehr war es nach dem Märe von dem Schretel ein Bär, der seinem Unfug ein Ende macht. Vgl. M. Beowulf S. 177. Der See, worin der Blutschial sich aufstiell, ward durch ein Erdbeben samt seinen Dämmern verschüttet: Grendel erlag dem Goll des Gewitters; unheimlich und schaurig wird die Lage beider Seesümpfe beschrieben. Näutst dem Märe von dem Schretel und dem Waßerbären zeigt auch die bei Innsbruck angesiedelte Sage von dem Riesen Haymon (Zingerle Sagen 89) mit Beowulf bei aller Entstellung Verwandtschaft. Er kämpft erst mit Thyrsus, den schon sein Name als einen Riesen bezeichnet, der hier aber dem Grendel entspricht, zuletzt mit dem Drachen, wo allerdings der Ausgang abweicht. Der Kampf mit Thyrsus hat bei dem Seefeld an einem Bache Statt: „Zu Seefeld er sein Wohnung hätt, da noch das Heillhum aufrecht steht' (hic ubi prodigium cernitur usque sacrum). Darnach scheint es, daß dort ein ähnliches Wahrzeichen vou Haymons Siege wie Grendels ausgerißener Arm zu sehen war (cujus nihoe caedis vestigia certa rapercount), wie auch die Drachenzunge als Wahrzeichen des zweiten Kampfes dienen sollte. Ueberdieß soll Haymon am Rheine zu Hause gewesen sein, von wo wohl auch Beowulf stammt. Von Heime, Abelgers Sohne, scheint saum mehr als der Name entliehen.

Ein Waßermann in Stiergestalt ist der mythische Stammvater der Merowinge: er zeugte mit der am Meeresufer schlafenden Königin den Meroveus, von dem nachher die Merowinge stammten, nach älterer Sage wohl den Clojo, den ersten Frankenkönig, dessen Name von hlôjan, magire brüllen (noch jetzt im Volksmunde lüejen) abzuleiten ist, was an den brüllenden Stier der Stammsage erinnert. So überfällt nach dem Gedichte vom Meerwunder in Caspars Heldenbuch ein Meermann die am Strande wandelnde Königin. Müllenhoff Ztschr. VI, 433. Auf diese Sage bezieht sich vielleicht der goldene Stierkopf in Childerichs Grabe. Auch in Spanien findet sich die Sage und auch hier gebiert die überwältigte Frau einen überaus starken Sohn, den Stammvater eines Heldengeschlechts. Wir wißen nicht, ob Odin, der als Meergott Hnikar heißt, ein Name, der mit Nix und dem Flußnamen Neckar verwandt sein könnte, nach einer verlorenen Mythe die Gestalt eines Meerwunders annahm. Aehnliches wird von Tietrichs und Ortnits Zeugung durch einen Elben (Elberich) gemeldet. Ueber die Sage vom Elbslier §. 126 unten.

Entschiedener gehört aber Wate, der Vater Wielands, den Waßerriesen an. Seine Beziehungen zu dem gleichfalls waltenden Thôr, ja zu Odin und wieder zu Christophorus sind schon §. 73. 76 erörtert. War er der Sohn der Meerminne Wâchilt, die ein elbisches Wesen ist, so deutet Anderes auf seine Riesennatur. Eine laulbrüllende Stimme wird ihm zugeschrieben; als Heermeister der Hegelinge in der deutschen Gudrun

führt er ein Horn, das von Odin oder Heimdall auf ihn übertragen sein
kann. Nach Müllenhoff Zeitschr. VI, 68 war er ursprünglich ein walender Meerriese, für dessen Wirkung der regelmäßige Wechsel von Ebbe
und Flut galt. Oder sollen wir ihn für den Riesen ansehen, an dessen
Stelle Unolan als walender Gott trat? Ein Theil seines Wesens scheint
auf Thôr übergegangen, der nicht bloß, den Derwandil auf dem Rücken
wie Wate den Wieland, die urweltlichen Eisströme, sondern außer Körmt
und Ormt und beiden Kerlaug den Höllenstrom Wimur watet, und dabei den Loki hinüberträgt, der sich an seinem Gurte festhält. War Wate
etwa einst als Todtenschiffer gedacht? Körmt und Ormt und beide
Kerlaug werden Grimnism. 29 unmittelbar nach den Todtenflüßen aufgezählt. Die Vorstellung könnte einer Zeit angehören, wo es noch an
Brücken und Kähnen fehlte. Wie an Thôr die Erfindung der Brücken,
so finden wir an Wate die des Bootes §. 76 geknüpft.

In Wates Geschlecht finden wir zunächst Wieland, der als Alfenfürst
bezeichnet wird, was uns zeigt wie Riesen und Zwerge, so verschiedener
Natur sie seien, doch in einander übergehen. Wielands Sohn Wittig
tritt gar zu einer dritten Classe von Wesen, den Helden. Nur sein Helm-
zeichen, ein Giftwurm, der seinen Grimm ausdrücken soll, bezeichnet noch
seine riesige Abkunft, während sie sich bei seinem Waffenbruder Heime,
von dem unten, in seinem ganzen feindseligen Charakter verräth, der
ihn sogar einmal zum Mitglied einer Räuberbande macht.

Das berühmteste Wasserwesen Mimir oder Mimr (S. 210) wird
Skaldsk. 75 unter den Riesen aufgezählt. Als Bewahrer des Schatzes der
Tiefe heißt er Hoddmimir. Im Meere sind nicht bloß Schätze versunken,
das Rheingold wird aus der Flut gewaschen und kehrt als Nibelungenhort
dahin zurück; Andwari hatte das Riflungengold nach Sigurbarkw. 11 in
der Flut gewonnen. Im Flußbett barg Decebalus seinen Hort und die
Westgoten die Leiche ihres geliebten Alarich als den köstlichen Schatz ihres
Volkes unter dem abgegrabenen Strom. Das Wasser, in dem der Ursprung
aller Dinge liegt, wär auch selbst ein Schatz, wenn Petersen den Mythus
von Aelwaldi richtig auf Wasserschätze gedeutet hätte; gewiß ist, daß in
Mimirs Brunnen Weisheit und Verstand verborgen waren, die höchsten
Schätze, weshalb auch sein Horn Hortträufler hieß. Wenig wißen wir von
dem alten Thursen Södmimir, den Odin nach Grimnism. betrog und
den Sohn Midwitnirs, des berühmten Unholden, tödtete. Ist er eins mit
Hlébard (Meerküste?), dem Odin (Harbardslied 20) mit der eigenen
Wünschelruthe den Witz raubte? Oder gar mit jenem Asmund, bei
dem Odin nach Grimn. 49 Jatir hieß? FAS. III, 407 durchbohrt Odin
den Asmund mit seinem Sper. Die Namen deuten hier wieder auf
Meerriesen; zugleich aber sehen wir wie bei Aelwaldi, wenn er nicht, wie

Weinhold will, Alwaldi, der allwaltende heißt, den Schatz als Ael, Bier gefaßt. Ein Trunk war es, für den Odins Auge dem Mimir verpfändet ward, und so könnte hier eine Nebenform desselben Mythus vorliegen. Nach Meth benannte Flüße sind GTS. 697 in der Wesergegend und England nachgewiesen. Als Wasserriese erscheint endlich der ältere Starkadr, der an den Aelwasserfüllen wohnte (vidh Alufossu oder Oelfossu), und den Beinamen Aludreng führte. Er hatte acht Hände und besiegte im Zweikampfe den Hergrim, der ihm seine Verlobte Oegn Alfaprengi, die gefürchtete Feindin der Elben, wie Weinhold R. 85 übersetzt, entführt hatte. Oegn sah dem Zweikampf zu, und gab sich, als Hergrim gefallen war, selbst den Tod, denn sie wollte dem Starkadr nicht vermählt sein. Dieser zog alles bewegliche Gut Hergrims an sich und übernahm die Erziehung ihres mit Hergrim erzeugten Sohnes. Später entführte Starkadr Alfhilden, die Tochter des König Alfs von Alfheim, ward aber von Thôr erschlagen und vom Felsen gestürzt. Seinem gleichnamigen Sohne erwies sich Thôr ebenso abhold als Odin (§. 60, 2) günstig. Da Fossegrim nach der heutigen Volkssage ein Dämon norwegischer Wasserfälle ist, so giebt sich schon Hergrim als ein Bergstrom zu erkennen; nichts anderes ist Starkadr, dessen acht Riesenhände eben so viel Stromarme sind; daß ihn Thôr vom Felsen stürzt, zeigt uns seine Bedeutung als den wasserreichen Absturz des Alustromes. Sein Zweikampf mit Hergrim ist die brausende Begegnung zweier Bergströme: der Mächtigere von beiden reißt die Wasserschätze des Besiegten an sich. Die Braut, Oegn Alfaprengi, ergiebt sich als ein schimmernder Staubbach, um den sich die Stromriesen, zwischen denen er niederersprüht, zu reißen scheinen. Schwieriger ist Alfhild zu deuten; ihrem Namen nach gehört sie dem Geschlecht der Alfen an, Uhland 176 fl. Mehrhändige Riesen kennt auch die deutsche Sage; in der Heldensage hat Heime vier Ellenbogen und Asprian vier Hände; sonst findet sich bei ihnen kein anderer Bezug auf das Wasser als daß Helmes Vater Madelger oder Adelger nach dem Moroll der Sohn einer Meerminne ist, Myth. 860. Aehnlicher natürlicher Deutung ist die Vielhäuptigkeit der Riesen fähig: es sind Felsungethüme mit mehrfachen Häuptern. Mangel an Gliedern begegnet man dagegen fast nur bei göttlichen Wesen, und hier sehen wir das in ihrer mythischen Natur begründet. Zum Schluß gedenke ich noch des Meerriesen Widblindi, der nach Skaldsk. 47 Walfische in das hohe Meer hinausführt, die seine Eber heißen, wie Frau Hartens Dachse ihre Schweine und die Gemsen die Kühe der Junggen genannt werden, S. 174 Wölfe Odins Jagdhunde heißen.

123. Feuerriesen.

Logi, der dritte Sohn Fornjots des alten, ist von seinem hohen Wuchse Hâlogi (Hochlohe) genannt; das Land, dessen König er ist, heißt nach ihm Hâlogaland, das nördliche Norwegen. Weinh. 54. Von seiner Frau Glöd (Glut) hat er zwei Töchter, Eisa und Eimyria (Asche und Glutasche), welche von zwei Jarlen, Wêseti und Wifil, nach fernen Eilanden, Burgundarholm (Bornholm) und Wisilsey, entführt werden. Wêseti ist wörtlich Gründer heiliger Stätten, Wifil heißt der Weihnehmer: als erster Anbauer jener Eilande bringen sie die heilige Flamme des Herdfeuers nach ihren neuen Ansiedelungen, Uhland 81. 57. Wêselis Sohn hieß Bûi und bedeutet den Anbau. Wie Logi zu Loki und dieser zu Utgardloki ward, bei dem sich Loki und Logi im Schnellessen messen, ist §. 83 dargestellt.

Wie das Feuer in Loki nur zuletzt als verderblich, früher meist als wohlthätig gefaßt wurde, so geschieht das auch schon in Logis Töchtern und Schwiegersöhnen, welchen sich Thialfi als Thielvar (S. 242) vergleicht. Zugleich ist das eine neue Spur früherer günstiger Auffassung der Riesen. Hâlogi hatte aber auch eine Tochter, Thörgerdr Hölgabrudr, welcher wie ihrem Vater in eigenen Tempeln blutige Opfer fielen und viel Gold und Silber dargebracht ward, Stalbst. 45. Ihre Schwester Irpa fand neben ihr abgöttische Verehrung; aber dem Wiking Soti, der beider Bruder war, zeigte sich Odin unter dem Namen Biörn feindlich gesinnt, Petersen 79, wie sonst Thôr diesem Geschlecht. Freilich ist Biörn ein Beiname Thôrs. Lex. Myth. 008.

In den nordischen Mythen erscheint Thôr als Bekämpfer der Riesen in allen Elementen; aber den drei Söhnen Fornjots tritt er nirgend unmittelbar gegenüber, wenn er gleich in der Thôrsdrâpa Fäller der lustigen Götterstühle Fornjots heißt, was nach den Auslegern auf Abstellung seines Gottesdienstes zielt. Oegir Kari Logi sind in der deutschen Heldensage zu Ecke Fasolt Ebenroth (S. 94) geworden, und im Eggenliede, das gleich der entsprechenden Erzählung der Willinasage anfangs im Kölner Lande und um den Drachenfelsen spielt, wo wir auch die Fasoltslaute nachgewiesen haben, bekämpft und besiegt Thôr als Dietrich Einen um den Andern. Fasolt wird in einem Wettersegen wie Mermeut als Sturmriese angerufen, Myth. 602: ganz so erscheint er auch im Eckenliede, und die Fasoltslaute ist wegen verderblicher Ostwinde berüchtigt. M. Rheint. S. 323. Eckes Name läßt sich von der Schärfe des Schwertes keineswegs herleiten wie Weinhold 18 will: dem widerspricht die näher zu Oegir Uogi (M. 217) tretende Form Uekesahs bei Velbecke und die Ortsnamen Uekerath und Uekesdorf in unserer Gegend, wo seine Sage daheim ist. Da in seinem Bruder der Sturmriese nicht zu verkennen ist, so ruht

Grimms Parallele der drei Brüder mit den Söhnen Fornjots auf gutem
Grunde. Eckes Berührungen mit Oegir sind §. 97 besprochen; vgl. Uhland
Germ. IV, 347. Ueber Ebenröt erfahren wir aus dem Eggenliede am
Wenigsten. Grimm hat ihn Myth. 710 dem Abendröt, einem andern
Riesen der Heldensage, verglichen; dieser hat aber noch zwei Brüder und
die Zusammenstellung ließe sich nicht durchführen. Der auch als Ortsname bei uns erscheinende Name soll wohl den durchaus rothen, d. h.
feurigen bezeichnen. In dem Kampf wider Ecke und seine beiden Brüder
tritt Dietrich an die Stelle Thörs, wie uns diese Vertauschung schon
S. 248 begegnet ist; hier aber läßt das niederrheinische Local der Sage
an einen fränkischen Dietrich denken, der sich auch sonst noch mit dem
ostgotischen mischt. Vgl. Mein Bonna Verona, 1868.

Andere Feuerriesen, mit welchen Thör zu schaffen hat, sind Hyrrokin
und Geirröth §. 34. 81. Geirröth ist als Gewitterriese dargestellt;
doch läßt seine S. 260 nachgewiesene Beziehung auf die Unterwelt und
ihre Feuerhölle vermuthen, daß die nordische Sage ihn seinem ursprünglichen Kreiß entrückt habe. Der berühmteste unter den Feuerriesen ist
Surtur der schwärzende, der mit Muspels Söhnen in Muspelheim wohnt;
im letzten Weltkampf steht er aber dem Freyr, nicht dem Thör gegenüber.

Wir haben Riesen in allen Elementen, ja in der Unterwelt ange-
troffen; zugleich sahen wir sie auf das geistige Gebiet gerückt. Zum Schluß
hebe ich noch die Neigung namentlich der deutschen Riesensage hervor, auffallende Erscheinungen der Erdbildung zu erläutern. Schon die nordische
ließ Gefion sich einem Riesen verbinden, um darzuthun, warum die Buchten
im See Lögr den Vorgebirgen Seelands entsprechend liegen; die deutsche
weiß die s. g. erratischen Steinblöcke zu deuten: ein Riese hat hier seinen
Schuh ausgeklopft, weil ihm ein Steinchen hineingerathen war, das ihm
beim Gehen beschwerlich fiel. Andere vereinzelt liegende Felsblöcke hat
ein Riese nach einer benachbarten Stadt geschleudert um sie zu zertrümmern; späterhin wird das auf den Teufel übertragen, der eine christliche
Kirche zerstören wollte. Ein Riesenmädchen gedachte sich eine Brücke von
Pommern nach Rügen zu bauen, damit sie übers Waßer gehen könne
ohne sich die Pantöffelchen zu netzen: sie nahm die Schürze voll Sand
und eilte ans Ufer; aber die Schürze hatte ein Loch, und ein Theil des
Sandes ward verzettelt; das Uebrige schüttete sie weg, als ihr die Mutter
mit der Ruthe drohte. So entstand eine Reihe dürrer Sandhügel, die
in Pommern Berge heißen, Myth. 602. Von solchen Stückchen sind alle
Sagenbücher voll und auch unsere Gegend könnte in den Schluddersteinen
bei Rolandseck dazu Beiträge liefern.

Eine Riesin haben wir nicht unterbringen können, weil zu Unreim-
barem von ihr berichtet wird. Nach Olaus Wormius war die Zauberin

Hagberta die Tochter des Riesen Wagnost, die Saxo I, 9 Hardgreipa nennt. Sie konnte sich in jede Gestalt und Größe verwandeln. Bald war sie himmelhoch, bald klein und niedrig, bald hart, bald fließend. Waßer konnte sie fest machen und Berge schmelzen; den Himmel konnte sie nie= derziehen, die Erde erheben und Schiffe durch die Luft fliegen laßen. Die Götter konnte sie stürzen, die Lichter des Himmels auslöschen und die Finsternis der Tiefe erleuchten. (Germ. VI, 294. Hier ist mehr die Zauberin als die Riesin hervorgehoben; aber ihre Macht übertrifft die der Götter und obgleich ihr Name mit dem Berthas zusammengesetzt ist, bleibt der Zweifel erlaubt ob Olaus wohl berichtet war. Daß die Riesen nach Belieben groß und klein erscheinen, begegnet bei Saxo öfter. Zauberei ist bei den Riesen wie bei Odin nur der Ausdruck ihrer über= natürlichen Macht. A. M. ist W. Menzel a. a. O.

124. Elben im Allgemeinen.

Die allgemeinste Bezeichnung der halbgöttlichen Wesen, welche mensch= liche Größe nicht überragen, scheint Wicht, in der Mehrzahl Wichte oder Wichter, nordisch vættr, pl. vættir; doch begreift er zuweilen auch rie= sige Wesen. Unsere heutige Volkssprache braucht das Wort bald männ= lich, bald sächlich; es muß aber nicht gerade ein mythisches Wesen mei= nen: dazu bedarf es, daß der Begriff der Kleinheit durch die Diminu= tivform gesteigert werde: Wichtel, Wichtlein, Wichtelmännchen, Myth. 408. Die bei Shakespeare vorkommenden ouphes, die zunächst Elben scheinen, Gr. M. 411, erinnern doch zugleich an die den matronis aufaniabus gewidmeten Steine. Zwischen elves und fairies macht er keinen Unterschied.

Minder allgemein ist der Ausdruck Elbe oder Alb; der Name scheint schon in Tacitus Germ. 8 vorzukommen, wo statt Aurinia Albruna zu lesen ist. Vgl. Müllenhof in Haupts Ztschr. IX, 240 und Kuhns W. S. 148, wo kluge Frauen Albrunen heißen. Doch begreift Alfe in der Edda den Asen, Wanen und Jötunen gegenüber zwei Gattungen gött= licher Wesen: Lichtelben (Liösálfar) und Schwarzelben (Svartálfar) oder Dunkelelben (Döckálfar); der zweiten Classe scheinen die Zwerge anzu= gehören, denn sie sollen in Schwarzalfenheim wohnen. Bei dieser Unter= scheidung scheint vergeßen, daß der Name der Elben mit albus, weiß, zu= sammenhängt, ursprünglich also einen lichten Geist bezeichnet. Es werden aber sogar die Wohnplätze scharf unterschieden: die Schwarzelben sollen in der Erde, dem dunkelsten Elemente, wohnen, die Lichtelben in Alfheim, das in den höchsten Regionen liegt, vielleicht nach S. 44 in der Sonne selbst. Darum heißt es D. 17, sie seien schöner als die Sonne von Angesicht; aber die Schwarzalfen schwärzer als Pech. Vgl. den Namen Pechmarie Zingerle S. 44 u. Rochh. Mythen 108. Obgleich hinzugefügt ist, sie

feien sich in ihren Verrichtungen noch viel ungleicher, wird doch nicht so
weit gegangen, zu sagen, die Lichtelben wären gut, die Schwarzelben
böse: das hätte bekannten Mythen zu offenbar widersprochen. Wenn
die Riesen als Feinde der Götter erscheinen, so finden wir die Schwarzalfen den Göttern verbunden, in deren Dienst sie wirken und schmieden,
und wenn gleich hämische Züge in ihrem Bilde nicht fehlen, so gehört
doch vielleicht was Bösartiges in ihrer Natur zu liegen scheint, jüngerer
Bildung an. In allen Elben ist die Natur von der milden Seite aufgefaßt, und mehrfach sahen wir in den unterirdisch wohnenden Schwarzalfen die Triebkraft der Erde dargestellt, die stillwirkende Kraft der
Natur, die Gras und Halme hervorsprießen läßt und im Schooß der
Tiefe die kostbaren Erzadern wirkt, die freilich auch das verführerische
Gold und das mörderische Eisen enthalten. Aber nicht bloß Waffen
und goldner Schmuck gehen aus der Esse dieser kunstreichen Schmiede
hervor: sie haben dem Thôr den Hammer, dem Frey das Schiff und
den goldborstigen Eber, dem Odin den Spieß und den Ring Draupnir
gefertigt, deren hohe Bedeutung anderwärts dargelegt ist. Nur weil
sie in der dunkeln Erde wohnen, heißen sie Schwarzalfen, womit nicht
nothwendig Häßlichkeit verbunden sein muß. Nach der deutschen Sage
schmieden die Zwerge, die Zwerginnen spinnen: beide sind bald schön,
bald eklich getân.

Die Zwergin im Audlied kommt aus der Höhle sehr schön (nimis
pulchra), dabei zierlich gekleidet und goldgeschmückt. Hier klagt auch der
Zwerg über die Treulosigkeit des Menschengeschlechts und leitet daraus die
kurze Lebenszeit, die uns bestimmt ist, während die Zwerge, weil sie redlich
seien und einfache Speisen genießen, lang und gesund leben, Myth. 424.
Schönheit und Häßlichkeit, lichte und dunkle Farbe ist hienach schon den
in der Erde wohnenden Zwergen eigen, die den Schwarzelben gleichgestellt
werden. Beides ist auch wohl begründet: ihre dunkle Farbe in ihrem
Aufenthalt im finstern Erdschooße, vielleicht auch in ihrem Schmiedegeschäft;
ihre lichte, die schon der Name Alb ausdrückt, in ihrem wohlthätigen
segensreichen Wirken. Zwei Classen von Wesen nach lichtem und dunkelm
Aussehen zu unterscheiden, war die jüngere Edda so wenig berechtigt als
das skaldisch gelehrte und darum späte Alwismâl einen Unterschied zwischen âlfar und dvergar aufzustellen, während in der Völuspa auch
Zwerge Alfennamen führen. Zwar sind nicht alle Elben Zwerge; auch
wohnen nicht alle unter der Erde: aber zwischen erdbewohnenden Alfen und
den Zwergen giebt es keinen Unterschied; die Lieder wißen sogar nichts
von Lichtalfen und Schwarzalfen: nur dökkâlfar werden genannt. Auch
ist es bedenklich, wenn die jüngere Edda die Lichtalfen in Ljôsâlfaheim
oder doch in Alfheim wohnen läßt, obgleich Einiges dafür spricht, womit

aber nicht zu vereinigen ist, daß sie jetzt Gimil bewohnen sollen, den künftigen Himmelssaal aller Guten und Rechtschaffenen, der nach D. 17 im
dritten Himmelsraum liegt. Sonst finden wir so hochliegende, von Svart-
alfaheim gänzlich gesonderte Wohnsitze der lichtern Alfen kaum bezeugt, und man dürfte den Einfluß christlicher Vorstellungen von den Engeln
und mehren Himmeln vermuthen, wenn es nicht Grimnismál 4 hieße:

> Heilig ist das Land, das ich liegen sehe
> Den Asen nah und Alfen.

Doch ergiebt die Vergleichung aller Stellen, welche Asen und Alfen zusammen nennen, die durch das Reimbedürfniß begünstigte Gewohnheit, beide
Classen wohlthätig waltender Wesen formelhaft zu verbinden: sollten nur
die Lichtalfen gemeint sein, von deren Wohlthaten nichts gemeldet wird,
so wäre die Formel ungenügend. Nach unserer Ansicht gab es im Volksglauben zweierlei Classen von Alfen eigentlich nicht, sondern nur Ein Geschlecht, das bald in der Erde, bald in anderm Elementen hauste: erstere
konnten nach ihrer Natur licht, nach ihrem Aufenthalt und Schmiedegeschäft dunkel erscheinen. Der stärkste Beweis gegen die Annahme einer
eigenen im Himmel wohnenden Classe von Lichtalfen ist, daß es echte alte
Mythen von ihnen nicht giebt, während von den Schwarzalfen, die in der
Erde wohnen, die j. Edda so viel zu erzählen weiß. Grimm nimmt 414
drei Arten nordischer Genien an, Lichtalfen, Dunkelalfen und Schwarzalfen,
wie die pommersche Volkssage weiße, braune und schwarze Unterirdische son-
dert, und im Moroll drei Geisterscharen erscheinen, welche der im
Kampf Gefallenen und ihrer Seelen warten, weiße, bleiche und schwarze:
die weißen sind Engel, die schwarzen Teufel; die bleichen scheinen im Fegefeuer wohnende Verwandte der Streiter, so daß die drei christlichen Seelenaufenthalte vertreten sind, was auf kein hohes Alter weist. Daß sich Engel
und Teufel um die Seelen der Verstorbenen streiten, läßt sich aus der
heidnischen Vorstellung denken, daß nicht alle Sterbende in Odins himmlische Halle eingehen, sondern einige zu Hel kommen, wie auch Thôr und
Freyja Anrechte an die Seelen der Verstorbenen geltend zu machen haben;
vgl. auch S. 134. Aus jener Stelle im Moroll, wo der christliche Einfluß zu Tage liegt, ist für drei Classen elbischer Geister kein Schluß zu
ziehen, und der pommersche Volksglaube schaltet nur die Unterirdischen
ab, stellt aber keine eigene Classe himmlischer Elben auf und auch bei
Shakespeare begründen die vier Farben der Elfen black, grey, green,
white Mids. keinen Unterschied. Jene bleiche Schar gleicht nun allerdings den nAir, welche wir im Zwergverzeichniß der Wôluspâ antreffen:
der Name bezeichnet sie als Geister der Todten, mit welchen sich die
Unterirdischen unserer Volkssagen immer berühren; auch die Helchen,
deren Königin Berchta ist, sind den Todten verwandte elbische Geister.

Alwißmal, das neunerlei Claſſen von Weſen unterſcheidet, und jeder eine
eigene Sprache beimißt, nimmt auch für die Bewohner der räumlich gedachten Hel, die uns zur Hölle geworden iſt, eine eigene Sprache an,
und dieſe könnten mit* jenen Heinchen und ebbiſchen akir zuſammen-
fallen. Auch Dain im Zwergregiſter bedeutet den Todten, Dwalin wie
es ſcheint den Schlafenden und Thrain (Hrafn. 3) den Träumer. Vgl.
Germ. III, 172.

Wie ſteht es aber um die Opfer (alfablôt), die wir den Alfen gebracht ſehen: galten dieſe den Lichtelben? Faſt ſollte man es glauben,
da es noch ſpät Gebrauch war, den Engeln Speiſe zu bereiten und hinzu-
ſtellen. Dem heimkehrenden Sighwat Skiald wehrte ſeine Hausfrau, die
vor der Thüre ſtand, den Eingang bis er den Alfen geopfert habe. Peterſen 101. Heimskr. Olaf Helgaſ. c. 92. Welche Alfen hier gemeint ſeien,
iſt nicht geſagt. In der Kormalſ. 216. 218 ſoll mit dem Blut eines
erlegten Stiers der Hügel geröthet und aus dem Fleiſch des Thiers den
Elben ein Mal bereitet werden. Hier ſcheint doch der Hügel auf die
darunter wohnenden Alfen zu deuten: er Alfar bûi l. Spuren dieſes
Dienſtes der Erdgeiſter finden ſich noch in chriſtlicher Zeit, als ſie ſchon
zu Teufeln herabgeſunken waren: namentlich werden Lämmer, Böcklein und
Hühner dargebracht, während die unſchuldigen Hausgeiſter ein Topf Milch
befriedigt, die gierigen Waſſerweſen ſich nicht einmal an thieriſchen Opfern
genügen laßen, ſondern Menſchenblut verlangen. In unſern Volksſagen
ſehen wir allen Elben unter der Erde oder im Waßer die Wohnung an-
gewieſen, denn diejenigen, deren Leben an Bäume geknüpft iſt, oder die
in Blumenkelchen wohnen, wo ihrer oft hundert Tauſende neben einander
Platz haben, bilden kaum eine Ausnahme. Vielen wird lichte Geſtalt und
ſchönes Angeſicht verliehen, der Wohnung in der Tiefe ungeachtet. Namentlich ſchottiſche und engliſche Sagen zeigen Elben und Elbinnen in wunderbarer Schönheit; ihre Kleidung iſt weiß und glänzend. Sie heißen das gute
Volk, die guten Nachbarn, im Norden Lieblinge, Liuflingar, in Teutſchland
gute Holden. Sie lieben Muſik, ihre Luſt am Tanz iſt unermüdlich, wenn
ſie gleich die Nacht dazu wählen. Im Umgang mit Menſchen hat aber
ihre oft mißbrauchte Gutmüthigkeit gewiſſe Grenzen, und ſie kann dann
ſogar in Grauſamkeit übergehen. Die Elben deutſcher Gedichte des Mittelalters ſind auch zum Theil noch ſchön; aber das Chriſtenthum hat ſie
ſchon herabgewürdigt. Von der elbe wird entſehen vil maneger man:
böſer Blick wird ihnen angedichtet, auch ihre Geſchoße ſind verrufen, ihr
Pfeil, ihr Anhauch ſelbſt, bringt Tod und Krankheit; der Nachtmar
namentlich ſcheint ein feindſeliger Geiſt, und über Albdrücken beſchwert
man ſich noch täglich. Auch ihre Geſtalt hat gelitten; doch erſcheint noch
Elberich, ſelbſt Hinzelmann mit ſchönem Angeſicht, ganz wie im Norden

und bei den Angelsachsen der Ausdruck, ‚schön wie ein Elfenweib‘ den Gipfel weiblicher Schönheit bezeichnet. Sôgubr. FAS. I, 387.

Allen Elben auch den unterirdischen ist es gemein, daß sie geringe Dienste mit unscheinbaren Gaben lohnen, die sich aber dem Bescheidenen in Gold wandeln. Selbst dem zufällig in ihren Kreiß tretenden füllen sie die Taschen mit Lindenblättern, mit Kehricht, mit Roßbollen (K. Kentsch 2. Aufl. Nr. 7); oder hat die Gabe nur dem Vorwitzigen, der zu früh nachsieht, die unsaubere Gestalt angenommen? Natürlich lehrt er den Sack um, und schüttet die Füllung aus. Zu Hause angekommen findet er aber in den Ecken des Sacks, in denen noch einige Ueberreste des Tangs zurückgeblieben waren, blanke Goldstücke liegen, und da erkennt er die Wahrheit des alten Worts: ‚Wer das Kleine nicht ehrt, ist des Großen nicht werth!‘

Auch sittlich unbefleckt erhielten sich einzelne Elben wie jener bei Cäsarius (V, 36), der selbst dem Christenthum nicht abhold, und überhaupt so rein gehalten ist, daß man für die in der Edda fehlenden Mythen von Lichtelben, wenn diese nicht überhaupt aufzugeben wären, hier Ersatz fände. Er rettet dem Ritter, dem er in Gestalt eines schönen Jünglings dient, das Leben, indem er ihm eine Furt durch den Strom zeigt als er von seinen grimmen Feinden verfolgt den Tod vor Augen sieht; ein andermal holt er dessen kranker Gemahlin Löwenmilch aus Arabien herbei (vgl. Müllenhoff 418), und als ihn jetzt der Ritter, dem er gestehen mußte, Einer der mit Lucifer gefallenen Engel zu sein, verabschiedet, weil ihm vor ihm graut, verlangt er für seine treuen Dienste sehr bescheidenen Lohn und verwendet ihn nur, einer Kirche, die keine Glocken besitzt, eine solche zu kaufen. Hier liegt zugleich auch der Beweis, daß der Glockenhaß in der elbischen Natur nicht begründet erst von den Riesen auf die Elben übertragen ward. Nicht der Glockenklang, die Untreue der Menschen vertreibt sie. Vgl. die Steinselbersage von Bonschariant, Rheini. 304, Kußßey II, 200 ff., wo aber Züge aus der Riesensage mit eingeflochten sind. Gleichwohl wußte sein Herr ihn mit dem Christenthum nicht auszusöhnen, wie doch den Elberich der Dichter des Ortnit. Wenn im Ortnit Elberich Engelnatur annimmt, und sogar die Taufe und Bekehrung der Heiden mit Eifer betreibt, so zeigt seine Verwandtschaft mit K. Goldemur, dem erzschürfenden und schmiedenden Berglönig, und mit Elbegast, ‚dem schlauen berüchtigten Dieb‘, daß auch Er kein Lichtgeist war, sondern zu den Schwarzelben zählte.

Die Elben klagen über die Untreue der Menschen ‚wie ist der Himmel so hoch! wie ist die Untreue so groß!‘ An der Untreue der Menschen scheint es zu liegen, wenn mit den Elben eingegangene eheliche Verbindungen, wie sie besonders mit Wassergeistern vorkommen, zuletzt ein tragisches Ende nehmen; doch könnte schon in der ungleichen Sin-

netari der Verbundenen der Grund liegen, daß solche Mischheirathen nicht
zum Glück ausschlagen. Diese ist aber in der Abstammung begründet:
es sind eigentliche Mißheirathen, aus denen nichts Gutes entstehen
kann. Das scheint mir auch schon der Sinn des Mythus von Urvaçi, welchen Kuhn Herabkunft 81—94 bespricht. Pururavas muß Einer der Gandharven werden, um Wiedervereinigung mit der Geliebten zu erlangen, deren
Bedingungen er diesseits nicht zu halten vermochte. Aehnlich glaub ich
die deutschen Märchen verstehen zu müssen, wo die Wiedervereinigung auf
dem Glasberge geschehen soll, der auch nicht von dieser Welt ist. Urvaçi
durfte den Pururavas nicht nackt sehen; in der deutschen Sage ist es die
Frau, welche nicht nackt gesehen werden darf; so in der Melusinensage,
die in ältester Gestalt bei Gervasius (Liebrecht 2) erscheint, wo aber der
Fischschwanz, den ich für undeutsch halte, noch nicht vorkommt: die Elbin
verwandelt sich in eine Schlange und verschwindet. Im Uebrigen darf
man dem Urtheil Wolfs Beitr. 271 zustimmen: sie sind Wesen höherer
Art, und darum verlangen sie von dem Geliebten und Gatten höhere
Rücksichten: sobald er sie aus den Augen setzt, ist das ganze schöne Verhältniß gebrochen und sie kehren zurück in das Elbenreich. Das zeigt
sich auch bei dem Alb u. s. w., wovon unten. Vgl. Liebrecht Amor
und Psyche, Zeus und Semele, Pururavas und Urvaçi in Kuhns Ztschr.
XVIII, 1, wo auch andere Sagen, z. B. die von Friedrich von Schwaben und Konrads Parthenopier und Meliur verglichen sind.

Die Riesen konnten wir nach den vier Elementen eintheilen, worauf
uns schon die Söhne Fornjots, des alten Riesen, leiteten. Bei den Elben
hat diese Eintheilung Bedenken, weil ihnen solche Stammvödler fehlen und
die elementarischen Bezüge noch erst zu ermitteln sind. Zunächst sind uns
Luftelben nicht bezeugt. Zwar führt das Zwergregister einen Windalfr auf;
aber auch Andvari, der im Wasser watet, nennt sich Sigurdarkv. 11, 5
Gustr (Bläser), wie spiritus mit spirare zusammenhängt, Geist mit gisan
wehen, Myth. 430. So hat Uhland 166 Beggwir und Beyla, §. 122,
die bei Oegirs Trinkgelage die Bedienung besorgen, für milde Sommerlüfte
in Freyrs Gefolge erklärt. So heißt auch ein deutscher Hausgeist Bla-
serte, und von dem schädlichen Anhauch der Elben war schon die Rede.
Austri, Westri, Nordri, Sudri sind vielleicht nicht sowohl die vier Hauptwinde als die vier Himmelsgegenden. Als Geister sind sie freilich alle der
Luft verwandt, als ätherisch schildert sie auch ihr Lied:

> Wir leihen den Wein,
> Wir trinken den klaren Mondenschein. Woll DS. 206.

Sie erscheinen aber, besonders die Zwerge, in derber, greifbarer Leiblichkeit.
Da jedenfalls die Rubrik schwer auszufüllen wäre, so scheint es für die
Uebersicht vortheilhafter, die Elben in Zwerge (oder Erdgeister), Waßer-

geiſter und Feuergeiſter einzutheilen. Erſtern ſchlieſen ſich die Wald- und
Feldgeiſter an; diejenigen, welche Geiſter der Verſtorbenen ſcheinen, werden
wir gelegentlich unterzubringen ſuchen: die Anſicht, daß alle Elben dieſ
ſeien (Kuhn N3. 469) iſt zwar im Grunde richtig, obwohl es ſelten hervortritt; einen Eintheilungsgrund gewinnen wir aber daraus nicht.

125. 1. Zwerge (Erdgeiſter).

Der Name der Zwerge (Querge, Querre) iſt noch unerklärt. Grimm
vergleicht Myth. 416 das ϑεργνός (übernatürliche Dinge verrichtend), was
lautlich entſpräche, denn das Wort (altn. dvergr, altſh. tuerc) gehört zu
denen, die im Neuhochdeutſchen noch eine Verſchiebung erlitten haben;
das plattdeutſche Querg oder Querlich geht im Anlaut in ein anderes
Organ über. Sie heißen auch Schwarzalfen, Bergmännchen, Erdmänn-
chen, Unterirdiſche, Onnerbänkissen (Müllenhof S. 281); Hogmänni,
Bavaria I, 327, in der Schweiz härdmändli, godwirgi (Vernaleken
Alpenſ. 190), Toggeli, Rulolf 47. 116 und mit Bezug auf ihre Vogelgeſtalt Viterſi, Rochh. Mythen 110; im Tyrol Norggen und Lorggen,
in Oeſterreich auch Fenesleute, Gangrl und Trollen; doch gehen letztere
in Rieſen über, Vernaleken Oeſter. M. 23. Der Name Fenesleute erinnert an die Fanggen §. 121; auch ſie ſind häßlich, aber ſonſt elbiſcher
Natur. Der Fenesberg Vernal. 230 klingt an den Venusberg unten §. 129
an und wörtlich ſcheint mit dem Bonner Verwandtſchaft. Gangerl gemahnt
an Odins Beinamen Gangleri, und da der Name auch auf den Teufel übertragen iſt (Schmeller II, 55), ſo liegt die gleiche Vermuthung nicht fern.
Als Weſen des heidniſchen Glaubens finden wir ſie auch Heiden genannt.
Andere Namen ſind ſchon gelegentlich angeführt; einige werden noch erwähnt werden: zu erſchöpfen ſind ſie ſo wenig als die für die wilde Jagd.
Das ſeltſame Zwergregiſter in der Wöluſpa theilt ſie in drei Reihen, indem
es zuerſt die von Modsognirs Schar heraushebt, dann die von Durins
Geleit folgen läßt ohne Allgemeines von ihnen auszuſagen, zuletzt die von
Dwalins Zunft und Lofars Geſchlecht aufführt, von welchem ſo geſprochen wird als wohnten ſie allein im Geſtein. Wer jener Lofar ſei, wißen wir
nicht; man könnte an Loki denken, der nach M. 413 ſelber älfr heißen
ſoll, den wir wie Donar (M. 170) in nächſter Verbindung mit den
Zwergen ſehen, dem vielleicht ihre Erſchaffung aufgetragen ward, da der
Rath dazu, wenigſtens nach der Wöl., die ſie für unheilvoll anſieht, von
ihm ausgegangen ſein muß (S. 95). Auch können ſie ſeines Beiſtan-
des nicht entrathen, da er nicht bloß das Feuer iſt, deſſen ſie zum
Schmieden bedürfen, ſondern auch die Erdwärme, die Gras und Laub,
das Geſpinnſt der unterirdiſchen Kräuter, hervortreibt. Bei dieſer Deutung bleibt unklar, warum nicht auch die beiden andern Reihen den

gleichen Stammvater haben ſollen, da doch auch ſie aus des Meerrieſen
Blut und Gebein entſtanden ſind. So werden D. 61 einige Zwerge als
Söhne Jwaldis (des innenwaltenden) bezeichnet, welcher nach Hrafn. 6
auch Jduns Vater ſein ſoll. Aber Söhne des innenwaltenden (Loki?)
könnten alle Zwerge heißen, da ſie ſelbſt die innenwaltenden ſind.

Die drei Reihen, die den obigen drei Scharen S. 124 gleichen, erinnern daran, daß die deutſchen Elben und Zwerge eigene Königreiche
bilden. In der Edda findet ſich davon keine Spur; oder wäre Freyr,
dem Alfheim (die Sonne?) zum Zahngebinde geſchenkt ward, als König
der Alfen gedacht? Jedenfalls gehörte ihm ein elbiſches Reich; doch
warum könnte es nicht in der Unterwelt gelegen haben, auf die er ſo
viele Bezüge zeigt? Aber ſchon die ſchwediſche Huldra iſt Königin des
Huldvolks; in Deutſchland heißt Goldemar König, nicht ſein Bruder
Alberich, den doch der Name als Elbenkönig bezeichnet; im Ortnit, wo er
Elberich heißt, trägt auch Er die Krone. Alberich ward in der franzö-
ſiſchen Sage, die nach England überging, zu Oberon, und jetzt heißt er
wieder König. Der dritte Bruder, Elbegaſt, ,der ſchlaue berüchtigte Dieb,'
heißt in dem niederländiſchen Gedicht Alegaſt; er holt den Kaiſer Karl
in Ingelheim zum nächtlichen Stehlen ab. Hier iſt auch er in die neu-
fränkiſche Sage getreten. Man könnte an Alwis S. 235 denken, wenn
er Thôrs Tochter Thrûdh entführen, nicht die verlobte Braut heimholen
wollte; nur der Steinjötunn Hrungnir heißt Thrudhs Dieb, weil das
auf ſteinigen Boden fallende Samenkorn nicht aufgeht, Uhland 82. Sonſt
iſt es bei den Zwergen hergebracht, die Braut zu entwenden. Goldemar
ſtiehlt die Hertlin, des Königs Tochter von Portugal, Laurin die Simild,
Dietleibs Schweſter. Goldemar iſt noch tiefer in die Heldenſage verflochten. In dem Geſchlecht der Hardenberge an der Ruhr war nach
Gobelinus Perſona, vgl. Zimmeriſche Chronik III, 85, der Name Neve-
ling (Nibelung) herkömmlich. Bei einem dieſer Nevelinge hielt ſich König Goldemar als Hausgeiſt auf, ſpielte wunderſchön Harfe, war des
Brettſpiels kundig, trank Wein und theilte mit dem Grafen das Bette.
Er warnte ihn auch vor dem Ueberfall ſeiner Feinde und berieth ihn,
wie er ihrer Hinterliſt entgehen ſollte. Seine Hände, die ſehr weich an-
zufühlen waren, ließ er wohl belaſten, wollte ſie aber nicht ſehen laßen.
Sein dreijähriger Aufenthalt auf Schloß Hardenberg galt eigentlich der
ſchönen Schweſter des Grafen, welcher den Zwergkönig Schwager nannte.
Die lebende Volksſage, die ihn König Volmar nennt, fügt hinzu, ein
neugieriger Küchenjunge habe ihm einmal Erbſen und Aſche geſtreut, damit er zu Falle käme und ſeine Geſtalt in der Aſche abdrücke. Als aber
der Koch am andern Morgen in die Küche trat, fand er den Küchen-
jungen am Bratſpieß ſtecken. Kuhn WS. 138. Myth. 477. Von Ent-

führung wird hier nichts gemeldet. Viel gründlicher und meiſterlicher
trieb Elbegaſt das Diebsgewerbe: er ſtahl den brütenden Vögel die Eier.
Wie aber Abelger in Mabelger, ſo ſcheint Abelger oder Alegaſt in Malegis, Maugls übergegangen und ſo in die franzöſiſche Sage gelangt, wo
er Dieb und Zauberer zugleich iſt. Rheinf. 120. Auch die Roggenmuhme und der Kornengel ſollen Kinder ſtehlen. Bei Oberon und Titania finden wir das Kinderſtehlen wieder und Titania hat davon den
Namen, da Kinder Titli heißen; der Tilliſer iſt ein Kinderſer. Vgl.
Rochh. Aarg. S. 857. 859, Mythen 109. 150. Die neben den ge-
ſtohlenen Kindern in Zwergſagen erſcheinende Braut iſt wohl auch eine
Entführte. So werden wir an Goethes Hochzeitlied erinnert, wie bei
dem Schuh, den der Zwergkönig Antilois dem Wilde gewährt, an
Schillers Bergedolten.

Unklar bleibt noch der Zuſammenhang mit dem Meiſterdieb Agez,
der bei den Meiſterſingern öfter genannt wird, Mone HS. 140. Man
wird zunächſt an Oegir erinnert, den ſchrecklichen Gott; got. heiſt Agis
Schrecken, hochd. akiso. Wurde er als Dieb gedacht, wie ſeine Gattin
Rân Raub heißt? Das erklärte zugleich, warum der Magnet Agſtein
heißt, weil der Magnet den Schiffern das Eiſen ſtiehlt; auch fiele ein
Licht auf den Teufel Oggewedel (MS. II, 250), der die erſte Lüge fand.
Aber Müllenhoff Zſchr. XIII, 183 weiſt nach, daß Reinmars Spruch
MSH. II, 208ª nur eine Perſonification der Vergeßlichkeit meint, ahd.
mhd. ágez; der j. Titurel vergleicht ihn dann mit Elbegaſt, dem ſchlauen
berüchtigten Dieb: für den mythiſchen Agez bleibt demnach kein Zeugniſs
übrig als etwa wenn im Waltharius der Vaters Hagens Agazi heißt,
was ſchon Lachmann Kritik der Sage 457 mit dem Meiſterdieb Agez
zuſammenſtellte.

Elberich wird in den Nibelungen mit Schilbung und Nibelung zu-
ſammengenannt, König Nibelungs Söhnen, des Zwergkönigs, denen
Siegfried den Hort theilte und das Schwert zum Lohn voraus nahm. Nach
den §. GG verglichenen Märchen eröffnet ihm dieß die Unterwelt, auf die
ſchon der Name Nibelung deutet. Der Name Schilbung kann neue
Aufſchlüße gewähren: er hängt mit dem nordiſchen Geſchlecht der Skilfinge
(Schilbunge) zuſammen, deren Ahnherr Skelfir, der Vater Skiöld, geweſen ſein ſoll, der auch Skeaf heißt, was die däniſchen Skiöldunge den
ſchwediſchen Skilfingen, Schillunge den Schilbungen gleichſtellt, Myth.
843. Auch der Name Schillung erſcheint in deutſchen odyſſeiſchen Gedichten, Orendel, Parzival 1. 2. und R. Tyrol, ſo auch in der Fort-
ſetzung des Laurin. Wackernagel vermuthete Zſchr. IX, 374, jener Skeaf,
der auch Skiöld heißt, ſei nach älterer Sage auf einem Schild ſtatt des
Schiffs übers Meer geſchwommen. Wir ſehen hier wieder ſeine Berührung

mit dem (§. 91. 102) als Unterweltsgott erkannten Uller, der auf dem Schild als einem Schiff übers Meer lief. Schwerlich bediente sich dieser winterliche Gott in der ältesten Sage einer Eisscholle, die wir Schülpen nennen: besser nimmt man an, sein Schiff war aus Baumrinde (Schelfe) gemacht. Vgl. Frisch s. v. Schelch. Als Todtenschiffer wie als Erfinder des Schiffs oder Boots sahen wir §. 73 u. S. 418 den Riesen Wate, in letzterer Eigenschaft neben seinem Sohne Wieland (Wölundr), der wieder zwei Brüder hat, Egil und Slagfidr. Wieland heißt Eisenkönig wie Goldemar, und Egil, in der Wilkinas. Egil, wird mit dem ags. Aegel, dem deutschen Zwerge Eugel zusammenhängen, und wir gewinnen so neue Brudertrilogien, welche unsere frühern §. 27. 67? vervollständigen und beleuchten können:

Luft	Wasser	Feuer
Karl	Oegir	Logi
Fasolt	Ecke	Ebenrot
Elberich	Elbegast (Aegir)	Goldemar
Alberich	Nibelung	Schilbung
Odin	Hoenir (Pfeilkönig)	Lodr (Loki)
Slagfidr	Eigil (Tell)	Wölundur.
Fasnir	Otr	Regin.

Diesen drei zwergischen Brüdern entsprechen die §. 114 erwähnten drei Hausmännerchen, die auch schon, weil sie begabend sind, an die Trilogie höchster Götter gemahnen. Dem auf dem Schiffe oder Schild schwimmenden Unterweltsgott, heiße er nun Sliöd oder Uller, möchte ich den auf dem Blatt schwimmenden Däumling vergleichen, dem St. Brandan auf der See begegnete, Myth. 420, vgl. auch Malegis, Volksb. XII, 406. Mit der Rechten hielt er ein Näpfchen, mit der Linken einen Griffel: den Griffel steckte er in die See und ließ davon Wasser in den Napf triefen; war der Napf voll, so goß er ihn aus und füllte dann von Neuem: ihm sei auferlegt, die See zu messen bis an den jüngsten Tag. Grimm erinnert dabei an uralte indische Mythen. ‚Brahma, auf Lotos sitzend, schwimmt sinnend durch die Meeresabgründe. Vischnu, wenn nach Brahmas Tode Gewässer alle Welten bedecken, sitzt in Gestalt eines urkleinen Kindes auf einem Blatt der Pipala (des Feigenbaums) und schwimmt, an der Zehe seines rechten Fußes saugend, auf dem Milchmeer.'

Die trilogische Zusammenstellung hat auch den Zwergen elementarische Natur angewiesen. Da wir sie aber unter den Erdgeistern fanden, so wäre gleichwohl die Eintheilung nach den Elementen unthunlich gewesen. Wie sahen die Götter an die Stelle elementarischer Riesen getreten: sollten ihnen auch Zwerge zu Vorbildern gedient haben? In den deutschen Sagen erscheint Odin häufig als Zwerg, als kleines mutiges Männle.

Mtyth. 439. Vgl. das Nebelmännle S. 374 und ein anderes Nebel-
männlein bei Vonbun B. 74, das auch durch breitkrämpigen Hut auf
Odin weist. Vgl. Wolf DS. 169, wo Quwelmännchen neben Nievel-
männchen stehen. Man f. auch §. 127, wo Ederke, Hülchen und Balber
auf Thôr, Odin und Balder deuten. So mag es wohl guten Grund
haben, wenn agſ. Stammtaſeln Vôden von Sleáf und Secldva abſtam-
men laßen. Jedenfalls haben ſich unter Zwergen ſo gut als unter Rieſen
göttliche Geſtalten verloren.

Ein berühmter deutſcher Zwergkönig iſt Laurin, von dem der
Zwergkönig Andilols in Ulrichs Alexander eine Nachbildung ſcheint. Er
reitet auf einem Roſs, das nicht größer iſt als ein Reh, wie Laurins Roſs
einer Geiß verglichen wird. Auch Er hat ſich einen Roſengarten gezirkt,
den man ihm nicht verwüſten ſoll. Er liegt im Tiroler Hochgebirge als
ein irdiſches Paradies, jener Blümlisalp (Grimm DS. §. 800) vergleichbar, die nach Nochh. Mythen in der Schweiz öfter wiederkehrt. Laurins Roſengarten wird mit einem Seidenfaden gehegt. Das lehrt bei dem
großen Roſengarten, den Kriemhild angelegt hat, wieder; er iſt ein Nachbild des elbiſchen. Wer dem Laurin dieſe heilige Umfriedigung bricht,
der büßt es mit der rechten Hand und dem linken Fuß: dadurch iſt auch
Er als unterweltlicher Gott bezeichnet, denn Hände und Füße fordert als
Schiffslohn der Fährmann, der über den Todtenfluß ſetzt, und ſie wur-
ben den Todten in den Sarg gelegt. Der linke Fuß und die rechte
Hand wurde von Wittig als Brückenzoll begehrt; Hand und Fuß verlangt auch Norprecht der Fährmann im großen Roſengarten; von dem
Fährmann in den Nibelungen ſcheint es nur vergeſſen. Hier war alſo
die Donau wie dort der Rhein als Unterweltsfluß gedacht. Vgl. Kuhn
WS. S. 129. So ſcheinen in den Nibelungen Elſe und Gelfrat den
Unterweltmächten Gudmund und Geirröth zu vergleichen.

Andere Zwergkönige der deutſchen Sage ſind Sinnels von Pala-
lers bei dem Lebermeer (mare mortuum, von hier, hiewes, Todtenhügel,
wie auch Leberberg zu erklären iſt), wo der Magnetberg liegt. Er iſt
Laurins Bruder wie Walberan ſein Oheim, wenn nicht wieder ein
dritter Bruder in ihm ſteckt. Endlich erſcheint noch in Dietrichs Drachen-
kämpfen der ſtreitbare Zwerg Bibung. In der neuern deutſchen Sage
iſt Gübich berühmt, wohl aus Gibich (einem Beinamen Odins) entſtellt, wie auch Gibichenſteine und Gibichenkoppen beſtätigen. Auch dieſer
Geiſt iſt wie Hülchen §. 127, wie Knecht Ruprecht §. 152 ein verwilder
(das auf das gotiſche frakvistnan zurückgehende niederrheiniſche Wort verdient in die Schriftſprache Aufnahme), verzwergter Odin. Er iſt König
der Harzzwerge. In Teutſchböhmen iſt Hans Heiling als Fürſt der
Zwerge bekannt; doch ſchwankt er zu den Rieſen hinüber. Im ſchleſiſchen

Gebirge ſpukt Rübezahl, deſſen Vorname Johannes ſchon Beachtung
verdient hätte. Sein Name ſelbſt, früher Rübezagel, iſt elbiſch wie Erbſen-
blüte und Senſſame bei Shakeſpeare oder Lindenzweig, Hölderlin, Harle-
buſch u. ſ. w., Myth. 1016, Ztſchr. XII, 408. Beides zeugt für ſeine
Deutſchheit.

Eine Reihe deutſcher Sagen ſpricht von dem Tode des Zwergkönigs,
wobei wunderliche Namen erſcheinen. ‚König Knoblauch iſt todt‘, ‚König
Pingel iſt todt‘, ‚die alte Mutter Pumpe iſt todt‘: dieſen klagenden Ruf
vernimmt ein Bauersmann und erzählt es daheim. Sogleich ſpringt ein
Knecht, eine Magd oder gar eine Katze, die erſt ins Haus gekommen
ſind, auf und verlaßen es: ſie waren die Erben und Nachfolger des verſtorbenen Königs und eilen, ihr anerfallenes Reich in Beſitz zu nehmen.
Müllenhoff S. 291. 2. Kuhn MS. 189, Baader 26, Zimmerſche Chronik IV, 285. Dieſelbe Erzählung findet ſich auch bei den Genggen, doch
ohne Andeutung des Königthums; ſie bleiben bei den Bauern nur im
Dienſt bis ihre menſchenſräkeriſchen Väter geſtorben ſind, in deren Art
ſie dann ſelber ſchlagen. Häufig erſcheinen Rieſen als Vaſallen ſolcher
elbiſchen Reiche. Dem König Nibelung dienten zwölf ſtarke Rieſen (Ni-
bel. 96), dem Laurin fünf, dem K. Goldemar (Heldenf. 174) ſehr viele,
dem Walberand, wie er heißen ſollte, zahlloſe.

Goldemar und Laurin ſcheinen urſprünglich Könige der erzſchürfen-
den Zwerge, die auch Bergmännchen, Bergmönche heißen. Wer ein Berg- ^
männchen ſieht, trifft nächſtens auf eine ergiebige Erzader. So wird von
den Benedigern erzählt, die in Tiroler Bergen nach Erz und Gold-
ſand ſuchten und einmal einem Hirten geſagt hätten: Ihr werft beim
Hüten oft einer Kuh Steine nach, die zehnmal mehr werth ſind als die
ganze Kuh. Dieſe Benediger erklärt aber Bonbun Sagen 16 trotz ihres
nobeln der Lagunenſtabt entlehnten Namens nur für verlappte germaniſche
Zwerge. Zingerle Sagen 70. Doch waltet dabei die Vorſtellung, daß
aller veniſche Reichthum aus Tiroler Bergen geſchürft ſei. Bonbun S.
48. 50. Panzer II, 197.

Weſentlich verſchieden ſind Rieſen und Zwerge nicht: ſie gehören
beide dem Steinreich an, und ihre Beziehungen zur Unterwelt ſind gleich
nahe. Nur pflegt es ein Zwerg zu ſein, der als Bote der Unterweltsgöttin, wie ſonſt der Hirſch, in den Berg lockt: den Dietrich von Bern ^
holt ein Zwerg ab, Heldenf. 39, und noch in den allegoriſchen Gedichten
des 16. Jahrh. führt ein Zwerg zu Frau Venus. Hiehin gehört auch
der Rattenfänger, der die Kinder von Hameln in den Berg lockt;
in der Sage vom Lorſcher See (Wolf Beitr. 172) vertritt ihn ein Bergmännchen, von einer Göttin geſendet. Vgl. Zingerle II, 179. Gleiche
Verhältniſſe zu der Unterweltsgöttin finden ſich nur bei Rieſinnen §. 121;

doch sind jene als Todtenschiffer auftretenden Riesen zu betrachten so wie der Viehhirt (wilde Mann) S. 440.

Erdgeister und Zwerge theilen die lichtscheue Natur mit den Riesen: ein Sonnenstral wandelt auch sie in Stein und Felsen, wie wir in Alwismal sehen. Darum tragen sie auch Nebelkappen, Tarnkappen, die nicht bloße Kopfbedeckung sind: die helhût ist ein Mantel, der sie vor dem Lichte schützen soll; doch lassen sie einige Sagen allerdings als Hüte. Zuweilen giebt ihnen die tarnhût (verbergende Haut) auch höhere Stärke: wer sie ihnen entreißt, oder den Hut abschlägt, bringt sie in seine Gewalt. Ihre Verwandschaft mit den Riesen bricht auch an einer Stelle des Alwismâl hervor, wo Thôr zu dem Zwerge sagt:

Wer bist du, Bursch, wie so bleich um die Nase?
Hast du bei Leichen gelegen?
Dem Thursen ähnlich ich Etwas in dir:
Bist solcher Braut nicht geboren.

Der bleiche Zug um die Nase, der bei Sterbenden und Todten beobachtet wird, zielt auf ihre Verwandschaft mit den nâir, den Geistern der Verstorbenen, mit denen sie mehr als die unterirdische Wohnung gemein haben. Wenn aber Thôr jetzt Etwas vom Thursen in Alwis ahnt, so ist das für ihn charakteristisch, der als geschworner Feind der Riesen überall Thursen wittert. Auch darin gleichen sich Riesen und Zwerge, daß sie die Cultur und das Christenthum hassen: das Glockengeläute ist ihnen zuwider, der Ackerbau und das Wälderrotten vertreibt sie; sie wollen auch durch Pochwerke nicht gestört sein, und beide beschweren sich über die Treulosigkeit der Menschen, die sie mehr noch als alles Andere zur Auswanderung zwinge. Doch pflegen Sagen von massenhafter Auswanderung, wobei sie über einen Fluß geschifft werden und dem Fährmann, den sie mit alten Münzen zahlen, unsichtbar bleiben, sich nur an die Elben zu knüpfen. Vgl. jedoch M. 511. Neben der Ueberfahrt kommt auch die Brücke vor, die unzähliger Füße Getrappel erschüttert. So ist es die Unterwelt, wohin der Abzug geschieht, M. 428. Wie die Riesen Eisenstangen, so tragen die Zwerge Geiseln: die Alberichs war von Gold; vorn hingen sieben schwere Knöpfe daran. Wie Zwergkönige giebt es auch Riesenkönige, und beide entführen gern irdische Königstöchter: der Riese Hrungnir wie der Zwerg Alwis s. o. kann Thrudhr Dieb heißen. So stellen die Riesen Idun und der schönen Freyja nur nach, um sie der Welt und den Göttern zu entziehen. Deutsche Sagen lassen die Riesen Menschentöchter entführen, weil sie Wohlgefallen an ihnen finden; bei den Zwergen wißen sie noch einen dritten Grund: ihre Kleinheit. ,Sie streben ihr Geschlecht durch Heirat mit den Menschen zu erfrischen.' Darum bedürfen sie auch menschlicher Ammen (ut prolem suam infolicam patriant, Gervas. Otia Imp. 986); säugende Frauen ziehen sie gern in ihre Höhlen, ihre schwachen Abkömmlinge zu schenken; wenn auch Hebammen in die Berge geführt werden, kreißenden Zwerginnen beizustehen, so scheint dieß eine Weiterbildung. Auch wenn sie Säuglinge der Menschen rauben, und dafür einen kellkröpfigen Wechselbalg (Changeling bei Shakespeare Mids.) in die Wiege legen, so ist es ihnen nicht sowohl um den ᛬sitz des rothwangigen menschlichen Kindes zu thun als des eigene Kind unterdeß von Menschenmilch aufsäugen zu laßen und so ihr zurückweichendes untergehendes Geschlecht zu kräftigen. Ursprünglich wird dieser doch weitverbreitete Zug nicht sein; er entstand erst, als mit der wachsenden Aufklärung sich das Gefühl einstellte, daß jene einst wohlthätigen Geister in Abnahme geriethen. Da sie oft als Geister der Verstorbenen gedacht wurden, so könnte allerdings zuerst ihr Absehen auf Pflege und Ausstattung menschlicher Abkömmlinge gewesen sein. Sehen wir doch auch, daß die Ahnfrau in Fürstenschlößern erscheint, den jungen Sprößling des Geschlechts zu säugen und zu pflegen. Es kann also Entstellung sein, wenn man ihrem Haug Menschenkinder zu entführen selbstsüchtige Absichten unterlegte. Nun wurden sie auch sonst noch der Menschen bedürftig dargestellt, indem sie von ihnen Brau- und Backgeräthe borgen, das sie Abends getreulich zurückbringen und wohl ein Brot aus Dankbarkeit hinlegen, oder ihre Hochzeiten und Feste in den Sälen der Menschen zu begehen wünschen, wofür sie köstliche Kleinode zu schenken pflegen, an denen Glück und Wohlfahrt des Hauses hängt. Sie leihen aber auch selbst den Menschen ihr Hausgeräth zu ihren Hochzeiten, DS. 36; aber das kann für älter gelten. Uralt und tief in unsere Mythen verflochten ist freilich der Zug ihrer Bedürftigkeit, daß sie zur Theilung eines Schatzes, zur Schlichtung eines Streites menschliche Richter angehen, und dabei von den Menschen übervortheilt werden. Es pflegt dann aber auch ein Fluch an dem Schatz oder dem Kleinod zu haften, das der Mensch so sich selber zuwendet, während das freiwillige Geschenk der Geister ganzen Geschlechtern Heil und Segen bringt.

Wenn es Myth. 438 heißt, es komme in den weitverbreiteten Sagen von den Wechselbälgen nur darauf an, den Zwerg zum Selbstgeständniß seines Alters zu bringen, 'nun bin ich so alt, wie der Westerwald' u. s. w., so zweifle ich ob dieß der tiefste Sinn dieser Erzählungen ist. Der Zwerg ist keine überreife Schöne, die ihr Alter geheim halten muß. Vielmehr soll man etwas Widersinniges thun um ihn zum Lachen zu bringen, weil das Lachen Erlösung bewirkt. Vgl. S. 820.

Was sonst den Menschen Feindseliges in Elben und Zwergen liegt, und Vieles der Art findet sich in der neuern Volkssage, kann gleichfalls aus dem abnehmenden Glauben an sie hergeleitet werden. ‚Die Menschen achten der Elben nicht, die Elben schaden den Menschen und necken sie.‘ Myth. 429. Daher die Elbengeschoße, die unfehlbar tödten; ihr feindlicher Anhauch, welcher Lähmung, Beulen und Geschwüre zur Folge hat, der lähmende Schlag ihrer Geisel. Vgl. Germania VI, 216. Wenn der Elbe in das Auge spült, das ihn gesehen hat und nun erblinden muß, oder wenn er es mit dem Finger ausdrückt, wie in der angezogenen Stelle des Gervasius, so sollen die Menschen sie nicht sehen; auch die Götter wollen nicht von den Menschen in ihrer wahren Gestalt erschaut werden: der See verschlingt die Knechte, die bei dem Bade der Nerthus Hand geleistet haben. Geistersichtig wird man durch Bestreichung des Auges mit Schlangenfett, dessen Genuß auch die Vogelsprache verstehen lehrt, oder indem man durch ein Astloch blickt, wo Elben hindurch zu kriechen pflegen, vgl. S. 140, oder durch die Oeffnung, die ein Elbenpfeil durch eine Thierhaut geschoßen hat, oder durch den Armring, oder über die rechte Schulter eines geisterhaften Wesens, dem man dabei auf den linken Fuß treten muß. Kuhn WS. 187. II, 56; es ist aber aus dem angegebenen Grunde meist mit Gefahr verbunden für das Auge des Schauenden. Eine Umkehrung hievon ist es wohl, wenn der Blick des Geistes selbst es dem Menschen anthut, der dann ‚entsehen‘ heißt: es ist der in den Sagen so berühmte ‚böse Blick‘, der aber auch Menschen beigelegt wird.

Es bleibt noch der Alb, Trud oder Nachtmar übrig, der im Schlafe drückt oder tritt, wovon vielleicht der Name. Schon K. Wanlandi ward Duglical. c. 10 von der Mar gedrückt oder getreten. Hier zeigen sich aber im deutschen Volksglauben Spuren, daß auch dieser Geist ursprünglich kein feindseliger war. Nach niederl. Glauben muß die schönste von sieben Töchtern Nachtmar werden. Wolf Beitr. 204. Aehnliche Meldungen finden sich anderwärts. Die Mar oder Mahrt wird gefangen, wenn man das Astloch oder Schlüßelloch verstopft, durch das sie in die Kammer des Schlafenden drang. Geschieht das, so erweist sie sich als ein schönes Mädchen, und Mancher hat sie geheirathet und sie haben Kinder gezeugt und glücklich zusammen gelebt bis die Frau, von der Sehnsucht nach der Heimat ergriffen, den Mann bat, den Pflock aus dem Astloch zu ziehen, durch das sie ins Haus gekommen war. Thut er das, so verschwand sie und kam nicht wieder als etwa noch ihre Kinder zu waschen und zu pflegen. Gewöhnlich ergibt sich England oder Britannien als das Land, wohin sie zurückgekehrt ist; dieß kennen wir aber schon als das Todtenreich. Bei Kuhn WS. 185 verschwindet sie auf die Frage woher es komme daß sie eine Mar geworden sei. Gleich dem Schwanenritter, der aus dem hohlen Berge kam wie Skäf aus dem Seelenlande, will sie nach ihrer Heimat

nicht gefragt sein. Kuhn Ztschr. für vgl. Spr. XIII, 125 nimmt zwei Classen
weiblicher Maren an, deren eine aus der andern Welt, aus dem Engel-
lande kommt, während die andern nur verwandelte Sterbliche sind. Die
Aehnlichkeit dieser Maren mit den Walküren fällt auf; im Oldenburgischen
nennt man den Alb auch die Walriderske, Kuhn NS. S. 419. Aus
der Lenorensage weiß man, daß es Bande giebt, welche die Todten noch
an diese Welt knüpfen und sie dahin zurückziehen. Den Helgi zieht Sigruns Trauer aus Walhallas Freuden; Kindesliebe zwingt die Mütter,
noch jeden Sonntag wiederzukommen, ihrer Säuglinge zu pflegen (MS. 185.
Kuhn NS. 91); ein unerfülltes Eheversprechen band jene Mahrt an diese
Welt. So kann die Liebe den Geist in die Kammer des Schlafenden
führen: reine Lust am Quälen und Peinigen der Menschen gilt erst zuletzt
als Beweggrund. Wenn es lebende Menschen sind, die andere im Schlafe
zäumen und reiten, so geht das in den Herenglauben über. Häufig geschieht es ihnen, daß sie selbst gezäumt und vor die nächste Schmiede
geritten werden, um sich an allen Vieren beschlagen zu laßen.

Den Walküren näher steht noch die Pferdemar, die ebenfalls Walriderske heißt: sie pflegt sich zu ihrem nächtlichen Austritt bestimmter
Pferde in fremden Ställen zu bedienen, welche sie so gut füttert, daß die
übrigen dagegen dürr und mager bleiben; doch wird auch berichtet, daß sie
Morgens erschöpft und schweißbedeckt im Stalle stehen. NS. 131. Das
kann von jenen in heiligen Hainen den Göttern erzogenen Pferden herrühren, die nur der Gott oder sein Priester reiten durfte, wie Saxo (M. 627)
von Swantowits Pferde erzählt, daß es Morgens staubig und schweißbedeckt im Stalle gestanden, weil der Gott auf ihm gegen die Feinde seines
Heiligthums kriegte. Auch lebende Menschen werden als Wälrider oder
Walriderske, Rittmeije, gedacht. Sie pflegen auch den Pferden die Haare
zu verfilzen, wodurch der sog. Weichselzopf (plica) entsteht, der wohl
eigentlich Wichtelzopf heißen sollte. Es ist eine Krankheit, der bekanntlich
auch Menschen ausgesetzt sind, und die hier von der Mar, der Trube,
dem Alb herrühren soll, wenn nicht von Frau Holle selbst, der Königin
der Elben, in deren Geleit sie nächtlich ausfahren. Auch der Pilwiß
oder Bilwiß (Myth. 440 ff.) verwirrt oder verfilzt die Haare, und einige
Namen des Weichselzopfs lauten als wär er von dem Pilwiß genannt.
Dieser vielgestaltige Geist, der sich mit Haus- und Feldgeistern berührt,
und bald in den Bergen, bald in Bäumen wohnt (Myth. 442), hat am
meisten Herabwürdigung erfahren. Sein Name der nach Gr. M. 442
aequum sciens, das Rechte wißend, bedeutet, würde ihn zu den guten
Holden stellen; doch heißt nach ihm der ‚Bilwesschnitt‘, auch Bocks-
schnitt genannt, ein von Insekten herrührender Raub am Getreidefelde,
der für das Werk eines bösen Geistes oder Zauberers gilt. Indes scheinen

hier zwei Beinamen Odins, Bilwiß und Bölwölf, S. 171 oben, in Eins
geronnen, wenn der Name nicht, wie Feisalik behauptete, slavisch ist.
Vgl. Saxo 120—131, wo zwei Rathgeber, Bölwis und Bilwis, sich
gerade so entgegenstehen wie in der Heldensage Eibich und Eckart, oder
wie im Eingang zum Puppenspiel des Faust und im Faust Marlows
guter und böser Geist, was freilich nur Allegorien sind, zwiespältige Re-
gungen in der Seele dessen, der zwischen Gutem und Bösem schwankt,
Ilswb. VII, 137. Eine Sichel an den Fuß gebunden geht der Bilmes-
oder Bilsenschneider durch das reifende Korn, und von dem Theil des
Getreidefeldes, den er mit seiner Sichel durchschneidet, fliegen alle Körner
in seine Scheune oder in die des Bauern, dem er als Hausgeist dient,
wenn er nicht als Herenmeister oder Zauberer, sondern als elbisches Wesen
aufgefaßt wird. Zuweilen reitet er auf einem Bock durch das Getreide,
was an Thür und wieder an die Roggenmuhme S. 120 erinnert. Vgl.
Bavaria I, 820. Hier ist die Herabwürdigung unverkennbar: das Umgehen des Bilwiß oder der Roggenmuhme, Roggenmutter im Getreidefeld,
hatte ursprünglich einen wohlthätigen Sinn. Als eine mütterliche Gottheit
schützte sie die Aecker und machte sie fruchtbar. Wenn das Korn im
Winde wogt, so sagt man, der Eber gehe hindurch; das erinnert an
Fros Eber, des Gottes der Fruchtbarkeit. Man hört auch sagen, der
Wolf gehe im Getreide: vielleicht Wuotans heiliges Thier, und so mahnt
der Bock des Bilwiß an Thör, der wie Wuotan Erntegott ist, Myth.
446. Vgl. Rochh. Mythen 30—33. 132. 234.

     Wenn der struppige Bilwiß uns zu den Feldgöttern führt, so
gehen wir mit dem behaarten und auch sonst nahverwandten Schral,
Schräß oder Schretel (Schräzel), zu den Waldgeistern über. Es ist
rauh und zottig und die Augenbrauen sind ihm zusammengewachsen. Dasselbe berichtet Kuhn KS. 419 von der Murraue, die sonst der Mahrt
gleicht. Vgl. DS. 286. Goethe sagt im 11. Bande von Wahrheit und
Dichtung (21, 177) über Meyer von Lindau, einen seiner Straßburger
Tischgenossen: „seiner ganzen Physiognomie gab es einen eigenen Ausdruck,
daß er ein Räzel war, d. h. daß seine Augenbrauen über der Nase zusam-
menfließen, welches bei einem schönen Gesicht immer einen angenehmen Ausdruck von Sinnlichkeit hervorbringt.‘ Wir sehen jetzt aus Panzers Beitr. I,
111, vgl. Meier 173, Stöber 279, daß Räzel und Schräzel zusammenfallen, wie Räzel- und Schräzellöcher. Prätorius berichtet (DS. 80): ‚Die
Augenbrauen des Albs, der Drub oder Mar stoßen in gleichen Linien
zusammen; Leute, denen die Augenbrauen auf der Stirne zusammengewachsen sind, können Andern, wenn sie Zorn oder Haß auf sie haben, den
Alb mit bloßen Gedanken zuschicken. Er kommt dann aus den Augenbrauen, sieht aus wie ein kleiner weißer Schmetterling und setzt sich auf

die Brust des Schlafenden.' Der Schmetterling ist das Bild der Seele, die in Schmetterlingsgestalt auch aus der Herre stiegt, während der Leib wie todt liegt, Myth. 1031. 1036. Auch Denen, welche das Vermögen haben, sich in Werwölfe zu wandeln, sind die Augenbrauen über der Nase zusammengewachsen, Myth. 1051. Auf dem Eichsfeld nennt man die Rägel Markbrüder, was den Waldgeist bezeichnet.

Der Inhalt der altdeutschen Erzählung von dem Kampf eines zahmen Wasserbären mit dem Schretel, das einen Bauernhof unsicher machte, lebt noch im Volksmunde, aus dem sie mehrfach aufgezeichnet worden ist. Moe und Asbiörnsen 26. Müllenhoff 257 stellt sie unmittelbar neben Beowulf, und die Verwandlschaft ist so einleuchtend, daß ihnen gleiche my-thische Grundlage zugetraut werden muß. Biörn ist ein Beiname Thörs, vgl. ob. 230; der Schral geht aber in die Riesen über, und diese pflegt Thör zu bekämpfen, und Beowulf, wenn er als Bienenwolf zu deuten ist (Myth. 689), kann eher auf den Bären gehen als auf den Specht. Bis zur Unkennbarkeit entstellt finden wir sie Vernaleken 180; aber eben daran lernen wir, daß alle Sagen und Märchen hieher gehören, wo Schloß, Haus oder Mühle von dem Spuk befreit werden soll, der es unwohnlich macht.

.Wald-, Holz- und Moosleute haben wir öfter erwähnt und den nor-dischen Jwidien verglichen. Ihr Leben scheint an Bäume geknüpft, denn ein Waldweibchen muß sterben, wenn ein Baum entrindet wird. Man pflegte gewisse Bäume mit gebogenen Knien, entblößtem Haupt und ge-.fallenen Händen um Holz zu bitten ehe man die Art anlegte; die dabei gebrauchte Formel klingt noch in einem Kinderliede nach. Hiemit kann es zusammenhangen, daß elbische Wesen hinten hohl gleich Bäumen vorge-stellt wurden, was unsere Minnesinger auf Frau Welt und die Trüglichkeit aller irdischen Freuden übertragen. In der Buschgroßmutter haben die Waldleute ihre eigene Königin, die der Perchta gleicht, denn obgleich ihr Wagen sich in einen Schubkarren gewandelt hat, so lohnt doch auch sie den Ausbesserer mit dem Abfall der Späne, die zu Gold werden. Jwidie mehrt, lautet der einsilbige Ausspruch in der Eingangsstrophe Hrafnagalds. Das mag der Sinn des Spruches (Myth. 452) sein:

Schäl keinen Baum,
Erzähl keinen Traum,
Pip kein Brot,
So hilft dir Gott aus aller Noth.

Das Holzweibchen klagt, es sei keine gute Zeit mehr seit die Leute ihre Klöße in den Topf, das Brot in den Ofen zählten, oder seit sie das Brot pipten und Kümmel hineinbüken. Den Kümmel können die Waldleute nicht vertragen, und gepiptes Brot, durch die eingedrückte Fingerspitze oder gar durch ein Kreuz bezeichnetes, nicht wegnehmen. Aber nun mehrte

sich auch dem Bauern das Brot nicht mehr, dessen Mitgenuß er dem
Waldweibchen entzog, und sein Wohlstand nahm ab bis er ganz verarmte.

,Sie haben mir gebacken Kümmelbrot:
Das bringt diesem Hause große Noth.'

Daß auch ein halb unfreiwilliges Opfer Segen bringen kann, sehen wir
aus Müllenhof 370, wo der wilde Jäger einem Bauern ein Brot nimmt
und sagt, ,weil ich dieses Brot hier bekommen habe, soll es in deinem
Hause nimmer daran fehlen'; und er hielt Wort. Die Sage vom getreuen Eckart, wie man sie aus Goethes Ballade kennt, zeigt sogar, daß
ein durchaus unfreiwilliges Opfer Segen bringen kann so lange man zu
schweigen versteht; das Bier, das die unholdigen Schwestern ausgetrunken
haben, mehrt sich in den Krügen bis die Kinder plaudern, ,und gleich
sind vertrocknet die Krüge.'

Daß diese Waldleute in Riesen, ja in Helden übergehen, ist schon
oben erinnert worden. Außer an Witolf, Willig, Witugouwo zeigt es sich
bei Mimring, den Saxo (§. 35) silvarum satyrus nennt. Dieser
erscheint auch als Schmied wie Mime in der Wilkinasage, und Witigs
Vater Wieland, der Elbenkönig, ist der berühmteste aller Schmiede (Myth.
428, vgl. 440), den als Galans le forgeron selbst die französische (Mer-
lingische) Sage kennt. Wie man dem Bergschmied Eisen und Stahl auf
die Klippen legen und dann Morgens die Arbeit gefertigt finden sollte,
so geschah es wirklich nach der englischen Sage (D. Helden]. 170) von
Wayland-Smith. Aehnliches wird von dem Smeit uppo Darmssen (Myth.
463, Ztschr. f. M. I, 103, Kuhn WS. 41. 47. 62) berichtet; der
Grinken-Schmidt (RS. 156, WS. 84 ff.) wird auch hieher gehören,
zumal er ein wilder Mann heißt, und der Schmidt am Huggel
(Harrys 56) ergiebt sich aller Vermenschlichung zum Trotz doch zuletzt als
Metallkönig. Es ist aber ein uralter Zug, der schon bei Hephaistos vorkommt, Myth. 440, und bei Du Chaillu Journey to Aschango-land
aus Niederguinea berichtet wird. Vgl. Petersen 110. Die schon M. 351
begonnene Vergleichung der Wielandsage mit der von Dädalus hat Kuhn
Ztschr. f. Spr. IV, 95 ff. zu dem sichern Ergebniß ihrer Einheit gebracht.

Der wilde Mann mit dem entwurzelten Tannenbaum in der
Hand, den wir auf Wirthshausschildern und als Schildhalter nieder-
deutscher Fürstenwappen, auch des preußischen, finden, ist tief in unsere
Mythen verflochten. In dem dänischen Liede Held Bonved trägt er
den Eber auf dem Rücken, den Bären im Arm, auf jedem Finger seiner
Hand spielen Haf und Hinde; vgl. Uhl. III, 52, der noch andere Beispiele giebt, von welchen ihn zwei einen Hirschen reiten lassen.. Am Le-
bendigsten wird er im Iwein geschildert, wo er ein Waldthier heißt und
ein ellenbreites Antlitz hat; den Kolben trägt er in der Hand. Zugleich

iſt er als Hüter wilder Thiere, Wiſrabe und Urrinder, dargeſtellt, die in
einem Gereute des Waldes, unfern des wunderbaren Brunnens, weiden.
Wirnt von Gravenberg zeigt ſich auch darin als Nachahmer Hartmanns,
daß er als Gegenbild des wilden Mannes im Iwein ein wildes Weib
ſchildert, das aber dem Märe nicht ſo nothwendig angehört als der wilde
Mann im Iwein.   Wir finden ihn wieder in dem zweiten Märchen bei
Sommer, wo er der eiſerne Mann heißt, was an die iarnwidhiur
(§. 13. 120) erinnert.   Auch hier muß er der Thiere hüten, und KM.
III, S. 185, wo er in einer Variante des Märchens (Nr. 97) vom Waſſer
des Lebens abermals begegnet, ſollen ſeine Thiere, Haſen und Füchſe,
ſogar mehr wißen als der Rieſe ſelbſt (ein Zwerg in dem entſprechenden
Märchen), nämlich wo das Waßer des Lebens zu holen ſei.   Mit dem
Waßer des Lebens iſt das aus dem Brunnen der Urd gemeint, das ver-
jüngende Kraft hat wie die Aepfel Iduns, während auch im Iwein der
Brunnen heilig iſt, wie wir daran ſehen, daß Gewitter toben, wenn ſein
Waßer verſchüttet wird. So hat er gleiche Bedeutung mit dem Brunnen
der Urd, deßen Waßer wir S. 39 als heilig erkannten, daher es von
dieſem erſt auf andere Waßer wie den Pilatusſer in der Schweiz über-
tragen ſein wird.   Ein nach ſeiner Heiligkeit benannter See, Zingerle S. 98.
Daß Gewitter entſtehen, wenn man einen Stein hineinwirft, vgl.
Zingerle Sagen S. 105—7, das bezeugt auch KM. 121, wo goldene
Aepfel an die Stelle des mythiſch gleichen Lebenswaßers treten, und der
Löwe, der ſie bewacht, dem Helden bemüthig folgt als ſeinem Herrn,
was den Zuſammenhang mit Iwein, dem Ritter mit dem Löwen, ja mit
Heinrich dem Löwen, außer Zweifel ſtellt.   Die Betretung ſonſt unnah-
barer mythiſcher Gebiete iſt in den meiſten Märchen zur Aufgabe geſtellt:
hier ſind ſie als der Unterwelt verwandt deutlich genug bezeichnet: ,der
Garten, worin der Baum ſteht, iſt von einem eiſernen Gitter umgeben,
und vor dem Gitter liegen wilde Thiere eins nach dem andern, die
halten Wacht und laßen keinen Menſchen hinein.' Unweit des Baumes,
der wohl der Weltbaum iſt, als deßen Früchte mithin die goldenen Aepfel
erſcheinen, ſteht hier wieder der heilige Brunnen, deßen Leben wirkende Kraft ſich daraus ergiebt, daß ſein Waßer Blinde ſehend macht
und Wunden heilt, zuletzt auch ausdrücklich Waßer des Lebens heißt.   Die
Jungfrau, um deren Erlöſung es ſich handelt, iſt Hellia oder Idun;
ſchwarze und weiße Farben bedeuten hier wieder Stufen der Erlöſung.
Als Hüter der Thiere, wie er bei Rochh. Mythen 106 Geiße hütet,
erſcheint der Rieſe hier nicht: das Zuſammengehören beider iſt vergeßen;
doch erlangen wir Auskunft über die Bedeutung der Thiere ſo wie des
Brunnens und der Aepfel, und daß der Löwe hervorgehoben wird, iſt
uns für die Vergleichung mit Iwein und Heinrich dem Löwen §. 66

wichtig. Der Bezug des Waldthores auf den Brunnen und die Aepfel
erscheint dagegen QM. 136 wieder: hier heißt er bald der Eisenhans,
bald der wilde Mann, wie bei Sommer der eiserne Mann; die Einheit beider Märchen erhellt daraus, daß hier wie dort der eiserne Mann
am Königshof in einen Käficht gesperrt wird, und ein goldener Ball, vermuthlich ein Apfel, Veranlaßung wird, daß ihn der Königssohn befreit.
Die Strafe, die diesen dafür erwartet, führt es dann herbei, daß er den
Hof verlaßen muß und im Walde bei dem eisernen Mann Schutz findet,
der ihm als seinem Befreier zu Dank verpflichtet ist. Auch hier fehlt
der Brunnen nicht, deßen Wunderkraft sich darin äußert, daß Alles,
was hineinfällt, zu Golde wird. Dießen krystallklaren Brunnen soll nun
der Königssohn bewachen (was eigentlich des Eisenmanns Amt wäre);
er läßt aber seine langen Haare hineinfallen, die nun zu Golde werden
und wie eine Sonne glänzen. Die Thiere hütet Eisenhans nicht wie
bei Sommer; daß er aber doch eigentlich Herr der Thiere ist, ergiebt
sich daraus, daß er dem Königssohn dreimal mit einem Pferde aushilft.
Gegen den Schluß kommen auch die goldenen Aepfel vor. Wer ist nun
der eiserne wilde Mann, der die Thiere hütet und mit ihnen den Brunnen und die goldenen Aepfel bewacht?

In Stirnissör sitzt ein Viehhirt am Hügel und bewacht die Wege.
Außerdem wird Gymisgard, worin wir die von Waluroni umschloßene
Unterwelt erkennen, noch von Hunden bewacht. In Fiölsvinnsmal, das
wesentlich den gleichen Inhalt hat wie Stirnissör, wie auch Menglados
Saal von Waberlohe umschloßen ist, fehlen die Hunde nicht, auch
des Gitters wird gedacht, wie dort des Todtenthors (Str. 85), ferner des
Baums Mimameidr, der sich über alle Lande breitet: wie werden also in
mehr als einem Stücke an die verglichenen Märchen erinnert; nur die ge-
weideten Thiere vermißt man. Und doch ist Fiölswidr, der Wächter, Niemand anders als unser wilder Eisenmann und der Viehhirt in Stirnissör.
Er läßt sich mit Windkaldr, wie der Hirt mit Stirnir, ins Gespräch ein,
das nur durch Menglados Erscheinen, wie dort durch Gerdas unterbrochen
wird. Der Viehhirt erscheint auch in der Hervararsage, wo Hervör ihn
nach ihres Vaters Todtenhügel fragt. Der Viehhirt antwortet, es sei toll-
kühn, daß sie zur Nachtzeit unternehmen wolle was Andere am hellen
Tage nicht wagten, denn von Sonnenuntergang an schwebe glühende Lohe
darüber. Diese Lohe ist die Waberlohe und unserer Deutung derselben
auf die Glut des Scheiterhaufens, die hier noch fortglüht, gereicht diese
Stelle zu nicht geringer Bestätigung. Im Harbardslied bleibt es unerklärt, warum sich Harbard, der sonst Odin ist, und zugleich als Todtenschiffer erscheint, Str. 52 einen Viehhirten nennt. Schwerlich ist es
aber ein leeres Vorgeben; es stimmt mit dem Ergebniße der sorgfältigen

Untersuchung Kuhns 324—332 über eine Reihe einschlägiger Meldungen, wonach die Hirtin der unterirdischen Heerde neben unserm Vieh- hirten Frau Harke, Holla oder Freyja ist. Auch der indische Gott der Unterwelt besitzt (schwarze) Kühe.

Vor der Unterwelt also wird Vieh geweidet: das bestätigt sich für den griechischen Glauben aus Odyssee X, 191 ff., für den deutschen aus Birlinger I, 364, und Kellers Fasnachtspielen Nro. 56, wo der Weiber Bosheit, die nach vielen schwankhaften Erzählungen des Mittel- alters die des Teufels übertrifft (§. 95), dadurch dargethan wird, daß drei böse Weiber das Vieh rauben, das vor der Hölle geht.

> Vor der helle vil rihes gât
> Daz welu wir nemen mit gewalt.

Auch der Hirt kommt hier vor und heißt Gumprecht. Er geht aber gern ins Wirthshaus, das Pintepant, ein aus dem Volksschauspiel bekannter Teufel (Zischr. IV, 465), vor der Hölle hält, und das machen die bösen Weiber sich zu Nutze. Wir sehen hier wie der wilde Mann auf die Wirthshausschilder kommt z. B. in Basel. Pintepants Taverne erinnert an den Namen Robiskrug §. 53, wo der Teufel den Wirth macht. In dem fränkischen Liede vom Todaustragen heißt es M. 728:

> Nun treiben wir den Tod aus
> Hinters alle Hirtenhaus. Vgl. S. 32 oben.

Spuren des vor der Hölle weidenden Viehs finden sich auch bei Pröhle Harz. 106, wo um die Schalk, ein verwünschtes Schloß, das ganze Groß- und Kleinwild in kleinen Steinen abgebildet umherliegen soll. Weniger sicher ist die Erinnerung, wenn KM. 61 das Bürle vorgiebt, auf der unter- weltlichen Wiese weideten ganze Heerden Lämmer. Ein Sprichwort sagt: wer zu viel bete, bete sich wieder aus dem Himmel heraus und müße unserm Herrgott das Vieh weiden, die 'Piwitte' nach einer westfälischen Variante. Im Robiskrug (§. 53) müßen nach Kuhn MS. 192 diejenigen, welche nichts getaugt haben, Schafböcke hüten, wie beim Walpurgisfest auf dem Blocksberg die jüngste Here Kröten hüten soll, M. 1025. 'Andere sagen: im Robiskrug erhalte man den Paß zum Himmel; und wieder Andere meinen, der Robiskrug sei der Himmel selber.' Es bestätigt sich immer mehr, daß nach den ältesten Vorstellungen Himmel und Hölle beisammen liegen. Nicht immer ist die Unterwelt von Höllenstößen um- geben oder durch das Weltmeer M. 1218 von der Menschenwelt geschieden, nicht immer liegt sie im hohlen Berge oder im Schooß der Flut, vgl. §. 118: oft trennt sie, wie in dem lat. Volksliede von Bischof Heriger nur ein dichter Wald (densis undique silvis) von der übrigen Welt; aber er ist von wilden Thieren erfüllt, und diese hütet der bald als

Zwerg, bald als Riese vorgestellt wilde Mann, der zugleich den Brunnen des Lebens und den Baum mit den goldenen Aepfeln bewacht. Er
hütet sie aber auf der grünen Wiese, auf die auch bei Hans Sachs u. s. w.
die Landsknechte und nach der steirischen Sage die Soldaten verwiesen
werden. Vernaleken Oestr. M. 119. Daß die gehüteten Thiere verwandelte Menschen sind, den Gefährten des Odysseus ähnlich, ist nicht zu
bezweifeln. Vgl. Kuhn WS. 330.

Wer Speise und Trank der Unterirdischen genießt, ist ihnen verfallen und kann nicht mehr ins Menschenleben zurück. Dieß gilt nicht von
dem Brote, das sie aus Dankbarkeit schenken, nicht von den duftenden
Kuchen, die sie backen und den Menschen mittheilen, wenn ihnen der aus
dem Erdboden aufsteigende Wohlgeruch Verlangen darnach erregt hat (vgl.
Kuhn WS. 1, 132. 368): es gilt nur von dem Verwegenen, der sich in
ihre Feste drängt, doch auch von Denen, die sie selber in den Berg holen,
ihnen wie die Frau von Alvensleben DS. 68 in Geburtswehen Hülfe zu
leisten: der Berg ist die Unterwelt, und ihr gehört an wer ihre Kost
genossen hat, wie schon die Granatkörner der Persephone lehren. Mit jenen
Kuchen hängt nach Kuhn 369 das Tischchen deck dich zusammen.

Da wir wohl zum letztenmal von der Unterwelt handeln, so wollen
wir einige Züge nachholen, die noch nicht zur Sprache gekommen sind. Im
Grunde der Erde und als Decke der Unterwelt ist der Dillstein gedacht,
der dem römischen lapis manalis, dem delphischen ὀμφαλός entspricht;
eine Verwandtschaft mit dem Dillgraben hat Kuhn Westf. S. 333 vermuthet; in den Mythen ist er uns nicht begegnet. Undeutlich blieb uns
§. 84. S. 259 Gerthus Bruder Gudmund in Gläsiswalr, das von
dem Todtenlande noch durch eine goldene Brücke geschieden ist. Sollte
sich hier eine Spur erhalten haben, daß Paradies und Hölle einst bei-
sammenlagen? Weinhold Polargeg. 24 erklärt Gudmund mit P. E.
Müller für einen Elben; wir werden unten eine andere Vermuthung
wagen, zu der Gläsiswalr besser stimmt.

126. 2. Wassergeister.

Schon bei den Waldelben zeigte sich ein Uebergang in Wassergeister
(Wasserholde, Brunnenholde) an den Moosleuten, die den Waldleuten gleich
vom wilden Jäger, der auch der hafsfrå nachstellt, verfolgt werden, und
doch eigentlich vom Wasser benannt sind, da Moos Sumpfland bedeutet.
So hielt sich auch der Zwerg Andwari in Hechtgestalt in einem Wasser-
fall auf, und nach Willinas. c. 43 wohnte Alfrik (Alberich) in einem
Fluß. Aehnlich gehen die Walküren, die sich in Schwäne wandeln, in
Meerweiber über, und Frau Holla selbst wohnt im See oder badet im
Teich, wobei an Nerthus erinnert werden darf.

Ein allgemeiner Ausdruck für elbische Geister ist menni, minne; besonders wird er für Waßerwesen, Meerminnen, gebraucht; doch erscheinen daneben Waldminnen, Myth. 405, und auch die Meerminnen heißen wilde Weiber. Nahe Verwandtschaft zeigt der Name Mümmelchen, der in Muhme, Mühmchen übergeht, S. 211. Auch der Name Marmennil schließt sich an. Ihn suchen die Menschen in ihre Gewalt zu bringen, damit er ihnen weißage; er gleicht dem Bull des deutschen Märchens, nur daß dieser Schöpferkraft besitzt und jener nur Gabe der Weißagung. Er hüllt sich aber gern in hartnäckiges Schweigen und bricht es nur unwillkürlich. Jener, den König Herleif nach der Halsöf. (FMS. II, 81) hatte fangen laßen, gab keinen Laut von sich bis der König einmal seinen Hund schlug; da lachte der Marmennil. Der König fragte: warum er lache. Weil du dem schlugst, sagte der Marmennil, der dir das Leben retten soll. Nähere Auskunft weigerte er bis der König versprach, ihn wieder ins Meer zu laßen: da gab er auf dem Wege nach dem Strand in Liedern Bescheid über das dem Dänenland drohende Kriegsunwetter. Als man ihn nun über Bord ließ, fragte der Mann, der ihn in der Hand hielt: was ist dem Menschen das Beste? Marmennil antwortete:

> Kalt Waßer den Augen, Kalbfleisch den Zähnen,
> Leinwand dem Leib: laßt mich ins Meer.
> Ihm wird mich, das weiß ich, Niemand wieder
> Zu sein Boot bringen vom Boden der See.

Auch dieser Marmennil wird als Schmied gedacht: die Coralle heißt sein Geschmeide, marmennils smidi, Myth. 405, wie den Bergkrystall Zwerge gehämmert haben und Zwerginnen die Herbstfäden gewoben. Wie Marmennil und jene Meerweiber in den Nibelungen, die noch spät als Donauweibchen fortlebten, weißagen auch Zwerge, z. B. Eugel im hürnen Sifrit, und in einem volksmäßigen Liede (St. Andreas Schutzpatron) wird das Echo, das bekanntlich dvergmál, Sprache der Zwerge heißt, zur Weißagung benußt.

Der Mummelsee in Baden und das Flüßchen Mümling im Odenwald scheinen von dem Mummel, ihrem See- und Flußgeist, benannt, wie der Neckar? von dem Neck oder Nix, einem Waßergeist. Der älteste Name der Waßergeister ist Nichus, ags. nicor, niederl. nicker oder necker. Von dem Nickelmann erzählt Kuhn WS. 43, von dem Necker häufiger in den NS. Ob Odins Namen Hnikar und Nikuz ihn als Waßergott bezeichnet, ist zweifelhaft, S. 62; doch würde sich daraus noch beßer erklären, warum der h. Nicolaus auf dem Schimmel geritten kommt und als Patron der Schiffer gilt, wie denn sein Bild am Binger Loche steht, wo ihm für glückliche Durchfahrt Gelübde geweiht wurden, wie er auch in Vorarlberg die Kinder bringt, Wolf Beitr. 184, Ztschr. I, 143; sonst pflegt er nur die Kinder zu beschenken, Kuhn WS. 100. Quitzmann 38. Neben SL. Nicolaus wäre auch SL. Nicasius (14. Dec.) in Betracht zu ziehen.

Es giebt männliche und weibliche Nixen; beiden wird, wie sie mit dem Oberleib aus der Flut tauchen und ihr langes Haar in der Sonne strälen, hohe Schönheit beigelegt; wenn dem Unterleib ein fischartiger Schwanz entstellt wie bei der Melusine des Volksbuchs, so ist diese Vorstellung als deutsch nicht zu erweisen, wie Melusine böhmischen Ursprungs scheint, Grohm. 44 oder nach Liebrecht Gerv. XVI, 219 griechischen; wohl aber wenn sie rothe Mütze und grünen Hut tragen und grüne Zähne blecken, die wohl auch eisern heißen; wagen sie sich ans Land zu den Menschen, so erkennt man sie an dem nassen Saum des Gewandes. Sie erscheinen gern auf den Märkten, und da muß man auf die Preise achten, die sie bezahlen, denn je nachdem sie hoch oder niedrig sind, folgt Theurung oder wohlfeile Zeit. Auch auf Tanzböden zeigen sich wohl die Seejungfern, in der Dreizahl gewöhnlich, und schwingen sich im Reihen mit der männlichen Dorfjugend, aus welcher sie ihre Geliebten wählen. Aber zu einer bestimmten Zeit müssen sie zurück in ihren See: wird sie versäumt, so kostet es ihr Leben, und wallt es blutroth herauf aus der Flut, so ist ein schreckliches Gericht über sie ergangen. Aehnliches wird auch von dem Waßermann erzählt, den man sich rauhbehaart an Gesicht und Händen denkt. Auf ihre Haare legen die rauhen Leute großen Werth und rächen es, wenn sie oder ihre Kinder geschoren werden, bis ins dritte und vierte Glied. Kuhn WS. §. 39. 40. Hier zeigt sich die Grausamkeit des Waßergeistes, der auch Menschenopfer fordert, wie der Rhein und andere Flüße ihr jährliches Opfer verlangen und von Ertrunkenen gesagt wird, der Nix oder die Elbjungfer habe sie herabgezogen. Der Donaufürst fragt Jeden, dem er begegnet, was er wünsche und stürzt ihn dann in die Tiefe hinab, wo er alles Gewünschte finden werde. Einem Kinde soll er eine Corallenkette um den Hals gehängt haben, an dem es erwürgte, und später am Donaustrande gefunden ward. Vernaleken österr. S. 164. Oft hat das eine mildere Seite: die Liebe der Nix zog den schönen Jüngling hinab; Wachilde, Wittigs Ahnfrau, birgt ihn im Schooß der Flut vor dem verfolgenden, im Zorn unbesiegbaren Dietrich, und Holda, die zwischen Hel und Ran in der Mitte steht, empfängt die Ertrinkenden in lachenden Wiesen auf dem Grunde ihres Sees oder Brunnens. Ein Waßermann zeigte einem armen Fischer einen Schatz unter der Bedingung, daß er mit ihm theile. Der Fischer that es; es blieb aber ein Heller übrig, welchen der Fischer mit seiner Hacke entzwei schlug. Als der Waßermann so ehrliche Theilung sah, ließ er das Geld liegen und verschwand. Vernaleken österr. Sagen 185.

Noch ein anderer Zug kann mit den Wassergeistern versöhnen: die Liebe der Elben zu Spiel, Gesang und Tanz zeigt sich nirgends mächtiger als bei ihnen. Wie der Ton aus Oberons Horn unwiderstehlich in den Tanz reißt, so ist der Alb leich eine süße, entzückende Weise (Myth. 439), und die des schwedischen Strömkarl, der auch Fossegrim heißt (und das Rauschen des Wasserfalls, foro, liegt beiden zu Grunde), lockt und bezaubert; von seinen eilf Variationen dürfen nur zehne gespielt werden: bei der eilften, die dem Nachtgeist und seinem Heer gehört, würden Tische und Bänke, Kannen und Becher, Greise und Großmütter, selbst die Kinder in der Wiege zu tanzen beginnen. Wer seine Kunst erlernen will, opfert ihm ein schwarzes Lamm oder ein weißes Böcklein; ist das recht fett, so greift der Fossegrim über des Lehrlings rechte Hand und führt sie so lange hin und her bis das Blut aus allen Fingerspitzen springt: dann ist er aber auch in seiner Kunst vollendet und kann spielen, daß die Bäume tanzen und die Wasser in ihrem Falle stille stehen; ja den Spieler selbst vermag nicht abzulaßen, wenn ihm nicht Jemand von hinten die Saiten zerschneidet oder er das Stück rückwärts zu spielen gelernt hat, Myth. 461. So ist auch der Tanz der Elbinnen im Mondschein so verführerisch, daß man die Augen abwenden muß, um nicht hineingezogen zu werden, wie der Alte bei Nithart oder in Pagankals Tanz auf der Geile. Die Vergleichung der Trilogieen stellt Oberon als aus Albrich romanisiert zu Woban, und es wird deßen Horn sein, das sich bei ihm wiederfindet. So sahen wir §. 38 den blinden Höðr als Hotherus zu dem liederkundigen Horand werden, deßen Gesang unwiderstehlich hinreißt; der blinde Höðr gleicht aber dem einäugigen Odin.

Odins Horn will man bei Heimdall und Wate auf den Donnerschall beziehen: das Rauschen des Windes, das seinem Wesen zu Grunde liegt, kann ihn zum Gotte der Tonkunst gemacht haben; die Wassergeister hat zu Lehrern dieser Kunst wohl das Rauschen des Wassers befähigt. Nur ausnahmsweise zeigt auch einmal ein Hausgeist, der Laguperðr bei Nonbua, musikalische Talente: er spielt als schwarze Katze die Maultrommel.

Unklar bleibt es noch was die Wassergeister mit dem Schwerte zu schaffen haben: sie verdingen sich als Knechte bei Menschen und verlangen ein Schwert, einen Erbdegen zum Lohn. Temme Pommersche Sagen Nr. 252, Kuhn WS. 1, Nr. 37. Wir werden an das alte Riesenschwert erinnert, das Beowulf in Grendels mattbeleuchteter Halle erblickt.

Die Seelen der Ertrunkenen birgt der Wassermann unter umgestülpten Töpfen, wo ihr Wimmern vernimmt, wer lebend in sein Wasserreich hinabsteigen durfte. Hebt er einen der Töpfe auf, so fährt die erlöste Seele rasch empor; wir erfahren aber nicht, ob sie sich in Luft verflüch-

ligt oder wieder einen Leib annimmt. Doch spricht für Letzteres das
Märchen bei Wolf DS. 69. Statt der Töpfe wird auch wohl ein Glas-
gefäß genannt, worüber man Liebrecht Gervasius 150 ff. vergleiche.
Schon bei den Waßerrießen §. 122 gedachten wir des Waßermanns,
der in Stiergestalt Stammvater der merovingischen Könige ward, womit
es zusammenhängen kann, daß ihren Wagen Ochsen zogen wie Kühe den
der meerverwandten Nerthus, und ein Stierhaupt in Chilberichs Grabe
gefunden ward. Aehnliches wird Irische Elfenm. S. XLVII von dem
Elfstier erzählt und DS. 69 von dem braunen Stier, der aus dem
Mummelsee steigt. Vgl. Harrys I, 47 und Kuhn KS. 500. WS. 207.
297. Rochholz II, 516. Mythen 76. Aber auch apfelgraue Roße steigen aus der Flut und begatten sich mit den Stuten in den Ställen der
Menschen. Audhun fing ein solches und zwang es ihm zu pflügen; am
Tage ging das gut, aber mit Sonnenuntergang riß es alles Zeug entzwei, lief in die See und kam nicht zurück, Landn. II, 10. Auch das
lehrt in Deutschland wieder: der schwarze Gaul DS. 202 zieht aber
Pflug und Pferde und Bauer und Jungen in das grundlose Teufelsbad
bei Caffel. Vgl. Kuhn KS. 476. Myth. 458. Lütolf 39. Solche Roße
heißen nennir oder niknr: das und die Verbindung mit dem Mummelsee bezeichnet sie als elbisch; sonst gleichen sie eher riesigen, verderblichen
Wesen. Die Pferdegestalt, die hier Waßergeister annehmen, erinnert an
griechische Mythen; auch fanden wir schon §. 74. 92, 1 Pferd und
Quelle verbunden. Daß sie der Unterwelt angehören und ihr Brüllen
ausbrechendes Viehsterben bedeutet, führt Kuhn WS. 294 aus.

Das Christenthum hat natürlich auch Waßerwesen als teuflisch aufgefaßt, ja allen Elben die Seele, d. h. doch wohl nur eine unsterbliche,
abgesprochen; dem Volt aber sind sie der Erlösung fähig, ja bedürftig. Jener
Strömkarl läßt sich für sein Harfenspiel und den Unterricht darin nicht
bloß opfern, sondern auch wohl Auferstehung und Erlösung verheißen,
Myth. 462. Der Elbst im Seliebergersee (Lütolf 282) ist jedoch durchaus als menschenfeindliches Wesen gedacht. Er erscheint bald als Fisch
bald als Sau u. s. w. zur Vorbedeutung böser Zeiten, wie auch im
Ingersee sich ein Ungeheuer sehen läßt, wenn Theurung, Pest oder Krieg
bevorstehen.

Ein Bezug auf die Waßergeister ist bei den Sagen von versunkenen Glocken anzunehmen, zu welchen vielleicht Untenstimmen und
gluckende Töne der Wirbel in Seen und Teichen die erste Veranlaßung
gaben, Kuhn WS. 23. Heidnischer Glockenhaß wird auf den Teufel
übertragen, der aber nur über ungetaufte Glocken Macht hat. Der Volksglaube faßt die Glocke als beseelt, nicht wie Schiller als herzlos auf;
daher ihre Taufe, ursprünglich nur eine Weihe, Uhld. VIII, 588, und

die Namengebung, am liebsten Anne Susanne, womit schon der Glocke
Klang nachgeahmt ist. Nur die getaufte Glocke vermag das fulgura
frango; nur sie ertönt von selbst „als Botschaft vom Tode bedeutender
Personen, als Wahrzeichen der Unschuld eines Angeklagten, zur Bewäh-
rung der Heiligkeit eines von Gott erwählten Rüstzeugs", Uhld. a. a. O.
Die versunkenen Glocken verlangen gleich andern Schätzen wieder ans
Tageslicht; gleich andern Schätzen sonnen sie sich und werden, wenn man
ein Tuch auf sie legt, der Oberwelt wieder gewonnen; doch gelingt das
nur selten, und selbst dann laßen sie sich nur von Kindern zur heiligen
Stätte ziehen. Vgl. Kuhn WS. 477. Nach Kuhn a. a. O. erscheint in
der Unke, und ebenso in der Glocke die in die Unterwelt gebannte weiße
Frau. Glocken im Berge kommen seltener vor, wenn nicht die Kirche
mit versunken ist, Kuhn 16. Gleichwohl finden sich, auch in Köln, Sau-
glocken, die ein Schwein aus der Erde gewühlt haben soll, Temme N.
S. 268, Ostpr. 240, worauf die sprichwörtliche Redensart Bezug nimmt:
er hört gern mit der Sauglocke läuten. Häufig wird gemeldet, daß die
Glocken im Teich am Johannistag läuten; das ist derselbe Tag, wo auch
der Flußgeist sein Opfer, einen Schwimmer oder Klimmer verlangt.

127. 8. Feuergeister.

Eigentliche im Feuer lebende Geister, wie das M. A. von dem Sa-
lamander dichtete, giebt es in der deutschen Sage nicht, nur dem Feuer
verwandte, die auch in ihrer äußern Erscheinung auf dieß Element deuten. Dahin gehören zunächst die Irrlichter, wovon §. 126. Ueber Lebenslicht vgl. §. 146.

Der Bezug auf das Feuer sowohl als auf die Seelen der Abgeschie-
denen findet sich auch bei den Hausgeistern. Sie gleichen den Manen,
Laren und Penaten, und sind eigentlich Heerdgeister. Der Heerd ist
die heilige Stätte, gleichsam der Altar des Hauses, wo das ewige Feuer
nach der alten Sitte nie ausgehen sollte; in der Nacht ward es nur mit
Asche bedeckt. Das Heerdfeuer scheint das Element des Hausgeistes: an
den Heerd ist er gesellt, dahin wird ihm auch sein Näpfchen Milch gestellt, oder welche einfache Kost sonst ihm zum Opfer bestimmt ist: er
nimmt sie gerne an und zürnt, wenn sie ihm zu reichen vergeßen wird.
Auf die Einfaßung des Kamins wurden auch geschnitzte Hausgeister
gestellt, zuletzt mehr zum Scherz oder zur Zierde, ursprünglich wohl mit
tieferer Bedeutung: es waren Götzenbilder, Bildnisse der Hausgeister, die
über dem Heerde angebracht wurden. Die Sitte währte in christlicher
Zeit fort, und wurden jetzt auch Heilige auf der Eisenplatte ausgegoßen,
welche die Hinterwand der Feuerstätte bekleideten, so fuhr man doch fort,
auf dem Kamin allerlei in Holz geschnitzte Puppen zu stellen, theils wie

die alten Hausgötter, Zwerge und Däumlinge gestaltet, was als ein
bloßer Schmuck keinen Anstoß gab, theils aus dem christlichen Leben hergenommene Bildchen, weshalb man sowohl in den Minnesängern als auch
im Volksmunde bald von einem Kobold von Buchse, bald von einem
hölzernen Bischof und handbüchenen Küster hört und liest. Zwei Namen
kamen jetzt auf sowohl für die Bilder als für die Geister selbst: Kobold und Talermann. Kobold deutete man aus dem griech. κόβαλος,
Schalk, dem die für ungeheuerliche Wesen beliebte deutsche Endung auf
-olt gegeben wurde; vgl. aber Hildebrand, Wörterb. V, 1551. Mittel-
lateinisch hieß es gobelinus,' fr. gobelin. Bei dem Talermann vermuthete ich früher, von dem Ausdruck Taggelmännchen für kleine Figuren
verleitet, Zusammenhang mit dem Taggen oder Jaggen, wie in niederrheinischen Bauernhäusern der Milchschrank hieß, der gegen die vom
Heerdfeuer erwärmten Eisenplatten mit Heiligenbildern in der Wand der
anstoßenden Wohnstube eingelassen wurde. Auf diesen Taggenschrank
pflegte man solche Talermänner oder Koboldbilder zu stellen. Damit
stimmte, daß der Aschenbrödel im Tirol Aschentagger heißt, Zingerle II,
424. Der Talermann ist aber wohl von Talern, Zittern benannt,
Leopr. 177, was auf einen Zusammenhang mit den Riesen, den kalten,
zitternden wiese; doch hießen auch die Zigeuner Tatern und Datten.
Vgl. Liebr. Germ. X, 220. Für Talermann findet man Katermann
geschrieben: das erinnert an den gestiefelten Kater, wie denn viele Geister,
wie Katzenveit, Hinze und Heinzelmann auf Katzennamen deuten; obgleich
Heinz eigentlich nur Verkürzung aus Heinrich ist, und andere Hausgeister
gleichfalls menschliche Diminutivnamen führen, z. B. Petermännchen. So
ist Chiemle aus Joachim entstellt, Wolterken aus Walther, Rubi aus
Rudolf, Rüpel und Robin aus Ruprecht (Hruodperaht), der dänische
Nisse aus Niclas, der in Deutschland zu Claus oder Clobes ward. Das
Wort Popanz kann eine Zusammensetzung von Puppe und Hans sein.
Die meisten dieser Namen sind auch im Volksschauspiel beliebt, und sowohl Kobolde als Talermänner finden wir die Puppen genannt, die
beim ältesten Puppenspiel an Dräten gezogen wurden. Andere Namen
für koboldartige Geister deuten auf Verkleidung oder Vermummung,
denn man verkleidete sich auch zu Fastnacht und andern festlichen Zeiten
in diese Hausgeister und spielte ihre Rollen, oft nur um die Kinder zu
schrecken. Daher heißen nun die Kobolde selbst Mummart, Mummanz
u. s. w. Ein bekanntes Volkslied beginnt mit den Worten: „Es geht
ein Butzemann im ganzen Reich herum'; Walther spricht von butzengriul
und will nicht mehr in butzenwise gehn. Dieser Butzengreuel ist der
Kinderschreck, den solche Verkleidungen erregten. Mit dem Putz schreckt
man noch jetzt in Tirol die Kinder. Zingerle S. 148. Verbutzen heißt

jetzt sich verkleiden, die Gestalt der Hausgeister in der Vermummung annehmen; wahrscheinlich geht aber das Wort butze zunächst auf die kleine Gestalt des Kobolds selbst. Butze ist ein winziger, im Wuchs zurückgebliebener Wicht, verhutzelt ist verknorzt, und Kobolde heißen Butze, Buttmann, in Bonn Bömann. Doch leitet Grimm M. 475 den Namen von bösen pulsare, weil der Geist, in welchem man sich zum Kinderschreck verkleidete, ein klopfender, pochender war. Auch die Namen Hanselmann und Hampelmann erklären sich so: es sind an Drähten oder Fäden gezogene Puppen, wie sie zum Nürnberger Kinderspielzeug dienen. Hanswurst oder Hanselmann, der in Schwaben auch von Teich gebacken wird, berührt sich mit dem Henneschen, der beliebtesten Figur des Kölner Puppentheaters, dem Käsperle des Wiener entsprechend. Auch Caspar ist ein Zwergname, Müllenhoff S. 28 ff., so auch Pud, das nach Myth. 468 gleichen Sinn hat wie Butz und vielleicht damit zusammenhängt. In Schleswig-Holstein heißen die Hausgeister Hauspuden, Müllenhoff S. 318, und der Nise, aus Nicolaus gebildet, führt wohl noch den Beinamen Puck. Man weiß aber, daß der Pud eine beliebte Figur des englischen Theaters war. Umgekehrt wirkte auch das Theater zurück auf die Namen der Hausgeister. Nissen und Clas heißen sie, weil der heil. Nicolaus eine Hauptfigur des alten Volksdramas war, ebenso Caspar, einer der heil. drei Könige. Nicolaus war Bischof, und darum wurden auch Bischöfe als Jaggemännlein auf den Kamin gestellt; daher jener hölzerne Bischof. Der beliebte Zwergname Barthel kommt von Bartholomäus, Myth. 483. Dieß kann genügen, um den Zusammenhang des Volksschauspiels mit der Verehrung der Heerdgötter und Hausgeister darzuthun. Hier nur noch die Bemerkung, daß „Posse" und „Possenspiel" hier ihren Ursprung fanden. Ztschr. X, p. 220. Lübben Die Thiernamen 55. Am Lechrain heißen die Kobolde Hojemänntlein, Leopr. 32, Bavaria I, 301, in Tirol Pütz, in Vorarlberg Bütz, in Montafun Boß (pl. Böß); daneben hört man das Diminutio Büßel. Damit ist die Gattung benannt; der einzelne Hausbütz führt daneben noch seinen besondern Namen. Daß diese Pütze und Büße der Erlösung fähig sind wie ich oben annahm, zeigt sich an dem ‚Stutzli' (Vonbun Beitr. 70), der durch ein unschuldiges Kindlein, das er ungeheißen gewiegt hat, erlöst wurde. Eine Abart bilden die Elbpuze in Vorarlberg, die wir aus Bernaleken A. 227 als boshaft kennen. Vgl. Lütolf 432. 435.

Man wird sich des häufig in Sagen und Märchen vorkommenden Zugs erinnern, daß dem Ofen gebeichtet wird: was man röblich hat geloben müssen, keinem Menschen zu verrathen, das erzählt man dem Ofen; hinter ihm verstecken sich aber Menschen und so kommt das Ge-

heimniß an den Tag. Gotisch heißt der Ofen auhns: statt des f zeigt
sich die entsprechende Gutturale, die den Zusammenhang mit dem latein.
ignis beweist.

Diese Anbetung des Ofens geht wie Alles was in unserer Mythologie auf Elementardienst weist, das Nothfeuer, die Johannisfeuer u. s. w.
auf eine Zeit zurück, die älter ist als das Germanenthum. In den Hausgeistern ist das Feuer schon personificiert; noch stärker tritt die Personification in Donar hervor, der in Deutschland Heerd- und Feuergott zu
sein scheint, wie für den Norden Thiálfi Gleiches vermuthen ließ, S. 244,
wo sonst Loki (Lofar?) als solcher auftrat. Wir fanden S. 400 die
Trilogie ‚Sonne Mond und Hercules‘, welche jener bei Cäsar Sol Luna
Vulcanus §. 57 ganz entspricht, wenn wir Donar, den wir §. 83 ff.
als Hercules nachgewiesen haben, nun auch durch seine Bezüge zu den
Hausgeistern als Heerdgott (Vulcanus) erkennen lernen. Donar, vielleicht
auch Woban, scheint sich aber in den Hausgeistern zu vervielfältigen, oder
in ihrer Gestalt als Hausgott zu erscheinen. Darum hallen die Zwerge
auf Heiligung des Donnerstages, und mögen nicht leiden, daß an diesem
Tage gesponnen oder Holz gehauen werde. Bei Müllenhoff S. 578 heißt
ein Zwerg Hans Donnerstag. Wie dem Donar das Eichhörnchen heilig
ist, so heißt ein Hausgeist Ederken; einen andern fanden wir Petermännchen genannt, und Donars Bezüge zu St. Peter sahen wir §. 86.
Wegen ihrer Verwandtschaft mit dem Feuer wird ihnen rothes Haar und
rother Bart beigelegt wie dem nordischen Thór; auch läßt man ihnen
rothe Kleider, rothes Röckchen und Käppchen machen, um ihre Dienste
zu belohnen. Zuweilen nehmen sie das übel und ziehen weg, worauf der
Segen aus dem Hause verschwindet, M. 453. 479. Auch von den ‚saligen
Fräulein‘ wird das erzählt (Alprnb. 4): mit trauriger Miene scheiden sie
aus dem Hause, wo sie solch ein Ansinnen kränken durfte. Das ist ein
Zug aus der Unschuld der Welt, an Goethes utopische Insel erinnernd,
wo der Wirth, um die Schuldigkeit gefragt, den Knittel ergreift und den
Fremdling wegen frecher Verletzung des Gastrechts hinausprügelt. Grimm
will das aber auf Waldgeister und Unterirdische beschränken, die auch oft
im Verkehr mit Menschen stehen, während er von Hausgeistern annimmt,
sie dienten recht eigentlich um Kleider. Allerdings bezieht sich ihr Name
gern auf die Kleidung, namentlich auf die rothe Mütze. In Flandern
heißen sie Rothmützchen, in Frankreich Chaperon rouge; Rothkäppchen
kommt in deutschen Märchen vor, Wolf DS 239. Ein norwegischer Nisse
trägt eine rothe Pelzhaube, M. 467. Nach der Zimmerschen Chr. IV. 292
scheint es aber vielmehr als könnten sie die rothe Farbe nicht leiden und
würden damit vertrieben. Ein schottischer Wassergeist heißt Shellycoat,
Schellenrock oder wie Liebr. will, Muschelrock. Schellen lieben die Zwerge

an den Kleidern und behingen sich bunten Rock mit klingenden Schellen,
W. 479, wie später gerne die Narren trugen im Lustspiel wie an den
Höfen. Dagegen der Zwerg Antilois, der, dem Laurin nachgebildet, doch
eigenthümliche Züge zeigt (Zingerle Germ. XVIII, 220), trägt einen
Rock mit klingenden Schellen. Auch der Sennen- und Wettergeist S l i e-
f e l i bei Rochholz II, XXI, ff. hat am meisten von Donar; aber H ü l c h e n
(Hödeken DS. 74. Kuhn WS. 350) gleicht auffallend Odin: er drückt
den Hut so tief ins Gesicht, daß man ihn nicht erkennen kann.

   Oben ist erzählt worden wie Odin mit dem Riesen Wasthrudnir
über die urweltlichen Dinge stritt und Wasthrudnir erlag, weil er die
Frage nicht beantworten konnte, was Odin seinem Sohne Balbur ins
Ohr gesagt habe als er auf dem Scheiterhaufen lag; doch haben wir
§. 50 diese Frage zu beantworten unternommen. Dieselbe kehrt nun auch
am Schluß der Hervararf. wieder, wo König Heidrek beim Julfest auf
Freys Eber das Gelübde abgelegt hatte. Alle die sich wider ihn vergingen
zu begnadigen, wenn sie ihm ein Räthsel vorlegen könnten, das er nicht
zu errathen wüßte. Aber so wie wußte sich König Heidrek, daß er alle
Räthsel lösen könne. Nun war Gest der b l i n d e, ein reicher und mächtiger Mann, sich eines Frevels gegen den König bewußt. Als dieser ihn
nun vor sich lud, opferte Gest dem Odin, daß er ihm in seiner Noth
beistünde. Da nahm Odin Gest des blinden Gestalt an, trat vor König
Heidrek, mahnte ihn seines Gelübbes und legte ihm viele noch jetzt im
Volke gangbare und in meinem deutschen Räthselbuch enthaltene Räthsel
vor, welche König Heidrek alle bis auf das letzte löste, welches wir schon
aus Wasthrudnismal kennen. Da ergrimmte Heidrek und wollte mit seinem
Zauberschwerte Tyrfing nach Odin schlagen; aber dieser entflog ihm in
Fa l k e n g e s t a l t was ursprünglicher scheint als wenn Odin der Gunnlöd
als A d l e r entstiegt und von Adlern (Riesen) verfolgt wird. Wie sich die
Riesen in Adler wandeln, so nehmen die Götter Falkengestalt an und auch
Siegfried wird als Falke von Adlern verfolgt in Kriemhilds Traum, der
ein Nachklang ist jener Gunnlödsage. Dieser bisher absichtlich noch über-
gangene Odinsmythus begegnet häufig. In Teutschland bekanntlich zuletzt
noch in Bürgers Abt von St. Gallen, wo Hans Bendix, der an Odins
Stelle tritt, des Abts Gestalt annimmt wie Odin die des blinden Gest,
wobei auch die alte Räthselweisheit unvergessen blieb. Wie Odin dem Gest,
Hans Bendix dem Abt, so hilft Hülchen einem unwissenden Geistlichen, der
zur Kirchenversammlung geschickt werden sollte, aus der Noth, indem er ihm
einen Ring giebt, der ihn so gelehrt und beredt machte, daß er als be-
rühmtester Redner glänzte. Hier ist Odin nicht bloß zum Zwerg eingeschrumpft; die Ueberlieferung hat auch sonst gelitten. Vgl. das Märchen
bei Müllenhoff S. 303, wo Christus an die Stelle Odins getreten ist.

Hülchen begabt auch in ähnlicher Weise wie Odin DS. S. 108. Neben Hülchen kommen die Namen Hopfenhütel, Eisenhütel (Fingerhut) vor; andere Hausgeister heißen Sliesel, was auf die Flügelschuhe Mercurs und so wieder auf Odin deuten kann, wobei noch eine Beziehung auf die Siebenmeilenstiesel möglich ist. Denn Hülchen lief in unglaublich kurzer Zeit über Wälder und Berge nach Hildesheim, und noch jetzt zeigt man seinen Rennpfad. Das erinnert an den lichten Geist bei Cäsarius, der in einer Stunde Löwenmilch aus Arabien holte. Wir haben Bezüge auf Donar und Odin gefunden; Kuhn DS. 368 erzählt aber noch von einem Zwerge Namens Balder, der an Balbur gemahnt. Wir legen darauf kein Gewicht; aber wenn sich uns §. 125 Odin zu Alberich stellte, so sehen wir diesen als Elberich zu Ortnits Vater gemacht, womit dem Zwerge gleichsam göttliche Ehre erwiesen ist. Selbst die Tarnkappe, die den Zwergen eigenthümlich ist und nach der Hülchen benannt scheint, läßt sich bei Odin, der Höllr und Sidhöllr heißt, wiederfinden; es ist sein lief ins Gesicht gedrückter Hut, der ihn unkenntlich machen sollte. Den Zauberer Martin Pumphut (Menzel Odin 168) macht der Hut unsichtbar. Schon gleich nach der Geburt übte er diesen Zauber: eine Schlange lag dann statt seiner in der Wiege: auch darin erinnert er an Odin, der als Schlange zu Gunnlöb in den Felsen schloff, der die Schlangennamen Ofnir und Swafnir führt und bei den Langobarden unter dem Bilde einer Schlange verehrt wurde. Zuweilen bewirkt das Aufsetzen des Hutes in unsern Sagen plötzliches Umschlagen des Wetters, und Odin ist als Widrir Wetterherr.

Der Name Hülchen reimt auf Gülchen, welches ein fast so allgemeiner Name für elbische Geister ist wie gute Holde. Goethe nennt im 2. Theil des Faust die Gnomen ,den frommen Gülchen nahverwandt'. Gütgemann, Oelbermann sind entsprechende Mannsnamen. Bei Sommer 170 erscheint ein Gülchenteich, aus dem in Halle die Kinder geholt werden, bei uns ein Gülgesbach. Demnach wär es ein Wassergeist; bei Burglehner, Zingerle S. 68, erscheint es als ein frommes Bergmannlein und ist einer andern schädlichen Gattung entgegengesetzt. Das Gütel wird oft entstellt in Jübel. Aber auch als Hausgeist erscheint das Jübel. Es spielt gerne mit den Kindern, wie alle Hausgeister gerne spielen und sich belustigen, weßhalb man ihnen Schuhe, Bogen und Pfeile und andere Spielsachen hinzulegen pflegte, Anh. XXXVII. Sein Spielen mit den Kindern sah man aber nicht gerne, weil es sie nicht schlafen ließ. Man dachte daher auf Mittel, es von den Kindern abzuhalten (Abergl. No. 389) oder abzuziehen, wozu wieder Spielsachen dienten (Nr. 62). Auch die Kühe beunruhigt es (Nr. 454); nach 473 scheint es sogar die Kinder zu verbrennen. Das giebt uns Aufschluß über die altdeutsche Erzählung von dem Jübel, wo ein Judenknab, das dem

Christenthum zuneigte, von den eigenen Verwandten in einen Ofen gesteckt,
aber von der Jungfrau Maria vor dem Verbrennen behütet wird. Der
Mißverstand des Namens ist hier deutlich; zugleich tritt aber wieder die
Beziehung der Hausgeister auf den Ofen, den Heerd des Hauses, hervor.

Auch die Hausgeister sind ihrem Wesen nach wohlthätig; als genii
tutelares, Schutzgeister des Hauses halten sie es mit dem Hausherrn und
warnen ihn vor Verunreinigungen des Gesindes, das ihnen daher oft abhold ist. Ist das Gesinde aber treu und versäumt es nicht, ihnen den
Napf mit Milch zu füllen, streut es nicht etwa Sand und Erbsen, damit
sie fallen und ihre kleine Gestalt oder die mißgestalteten Füße im Sande
abdrücken, verschont es sie überhaupt mit Spott und Neckereien, die sie
oft grausam vergelten, ist es im Dienst der Herrschaft nicht faul und
fahrläßig, dann werden sie auch Knechten und Mägden hold und erweisen
ihnen viele Dienste, verrichten in der Nacht insgeheim einen Theil der
jenen obliegenden Arbeit, striegeln die Pferde und füttern das Vieh, misten
den Stall, holen Wasser aus dem Brunnen, spülen Teller und Schüsseln,
kehren und fegen Flur und Haus. Der faulen schlampigen Magd freilich
stoßen sie den Milchkübel um, blasen das Licht aus und solchen Schaber-
nacks mehr: gegen sie wird der gutmüthige Hausgeist zum Quäl- und
Plagegeist. Herabwürdigende Auffaßung macht sie dann vollends zu Pol-
tergeistern: sie poltern und rumpeln im Hause umher: daher die Namen
Rumpelstilz (KM. 55), Bullermann, von Bullern, Pollern. Schon der
Buttmann, der Butz kann mit bözen klopfen zusammenhangen (Myth. 475)
und Popanz (s. o. S. 450) sowie der schwäbische Poppele (Meier 65 ff.)
mit Popern, Pochen. Vgl. Panzer II, §. 1—7. Diese Poltergeister, die
das Haus, das von ihnen besessen ist, unbewohnbar machen, und Vorüber-
gehende gern mit Steinen werfen, mögen den Riesen verwandt sein, dem
Grendel und jenem Schrätel, das der Waßerbär bekämpfte; auch christliche Ansicht kann ihre Natur verfinstert haben.

Der Hausgeist ist weniger an das Haus als an die Familie geknüpft:
er bleibt nicht im Hause, wenn der Hausherr wegzieht. Bei der ersten
Bebauung Islands ließ der Nordmann seine Götter nicht daheim: die
Hochsitzpfeiler, an welchen ihre Bildnisse ausgeschnitzt waren, stellte er bei
der neuen Feuerstätte wieder auf. So flüchtete Anchises die Penaten
aus dem Brande von Troja und -trug sie auf der Schulter als das
liebste Gut, was in der Weinsberger Sage auf die Männer übertragen
ward. So zieht auch der deutsche Hausgeist mit dem Hausherrn weg,
wenn er auswandert oder auszieht. Erst als man die Hausgeister als
neckende Kobolde, als Quäl- und Plagegeister betrachtete, konnte sich die
Sage bilden, die vielfach (DS. 72. Kuhn NS. 82) erzählt wird. Ein
Bauer, der des Unfugs seines Kobolds überdrüßig war, beschloß auszu-

ziehen und ihn zurückzulassen, oder gar mit der alten Scheune, worin er
sein Wesen hatte, zu verbrennen. Als er nun alle seine Habseligkeiten
auf einen Karren geladen hatte und davon fuhr, blickte er noch einmal
um nach dem alten Hause, das in lichten Flammen stand: da saß der
Kobold hinten auf dem Karren und sprach: ‚Es war Zeit, daß wir
herauskamen, es war Zeit, daß wir fortkamen!

> ‚Wenn wir nicht wären entronnen,
> Wir wären Alle verbronnen.'

Der Kobold saß hinten im Faß.
Da konnte man wieder umkehren und den Kobold behalten. Vgl. Kuhn
S. 350. Uebrigens scheint der Butz bei Bonbun Peitr. 70 geglaubt
zu haben, er sei an das Haus gebunden, weßhalb er ganz schwermüthig
wurde, als die Hauseigenthümer ihr Anwesen verkaufen und wegziehen
wollten. Als ihn die Hausfrau seines Trübsinns wegen zur Rede stellte,
seufzte er: ‚Ach ihr zieht aus und ich darf nicht mitziehen.' ‚Ja freilich
darfst du mitziehen,' entgegnete die Frau: da hüpfte der Butz vor Freuden auf und rief:

> ‚Jetzt nämmi mi Häber und G'mäder
> Und zieh sell mei hinüber.'

Häufig bricht die Ansicht durch, daß die Hausgeister Seelen der
Verstorbenen seien. Nach DS. 71 sollen sie Messer im Rücken stecken
haben; das würde sie sogar als Geister von Ermordeten darstellen. Eine
Magd wollte gern ihren Kobold sehen und ließ nicht nach mit Bitten.
Endlich verspricht er, sich zu zeigen, bestimmt den Ort, bedingt sich aber,
daß die Magd einen Eimer Wasser bereit hatte. Da sieht sie ihn auf
einem Rüstchen nakt liegend, ein großes Schlachtmesser im Rücken. Vor
Schrecken fällt die Magd in Ohnmacht, der Kobold springt auf und
gießt ihr den Eimer Wasser über den Kopf, damit sie wieder zu sich
komme. Auch die Penaten waren Seelen abgeschiedener Vorfahren, selbst
Bertha steht als weiße Frau an der Spitze der Fürstengeschlechter, und
die Hausgeister sahen wir nicht sowohl an das Haus als an die Familie
gebunden.

Zuweilen soll die Ahnfrau gewaltsam ums Leben gekommen sein: das
führt auf die in Deutschland, Frankreich und Italien nachweisbare Sage
von den dankbaren Todten. Ihren Hauptsitz haben sie in einer Reihe
deutscher, zum Theil erst jüngstgedruckter Märchen, wo der Geist eines Ermordeten dem, der mitleidig seine Leiche Mißhandlungen entzogen und
ehrlich bestattet hat, das Leben rettet und zum Besitz der Geliebten verhilft. Auch gegen diese hatte der Held sich mitleidig erwiesen, indem er
sie aus der Gefangenschaft loskaufte ohne zu wißen daß sie eine Königstochter sei. Den Zusammenhang mit dem ‚guten Gerhard' hab ich

anderwärts ausgeführt; ich merke nur noch an, daß in einigen dieser Märchen der Geist des Ermordeten zuerst als Vogel oder als wildes Thier erscheint, und die vorkommenden Eigennamen: Karl (der guote Karle), Heinrich (der arme, guote Heinrich), Gerhard (der gute Gerhard), vielfach bedeutend und zum Theil nicht ohne Bezug auf die Geisterwelt sind. Bei den Hausgeistern kommt besonders der Name H e i n r i ch gerne vor; auch sie nehmen Thiergestalt an: sie erscheinen als Katzen, Schlangen und Kröten. Hinzelmann TS. 103 zeigt sich bald als Marder, bald als Schlange; überhaupt finden wir neben den Hausgeistern auch H a u s s ch l a n g e n (Rochh. Myth. 194) und wie jenen wird ihnen Milch zum Trinken hingesetzt. Mit den Kindern leben die Hausschlangen gerne zusammen, bewachen sie in der Wiege und theilen mit ihnen Speise und Trank: dann gedeiht das Kind und blüht; wird aber die Schlange verletzt oder gar getödtet, so nimmt es ab und stecht hin. Zuweilen kommt die Schlange mit dem Kinde zur Welt, um seinen Hals gewickelt: dann ist auch ihr Leben unzertrennlich verbunden. Nach Einer Sage giebt es in jedem Hause zwei Schlangen: eine weibliche und eine männliche: ihr Leben hängt mit dem des Hausvaters und der Hausmutter zusammen. Sie lassen sich aber nicht eher sehen bis diese sterben und sterben dann mit ihnen. W. 651. Leopr. 77. Gräße Gesta Rom. I, 185. Wenn die Schlange aus Mitleid mit zu Bette genommen wird, und sich Morgens in einen schönen Prinzen verwandelt (Rochh. Mythen 195), so gehört dieß in das Capitel von den Erlösungen: statt der Schlange konnte auch eine Kröte u. s. w. stehen.

Eine besondere Art des Kobolds ist der M ö n ch (Sommer 172, Wolf TMS. 122), so genannt wegen seiner Kleidung. Er ist ernster als andere Kobolde und steht auch der Feldwirthschaft vor. Für seine treuen Dienste fordert er nur, daß man freundlich mit ihm umgehe; zu Gibichenstein auf dem Amte verlangte er oder einst, daß an einem bestimmten Tage jedem Armen, der sich meldete, ein Stück Brot und ein Hering gegeben würde. Wenn man dieß unterließ, so tobte er so lange bis die Armen gespeist wurden, Sommer 37. Wir haben Brot und Heringe schon früher als eine altheidnische Speise getroffen, die sich namentlich auf den Berchtentag bezog. So kommen auch unter den Berggeistern Bergmönche vor. Die Mönche wachen nur über das Vorhandene und bringen nichts; die Vorliebe anderer Kobolde für den Herrn und sein Haus geht aber so weit, daß sie Geld und Getreide zutragen, und man sagt ihnen nach, daß sie es aus den Scheuern der Nachbarn entwenden. Von einem, der schnell reich geworden ist, heißt es in diesem Sinne, er habe einen Kobold. So geht dieser über in den D r a l (im Ostpr. Samland Alf, Reusch II. Aufl.), der bei Nacht als feuriger Streif oder Drache durch die Luft fliegt

groß wie ein Wiesbaum oder wie eine Wagenrunge; er heißt auch Lang-
schwanz und hat einen Kopf wie ein Melkeimer groß, mit dem er hin- und
herwackelt. Müllenhoff 206. Schwarz Urspr. 57. Andere Namen sind
Merlche oder Stepche (Steple), was auf Martin, Stephan oder Christoph
weist. In manchen Zügen geht er vollends in den Teufel über, und man
kann ein Bündniß mit ihm machen, ihn auch zwingen, etwas von dem
was er forträgt, abzugeben; man muß aber eilen, unter Dach und Fach
zu kommen, sonst wird man von ihm besudelt oder mit Läusen bedeckt.
So liegt ihm nicht sowohl der Blitz als das Meteor oder Sternschnuppen
zu Grunde, denen man wohl auch befruchtende Wirkung zutrauen mochte
bis sie gleichfalls verteufelt wurden. Jetzt machte der Volksglaube einen
koboldartigen Geist daraus, der sich in den Dienst eines Menschen begiebt aus eigennützigen Absichten, aus Speculation auf eine Menschenseele.
Auch als Katze trägt der Teufel Geld zu, Müllenh. 207.

Den Uebergang zu Gespenstern und Teufeln bilden auch Kobolde, die
sich für herrenlos ausgeben, die man aber erwerben kann, nicht immer
wieder loswerden. Werden sie ins Haus getragen, in einem Schrank oder
in einer Lade gebracht, so wischen sie heraus, wenn die Lade geöffnet wird,
hinter den Ofen und sind nicht mehr zu vertreiben. Wer einen Kobold
dieser Art in seinem Dienste hat, wird seiner lebenslang nicht ledig, ja
er muß ehe er stirbt ihm einen neuen Herrn schaffen; doch darf ihn ein
Mann nur einer Frau und eine Frau einem Manne geben. Weil ihn
Niemand gerne annimmt, sucht man ihn mit List unterzubringen, indem
man ihn in Gestalt eines Apfels oder eines Knäuels Garn verschenkt,
Sommer 171. Oft heißt es, wer einen Kobold dieser Art in seinem
Dienste habe, dürfe sich nicht kämmen und waschen; dieselbe Bedingung
stellt der Teufel, und schon daß man ihn los zu werden sucht, bevor man
stirbt, zeigt wie er in den Teufel übergeht. Noch deutlicher ist dieser Uebergang, wo man dem Kobold Arbeit schaffen muß. Der Alraun (Mandragora) gehört hieher, der auch Galgenmännlein heißt; zuletzt eigentlich
nur eine personificierte Pflanze, die überall da wächst, wo ein Erbdieb, der
noch reiner Jüngling ist, gehängt ward und das Wasser ließ (aut sperma
effundit). Die Pflanze hat breite Blätter und gelbe Blumen, die Wurzel
menschliche Gestalt, der durch die Kunst noch nachgeholfen wird. Beim
Ausgraben ächzt und schreit sie so entsetzlich, daß man davon sterben muß.
Man soll daher wie Odysseus die Ohren verstopfen und dann die Erde
rings abgraben bis sie nur noch an dünnen Fasern hängt; dann bindet
man sie mit einer Schnur einem allschwarzen Hund an den Schwanz, zeigt
diesem ein Stück Brot und läuft eilends weg. Der Hund nach dem Brot
gierig, folgt und zieht die Wurzel aus, fällt aber von ihrem ächzenden
Geschrei getroffen todt zu Boden. Dann hebt man sie auf, wäscht sie in

rothem Wein sauber ab, wickelt sie in weiß und rothes Seidenzeug, legt
sie in ein Käschen, badet sie alle Freitag und giebt ihr alle Neumond ein
neues weißes Hemdlein. Das Männlein antwortet dann auf alle Fragen,
offenbart heimliche und zukünftige Dinge und bringt dem Haus Segen.
Ein Stück Geld, das man ihm Nachts zulegt, findet man am Morgen
doppelt; doch darf man ihm hierin nicht zu viel zumuthen, sonst genießt
man seines Dienstes nicht lange: es nimmt ab und wird unlüchtig. Durch
Erbschaft geht es auf den jüngsten Sohn, oder wenn dieser vor dem Vater
stirbt, auf den ältesten über. Die Alrunen Oesterreichs sind 2 Zoll groß;
der Teufel hat sie mit einer klugen Frau Namens Alrune (Albrune, Kuhn
BZ. 148) gezeugt. Dieser einfachen Abstammung gemäß ist auch ihre
Wirksamkeit gut und böse. In letzterm Fall heißen sie Tragerl, welchen
man jedoch noch Abstammung von einer fabelhaften Pflanze zuschreibt, die
nur in der Christnacht blüht und deren Samenkorn dann in einem Kir-
chenkelch aufgefangen wird. Das Tragerl bringt Alles was man verlangt, muß aber bei Lebzeiten verkauft oder verschenkt werden. Gräbt
man unter einer weißen Haselstaude, worauf eine Mistel wächst, so tief in
die Erde als hoch an der Staube die Mistel sitzt, so findet man ein
Kind fast von Fischgestalt: dem braucht man nur Geld unterzulegen um
die Hälfte mehr zu bekommen. Lütolf 192. In der dritten Hand stirbt
der Alraun und der Besitzer mit, 193. Verschieden von dem Alraun
ist der Spiritus familiaris; er wird in einem Glase aufbewahrt und
bewegt sich ohne Unterlaß, so daß man nicht erkennen kann ob er mehr
einer Spinne oder einem Scorpion gleicht. Er kann nur durch Kauf
erworben und übertragen werden. Der rechtmäßige Eigenthümer mag
das Glas dann hinlegen wo er will, immer kehrt es von selbst in seine
Tasche zurück. Er bringt großes Glück, schützt im Kriege und behütet
vor Tod und Gefängniß; wer ihn aber behält bis er stirbt, muß mit
ihm in die Hölle. Darum sucht ihn der Besitzer wieder zu verkaufen; er
läßt sich aber nicht anders als immer wohlfeiler losschlagen, damit ihm
Einer endlich bleibt, der ihn mit der geringsten Münze bezahlt hat. Ganz
ähnlich wird von dem Drak erzählt man werde ihn auf folgende Weise
habhaft. Findet man heute einen Dreier und nimmt ihn auf, so liegt
morgen ein Sechser an derselben Stelle, übermorgen ein Groschen und
so steigt der Werth des Gefundenen bis zum Thaler. Wird auch dieser
aufgenommen, so stellt der Drak sich im Hause ein. Er verlangt gute
Behandlung und Beköstigung gleich einem andern Hausgeist; wird es
damit versehen, so zündet er einem das Haus über dem Kopf an. Will
man ihn wieder los werden, so muß man jenen Thaler veräußern, aber
unter seinem Werthe und zwar so, daß es der Käufer merke und still-
schweigends einwillige. So trägt man auch das siebente Ei einer al-

schwarzen Henne ausgebrütet nuter der linken Achsel. Der dienstbare
Geist, der jeden Auftrag erfüllt, kann sechsmal einem andern Herrn
übertragen werden; erst der siebente Besitzer stirbt eines geheimnisvollen
Todes. Vernalek. 258.

Verwandt sind noch das unsichtbar machende Vogelnest (DS. 85)
und der Hecelhaler oder Brulpfennig (DS. 86), vgl. Haupt Sagen
der Lausitz I, 73. Nach Kuhn NS. 470 soll, wer einen Hecelhaler haben
will, in der längsten Nacht einen schwarzen Kater in den Sack stecken,
und diesen fest, und zwar mit 99 Knoten, zubinden; darauf geht man
zur Kirche und dreimal um dieselbe, jedesmal, wenn man zur Thüre kommt,
den Küster durchs Schlüsselloch rufend. Beim Drittenmale kommt er selbst
(und das ist der Teufel); darauf fragt man ihn ob er einen Hasen
kaufen wolle, und erhält für den Kater im Sack den Thaler. Dann
muß man aber eilen, unter Dach und Fach zu kommen, denn wenn er
den Knoten löst, und den Verkäufer einholt, so ist dieser verloren. Der
so erhaltene ist der Hecelhaler, und man kann ihn nur wieder los werden, wenn man ihn in Salz steckt, was auf dessen Heiligkeit deutet.
Vgl. Vernaleken Alp. 99. Man sieht den Ursprung der Redensart: die
Katz im Sack kaufen; zugleich erklärt sich in Claudius Rheinweinliede
die Stelle: „der Kuduk und sein Küster". Vgl. jedoch Bremisches Wörterb. 2, 858 und Döbel I, c. 68. Daß der Wiedehopf des Kuduks
Küster sei (Alpnb. 366), ist im Volksglauben nicht gegründet, wenn er
gleich eine Gemeinschaft zwischen Beiden annimmt. Ztschr. für d. Myth.
III, 281. Der Kuduk bedeutet hier den Teufel, für den des Kuduks
Name noch täglich gebraucht wird; einen Küster hat er, weil in der
längsten Nacht die Kirche ihm zu gehören scheint.

128. Seelen und Gespenster.

1. Die Geister, von welchen wir bisher zu sprechen hatten, waren
eigentlich holde, gehoure; nur durch Entstellung waren sie wohl in unholde,
ungeheure übergegangen, die als feindselige Quäl- und Poltergeister, als
drückender Alb, als reitende Nachtmar mehr zur Last als zum Segen ge-
reichten. In den Gespenstern betreten wir das Bereich der unseligen spuken-
den Geister: damit entfernen wir uns aber auch von dem Gebiet rein heidnischer Ueberlieferung; noch entschiedener mischen sich in den folgenden §§.
christliche Vorstellungen ein. Von den Gespenstern sind indes die erscheinenden Seelen als nicht immer unselig zu unterscheiden. Der in neuer
Gestalt erscheinenden Seele ist die Verwandlung in Vogel oder Pflanze
verwandt aber nicht identisch: bei der Verwandlung wird der Leib mit
ergriffen und umgebildet; bei der Versteinerung (S. 409) bleibt ein täu-
schender Schein der alten Leibesgestalt übrig. Wenn aber die Seele aus

dem Munde des Sterbenden als Taube oder als Rabe entfliegt, oder als
Maus, als Schlänglein dem Schlafenden entschlüpft, so findet keine Verwandlung des Leibes statt. Ob die Lilie, die dem Grab des Mädchens
entwächst, und die nur der Geliebte brechen soll, die Rebe und die Rose,
die sich über Tristans und Isoldens Grabe verschlingen, als ihre Seelen
zu verstehen sind, könnte bezweifelt werden; aber jedenfalls ist dieß
keine Verwandlung, denn der verwesende Leib ist dabei unbetheiligt.
Auch aus dem Glauben an Seelenwanderung scheint dieß nicht herzurühren, die Seele wird zuweilen nur auf kurze Zeit in einer neuen Gestalt sichtbar; darin zu verharren ist ihr schwerlich bestimmt. In der
alten Zeit konnte man sich nichts Ueberstinnliches denken; darum mußten
auch die Seelen, mußten auch Geister und Gespenster leibliche Gestalt
annehmen. Vgl. jedoch Rochholz II, 393 und Solarlied 53, wo es von
den urweltlichen Quatorten heißt:

> Versengte Vögel, die Seelen waren,
> Flogen wie Fliegen umher.

In Nachstehendem folgen wir meist einer der vergleichenden Mythologie angehörigen Schrift Dr. Grohmanns (Apollo Smintheus und die
Bedeutung der Mäuse. Prag 1862), indem wir die Punkte hervorheben, die
in der deutschen gegründet scheinen. Wie Kuhn nachgewiesen hat, dachte
man sich den Blitz in ganz ähnlicher Weise entstanden wie man sich selbst
auf Erden das Feuer erzeugte §. 144, nämlich durch Drehung eines
Stabes in der Nabe des Sonnenrades. Dieser Vorgang wurde auch als
Zeugungsart des Feuergottes aufgefaßt. Aus der Mischung dieser beiden
Vorstellungen, der Entzündung des himmlischen Feuers durch einen umge-
schwungenen Stab und des irdischen Zeugungsactes, entstand der Glaube,
daß bei jener Zeugung im Gewitter der himmlische Funke der Seele geboren würde, den dann der Kinder bringende Storch oder Schwan §. 90
aus der Unterwelt auf die Erde brächte. Von dieser Blitzgeburt der
Seelen mögen freilich im heutigen Volksglauben wenig Spuren mehr haften;
aber aus frühern Jahrh. ist der Glaube bezeugt, daß die Mäuse im Gewitter geboren würden (Grohm. 7), und schon oben sahen wir die Seele
als Maus erscheinen.

Maus und Eber sind sehr ähnlich gestaltet und in bairischen Hexen-
acten wird oft des Mäuse- oder Fackel-(Ferkel)machens erwähnt. Myth.
1044. Dabei bemerkt Grimm, diese Plage könne mit vollem Fug dem
verheerenden Hagelwetter zur Seite gestellt werden, das den Hexen gleichfalls Schuld gegeben wurde. Als das Charakteristische der so zusammengestellten Eber und Mäuse wird nun ihr blinkender, gleichsam blitzen-
der Zahn betrachtet und der Satz daran geknüpft, der Blitz sei als der
leuchtende Zahn des Thieres, des Ebers oder der Maus gedacht und

später das Thier mit seinem Zahn identificiert worden, wodurch nun Maus
und Blitz zusammenfielen.   Daraus erklärt sich der Aberglaube, daß ein
Stück Holz von dem Baume, in welchen der Blitz im ersten Frühlings-
gewitter eingeschlagen hat, als Zahnstocher gebraucht das Zahnweh heilen
soll, während auch der verlorene Zahn des Kindes, das bald einen neuen
bekommen wird, in ein Mausloch gesteckt wird mit den Worten: ‚Mäus-
chen, ich gebe dir einen knöchernen, gieb mir einen eisernen.‘ Grohm. 8.
    Wie in der Erzählung des Paulus Diaconus statt der Maus eine
Schlange aus dem Munde des schlafenden Königs Guntram kriecht, wie
noch öfter Mäuse und Schlangen ihre Rollen wechseln, so entsteht auch
die Schlange aus dem Blitz, den Schiller selbst eine Schlange nennt.
    Da nach §. 125 auch elbische Wesen Seelen sind, so verwundert es
nicht, wenn von Mäusen oder Ratten erzählt wird, was sonst von Zwergen gilt, ja daß man den Mäusen dieselben Opfer brachte wie den Elben.
In der Inijeit hielten die Elben in Mausgestalt ihren Umzug, darum
durfte man in den Zwölften die Maus nicht beim rechten Namen nennen, sondern muste Bönlöper (Bodenläufer) sagen. Vgl. Kuhn RS. 411.
Aehnlicher Vorsicht bediente man sich bei dem Wolf. Wie das Erscheinen
des Mobisheers (§. 72), das aus Seelen der Verstorbenen bestand, Krieg
verkündigte, so schloß man auf Krieg auch aus dem Ueberhandnehmen
der Mäuse. Der Anführer des Mobisheers ist der Sturmgott Wuolan,
den wir für die älteste Zeit auch als Gewittergott zu denken haben. Ihm
waren also die Mäuse geheiligt, und schon darum muß Gertrud §. 110
an die Stelle der Gemahlin des Gottes, heiße sie nun Frigg oder Freyja,
getreten sein: Gertrudis mures a culis malierum abigit, heißt es bei
Lasicy.   Daß sie wie Freyja Seelen bei sich aufnimmt, wird ausdrücklich
gemeldet, und diese Seelen werden es sein, die ihr als Mäuse den Stab
hinauflaufen. Der Stab ist das Symbol der Herrschaft, Gr. RA. 133.
Der Sinn dieser Darstellung ist also, daß sie den Mäusen gebietet,
Mäusefraß verhängt und abwehrt, und da Mäuse Seelen sind, so ist die
Herrschaft über die Unterwelt als Seelenaufenthalt hier noch deutlicher ausgedrückt als es der Stab allein, wenn wir ihn dem der Gelbh vergleichen, vermöchte. Ein Beispiel wie der Mäusefraß zur Strafe verhängt
wird, haben wir an der Sage vom Mäuseturm bei Bingen nebst ihrer
Sippe, welche unsere gelehrten Lateiner noch immer nicht begreifen können.
Die Vergleichung ergiebt, daß die Mäuse (mira quadam metamor-
phosi) aus den Leichnamen der Gemordeten entstehen oder richtiger als
ihre Seelen zu betrachten sind.   Zur Zeit einer Hungersnoth heißt es im
Froschmäuseler:

   Als Hatto Bischof von Menz
   Das Korn sammlet in seiner Grenz

Und arme Leut kamen gelaufen
Umb für ihr Geld ihm Korn abzulaufen,
Besperrt er die in eine Scheuer,
Und ließ sie verbrennen im Fewr;
Als aber die gefangene Mann
Ihr Jammergeschrei fiengen an,
Lacht der Bischoff von herzen grund,
Sprach mit seinem gottlosen Mund:
„Wie schön können die Kornmeuse singen!
Kompt, kompt, ich will euch mehr Korn bringen.‘
Von Stund an sah er Abentheuer,
Die Meuse liefen zu ihm vom Fewr.

Der Dichter hält nur für ein Gesicht, für die Schrecken des Gewißens was die Sage sich wirklich eräugnen läßt. Die Mäuse liefen aus dem Fewr auf ihn zu: es sind die Seelen der verbrannten Armen, die an dem Mörder Rache nehmen. Verwandt ist auch die Sage von den Kindern von Hameln f. oben §. 125. Der Rattenfänger hat das Land von Mäusen und Ratten gesäubert: sie waren seiner Pfeise gefolgt und mit ihnen nach der ältesten Meldung, Wenzel 229, im Koppenberg verschwunden. Der Koppenberg ist der Rabenberg, der Berg um den die Raben fliegen, also die Unterwelt. Als ihm der Lohn geweigert wurde, folgten ihm dahin auch die Kinder. Hier ist nicht deutlich, daß die Mäuse von der Göttin zur Strafe geschickt waren, und daß sie eine schwerere, den Verlust der Kinder, verhängt, als die Menschen die neue Schuld zu der alten fügen. Unzweifelhaft wird dieß in der nahverwandten Sage vom Lorscher See, Rhein. 143, wo sich die Plagen steigern: Ameisen, Grillen, Mäuse; aber ebenso auch die Strafen des verheißenen oder nicht geleisteten Opfers: der Verlust der Schweine, Schafe, Kinder. Auch daß die Mäuse Seelen sind, wird hier deutlicher: als Seelen werden auch die Kinder von dem Spielmann entführt, der sie wie früher die Mäuse als Hermes Psychopompos in die Unterwelt zurück nimmt. Beispiele von Seelen in Mäusegestalt sammelt Rochholz Drei Gaugött. 172 ff.

Wir haben oben die in neuer Gestalt erscheinende Seele von der Verwandlung, welche den Leib mit ergreift, unterschieden; die Sage vermischt beides. Wenn eine Here ausfährt, so läßt sie nach Kuhn KG. 379 ihren Körper steif wie ein Flintstein im Bette liegen, während sie nach anderer Meldung kraft der Herensalbe leibhaft zum Schornstein hinausfährt. So sagt die Ynglíngasage I, 7 von Odin, er habe die Gestalt zu verwandeln gewußt. Der Körper lag als schlafend oder todt da und Er war dann Vogel oder Thier, Fisch oder Schlange und zog in Einem Augenblick in die entferntesten Länder in seinen oder in anderer Leute Geschäften; dagegen c. 6 heißt es, er habe die Kunst verstanden, Antlitz und Gestalt zu verändern wie er nur wollte. So tauschten Sigurd und Gunnar Ansehen und Gestalt, so wechselte Signy, Sigmunds Schwester, die Gestalt mit einer Zauberin. Eigentliche Verwandlung, bei welcher der alte Leib ganz umgebildet wird, ist es, wenn Riesen als Adler, Drachen oder Wölfe erscheinen, oder Andwari der Zwerg als Hecht, Loki als Lachs, als Weib, als Stute u. s. w. In andern Fällen gleicht die Verwandlung mehr einer Verkleidung, wenn Loki von Freyja oder Frigg ihr Falkenhemde borgt, oder diese Göttinnen selber mittels ihres Vogelgewandes als Falken entfliegen, oder Walküren als Schwäne oder wie Liod in Krähengestalt; auch Sigmund und Sinfiötli bedurften Wolfshemden, in die sie fuhren um Wolfsgestalt und damit auch wölfischen Sinn anzunehmen, wenn es gleich die Sage so darstellt als hätten sie die Wolfsfelle nur zum Versuch angelegt und hernach nur nicht mehr herausgekonnt. In der deutschen Heldensage wird Wildebär sich nicht bloß in einen Bären verkleidet, sondern gänzlich dessen Gestalt angenommen haben als er mit Isung dem Spielmann vor König Rother tanzte, und dieser den Bären mit Hunden hetzen ließ und deshalb von Wildebär erschlagen ward. Vgl. §. 141 u. In den neuern Werwolfsagen bedarf es der Wolfsgewänder (alfahamir) nicht mehr; die Anlage des Wolfsgürtels genügt, sich zum Werwolf (loupgarou) umzuschaffen. Der Gestaltwechsel ist mit Ausnahme des Auges, das unverwandelt bleibt (Maurer II, 103), ein vollständiger; auch die thierische Wildheit, auf die es beim Werwolf nächst der Kraft abgesehen ist, theilt sich mit. Darum vermuthet auch Maurer S. 105 mit Recht, daß die Berserkerwuth, bei welcher sich nur die Leidenschaft steigerte und zugleich die leibliche Kraft in solchem Maße erhöhte, daß sie Thieren glichen, ohne daß doch deren Gestalt angenommen wurde, gleichwohl als eine spätere Abschwächung jener Verwandlung in wilde Thiere anzusehen sei. Hören wir ihn selbst: „Völlig hiemit übereinstimmend wird beschrieben wie die Berserker, sobald sie der ihnen eigenthümliche Zustand befiel, in vollkommen thierische Wuth geriethen: sie heulen wie wilde Thiere, sperren den Rachen auf und recken die Zunge heraus, stoßen Schaum aus dem Munde, knirschen mit den Zähnen und beißen in ihre Schilde; zugleich werden sie unnatürlich stark und meinen für Feuer und Eisen unverwundbar zu sein; in ihrer Wuth verschonen sie nichts was ihnen in den Weg kommt; nach überstandenem Anfall sind sie um so schwächer und nahezu völlig kraftlos; durch Anrufen endlich bei ihrem Namen wird auch wohl der Zustand sofort beseitigt, ganz wie das Beschreien auch sonst zauberische oder übernatürliche Vorgänge und Verrichtungen stört. Von wirklichen Verwandlungen in fremde Gestalten ist bei den Berserkern allerdings nicht mehr die Rede. Daß aber in Bezug auf sie ursprünglich die gleiche Vorstellungsweise herrschte, zeigt, daß von König Harald erzählt wird, er habe in seiner Umgebung eine Schar von Berserkern gehabt, welche ulfhedhnar geheißen hätten, d. h. Wolfsgewandige; dabei deutet die Sage freilich diese Bezeichnung dahin als hätten jene Kämpfer Wolfspelze über ihrem Panzer getragen; es ist dieß indeß offenbar nur ein späteres Mißverständniß.' Demgemäß erklärt auch Sveinbjörn Egilsson das Wort berserkr nicht von berr bar und serkr Gemand, sondern von berr der Bär, was den Glauben an Verwandlung in Bärengestalt neben der in Wölfe voraussetzen würde. Auch Böðvar Biarki in der Hrolf Krakisage war hamramr, stark durch Annahme thierischer Gestalt: als Bär kämpfte er wüthend gegen das feindliche Heer, während er zugleich in Menschengestalt müßig in der Königshalle saß; von Hiatti zum Kampf aufgerufen, sagte er voraus, daß er jetzt dem Könige weniger werde frommen können denn vorher. Als er zum Kampf hinaus ging verschwand der Bär, und der Kampf stand bald ungünstiger für Hrolf Kraki, denn die Kraft des Helden vermochte den Bären nicht zu ersetzen. Vgl. Uhland VII, 163. 163.

Daß die Seelen auch in Gestalt anderer Thiere, als Wiesel, Mücken, Hummel u. s. w. erscheinen, ist bekannt genug. So wird in Tirol die Kröte für eine arme d. h. büßende Seele gehalten und ihrer Häßlichkeit unerachtet mit Schonung behandelt. Vernaleken Alpens. 128. Ueber die als Pflanze symbolisierte Seele vgl. den Aufsatz Robersteins im 6. Heft des Weimarschen Jahrb. Daß sie auch als Licht erscheint, sehen wir aus den Märchen von den Probestücken des Meisterdiebes BM. 21. KM. 192 und M. Märchen No. 54, und dem Glauben an die Irrwische, Heerwische, auch Feuermänner, Wiesenhüpfer, Marchegger, Lüchtemennekens genannt; doch hält christlicher Aberglaube ihr Licht für höllische Flammen und giebt sie bald für Seelen ungetaufter Kinder, bald für verdammte Geister ungerechter Feldmesser aus; oft haben sie auch den Grenzstein verrückt und müssen ihn nun in der Hand tragen und rufen: ,wo setz ich ihn hin, wo setz ich ihn hin?' Antwortet aber Einer: ,wo du ihn hergenommen hast', so sind sie erlöst. Mit den Worten: ,ich enwei ne flößnig john', weist der niederrheinische Bauer jede Anmuthung zurück, die er für unrecht hält. Diese Irrwische heißen Tückebolde, was in Dickepöl entstellt wird; der Name Hückepöl kann daher kommen, daß sie den Leuten gerne aufhocken wie koboldartige Gespenster. Bei Müllenhoff 168 heißen sie Tummeldink, was von ihrer hastigen Bewegung herkommen kann, auf die Myth. 869 auch der Name Tückebold bezogen wird, von Zucken, Hin- und Herfahren, wie ‚Fuchtelmänner' ähnlich zu deuten ist. Sie weisen aber auch oft den rechten Weg und leuchten für ein Trinkgeld aus dem Wirthshaus heim. In Westfalen nennt man sie Schnäigänger, vermuthlich weil sie in der Furche gehen, die durch

Aderfrevel verrückt worden ist. Wenn sie mehr als Gespenster erscheinen, so verräth doch der Name Elllicht ihre Verwandtschaft mit Elben und Wichten, ja Rochh. Mythen 176 ff. weist sie als Schutzgötter der Feld- und Hausgrenze nach, die allen gegen Aderthiere und Feldgeräthe begangenen Frevel strafen. Daß sie Goldstücke aus sich herausschütteln, mag Goethe (Märchen) im Volke vernommen haben. Sie wurden also wohl auch lohnend gedacht.

2. Gespenst kommt von σπάω, praet. σπυον, dessen Urbegriff locken ist; das Gespenst will also verloden, zum Bösen bereden; es grenzt an teuflische Eingebung und Verredung, M. 866. Einem verwandten Begriff hat das gotische Slohal, das verführende Gespenst. Auch Spuk könnte Verredung heißen, wenn es mit dem engl. to speak, unserm Sprechen, zusammenhinge. Sowohl Bluttropfen als Speichel (Spuck) pflegen in Märchen zu reden. Gr. Myth. 866. Altnordisch heißt der Spuk draugr, dem hochdeutschen gitroc entsprechend: es bezeichnet die gespenstische Erscheinung als eine trügende, als ein Phantom. So wird schon vom elbischen gitroc gesprochen. Der draugr heißt auch dolgr (Feind): er wird oft dargestellt als von Feuer umgeben, er brennt in höllischem Feuer, und das zeigt den Uebergang in die Irrlichter und Feuermänner, von denen schon die Rede war. Ein anderer nordischer Ausdruck ist aptrganga, dem französischen Revenant entsprechend; es ist ein unseliger Geist, der umgehend spuken muß. Im Tirol heißen sie Pütze; am Lechrain wird spuken „weizen" (strafen) genannt. Leop. 112. Der Spuk ist an das Haus gebannt, nicht wie der Hausgeist an die Familie gebunden. Zuweilen kann ein solcher spukender Geist noch erlöst werden, gewöhnlich indem ein anderer für ihn thut und ausrichtet was er selber bei Lebzeiten hätte thun sollen: dann findet der Todte Ruhe im Grabe. Diese Erlösung suchenden Geister berühren sich mit den Schlüsseljungfrauen §. 116, die um alte Burgen schweben und einen Schatz in der Tiefe der Burg bewachen, der unrechtmäßig erworben ist, jetzt aber keinen Herrn mehr hat und dem zufällt, der die Bedingungen zu erfüllen wagt, an die freia Besitz und die Erlösung der Jungfrau geknüpft ist. Ihre Verwechselung mit den Schicksalsschwestern haben wir früher wahrgenommen. Ein spukender Geist ist jedoch meist keiner Erlösung fähig; er kann aber in eine Einöde oder in einen Sumpf, in das ‚rothe Meer‘ verwiesen werden. Ein Geistlicher kann ihn nur bannen, wenn er rein ist: ihm selbst darf keine Schuld zur Last fallen, sonst verhöhnt ihn der Geist und verräth seine Unthat. Oft wirft er ihm sehr unbedeutende Vergehen, sehr läßliche Sünden vor, z. B. er habe einmal eine Feder gestohlen, worauf der Geistliche wohl antwortet: ja, um das Wort Gottes damit zu schreiben. Selbst ein Hälmchen Stroh, das an seinem Kleide hängen geblieben ist, zieht

ihm die Schelle ‚Strohdieb‘ zu. Der Uebergang dieser bannenden Geistlichen und Mönche in Teufelsbanner von Profession liegt nahe. Die
fahrenden Schüler, welche das Geschäft des Teufelsbannens vorzugsweise
trieben, waren ursprünglich angehende Geistliche; oft aber werden sie gar
zu Zauberern, wobei der Unterschied zwischen gutem und bösem Zauber
nicht beachtet zu werden pflegt. Der in den Sumpf gebannte Spukgeist
kommt aber seiner alten Wohnung alljährlich oder alle 7 Jahre wieder
einen Hahnenschritt näher bis er aufs Neue davon Besitz nimmt und sein
Poltern und Rumoren toller treibt als zuvor. Vgl. Kuhn WS. 201.
Oft stellt der Geist auch Bedingungen, unter denen er sich bannen lassen
will, und zuweilen läßt sich der Teufelsbanner verblüffen ihm darin zu
willfahren; zeigt er sich unnachgiebig, so muß ihm der Geist gehorchen.
Die Aehnlichkeit dieser in den Sumpf gebannten Geister mit Grendel ist
auffallend; aber jener wohnte von Hause aus im Sumpf, diese werden
nur dahin verwiesen; auch konnte Grendel noch getödtet werden, diese
nicht, weil sie Geister der Verstorbenen sind. Aber schon Grendels nächster Verwandter, das Schretel, das mit dem Wasserbären kämpfte, wird
nicht mehr getödtet; es hatte schon eine Vergeistigung erfahren. Es giebt
auch Stadtgeister und Dorfgespenster; sie erscheinen gern als kopflose
Capuziner und Jesuiten, als dreibeinige Pferde und Hasen u. s. w., vgl.
Rochh. Mythen 70—102. Ihre Erscheinung ist übler Vorbedeutung, sie
verkünden Sturm und sind so dem wilden Heer verwandt; doch zeigen
einige freundliche Witterung an. Vielleicht bezeichneten manche ursprünglich das Opferthier, das dargebracht werden sollte, das angedrohte Uebel
abzuwenden. Die daran geknüpften Erzählungen sind meist jüngerer
Erfindung. Ueberhaupt lieben auch die Gespenster Thiergestalten anzunehmen: die des Bocks, weil er Thörs Thier ist, wie der Teufel selbst
gern als Bock erscheint; als Katze, weil sie Freyjas Thier ist, wesswegen
sich auch Hexen in Katzen wandeln; als grunzendes Schwein, weil der
Eber Freyrs Thier ist; als Krähen und Raben, vielleicht weil der Rabe
Odins Thier ist und alle diese Götter im Volksglauben zuletzt zu Teufeln
herabsanken. Allerdings könnte dieß darauf ausgedeutet werden, daß
ihnen, wie Mannhardt „Kornbämonen“ ausführt, einst der Schutz
der Gemarkung oblag. Solche Gespensterthiere erscheinen oft nur zu gewissen Zeiten, wie das sog. Fraßastenthier in den Fronfasten zu
erscheinen pflegt, den Fronfastenweibern entsprechend. Die Fronfastennacht ist der Mittwoch vor Weihnachten (Stöber Neujahrsstollen 67), die
auch Sträggelnacht heißt. Sträggele ist ein Gespenst, mit strix und
striga verwandt und oft als Hexe gedacht. Strix heißt auch der Nacht-
vogel, die Eule, und diese selbst gehört zu den unheimlichen, oft zu den
gespenstischen Thieren. Die häßlichste Art von Gespenstern, die Vampyre,

erscheint leider auch bei uns. Schon die Abmundsage bei Saro V, 130 beweist, daß sie uns nicht fremd ist. Burchard von Worms (Anh. XXXIX) weiß, daß man die Leichen der Kinder mit einem Pfal durchstach, damit sie nicht umgehen und den Menschen schaden möchten. Das geschah auch den Müttern, die bei der Entbindung gestorben waren (XI.). Doch kann dieser Glaube gallisch, und Anderes der Art aus slavischen, litauischen und finnischen Gegenden eingedrungen sein. Vgl. jedoch Kuhn MS. 175. Der Vampyr heißt Nachzehrer (Kuhn Märk. S. 30); man halte dem Todten den Jahrpfennig mitzugeben versäumt. Vgl. Temme Pom. S. 258. Was sonst als Bedingung angebornen Glücks betrachtet wird, die mitgebrachte Haube ist hier Anlage zum Vampyrismus. Vgl. auch Preußische S. 86 und S. 275, wo der Vampyr Blutsauger heißt. Wenn der Vampyr Lebenden Blut entsaugt um selbst wieder ins Leben zurückzukehren, so hängt dieß mit dem Glauben der Alten zusammen, wonach Odysseus den Schatten im Hades Blut zu trinken giebt, damit ihnen Seele und Bewußtsein zurückkehren. Mehrfach wird gemeldet, daß Durchstechen mit dem Pfal habe nicht gefruchtet und das Morden nicht eher aufgehört bis man die Leiche samt dem Pfal verbrannt habe, Lothar Voltöf. 108, was Goethes Auffassung in der Braut von Korinth rechtfertigt. Der Vampyr berührt sich mit dem drückenden Alb oder der Trud (§. 125), die gleichfalls Geister der Verstorbenen sind, und in dieser Gestalt ist wohl der Glaube deutlich. Ja wenn wir Zingerle hören, saugt die Trud die Leute wie der Vampyr (Zingerle Sitten 190), was uns erst über den Grund ihres Drückens Aufschluß gäbe. Eine bessere Erklärung scheint indes, daß die aus der Walküre Thrud herabgesunkene Trud die Menschen drückt oder reitet, weil sie zur Schlacht reiten muß. (§. 125.)

129. Hexen.

Das Wort Hexe erscheint in ältern Schriften in einer doppelten Form, einer niederdeutschen, die bald hagedisse, bald hagetisse lautet, während die hochdeutsche hagezissa oder hagezuxa für die tenuis in der niederdeutschen Form stimmen würde. Grimm M. 991 nimmt es für ein abgeleitetes Wort, das er aus dem altn. hagr dexter, artificiosus deutet: 'Hexe ist ein kluges, verschmiztes Weib.' Wahrscheinlicher ist es ein zusammengesetztes, dessen erster Theil auf Hag, Wald oder Feld zurückgeht. Schwieriger wäre die andere Hälfte der Zusammensetzung zu deuten, da sie im Anlaut zwischen d und t schwankt. Dürfte man d in diesem für die richtige Form des Anlauts nehmen, so würde er an die göttlichen Jungfrauen, die Disen erinnern, die in dem Merseburger Heilspruch Idisi heißen. Im Heliand ist Idis, im Otfried Itis die h. Jungfrau. Aber

auch in Teutschland finden sich Spuren, daß der Anlaut J abfällt, wie
bei den nordischen Disen. So in der Interrogatio fidei bei Maßmann 68,
wo von Unagelden, den Disen gebrachten Opfern, die Rede ist. Auch
daß die Holdudir Disdag in Dinendag entstellen, wird durch die Disen
vermittelt sein. Ten Disibodenberg an der Nahe, der auch Disenberg
heißt, halte ich für einen Berg der Disen: seinen Boden haben die Disen,
die göttlichen Jungfrauen, sich zum Aufenthalt erkoren; oder wär an einen
Boten der Disen zu denken? Die Legende dieses Glaubensboten scheint
die h. Hildegard erfunden zu haben: für einen irischen Heiligen klänge
sein Name sehr deutsch. Ferner wird der aus Disenberg entstellte Dese n-
berg hieher gehören. Nehmen wir diese Herleitung des früh verdunkelten
Wortes an, so erklärt sich auf demselben Wege das Wort Eidechse, die
nach M. 993 gleichfalls Hagedisse heißt; freilich fordert das ahd. egidehsa
eine andere Teutung. Die Eidechse ist ein unheimliches Thier; sie soll
aus teuflischer Vermischung der Hexen mit dem bösen Feind herrühren.
Leopr. 88. Hienach wären also die Hagedisen Waldgöttinnen, Wald-
nymphen, den Dreaden und Hamadryaden der Alten vergleichbar, unsern
Walküren am nächsten verwandt, in deren Amt und Würde wir die Ibisen
kennen lernen. Die Walküren reiten Wolkenrosse, welche die Wolken selber
bedeuten: aus ihren Mähnen träuft Thau und Hagel; das macht die
Felder fruchtbar §. 107. So sind die Hexen Wettermacherinnen: der
Bezug auf die Fruchtbarkeit der Erde ist beibehalten, aber in sein Gegentheil umgeschlagen. So brachte auch der Umzug der an der wilden Jagd
theilnehmenden Götter, wozu Einherier und Walküren gehörten, Segen
und Gedeihen, was wir gleichfalls in sein Gegentheil verkehrt sehen. Noch
heißen die Hexen in niederdeutschen Gegenden Walriderske (§. 125),
was sie deutlich als Walküren bezeichnet. Sie bedienen sich zu ihren
nächtlichen Ritten fremder Pferde, die dann Morgens schweißbedeckt im
Stalle stehen. Auch schlafenden Burschen werfen sie den Zaum über den
Kopf, verwandeln sie in Pferde und reiten auf ihnen hinaus; am andern
Morgen sind sie dann erschöpft und zu aller Arbeit untüchtig. Noch im
11. Jahrh. war nach Burchard von Worms der Glaube verbreitet, daß
gewisse Weiber des Nachts bei verschloßenen Thüren in die Höhe gehoben
würden, wo sie mit Andern kämpften, Wunden empfingen und Wunden
versetzten. Dieß ist die einfachste Meldung, die sie noch ganz als urlog-
treibende Walküren erscheinen läßt. Nach andern gleichzeitigen, die
sogleich erwähnt werden sollen, glaubten sie dabei in Holdas Geleit aufgenommen mit unzählbarer Menge geisterhafter Frauen durch die Luft zu
fahren. Dieses Geleit der Frau Holda, die mit Freyja zusammenfällt,
kennen wir schon als aus Walküren und Elben bestehend.

Die Walküren hießen auch Wunschmädchen, in Deutschland Wünfchelwip, ein Name, der auch für Herren begegnet; fie hießen ferner Schwanenmädchen, weil fie fich in Schwäne wandelten. Vielleicht hängt damit die Herenprobe zufammen. Bekanntlich warf man die der Hexerei Angeklagten ins Waßer: fanken fie unter, fo galten fie für unfchuldig, fchwammen fie aber oben, fo waren fie Heren, d. h. Walküren, Schwanenmädchen, Myth. 1028. Einer Here hatte der Teufel verfprochen, ihr bei der Waßerprobe eine Eifenftange zu bringen, damit fie unterfänke; er hielt auch Wort und brachte ihr die Stange; es war aber eine Nadel: die Here fchwamm oben und ward verbrannt.

Aus den Schwänen hat die fpätere Volksfage Gänfe gemacht, §. 115. Ein Jäger, der fich auf Zauberei verftand, lud eine geweihte Kugel in fein Gewehr, um nach Wildgänfen zu fchießen, fchoß und traf eine Gans, welche herab ins Gebüfch fiel. Als er hinkam, fand er ftatt der Gans eine alte Frau da fißen, in welcher er die Haarfchneiderin aus der Stadt erkannte, die mehr als das Vaterunfer konnte. Baader 337. Ein anderer Jäger fah plötzlich ein Gewitter auffteigen, von dem er muthmaßte, es fei durch Hexerei entftanden: er fchoß mit einer geweihten Kugel in die dichten Wolken. Da fiel ein altes Weibsbild tobt zur Erde, worauf das Gewitter fich augenblicklich verzog, Baader 337. Wenn die Heren zum Blocksberg ziehen oder nach andern Bergen und Orten, die früher dem Dienft heidnifcher Götter geweiht waren, was man Herenfahrten nennt; wenn fie dort den Teufel verehren und an feinem Gelage Theil nehmen, fo fcheint hier Wuotan, feltener Donar in den Teufel verkehrt: die Heren wollten an feinem Göttermal theilnehmen, wie die Walküren dabei als Schenkmädchen dienten. Auf das Schenkamt der Walküren in Odins Saal deuten mehrere Züge, die von den Herengelagen berichtet werden. Bei Kuhn NS. Nr. 33 wird ein Mailagshorn erwähnt, deßen fich die Heren in der Walpurgisnacht bedient hatten, und das der Knecht eines benachbarten Gutsbefitzers entwandte und feinem Herrn überbrachte. Darauf gaben fich die Heren große Mühe, das Horn wieder zu gewinnen. Ein feingekleideter Herr läßt fich andern Tags bei dem Herrn melden und verfpricht feine Befitzungen mit einer 7 Fuß hohen Mauer zu umziehen, wenn er das Horn zurückgebe; im andern Falle folle fein Gehöfte dreimal abbrennen, gerade wenn er fich am reichften dünke. Letzteres gefchieht auch, weil er das Horn nicht zurückgab; der König ließ ihm aber Alles wiederaufbauen. Das Horn fchickte man überall umher um zu erkunden woher es ftamme; das war aber nicht herauszubringen. Vgl. Müllenhoff No. 294. 295.

Wie die Walküren fpinnen auch die Heren Gefchicke. ‚Wall füllft du daer all wedder unn fpinnft, du ole verfluchte Her‘, rief ein Sonntagskind einer Hege zu. Da rief fie zurück: ‚Sönken, Sönken, taei my doch myn

Faden spinnen', und augenblicklich saß er unter einem Haufen Bauholz,
wo ihn die Leute mit Mühe hervorzogen. Müllenhoff Nr. 217.

Aus dem Walkürenglauben konnte der Hexenglaube sich um so
leichter entwickeln als wir sahen, daß auch irdische Jungfrauen unter der
Bedingung jungfräulichen Standes und kriegerischen Gewerbes zu Walküren
werden und in Wuotans und Frouwas Dienst eintreten konnten, wie wir
das an Brynhild und der mehrfach wiedergeborenen Swawa gesehen haben.
Zuletzt ward sie als Kara wiedergeboren: diese erscheint als Zauberin mit
dem Schwanenhemd und schwebt singend über ihrem Helden. Helgi aber,
der gleichfalls zum andernmal wiedergeboren war, hieb einst in der Hitze
des Kampfs zu hoch mit dem Schwert in die Luft und schlug seiner über
ihm schwebenden Kara den Fuß ab: da fiel sie zu Boden und sein Glück
war zerronnen, FMS. II, 374, vgl. S. 304, A. 92 oben. Aus diesem
Glauben an menschliche Walküren erklärt es sich wie die Nachfahrerinnen
wähnen konnten, in den Dienst Holdas aufgenommen zu sein und in
ihrem Geleite zu fahren. Die Walküren erkannten wir als Vervielfältigungen der Freyja, mit der sie sich in alle ihre Aemter theilen. Der
Freyja war aber die Katze heilig: sie fuhr mit einem Katzengespann,
und noch jetzt sagt man, wenn eine Braut bei schönem Wetter zur Trau-
ung geht, sie habe die Katze gut gefüttert. Daraus erklärt sich, warum
die Katze das Thier der Nachtfrauen und Hexen ist, und diese sich gern
in Katzen wandeln. Nach dem Volksglauben wird eine 20jährige Katze
zur Hexe und eine 100jährige Hexe wieder zur Katze. Freyja heißt nun
in Teutschland gewöhnlich Holda, und in Frau Hollas Geleit fahren die
Hexen aus wie die Walküren in Freyjas: darum heißt die Hexenfahrt in
vielen Gegenden Hollenfahrt. Hilde, eine der Walküren, haben wir
als Freyja selber erkannt und als Pharaildis wiedergefunden, deren
Namen aus Frau Hilde, vielleicht als fahrende Hilde zu deuten ist. Pharaildis sahen wir auch Herodias genannt. Burchard von Worms bezeugt nun, daß gewisse gottlose Weiber geglaubt hätten, mit der Diana
oder Herodias, die er an einer andern Stelle, Anh. XXXVI, auch Holda
nennt, bei Nachtzeit, auf Thieren reitend (super quasdam bestias)
auszufahren; gerade so dachte man sich später die Hexenfahrten. Den
Namen Hexe gebraucht Burchard noch nicht; er nennt sie sceleratas
mulieres retro post Satanam conversas; sie sind vom Christenthum ab,
ins Heidenthum zurückgefallen. Das eben soll diese Ausführung darthun,
daß der Hexenglaube auf deutschheidnischen Grundlagen ruht und aus der
griechischen und römischen Welt nicht abzuleiten ist. Wo aber fände sich
im deutschen Heidenthum dieser nächtliche Ritt auf Thieren?

Den Walküren selbst werden nur Wolkenrosse beigelegt; aber zugleich
lesen wir von übelthätigen riesigen Zauberweibern, daß sie Nachts auf

Wölfen ritten und Schlangen zu Zäumen hatten. Eine solche begegnete
dem Hedin am Julabend und bot ihm ihre Folge (fylgch) gleich einer
schützenden Walküre (Myth. 1008). Er schlug sie aus; aber noch am
selben Abend muste er es bei Bragis Becher entgelten. Auf dem Wolfe
reitend wird D. 49 auch Hyrrockin geschildert; Freyja dagegen reitet im
Hyndluliodh bei finsterer Nacht auf ihrem Eber zur heiligen Walhall, während Hyndla, die sie ihre Schwester nennt, sich des Wolfes bedienen soll.
Es sind nun allerdings andere Thiere, Kälber und Böcke, Myth. 1011,
welche nach dem Volksglauben die Hexen reiten; aber der Tausch kommt
wohl auf Rechnung unserer bürgerlichen Zustände: im 14. Jahrh. sind es
in einer Uebersetzung unserer Stelle (Anh. XLII) noch Waldthiere,
worauf die meinthätigen Weiber reiten. Vergeßen hat aber auch die
deutsche Sage solche Ritte nicht. Bei Baader 16 kommt der Teufel auf
einem Schwein geritten. Vgl. Panzer II, 97. 308. Bernaleken Oesterr.
S. 113. Vonbun B. 75.

Wie wir hier auf Freyja, das Haupt der Walküren, gewiesen werden, so deutet auf Holda die Wahl der Versammlungsplätze; es sind solche,
wo vor Zeiten Gericht gehalten oder Opfer gebracht wurden, M. 1003.
Welchen Bezug aber Holda zu den Gerichten und Freisteinen hatte, sahen
wir §. 114. Selbst die Beschuldigung, daß die Hexen Mäuse machten,
rührt unmittelbar aus dem Glauben an die höchsten Göttinnen her, welche
bald um Abwendung des Mäusefraßes angerufen werden, bald ihn zur
Strafe über die Menschheit verhängen. Vgl. §. 114.

Wenn hienach die Hexenfahrten aus den Umzügen der Holla oder
Frouwa entstanden sind, und Nornen und Walküren den Hexen zu Grunde
liegen, so sind doch in dem Hexenglauben auch noch von andern göttlichen Wesen Züge aufgenommen, namentlich von Riesen und Elben, was
um so weniger verwundern kann als Frau Holda die Königin der Heinchen und Elben ist. So will Grimm 1009 die Hexentänze auf die lustigen Tänze der Elben bezogen wißen, die man Nachts im Mondschein auf
Wiesen ihre Reigen führen sah und Morgens ihre Spur im Thau
erkannte. So heißen die Hexen Thaustreicherinnen (daustrickern): sie
streichen oder streifen den Thau von fremden Wiesen, um die eigenen
damit fruchtbar zu machen, M. 1026, oder die Milch jeder fremden
Weidekuh für sich zu gewinnen, Rochholz Die Gaugött. 73. Andere Erinnerungen an den Elbenglauben werden uns sogleich begegnen.

Die ältesten Nachrichten von jenen Frauen, welche in Holdas Geleit
nächtlich auszufahren glaubten, gedachten noch des Teufels nicht: erst später
drängte er sich ein, indem er an Wuotans Stelle trat, an deßen Göttermal die nachfahrenden Frauen Theil zu nehmen glaubten. An Wuotan
gemahnt es schon, wenn die Hexen M. 1024 ,Mantelfahrerinnen'

heißen. Sie bedienen sich seines Mantels, wie das auch Freyja darf, von
der es auf die Mutter Gottes übertragen ist, die in weiten Mantel gehüllt dargestellt zu werden pflegt. Daß sich die Hexen mit dem Teufel
verbinden und vermischen und zu Walpurgis (Trudennacht Fropr. 176)
diejenige unter ihnen, an welcher der Teufel vorzügliches Gefallen hat, zur
Hexenkönigin erwählt wird, hängt wohl mit dem Hochzeitsfeste Wuotans
und Frouwas zusammen, das nach §. 73 b. um diese Zeit, der wonnigsten
des Jahres, begangen wird. An die bei dieser Hochzeit geschlungenen
Festtänze knüpft wohl auch der Volksglaube an, wonach die Hexen in der
Walpurgisnacht den Schnee vom Blocksberge wegtanzen sollen, Kuhn NS.
376. Zeitschr. V, 483. Daß hier die Hexen noch als wohlthätige Wesen
aufgefaßt sind, leuchtet ein. Ueber andere Hexentanzplätze Kuhn WS. 189.

Aus der Vermischung des Teufels mit den Hexen geht nach dem
Volksglauben keine menschliche Frucht hervor, sondern elbische Wesen,
welche Dinger (wihtir), Elbe und Holden heißen. Bald sollen es
Schmetterlinge sein, bald Raupen oder Würmer; auch in Haut, Ein-
geweiden und Knochen der Menschen sollen solche Dinger oder ‚Holbeten‘
ihren Aufenthalt nehmen können, denn ihrer bedienen sich die Hexen, um
Krankheiten und Geschwulst bei Menschen und Vieh hervorzubringen,
M. 1027. Vgl. Shakspeare Love’s Lab. L. 5, 2, 81. So erscheint auch ihr
Buhler, der Teufel, in der Gestalt des Albs oder Schmetterlings. Elbische
Bezüge sind ferner Muth. 1015 in den Eigennamen nachgewiesen, welche
der Teufel sich als Buhler der Hexen beilegt; viele sind von heilkräftigen
Kräutern hergenommen und sicher aus ältern Elbennamen entsprungen:
sie zeugen noch wie ‚Wohlgemuth, Blümchenblau, Lindenzweig‘, von schuld-
loser Phantasie. Andere lauten lobodartig und erinnern an unsere Hausgeister, und selbst die bedenklicher klingenden wie Raffezahn, Binkebank u. s. w.
können von Schraten und Waldgeistern herrühren. So erscheinen auch
die Hexen selbst unter Blumennamen, wie im Sommernachtstraum Elsen
Bohnenblüte und Senfsamen heißen, Kuhn Ztschr. XIII, 117.

Auch das Entsehen und der Elbschuß §. 128 ist auf die Hexen übertragen; jedoch kommen Hexengeschoße schon früh neben Alfen- und Elbengeschoßen vor. Von Hexengeschoßen wie sonst von Elbengeschoßen ist
mehrfach die Rede, M. 1014. Leidet Jemand an Steifheit im Kreuz,
so heißt es, er habe einen Hexenschuß. Den Hexen wird nicht bloß böser
Blick zugeschrieben, Myth. 1053, woraus schon ihre rothen, triefenden Augen
deuten, und die seltsame Gestaltung ihres Augapfels, M. 1034; sie pflegen
auch denen, welche sie belauschen, die Augen auszublasen, Paader 69 und
bei Birlinger aus Schwaben I, 186, 137, 143 bekennt eine Hexe Kinder
und fremder Leute Vieh angeblasen zu haben. Ein Handwerksgesell kam
an die Thür eines Felsenkellers, aus dem Gesang und Spiel heraustönte.

Da sie verschlossen war, schaute er durch das Schlüsselloch und gewahrte, daß der Keller hell erleuchtet war und darin gezecht und getanzt wurde, auch an der Wand ein Pferd angebunden stand. Sogleich sagte eine Frau der Sippschaft zu einer andern: ‚Geh, blas das Licht aus‘, worauf diese durch das Schlüsselloch dem Gesellen ins Auge blies, daß er augenblicklich erblindete. Hierüber entsetzt, schrie er dreimal: ‚Um Gottes Willen macht auf!‘ Da flog die Thüre auf und Herren und Teufel stoben auseinander. Der Gesell ging nun in den Keller und fand, daß sein Aufruf alles Blendwerk zerstört hatte: das Essen war Viehkoth, der Wein Rossepisse geworden und das Pferd in den Knecht der Herr verwandelt: sie hatte ihn im Schlafe gezäumt und dahin geritten, während ein Gebund Stroh im Bette neben ihrem Mann ihre Stelle vertrat, Baader 69. So konnte schon Odin nach Ynglingas. 7 beliebige Gestalt annehmen, während sein Körper schlafend oder todt da lag. Daß hier die Zusammenkunft der Herren nicht, wie gewöhnlich, auf einem Berge, sondern unter der Erde, im Keller statt hat, erinnert daran, daß es nach §. 118. 125 verschiedene Vorstellungen über den Himmel gab, der bald im Berge, bald im Schooß der Erde gedacht ist. So läßt Kaisersberg nach M. 1048 die nachfahrenden Frauen im Venusberg (vgl. Venetberg M. 1011) zusammenkommen, wo gutes Leben, Tanzen und Springen ist, und bei Hans Sachs (II, 4, 86b) wird eine Fabel erzählt

> Wie man nachts aufführt auff der Gabel
> Und auff dem Bock in Venus Bergl,
> Darinn man sech groß Wunderwerk.

Nicht anders geht es auch in Laurins Berge zu, wo Zwerge die Fidel streichen, so daß man zur Erklärung der Herentänze auf nächtlich im Mondschein tanzende Elben nicht zurückzugehen braucht. In die Unterwelt sehen wir uns auch versetzt, wenn nach baierkartischer Ueberlieferung der Teufel bei der Herenversammlung nicht den Hochsitz einnimmt, sondern unterm Tisch gebunden an einer Kette liegt, wie nach Saxo in der Hölle Utgartbilocus, in dem der gefesselte Loki nachklingt, §. 83.

Aus dem Glauben an übelthätige Riesenweiber, §. 118, sind die meisten Züge, selbst das Verbrennen §. 144, auf die Hexen übertragen. Ja hier liegt eigentlich die stärkste Wurzel des Hexenglaubens. Mit den Riesen haben die Hexen den Glockenhaß gemein. Glockengeläute war ihnen Hundebellen und die Glocken der Bonner Hauptkirche nannten sie St. Cassiushunde. Vgl. Lüloff 41. 205. 207. Wie die Riesen frostiger Natur zu sein pflegen, so erleben auch die Hexen keinen warmen Tag als den an dem sie verbrannt werden. Auhn WS. 134. Kommt auch die kalte Natur der Teufel, mit welchen die Hexen zu buhlen glauben, von den Riesen her? Daß sie stets verderblich wirken

und mit der Abſicht zu ſchaden handeln, kann den Heren nur von den
Rieſinnen kommen. Wenn Grimm M. 1028 ſagt: ‚Dieſe krummnaſigen,
ſpißkinnigen, hänglippigen, ſchielzahnigen, rauhfingrigen Weiber ſtiſten
Uebel ohne daß es ihnen nüßt. — Dieſer eine Zug hätte über den Grund
aller Hererei die Augen öffnen ſollen‘, ſo verſtehe ich das in anderm
Sinne als er ſelber: es zeigt mir den Urſprung des Herenglaubens aus
dem an die Rieſen, die auch dem Menſchen Sonne und Mond und die
ſchönſte Jahreszeit zu rauben gedachten, nicht um ſich damit zu bereichern,
nur um die Welt im Eiſe des Winters erſtarren zu laßen. Freilich
ſchon in der Edda berührten ſich die Rieſinnen mit den Walküren: ‚skæsu
valkyria‘ ſchilt Einhöðli Helgalv. II, 38 den Gudmund, und Nachtrei-
terinnen (kveldridhur) gemordet zu haben rühmt ſich Atli gegen Hrim-
gerde, die als Rieſin ſelbſt ein ſolches nachtfahrendes Weib iſt. Nach
Einhöðlis Schelte wird die Rieſin ſelber geritten: ich halte das ſchon für
eine Umkehrung wie die oben S. 468 beſprochene. Daß ſie Wölfe ritten und
Schlangen zu Zäumen hatten iſt S. 472 erwähnt. Die Heren reiten
nicht bloß fremde Pferde, ſondern auch Menſchen, die ſie zäumen und ſo
in Pferde verwandeln; im Walkürenglauben iſt das nicht nachzuweiſen;
bei Alben und Maren kommt es nur vor wo ſie in Rieſinnen übergehen.

Auch von den altdeutſchen Prieſterinnen §. 137 hat ſich Manches
auf die Heren vererbt, namentlich der Opferkeßel und der Zauberſtab.
Vgl. was §. 138 über die Sudkunſt geſagt wird. In der heidniſchen Zeit
konnten die Frauen Prieſterinnen werden, ja einige Frauen gelößten faſt
göttlicher Verehrung; jeßt in der chriſtlichen ſollten ſie nicht einmal mehr
prieſterlicher Würde fähig ſein. Dieſe Herabwürdigung duldeten ſie
nicht: ſie erhielten ſich noch lange im Beſiß geheimen Wißens und fuhren fort Heilkunſt, Weißagung und Zauberei zu üben. Wenn ſie ſtatt
auf jenen Thieren auf Beſen und Ofengabeln reiten, ſo iſt das eben der
Zauberſtab, den der Runenzauber nach dem Zeugniß des Guilielm. Al-
vernus (Myth. 1037) in Pferdegeſtalt verwandeln konnte. Wenn in der
Thorſtein Sdarmagnſaga §. 84 der Zauberſtab aus dem Hügel geworfen
wird, den dann der Knabe beſteigt und reitet wie unſere Kinder die
Steckenpferde, ſo ſcheint auch das eine Umkehrung, da der Stab vielmehr Macht hatte, den Hügel zu erſchließen und Todte zu wecken, vgl.
§. 65. Nur die mit den Todten begrabenen Waffen konnten wir in der
Hervararſage aus dem Hügel geworfen werden. Vgl. M. 1179. Auch
auf dem Siebe fahren die Heren durch die Luft, Macbeth I, 3. Kuhn
WS. 18. Das Sieb iſt Symbol des Regens, und ſo kann es von der
Prieſterin, die mit dem Siebe Zauber treibt, aber auch von Eiſ der
Regengöttin ſelbſt auf ſie übertragen ſein, denn auch von den Göttern
fahren wir Manches auf die Heren übergehen. Selbſt was vom Herzeßen

der Heren erzählt wird, findet sich nach §. 80, 140 bei den Göttern
wieder. Die Heren reiten nicht bloß auf Thieren, sie verwandeln sich
auch in sie wie die Götter in Gestalt der ihnen geheiligten Thiere zu
erscheinen lieben. Besonders wandeln die Heren sich gerne in Katzen,
Eidechsen und Elstern; aber auch als Schmetterlinge (Buttervögel) stehlen
sie Milch und Butter.

Zusammenhang mit altdeutschem Wald- und Baumcultus zeigt sich
wo einzelne Bäume nächtlich von Heren umtanzt werden. Die Herengelage
erinnern durch den Genuß des Pferdefleisches und auch sonst noch an
heidnische Opfermale; sie haben an altheiligen Orten, zu altheiligen Zeiten
Statt und das stigma diaboli ist eine eingerißte Rune, den deutschen
Hausmarken ähnlich. Die Ansicht Soldans, der, Geschichte der Heren-
processe Stuttg. 1843, den Herenglauben aus dem Alterthum herleitet,
ist in Obigem widerlegt.

Zum Schluß gedenke ich noch anderer Ableitungen des Wortes
Here als der hier angenommenen. Gol. ist *hucloare afhugjan*, von
Sinnen bringen, Sinn und Gemüth verwirren, Myth. 987, und nach
Myth. 992 heißt *hugus balefarlisch* Here. Wäre an *hugjan* denken zu
denken? oder an jenes durch bloße Gedanken Vermeinen, Einem den
Rib zuschieden, wovon §. 125 die Rede war? Das Teutsche Wörterbuch
geht von *hagazussa* aus und nimmt den ersten Theil der Zusammen-
setzung für Feld und Flur; in *zussa* findet es den Begriff des Schä-
digens, Verderbens. Die Here wäre darnach die das fruchtbare Land
Schädigende. Nach Schmeller II, 146 ist heren = quälen, plagen, und
diese Bedeutung, bei der er jedoch auch auf *hagedisse* zurückgeht, hält
er für die ursprüngliche. Das erinnert mich daran, daß erlern aufs
Aeußerste necken und plagen bedeutet. Erlern (Aelstern) heißen auch die
Elstern, Elstern aber sind Heren. Kuhn WS. II, 51. Nach Grimm
WS. 457 wäre bei den Erlernsteinen (vgl. Kuhn WS. 225) ein
christliches Kunstwerk an die Stelle eines heidnischen getreten. War dieses
heidnische Werk ein Werk der Disen, die später zu Heren herabsanken?
Fehlt es doch nicht an Ausnahmen, wo selbst die Heren, wie es der
älteste Sinn des Wortes gestattete, noch als wohlthätig aufgefaßt wurden:
eine solche ist es schon, wenn sie nach S. 473 oben zu Walpurgis den
Schnee vom Blocksberg hinwegglanzten. Grimms Ableitung des Namens
der Erlernsteine von Ehegestern befriedigte ihn selber später nicht mehr;
vielleicht würde er sich zu der unsern bekehrt haben, wenn er gewußt hätte,
daß die Höhle im Innern der Erlernsteine das in den Felsen gebaute
Bild eines Vogels zeigte. Die Elster war der Vogel der Hel: sie ist wie
diese schwarz und weiß und glaubte man nach dem Morolf, sie habe so
viel schwarzer Federn als weißer. Das ist wohl auch der Grund warum

sich die Hexen so gern in Elstern wandeln und beide mit demselben Na-
men, demselben Bilde bezeichnet wurden. Den Elsterncultus, welchen Gr.
Myth. 640 nachweist, beziehe ich auf die Tise, die sich in die Elster
wandelte. Zur Hexe war sie noch nicht entwürdigt als der Glaube galt,
daß ihr Geschrei vor dem nahen Wolf warne. Daß Prof. Braun im
Winckelmannsprogramm 1858 den Mithrasdienst in die Westfälischen
Externsteine verlegen wollte, kann bei dem bekannten klassischen Zopf unserer
Antiquare kaum noch befremden.

Von den Hexen unterscheidet sich die **Trude** dadurch, daß die
Hexerei angelernt, das ‚Truden‘ angeboren ist. Leopr. 9. Mit dem Alb
und der Mar hat die Trude das **Drücken** gemein, sowie das **Vermeinen**
oder **Verneiden** (der böse Blick), das sich aber auf diese beiden nicht
beschränkt; eigenthümlich ist ihr nur der aus Goethes Faust bekannte
Trudenfuß (Alpfuß, nlb. marevoel), der fünfeckig nicht mit dem
sechseckigen **Bierzeichen** zu verwechseln ist. Vgl. Menzel Unsterblichkeitslehre II, 136. Durch die Mißgestalt des Fußes erinnert die Trude
doch an höhere Wesen wie Berhta mit dem Fuoze §. 115. Jetzt freilich
wird das **Pentagramma** nur gegen den Trudenzauber gebraucht, wie
auch der Trudenstein (Panzer II, 429) vor dem Albdrücken u. s. w. bewahrt,
ein Schrattenstein vor dem Schrätzlein, Birlinger Aus Schwaben I, 130.
Vgl. Bavaria I, 320. 321.

130. Tod und Teufel.

* 1. In der Edda erscheint der Tod nicht personificiert: Odin ent-
sendet Freyja oder ihre Vervielfältigung die Walküren, die in der Schlacht
Gefallenen in seinen himmlischen Saal zu führen, während Hel sich keiner
Boten bedient: sie erwartet die Ankunft der **Todten** in ihrer Halle und
ist im Voraus bedacht sie nach Würden zu empfangen, wie das im Halo-
narmal auch Odin thut. Nur Ran zieht die Ertrinkenden in ihr Netz.
Daß aber die Todten geritten kommen, sehen wir aus Mobgudrs Worten zu
Hermodur §. 33, gestern seien fünf Haufen todter Männer über die Brücke
geritten. So kommt auch Helgi aus Walhall geritten von Sigruns
Thränen herabgezogen, was wir oben als die älteste Gestalt der Lenorensage bezeichnet haben, in welcher das Reiten der Todten schon in den Worten,
die die Bürger vernommen hatte: der Mond scheint hell, die Todten reiten
schnell, ausgedrückt war. Erst der spätere dänische und schleswigsche
Glaube giebt auch der Hel ein Pferd und zuweilen ein dreibeiniges,
Myth. 864. In deutschen Gedichten bedient sich der Tod eines Pferdes
nur um die Seelen darauf zu laden: ebenso oft aber führt er sie am
Seile. Konr. v. Würzburg legt ihm sogar ein Netz bei, was an Ran
erinnert; ja er erscheint als Jäger und Fischer, der den Menschen Schlingen

fegt und nach ihnen angelt. M. 805. Oft aber, nach einer blutigen Schlacht, führt er eine große Schar an, ein zahlreiches Gefinde folgt feiner Fahne und trägt fein Zeichen, fein Wappen. M. 807. Wenn er aber im Adermann von Böhmen Hauptmann von Berge heißt, fo beziehe ich das auf die Vorstellung von der Unterwelt, dem Seelenaufenthalt im hohlen Berge. Der Tod felber wird aber als Adermann gedacht, der den Garten jätet und die Blumen bricht, der das Schlachtfeld mit Blut düngt und mit Leichen befät, wie er auch in dem Liede: ‚Es ist ein Schnitter, heißt der Tod' als Mäher mit Sichel oder Senfe erscheint, vor dem fich fchöne Blümlein hüten foll, oder ein andermal als Holzmeier, Förster, die Bäume des Waldes niederstreckt, Myth. 808. 825, Wackernagel Zlfchr. IX, 307. Wenn hier biblische Bilder anklingen, fo wird es auf heidnische Vorstellungen zurückgehen, wenn der Tod als Spielmann mit feinem Gefinde einen Reigentanz aufführt, woraus im 14. Jahrh. die Todtentänze entfprangen. Denn da jetzt der Tod an der Stelle der Walküren die Menschen heimholte, fo erschien er als Bote Gottes: zu Boten wählte man aber von Alters her Fiedler und Spielleute. Den Tod als Tanz zu faßen, zu dem aufgefpielt ward, war man auch fchon durch die Heldendichtung gewöhnt, ich brauche nur an Vollers Fiedelbogen und feine übefhallenden Leiche zu erinnern; mit der Geige aber pflegte noch Walther zum Tanze aufzufpielen. Wenn aber Grimm MS. 809 wahrscheinlich macht, daß fchon im 12. Jahrh. die Vorstellung des Todes durch ein Gerippe im Schwange war, fo ist doch das Gerippe ‚mit Stundenglas und Hippe' den Todtentänzen im 14. Jahrh. noch fremd: man stellte ihn wohl als eingefallene zufammengeschrumpfte Leiche, nicht mit entblößten, nur mit stärker hervortretenden Knochen dar, Wackernagel a. a. O. 321. Erst im fechzehnten Jahrhundert begann man ihn als Elefell vorzuführen.

2. Die Bekehrer gaben die alten Götter nicht für nichtig aus, noch läugneten fie ihr Dafein: fie erklärten fie nur für böfe Geister und Teufel. Schon darum mußte in den christlichen Teufelsglauben viel Deutschheidnisches Aufnahme finden, und nur davon kann hier die Rede fein, da wir mit dem jüdischen und christlichen Teufel an fich nichts zu fchaffen haben.

Unter den alten heidnischen Göttern waren zweie fchon vor der Bekehrung als böfe und finster erschienen, Loki und Hel: diefe gingen alfo leicht in Teufel über; längern Widerstand wird die Volksmeinung der Verteufelung der guten Götter entgegengestellt haben, Myth. 938. Aber auch diefe boten Seiten dar, welche unschwer in ein ungünstiges Licht zu stellen waren: fo konnte Wuotan als der kriegerische Geist, den die Blutrache nicht ruhen ließ, leicht als ein Wütherich dargestellt werden, und fchon die nordische Sage von Hrolf Kraki thut das (hinn illi Odhinn Myth. 940), wie bereits Vulfila Holda in Unholda, Halthô in Unholthô wandelt. Odin warf Zwiftrunen unter Verwandte: er verfeindete die Fürften: fo fät der Teufel Zwietracht; freilich ift die Redensart, Unkraut unter den Waizen fäen, biblifch. Schon bei Heinrich dem Löwen und Gerhard von Holenbach u. f. w. fahen wir §. 66 den Teufel an Wuotans Stelle getreten. Nach Myth. 980 trägt der Teufel einen Canonikus, der fich verfäumt hatte, von Bayeux nach Rom zu der Meffe; nach Stramberg (Rh. Antiqu. I, 106) trug er auch den Abt Antonius von Moslau nach Kiew in die Meffe, mochte es aber nicht leiden, daß der Abt fich kreuzte und fegnete, was er fich mit den auch rückwärts zu lefenden Worten verbat:

Signa te, signa, temere me tangis et angis.

Vgl. Kuhn WS. 57. Der Teufel ift fchwarz, weil Schwarz die böfe Farbe und zugleich die der Unterwelt (§. 90) ift; wenn er aber auch als Graumann (M. 914) erfcheint, fo kann er das nur von Wuotan haben. Doch ift auch die grüne Farbe zu beachten, da der Teufel gern als grüner Jäger, Wuotan als Grönjette, auftritt, vgl. RM. 43. 101.

Ein gebräuchlicher Name für den Teufel ift im MA. vâland, Junker Voland. Das Wort ift unerklärt und namentlich die Participialform befremdend. Die Deutung aus Phol hat für fich, daß der Teufel auch Fold, Fuld und Fal heißt, Myth. 944, und Pfalgraben die Teufelsmauer, ein Römerwerk zur Begrenzung des Decumatenlandes.

Der Teufel erfcheint lahm und mit dem Pferdefuß oder Bocksfuß, hier und da auch mit dem Hühnerfuß, was wir §. 80 aus feiner Beziehung zu Thór, zu Wuotan und Freyja gedeutet haben. Wie fich Bertha durch den Gans- und Schwanenfuß zu erkennen gab, fo muß der entweichende Teufel feinen Pferdefuß zeigen, M. 946. Umgekehrt fehlt ihm, wenn er die Geftalt jener Thiere annimmt, gern ein Bein: dreibeinige Thiere werden dann überhaupt gefpenftifch. Auch in unverkümmerter Geftalt erfcheint er als Pferd, als meckernder Bock, als grunzende Sau, in welcher Frôs Eber nachklingt; feltener wandelt er fich in den Wolf, doch wird er gern der Höllenwolf genannt, wie er auch Höllenhund heißt und hellewolf, wie fchon die Edda einen kvolpr in der Hölle annahm (Myth. 949), dem Cerberus entfprechend. Wirklich erfcheint der Teufel als Hund, Myth. 948, Panzer I, 329. II, 438 und noch zuletzt in Goethes Fauft. Im Puppenfpiel von Fauft bringt der Rabe die Verfchreibung und wird dabei Mercurs Vogel genannt, womit nur Wuotan gemeint fein kann, da der klaffifche Mercur nichts mit dem Raben zu fchaffen hat. Vgl. RM. 99.

Der Teufel wandelt fich in eine Fliege wie Loki, als er Brifingamen ftiehlt, Myth. 950. Wie Loki liegt er in der Hölle gefeffelt, was fchon bei Utgarthilocus vorkam. Er foll aber am jüngften Tag ledig werden und dann mit dem Antichrift zugleich den letzten Kampf kämpfen, ganz wie Loki in der Edda, Myth. 963. Wenn neben ihm seine Großmutter genannt wurde, so haben wir diese schon mit Grenbels Mutter und der neunhundertshäuptigen Ahre bei Hymir verglichen.

Der Hammer, Thórs Symbol, ist ein gewöhnlicher Name des Teufels, der auch Meister Hämmerlin heißt, M. 951. Wie Thor baut er Brücken, M. 972; wie dieser im Wagen, so fährt der Teufel in der Kutsche oder reitet wie Odin auf einem Pferde, nur gewöhnlich auf einem schwarzen, wie Odin auf dem Schimmel oder dem grauen Roß. Wie Odin ist der Teufel der Erfinder des Würfelspiels; gewöhnlicher aber wird statt dessen das moderne Kartenspiel genannt. In der Hölle spielt er gern um Menschenseelen; im fabliau St. Pierre et le jongleur steigt aber St. Peter in die Hölle hinab, dem Spielmann, der des Teufels Stelle während seiner Abwesenheit vertreten soll, die Seelen im Würfelspiel ab- zugewinnen. Bei Landstuhl in der Pfalz, Franz von Sickingens Burg, liegen drei Steine, die dem Platz den Namen geben; zwei derselben die- nen dem dritten als Unterlage. Diese Steine sind nach der Sage Wür- fel, mit welchen Sickingen mit dem Teufel spielte und das Spiel verlor. Die Redensart: Wo führt dich der Teufel her so geschwind? zielt auf den Mythus von Odins Mantelsahrt und die Habbingssage, und der Fluch: ,fahr zum Teufel' erinnert an das nordische far til Odins! Beides heißt den Tod anwünschen. Auch die Teufelsbündnisse haben wir §. 68 aus dem Odinsdienst abgeleitet, namentlich aus den Schutzverhältnissen, die er mit seinen Günstlingen einging, die, indem sie sich ihm ergaben, ihre Le- benszeit auf feste Jahre bestimmten. Die bei diesen Verbündnissen übliche Blutunterschrift geht wohl auf die Eingehung von Freundschaftsbündnissen zurück, wobei Blut fließen muste. Viel schwieriger ist eine andere Art von Bündnissen zu deuten, bei welchen man sich dem Teufel auf feste Jahre zu Dienst verpflichtet, wofür der Teufel dann Lohn zu gewähren hat. Stirbt man innerhalb dieser Frist, so fällt dem Teufel die Seele anheim, KM. 100. vgl. 101. Myth. 970. ,Des Teufels rustiger Bru- der' (Nr. 100) hat während dieser Frist die Musik erlernt; schon KM. III, 189 wird bemerkt, daß dieß eine gar nicht christliche Ansicht von der Hölle sei. Man wird an Odin erinnert, der die Skaldenkunst verleiht, so wie an dem Strömkarl und Fossegrim (§. 126), während die Bedin- gung, die auch bei dem Bärenhäuter (Nr. 101) vorkommt, sich nicht zu waschen und zu kämmen, an Wate und die germanischen Rachegelübbe §. 34 gemahnt. KHM. 68, vgl. Serb. Volksm. 6 zeigt, daß die sieben Jahre als Lehrzeit aufzusassen sind. Es scheinen demnach zweierlei Dinge gemischt; jene Rachegelübde, nach welchen man sich nicht waschen noch kämmen will, geschehen um den Sieg; bei der Lehrzeit gilt es eine Kunst, sei es nun die Musik, oder wie bei dem Serb. M. die Zauberei: Sieg

und Kunst ist beides Odins Gabe, und auf ihn wird hier auch der Teufel zurückweisen.

Der Teufel heischt dieselben Opfer, die sonst heidnische Götter empfingen: ein schwarzes Schaf, ein schwarzes Huhn, einen schwarzen Geiß-
bod, einen Hahn, der an einem Donnerstag im Merz aus dem Ei
geschlüpft ist. Kuhn WS. 102. ‚Man muß dem Teufel zuweilen ein
Licht anstecken,' räth der Volksmund; auch das ist deutschheidnischer Brauch
beim Opfer.

Ebenso häufig als mit den alten Göttern berührt sich der Teufel mit
Riesen. Der Drut (aus Thurs entstellt) ist eine gewöhnliche Teufels-
bezeichnung. Kuhn WS. 110. In den vielbekannten und vielgestaltigen
Märchen vom Schmidlein von Bieleseld, von Apolda u. s. w. wird der
Teufel von des Schmids wie sonst die Riesen von Thors Hammer ge-
troffen und weich gehämmert. Selbst wenn in der christlichen Zeit vom
Teufelsholen die Rede ist, ist dieß erst von den Riesen auf den Teufel
übertragen, da man in der heidnischen von jedem Vermißten glaubte,
Trolle oder andere unhuldir (üble Wichte) hätten ihn geholt. Maurer
Bekehrung II. 69. 84. Der Teufel wirft Felsensteine nach christlichen
Kirchen wie die Riesen nach Städten; wie die Riesen erscheint er als
Baumeister, und die tausendfachen Nachklänge des Mythus von Swabil-
fari setzen den Teufel an die Stelle der Riesen. Uralte Bauten, den
cyclopischen Mauern entsprechend, werden bald Riesen, bald dem Teufel
zugeschrieben. Fußspuren u. s. w. in Felsen bezieht das Volk auf beide.
Teufelsbetten berühren sich mit Hünenbetten und Brunhildbetten, M. 976;
als Altäre §. 105. 119 sind sie alle zu fassen. Pflanzen und Thiere
werden nach dem Teufel benannt wie früher nach Riesen und Göttern.
M. 981. Kuhn WS. II, 110.

Wie die Riesen von Göttern und Helden besiegt und überlistet wurden, so trifft nun den Teufel das Loos, von den Menschen angeführt und
ausgelacht zu werden, weshalb er so häufig als dummer Teufel erscheinen muß. Am Auffallendsten ist die Uebereinstimmung, wenn der
Teufel vielhändig und der ihm verwandte Antichrist siebenhäuplig vorgestellt wird, M. 946. Doch nicht immer ist der Teufel der Betrogene.
Als er zu Salamanca die Zauberkunst lehrte und der letzte Zuhörer ihm
als Honorar anheimfallen sollte, muste er sich mit dessen Schatten begnügen. Als der Schüler aber die erlernte Verjüngungskunst an sich selber
versuchen wollte, und sich zu dem Ende tödten, zerhacken und in einer
Glasflasche in Pferdemist setzen ließ, steckte der Teufel sich hinter die Po-
licei, die ein schon ganz wohlgestaltetes Kind in der Flasche fand, das sie
aber sogleich zum Feuer verdammte. Vgl. Rochh. GL I, 121 und §. 80 ob.
In dieser Erzählung wird dem Schatten eine gewisse Wesenheit zugestanden

wie das auch der Sinn der Schlemihlsage ist. Bei der altd. Schatten-
buße RA. 676 so wie bei der an dem Schatten des Schuldigen vorge-
nommenen Enthauptung geht diesem doch die äußere Ehre verloren, und
auf die äußere Ehre hab ich schon bei Lebzeiten Chamissos mit dessen Zustimmung Schlemihls Schatten gedeutet. Der Name bedeutet in der
Gaunersprache Pechvogel.

Das elbische Kinderstehlen (vgl. was S. 495 von Wechselbälgen
gesagt ist) ist in der Legende von Zeno, welche Bruns und Lübben herausgegeben haben, auf den Teufel übertragen, der das Kind stiehlt und
sich selbst dafür in die Wiege legt. Jenes Kind wuchs heran, aber der
Teufel gedieh nicht, obgleich der arglose Vater all sein Erbgut verthat
ihn zu füttern. Das währte bis der rechte Sohn, den der Bischof von
Mailand studieren ließen, der aber auch die Schwarzkunst gelernt hat,
den Teufel in ein Glas bannt und dem Bischof zum Geschenk macht.
Das Weitere gehört nicht hieher. Auch Bruder Rausch, von dem das
Volksbuch als einem Teufel erzählt, war ursprünglich ein Kobold, und
schon sein Name bezeichnet ihn als Poltergeist. M. Volksbücher VI, 887.
Sind doch auch die Pflanzennamen, unter welchen der Teufel den Hexen
den Hof macht, so wie sein Erscheinen als Schmetterling, von den Elben
hergenommen.

Helden.

130a. Götter- und Heldensage.

Daß die Heldensage ihrer historischen Bestandtheile wegen eine gesonderte Abhandlung verlangt, ist schon §. 59 angedeutet; gleichwohl sind
die Helden gelegentlich zur Sprache gekommen um ihren Ursprung aus
den Göttern nachzuweisen. Hier soll nur daraus die Summe gezogen
und das Verhältniß der Heldensage zur Göttersage dargelegt werden.

Dem bedenklichen Satze J. Grimms (Myth. 315), daß die Helden
vergötterte Menschen seien, fühlt man sich versucht, den ganz unbedeut-
lichen gegenüberzustellen, daß vielmehr vermenschlichte Götter in den Helden nachleben. Setzt Grimm doch selber M. 856 hinzu: „Sind die Helden von einer Seite betrachtet vergötterte Menschen (?), so dürfen sie zum
Widerspiel auch als vermenschte Götter angesehen werden." Damit lassen
wir uns indes nicht beschwichtigen, da wir uns für die erste Hälfte des

Satzes vergebens nach Gründen umsehen. Will man bei den Griechen Herakles, bei den Römern etwa August dafür anführen, dessen Verehrung doch nicht auf dem Volksglauben ruhte, so kennt die deutsche Mythologie vergötterte Menschen nicht, und selbst Saxo und Snorri, welche die Götter für Menschen wie Jornandes für Halbgötter ausgaben, thaten dieß wider besseres Wißen, weil sie als Christen an heidnische Götter zu glauben nicht scheinen durften. Und daß auch Herakles schon von Hause aus ein Gott war eh ihm Hebe den Unsterblichkeitstrank reichte, darauf laßen seine zwölf Arbeiten, vgl. S. 252, schließen, deren Zwölfzahl auf den Kreislauf des Jahres deutet. Zu wenig gesagt scheint es auch, wenn es Myth. a. a. O. weiter heißt: „Wir sind befugt, in einzelnen Helden einen Niederschlag alter Götter zu sehen", was vielmehr in allen anzunehmen ist. Doch möchten wir statt dieses der Chemie entliehenen Ausdrucks lieber einen von der Physik erborgten und in der Heldensage Spiegelungen der Göttersage erkennen. Die Götter spiegeln sich in den Helden so deutlich, daß wir aus dem Spiegelbild nicht selten Züge des uns undeutlich vorschwebenden Urbildes ergänzen mögen.

So könnte die S. 229 angedeutete Ansicht, daß Beli, der Riese der Frühlingsstürme, welchen nach Stirnisför Freyr, eigentlich aber (vgl. §. 66) Odin mit einem Hirschhorn erschlug, im Grunde als Drache zu denken sei, aus der Vergleichung mit Siegfrieds Drachenkampf Bestätigung gewinnen. Dem auf solchen Umwegen ermittelten Drachenkampf Odins (S. 230) ging der Ritt durch Wafurlogi voraus, der sich gleichfalls bei Sigurd nachbildet, und zwar in doppelter Weise: einmal indem Sigurd für sich selber hindurchritt und Brynhilden erweckte, das andremal, indem er in Gunnars Gestalt den Ritt durch die Flamme wiederholte, die nach Odins Ausspruch längst hätte erloschen sein sollen. Wir sahen S. 66, daß dieser doppelte Ritt aus der Verbindung beider Gestalten erwachsen war, in welchen uns der Mythus von Freyr und Gerda erhalten ist, indem Freyr nach der ältern Gestalt den Ritt selber vollbrachte, den in der jüngern Skirnir für ihn unternahm, so daß einmal der Gott für sich selber ritt, das andremal für den Freund und Herrn. Hierin liegt denn auch der Grund der seit Lachmanns Abhandlung: Kritik der Sage so viel besprochenen Dienstbarkeit Siegfrieds. Hier also erläutert sich die Heldensage aus der Göttersage, die so eben aus ihrer Spiegelung in der Heldensage berichtigt werden konnte, so daß die Vergleichung des Urbilds mit dem Spiegelbild sich bald für dieses bald für jenes fruchtbar erweist.

Nach Stirnisför vermählt sich der Gott mit derselben Göttin, für die er erst durch Wafurlogi geritten und den Drachenkampf bestanden hat. Dieß ist auch wohl bei Siegfried der Fall gewesen, wenn die Heldensage

ein richtiges Spiegelbild der Göttersage enthielt: dann bleibt es zweifelhaft
ob es Brunhild oder Kriemhild war, die er aus dem Todesschlaf erweckt oder erlöst hat. Das bestätigt auch das Lied vom Hürnen Siegfried, das freilich neben Kriemhild von keiner Brunhild weiß. So entspricht die Heldensage genau der Göttersage. Wie Freyr mit Beli kämpfte,
der vielleicht selber einst als Drache gedacht war, S. 229. 483, so erlegt
Siegfried den Drachen, der als Fafnir gleichfalls ein Riese war. Den
Ritt durch Wafurlogi haben sie Beide gemein, und wie Freyr die Gerda
erlöste, so Sigurd Hilden, die sich später in Kriemhild und Brunhild
spaltete. Diese Entzweiung, die sich in den Zank der Königinnen fort-
bildete, war nothwendig, wenn die Heldensage einen ähnlichen Ausgang
nehmen sollte wie die entsprechende Göttersage. Freyr fällt im letzten
Weltkampf gegen die Riesen, die zerstörenden Naturgewalten. Da sein
erster Kampf, der gegen Beli, der Frühlingskampf gewesen war, so wird
sein zweiter, in welchem er erliegt, ein Herbstkampf gewesen und erst durch
die §. 2 besprochene Mythenverschiebung statt an das Ende des natürlichen Jahres an das des großen Weltenjahrs gerathen sein. Dem entspricht es genau, wenn Siegfried nach Kriemhilds Traum im Kampf
gegen zwei Adler erliegt: diese Adler sind Winterriesen, die sich in Adler
zu wandeln pflegen während die Götter als Falken entfliegen. Da Ute,
Kriemhilds Mutter, den Falken auf Siegfried deutet, so meinen die beiden Adler Gunther und Hagen. Da sie so aus Riesen Helden geworden
waren, so bedurfte es jetzt eines Grundes ihrer Feindschaft gegen Siegfried und diese wurde am Besten durch die Spaltung der von Siegfried
erwachten Hilde in Brunhild und Kriemhild herbeigeführt. Dieselbe Spaltung begegnet auch sonst in der Göttersage. So finden wir §. 114 Hel
in Holda und Berchta, ihre dunkle und lichte Seite geschieden und ebenso
vervielfältigt sich nach S. 344 Bel (nach Stark Bertha) in Einbell und
Wilbell, was denselben Gegensatz ausdrückt, während sie selbst als Wor-
bel (Vorbel) neben ihren Schwestern fortbesteht und der Stadt Worms
den Namen giebt. Hiemit war schon die örtliche Anknüpfung vollbracht,
die dann zur Historisirung hinüberleitete, wobei es unentschieden bleiben
mag ob die Namen Gibich, Gunther, Giselher u. s. w. aus der Lex
Burgundionum in die Heldensage oder aus dieser in das burgundische
Gesetzbuch gekommen sind, welches letztere mir wahrscheinlicher ist. Die
ganze erste Hälfte kann, wie es eben geschehen ist, aus dem Mythus von
Freyr abgeleitet werden, nur daß bei Siegfrieds Tode auch der von Baldurs Tode mitwirkte. Erst bei dem zweiten Theile, der in den Nibelungen mit dem 20. Abenteuer beginnt, ist eine Anlehnung an den historischen Hunenkönig Attila und den Fall des Burgundenkönigs Gundicarius
anzunehmen. Dieser zweite Theil muß aber viel spätern Ursprungs sein:

er ist eine Weiterbildung der Heldensage und wurde erst dieser hinzuge-
dichtet; eine mythische Grundlage hat er nicht, man müßte denn an die
Rache denken, welche Wali für Balders Tod nimmt. In der Heldensage
konnte Siegfrieds Ermordung nicht ungerochen bleiben: bei der Art wie
dieß geschieht ist aber eine Nachbildung des ersten Theiles unverkennbar.
Wie Brunhild den Siegfried aus Nibelungenland nach Worms geladen
hatte, wo er als ein Opfer beleidigter Liebe und Ehre fällt, so ladet Kriemhild ihre Brüder und Hagen nach Heunenland, wo Siegfrieds Tod an
ihnen gerochen wird. Fassen wir die Siegfriedssage ins Auge wie sie
vor der Spaltung der erweckten Hilde in Brunhild und Kriemhild die
treueste Spiegelung der Göttersage von Freyr und Gerda war, so gleicht
sie auffallend zweien andern Heldensagen, denen von Beowulf und
Ortnit, nur daß sich bei beiden die gleiche Umkehrung bemerken läßt.
Beowulf siegt zuerst in Frühlingskämpfen gegen Grendel und seine Mutter,
erliegt aber in einem Herbstkampfe einem Drachen, in den sich ein Winterriese gewandelt hat. Hier sehen wir die Umkehrung: der Drache tritt
erst in einem Herbstkampfe hervor, während ihn Siegfried (wie Freyr den
Beli) in einem Frühlingskampf erschlägt. Auch Ortnit fällt wie Beowulf
in einem Drachenkampf, den wir als einen Herbstkampf zu verstehen haben; in dem entsprechenden Frühlingskampf hatte er gegen den Heiden
Machael gesiegt, wie auch sonst wohl Heldenkönige an die Stelle von
Riesenkönigen getreten sind. Sein Tod wird aber von Wolfdietrich ge-
rächt, wobei man sich denn nicht entbrechen kann, an Wali (Aleös) zu
denken, der im nächsten Frühjahr Balders Tod zu rächen hat. Die
Spaltung Hildens in Brunhild und Kriemhild wird durch die doppelte
Gestalt des Mythus von Stirnisför, die S. 68 und 483 besprochen ist,
begünstigt. Wie Freyr nach der ältern Gestalt des Mythus selber durch
Wasurlogi ritt und Gerda erlöste, nachdem er Beli erschlagen hatte, so
ritt Sigurd nach dem Drachenkampf zuerst für sich selber hindurch und
erweckte Brynhild, und wie nach jener jüngern Gestalt Skirnir für Frey,
seinen Herrn, durch die flackernde Flamme ritt, so Siegfried für Gunther,
den er für seinen Herrn ausgab, worauf sich später (nach der Spaltung)
Brynhild bezog und gründete. Bei diesem zweiten Ritt legte Sigurd
das Schwert zwischen sich und Brynhild und bewahrte so dem Freunde
die Treue. Hier spielt die Freundschaftssage hinein, die wir in
der Erzählung von Amicus und Amelius am reinsten dargestellt finden,
wo der Beweis der Treue, wie das auch in Märchen geschieht, durch dieselbe Schwertlegung geleistet wird. Das tragische Geschick Siegfrieds
wirkt um so rührender, als er dem Freunde so unzweideutige Beweise der
Treue gegeben hat und doch der Beschuldigung der Untreue zum Opfer
fällt. In der Liebessage kehrt sich die Freundschaftssage um: wie in

der Freundſchaftsſage der Freund dem Freund die Geliebte opfert, wie
hier Sigurd die Brynhild dem Gunnar wirbt, ſo wird in der Liebesſage
der Geliebten die Freundſchaft zum Opfer gebracht, wie Triſtan den
Marke Iſolden zu Liebe hintergeht. Auch hier kommt die Schwertlegung
vor; jedoch iſt ſie jetzt nur ein Trug, durch den die Untreue gegen den
Freund, der Geliebten halber, nur geſteigert iſt. Mit dieſer Umbildung
der Freundſchaftsſage in Liebesſage ſtellt ſich Triſtan dicht neben Siegfried: ſie haben, wie ich ſchon öfter bemerkte, Drachenkampf, Liebesbecher
und Schwertlegung gemein. Der Vergeſſenheilstrank, den Sigurd bei
Gluki (Gibich, Tantrat) trinkt, iſt dieß nur in Bezug auf Brunhild;
blicken wir auf Kriemhild, ſo erſcheint er als Liebestrank.

Die oben angenommene Spaltung Hildens in Brunhild und Kriemhild, und die Vergleichung mit der von Hel in Holda und Berchta, von
Bel (Bertha) in Einbel und Wilbel ſchematiſiert ſich wie folgt:

Brunhild	Hilde	Kriemhild
Holda	Hel	Berchta
Einbel ·	Vorbel	Wilbel.

Vgl. die Doppelausgabe meines Nibelungenliedes S. XXIX. Bei Panzer
erſcheint die mittlere der drei Schweſtern wohl auch unter dem Namen
Helb, was ich S. 312 als Hel verſtanden habe; es kann aber auch Brechung aus Hilba ſein. Ueber Einbel vergleiche noch Anzeiger 1874, 79.

So ſahen wir auch ſchon §. 108 den in Grimnismal berichteten
göttlichen Ehezwiſt und Friggs Parteiname für Agnar in der Heldenſage
abgeſpiegelt, wo Brynhild ihrem Günſtlinge Agnar den Sieg zuwandte,
den Odin dem Hjalmgunnar beſtimmt hatte. Für die Götterſage ergab
ſich daraus, daß Brynhild (Sigrdrifa) ein Beiname der Frigg, der Gemahlin Odins, wie andererſeits Siegmund ein Beiname Odins war:
denn als Siegmund wird Odin den Drachenkampf gekämpft haben, den
wir im Beowulfslied noch nicht auf Sigurd (Siegfried), ſondern erſt auf
ſeinen Vater Siegmund übertragen finden.

Wenn nun Brynhild zur Strafe ihres gegen den göttlichen Willen
durchgeſetzten Eigenwillens von Odin mit dem Schlafdorn getroffen und
in den Schlaf verſenkt wurde, den wir §. 109 durch die Vergleichung
mit dem Märchen von Dornröschen als den Winterſchlaf der Natur
erkannt haben, ſo gewinnen wir wieder aus der Heldenſage einen Zug,
der ſich in der hier geſpiegelten Götterſage von Freyr und Gerda nicht
ſo deutlich hervorhob, denn Skirnir erhält von Gerda nur das Verſpre-
chen ſich nach neun Nächten in dem Haine Barri mit Freyr zu verbinden: eine Erweckung aus dem winterlichen Todesſchlafe wie bei Sigurds
erſtem Ritt durch Waſurlogi finden wir nicht; vielleicht würde ihn die
älteſte Geſtalt des Liedes von Skirnisför, wo Freyr ſelber ritt, ſtatt

Sternen zu scheiden, nicht vermissen laßen; schon die Darstellung in Friðþiófsmál tritt der Heldensage näher. Auch in §. 74 konnten wir Odins Beinamen G r a n i aus der Heldensage von Sigurds Roß G r a n i erläutern und den Mythus von Odin als Sonnengott wiederherstellen: dieser verlorne Mythus, für den der Name Apollo Granus ein Zeugnis ist, hatte sich durch seine Spiegelung in einem deutschen Märchen erhalten. Ein anderes Märchen, das man aus Bürgers Abt von Gallen kennt (vgl. §. 127), zeigte uns das deutsche Spiegelbild eines im Norden zuerst in Walthrudmal, dann in der Herwararsage erscheinenden Odinsmythus.

Auch als Hackelbärnd, als ewiger Jude, als Robin Hood sahen wir Odin gespiegelt, ja in Hülchen, in Knecht Ruprecht erkannten wir sein Bild in einem Zwerge. Viel wichtiger ist aber die Spiegelung eines Odinsmythus, die drei der berühmtesten deutschen Heldensagen zu Grunde liegt. Der §. 90. 91 besprochene Mythus von Odin und Uller zeigt wiederholte Spiegelungen in den Heldensagen von D i e t r i c h, W o l f d i e t r i c h und K ö n i g R o t h e r, ja er spiegelt sich noch zum viertenmal in K a r l M e i n e t und seinen zwei Brüdern: Odin ist von seinen Brüdern Wili und We, oder in anderer Faßung von U l l e r, dem winterlichen Odin (Mitothin), aus dem sonnigen Asgard vertrieben, wodurch die ü b r i g e n e i l f A s e n unter die Dienstbarkeit des kalten Nebenbildes Odins gerathen sind. Dieß spiegelt sich am Deutlichsten im Wolfdietrich, der gleichfalls von seinen zwei Brüdern, Wachsmuth und Boge, vertrieben, doch stäts auf die Befreiung seiner eilf getreuen Dienstmannen bedacht ist. So zieht auch Rother aus, seine Dienstmannen zu befreien, und nennt sich D i e t r i c h, woraus sich die Nebenspiegelung der Dietrichsage deutlich genug ankündigt, und zugleich die Wiederkehr des aus dem Wolfdietrich genugsam bekannten alten B e r c h t u n g von Meran unter dem wenig veränderten Namen B e r k e r die nahe Verwandschaft mit der Wolfdietrichsage außer Zweifel setzt. Die Befreiung der Dienstmannen bildet aber auch den Kern der eigentlichen Dietrichsage, denn seine durch einen Hinterhalt in Ermenrichs Gefangenschaft gerathenen Dienstmannen zu befreien läßt Dietrich von Bern nicht bloß Ermenrichs Sohn mit achtzehnhundert Gefangenen frei, sondern giebt auch Bern und Amelungenland hin und begiebt sich freiwillig in dreißigjähriges Elend. Hiebei befremdet uns die Zahl d r e i ß i g, da wir den sieben Wintermonaten des Mythus entsprechend vielmehr eine siebenjährige Frist erwartet hätten, wie sie in andern Sagen von der Heimkehr (vgl. S. 800) wirklich erscheint. Aber die Siebenzahl begegnet daneben: s i e b e n Söhne Berkers von Meran zu befreien, zog Rother aus, s i e b e n Mannen waren es, die Dietrich von Bern zu befreien ins Elend ging: nur im Wolfdietrich sind es e i l f

Dienstmannen, eine in dem gespiegelten Göttermythus noch beßer begründete Zahl; daß wir aber an der Gleichheit der drei Spiegelungen nicht zweifeln, so stellt sich an der Spitze der sieben Dienstmannen Dietrichs von Bern Berchtram von Pola neben Berchtung und Berler. In der Kerlingischen Sage entsprechen hier Reinfrit und Heuberich, Karl Meinets Brüder, welche diesen kleinen Karl den Gr. unter dem Vorwand unehlicher Abkunft, die auch bei Wolfdietrich behauptet wird, vertrieben haben. Die Uebereinstimmung der Göttersage mit ihrer vielfältigen Spiegelung kann folgendes Schema veranschaulichen:

Wili	Obin	Be
Boge	Wolfdietrich	Wachsmuth
Ermenrich	Tietmars Sohn	Harlung
	Dietrich	
Heuberich	Karl Meinet	Reinfrit.

Auch Freyr spiegelt sich in Dietrich, wenn er Derk mit dem Beer heißt. In der dritten unserer cyclischen Heldensagen, der von den Hegelingen, finden sich ebenfalls solche Spiegelungen. So ist Hilde in der Göttersage nach Walküre, in der sich aber Freyja durch das Halsband zu erkennen gab, §. 108, 1; in unserm mhd. Gudrunliede erscheint sie als irdische Königstochter, und wenn Hiarrandi, der in dem Gedichte zu Horand wird, seine mythische Grundlage in Höbur (Hothrus) findet, der nach §. 85 alle Herzen zu Trauer oder Freude, zu Haß oder Liebe zu stimmen weiß, so ist auch Horand das Spiegelbild eines Gottes. Vgl. S. 87.

Die Göttersage von Thôr und Oermandil findet sich in der Seesage von Orendel gespiegelt, wobei auch der Schiffer Eise als das irdische Nachbild einer der höchsten Gottheiten, Isa oder Iso erscheint; von Orendels Spiegelung als Erentell im Tell hier abgesehen. Einen andern Thôrmythus, den von seinen Kämpfen gegen die Söhne Fornjots, sahen wir in Dietrichs Kampf mit Ecke Fasold und Ebenroth gespiegelt, und in der Vorrede zum Beowulf habe ich auch in dessen Drachenkampf ein irdisches Gegenbild von Thôrs letztem Kampf nachgewiesen, der sich noch sonst vielfach z. B. in Winkelried wiederholt. Auffallend bleibt hier nur des jungen Wiglaf Antheil an Beowulfs Drachenkampf, da doch Thôr nur in frühern Kämpfen in Thialfi, Loki oder Tyr einen Gefährten oder Begleiter hatte, nicht in dem letzten Weltkampfe, der sich in Beowulfs herbstlichem Drachenkampf nachbildet. Auch in der von Uhland so sorgsam erwogenen und dramatisch verwertheten Sage von Herzog Ernst, die freilich außerhalb der cyclischen Heldensage liegt, fanden wir S. 267 einen Thôrmythus gespiegelt und hoffen uns hier der Beistimmung der Kundigen zu erfreuen. Freilich der Kessel des Meeres, welchen Thôr aus

der Unterwelt heraufholen sollte, konnte in der Heldensage von Herzog
Ernst nicht beibehalten werden; da sie aber historisiert und mit der Reichs-
und Kaisergeschichte in Verbindung gebracht worden war, so hätte ein
besserer Ersatz für diesen Höllenkessel nicht gefunden werden können als in
dem Walsen, dem Hauptedelstein der deutschen Kaiserkrone. Die Unterwelt ist durch den hohlen Berg, dessen tunnelartigen dunkeln Eingang der
Glanz dieses Kleinods erleuchtet hatte, unverkennbar angedeutet. Die
Abenteuer, welche Herzog Ernst bestehen muß eh er das Ziel seiner Reise,
die Unterwelt erreicht, haben in den Wundern der Fremde und der Ferne
auch anderer Odysseeartiger Gedichte und Sagen vielfache Gleichnisse und
Gegenbilder und es begründet keinen Unterschied, daß ein Theil derselben
in der Herzog-Ernstsage antiken Quellen entnommen werden mußte. Auch
der Splitter im Haupte Thórs, der von der Steinkeule des Riesen Hrungnir
in seiner Stirne haftete, fanden wir S. 246 in Dietrichs Haupte wieder.
Von Andern sind schon die Flammen, die ihm im Zorn aus dem Munde
schlagen, auf den Gewittergott bezogen worden, wobei es zweifelhaft blieb,
ob hier sich Thór oder Odin als älterer Gewittergott (Wuotr) spiegle.
Wenn wir in Dietrichs, Rothers und Wolfdietrichs Heldensagen Odins
Mythen gespiegelt sahen, während in andern Theilen der Heldensage von
Dietrich Thórs Mythen sich abbildeten, so darf uns das nicht befremden,
denn auch die Siegfriedssage läßt sich auf Freyr oder Odin allein nicht
zurückführen. Auch Baldurs Tod findet sich in dem Siegfriede, wie ihn
die Nibelungen erzählen, unverkennbar wiederholt. Wie dort Frigg dem
Loki verräth, daß sie eine Glaube nicht habe in Eid und Pflicht genommen, Baldurs zu schonen, so vertraut Kriemhild dem Hagen, wo Siegfried verwundbar sei. Die Uebereinstimmung ist zu schlagend als daß sie
für zufällig gelten könnte, zumal auch Hagen, Siegfrieds Mörder, dem
Hödur, Baldurs Mörder gleicht, denn Hödur ist blind, Hagen einäuglg.
Beide können als Todesgötter aufgefaßt werden: Hödur, der die dunkle
Jahreshälfte bedeutet, läßt sich auf den Winter, den Tod der Natur, beziehen, und Hagen fällt schon dem Namen nach mit Freund Hain zusammen und wenn Hagen schon im Waltharius von Troja genannt
wird, so sahen wir §. 90 daß Troja die Unterwelt bedeutet. Es ist
also nicht Freyr allein, der die Grundlage der Heldensage von Siegfried
bildet; wird doch in der Wilkinas. Sigurd von einer Hirschkuh gesäugt,
wie Wolfdietrich von einer Wölfin, und sowohl Hirsch als Wolf sind
Odins Thiere, der ja auch als Gaul oder Gapl an der Spitze der gotischen, als Vater Sigis der fränkischen Heldenreihe steht.

Außer der Sage von Herzog Ernst enthält noch eine andere uncy-
clische Heldensage die Spiegelung einer Göttersage, ich meine die berühmte
niederrheinische, aber auch an der Schelde localisierte ja bis nach Baien-

cionnet (vgl au cygno) vorgedrungene von bem Schwanenritter, ber im Parzival Lohengrin heißt. Wir haben ihn auf ben ungeborenen Eleas und ben einäugigen Wali und seinen Kampf gegen Balburs Mörder zurückgeführt. Auch untergeordnete mythische Wesen zeigen solche Spiegelungen: so verdoppelt sich Alberich in bem französischen Oberon, ber auch bei Shakespeare wiederkehrt, und sein Bruder Elbegaft ist als Alegast in bie Kerlingische Heldensage übergetreten, wo sich Wildeber wiederfindet.

Diese Beispiele vermenschter Götter könnten leicht noch beträchtlich vermehrt werben; aber schon sie werben genügen bas Verhältniß zwischen Götter- und Heldensage zu erläutern und ben Satz festzustellen, baß Götter zu Menschen häufig herabgesetzt werben, während ein Beispiel eines vergöttlichten Menschen noch zu erbringen ist. Daß Menschen in Helden nicht umgewandelt werben,. hat W. Grimm Heldens. 395 anerkannt, inbem er es als ausgemacht betrachtete, baß bie geschichtlichen Beziehungen, welche bie Sage jetzt zeigt, erst späterhin eingetreten sind, mithin bie Behauptung, baß jene Ereignisse bie Grundlage bildeten, aller Stützen beraubt sei, wie er auch S. 345 auf ben austrasischen König Siegbert und seine Gemahlin Brunehild keine Hinweisung in ber Sage finden zu können gestand. Nur bei Ermenrich möchte es allerdings zweifelhaft sein, ob ber geschichtliche Gotenkönig bieses Namens auf ben mythischen gewirkt ober selber Bestandtheile seines Mythus an sich gezogen habe.

Bei diesen Zugeständnissen W. Grimms muß es uns wundern, baß er S. 398 sagt, er habe kein Beispiel einer Umwandlung eines Gottes in einen bloßen Menschen gefunden, ba boch eigentlich alle Heldensage auf solchen Umwandlungen beruht. Uebrigens ist unsere Heldensage immer nur Umwandlung beutscher Göttersage, und bie von Uhland u. A. oft behauptete Entlehnung einer beutschen Heldensage aus bem Orient, aus bem Schachnameh bes Firdufi u. s. w. bleibt schon barum unwahrscheinlich, weil keine andere Sage als beutsche Göttersage sich in unserer Heldensage spiegeln kann, ba bei ber Trennung ber europäischen Stämme von ben asiatischen bie orientalische Göttersage noch kaum zur Ausbildung gelangt war, so baß bie indische ober bie eranische (persische) Heldensage noch nicht durch Spiegelung aus ihr entstanden sein konnte. Der Zweig ber indogermanischen Sprachenfamilie, ber sich später in Slaven, Litauer und Deutsche schied, brachte aus seinen Ursitzen noch keine Heldensage mit, ja sie ist vor ber Völkerwanderung schwerlich nachzuweisen. Aehnlichkeiten ober Uebereinstimmungen, selbst eine gewisse Familienähnlichkeit mit orientalischer Heldensage, bie ja Spiegelung ber uns verwandten Göttersage sein wirb, will ich gerne zugeben, Abstammung nicht. Vgl. Schleicher Deutsche Sprache S. 89, ber mir aber barin zu weit geht,

daß er auch die Götterſage für gemeindeutſch erklärt, wonach ſie erſt nach
unſerer Trennung von Slawen und Litauern entſtanden wäre. Bei dem
Auszuge dieſer drei noch ungeſchiedenen Völker aus ihren aſiatiſchen Ur-
ſitzen werden ſie doch ſchon Götter gehabt haben, mit Indiern und Era-
niern u. ſ. w. gemeinſame Götter. Dieſe werden ihnen die Wege gezeigt,
vielleicht ſchon durch weiſende Thiere gewieſen haben, und darauf mag die
Verwandtſchaft mit der Mythologie aller übrigen indogermaniſchen Völker
beruhen. Ohne dieſe Annahme hätte die vergleichende Mythologie keinen
feſten Boden. Wenn z. B. die Wolfdietrichſage nach Uhland aus dem
Schachnameh entliehen ſein ſollte, ſo ſind die behaupteten Aehnlichkeiten
keineswegs ſo ſchlagend als die welche wir oben mit unſerer Götterſage
nachgewieſen haben, wo die Zahl der drei Brüder ſowohl als die der
elf Aſen und Dienſtmänner des vertriebenen Gottes und Helden ſich
entſprechen. Wenn in obigem (S. 488) Schema Dietrich für ſeinen
Vater Dietmar eintrat, ſo hat ſich in der gotiſchen Heldenſage wohl das-
ſelbe begeben, was in der fränkiſchen geſchah, da Siegfried als Drachenkämpfer ſeinen Vater Siegmund verdrängte.

Verſchieden von der in der Heldenſage ſich ſpiegelnden Götterſage
iſt es, wenn die Götter an die Spitze der Heldengeſchlechter treten oder
wenn ſie in das irdiſche Heldenleben beſtimmend und anregend eingreifen,
wie das §. 70 in der Hrolf Krakiſage geſchah, wovon aber die Sigurd-
ſage die zahlreichſten Beiſpiele darbietet, mehr noch in der Wölſungaſage
als in der Edda; in der Dietrichſage würde es daran wohl auch nicht
fehlen, wenn wir ſie in ihrer heidniſchen Geſtalt kennten. Das Chriſtenthum muſte die gröbſten Paganieen nothwendig beſeitigen wie es ſchon
früh im Beowulf gethan hatte; viel mehr aber geſchah das in den Nibelungen, die ſoviel ſpäter, als ſchon das Chriſtenthum die unbedingte Herrſchaft erlangt hatte, aus einzelnen Liedern in ein Ganzes gebracht wurden.
Die Spiegelungen der Götterſage in der Legende, z. B. bei Chriſtophorus
und Urſula, haben wir hier abſichtlich außer Acht gelaßen.

Gottesdienst.

181. Uebersicht.

Das Verhältniß der Menschen zu den Göttern liegt auf der Grenze des mythologischen Gebiets, und wir müssen uns hüten, nicht in Alterthümer und Culturgeschichte hinüberzuschweifen oder in Wiederholungen zu verfallen, da gar manches Hiehergehörige schon früher berührt werden mußte.
So ist §. 44. 46 von religiösen Pflichten die Rede gewesen, welche die Edda einschärft. Beide bezogen sich darauf, daß die Menschen Mitkämpfer der Götter sein sollen, mit welchen sie an den Riesen gemeinschaftliche Feinde haben. Aber das ganze Leben der Germanen war ein Kampf, bei dem ihm die Götter zur Seite stehen mußten, wenn er getheiligt sein und mit freudigem Siegesbewußtsein gekämpft werden sollte. Als die Wikinge des Nordens nicht mehr auf die Götter so sehr als auf sich selbst und ihr gutes Schwert vertrauten (Myth. 6), da genossen sie noch der angestammten Tapferkeit und jenes Heldengeistes, welchen der jetzt erlöschende Glaube geweckt und genährt hatte; bald aber wär ihre Vermessenheit in Verzweiflung umgeschlagen, wenn nicht das Christenthum mit der Milderung der Sitten neue religiöse Grundlagen gebracht hätte.

Jene religiösen Pflichten sind noch in allgemeiner Natur, daß sie hier, wo wir uns ein näheres Ziel zu stecken haben, nicht eigentlich Gegenstand der Abhandlung sein könnten. Das ganze Leben soll allerdings ein Gottesdienst sein; wir haben aber das Wort hier in dem engern Sinne zu nehmen, der die äußern gottesdienstlichen Handlungen betrifft, durch welche die Gesammtheit des Volks oder der Familie den Göttern seine Verehrung kundthut. In den Kreiß unserer Betrachtung fallen hier also auch solche Handlungen nicht wie D. 50 (Skálda c. 17) bei Thórs Kampf mit Hrungnir vorschreibt: ‚Darum ist es auch eines Jeden Pflicht, nicht mit solchen Steinen zu werfen, denn damit rührt sich der Stein in Thórs Haupt.‘ Was hier eigentlich gemeint sei, ist schwer einzusehen. Vielleicht muß es heißen: at kasta hein of gólf hvert (nicht þvert), so daß der Sinn wäre, es solle ein Jeder gehalten sein, die Steine aus dem urbar gemachten Boden zu werfen: damit werde der Stein in Thórs Haupte loser. Eine solche Pflicht, der eine ähnliche auch der römische Glaube gegen

Terminus einschärfte, wär aber in unserm engern Sinne keine gottesdienstliche. Die Handlungen, die zum eigentlichen Gottesdienste gehören,
beschränkt Grimm (Myth. 26) auf Gebet und Opfer. Nach dem von ihm
selbst M. 1202 gegebenen Winke füge ich als ein drittes noch die Umzüge der Götter und ihre Feste hinzu.

132. Gegenstände des Cultus.

Wir haben im zweiten Buche nur belebten Wesen eine Stelle einge-
räumt; inwiefern auch leblose Dinge Gegenstände der Verehrung waren,
ist §. 54 angedeutet, muß aber hier noch näher erwogen werden. Ist man
doch in der Behauptung eines Naturcultus der Germanen, der nur
sehr bedingt zugestanden werden kann, §. 54, soweit gegangen, neben ihm
eigentliche Götter wenigstens für das engere Teutschland zu läugnen, wo sie
doch eben Tacitus, auf den man sich zu berufen pflegt, bezeugt, indem
er drei der höchsten Götter mit römischen Namen nennt, während er für
andere die einheimischen angiebt, wozu ich außer Nerthus, Tuisto, Mannus
und seinen drei Söhnen und außer jener dem Castor und Pollux verglichenen Zwillingsgottheit Alci die deutsche Isis zähle. Wenn er daneben
für einen Baum- und Waldcultus der Germanen zum Zeugen aufgerufen
wird, so will er in den so mißbrauchten Stellen (c. 9. 43) nur Tempel
und Bilder verneinen.

Mit mehr Schein zieht man Cäsars S. 154. 399 erwogene Aeußerung
an nebst einer Reihe von eifrigen Christen gegen das schon unterdrückte
Heidenthum geschleuderter Beschuldigungen, die von rohem Baumcultus
sprechen, ja ihn für jene Zeit, wo das Andenken der Götter schon getrübt
war, nicht ganz unwahrscheinlich machen. Für die späteste Zeit, wo Heidenthum neben dem Christenthum ohne Anleitung der Priester sich forterhielt,
wo die Namen der alten Götter schon verschollen waren und man nur noch
ihrer Symbole gedachte, die Ehrfurcht vor den Elementen sich schrankenlos
geltend machte, für diese Zeit kann solche Verirrung zugestanden waren Zingerle Sitten 120. Dazu kommen noch absichtliche Entstellungen in der Zeit,
wo Christenthum und Heidenthum noch im Streite lagen; da war es natürlich, daß man dieses von der unvortheilhaftesten Seite darstellte, daß
man ihm Manches mißdeutete und verkehrte, ja aufbürdete, um es der
Rohheit beschuldigen zu können, wie es denn wirklich eine frühere rohere
Anschauung von den göttlichen Dingen enthielt. Genauer betrachtet läugnet
aber Cäsar nur andere als sichtbare Götter, und selbst jene späten Zeugnisse sprechen doch zugleich von Opfern, die an jenen geheiligten Stellen
den Dämonen dargebracht seien; als Dämonen werden aber hier die
Götter bezeichnet. Auch hängt allerdings an Steinen, Pflanzen und
Thieren, an Wasser, Luft und Feuer, an den Gestirnen manches Mytho-

logische, ein gewisser Cult derselben darf sogar zugestanden werden, eine
Art von Heilighaltung und Verehrung ist nicht zu läugnen, aber sie
steigerten sich nicht bis zur Anbetung, bis zum eigentlichen Gottesdienste.
Wenn am Ufer des Flußes gebetet, am Rand der Quelle Lichter ange-
zündet, Opfergaben dargebracht wurden, wie deshalb die Sachsen fonticolae hießen, so kann dem Fluß- und Quellgeist dieser Dienst gegolten
haben; die Heilighaltung des Wassers als Element bedarf doch der Anknüpfung an Götter und Helden. Die wunderbare Kraft einer Quelle
(nymprine) wird daraus erklärt, daß der Stab eines Gottes, oder der
Huf des göttlichen Rosses sie der Erde oder dem Felsen entlockt habe;
aber auch dann finden wir sie bis zur Anbetung und Opferung selten
gesteigert. Noch der heutige Volksglaube läßt zu gewissen festlichen Zeiten
das Wasser in Wein sich wandeln, das alsdann geschöpfte gilt für heilig
und heilsam; das rührt aber dann mehr von der Heiligkeit des Festes
her als von dem Elemente selbst. Auf die Heiligkeit gewisser Seen, die
sich nicht messen lassen und einen Steinwurf durch Gewitter ahnden, haben
wir selber §. 125 hingewiesen. Diese von dem Brunnen der Urd abgeleitete Heilighaltung trat der Verehrung schon näher. Ihm vergleicht
sich der Brunnen im Iwein, dessen Wasser auf den Stein geschüttet Gewitter hervorbringt, während im Roman de Rou (v. 1154) aus dem
Brunnen von Barenton Wasser geschöpft und auf den Brunnenstein ge-
gossen wird um Regen hervorzubringen, was ich nicht als ein Opfer des
Wassers betrachte, sondern dem Serbischen und Griechischen Gebrauch mit
der Dobola, der nach Myth. 560 auch in Teutschland bezeugt ist, vergleiche und für eine symbolische Beleidigung des Brunnengeistes halte,
der ihn zwingen soll, Regen zu gewähren. Vgl. Liebrecht Gervasius 148.
Unverkennbar ist das Opfer in dem was Stöber S. d. Els. 109 von
dem weißen See im Urbisthal erzählt: „Sein Wasser war zu einer Zeit
von wüster grauschwarzer Farbe überzogen und am Ufer standen die
Blumen und Bäume welk und dürr; die Fische trieben todt auf der
Oberfläche hin; kein Vogel kam sich am Strande zu baden, kein Wild
seinen Durst zu löschen und eine bösartige Seuche wüthete im ganzen
Lande. Da erkannte man dieß Elend als eine Strafe des Himmels,
dessen Zorn nur besänftigt werden könne, wenn man ein unschuldiges
Kind im See ertränke. Aber keine Mutter wollte das ihrige opfern.
Da begab es sich, daß ein Geier sich aus einer benachbarten Burg ein
Knäblein raubte um es in seinen Horst zu tragen; da ließ er es im
Darüberfliegen in den weißen See fallen. Und sieh, alsbald hörte der
Fluch auf, der See ward wieder klar wie Krystall, seine Ufer begannen
zu grünen und zu blühen, und Krankheit und Elend wichen einem frohen,
gedeihlichen Leben.‘ Aber die Besprengung der Weltesche aus Urds Brunnen,

Odins Trunk aus Mimirs Quelle, das Baden im Jungbrunnen und die
Lustration der kölnischen Frauen, welche Petrarca bezeugt, und deren Be-
zug auf das Fest der Sonnenwende sich so wenig verkennen läßt als die
Absicht einer günstigen Erneuerung, selbst die Taufe der Neugebornen,
die schon vor dem Christenthum galt, versteigen sich doch zu Gebet und
Opfer so wenig als der Glaube an jene Hungerbrunnen, die reichlich
fließen, wenn unfruchtbares Jahr bevorsteht (Myth. 557, Leop. 37, Kuhn
W. S. 384), oder der Gebrauch des Waßermeßens um Abnahme und
Zunahme der Güter zu erforschen, Myth. 588. Nur die Erregung von
Strudeln und Waßerfällen finden wir höhern Wesen beigelegt: darum
tritt hier auch sogleich ein Opfer hinzu. Wenn aber nach Panzer II, 230
die Geister, die in dem großen Waßerfall am Kriml-Tauern wohnen, durch
einen hineingeworfenen Stein günstig gestimmt werden sollen, so vermuthe
ich ein Mißverständniß, da die Heiligkeit des Waßers, wie wir sahen, keinen Steinwurf duldet. Das dem See auf dem Berg Helanus dargebrachte
Opfer (Myth. 563), bei dem kein Stein und kein Geist auftritt, scheint
gallisch; in Deutschland dürfen wir überall an Götter und Geister denken, wo sich bei Flüßen und Quellen Spuren eigentlichen Gottesdienstes
zeigen. Diese heiligen Waßer pflegen auch heilkräftig zu sein, worauf
schon der Name Heilbronn deutet. Unter Heilawàc versteht man aber
das in heiligen Zeiten geschöpfte Waßer. Hier knüpft sich Heiligkeit und
Heilkraft an den Gott, dessen Fest zu jener Zeit begangen wird. Noch
jetzt besteht jener Volksglaube, daß sich das Waßer zu gewissen Zeiten in
Wein wandle, zu Weihnachten, zu Ostern; es muß dann aber zu Mitternacht und schweigend geschöpft werden. Vom Jungborn §. 19.

Nicht anders wird es sich mit den übrigen Elementen verhalten;
auch in ihnen walten göttliche Wesen, und wenn es gleich Hawamal
67 heißt:

> Feuer ist das beste den Erdgebornen,

so muß es doch erst in Loki zum Gott erhoben, in Logi als Element,
in einem andern Logi als Wildfeuer personificiert werden, wie in Thialfi,
in Donar das Blitz- und Heerdfeuer angeschaut ward, um für göttlich
zu gelten. Am Stärksten sind Feueropfer bezeugt, wenn zur Beschwich-
tigung der Feuersbrunst ein Laib Brot, ein Osterei oder eine dreifarbige
Katze u. s. w. in die Glut geworfen, oder dem Ofen ein Salzopfer gebracht ward, damit es keinen Verdruß im Hause gebe. Vgl. Zingerle
Germ. VI, 220. Daselbst werden auch Schmalzopfer nachgewiesen; auf
Butteropfer könnte der Familienname Antenbrand gedeutet werden.
In christlicher Zeit werden solche Opfer, die ursprünglich den Elementen
gegolten hatten, auf die armen Seelen bezogen; ebenso spricht das An-
beten des Ofens, dem man beichtete vgl. §. 127, für uralten Feuercultus;

aus ihm haben sich aber Riesen und Götter entwickelt und so wißen wir
nicht genau ob es noch das reine unpersönliche Element war, zu dem
sich jene Bedrängten wandten. Vgl. jedoch Zingerle Sagen 411. Wie
dem Ofen, so wird in den Räubermärchen auch den ‚Rolandssäulen‘ gebeichtet, und da diese Herculessäulen erschien, §. 83, so sehen wir uns
wieder auf Donar als Feuergott gewiesen. Bei Luft und Wind ist die
Personificierung in göttliche Wesen noch viel entschiedener: Karis Geschlecht, des Riesen des Sturms, ist sehr zahlreich; auch erzählen unsere
Märchen und selbst Ortssagen (Birl. 191) noch jetzt von hilfreichen, mit
Mehl oder Werg (Leopr. 101) gefüllten Winden, und sogar ein König-
reich der Winde wird angenommen. Wie dem Ofen wurden auch der
Erde Geheimnisse anvertraut, Heimkehrende küßten den mütterlichen Boden, die Erde mehrte Heimdalls Macht, Schwörende legten sich Erde und
Rasen aufs Haupt oder gingen unter den Schmuck der Erde, den grünen
Rasen, RA. 112, Zingerle Sitten 191, Luitpr. 278; aber wie dieß
auf die Verehrung unterweltlicher Mächte zielt, so könnte selbst bei den
übrigen Beispielen noch bezweifelt werden ob sie auch nur die **Heilighaltung** des bloßen Elements bezeugen. Für die **Anbetung** kenne
ich keinen stärkern Beweis als Sigrdr. 4, wo neben Asen und Asinnen
das fruchtbare Feld (fiölnyta fold) angerufen wird. Das Beispiel steht
indes vereinzelt in einer vielleicht uralten Formel. Man beichtet der Erde
(Loher und Maller 1X), man nimmt Erde beim Sterben in den Mund,
man ruft die Erde zum Zeugen der Vermählung. Das Alles sind Spuren
einer Verehrung, die über bloße Heilighaltung hinausgeht. Da aber die
Erde eine Göttin ist, so gilt diese Verehrung nicht dem Element als
solchem. Auch Steine und Felsen galten für heilig und heilkräftig, bei
heiligen Steinen, gewöhnlich blauen, wurden Eide abgelegt, wie ihnen
auch gebeichtet wird, vgl. Ind. pag. de his quae faciunt super petras.
Das kann daran hängen, daß es ein Grenzstein ist, welcher der Gottheit
geheiligt ist (P. 114), ein Opfer- oder Gerichtsstein, was gerne zusammenfiel wie die Priester zugleich Richter waren. Ueber die Wunderkraft
gewisser Steine, der edeln namentlich, vgl. §. 140. Steine am Wege
erbarmen sich, Steine und Felsen weinen um Balbur; aber über das
Mitgefühl der Natur an den Menschenloosen, über ihre Heilighaltung
überhaupt und der Unterwelt insbesondere, denn ihr waren wohl die
Steine angehörig, bei welchen geschworen und gebeichtet ward, geht dieß
nicht hinaus und weder Gebete noch Opfer sind bezeugt. Wenn vota ad
lapides besonders in ruinosis et silvestria locis vorkommen (M. Anh.
XXXV), so deuten die Worte daemonum ludificationibus decepti an,
daß es alte Tempel waren, wo man die Götter gegenwärtig glaubte.
Steine (oder Bäume), welche man durchkroch, um Krankheiten auf sie zu

übertragen oder um gleichsam wiedergeboren zu werden, galten darum nicht für heilig. Sollen solche Oeffnungen heilbringend sein, so dürfen sie nicht von Menschen gemacht sein (Panzer I, 429): das zeigt am deutlichsten, daß die Heilkraft hier von göttlichen Wesen ausgehen muß. Vgl. aber §. 140.

An Pflanzen haftet Heiligkeit, weil sie Göttern geweiht oder nach ihnen benannt sind, wovon das lichte Kraut ein Beispiel ist, das man mit Baldurs Augenbrauen verglich D. 22. Ein anderes erinnert an das Haar der Freyja, andere finden wir auf Ziu, auf Donar bezogen. Auf Maria deuten Viele, die wohl früher nach deutschen Göttinnen benannt waren. Perger Pflanzens. 69. 220. Ueber die Krauthweihe im „Frauendreißigst" (15. Aug. — 8. Sept.) Perger 45. Wasserblumen sind heilig, weil sie Meerminnen und Seenixen zur Wohnung, ja Nachts zum Schiffe dienen; die Seerose (nymphaea alba) ist eine verwandelte Jungfrau; die Friesen nennen sie Schwanenblume, und sieben Seeblätter nahmen sie in ihr Wappen auf. Hier und da hängen an Pflanzen mythische Erzählungen, z. B. wenn die Wegwarte eine Jungfrau gewesen sein soll, die am Wege ihres Buhlen harrte, wovon schöne Varianten bei Panzer II, 204. Vgl. das Räthselmärchen bei Gr. 160. Andere spielen nur in Mythen eine Rolle z. B. der Mistelzweig in Balders, die Eberesche in Thors Mythus. Vgl. Kuhns Herabkunft 201, welcher aus mancherlei Aberglauben schließt, daß der Vogelbeerbaum eine Verkörperung des Blitzes gewesen sei. So steht der Schlafapfel, ein Auswuchs an der wilden Rose, mit Odin und Brynhild in Bezug und auch oben bei der h. Pinnosa wurden wir an ihn erinnert. Vom Johannisblut sahen wir, daß es aus dem Blute eines Gottes auswuchs. Farnsamen soll unsichtbar machen, Shaksp. K. Heinrich IV. I, 21, und Erfüllung aller Wünsche gewähren (Kuhn Herabl. 221); über seine himmlische Abstammung vgl. Kuhn Herabl. 221. Er hat auch wetterheilende Kraft, Kuhn l. c. 222. Dietkraut heißt er, weil die Schlangen den, welcher ihn bei sich trägt, so lange verfolgen bis er ihn wegwirft; Irrkraut, weil, wer darauf tritt ohne ihn zu sehen, irr und wirr wird und nicht Weg noch Steg mehr kennt, Kuhn 223. Andere Kräuter schützen vor Zauber: wer ein 4blättriges Kleeblatt bei sich trägt, kann nicht betrogen werden; daß es auch sonst glückbringend sei, ist erst neuerer Aberglaube. Ueber die blaue Blume §. 116. In unserm Vergißmeinnicht ist die Blume selbstredend und warnend eingeführt. Als Wünschelruthe wird in Schweden die schon genannte Eberesche verwandt, bei uns Hasel oder Kreuzborn: sie zeigt nicht bloß Schätze, sie macht aller Wünsche theilhaftig. Auch ihr verlieh man gern wie dem Alraun (vgl. S. 456.) menschliche Gestalt, ja sie wird mit Namengebung getauft, indem man drei Kreuze barüber schlägt. Selbst ihre Zwieselgestalt legt Kuhn 208 als einfachstes Bild des zweibeinigen Menschen aus.

Vom Baum- und Thiercultus giebt auch Grimm M. 66, 613 an, daß er eigentlich dem höhern Wesen galt, bem der Hain geheiligt war, das im Baume lebte, ober die Gestalt des ihm heiligen Thiers angenommen hatte. Die Heilighaltung der Haine, gewisser Pflanzen und Thiergattungen verbankten sie ihrem Bezug zu den Göttern. Den heiligen Hain der Semnonen betrat man nur gefesselt; wer zufällig hinfiel, durfte weder selber aufstehen noch sich aufrichten lasten: hier hatte nur der Gott zu gebieten, allem Uebrigen geziemte unterwürfiger Gehorsam, Germ. 39. Von dieser symbolischen Fesselung war das Volk genannt (Zeitschr. VII, 883). Hier hatte es seinen Ursprung genommen, hier trat es durch Gesandte zusammen und beging gemeinsame Opfermale. Häupter und Häute der geschlachteten Thiere wurden in solchen Hainen aufgehängt, und vielleicht empfingen davon einzelne Bäume noch besondere Heiligkeit. Vgl. den indic. paganiarum de sacris silvarum quae nimidas vocant. Wenn nimidas an nemus erinnert, so scheinen doch Opfer gemeint: das Opfer wird dargeboten und angenommen. So können auch einzeltstehende Bäume wie jene gewaltige Donarseiche bei Geismar in Hessen, an die Winfrid die Axt zu legen wagte, den Göttern geweiht heißen, weil an ihnen die Opfer gleichsam dargereicht wurden, und es scheint absichtliche Entstellung, wenn berichtet wird, den Bäumen oder gar dem Holze selbst habe man göttliche Ehre erwiesen. Götter wohnen in diesen Hainen, das Laub der mächtigen Erde durchrauschte der Gott; noch der christliche Berichterstatter läßt sie vom göttlichen Hauche bewegt zusammenstürzen. So wahr und naheliegend ist die Anschauung, die dem Naturgefühl unsrer Väter eher Ehre macht als sie der Rohheit beschuldigt. Auch erlosch dieß Gefühl sobald nicht: die vielen Wald- und Bergcapellen, zu denen Heiligenbilder Veranlaßung gaben, die in oder auf der Eiche, der Linde gefunden immer wieder dahin zurückkehren, wie oft sie auch hinweggenommen, zu bewohnten Stätten und ihren Kirchen gebracht wurden, bezeugen durch die an sie geknüpften Sagen wie tief das Bedürfniß, sich im Wald, auf Bergen der Gottheit näher zu fühlen, im Volke wurzelte.

Eichen und Linden sind vorzüglich gern solche heilige Bäume, die Eiche dem Donar, die Linde der Frouwa oder Erka geheiligt. Den Langobarbern war bei Benevent ein Blutbaum geweiht, den der h. Barbatus umhieb. Myth. 615. Es war ein Opferbaum, opfern hieß blôtan hochb. pluozan. Wir finden auch in Deutschland Blutbäume, eine Blutlinde zu Burgfrauenstein bei Wiesbaden, eine Blutbuche bei Irchel im Canton Zürich, und wenn man die Rothbuche jetzt Blutbuche nennt, so könnte hier, obgleich es keiner mythischen Erklärung bedarf, doch Zusammenhang wollen. Bäume pflegen Blut auszuströmen, wenn sie verletzt wurden, und noch jetzt werden altehrwürdige Bäume, damit sie nicht absterben, mit Blut gedüngt. Man findet auch die alte Sitte, Steine an alte Bäume hinzulegen, mit der Formel: ich opfere, opfere dem wilden Fräulein. Wer absichtlich heilige Bäume verletzt, muß sterben und oft mit ihm sein ganzes Haus. Unsere Weisthümer verbieten noch Waldfrevel bei ganz unmenschlichen Strafen. Daß aber die Verehrung dem Gotte galt, welchem der Hain, der Baum geweiht war, davon haben sich Spuren in den Ortssagen erhalten, wonach unheimliche Wesen in den Bäumen wohnen sollen, die jede Verletzung des Baumes ahnden. So die Eichelmutter bei Schneißingen (Roch. I, 59); dagegen wird man bei der Heiligenföhre zu Wegenstetten (Roch. 89) an Fortunal, oder eigentlich Frau Sälde erinnert. Von hohem Alter sind auch die Sagen, wo es einem Kinde bestimmt ist, sich an einem Baume aufzuknüpfen, was mit der Wilarssage §. 85 zusammenhängt und zugleich an Sawitri gemahnt N. 89. Es steht zu vermuthen, daß dieser Baum Wuotan geweiht war; die alte Frau aber, die sich des Kindes annahm, wird Fria (Frigg) gewesen sein. Am deutlichsten wird der Bezug einzelner Bäume auf die Götter in der Legende von der h. Edigna, die wie das Marienkind KHM. 3 im hohlen Baume wohnt, Panzer II, 49, 405, sich aber auch schon durch das heilige Ochsengespann, so wie durch Hahn und Glocke als eine Göttin zu erkennen giebt. So sitzt in einer altspanischen Romanze eine Königstochter auf einem Eichenwipfel und ihre langen Haare bedecken den ganzen Baum.

Von Thieren gewidmeter Opferdienst hat sich bei den Hausschlangen ein vereinzeltes Beispiel gezeigt; im Ganzen muß auch Er geläugnet werden. Die Heilighaltung gewisser Thiergattungen fließt aus ihrem Bezug zu den Göttern, als deren Hausgesinde sie gelten können, wie Wuotans Wölfe und Raben davon ein Beispiel sind, oder aus ihrer Bestimmung zum Opfer. Auch wandeln sich Götter in gewisse Thiere, und menschliche Seelen nehmen Thiergestalten an, §. 128; doch nur bei den Schlangen steigert sich das bis zum eigentlichen Cultus. Ein Thier mag für heilig und unverletzlich gelten, seine Tödtung sogar mit einer Strafe belegt werden, weil es für weißagend und heilbringend gilt; diese Verehrung reicht nicht bis zur Anbetung. Aber selbst Opfer können Thieren zu Gute kommen, die eigentlich den Göttern zugedacht sind. Wenn dem Pferde Wuotans eine Getreidebüschel unabgemäht stehen bleibt, so gilt die Gabe dem Gotte, und wenn den Vögeln des Himmels Brotkrumen gestreut, den Sperlingen ein Kornbüschel ausgesetzt wird (Pröhle Harzs. 187, Myth. 635), was uns jetzt Walthers Vermächtniß erklärt, so möchte man den angeblichen Grund so milden Sinnes ‚damit sie den Fluren nicht schadeten‘, ungern für den wahren ansehen. Ueber die berüchtigte

Sammelgeschichte Liebr. Germ. X, 109. Es ist ein Dankopfer: einen Theil der verliehenen Gaben giebt man dem Gotte zurück, um ihn gnädig und geneigt zu stimmen, ein andermal wieder Segen zu spenden: darum geschieht es bei der Ernte. So giebt man in Hessen zwei Geschäl von der Wintersaal den Vögeln, und wenn die Ernte eingethan ist, wirft man Nachts um 12 Uhr eine Garbe aus der Scheuer, damit die Englein im Himmel davon zehren, Wolf Götterl. 94. In der ersten Helgaswiba fordert ein weißagender Vogel, wenn er mehr aussagen und dem König zum Besitz Sigrlinns verhelfen solle, Hof und Heiligthum und goldgehörnte Kühe. Aber dieser Vogel scheint derselbe, der hernach als Hüter Sigrlinns entschlafen von Atli erschoßen wird. Franmar Jarl, den wir als Riesen zu denken haben, hatte Adlergestalt angenommen. So begehrt auch der Riese Thiassi, der als Adler auf der Eiche saß, ein Opfer: nur wenn er sich von dem Mal der Asen sättigen dürfe, will er gestatten, daß der Sud zum Sieden komme, D. 56; vgl. §. 31 und Wolf Beitr. I, 362. Panzer I, 264. Wenn in der Schweiz die Kinder dem Goldkäfer, den sie auf der Hand halten, ,Milch und Brodt und e silbriges Löffeli derzue' verheißen, so ist das nur eine Schmeichelrede.

Die Heilighaltung der Pferde, die in heiligen Hainen oder im Umkreis der Tempel aufgezogen zu Opfern, Weißagungen oder den Wagen der Gottheit zu ziehen dienten, gieng allerdings weit; sie konnte bis zur Verehrung getrieben werden. Nur zum Dienst der Götter bestimmt, duldeten sie keinen irdischen Reiter (Tac. Germ. 10: nullo opere humano contacti) §. 151. Hrafnkel hatte sein Roß Freyfaxi zur Hälfte dem Frey geschenkt und das Gelübde gethan, den Mann umzubringen, der es gegen seinen Willen reiten würde. Von einem andern gleichbenannten Roß wird berichtet, daß sein Eigenthümer Brandr es göttlich verehrt habe, Myth. 622. Aber schon jener Name verräth, daß es der Gott, nicht das Roß war, dem göttliche Ehre erzeigt ward. Die Namen Hengist und Horsa bei den Fürsten der Angelsachsen, welche England eroberten, möchte Lappenberg (Engl. Gesch. I, 93) auf die heiligen Pferde beziehen, die ihren Zug geführt hatten.

Noch weiter gieng die Verehrung der Kühe und Rinder. König Eystein glaubte an die Kuh Sibilja, der so viel geopfert wurde, daß sich Niemand vor ihrem Gebrüll erhalten konnte; darum pflegte sie der König mit in die Schlacht zu führen. Auch den König Oegwaldr begleitete eine heilige Kuh überall zu Wasser und zu Lande, er trank ihre Milch und ließ sich zuletzt im Hügel neben dem ihren begraben. Hier sind Opfer, den Kühen dargebracht, bezeugt; doch scheinen dieß einzelne Verirrungen, die auf den Gottesdienst überhaupt kaum einen Schluß verstatten. So könnte das Opfer ursprünglich dem Gotte gegolten haben, der in dem weißagenden Gebrülle der Kuh seinen Willen zu erkennen geben sollte.

Am meisten scheint unserer Auffaßung die Verehrung der Schlangen
entgegenzustehen, welche sich keineswegs auf die als Seelen zu betrachtenden Hausschlangen (§. 127) beschränkte. An sie erinnert zwar, wenn es
im Wolfdietrich von einer Vipernart heißt, es lebten immer nur zwei
solcher Vipern, Myth. 649. Aber wär auch dieser Zug von den Hausschlangen erborgt, so erinnert doch jene langobardische Heldensage hier
stärker an die gerade von demselben Volke bezeugte Verehrung eines
heiligen Schlangenbildes, das in der vita Barbati (Myth. 648) als
Viper gedacht ist. Wir haben indes schon §. 106 in Schlangen und
Drachen Symbole der schaffenden und erhaltenden Naturkraft erkannt und
Odins Beinamen Ofnir und Svafnir hierauf bezogen: so kommt es zu
Statten, daß in jener andern vita Barbati (Myth. 649) angedeutet
wird, der höchste Gott sei unter jenem Schlangenbilde verehrt worden.
Wie wir hier auf Odin gewiesen werden, der sich §. 76 auch in eine
Schlange wandelt, so deutet der nahverwandte ebenso mystische Käser-
cullus, von welchem Myth. 685 Spuren nachweist, andere bei Zingerle
II. 179. 218, Leopr. 76 begegnen, auf Thôr.

Die edelste Art von Heilighaltung der Thiere begegnet in unsern
Märchen, wenn der Dümmling mit Thieren Erbarmen übt, mit Löwen
und Wölfen wie mit den kleinsten Thierchen, Ameisen und Bienen, nur
aus schöner Menschlichkeit, wo dann das gute Herz sich ihm reichlich lohnt,
denn im Verlauf des Märchens werden ihm Aufgaben gestellt, die nur
durch den Beistand dieser Thiere gelöst werden können. So giebt er auch
einem armen alten Mann das letzte Stückchen Brot oder den einzigen
Pfennig; so erweist er den Todten die letzte Ehre, nicht aus bewußter
Pflicht: aus gutem Herzen, aus liebevollem Sinn gegen alle Geschöpfe. Diese
Tendenz unserer Märchen wird man nicht als einen Rest alten Thiercultus
ansehen, obgleich ich überzeugt bin, daß auch der Thiercultus aus derselben
menschlich schönen Gesinnung entsprungen ist und an der indischen Heilighaltung der Kühe das gute Herz nicht weniger Antheil hat als der Eigennuß.

Wir brauchen demnach weder Pflanzen- noch Thiercultus als für sich
berechtigt anzuerkennen. In diesem Sinne darf auch Gestirndienst, wenn
wir von Sonne und Mond absehen, geläugnet werden; diese aber waren
zu göttlichen Wesen erhoben, die an andern Stellen besprochen sind.

Der obigen Ausführung scheint der auch in Deutschland verbreitete
Glaube entgegenzustehen, daß Menschen, welche die Sprache der
Thiere erlernt hätten, höherer Weisheit theilhaftig geworden seien. Allerdings ist hier den Thieren eine Weisheit beigelegt, welche an die im
Waßer liegende erinnert. Gleichwohl ist dieser Glaube, den wir fast bei
allen Völkern finden, nicht überall mit Verehrung der Thiere verbunden,
obgleich er eine gewisse Ehrfurcht vor ihnen bedingt.

Wie der Mythus von Allem die Ursache kennt, wie er weiß, warum
der Lachs hinten spitz ist, §. 41, warum der Kuckuck mehlbestaubt Gefieder hat, §. 13, so hängen mythische Erzählungen auch an den Eigen-
thümlichkeiten anderer Thiere und Pflanzen: so der Trauerweide, der Kreuz-
schnäbel (Reusch II. Aufl. 33), des Zaunkönigs (R. 34, GHM. 171), der
Eidechse (Wolf Beitr. 447), des Gießvogels (R. 29, Gr. Myth. 1221), der
Krähe (R. 30), des Pferdes und Rindes (R. 134, Temme und Tettau Pr.
S. 29) u. s. w. Andere Thiere sind rein mythisch, wie der Drache, der
Basilisk, der Schlangenkönig mit seiner Krone (R. 37, Gr. M. 650. 929),
der Stahlwurm, Rochh. Mythen 188, der Haselwurm, Haupts Sagen der
Lausitz I, 175, der Murbl, der Stahlwurm Alp. M. u. S. 377—380,
der Tatelwurm (Leipz. Illustrierte Zeitung 1864 Nr. 1094). Als ein
sabelhaftes Kraut könnte man die Irrwurzel (Alpenb. 409) bezeichnen, als
einen sabelhaften Stein den Siegerstein und den Stein der Weisen. Ueber
die sieben Planetenkräuter s. Alpenb. 400, über die bei der Kraut welhe
(Maria Himmelsahrt) gebräuchlichen Alpenb. 402, Montanus 38.

Mit erstaunlichem Fleiße und seltener Belesenheit hat Mannhardt
(Ztschr. f. D. M. III, 209—298) Alles zusammengestellt, was seit mehr
als tausend Jahren in Teutschland und seinen Nachbarländern, ja im
fernen Orient über den Kuckuck (Gucker) gesungen und gedichtet ist,
um zu beweisen (S. 210), daß dieser Vogel bei unsern Vorfahren göttliche Verehrung genoßen oder wenigstens zu dem alten Götterwesen in
nahem Bezuge gestanden habe. Gleichwohl muß er zuletzt (S. 290)
gestehen, daß die mythische Bedeutung des Kuckucks und die mit ihm verbundenen Sagen überall Naturerscheinungen zur letzten Grundlage haben.
Wie der Hahn den Tag, so verkündet der Kuckuck den Frühling, und wie
der Hahn der Hausprophet heißt, so gilt der Kuckuck für den Allerwelts-
propheten. Prophezeite er zuerst nur den Frühling, so erscheint es
als eine Weiterbildung, wenn er nun auch wißen solle wie lange man
zu leben habe oder wie manches Jahr ein Mädchen noch warten müße
bis der erwünschte Freier es zum Altare führe. Unser Dichter geht noch
weiter, er soll dem künftigen Ehepaar auch die Zahl der Kinder bestimmen. Ist es ein Wunder, wenn die Prophezeiungen, die man aus seinem
Gesange heraus hörte, nicht immer eintrafen, und er nun in den Ruf
kam, ein falscher Prophet zu sein? Wenn dem Mädchen der Jahre zu
viel werden, die es noch warten soll, so sagt es, es sei ein thörichter
Kuckuck oder sitze auf einem närrischen Zweige; aber schon bei den Langobarden bedeutete es nichts Gutes, als er dem neugewählten Langobarden-
König auf den Sper flog, der das Symbol seiner Herschermacht sein
sollte: man schloß daraus, daß dieses Königs Regierung nicht fruchten
werde. So ließt man bei Reusch, einem Vorläufer Mannhardts,

Pr. Prov. Bl. V, 388, in Baiern nennt man den Adler im Preußischen Wappen scherzweise den Preußischen Kuduk und die alten Pr. Groschen Kudukgroschen, und in Preußen selbst solle dieser Scherz nicht ungewöhnlich sein und namentlich das Stempeln mit dem Adler den Preußischen Kuduk aufdrücken heißen. Es galt für üble Vorbedeutung, wenn man seinen Ruf nüchtern hörte und Walther glaubt (73, 29) herzhaft geflucht zu haben mit den Worten:

hiure müezens beide einl ande gouch geboren ê si enbizzen sin.

Ja, weil er seine Eier in fremde Nester legt, wird er zum Ehebrecher und Hurensohn und sein Name, Gauch, zu einem der gangbarsten Schimpfwörter. Wir haben auch schon gesehen, wie sein mehlbestaubtes Gefieder ihn zu einem Bäcker machte; anderwärts hielt man ihn für einen Müller; Bäcker und Müller aber gelten im MA. nicht für ehrliche Leute. Bedeutete er doch zuletzt euphemistisch den Teufel selbst in Redensarten wie: Hol ihn der Kuduk! das ist um des Kuduks zu werden! oder wenn Claudius von dem Kuduk und seinem Küster singt. Vgl. §. 128 oben. Aber gerade dieß letztere könnte uns erläutern wie man auf den Einfall kam, etwas Göttliches an einem so übel angesehenen Vogel zu finden. Der Teufel ist so oft an die Stelle der alten Götter getreten, warum sollte es nicht der Kuduk sein, den wir an des Teufels Stelle zu nennen pflegen? Daß er aber gerade an Thörs oder Freys Stelle getreten sein solle, wie Mannhardt will, leuchtet nicht sofort ein, da der Adler, mit dem ihn das Volk zu vertauschen liebt, Obins Vogel war. Ja ich riethe, wenn ich überhaupt die Ansicht theilte, noch lieber auf Gertrud oder eine der Göttinnen, welche Gertrud ersetzen sollte. In dem an die Schnecke gerichteten Kinderspruche:

Kukuk, Kukuk Gerberut,
Stal dine vêr Hörns herut.

ist die erste Zeile nicht sowohl des Reims wegen herbeigezogen, als weil auch der Kuduk Versteckens spielt, indem er sich in dem grünen Laube birgt, das er angesungen hat, wodurch er zu dem Versteckspiel der Kinder Veranlaßung giebt. Aber Kukuk und Gertrud gehören hier zusammen, wie auch Mannhardt annimmt, und so möchte ich ihn am Liebsten für den Vogel der Freyja oder Ihun erklären, die beide Göttinnen der schönen Jahreszeit sind, des rückkehrenden Schmucks der Erde in Gras und Laub. Fällt auch Gertruds Tag (17. März) etwas früher als des Kukuks Gesang in unsern Wäldern vernommen wird, so haben sie doch gemein, daß beide den Anbruch des Frühlings zu bezeichnen pflegen. Noch eine andere Spur deutet auf Gertrud: das norwegische Märchen von dem Gertrudsvogel (Grimm M. 639, Asbiörnsen und Moe Nr. 2) findet sich auch auf den Kukuk übertragen; oder war er selber der Gertrudsvogel, und ist dieser nur durch Verwechselung mit dem Martinsvogel für den rothhaubigen Schwarzspecht gehalten worden? Dieß ist um so wahrscheinlicher, als es sich hier wieder ums Backen handelt und die rothe Haube der kargen Bäckerin ihr nur des Vogels wegen aufgesetzt ist, während das mehlbestaubte Gefieder des Kuckucks nicht erfunden zu werden brauchte. Der Kuckuck ist auch sonst noch, wie Mannhardt ausführt, wegen Kargheit übel berufen. Aber der Leser soll nicht um das Märchen von dem Schwarzspecht kommen, in dem wohl ein Mythus steckt: Als unser Herrgott mit Petrus auf der Erde wandelte, kamen sie zu einer Frau, welche saß und buk; sie hieß Gertrud und trug eine rothe Haube auf dem Kopf. Müde und hungrig von dem langen Weg bat sie unser Herrgott um ein Stück Kuchen. Ja, das sollte er haben, sagte sie und knetete es aus; aber da ward es so groß, daß es den ganzen Backtrog ausfüllte. Nein, das war allzugroß, das konnte er nicht bekommen. Sie nahm nun ein kleineres Stück; aber als sie es ausgeknetet hatte, war es ebenfalls für ein Almosen zu groß geworden: das konnte er auch nicht bekommen. Das dritte Mal nahm sie ein ganz kleines Stück; aber auch das Mal ward es wieder zu groß. „Ja, so kann ich euch nichts geben", sagte Gertrud: „Ihr müßt daher ohne Mundschmack wieder fortgehen, denn das Brot wird ja immer zu groß." Da ereiferte sich der Herr Christus und sprach: „Weil du ein so schlechtes Herz hast und mir nicht einmal ein Stückchen Brot gönnst, so sollst du dafür in einen Vogel verwandelt werden und deine Nahrung zwischen Holz und Rinde suchen und nicht öfter zu trinken sollst du haben als wenn es regnet." Und kaum hatte er die Worte gesprochen, so war sie zum Gertrudsvogel verwandelt und flog oben zum Schornstein hinaus und noch den heutigen Tag sieht man sie herausfliegen mit einer rothen Mütze auf dem Kopf und schwarz über den ganzen Leib; denn der Ruß im Schornstein hatte sie geschwärzt. Sie hackt und pickt beständig in den Bäumen nach Essen und zirpt immer, wenn es regnen soll, denn sie ist beständig durstig.

Gebet.

133.

Das Gebet ist mehr als eine an göttliche Wesen gerichtete Bitte. Der ursprüngliche Sinn von Bitten ist Liegen, Niederfallen und die mit dem Gebet verbundenen Gebärden der Selbstdemüthigung, die emporgehobenen oder ausgestreckten Arme, die gefalteten Hände, das entblößte, geneigte Haupt, die gebogenen Kniee, das Niederstürzen zu den Füßen der

angeflehten Gottheit, sie alle drücken aus, daß der Mensch sich dem höhern
Wesen als ein Besiegter, als wehrloses Opfer darbietet und unterwirft.
Bitten und beten werden vielfach verwechselt; noch Pfeffel sagt: den ganzen Tag bat er sein Paternoster her. Wörterb. II, 53. Beide Wörter
aber kommen von bieten offenbar. In der alten Sprache und noch im
ndrh. Dialekt heißt es ‚sich beten‘, als wäre sich bieten, sich opfern gemeint, gerade wie das mit Bitten in seinem alten Sinne zusammenhängende badl Bette (lectisternium) zugleich Altar bedeutet, Myth. 27. 59.
Wörterb. I, 1722. Von dem Entblößen des Hauptes machten nur die
Priester eine Ausnahme, wenigstens ist von den gotischen bezeugt, daß
sie das Haupt mit der Tiare bedeckten.

Der Heide schaute beim Beten gegen Norden, weil dahin auch das
deutsche Alterthum die Wohnung der Götter, den Götterberg, setzte, und
diese selber gegen Süden sahen, vgl. §. 83. Die gegen Osten betenden
Christen nahmen daher einen nördlichen Sitz des Teufels an, und bei
seiner Abschwörung mußten sich die Neubekehrten mit gerunzelter Stirne
und zorniger Gebärde, dem Gegensatz jener, die das Gebet begleitete,
nordwärts kehren. Für die Vorstellung, zu welcher Sigrbr. 3 Anlaß
giebt, als hätten die Teutschen sitzend gebetet, könnten deutsche Gräber
sprechen, welche die Todten in sitzender Stellung zeigen. Liebrecht Germ.
X, 108 meint zwar, diese Erklärung sei nicht so ansprechend als jene
Nr. 1220 angeführte, wonach diese auffallende Behandlung der todten
Leiber den Menschen in dieselbe Lage versetzen solle, die er vor der Geburt im Schooße der Mutter angenommen habe. Aber hatten die Alten
so genaue Vorstellungen über die Lage des Embryo? Vgl. Germ. XVI,
222. Nach Maurer Bekehrung II betete man liegend nach Norden gerichtet und hielt, auch wenn kein Bildniß da war, die Hände beim Beten
vor die Augen, wie vom Glanze der Gottheit geblendet.

O´p f e r.

134. 1. Im Allgemeinen.

Wenn der Mensch im Gebet sich selber darbringt, so fügt er im
Opfer (neibungo Graff II, 1015) einen Theil seiner Habe hinzu,
und erkennt damit an, daß er das Ganze der Gnade der Götter verdankt. Dieser weiß er sich bedürftig im Glück wie im Unglück, denn das
Glück erscheint ihm als ein neuer Beweis der göttlichen Gnade, die ihm
ein Dankopfer auch ferner erhalten soll; das Unglück schreibt er dem
Zorne der Götter zu, den er durch ein Sühnopfer von sich abzuwenden

hofft. Eine dritte Art, wenn der Ausgang eines Unternehmens erforscht werden soll, und der Weißagung ein Opfer vorhergeht, damit der Gott geneigt werde, seinen Willen kundzugeben und einen Blick in die Zukunft zu verstatten', könnte man Bittopfer nennen und noch andere Fälle hinzurechnen.

Vor allen scheinen die Dankopfer häufig, weil sie wie die Jahresernten regelmäßig wiederkehren; doch laßen sich die drei großen Jahresopfer der Teutschen je zu einer dieser drei Arten zählen. Nur das Herbstopfer, das zum Empfange des Winters, til árs, also für den Segen der Ernte, gebracht wurde, ist ein Dankopfer; zu Mittwinter opfert man til gródhrar, den Feldern Fruchtbarkeit zu erflehen, und dieß scheint gleich dem dritten, das zum Empfange des Sommers, wenn die Waffen nicht länger zu ruhen brauchten, til sigrs (für den Sieg) gebracht wurde, ein Bittopfer; da aber die Schweden dabei den Sühneber darbrachten, so war wohl die Versöhnung der unterweltlichen Götter, damit sie nicht Mißwachs, Mäusefraß und andere Plagen verhängten, seine eigentliche Bestimmung. Vgl. M. 38.

Der Sühneber war auch den Angelsachsen bekannt und für deutsche Gerichtsmale, die einst Opfermale waren, ist er in sehr entlegenen Gegenden nachgewiesen. Das Nähere ist §. 101 angegeben: die dabei vorkommenden Zeilen bestätigen, daß die Opfermale mit den drei großen Volksversammlungen, den sog. ungebotenen Gerichten, zusammenhingen, die sich, wie verschieden auch ihre Zeit in den Weisthümern bestimmt wird, im Ganzen doch auf die genannten drei Jahrszeiten vertheilen, so daß wie Martini, Weihnachten und Walpurgis als die regelmäßigen Fristen ansetzen dürfen. Dabei wäre auch die Meldung des Tacitus, daß die Teutschen nur drei Jahreszeiten gekannt hätten, in Betracht zu ziehen. Sie ist gewiß an sich richtig, wie er auch darin nicht irrte, daß der Herbst den Teutschen Obst- und Weingewinn versagte, worauf er als Römer allein Werth legte.

Außer diesen drei Jahresopfern gab es andere, die sich nach längern Zeiträumen wiederholten. Tac. Germ. 49. Dietmar von Merseburg berichtet von dem großen Opfer auf Seeland, das alle neun Jahre am 6ten Januar, also noch in der Zeit der Zwölften, am Berchtentage, die unterweltlichen Götter versöhnen sollte, wobei 99 Menschen und ebensoviel Pferde fielen; Adam von Bremen von dem Upsalischen, gleichfalls alle neun Jahre wiederkehrenden, bei welchem neun Häupter von jeder Thiergattung dargebracht wurden, Moth. 42. 46. Alle neun Jahre: das ist eine große Woche von 9 Jahren, der kleinen Woche von neun Tagen entsprechend. Der Greuel des Menschenopfers ist schwerlich erdichtet; aber

die Milderung der Sitten, welche das Christenthum brachte, darf man
nicht zu gering anschlagen. Nicht unmöglich ist übrigens, sagt Grimm
Myth. 47, wenn man nach dem Sachsen- und Schwabenspiegel alle lebenden Wesen, die bei einer Nothzunft waren, namentlich Rinder, Rosse,
Katzen, Hunde, Hahnen, Gänse, Schweine und Leute, außer dem eigentlichen Missethäter (d. i. ursprünglich ihrem Hausherrn) enthauptet werden
sollten. An der Dingstätte stand der Stein (in Köln der blaue Stein),
an den man die Verbrecher stieß, die zum Opfertode verurtheilt waren.
"Es leuchtet ein," sagt Maurer II, 196, "daß Männernamen wie Stein,
Westein, Freystein, Thorstein ganz so von diesem Opferstein hergenommen
sind, wie die Namen Ketil, Asketil, Thorketil, Bolli u. dgl. von dem heiligen Opferkessel." Allerdings fehlt es auch sonst nicht an Zeugnissen für
Menschenopfer; außer Verbrechern, Meineidigen, Meuchelmördern und
Ehebrechern fielen besonders kriegsgefangene Feinde, die man schon
vor der Schlacht dem Gotte, wenn er den Sieg verliehe, geweiht hatte,
was kaum viel schlimmer ist als wenn in christlichen Schlachten kein Quar-
tier gegeben wird. Daneben ist von erkauften Knechten die Rede; hier
dürfen wir das Heidenthum nicht zu schwer verklagen, da wir leider hören, daß es Christen waren, welche diese Knechte zum Opfer verkauften,
M. 40. Man berichtet auch von Menschenopfern bei Flußübergängen,
die Frauen und Kinder kosten, und die Sage weiß, daß Kinder zur
Heilung des Aussatzes getödtet oder bei Neubauten in Grundwälle eingemauert, Myth. 1094, 1114. 16. Liebr. Philol. 23, 679, Stöber
Oberrh. Sagenb. 505. W. Müller RS. 15. 6. 23. 24. Ja Könige, wie
in Schweden Domaldi (Ynglisql. 18) für Mißjahre, oder, wie Vikar
§. 95, für den Seesturm verantwortlich gemacht und den Göttern geopfert
wurden. Noch schlimmer ist es, wenn König Oen §. 68 jedes zehnte
Jahr einen seiner Söhne um langes Leben, Hakon Jarl der Thorgerd
Hölgabrud, die nicht einmal eine Göttin war, wenn ihr gleich göttliche
Ehre erwiesen ward, seinen Sohn geopfert haben soll, Maurer II, 198.
Vornämlich ist es Odin, dem Menschenopfer gefielen; freilich minderte
der Glaube der Hingeopferten Loos, denn der Gott verlieh ihnen Walhall
(§. 6. 14. 16. 23. 124). Schon die alten Geten, welche Grimm für
unsere Vorfahren hielt, pflegten alle fünf Jahre einen Boten an Zamolxis oder Gebeleizis zu senden, der, in der himmlischen Wohnung
Aufnahme findend, nicht wiederkehrte. Man halte ihn an Händen und
Füßen in die Höhe geschleudert und auf drei Lanzen aufgefangen; wie
grausam, ja unmenschlich das war, so mochten sich doch Lebensmüde zu
diesem Botenamte drängen, um zu Zamolxis zu gehen, wie man im
Norden zu Odin zu gehen sich mit dem Sper ritzen ließ, oder Andere,
wenn sie das Kleinste verdroß, sich vom Felsen stürzten dem Gott zu su-

chen, FMS. III, 7. Uhlmüller Altn. Sagenschatz 383. Vgl. Bergmann
Solarl. 146. Ueber die Tödtung durch Thors Hammer s. o. §. 79.

Wie zur Sühne Blut vergoßen werden muste und Menschen als
das kostbarste, aber dem Gott willkommenste Opfer fielen, so beschränkten
sich auch Bitt- und Dankopfer nicht auf die Früchte des Feldes, am
Wenigsten wohl bei dem Frühlingsopfer, das til nigra, also dem Kriegsgotte gebracht wurde. Das große Herbstopfer sollte zunächst nur den
Dank für den Segen der Ernte; aber das Jahr hatte auch Pferde und
Rinder, Lämmer und Ziegen, Schweine und Federvieh gebracht, und so
genügten hier die unschuldigen Opfer aus dem Pflanzenreich nicht, welche
sich überdieß lieber gleich an das Einscheuern knüpften.

Im Spätherbst pflegt der gemeine Mann noch jetzt für den Winter
einzuschlachten; in heidnischer Zeit gab er dabei auch den Göttern ihren
Antheil. Hievon ist nicht bloß die Martinsgans übrig und die niederrheinische Sitte, das Herbstpferd vorzustellen (M. Martinslieder S.
VII); Grimm bezieht auch den Gebrauch, beim Einschlachten ein Gastmal
zu rüsten und Fleisch und Würste den Nachbarn zu schicken, auf die alte
Opfergemeinschaft. Daß der November nicht des häuslichen Einschlach-
tens für den Winter wegen Schlachtmonat heißt, sondern mit Bezug
auf die alten Opferthiere, zeigt der entsprechende angels. Name blôtmô-
nadh, der mit Bluten nichts zu schaffen hat, da agl. blôtan, altl. pluozan,
Opfern bedeutet. So ist auch Martinslieder XIV, 52. 53. nachgewiesen,
daß außer der Gans Hühner, Schweine, Kühe und Pferde zur Martins-
feier gehörten. Das Pferdeopfer, das für die Deutschen charakteristisch blieb, obwohl wir es mit Indern, Persern und Slaven gemein halten, erkannte an, daß das Pferd ein reines Thier ist; sein Fleisch muste
gerne genoßen werden, sonst wäre es unschicklich gewesen, es dem Gotte
darzubieten, Myth. 40.

Die Gemeinschaft zwischen Göttern und Menschen, welche das Opfer
auch äußerlich darstellen sollte, wie das Gebet sie geistig gegründet hatte,
erforderte, daß die gesamte Gemeinde, nicht bloß der Priester, an der
‚Gilde‘, dem aus gemeinschaftlichen Beiträgen bestrittenen Opferschmause,
Theil nahm. Doch blieb dem Gotte das Eingeweide, Herz, Leber und
Lunge vorbehalten, also was die Metzger noch jetzt das ‚Gebüll‘ (von
bielen) nennen. Vgl. Kuhn WS. II, 167. Nur dieß kam wohl auf
den Altar (piot); das Uebrige wird gesotten, in der Versammlung aus-
getheilt und gemeinschaftlich verzehrt. Das Blut (blaut) fing man in
Opferkesseln (blautbollar) auf, in die man Wedel (blautteinar) tauchte,
um das Volk zu besprengen, und Götterbilder und Altäre so wie die
Tempelwände außen und innen zu bestreichen. Daran erinnert folgende
Sage: Beim Kirchenbau zu Bockweiler ging das Waßer aus, den Kalk

anzumachen: ein welcher Bauer, der einen großen Teich besaß, ward um
die Erlaubniß angegangen, daraus Waßer zu schöpfen: er verweigerte
sie und zur Strafe ward das Waßer im Teich über Nacht zu Blut verwandelt. Zum Andenken daran strich man die Kirche mit diesem
Blut an. Vgl. Jahrb. d. Vereins für Freunde d. Altrth. Heft XLIV.
XLV. Häupter und Häute größerer Opferthiere, der Pferde namentlich,
hing man im Haine, der das Heiligthum umgab, an Bäumen, oder an
der Luft getrocknet am Giebel des Hauses auf, wo sie auch wohl ausgeschnitzt wurden. Vgl. Roch. II, 19. Sie beförderten die Fruchtbarkeit und schützten vor dem Blitz. Ein Pferdeopfer ging auch dem Errichten der Reibstange §. 106 vormus. Die den Göttern in ihren
Hainen erzogenen Pferde S. 500, welche wir als weißagend kennen, waren der Opferung nicht bestimmt. Reben dem Pferde galt landschaftlich
auch der Esel für opferbar, weshalb man die Schlesier Eselsfreßer schalt
und von den Berchtesgadern, die dem h. Leonhard die Hufen der kranken
Roße opferten, der Volkswitz sang:

> Die Berchtesgadner muß man preisen,
> Sie freßen die Esel bis aufs Eisen
> Und aus den Eisen haben sie'n Opfer gemacht.

daneben Rinder, Schweine und alles Schmalvieh, das noch jetzt genoßen
wird, Ziegen und Böcke mit eingerechnet; vom Wilde nur die größern
Raubthiere nicht, obgleich Bärenfleisch nach Wölundarkw. 9 gegeßen wurde.
In der christlichen Zeit wurden diese Thiere noch immer an die jetzt in
Kirchen verwandelten Tempel als Abgaben entrichtet; der Unterschied bestand nur darin, daß der Bauer, der sie gezüchtet hatte, jetzt an dem Schmause
selten mehr Theil nehmen durfte. Mit der Opferfähigkeit der Pferde und
Rinder hangen nach Quitzm. 240 die Sagen zusammen, in welchen sich zu-
fällig gefundene Roß- und Kälberzähne in blinkendes Gold verwandeln.

Die opferbaren Thiere nannte man Ziefer (Biber, althd. zëpar),
woraus sich das Wort ,Ungeziefer', franz. vivre, erklärt; doch scheint
Ziefer auch die opfermäßigen Pflanzen begriffen zu haben. Wenn Tac.
Germ. 9 von concessis animalibus spricht, so kann er damit die den
genannten Göttern, Mars und Hercules, geheiligten Thiere meinen: es
genügte noch nicht, daß sie überhaupt opferbar waren, sie mußten sich diesem besondern Gotte zum Opfer eignen: dem Frey hätte man nicht den
Bock, dem Thôr nicht den Eber dargebracht. Dabei ward auch auf Geschlecht und Alter des Thieres gesehen und daß es menschlichem Gebrauche
nicht gedient habe: außer dem Gotte (§. 123) durfte das Roß noch
keinen Reiter getragen, das Rind muste noch kein Joch gedulbet haben.
Auch auf die Farbe kam es an: bald wird fleckenlose Weiße, bald raben-
schwarze Farbe bedingt; der Waßergeist heischt ein schwarzes Lamm und

Thrymr freut sich Thr. 27 seiner rabenschwarzen Rinder und der Kühe
mit goldenen Hörnern. Goldgehörnte Kühe verlangt auch Helgakw. I, 4
der Riese in Vogelgestalt (S. 500) und unsere Rechtsgebräuche fordern
vergoldete Hörner bei dem zu entrichtenden Bock. Cuitm. 246. So geschmückt und bekränzt ward das Opferthier dreimal um das Heiligthum
oder im Kreise der Volksversammlung umhergeleitet, rund durch die Bänke
geführt, Myth. 48, nach dem Ausdruck des Lauterbacher Weisthums, vgl.
§. 101. Bei häuslichen Festen, wo der Hausvater an die Stelle des
Priesters trat, ging es einfacher zu und der Hausgeist oder ein eintre-
tender Gast trat an die Stelle des Gottes. Den Gebrauch Menschen-
und Thierleichen in einzelnen Knochentheilen an Stangen und Bäumen
als Opfer aufzustellen (Knochengalgen), weist Rochh. Gl. I, 251
nach; am ausführlichsten handelt er II, 145 ff. von dem unter der Haus-
schwelle vergrabenen Opfer, das gleich den Pferde- und Rinderhäuptern
unter dem Dache die Bewohner vor Krankheiten und bösen Geistern, Ja
vor dem Tode schützen soll, ein uralter Glaube selbst semitischer Völker:
man erinnert sich, wie den Thürschwellen, die mit dem Blute des Lammes
bestrichen waren, der Todesengel vorüberging.

Da es bei den Opfermalen an Brot nicht gefehlt haben kann, so
erhielten auch wohl die Götter ihren Antheil an dem aus Kornspenden
bereiteten Backwerk. Vielleicht geschah das so, daß man die Götter selbst
und die ihnen geheiligten Thiere in Brot- und Kuchenteich nachbildete,
worauf die simulacra de consparsa farina des indiculus zu deuten scheinen. Wie Thaler (Zischr. f. M. I, 288) berichtet, war es noch jüngst
in Tirol Gebrauch, aus dem letzten vom Teigbrett zusammengescharrten
Brotteig eine Figur zu bilden, welche der Gott hieß und mit dem übrigen Brote gebacken ward. Nach der Frithiofssaga 9 wurden beim Di-
sablot Götterbilder gebacken und mit Oel gesalbt, wobei ein gebacke-
ner Baldur und ein anderer Gott ins Feuer fielen, wovon das Haus in
helle Flammen gerieth. Bei gewissen Festen wird noch jetzt dem Backwerk
die Gestalt von Götzen und Thieren gegeben; letztere können auch ältere
Thieropfer ersetzt haben. Einfacher aber schöner als jene blutigen Opfermale sind die Dankopfer, die sich unmittelbar an die Ernte knüpfen. Von
den Aehrenbüscheln, die man den Göttern stehen ließ, ist öfter die Rede
gewesen; das ward als Vogelzehnt (Vogelzehnt legede (Zischr. 11, 385 ff.) aufgefaßt,
wie auch andere regelmäßige Opferspenden in Kirchenzehnten übergegangen
waren. Den Vögeln sandten wir auch sonst Opfer gespendet (S. 500);
es ist wesentlich eins, ob die dem Gott zugedachte Verehrung von Wodans
Roß oder von den Vögeln des Himmels hinweggenommen ward. So
pflegte man bei der Obsternte den Baum nicht aller seiner Früchte zu .
berauben: einige ließ man hangen, damit er ein andermal wieder trage.

Von Früchten, die den Göttern selbst dargebracht wurden, oder von Blumen, womit man ihre Bilder bekränzte, haben wir, weil sie der Beachtung nicht werth schienen, aus der heidnischen Zeit wenig Nachrichten; doch laßen spätere Sagen und noch fortbauernde Gebräuche darauf zurückschließen.

Wie die Opfer zu Opfermalen wurden, bei welchen Priester und Volk die dargebrachten Spenden gemeinschaftlich verzehrten, so pflegte man bei allen feierlichen, ja bei den täglichen Malzeiten der Götter zu gedenken und namentlich den Hausgöttern einen Theil der Speise zurückzustellen. Auch bei dem Tranke vergaß man der Götter nicht, denn es war Sitte, ihre Minne, d. h. ihr Gedächtniß zu trinken. Von eigentlichen Trankopfern ist dieses Minnetrinken um so schwerer zu scheiden als beide dem Wuolan zu gelten pflegten, M. 49. 52. Neben Wuolans Minne wurde Thörs, Njörds, Freys und Freyjas Minne getrunken; Odins Becher (Full) um Sieg und Macht; Njörds und Freys Horn um gutes Jahr und Frieden, Maurer 200. Nach Helgakw. I. pflegte man am Julabend Bragis Becher (bragafull) zu leeren, und dabei auf Freys Sühneber Gelübde abzulegen, indem man sich einer kühnen, im Laufe des eben beginnenden Jahres zu vollbringenden That vermaß, was man strengia heit nannte §. 145. Beim Erbmal geschah Aehnliches zum Andenken an die Verstorbenen; in andern Fällen trank man dem Abwesenden zu Ehren und auch dieß hieß Minnetrunk. Aber auch Gelübde kühner Thaten konnten schon in heidnischer Zeit bei andern Festen als zur Julzeit abgelegt werden, ein Beispiel findet sich FMS. XI. c. 37. Von solchen im Rausche des Festes gelobten Thaten scheint Tacitus Germ. 22 vernommen zu haben. Die Ueberlegung am folgenden Tage kann aber nur, wie in jenem Beispiele, die Mittel zur Ausführung betroffen haben. Die Sitte des Minnetrunks, von welcher unsre Toaste herzurühren scheinen, gab man in christlicher Zeit nicht auf; nur traten Heilige an die Stelle der Götter: St. Martin auf sein eigenes Verlangen an die Stelle Thörs, Odins und der übrigen Asen (Myth. 58, Maurer I, 285), deren Minne auch in Schweden, wo Freyr Landes gewesen war, getrunken ward; St. Gertrub an Freyjas; den Njörd und Frey scheint dabei St. Stephan ersetzt zu haben, Wolf Beitr. 125. So hing zu Freiburg bei den Johannitern ein Stein an einer silbernen Kette, mit dem St. Stephan gesteinigt sein sollte. Man goß Wein darauf und gab ihn den Gläubigen zu trinken. Karls des Großen Verbot, des h. Stephan oder seine oder seiner Söhne Minne zu trinken, blieb also unbeachtet, weil Froz Verehrung, der nun durch St. Stephan ersetzt wurde, noch überwog. Auch St. Michaels und Johannes des Evangelisten Minne ward getrunken; letztere pflegen unter dem Namen „Johannissegen" gleich St. Gertruben Minne besonders Scheidende und Reisende zu trinken, woran sich halbmythische Erzählungen knüpften. Warum man von St. Gertrud gute Herberge hoffte, ist §. 110. 3 angedeutet. Sie soll aber auch einem Ritter, der sich dem Bösen verschrieben hatte, St. Johannis Minne zugetrunken und ihn dadurch aus seiner Macht erlöst haben. Wie Gertrud an Freyjas, so scheint hier St. Johannes wieder an die Stelle Odhins, ihres Geliebten §. 73. 109. 2 getreten; die Verwechselung des Evangelisten mit dem Täufer kommt auch sonst vor. Die Kirche pflegt aber noch jetzt am Tage des Evangelisten einen Kelch mit Wein zu segnen und das Andenken des liebsten Jüngers des Herrn dem Volk zur Nacheiferung anzuempfehlen. Zu Quellopfern sind besonders krumme Gegenstände beliebt, Liebrecht Heibelb. Jahrb. 1868 Nr. 6 p. 86, Zimmersche Chron. 2. 75, 16 f. Das erklärt uns die Hufeisen, die man zahlreich im Laacher See gefunden haben will.

135. 2. Hof und Heiligthum.

Tempel der Germanen, wenn darunter Gebäude verstanden werden sollen, läugnet Tacitus Germ. 9: der Größe des Himmlischen ward unwürdig erachtet, sie in Mauern einzuzwängen. Wo bei ihm von Tempeln die Rede ist, meint er geweihte Wälder und Haine. Gleichwohl berichtet er Ann. I, 51, der hochberühmte Tempel der marsischen Völker 'quod Tanfanae dicunt', sei der Erde gleich gemacht worden, §. 117. Hier deutet der Ausdruck doch auf ein Gebäude; einem heiligen Hain scheint er weniger gemäß. Auch wenn er Germ. 40 von der Nerthus sagt, der Priester habe die des Umgangs mit den Sterblichen erfältigte Göttin dem Heiligthum (templo) zurückgegeben, denkt man wenigstens an ein Obdach für ihren mit Tüchern verhüllten Wagen. Doch hatte die Baukunst dazumal wohl erst so kindische Anfänge entwickelt, daß sie den Göttern keine Wohnplätze bieten konnte, die mit der Erhabenheit der uralten Wälder wetteifern konnten. Sehen wir auch ab von der unserm Volke eingeborenen Liebe zum Waldleben, S. 498, so mußte doch das Rauschen der tausendjährigen Eichen die Nähe der Gottheit ahnungsvoller verkünden, das uralte Heiligthum, wo schon die Väter geopfert hatten, die Seele zu höherer Andacht stimmen als der prächtigste Tempel, den die noch unbeholfene Kunst hätte zimmern können. Jedes neue Werk hätte der heiligen Scheu Eintrag gethan, womit man sich der altgeweihten Städte nahte. Den Goten scheint freilich alhs (ναός), alth. alah, ein allheiliges Wort; aber wären wir auch versichert, daß es schon vor Vulfila ein Gebäude meinte, so waren die Goten durch ihre Berührung mit den alten Völkern ein frühreifes Volk. Die Ausdrücke, die wir bei den übrigen Stämmen für Tempel finden: wîh, harue (altn. hörgr), forst, paro (altn. barr, barri) deuten zugleich auf den Wald. Erst wo wir altn. hof und hörgr

(Hof und Heiligthum) verbunden treffen, dürfen wir Ersteres für ein Gebäude nehmen, während hörgr seinen alten Sinn des Waldheiligthums behält. Hof wäre demnach das älteste deutsche Wort für den erbauten Tempel, und doch weist auch dieß noch auf die Zeit zurück, wo die Gottheit sich im Schosen heiliger Haine barg, und ihr Allerheiligstes nur ein dünner Seidenfaden hegte, wie wir ihn aus den beiden Rosengärten §. 125 kennen, und wie im Norden die heiligen Schnüre (vébönd) §. 40 um dünne Haselstäbe gezogen wurden, RA. 182. 203. 810. Wenn in verschiedenen Gegenden der Volkslust gewidmete Versammlungsplätze den Namen Rosengärten führen, worauf sich Uhland Germ. VI, 321 u. VIII, 519 gründet, so scheint dieß etwas Späteres, das erst aus dem größern Rosengartenliede erwuchs. Aelter sind die durch Seidenfäden gehegten Vorhöfe der Tempel und Gerichte, von deren Unverletzlichkeit auch unsere Rosengartenlieder ausgehen. Wenn Sommerfeste und Osterspiele in Rosengärten begangen wurden (Uhland a. a. O. Rochh. Gl. I, 200), so kann sich dieß nur aus alten Opferfesten entwickelt haben, die in Tempelhöfen begangen wurden. Der Name Rosengarten zeigt, daß neben Hof auch Garten (got. garda) das innere Heiligthum bezeichnet: der heilige Baum, der in der Mitte stand, konnte auch ein Rosenstock sein wie jener zu Hildesheim (DS. 457), der seit Ludwig dem Frommen noch jetzt grünt und blüht. Rosengärten finden sich wohl noch an Vorhöfen der Kirchen (Paradies), und in den Bildern zum Sachsenspiegel bezeichnet eine Rose das Urtheil. Germ. X, 147. R. A. 263. Ein berühmtes Schwert heißt Rose, sub rosa bedeutet bei Strafe des Schwertes wie derselbe bei Lebensstrafe; in einem Kinderspiel tritt eine Frau Rose auf, Mannhardt G. M. p. 266. 294, Rochholz Kindersp. 436. Wunden werden als Rosen bezeichnet, und so hießen Rosengärten uralte Kirchhöfe von dem mit Dornen unterflochtenen Leichenbrand §. 148. Rochh. Gl. I, 202. Lütolf 254. 576. Tempelhöfe und Gerichtshöfe fielen zusammen, als noch Priester Richter waren und der Hofgod! der Rechtspflege und dem Gottesdienst zugleich vorstand. Den Zusammenhang der Opfer mit den ungebotenen Dingen sahen wir noch in später Zeit fortwirken. Das feierlich gehegte Gericht war stäts mit Opfern verbunden, vgl. §. 101 und S. 510. Als sich an der Stelle der alten Waldtempel Kirchen erhoben, hieß Hof zuletzt nur noch die geweihte Erde, worin die Todten ruhten, wie diese auch früher nach Harbards!. 45:

> Du gibst den Gräbern zu guten Namen.
> Wenn du sie Wälder= wohnungen nennst

in Wäldern, ohne Zweifel heiligen, bestattet worden waren. Noch im 8. Jahrh. ließ sich ein schwerverwundeter Sachse in einen heiligen Wald tragen, um da zu sterben, Myth. 64. Aus dieser Sitte, die Todten in den Hainen zu bestatten, läßt sich der erst spät auftauchende Name ‚Freund Hain' am besten erklären, so wie der Name ‚Heinchen' für elbische der Unterwelt verwandte Geister. Auf den Kirchhöfen pflegte aber auch die Gemeinde zu dingen und die Gerichtslinde hatte dort ihre Stelle wie der immergrüne Thingbaum vor dem Tempel zu Upsala, AA. 796. 798. 805. Unsere Kirchhöfe nennen wir wohl Friedhöfe: ein neuer Beweis für ihre alte Heiligkeit, denn das aus vrithof mißverstandene Wort sollte Freithof heißen: an diesem gefreiten Raum fand der Verfolgte Zuflucht; wer hätte es gewagt, ihn gewaltsam hinwegzuführen? Vgl. Gr. Myth. 75. K. A. 886—92. Solcher heiligen Freistätten (grida stadr) gedenkt die Edda mehrfach; Walhall selbst ist als eine solche zu denken; vgl. die Freisteine S. 114. Auf die Kirche selbst scheinen jene Eidenfäden und heiligen Schnüre übergegangen: so ist um die St. Leonhardskirche zu Laitsch im Tirol, zu Ganacker, Tölz, Tolbath eine eiserne Kette gelegt und die Leonhardskapelle bei Brixen $2\frac{1}{2}$ mal von einer eisernen Kette umschlungen. Jedes Glied ist einen Fuß lang und jedes Jahr wird ein neues Glied angeschmiedet; andere Eisenketten in Aigen und Inchenhofen, Panzer II, 193. So werden wir an die goldene Kette erinnert, welche den Tempel zu Upsala umgab, wie Mannhardt GM. 675 nach andere Goldketten gleicher Bedeutung nachweist. St. Leonhard ist der Patron der Gefangenen, die seine Fürbitte aus Ketten befreit, weshalb an seinem Grabe (Leg. aur. 689) unzählige aufgehängt sind, wie das auch in den ihm geweihten Kirchen geschieht; wenn aber statt dessen nun die ganze Kirche außen von einer Kette umzogen ward, so kann dieß an jenen Gebrauch anknüpfen, das Heiligthum mit den geweihten Schnüren zu umgeben. Vgl. Wolf Beitr. I, 176. Liebrecht Ztschr. für Ethnol. V, 82 schreibt zwar diese Sitte von der Umhegung durch Seidenfäden, welche er Philologus XIX, 82 und Heid. Jahrb. 1868. S. 652. bespricht. Man begiebt sich freiwillig in St. Leonhards Gefangenschaft, indem man ihm zu Ehren um Leib und Hals oder Händen und Füßen Fesseln und Eisenringe trägt, die lebhaft an jene erinnern, von welchen die Chatten (ignominiosum id genti) sich nach Germ. 31 erst durch Erlegung eines Feindes befreiten. Sind nun die um die Kirchen gelegten Ketten aus jenen geopferten Fesseln geschmiedet, die man dem Heiligen zu Ehren jahrelang oder lebenslang getragen hatte? Nach Bavaria I, 884 sind sie aus den Stallketten der kranken Rosse, die man dem Heiligen verlobt hat, zusammengeschweißt. Mußte das Eisen dazu von frommen, barmherzigen Leuten erbettelt sein, wodurch sie als gedoppelte Opfer erschienen? und sind die Bänder, die KM. Nr. I. vom Herzen des Eisernen Heinrich springen, hier auch in Betracht zu ziehen? St. Leonhard erinnert unmit-

telbar an Zeus, wenn er auf einer Wand, in Wolken ſchwebend abgebildet ſteht und mit einer großen eiſernen Kette ſeine Gemeinde umfängt,
Panzer 394. Uebrigens finden wir Ketten und Ringe auch um ganze
Berge gezogen, wovon Lütolf 259 Beiſpiele geſammelt hat. Für den
urſprünglichen Sinn dieſer Umhegung hält Liebrecht Germ. XVI, 224
eine Schenkung des eingeſchloſſenen Gebäudes oder Gebietes an die betreffende Gottheit, deren Bildſäule die Enden des Bandes in die Hand
gegeben wurden.

Was Tacitus von dem heiligen Hain der Semnonen berichtet, den
nur Gefeſſelte betraten, das wird von dem Hof, dem innerſten Heiligthum, wo nur der Prieſter Zutritt hatte, für jeden Andern, dem es von
dieſem nicht geſtattet wurde, überall gegolten haben. Wer die heiligen
Schnüre brach, büßte mit der rechten Hand, dem linken Fuß; daß damit
der Tod gemeint iſt, ward ſchon §. 83. 125 dargethan. Hier barg
auch der Prieſter den heiligen Wagen, deſſen Geheimniſſe nur Sterbende
erfahren durften.

Wenn hier ſchon an ein Gebäude gedacht werden darf, ſo werden
uns in ſpätern heidniſchen Zelten erbaute Tempel ausdrücklich bezeugt.
Zwar iſt hier meiſt ſchon Berührung mit chriſtlicher Cultur vorauszuſetzen;
doch dürfen wir ſie uns, da ſie ſo leicht in Rauch aufgingen, wenn Chri-
ſten Feuer hineinwarfen, nur ſehr beſcheiden denken: aus Holz und Zweigen um den heiligen Baum gefügte Hütten. Selbſt Königsſäle finden
wir noch um den heiligen Baum, jenen Kinderſtamm der Wölſungaſage, §. 21, erbaut, bei dem man nicht umhin kann an den weltum-
ſchattenden Oelbaum im XXIII. Geſang der Odyſſee zu denken. Wenn
§. 21 unſere Deutung des Baumes Lärad, deſſen Wipfel über Walhall
reichte, zutrifft, ſo war ſelbſt die Wohnung der Götter um die Welteſche,
den heiligen Gerichtsbaum der Aſen, gefügt. So ſagt KM. 148 Gott
zu dem Teufel: 'In der Kirche zu Conſtantinopel ſteht eine hohe Eiche,
die hat noch alles ihr Laub.' Das Innere des hohlen Baumes ſelbſt
kann in älterer Zeit wie zur Wohnung ſo zum Tempel gedient haben.
Vgl. über Baumwohnungen und Baumgeburten Liebrecht, Heid. Jahrb.
1866. 367 und Philologus XIX, 582. Unter den deutſchen Namen jener
kunſtloſen Tempel, die lateiniſch meiſt nur delobra und fana heißen (der
indiculus ſpricht de caſulis i. e. fanis), ſteht wieder Hof voran; daneben heißen ſie petapûr (wovon Bebburg), Bethaus, Halle und Saal,
und nur dieſe dürfen wir aus Stein gefügt oder in den Stein gehauen
denken. Von letztern mögen uns manche ganz oder theilweiſe erhalten
ſein, aber zu chriſtlichen Capellen und Einſiedeleien wie die zu Salzburg
oder bei Kreuznach umgeſchaffen; die aus Stein gebauten, die zu chriſtlichen Kirchen taugten, blieben meiſt erhalten, wie es ausdrücklich Vor-

schrift war. Selbst nicht alle hölzerne sind zerstört, nur zu Kirchen um-
gebaut, jene andern verbrannt oder niedergerißen worden, um die
allgeheiligte Städte dem Einen Gotte dienstbar zu machen. Ward doch
selbst die uralte Donareiche, an die Winfrid die Axt legte, weise benuzt,
um aus ihrem Holz eine Kirche zu Ehren deß Apostel Petrus zu zimmern, damit heidnischer Irrthum zur Wahrheit des Christenglaubens
hinüberleite.

Auch an christlichen Kirchen und Capellen steigerten sich die Ansprüche
erst allmählich. Von Heiligenbildern, die auf einem Baumstamme standen
berichtet die Legende, man habe es vergeblich versucht, sie in Kirchen außerhalb des Waldes der Andacht der Gläubigen aufzustellen; immer seien
sie zu ihrem Baumstamm zurückgekehrt und so habe man sich zulezt genöthigt gesehen, eine Capelle über Baum und Bild zu wölben, um so
diesem gleichsam seinen Willen zu laßen.

Wo christliche Kirchen an die Stelle heidnischer Tempel traten ist
darauf zu achten, durch welche Heilige gewiße Götter erseht wurden. Von
Wodan, Donar und Ziu ist es bekannt, daß sie St. Martin, St. Peter und
St. Michael weichen mußten wie Freyja unserer lieben Frau. Ist der
h. Gertrub. Auch sonst waltet noch Zusammenhang. Wald- und Tempel-
namen fielen zusammen: heidnische Tempel hießen gerne Alh, Wich, Forst,
Loh (lucus) oder Harug (nord. hörgr) und so werden wir durch Ortsnamen wie Alhstetten, später Allstetten, Weißenstephan, Marienforst, Hei-
ligenloh und Hargesheim an jene alten Waldheiligthümer erinnert. Vgl.
Quizmann 218. Oft sind auch Ortsnamen von einzelnen Götterbäumen
ausgegangen, wie Erkelenz von der Linde nach den Worten der Chronik:
„Ab Ercka matre sub lilia satur venisse quaedam filia quae Erck-
lentz noncupatur", wozu noch kommt, daß der eine kleine Viertelstunde
von der Stadt entlegene Hof zu Oestrich „das gut ter Linden" hieß und
von ihm der Bau der Kirche ausging. Eckerz Die Chronik der Stadt
Erkelenz, Köln 1858 S. 106. 137. Wahrscheinlich hatte Erka dort auch
einen heiligen Brunnen, da sie die Kinder vor dem Waßer noch mit
den Worten warnen: „Geh nicht zu nah, die Frau Herke zieht dich hinab".
Brunnen erwartet man um die heiligen Bäume, weil sie an der Weltesche,
die ihnen als Vorbild diente, nicht fehlten.

186. 3. Bilder.

Auch die Götter bildlich darzustellen, erachteten die Germanen nach
Tacitus der Erhabenheit der Himmlischen unwürdig: bei der unvermögen-
den Kunst jener Zeit hätten sie dadurch auch nur verlieren können. Statt
der Bilder (simulacra) hatten sie Symbole (signa und formae): den

Speer Wuotans, den Hammer Donars, das Schwert des Ziu oder Hern;
ein Schiff bedeutete die Isis, Eberbilder den Gott und die Göttin, welchen
der Eber geheiligt war, und so konnten wohl auch die den andern Göttern,
dem Wodan und Donar, geheiligten Thiere (ferarum imagines, Tac. Hist.
IV, 22) als deren Symbole gelten.   Ob sich nicht gleichwohl bei Tacitus schon eine Spur eigentlicher Götterbilder findet, hängt von der Auslegung der berühmten Stelle von der im See gebadeten Nerthus ab. Erwähnt er doch selber schon Herculessäulen, die sich später in Irminsäulen,
Rolandssäulen, Aethelstanssäulen Myth. 107 verwandelten und als St.
Hirmonsbilder (Panzer II, 403) noch jetzt verehrt werden.   Schwerlich
war auch der Römer in das Allerheiligste aller deutschen Haine gedrungen; hier und da können also schon damals bildliche Darstellungen versucht worden sein. Zu Zeiten der fortgeschrittenen Kunst sind Götterbilder
nachweisbar; die Worte neque ad ullam humani oris speciem assi-
milare, Germ. 9, sollen auch nicht andeuten, daß man sich die Götter
nicht nach menschlichem Bilde dachte: wie hätten die Götterlieder, deren
uns Tacitus versichert, sie uns anders als menschenähnlich schildern sollen?
Sobald die Kunst auftrat, versuchte sie sich an der Darstellung der Götter.
Ein reicher Isländer Olaf Paa ließ sein Haus mit Sagenbildern schmücken,
auf die dann Ulf, Uggis Sohn, die Husdrapa dichtete, die auch Baldurs
Leichenbegängniß, Heimdalls und Lokis Kampf um Brisingamen und Thörs
Fischfang mit Hymir behandelten. Vgl. Uhland 143. Weinh. Ztschr. VIII,
47. Ausführliche bildliche Darstellung von Göttern und Helden in zwei
Abtheilungen, die Helden zu Schiffe und über ihnen in Walhall die Götter,
enthält der schon anderwärts erwähnte gotländische Runenstein. Altchristliche
Bildwerke mit heidnischen Anklängen hat Panzer II, 1—7 und 808—878
besprochen. Vgl. auch Wolf Beitr. I, 106 ff. Unsere heutige Kunst liegt
zu sehr in den Fesseln der Antike und zu tief schläft der deutsche Sinn noch
in dem Berge, um den die Raben fliegen, als daß die schönste Aufgabe
unserer Kunst, deutsche Mythologie und Sage, ihr bewußt würde. Haben
doch selbst in Dänemark, das seine Schiffe nach deutschen Göttern, nicht
nach griechischen Nymphen nennt, Finn Magnusen und P. E. Müller für
ihre Hinweisung auf die nordische Mythologie nur schnöden Hohn von den
Künstlern geerntet. Petersen 23 ff. Von der Anwendung unserer Göttersage in der Poesie darf Klopstocks Beispiel nicht abschrecken, der die Namen nordischer Götter zu bloßem Schmuck der Rede mißbrauchen wollte,
wie man bis dahin die der griechischen mißbraucht hatte.

Unter den Vorwürfen, die in halbchristlicher Zeit gegen die Helden
geschleudert werden, nimmt die vorderste Stelle ein, daß sie Bilder aus
Holz, Stein und Erz statt des Gottes verehrten, der Himmel und Erde
geschaffen habe: unsinnig sei es, von Steinen Hülfe zu verlangen und von

stummen und tauben Bildern Trost und Beistand zu erwarten. Aber schon als unter den Goten das Heidenthum noch vorherschte, ließ Athanarich auf einem Wagen die Bildsäule des obersten Gottes (frauja) vor den Wohnungen aller des Christenthums Verdächtigen umherfahren, damit sie ihm opferten. Dieser Wagen gleicht auffallend dem, worauf die B i l d s ä u l e Freys mit seiner schönen Priesterin unter dem zuströmenden, Opfer darbringenden Volk umher fuhr, und da er wahrscheinlich verdeckt war, M. 96, wie noch später Götterbilder umhergetragen zu werden pflegten, so gleicht er auch dem der Nerthus, was der Vermuthung Raum läßt, daß auch dieser verdeckte Wagen eine Bildsäule barg. Vgl. auch den §. 110 erwähnten Wagen der h. Gertrud. So vergleichen sich die drei vergoldeten Erzbilder, welche Columban' und St. Gallus in einer ehemaligen Capelle der h. Aurelia zu Bregenz am Bodensee als die alten Götter und Beschützer des Orts verehrt fanden, den drei Bildern Wodans, Thörs und Fricco's, deren Adam von Bremen in dem allgoldenen Tempel zu Ubsola gedenkt, Myth. 97. 102. So gleichen endlich die hundert Götter eines Tempels auf Gautland, M. 104, der Menge Bilder im Wasgauwalde, M. 73.

Es versteht sich, daß jene drei Götterbilder zu Bregenz in der i n n e r n Wand der ehemals christlichen Capelle eingemauert waren. Wo christliche Kirchen an die Stelle heidnischer Tempel traten, pflegt man, was sich von Götterbildern noch unzerschlagen erhalten hatte, a u ß e n einzumauern, wohl um den Sieg des Christenthums zu veranschaulichen, das die heidnischen Götzen aus dem Tempel verwiesen hatte. Schon im Browulf sehen wir S. 447 Grendels ausgerißenen Arm außen an K. Hrodgars Halle als Siegeszeichen aufgehängt. Bei der Erklärung des Portals zu R e m a g e n (Programm zu Welckers Jubelfeste 1859) hat aber Prof. Braun den Gebrauch, die abgeschafften H e i d e n t h ü m e r außen an den Kirchen anzubringen, aus der Apokalypse 22, 15 abgeleitet. Nur hält er dann auch den Mann in der Bülte Nr. 17 nicht für Noah, und den mit dem Baume in der Hand Nr. 14 nicht für Adam erklären dürfen, denn beide sind unter Hunden, Giftmischern, Schamlosen, Mördern, Götzendienern und Lügnern nicht begriffen. Was soll man erst dazu sagen, daß er in dem Manne mit Schild und Lanze Nr. 16 den Erzengel Michael sah! Gehört ihm der auch zu den Heidenthümern, den aus der Stadt Gottes Verwiesenen? Mit der Deutung der Bilder am Portal der Kirche zu G r o ß e n - L i n d e n hat Braun kaum einen Anfang gemacht: hier aber ist doch in den Nrn. 33. 34 Frö ingenti priapo deutlich genug gekennzeichnet, zumal auch sein Eber nicht fehlt. Die Tödtung der Greise mit Thörs Hammer sehen wir 27. 28 vorgestellt und selbst Gridh mit dem Stab in der Hand ist Nr. 7 unverkennbar. Die Ungethüme, welche

Sonne und Mond verschlingen 11. 12 und 18. 14, gleichen mehr Löwen
als Wölfen; doch ist die Darstellung deutlicher als auf dem von Panzer II
abgebildeten Portal der St. Jacobskirche zu Regensburg; die beiden Wagen 29. 81 möchte ich nicht gerade für die der Nerthus und Freyr ausgeben. Auf dem Remagener Portal erinnert der Mann in der Kufe 17
an Kwasir, obgleich auch an Grebel in der Bütte gedacht werden kann.
Auch antike, aber doch romanisch umgebildete Heidenthümer wie Alexan-
ders Griechenfahrt, sehen wir herbeigezogen. In Figur Nr. 12 ist aber
der wilde Jäger nicht zu verkennen. Uebrigens waren der Bilder noch
mehr, die sich vielleicht noch auf dem Apollinarisberge finden, wo ich
Stücke davon gesehen habe. Bei der Abschwörung der alten Götter mußten diese und andere Heidenthümer dienen, den Abscheu gegen dieselben
durch äußere Zeichen zu bekunden, wobei es nicht immer bei bloßen Gebärden blieb, sondern auch häufige Steinwürfe sie trafen. Auf diesem
Wege sind uns einige Götterbilder, obwohl sehr verstümmelt, erhalten
worden. Die Portale romanischer Kirchen, wo aus dem Innern ver-
wiesene Heidenthümer außen abgebildet zu werden pflegten, sollten aber
nun sorgfältiger beobachtet werden. Im Innern der Kirche fanden sie
sich nur etwa, wie das Achener Isisbild mit dem Schiffe, an der Kanzel
angebracht, weil sie da der predigende Priester mit Füßen trat, was eine
thatsächliche Abrenunciatio war. Den Bildern der Götter und Riesen
verwandt sind ihre den Felsen eingedrückten Hände und Füße oder die
Fußstapfen ihrer Pferde, die flüchtigen Spuren ihrer ahnungsvollen Gegenwart, ohne Zweifel von menschlicher Kunst gebildet, an ehemaligen
Opferplätzen und Dingstätten. Zuweilen erschienen dabei auch noch die
Namen der Götter so wie im Bodethal die Roßtrappe Brunhildens gezeigt wird, die wir aus §. 108 als des höchsten Gottes Hausfrau kennen.

137. 4. Priester und Priesterinnen.

Wie die Tempel zugleich Gerichtshöfe waren, §. 135, so fiel Richteramt und priesterliche Würde zusammen. Göttliches und weltliches Gesetz
(êwa) waren ungeschieden und beide hatte der Priester (êwarto) zu hüten.
Ob die deutschen Priester einen gesonderten Stand bildeten ist streitig; ich
möchte es nach Cäs. VI, 21 verneinen, zumal wir sowohl die Priester als
die Könige aus dem Staude der Edeln hervorgehen sehen. Die Vereini-
gung dieser Gewalten bildet aber auch die Grundlage des Königthums, und die ältesten Könige scheinen aus Priestern und Richtern
hervorgegangen. Beide Aemter mochten sich aus der väterlichen Gewalt
entwickelt haben, da der Hausherr Priester und Richter zugleich ist. Die
nordischen Könige, von welchen wir in der Ynglingasaga lesen, gehen aus
dem erblichen Opferpriesterthume hervor, und als Harald Schönhaar die

Alleinherschaft an sich riß, sehen wir noch bei den ersten Ansiedlern Islands, die kleine Könige blieben wie sie in Norwegen geworfen waren, beide Gewalten verbunden. In Teutschland, wo Kriegs- und Wanderzüge den alten Naturstaat schon gebrochen hatten, scheint freilich Tacitus Priester und Könige zu unterscheiden. Aber wenig mehr als die Feldherrnwürde blieb einem Könige übrig, neben welchem der Priester auch das Richteramt übte und selbst im Kriegsheer der Priester, nicht der Herzog, Macht hatte zu strafen, zu binden und zu schlagen, Tac. Germ. 7. Auch wurden die Priester aus den edeln Geschlechtern genommen, aus welchen auch die Könige hervorgingen, RA. 272. Obwohl aber die Priester das Heer begleiten und selbst anzuführen schienen, indem sie jene Symbole und Zeichen den Hainen entnahmen und in die Schlacht trugen, so durften sie doch weder selbst die Waffen führen noch auf Hengsten reiten, M. 81. Dieß scheint der Grund, warum neben ihnen ein anderer Edeling die Königswürde bekleiden mußte. Priester und König begleiteten aber noch den Wagen des Gottes, wenn ihm die heiligen Rosse bei der Weissagung zuerst angeschirrt wurden. Als die merowingischen Könige auch noch die Feldherrnwürde den Hausmeiern überließen hatten, findet sich doch das altheilige Ochsengespann, das den Rühen der Nerthus und der h. Eoligna (Panzer 60) entspricht, und schon mit ihrer göttlichen Abstammung zusammenhängt, noch bei ihnen wieder. Vgl. RA. 262.

Wie der Priester den heiligen Götterwagen, den auch Pflug oder Schiff bertreten konnte, zu geleiten hatte, ist §. 98. 110 dargestellt. So ist uns §. 66 wahrscheinlich geworden, daß der Sper des Gottes in seinem Heiligthum verwahrt wurde und der Priester es war, der ihn dem Könige, wenn er dem Gotte geopfert hatte, in dessen Namen übergab, ihn über das feindliche Heer zu schließen. So wird es der Priester gewesen sein, der die Sperrißung vornahm, welcher wir §. 79 die Tödtung der Greise mit Thörs Hammer oder Keule verglichen, die wir noch spät in England in Kirchen, in Teutschland an Stadtthoren aufgehängt fanden. Auch bei Tyrs oder Herus Dienst begegnete uns §. 88 Aehnliches, da das Schwert des Gottes dem Tempel entnommen und dem Imperator als Zeichen der Herschaft übergeben ward. War es der Priester des Gottes, nicht Odin selbst, der dem Sigurd Wöllungal. c. 61 den Hengst Grani gab, auf dessen Rücken noch kein Mann gekommen war? Wie nach Wilkinas. c. 17 dieses Roß, in einem Walde, bei einem Gehölte, erzogen ward, läßt an die heiligen Haine denken, worin den Göttern Rosse weideten, S. 497. Wurde vielleicht auch einst der Mantel des Gottes (§. 66) im Tempel bewahrt und den Königen vom Priester hergeliehen? Darauf deutet, daß die merowingischen Könige den Mantel des heiligen Martin, der an Wuotans Stelle trat, in ihren Schlachten zu tragen pflegten, Leg.

aur. p. 749. Du Cange gloss. II. 211. Die Hüter der Cappa wurden darum Capellani genannt, der Ort, wo sie aufbewahrt wurde, Capelle, daher unsere Capläne, vielleicht auch Achens französischer Name Aix-la-chapelle. Auch Odins Raben geben zu einer solchen Vermuthung Anlaß: gewöhnliche Raben konnten durch eine Opferweihe mit Kraft und Bedeutung jener göttlichen Thiere ausgestattet werden. Drei Raben weihte Floki, als er Island aufsuchte, ihm den Weg zu zeigen, Landn. I, 2. Sie erscheinen hier als weisende Thiere, als Boten der Götter, wie in den ausgeworfenen Hochsitzpfeilern, woran Thörs Bildniß geschnitzt war, der Gott selber den Weg zeigte, indem sie an Islands Küste vorausschwammen. Der Hammer, der zur Weihung der Bräute wie der Leichen diente, wird auch noch zu andern Zwecken aus dem Heiligthume entnommen und von dem Priester selbst die heilige Handlung an des Gottes Stelle begangen sein; nur bei dem Landerwerb, wo er ausgeworfen ward, die Grenze zu bestimmen und zu heiligen, bedurfte es eines stärkern Arms. Nach Tac. Germ. c. 7, womit Hist. IV, 22 zu verbinden ist, trugen aber die Priester selbst die Symbole der Götter, §. 136, die aus den Bildern der ihnen geheiligten Thiere (ferarum imagines) bestanden, aus dem Hain in der Schlacht. Diese dienten also zu Heerzeichen (chumpal), und da die Heerhaufen nicht durch Zufall zusammen gewürfelt waren, sondern aus verwandtschaftlich verbundenen Geschlechtern bestanden, so kommen wir hier dem Ursprung des Wappenwesens noch näher als S. 361, denn diese Thierbilder erscheinen später als Geschlechtswappen. Unter dem Bilde dieser Thiere standen also die Götter an der Spitze der Geschlechter: deshalb erschienen die Ihylgien in Gestalt solcher Thiere, welche auch die Hausgeister als Seelen abgestorbener Vorfahren und die dankbaren Todten, §. 127, annahmen.

Oeffentliche Opfer verrichtete der Priester; auch von der Weißagung, wenn sie für das Volk geschah, sei es durch Loßung oder aus Flug und Stimmen der Vögel, aus dem Gewieher der öffentlich unterhaltenen heiligen Rosse, bezeugt es Tac. Germ. 10. Doch hieß der Priester wîzago (Weißager) mehr weil er zu strafen und zu ahnden (wîzen) hatte; freilich schwankt das Wort auch in die Bedeutung des Schauens und Wahrnehmens (videre) hinüber. Aber auch die Dichtung war ein heiliges mit Weißagung und Loßung eng verbundenes Geschäft, und Ynglingas. c. 6 heißen die Tempelpriester (hofgoðar) Liederschmiede. Auch das Heroldsamt hatte, wie sich uns eben andeutete, priesterlichen Ursprung: Holtzmann (Kelten und Germanen S. 171) will schon in dem überlieferten Namen Chariowalda den Herold erkennen. Später versahen Spielleute das von den Priestern ererbte und wohl auch erlernte Botenamt, GTS. 820. Wie mit dem Gesang der Zauber zusammenhing, den gewiß Priester zuerst übten, sahen wir §. 75, zumal die schon dort angenommene Verwandtschaft des Wortes Zieser und Zauber (Myth. 36. 987) erkennen läßt, daß dem Zauber ein Opfer vorherging, wie ein Gleiches bei der Weißagung anzunehmen ist, obgleich es sich nur da beweisen läßt, wo sie aus Blut und Eingeweide der Opferthiere geschah. Auch der Zauberer glaubte nicht durch eigene Kraft zu wirken, sondern durch die Macht der Götter, welche er sich durch ein Opfer geneigt machte. Altn. heißt der Zauberspruch galdr, alth. kalstar, und überraschend nahe liegt hier wieder das Opfer (kêlstar). Kêlstar und kalstar, Opfer und Zauber, sind auch hier verbunden wie zaupar und zêpar, snudh (Opfer) und seidh (Zauber), Myth. 987. Wie beides, kalstar und kêlstar, von kalan singen kommt, so zeigen die für den Zauber gebräuchlichen französischen Wörter charmer und enchanter, jenes aus dem mittell. carminare, dieses von cantus und canere, den Zusammenhang des Zaubers mit Dichtung und Weißagung: Zaubersprüche mit Weißagungen waren in stabreimenden Liedern abgefaßt. Das französische sorcier geht auf das Loßwerfen bei der Weißagung §. 189 zurück, und das englische Wort witch für Hexe zeigt uns Zaubern und Weißagen verbunden. Beides heißt in Niedersachsen wicken und die Hexe wickerse; bezaubert oder verflucht nennt der Engländer wicked: die gemeinsame Wurzel liegt im Got. veihan weihen, sacrare, wie veihs, ahd. wih heilig bedeutet. M. 986.

Die Hexen, bei welchen wir §. 129 hieher verwiesen haben, mahnen uns zu den Priesterinnen überzugehen. Aus Tacitus wißen wir, daß die Germanen in den Frauen etwas Heiliges und Vorschauendes verehrten, und weder ihren Rath verachteten noch ihre Aussprüche vernachläßigten. Vorausgeschickt hatte er Germ. c. 8, wie manche schon wankende ja zur Flucht gewandte Schlachtordnung die entgegenstürzenden, die Brust dem Schwert darbietenden Frauen durch die Vorstellung des ihnen in der Gefangenschaft bevorstehenden Looßes wiederhergestellt hätten, und wie die Römer sich der Treue der deutschen Völker versicherter glaubten, wenn sie edle Jungfrauen zu Geiseln empfangen hatten. Diese den Deutschen eigenthümliche höhere Werthschätzung der Frauen befähigte diese auch zu priesterlichen Aemtern. Schon bei Cäsar I, 50 entscheiden Frauen durch Looß und Weißagung, ob es Zeit sei, die Schlacht zu schlagen. Nach Germ. 43 stand dem Dienst jener Zwillingsbrüder §. 92 ein Priester in weiblicher Tracht vor, wenn damit noch anders gemeint ist als langes Haar; in Baldurs Tempel sind nach der Frithiofssage Frauen beschäftigt. Freyrs Wagen geleitet eine junge, schöne Priesterin wie den der Nerthus ein Priester. Liebten Götter weibliche, Göttinnen männliche Priester? Bei dem Auszug der Langobarden sehen wir doch Gambara am Frea, Ambri und Assi an Wôdan sich wenden. Diese Gambara

war eine Königin; von der brukterischen Veleda Hist. IV, 61 wird so
wenig als von der ältern Albruna Germ. 8 berichtet, daß sie königlichen
Geschlechts gewesen. Das wißen wir auch nicht von den graubaarigen,
barfüßigen Wahrsagerinnen der Cimbern, welche die Gefangenen schlach-
teten und aus dem Opferblut weißagten, Myth. 86, noch von den sechzig
Priesterinnen an dem Tempel in Biarmeland, FMS. III, 624. 27. Sie
streifen aber auch nicht ins Uebermenschliche wie jene Gambara und die
§. 123 erwähnte Hörgabrudr (nympha lucorum) und ihre Schwester
Drpa oder die doch historische Veleda. Nach dieser erscheint noch Ganna,
zuletzt bei den Alemannen Thiola; für den jüngsten Nachklang kann die
Heidelberger Jettha gelten, die gleich Veleda von ihrem Thurm aus Ent-
scheidungen sprach, die für Orakel galten. Eine Jettenhöhle Wilh. Müller
RSS. 147, 2, eine andere wird in Heidelberg gezeigt. Den Göttern
näher als den Menschen stehen die Wölven oder Walen, auch späko-
nur, spädisir genannt, zu welchen die Seherin der Wöluspa selber zählt,
die von Riesen erzogen ist, von Odin selber für goldene Sprüche begabt
wird. Sie beginnt damit Stillschweigen aufzuerlegen, eine hieratische
Formel gleich jenem priesterlichen Favete linguis. Die Wölen saßen
wir §. 106 unter dem Namen Nornen Neugebornen an die Wiege treten, ihnen das Schicksal zu schaffen mehr als zu verkünden. Sie hatten
kein eigentliches Priesteramt; selbst die menschlichen unter ihnen, wie die
gleich zu erwähnende Thorbiörg oder jene Heidr der Oervarodbsaga
c. 2 (vgl. Vôl. 26), üben mehr Weißagung und Zauber, wie sich Odin
selbst Oeglsbr. 24 von Loki vorwerfen laßen muß, er sei in Samsö von
Haus zu Haus als Wala umbergeschlichen:

> Vermummter Zauber trogst da das Menschenvolk:
> Das dünkt mich eines Argen Art.

Nach Hyndlul. 32 sollen alle Walen von Viðolf (§. 120) stammen:
damit ist ihnen halbgöttlicher Ursprung beigelegt, der wieder an das Verhältniß zu den Riesen mahnt, deßen wir bei der Seherin der Wöluspa
gedachten. Wie sich Thorbiörg (Edda Havn. III, 4) die kleine Wala nannte,
so heißt das Hyndluljed die kleine Wöluspa, womit Hyndla selbst als Wala
bezeichnet ist; sie aber, die Höhlen bewohnt und den Wolf reitet, erscheint
ganz als Riesin. Von solchen riesigen Frauen, die Zauber und Weißagung üben, ließen sich aus Saxo die Beispiele häufen; aber unsere eigene
Geschichte bietet Beispiele in jenen übermenschlichen Weibern, die dem
Drusus den Uebergang über die Elbe, dem Attila über den Lech wehrten,
M. 375. Noch wichtiger ist aber die Verwandschaft mit den schon den
Nornen verschwisterten Walküren, Disen und weißagenden Meerfrauen
§. 107. Den Disen, welche freilich alle göttlichen Frauen begreifen, wird
geopfert (disablôt); aber auch menschliche Zauberinnen und Wahrsagerinnen

nannten sich Spâdisen, und mehrere derselben legten sich den Namen Thôr-
bîs bei. So waren die Walkûren bald Göttinnen, bald irdische Königstöchter: als solche erscheint selbst Brynhild, in welcher wir doch unter dem
Namen Sigrdrifa die höchste Göttin erkannten. Auch bei ihr findet sich
die Kenntniß der Runen, die zur Weißagung wie zum Zauber dienen.
Wenn aber die Walkûren durch Thau und Hagel, die sie den Mähnen
ihrer Rosse entschüttelten, die Felder fruchtbar machten, so wollten die
Hexen als Wetter- und Mäusemacherinnen nur Schaden anrichten. Dieß
zeigt sie Riesinnen und Disen näher verwandt, die bald gütige, bald
feindselige Wesen sind. Tragbisen erscheinen Sig. Kw. II, 24 und üble
Disen reizen Hambism. 28 zum Brudermord. In der Natur unserer
weisen Frauen pflegt dagegen nichts Feindseliges zu liegen: sie weissa-
gen nur und heilen und so sind sie den deutschen halbgöttlichen Priester-
namen am Nächsten verwandt. Ein Beispiel ist jene Sibylla Weiß, von
welcher Panzer II, 54. 309. 426 berichtet. Ist der Vorname schon christlich, so erscheint sie doch ganz als ein heidnisches Wesen; ihre Grabstätte
zeigt ein weißendes Thier; ihre Aussprüche ertheilte sie von einem Schloße
aus, das an den Thurm der Veleda oder Jettha gemahnt. Sie prophezeite Krieg, Diebstorben und übertriebene Kleiderpracht und Alles traf ein.
Den Eintritt des Weltuntergangs bestimmte sie auf die Zeit, da ihr Grab
so weit von der Mauer abgelegen sei, daß ein Reiter herumreiten könne.
Das erinnert an Dornröschen und den Ritt um die Burg Kunigundens
von Kûnast.

In Im Volksglauben leben also die deutschen Priesterinnen noch fort,
nicht bloß als Hexen (die zwar aus Gerichtssälen und Folterkammern verschwunden aber noch keineswegs aus der Meinung getilgt sind), auch als
Wahrsagerinnen und Aerztinnen. Sich zu feindseligen Wirkungen zu be-
kennen, konnten die Hexen von jeher nur gezwungen werden; aber das Gewerbe des Besingens und Wundenbesprechens, gewöhnlich Rathen oder Böten
(büßen, beßern) genannt, die Anwendung der Zauberei auf die Heilkunst,
treiben unsere weisen Frauen neben der Weißagung noch ziemlich un-
behindert fort. Hier und da üben wohl auch Männer, besonders Schäfer,
ähnliche Künste; aber hier fällt der Zusammenhang mit dem alten Priesterthum nicht mehr in die Augen, denn theils enthalten sie sich des Wahrsagens,
theils heilen sie durch altbewährte Hausmittel oder sog. sympathetische
Curen, bei welchen Zaubersprüche seltener noch zur Anwendung kommen.

Wie der Priester im Norden Goddi (gotisch gudja) hieß, so die
Priesterin gydhja, was aus godi moviert ist: beiden liegt der Name
Gott gudh (got. guth) zu Grunde, und wenn noch jetzt die Pathin
Gode heißt, so erinnert das daran, daß die Pathen im MA. ihre Pfleg-
linge den Glauben lehren mußten, also fast priesterliches Amt übernahmen.

Bildeten nun auch die deutschen Priester keinen eigenen Stand, so stehen wir doch das Priesterthum reich genug ausgestattet; das Königthum hing mit ihm zusammen, die Rechtspflege lag in der Priester Hand, nicht weniger die Poesie und das Heroldsamt, das wenigstens an die Feldherrnwürde grenzte, die ihnen versagt blieb. Sie versahen jedoch den Feldherrn mit den göttlichen Waffen, den Feldzeichen und dem Mantel des Gottes, sie selbst führten die Scharen in die Schlacht und trugen ihnen die Symbole der Götter voran. Sie besaßen ferner Weißagung, Zauberei und Heilkunst in engster Verbindung mit dem Opfer und selbst die Anfänge der Schrift, die Runenkunde stand ihnen zu Gebote.

138. 5. Zauber.

Die verschiedenen Arten des Zaubers (Fiölkyngi, fornfroedi) dürfen wir nicht zu erschöpfen hoffen; ebenso unbegrenzt ist seine Macht. In Bezug auf den N. 983 zwischen Wundern und Zaubern aufgestellten Unterschied ward schon S. 219 bezweifelt, daß aller Zauber mit unrechten Dingen zugehen oder gar teuflisch sein müsse. Uebernatürliche Kräfte schädlich oder unbefugt wirken zu laßen scheint uns nicht sowohl zaubern als hexen. Da dem Odin die Erfindung der Runen beigelegt, seine Allmacht durch den Runenzauber symbolisiert wird, so hat die Ansicht, daß man erst den gesunkenen, verachteten Göttern Zauberei zugeschrieben habe, Bedenken. Auch auf den innern Widerspruch dieser Ansicht über die Zauberei, deren Ursprung zugleich unmittelbar aus den heiligsten Geschäften hergeleitet wird, ist aufmerksam gemacht. Vgl. jedoch Maurer Bekehrung II, 45.

Hngl. c. 7 heißt es von Odin: ,Die meisten seiner Künste lehrte er seine Opferpriester‘ (S. 220). Von dem Runenzauber unterscheidet jedoch dieselbe Stelle die Seidkunst (seidhr), welche zwar zunächst auf die Weißagung bezogen, dann ihr aber auch zauberische Wirkung beigelegt wird. Daß diese Seidkunst den Leuten Tod, Unglück und Krankheit bereiten, Einigen Verstand oder Kraft nehmen und Andern geben konnte, sagt Snorri ausdrücklich; auf die Seidkunst allein scheint es sich zu beziehen, wenn er hinzufügt: doch wie diese Zauberkunst geübt wurde, so geschah so viel Arges dadurch, daß die Männer sich schämten sie zu gebrauchen; die Priesterinnen aber lehrte man solche Kunst. Damit stimmt auffallend, wenn Vsl. 26 der Heid der Vorwurf gemacht wird, daß sie Seidkunst geübt habe. Mit Recht bemerkt daher Maurer 147, man scheine schon in heidnischer Zeit zwischen weißer und schwarzer Kunst unterschieden zu haben. Es wirft aber Licht auf die Hexen, daß man in der Seidkunst die Priesterinnen unterrichtete. Die Seidkunst scheint ihren Zauber unmittelbar aus dem Opferkessel zu schöpfen (A. M. ist Maurer 138 und Bergmann nach Germ. XVI, 224), während die Kraft der Rune in dem

eingeritzten Zeichen liegt, dem das Lied Leben einhaucht, §. 75. Diese
Zeichen (Runen) wurden wohl häufig in eine Zauberruthe (Gamban-
teinn) geritzt, die dann als Zauberstab diente. In Skirnisför 26. 32
bildet sie neben Schwert und Roß das dritte der drei Wunschdinge,
die nach S. 162 erfordert wurden, die Unterwelt zu erschließen. Die
Berührung damit brachte aber an sich noch keine Wirkung hervor: es
bedurfte der gesungenen oder doch gemurmelten Zauberformel, die in
Stabreimen abgefaßt den Laut des eingeritzten Zeichens dreimal anschlug.
Des Zauberstabs ist in deutschen Märchen öfter gedacht als M. 1044
angenommen wird; meist ist es freilich nur ein Stecken; auch fällt die
Here, die ihn zu führen pflegt, mit Hel zusammen, er selbst mit dem
Stab, der nach §. 66 über Leben und Tod gebietet, wenn er gleich oft
nur in Stein verwandelt. Von dem Stecken führt M. l. o. selber an, daß
er der dritte Fuß des Hexenmanns genannt werde. Ob es außer Runenzauber (galdr) und seidhr (Sühlkunst) nicht noch andere Arten des Zaubers gegeben habe, wird nirgend gemeldet. Maurer 187.

 Was Alles durch den Runenzauber vollbracht werden konnte, sehen
wir aus Odins Runenlied und den achtzehn dort genannten Liedern,
deren jedem eine andere Wirkung beigemessen wird. Indem ich einstweilen auf dieses selbst und die Beispiele S. 219 verweise, bemerke ich
nur, daß die meisten dieser Zauber auch von Menschen, als Priestern des
Gottes, geübt wurden. Wenn freilich Beschwörung die Gräber sprengt,
so geschieht es nur, damit der Todte Rede stehe oder eine Waffe aus dem
Grabe reiche, §. 124; auch Odin, als er Weglamskw. 9 das Walgaldr
sang, verlangte von der erwedten Wala nur Bescheid über Baldurs Geschick, St. Fridolin von Ursus (Rhein). 421) nur ein Zeugniß über ver-
untreutes Klostergut. Hier scheint allerdings das Wunder vermögender
als der Zauber: St. Petri Stab erwedte St. Matern, nachdem er schon
40 Tage im Grabe gelegen, um noch 40 Jahre zu leben und zu lehren.
Als Hangalyr konnte aber Odin auch Erhängte ins Leben rufen, Runenl. 20.
Priesterliche Nekromantie wird sich so schwieriger Aufgaben gern enthalten
haben; doch bezieht M. 1175 das ahd. hellirûn (necromantia) und
den nhd. Höllenzwang auf Erwedung der Todten. Nach Anh. XI.I
ist aber unter nigromantia nur Befragung der Todten zu verstehen. Vgl.
Leapr. 46. An Feuerbeschwörung, die auch Odin übte (Runenl. 15),
wagten sich selbst Zigeuner (Baader 151, Wunderh. I, 21, Kuhn DS.
113, Leapr. 23) und sogar von Dieben ward geglaubt, daß sie Macht
hätten, Riegel und Schlößer zu sprengen. Ein Spruch, der Halse und
Fesseln löst, wird Run. 12 und Grôg. 10 erwähnt und den ersten Merseb.
Heilspruch pflegt man darauf zu beziehen. Es gab auch Sicherungsmittel
gegen Zauber, M. 1056, Leapr. 48; wie es Mittel gab, die Hexen zu

erkennen, M. 1083, so muste es auch Zaubersprüche geben, die fremden
Zauber zu brechen vermochten. Man nennt sie gewöhnlich Segen, M.
1198. Schon unter Odins Runenliedern begegnen (13. 14. 18) solche
Schutz- und Segensprüche. Das 13. Runenlied (Hávam. 159) dient
hieb- und stichfest zu machen, bekanntlich ein Zauber, der bis auf die
neueste Zeit geübt wird. Kuhn WS. II, 195. Unabsehbar sind aber die
neuerdings aufgeschriebenen oder aus frühern Niederschreibungen bekannt
gemachten Heilsprüche. Wir finden Segen gegen Verrenkungen, böse
Leute, bösen Blick, zum Blutstillen, wider die Schweine (Schwindsucht),
wider das Beschwören, gegen Brand und Geschwulst, Gicht und Roth-
lauf, Rose und Flechten, gegen Zahnschmerzen und Würmer, Waßersucht
und kaltes Fieber, gegen Kuhblattern, gegen Alb und Mar, gegen ‚sieben-
undsiebzigerlei Krankheiten.‘ Es giebt Bienensegen, Feuersegen, Waffen-
segen, Reisesegen, Pferdesegen, Ackersegen, Hirtensegen. Seltsamer Weise
erscheint darin St. Martin als Hirte. §. 77. Bei St. Peter, dem Hirten
der Völker, würde das weniger auffallen. Wir haben aber schon Odin
als Viehhirten gefunden und von ihm muß es auf St. Martin übertragen
sein. Von Runen und Zauberliedern erwartet man Sieg im Kampf,
Schutz vor Gift, Heilung von Wunden und leichte Entbindung der Frauen,
Hilfe in Seegefahr, Klugheit und Wohlredenheit: man glaubte durch sie
seine Feinde hemmen und ihre Waffen abstumpfen zu können, sich selbst
aus Banden zu befreien, das Geschoß im Fluge zu hemmen, die eigenen
Wunden auf den Gegner zurückzuwenden, das Feuer zu besprechen, Haber
zu schlichten, Wind und Wellen zu stillen, Geister in der Luft zu zer-
streuen, Todte aufzuwecken, sich selbst vor dem Tod im Kampf zu bewahren, liese Weisheit zu erlangen, reißende Ströme zum Stehen zu bringen,
die Gunst von Weibern zu gewinnen, sich vor Frost zu schützen, Zauber
abzuwenden u. dgl. mehr, Maurer II, 138. Es giebt Sprüche, einen Stecken
zu schneiden, daß man einen Abwesenden prügeln kann, einen Dieb fest zu
machen, daß er stehen bleibt, oder daß er das Gestohlene wiederbringen
muß, Sprüche, daß ein Gewehr nicht los geht, daß kein anderer ein Wild
schießen kann, daß eine Wunde nicht zum Schwären kommt, Sprüche, die
Aufblähung dem Rindvieh zu vertreiben, eine Heerde Vieh vor dem Wolf
zu bewahren u. s. w. Kuhn WS. II, 191. Vgl. auch Rochholz Zschr.
f. d. Myth. IV, 103 ff. Kuhn Zschr. f. vgl. Sprachf. XIII, 49. 113 ff.
Schönwerth III, 250 ff. Birl. Aus Schw. I, 441 ff. Alle diese Sprüche
enthalten uraltes Gemeingut der indogermanischen Völker und sind für
Mythologie und Culturgeschichte unschätzbare Urkunden.

Den Segen stehen Flüche und Verwünschungen gegenüber, welcher die alte Zeit Zauberkraft zutraute, daher alle Märchenbücher von verwünschten Prinzen und Prinzessinnen wimmeln. Eine Verwünschung ist §. 75

mitgetheilt; eine andere giebt Uhland III, 270 in Prosa aus Saxos
Versen, der auch ihre Wirkung berichtet: Habbings Flotte verschlingt der
Sturm und das Haus, das er schiffbrüchig betreten will, stürzt ein; erst durch
ein Opfer versöhnt er die Götter. Berühmter ist Sigruns Verwünschung
ihres Bruders Dag, als er ihr Helgis Fall bei Fiöturlundr kündete:

> So sollen dich alle Eide schaaren,
> Die du dem Helgi geschworen hast
> Bei der Leipter leuchtender Flul
> Und der uralten Wafferklippe.
> Das Schiff fahre nicht, das unter dir fährt,
> Wehl auch erwünschter Wind dahinter.
> Das Roß renne nicht, das unter dir rennt,
> Müßest du auch fliehen vor deinem Feinden.
> Das Schwert schneide nicht, das du schwingst,
> Als schwirre denn dir selber ums Haupt.
> Rache hält ich da für Helgis Tod,
> Wenn du ein Wolf wärst im Walde draußen,
> Des Erißands bar und bar der Freunde,
> Der Nahrung ledig, du sprängst denn um Leichen.

Alles das ist nur nähere Ausführung der ersten Zeile, denn bei allen
genannten Dingen hat Dag dem Helgi Treue geschworen und der Fluch,
ein Wolf zu sein (vargr í véum), trifft schon nach dem Gesetz jeden
Friedensbrecher.

Walthers Fluch 73, 31. 32 ist mit leiser Ironie gefärbt und zeigt
nur was er zuvor gesagt hat, daß er nicht fluchen kann. Und doch
versteht er es 61, 30. 31 schon leidlich. Aber Zauberkraft wohnt diesen
spätern Versuchen nicht bei, ja die Verwandlung in Thiergestalt, die das
Ziel der eigentlichen Verwünschung ist, beabsichtigen schon die frühern
nicht mehr eigentlich, wenn es gleich Sigrun sagt, denn in der That meint
sie wohl nur die Verfehmung des Friedensbrechers, die freilich in dem
Hause ihres Gemahls die Wölfungasaga als wirkliche Wolfsgestalt berichtet. In den deutschen Märchen sind es meist Gliesmüller, deren Neid
zauberkräftige Verwünschungen ausstößt.

Runenzauber und Seidr konnten zu gleichen Wirkungen verwandt
werden. So gehören zum Wetter- und Hagelmachen Zauberkessel und
-Töpfe: Krüge wurden ausgegoßen oder in die Höhe gehalten, mit einem
Stecken im Waßer gerührt, Fingerle Sagen 822, worauf Schauer, Sturm
und Hagel erfolgten; daneben wird wieder von heimlichen Worten gemeldet, die dabei gesprochen wurden, M. 1041, und bei der aura leva-
tilia (M. 604) wird durch Beschwörungen das Luftschiff herbeigezogen.
Nach dem 16. und 17. Runenliede wußte Odin durch Zaubersprüche Liebe
einzuflößen; dasselbe ließ sich auch durch Seidr erreichen, vielleicht auch

ohne daß ein Minnetrank getrunken wurde, M. 1055. Die Minne kann
man sich auch ansehn (Anh. XXXIX). Dem Minnetrank (Minnisöl) steht
in der Heldensage der Vergessenheitstrank (Ominnisöl) gegenüber.
SM. 118 hat ein Kuß gleiche Wirkung, M. 1065.

Andere Zaubermittel scheinen zu keiner von beiden Arten gehörig: sie
beruhen auf Sympathie. So der mit dem 'Alraun' (Anh. LXIII)
getriebene Unfug, wobei ein Abwesender alle einem Wachsbild angethane
Qualen empfinden sollte, M. 1046. Ist es davon eine Anwendung, wenn
man glaubte, die Hexen könnten den Leuten das Herz aus dem Leibe essen
und einen Strohwisch dafür hineinstoßen? M. 1035. Kuhn WS. II, 191.
Sympathetisch ist wohl ferner das 'Nestelknüpfen', um junge Eheleute
untüchtig zu machen; nach M. 1027 geschieht es durch Zuklappen eines
Schloßes, das dann ins Waßer geworfen ward; nach H. Schreiber
(Taschenbuch V, 185) und M. 1127 durch Knoten, die in einen Bündel
geschlungen wurden. Dagegen scheint das Zauberhemde und aller mit
Spinnen und Weben zusammenhängende Zauber, wie der 'gesponnene
Feldzauber', den man Hexen Schuld gab (M. 1042. 1053), aus dem
Weben der Geschicke, das der Nornen und Disen Geschäft war, herzuleiten. Durch einen Zaubergurt oder -Ring konnte man sich selbst und
andere in Thiergestalt verwandeln, in Wölfe, Bären, Pferde, Katzen,
Schwäne, Gänse, Raben und Krähen, vgl. Panzer II, 412. Am berühmtesten, vielleicht auch am ältesten, ist die Verwandlung in den Werwolf
(loup garou). Auch dieß fiel vielleicht unter den Begriff des Runenzau-
bers, denn dem Gurt oder Ring konnten Runen eingeritzt sein, beim Anlegen Zauberformeln gesprochen werden. So wurden auch beim Weben
des sog. 'Rothhembdes' Zaubersprüche (Ztschr. f. M. I, 241) gebraucht,
wie beim Schicksalweben Lieder gesungen wurden (S. 358).

Ein Zauber war es auch, aber ein von der Menge, vielleicht früher
unter Anleitung des Priesters, geübter, wenn man zur Zeit der Dürre durch
eine symbolische Handlung die Götter gleichsam nöthigte, Regen zu spenden.
Ein kleines Mädchen ward ganz entkleidet von seinen Gespielinnen in den
Wald geführt; dort riß es Bilsenkraut mit dem kleinen Finger der rechten
Hand samt der Wurzel aus und band es sich an die kleine Zehe des rech-
ten Fußes. So geschmückt ward es dann am nächsten Fluße von seinen
Begleiterinnen mittels Ruthen, die sie sich im Walde gebrochen hatten, mit
Waßer besprengt, Anh. XL. Aehnliches geschieht in Baiern mit dem sog.
Wasservogel, in Oesterreich mit dem Pfingstlümmel, welchen man
in grüne Zweige gehüllt und mit geschwärztem Angesicht, Bavaria I, 875,
ins Waßer warf, obwohl dieß in die Frühlingsgebräuche §. 146 über-
geht, M. 562. Verwandt ist, obwohl kein Zauber, wenn in Köln zur
Zeit großer Dürre der Reliquienkasten des h. Bischofs Severin vom Hoch-

altar in das Schiff der Kirche versetzt ward, um durch die Fürsprache des Heiligen, der nach dem Volkswahn auch den kalten Stein in den Rhein warf, Befreiung von der Plage zu erlangen. Einer der Priester, welche den Rasen heraushoben, muß binnen Jahresfrist sterben. Wolf TMS. 209. Ueber den Zauber mit dem Diebesfinger handelt Liebrecht Heibels. Jahrb. 1868, 86, der den französischen Namen dieses Zaubers, main de gloire, auf die Alraunwurzel (mandragora) zurückführt.

139. 6. Weißagung.

Weißagung und Zauber find nahe verwandt, ja sie fallen zusammen, wo das Geschick zugleich geschaffen und verkündet wird wie von den begabenden Wälen und Nornen, ja noch von Macbeths Hexen. Zu beiden dienen die gleichen Mittel: auch zur Weißagung gebrauchte man Runen und Zubkunst. Wie der Priester oder Hausvater bei der Weißagung durch Loosung verfuhr, beschreibt Tacitus Germ. c. 10. Von einem fruchttragenden Baume, und die Buche vorzüglich galt ihrer Eckern wegen für fruchttragend, ward ein Reis geschnitten, dieses in Stäbchen zerlegt und jedem derselben eine Rune eingeritzt. Da der ältesten Runen 16 waren, so scheint sich darnach auch die Zahl der Stäbchen zu bestimmen. Diese wurden nun aufs Gerathewohl über ein weißes Tuch ausgestreut, nach einem Gebete an die Götter und mit zum Himmel gerichtetem Blick drei derselben aufgehoben, und nach den Runen, die sich ihnen eingeritzt fanden, die Zukunft verkündet wahrscheinlich in einem aus drei Langzeilen bestehenden Spruche, welchem der Name der aufgehobenen Rune zum Hauptstabe diente. Es wäre unmöglich gewesen, aus drei Buchstaben zu weißagen, wenn diese Buchstaben nicht wie die Runen Namen gehabt und diese Namen Begriffe enthalten hätten. Aus diesem Verfahren mit den Loosstäbchen (sortes) entsprang das Wort sortiarius (fr. sorcier), das mehr noch den Zauberer als den Weißager bezeichnet, wie auch der Ausdruck „Zauber werfen" auf dergleichen Hergang deutet, während „Zauber legen" zugleich an Urlac und das geschaffene und gelegte Geschick §. 66 erinnert. Myth. 88. Man sieht wie Dichtkunst und Weißagung zusammenhängen und mit vates Dichter und Weißager bezeichnet werden konnten.

Eine andere Art von Loosung ist nach unsern Begriffen mehr ein richterliches als priesterliches Geschäft. So läßt man das Loos bei Austheilung des Erbes entscheiden, weil man so menschliche Willkür auszuschließen hofft. Hier bedurfte es der priesterlichen oder ritterlichen Auslegung der gezogenen oder aufgehobenen Loose nicht: man mußte, wenn wirklich die Götter entscheiden sollten, über ihre Bedeutung im Voraus einig sein. Gewöhnlich wählte man den Milloosenden nach der alten Sitte

dauernd angehörige Zeichen (Handgemal, Hausmarke). Gelegentlich kann
so das Loos auch über Leben und Tod entscheiden. Vgl. G. Homeyer
über die Heimat nach altd. Recht, Berlin 1852; Derf. über das germanische Loohen, Berl. 1854 Die Looßstäbchen Berl. 1868. Die Haus-
und Hofmarke, Berl. 1870.

Daß auch aus dem Opferkessel geweißagt wurde, beweist außer der
§. 60 besprochenen Stelle der Hymiskw. und den Heren im Marb. auch
Vngl. c. 7, wo es von Odin heißt, er habe durch die Kunst, die Selb
heiße, der Menschen Schicksal vorausgesehen. Dermanbi, weil sie durch
das Verdinst des Opfers geschieht, ist die Weißagung auf der Kuhhaut,
vgl. Gr. Myth. 1069 Anh. XXXVI und GDS. 60—66; vgl. auch
§. 60. 140. 148. Auch bei den Römern pflegten die, welche Orakel
verlangten, auf den Fellen der geschlachteten Thiere zu liegen, Virg.
Aen. VII, 86, die auch bei der römischen consarreatio und selbst noch
bei Eingehung der freien Ehe in Gebrauch waren, Serv. ad Aen. IV,
374 und Festus s. v. pellis lanata. Häufig saß man auf der Kuhhaut
bei Nacht auf Wegscheiden und Kreuzwegen, die auch wohl ohne die
Kuhhaut in heiligen Nächten zu Offenbarungen verhalfen.

Andere Arten von Weißagungen beziehen sich nicht auf Erforschung
der Zukunft; es soll der Urheber eines in der Vergangenheit liegenden
Ereignisses z. B. eines Diebstahls, ermittelt werden. Der Thäter ist dabei
nicht ganz unbekannt; weil aber Beweise fehlen, so kommt es darauf
an, ihn zum Geständniß zu bringen. Das Verfahren beruht darauf,
daß unsere Gliedmaßen unmerkliche, oft sogar unwillkürliche, Vollstrecker
unseres Willens sind. So bei dem Siebdrehen, wo das Sieb in Bewegung gerieth, sobald der Name des vermuthlichen Thäters genannt wurde,
(Kuhn Germ. VII, 435, vgl. §. 117, Panzer II, 297, Müllenh. 200), oder
in gleichem Fall der Erbschlüssel oder das Lotterholz sich umzuschwingen
begann, M. 1063, Müllenh. 88. 200, Lyncker 216. ,Andere Proben sind
zugleich auf das böse Gewissen der Schuldigen berechnet, das ihn bei einer
ganz einfachen, natürlichen Handlung, die der Schuldlose ohne alles Arg
verrichtet, in Unruhe und Verwirrung bringt.‘ So bei dem Bißen Käse,
der dem Schuldigen im Halse stecken blieb. Anh. I.X. RA. 992. Neben
dem Erbschlüssel gebraucht man die Erbschäßel und den Erblöffel beim
Bleigießen am Silvesterabend und in der Andreasnacht.

Mit der Nekromantie, von der im vorigen §. die Rede war,
hängt der Glaube zusammen, daß Sterbenden ein sicherer Blick in die
Zukunft vergönnt sei: darum ist auch der Schwane Sterbelied weißagend. Pyromantie, Chiromantie, Gastromantie (M. 1065—7), muß ich
in die Alterthümer verweisen; die Weißagung aus dem Gansbein
(MartinsL XVI) bezieht sich nur auf das Wetter; nach Binter (Anh.

I.IV) sah man aus dem Schulterblatt auch, was Menschen geschehen sollte; Myth. 1067. Wichtiger ist die altdeutsche Weißagung aus dem Schnauben und Wiehern der in heiligen Hainen erzogenen Pferde, wenn sie vor den Götterwagen gespannt, von den Priestern oder Königen begleitet wurden. Germ. 10. Vgl. Birl. 1, 121. Hier ging kein Opfer vorher, weil diese Thiere schon auf öffentliche Kosten den Göttern unterhalten wurden; wohl aber findet es sich bei mancherlei Zauber, der mit Pferdeköpfen getrieben ward. Bei der redenden Fallada (KHM. 89) wird man an Mimirs abgeschnittenes weißagendes Haupt (Yngl. c. 4) erinnert, ja an das Johannishaupt, das auf der Gralsschüssel lag, §. 76. Wenn Tacitus von den weißagenden Pferden sagt, sie hielten für Mitwißer der Götter gegolten, so läßt sich dieß auf die sog. weisenden Thiere ausdehnen, die eine so große Rolle nicht bloß in deutschen Sagen spielen. Den Ort der Niederlaßung, der Gründung einer Kirche, die Fint durch den Strom u. s. w. zeigen Thiere als Boten der Götter, Myth. 1093, Panzer II, 405. Wilde Thiere eignen sich hiezu beßer als zahme; unter den letztern stehen die Pferde hinter den Ochsen zurück: nur blinde Pferde sind noch geeignet, als Werkzeuge der Götter zu dienen. Der zur Unterwelt führende Hirsch §. 103 gehört nicht eigentlich hieher; doch kann auch er als Bote der Götter betrachtet werden. Unmittelbar selber schienen die Götter den Weg zu weisen, wo ihre an den Hochsitzpfeilern ausgeschnitzten Bilder ans Ufer trieben, M. 1004. Auch Träume können als Boten der Götter gelten; warum sind Träume im neuen Haus (FMS. XI, c. 2), in der Hochzeit (Gr. D. S. 420. FMS. XI, c. 16.) und Neujahrsnacht bedeutend? War hier ein Opfer vorausgegangen, das die Götter geneigt machte, ihren Willen zu offenbaren? galt im neuen Haus schon die Anzündung des Heerdfeuers dafür? Noch schwerer ist zu sagen, warum der Traum im Schweinstall eintrifft, Maurer II, 127. M. 1099. ,Einzelne Träume, sagt Grimm Myth. 1100, wurzeln in der deutschen Volkssage so tief, daß man ihren Ursprung weit zurücksetzen muß, z. B. der von dem Schatz, welcher einem auf der Brücke angezeigt werden soll.' In der That findet er sich schon im Karl Meinet ed. Keller v. 45—48. Verwandt damit ist der Traum Zimm. Chr. II, 610. Die Auslegung der Träume war gewiß einst ein priesterliches Geschäft. Bekannt ist die große Rolle, welche Träume in unserm Epos spielen. Wenn aber Träume Boten der Götter sind, wer hatte sie Baldurn gesendet, wenn nicht Allvater? Ueber Ahnungen Maurer 129.

Den Pferdeorakeln lauschte der Priester öffentlich; ob auch Stimmen und Flug der Vögel so feierlich befragt wurden, verschweigt uns Tacitus. Wie großes Gewicht aber darauf gelegt wurde, ersehen wir aus heimischen Quellen, welche jede Begegnung, nicht bloß von Vögeln und Thieren, für

bedeutend ansehen. Nach dem schon oben erwähnten Glauben halten
alle kampflichen Thiere, wie Wolf und Bär, guten Angang, d. h. ihre
Begegnung war glücklicher Vorbedeutung, während Hasen, alte Weiber und
Priester, weil sie unkriegerisch sind, von üblem Angang waren: ihr Anblick
wirkte eher niederschlagend als ermuthigend. Ueber den Angang des Fuchses
welchen unsere Nachrichten ab; nach dem Studentenausdruck, der Schwein
für Glück versteht, sollte man dieses kampflichen Thiers Angang für günstig
halten gegen die gewöhnliche Meinung, die ihn auf unfreundlichen Empfang deuten läßt, es sei denn, daß die Sau ihre Ferkel bei sich habe.
So ausgebildet wie bei den Alten war wohl bei uns die Lehre vom
Vogelflug nicht. Auch hier stehen wieder die kampflichen Thiere voran:
Raubvögel, die auch in den Träumen die erste Rolle spielen, verkünden
Sieg, weil sie selber über andere Vögel den Sieg davon tragen, M. 1082.
Bei einigen Vögeln wird mehr auf den Gesang geachtet als ob sie rechts
oder links fliegen; doch findet sich bei der Krähe beides erwähnt, und
auch bei dem Martinsvogel; bei dem Specht kam es auf den Flug an.
Bei der Krähe beobachtete man auf welchem Fuße sie stand, bei der Elster ob sie von vorn oder hinten gesehen ward, bei dem Storch ob man
ihn zuerst fliegend oder stehend traf. Eine Elster zu tödten bringt Unglück; sonst richtet sich ihr Angang nach der Zahl der gesehenen Thiere,
Kuhn Herm. VII, 345. Heilig ist die Stelle, wo man die erste Schwalbe
erblickt, oder den Kuckuk im Frühling zuerst rufen hört; darum steht man
stille und gräbt an dieser Stelle den Rasen aus, denn er hat segnende Kraft,
Myth. 1082. 1085. Plin. 30, 10. Der Kuckuk heißt auch Zeitvogel, denn
er weiß, welche Erdenzeit uns bestimmt ist, oder wie lange ein Mädchen
noch warten muß bis der Freier sich findet, und wenn Goethe ihm die
Zahl der Kinder verkünden läßt, so hat auch das uralten Grund, Myth.
644. Doch ist es auch ein übler Angang, wenn beim Ausgehen der Fuß
strauchelt u. s. w.

Noch anderer Arten der Weißagung versichert uns Tacitus c. 10.
Gefangene des Volks, mit dem man Krieg führte, ließ man mit einem
der eigenen Leute sich im Zweikampf messen: der Sieg des Einen oder
des Andern galt für vorbedeutend. Ueber barditus vgl. M. Edda. Unter
Ariovist erkannten weißagende Frauen aus den Wirbeln der Ströme und
dem Geräusch der Flut, es dürfe vor dem Neumond nicht gekämpft
werden, Plutarch Cäs. 19. Das ist Hydromantie. Andere Beispiele
bei Uhland VI, 204. Von der Hydromantie wie sie Hartlieb (M. Anh.
60) beschreibt, macht Goethe Gebrauch im Groskophta, nur daß eine
Glaskugel die Stelle des Wassers vertritt. Die Weißagung aus einem
glänzend polierten Schwert (Hartl. a. a. O. 64), scheint auch Frauenlob
zu kennen, MS. III, 161. Das könnte Spatulamantie heißen, die
aber Hartl. anders versteht, M. 1167.

140. 7. Heilung.

Auch bei der Heilung ward der Runenzauber angewandt wie
dieß noch heutzutage geschieht, S. 137. Auf solche Heilung bezieht sich
der andere jener Merseburger Heilsprüche, von dem S. 92 die Rede war,
und daß auch die Sudkunst in ähnlicher Weise gebraucht wurde, läßt
sich aus Yngl. c. 7 schließen, wo es von Odin heißt, er habe so den
Leuten Tod, Unglück oder Krankheit bereiten, und Verstand oder Kraft
Einigen nehmen, Andern geben können. Von Wuotans oder Wotens Bezug auf die Heilkunst war S. 75 die Rede; in Eir, welche D. 35 als
die beste der Aerztinnen bezeichnet, hatte die Heilkunst ihre eigene Göttin,
M. 1101. Sie scheint aber aus einem Beinamen der Frehja oder Frouma
entstanden, die als Menglada nach Fiölswinnsmal Str. 37. 41 einen
deutlichen Bezug auf die Heilkunde hatte. Eine der Str. 88 zu ihren
Füßen stehenden neun Mädchen heißt wiederum Eir, wie neben ihr Hlif
und Hlifthursa Namen gleichen Sinn hat. Eirgiafa, die Heilspendende,
heißt nach Hyndlul. 35 auch eine der Mütter Heimdalls. Auch Brynhild,
die wie Menglada, mit der wir sie schon oben verglichen, auf dem Berge
wohnt, verbindet nach Gripispa 17 die Heilkunst mit der Runenkunde.
Dieß mag ihr von Frigg oder Frehja vererbt sein, aus welchen sie sich
entwickelt hat. Sie selbst erwünscht sich Sigrdrif. 4: ‚Wort und Weisheit und immer heilende Hände.' — Heilende Hände, wie sie Zwerge
für geleistete Ammendienste verleihen, Rochh. Mythen 114, legten sich noch
spät die französischen Könige vielleicht aus Siegfrieds Erbe bei, Myth.
1104, König Rother 8144. Nach Obdr. 8 sang Oddrun heilkräftige
Zauberlieder. Auf den Zusammenhang der Heilkunde mit der Zauberei
deutet es auch, wenn böten (ahd. puozan), wie jetzt das Geschäft jener
‚rathenden' alten Weiber S. 524 heißt, sonst auch zaubern bedeutete, wie
M. 989. 1103 gleicher Doppelsinn bei andern Wörtern nachgewiesen
wird. Wald- und Meerfrauen (wildiu wîp) und die ihnen nahe verbundenen Wölen (wîsiu wîp) galten für heilkundig; auch Weissagung und
Zauber wird ihnen zugeschrieben. Priester und Frauen üben durch das
ganze Mittelalter die Heilkunde und beide haben sie von den Göttern.
Die der Runenkunde verwandte Kenntniß der Schrift, des Lesens und
Schreibens, war lange gleichfalls auf Priester und Frauen beschränkt.

Wenn die Heilkunde göttlichen Ursprungs ist, so werden die Krankheiten von Riesen oder den ihnen so nahe verwandten Elben abgeleitet.
Doch hat wohl nicht das Christenthum erst die Krankheit als göttliche
Strafe aufgefaßt: das wusten schon die Heiden. Eine Krankheit hieß die
hûnscho, wobei schon M. 1115 an Riesen oder Hunnen gedacht ist. Kuhn
WB. II, 211. Die Pest, selbst der Tod (M. 811) erscheint riesig und
auch Hel ward in diese Verwandtschaft gezogen. Riesig ist auch der tiro-

lische Blehscheim (Alpenb. M. 62 ff.), der bald in der Gestalt eines
unheimlichen schwarzen Mannes, bald als schwarzer die halbe Haut nach-
schleppender Eller auftritt und gleich dem schleswigschen Ruhtod, einem
ungeheuern Eller mit langen Hörnern (Müllenhoff 230), ein Viehsterben
personificiert; vgl. Kuhn WS. 291. Das Viehsterben scheint hier als
Strafe für Mißhandlung der Thiere gedacht. Rochh. Mythen 82. Das
Fieber ist ein Alb, der die Menschen reitet, darum hieß es der rito von
ritan, wenn nicht Vernaleten Germ. XI, 174, der es von mhd. ridan
fieben, schütteln ableiten will, Recht hat. Das kalte Fieber heißt Frörer, weil es Frost bringt, frieren macht. Der Frörer wie der Kitt treten
persönlich auf; in Boners Edelstein unterhält sich der Kitt mit dem Floh
wie in Petrarca die Spinne mit dem Podagra. Auch als Schmetterling erscheint die Krankheit, wie sich Elben und später Hexen und Teufel
in Schmetterlinge wandeln. Wie die Krankheiten heißen auch die Heilmittel nach den Elben, wie die Elbenfalbe, Nachtfrauenfalbe. Von andern Krankheiten, die von Elbgeschoßen herrühren sollten, war schon die
Rede: neben ylfa gescot und hägtessan gescot steht M. 1192 auch ésa
gescot: Geschoße der Götter neben denen der Elbe und Hexen. So heißt
der Schlagfluß bald gotes slac bald dvergeslagr M. 1110. Rothe
Flecken im Gesicht rühren von dem Zidel, S. 454 her; andere Uebel
von Elben und Holden, §. 129, von den Wichten der Wichtel- oder
Weichselzopf, der auch Albzopf, Bilweichszopf heißt, s. oben S. 437.
Die Gicht kann auf Wuotan bezogen scheinen, sie heißt wuotende gibt,
was an das wüthende Heer, Wuotans Heer, erinnert. Sie heißt auch
das fahrende Ding, wie auch Geschwüre an der menschlichen Haut bald
Dinge (wihtir), bald Elben und Holden heißen.

Nach M. 1100 bekannte eine Hexe, daß es neunerlei Holdechen
gebe. Nach russischem Glauben sind es neun Schwestern, welche die
Menschen mit Krankheiten plagen, M. 1107; ein finnisches Lied läßt von
einer alten Frau neun als Knaben gedachte Krankheiten geboren werden,
M. 1118. So wird in einer alth. Formel der nessa mit seinen neun
Jungen beschworen, M. 1115. Diesen neun Uebeln, die den neun heil-
kundigen Mädchen zu Menglaðons Füßen entsprechen, stehen Heilmittel
gegenüber, die aus neunerlei Theilen bestehen; gewöhnlich müssen sie aber
erbettelt oder gar gestohlen sein. So wurden neunerlei Blumen zum Kranze
gewunden, Myth. 1164; zur Krautweihe gehören am Niederrhein
neunerlei Kräuter, neunerlei Holz zum Nothfeuer, M. 574, dem auch heilende Kraft zugetraut wurde. Neun gestohlene Webknoten werden M. 1044
erwähnt, neun gesponnene heilen, M. 1182, zum Liebeskuchen spart man
neunerlei Teig, M. 1182, und wenn Othin sich als Aerztin der Rinda
Wecha §. 90 nennt, so ist vielleicht an die neuntägige Woche S. 84

zu denken; noch jetzt wird bei Krankheiten auf den neunten Tag geachtet. Neun steigert sich auch zu 9 × 9, ja zu 99, das dann wohl zu 100 und 199 erhoben wird. Diese neunerlei Heilmittel zeigen den Zusammenhang mit dem Opfer: wir sahen zu Ubsola jedes neunte Jahr neun Häupter jeder Thiergattung, zu Lethra gar 99 Menschen und Pferde u. s. w. darbringen. In der Thiersage werden wir an diesen Zusammenhang öfter gemahnt. Der kranke Löwe soll in der Haut eines viertthalbjährigen Wolfes schwitzen: da die Zeit früher nach Sommern und Wintern, überhaupt nach Halbjahren (misseri) berechnet wurde, M. 716, so begegnet uns hier die Zahl sieben; neben 7 sind noch die Zahlen 72 und 77 auch bei der Heilung beliebt. Dukile 247. 251. 253. Die Haut geopferter Thiere zur Heilung verwenden, war wohl überhaupt Gebrauch: so daß man auch der Weißagung wegen auf der Ochsenhaut; auf der Bärenhaut tnierend pflegten andere Völker zu schwören; mit der Bärenhaut läßt Hans Sachs zwei alte Weiber zudecken, mit grünen Rauten bestecken und dem Teufel zum neuen Jahr schenken, M. 962. 1060. 1200. In der Thiersage kann es nicht in Betracht kommen, daß der Wolf kein Opferthier ist. Nach der ,Ecbasis' soll auch der Beistand des h. Aper angerufen werden. Der lat. Umdichter scheint selber nicht verstanden zu haben, daß damit Eberspeck gemeint war, dessen Anwendung in ,Reinhard' noch vorkommt neben dem Hirschgürtel, der später als Heilmittel für die fallende Sucht galt, M. 1124. Deutlich wird erst im ,Reinardus', daß die Thiere bei Bertilianas Wallfahrt, die in den Bremer Stadtmusicanten (KM. 27, vgl. Kuhn BG. 229—232) nachklingt, eigentlich nur ausgewandert sind, um einem großen Opfermal zu entgehen, bei dem sie geschlachtet werden sollten. Schon im ,Isengrimus' sind es aber neun Thiere, wenn wir den Wolf hinzurechnen, die an dieser Wallfahrt Theil nehmen. In der so tief in unser Epos verflochtenen Thierfabel vom Herzessen S. 242 will sich der kranke Löwe durch das Herz des Hirschen nur heilen. Das Herz gehört aber gerade zu den edeln Eingeweiden, die bei Opfermalen den Göttern vorbehalten blieben. Sonst gilt auch das Blut für heilkräftig: das Blut Hingerichteter bei der fallenden Sucht, das Blut unschuldiger Kinder und reiner Jungfrauen bei dem Aussatz, M. 1122.

Das Wort Ding wird wohl auch gebraucht, weil man sich den wahren Namen des Uebels zu nennen scheut. So heißt der Umlauf, eine brennende Geschwulst am Fingernagel, bald der Wurm, bald das böse Ding, vgl. Kuhn Ztschr. s. vgl. Sprf. XIII; die fallende Sucht heißt das böse Wesen, auch St. Jans Uebel; die Wassersucht nannte man Mondkalb, wohl weil das Wasser auch den Mond Bezug hat; aber die zweite Hälfte des Wortes läßt das Opfer eines Kalbes zur Heilung vermuthen. So begegnet auch der Name Sonnenlaib als Eigenname. Vgl. aber Schwarz Sonne 66. Der Würmer sollen übrigens auch 9 sein, drei weiße, drei schwarze, drei rothe, und neben dem Wurm erscheint die Würmln; alle können durch Sprüche gebannt werden.

Wenn man die Kranken durch ausgehöhlte Erde, hohle Steine und gespaltene Bäume kriechen ließ, was man bögeln nannte, Panzer II, 428, so mag man zwar später gemeint haben, die Krankheit auf Baum und Erde zu übertragen; der ältere Grund war aber nicht sowohl daß man glaubte, Elbe und gute Holde schlüpften durch diese Oeffnungen, die in Schweden noch Ellenlöcher heißen, M. 430. 1118, als daß man durch diese symbolische Handlung eine verjüngende Wiedergeburt beabsichtigte, Liebr. Gerv. 170. Vgl. o. §. 182. Steinerne Altäre und Grabdenkmäler in alten Kirchen und Capellen wurden diesem Glauben zu Liebe zum Durchkriechen eingerichtet, Panzer II, 431. So ließ man Leichen zwischen entzwei getheilten Wagen, die für heilige Gerölhe galten, hindurchtragen, des Falls verdächtige Mädchen hindurchgehen, s. Liebrecht Heidelb. Jahrb. 1869, S. 812; davon scheint man zuletzt nur noch zauberhafte Wirkung erwartet zu haben, M. 1097. Auf uralten Feuerdienst könnte weisen, wenn man das fieberkranke Kind in den Ofen legte (Anh. XXXV), das Vieh bei jährlichen Festfeuern, bei anrückender Seuche durch die Flamme trieb und selber darüber sprang. Nicht bloß Genesene aus Dankbarkeit, auch Heilung Suchende hingen das kranke Glied in Wachs, Holz oder Metall gebildet im Tempel auf, M. 1131. Auch hier verräth sich der Zusammenhang von Heilung und Opfer.

Ein seltsamer Aberglaube stellte sich die kranke Gebärmutter unter der Gestalt eines Wiesels,· einer Schlange oder Kröte vor. Dieß Thierlein schlüpft zuweilen aus dem menschlichen Leibe um im Waßer zu baden oder an einem Quendelstock zu weiden. Gelingt ihm das und wird es auch nicht behindert, in den Leib der Schlafenden zurückzulehren, so ist diese geheilt. Ohne Zweifel war es ursprünglich die Seele, die so aus der Kranken schlüpfte, später nannte man statt ihrer den Theil des Leibes, an welchem die Krankheit haftete. Daher die eisernen Kröten an den Nochuskapellen, an St. Veits Altar. Unter dem Namen, welchen als die Krankheit gedachte Kröte in Tirol führt, findet sich Heppia; Heppa heißt in der Billinsage eine Metze. Amelungenl. II, 83. Panzer II, 195.

Heilkräftige Kräuter, doch vielleicht auch andere, sind nach den Göttern benannt, oder werden auf heiligen Bergen gebrochen. Von erstern sind Beispiele gelegentlich vorgekommen. Eine heilige Pflanze heißt Forneotam solme nach der Hand des alten Riesen, in deßen Geschlecht wir auch wohlthätige Wesen antrafen; eine andere, mit dem Namen 'Teufelshand' gemahnt an die häufigen Sagen von abgehauenen Riesenhänden, wie fie im Beowulf von Grendel, in Tristan von Urgan erzählt werden, M. 220. Die spongia marina heißt Njörds Handschuh (niardbar völlr), weil ihre Blätter wie fünf Finger nebeneinander stehen. Das Fünffinger- kraut galt für glückbringend, weil es an den Gott gemahnte, der Reich- thum und Wohlstand verlieh. Andere Pflanzen hießen wegen ihrer hand- förmigen Wurzel Liebfrauenhand. Ueberhaupt sind Kräuter gern nach Göttinnen genannt, an deren Stelle dann Maria trat, M. 1142. So heißt das Frauenschühlein auch Marienpantöffelchen, Frauenthräne Marien- thräne. Andere Pflanzen tragen Namen aus der Heidenlage, so das Wielandsbeure, das Rabelger, das Mangold, das an das Gold er- innert, das die beiden zauberkräftigen Jungfrauen Fenja und Menja dem König Frobi malten, wozu Grimm M. 498 die Namen Fauigold und Manigold nachgewiesen hat. Nicht überall aber haftet an solchen Pflan- zen Heilkraft wie an dem Rabelger, das ,aller Wurzeln ein Ehr' selbst gegen Liebestränke half und bei aller Well beliebt machte. So schätzt Gunderebe gegen Zauber und ist dabei heilkräftig und durch einen Kranz von Gundermann stellt man die Kühe. Der Name kommt von der Walhüre Gundr, Wöl. 24. Pgl. A. 107. Heilkräftige Kräuter mußten aber zur bestimmten Zeit, nach hergebrachtem Gebrauch entschuht und ent- gürtet, mit Ehrerbietung gebrochen werden: es geschah wohl mit goldenem Werkzeug; in Deutschland bediente man sich zuletzt eines Goldstücks. We- niger deutlich tritt der Bezug auf die Götter bei den Steinen hervor, denen doch so große Heil- und Wunderkraft zugeschrieben wurde. Freilich galt die Kräuterkunde für heidnisch, Steinkunde für jüdisch, M. 1142, Kuhn WS. I, 137; auch war sie nicht volksmäßig. Doch brachte Herzog Ernst den ,Waisen' aus dem hohlen Berge, die deutsche Königskrone damit zu schmücken, M. 1168. Der hohle Berg ist die Unterwelt und daraus allein erklärt es sich, daß man ihm die Kraft beimaß, seinem Träger die königliche Würde zu bewahren. Abel, König Philipp S. 55. Welchen Stein man unter ,Siegerstein' verstand, ob er von der Kron- schlange kam, in Kopf, Herz oder Magen eines Vogels wuchs, oder künst- lich aus dem Glas geblasen werden konnte, M. 1169, darüber wechseln die Angaben. Der Donnerstein ward auf Thör, der Schleifstein auf ihn und Odin bezogen; sie galten für heilig, vielleicht heilkräftig. Von dem Donnerstein, der vor dem Blitzstrahl bewahrte und sich bei Entbin- dungen hülfreich bewies, ist der Trulenstein verschieden. Er gehört den Kalkbildungen an; in dem Loche, welches nicht fehlen darf, sitzt wahr- scheinlich ein Belemnit, den das Volk bald Teufelsfinger bald Donnerteil nennt, wegen seiner schraubenförmigen Windung. Die Trulensteine schützen vor Behexung und Albdrücken, die Pferde vor dem Verfilzen der Mähnen und Schweise. Panzer II, 429. Berühmter ist der Erchenstein, der

als Erdnußstein schon in der Edda vorkommt. Wieland soll ihn aus
Kinderaugen gebildet haben; hiernach ward er beim Urtheil des Meßelsangs
gebraucht, wo ihn Hertja aus heißem Waßer hervorlangen mußte. In
Erch- liegt eine Steigerung des Begriffs Edelstein, wie auch der Waise
(s. oben) seines Gleichen nicht hat, weshalb er orphanus, papillas heißt,
was dann an den Augapfel erinnerte und die Dichtung von der Bildung
aus Kinderaugen veranlaßte. A. M. Liebrecht, Germ. XVI, 226. Daß
ihm heilende Kraft zugeschrieben wurde, wißen wir nicht; aber der Meßel-
sang läßt darauf schließen, denn er sollte wohl im heißen Waßer vor
Verbrennung schützen. Wie der Erchenstein aus Kinderaugen, so sollte
der Lyncurius aus dem Harn des Luchses entstanden sein; an ihm haftet
wieder Glück und Heilkraft, wie man dem Waisen wohl Glück und Sieg
zuschrieb. Somit geht er in den Siegerstein über, der auch Wünschelstein hieß, Glück und Gesundheit verlieh und selbst bei Entbindungen sich
hülfreich erwies. Der Wünschelstein hat dann den Stein der Weisen zum
nächsten Verwandten, der bekanntlich auch zum Goldmachen diente. Vor
Schaden bewahren auch die Herrgottssteine, welche sich in Flußbetten finden. Es sind weiße aber röthlich gestreifte oder betupfte Quarzgeschiebe.
Sie sind glückbringend und schützen vor dem Blitz. Ueber Gerichtssteine,
Krötensteine, Liebesssteine vgl. Rochh. Mythen 261. Auch an den Sonnen-
steinen, einer Art Ammoniten, hängt mancherlei Aberglaube. Was dient
aber nicht alles als Amulet beim Zahnen; verzaubert, vergalstert, ver-
wegen hört man noch jetzt im Volk besonders bei Kindern, Blödsinnigen
und Schwermüthigen. Vgl. Buck Medicinischer Volksglaube, Ravensberg.
S. 14. ,Geschoß' und ,Geflecht', von Schießen und Flechten zielen auf
den Glauben an elbischen Ursprung des Uebels, während Schlag (gote-
slac) höher hinauf weist.

Heilkunst hatte Odin bei Rinda und an Baldurs fußverrenktem
Pferde geübt. Die Uebertragung letzterer Heilung auf St. Eligius,
welche das im Züricher Neujahrsbl. 1874 besprochene Gemälde der dortigen Stadtbibliothek darstellt, setzt voraus, daß die Verrenkung durch den
Zauber einer Hexe gewirkt war, welcher der Heilige zur Strafe mit der
Zange in die Nase kneipt eh er den abgenommenen gehellten Fuß des
Pferdes wieder ansetzt. Daß dieß Abnehmen und Wiederansetzen des
kranken Fußes schon von Odin erzählt worden sei, wird uns nirgend be-
zeugt, ist aber nicht unwahrscheinlich. Daß dieser Fuß in anderm Faßun-
gen der Legende beschlagen wird, fließt wohl nur daraus, daß der
Heilige wie Patron aller Schmiede so auch der Hufschmiede ist. Das
Pferd ist ein Schimmel, wohl das eigene Pferd des Heiligen, der an
Odins Stelle getreten ist und darum auch deßen Roß reitet.

140a.   8. Rechtsgebrauch.

Da die Priester zugleich Richter waren und die ungebotenen Gerichte mit den drei großen Jahresopfern zusammenfielen (vgl. Tac. Germ. c. 6), so erklären sich die noch in unsern Weisthümern erscheinenden großen Gerichtsmale. Wie bei Weißagung und Zauber, ja selbst bei der Heilung alliterierte Langzeilen in Gebrauch waren, so werden auch die Gesetze in stabreimenden Liedern abgefaßt, deren Strophen Gesetze hießen, und die in Balken und Stäbe zerfielen. Der Eid ward gestabt, die Eidesformel vorsagen hieß den Eid staben, weil diese Formeln in Reimstäben abgefaßt waren. Das Recht ward von den Urtheilsweisern gefunden, wie die Sänger Grieße sandern und Trouverel und Troubadourl von Finden benannt sind. Der Rechtsprecher heißt Schöffe wie der Dichter agl. *scôp* hd. *scaof* von Schöpfen. Daher sind unsere Rechtsformeln höchst poetisch, unsere Weisthümer duften von Poesie. Unter den deutschen Rechtsquellen zeichnen sich die friesischen hierin aus, nächst ihnen die nordischen; schon ärmer sind die Sachsen- und Schwabenspiegel, die durch unsere Weisthümer bei Weitem übertroffen werden. Dort ist schon der Einfluß des Römischen Rechts zu verspüren, dem es gleichwohl auch in seinen ältesten Quellen weder an poetischem Sinne noch selbst an Alliteration gebricht. Im Ganzen ist der niederdeutsche Rechtsgebrauch darum poetischer, weil sich in ihm das Alte länger erhalten hat. Ueberall erinnert das deutsche Recht an die Göttersage. Verwandte sind Schwertmagen und Spindelmagen, das Erbe geht vom Schwert an die Kunkel: wir werden an den Schwertgott, Friggs Rocken, und die webenden und spinnenden Göttinnen gemahnt. Adoptivkinder heißen Wunschkinder, wie die Einherier Odins Wunschsöhne, die Walkürn Wunschmädchen. Adoption heißt Anlesetzung oder Schooßsetzung: der Wunschvater setzt das Kind auf sein Knie, auf seinen Schooß, er bedeckt es mit seinem Kleide wie Odin den Hadding in seinen Mantel hüllte. Die Rockschöße heißen Geeren, wie die eingesetzten Gewandstücke im Hemde Geeren heißen von ihrer spießförmigen Gestalt. Darum heißt der Vormund Gerhabe. RA. 466. So birgt sich Heinrich von Osterdingen unter dem Mantel der Landgräfin, d. h. er begiebt sich in ihren Schutz. Wunschkinder heißen auch Mantelkinder; die Mutter, welche die unehelichen Kinder ihres Mannes als ihre eigenen annimmt, wirft ihren Mantel über sie, und die Braut wird in den Mantel ihres Bräutigams gehüllt. Aehnliches geschieht bei der Verlobung, bei der Einsegnung der Ehe: Ute legt die Schuhe an, die ihr König Rother bringt, wie Bundesbrüder auf die Kuhhaut treten, auf die Haut des zur Heiligung des Bündnisses geschlachteten Opferthieres. Diese Haut heißt Barsa, daher Börse die Genoßenschaft der Kaufleute, Burschenschaft der Studenten. So ging man auch unter den Schmuck der Erde und ließ sein Blut in

die Fußspur fließen, wie Schwörende noch spät Erde und Rasen aufs Haupt
legen. Der Verbannte heißt Wolf im Heiligthum, er darf dem Heiligthum nicht mehr nahen, das er geschändet hat, wie der Wolf flieht er in
den Wald. Der Geächtete ist vogelfrei, den Vögeln unter dem Himmel
preisgegeben, unter Dach und Schutz der Menschen wird er nicht mehr
aufgenommen. Sein Leib soll allen Thieren erlaubt sein, den Vögeln in
den Lüften, den Fischen im Waßer, heißt es in der Bannformel, deren
poetische Kraft hochberühmt ist. Wir sahen das Urtheil unter dem Bilde
der Rose dargestellt, den Gebannten und Verfesteten in den Bildern des
Sachsenspiegels ein Schwert in den Mund gesteckt wie dem Wolfe Fenrir,
und wie der Seidenfaden, der die Rosengärten und Gerichte hegte, sich
in dem Bande Gleipnir wiederhollte, mit dem der Wolf gebunden war.
Auch von dem Hammerwurf bei Bestimmung der Grenzen und zur Heiligung des Eigenthums war schon die Rede; wir sahen auch den Hammer
zur Einsegnung des Scheiterhaufens und der Ehe verwendet. Davon wuste
noch Frauenlob, als er die Jungfrau sagen ließ: der smit von oberlande
warf einen hamr io mienen schoß. In der Edda wird erzählt, wie der Rif-
lungehort zu Stande kam: zur Mordbuße für Hreidmars Sohn, den drei
Asen auf ihrer Jagd in Ottergestalt erlegt hatten. An die Stelle des Goldes tritt bei manchen Bußen Getreide, deßen goldene Körner auch sonst dem
Golde verglichen werden. Zur Bestimmung der Grenzen des Eigenthums
wird oft auch das Gut umritten oder mit dem Wagen, dem Pflug umfahren; ein Stück Land heißt darum ein Pflug Landes, ein Morgen, d. h.
soviel man an einem Morgen umpflügen kann. Durch eine solche Krafts-
erweisung sahen wir §. 104 Seeland entstehen und zugleich den Mälarsee.
So schenkte Chlodowig dem h. Remigius so viel Land als er während des
Königs Mittagschlaf umreiten konnte, König Waldemar dem h. Andreas
soviel er auf einem Füllen umreiten mochte während der König im Bade
laß, was auch von St. Florentius und König Dagobert erzählt wird, Kaiser
Karl dem h. Arnold den Burgelwald, Rheinf. 86, der h. Lusthildis Lüstelberg, Rheinf. 143. Aehnliches wird Wolf DS. 40 von St. Leonhards Esels-
ritt erzählt. W. Müller ASS. 18 u. S. 330. Auch die Sage von der
Teufelsmauer klingt an, wonach der Teufel sich von Gott ein Stück Land
schenken ließ so groß als er in einer Nacht mit einem Graben umgeben
könne, was er in Gestalt eines Schweins (daher Schweinsgraben) zu vollbringen begann bis ihn das Tageslicht überraschte. Dergleichen begegnet
schon bei den Alten; es berührt sich aber mit den weisenden Thieren, die
sich gleichfalls bei ihnen wiederfinden; nicht minder mit der Heiligkeit der
Grenzen, deren Furchen Lusthildis mit der Spindel statt mit dem Pfluge
zieht. Auch das Bedecken der geschenkten Erde mit Thierhäuten ist bedeutend: es ist wieder die Haut des geschlachteten Opferthieres und wenn Dido

sich der List bedient, die Haut zu zerschneiden, und die Grenzen mit dem Riemen zu umziehen, so ist die Erwerbung dennoch gültig; die Unverbrüchlichkeit des Vertrags liegt in dem Opfer: ohne diese Voraussetzung wäre die Erzählung unbegreiflich. Im Volksbuch von der Melusine dient eine Hirschhaut, die in Riemen zerlegt wird, zum Landerwerb, und die mythische Bedeutung des Hirsches ist uns schon bekannt. Auch die nordische Sage kennt davon ein Gleichnis: Ivar, Ragnar Lodbrocks Sohn und der Aslaug, die eine Tochter Sigurds und Brynhilds sein soll, zerschneidet eine Ochsenhaut bei der Gründung Londons. Ueber den Heerd laufende Grenzen deuten auf gemeinschaftliche Opfermale benachbarter Völker, vgl. J. Gr. Grenzalterth. und W. Müller RGG. 47.

Bei Bragis Becher sehen wir Gelübde abgelegt: diese Gelübde sind unverbrüchlich; darum werden auch Verträge durch einen Weinkauf bekräftigt; ja sie schienen nicht zu Stande gekommen, wenn der Weinkauf nicht getrunken war. Es war also eine Art Trankopfer nöthig um durch die Gunst der Götter den Vertrag zu heiligen.

Urtheile mußten bei scheinender Sonne gefunden werden; das Gericht heißt Tageding: darum ist auch Baldur agl. Bäldäg, der Gott des Tages, des Lichts zugleich Gott der Gerichte: seine Urtheile konnte Niemand schelten, d. h. es fand davon keine Berufung Statt. Von seinem Sohne Forseti sahen wir §. 83, daß er seine Urtheile schweigend schöpfte, wie auch Heilawag und Ostermaßer geschöpft werden soll.

Loki hatte seinen Hals gegen einen Zwerg verwettet, er werde nicht bessere Kleinode schmieden als sein Bruder geschmiedet hätte. Diese Wette verlor Loki; da half er sich mit der Einrede: du hast meinen Kopf, aber nicht meinen Hals. In der deutschen Rechtssage begegnet Aehnliches, ich erinnere nur an den Kaufmann von Venedig, dem ein Pfund Fleisch aus dem lebendigen Leibe geschnitten werden sollte, wo aber Portia einredet: das Fleisch ist dein, aber vergieße kein Blut, sonst büßest du es mit dem Leben. Wenn aber der Zwerg eine Ahle nahm und dem Loki den Mund zunähte, so erinnert das daran, was Florus von der Teutoburger Schlacht erzählt und der Rache, welche die Deutschen an dem römischen Sachwalter nahmen: sie rißen ihm die Zunge heraus, die treulos zischende Zunge; dann nähten sie ihm den Mund zu: Zische nun, Schlange! Vgl. Grimm Von der Poesie im Recht, Zschr. f. gesch. Rechtswissenschaft II, 25.

Umzüge und Feste.

141. Begründung.

Die Umzüge der Götter erscheinen zunächst nur als deren Handlungen; die Menschen verhalten sich aber dabei nicht unthätig: das gesamte Volk,

nicht der Priester allein, nahm Theil baran, und auch dieß ist eine gottesdienstliche Handlung. Den Wagen der Nerthus schirrt der Priester und
begleitet die Göttin; das Volk aber schmückt sich und Haus und Dorf,
sie festlich zu empfangen und fröhliche Tage von Krieg und Arbeit zu
rasten. In christlicher Zeit, wo solche Feste in Nachwirkung des Heidenthums fortdauerten, nahm dieser Antheil des Volks eher zu als ab: es
muste nun auch die Rolle des Priesters übernehmen, vielleicht die einziehenden Götter sichtbar vorstellen. So bei den Umzügen mit dem heiligen Pflug, wo statt des Priesters zuletzt höchstens noch ein Spielmann
auf dem Pfluge saß und pfiff, M. 242: wir wißen daß auch die Spielleute, wo sie als Boten auftreten, mit dem alten priesterlichen Heroldsamt
zusammenhängen. Das Schiff der Isis hatten als Priester die Weber,
in Zittau die Tuchmacher (Germ. V, 50) zu ziehen und mit allem Zeuge
auszurüsten, wobei auch die alte Priesterschaft der Frauen sich wieder geltend machte. Doch auch hiebei blieb es nicht: die Göttin selbst und die
übrigen Götter, in deren Geleite sie fuhr und welche der Bericht Robussi
mit lateinischen Namen aufführt, stellte man wohl auf dem Schiffe sichtbar vor: ohne Zweifel sind die Vermummungen, die seitdem für den Carnaval charakteristisch blieben, daraus hervorgegangen. Aehnliche Aufzüge
finden sich bei andern Festen, und wenn sich auch deren gottesdienstliche
Bedeutung aus dem Bewußtsein verlor, die Sitte hat sich bis auf diesen
Tag erhalten. Den Zusammenhang des Volksschauspiels mit den heidnischen Vorstellungen und Gebräuchen, der bei den alten Völkern offen
zu Tage liegt, konnten wir auch bei unsern Hausgeistern gewahren; hier
tritt er fast noch stärker hervor. Schon der Einzug der Nerthus, wie ihn
Tacitus beschreibt, war eine Schaustellung, als deren symbolischen Sinn
wir die erwachte Natur, die im Frühling aus der Gefangenschaft der
Riesen befreite Erdmutter kennen. Das Volk zog ihrem Wagen, wie bei
dem spätern Sommerempfang, der davon übrig ist, festlich entgegen: zu
feierlicher Begrüßung wird es dabei an Spiel und Gesang nicht gefehlt
haben. Mit Müllenhoff (de possi chorica p. 9) ist anzunehmen, daß
es den heiligen Wagen in geordnetem Zuge in die Mitte genommen
und zu sich heim geführt, der weiter ziehenden Göttin das Geleit gegeben
habe. Während ihres Verweilens wurden wohl Opfer dargebracht, wie
bei spätern ähnlichen Volksfesten die Metzger als Opferpriester hervorgehoben werden; sie vertreten den presbyter Jovi mactans. Dem im
Wagen umfahrenden Bilde des gotischen Gottes sollte geopfert werden
wie es in Schweden bei dem Umzuge Freys mit seiner jungen schönen
Priesterin für Fruchtbarkeit des Jahres geschah. Diese Priesterin hieß des
Gottes Gemahlin, und es versprach furchtbare Zeit, wenn sie guter Hoffnung wurde. Keinen andern Sinn als den Sieg des Sommers hatten

auch die Umzüge mit dem Drachen, die zuweilen den Drachenkampf
auch dramatisch vorführten, vgl. Liebrecht Gervasius S. 157 und
Germ. V, 50: oder die mit dem gleichbedeutenden Riesen, der noch
zu Dünkirchen im französischen Flandern mit deutschen Liedern begrüßt
wird. Wenn solche Aufzüge was sich nur in Gedanken begab vor die
Augen führten, so lebten sie auch wie man sie mit leiblichen Augen gesehen hatte wieder in der Einbildung nach, z. B. wenn in der Steiermark nach Germ. a. a. O. im wüthenden Heer ein Schiff gesehen wird,
scharf wie ein Pflug und von Mädchen gezogen, wo Schiff und Pflug
zusammenfallen wie sie sich sonst vertreten.

Im Schiff und Wagen wurden umgezogen Nerthus und die ihr nahe
verwandte Isis, die den keltischen Völkern Nehalennia hieß und dann
durch St. Gertrud ersetzt ward, deren Wagen in Nivelles noch gezeigt
wird; im Wagen, außer Gertrud, Freyr und jener gotische Gott, der
wohl den entsprechenden Namen Fraujo führte: den Sonnengott werden sie beide bedeutet haben. Auch Thor fuhr im Wagen; aber schwerlich
eignete sich sein Bockgespann und Freyjas Katzengespann zu öffentlichen
Umzügen. Den Karlswagen §. 68. 74 werden wir auf den Sonnengott
zu beziehen haben; dieß führt uns auf das Mainzer Rad und das
goldene Kreuz des Willigis, das wir Benna (Wagen) genannt finden.
Den Willigis giebt die Sage für eines Wagners Sohn aus und Liebrecht
hat G. G. A. 1870 St. 8 wahrscheinlich gemacht, daß jenes schon in
der römischen Zeit bekannte auch im Stadtwappen anderer Städte wie
Erfurt, Roda (Altenburg), Mühlhausen u. s. w. erscheinende Rad den deutschen
Sonnengott bedeutete, habe er nun Wuotan oder Fro oder wie zu Aachen
Grani geheißen, in christlicher Zeit aber jenes 600 Pfund Goldes schwere
Christusbild statt des altheidnischen Sonnenrades seit Willigis im Wagen
umgeführt wurde.

Den Umzügen mit dem Drachen oder dem Riesen, welche den
überwundenen Winter bedeuten, schließt sich der mit dem Bären an,
nur daß dieser als Thörs geheiligtes Thier den siegenden Sommer veranschaulichen soll. Vgl. S. 251 und Uhland Germ. VI, 814. ,Seines
winterlichen Pelzes ungeachtet ist der Bär ein Bote des Sommers.' Den
Winter verschläft der Bär in seiner Schlust; wenn er sich hervorwagt,
ist der Frühling gekommen. Dieser Umzug mit dem Bären ist auch in
die Heldensage gedrungen und Wilbebär, einer von Dietrichs Helden,
erscheint als Bär verkleidet vor König Rother, den er, von dessen Hunden gehetzt, mit zweien seiner Riesen erschlägt, während in dem niederländischen Gedichte, von dem Serrure Bruchstücke bekannt gemacht hat,
König Rother noch aus dem Spiele bleibt; doch ist die Anknüpfung an
Karl den Gr. nicht besser. Das Wesentliche bleibt immer der Fall der

Riefen, der winterlichen Mächte. Vgl. mein Amelungenlied II, 178 und
Beowulf 162. Solche Umzüge wußte das Christenthum durch seine Grenz-
begänge und Gottestrachten zu ersetzen; auch hievon erhoffte man fruchtbares Jahr und günstige Witterung; statt der Opfer wurden Almosen
gespendet. Aber die alten heidnischen Volksgebräuche waren so leicht nicht
auszurotten. Nach dem indic. e. 28 fuhr man fort, Götzenbilder (simulacra) durch Felder und Dörfer zu tragen. Das Heidenthum ganz zu
verdrängen, bildete man seine Gebräuche christlich um, oder nahm was
daran unschädlich war herüber. So geschah zu Halberstadt das Umführen
des Bären in öffentlicher Prozession durch den Domprobsten, dem ein
Knabe das Schwert in der Scheibe unterm Arm nachtrug, Myth. 743, wozu
Grimm bemerkt, daß das Umführen des Bären und Verabreichen des
Bärenbrotes im Mittelalter eine verbreitete Sitte war, die auch in Mainz
und Straßburg galt. An das Märe von dem Edcretel und Waßerbären
darf hiebei nur erinnert werden, weil der ihm entsprechende Kampf Beowulfs, dessen Name den Bären bedeutet, gleichfalls in den Frühling fällt.
Wenn der Bär Wehrlibi (Wintermonderer) heißt, so bezieht sich dieß auf
den Eis- oder Seebären, der von Seethieren lebend des Winterschlafs nicht
bedarf. Uhland a. a. O. 116. In jenem Märe ist der Bär mithin
als Waßerbär unrichtig bezeichnet. Doch vermuthet Liebr. Germ. XVI,
227 in den Volksgebräuchen Verwechslung von Bär und Berr (Eber).
　　Aus dem Bedürfniß, die heidnischen Gebräuche christlich umzubilden
erklärt sich auch der Wagen der Gertrud S. 373 und das Götzenbild, das
nach Müllenhoff 136. 897 christlich umgetauft auf Helgoland in der
Prozession umgeführt wurde. Die triumphierende Kirche durfte sogar den
alten Göttern des Landes als Besiegten und Gefangenen in ihren Ora-
tionen eine Stelle einräumen: so tanzte der altsächsischen Gottestracht das
‚Gedenkrnigen‘ voraus, das ich Rheinl. 347 seiner Rüstung wegen
auf Gôdan gedeutet habe; erst die neueste Zeit hat es in den Carnaval
verwiesen. Vgl. Alfter niederrh. Wörterbuch s. v. Gck. Nach dem mir
vorliegenden Holzschnitt schwingt er das Horn (Heimdalls und Odins), auf
dem Helm trägt er das Schmiedezeichen: Hammer, Zange und Schlange,
vgl. Ztschr. II, 248. Wenn er der Prozession voraustanzte und darum
nun Gecken- genannt wurde, so erinnert das an die Salier, an die vor- und
zurückspringende Echternacher Prozession; auf den der Bundeslade vortanzen-
den David bezog sich der Holzschnitt selber, indem er diesen Tanz in der an
das Horn befestigten Fahne darstellte. Es ist nicht unerhört, daß dgl. Heidenthümer in christliche Prozessionen aufgenommen wurden. Wie man die
heidnischen Götter außen an den Kirchen einmauerte, weil so der Sieg des
Christenthums veranschaulicht ward, so konnte auch die ecclesia triumphans
die besiegten Götter wie gefangene Könige vor ihren Siegeswagen span-

nen. Neben Bernigen in der Gottesnacht erschienen auch die hilligen
Jussern, welche ich für die Walküren halte. Wegen Hammer und
Zange braucht man nicht an Thôr zu denken: sie gehören zu dem
Schmiedegeräthe der Götter. Die Schlange weist vielmehr auf Odin.

Neben diesen äußerlich dargestellten Umzügen der Götter mochten
andere bloß in der Phantasie, im Glauben des Volks, vor sich gehen.
Dahin lassen sich jene §. 71 besprochenen Lufterscheinungen zählen, bei
welchen nicht selten noch die alten Götterwagen gesehen wurden, wie jener
Hugo Capell, §. 71, oder der Berchlas, und der Schubkarren der Buschgroßmutter, S. 489, dessen Späne sich in Gold wandeln. Ein anderes
Beispiel ist der clevische Derk mit dem Beer, vor dem man das Ackergeräth unter Dach und Fach schaffen mußte wie sonst vor Strempe oder
Trempe, S. 394, oder wie vor den Herrn das Backofengeräthe in Sicherheit gebracht wurde, damit sie nicht darauf zum Blocksberg ritten, Kuhn
RS. 378. Doch fehlt es nicht an Spuren, daß die Volkslust es sich nicht
nehmen läßt, diese nur im Glauben umschwebenden Götter, gleichfalls mit
den ihnen geheiligten Thieren in Vermummungen nachzubilden. Oder
hängt die ‚Posterlijagd‘ (M. 886), wobei die Posterligeiß in beson-
derm Schlitten statt in Schiffen mitgeführt wurde, Rochh. Gl. II, 37, das
Perchtellaufen in den ‚Rauchnächten‘ (Schmeller II, 12), die auch ‚Klöpflinsnächte‘ S. 550, ‚Rumpelnächte‘ heißen (Schm. III, 91) und das elsäßische
‚Bechten‘ (S. 398), wobei es ebenso lärmend herging, noch unmittelbar
mit den priesterlichen Umzügen zusammen? Nicht unwahrscheinlich wußte
schon das Heidenthum den Zug der wilden Jagd durch nächtliches Getöse
nachzubilden; daß man die christlichen Wächter damit erschrecken wollte,
um unterdes den alten Opfern ungestört nachzuhängen, braucht man nicht
mit Goethes Walpurgisnacht anzunehmen. Nach Rochholz Mythen 13
heißt die Posterlijagd wilde Jagd, der wilde Jäger im Jura führt den
Namen Bergposter; es ist aber nicht die wilde Jagd als Naturerscheinung, sondern deren Nachahmung durch die ausgelassene, Gaben als Beiträge zur Festfeier sammelnde Jugend gemeint. Sie ist nicht auf das
Entlibuch beschränkt gewesen: man kannte sie auch in Luzern und Basel,
wo sie des Unfugs wegen abgeschafft ist, während sie in Rheinfelden und
Zurzach noch Spuren hinterlassen hat. Dabei wird an Thüren und Fen-
stern geklopft oder mit Erbsen geworfen, was den Zusammenhang mit
den unter §. 143 besprochenen Gebräuchen darlegt.

142. Stehende Figuren.

Den Umzügen der Götter entsprechen Feste der Menschen, die aber oft
nur in Darstellungen jener bestehen, wenn wir davon absehen, daß dabei
von Arbeit gefeiert, Speise und Trank reichlicher genossen wird, was schon

mit den alten Opfermalen zusammenhängt. Wie aber dabei gewisse Speisen wiederkehren (§. 143), so giebt es auch stehende Figuren des alten Volksschauspiels, die nicht bloß bei diesem oder jenem Feste hervortreten, sondern fast bei allen Aufzügen erscheinen, wenn sie gleich ursprünglich wohl dem Frühlingsfeste gehörten. Einem Burschen wird ein Sieb an langer Stange vor die Brust gebunden, an der ein Pferdekopf befestigt ist; das Ganze ist mit weißen Tüchern verhängt. Anders verfährt man dagegen in Siebenbürgen. Ein alter Backtrog wird umgekehrt und durch zwei Knaben, die ihn tragen, mit Füßen versehen, ein Pferdekopf davor gebunden und das Ganze weiß überzogen. Darauf setzt sich der Schimmelreiter, der bald als Christmann bald als Neujahrsmann gedacht wird. So zeigt sich der Schimmelreiter (Kuhn Zfchr. V, 472) sowohl zu Weihnachten, Fasnacht und Pfingsten als unter dem Namen des ‚Herbstpferdes' in den Martinsgebräuchen, ja er wird bei häuslichen Festen, namentlich Hochzeiten, vorgestellt. Neben ihm erscheint zuweilen ‚Ruprecht'; anderwärts heißt so der Reiter selbst, was richtiger sein wird, da Ruprecht (Hruodparaht) Wôdan ist. Nur wo er Knecht Ruprecht heißt, ähnelt er mehr einem Hausgeist; doch sahen wir schon §. 127 den Gott sich mit den Zwergen berühren. Eine andere stehende Figur ist der ‚Klapperbock', welchen Kuhn, Germ. VII, 433, auf Donar bezieht; doch kann diesen auch der plättische ‚Haferbräutigam' meinen, ein in Haferstroh gekleideter Bursche, so wie der ‚Bär', den ein in Erbsenstroh gehüllter Knecht spielt. Ein Dritter, der eine große Ruthe trägt und einen Aschensad. In welchen er die Kinder steckt, die noch nicht beten können oder unartig sind, heißt am Niederrhein, wo er neben St. Niclas auftritt, ‚Hans Muff', vermuthlich weil er die Kinder in den Ermel oder Handschuh stecken sollte, die beide ‚Muff' heißen. Im Elsaß entspricht ‚Hans Trapp'; doch erscheint dieser in Begleitung des Christkindes, Stöber ES. 348; den Namen hat er von seinem stampfenden Auftreten. Beides verräth den Riesen, denn aus Beowulf 2109—2116 (Ellmüller S. 150) sehen wir, daß ihn Grendel auf gut riesenmäßig in den Handschuh zu stecken drohte, wie es wirklich Skrymir zu Thôrs Beschämung dahin brachte, daß er im Däumling übernachtete, oben §. 83. Dieser dritte bedeutet den bezwungenen Winterriesen; sonst könnten diese häufig zusammen auftretenden Gestalten eine Trilogie umziehender Götter meinen, zumal sie anderwärts durch ‚drei Feien' ersetzt werden. Den Schimmelreiter begleitet nicht selten der Schmied (Boldermann S. 194), der den Pferden nach den Hufen sehen mag. Nicht so allgemein verbreitet ist die Darstellung Berchtas oder Berchtolds; doch wird die kärnthisch-steirische Perchtl, der kärnthisch-steirische Barthel (Weinhold Weihnachtsp. 9) auf sie zu deuten sein. Berchta heißt auch wohl die Pudelmutter, in Untersteier eiserne Berchta. Im Salzburgischen ist ihre Erscheinung schön, sie trägt ein blaues Kleid mit einem Schellentranze, tanzt und singt. Die oberkärnthische Perchtl ist eher häßlich und furchtbar, sie springt mit wilden Gebärden umher, verfolgt die Leute und verlangt Kinder oder Speck, also jedenfalls ein Opfer. Der Schellentranz erinnert an den thüringischen Schellenmoriz. Auf den Tieust des Frô deutende Spuren sind weniger sicher; doch läßt sich der in der Mittelmark wie zu Paris um Fasnacht umgeführte Ochse als sein Opfer verstehen; der thüringische Pfingstochse zielt eher auf Wôdan.

Sowohl in Berchtold als in Ruprecht ist Wuotan verborgen; darum begleitet ihn Berchta oder wo sich Christliches und Heidnisches noch naiver mischt, die Jungfrau Maria; in England steht die Maid Marian neben Robin Hood. Auch unsere Heiligen, wie St. Nicolaus, der h. Joseph, die doch der Kaleuber an gewisse Tage bindet, wurden für vielfache Herab-setzungen ihres Wesens durch Erweiterung ihrer zeitlichen Erscheinung ent-schädigt: St. Nicolaus, der Wodan als Nikubr, vielleicht auch den Njördr (Nirdu) erseßen sollte, ward zum Knecht Nicolas, zum Aschen- und Butter-clas; doch erschien er nun auch zu Weihnachten und sogar als berittener Heiliger wie sonst nur Martin oder St. Georg auf den Schimmel burtten, Kuhn KZ. 102. Birl. Volkst. I, 236. Welcher Gott oder Heiliger in dem österreichischen Krampus, dem schweizerischen vom Fett benannten Schmußli, bairischen Klaubauf, M. 482. 483, steckt, wißen wir nicht; der schwäbische Pelzmärte ist wohl der mit St. Martins Namen bekleidete Wuotan. Nach der Auflärung, die wir durch Alpenb. M. und S. 60 empfangen, wäre Klaubauf der nächste Verwandte des Ruprecht und unseres Hans Muff. In dem holsteinischen ,Pferdesteßen' will Wolf Beitr. 125 den Frô erkennen, auf den er auch S. 124 die niederländischen ,St. Nico-laasvarken' bezieht. Allerdings hat St. Nicolaus so wenig mit Schweinen als St. Stephan mit Pferden zu schaffen; dem Frô waren beide heilig. Vgl. §. 144. So erscheint in Siebenbürgen neben dem Schimmel und der s. g. Steingeiß auch die Abventsau, auch Abventsräm oder Christ-schwein geuannt, wo der Bezug auf Frô noch wahrscheinlicher ist.

143. Gemeinsame Gebräuche.

1. Die eigenthümlich deutsche Fastenspeise, derer wir mehrfach ge-dachten, am Ausführlichsten §. 117, beschräukt sich weder auf den Werth-tentag noch überhaupt auf die alltheilige Zeit der ersten Zwölften, obgleich sie da am Häufigsten vorkommt. In der Mark muß man zu Neujahr Hirse oder Heringe eßen, im Wittenbergischen Heringssalat, so hat man das ganze Jahr über Geld. Dasselbe verheißt man in Schwaben dem, der zu Neujahr gelbe Rüben ißt. Andere eßen auch neunerlei Gerichte, wobei aber Mohnstriezeln sein müßen; in der Udermark badt man ,Pelz'.

eine Art großer Pfannkuchen, Kuhn NS. 406. 408; im Vogtland heißt
der Mehlbrei Polse. In der Steiermark und in der Lausitz ißt man Karpfen
mit Mohnklößen, in Schlesien geräuchertes Schweinefleisch und Backobst,
das s. g. schlesische Himmelreich. In Oberkärnten werden von den
Rubeln auch der Perchtl auf den Tisch gestellt, damit sie davon abbeiße
und koste: thut sie das, so verspricht man sich ein gutes Jahr; anderwärts
z. B. in Schlesien, deckt man den Engeln den Tisch. In Schwaben heißen
die Zwölften oder die ihnen vorausgehenden drei Adventsdonnerstage
(Meier 457) ‚Klöpflinsnächte‘ wegen der Krapfen und Kröppel, die da
gebacken wurden, oder weil die jungen Bursche an Thüren und Fenster-
läden zu klopfen und jene Krapfen (‚Klopfer‘) zu heischen pflegten. In
Baiern und Oesterreich wurden die Mädchen am Unschuldigen-Kindertag
von den Burschen ‚gefizt oder gepfeffert‘, d. h. mit Wachholderruthen ge-
strichen, wofür sie Pfefferkuchen oder sonst eine Gabe zu entrichten hatten.
Dieselbe Speise begegnet aber auch zu Faßnacht: ‚Wer zu Faßnacht keine
Kreppel backt, kann das ganze Jahr über nicht froh sein.‘ Wolf Beitr. 228.
‚Knudeln und Eiadermann‘, d. h. Klöße und Fische, sind Faßnachtsspeise,
Woeste 23. Dabei begegnet auch jene Sitte des ‚Fizens‘ wieder;
nach Lynker 237 wächst davon der Flachs hoch. In der Altmark jagt
man einander mit Ruthen aus dem Bette und der ‚Gestiepte‘ muß
den ‚Stieper‘ tractieren, Kuhn NS. 369. Der Zusammenhang mit dem
Pfingststümmel §. 145 fällt von selber auf. In Neumark ist es Faß-
nachtsgebrauch, daß die Mägde am Morgen von den Knechten ‚gestäupt‘
werden. Hier wird keiner Gabe noch der sonst zu Faßnacht gebräuchlichen
Kost gedacht, vielmehr waschen die Knechte am Abend den Mägden die
Füße mit Branntwein, wie es in der Altmark den Frauen geschieht, K. 370.
Kaum kann man sich enthalten, dabei an Odin zu denken, welcher nach
§. 90 die Rinda erst mit dem Zauberstab berührt und ihr dann als
Wecha die Füße wäscht. In der Ukermark kommt das Stiepen der Mägde
erst am Ostersonntag vor: dafür müssen sie den Knechten am Montag
Fische und Kartoffeln geben, K. 370. In der Gegend von Werl und
im Waldeckschen beißen die Knechte den Mägden und die Mägde den
Knechten in die Zehen; dafür tractieren sie sich gegenseitig; daneben findet
auch ein bloßes Abwischen der Schuhe Statt. In der Grafschaft Mark
werden die Mannleute am Faßnachtsmontag in die Zehen gebißen, am
Dienstag die Frauleute: die Gebißenen bewirthen dafür mit warmem
Weißbrot und geistigem Geträul. In Iserlohn bleibt es beim Ausziehen
der Schuhe oder Stiefel, die dann ausgelöst werden müßen. In England
rauben die Jungen am Ostersonntag den Mädchen die Schuhe; am Oster-
montag kehrt es sich um. Kuhn WS. II, 128. Der Zusammenhang der
Gebräuche ist offenbar, der heidnische Ursprung hier noch nicht deutlich.

Die ‚Wepeltröth' §. 144 wird wieder zu Neujahr ins Haus geworfen, und auch hier ist Bewirthung beabsichtigt, Kuhn NS. 407. Seltsam bliebe die Verbindung der Bewirthung mit dem Schlagen, wenn bloß nicht eine tiefere Bedeutung gehabt hätte. Darauf weist des ‚Günterödgeljagen' in Westfalen und der Grafschaft Mark, wo auf St. Peterstag mit dem Kreuz= hammer an die Hauspfosten geklopft wird, die Hucken und Schlangen und Fehmollen (bunte Molche), überhaupt alles Ungeziefer zu vertreiben, Woeste 24. Kuhn WS. II, 119. Auf St. Petrstag fällt der Schluß des Winters, was den Zusammenhang mit der Sitte des Winteraustreibens (§. 145) verräth. Dabei werden Gaben gesammelt, die wohl ursprünglich in Backwerk bestanden, das in Süddeutschland schon durch seinen Namen mit dem Klopfen zusammenhängt. Man klopft an um eine Schüssel Klöpfli oder Knöpfli davon zu tragen. Vgl. den Schluß von §. 142. Doch wird auch wohl ein besserer Zweck behauptet. Zur Zeit der Pest habe man an Thüren und Fenster der Nachbarn geklopft, um sich zu überzeugen, daß sie noch am Leben seien. Klopfan hießen im sechs= zehnten Jahrhundert von Hans Folz, Rosenplüt u. A. gedichtete Neujahrs= wünsche, die gewöhnlich der Geliebten galten. Die an die Fensterscheibe geworfene Erbß, die bekanntlich dem Donnergott gewidmet war, sollte die Winterstürme verjagen und die befruchtenden Gewitter herbeiziehen.

Daß auch zu Pfingsten jene Mehlspeise vorkommt, sehen wir aus dem Liede, das zu Augsburg die den sog. Wasservogel begleitenden Knaben sangen:

>   A Schüssel voll Knöpfli ist no nit gnua,
>   A Schüssel von Kuchla ghört o darzua.

So mußte der Maigreve bei der Bewirthung der Holzerben ihnen noth= wendig Krebse vorsetzen, welche hier in dem ersten Monat ohne r an die Stelle der Fische (Heringe) traten.

Tiefer im Jahr verschwindet zwar diese Fastenspeise, aber das Ernte= fest hat wieder seine Mohnstriezeln und Stollen (K. 398. 899) wie der Martinstag sein Martinshorn (Sommer 161. K. 401) und in den Mar= tinsliedern 33, 40. 47 werden von den Kindern Kuchen und gebackene Fische eingesammelt. In Tyrol bat man zu Allerheiligen Krapfen mit Honig=, Mohn= und Castaniensüllung. Ztschr. f. M. I, 388. Ueberall liegen alle Opfermale zu Grunde, und wenn das Martinshorn auf Wodan deutet, so weist vielleicht die Pferdegestalt der ostfriesischen näjärskeukjen, der Köpeniker Péréns (Kuhn 405) auf Frô, während Wolf B. 78, 79 die donnerkeilförmigen Kröppel auf Donar bezieht, bei dem wir jene Fastenspeise schon S. 270 gefunden haben.

2. Die Klöpflinsnächte bei Panzer II, 116 fallen mit jenen Rauch= und Rumpelnächten S. 546 zusammen und die Posterlijagd gleicht sehr

unserm niederh. ‚Thierjagen‘, das aber an keine Jahreszeit mehr gebunden ist, da es nur noch zu einer Art Volkslustiz dient, die gelegentlich
geübt wird, wie früherhin wohl zu bestimmter Zeit. Es entspricht genau
dem Bairischen Haberfeldtreiben, und hängt also mit dem Charivari
und den Katzenmusiken zusammen. Bei allen dreien pflegen Thierstimmen
nachgeahmt zu werden. Vgl. Phillips über den Ursprung der Katzenmusiken Freiburg 1849. Aus dem 6. oder 7. Jahrh. stammt das in
unserm Bußordnungen immer wiederholte Verbot cervalum seu vitu-
lam facere, wobei bezeugt wird, daß man sich in Thierfelle hüllte
und Thierhäupter aufsetzte: in ferarum habitus se commutant et ve-
stiuntur pedibus pecudum et assumunt capita bestiarum. Phillips 99.
Statt vitulum wird auch vetulam gelesen; aber ersterer Lesart steht das
Wort chalvaricum zur Seite, das in den Statuten der Kirche von
Avignon vom J. 1337 neben Charivari für den Tumult gebraucht wird,
den man bei Eingehung namentlich zweiter Ehen zu vollführen pflegte,
Phillips 6. Eine Verordnung des Bischofs Hugo von Berry vom J. 1388
nennt denselben Tumult Charavall, woraus später Crawall entstand.
Die Theilnehmer an dem Tumult erschienen vermummt und zwar in Thier-
gestalten als Hirsche cervali, oder Kälber vitali, und wie man aus dem
Worte Haberfeld (statt Haberfell) schließen darf, da Haber caper ist, als
Böcke, vgl. capramaritam Phil. 7; ja der Name der Katzenmusiken
erlaubt hinzuzufügen, als Katzen. Sie ahmten zugleich die Stimmen dieser
Thiere nach, wie theils aus dem heutigen Gebrauch, theils aus dem Worte
tumultuosis vociferationibus, endlich aus den Worten Chalvaricum,
das auf Kälberstimmen zu deuten scheint, geschlossen werden kann. Das
Haberfelltreiben stimmt aber darin mit unserm Thierjagen, daß es sich
nicht wie der Polterabendlärm auf die Eingehung der Ehe, namentlich
nicht wie das Chalvaricum und Charivari auf die zweite Ehe bezieht,
sondern jede zur öffentlichen Kunde gekommene Unsittlichkeit im Umgang
mit dem andern Geschlechte rügt. Wie beim Chalvaricum ein Anführer
der Jugend, Abbas iuvenum, Abbas laetitiae erwähnt wird, mit dem
man sich abzufinden hatte, so erscheint beim Haberfeldtreiben ein Haber-
feldmeister. Hier werden die Gesichter geschwärzt, wie man beim Charivari falsis visagiis ging, Phil. 8. Dort erhoben die Vermummten
dabei einen gewaltigen Lärm, ein gellendes Geschrei, Pfeifen und Zischen,
wobei man auf Schüssel, Teller, Glocken und Kessel schlug; dieselbe In-
strumentalbegleitung findet sich in Baiern wieder, nach Montanus II, 1
aber auch bei unserm Thierjagen; als dabei übliche Tonwerkzeuge nennt
er: Peitschen, Kessel, Trommeln, Maikörner und Narrenräder: in letzterm
deckte der mit dieser Kunst vertraute Bauernjunge mit Mund und Wange
die Oeffnung der Rabe und brüllte dann mit so gewaltigem Stoße hinein,

daß der rauhe Schall in der Mitternachtsstille meilenfern gehört ward.
Montanus bezeugt aber auch die Vermummung in Thiergestalten; auf
seine Etymologicen (er zieht Tyr herbei) ist bekanntlich nichts zu geben.
Thierjagen heißt der Gebrauch, weil er unter Thierlarven gegen das Hervortreten des Thierischen im Menschen gerichtet war; daher trat auch schon
in dem Charivaricum nach Phil. 9 das Obscöne hervor. In England
war die Katzenmusik (rough music) auch gebräuchlich, wenn zwei Eheleute
in Unfrieden lebten, oder ein alter Mann ein junges Mädchen heirathete.
Bekanntlich hat Shakespeare am Schluß der Lustigen Weiber von Windsor
ein Thierjagen auf die Bühne gebracht. Nach den Worten:

Pfui der fündgen Phantasei,
Pfui der Lust und Buhlerei!
Wolluß ist ein Feuer im Blut
Ausgebredt im üppgen Muth,
Dann geschürt zu wilder Wuth;
Hoch und höher jagt die Glut.
Zwickt ihn, Elben, nach der Reih,
Zwickt ihn für die Büberei:
Zwickt ihn und brennt ihn und laßt ihn sich drehn
Bis Kerzen- und Sternlicht und Mondschein vergehn.

ist die Absicht dieselbe wie beim Haberfeldtreiben; und was auf hohes Alterthum des dargestellten Gebrauchs deutet, das Hirschgeweih fehlt nicht, und
wenn es hier der Verführer trägt, nicht der beleidigte Gatte, so ist das
eine sehr glückliche Schaltheit: es geschieht ihm zum Spotte dafür, daß er
Jenem die zugedachten Hörner nicht hat aufsetzen können, obgleich
Fürth nahe daran war, sich ins Bockshorn jagen zu lassen. Ins
Haberfell treiben und ins Bockshorn jagen muß den gleichen Sinn haben:
Falstaff, gegen den in diesem Lustspiel ein Haberfelltreiben veranstaltet
ist, sehen wir zugleich ins Bockshorn gejagt, wenn es gleich nur das
Horn eines Hirschbocks ist, das sein Haupt bedeckt. Vgl. Faßnachtssp.
III, 1618. Beim Haberfelltreiben ward nach Bawaria I, 38. 63 der
Verführer der gemordeten Unschuld gezwungen selber mitzumachen, mit-
zutreiben: gerade dieß geschieht auch bei Shakespeare. Falstaff, dessen
Unsittlichkeit zu rügen die ganze Mummerei Statt findet, spielt selbst eine
Rolle, ja eigentlich als Jäger Herne, wenn auch zuletzt mehr passiv, die
Hauptrolle dabei. Ihm, nicht dem Fürth, dem er es zugedacht hatte,
werden die Hörner aufgesetzt; die Frage, ob dieser Ausdruck sich
gleichfalls aus unserer Volkssitte erklärt, muß aber einstweilen noch unentschieden bleiben, obgleich sie uns schon eine andere, die vom Bockshorn
jagen, erläutert hat. Das vielbesprochene „Charivari“ scheint uns
Phillips S. 91 richtig erklärt zu haben, indem er das spanische caro,
ital. ciera, französ. chère für Gesicht herbeizog, vari aber aus varius

deutete, wonach denn auf die geschwärzten Gesichter und die falsa vinagia
der kirchlichen Verbote hingezielt würde. Aus charivari scheint dann Charavall, unser Krawall entstellt. Das Weitere f. in Kleinen Anmerkungen
zu Shakspeares Lustigen Weibern, Hildburgh. 1869 S. 115. Wir lernen
aber hier noch mehr: die Vermummten bilden zugleich die wilde Jagd
nach und dem Falstaff selbst ist die Rolle des wilden Jägers zugetheilt,
der hier als Förster Herne, §. 79 oben, mit großen Hörnern erscheint.
Dieser Zusammenhang ist ohne Zweifel alt und echt: es war der Umzug
des wilden Heers, den man nachbildete: der alte Gott sollte die Strafe
des gekränkten Eherechts, der Lust und Buhlerei zu verhängen scheinen.
Darum geben sich die Haberfelltreiber für Gesandte Kaiser Karls aus,
der im Untersberg schlafe. Die Thierfelle rühren aber von geschlachteten
Opferthieren her, die in den Zwölften denselben Göttern dargebracht wurden, die unter diesen Thierlarven erscheinen. Denn auf die Kalendas
Januarias finden wir das alte Verbot, in cervulo und vitulo zu gehen,
zuerst bezogen. Aber auch dieser Gebrauch löste sich von diesem Hauptfeste
ab und blieb an keine feste Zeit gebunden: das Volk konnte seine Lynch-
justiz, deren Name gewiß auch mit jenen Thierlarven zusammenhängt,
üben sobald ihm die Sitte verletzt schien. Eine ähnliche Volksjustiz ward
geübt, wenn die Frau den Mann geschlagen hatte. Man deckte dem
Haufe des Ehepaares das Dach ab, Lyncker 231, oder ließ die Frau auf
einem Esel durch die Stadt reiten, Rheinland 101.

3. Deutlich auf den Umzug weiblicher Gottheiten bezüglich ist die
von Montanus (Volksf. 24) bezeugte Meinung abergläubischer Leute, daß
die Katzen zu Fastnacht Spuren von Anschirrungen zeigten. Sommer 160
hat zuerst auf die Ypernsche Sitte aufmerksam gemacht, an einem Fasten-
mittwoch Katzen vom Thurme zu stürzen. Nach Woll Beitr. 167 geschah
es zu Christi- (29. Mai) oder zu Marien-Himmelfahrt (15. Aug.). Nach
Woeste Zschr. f. M. II, 93 hießen die Attendorner Kattenfillers,
weil sie sich einst das grausame Vergnügen gemacht, eine Katze mit Rinder-
blasen vom Thurme zu werfen. Da sei das arme Thier tagelang klagend
durch die Luft gefahren. Kuhn WS. 162. Rochh. Sagen 289. Lütolf
347. 561. Nach Sommer 179 stürzte man in ehemals wendischen Gegenden einen mit Bändern geschmückten Bock mit vergoldeten Hörnern
vom Kirchthurm oder vom Rathhause: sein Blut galt für heilkräftig in
vielen Krankheiten. Nach dem Bisherigen könnte man an eine sinnliche
Darstellung des Katzengespanns der Freyja, des Bocksgespanns Thórs
denken, wozu die in jene Jahreszeiten gedachten Götterumzüge Veranlassung geboten hätten. Doch wird von Ypern berichtet, die Katzen seien
zum Zeichen, daß man der alten Abgötterei entsagt (?) habe, vom Thurme
geworfen worden. Ein Tempel der Diana (Frowa) ist daselbst nach-

gewiesen. So kann die allgemein verbreitete Sitte, die dem Donar geheiligten Eichhörnchen zu jagen (Kuhn 374, Wolf Beitr. 78), was in
Teutschland um Ostern, in England um Weihnachten zu geschehen pflegte,
als ein Opfer gedeutet werden, aber auch als christlicher Haß gegen die
Lieblinge des Heidengottes. Letzteres ist jedoch weniger wahrscheinlich, und
so darf man wohl auch das Herumtragen des dem Donar heiligen Fuchses
bei der Sonnenverkündigung hinzunehmen. Nach Kuhn Germ. VIII, 433
verfolgt man auf der Insel Man am Weihnachtstage die Zaunkönige:
die Federn, die sie auf der Flucht verlieren, bewahrt man sorgfältig, weil
sie im folgenden Jahre gegen Schiffbruch das wirksamste Mittel sind.

Diese Gebräuche, deren Verwandtschaft zu Tage liegt, beziehen sich
weder auf dieselben Götter, noch auf die gleichen Zeiten des Jahres. Doch
kennen wir Freyja als eine Göttin der schönen Jahreszeit und Thor als
einen sommerlichen Gott, und die Rückkehr des Frühlings ist das Thema
aller dieser Volksgebräuche. Der Wechsel zwischen Weihnachten und dem
vorgerückten Frühjahr wird uns auch §. 145 wieder begegnen und dort
seine Erklärung finden.

4. Kein ganz festes Datum hat auch das Vorrecht der Frauen,
an einem gewissen Tage einen Baum im Gemeindewalde zu hauen und
das dafür gelöste Geld gemeinschaftlich zu vertrinken. Alsatia 1852
S. 130. In der ganzen Eifel geschah das zu Weiberfasnacht (Donnerstag vor Fasnacht); bekanntlich haben an diesem Tage die Frauen das
Regiment. In Weilheim bei Tübingen hatte der „Weibertrunk', der
von dem verkauften Baume bestritten ward, alle Jahre im Frühling um
die Zeit statt, wo man die Eichen fällt und abhaut, Meier 379. In
Tornhan in Schwaben durfte jede Frau am Aschermittwoch einen Schop-
pen Wein trinken, den die Gemeinde bezahlen mußte. Es hieß, an diesem Tage seien die Weiber Meister. Denselben Sinn hatte wohl auch
der Spruch von Maria Sis gehabt. „Das kommt aber daher: In uralten Zeiten soll einmal eine Gräfin durch Tornhan gefahren sein,
und weil sich da die Weiber an ihren Wagen spannten und ihn zogen,
so hat sie zu Gunsten der Weiber diese Anordnung getroffen und der
Gemeinde die Verpflichtung auferlegt', Meier 377. Der Wagen läßt
sich auf den der Nerthus, das Schiff der Isis oder ihren Pflug deuten,
obgleich diesem nur Jungfrauen vorgespannt wurden. Im Uebrigen vergleicht sich die S. 377 besprochene Sage bei Sommer 149, wo eine
Königin Elisabeth oder eine Gräfin von Mansfeld ein ähnliches Fest
auf Himmelfahrtstag gestiftet haben sollte. Nach Memmingen (Wolf
Beitr. 190, Meier 424) war es eine Gräfin Anna von Hellenstein,
welche es anordnete, daß in Blaubeuren jährlich am Johannistage ein
Eimer Wein unter die Jugend vertheilt wurde. Unter diesen Gräfinnen

und Königinnen sind Frühlingsgöttinnen zu verstehen, deren Minne getrunken werden sollte, oder von deren Umzügen jene Feste herrühren. Vgl. Birl. Volkst. II, 102. Noch andere Tage anerkannter Frauenherrschaft verzeichnet Rochh. Bl. II, 293. So erzählt man im Eichsfeld (Heiligenstädter Programm von 1864) von dem Fräuwechen von England, die ihren erschlagenen Gemahl suchen ging. Waldmann deutete sie richtig auf Freyja. Vermächtnisse kennt man nicht von ihr; aber sie soll den Strom bei Biberstadt, dessen Bette noch zu sehen ist, unter die Erde gezogen haben, was ihren Beinamen ‚von England‘ auf die Unterwelt zu denken begünstigt.

Lyncker weiß 174, 224 von jährlichen Spenden, die eine Landgräfin und ein Fräulein von Borneburg verordnet haben soll, vgl. Gr. DS. 10. Ein Vermächtniß einer andern Landgräfin s. W. Müller HSS. 6, 8. Eine thüringische Fürstin schenkte den Osthäusern und den benachbarten Dörfern Gemeindewaldungen, Mißschel 317. Ein gnädiges Fräulein von Niederstetten soll unter der Bedingung, daß man sie mit silberner Schaufel und silberner Haue begrabe und ihr ein ewiges Licht brenne, den Hartwald sieben Ortschaften vermacht haben, zu denen Niederstetten und Oberstetten auch gehörten. Die Strecke Waldes und Landes ist so groß, daß die sieben Schäfer der sieben Ortschaften hüten können ohne einander zu gewahren. Birl. Volkst. II, 187. Ein anderes Edelfräulein vermachte den Marbachern den großen Wald bei Rielingshausen unter fast gleicher Bedingung, Birl. Volkst. 248; ein drittes den Hildesheimer Wald, unter Bedingungen, die an die Stiftungen der drei Schwestern §. 105 erinnern, Müller HSS. 20. Sehr häufig sind Stiftungen von Abendglocken an einen geschenkten Wald geknüpft, in dem die Stifterin sich einst verirrt hatte; Seitz. bei Panzer I und F. Müller HSS. 26. 32. 38. Auch von der oben S. 377 erwähnten Königin Reinschweig sollen Stiftungen herrühren. Wie Freyja um den entschwundenen Odur verließ sie England und schiffte mit ihren Jungfrauen wie St. Ursula übers Meer nach Deutschland, die Seele ihres Gemahls aus dem Hörselberg zu erlösen. Unter den drei Schwestern begegneten uns schon S. 347. 349 verfolgte Gräsinnen, die wir gleichfalls der Freyja verglichen haben. Überhaupt gehören die drei Schwestern mit den von ihnen gestifteten Andachten (Andachten werden zu 3, 7 oder 9 gestiftet), Lyncker 196, Vigilien und Placebos hieher, vgl. auch die bei Müllenhoff 54 Burenflack genannte, jährlich am 2. Donnerstag vor Weihnachten gehaltene Festmahlzeit. Hier ist es zwar nur die Magd einer Gräfin, welche die Stiftung veranlaßt; aber die Legende der Gräfin Itha von Toggenburg, deren zweite Hälfte Schiller erzählt, ist auf sie übertragen und Itha gehört gleich der Königin Reinschweig zu den duldenden Frauen, welche nach §. 91

oben auf Frigg zurückgehen. Unerwähnt soll hier auch die Hergolhe
nicht bleiben, „deren Bild" nach Joh. v. Müller II, 7. S. 186, „oben
in der alten Stadt Bregenz noch geehrt wird." Tſchdi (Jahrb. XIX, 30)
hörte ſie (Ehren Jutta neunen und hielt ihr Bild, das Raben) eine
keltiſche Epona ſcheint, Rochholz Glaube II, 300, für St. Martin, der
den Bettler beſchenke. Sie ſoll Bregenz bei einem Ueberfall der Appenzeller gerettet haben. Panyer II, 66. Aber Stadtrettungen, wie auch bei
Baſel eine vorkommt, verdienten eine beſondere Betrachtung. Sie geben,
wenn ſie durch Weiberliſt geſchehen auf die langobardiſche Stammſage
zurück; gewöhnlich hat dann auch das weibliche Geſchlecht ein Vorrecht
in Kirche und Schule. Rochholz a. a. O. 310 ff. Aber ſelbſt von Männern werden ſolche Schenkungen erzählt, ſo RES. 5, wo der Herr von
Hagen ſpricht:

> Von Hagen bis an den Rhein
> Was ich da lehe das iſt mein.

und 50, wo nicht wie gewöhnlich Nonnen (§. 106 Schluß), ſondern
Mönche Stiftungen machen. Vgl. auch 70.

144. Feſtfeuer.

Auch die feſtlichen Feuer, welche bald auf Bergen, bald in der Ebene
gezündet zu werden pflegen, fallen in ſehr verſchiedene Zeiten des Jahres.
Am Bekannteſten ſind Weihnachtsfeuer, Oſterfeuer, Johannisfeuer,
Martinsfeuer, neben welchen noch das Rothfeuer in Betracht kommt,
das an keine beſtimmte Zeit gebunden, gegen ausgebrochene Seuchen ge-
uluhet wurde. Grimm 1200 leitet ſie auf alle heidniſche Opfer zurück,
womit ſtimmt, daß Blumenkränze, neunerlei Kräuler, ja Pferdeköpfe in
die Flamme geworfen wurden; bei den Slaven auch ein weißer Hahn.
Faſt von allen erwartete man wohlthätige Wirkungen: das Korn gedieh
ſo weit man ſie leuchten ſah, Kuhn MS. 313, die auf die Felder aus-
ſtreute Aſche vertilgte das Ungeziefer, der vom Rothfeuer aufſteigende Rauch
galt für heilbringend: Obſtbäume wurden davon tragbar und Netze fän-
gig. M. 574; man ſprang über die Flamme und ſo hoch der Sprung,
ſo hoch wuchs der Flachs, Panyer 210. 216; man glaubte ſich auch ſelber zu reinigen und trieb das Vieh hindurch, weil das vor Krankheit und
Beherung ſicherte wie die Aſche Viehkrankheiten heilte, die angebrann-
ten Holzſcheite vor Sturm und Ungewitter ſchützten, die beim Pfingſtfeuer
gekochte Speiſe vor Fieber bewahrte, M. 576. In den heidniſchen Zeit
fiel das erſte durch das Rothfeuer getriebene Stück Vieh den Göttern zum
Opfer; in der chriſtlichen traten die Heiligen an die Stelle. Wolf B. I,
220. Kuhn WS. II, 168.

Der heidniſche Urſprung dieſer Feuer iſt nicht zweifelhaft: ſie ſind

den urverwandten Völkern gemein und älter als das Christenthum, das
sie erst abzustellen versucht, M. 570. 588, dann sich angeeignet und geleitet hat; doch gingen sie nie ganz in die Hände der Geistlichkeit über,
M. 691. Die weltliche Obrigkeit nahm sie früher gleich dem Umziehen
des Fiskschiffes als althergebrachte in Schutz; in den letzten Jahrh. hat
eine löbliche Polizei sich glücklicherweise vergebens bemüht, dem Volk auch
diese, nach dem Erlöschen der heidnischen Erinnerungen unschuldigen Freuden zu verleiden.

> Johannisfeuer sei unvermehrt,
> Die Freude nie verloren:
> Besen werden immer stumpf gekehrt,
> Und Jungens immer geboren. Goethe.

Aller Verbote, von dem in der Liptinischen Synode 743 au, ungeachtet
wurde noch 1842 in Gerlerode (Eichsfeld) ein Nothfeuer gezündet. Heiligenstädter Proge. von 1864. Vgl. auch Fromm im Archiv für nedlenb.
Landeskunde 1864. 636. Schwieriger ist die Frage nach dem Sinn
dieser über ganz Europa reichenden Gebräuche. Auf eigentlichen Feuercultus könnten die Nothfeuer deuten. Alle Heerdfeuer wurden gelöscht
und durch Reibung ein sog. wildes Feuer gezündet, dem man größere
Kraft zutraute als der abgenutzten, von Scheit zu Scheit fortgepflanzten
Flamme. Beim Johannisfeuer sind die Spuren am deutlichsten, daß
auch sie Nothfeuer waren, d. h. auf feierliche Weise neu gezündet wurden, um das Jahr über an ihrer heiligen Flamme die Heerdfeuer erhalten
zu können. Auch beim Osterfeuer kommt Aehnliches vor, nur daß
man die Osterflamme mit Stein und Stahl weckte und das Volk sie
dieser profanen Zündungsweise wegen von dem echten Feuer nuterschied,
M. 583, von dem die Sage ging, daß es wärme aber nicht verbrenne, -
Montanus 127, gleich jenem, womit Christus nach einem deutschen Märchen gedroschen haben sollte. Auch die Kirche segnete am Karsamstag
das neue Feuer (ignis paschalis), nachdem das alle zuvor gelöscht worden war. Der Ritus war nicht überall gleich; doch bezeugt Binterim
Denkw. V, 216 feierliche Zündung durch Krystalle und Brennspiegel,
M. 583. Jetzt gilt der Kirche die Zündung mit Stahl und Stein schon
für feierlich. An dem so gewonnenen Feuer ward dann die Osterkerze
(cereus paschalis) zuerst angebrannt, die hienach das Jahr über bei
jedem Hauptgottesdienste brennen mußte. Von diesem heiligen noch in
dem s. g. ewigen Licht das ganze Jahr forterhaltenen Feuer holten
am Ostersonntag die Gemeindeglieder, um das ausgelöschte Heerdfeuer
wieder anzuzünden. Lexer in Wolfs Ztschr. III, 31. Leopr. 172. An
dem von ihr tropfenden Wachse und den sog. Osterkerznägeln, die ihr
zur Zierde dienten, haftete nach Montanus 26 mancherlei Aberglaube,

obwohl diese wächsernen Zapfen nach Binterim 219 nicht mitgesegnet
wurden.

Auf bloßen Elementardienst jene Feuer und die dabei gespendeten
Opfer zu deuten, hat für Deutschland Bedenken. Ihr erster Ursprung
mag freilich weil über den unseres Volkes und seiner Götter hinausliegen.
Bei uns zeigen sie meist Bezug auf die siegreiche Kraft der Sonne. Zur
Hervorbringung des Nothfeuers bediente man sich eines Rades mit neun
Speichen, das von Osten nach Westen gewälzt ein Bild der Sonne war.
Nach Kuhn Herabkunst 13. 44 ff. bestand die älteste Weise der Feuer-
bereitung in dem Reiben zweier Hölzer, indem das eine längliche in dem
andern so lange herumgequirlt ward bis es in helle Flammen ausbrach.
Von dem Gotte selbst nahm man an, daß er in gleicher Weise den Blitz
hervorbringe. Da bei der Butterbereitung in ähnlicher Weise verfahren
wird, so hat der Volksglaube Manches auf den Gewittergott Bezügliche
dabei angewandt wie wir schon in dem rothen Tuch (§. 57) davon
ein Beispiel fanden. Auch in der Zeugung sah man ein Gleichniß der
Erzeugung des Blitzes und Feuers, Kuhn a. a. O. 70. 74. Vgl. oben
S. 461. In Deutschland selbst ward das Feuer gewöhnlich durch Um-
schwingung einer Achse oder durch bohrende Drehung einer Walze in der
Nabe eines Rades hervorgerufen. Die Drehung selbst ward dadurch be-
werkstelligt, daß man um die Achse oder Walze ein Seil legte, welches
aufs Schnellste hin und her gedrehl ward bis sich das Feuer zeigte. Vgl.
Myth. 570 und Kembles Beschreibung (Sachsen in England 294 ff.).
Auf die Sonne weisen auch die flammenden Räder, die man bei der
Sommersonnenwende von den Bergen rollen ließ: gelangten sie noch
brennend in den unter fließenden Strom, so versprach der Winzer sich
einen gesegneten Herbst. Die Conzer erhoben dafür von den umliegen-
den Weinbergen ein Fuder Wein, gerade wie die Trierer Metzger von
den Nönnchen zu St. Irminen. Diese Sitte der herabgerollten Flammen-
räder findet sich auch in Frankreich, und hier wird der Bezug auf die
Sonne ausdrücklich bezeugt, M. 587. Der Hinblick auf die Fruchtbarkeit der Erde ergiebt sich auch aus jenem Wagenrade, das man unserm
Weisthümern zufolge am großen Gerichtstage (Stephanstag), nachdem es
sechs Wochen und drei Tage im Mistpfuhl gesteckt hatte, ins Feuer legte:
das Gerichtsmal währte dann bis die Nabe ganz zu Asche verzehrt war,
M. 578. Radform mit Speichen, ein Bild der Sonne, hat auch die
Wepelröth §. 143, deren von Kuhn aus gol. vaipa erklärter Name
vielleicht von dem friesischen Wépel Pfütze (Richthofen 1124) herrührt, so
daß auch sie im Pfuhl gelegen haben mußte. Auch der Christbrand (Christ-
floß), im Norden Julblock, Jullobm, fr. calendeau (Myth. 494), den
man zu Weihnachten anbrennen ließ und später zurückzog und das Jahr

über aufbewahrte, hatte auf die Fruchtbarkeit Bezug, da man nach Montanus 12 feine Asche auf die Felder streute, nach Schmitz I, 4 Kohlen davon in die Kornbahr legte, damit die Mäuse das Korn nicht beschädigten. Wenn ein Gewitter anzog legte man ihn wieder ans Feuer, weil der Blitz dann nicht einschlug. Kuhn WS. II, 104.

Hiernach konnten diese Gebräuche allen Wesen gelten, die als Feuer-, Licht- und Sonnengötter über die Fruchtbarkeit des Jahres geboten. Dahin gehören aber nicht bloß die Götter der Trilogie nebst allen Wanen; von den zwölf Asen sind so wenige auszuschließen, daß man von den neun Speichen des Rades und den neun Kräutern, die in die Flamme geworfen wurden, auf die Zahl der betheiligten Götter schließen möchte. Auf einzelne von ihnen Bezüge nachzuweisen hält schwer. Doch deutet auf Freyja der norwegische Name ‚Brifing‘ für das Johannisfeuer, M. 589. Kuhn WS. II, 175. Noch lieber möchte man die Oster- und Maifeuer auf sie beziehen, wenn ihr nach §. 73 b. die alte Walpurgisfeier galt. Wieder aber stellt sich hier Donar neben sie, da gerade beim Osterfeuer M. 582 und dem wenige Tage früher fallenden Judasfeuer (Panz. 212, Wolf 74) die ihm geheiligten Eichhörnchen gejagt wurden. Das Johannisfeuer muß zunächst an Baldur oder Odhr gemahnen; das keltische Bro 8teine fiel aber mit dem rheinischen Pfullag (s. 92) zusammen schon auf den 2. Mai (vgl. jedoch Weisth. II, 98), und doch wißen wir wie Phol und Beal sich mit Baldur und Bäldäg berühren. Umgekehrt finden sich beim Johannisfeuer wieder Beziehungen auf Donar, da Erbsen bei demselben gekocht wurden, die sonst Donnerstags-Kost sind. Kuhn 445. Erbsen und Stockfisch am Gründonnerstag Temme, Sagen der Altm. 56. Auf ihn und seinen Blitzstral deutet auch das Bolzen- und Scheibenschlagen, das beim Sonnwendfeuer, Wolf S. 73, oder auch schon zu Ostern (Panzer 211, Meier 380, Birl. Volksl. II, 60 ff.) am ersten Sonntag in den Fasten getrieben wird. Es heißt auch Scheibentreiben oder Funkenschlagen und der Tag, an dem es üblich ist, der Funkentag, im Rheingau Hallfener, in Frankreich fêto des brandons, Gr. M. 594. Da hier die Liebe die Hauptrolle spielt, indem es der Liebsten zu Ehren:

> „Diese Scheiben will ich treiben
> Ihr zu Ehren, wer wills wehren!"

geschlagen und von dieser durch ein Backwerk, die s. g. Funkenringe, belohnt wird, so könnte auch an Frô oder Frouwa gedacht werden; doch soll dieß Backwerk auch wohl die Form von Brezeln oder Keilen haben; Weinbeeren dürfen aber dabei nicht fehlen. Es folgt gewöhnlich noch ein Tanz und dann ein Fackelgang durch die Flur, und soweit das Licht sichtbar ist, soweit bleibt die Flur von Hagelschlag und Wolkenbrüchen

verschont. Auf Frô findet sich kaum ein ganz sicherer Bezug in jenem
Wagenrad, das am Stephanstage brennen sollte, die Dauer eines
alten Opfermals zu bestimmen. St. Stephan sahen wir schon §. 142
im Norden als Patron der Pferde an Freys Stelle getreten, Wolf B. 126.
Näheres barüber bei Afzelius II, 88—93. Der holsteinische Pferdessen
und die schwäbische Sitte, am Stephanstage die Pferde auszureiten (Meier
466), zeigen, daß in Deutschland Aehnliches galt. Anderwärts heißt der
Tag ‚der große Pferdstag‘ und ‚die Haferweihe‘. Am Stephanstage
wird den Pferden zur Ader gelaßen, Lütolf 104. 336. M. 1184 wird
von St. Stephans Pferde gesagt was in dem Merseb. Spruch von Balburs,
vgl. §. 92. Stephe ist ein Name des Drak, des Teufels und des Hausgeistes, M. 955, Sommer 30, Kuhn 422. Das Rad mit neun Speichen auf dem in Childerichs Grabe gefundenen Stierhaupt würde vollen
Beweis bilden, wenn wir gewiß wüsten, daß Frô bei uns auch als
Sonnengott an Wuotans Stelle trat. Deutlich ist der Bezug des Martins-
feuers auf Gôdan.

Die Feuer sollen vor Hererei schützen; aber das Zünden solcher
Feuer selbst nennt man im Luremburgischen und in der Eifel ‚die Hexe
verbrennen.‘ Bormann Beitr. II, 159. Fischr. f. M. I, 89. Dort wird
das ‚Faosens Feier‘ wie es zu Euren bei Trier heißt, auf Fasnachtsonn-
tag gezündet, hier am ersten Sonntag in den Fasten; doch berichtet Müller
(Trier. Kronik 1817 p. 153) ein Gleiches für das Luremburgische. Hier
wie dort heißt es auch ‚Burgbrennen‘ (Burgaub) und jener Sonntag
‚Burg‘- oder ‚Schoofsonntag.‘ ‚Schoos‘ §. 91 deutet auf die Leichenbe-
stattung, und ‚Burg‘, welchem sich das schwedische aldborg, M. 595,
vergleicht, geht sogar auf den Leichenbrand. Eine Burg wird Sig. Krv.
III, 62. 63 der Scheiterhaufen genannt, welchen Brynhild für sich und
Sigurd anordnet. Daraus erklärt sich auch Lex Sal. 144. 256 (Merkel)
chreobargio für Leichenraub; vielleicht selbst die Schelte herbargium
LXIV, wo die erste Silbe wieder aus chreo (funus) entstellt sein könnte.
Ausdrücklich ist hier von Hexen (strias für strigas) die Rede, und die
Worte ‚ubi strias cucinaat‘ könnten vom Verbrennen der Zauberinnen
reden, was als Volkssitte urall ist, wenn auch nicht als gesetzliche Strafe.
Gewöhnlich versteht man hier strias nominativisch ‚wo die Hexen kochen.‘
Aber die strias selbst wurden beim Verbrennen gekocht und ihr Fleisch
zum Aufessen hingegeben, weil sie selbst Menschenfresserinnen galten. Karl
der Große verbot solche Grausamkeit gegen die vermeintlichen Zauberer als
heidnisch bei Todesstrafe, M. 1021. Daß bei den Festfeuern solche Ver-
brennungen wenigstens symbolisch fortdauerten, zeigt sich beim ‚Judasfeuer‘,
wo man sang: ‚Brennen wir den Judas.‘ Beim Todaustragen
ward die Puppe bald ins Wasser geworfen, bald verbrannt, M. 728.

Was dabei von dem ‚alten Juden‘ gesungen wurde, könnte allerdings, wie Finn Magnusen wollte, den alten iötunn (Riesen) gemeint haben. Von dem Juden scheint man dann weiter auf Judas gelangt zu sein. In Freising hieß dieß Feuer ‚das Ostermannabrennen‘, Panzer 213. Ferner zeigt der irische Gebrauch beim Bealteine, M. 679, daß Jemand verbrannt werden sollte. Auch in Spanien ward nach M. 742 die entzweigesägte ‚alte Frau‘ §. 145 verbrannt. Diese werden wir dort als den Winter erkennen, und so war wohl der iötunn, der zum Judas wurde, der Winterriese. So erklärt schon M. 733 die slavische Marjana für die Winterlesin, und M. 742 ist anerkannt, daß das Verbrennen der alten Frau mit dem Erstäufen des Todes als Winterriesen gleiche Bedeutung habe. Aber auch der Pfingstbutz, der Waservogel und die thüringische Sille (Sommer 152, 180) ‚den alten Mann ins Loch zu karren‘, was zu Pfingsten geschieht, haben schwerlich andern Sinn. Wir gewinnen also wenigstens für die Fastenfeuer denselben mythischen Gehalt, den auch die Frühlingsfeste §. 146 bergen. Wenn aber die verbrannte alte Frau, welche in der Eifel, an Mosel und Saur, die Hexe heißt, eine Riesin war, so sehen wir das Verbrennen der Hexen aus dem Glauben an übelthätige, zauberhafte Riesenweiber flammen wie §. 129 angenommen wurde. Schon Hyndlul. 45 droht Freyja die Riesin Hyndla mit Feuer zu umwerben. Eine Hexe wird verbrannt KM. 193. Daraus ergiebt sich ein wesentlicher Unterschied zwischen den Frühlingsfeuern, welche die Herr, den Judas, den Ostermann, also eigentlich den Winter zu verbrennen gezündet werden, wenngleich auch zu Ehren der Frühlingsgottheit, und dem Johannisfeuer, das zur Heiligung des Heerdfeuers, und gleich dem Rothfeuer zur Erzeugung eines frischen von dem Gotte des Blitzes selbst gesendeten kräftigen Feuers bestimmt war. Das Johannisfeuer half den Sieg des Lichts und der Lichtgötter vervollständigen, indem nun die ohnedieß kurze Nacht durch das gezündete Licht in vollen hellen Tag verwandelt wurde. Durch diese gottesdienstliche Handlung kam man den Göttern gleichsam zu Hülfe. Die Nacht ward gänzlich verbannt und den lichtscheuen, ungeheuern Mächten der Finsterniß die letzte Zuflucht geraubt, daß sie versteinern, ‚in Stein springen‘ mußten. Darum hat die Asche dieses Feuers und alles was davon übrig war, die Flamme des Heerdfeuers selbst, die von ihm herrührte, befruchtende, segnende, schützende Kraft: es ist der Segen der gottesdienstlichen Handlung, wie uns der Segen des Opfers schon öfters begegnet ist. Die Sille schreibt sich aus einer Zeit her, wo es noch schwer war, Feuer zu zünden, wo es durch Reibung zweier Hölzer mühsam hervorgelockt werden muste, was jährlich von der ganzen Gemeinde unter Anrufung des Gottes auf allfeierliche Weise geschah, worauf dann Jeder sich seine Scheite mit nach Hause nahm und das so gezün-

dete neue Heerdfeuer das Jahr über ſorgfältig hütete. Daß dieſer Unter-
ſchied ein wohlbegründeter iſt, zeigt, daß man die Aſche des Oſterfeuers nicht auf die Felder ſtreute um ſie fruchtbar zu machen, ſondern
in den Bach goß. Von der Aſche der verbrannten Rießln fürchtete man
Nachtheile, und wenn bei der Hexenverſammlung auf dem Blocksberge
der große Bock, d. h. der Teufel, ſich zu Aſche brannte, und dieſe Aſche
von den Hexen auf die Felder geſtreut wurde, ſo thaten ſie es eben um
zu ſchaden. So ſehen wir auch im Rudlieb die reuige Ehebrecherin, die
den Tod ihres bejahrten Gatten verſchuldet hat, bitten, ihr Leichnam möge
vom Galgen genommen, verbrannt und die Aſche ins Waßer geſtreut
werden, weil ſie beſorgt, durch Ausſchütten in die Luft möge davon Dürre
und Hagelſchlag hervorgebracht werden:

ne iubar abscondat sol, et aer neget imbrem,
no per me grando dicatur laedere mundo.

Daß nicht Sonne den Schein, nicht Regen die Wolke verſage,
Nicht Wer glaube, ich habe der Welt durch Hagel geſchadet.

Eine dritte Claſſe dürfte man für die Michels- und Martinsfeuer annehmen. Wie dieſe Herbſtfeſte aus allen Dankopfern für reichliche Ernte
hervorgingen, ſo wird man auch die Feuer dabei zum Danke gezündet
haben. Oder wollte man, was wahrſcheinlicher iſt, auch hier die Leichenfeier des Jahresgottes begehen, deſſen Ueberreſte man den Flammen übergab, wie das ohne Zweifel der älteſte Sinn des Johannisfeuers war, da
wir wißen, daß Johannes an Balburs Stelle trat, deſſen Leichenbrand
die Bewohner des Binnenlandes ſich wohl nicht auf dem Schiffe dachten.

Daß man bei den Rothfeuern ein Opferthier verbrannte, wird durch
eine Meldung bei Schmitz 99 wahrſcheinlich, wonach bei Seuchen ein
gefallenes Thier verbrannt und dann die noch geſunde Heerde an dieſe
Stelle getrieben wurde. So kümmerlich dieſer Reſt der alten Sitte ſei,
ſo mag er doch einen Rückſchluß darauf verſtatten.

Bei der Teufelverbrennung bediente man ſich gewiſſer Hölzer, wie
ſchon Tacitus wuſte, wahrſcheinlich Dörner (§. 148 u.); etwas Aehnliches
ſcheint bei dem Oſterfeuer Statt gehabt zu haben, wenn Grimm M. 583
bei Leßner richtig Bocksthorn als Name des Oſterfeuers geleſen hat.
So warf man auch in das Johannisfeuer gewiſſe Kräuter und Blumen,
als Beifuß und Eiſenkraut. M. 585.   .

145. Sommer- und Winterfeſte.

Wie der Tag mit der Nacht, ſo beginnt das Jahr mit dem Winter.
Altdeutſche Calender laßen dieſen mit St. Clemenstag (23. Nov.) anheben:
das thut auch der nordiſche, der den Tag mit dem Anker bezeichnet, ſei
es weil St. Clemens mit dem Anker am Halſe ins Waßer geworfen

ward, oder weil an seinem Tage die Schiffe im Hafen liegen mußten.
St. Clemens gilt für den Patron der Schiffer; von Ullers Schiff ist
mehrfach die Rede gewesen, und Runenkalender, die den ersten Winter-
monat unter Ullers Schutz stellen, fügen dessen Bogen zu dem Anker des
Heiligen. In Teutschland galt hier und da schon Martinstag (11. Nov.)
für Winteranfang; auch die gallicanische Kirche begann mit diesem Tage
die Adventzeit (Pinterim l. c. 167), ‚St. Martin macht Feuer im Camin,‘
das Martinsmännchen hüllte sich in Stroh und mit Martini beginnt ein
neues Pachtjahr. Vgl. meine Martinslieder Bonn bei Marcus 1846.
Am Martinstage sahen wir oben die Fastenspeisen wieder hervortreten,
während die christlichen Adventfeste erst mit dem ersten December anheben.
Die Martinsfeuer sollten vielleicht die Wiedergeburt des jetzt verdunkelten
Sonnenlichts verheißen. Wie hernach der Advent, so scheint schon diese
Zeit den Heiden eine Vorbereitung auf das Julfest, wo die Sonne sich
verjüngte und nun auch das natürliche Neujahr eintrat.

Mit Nicolausabend beginnt eigentlich die Weihnachtszeit, die in ihrer
weitesten Ausdehnung einen ganzen Monat (6. Dec. bis 6. Januar) aus-
füllt. Es ist das Vorfest der Wintersonnenwende, in manchen katholischen
Gegenden den Kindern ersehnter als Weihnachten selbst. St. Nicolaus
(s. oben §. 142) kommt den artigen Kindern Backobst und Zuckerwerk
in den ausgestellten Schuh zu streuen auf dem Schimmel geritten wie
einst Wodan, in der Begleitung, welche wir dort besprochen haben; hier
und da, wo er ohne Begleitung erscheint, wird der Name Hans Trapp
ihm selber beigelegt, von dem stampfenden Auftreten seines Rosses.
Darum findet man an Nicolauskirchen Hufeisen eingemauert: auch wird
das Festbrot in Form von Hufeisen gebacken. Wir kennen St. Niclas
schon aus §. 126 (S. 445) als Schifferheiligen; aber auch die Heerden
scheinen nach Laßt unter seinem Schutz zu stehen; in der Schweiz ist er
Patron der Sennenbruderschaften und Alpgenoßen, die an seinem Festtage mit aufziehen: daraus folgert Rochh., daß er in eine heidnische Verwandtschaft mit dem Gotte Frô gebracht sei. Die Bäcker verehren ihn
nur, weil er ihnen zu backen giebt. Daß er jetzt namentlich die Wünsche
der Kinder zu erfüllen kommt, fließt schon aus seiner christlichen Würde
als Kinderbischof. Den Beruf die unartigen Kinder zu strafen, überläßt
er seinen Begleitern Hans Trapp, Hans Muff oder Ruprecht. Aehnlich
ist es, wenn in österreichischen Dörfern der Sunnenwendfeuermann
auf dem golde Rössl den Kindern Gaben aufs Fenstergesims legt.
In andern Gegenden erscheint der Schimmelreiter erst in den
Zwölften wieder, nachdem er als Herbstpferd (§. 142 S. 547) schon in
den Martinsgebräuchen aufgetreten war.

Das Julfest hat eine doppelte Seite: einmal ist es die dunkelste Zeit

des Jahres, wo alles Leben zu starren, alle Säfte zu stocken, die Erde
selbst der Haft der Winterriesen verfallen schien. Aber zugleich wird die
Sonne wiedergeboren, die den neuen Frühling bringen soll, und wenn
jetzt schon Holda und Berchta ihre Umzüge halten u. s. w., so können
wir uns das nur aus der Ahnung, der zuversichtlichen Hoffnung ihres
rückkehrenden Reiches deuten: die Phantasie nimmt schon jetzt vorweg,
was erst künftige Monate bringen sollen. Darum wird beim Mitwinter-
opfer §. 134 die Minne der Götter wie anderer Abwesenden getrunken,
denn eigentlich hätten wir sie doch jetzt als in der Unterwelt weilend zu
denken. Was die Mythen in diese Zeit setzen, ist eine stürmische Brautwerbung, eine Verlobung: Gerda verheißt sich dem Frey nach drei Nächten,
worunter drei Monate zu verstehen sind: ihre Vermählung soll im grünen
Haine Barri begangen werden; auf Walpurgistag haben wir §. 13 für
Deutschland die Hochzeit des Sommergottes mit der Erdgöttin angesehen.
Hieraus mag sich auch erläutern, daß wir am Julfest bei Bragis Becher
Gelübde abgelegt sehen, die sich auf künftige Vermählung beziehen: Helgakwiða I, 32 gesteht Hedin seinem Bruder Helgi:

> Ich hab erkoren die Königstochter
> Bei Bragis Becher, deine Braut.

Häufiger beziehen sich diese Gelübde auf kühne Thaten: davon ist §. 134
S. 511 gehandelt, vgl. auch §. 100 S. 823. Sie sollen innerhalb des
eben beginnenden Jahres in Erfüllung gehen: dieß drückte man damit
aus, daß man die Hand auf das Haupt des Ebers, das Bild der eben
neu geborenen Sonne legte, vgl. S. 829. Als ein anderes Bild der
Sonne kennen wir schon den Hirsch; auch dieser wurde zur Julzeit geopfert; auch sahen wir §. 143, 2, daß man sich in die Haut des Hirsches oder anderer Opferthiere zu hüllen pflegte. Doch ward wohl
auch bei dem Fest der Sommersonnenwende der Hirsch geopfert,
wie aus den s. g. bacchanalia cervi, dem jährlichen Hirschessen des Raths
zu Frankfurt (1497. 1498) hervorgeht.

Die vielfach fruchtbare Anschauung Kuhns, daß die Weihnachtsge-
bräuche als Vorspiel zum Sommerempfang anzusehen seien (Zeitschr. V,
490), steht sowohl hiemit als mit seiner schon §. 73 angenommenen
Ansicht über die andern Zwölften im Einklang; auch hat es sich uns
oben bei der Erwägung der stehenden Figuren wie der gemeinsamen
Gebräuche, wozu auch die Festfeuer gehören, bestätigt, und bei der Betrachtung der Frühlings- und Sommergebräuche werden wir von Neuem
gewahren, daß sie nicht nur unter sich übereinstimmen und die gleiche
Bedeutung haben, sondern im Wesentlichen, wenn auch schwächer, schon
zu Weihnachten hervortreten.

Weihnachten hießen nach Beda die Angelsachsen Modranaht, id est matrum noctem, wozu Grimm GDS. bemerkt, ihm fielen dabei Heimdalls neun Mütter ein, also das Fest seiner wunderbaren Geburt. Mutternächte können auch die ganzen Zwölften heißen, weil sie gleichsam die Mütter der zwölf Monate des Jahres sind, deren Witterung sie vorbilden sollen. An der Weihnacht halten aber noch andere Götter Theil, zunächst, weil es das Fest der wiedergeborenen Sonne war, die Sonnengötter, also Freyr, dann Baldur als Bâldâg; da aber Baldur bei Hel ist, sein Rächer Wali, das erneuerte Licht. Jedoch können auch Baldur und der gleichfalls jetzt bei Hel weilende aber doch in den Stürmen der Mitternächte einherbrausende Odin nicht fern gehalten werden. Ja alle Götter ragen in diese Zeit hinein, man empfindet ihre Nähe; wird doch sogar gewarnt, den Namen des unheimlichen Wolfes in den Zwölften nicht auszusprechen, weil er sonst herbeikomme.

In den zwölf Nächten (twelve nights) von Weihnachten bis Berchtentag schien die Sonne auf ihrem tiefsten Stande auszuruhen bis sie ihrem Lauf wieder aufwärts wandte. Darum durfte in der hochheiligen Zeit der Zwölften nichts r u n d g e h e n (was namentlich auf das Spinnen und Fahren bezogen wird), sonst würden die jungen Zuchtkälber den „Sturpel" bekommen. Kuhn WS. 112. N. 248. Man darf auch nicht dreschen, nicht backen, nicht misten noch waschen, sonst bekommt das Vieh Läuse. ‚Wer den Zaun bekleidet (beim Trocknen der Wäsche) muß den Kirchhof bekleiden.' In den Zwölften darf kein Flachs auf dem Rocken bleiben, sonst kommen die Heiden (Zwerge) und spinnen ihn ab. Wenn in den Zwölften nicht abgesponnen ist, so kommt Fru Waud, Fru Gode, Fru Frid, Fru Fuik, Fru Freen, Fru Herke, Fru Wolle, Fru Holle u. s. w. und verunreinigt den Rocken. Kuhn NS. 412 ff. Wenn man in den Zwölften spinnt, so kommen die Motten in das gesponnene Garn. Daraus erklärt sich, wenn sie nicht mit Muot zusammenhängt, jene Frau Motte bei Sommer, Nr. 8; daher wohl auch das in Lichtenberg bei Berlin jährlich begangene Mottenfest. Die Motten sind wie andere Schmetterlinge Elben im Gefolge der Göttin. Eggen und Pflüge darf man nicht im Freien stehen laßen, damit sich nicht Hackelberg mit seinen Hunden darunter verberge.

Im Siegenschen heißen die Zwölften die h i l l i g e n T a g e wie schon Karl der Gr. den December mit Bezug auf die Weihnachtszeit Heilagmânôth genannt hatte. Wir sahen schon, daß in den Zwölften der Kalender für das ganze Jahr gemacht wird: wie sich in diesen zwölf Tagen das Wetter verhält, so wird es in den folgenden zwölf Monaten sein. Darum heißen sie Lostage. Wenn der Wind in den hilligen Tagen so recht in den Bäumen geht, so giebt es ein fruchtbares Jahr. Kuhn a. a. O. Geht zu Weihnachten ein starker Wind, so sagt man in

Schwaben, die Bäume rammeln. Birl. I, 466. Werden die Eiszapfen recht lang, so wächst auch der Flachs lang u. s. w.

Warum zieren wir den Weihnachtsbaum? Warum veröden wir den Wald und verpflanzen die immergrüne Fichte in unsre Prunk-gemächer? Warum beflecken wir sie mit tausend brennenden Lichtern, warum behängen wir sie mit Süßigkeiten und legen Geschenke darunter als hätte sich das Bäumchen gerüttelt und geschüttelt und diese Gaben als seine Früchte herabgeworfen?

Das Christkindchen, heißt es, hat diese Geschenke gebracht. Schon recht, wir verdanken sie ihm, wir empfangen sie am Feste seiner Geburt; aber bedurfte es des Fichtenbäumchens sie darzureichen, bedurfte es der tausend Lichter, sie zu beleuchten?

Nicht immer war seine Erscheinung von so stralendem Glanze be-gleitet. Als es zu Bethlehem in der Krippe lag, zwischen Ochs und Eselein, war es selbst nur von einem spärlichen Lichte beleuchtet, wenn gleich der Stern der Weisen über der niedrigen Hütte stand.

> Schaut hin, er liegt im finstern Stall,
> Des Herrschaft gehet durch das All;
> Da Nahrung vormals sucht' ein Rind,
> Da ruhet jetzt der Jungfrau Kind.

Diese Aermlichkeit seiner ersten zeitlichen Erscheinung stimmt wenig zu der Pracht, mit der wir jetzt seine Geburt begehen, und jedenfalls, worauf es uns hier allein ankommt, findet der bekränzte, mit Gaben behangene, mit Lichtern befleckte Weihnachtsbaum hier seine Erklärung nicht. Wo sollen wir sie denn suchen? wie erläutern wir uns eine Sitte, die jährlich viel tausend Kinderherzen erfüllt, deren Freude doch auch der Erwachsenen Antlitz wiederstralt. . Das heidnische Fest der Sonnen-wende, das allerdings genau auf diese Zeit fiel, bietet doch nichts auch nur entfernt Aehnliches dar. Da ward der Sühneber, das Bild der sich erneuernden Sonne, aufgetragen, und die Männer legten ihre Hände darauf und gelobten bei Bragis begeisterndem Becher, im Laufe des eben beginnenden neuen Jahres irgend eine kühne That zu vollbringen, würdig im Gesange Bragis, des Gottes der Dichtkunst, fortzuleben. Von dem bekränzten, bebänderten, lichtstralenden, immergrünen Baum keine Spur!

Und dennoch ist dieser Gebrauch deutschen Ursprungs und wenn er mit dem deutschen Heidenthume zusammenhängt, so ist das kein Grund ihn zu verschmähen: verschmähte doch auch das Christkind die Gaben, Gold, Weihrauch und Myrrhen, nicht, die ihm heidnische Könige, die Weisen des Morgenlandes, als Eingebinde zu Füßen legten. Und

dürfen wir uns für so viel stralenden Glanz nicht auf Luthers Worte
berufen:

> Das ewge Licht geht da herein
> Und giebt der Welt ein'n neuen Schein;
> Es leucht't wohl mitten in der Nacht
> Und uns des Lichtes Kinder macht.

Bekannt ist uns der **Waldcultus** der Germanen und wie den
Semnonen ein Wald so heilig war, daß man ihn nur gefesselt betreten
durfte und der zufällig zur Erde Gefallene nicht wieder aufstand, sondern
sich hinaus wälzen ließ; bekannt wie ein verwundeter Sachse sich in den
heiligen Wald tragen ließ um daselbst zu sterben oder Heilung zu finden.
Echt deutsch ist auch die Liebe zum Waldleben, die sich noch darin ausspricht, daß wir den Tod **Freund Hain** nennen, weil im Haine, in
der Nähe des Waldheiligthums die sterbliche Hülle zu ruhen pflegte,
worauf noch jene Stelle der Edda deutet:

> Du giebst den Gräbern zu guten Namen,
> Wenn du sie Wälder-Wohnungen nennst.

Die Verehrung des Waldes überhaupt galt doch vorzüglich einzelnen,
uralten Bäumen, ja in der ältesten Zeit, als es noch keine von Menschen-
händen erbaute Tempel gab, mochte der Baum, dessen Laub und Zweige
der Gott durchwehte, zugleich dem Priester des Gottes Aufenthalt gewähren, wie von der h. Eßigna gemeldet wird, daß sie in einer hohlen
Linde ein bußfertiges Leben führte, und wie jener Lindenstamm, der in
König Sigmunds Halle stand und sie mit ihren Zweigen überwölbte,
wahrscheinlich auch hohl war und das junge Ehepaar, bei dessen Hochzeit
von ihm gemeldet wird, in der Nacht aufnahm, nicht anders als der im
23. Buch der Odyssee erwähnte „weitumschattende Oelbaum“ das Königs-
paar von Ithaka. Dieser Lindenstamm gleicht auffallend der Weltesche
Yggdrasil, die über ganz Walhalla, die Wohnung der Götter, ihre Zweige
breitete. In diesem Weltenbaum hatten wohl die Nornen ihren Saal,
wie ein alter hohler Baum dem **Marienkind** zur Wohnung diente und
in der spanischen Romanze die Königstochter auf dem Eichenwipfel saß
und den ganzen Baum mit ihren Haaren bedeckte. Diese Königstochter
erinnert wieder an Idun, die selbst das Laub der Weltesche zu bedeuten
scheint, denn wenn sie von ihr herabsinkt, ist der Baum kahl und der
Winter eingetreten. Wem fällt aber bei dieser weinenden, schweigenden
Göttin nicht **Sigune** ein, die den erschlagenen Schionatulander auf dem
Schooß im Baume sitzt und um den Geliebten trauert?

Wenn jene Königshalle um den Lindenstamm errichtet war, wie
die Götterwohnung um die Weltesche, so waren die ältesten Gotteshäuser
wohl aus Holz und Zweigen um den heiligen Baum gefügte Hütten, sehr

einfache Tempel, die sich doch später zu Kirchen, ja zu ganzen Städten erweitern konnten, wie KM. 148 Gott zu dem Teufel sagt: „In der Kirche in Constantinopel steht eine hohe Eiche, die hat noch all ihr Laub', und wie nach der Chronik Erlelenz von einer der Erla, einer deutschen Göttin, geweihten Linde den Namen empfing. Die heiligen Bäume waren aber auch Opferbäume: die Häupter und Felle der geschlachteten Thiere werden an ihnen aufgehängt und wie noch jetzt altehrwürdige Bäume, damit sie nicht absterben, mit Blut gedüngt werden, so pflegte man wohl schon in der heidnischen Zeit den h. Baum, in dessen Laub der Gott rauschte, mit Blut zu besprengen. Der hl. Baum der Langobarden, den St. Barbatus umzuhauen wagte, heißt nach einer Lesart Blutbaum, und in viel späterer Zeit finden wir eine Blutlinde zu Burgfrauenstein bei Wiesbaden, eine Blutbuche bei Irchel im Kanton Zürich, was freilich auch darauf zielen könnte, daß solche Bäume, wenn sie verletzt wurden, blutige Thränen vergoßen.

Wichtiger noch als die dargebrachten Opfer ist für unsere Betrachtung, daß man die hl. Bäume mit Laub und Blumen bekränzte, wie im Harz noch jetzt jährlich am dritten Pfingstfeiertage geschieht. Von diesem Kranze, der von Baumzweige geflochten die Größe eines Wagenrades hat und die Queste heißt, ist das Dorf Questenberg genannt. Häufiger aber war das dargebrachte Opfer von brennenden Lichtern begleitet, sowohl wenn es am Ufer eines Flußes, am Rande einer heiligen Quelle dargebracht wurde, wovon bekanntlich die Sachsen fonticolae, Quellenverehrer hießen, als wenn die Kerzen, wovon Grimm (615) Beweise beibringt, den heiligen Baum beleuchteten. So hergebracht, ja selbstverständlich scheint aber die Verbindung des Opfers mit den gezündeten Lichtern gewesen zu sein, daß man sich gewöhnt hatte, jede Gabe, jedes Geschenk ein Licht, eine Kerze zu nennen, wie wir aus zwei Gedichten Walthers v. d. Vogelweide ersehen: das eine bezieht sich auf eine Gabe Herzogs Ludwigs v. Baiern, die dem Sänger durch Markgraf Dietrich IV. von Meissen überbracht wurde:

> Mir hat ein Licht von Franken
> Der stolze Meißner mitgebracht,
> Das gieb' mir Ludwig eigen.
> Ich kann es ihm nicht danken
> So schön als er mich hat bedacht:
> Ich muß mich tief ihm neigen.

Das andre ist an Kaiser Friedrich II. gerichtet, der dem Dichter von Italien aus, wo er sich die Kaiserkrone holte, ein Geschenk übersandt hatte:

> Gute Kerze habt ihr gnädiglich mir zugekündet
> Deren Licht die Brau'n versengt hat Allen, die sie sahen u. s. w.

Iſt dieſer Sprachgebrauch auch jetzt erloſchen, ſo nennen wir doch noch heute jedes Geſchenk eine Verehrung, als wär es ein den Göttern dargebrachtes Opfer, und in der ältern Sprache ſagte man: ‚Ich verehre dich hiemit.‘ Auch pflegt die katholiſche Kirche noch jetzt zu dem Meßopfer Lichter anzuzünden. So war es vor 50 Jahren und iſt wohl noch heute in Berlin beim Weihnachtsbaum Sitte, dem unerwartet eintretenden Gaſte, dem man kein Geſchenk bereit hielt, wenigſtens einen Wachsſtock anzuzünden, den man als ihm geſchenkt betrachtete; dieſe Gabe war dann Licht und Geſchenk zugleich.

Das dargebrachte Opfer, die gezündete Kerze galt nicht dem Baume oder der Quelle, ſondern dem Gott, dem der Wald, der Baum geheiligt war, dem Flußgott oder Quellgeiſt, der das Waſſer bewohnte oder geſpendet hatte. Für jedes dargebrachte Opfer erhofft aber der ſelbſtſüchtige Sterbliche hundertfältigen Lohn und ſo iſt es nicht unerwartet, wenn wir denſelben Baum, dem die Opfer galten, nun auch wieder beſchweren ſehen, oder Aſchenputtel ſich die prächtigen Kleider, die mit Silber und Gold geſtickten Pantoffeln herabſchüttet. Hieher gehört auch das Märchen von dem Machandelbóm (Wacholder); aber in beiden Märchen begabt jetzt nicht mehr der Baum, da vielmehr die ihn ſtatt des Gottes in Vogelgeſtalt bewohnende Seele der verſtorbenen Mutter des von der Stiefmutter grauſam gemordeten Brüderchens dem gutherzigen Vater die ſilberne Kette, dem liebenden Schweſterchen die rothen Schuhe herabreicht, die böſe Stiefmutter aber mit dem zentnerſchweren Mühlſteine zermalmt. In einem dritten Märchen, das ich hier aus Franz Ziska's ‚Oeſterreichiſchen Märchen‘ 1822 in die Schriftſprache umgeſchrieben einrücke, begabt dagegen die den hohlen Baum bewohnende Göttin ſelbſt, die jedoch das Chriſtenthum ſchon in eine Fee verwandelt hat; die Gabe ſelbſt wirkt beglückend nur in der würdigen Hand.

Dieſes Märchen erzählt von der ſtolzen Fichte, in der eine gnädige Fee gehauſt haben ſoll, die auch einmal um die Gemüther der Vorübergehenden zu erforſchen in Geſtalt eines ſteinalten Weibes unter dem Baume ſaß und bettelte. Nun wohnte in der Nachbarſchaft ein reicher Bauer, der ein abſcheulicher Geizhals war. Alle Morgen kam er mit ſeiner Dienſtmagd, einer blutarmen Waiſe, an der ſtolzen Fichte vorüber, ſein Feld zu bauen. Mitleidig, wie das ſchöne Mädchen war, konnte es nicht umhin, täglich mit der vermeinſchlichen armen Frau ſein karges Frühſtück zu theilen. Als das der filzige Bauer merkte, ſchnitt er dem Mädchen ſein Brot kleiner und kleiner und weil das gute Kind doch noch theilte, gab er ihm zuletzt gar nichts mehr zum Morgenbrot. Oft muſte das liebe Mädchen weinen, wenn es vorüberging, weil es nichts mehr mitzutheilen hatte und manchmal fanden die Arbeitsleute, die hinter ihm gin gen, die schönsten Perlen auf dem Wege liegen. So stauben die Dinge als einsmals der Bauer auf ein benachbartes Dorf zur Hochzeit geladen wurde. Es versteht sich daß er nicht unterließ zu kommen, und weil es auf andrer Leute Unkosten ging, versäumte er nicht wacker zuzugreifen und Bescheid zu thun und machte sich erst gegen 12 Uhr in der Nacht auf den Heimweg. Wie er aber in die Nähe der stolzen Fichte kam, war es ihm als hätte er den Weg verfehlt, denn anstatt der Fichte glaubte er einen herrlich erleuchteten Palast vor sich zu sehen, aus dem ihm Kirchen- musik entgegenschallte und ein Zischeln und Rascheln wie von tanzenden Paaren vernommen ward. Holla, dachte der betrunkene Bauer, die Fee giebt heute was zum Besten: da muß ich auch dabei sein, und ging da- mit' in den erleuchteten Palast. Aber du meine Güte, was sah er? Eine Menge kleinwinziger Zwerge um die Fee herum beim Schmause saßen. Und die Fee war auch gleich so gütig, den Bauer dazu einzuladen. Der ließ sich denn nicht lange nöthigen, sondern gebrauchte redlich sein Mund- werk und schob dabei von dem Schmause heimlich so viel in seine Taschen, daß sie wie Mehlsäcke von ihm wegstanden. Nach dem Essen begab sich die Fee mit der Schar ihrer Zwerge in den Tanzsaal; der Bauer aber beurlaubte sich, denn er war schwer beladen und bepackt und kein Freund vom Tanzen. Er schlenderte also gleich heim, um das von der Feentafel weggestippte ‚Beschreiben‘ noch frisch gebacken zur Belöstigung der Sei- nigen verwenden zu können. Aber da kam er schön an, denn als er es aus der Tasche hervorholte, hatte es sich unterdes in lauter stinkende Roß- bollen verwandelt. Da hätte er vor Bosheit zerplatzen mögen. Unwillig warf er den Unrath seinem Dienstmädchen mit den höhnischen Worten hin: ‚da hast du 's und magst es meinetwegen mit dem Bettelweib thei- len.‘ Bestürzt ging das arme Mädchen damit in den Hof und wollte es in die Mistgrube werfen; aber da hörte es bei jedem Schritt und Tritt einen Kling und Klang und sah in der Schürze ein Schimmern und Flimmern und wie es recht zusieht, liegt da eine schwere Menge blitzfunkelnagelneuer Dukaten darin. Außer sich vor Freuden lief es gleich bei anbrechendem Tage zum Flecken hinaus, der guten Fee zu danken, die, wie es sonnenklar war, den Schatz ihr hatte zukommen laßen wol- len. Das erste aber, was ihr da in die Augen fiel, war wieder das steinalte Weib und das gutherzige Mädchen konnte sich nicht enthalten der vermeinten Armen die Hälfte seines Schatzes zu schenken. Da er- schien ihr die Fee, von ihrer Güte gerührt, in ihrer wahren Gestalt, fügte noch viel andre Gaben hinzu und verlieh ihr solche Schönheit, daß es die vornehmste Prinzessin ausgestochen hätte. Auch stand es kaum ein Vierteljahr an, so kam ein bildschöner junger Fürst und machte sie zu seiner gnädigen Frau. Der geizige Bauer aber ist zurückgegan-

gen und bald darauf geſtorben vor lauter Neid über das Glück ſeiner
Dienſtmagd.

In dem altfranzöſiſchen Roman von Durmart le galois aus dem
13. Jahrh. erblickt der Held im Wald einen Baum von unten bis oben
voll brennender Kerzen. Aber noch glänzender als dieſe ſteht er in dem
Wipfel des Baumes ein nacktes Kind ſitzen. Daſſelbe Geſicht hat er
gegen den Schluß des Romans zum anderntmal, es verſchwindet aber bald
wieder, wobei ihn eine Stimme beſcheidet, er werde vom Pabſte die Er-
klärnng deſſelben erfahren. Dieſe lautet endlich dahin: der Lichterbaum
bezeichne die Menſchheit, die aufwärts gerichteten Lichter die guten, die
abwärts gerichteten die böſen Menſchen, das nackte Kind Chriſtus. Dieſe
Auflöſung erinnert zugleich an den Lebensbaum S. 19; wir erkennen aber
leicht das Chriſtkindchen unſeres Weihnachtsfeſtes, auf deſſen beträchtliches
Alter die Erzählung deutet.

Wenn auch die heidniſchen Cultusgebräuche beim ,Julfeſt‘ mit unſerm
Weihnachtsfeſt wenig Verwandtſchaft zeigen, ſo iſt es doch nicht zufällig,
daß der heilige Baum gerade zu Weihnachten begabt. Mitten in der
Weihnacht, wenn das neue Jahr geboren wird und die Winterſonnenwende ſich begibt, aber auch in der Johannisnacht bei der Sommerſonnenwende, ſteht die Zeit auf eine Weile ſtill wie die im Bogen geworfene Rakete inne zu halten ſcheint ehe ſie, die bisher noch ſtieg, ſich aut
allmählich zu ſinken anſchickt. Es iſt gleichſam ein Riß, eine Spalte
in der Zeit, durch welche die Ewigkeit mit ihren Entzückungen und
Wundern hineinſchaut. Darum wird jetzt das Waſſer zu Wein, darum
können die Thiere reden und weißagen, darum wachen die Todten auf,
ſpuken jetzt alle Geiſter, ſteigen verſunkene Städte und Reiche empor, blühen und reifen die Bäume, wie die Jerichoroſe in der Chriſtnacht blühen
ſoll, darum regen ſich die Steine und öffnen ſich die Pforten der Unterwelt; wer hinein tritt, kommt vielleicht nach dreißig Jahren wieder hinaus und meint eine kurze Stunde verlebt zu haben. Hier und da iſt
das was von der Mitternachtſtunde der längſten Nacht gilt auf die ganzen Zwölften erweitert. Anderes findet ſich auch von den Solſtitien,
Aequinoctien und Quatembernächten erzählt, wie auch andere hl. Nächte
wie die Walpurgisnacht, die Andreasnacht (die den Mädchen,
wenn ſie gewiſſe Formeln geſprochen haben, ihre Zukünftigen zeigt) u. ſ. w.,
nicht leer ausgegangen ſind. Näher ausgeführt hat dieß Menzel Germ.
II, 227 f. So ſtand bei Tribur, der alten Kaiſerpfalz am Rhein, ein
Apfelbaum, der in der Chriſtnacht in Einer Stunde Blätter und Blüthen
trieb und Früchte brachte; man nannte ſeine Früchte ,Träulleins-
äpfel‘ wohl von unſers Herrn (trubtin) Geburtsnacht, Wolf HS. 131.
Von ſolchen Bäumen, die in der Weihnacht Früchte tragen, wird auch

aus dem Vogtland gemeldet. Wenn es aber zu Wertheim durch den Schnee grünte (Menzel a. a. O.), so werden wir an Walther 35, 15: der Dürnge bluome achtael dur den snê gemahnt. Es scheint nicht bedeutungslos, daß es gerade ein Tannenbaum war, der als Weihnachts= baum die wiederkehrende Erdkraft symbolisiren sollte: kein anderer war dazu geeigneter, da er die Farbe des Lebens den Winter über bewahrt: daran mag uns der grüne Machandelboom, oder die stolze Frau Fichte in unsern Märchen erinnern.

Man findet freilich auch Warnungen, in der verhängnißvollen Stunde des Jahreswechsels den Vorhang nicht zu kühn zu lüften oder von der Kost der Seligen zu genießen. Zu Ottobeuren in der Frongaße vernahm man zu Weihnachten eine wunderbarliche Musik. Jedermann fühlte sich gedrungen die Fenster zu öffnen. Davor warnten aber die alten Leute, weil alle, welche den Kopf hinausstecken, unglücklich würden. Den vollen Genuß hatten ungestraft Diejenigen, die sich mit dem Anhören in der verschloßenen Stube begnügten. P. II, 66. In der Christnacht wird zwar das Waßer in den Brunnen zu Wein; aber Niemand mag zu den Brunnen gelangen, weil die Diebe in dieser Stunde so gefährlich sind. Um 12 Uhr müßen alle Diebe stehlen; zwischen eilf und zwölf hat der Teufel freien Lauf: da bietet er alle Gewalt auf um Seelen zu gewin= nen. Birl. a. a. O.

Schon den Heiden schienen die mit der Abnahme des Lichts in Schlaf versunkenen Götter in den Zwölften erwacht ihren Wiedereinzug zu halten, die heidnischen Priester werden diese Umzüge der Götter äußerlich darzu= stellen nicht versäumt haben; in der christlichen Zeit traten die Umgänge der heiligen Dreikönige mit ihrem Stern an die Stelle.

Mit dem 21. Dec. beginnen nach Leopr. 205 die ,Rauchnächte', deren vier sind: St. Thomas, Weihnachten, Neujahr und Dreikönigsabend, vornämlich aber die erste und letzte dieser Nächte. Häuser und Ställe werden nach dem Abendläuten ausgeräuchert und gesegnet; in den fol= genden Tagen auch die Weinberge und Felder besprengt. Mit Weihnach= ten folgen die ,Gennächte' (Gönnachten, Gebnächte), welche mit Drei= königsabend schließen: da geht das ,Gelaib' am ärgsten, da sollen auch die Thiere wieder reden und die Brunnen zu Wein werden. In Böhmen hießen sie Unbernächte, Groh. 203. Gebnächte heißen sie, weil man den ,Anklopfenden' giebt und das Eßen für die Perchtl auf dem Tische stehen läßt; sonst wurden auch Nudeln aufs Hausdach gelegt. ,Aibelnächte' heißen dagegen die 7 Nächte vor Weihnachten, besonders aber die Tho= masnacht. Aibelnacht fällt mit Klopfnacht u. s. w. zusammen. Aibel ist gestandene Milchrahm, Birl. Wörterb. 71.

Zu Neujahr war es Gebrauch in Hirsch- und Kalbsfellen umher-

zulaufen oder andere Thiergestalten anzunehmen, was Buhulbungen schon
früher verboten, vgl. §. 143. 2; auch faß man schwertgegürtet auf dem
Dach feines Haufes oder an Kreuzwegen auf dem Thierfell, um die Schick-
fale im anbrechenden Jahre zu erforschen. Im letzten Fall ist ohne Zweifel
die Haut eines geopferten Thieres gemeint, weil ein Opfer die Götter geneigt machen mußte, die Zukunft zu offenbaren §. 132; es fragt sich nur,
warum man sich selber in Thierhäute kleidete. Wahrscheinlich gedachte
man die Umzüge der Götter vorzustellen, die in der Gestalt der ihnen
geheiligten Thiere zu erscheinen liebten; es galt auch für heidnisch in der
Neujahrsnacht durch Dörfer und Gatzen Gesang und Reigen zu führen.
Das nächtliche Anklopfen an die Häuser, das dabei Statt zu haben pflegte,
ward späterhin zu einer eigenen Gattung von Reimsprüchen, einer Art
Segen benutzt, die man Klopfan nannte, woraus sich ergiebt, daß das
vorgestellte Götterheer, wo es anklopfte, Segen brachte. Vgl. S. 550.

Der leitende Gedanke dieses und noch der nächsten Feste ist das
neugeborne Licht und der wiederkehrende Frühling. Schon zu Lichtmeß,
wo unsere Bauern das neue Jahr beginnen, glaubt man die Tage um
einen Hahnenschrei gewachsen. Zur Feier des so zuerst erscheinenden
neuen Lichts wird ein Kuchen angesetzt und durch die eingebackene Mandel
eine Königin erwählt: diese Königin stellt die als Jahresgöttin gedachte
Berchta (von brehan leuchten, scheinen) vor, indem sie nun statt ihrer an
diesem Tage die Aemter für die Zeit ihrer Herrschaft, d. h. für das folgende Jahr, vertheilt. Weniger allgemein sind noch die Umzüge im Gebrauch, die zu Ehren der Göttin unter dem Namen Bechten und Berchten-
laufen herkömmlich waren. Zu Lichtmessen soll man bei Tage essen und
das Spinnen vergessen. Darum muß jetzt bei Strafe der Göttin Alles
abgesponnen sein. Der Bezug auf das wachsende Licht ist schon im Namen ausgesprochen. Doch darf der Bär seinen Schatten nicht sehen, sonst
muß er noch auf sechs Wochen (St. Gertrudstag 17. März) zurück in
seinen Bau. Fabian Sebastian (20. Jan.) trüt schon der Saft in die
Bäume und die Knaben machen sich Weidenflöten, wobei gewisse den
§. 188 besprochenem Zaubersprüchen verwandte Lieder gesungen werden,
damit der Baß sich löse. Vom Valentinstag (14. Febr.) ist §. 90 die
Rede gewesen, man vgl. noch Uhland III, 470. Am Peterstag (22. Febr.)
werden Kröten, Schlangen und Molche aus dem Hause getrieben und die
Sommervögel (Schmetterlinge) geweckt; das Klopfen mit dem Kreuzham-
mer S. 550 deutet auf Donar, Kuhn WS. I, 123. Den Hühnern
wird ,gemistelt'; die Kinder gehen zwar in die Schule, aber nicht um zu
lernen, nur um zu spielen; am Abend brannte das Petersfeuer; in Nord-
friesland fand das Bückenbrennen Statt. Speisen wurden auf die Gräber der Todten gelegt, weshalb dieser Tag Peterszech hieß: das alles

wohl Reste der alten Spurcalien, Binterim V, 329 ff., wenn nicht diese mit der Fasnacht zusammen fielen. Nun kommt St. Mattheis und bricht das Eis oder macht Eis: immer wird im Carnaval das erste eigentliche Frühlingsfest begangen, dessen Ursprung in §. 110 besprochen ist, auf den ich mich auch wegen des Gertrudstag beziehen kann. Ueber Weiberfasnacht oben S. 554. ‚An diesem Tage muß man Kräpfel backen und so oft essen als der Hund den Schwanz bewegt.‘ Der Name Gründonnerstag rührt von dem Gebrauch her, an diesem Tage ein Mus von neunerlei frischen Kräutern zu essen, worunter auch Brunnenkresse und Sauerklee. Ueber den Funkentag §. 144. Das zweite Frühlingsfest fiel dann auf Ostern, vgl. §. 110. Zu Lätare (Mitfasten) fand der Kampf zwischen Sommer und Winter statt, der Winter in Stroh und Moos, der Sommer in Laubwerk gekleidet; der Winter unterliegt. Dabei singt die Jugend:

Stab aus, Stab aus!
Stecht dem Winter die Augen aus.

Vgl. auch Uhlands Volksl. Nr. 8 und Nachlaß III, 18, wo das ausführliche Kampfgespräch zwischen Sommer und Winter mitgetheilt und mit seinen Varianten und Umbildungen und der ganzen einschlagenden Literatur besprochen ist. Hans Sachs giebt ein entsprechendes Herbstgespräch, bei welchem der Sieg dem Winter zufällt. Den Preis trägt aber wieder ein Lied Shakespeares davon, das diesen volksmäßigen Stoff in ‚der Liebe Lohn verloren‘, behandelt.

Sommer.

Wenn Maßlieb bunt und Veilchen blau,
Schneeglöckchen blühn silberweiß,
Und Kuckucksblümchen Wies und Au
Mit Gold bestreun in weitem Kreis,
Von jedem Baum der Kuckuck dann
Neckt singend einen Ehemann:
Kuku!
Kuku, Kuku, ein böser Laut,
Davor vermählten Ohren graut.

Wenn auf dem Rohr der Schäfer pfeift,
Die Lerche früh den Pflüger weckt,
Wenn Amsel, Dohl und Taube streift,
Die Dirn ihr Kleid zur Bleiche streckt,
Von jedem Baum der Kuckuck dann
Neckt singend einen Ehemann:
Kuku!
Kuku, Kuku, ein böser Laut,
Davor vermählten Ohren graut.

Winter.

Wenn Eis vom Dach in Zapfen hängt,
Auf blaue Nägel haucht der Hirt,
Im Feuer Hans nach Klötzen langt,
Zu Eis die Milch im Kübel wird,
Das Blut erstarrt, der Weg verschneit,
Unmäßig dann der Schuhu schreit:
Tuhu!
Tuwit, Tuhu er lustig kräht!
Dieweil die Henne Krapfen brät.

Wenn man die Sturmwind brüllen hört
Bis Lisens Nase wund und weh,
Des Pfarrers Predigt Husten stört
Und unterm Fuße knirscht der Schnee,
Im Ofenloch der Apfel zischt
Und Nachts sich drein der Schuhu mischt,
Tuhu!
Tiwit, Tuhu er lustig kräht,
Dieweil die Henne Krapfen brät.

Nach Kuhn WS. II, 139 fand zu Ostern ein Ballspiel statt, das an die Worte Walthers S. 30 erinnert:

Spielten die Mädchen erst Streben entlang
Ball, o ja letzte der Vögel Gesang.

Beim Osterfest ward der Ball geschlagen, den Beschluß machte aber ein Tanz (Kuhn KS. 272, WS. II, 148) und es fragt sich ob hievon das Wort Ball für Tanz ausgegangen sei. Das Ballwerfen war im MA. wie bei den Griechen ein mit Gesang und Tanz verbundenes Spiel; daher in den roman. Sprachen ballare tanzen, Wackernagel allf. L. und Leiche p. 286, Diez Etym. Wörterb. s. v. ballare. Stand dieß Ballspiel in Bezug auf die drei Freudensprünge, welche die Sonne zu Ostern that? Kuhn WS. 142. Die Siebensprünge, welche man am ersten Ostertage tanzte, Kuhn WS. 150 ff., sehe ich nicht an hieher zu ziehen. Das Lied, das man dazu sang, lautete bei uns:

Könnt ihr nicht die Siebensprüng,
Könnt ihr sie nicht lernen?
Da ist mancher Edelmann,
Der die sieben Spräng nicht kann:
Ich kann se, ich kann se.

Wegen des Osterhasen, der die Ostereier legen soll, fragt Kuhn WS. II, 143, ob dabei wohl an den Hasen, der auf den Bildern der Nehalennia zum Opfer gebracht wird, zu denken sei? Ich bin sehr geneigt, die

Frage zu bejahen, zumal die Eier schon um Gertrudistag roth gefärbt werden, und die österliche Zeit z. B. dieses Jahr (1864, 1869)
schon früher anhob. Rehalennia ist wie Gertrud eine Göttin der Fruchtbarkeit: das eben deuten die rothgefärbten Eier an (roth ist die Farbe
der Freude); aber noch einmal wird die Fruchtbarkeit hervorgehoben,
indem der Hase, das fruchtbarste Thier, sie gelegt haben soll. Noch.
Mythen 258 f.

Warum Shakspeares Lustspiel Midsummer-nights Dream heißt,
darüber finden wir bei den Erklärern keine Auskunst.

,Die Johannisnacht', sagt Tieck, ,wurde in England, wie fast allent-
halben in Europa zu manchem unschuldigem Aberglauben und Spiel gebraucht: den künstigen Mann oder die Geliebte zu erfahren, zu weißagen
und dergl.'

Aus Grimms Myth. bestätigt sich dieß nicht. Beim Johannisabend
wird S. 555 nur der Sitte gedacht, zu benachbarten Quellen zu wall-
fahrten, um sich (wie auch an andern hohen Festen) an ihrem Wasser
zu heilen und zu stärken. Von der Johannisnacht ist dann nur bei dem
Johannisfeuer die Rede. Die abergläubischen Gebräuche aber, deren
Tieck gedenkt, gehören der Weihnacht und der Andreasnacht an, nicht
der Johannisnacht.

,Viele Kräuter und Blumen', heißt es weiter, ,sollen nur in dieser
Nacht ihre vollkomme Kraft oder irgend etwas Zauberisches erhalten.'

Dieß ist richtig und auch unten beim Johannisfest anerkannt. Hier
scheint aber der Grund des Irrthums zu liegen: die Entstellung des
Namens des Stücks, der von dem Dichter nicht herrühren kann, ist von
den Zauberkräutern ausgegangen, mit welchen in diesem Lustspiel die Augen
der Liebenden bestrichen werden, unter welchen das Kraut Müßige
Liebe mit Recht das berühmteste geworden ist. Allein deren Kraft und
Wirksamkeit ist auf die Johannisnacht nicht beschränkt. Shakespeare mußte
sich bewußt sein, daß er sein Stück nicht zur Sommerwende, sondern in
der Walpurgisnacht spielen ließ, wofür folgende Stellen entscheidend
sind. Theseus sagt in der ersten Scene des vierten Acts:

> Geh' Her und suche mir den Förster auf,
> Denn unsre Maibegrüßung ist vollbracht.

und weiterhin in demselben Auftritt von den Liebenden:

> Sie machten ohne Zweifel früh sich auf
> Zum Maigebrauch, und unsre Absicht hörend,
> Sind sie zu unserm Fest hieher gekommen.

Hiemit sind auch die Worte Lysanders (I, 1) zu vergleichen, wonach er
Hermia schon einmal bei einer Maibegrüßung mit Helena getroffen habe.
Zum Empfang des Sommers zog man in der Frühe des Maitags, wie

der erste Tag des Maien (May-day) noch jetzt am Niederrhein heißt, in
den Wald, um den Sommer einzuholen, zu empfangen oder zu begrüßen.
Die Rolle des Sommers pflegte dabei der sogenannte Maikönig oder Maigraf zu spielen.

Gewöhnlich wählte sich der Maikönig eine Maikönigin, der Maigraf
eine Maigräfin, ja alle jungen Burschen durch eine Versteigerung ein
Mailehen. Offenbar ist der Maikönig mit der Maikönigin in den neuern
Volksgebräuchen an die Stelle des höchsten Götterpaares getreten, die als
Jahresgötter in den ersten Zwölften (1.—12. Mai) ihr Hochzeitsfest
begingen. Vgl. §. 73. b. und S. 473. Man darf vermuthen, daß
Shakespeare, dem die alte Symbolik so lebendig war, eben aus diesem
Grund die Hochzeit des Theseus mit der Hippolyta auf Maitag legte.
Diese mußten ihm nämlich an der Stelle Oberons und der Titania,
deren häuslichen Zwist er zum Hebel der dramatischen Handlung gebrauchte,
die Hochzeit begehen, welche nach der alten Anschauung die gedachten
höchsten Gottheiten als Jahresgötter an diesem Tage zu feiern pflegten.
Auch dieser häusliche Zwist über einen Liebling ist in der deutschen Göttersage begründet, §. 68, ja den Namen Titania haben wir S. 430
f. 125 daraus erklärt. Er hat mit der griechischen Mythologie nichts zu
schaffen, denn diese kennt keine Titania. Auch ist er schwerlich von Shakespeares Erfindung, der klassische Bildung genug hatte, um zu wißen, daß
die Titanen den Riesen, nicht den Elben entsprechen. War ihm der
Name überliefert, so stand das nicht im Wege. Er stammt aber aus der
deutschen Heldensage, wo wir im kleinen Wolfdietrich (vgl. v. d. Hagen
Heldenbuch 1855 Str. 866) einen Zwergkönig Titan finden. Daß
Zwerge Kinder (Titi) stehlen und Königstöchter entführen, ist bekannt
genug und ebenhier ist dem Wolfdietrich sein Gemahl von einem Zwerge
gestohlen worden.

Eine seltsame Umkehrung macht sich aber hier bemerklich: Oberon
und Titania, als Beherrscher des Elbenreichs nur dii minorum gentium,
treten hier an die Stelle der höchsten Himmelsgötter, während in ihrem
Diener Puck, wie sein anderer Name Robin Goodfellow, Ruprecht (Ruod-
peracht, der Ruhmglänzende) zeigt, der höchste Gott in viel größerm
Maße zum Kobold Hobgoblin erniedrigt ist als wir Oberons Macht
gesteigert sehen. Aus diesem seinem ursprünglichen Rang erklärt es sich
auch, warum Puck (II, 2) Wanderer heißt: es rührt noch von Odins
Wanderungen her und stellt sich zu seinem Beinamen Gangrabr, Gangleri, Wegtamr, viator indefessus, §. 83. 62.

Das auch in Deutschland gültige Wort ‚Mitsommernacht‘ hätte
Schlegeln zu Gebote gestanden, wenn er mit Steevens der Meinung gewesen wäre, daß das Stück von der Johannisnacht den Namen habe.

Aber auch Goethe theilte wohl, wie wir sehen werden, diese Ansicht nicht. Daß ich gegen Schlegels Uebersetzung ‚Sommernachtstraum' an sich nichts einzuwenden habe, ist in meiner ‚Rechtfertigung' bemerkt: ich vermied diesen Titel nur, weil er dem Irrthum, daß das Stück in der Johannisnacht spiele, nicht entgegentritt, welchen doch Shakespeare fern zu halten, wie schon Johnson bemerkt hat, so sorglich (so carefully) bemüht war. Sommernacht durste der Dichter die Nacht vor dem ersten Mai nennen, weil mit ihr nach der alten Anschauung der Sommer begann, zu dessen Einholung die sogenannte Maifeier eingeführt war. Ich hätte Mainachtstraum übersetzen dürfen, da der erste Mai noch jetzt dem gemeinen Mann ‚Maitag' heißt und das Sprichwort gilt, Maitag (1. Mai) solle das Korn so hoch sein, daß sich eine Krähe darin verbergen könne. Wir übersetzen aber für die Gebildeten, die dem Sprachgebrauch des Volks und seinen Anschauungen durch humanistische Schulbildung entfremdet sind: das zwang mich zu Walpurgisnachtstraum zu greifen.

Was dem Summer-nights Dream, wie der Dichter geschrieben haben wird, das Mid-vorzusetzen veranlaßte, darüber habe ich eine Vermuthung geäußert: die Entstehung des jetzigen Namens unseres Stücks könnte von Zauberkräutern ausgegangen sein, mit welchen darin die Augen der Liebenden bestrichen werden, deren Kraft und Wirksamkeit zwar in der Johannisnacht culminiert, aber doch keineswegs auf sie beschränkt ist. Doch sind vielleicht die Worte II, 2

And never since the middle summers spring,
Met we on hill, in dale, forest, or mead,

mißverstanden worden wie neuerdings wieder (Jahrb. der Shakespeare-Gesellschaft IV, 304); sie sprechen aber von dem verlaufenen Jahr, wo der Geist des Elbenkönigspaars Mißwachs und Hungersnoth hervorgebracht und das Volk der Winterlust und Weihnachtsfreude beraubt hat, was ganz im Geiste des deutschen Mythus von dem Dichter erfunden ist, nicht weniger aber auch in Anberaumung der Entzweiung auf Mitsommer, wo nach S. 204 §. 73 b. das neuvermählte Götterpaar durch Tod oder Fluch des Gottes geschieden wird.

Wenn mir entgegnet wird, daß es dießmal in der Mainacht spule das rühre nicht von der Mainacht her, sondern sei zufällige Folge der Erfindung Shakespeares, welcher der Hochzeit, für die er nun einmal den ersten Mai gewählt hatte, eine phantastische Verwirrung vorangehen lassen wollte, so betreffen wir hier unsern Gegner auf einer Ansicht, die wohl Wenige theilen werden. Es leuchtet doch ein, wenn der Dichter der Hochzeit eine phantastische Verwirrung vorausgehen lassen wollte, so war hiezu die Mainacht, auch wenn nicht gerade Hexen in ihr spukten, so passend gewählt, daß dieß schwerlich für zufällig

gelten kann. Ich darf mich für die Ansicht, daß schon bei den Alten der Mai
allerlei Spuk herbeiführte, der Kürze wegen auf Soldan S. 215 beziehen.
Nun erinnere ich daran, was beim Weihnachtsbaum ausgeführt ist, daß die
Fristen, wo sich die Jahre und Jahreszeiten scheiden, gleichsam Spalten
sind, wodurch die Ewigkeit und die ewige Geisterwelt hereinbricht. In
geringerm Maße gilt dieß auch von den Scheidefristen der Tage, woraus
sich denn erklärt, daß die Geisterstunde in der Nacht zwischen zwölf und
eins fällt. Aber auch die Hochzeit wird nicht ohne Grund auf die Mainacht gelegt sein, da der mit ihr beginnende erste Mai als Sommer-
anfang von jeher für den Tag galt, wo sich Himmel und Erde und
demnach auch die Jahresgötter, welche sie bedeuteten, vermählten. Daher
wählt auch das Volk, welches nach dem Wegfallen des heidnischen Priester-
thums dieses Fest auf eigene Hand begehen mußte, einen Maikönig und
eine Maikönigin, welche die sich vermählenden Jahresgötter bedeuten,
wie es denn auch als deren Gegensatz einen Winterkönig wählte,
den man in England (nach Douce Illustr. II, 441) lord of misrule
oder great capitaine of mischiefe nannte. In Teutschland und namentlich in Schwaben heißt er wohl der Türke; die englischen Morris
dances (Douce II, 431 ff.), mit welchen sich Tschischwitz Nachtl. 106
vergeblich abquält, erläutern sich daraus. Zwischen dem Türken und dem
Maikönig pflegte es dann zum Kampfe zu kommen, wobei letzterer den
Sieg davon trug: der Preis des Sieges war die Hand der Maikönigin,
welche er sich hie und da auch selber wählte, indem er den Siegeskranz
ihr zuwarf. Darum schließt sich auch hier das Mailehen an: es ist
der Maikönig, der bei Gelegenheit seiner Hochzeit auch seine Vasallen für
ein Jahr mit Bräuten versieht. Auch bei dem spätern deutschen Walpurgisfest, als schon die Hexen dabei überhand genommen hatten, wählte
der Teufel diejenige unter ihnen, an welcher er am meisten Gefallen
fand, zur Hexenkönigin. Alles dieß zeigt, daß es nicht zufällig war,
wenn Shakespeare gerade in der Walpurgisnacht eine Hochzeit begehen
läßt. Statt der Hochzeit Oberons und der Titania, welche in unserm
Lustspiel an die Stelle der höchsten Jahresgötter treten, läßt indes Shakespeare den Theseus sich der Hippolyta vermählen, weil er den häuslichen
Zwist jener beiden göttlichen Gatten, der gleichfalls, wie wir §. 68 (vgl.
S. 577) sahen, in der Göttersage tief begründet ist, zum Hebel der
Handlung gebrauchte und daher die Hochzeit, welche nach der alten Symbolik nicht fehlen durfte, auf Andere, den Theseus und die Hippolyta,
übertragen mußte; Goethe hat aber die Hochzeit Oberons und der Titania
wiederhergestellt, welche das Zwischenspiel seiner Walpurgisnacht bildet. Aus diesem Zwischenspiel ergiebt sich auch, daß wenigstens Goethe
die Schuld nicht trägt, wenn man jetzt die Walpurgisnacht lediglich als

einen Hexenspuk auffassen will. Daß die Hochzeit bei ihm zu einer golbenen wurde, erklärt sich daraus, daß eine jährlich wiederkehrende Hochzeit
das moderne Bewußtsein befremdet hätte. Diese Ausführung verliert nichts
an ihrer überzeugenden Kraft, wenn ihr gleich die Mißgunst nachspottet.
Von Shakespeare darf gerühmt werden, daß er sich durchaus noch im
Besitz der nationalen Bildung und Anschauung befand, welche unsern
deutschen Dichtern durch klassische Studien abhanden gekommen war und
gegen welche neuere Schriftsteller sich sperren, statt auf ihren Wieder-
gewinn Zeit und Mühe zu verwenden.

Wir sahen, daß die Mythen ursprünglich keinen andern Inhalt hatten
als das Naturleben im Kreislauf des Jahrs, im Sommer und Winter:
bei den Jahresfesten tritt uns dieses Grundthema noch stärker entgegen.
Doch muß man sich erinnern wieviel härter der nordische Winter war,
wieviel schwerer sein Druck im Mittelalter auch in Deutschland auf dem
Volke lastete, wie aller Verkehr gehemmt, alles Leben gleichsam einge-
schneit und eingefroren schien, um die Freude des Volks zu begreifen, wenn
ihm Kunde von baldiger Erlösung aufblühende Blumen oder anlangende
Vögel als Boten des Frühlings brachten. Uns haben die Vortheile der
Cultur jener löblichen Winterbeschwerden überhoben, dafür aber auch des
lebendigen Naturgefühls beraubt, das jene Volksfeste schuf, jene Mythen
dichtete. Wir lauzen nicht mehr um das erste Veilchen, wir holen
den ersten Maikäfer nicht mehr festlich ein, uns verdient keinen Boten-
lohn wer den ersten Storch, die erste Schwalbe ansagt; nur in
den Kindern, die wir ängstlicher an die Stube binden, lebt noch ein
Rest solcher Gefühle, und schon in den letzten Jahrhunderten war das
‚Lenzwecken‘ Cuitun. 281 und die Sommerverkündigung armen
Knaben anheim gefallen, die einen Kranz, einen Vogel, einen Fuchs um-
hertrugen und dafür von Haus zu Haus die Gaben sammelten, die wir
früher freudig der rückkehrenden Göttin als Opfersteuern entgegentrugen.
Nur hie und da nahmen noch Erwachsene an solchen Aufzügen Theil,
und wie ärmlich, ja bettelhaft auch diese aussehen, so wird doch dann
sogleich die Handlung sinnvoller. So gestaltet sich das ‚Winteraus-
treiben‘ zu einem kleinen Drama, das den Kampf zwischen Sommer
und Winter, wie er im Naturleben sich begiebt, vor die Sinne führt.
Der Winter ist in Stroh oder Moos, der Sommer in grünes Laub
gekleidet: beide ringen mit einander und der Winter wird besiegt, ausgetrieben oder ins Wasser geworfen, auch wohl verbrannt. Das ist die
rheinische Sitte; in Franken tritt schon der Tod an die Stelle des
Winters und je mehr wir uns einst slavischen Gegenden näherten, sehen
wir die Austreibung des Todes stärker hervortreten: des Sommers wird
endlich ganz geschwiegen.

Der Winter ist der Tod der Natur; auch in den Mythen werden Winter und Tod nicht auseinander gehalten: warum sollten sie sich in den Volksspielen nicht vertreten dürfen? Auch in ganz deutschen Gegenden begegnen Spuren dieses Tausches. Bei dem Münchener 'Metzgersprung und Schäfflertanz' (Panzer 226 ff.) ist gar die Pest an die Stelle des Todes getreten, und daß dieß nicht allein steht, zeigt die schwäbische Sitte (Meier 377), wo das 'Brunnenspringen' wie bei jenem Münchener Volksspielen auftaucht. Dort hatte die Seuche ein Lindwurm gebracht, der sich unter der Erde aufhielt, in der Hölle, bei 'Grebel in der Butten'; die Schäffler (Büttner) hatten ihn durch Spiel und Gesang vertrieben: allen Opfern und Frühlingsfreuden war der mörderische Winter gewichen. Nach einer andern Meldung war der giftspeiende Lindwurm durch einen Spiegel herausgelockt worden, den man über dem Brunnen angebracht hatte. Das mag Entstellung der Sage vom Basilisk (Twelfth Night III, 4) sein: die Vergiftung der Brunnen und der Luft durch umfliegende Drachen ist uralter Glaube; als Gegenmittel zündete man Feuer (P. 361), und auch diese galten für Opfer. Nach dem Gedichte 'Salomons Lob' bei Diemer trank ein Drache alle Brunnen zu Jerusalem aus, bis man sie mit Wein füllte; davon ward er berauscht und konnte nun gebunden werden. Die Vergleichung der verwandten Sagen, die wir hier nicht verfolgen können, ergiebt, daß der Drache Nidhöggr ist, der an dem Weltbaume nagt, der Brunnen aber Zwergelmir; Grebel ist Gridh, die wir als Hel kennen, und ihre Butte der Abgrund der Hölle, den wir §. 85 auch schon als Faß, Saturni dolium, gedacht sahen. Sie fällt mit der Pest zusammen so wie mit der alten Frau, die nach M. 739 zu Frankfurt in den Main geworfen ward; nach dem dabei gesungenen Liede 'Reuter über schlug sein Ruder' u. s. w. erscheint sie als die Mutter des Sommers, der ihr nun Arm und Bein entzwei schlägt. Sie ist also gleichfalls der Winter und entspricht dem Tod, der bei Slaven und Romanen in Gestalt eines alten Weibes entzwei gesägt ward, M. 742. Auch anderwärts (Schmeller I, 820) begegnet diese Grebel; daß sie in München für das erste Bauernweib ausgegeben wird, das sich nach der Pestzeit wieder in die Stadt wagte, ist deutliche Entstellung. Ein Meister des Gewerks führt dort noch heute den Namen 'Himmelschäffler'. Himmel und Hölle stehen sich hier entgegen, wie in den Mythen der Himmels- und Sonnengott in die Unterwelt herabsteigt, um nach dem Kampf mit dem Drachen die schöne Jahreszeit heraufzuholen.

Schwerer ist die Bedeutung des Wasservogels anzugeben, der in Augsburg zur Pfingstzeit mit Schilfrohr umflochten, anderwärts in Baumzweige gehüllt, durch die Stadt geführt wird, M. 562. 743. Daß er ins Wasser geworfen ward, scheint der Name wie die Bekleidung zu fa-

gen, und Schmeller l. c. bezeugt es ausdrücklich. Der Zusammenhang
mit der Wasfertauche §. 137 könnte auch hier ein Opfer vermuthen laßen;
aber obwohl auch bei uns die Puppe, welche den Winter oder den Tod
vorstellt, ins Wasser geworfen wird, M. 728, 739, wie in Schwaben
nach dem unten anzuführenden Gebrauch der ‚Mohrenkönig‘, der den
Winter bedeutet, so dünkt doch diese Annahme grausam. Die Wettspiele,
welche sich an die Pfingstfeier knüpsten, brachten es mit sich, daß sich
der Bursche die Tauche gefallen laßen muste, der die Pfingstsonne als
Pfingstlümmel verschlafen hatte. Aehnliches geschieht bei der Dre-
schelhenke und der Sichelhenke. Nach Panzer 236 ward zwar dem ‚Pfingstl‘
wie nach Meier 408 dem ‚Pfingstbut‘ sogar der Kopf (zum Schein) abgeschlagen; jener ist aber als Wasservogel, dieser als Pfingstlümmel
gekennzeichnet, und daß beide zusammenfallen, zeigt wieder Schmeller l. c.
Auch scheint eine frühe Auffaßung als Opfer aus dem P. 236 beschriebenen Gemälde, wo sogar der Flußgott vorgeführt wird, hervorzugehen.
An eine wirkliche Opferung des Verspäteten, dem die Rolle des Winters
oder Todes zugefallen war, ist bei diesen heitern Festen auch in den ältesten Zeiten nicht zu denken. In einigen Gegenden heißt das ganze Maifest Wasservogel, weil gerade diese Figur, der Gegensatz des Maikönigs,
besonders hervortritt.

Den Kampf zwischen Sommer und Winter führte auch der schwedisch-
gotische ‚Mairitt‘ vor, wie ihn Olaus Magnus (M. 735) schildert. Hier
ward er nach von Obrigkeitswegen mit großem Gepränge begangen. Der
Name des Blumengrafen, welchen der den Sommer vorstellende ‚Rittmeister‘ führt, entspricht dem des Maigrafen bei dem deutschen Mairitt,
wo aber die Spuren eines Kampfes der Jahreszeilen zurücktreten. Dem
Blumengrafen gegenüber war der Winter und sein Gefolge in warme
Pelze gehüllt und warf mit Asche und Funken um sich; das sommerliche
Gesinde wehrte sich mit Birkenmaien und grün ausgeschlagenen Linden-
zweigen. Aber in der kölnischen ‚Holzfahrt‘, die später an Marzilius
geknüpft ward, muste der von den Bürgern gewählte ‚Rittmeister‘ von
Kopf bis zu Fuß gewappnet sein, und nach dem nicht näher beschriebenen
Zug in den Wald wurde ihm ein Kränzchen aufgesetzt, wofür er ein Gastmal zu geben hatte, das wieder ‚Kränzchen‘ hieß. Dünzer, Alterth. d.
Rheinl. IX, 50. Auch bei der Hildesheimer ‚Maigrevenfahrt‘ erhält
die Maigreve einen Kranz und bewirthet die Holzerben. Auf einen Kampf
deutet aber hier nichts mehr, wohl aber bei dem schwäbischen Pflugs-
ritt die Worte, die dem Maienführer in den Mund gelegt werden:

Den Maien führ ich in meiner Hand,
Den Degen an der Seiten:
Mit den Türken muß ich streiten.

Der Türke, oben auch Mohrenkönig genannt, ist der Winter, vgl. §. 15: er soll im Waßer ertränkt werden wie sonst der Waßervogel. So heißt es in dem Märchen von dem Menschenfreßer, der wieder der Winter ist: ‚J schmöck a Christ.‘ Zwischen Türken und Heiden unterschied man nicht.

Wenn die spätere Darstellung des Kampfs der Jahreszeiten bei dem schwedisch-gotischen Mairitt sich aus dem im Norden nicht so früh wie bei uns einkehrenden Frühling zu erklären schien, so zeigt nun die Vergleichung des kölnischen und schwäbischen Gebrauchs, daß die Frühlingsfeste von Fastnacht bis Pfingsten von derselben Vorstellung ausgehen, ja Kuhn hat Zeitschr. 1. c. jenen Kampf schon um Weihnachten nachgewiesen. Wenn der Mailönig, Mai- oder Blumengraf nach der Einholung aus dem Walde heimkehrte, war er und sein ganzes Gefolge in Grün gekleidet oder doch mit grünen Reisern und Maien so überdeckt, daß es schien, als käme ein ganzer Wald gegangen. Hier nahm wahrscheinlich die aus Shakespeares Macbeth bekannte Sage von dem wandelnden Wald den Ursprung, so wie die Sage vom König Grunewald, dessen Tochter das feindliche Heer herankommen sieht mit grünen Bäumen: da wurde ihr angst und bange, denn sie wußte, daß Alles verloren war und sagte ihrem Vater:

> Vater, gebt euch gefangen:
> Der grüne Wald kommt gegangen.

König Grunewald ist ein Winterriese, dessen Herrschaft zu Ende geht, wenn das Maifest beginnt und der grüne Wald gegangen kommt; das ist auch der mythische Grund der Macbethsage. Bei Saxo VII, 132 begegnet dieselbe Sage noch einmal und auch hier erkennt der Riesenkönig, dieses Wunder bedeute seinen Tod. Als man den gottesdienstlichen Ursprung des Maigebrauchs vergeßen hatte, entstanden Sagen zur Erklärung der Sitte. In Köln knüpfte man dabei an den römischen Marsilius an; der ‚Walperzug‘ zu Erfurt sollte zur Erinnerung an die mit Hülfe Kaiser Rudolfs vollbrachte Zerstörung eines Raubschloßes eingeführt sein. Der Sohn dieses Kaisers ward aber selbst 1308 bei einem Mairitt erschlagen, und die tapfern Soester Bürger, die mit dem Erzbischof von Köln in Fehde lagen, benutzten 1466 die kriegerische Rüstung, die der Mairitt, des Kampfes mit dem Winterriesen wegen, bedingt, zu einem wirklichen Kriegszug in die Grafschaft Arnsberg, von dem sie ‚geschmückt mit grünen Reisern‘, die sie im Arnsberger Walde gehauen hatten, siegreich heimkehrten. Hier ist es wohl nur eine Kriegslist des plötzlich einbrechenden, bisher durch den Wald verdeckten Feindes, und mehr seh ich auch bei Saxo V, 84 nicht, noch in dem gleichfalls von Uhland III, 222 aus Aimoin angeführten Einbruch Fredegundes in Childeberts Lager, den auch der wandelnde Wald verdeckte: in allen drei Fällen ist von der gottesdienstlichen Sitte zum Verderben des Feindes Gebrauch gemacht; ein Mythus steckt aber nicht dahinter wie bei Marboth, König Grunewald und Saxo VII, 132. Vgl. Gr. D. S. I, 148. II, 91. Lyncker Nr. 252 u. M. Quellen b. Schal. 2. Aufl. II, 257 ff.

Auch da, wo neben dem Maigrafen eine Maigräfin, Mailönigin (dänisch Maiinde, im Elsaß Maienröslein, in Flandern Pfingstblume, Pinxterbloem, in der Provence Rosenmädchen) auftritt, liegt kein anderer Mythus zu Grunde; nur ein anderer Moment desselben ist aufgefaßt: die Vermählung des Götterpaares statt des vorausgehenden Kampfs, sei bei diesem nun an Freys Erlegung Belis oder an Wodans oder Sigmunds Drachenkampf zu denken. An den Drachen erinnerte uns schon der Schäfflertanz S. 561; Darstellungen eigentlicher Trachenkämpfe hat Kuhn RS. 184 bei englischen Weihnachts- und Maigebräuchen aufgedeckt und die deutschen Schwerttänze und Osterspiele hatten wohl gleiche Bedeutung. Ueberall ist es der Frühlingsgott, der nach Besiegung der Winterstürme sich der verlobten Erde vermählt.

Eine große Menge Figuren ist bei dem schwäbischen ‚Pfingstritt‘ betheiligt, der sich darin dem Niederb. bei Kuhn RS. 381 vergleicht. Es erscheinen darunter auch Arzt, Koch und Kellermeister. Das erinnert an die Auslosung der Aemter beim Bohnenfest am Berchtentage §. 116 und den von Albericus Triumfontium geschilderten Pfingstzug, bei dem die als Frauen verkleideten Männer auffallen, was in dem Kleidertausch deutscher, englischer und schon vorderasiatischer Gebräuche wiederkehrt, vgl. Liebrecht Germ. XVI, 228; und sollte man nicht auch an den sacerdos muliebri ornatu denken? Bemerkenswerth scheint, daß bei Meier 407 auch der Metzger auftritt, dessen Bedeutung uns von dem Münchener Feste her noch erinnerlich ist. Wie aber hier der Kampf hervorgehoben wird, so fehlt Alles, was auf Vermählung deutet. In Dänemark kehrt sich das um: der Maigraf wählt sich die ‚Maiinde‘; vom Kampf erscheint keine Spur, während sich in England beides vereinigt, am Rhein nur die Zeiten auseinander liegen, denn der Kampf zwischen Sommer und Winter wird schon zu Lichtmeß vorgestellt, erst der ‚Maitag‘ bringt den ‚Maibaum‘ und den ‚Maikönig‘, und nicht dieser allein wählt sich seine Mailönigin: nach der Sitte des ‚Mailehns‘ wurden die Dorfmädchen an den Meißbietenden versteigert, und jedem Burschen die seine zugeschlagen. Ihr sollte er das Jahr über dienen, nur mit ihr tanzen und auch sie ohne seine Erlaubniß mit keinem Andern. Für solche ‚Mailienen‘ wurden oft hohe Summen gezahlt und die Erträge für die schönen zur Ausstattung der häßlichen verwendet. Wenn ein Mädchen sich verfehlt hatte, und sich aus einfacher Rechnung ergab, daß sie beim letzten Tanz um die Dorflinde schon ihre jungfräuliche Reinheit eingebüßt, so ward die

Linde oder das Geländer um sie rein gewaschen und gescheuert, auch das
Pflaster ringsum aufgebrochen und erneuert. Meriag Geschichte der
Burgen u. s. w. IV, 8. Die weite Verbreitung der Sitte des Lehn-
ausrufens bezeugen Lieder, die am Rhein wie in den Niederlanden gesungen wurden; und daß sie auch in Frankfurt a. M. bekannt war, habe
ich Rheinl. 166 nachgewiesen; ja dort verlieh früher der Kaiser die
Bürgerstöchter:

> Heute zu Lehen, morgen zur Ehen,
> Ueber ein Jahr zu einem Paar.

Nach R. A. 436—38 erklärt sich der Name des Lehens daraus, daß
der Kaiser, und demnach wohl der Mailönig, das Recht in Anspruch
nahm, die Töchter der Unterthanen mit seinem Hofgesinde zu verehelichen.
In Hessen ist dieses Lehnausrufen am Walpurgisabend Gebrauch, Lynder 235; am Drömling aber nennen schon am weißen Sonntag, vierzehn Tage vor Ostern, die kleinen Hirtenjungen den größern ihre Braut;
keiner aber darf das Geheimniß verrathen bis Pfingsten. Dann wird
„der süßige Mai' zugerichtet, und von den Burschen vor die Häuser
begleitet, während die Mädchen die bebänderte Maibraut umherführen,
M. 747. Kuhn MS. II, 161. Schmiß I, 32. 48. Wir sich die Gemeinde
den „Maibaum" setzt, so pflegt man in der Walpurgisnacht schönen
und ehrbaren Dirnen den Ehrenbaum vor die Schlafkammer zu pflanzen;
denen aber, die nicht im besten Rufe stehen, Häcksel vor die Schwelle zu
streuen.

Wer als Mailönig prangen soll, entscheidet sich an einigen Orten
durch ein Wettrennen zu Pferde nach einem ausgesteckten Kranz; wer
dabei vom Pferde fiel, mußte die Theerlappen tragen, womit die Peitschen
geschmiert wurden, Kuhn MS. 379; anderwärts finden sich andre Spiele,
die wohl gleichen Zweck hatten: die Entscheidung über die Königswürde.
War es ein Wettlauf, so heißt der letzte Moliz und das Ganze Moliz-
laufen. Das zeigt den Zusammenhang der Pfingstschießen mit dem
Maifest: der beste Schütz wird auch hier König und wahrscheinlich fiel
einst der Schützenkönig mit dem Mailönig zusammen. Darum finden sich,
wo die Schützenfeste sich ausgebildet haben, andere Pfingst- oder Maige-
bräuche gewöhnlich nicht, Kuhn Zsschr. l. c. 382; doch steht in Ahrweiler
das Schützenfest am Frohnleichnamstag neben der Maifeier. Der bei dem
Maitritt im Hildesheimischen u. s. w. auftretende Schimmelreiter wird wie
der Mailönig selbst um so überzeugender auf Wodan gedeutet als Kuhn
wahrscheinlich gemacht hat, daß dieser selbst einst durch Pfeil und Bogen
berühmt war, was zu unserer Annahme stimmt, daß er mit Uller zusammenfiel. Bei dem Wettrennen zu Salzwedel wird der Sieger mit Maien,
der Letzte, der Langsamste mit Blumen geschmückt, hei wört amak mkkt,

und heißt nun der schmucke Junge: derselbe Hohn, der mit dem Pfingstlümmel, dem Pfingstbutz u. s. w. getrieben wird. Als die Bedeutung dieser
vielgestalteten Weltspiele ergiebt sich also die Entscheidung darüber, wenn
bei dem Frühlingsfeste die Ehrenrolle des siegenden Sommers zu Theil
werde oder wer sich allen Schimpf und Spott gefallen lassen müsse, welcher dem besiegten Winter angethan wird, wie wir bei dem Wasservogel,
dem Mohrenkönig u. s. w. gesehen haben. Zur Rolle des Pfingstlüm-
mels verurtheilt aber gewöhnlich schon Spätaufstehen am Pfingstmontag,
wie auch nicht überall Wettspiele, sondern hier und da das Loos über die
Austheilung der Aemter entscheidet. Neben den Wettspielen der Burschen
erscheint zu Halberstadt auch ein Wettrennen der Mädchen (Kuhn 388),
was auf den Ausdruck Brautlauf (nuptiae) §. 147 Licht werfen könnte.

Wenn beim Wettlauf von dem Letzten, Säumigsten gesungen wird,
er habe sich ‚ein neu Haus gebaut und sich dabei ins Knie gehaut' (Kuhn
380), wie er auch der ‚lahme Zimmermann' oder ‚Lambö' heißt,
MS. 324, Sommer 181, so werden wir an den Mythus von Swabil-
sari erinnert.

Pfingstfols (Pfingstfuchs) heißt das Mädchen oder der Bursche, die
beim Antreiben des Viehs zuletzt ankommen; auch wohl das Mädchen
Pingstbrut, Kuhn MS. 160. Ein andermal findet man den zuerst
Aufgestandenen Thaustreicher oder Thaustrauch (dāwestrūch) genannt,
den letzten Pfingst mode. Als Thaustreicher werden sonst wohl die Hexen
bezeichnet, weil sie den heilkräftigen Thau von fremden Wesen auf ihre
eigenen tragen sollen, Myth. 1026, Kuhn MS. II, 185. Einigemal
nimmt das Maispiel die Gestalt des Einfangens einer Räuberbande an:
die Räuber sind in Moos gekleidete wilde Männer, wie sonst auch der
Winter in Moos gekleidet wird. Hier hat er sich nur vervielfältigt: als
Räuber darf er gedacht werden, weil er die Schätze der Erde und die
schöne Frühlingsgöttin entführt. Auch in den Räubermärchen wie Kuhn
MS. 186. 279. MS. I, 22 sind die Räuber Winterriesen und entführen Jungfrauen, die hernach bald bem Ofen, bald der Rolandssäule,
bald dem blauen Stein brächten; das Räuberspiel geht aber auch mit
manchen andern Gebräuchen ins Johannisfest über und kommt hier auch
unter dem Namen ‚die Seejungfer suchen' als Schifferflechten vor, Sommer 158, Kuhn 388. 392. Statt des wilden Mannes führen andere
Spiele den grünen Mann, den Graskönig, Schloßmeier oder Laltich-
könig auf, wobei Zweifel entsteht, ob er den Sommer oder Winter bedeute, wie das auch bei dem Pfingstquak, Pfingstblößel nicht zweifel-
los ist. Ursprünglich ging die Laubeinkleidung auf den Frühlingsgott; da aber der Winter außer in Stroh auch in Moos und Rinde
gekleidet wurde, so erschien nun auch Er grün, woraus sich manche Ver-

wirrung ergab. So ist nicht leicht zu sagen, welchen von beiden der bald
in Stroh, bald in Laub gekleidete Bursche, den man als Bären tanzen
ließ, M. 736. 745, meinte, wahrscheinlich doch Donar. In Dänemark,
wo er Gabebasse hieß, wie das ihm zugetheilte Mädchen Gabelam,
fällt er deutlich mit dem Maigrafen zusammen. Das Mailamm erscheint,
Birl. Volksl. 182, als Abgabe. Der Frühling wird in Blumen eingekleidet:
er erscheint ganz grün; vielleicht erklärt uns das, warum der Teufel,
wie wir früher vorwegnahmen, gern als grüner Jäger auftritt, zumal er
noch andere Züge von Odin erborgt hat.

Jn die Sommersonnenwende fiel Balburs Tod, den das Christenthum durch Johannes den Täufer, der sechs Monate vor dem Heilande
geboren sein sollte, ersetzt. Auf ihn ist wohl der kopflose Reiter zu
beziehen, dem die Hufeisen verkehrt aufgenagelt sind, wie er in Johannisnächten erscheint, weil jetzt im Zeichen des Krebses die Sonne rückläufig
wird. Sonst bieten die Johannisgebräuche, wenn man abrechnet,
was sich aus dem Mai- und Pfingstspielen dahin verloren hat, wenig
Eigenthümliches mehr: sie knüpfen sich meist an das schon besprochene Johannisfeuer. Nur das Engelmannsköpfen in Rottenburg (Birl. Volksl. 90)
erinnert wieder an Balders Tod. Doch ist diese hochheilige Zeit, wo
versunkene Schätze sich heben und sonnen, M. 922, alle bösen Geister
schwärmen, Birl. Volksl. I, 278, Erlösung suchende Geister, namentlich
Schlüßeljungfrauen, umgehen, der Gipfel des Jahrs; auch hier ist eine
Spalte in der Zeit anzunehmen. Der Sommer hat jetzt seine ganze
Pracht entfaltet, alle Pflanzen bersten und entwickeln heilsame Kräfte, der
Sonnenwendgürtel (Beifuß), das Johannisblut S. 225 und wie viele
andere Kräuter von hohen Gaben und Gnaden werden zwischen Johnnais
und Marien-Himmelfahrt (Krautweihe) gebrochen. Auch das Wasser war
um Johannis heilsamer sowohl zum Trinken als zum Baden; über die
Heilkraft des Johannisnachtthaus Liebrecht Gervasius und Otheilb. Jahrb.
1867, 178. Die von Petrarca belauschte Abwaschung der kölnischen
Frauen, wobei sie sich mit wohlriechenden Kräuterranken gürteten und
gewisse Sprüche hersagten, M. 555, kann uns so eher für einen Ueber-
rest des heidnischen Mitsommerfestes gelten, als das Christenthum sie später
abgestellt hat. Vgl. Lynker 254. Nach dem Zeugniß des Augustinus,
welches Braun Jahrb. des Ver. v. Alterthumsfr. im Rheinl. XXII, 2. 85
anführt, war diese Sitte heidnisch: „quia haec infelix conauetudo
adhuc de paganorum observatione remansit'; gleichwohl will sie Braun,
man traut seinen Augen nicht, für christlich ausgeben.

Man hielt, sagt Alex. Scholz, Großglogauer Progr., „der Johan-
nisname und seine Bedeutung“ S. 9, das Wasser um diese Zeit für
heilsamer sowohl zum Trinken als zum Baden. Ein einziges Bad in der

Johannisnacht, sagt man noch heute im Würtembergischen, wirkt so viel
als neun Bäder zu anderer Zeit. Die Bäder nahm man im Küstenlande
im Meere, im Binnenlande in Seen, Teichen, Flüßen und Quellen. Oft
werden auch Blumen dazu gestreut. Neben dem Baden weist Schotz eine
Bekränzung der Brunnen nach, oft mit feierlichen Aufzügen, Spiel,
Tanz und Gesang verbunden, ferner ein Thaubaden, denn auch dem
Thau, namentlich in der Johannisnacht, traute man heilsame Einflüße zu,
wobei man an die Hexen erinnert wird, die den Thau von fremden
Wiesen an den Füßen auf die ihrigen trugen wie sie nach M. 1013
auch im Korn badeten. Nach dem Volksglauben buttert die Milch nicht,
wenn der himmlische Thau nicht auf dem Futter lag, das dem Vieh gestreut wird. Vgl. Rochholz Drei Gaugöttinnen. 12. Aus der Kraft des Thaus
fließt es auch, daß von den Menschen der verjüngten Welt gesagt wird:
Morgenthau ist all ihr Mal. Nach Kuhn WS. II, 101 muß man auch
am Stephanstage, also zur entsprechenden Zeit in der andern Hälfte des
Jahres, Karren mit Häckfel unter den blauen Himmel stellen, damit der
himmlische Thau darauf falle: dann werden die Pferde das ganze Jahr
über nicht krank. Von den wunderbaren Eigenschaften des in der Christnacht und zu Pfingsten fallenden Thaus meldet schon Gervasius (Liebr.
2. 56), und ganz entsprechende Gebräuche in der Johannisnacht werden
(Liebr. l. c.) aus Schweden berichtet. Die Sommersproßen vergingen,
wenn sie mit Maithau gewaschen wurden. Dem Thaubaden entsprach
sogar ein Thautrinken, vgl. Kuhn WS. 165. Jenes aber war in
der Johannisnacht in ganz Europa Gebrauch, Schotz S. 10. Selbst die
Gewänder wurden im Thau gebadet, und die Leinlücher ausgerungen und
der Thau in Fläschchen aufbewahrt, wie Aehnliches im Frühjahr mit den
Thränen des Weinstocks geschieht, die man den Augen heilsam glaubt.
In Marseille begießt man sich zu Johannis mit wohlriechenden Wassern.
Vom Johannisfeuer ist schon gesprochen, gleichzeitig wurden auch die Häuser
innen und außen mit grünen Maien und Blumenkränzen geschmückt und
gewisse Pflanzen in das lodernde Feuer geworfen. ‚Quer über die Straßen
hinweg' wie auch bei andern Festen ‚zieht man Blumenkronen an Schnüren
befestigt; bekränzte Kinderscharen hatten, hier und da noch Tannenreiser
in den Händen tragend und Lieder singend, Aus- und Umzüge und fordern Gaben ein; Maibäume werden errichtet und umtanzt unter fröhlichem
Singen, Hahnschlagen, Maßktreitern, Aufzüge mit einem Kampfspiele zwischen zwei Parteien, Tonnenschlagen mit Wettreiten: alle diese und ähnliche Belustigungen leben noch heute fort.' Wie kam es, daß der Tag so
festlich gefeiert wurde, mit dem sich die Sonne wieder zu neigen begann?
Gedachte man nicht daran, daß nun das Licht wieder abnahm, daß Baldur zu Hel hinabstieg und die Herrschaft des blinden Hödur zurückkehrte?

Statt ist die Sonnenwende als Siegesfest behandelt worden, wie es in der Natur aller Feste lag, Freudenfest zu sein. Man freute sich der erreichten Sonnhöhe des Lichts ohne mit Eulenspiegel zu weinen, weil es nun wieder bergab ging; dagegen zu Mitwinter war man weise genug, nur an das Wachsthum des wiedergeborenen Lichts zu denken. Die Johannisnacht, die kürzeste des Jahres, wo im hohen Norden die Sonne nicht unterging, wußte man durch das Festfeuer in den lichtesten Tag zu verwandeln und so den vollen Sieg des Lichts zugleich zu fördern und zu feiern. Auch von den Wasgauhöhen glaubte man die Morgenröthe in Schwaben anbrechen zu sehen sobald das Abendroth in Lothringen erloschen war. Als Siegesfeste scheint die Feste dieser Zeit auch die triumphierende Kirche verstanden zu haben in der bekannten Epternacher Prozession, wo man Einen Schritt rückwärts aber zwei vorwärts thut. Der eine Schritt rückwärts bedeutet das Sträuben des Winters, dem es auf kurze Zeit gelingt, einen Theil der schon verlorenen Herrschaft wiederzugewinnen, was er aber mit desto größerm Verlusten büßen muß; die zwei Schritte vorwärts den unvermeidlichen Sieg des Sommers, denn trotz des einen zurückgethanen Schritts, der den Fortschritt zwar hemmt aber nicht hindert, wird das Ziel erreicht, so daß diese hüpfende und springende Schaustellung den überstandenen Kampf mit den Mächten der Finsterniß und ihre gewisse nun entschiedene Niederlage sehr lebendig veranschaulicht. Hiemit hängt auch der Eigenname Lenz (mit dem Epitheton ornans fauler Lenz) zusammen, der nicht von Lorenz noch von Landfrid herkommt, sondern zu einer eigenen noch unbesprochenen Classe mythologischer Namen gehört. Den Frühling, der ihr zu langsam vorschreitet, im Kampf wider die winterlichen Mächte zu träge scheint, schilt die Ungeduld fauler Lenz, ein Name der dann auf lässige Leute übertragen wird. Daraus erklärt sich das Volkslied mit dem Kehrreim vom faulen Lenz und der Hanssächsische Schwank I, 1893.

Die mythischen Bezüge der Erntegebräuche bewegen sich um den Ährenbüschel, der unter dem Namen Rothhalm, Glückskorn, Bergödenbelsstruß, Oswal oder Vogelselsen u. s. w. für Frau Göde, Woban und sein Roß oder die Vögel des Himmels als ein Opfer stehen blieb. Mit Fro Gode konnte der Gott einst selbst gemeint sein. In einigen Gegenden sprang man über diese mit bunten Bändern wie eine Puppe aufgeputzte Garbe, der auch wohl das Bäckerbrot der zuletzt fertig gewordenen Schnitterin als ein ferneres Opfer eingebunden ward. In Tirol darf der genannte Getreidebüschel nur mit der rechten Hand gebunden werden. Er bildet eine Figur, die beide Hände auf die Hüften stützt, die man dann mit Feldblumen schmückt, und mit Brot oder einer Kübel begabt. Dann stellen sich die Schnitter im Kreis umher oder

knieen nieder und beten: Heiliger Oswalt, wir danken dir, daß wir uns
nicht geschnitten hatten. Panzer II; 214 ff. Andernorts wird statt seiner
der h. Mäha (Mäher Me*sor) angerufen. Wir haben ihn schon S. 26
in einem Sternbild verdreifacht gefunden. Panzer II, 486. An einigen
Orten hieß diese Puppe die R o g g e n s a u, die L o s (das Mutterschwein),
wie auch der Eber im Korn geht, wenn der Wind hindurchstreicht, S. 438,
was auf Freys Eber bezogen ward, ferner der H a l m b o d, Panzer II,
224, in andern auch d e r A l t e u. s. w. und Kuhn WG. 514 hat durch
die Vergleichung englischer Gebräuche wahrscheinlich gemacht, daß dieser
Name auf D o n a r ziele. Nicht anders wird auch der Name P e t e r -
b ü l t zu deuten sein, vgl. aber Kuhn NS. 619. 524. Jedenfalls trat
er an die Stelle göttlicher, wie Oswalt der aus dem Herscher der Asen
zu einem Heiligen herabgesetzt und dann von dem h. Mäha abgelöst ward.
Daneben wird jener göttlichen Thiere gedacht, auch des Wolfs, der indes
als R o g g e n w o l f nicht immer beliebt ist (s. Mannhardts gleichnamige
Schrift 1866) wie auch das M u t t e r k o r n wohl Roggenwolf heißt;
Mutterkorn nach der Kornmutter, Roggenmoer (§. 120), Roggenmutter,
weshalb die Aerzte sich bedenken mögen, ob die Anwendung dieses Aus-
wuchses am Getreide als Geburt förderndes Mittel nicht auf Misver-
stand des Wortes beruht. Neben diesen göttlichen Wesen tritt Frau
Herke sowohl bei dem Winterkorn als bei der Flachsernte hervor. Diese
hat ihre eigenthümlichen Gebräuche, wie auch bei der Flachsbereitung unsere
Schwinglage (Montanus l. c. 42 fl.) zu beachten sind.

    An den D r i s c h e l s c h l a g knüpfen sich Gebräuche, die wieder auf
alte Opfer deuten. Wer den letzten Drischelschlag thut, muß als der
Langsamste die ,D r e s c h e r i n' den ,Anthalm' oder die ,M o d e l' vertragen: die Model ist die Kuh; oder die L o s, die auch F e r s a u heißt,
oder die S a u s u b, die H u n d s s u b, nach Mannhardt der Mutterschoß
des Getreidesegens, oder den Hahn, der Wolf u. s. w., wie auch hier
wieder ,d e r A l t e' begegnet. An andern Orten knüpfen sich diese und
ähnliche Ausdrücke an das Fruchtschneiden, also unmittelbar an die Ernte.
Wer die Model v e r t r a g e n soll, hat eine aus Stroh gemachte Figur
in des mit dem Ausdrusch noch säumigen Nachbarn Haus zu tragen,
wobei er aber selten mit heiler Haut davon kommt. Erwischt man ihn,
so wird er schwarz gemacht, mit der Model auf ein Pferd gesetzt, und
zu allgemeinem Hohn durch das Dorf geführt. Auch sonst muß er sich
noch mancherlei Schimpf gefallen lassen, wofür er indes bei der Mahlzeit,
der Flegelhenke, entschädigt wird. So wird für den A l t e n, den eine
Puppe neben dem Drescher vorstellt, der Tisch gedeckt, als wenn sie auch
mitessen sollte: von allen Speisen, die aufgetragen werden, erhält sie ihren
Antheil gleich jedem Andern, aber zum Vortheil ihres Nachbarn. In

England heißt diese Puppe Meldoll, was Kuhn NS. 518 auf den Hammer Miölnir deutet. Der Wolf wurde sonst wohl aus der letzten Garbe bildlich dargestellt; jetzt giebt man ihm eine menschliche Gestalt und trägt ihn zu der Herschaft, die dafür sogleich, und oft, wenn er beim Ausdrusch zuletzt an die Reihe kommt, zum andernmal zu bewirthen hat. Der letzte Drescher erhält auch wohl den Kornzoll oder Weizenzoll, Gerstenzoll, nach der Frucht, die gerade gedroschen wird. In Passau heißt das menschenähnliche Gebäck, das bei der Drischellage gegeben wird, schlechtweg der Zoll.

Nach allen Anwendungen des Namens Wolf beim Getreide sind wir nicht berechtigt, ausschließlich an den übelthätigen Wolf, den Verwandten der Riesen, und nicht ebensogern an ein segnendes Wesen zu denken. Auch kalte Winde, wenn sie zur rechten Zeit kommen, z. B. am Maitag, sind wohlthätig, und das Sprichwort (Mannhardt Roggenwolf, Berlin 1868, S. 26), wenn am Maitag der Wolf im Saalfeld liege, biege die Last des Korns die Scheuer, hat keinen andern Sinn, als unser ‚Mai kühl und naß füllt dem Bauern Scheur und Faß.‘ Ich bin der Niemand, der Hans Sachsens Wort, daß die Wölfe unseres Hergotts Jagdhunde seien, in allem Ernst auf Wodan bezieht. Nicht bloß im Kriege, auch bei der wilden Jagd, zieht er mit seinen ‚Grauhunden‘ einher und von diesem Umzuge erwartet der Bauer ein fruchtbares Jahr. Wie seine Raben nicht bloß als Leichenvögel in Betracht kommen, so können auch seine Wölfe nicht auf das Schlachtfeld beschränkt werden. Anderer Meinung ist Mannhardt a. a. O. 69. Unbedingter darf man seiner Darstellung in der Schrift von den Kornbämonen vertrauen.

Bei der Ernte besteht die letzte Garbe oft nur aus drei Aehren, woran wieder Mythisches haftet. Nach Rochh. Drei Baugött. p. 31 bedeuteten drei Aehren Oberrigenthum. Zuweilen versinnbildlichten sie auch die Ernte oder drei ganze Jahreszeiten. AA. 128, 361. Drei Aehren führt Dinkelsbühl im Wappen, ein Ort, der nach einer Getreideart benannt ist. Aehnliches begegnet bei Roggenburg, Roggenhausen. Drei Aehren ließ die h. Jungfrau aus der Erde wachsen um den Platz einer Kirche zu bezeichnen; drei Aehren ließ Frau von Donnersberg für die drei Schwestern stehen u. s. w. Panzer II, 319. Wenn der Roggen gemäht ist, wird bei Werl ein Baum aufgerichtet, den man Häkelmei nennt, wofür den Mähern ein Maß Branntwein gebührt. Die Mädchen müssen ihn, wenn sie die letzte Garbe gebunden haben, wieder umreißen, aber nur mit den Händen, Kuhn WS. II, 179 ff. An andern Orten heißt das zuletzt eingesahrene Getreide der Hörkelmei, auf Frau Herke weisend. Man setzt auch wohl einen hölzernen bunten Herbsthahn auf das letzte Fuder; auch heißt der Ernteschmaus ‚Haushän oder Stoppelhan, Arnehan‘;

in Schwaben wird die ‚Sichelhenke' Schnitthan genannt, am Lechrain
die ganze Ernte, Ruhn WG. 181 ff., anderwärts wieder nur die letzte
Garbe. Hier nimmt auch das Hahnschlagen seinen Ursprung, wie auch
noch andere Thiere auf so grausame Weise geopfert zu werden pflegen.
Noch deutlicher weist auf ein altes Opfer die Sitte der ersten Garbe einen
Käse, ein Brot, einen Kuchen oder Mitfasteneier, Gründonnerstagseier
einzubinden. Daß die Früchte dadurch vor dem Mäusefraß bewahrt bleiben sollen, wird vielfach angedeutet. R. 185. 187. Der letzten Garbe
wurde auch wohl der Christbrand §. 144 eingebunden.

Daß sich in den neuesten Erntegebräuchen im Wesentlichen noch das
alte Opfer erhalten hat, weist R. Reusch Prov. Bl. I, 4 nach. Im
Heidenthum wurde nach Nicolaus Gryse Wodan bei der Ernte um gut
Korn im nächsten Jahr angerufen. Man ließ am Ende jedes Feldes
einen kleinen Ort unabgemäht, dessen Aehren man zusammenschürzte und
mit Waßer besprengte. Dann traten alle Mäher umher, entblößten ihre
Häupter, wandten ihre Sensen und Wetzsteine nach dem Aehrenbüschel
und riefen den Gott dreimal also an:

> Wode, Wode,
> Hale dinem Roße nu Foder.
> Nu Distel un Dorn;
> Tom andern Jar beter Korn.

Jetzt wird nur dem Gutsherrn von dem Vorschnitter ein mit Blumen und Bändern gezierter Kranz überreicht, welchen die Binderinnen
begleßen und zugleich auch den Vorschnitter und die übrigen Mäher. Dann
geht es zum Erntefest, das im Mecklenburgischen Wodelbier heißt. Hier
ist also der für das Pferd des Gottes bestimmte Aehrenbüschel zum Ernte-
kranz geworden, welchen der Gutsherr empfängt, während die Waßer-
spende, womit sonst der Aehrenkranz begoßen ward, zur Abkühlung der
Schnitter dient. Die Worte: ‚Nu Distel un Dorn' u. s. w. versteh ich
als eine Bitte um eine beßere Ernte im kommenden Jahr. Wo heuer
Distel und Dorn gestanden habe, soll dann reichliches Korn wachsen.

Michaels- und Martinsfest scheinen wesentlich Erntefeste; aber erst mit
dem letztern ist der Wein gelesen und gekeltert und der Ertrag des ganzen Jahres eingethan. Daß beide Feste einst heidnischen Gottheiten galten, ist wohl nicht zweifelhaft, wenn es gleich fraglich bleibt ob St. Michael Zius oder Wuotans Dienst beseitigen half. Das Michaelsfest muß
in den Landen, wo mit dem Ende September die Ernte vollbracht war,
sehr festlich begangen worden sein, da es dieser Heilige war, welcher dem
deutschen Volk den Spottnamen ‚deutscher Michel' zuzog. Dazu
veranlaßte, daß sein Bild im deutschen Reichsbanner stand, und das la-
teinische Lied von dem Erzengel, dessen 6. Str. lautet:

O magnae heros gloriae,
Dux Michael!
Protector sis Germaniae u. s. w.

Auch St. Michael gehört wie St. Martin und St. Hubert zu den berühmten Heiligen, da ihm die Apolalypse ein Roß zuschreibt. Dieß befähigte ihn für Wodan einzutreten. Daß er in den Herbstfesten erscheint erklärt sich aus seinem Amt als Hermes Psychopompos.

Auf die 'Kirmes' ward Manches übertragen, was ursprünglich den Mai- und Pfingstfesten gehörte; so in der Eifel die Mädchenversteigerung. So scheint auch das Kirmesbegraben, das an zwei ausgeklopften Puppen (Hansel und Grethel) vollzogen wurde, dem Begraben der Fastnacht nachgebildet. Am Niederrhein geschieht es wohl an der Figur des krummbeinigen Zachäus, der bis dahin auf dem vor der Schenke aufgerichteten Baume, einer Nachbildung des Maibaumes, zur Einkehr eingeladen hatte. Er selbst ist aber christlichen Ursprungs, vgl. Luc. 19, 1—10. Nach einem altb. Räthsel ließ er die Hose auf dem Baume, als er eilends herabstieg; das ist das Banner, das man in den Kirchen aushängt, wenn Kirmes ist. Bei dieser selbst sollte man Zusammenhang mit dem Heidenthum nicht vermuthen; und doch läßt der 'Blo', lassen die 'Bloßknechte, Bloßjungfern' (von plôzan opfern) bei Pan. II, 242 nicht daran zweifeln. Bei uns heißen diese Bloßknechte 'Reihlungen'. Der Blo erklärt uns zugleich, warum die Handwerksgesellen den Montag blo zu machen pflegen. Warum sollte nicht schon das Heidenthum Tempelfeste begangen haben? Das Fest des Gottes war auch das Fest des Tempels und seiner Diener. Ueber eine eigene Sandkirmes, bei der dreimal um die Kirche Sand gestreut wurde, Lynder 234.

Den Festtagen gegenüber stehen die Unglückstage (verworfene Tage), wenn sie nicht selber Reste alter Feste sind. In Tirol, Zingerle S. 131, heißen sie Schwenblage, im Sundgau Röllelstage (Alsatia 1852. 126). Ein Kind an diesem Tage geboren bleibt nicht am Leben oder stirbt eines bösen Todes. Am Schwenblage geschlossene Ehen sind unglücklich. Jeder am Schwenblage begonnene Proceß geht verloren. Verwundet man sich, so ist das Uebel unheilbar: der Baum stirbt ab, dessen Rinde verletzt ward; läßt man zur Ader, so verblutet man sich. Es soll überhaupt an diesem Tage nichts begonnen werden. Vermuthlich sollten sie Tage der Ruhe sein: man soll da nicht reisen. Auch St. Leonardstag 6. Nov. zählt zu den Schwenblagen und gerade dieser Heilige stand in Tirol in hoher Verehrung. Judica wird der schwarze Sonntag genannt: man darf da nicht ausgehen, sonst begegnet Einem der Teufel. Das Tiroler Verzeichniß stimmt meistens mit dem Elsäßischen; doch finden sich auffallende Abweichungen. In der Zahl 41 bis 42 treffen sie fast zusammen.

Auch die häuslichen Feste und die an Geburt, Hochzeit und Begräbniß sich knüpfenden Gebräuche sollten hier abgehandelt werden. Da man aber erst neuerdings angefangen hat, dasür zu sammeln, so konnten die mythischen Bezüge noch nicht klar heraustreten, und ich erwähnte sie in der ersten Ausgabe nur, um ihnen den gebührenden Plaß im Systern zu wahren. Hier will ich wenigstens die Grundlinien zu ziehen versuchen.

146. Geburt.

Wenn durch kräftige Sprüche (Oddrunargr. 8) das Kind vor die Kniee der Mutter kam (Sigurdarkw. III, 44), ward es von der Amme (Hebamme) aufgehoben und dem Vater gebracht, der zu entscheiden hatte, ob es am Leben bleiben sollte, wobei es auf eine Kraftprobe ankam (Weinh. AL. 268), z. B. ob das Kind nach dem dargehaltenen Spieß griff. Doch wurden wohl nur Mißgeburten getödtel. Sobald das Kind irdische Speise gekostet hatte, durste es nicht mehr getödtet werden. Auch Taufe und Namengebung schüßte. Ward ein Mädchen, so sagte wohl der Vater: ‚Gott schenke uns einen sanften Regen, denn wahrlich das Getreide steht schlecht.‘ Durch die Beilegung des Namens erhielt das Kind ein Recht an das Leben. Darauf beruht die Sitte den Namenstag zu feiern, nicht auf dem Feste des h. g. Patrons, welcher erst im Christenthum hinzutrat, Quißmann 257.

Bekannt ist, daß schon die heidnischen Germanen die Taufe kannten, wovon wir im eddischen Rigsmal ein Beispiel sehen, wo das Kind genetzt wird, d. h. ins Wasser getaucht; von Tauchen hat die Taufe den Namen. Auch war damit die Namengebung verbunden, welche dem Vater oder nächsten Verwandten zustand; gewöhnlich übte sie der Mutter Bruder, der in vorzüglichem Ansehen stand; vgl. Tac. Germ. c. 20. Der Namengebung folgte ein Geschenk, was sprichwörtlich wurde, daher man das Geschenk sogar bei Schimpfnamen zu fordern pflegte. D. 64. Auch in dem Liebe von dem Auszuge der Langobarden §. 108 wird diese Sitte als Motiv gebraucht: Freyja fordert für die Winnller den Sieg als Namensgeschenk, nachdem Odin ihr Gemahl sie Langbärte (Langobarden) geschollen hatte. So brachte Sigmund seinem Sohne Helgi edeln Lauch (wegen seiner Schwertgestalt allium victoriale, vgl. Tschischwiß Nachtl. 39 ff. 83), hieß ihn Helgi und schenkte ihm Hringstadr u. s. w. und ein blutiges Schwert, H. Kw. I, 8. Der andere Helgi, Hiörwards Sohn, hatte noch keinen Namen empfangen, als ihm Swawa begegnete und ihn mit dem Namen Helgi anredete; da sprach er:

Was giebß du mir noch zu dem Namen Helgi,
Blühende Braut, den du mir botest?
Erwäge den ganzen Gruß mir wohl:
Ich nehme den Namen nicht ohne dich.

Von einem spätern Geschenk, dem Zahngebinde, haben wir in Freys
Mythus ein Beispiel gesehen. Was das Schwertgeschenk betrifft, so sagt
Uhland III, 250: Hirzu nehme man, was der Kalender von 1537 unter
dem Aberglauben aufzählt: Welche keine blöde, verzagte Kinder haben
wollen, da soll der Vater, so die Kinder getauft sind, ihnen ein Schwert
in die Hand geben: alsdann sollen sie ihr Lebenlang kühn sein. Und
unmittelbar darnach: Welcher eine Messe von den dreien Königen darüber
ließe von einem Priester lesen oder das Gebet von Karolo dem Großen,
so würde das Kind kühn und sieghaftig sein. Wieder ist das Schwert
hier mehr als Sinnbild künftigen Heldenthums, es wirkt durch die Berührung sympathisch; das Gebet vom Heldenkaiser Karl aber ist ein
Sieges- oder Schwertzauber in christlicher Gestalt.'

Bei der Namengebung schloß man sich gern an Gegebenes an,
indem man den Namen des Kindes mit dem des Vaters durch den Anlaut oder noch durch die nächsten Laute bis zur vollen ersten Silbe in
Verbindung setzte. So finden wir als Gibichs Söhne Gunther, Gernot
und Giselher; in Sigis Geschlecht Signe und Sigmund und wieder als
Sigmunds Söhne Sinfiötli und Sigurd (Siegfried); als Dietmars
Söhne Dietrich und Diether; als Herbrands Sohn und Enkel Hildebrand
und Hadubrand, wo neben der Alliteration noch das zweite Wort der
Zusammensetzung einstimmt. Oft verbindet der Anlaut nur Geschwister,
nicht Vater und Söhne, z. B. Odin (Wodin), Wili und We; Ingo Irmino Istio. Zuweilen genügt es an jener Einstimmung der zweiten
Silbe, wie bei Kriemhild und Brunhild, die obgleich nicht Geschwister doch
dem Gesetz der Namengebung folgen. Einigemal fällt das dritte Glied
aus der Einstimmung heraus, wie bei Elberich Elbegast und Goldemar,
Herbart Herbgen und Sintram, Randgrid Radgrid und Reginleif, wenn
gleich hier der Anreim bewahrt ist. Manchmal vertritt der Ausreim die
Alliteration wie bei Fisl Kisl, Hrist und Mist, Goin und Moin, Körmt
und Dermt, wo wieder das dritte Glied ,und beide Kerlaug' ausweicht.
Nicht selten ist mit der Namengebung eine Weihe verbunden. So schenkte
Thorolf seinen Sohn Stein dem Thor und nannte ihn Thorstein, und
später schenkte dieser Thorstein dem Thor seinen Sohn Grim und nannte
ihn Thorgrim mit dem Hinzufügen, er solle Tempelhäupling (hofgodi)
werden, Maurer 46. Daher auch die vielen mit -win zusammengesetzten
Namen, die mit dem des Gottes beginnen wie Frowin, Baldwin, Erwin,
Alboin. Die Namen des Gottes selbst pflegten Menschen nicht beigelegt

zu werden. ,Kein Mensch, selbst kein König.' sagt Grimm Altd. Wälder I. 287, ,führte die heiligen Namen Odin oder Thôr; wohl aber
wird aus Thôr u. s. w. ein Frauenname Thora, Irmina moviert und
nichts hinderte, einen menschlichen Namen mit Thor zusammenzusetzen.'
Vgl. Myth. 94. 127. Doch beschränkt Grimm selbst den Satz, indem
er zugiebt, daß ein nordischer König Bragi hieß und die Namen Berchta,
Holda in Deutschland nicht selten waren.

An die Weihe, welche in mit dem Namen des Gottes zusammengesetzten Namen lag, erinnert auch der Name Gottschall. Man vgl. was
§. 68 von der Selbstweihe und dem at galaz Odhni gesagt ist. Mit
der Weihe hängt es zusammen, wenn in unsern Märchen der Vater des
ebengebornen Kindes ihm bei seiner Armut keinen Pathen weiß bis er ihm
zuletzt den Tod oder den Teufel, die an die Stelle der Götter getreten
scheinen, zum Pathen wählt; oder wenn er in der Noth einen dienstba-
ren Geiste das zusagt, wovon er in seinem Hause nichts weiß, und dem
Heimkehrenden dann die Frau vertraut, daß sie sich Mutter fühle. So
hatte sich Odin von der bierbrauenden Geirhild das versprechen lassen, was
zwischen ihr und dem Faße sei. In einem siebenbürgischen Märchen ist
Odin noch deutlich zu erkennen, denn hier begegnet dem armen um den
Pathen verlegenen Vater ein alter Mann im grauen Mantel, der die
Pathenschaft übernimmt und dem Kinde einen Stier schenkt, der mit ihm
am gleichen Tage geboren ist. Diesen Stier läßt Odin, den wir schon
als Viehhirt kennen gelernt haben, auf der Himmelswiese weiden, wo er
zu ungeheurer Größe heranwächst und dann dem Pathen zu großen Ehren
verhilft. Wenn Odin in Walses Saal tritt und sein Schwert in den
Kinderstamm stößt, das nur Sigmund herausziehen kann, so ist dieß
Schwert als Pathengeschenk zu verstehen: darum trägt dieser Weisung
auch den Namen des Gottes, denn Sigmund ist ein Beiname Odins.
So scheint auch der Drachenkampf von Odin auf Sigmund gelangt, und
wenn Sigurd einmal Freys Freund genannt wird, so haben wir diese
beiden auch als Drachenkämpfer gefunden.

Dem neugebornen Kinde treten die Nornen oder andere halbmensch-
liche Wesen, die Völen, an die Wiege ihm sein Schicksal zu schaffen oder
doch anzufingen. Dabei wird auch das Lebenslicht erwähnt, wie wir das
in der Sage von Nornagest §. 105 finden. Es ist noch jetzt Sitte, den
Kindern bei jedem Geburtstage einen Kuchen zu schenken und darauf so viel
Lichter zu stellen als sie Jahre zählen. Diese Lichter darf man nicht aus-
blasen, sondern muß sie zu Ende brennen lassen, Kuhn NS. 431; Norna-
gests Mutter blies aber dessen Licht aus, weil die jüngste Norn geweißagt
hatte, das Kind werde nicht länger leben als bis jene Kerze verbrannt sei.
Erst als dreihundertjähriger Greis ließ er es mit seinem Leben zugleich

verglimmen. Auch in den Märchen vom Gevatter Tod begegnet uns dieses Lebenslicht und in den deutschen Volksliedern von den zwei Königskindern, die einander lieb hatten, bläst ein loses Nönnchen das Licht aus, welchem der Liebende zuschwamm und an das sein Leben geknüpft scheint, denn da er das Licht nicht mehr sah, verzweifelte er und ertrank. Hiehin gehört auch das Spiel Stirbt der Fuchs so gilt der Balg. Der Fuchs ist ein Thier von sehr zähem Leben. So ließ die Gräfin Schad eine Wachskerze, die ihr Lebenslicht bedeutete, einmauern; aber die Kirche brennt ab und die Gräfin stirbt zur selben Stunde. Müllenhoff 190, vgl. W. Wackernagel Ztschr. VI, 280.

Bei der Kindbetterin muß jede Nacht ein Licht brennen bis das Kind getauft ist. Dieß hat keinen Bezug mehr zu dem Lebenslicht, es soll nur verhüten, daß ein Wechselbalg untergeschoben werde. Bis dahin darf auch nichts aus dem Hause verliehen werden, sonst hat das Kind nichts. Ueber ein Kind, auch wenn es getauft ist, darf man nicht wegschreiten, sonst bleibt es klein. Bei der Taufe geht man mit dem Kinde dreimal um den Altar. Diese uns schon bekannte Sitte ,dreimal um das Heiligthum' begegnet auch bei der Hochzeit und selbst bei dem Einzug der Dienstmagd; nur ist es hier immer der Heerd als Altar des Hauses. Von dem Gebrauch der Naturvölker, wonach der Vater sich gleich nach der Entbindung der Frau zu Bette legt, während die Frau den Geschäften nachgeht, wodurch nachstellende Dämonen und Krankheitsteufel getäuscht werden sollen, findet Liebrecht Heidelb. Jahrb. 1868 No. 6 eine Spur im deutschen Volksglauben, wenn im Lechrain die wieder aufgehende Wöchnerin den Hut ihres Mannes aufsetzt, im Aargau seine Hosen anzieht.

147. Hochzeit.

Daß vor Eingehung der Ehe den Göttern geopfert wurde ist wahrscheinlich, aber nur in Schweden für Fro (Fricco) bezeugt. Vgl. jedoch Weinhold Frauen 268. Dabei mochte auch der Wille der Götter durch Looswerfen erforscht werden, was aber mit spätern Schicksalsbefragungen wie die in der Andreasnacht nicht verwandt ist.

Bei den Hochzeitsgebräuchen bleibt uns der Brautlauf dunkel, von dem doch die Feier in allen deutschen Sprachen, ahd. brûtlouft, benannt ist. Nach uralter Sitte mußte die Braut wie noch in den Nibelungen Brunhild in Wettspielen erworben werden. In der Sage von Atalante ist das Wettspiel ein Wettrennen; in deutschen Märchen klingt es hie und da noch nach; in andern, namentlich jenen vom Glasberge, wo mancherlei Probestücke aufgegeben werden, begegnet auch die Aufgabe, die Geliebte aus vielen ihr völlig gleichen herauszufinden, wie Stahl den schönsten

der Götter wählen und an den Füßen erkennen sollte, §. 99, und Ähnliches in den Märchen begegnet z. B. in dem von der Bienenkönigin
KHM. 62. In den Hochzeitsgebräuchen erhielten sich nur vereinzelte
Spuren. Das Aufhalten des Brautpaars, das mit Geld abgekauft werden muß, hängt damit zusammen. Es waren Schranken, welche Braut
und Bräutigam in Jugendrüstigkeit übersprangen. Nach Kuhn MS. 363
war es in der Mark Gebrauch, daß am Schluß des ersten Hochzeitstages
Braut und Bräutigam einen Wettlauf hielten. Der Bräutigam gab ihr
einen Vorsprung, und holte er sie nicht ein, so durfte er für Spott nicht
sorgen. Am Ziele der Bahn standen junge Frauen, die der neuen Ge-
nossin den Kranz abnahmen und ihr die Mütze aufsetzten. In Baiern
wird der Brautlauf von der Kirche nach dem Gasthaus, aber nur noch
von den Hochzeitgästen gehalten; früher lief der Bräutigam mit und das
Ziel war der Schlüssel zur Brautkammer, welchen der Bräutigam, wenn er
ihn nicht selber gewann, dem Gewinner ablaufen mußte, Bavaria 1, 898.

Die Braut unter die Haube zu bringen, ist auch in andern Gegenden das Bestreben eines Theiles der Hochzeitsgäste, namentlich der verheiratheten, während die unverheiratheten sie daran zu verhindern suchten.
Gleiche Bedeutung hatte es wohl auch, wenn man die Schuhe der
Braut zu erhaschen suchte, welche dann der Bräutigam einlösen sollte.
Durch ein Paar neue Schuhe, die ihr der Bräutigam anlegte, kam die
Frau in die Gewalt, das Mundium des Mannes. KA. 158. Darum
ist es die verkehrte Welt, wenn vielmehr der Mann unter den Pantoffel
der Frau geräth. Diese neuen Schuhe wurden wohl in der ältesten Zeit
aus der Haut der geschlachteten Opferthiere gefertigt. Durch die neuen
Schuhe und durch die Haube, statt welcher im Hildesheimischen (Seifart
155) die Braut ehemals noch den Hut des Mannes aufsetzte, ward also
die Braut erst zur Frau. Kuhn MS. II, 39. In dem Kampfe zwischen
Frauen und Mädchen erkaufen die Frauen den Sieg hier und da erst
durch eine Weinkufenschale, in welcher Kuhn 41 einen Rest des Weinlaufs
sieht, indem durch einen Kauf die Ehe eingegangen ward, KA. 420,
welchen der Weinlauf bestätigen sollte. Er selbst geht auf ein altes Trankopfer zurück, das die eingegangenen Verträge heiligte.

Neben der Sitte des Brautlaufs klingt hier und da noch eine andere vielleicht ältere nach, nämlich der Raub der Braut. Nach Kuhn
MS. 433 soll sie der Bräutigam aus dem Kreise der Mädchen heraus-
greifen ohne sie zu sehen, denn just hatte man das Licht herausgetragen,
was an Skadi und die erwähnten Märchen vom Glasberge erinnert. Wenn
aber vor Zeiten der Mann sich die Frau rauben mußte, so hat er sich jetzt
in Acht zu nehmen, daß sie ihm nicht unterwegs von der Kirche zum Wirthshaus oder überm Hochzeitsmal gestohlen wird. Birl. Bollet. II, 397. 377.

Es ist sogar schon vorgekommen, daß man die Braut vom Altar weg stahl.
Birl. das. 393. Es ist eigentlich ein Possen, welcher den Brautführern
gespielt wird, denn diese haben die Braut zu bewahren; gewöhnlich muß
sie aber der Bräutigam auslösen und dulden daß der Dieb drei Touren
mit ihr tanze, Baw. I, 403. Ein noch allerthümlicherer Gebrauch scheint
die Brautseide, Wolf Beitr. I, 80, der rothe Faden, den die Braut
im Havellande um den Hals trägt, so wie das rothseidene Band um die
Mütze, Kuhn WS. 41 unten, vgl. Lebrecht GGN. 1865. 12. 454 und
Philologus XIX, 582, womit sich der rothe Faden um den Helm NK. 183
vergleicht. Es ist kein Zweifel, daß sie gleich dem rothen Banner bei
Hochzeiten, Müllenhoff de poesi chorica p. 28, und gleich dem Feuerbrand vor der Schwelle, über welchen das Brautpaar schreiten muß,
wenn es nach der Kirche geht, Kuhn KS. 434, auf Donar deuten, dessen
Hammer ja auch einst die Ehe einzuweihen hatte. Dieser Feuerbrand
muß an einigen Orten mit den Füßen weggestoßen werden, was den
Verzicht auf das alte Heerdfeuer noch deutlicher ausspricht. Die Sitte
der hochzeitlichen Schnur weist Kuhn KS. 522 schon bei den Indern nach,
wie auch die des dreimaligen Ummandelns des Heerdes, der früher in der
Mitte des Hauses stand, während man jetzt den Feuerhaken (Häle) dreimal um das Brautpaar schwingen muß, wenn die Sitte nicht ganz untergehen soll. Vgl. Servius ad Aen. IV, 62. In einer Pause des Hochzeit-
mals wird auch zum Krämer gegangen, wo die Burschen ihren Mädchen
einkaufen, wobei man an Autolycus in Shakesp. W. M. IV, 3 erinnert
wird, Mordanus 100. An der Stelle des Heerdes findet man auch die
Düngerstätte genannt. Rechte Zeit zum Heirathen ist im Frühjahr oder
Spätherbst bei zunehmendem Mond, weil sonst das Glück abnähme, an
einem Dienstage neben dem hier und da z. B. im Elsaß der Donnerstag als gesetzlicher Hochzeitstag erscheint. (W. Herz Deutsche Sagen
im Elsaß 195). Verboten sind Advent und Fasten; man meidet auch
Krebs, Wage, Scorpion, Fische. Ungebräuchliche Tage sind Montag, Freitag
und Sonnabend; letzterer gilt nur in Mecklenburg.

Die Wahl des Dienstags könnte durch die s. g. drei Tobiasnächte (Birl. Volksl. 354), welche, wenn auch nicht unter diesem Namen,
schon im Parzival erwähnt werden, bedingt sein, weil die erste eheliche
Beiwohnung am Freitag, dem Tage der Fria oder Frouwa, Statt haben
sollte. Dafür kann angeführt werden, daß Bräute, die ihr Kränzlein schon
verloren, nicht an dem Dienstag gebunden waren. Birl. Volksl. II, 348.
Sind aber die Tobiasnächte schon dem Heidenthum bekannt gewesen?
Für ihre weite Verbreitung, nicht bloß in Schwaben und am Niederrhein, spricht der märkische (Kuhn MS. 350) Kampf um das alte Spinnrad, wobei dem Brautpaar zugesungen ward:

Eher soll die Braut nicht bei dem Bräutigam schlafen
Ehe sie den Flachs nicht abgesponnen hat;
Eher soll der Bräutigam bei der Braut nicht schlafen
Ehe er das Garn nicht abgehaspelt hat.

Denn hier ist die Ansicht nicht zu verkennen, die eheliche Beiwohnung noch einige Tage hinauszuschieben. Darum sind es auch die Junggesellen, welche dieß Spinnrad mit aufgemachtem Wocken, an dem noch einige Knocken Flachs und eine zweite Spule hängen, in das Haus zu schaffen bemüht sind, woran die Verheiratheten sie zu verhindern trachten. Daß dieß am zweiten Tage geschieht, nachdem die Beiwohnung schon Statt gehabt hat, ist offenbar Entartung. Mit diesem Gebrauch ist die Sitte des Brauthahns verflochten, worunter die Darbringung der Hochzeit-geschenke verstanden scheint. Geht dieser Brauthahn auf ein Hahnenopfer zurück und hängt er vielleicht mit dem Bräutelhuhn zusammen, welches die Neuvermählten, wohl als ein Opfer für Ehesegen, wie der Venus ein Hahn dargebracht ward, in der Hochzeitsnacht zu verzehren pflegten? RA. 441. Ein Brauthuhn kommt auch als Abgabe des Hübners an den Herrn vor. Diese Geschenke pflegten den Tag nach der Hochzeit ge-bracht zu werden. In der Thrymskwida verlangt sie aber auch die Schwester des Bräutigams, vermuthlich doch wohl der Sitte gemäß.

Regnet es am Hochzeittage, so hat bekanntlich die Braut die Katze nicht gut gefüttert. Dieß war bisher die einzige Beziehung auf Freyja oder die ihr ursprünglich identische Frigg, die sich bei der Hochzeit nachweisen ließ. Eine zweite kommt bei unserer Deutung des Dienstags als Hoch-zeitstag hinzu.

Der Ehe geht die Verlobung voraus, die bei uns Hillig heißt statt hileich, Brautgesang, epithalamium, für dessen Anklingung wir darin ein Zeugniß besitzen. Die Verlobung geschah früher vor der Volks-versammlung, dem Gaumahl, daher Vermählung. Noch in unsern Heldenliedern werden die zu Verlobenden in Gegenwart der Landesfürsten, die als oberste Richter anzusehen sind, in einen Kreiß (Ring) gestellt und befragt, ob sie einander wollen, wobei sich die Braut wohl zu scheuen pflegt, aber doch nicht Nein sagt. Der Bejahung folgte der Kuß als Besitzergreifung; auch pflegte in gleichem Sinne der junge Mann der Frau auf den Fuß zu treten. In vollen Besitz tritt er erst durch die Heimführung. Vgl. Rib. 1624. Wo der Brautring vorkam, überreichte ihn der Bräutigam an Heft oder Klinge des Schwerts als Warnung vor Untreue, welche der Tod ahnden würde. Vor die Verlobung fällt oft noch der Killgang, d. h. Abendgang (vgl. kvøldriða Myth. 1106), womit ich jedoch dem Killgang nichts Unheimliches andichten will. Im Fichtelgebirge heißt er Schnurrgang, Rochh. II, 59, in der Schweiz auch

Slubetengang, Lütolf 337, bei uns Schulgang, welchen Morianus 100 Schnubtgang schreibt. Der Schulgang war an gewisse Tage gebunden, welche man Kommtage, früher Kommnächte, Freinächte, nannte. Als solche werden Donnerstag, Samstag und Sonntag bezeichnet.

148. Bestattung.

Der Pflicht gegen die Todten ist §. 44 gedacht und hier nur nachzuholen, daß dem Todten Mund und Augen zuzudrücken in der heidnischen Zeit demjenigen oblag, welcher die Pflicht der Rache übernahm, Weinhold Altn. Leben 474. Daß die Pflicht der Bestattung eine allgemeine Menschenpflicht war, geht auch aus dem hervor, was oben über die dankbaren Todten gesagt und in meiner gleichnamigen Schrift, Born bei Marcus 1858, näher ausgeführt ist. Vom Beschneiden der Nägel der Todten hängt der Bestand der Welt ab, das ist in Schwaben noch im Bewußtsein geblieben, Birl. Volksl. 11, 407: dem Leichnam werden die Nägel beschnitten, ,damit die Welt nicht untergehe'.

Daß der Todte nicht zu der Thür hinaus durfte, durch welche die Lebenden ein- und ausgingen, könnte mit dem §. 139 besprochenen Gebräuchen irgendwie im Zusammenhang stehen.

Die älteste in Teutschland nachweisbare Bestattungsweise, wonach der Todte in ein Schifflein gelegt und den Wellen überlaßen ward (vgl. §. 90 oben), womit es zusammenhängt, daß Brittanien für das Todtenland galt, brauchte nicht aufgegeben zu werden, als man die Leichen zu beerdigen oder zu verbrennen begann. Baldur sahen wir auf dem Schiffe verbrannt, eine Verbindung beider Bestattungsarten; die ältesten Särge hatten Schiffsgestalt und Steinsetzungen auf den Gräbern bildeten sie nach. Vgl Grimm vom Verbrennen der Leichen S. 52, Müllenhoff Nr. 501. Verbrennung und Beerdigung galten wohl lange neben einander; höchstens waren sie nach Ständen verschieden. Die Verbrennung, welche Tacitus allein kennt, galt für vornehmer, Saxo 87 Steph., und war auch kostspieliger. Nach Weinh. (Heidnische Todtenbestattung 41. 115) wurden auch einzelne Theile der Leiche, wie Kopf und Arme, noch verbrannt als man das Uebrige schon beerdigte, woraus sich der Glaube an kopflose Gespenster erklären würde. Ob der spätere Gebrauch, verschiedene Theile der Leiche an verschiedenen Stellen zu beerdigen, hiemit zusammenhängt, laße ich dahingestellt.

Eigenthümlich ist Alarichs Bestattung in die mit vielen Schätzen begabte Gruft unter dem Bette des abgeleiteten Busento, dessen Waßer man dann wieder darüber strömen ließ, die Gefangenen aber, die dabei Hand geleistet hatten, tödtete, damit sie die Stätte nicht verriethen. Der Bestattung ging eine Leichenwache voraus, die hie und da noch im

(Gebrauch ist. Rochh. Gl. I, 194 ff. Wenn die Leiche aus dem Hause getragen ward, pflegte man ihr Wasser nachzugießen, damit der Geist nicht als Spuk wiedererscheine. Kuhn MS. 568, WS. II, 49. Daß man die Leiche noch jetzt auf Stroh legt, worüber ein Leintuch gespreitet ist, und es dann heißt, er liege auf dem School (Schmitz Eifelsagen 66), erklärt uns den manipulus frumenti in der Steinflage §. 90 und diese selbst samt dem Namen des Gottes.

Mit dem Gatten starb die Gattin wie wir bei Nanna sahen, und Brynhild urtheilt (Sigurdarkv. III, 59) über Gudrun:

Schicklicher pflege unsere Schwester Gudrun
Heut auf dem Holzstoß mit dem Herrn und Gemahl,
Gäben ihr gute Geister den Rath
Oder beließe sie unsern Sinn.

Sie selber wollte mit Sigurd verbrannt sein, als bessen Gemahl sie sich betrachtete:

Bei uns blinke das beißende Schwert,
Das ringgezierte, so zwischen gelegt
Wie da wir beiden Ein Bette bestiegen
Und man uns nannte mit ehlichem Namen.

Aber nicht bloß die Gattin, auch seine Knechte und Mägde, sein Roß, seine Jagdhunde und Hunde folgten ihm auf den Scheiterhaufen und noch in christlicher Zeit ging das Ritterpferd trauernd hinter der Leiche, früherhin um auf demselben wie der Sterbochse (Zschr. für Myth. IV, 422) geopfert zu werden.

Dem Hauengebieter brennt zur Seite
Meine Knechte mit kostbaren Retten geschmückt,
Zween zu Häupten und zween zu Füßen,
Dazu zween Hände und der Habichte zween.
Also ist Alles eben vertheilt.

So sollt dem Fürsten auf die Ferse nicht
Die Pforte des Saals, die ringgeschmückte,
Wenn auf dem Fuß ihm folgt mein Leichengefolge.
Aermlich wird ihre Fahrt nicht sein:

Ihm folgen mit mir der Mägde fünf,
Dazu acht Knechte edeln Geschlechts,
Meine Milchbrüder, mit mir erwachsen,
Die seinem Kinde Budli geschenkt.

Für die Knechte und Mägde schien dieß ein Vortheil, weil sie so in den Herrenhimmel eingingen, Steinh. 477. Vgl. auch Bergmann Solarlied 77. Aber hier war wieder das Heidenthum milder als das Christenthum, das Ketzer und Hexen lebend verbrannte, während Brynhild sich zuvor den Tod gab, wie es mit Knechten und Mägden gleich-

falls gehalten ward. Signy freilich ſtürzt ſich lebend in die Glut; aber
ſie hatte auch ihren verhaßten Gemahl lebend verbrennen laßen.

Nach Beowulfs Leichenbrand ward ein Hügel am Strande errichtet,
der den Seefahrern fernhin ſichtbar blieb. In dieſem Hügel bargen ſie
ſeine Aſche mit vielen Kleinoden. Dann umritten ſie dieſen Hügel und

> Klagten den Kummer　um den Adulg trauernd,
> Erhaben Hochgeſang　den Helden zu preiſen
> Einer Zucht zum Zeugniß,　wie es geziemend iſt,
> Daß man den lieben Herrn　im Liede verherrliche,
> Im Herzen erhebt,　wenn er hingeſchieden iſt,
> Den geliehenen Leib　verlaßen mußte.
> So beklagten die kühnen　Kämpen Gotlands
> Des Herren Hingang,　ſeine Hausgenoßen,
> Der Männer mildeſten　und mannsfreundlichſten,
> Der Leute liebſten　und lobbegierigſten.

Solche Feierlichkeiten wiederholten ſich bis zum ſiebenten oder gar
bis zum dreißigſten Tage (S. Homeyer Der Dreißigſte), wo dann erſt
die eigentliche Todtenfeier, das Erdmal S. 606, begangen ward.

Zuweilen geſchah dieß Umreiten, das an Patroklos Leichenfeier erinnert, vor der Beſtattung um den ausgeſtellten Leichnam des Helden. Als
Attila geſtorben war, wurden um ſeine Leiche Weilſpiele gehalten und
ſeine Thaten beſungen. Unter Liedern (singanne) hatten auch die Weſtgoten
ihren in den catalaunischen Feldern gefallenen König Theodorich von der
Walſtatt getragen. Von dem Umreiten des Grabhügels ſcheint noch die
märkiſche Sitte übrig, daß man nach der Beerdigung dreimal um das
Grab ging und erſt von da in die Kirche. Kuhn BE. 368. Das ‚dreimal um das Heiligthum‘, das wir bei Geburten und Hochzeiten gefunden
haben, fehlte ſo auch hier nicht.

Tacitus verſichert uns, daß der Scheiterhaufen (bâl, Bühl) aus gewiſſen Hölzern (certis lignis) errichtet wurde. Nach Claus M. bediente
man ſich des Wacholders, der noch ſpäterhin gern zum Räuchern verwendet ward und dem Alterthum für heilig galt, Gr. Verbr. 64, wie er
auch in dem bekannten Märchen unter dem Machandelbôm verſtanden iſt.
Grimm hat aber 54. 58 nachgewieſen, daß es einen für heilig geltenden
Dornſtrauch gab (crataegus oxyacanthus), und auf den Dorn weiſt
auch das Märchen vom Dornröschen, wo die Dornhecke an die Stelle
der Waſurlogi durchritten wird. Der brennende Buſch bei Moſes deutet
vielleicht an, daß die Leichenverbrennung in früheſter Zeit auch den Juden
nicht unbekannt war. Mit dem Dorn wurde wohl der aus Eichen- oder
Birkenholz, Weinh. 481, geſchichtete Scheiterhaufen unterſtochen, damit
das Feuer beſſer brenne. Daß der Bühl oder Scheiterhaufe mit dem
Hammer eingeweiht wurde, haben wir ſchon öfter geſehen. Schon damals

nannte man ihn Burg, wie er noch jetzt bei Festfeuern zu heißen pflegt.
So bittet Brynhild Gunnarn:

> Bitten will ich dich Eine Bitte;
> Ich laß es im Leben die letzte sein:
> Eine breite Burg erbau auf dem Felde,
> Daß darinnal Uns allen Raum sei,
> Die sammt Sigurden zu sterben kamen.
> Die Burg umziehe mit Zelten und Schilden,
> Erlesenem Geleit und Leichengewand,
> Und brennt mit den Hunen Gebieter zur Seite.

und Brynvilf bittet Theodstan:

> Einen Hügel heißt mir die Helden erbauen,
> Ueber dem Bühel blinkend an der Brandungsklippe,
> Der mir zum Gedächtnißmal sich meinem Volke
> Hoch erhebe über Hronesnäß,
> Daß die Seefahrenden ihn schwarz heißen
> Beowulfs Burg, wenn sie die schäumenden Barken
> Ueber der finstern Flut fernhin steuern.

Bgl. meine Anm. S. 202. Daraus erklärt sich auch die Schildburg in
Sigrdrifumal als ein mit Schilden umschloßener Scheiterhaufe.

Der Grabhügel heißt haug altn. haugr, obr got. blaivs, dem lat.
clivus entsprechend, alth. also hlô, gen. hléwes, mhd. lê, woraus sich
der Gunzenlê auf dem Lechfeld und der Trâsilêh bei Mainz, jetzt Eigelstein genannt, erklären. Von lê léwes heißt der Todtengräber Leber
und der Leberberg ist ein altes Todtenfeld. Bei dem Gunzenlê, über
den man Germ. XVI, 286 vergleiche, denke ich an Jron = Jring, über
dessen Tod und Begräbniß man Billina]. 245 (Hagen) vergleiche. Jring
berührt sich am Himmel mit Odin, auf welchen Schröer a. a. O. den
Namen Gunzo (Kunz f. o.) deutet, und der ihn hier vertreten kann.

Beim Begraben der Leichen, das sowohl vor als wieder nach dem
Verbrennen Sitte war (vgl. §. 101), pflegte man bis in die neueste
Zeit Herz, Haupt und Eingeweide geliebter Fürsten in verschiedenen
Hauptstädten ihres Reichs zu bestatten. Die Sitte ist heidnisch und hängt
mit der Vorstellung zusammen, daß diese von den Göttern herstammenden
Fürsten noch die Fruchtbarkeit des Landes fördern könnten. Vgl. Zim-
mersche Chr. II, 568.

Auf die vielen Urnen und andern Gefäße, die man in romanisch-
deutschen Gräbern findet, kann es Licht werfen, daß nach Kuhn RS. 438
die Schüssel, aus welcher der Todte gewaschen ward, an einen Ort geworfen werden soll, welchen die Sonne nicht bescheint; „oder man gebe
sie den Todten mit in den Sarg.“ Ueber den Todtenschuh §. 46 oben.
Vgl. auch §. 83. „An die Erhaltung der Knochensubstanz knüpft der

Germane die Fortdauer überhaupt und gab daher seinen Leichen Ersatz-
knochen und Ersatzschädel, sogar hölzerne, mit ins Grab.' Rochholz Glaube
und Br. I, 328. Die Bedeutung anderer Mitgaben z. B. der Schere,
Birl. Dollst. II, 408, und der häufigen Nägel ist zweifelhaft. Sie
scheinen den Tod zu symbolisieren. Der elbische Wieland führte den Namen
Nagel, und einen Nagel schmiedete er vorbedeutend dem Amilias, den
er später tödten sollte. Man gab dem Todten ins Grab was ihm im
Leben unentbehrlich geworden und was er drüben vermissen würde. Die
Sitte, dem Todten den Obolus mitzugeben, ist auch in Deutschland bekannt, Weinh. 493, Rochh. Gl. I, 190; sie klingt selbst in dem Fährgeld nach, das die abziehenden Zwerge, die Seelen der Verstorbenen
sind, entrichten. Auf den Hügel, er mochte die Leiche oder bloß die
Asche enthalten, setzte man Steine, die s. g. Baulasteine. Davon heißt
es im Hawamal 71:

> Ein Sohn ist besser, ob spät geboren,
> Nach des Vaters Hinfahrt;
> Baulasteine stehen am Wege selten,
> Wenn sie der Freund dem Freund nicht setzt.

Stirbt der Hausherr, so muß sein Tod nicht bloß dem Vieh im Stall
und den Bienen im Stocke angesagt werden; auch die Bäume soll man
schütteln und sagen: ,der Wirth ist todt', sonst gehen die Bäume aus. In
Genua (Kuhn WS. II, 52) sagte es ein Nachbar dem andern an; der
letzte mußte es einem Eichbaum sagen: sonst hatte er bald eine Leiche im
Hause. Hier und da soll auch das Korn auf dem Speicher umgesetzt,
ja der Wein im Faße gerührt werden, damit sie nicht verderben.

Das Leichenmal hieß auch Erbmal, weil die rechtliche Besitzergreifung des Erben damit verbunden war. Dabei wird ein Erbtrunk
(erfidryckja) erwähnt zum Andenken (minni) an den Verstorbenen mit
Gelübden für das eigene Leben des Erben, der erst dann den Hochsitz
des Verstorbenen einnehmen durfte. Seit tausend Jahren wird gegen den
Aufwand solcher Mahlzeiten vergebens geeifert. Rochh. Gl. I, 205. Daß
auch Opferthiere geschlachtet wurden, ist schon aus den frühen christlichen
Verboten zu schließen. Den dabei im indiculus superstit. gebrauchten
Ausdruck dadsisas erklärt Grimm M. 1179 von den gesungenen Trauer-
liedern, was um so wahrscheinlicher ist als wir auch das Hochzeitsfest von
den Hochzeitsliedern (Hilig aus hileich) benannt fanden. Nach demselben
indiculus scheint man auch auf dem Todtenhügel jährlich ein Opfer dargebracht zu haben. Kornopfer, womit das Grab (Grabhügel und Grab-
stein) überdeckt ward, pflegen sich nicht zu wiederholen; ihnen vergleicht
sich die Weinspende der Mainzer Frauen auf Frauenlobs Grab; auf
Walthers aber erneute sich das Opfer täglich zu Gunsten der Vögel des

Himmels, an welchen er als Waidmann sich vergangen haben sollte, wie ein Gleiches von Heinrich dem Vogler, Pröhle Harzf. S. 292, berichtet wird. Neben den Vögeln sollten damit wohl auch die Armen bedacht sein; aber die Beschränkung auf die Chorherrn läßt sich nicht entschuldigen. Die Gaben, welche am Allerseelentage den ‚armen Seelen‘ gegeben werden, kommen den Armen zu Gute, zum Theil auch wohl der Kirche, Schmitz Eiferf. I, 65, oder letzterer allein, Rochh. I, 318. Man soll den Todten nicht zu heftig nachtrauern, das ist der tiefste Grund der Lenorensage. Vgl. Altd. Bl. I, 174. Die Thränen der Hinterbliebenen fallen dem Todten auf die Brust und bringen ihn um den Genuß der himmlischen Seligkeit. Und doch wähnte die Vorzeit nach der Baldursfage und dem Märchen von Joya im Pentamerone (§. 34 o.), vielleicht auch der Sitte f. g. Thränenfläschchen ins Grab mitzugeben, die Todten wieder lebendig weinen zu können. Es war Sitte, die Grabhügel und Grabmäler längs den Straßen zu errichten, damit die Vorübergehenden der Todten einge= denk blieben und sie durch ein Opfer ehrten, das oft nur in aufgerafften Steinen oder Schollen bestand; das dem Terminus dargebrachte Steinopfer mag damit im Zusammenhang stehen, Liebrecht Philologus XX, 378, ge= wiß aber auch die häufige Sitte, geliebten Todten eine Scholle in das offene Grab nachzuwerfen. Die Umkehrung des Gebrauchs in das S. 252 besprochene ‚Heidenwerfen‘ ist mir weniger wahrscheinlich.

Nachträge.

Zu S. 74 Z. 2. Vgl. die Reimchronik des Philipp Mousket V. 2410.

Zu S. 292. Z. 15 v. u. Nach Wolf Beiträge II, 292 ist der Schuß auf den Hirsch mit dem Leiden Christi der alten Fassung der Huberlus-Legende noch nicht bekannt und erst aus der Volkssage einge-drungen. Von dem Schuß gegen die Sonne ist S. 57 gehandelt; die Volkssage weiß aber noch von einem Schuß des wilden Jägers gegen den Sonnenhirsch, worüber A. Kuhns Abhandlung in Zachers Zeitschr. I. 89 ff. nachzulesen und mit dessen academischen Vortrag über die Ent-wicklungsstufen der Mythenbildung 1873 zu vergleichen ist. Schon S. 102 G. 331 sahen wir wie der Heidenkönig den Sonnenhirsch, der hier von 12 Goldschmieden, den Asen, geschmiedet sein soll, bis in die Unterwelt verfolgte. Der Heidenkönig steht hier an der Stelle des wilden Jägers, den wir als Uller, Odins winterliches Gegenbild, zu fassen haben, denn ihn finden wir als Jagdgott (weidi-as) geschildert. Den Sonnenhirsch verstanden wir a. a. O. als das Symbol der täglich hinter den Berg, in die Unterwelt gehenden Sonne, und so kann der Schuß auf ihn nur die am Abend nachlassende Kraft der Sonne bedeuten. Wenn aber Uller es war, der diesen Schuß that, so war er in diesem Tagesmythus erst als Nachtjäger, noch nicht als Wintergott gedacht. In der Verschie-bung zum Jahresmythus ereignet sich der Schuß des wilden Jägers auf den Sonnenhirsch jährlich nur einmal um die Wintersonnenwende, wo die Sonne in nördlichen Gegenden gänzlich zu verschwinden scheint. In bei-den Gestalten hat Kuhn diesen Mythus als Indern und Germanen ge-meinschaftlich auf Erden wie am Himmel, d. h. im Gestirn nachgewiesen. Nach seiner Darstellung geschieht der Schuß auf den Sonnenhirsch, wenn sich der in ihm symbolisierte Gott einer leuchtenden Göttin vermählt, in welcher er die Abendröthe zu erkennen glaubt. Diese könnte aber nur dem unterschobenen Mythus angehören; auf der zweiten Stufe würde damit Rinda, die winterliche Erde gemeint sein.

Wie bei den Wanen Geschwisterehen gelten, so wollen die Riesen sich ihren eigenen Töchtern verbinden, ein Zug der auch bei jenem Heidenkönig und andern Königen der Heldensage begegnet. In der indischen Sage fehlt er nicht, haftet aber an dem Geschossenen, nicht an dem Schützen, der ihn eben zur Strafe dieser Unthat erschießen soll. In der spätern Hubertusjage, die der vom Freischüßen nahe verwandt ist, besteht die Missethal in dem Schuße selbst oder nach der Volkssage in der Jagd am hohen Festtage oder während des Gottesdienstes. Noch anderes des Heidenthums Verdächtige hängt an St. Hubertus. Ein Engel hatte ihm eine Stola und einen goldenen Schlüßel vom Himmel gebracht und ihn zum Nachfolger des h. Lambert auf dem bischöflichen Stuhl zu Lüttich bestimmt: der Schlüßel war der s. g. Hubertusschlüßel, der die Heilung der Gebißenen bewirken soll; die Hunde die mit ihm auf die Stirn gebrannt werden, glaubt man vor der Hundswuth gesichert. In Köln trägt man am Tage des Heiligen kleine Riemchen weißgegerbten mit rother Farbe bespritzten Wildlebers im Knopfloch, und in der Abtei St. Hubain in den Ardennen läßt sich der Wallfahrer einschneiden, d. h. die Stirnhaut ritzen und eine Partikel jener vom Himmel gebrachten aus Wolle und Seide bestehenden Stola in die Wunde legen: gleichwohl nimmt die Stola nicht ab, indem die von ihr genommenen Stückchen sich Nachts wieder ersetzen; vgl. Wolfs Beitr. I, 147.

Verbeßerungen:

S. 256 Z. 7 v. o. Elsensährmann st. Elsrasährmann.
S. 427 Z. 22 v. o. Parionopier st. Parthenopier.
S. 507 Z. 9 v. u. Jalmoris st. Jamoljis.

www.ingramcontent.com/pod-product-compliance
Lightning Source LLC
Chambersburg PA
CBHW022123020426
42334CB00015B/730